Glauben · Essay über einen Begriff

ANDREAS KEMMERLING

Glauben

Essay über einen Begriff

VITTORIO KLOSTERMANN

Bibliographische Information der Deutschen Nationalbibliothek
Die Deutsche Nationalbibliothek verzeichnet diese Publikation in der Deutschen Nationalbibliographie; detaillierte bibliographische Daten sind im Internet über *http://dnb.dnb.de* abrufbar.

Gedruckt auf alterungsbeständigem Papier. ISO 9706
Satz: Marion Juhas, Aschaffenburg
Druck: betz-Druck, Darmstadt
Bindung: Litges & Dopf, Heppenheim
Printed in Germany
ISBN 978-3-465-03976-1

INHALT

VORWORT

Ein längeres Buch ohne Vorwort gehöre sich nicht. Das sei so, wie wenn man seine Gäste gleich am gedeckten Tisch empfinge. So habe ich es einmal irgendwo gelesen, finde das treffend und nehme es zum Anlaß, etwas dazu zu sagen, wie ich dazu kam, es zu schreiben – fast hätte ich gesagt: wie es dann doch dazu kam. Meine Begrüßung hier, 'vor Tische', ist reichlich persönlich gehalten, sozusagen das Gegenteil von de nobis ipsis silemus. Der Leser, dem autobiographische Ergüsse des Autors unbehaglich sind – was ich ihm nachempfinden kann –, möge es guten Gewissens überspringen. Ich versichere, daß das Buch selbst nicht so sein wird.

*

Als ich vor einigen Jahren schließlich den Entschluß faßte, es zu schreiben, wußte ich, 'in etwa', wovon es handeln sollte.[†] Mir war aber nicht klar, wie ich das, was mir vorschwebte, hinschreiben könnte. Schon im Buchschreiben selbst bin ich unerfahren. Bisher hatte ich mich auf kleine Formate beschränkt. Das ist nun mein erstes 'richtiges' Buch und bleibt, so hoffe ich, mein einziges – jedenfalls das einzige von solchem Umfang. Von der Art eines Lehrbuchs würde es nicht sein können, das war von Anfang an klar; eine Lehre über die Dinge, um die es gehen wird, habe ich nicht. Klar war mir auch: Ein 'kritisch bestandsaufnehmender und zugleich produktiver Beitrag zum aktuellen philosophischen Forschungsstand' könnte es ebenfalls nicht werden. Viele der inhaltlichen Voraussetzungen und methodischen Selbstverständlichkeiten der Fachdiskussionen zu den Themen, um die es gehen wird, sind mir in den letzten Jahrzehnten allmählich zu fremd geworden, um die Zuversicht zu hegen, zu ihnen etwas beizutragen, das als sie 'befruchtend' gelten könnte. Warum, das kann ich vorab nicht in einem Wort sagen. Es wird im Fortgang der Überlegungen, hoffe ich, zunehmend deutlich. Vorweg-

† Einstrichige 'Hasenöhrchen' benutze ich als etwas, was im Englischen so hübsch als *shudder quotes* bezeichnet wird. Mit ihnen möchte ich allerdings nicht immer signalisieren, daß es mich grundsätzlich schaudert, das Wort in den Mund zu nehmen. Oft ist mit ihnen nur gemeint: in Ermangelung eines besseren als des eingeohrten Ausdrucks. (Doppeltstrichige "Gänsefüßchen" reserviere ich für das Zitieren eines Wortlauts.)

nehmend möchte ich hier ein paar Worte sagen, die mich selbst und auch die Sache, wie sie sich mir darstellt, betreffen.

Der Entschluß, überhaupt so ein Buch zu schreiben, fiel mir nicht nur deshalb schwer, weil ich zum Bücherschreiben nicht geboren bin, sondern auch aus 'inhaltlichen' Gründen. Die meisten Fragen, um die es hier geht, waren mir schon seit mindestens 40 Jahren geläufig. Anfangs nahm ich sie einfach als Fragen, von denen mich einige besonders faszinierten. Aber keine einzelne wäre mir viel gewichtiger gewesen als die andern. Es gab miteinander zusammenhängende Fragen, nicht 'die' Frage. Erst recht hatte ich keine philosophische Vision. Mir schwebte kein philosophisches System vor. Ich hatte kein 'Programm', das schrittweise in einzelnen 'Projekten' mit einer jeweils passenden 'Agenda' auszuführen wäre. Für dergleichen bin ich, so scheint mir, konstitutionell ungeeignet.

Irgendwann, in meinen Dreißigern, fiel mir auf, daß ich mich mit den Problemen, die mich faszinierten, und der Herangehensweise an sie, die mir besonders zusagte, in einem Gedanken- und Diskussionsumkreis bewegte, der von Visionen, Programmen und Projekten beflügelt ist – und von Anhängerschaften geprägt wird. Selbst von meinen Freunden, speziell meinen amerikanischen, wurde ich gelegentlich, als sei das das Natürlichste der Welt, aufgefordert, mich zu bekennen. "Andreas, are you a naturalist?" fragte mich einer von ihnen mal als erstes in der Diskussion nach einem Vortrag an der Ostküste. Er fragte mich das in seinem gewohnt herzlichen Ton. Allerdings hörte ich auch etwas Staatsanwaltliches, fast schon Inquisitorisches, heraus: "Antworte nur mit Ja oder Nein!" Damals sagte ich guten Gewissens Ja, und würde das auch heute wieder sagen. Es folgte ein Hin und Her an Nachfragen und Antworten; am Ende wurde mir beschieden, ich sei kein richtiger Naturalist, die rechte Linientreue fehle mir. Nun ja.

Allmählich fiel mir auf, daß viele Probleme, die mich in Bann geschlagen hatten, immer auf irgendwelche philosophischen 'Programme' und 'Projekte' bezogen werden: "Wer diese Frage überhaupt genauer untersucht, und zu dem-&-dem Ergebnis kommt, versucht, den Xianismus zu stärken. Wer sich jene Frage überhaupt im Ernst stellt, muß ein Yianer sein. Wer diese Argumentation zu entkräften versucht, zielt darauf ab, den Zianismus zu unterhöhlen." – Als, mit etwa 16, meine Verfallenheit an jene merkwürdigen 'philosophischen' Fragen eingesetzt hatte, waren mir Visionen und Ismen wurscht. Ich wollte einzelnen Fragen nachgehen, solchen, hinter denen ich Probleme sah, die mein Nachdenken provozierten – damals noch unbefangen.

Aber geht das denn auf die Dauer? Brauchte ich nicht, zumal inzwischen als Profi auf einem Lehrkatheder, eine große Linie? Tatsache ist, ich hatte keine. Hatte immer nur, und das auch über die Jahre schwankend, mitunter dezidierte Antworten auf einige eher kleine oder mittelgroße Fragen. – Doch fügt sich das denn alles zusammen, was ich mir zu diesem denke und zu jenem, und es an den besten mir bekannten Argumenten ausprobiere? Und falls es sich zusammenfügt: zu was? Und muß ich mir, gerade als Philosoph, nicht stets genau diese weiter ausgreifende, aufs Ganze bedachte Frage stellen?

*

Nach und nach glitt ich, ab Ende 30 vielleicht, in etwas von der Art einer ganz persönlichen philosophischen Krise: Was tue ich hier eigentlich, außer in diesem oder jenem Punkt rechtzuhaben, oder es wenigstens zu wollen? Worauf will ich eigentlich hinaus, wenn ich versuche, dieses eher kleinformatige Argument zu entkräften, jenes zu retten? – Es war eine lang anhaltende Gestimmtheit, mit der ich möglichst still zu leben und währenddessen weiter meine Arbeit zu machen hätte. Solange ich selbst nichts Besseres weiß, kann aus meiner eigenen gedanklichen Malaise nur Detaillistisches, philosophisch Steriles, entstehen. Ein Gefühl dieser Art hat mich über viele Jahre hinweg begleitet, und ganz verlassen hat es mich bis heute nicht.

Immer mehr beschäftigten mich, wie so viele in den letzten Jahrzehnten, Fragen der sog. Philosophie des Geistes. Thematisch kaprizierte ich mich auf das Glauben – ohne mich mit wohlbedachten Gründen dazu entschieden zu haben. Im Nachhinein war das eine gute Wahl: der Paradefall eines geistigen Grundphänomens, und auch gerade wegen seiner Einfachheit besonders opportun. (Das Wünschen, das Wollen, das Verstehen, das Sehen-als, das Sich-Erinnern, all das ist ja viel schwieriger.) Die schlichte, ja vielleicht einfältige Frage: *Was wissen wir – wir Philosophen – denn eigentlich wirklich über das Glauben?* hatte sich mir neu gestellt. Dazu könnte ich vielleicht etwas Zusammenhängendes zu sagen versuchen.

Für eine 'zweite Naivität' – die Hoffnung auf einen ganz frischen, unbefangenen, möglichst kindlichen Blick auf diese Dinge – war es allerdings zu spät in meinem Leben als Berufsphilosoph. Ich hatte zu viel gelesen, 'kannte' einfach zu viel, um all das Frühere einfach abschütteln zu können. Mir war klar, ich würde mich beim neuen Nachdenken weiter an dem orientieren und 'abarbeiten' müssen, was mir nun geläufig ist, darunter vieles, das mir früher glaubhaft, über Zeiten hinweg als geradezu einleuchtend, erschienen war. Das ich nun jedoch für falsch hielt. Nun ja, "falsch" trifft es nicht so recht. "Fehlorientiert" wäre vielleicht das passendere Wort. In manchem hielt ich es für geradezu lachhaft.

Eine 'Abrechnung', das war mir ebenso klar, würde ich aber auch nicht schreiben können. Zu den Themen, auf die der Titel dieses Buchs hindeutet, ist kaum etwas Nennenswertes 'streng' zu beweisen. Selbst das Falscheste, was darüber gesagt wird, läßt sich nicht 'widerlegen'. Ich jedenfalls kann es nicht. Sollte ich hie und da apodiktisch klingen, möge der Leser das meinem schriftstellerischen Temperament zurechnen.

*

Das Problem des Glaubens [*belief*] sei kompliziert und wahrscheinlich ganz und gar unlösbar, bemerkte T. S. Eliot einmal, und die Philosophen würden ihm heutzutage wohl vorbehaltlos zustimmen – zumindest dem ersten Teil.[†] Vermutlich würden sie darauf hinweisen, daß es allerdings nicht 'das' Problem des Glaubens gibt, sondern zahllose Probleme, die alle möglichen philosophischen Diszplinen und Arbeitsbereiche betreffen: die Logik, Ontologie, Erkenntnistheorie, Semantik, Rationalitätstheorie und insbesondere natürlich die Philosophie des Geistes. Wenn es in der zeitgenössischen Philosophie, in puncto Glauben, doch so etwas gäbe wie 'das Problem', dann läge es wohl in der metaphysischen Frage nach dessen 'Naturalisierbarkeit': Wie läßt sich das Glauben so konzipieren, daß es als ein Naturphänomen faßbar wird – eines, das sich einfügt in den Bereich der Phänomene, die (zumindest 'im Prinzip') einer rein naturwissenschaftlichen Betrachtungsweise zugänglich sind? So fragt einer, dem ein konkretes Phänomen, z.B. das Glauben, erst dadurch zu etwas 'wirklich Wirklichem' wird, daß er eingesehen hat, wie es sich 'vernaturwissenschaftlichen' läßt. So ging es mir aber nicht.

*

Bei all meiner eher achselzuckenden Einstellung gegenüber philosophischen Systemen zog mich systematisches Nachdenken (gemeint hier als Kontrast zu 'freiem', eher assoziativem Gedankennachgehen) sehr an. Ein für die Behandlung der betreffenden Frage zumindest provisorisch angenommener theoretischer Rahmen erleichtert es, 'systematisch' zu

† T. S. Eliot (1934, 51). Das Problem, das er meint, betrifft allerdings keine Frage, die das philosophische Denken der letzten hundert Jahre besonders bewegt hat: Kann es für den künstlerischen Rang der Werke eines Dichters von Bedeutung sein, ob er die philosophischen Lehren glaubt, die in seine Gestaltung einfließen?

denken. Eine Theorie, die man hat oder anstrebt, hat das Schöne, solches Denken zu befördern und zu beflügeln. Dazu muß sie ja nicht gleich ganz groß sein, kein 'System'. Brauchte ich nicht, als mindestes, die eine oder andere, sei's auch 'kleinere' Theorie, zugeschnitten auf den jeweiligen Themenbereich, dessen Fragen mich beschäftigen?

Manches, was mir zu einzelnen Problemen aus dem Wespennest an Fragen, die das Thema Glauben mit sich bringt, anfangs noch durchaus plausibel vorkam, erschien mir damals vielleicht deshalb so, weil ich mich insgeheim nach 'klaren und sauberen Lösungen', und deshalb auch nach einem theoretischen Rahmen, eben doch so sehr sehnte, daß ich bereit war, allerlei 'kleinere' Merkwürdigkeiten mein Denken zeitweilig orientierender Theorien zu schlucken und damals noch einen diesbezüglich belastbaren Magen hatte. Einiges wurde mir im Laufe der Zeit zunehmend unheimlich – insbesondere auch der Umstand, daß gerade die besonders faszinierenden philosophischen Thesen über das Glauben oft von dem Hinweis begleitet waren, sie ergäben sich schon aus dessen Begriff: wenn man ihn denn nur recht begreife und sorgfältig bedenke. Solche Hinweise werden manchmal mit einem gewissen Aplomb vorgetragen; manchmal fließen sie nur nebenbei ein.

*

Nachdem mir dann diese Berufung auf das Begriffliche einmal aufgefallen war, erwachte meine Aufmerksamkeit auf die Art von Fragen, von denen dieses Buch vornehmlich handelt. Es regten sich damit, eher unversehens, auch allerlei Zweifel an Antworten, die mir vorher genügt hatten. Allmählich bildete sich in mir der Gedanke, daß auch Philosophen, die wir uns so gerne etwas auf unser begriffliches Feingefühl einbilden, von gewissen theoretischen Vorlieben, unterschiedlicher Art und Herkunft, so besessen sein können, daß wir den bloßen Begriff der Sache aus den Augen verlieren, sobald wir partout eine 'philosophische Theorie' über sie machen wollen. Die Zweifel, die mir damals kamen und bis heute bleiben, sind weißgott nicht sonderlich originell. Das wußte und weiß ich.

Mir dämmerte, sehr langsam – es hat lange Jahre gedauert – dann auch, daß mir eines undeutlich war: was eigentlich so eine 'Theorie' sein möchte, zu deren Problemen ich mir klare und saubere Lösungen wünschte. Was genau soll sie eigentlich erklären? Was für Hypothesen hätte sie, welches wären ihre Daten, wie würde sie beides aufeinander beziehen? Was sollte ein naturwissenschaftlich unbeleckter Philosoph, wie ich zum Beispiel, etwa zu einem 'Naturalisierungsprojekt' beitragen? (Oder von mir aus auch einer, der nennenswert viel davon versteht?) Was könnte uns dabei überhaupt klarer werden – außer zum Beispiel etwas, das ohnehin völlig klar ist: daß das allgemeine Projekt einer 'Naturalisierung des Geistigen' ermüdend mühselig wird, sobald man ernsthaft versucht, es an sei's auch besonders einfachen Beispielen einzelner geistiger Phänomene konkret durchzuexerzieren. Das ist jedem Naturalisten oder wenigstens Möchtegern-Naturalisten, der die Debatten der letzten Jahrzehnte verfolgt hat, ohnehin deutlich. Ich bin so einer.

Mein naiver, 'intuitiver', nicht aus Theorien gespeister und jedenfalls durch keinerlei solide naturwissenschaftliche Kenntnisse fundierter Glaube an die Natürlichkeit des Geistigen hat unter dem Druck dieser Fragen nie gelitten. Bis heute nicht. Wohl aber mein Glaube an ein philosophisches Projekt, das auf eine 'philosophische Theorie' des Geistigen abzielt – am besten eine, aus der dessen Naturalisierbarkeit ('Vernaturwissenschaftlichbarkeit') klar ersichtlich wird. Damit meine ich nicht den Glauben an die konkrete Durchführbarkeit solch eines Vorhabens – an irgendeine Ausführung zugleich en detail und lege artis. (Den hat ja wohl ohnehin kaum jemand, der sich ein bißchen auskennt.) Vielmehr meine ich damit meine vormals treuherzig übernommene Mainstream-Vorannahme, da sei überhaupt ein leidlich klares Theorie-Projekt. – Ansetzen lasse sich, dachte und denke ich, an diesem Punkt: Was auch immer man sich von der angestrebten Theorie sonst noch erwarten mag, zumindest sollte sie ja wohl, in der für 'philosophische Theorien' typischen Allgemeinheit und Grundsätzlichkeit, Auskunft zum Beispiel auch darüber geben können, was das ist: das Glauben.

Müßte dazu aber nicht der Begriff, den wir von ihm haben, deutlich genug sein? Doch ist er das? Läßt sich vielleicht über ihn, den Begriff, etwas von der Art einer Theorie entwickeln – wenn man denn partout auf diesem abgeschundenen Wort beharrt? Eine 'Theorie', mit deren 'Hypothesen' allerdings nicht darauf abgezweckt wird, schon irgendeine philosophische Vorform spezifisch wissenschaftlicher Vermutungen zu liefern. Zum Beispiel solche einer neurobiologisch informierten Psychologie des Glaubens, oder gar einer Biologie des Glaubens? (Welchgleichen es noch gar nicht gibt, so weit ich weiß.) Oder läßt sich – Theorie hin oder her – etwas vielleicht nicht sonderlich Systematisches, aber punktuell leidlich Definitives wenigstens darüber sagen, von welcher Art dieser Begriff selbst ist, ob es, zum Beispiel, unantastbare Kriterien für seine gesicherte Zusprechung bzw. Absprechung gibt, und in welchen aufschlußreichen Beziehungen er zu andern Begriffen steht? Dann aber auch: Wie könnten möglichst 'rein' begriffliche Untersuchungen zu einem gewöhnlichen realen Phänomen fruchtbar sein? Für wen? Für was? Geht das nicht in die falsche Richtung? Oder schlimmer noch: Wäre das nicht richtungslose Denkelei?

*

Dadurch, daß sich mir solche Fragen stellten, hat meine Haltung zu der Art des Philosophierens nicht gelitten, die mir bis heute am meisten zusagt. Das ist eines, das – obwohl, in meinem Fall, nicht sonderlich systematisch und nicht von theoretischen Ambitionen geleitet – um eine gewisse gedankliche Disziplin bemüht ist. Jedenfalls darum, aus sich selbst kein eigenständiges Mysterium zu machen, das dem Leser am Ende noch undurchdringlicher sein soll als die Fragen, von denen zu handeln es vorgibt.

Ein weiser älterer Freund hat mir vor Jahren, wir waren etwa beim vierten Glas Wein, einmal dargelegt (gutgelaunt, aber nicht ganz unernst – mir gegenüber verliert er den Ernst nie ganz), wie eine auf Deutsch verfaßte philosophische Arbeit anzulegen sei: ein Teil, den jeder versteht; einer, den nur die Eingeweihten verstehen; und einer, den nicht einmal der Autor selbst versteht. Ich versuche, den dritten Teil ganz auszusparen und den zweiten nach Kräften klein zu halten.

*

Die nachfolgenden Überlegungen nenne ich, nicht ohne schlechtes Gewissen, einen Essay. Darin steckt eher eine Ausrede als eine Zuordnung zu einem wohlumreißbaren Genre philosophischer Texte. Meine Frau, die mich über Jahre hinweg am Schreibtisch sitzen sah, lachte auf, als ich ihr einmal sagte, ich schreibe einen Essay. Dann beschied sie mir streng: Essays seien kurz und wenn doch etwas länger, dann jedenfalls süffig zu lesen. (Wobei sie wohl nicht an Locke dachte; und schon Montaigne liest sich ja manchmal eher zäh.) Daß beides auf dieses Buch nicht zutrifft, sieht man sofort, wenn man nur hineinblättert. Dennoch, ich widerspreche. Ein Essay, finde ich, muß dem Leser nicht unbedingt Hängemattenbehaglichkeit bieten. Er darf ihn auch auf einen längeren, stellenweise anstrengenden, gedanklichen Spaziergang mitnehmen, etwa in einem Park.

Der spezielle, an den ich dabei denke und in dem ich seit über 30 Jahren gerne herumgehe, hat nach Osten hin einen von Lindenbäumen gesäumten Kanal; dann, wenn man in ihn eintritt, eine gezirkelte, durchkomponierte, mit Götterstatuen auf Podesten gezierte, täglich gepflegte französische Zone; nach Westen hin ist er umgeben von einem englischen Teil, in dem manches (allerdings auch das nur unter gärtnerischer Aufsicht) vor sich hinwachsen und sogar verrotten darf. Und er hat auch ein paar Ahas, die einen Blick in freiere Landschaft gestatten. Man geht los, einfach so, ohne greifbares Ziel, mit kaum mehr als dem Wunsch, danach wieder 'safe and dry' zuhause anzukommen, ein bißchen belebt und vielleicht mit ein paar andern Gedanken als denen, mit denen man losgegangen ist. Über die meiste Zeit des Jahres ist es so: trocken, der Wind weht durchgehend kühl, aber nicht heftig. Man überläßt sich, in Maßen, dem Zufall: Es gibt keine vorab festgelegte Route; erst unterwegs wird sich ergeben, an welchen Kleinigkeiten man stehenbleibt, um genauer hinzuschaun, und an welchen Grandiositäten man dann eher achtlos vorbeigeht, weil sie allzu gut bekannt sind, um sie auch diesmal wieder zu würdigen.

Von dieser Art ist dieses Buch. Es ist zu lang, und ich wünschte, das wäre sein ärgster Fehler. Trotz des Essayistischen ist es nicht ganz ohne roten Faden, oder besser: rötliche Fäden. Einen bildet mein Realismus, ein vorbehaltloser Realismus, zum Kern der Sache: Glauben gibt es wirklich. Ein anderer ist aus der Frage gesponnen: Was wissen wir eigentlich über das Glauben, wenigstens über unser ganz eigenes? Meine Überlegungen setzen an folgendem Punkt an: Einiges jedenfalls wissen wir, und zwar solches, das sich aus seinem Begriff ergibt. Was ist das für ein Begriff? Unumstritten ein Grundbegriff jeder modernen Erkenntnistheorie. Viele würden heute sagen, es sei der Grundbegriff. Aber fast alles, was wir 'definitiv' über ihn sagen können, beruht auf Wahrheiten, die sozusagen in sich selbst diffus sind. Was ergibt sich daraus für unser Wissen über das Glauben, auch über unser eigenes? Auch über das, das wir in diesem Moment, jetzt, haben?

Meine Gedankengänge führen mich selten zu mehr als probeweisen Antworten. Diese zielen auf nichts von der Art einer 'Theorie' des Glaubens, und ebensowenig auf definitive Aburteilungen von theorie-ambitionierten Auffassungen. Auch wird kein 'neues Bild' propagiert. Letzteres brauchen wir nicht, denke ich. Wir haben ja auch jetzt keines und kommen, selbst in der Philosophie, ohne eines zurecht. Ersteres, das Projekt einer 'Theorie des Glaubens', ist am Ende womöglich nur eine Chimäre. – In meine Gedanken zu diesem Buch ist im Laufe der vielen Jahre einiges Herzblut eingeflossen. Ich hoffe, man merkt es ihm nicht an. Wo doch, bitte ich den Leser um Nachsicht und verweise ihn darauf, daß in einem Essay eben auch das erlaubt sein darf.

*

Nun, wo es an das heikle Geschäft des Dankens im Vorwort geht, denke ich mit einer gehörigen Beimischung von Sentimentalität zunächst einmal an Freunde, die mein Nachdenken über viele dieser Themen seit langem so sehr beeinflußt haben, daß mir das bis heute gelegentlich lebhaft spürbar wird. Nicht selten widerfährt mir das: Ich grüble an etwas herum oder suche nach einer passenden Weise, einen Gedanken klar auszudrücken – und einer von ihnen fällt mir ein. Mit ihnen konnte ich (mit einigen von ihnen kann ich noch immer) Gespräche führen, wie sie mir gefallen und erst nach Jahren des Miteinandervertrautseins entstehen können, und auch dann oft erst nach dem zweiten Glas: bis ins Albernde hinein offenherzig, in der Sache gelegentlich unverblümt konfrontativ und mit harten Bandagen. Dank also an †Fred Dretske, †Paul Grice, Rolf-Peter Horstmann, Wolfgang Künne (er albert nicht beim Philosophieren), †Brian Loar, Tobias Rosefeldt, Eike von Savigny, Stephen Schiffer (in seinem Glas stets Wasser), Hans-Peter Schütt und Wolfgang Spohn.

Als dieses Buch allmählich Gestalt annahm, haben mir viele mit ihren Kommentaren zu Textausschnitten dabei geholfen, es in die Fassung zu bringen, die es nun hat. Ihre Hinweise auf Fehler, Lücken und Unklarheiten und ihre guten Ratschläge habe ich dankbar aufgenommen, manche der letzteren in den Wind geschlagen. Was meinen Dank nicht mindert, meinen Dank an: Thomas Arnold, Wolfgang Barz, Wolfgang Carl, Jan Claas, Lars Dänzer, Manfred Frank, Wolfgang Freitag, Thomas Grundmann, Manfred Harth, Thomas Hofweber, Rolf-Peter Horstmann, Asher Jiang, Geert Keil, Wolfgang Künne, Jens Kulenkampff, Ann Christine Mecke, Felix Mühlhölzer, Christian Nimtz, Claudia Nissle, Dominik Perler, Richard Roth, Matthias Schürmann, Wolfgang Spohn, Marcus Willaschek und Julia Zakkou. – Für Ermunterung und einfühlsamen Zuspruch, deren ich zwischendurch immer mal wieder bedurfte, danke ich Dieter Henrich, Hartmut von Hentig, Rolf-Peter Horstmann, Vittorio Klostermann, Wolfgang Spohn und Michael Welker. Für das unerbittlichste Drängen, nun endlich einmal fertig zu werden, danke ich Birgit, meiner geliebten Frau. – Dank einer ganz andern Art geht schließlich an die Volkswagenstiftung, die mir mit einem überaus großzügigen Stipendium zwei unbeschwerte Jahre mit vielen Parkspaziergängen geschenkt hat.

SYNOPSIS

Das Buch hat nur Kapitel, ließe sich aber in drei oder vier Teile gliedern. Ein erster reicht bis zum fünften Kapitel. Der 'Fachkenner' dürfte in ihm kaum etwas Neues finden, sondern nur den Versuch, meine Herangehensweise in das Spektrum des ihm Bekannten einzuordnen.

Wie weit der nächste Teil sich erstreckt, ist mir weniger deutlich. Darin setze ich mich mit heute vorherrschenden Charakterisierungen von Wesensmerkmalen des Glaubens auseinander. Das reicht bis zum zehnten oder elften Kapitel, in dem die bis dahin gepflegte Sterilität einer möglichst 'reinen', ausschließlich an vortheoretischen Begriffen orientierten Betrachtung zaghaft verlassen wird. (Die Kapitel 9, 10 und 11 sind deutlich länger geraten; es sind sozusagen Essays im Essay.)

Spätestens mit dem zwölften Kapitel beginnt ein dritter Teil. Es tritt nun auch eine Frage in den Vordergrund, die die ganze Untersuchung von da an mitleiten wird: Gibt es eigentlich Wissen über das Glauben – wenigstens dann, wenn wir uns auf den diesbezüglich prima facie verheißungsvollsten Fall konzentrieren: unser höchstpersönliches, 'ganz eigenes' Glauben, in einem sei's auch noch so kurzen Moment, in dem wir es haben? Diese Frage wird alles Weitere mitbestimmen.

Ab Kapitel 16, vielleicht wäre das der Beginn eines vierten Teils, geht es dann auch um das eigentümliche Verhältnis von Wissen und Bewußtsein, am Beispiel des eigenen Glaubens durchexerziert, und um die These, dem Begriff des Glaubens wohne ein normativer Bezug auf Wahrheit oder Rationalität inne.

Dreierlei prägt die Gedankengänge in diesem Buch. Erstens, und von Anfang an, sind sie durchzogen von einer vorbehaltlos (manche würden wohl sagen: naiv) realistischen Grundhaltung: Zumindest wir Menschen sind wirklich und wahrhaftig Wesen, die glauben. Ob strenge Wissenschaft, wie wir sie bisher kennen, dies einfangen kann, bleibt dahingestellt. (Vulgärer Neuro-Szientismus, der die Wirklichkeit des Glaubens leugnet, wird nur am Rande behandelt.) Zweitens zielen viele Überlegungen ab auf eine Diagnose, die erst spät gestellt werden kann: Ideen, die Zweifel an der 'vollen' Realität des Glaubens nähren könnten, gründen in einem theoretizistischen Mißverständnis des Begriffs, den wir von ihm haben. Und drittens fließt in manche Überlegungen ein Befund ein, der erst ganz gegen Ende erreicht wird: Endgültig verifizierbares, 'absolut sicheres' Erfahrungswissen vom Glauben gibt es nicht, wohl aber gelegentlich – und bei etwaigem Bedarf: jederzeit – Bewußtsein vom eigenen Glauben.

*

Kapitel 1 – Hierin geht es um Einführendes inhaltlicher und methodischer Art: Glauben ist ein eigenständiges Geistesphänomen von so grundlegender Art, daß unser Begriff davon keine reduktive Zergliederung in grundlegendere Begriffe zuläßt. Einige allgemeine Bestimmungen werden kurz betrachtet. Es wird unterschieden zwischen einer Untersuchung des Begriffs und einer Erforschung des Phänomens Glauben. Einige Fragen werden erörtert: Was ein Begriff ist; inwiefern sprachliche Gegebenheiten aufschlußreich sind für begriffliche Zusammenhänge, obwohl Begriffe nichts Sprachliches sind; woran sich die Untersuchung eines Grundbegriffs orientieren muß und welche Rolle Gedankenexperimente dabei spielen können.

Kapitel 2 – Ein Kriterium für begriffliche Wahrheit wird formuliert. Nur die grundlegenden unter diesen Wahrheiten sind trivial und jedem sinnvollen Streit entzogen. Neue Einsicht über begriffliche Zusammenhänge ist möglich und von einer Begriffsrevision zu unterscheiden. Einige begriffsskeptische Auffassungen werden zurückgewiesen.

Kapitel 3 – Derjenige allgemeine Begriff des 'propositionalen' Glaubens, der den Gegenstand der Untersuchungen bildet, wird insbesondere auch durch Abgrenzung gegen eine Reihe von Begriffen näher umrissen, die sich auf glaubensähnliche Phänomene erstrecken.

Kapitel 4 – In Hinblick auf die weiteren Untersuchungen werden einige Unterscheidungen gemacht und entsprechende Termini eingeführt. Ein Kriterium für die Verschiedenheit von Überzeugungen wird vorgeschlagen.

Kapitel 5 – Einige bis ins 20. Jahrhundert hinein einflußreiche Auffassungen über die Natur des Glaubens werden betrachtet. Fast alle vermischen das Glauben mit dem Urteilen.

Kapitel 6 – Die These, daß das Glauben ein reales Phänomen ist, wird genauer formuliert, erläutert und gegen szientistische Leugnungen der Wirklichkeit des Glaubens verteidigt.

KAPITEL 7 – Es geht darin um zwei Fragen: Erstens, welchen Bedingungen muß etwas genügen, damit es zumindest ‘im Prinzip’ geglaubt werden könnte? Zweitens, welchen Bedingungen muß ein beliebiges Etwas genügen, damit es zumindest ‘im Prinzip’ möglich ist, auf es den Begriff des Glaubens anzuwenden? Die Erörterung der zweiten Frage mündet in eine Auseinandersetzung mit konträren Extremauffassungen. Der einen zufolge ist Sprachbesitz eine begrifflich notwendige Bedingung dafür, daß ein Wesen glauben kann. Der andern zufolge ist der Begriff des Glaubens auf jedes belebte Wesen und auch jedes unbelebte Ding anwendbar, solange dadurch bessere Prognosen seines Verhaltens ermöglicht werden. Beide Konzeptionen werden zurückgewiesen.

KAPITEL 8 – Das Spektrum der zeitgenössischen Auffassungen zur Frage nach der Realität des Glaubens wird durchmustert. Es reicht von der uneingeschränkten Leugnung des Phänomens Glauben bis hin zu der These, jedes einzelne Glauben sei im Gehirn des Glaubenden separat realisiert. Die Untersuchung konzentriert sich auf Konzeptionen, die zwischen Realismus und Anti-Realismus schillern. Der sog. Interpretationismus wird sorgfältiger betrachtet und zurückgewiesen.

KAPITEL 9 – Zeitgenössische Standard-Einordnungen des Glaubens werden daraufhin untersucht, inwieweit sie aus dem Begriff des Glaubens begründbar sind. Viele sind es nicht. Die Bestimmung des Glaubens als einem seinem Begriffe nach ‘funktionalen’ Zustand erweist sich in einer bestimmten Lesart als plausibel, in andern als unhaltbar. Ob es seinem Begriffe nach ein ‘innerer’ Zustand ist, ist unentscheidbar. Daß es ein ‘geistiger’ Zustand ist, steht außer Frage. Ein Sinn, in dem das wahr ist, verweist auf Fragen, die erst ab dem 13. Kapitel wieder aufgenommen werden.

KAPITEL 10 – Nicht-triviale begriffliche Wahrheiten über Geistigkeit, auch über das Glauben, stehen unter der Einschränkung auf menschliche Normalität. Die entsprechenden Generalisierungen lassen Spielraum für den Konflikt zwischen eher rationalistischen und eher empiristischen Ausdeutungen. Die Normalitätseinschränkung ist inhaltlich undeutlich und unpräzisierbar. Doch ist sie weder gehaltlos noch beseitigbar. Normalität im hier relevanten Sinn kann nicht verifiziert, muß aber präsumiert werden, wann immer wir von jemandem mit gutem Grund sagen möchten, er glaube genau das-&-das.

Kapitel 11 – Ein allgemeines Kriterium für die Zuschreibung propositionalen Glaubens wird formuliert. Es verweist auf die bestmöglichen Gründe, die wir dafür haben können, einem Andern eine spezifische Überzeugung zuzuschreiben. Dieses Kriterium setzt sprachliche Verständigung voraus. Daß seine Anwendungsvoraussetzungen erfüllt sind, ist niemals definitiv feststellbar, kann nur präsumiert werden. Wissen in einem 'strengen' Sinn ist vom Glauben eines andern Menschen deshalb nicht möglich.

Kapitel 12 – Der semi-technische Terminus "urteilen" wird eingeführt und zu dem Begriff des Glaubens in Beziehung gesetzt. Urteilen ist ein geistiger Akt des Als-wahr-Anerkennens. Wer ihn vollzieht, ist sich dabei dessen bewußt, daß er in diesem Moment glaubt, was er als wahr anerkennt. (Von welcher Art dieses Bewußtsein ist, wird im 16. Kapitel erörtert.)

Kapitel 13 – Im neunten Kapitel hatte sich ergeben, daß der Glaubende in einer besonderen epistemischen Beziehung zu seinem eigenen Glauben steht. Von nun an gerät die Frage in den Fokus, ob er Wissen von seinem gegenwärtigen Glauben hat. Hier wird zunächst erörtert, ob es 'Selbst-Glauben' (ein Glauben-daß-ich-glaube) überhaupt geben kann. Die bejahende Antwort wird begründet, gegenläufige Argumente werden zurückgewiesen.

Kapitel 14 – Was wir glauben zu glauben, glauben wir auch. Ohne Einschränkung ist das falsch, aber mit der ohnehin zu machenden Einschränkung auf normale menschliche Gegebenheiten ist es begrifflich wahr. Dies wird gegen einige Einwände verteidigt.

Kapitel 15 – Die sog. Aufstiegsthese wird untersucht: Wer etwas glaubt, glaubt auch, daß er es glaubt. Es wird begründet, daß diese These zumindest keine apriorische Wahrheit ist.

Kapitel 16 – Daß wir eine bestimmte Überzeugung haben, kann uns bewußt sein. Dieses Bewußtsein muß nicht gedanklich vermittelt (nicht 'reflexiv') sein. Eine andere Form von Bewußtsein, ich nenne es 'unthematisch', ist grundlegend. Es wird begründet, daß Glaubensbewußtsein in Akten des Urteilens besteht und kein Wissen vom eigenen Glauben ist.

Kapitel 17 – Wir haben keine Überzeugungen, die von jederlei Einfluß auf unser geistiges Leben abgeschottet sind. Daraus ergibt sich ein Argument gegen die Existenz mehrfach verschachtelter Überzeugungen über das eigene momentane Glauben.

Kapitel 18 – Vielerlei Formen der Unsicherheit über das eigene momentane Glauben sind möglich. Genuiner Zweifel an ihm ist jedoch unmöglich. Dessen Unmöglichkeit beruht nicht auf einer unvermeidlichen Normativität des Fragens nach dem eigenen Glauben.

Kapitel 19 – Zwei Formen gesteigerter Bereitschaft zum Glauben über das eigene Glauben werden näher betrachtet: eine unmittelbare und eine reflexionsbasierte. Einige ihrer Beziehungen zueinander und zum Glauben werden herausgearbeitet.

Kapitel 20 – Der Glaubende besitzt jederzeit Kenntnis von seinem gegenwärtigen Glauben. Diese Kenntnis, sog. Erste-Person-Autorität, ist kein Wissen und setzt keines voraus. Sie beruht darauf, daß zum Glauben die Fähigkeit gehört, sich jederzeit seines Glaubens bewußt zu werden. Die besondere epistemische Beziehung zum eigenen momentanen Glauben ist kein Wissen. Wissen vom eigenen Glauben ist möglich, aber es ist gewöhnliches empirisches Wissen, das keinen erkenntnistheoretischen Sonderstatus hat.

Kapitel 21 – Glauben ist weder seinem Begriffe noch seinem natürlichen Wesen nach normativ. Unsere positiven und negativen Wertungen hinsichtlich der Qualität von Überzeugungen beruhen weitgehend, aber nicht ausschließlich, auf Vorstellungen, die wir von rationalem Glauben haben. Eine Konzeption des Glaubens im Rahmen philosophischer Projekte einer 'Theorie des Geistes' muß sich an vernünftigem und in andern Hinsichten 'gutem' Glauben orientieren. Daß nur leidlich gutes Glauben einer systematisch-theoretischen Behandlung zugänglich ist, ist jedoch kein Hinweis darauf, daß dem Glauben selbst die Tendenz innewohnte, so zu sein.

1. EINLEITENDES

Was Glauben sei, diese Frage läßt wohl als erstes an religiösen Glauben und andere Arten des Gläubigseins denken. Gegenstand unserer Betrachtungen wird jedoch nicht derartiger Glaube im besonderen sein, sondern das Glauben insgesamt. Daher wird auch eine andere Sonderform nicht gesondert behandelt: solches Glauben, das zugleich Wissen ist. Über die Jahrtausende hinweg standen diese beiden Ausprägungen, gläubiges und wissendes Glauben, wie selbstverständlich im Zentrum philosophischer Reflexion. Der Frage nach dem Wesen und Begriff des Glaubens schlechthin wurde, bis vor etwa hundert Jahren, kaum einmal mehr als beiläufige Aufmerksamkeit zuteil. Heute gilt sie innerhalb der theoretischen Philosophie als eines ihrer Schlüsselthemen. Was ist Glauben – ganz gleich, was geglaubt wird, wie es geglaubt wird und warum es geglaubt wird? Gleichgültig, ob es Vergangenes betrifft, Gegenwärtiges oder Künftiges, Einzelnes oder Allgemeines, Konkretes oder Abstraktes, Wirkliches oder nur Mögliches, vielleicht auch Unmögliches, Eigenes oder Fremdes, Natürliches oder Übernatürliches, Nichtiges oder Wichtiges, Überprüfbares oder Unentscheidbares. Gleichgültig, ob es zutreffend ist oder irrig, stark oder schwach, reflexhaft oder reflektiert, bewußt oder unbewußt, vernünftig oder unvernünftig – womöglich wider alle Vernunft.

Welche Gründe gibt es, einem so allgemein gehaltenen Begriff des ‘Glaubens insgesamt’ eigenständige philosophische Bedeutung beizumessen? Nun, zunächst einmal ist er unverzichtbar für jede Konzeption von Geistigkeit und Rationalität. Und somit auch für alles, in dem menschliches Begreifen vorausgesetzt ist. Denn wir müssen, auf welche Weise auch immer, glauben, um überhaupt irgendetwas begreifen zu können. Ohne zu glauben hätten wir keine Sicht der Dinge, nicht einmal eine falsche. Das reicht bis ins Kreatürliche. Um etwas als bedrohlich zu empfinden – es nicht nur visuell zu registrieren und instinktiv mit Flucht oder Angriff darauf zu reagieren –, müssen wir glauben können: glauben, daß es eine Gefahr ist. Erst recht verhält es sich so, wenn es darum geht, etwas nicht nur wahrzunehmen, sondern auch zu verstehen. Um gar einen Menschen – auch uns selbst – zu verstehen, oder auch nur etwas, das er tut, müssen wir versuchen zu begreifen, was er glaubt, und möglichst auch, warum er es glaubt. Ohne einen Begriff davon bleiben uns seine

Sicht der Dinge und die Gründe, die er für sie und sein Handeln hat, verschlossen. Nur wer glaubt, kann Gründe haben; wer Gründe haben kann, muß glauben können.

Noch allgemeiner gesprochen: Schlechthin nichts scheint denkbar, das in einem sei's auch nur geringen Maße geist- und vernunftbegabt ist und sein Tun auf die wechselnden Gegebenheiten der Welt abstimmen muß, das aber nichts für wahr und nichts für falsch hielte. Von Kognition, Rationalität, und vielleicht auch von Geist insgesamt, läßt sich überhaupt nur da sprechen, wo Glauben vorausgesetzt wird. Ohne Glauben kein Wissen: Man weiß nichts, wenn man es nicht auch glaubt. Ohne Glauben keine Rationalität, keine Orientierung im Denken und Tun. Eine Überlegung, Entscheidung, Handlung oder Lebensführung – zumal eine 'vernünftige' – gibt es nur, wo sie leidlich sinnvoll auf das bezogen ist und möglichst im Einklang damit steht, was man glaubt.

Ein Mensch, der gar nichts glaubte – also auch nichts als falsch verwürfe –, wäre nicht nur mental reduziert, so wie einer das wäre, der kein bildliches Vorstellungsvermögen hat. Vielmehr stellte sich die Frage, welche unserer Begriffe für Geistiges dann überhaupt noch angemessen auf ihn anzuwenden wären. Innige Verbindungen zu dem, was wir glauben, durchziehen die Gesamtheit unseres geistigen und geistgeprägten Lebens. Erinnerung, Erwartung, Planung, Entscheidung, Lernen, Wahrnehmung und Wollen, ja, all unser gewöhnlichstes Tun wären etwas anderes – man wüßte nicht zu sagen, was –, wenn sie keine Verbindung zum Glauben hätten.

Ohne Glauben gäbe es kein Denken. 'Gedankliche' Prozesse, für die es keinen Unterschied machte, ob die in ihnen auftretenden Gedanken für wahr gehalten werden, wären richtungslose Abfolgen, nur eine Parodie menschlichen Denkens. Dasselbe gilt für unser Tun, und damit meine ich nicht nur wohlbedachte und mit Bewußtsein vollzogene Handlungen. Vieles von dem, was wir zwar 'gedankenlos' oder 'geistesabwesend' tun, ist kein unwillkürliches, reflexhaftes Verhalten, sondern ebenfalls getragen davon, was wir glauben und wollen. Es scheint: Wie die Empfindungsfähigkeit eine Grundbedingung für Bewußtsein ist, so das Glaubensvermögen eine für Geist.

*

Nun ist das Glauben aber, zumal im Vergleich zum Wissen, in vielerlei Hinsicht etwas reichlich Anspruchsloses. Es stellt sich oft wie von selbst ein, ohne geistige Leistung oder gar Anstrengung. Etwas zu glauben, es 'bloß zu glauben', muß ja nicht mehr sein als eine Ansicht dazu zu haben.

Ansichten sind so billig zu haben, daß wir sie uns gelegentlich in ungesunden Quantitäten zueigen machen, sie dann aber ebenso achtlos wieder verlieren, oder uns bewußt von ihnen trennen, sobald sie uns nicht mehr zusagen. Etwas für wahr zu halten, das gelingt oft mühelos. Erst wenn sich uns die Frage "Wirklich wahr, oder doch falsch?" stellt und uns einer geistigen Anstrengung wert ist, zielen wir auf Wissen ab. Erst wenn wir glauben, Wissen zu haben, ist es uns der weiteren Mühe wert: es zu bewahren. Das Gedächtnis vergleichen wir gerne mit einem Aufbewahrungsort und nennen es dann wie selbstverständlich einen Wissensspeicher. Schon die Rede von einem 'Glaubensspeicher', wiewohl sachlich passender, käme uns merkwürdig vor. Erinnerung, die diesen Namen verdient, ist uns stets eine Form des Wissens. Wir haben nicht einmal ein Wort für die Bewahrung auch dessen, von dem wir selbst wissen, daß wir es nur glauben, aber nicht wissen. Vieles mehr ließe sich finden, das darauf hindeutet, daß wir Glauben nur im Schatten des Wissens ansiedeln. Erst Wissen, so scheint es, ist das, was zählt.

Hat bloßes Glauben – eines, das nicht zugleich auch Wissen, oder 'beinahe' Wissen ist – überhaupt einen Wert? Ist es mehr als ein Surrogat, mit dem wir uns begnügen müssen, solange die Bemühung um Wissen erfolglos ist oder gar nicht unternommen wird? In solchen Fragen klingt an, warum das Glauben, solange es nichts als Glauben ist, für nebensächlich gehalten werden mag. Und wenn es trotzdem zum Gegenstand philosophischen Nachdenkens gemacht wird, dann – so mag es scheinen – muß dieses doch am Begriff des Wissens orientiert sein. Wie könnte man versuchen, über das Glauben begriffliche Klarheit zu gewinnen, ohne es darauf zu beziehen, was es seinem Wesen nach doch anscheinend sein *soll*: nämlich Wissen? Die These ist dann: Was Glauben seinem Begriffe nach ist, läßt sich nur im Lichte des Wissensbegriffs erfassen; dieser sei, zumindest für den Gang solch einer Untersuchung, der grundlegendere.

Hier ein erster Versuch der Erwiderung: Wissen ist vielleicht nur ein unerreichbares Ideal, Glauben hingegen eine unleugbare Realität, die nicht einmal der Skeptiker in Zweifel ziehen möchte. Der mag in Frage stellen, daß wir überhaupt etwas wissen. Doch daß wir vielerlei glauben, muß selbst er voraussetzen. (Wer etwas bezweifelt, muß anderes glauben: irgendetwas, das seinem Zweifel einen Anlaß oder einen Grund gibt.) Mithin muß eine philosophische Untersuchung zu diesem Thema ihren Ausgang eben doch beim Glauben nehmen. Von Wissen – etwas, das der Mensch vielleicht gar nicht haben kann – sollte in ihr möglichst gar nicht die Rede sein.

Doch diese Replik wäre ein Mißverständnis. Auch wenn sich – wir wissen es nach Jahrtausenden des Streits immer noch nicht – kohärent bestreiten lassen sollte, daß es Wissen überhaupt gibt, könnte es dennoch notwendig sein, den Begriff des Wissens heranzuziehen, um den des Glaubens angemessen zu erfassen. Wissen könnte eine Art Ideal-Konstrukt sein, ohne das sich Glauben gar nicht begreifen läßt.

Schließlich haben wir ja zahllose Begriffe, deren reale Exemplifizierbarkeit unmöglich oder umstritten ist, auf die aber dennoch andere Begriffe wesentlich bezogen sind, die in dieser Hinsicht vergleichsweise unproblematisch sind. So ist der Begriff eines Billardballs auf den der Kugel bezogen, oder der eines Medikaments auf den der Gesundheit. Wer begriffen hat, was eine Kugel ist, dem ist klar, daß es in der physischen Realität keine Kugeln geben kann, nur Annäherungen. Dennoch, ohne den präzisen Begriff, 'die Idee', einer Kugel ließe sich der eines Billardballs nicht angemessen erfassen. (Und irgendeine sei's auch verschwommene Idee von Gesundheit spielt wohl in unsern Begriff des Medikaments hinein, auch wenn umstritten ist, ob es einen brauchbaren Begriff von Gesundheit überhaupt gibt.) Verhält es sich beim Glauben nicht ebenso? Dominiert nicht irgendeine Idee von Wissen, sei sie präzis oder vag, unser Verständnis davon, was Glauben ist? Muß also nicht jedes Nachdenken über 'das Glauben insgesamt' auf das Wissen bezogen sein? Nein.

Gewiß, wenn es allein darum ginge, worin *gutes* – sozusagen 'wohlgeratenes' – Glauben besteht, wäre Wissen in der Tat der unvermeidliche Orientierungspunkt. Seine begrifflichen Merkmale und andere seiner charakteristischen Eigenschaften geben Qualitätsstandards auch für solches Glauben vor, das kein Wissen ist. An erster Stelle natürlich die Wahrheit des Geglaubten, dann aber auch epistemische Sekundärtugenden, die es mit der Rationalität des Glaubens zu tun haben, wie z. B. Stimmigkeit mit dem, was außerdem geglaubt wird, und Widerstandsfähigkeit bei der Konfrontation mit Zweifel oder neuer Information. – Dies also ist richtig: Der Begriff des Wissens liefert Maßstäbe für 'gutes' Glauben.

Aber nicht alles Glauben ist gut. Manches, was wir glauben, ist falsch, und vieles glauben wir ohne gute Gründe. Mehr als das. Oft genug sind wir auf Glauben *angewiesen*, das 'quick-and-dirty' ist. Wer in eine unübersichtliche Situation gerät und sich unverzüglich zu ihr verhalten muß, dem bleibt für mehr als schlampiges Glauben keine Zeit. Es stellt sich von selbst ein, instinktiv und sehr oft, ohne daß wir dessen überhaupt gewahr werden. Ein schieres und uns nicht bewußtes *Auf den ersten Blick scheint es so-&-so zu sein* allein reicht oftmals aus, um zu glauben, daß es so-&-so ist – niemals, um es zu wissen. Mag sein, man 'sollte', 'rationalerweise', 'eigentlich' nur das glauben, wofür man 'gute' Gründe, oder überhaupt Gründe hat. Tatsache ist, daß wir vieles auch ohne sie glauben. Ja, es liegt eine gewisse Vernunft darin, nicht nur das zu glauben, was zu glauben vernünftig ist, und etwas nicht erst dann zu glauben, wenn das durch gute Gründe gerechtfertigt ist. Normen des rationalen Glaubens sind gut und schön. Aber wir folgen ihnen nicht immer und könnten es oft auch gar nicht. Glauben ist manchmal auch da vonnöten, wo es nicht wie Wissen und nicht einmal 'gutes' Glauben sein kann.

Hinzu kommt: Unser Glauben ist oft auch dann von miserabler Qualität, wenn es gut sein könnte. Der kleine, harmlose Aberglaube, den sich jeder hie und da einmal gönnt, ist nur ein Beispiel für unüberschaubar viele. Was wir glauben, ist oft dumm und kann beliebig dummes Zeug sein. Wie wir dazu kommen, es zu glauben, kann entsprechend lächerlich sein. Und manche unserer 'kognitiven' Strategien und Mechanismen der Glaubensbewahrung sind geradezu anti-rational. Das ist uns aus dem Umgang mit uns selbst allein klar und erst recht aus dem Umgang miteinander. Es wird durch kognitionspsychologische Untersuchungen untermauert. Manches davon ist amüsant, manches erschreckend. Kurz, Glauben – obgleich ein konstitutives Ingrediens von Rationalität und vielleicht von Geistigkeit insgesamt – ist in sich nichts Rationales und kann in einzelnen Fällen geradezu geistfern sein. Würde unsere Untersuchung sich von vornherein am Wissen, oder andern Formen wohlgeratenen Glaubens, orientieren, liefe sie Gefahr, ihr Thema schon durch die Art des Herangehens zu verzerren. – Glauben insgesamt ist nicht gutes Glauben und lohnt eigener Betrachtung.

*

Um darüber ins Klare zu kommen, was Glauben ist, bedarf es einiger Klarheit darüber, was es begrifflich gesehen ist. Denn es ist uns durch nichts besser bekannt als durch unsern Begriff von ihm. Das gilt nicht für jede beliebige Sache. Ein fremdartiges Materiekonglomerat zum Beispiel, eine noch nie verspürte Stimmung, ein bislang noch nicht aufgetretenes Naturphänomen, etwa eine Krankheitssymptomatik – oder ganz allgemein: ein neues Ding oder auch ein neues Merkmal, das uns an etwas auffällt – mag sich daraufhin untersuchen lassen, was es ist, auch ohne daß wir bereits einen Begriff von ihm haben. Es liegt konkret vor, seine Existenz steht außer Frage. Es läßt sich als das untersuchen, was es 'in sich selbst' ist: wie es sich uns vor irgendeiner leidlich bestimmten begrifflichen Einordnung darbietet. Dies ist beim Glauben nicht so. Und diese triviale Feststellung bedarf eines Zusatzes, der sie noch trivialer macht: Glauben ist nichts anderes als dasjenige Phänomen, das durch den Begriff des Glaubens bestimmt wird, *falls* es überhaupt ein solches Phänomen gibt.[1] Denn Begriffe, gleichgültig wie unverzichtbar sie uns jetzt erscheinen mögen, um uns selbst als geistbegabte Wesen zu begreifen, können sich als leer erweisen. Es ist nicht auszuschließen, daß sich bei genauerer Untersuchung ergibt, daß es gar nichts gibt, das unter sie fällt. (Einige Philosophen sind der Auffassung, genau so verhalte es sich auch mit dem Glauben. Wir werden dies im fünften Kapitel erörtern.) Glauben ist kein *Das-da*-was-auch-immer-es-sei, das uns begegnet und sich unter ein Mikroskop legen ließe, um dann herauszufinden, was es ist. Es ist eines der Phänomene, die uns deutlicher als durch ihren Begriff nicht gegeben sind.

Der Kontrast sei noch einmal hervorgehoben. Manchen, speziell auch eigenpsychischen Phänomenen wie unbestimmten Gefühlen und Gestimmtheiten zum Beispiel, begegnen wir direkt: Da sind sie. Wir können mit ihnen konfrontiert sein, ohne daß wir einen spezifischen Begriff von ihnen bereits zur Verfügung haben, unter den wir sie subsumieren könnten. Wir begegnen etwas, das wir erst genauer in Betracht nehmen müßten, um es überhaupt angemessen einordnen zu können – um sagen zu können, was für ein Etwas es ist. So konnten Menschen auch auf Meteoriten stoßen, ohne überhaupt eine Ahnung davon zu haben, daß Steine aus dem Weltall auf die Erde fallen können. Erst die Untersuchung von irritierend fremdartigen Steinen und die Formulierung anfangs umstrittener Hypothesen führten uns dazu, den Begriff eines Meteoriten zu bilden, und die allmähliche Bestätigung dieser Hypothesen führte zu der Einsicht, daß es Meteoriten gibt und daß sie von unterschiedlicher Beschaffenheit sind. – Hingegen gibt es und gab es keine ursprünglich fremdartigen Phänomene, auf die folgende Geschichte paßt: Wir sind ihnen begegnet; sie waren uns fremd; ihre sorgfältige Untersuchung hat uns veranlaßt, den Begriff des Glaubens zu bilden, um dann die Hypothese zu entwickeln, daß Menschen Überzeugungen haben; diese hat sich immer weiter bestätigt; und so gelangten wir dann schließlich zu der gut begründeten Annahme, daß es das Phänomen des Glaubens gibt, und daß es in zahllosen unterschiedlichen Ausprägungen auftreten kann – stark oder schwach; als ein Glauben, daß es regnet, oder als eines, daß New York südlicher liegt als Rom; und so weiter.

*

Es wird um den Begriff des Glaubens gehen, um das Phänomen Glauben nur insoweit, als unser Begriff von ihm uns Aufschluß über es gibt. Von dem Wort "glauben" und seinen Gebrauchsweisen muß gelegentlich die Rede sein, eben weil die Untersuchung eine begriffliche ist. – Für die Art und Weise, in der unsere Untersuchung vor sich gehen muß, ist es maßgebend, daß es sich um einen Grundbegriff handelt. Er läßt sich nicht auf grundlegendere zurückführen. Jedenfalls nicht auf einen von all den unüberschaubar vielen andern, mit denen er eine uns vor allem Theoretisieren vertraute Familie bildet: Wollen, Wünschen, Wissen, Beabsichtigen, Bedenken, Betrügen, Bereuen, etwas Sagen, sich um etwas Sorgen, Aufrichtigsein und all dergleichen. Eine Definition im klassischen Sinn ist jedenfalls nicht möglich: die begriffliche Zurückführung auf begrifflich noch Vertrauteres.

Nichts wird den Gang all unserer Überlegungen stärker prägen als dieser Umstand. Donald Davidson nennt den Begriff des Glaubens einmal als Beispiel für einen der "elementarsten Begriffe, die wir haben": einen von denen, "ohne die wir überhaupt keine Begriffe hätten".[2] Thomas Reid hatte früher schon einmal bemerkt, jedermann wisse, was das Glauben ist, aber niemand könne es definieren.[3] Letzterem zumindest ist zuzustimmen. Natürlich ist oft versucht worden, das Wesen des Glaubens in kurze Bestimmungen zu fassen. (Einige Vorschläge werden wir später betrachten.) Und gelegentlich begegnet man auch kategorischen Äußerungen, die wie Definitionen klingen, bei genauerem Besehen aber nur eine eigenwillige Gebrauchsweise des Worts erläutern. So schreibt zum Beispiel Sartre einmal, man könne das Glauben als "das Anhängen des Seins an seinem Gegenstand [*l'adhésion de l'être à son objet*]" bezeichnen, "wenn der Gegenstand nicht gegeben ist oder undeutlich gegeben ist".[4] Solche Verlautbarungen bestimmen den Begriff des Glaubens nicht durch einfachere Begriffe und sollen das wohl auch gar nicht. Mit ihnen weist der Autor darauf hin, in welchem besonderen Sinn er das Wort, als Fachterminus, verwendet.

<u>Glauben</u>, als ein Grundbegriff, ist uns nicht in der Weise gegeben, in der uns komplexe Begriffe gegeben sein können: nämlich als Zusammenfügung anderer Begriffe, die seine Merkmale sind.[†] Über den Begriff des Meteoriten, um dieses Beispiel noch einmal zu bemühen, verfügen wir dank dessen, daß wir bereits über Begriffe verfügen, aus denen er gebildet ist: über den eines Steins, der Erde, des Weltalls, des Fallens, der Negation und so weiter; und daß wir von unserer Fähigkeit Gebrauch machen, aus ihnen den komplexen Begriff eines Steins zu bilden, der nicht-irdischer Herkunft und aus dem All auf die Erde gefallen ist.

Nicht alle Begriffe geistiger Phänomene sind, wie das Glauben, grundbegrifflich. Man mag der Meinung sein, daß zum Beispiel der Begriff des Wissens sich auf die Begriffe des Glaubens, der Wahrheit und ein

† Durch Unterstreichung mache ich kenntlich, daß ich von dem betreffenden Begriff spreche, nicht von den durch ihn erfaßten Phänomenen.

paar weitere zurückführen läßt; oder der des Beabsichtigens auf die des Wünschens, Glaubens, Handelns und vielleicht noch ein paar mehr. Gelegentlich wird – von Anhängern der sog. *Desire-as-Belief*-Doktrin – die Auffassung vertreten, sogar das Wünschen lasse sich begrifflich auf das Glauben zurückführen: Etwas wünschen heiße, grob gesagt, nichts anderes als glauben, es sei gut. – Aber niemand käme wohl auf den umgekehrten Gedanken: Glauben als ein Wünschen zu konzipieren. Was das Glauben angeht, so hat es nicht einmal den Anschein, als gebe es grundlegendere Begriffe, auf die eine Zurückführung möglich wäre. Glauben ist zwar Für-*wahr*-halten. Im Glauben geht es darum, wie es sich *wirklich* verhält. Dennoch, Wahrheit oder Wirklichkeit sind keine begrifflichen Bestandteile von Glauben, so wie Lebewesen einer von Mensch ist. (Man vergesse übrigens nicht: Glauben kann auch ein Für-*falsch*-halten sein.)

*

Vorläufige Bestimmungen Auch wenn sich der Begriff des Glaubens nicht auf andere Begriffe zurückführen läßt, so gibt es doch einiges, durch das sich das Glauben, anscheinend in aller Unschuld, näher bestimmen läßt. Zunächst einmal, es ist ein 'geistiges' Phänomen. (Russell kennt dazu eine Steigerungsform, er nennt es die 'allergeistigste' Sache).[5] Aber was für eine Art Geistesphänomen? Offenkundig ist es ein *Zustand*, in dem sich das betreffende Subjekt über eine gewisse, sei's auch beliebig kurze, Zeit hinweg befindet.[6] Glauben, selbst wenn es nur in ephemerer Kürze anhält, ist kein Ereignis. Auch ist es kein Vorgang oder ein geistiger 'Wesenszug', der seiner Natur nach auf lange Dauer im Menschen angelegt und nur schwer – und nicht allein durch eine entsprechende Einsicht – abzulegen ist (wie etwa ein cholerisches Temperament, eine musikalische Begabung oder ein Charaktermerkmal). Wie läßt sich dieser Zustand namens Glauben näher bestimmen?

Zu beachten ist hier zunächst einmal eine Unterscheidung, der in den Diskussionen zum sog. Körper/Geist-Problem besondere Aufmerksamkeit geschenkt wird. Zum einen gibt es 'intentionale' Geistesphänomene, d. h. solche, die einen Inhalt haben, dank dem ein Subjekt geistig auf Objekte gerichtet ist. *Objekt* ist dabei in einem denkbar weiten Sinn zu verstehen ('alles, was Gegenstand des Denkens sein kann'). Zum andern gibt es 'qualiative' Phänomene.[†] Ihr Merkmal ist es, daß sie mit einem

† Dies ist kein Druckfehler, sondern ein Ausdruck, mit dem ich an die fachterminologische Redeweise von sog. Qualia anknüpfe. (Ein 'Quale' soll eine Eigenschaft solcher geistigen Phänomene sein, die vom Subjekt in einer charakteristischen Weise erlebt

bestimmten Erleben oder Empfinden einhergehen; dem Subjekt, in dem eines von ihnen auftritt, ist in einer für dieses Phänomen charakteristischen Weise zumute. Diese Unterscheidung ist natürlich weder ausschließend noch erschöpfend. Manche Geistesphänomene sind sowohl intentional als auch qualiativ (dazu gleich mehr), andere sind weder das eine noch das andere (so z.B. Charaktereigenschaften, Temperamente und Begabungen).

Zu den intentionalen Phänomenen gehören, neben dem Glauben, zum Beispiel das Wünschen, das Wollen, das Bevorzugen, das Beabsichtigen, das An-etwas-Denken, das Zustimmen, das Einen-Einfall-Haben und vieles andere mehr. Das Charakteristikum solcher Phänomene ist: Sie haben einen 'intentionalen' (oder auch: 'repräsentationalen') Inhalt, der sich gewöhnlich in einem Satz angeben läßt; und dank ihrem Inhalt handeln sie von etwas: von einem 'intentionalen' Objekt. So hat mein Glauben, daß Harvey döst, den intentionalen *Inhalt*, daß Harvey döst; und das intentionale *Objekt* dieses Glaubens ist Harvey. Das intentionale Objekt eines geistigen Phänomens ist, lax gesagt, das Thema, von dem es handelt. (Eine Besonderheit intentionaler Objekte ist es, daß sie keiner realen Existenz bedürfen. Auch der Ostpol und der Osterhase sind intentionale Objekte des Glaubens, daß dieser an jenem wohnt. Zu alldem später mehr.) Qualiative Phänomene sind zum Beispiel: Niedergeschlagenheit, Erleichterung, Schwindelgefühl, Guter-Dinge-Sein und vielerlei andere Empfindungen und Gestimmtheiten mehr. Ihr Charakteristikum ist, daß sie mit einer bestimmten Art des Zumuteseins einhergehen (oder sogar darin bestehen). Ein 'rein' qualiatives Phänomen hat keinen intentionalen Inhalt. Ein Gutgelauntsein handelt von nichts – auch nicht davon, woraus es entstanden ist.

Viele Geistesphänomene sind, wie bereits erwähnt, zugleich intentional und qualiativ: Eifersucht zum Beispiel, oder auch Angst. Jede Angst ist eine Angst vor etwas, und mithin intentional. Sie ist qualiativ, weil zu ihr ein charakteristisches Gefühl gehört. Dieses Gefühl allein ist keine Angst, sondern wäre – wenn es 'richtungslos' aufträte – bloß ein diffuses Angstgefühl. Und entsprechend ist mein Eindruck, ich sei durch das-&-das bedroht, keine Angst, wenn er nicht mit gewissen Gefühlen einhergeht.

Glauben ist zunächst einmal ein intentionales Geistesphänomen. Mehr als das, es scheint ein Paradigma 'ursprünglicher', 'intrinsischer', 'nicht-abgeleiteter' Intentionalität zu sein. Um zu verstehen, was das hei-

werden, und zwar die Eigenschaft, just auf *diese* besondere, ihnen eigentümliche, Weise erlebt zu werden.)

ßen soll, ist es hilfreich, zunächst Beispiele für 'abgeleitete' Intentionalität zu betrachten. Auch der Pfeil auf dem Schild im Bahnhof ist auf etwas gerichtet (er verweist auf den Ausgang). Und insbesondere sprachliche Ausdrücke haben ebenfalls so etwas wie einen intentionalen Inhalt. Der Satz "New York liegt südlicher als Rom" ist auf denselben Sachverhalt bezogen – hat zumindest dieselbe Wahrheitsbedingung – wie die entsprechende Überzeugung. Aber Pfeilen, Sätzen und dergleichen ist ihre Intentionalität nicht wesentlich, oder besser: Sie haben ihren Inhalt nicht aus sich heraus. Sie haben ihn nur dank dessen, daß er ihnen verliehen wird: zum Beispiel dadurch, daß wir sie als Zeichen oder Verständigungsmittel verwenden. Täten wir dies nicht (verwendeten wir sie, zum Beispiel, nur als kalligraphische Ornamente), hätten sie gar keinen Inhalt. Würden wir sie zwar als Zeichen, aber in anderer Weise verwenden, hätten sie einen andern.

Hingegen verleiht nichts unserm Fürwahrhalten Intentionalität. Übrigens auch wir selbst nicht. Wer glaubt, daß es regnet, der hat keinem in sich inhaltslosen Etwas einen Inhalt verliehen und es erst dadurch zu dem gemacht, was es ist: zu seinem Glauben, daß es regnet. – Jede Quelle abgeleiteter Intentionalität muß selbst über Intentionalität verfügen. Ein Pfeil kann nicht dadurch in eine Richtung zeigen, daß ein anderer zeigt, welche Richtung das ist, und dieser zweite es dadurch zeigt, daß ein dritter zeigt, in welche Richtung der zweite gerichtet ist, und so weiter. Am Ende dieser Kette muß ursprüngliche Intentionalität stehen: etwas, das die intrinsische Eigenschaft hat, sich auf anderes zu beziehen.

Das Faktum intrinsischer Intentionalität hat sich in den vergangenen hundert Jahren zu einem Kernproblem entwickelt, gerade auch für naturalistische Konzeptionen des Körper/Geist-Verhältnisses. (Der Naturalist fragt, manchmal ungläubig: Wie kann es sein, daß in einer durch und durch materiellen Welt der Teilchen und Kräfte so etwas wie ursprüngliche Intentionalität vorhanden ist? Dank welcher Kräfte könnten sich Teilchen, z.B. in meinem Gehirn, speziell auf New-York-Teilchen, auf Rom-Teilchen und auf Südlich-von-Teilchen beziehen?) Das Glauben – gleichsam ein Urphänomen ursprünglicher Intentionalität – ist eine der großen Herausforderungen, vor die sich jede möglichst 'rein' naturwissenschaftliche Konzeption der Wirklichkeit gestellt sieht. Auch dies ist einer der Gründe dafür, weshalb es in den Fokus philosophischer Aufmerksamkeit geraten ist.

Ein anderer Grund, weshalb man sich in der philosophischen Diskussion zu Problemen der Intentionalität gerne auf das Glauben als das Paradeexempel konzentriert hat, dürfte darin liegen, daß Glauben zudem etwas *rein* Intentionales zu sein scheint: Es hat keinen qualiativen

Bestandteil. Das heißt, es gehört nicht zum Begriff des Glaubens, daß dem, der etwas glaubt, auf eine gewisse Weise zumute ist, auf die ihm nicht zumute wäre, wenn er es nicht glaubte. Natürlich ist es gelegentlich so, daß einem, der etwas glaubt, auf eine gewisse Weise zumute ist, auf die ihm nicht zumute wäre, wenn er es nicht glaubte. Man denke etwa an einen, der glaubt, morgen werde die Welt untergehen. Doch das heißt nicht, daß sein Glauben selbst einen qualiativen Anteil hat. Er könnte dies glauben und sich dessen bewußt sein, daß er es glaubt, auch ohne daß ihm dabei anders zumute wäre als sonst. (Das stoische Ideal fordert nichts begrifflich Unmögliches, auch wenn es uns de facto unerreichbar sein mag.) Gewisse Gefühle und Gestimmtheiten mögen hie und da das Glauben begleiten; zu ihm selbst gehören sie nicht. – Wir werden sehen, daß diese heute allgemein, aber nicht ausnahmslos, akzeptierte Auffassung durchaus nicht immer selbstverständlich war. Bis ins 20. Jahrhundert hinein wurde Glauben oft als etwas betrachtet, zu dem ein charakteristisches Gefühl gehört. Ja, gelegentlich wurde die Auffassung vertreten, das Glauben selbst sei ein Gefühl. Wir kommen später darauf zurück.

Noch in einer anderen Hinsicht wird das Glauben für ein Geistesphänomen von besonderer Reinheit gehalten, nämlich für eines, das *rein innerlich* sei – und zwar insofern, als es eine spezielle Art von Autonomie gegenüber der Welt außerhalb des Subjekts besitze. Dieser Auffassung liegt folgende zutreffende Beobachtung zugrunde: Wenn jemand glaubt, daß es regnet, dann sind die äußeren Gegebenheiten, in denen er sich befindet, in einer gewissen Hinsicht irrelevant für die Tatsächlichkeit seines Glaubens. Wenn er es glaubt, dann wird der subjekt-externe Teil der Welt zwar gewöhnlich einen Einfluß darauf haben, oder gehabt haben, daß er es glaubt. (Nehmen wir an, er glaubt es, weil er etwas bemerkt hat, das er für Regen hält.) Und was sich draußen abspielt, entscheidet darüber, ob das Geglaubte *wahr* ist. Aber die Außenwelt hat, so scheint es, kein Wörtchen mitzureden, wenn es um nichts anderes als die karge Frage geht, ob er jetzt glaubt, daß es regnet, oder ob er es jetzt nicht glaubt.

Der Kontrast zu anderen intentionalen Phänomenen mag verdeutlichen, worum es hier geht. Man kann – aus begrifflichen Gründen – nur dann wahrnehmen oder wissen, daß es regnet, wenn es tatsächlich regnet. Die Welt muß da mitspielen, könnte man sagen. Beim Glauben verhält es sich nicht so. Das Wetter kann sein, wie es will, wenn einer bloß glaubt, daß es regnet. Im Hinblick auf nicht 'rein innerliche' Geisteszustände wie Wissen und Sich-Erinnern gilt: Maßgeblich dafür, ob es sich in einem von ihnen befindet, ist nicht das Subjekt allein. Maßgeblich dafür ist gewöhnlich nicht allein, wie es um 'sein Inneres' bestellt ist. (Ausnahmen gibt es natürlich: Wissen über Eigenpsychisches.) Die äußeren Gegebenheiten entscheiden darüber mit – es müssen dann auch bestimmte Bedingungen 'draußen in der Welt' erfüllt sein. Manche Geisteszustände, wie zum Beispiel das Wissen, umfassen mithin sowohl eine innere (subjekt-interne) als auch eine äußere (subjekt-externe) Komponente. Rein innergeistige Geisteszustände hingegen, wie vielleicht auch das Glauben, sind dadurch gekennzeichnet, daß sie in der genannten Hinsicht keinen äußeren Anforderungen unterliegen.

Diese spezielle Eigenständigkeit, die rein innergeistige Phänomene vor andern auszeichnet, ist in wenigstens zweierlei Hinsicht von philosophischem Interesse. Zum einen ist da der erkenntnistheoretische Aspekt, der es mit unfehlbarem Wissen und der sog. Erste-Person-Autorität zu tun hat. Wir können uns darüber irren, ob wir wirklich *wissen*, daß es regnet – allein deshalb schon, weil wir uns über das Wetter irren können. Aber wie sollten wir uns darüber irren können, daß wir wirklich *glauben*, daß es regnet? Jedenfalls ist die tatsächliche Beschaffenheit der Außenwelt nicht ausschlaggebend dafür, ob wir uns über das eigene Glauben irren. Oft wird es zu einem Charakteristikum rein innergeistiger Phänomene erklärt, daß das betreffende Subjekt (und nur es allein) in einer unfehlbaren Weise um sie wissen kann. Darin bestehe ihre 'wesentliche Subjektivität'. Die hier einschlägigen erkenntnistheoretischen Fragen – ob, zum Beispiel, unser eigenes Glauben von unfehlbarem Wissen um das eigene Glauben begleitet ist – werden uns ab dem 14. Kapitel ausführlicher beschäftigen.

Zum zweiten spielt jene Welt-Unabhängigkeit eine Rolle bei dem Streit um die Frage, von welchen geistigen Phänomenen die Grundbegriffe einer wissenschaftlichen Psychologie handeln sollten. Daß dies eben nur rein innergeistige Phänomene seien, besagt der sog. 'Methodologische Solipsismus' in der Psychologie. Die Gründe, sie allein als die psychologisch grundlegenden zu betrachten, haben jedoch nichts mit einem etwaigen erkenntnistheoretischen Sonderstatus ('wesentlich subjektiv') zu tun. Leitend ist hier vielmehr der Gedanke, daß eine psychologische Theorie geistige Phänomene ausschließlich unter dem Aspekt ihres subjekt-internen Zusammenspiels mit andern Geistesphänomenen zu thematisieren habe. Ob das Geglaubte wahr ist oder falsch, dürfe keinen *psychologisch* relevanten Unterschied machen. Ist nun das Glauben, seinem Begriffe nach, etwas in diesem Sinne 'rein Innergeistiges'? Dem sog. Externalismus (oder Anti-Individualismus) zufolge ist es das nicht. Wir werden Argumente pro und contra am Ende des neunten Kapitels ein wenig genauer betrachten.

*

Es scheint, daß Glauben seinem Begriff nach ein rein und intrinsisch intentionales Phänomen ist, zudem auch ein rein innergeistiges. All dies wird bestritten, wie wir sehen werden. Zumindest ein weiteres Wesensmerkmal, das unbestritten ist, sei genannt: Der Begriff des Glaubens ist nicht der eines Bewußtseinsphänomens.[†] Glauben kann man etwas, ohne sich dessen bewußt zu sein. Zwar gilt: Wer etwas glaubt, ist gewöhnlich *in der Lage*, sich dessen bewußt zu werden. Aber es liegt nicht im Begriff des Glaubens, daß einer, der das-&-das glaubt, sich auch dessen bewußt *ist*, daß er es glaubt.

Dieser Unterschied sei noch einmal hervorgehoben. Zum Beispiel liegt es in unserm Begriff von Schmerz, daß er – sozusagen 'seiner Natur nach und aus eigener Kraft' – Schmerzbewußtsein mit sich bringt. Das macht ihn zu einem Bewußtseinsphänomen. Unbemerkter Schmerz wäre keiner. (Auch das ist, natürlich, umstritten.) Glauben hingegen bringt von sich aus kein Glaubensbewußtsein mit sich. Letzteres bedarf etwas, das zum Glauben noch hinzutritt – was auch immer es sei, vielleicht eines Bemerktwerdens, einer besonderen, 'nach innen' gerichteten Aufmerksamkeit. Vielleicht bedarf Glaubensbewußtsein eines Gedankens daran, daß man das-&-das glaubt; vielleicht aber auch nur anderer Gedanken, mit denen das Subjekt gar nicht sich selbst und seine innere Befindlichkeit thematisiert. Dies werden wir später, ab dem 16. Kapitel, etwas genauer betrachten. Jedenfalls tut sich Glauben dem Glaubenden nicht durch sich selbst kund. Es ist kein Bewußtseinsphänomen. Aber es gibt Glaubensbewußtsein. Dieser Unterschied wird sich in der zweiten Hälfte dieses Buchs immer mehr in den Vordergrund unserer Überlegungen drängen.

Bis ins 20. Jahrhundert hinein wurde das Geistige vornehmlich – es ist nur eine geringe Übertreibung zu sagen: ausschließlich – als das Reich der Bewußtseinsphänomene thematisiert. Daraus mag sich erklären, daß das Glauben in vielen traditionellen Theorien des Geistes entweder gar nicht in den Blick genommen oder mit einem Bewußtseinsphänomen (etwa einem gedanklichen Akt oder auch einer besonderen Empfindung) ineinsgesetzt wurde. Wir werden dies im fünften Kapitel an einigen Beispielen kurz betrachten. Solche Gleichsetzungen sind in der zeitgenössischen Philosophie kaum noch anzutreffen. Daß unterschieden werden muß zwischen nicht-bewußtem Glauben und solchem, dessen das Sub-

† Etwas nenne ich ein *Bewußtseinsphänomen*, wenn sein Auftreten dem Subjekt, in dem es auftritt, nicht entgehen kann, und es in seinem Begriff liegt, daß dies so ist. Beispiele sind Einfälle, Entschlüsse, Gewissensbisse und natürlich zahllose Formen bloßen Empfindens. Aber auch viele Formen reflektierenden Denkens: das Erwägen, Akzeptieren und Verwerfen von Gedanken.

jekt sich bewußt ist, wird heutzutage allgemein anerkannt. Doch über die Art dieses Unterschieds und über die Natur des 'bewußten' Glaubens – oder besser: des Glaubensbewußtseins – herrschen immer noch Mißverständnisse vor, die nicht weniger gravierend sind. Fragen in diesem thematischen Umkreis werden uns im Folgenden häufiger begegnen.

*

GRUNDBEGRIFFLICHES Die blanke Behauptung, der Begriff des Glaubens sei nicht auf grundlegendere Begriffe zurückführbar, bedarf einer Erläuterung. Mag sein, könnte eingewandt werden, daß dies zur Zeit noch richtig ist. Aber könnten nicht künftige Einsichten noch grundlegendere Begriffe mit sich bringen? – Gewiß, es ist denkbar, daß im Zuge fortschreitender Forschung eine Theorie entwickelt werden wird, die neue Begriffe enthält, mit denen sich das Glauben wissenschaftlich profund bestimmen läßt. Malen wir uns also einmal aus, eine künftige kognitionswissenschaftliche Theorie enthielte entsprechende theoretische Begriffe, mit denen sich eine Gleichsetzung wie die folgende formulieren ließe: "Etwas glauben ist nichts anderes als: im konzeptiven Mnemo-Speicher ein entsprechendes Doxon kodifiziert haben." Malen wir uns außerdem aus, diese Theorie wäre dann weithin als Stand der Forschung akzeptiert und ebenso die genannte Gleichsetzung. Diese gäbe dennoch nicht die Art von Aufschluß über das Glauben, die hier gesucht wird. Sie wäre eine theoretische Gleichsetzung, aber keine begriffliche Zurückführung. Sie gäbe, selbst wenn sie wahr ist, Aufschluß über die Natur des Glaubens, nicht darüber, was das Glauben seinem Begriffe nach ist. (Licht ist elektromagnetische Strahlung, aber Licht, unser gewöhnlicher Begriff, ist nicht der Begriff elektromagnetische Strahlung, über den viele nicht verfügen, die einen von Licht haben. Wer über den einen verfügt, braucht nicht über den andern zu verfügen; und wer über beide verfügt, verfügt damit noch nicht über alles, dessen es bedarf, um einzusehen, daß ein und dasselbe Phänomen unter beide Begriffe fällt.) – Kurz, die Grundbegrifflichkeit des Glaubens bringt es nicht mit sich, daß es sich prinzipiell einer präzisen Charakterisierung seines natürlichen Wesens entzöge. Nicht das natürliche Phänomen Glauben entzieht sich prinzipiell jeder eindeutig abgrenzenden und aufschlußreicheren Bestimmung. Wohl aber unser Begriff von ihm. Er läßt sich nicht auf andere zurückführen, die uns gleichermaßen vertraut und unabweisbar sind.

*

Wie untersucht man einen Begriff? Nun, zum Beispiel so: Definitionsvorschlag – Gegenbeispiel – modifizierter Definitionsvorschlag – neues Gegenbeispiel – weiterer Definitionsvorschlag, ... und immer so weiter. Dies ist eine seit etwa 2500 Jahren immer wieder erprobte Vorgehensweise. Ob sie sich durch Erfolge bewährt hat, ist umstritten. Wenn jedoch wegen der Grundbegrifflichkeit des zu untersuchenden Begriffs von vornherein feststeht, daß das Ziel der Untersuchung keine klassische reduktive Analyse – keine Angabe notwendiger und gemeinsam hinreichender Bedingungen mittels grundlegenderer Begriffe – sein kann, dann wäre solch ein Vorgehen ohnehin zum Scheitern verurteilt.

Es stellt sich also die Frage: Wie untersucht man Grundbegriffe? Sie haben keine innere Struktur. Was sie sind, läßt sich mithin nicht dadurch erfassen, daß man genauer in sie 'hineinschaut', um ihre Bestandteile zu erkennen. Der Blick muß sozusagen nach außen gehen: auf das Zusammenspiel mit andern Begriffen, auf die Position und Rolle in einem größeren Begriffsgefüge. Gilbert Ryle spricht in diesem Zusammenhang, passend, von einer logischen Geographie.[7] Der Vergleich mit der Kartographie wäre vielleicht noch passender, weil er daran erinnert, daß es um Darstellungen geht, die unterschiedliche Projektionsmethoden und Maßstäbe haben – und daß es bei Karten immer darauf ankommt, unter welchen Gesichtspunkten das Darzustellende übersichtlich gemacht werden soll.

Was uns Aufschluß über einen Grundbegriff geben kann, sind die Beziehungen – und zwar insbesondere die begrifflichen –, in denen er zu andern Begriffen steht. Der parenthetische Zusatz ist nicht redundant, denn auch Begriffe stehen zueinander in andern als begrifflichen Beziehungen. Wenn der Begriff Hund gewöhnlich früher erworben wird als der des Insekts, so besteht zwischen diesen beiden Begriffen eine nichtbegriffliche Beziehung: eine, die ihnen nicht wesentlich ist. Daß sie besteht, ist selbst keine begriffliche Wahrheit. Für unsere Überlegungen sind ausschließlich begriffliche, 'wesentliche', Beziehungen zwischen Begriffen von Interesse.

*

Unsere Frage, was Glauben begrifflich gesehen ist, ist eine andere als die, was Glauben ist. Worin genau liegt der Unterschied? Zum Beispiel darin, daß Fragen des simpleren Typs, "Was ist *X*?", sich oft allein schon mit Hinweis auf ein gutes Exemplar eines *X* oder mit einer rein sprachbezogenen Auskunft zufriedenstellend beantworten lassen. ("Was ist Monsungrau?" – Hinweis auf ein Farbmuster. "Was ist Ophtalmologie?" –

"Augenheilkunde".) Als Antwort auf eine Frage der Art "Was ist *X* seinem Begriffe nach?" hingegen reicht der Hinweis auf ein instruktives Beispiel oder die bloße Nennung eines Synonyms zumeist nicht aus. Solch eine Frage zielt, so sagt man, auf das Wesen von *X*. – Wenn nach dem Wesen einer Sache gefragt wird, kann es allerdings um Unterschiedliches gehen: um ihr natürliches oder um ihr begriffliches Wesen.

Ein Beispiel mag erhellen, welcher Unterschied gemeint ist. Nehmen wir das Träumen. Mit ihm könnte es zum Beispiel folgendes auf sich haben: Der Prozentsatz des Phosphors im Blut darf den Wert *x* nicht überschreiten, damit eine Kreatur träumt; die maximale Dauer eines einzelnen Traums beträgt *y* Sekunden; wird über einen Zeitraum größer als *z* hinweg nicht geträumt, hat das die-&-die charakteristischen physiologischen Folgen; und so weiter. Dies seien wissenschaftlich bestens untermauerte Tatsachen. Aus hinreichend vielen von ihnen könnte die biologische Funktion des Träumens verständlich werden und vieles andere, das uns derzeit noch rätselhaft ist. Wir hätten dann eine ergiebige wissenschaftliche Antwort auf die Frage, was Träumen ist – eine Konzeption des natürlichen Wesens des Träumens, die sich mit den Werten für *x*, *y* und *z* leidlich genau bestimmen läßt.

Nichts dergleichen strebt einer an, der den Begriff des Träumens untersucht. Ihn interessiert vielleicht, ob und in welchem Sinne das Träumen ein Denken ist; ob man, wenn man träumt, daß es regnet, glaubt, daß es regnet; ob man, wenn man träumt, durstig zu sein, den Wunsch hat zu trinken; ob es einem, wenn er träumt zu stürzen, so vorkommt, als stürze er; ob einer, der träumt, 1679 und 464 zu 2143 zusammenzuaddieren, eine Addition ausführt; und so weiter. Kann der aufrichtige Bericht über einen Traum durch Fakten widerlegt oder in vernünftigen Zweifel gezogen werden? Liefert einer, der nur träumt, Schmerzen zu haben, ein Gegenbeispiel gegen die These, daß das Gefühl, Schmerzen zu haben, bereits ein Schmerzhaben ist? Worin besteht der Unterschied zwischen einem Traum mit Unterbrechung und mehreren aufeinanderfolgenden Träumen? Können mehrere Menschen ein und denselben Traum haben? – Antworten auf solche Fragen geben Auskunft darüber, wie Träumen mit andern Begriffen (Denken, Glauben, Wünschen, So-Vorkommen-als-ob, Eine-Rechnung-Ausführen usw.) zusammengeht bzw. von ihnen abgeschottet ist. Zusammengenommen ergäben sie eine begriffliche Antwort auf die Frage, was Träumen ist – eine Darlegung des begrifflichen Wesens des Träumens.

*

"Begriff" mehrdeutig Doch was ist überhaupt ein Begriff? Gelegentlich trifft man auf Auskünfte wie diese: Es ist etwas, mit dem wir denken. Etwas, das uns einen Bezirk im Universum des Denkmöglichen umreißt – möglichst einen, der es uns erleichtert, uns darin zu orientieren. Etwas, mit dem wir das, was Gegenstand unseres Denkens wird, als gleich oder verschieden erkennen und wiedererkennen können. All dergleichen ist undeutlich. Manches ist trotz seiner Undeutlichkeit erkennbar zu eng, um die in der Philosophie üblichen Verwendungsweisen dieses Terminus zu erfassen.

Das Wort "Begriff" sei ganz und gar zu vag, notiert Wittgenstein einmal.[8] Dem ist zuzustimmen, zumal wenn wir an die Alltagssprache denken, in der zwischen einem Wort und dem Begriff, den es ausdrückt, nicht immer unterschieden wird. Aber auch als Ausdruck der philosophischen Umgangssprache hat dieses Wort eine unbestimmte Bedeutung. Mehr als das, es wird auf zwei grundlegend verschiedene Weisen verwendet. Zum einen in einem 'psychologischen' Sinn: als Bezeichnung für konkrete Entitäten, die in Denkprozessen einzelner Subjekte vorkommen. Zum andern in einem 'logischen' Sinn: als Bezeichnung für etwas, das selbst nichts Psychisches ist, sondern etwas, das es ermöglicht, den kognitiven Gehalt solcher psychischen Prozesse zu charakterisieren, die es überhaupt verdienen, *Denk*-Prozesse genannt zu werden. Begriffe im psychologischen Sinn sind raumzeitlich gebunden: Sie existieren in denkenden Wesen und dort nur so lange, wie sie im Denken benutzt werden oder zur Nutzung verfügbar bleiben; es gibt sie weder vorher noch nachher. Begriffe im logischen Sinn dieses Worts unterliegen keinen derartigen Existenzbeschränkungen. Nun steckt hinter dieser Ambiguität allerdings kein sachlicher Dissens. Warum sollte es nicht 'Begriffe' in beiderlei Sinn geben? Doch sie wären jedenfalls Verschiedenes. (Man kann solche in dem einen Sinn anerkennen und solche im andern leugnen.)

Angesichts der mannigfachen Undeutlichkeiten, mit denen das Wort "Begriff" selbst im Fachgebrauch behaftet ist, fühlt mancher Philosoph sich genötigt, zumindest seinen eigenen Gebrauch zu präzisieren. Dann beginnt er zu theoretisieren. Und so gibt es eine Reihe von elaborierten (unweigerlich voraussetzungsreichen und deshalb unweigerlich umstrittenen) Begriffslehren. Ich habe keine, und werde deshalb versuchen, von Begriffen in einer theoretisch möglichst unbelasteten Weise zu sprechen. Dennoch wird wohl auch meine Auffassung unvermeidlich einiges enthalten, das durchaus kontrovers ist.

Die gerade erwähnte Mehrdeutigkeit werde ich vermeiden. Das Wort "Begriff" verwende ich nicht in einem psychologischen, sondern in einem eher 'logischen' Sinn – nicht zur Bezeichnung psychischer Konkreta, sondern im Denken erfaßbarer Abstrakta. Wie läßt sich dann genauer sagen, was ein Begriff ist? Darauf gibt es sehr unterschiedliche Antworten; sie reichen vom Metaphorischen ("Gedankenbaustein"), über das Technische ("Intension eines Prädikats") bis hinein in den Bereich, in dem das Metaphorische mit dem Technischen verschwimmt ("Mengen von Individuen möglicher Welten"). Eine Antwort auf diese metaphysisch verschärfte Frage werde ich nicht zu geben versuchen, auch weil ich zuversichtlich bin, daß alles, was ich im Folgenden sagen werde, mit jeder brauchbaren Antwort verträglich ist.

*

BEGRIFFSBESITZ UND SPRACHBEHERRSCHUNG Begriffe sind intersubjektiv, oder besser: potentiell intersubjektiv. Mehrere Menschen können über denselben Begriff verfügen. Damit ist der Fall nicht ausgeschlossen, daß ein Begriff de facto von nur einem einzigen Individuum erfaßt wird. (Jemand könnte der einzige sein, der einen Begriff von einer Farbe hat, die kein anderer als eine eigene Farbe wahrzunehmen oder auch nur visuell zu imaginieren vermag.) Daß Begriffe intersubjektiv sind, soll heißen: Es ist für keinen unter ihnen 'im Prinzip' ausgeschlossen, daß er von mehreren Menschen erfaßt wird, wenn er von einem erfaßt werden kann. In dem Sinne, in dem ich dieses Wort hier verwende, ist ein Begriff also keine 'mentale Repräsentation', wenn darunter eine konkrete neuronale Struktur im Gehirn eines Individuums verstanden wird. Psychische Phänomene, soweit sie als etwas nur im einzelnen Menschen Auftretendes konzipiert werden, nenne ich, hierin Frege folgend, Vorstellungen und folge ihm auch darin, daß sie von Begriffen kategorial verschieden sind.[9] Seine Vorstellungen, in diesem Sinn des Worts, kann jeder nur für sich selbst haben. Die Begriffe, über die er verfügt, teilt er mit andern, oder könnte dies jedenfalls.

Begriffe sind nichts Sprachliches oder von Sprache Abhängiges. Anders als sprachliche Zeichen *haben* sie keine Bedeutung. Sie sind nicht 'Träger' eines semantischen Inhalts. Vielmehr sind sie etwas, das der Inhalt eines sprachlichen Zeichens sein kann. Zwar dürfte es so sein, daß wir über viele Begriffe nur dank dessen verfügen, daß wir entsprechende Wörter zu verwenden gelernt haben. Aber selbst wenn Begriffs*erwerb* immer nur durch den Erwerb einer entsprechenden Sprachkompetenz zustandekäme, so beträfe dies nur die Art, wie wir Begriffe zu erfassen lernen. Es beträfe nicht das, was sie sind. – Einigen kognitionswissenschaftlichen Theorien liegt die Hypothese einer lingua mentis zugrunde. Vertreter derartiger Ansätze fassen Begriffe als formal strukturierte Ausdrücke eines neuronalen Codes auf, und das heißt: als konkrete Konfigurationen von Nervenzellen im Gehirn eines Individuums. Begriffe in diesem andern Sinne wären in der Tat etwas Sprachartiges. Sie wären mithin keine Begriffe in unserm 'logischen' Sinn, sondern Vorstellungen.[10] – In unserer Verwendung des Worts "Begriff" schwingt keinerlei Voreingenommenheit, auch keine unterschwellige, gegen solche empirischen Hypothesen und Spekulationen mit. Es wird nicht bestritten, daß andere (z. B. 'psychologische') Verwendungsweisen dieses Worts ebenfalls legitim sind. Wichtig ist nur, daß möglichst deutlich ist, in welchem Sinn das Wort im Folgenden verwendet wird. Und daß Begriffe, in unserm Sinn des Wortes, nichts Psychologisches und auch nichts Sprachliches oder von Sprache Abhängiges sind.

*

Dennoch ist die Beachtung sprachlicher Gegebenheiten von großem Wert für die begriffliche Betrachtung. Denn in gewissen Aspekten des hinreichend kompetenten Umgangs mit Wörtern, die einen Begriff ausdrücken oder bezeichnen, zeigt sich, daß und in welchem Maße wir ihn beherrschen. Es gibt wohl selten einen andern (und noch seltener einen besseren) Beweis dafür, daß jemand über einen Begriff verfügt, als daß er entsprechende Wörter und Wendungen beherrscht. Und auch umgekehrt: Wer die sprachlichen Mittel, die in seiner Sprache für einen bestimmten Begriff vorhanden sind, nicht beherrscht, gibt damit einen Hinweis darauf, daß er ihn nicht erfaßt hat. Deshalb ist es oft passend, kompetente Wortbeherrschung als ein Kriterium präsumptiver Begriffsmeisterung zu verwenden. Von möglichen Ausnahmen abgesehen gilt: Wer das Wort versteht, verfügt über den Begriff; wer keines der einschlägigen Wörter versteht, verfügt nicht über ihn. Doch wären das bestenfalls zwei Daumenregeln. Anwendbar sind sie ohnehin nur da, wo Sprachbeherrschung schon vorhanden ist. Kinder dürften wohl ab einem gewissen Punkt ihrer Entwicklung über allerlei Begriffe verfügen, bevor sie die entsprechenden Wörter erlernen. (Wer manchen Tieren zubilligt, daß sie über sei's auch nur 'primitive' Begriffe verfügen, wird erst recht in bloßer Sprachlosigkeit keinen Beweis für Begriffslosigkeit sehen. Auch dazu später mehr.) Aber selbst da, wo solch ein Kriterium in Frage kommt, ist bei seiner Anwendung Vorsicht und insbesondere Offenheit für die Besonderheiten des einzelnen Falles geboten. Es ist ja nicht immer klar, was dazu gehört, ein Wort zu verstehen oder seinen Gebrauch zu beherrschen. (Für "Hund" gelten andere Kriterien als für "Demokratie".)

Sprachbeherrschung ist eine facettenreiche Kompetenz, und das gilt ebenso für das Verständnis einzelner Begriffswörter. Das Verständnis eines Wortes manifestiert sich im Umgang mit Sätzen, in denen das Wort vorkommt – in der eigenen Verwendung solcher Sätze und in der Reaktion auf die Verwendung anderer. Ein Wort verstehen, heißt, es – sei's auch mit Abstrichen – richtig verstehen. Wort-Verständnis manifestiert sich in einem 'richtigen' Umgang mit Sätzen, in denen es vorkommt. Welcher Umgang ist richtig? Jeder, der weitgehend im Einklang damit steht, was in der Sprachgemeinschaft als richtig oder zumindest als akzeptabel gilt. Schon bei simplen Begriffswörtern gehört zum richtigen Umgang, in dem sich Verständnis manifestiert, vielerlei Verschiedenes: daß sehr klare Fälle zumeist richtig klassifiziert werden ("Das ist ein Hund", angesichts eines Dackels); daß zumindest sehr simple, allgemein übliche Verfahren – wenn es solche gibt – bekannt sind, mit denen sich feststellen läßt, ob der Begriff auf einen konkreten Fall anwendbar ist ("Einen Hund kann man gewöhnlich auch daran erkennen, daß er bellt, wenn er aufgeregt ist"); daß einige Standard-Eigenschaften ("Hunde haben ein Fell") und grundlegende Abgrenzungen bekannt sind ("Hunde sind keine Bären"); und daß gewisse Generalisierungen als plausibel akzeptiert werden ("Wenn ein Hund zähnefletschend auf dich losgeht, bist du in Gefahr, gebissen zu werden"). Insbesondere gehört zum richtigen Verständnis eines Wortes auch, daß gewisse grundlegende, aber nicht formallogisch gültige Schlüsse als gültig akzeptiert werden ("Manche Hunde sind bissig; also ist ihnen gegenüber eine gewisse Vorsicht angeraten"). Noch einiges andere wäre hier wohl zu nennen, so z.B. auch entsprechende 'kritische' Fähigkeiten: manche flagranten Fehlklassifikationen, ungeeignete Verifikationsprozeduren, unzutreffende Generalisierungen usw. als solche zu erkennen. – Schon im Hinblick auf solche recht simplen Begriffswörter wie "Hund" wäre es also aussichtslos, nach so etwas wie *dem* definitiven Kriterium für richtiges Wortverständnis zu suchen.

Kleinere Aussetzer, partielle Blindheiten, selbst basale Unkenntnisse, individuelle Schrullen bei der Wortverwendung und auch dezidierte Unwilligkeiten, sich einigen der in der Sprachgemeinschaft allgemein akzeptierten Einzelfall-Zuschreibungen, Generalisierungen und Folgerungen anzubequemen, all das schließt Wortverständnis und Begriffsbeherrschung nicht aus, solange es einen gewissen Rahmen nicht überschreitet. Sprachliche und begriffliche Kompetenz sind auch da gegeben, wo ein Wort nicht ganz und gar verstanden und der Begriff nicht vollständig gemeistert wird. Zumeist ist ja nicht einmal klar, worin das 'vollständige' Verstehen eines Worts – oder die 'vollständige' Meisterung eines Begriffs – überhaupt bestehen sollte. Aber auch im Hinblick auf gewöhnliche, nicht-idealisierte Kompetenz gilt: Es gibt keine wohlumreißbare Klasse spezifischer Fähigkeiten, Kenntnisse und Akzeptanzbereitschaften, die genau das umfaßt, was dazu gehört, ein Wort zu verstehen und den Begriff (wenn auch nur unvollständig) zu beherrschen, den es in der gemeinsamen Sprache ausdrückt. Jedoch gibt es ein Minimum, eine zwingende Voraussetzung, dafür, daß sich in dem sei's auch noch so unvollkommenen Umgang mit einem Begriffswort Verständnis manifestiert. Dies ist die vorbehaltlose Anerkennung der Wahrheit gewisser Aussagen, in denen das Wort vorkommt. Diese nenne ich grundlegende begriffliche Wahrheiten. Wodurch sie sich von andern Aussagen abheben, werde ich alsbald erläutern.

Wortbeherrschung und Begriffsbesitz hängen in füreinander wechselseitig aufschlußreicher Weise miteinander zusammen, wenn auch nur lose und vermutlich in einer letztlich nicht präzisierbaren Weise. Aber mehr als das. Das Wissen, das uns dadurch zugänglich ist, daß wir ein Begriffswort unserer gemeinsamen Sprache beherrschen, ist ein unvergleichlich reicher Fundus, aus dem sich schöpfen läßt, wenn es um die genauere Erfassung des Begriffs selbst geht. Solches über Sprachbeherrschung vermitteltes Begriffswissen ist dem ersten geistigen Zugriff manchmal, aber oft nicht, unmittelbar verfügbar, vielmehr nur durch Nachdenken zu erreichen. Zwar gibt es ein gewissermaßen lexikalisches Begriffswissen, das völlig trivial ist und keines Nachdenkens bedarf: Ein Fohlen ist ein Pferd, Rot eine Farbe, ein Junggeselle unverheiratet, Gewußtes wahr. Dies und allerlei mehr solcher Art sind unmittelbar einsichtige Wahrheiten. Wer Deutsch gelernt hat – oder eine andere Sprache, in der Wörter vorkommen, die diese Begriffe ausdrücken –, muß nicht erst grübeln, um dergleichen als richtig einzusehen. Doch es gibt begriffliche Fragen andern Kalibers: Kann die Farbe Rot gesehen werden (oder können nur Dinge gesehen werden, die rot sind)? Ist Wahrheit eine Eigenschaft (oder eine Beziehung, oder ein logischer Gegenstand, oder etwas ganz anderes)? Muß einer, der etwas weiß, auch wissen, daß er es weiß (oder kann er sogar glauben, er wisse es nicht)? Die meisten philosophisch interessanten begrifflichen Fragen sind von dieser zweiten Art. Sprachbeherrschung ohne die Befähigung zur genaueren Besinnung reicht nicht aus, um dazu Auskunft zu geben.

*

BEGRIFFLICHER DISSENS Sprecher ein und derselben Sprache sind oft uneins darüber, ob ein vorgegebener Satz eine begriffliche Wahrheit wiedergibt oder nicht ("Farben selbst können nicht gesehen werden, sondern nur Dinge, die sie haben"). Auch unter ihnen ist Streit darüber möglich, selbst nachdem ausführlich nachgedacht und diskutiert wurde. Aber schon die bloße Möglichkeit eines Dissenses zwischen ihnen, kompetenten Sprechern, – und erst recht jeder tatsächliche Dissens über Begriffe, der kein bloßer Streit um Worte ist – sind ein Hinweis darauf, daß es hier um Wahrheit und die Hoffnung auf Erkenntnis geht. Erst eine gemeinsame Sprache liefert das Terrain, auf dem eine begriffliche Untersuchung kognitiv gehaltvoll sein kann. Der Unterschied zwischen Wahr und Falsch würde verschwimmen oder verlorengehen, sobald einer sich ins ganz Persönliche zurückzieht und kein externes Korrektiv mehr anerkennt. "Gleichgültig, was die Andern sagen, *für mich* jedenfalls – in dem Deutsch, das *ich* spreche – können Farben nicht gesehen werden", damit müßte aller Streit enden. Die Begründung klingt unantastbar: "Schließlich sind es ja meine eigenen Begriffe und meine eigenen Worte!" – Gewiß doch. – Nur, der Rückzug aus der gemeinsamen in eine höchsteigene Sprache hat seinen Preis: Man macht sich unbelehrbar durch Andere. Und das Pochen auf die prinzipielle Unangreifbarkeit der Gewißheit über die ganz eigenen Begriffe hat bekanntermaßen seine Tücken: Der Unterschied zwischen persönlicher intellektueller Vorliebe und begrifflicher Einsicht geht verloren.[11]

Soll also der durch Konventionen gestiftete Zusammenhang zwischen dem Sprachlichen und dem Begrifflichen nutzbar gemacht werden, dann müssen Begriffe als intersubjektiv zugänglich und die sie ausdrückenden Begriffswörter als einer gemeinsamen Sprache zugehörig konzipiert werden.[12] Damit ist natürlich nicht das Offenkundige geleugnet: daß jeder seinen eigenen Idiolekt der gemeinsamen Sprache hat – sozusagen sein ganz persönliches Deutsch spricht: mit allen sprachlichen Mißverständnissen, denen er unterliegen mag, und allen idiosynkratischen Eigenheiten, die er mit Gusto kultiviert.[13] Idiolekte sind, gerade insofern sie vom Üblichen abweichen, in vielerlei Hinsicht interessant: zum Beispiel psychologisch, ästhetisch, soziologisch und linguistisch. Sie gestalten die Entwicklung der gemeinsamen Sprache mit. Und auch in synchroner Perspektive sind sie keineswegs begrifflich irrelevant, denn sie haben Einfluß darauf, welchen Begriff (und wieviele und welche Begriffe im einzelnen) ein Begriffswort zu einem bestimmten Zeitpunkt im Soziolekt ausdrückt. – Dennoch, die eigensinnige Berufung auf das Idiolektale, auf die höchst persönlichen Sprach-Intuitionen, wäre desaströs für jeden Versuch, sprachliche Befunde für begriffliche Untersuchungen fruchtbar zu machen. In ihnen müssen wir für Korrekturen (am 'persönlichen Verständnis' eines Wortes) durch andere offen sein. Begrifflicher Dissens kann überhaupt nur in einer gemeinsamen Sprache zum Vorschein kommen, und nur in ihr kann er zu einem Streit führen, der mehr ist als einer um Worte. Erst wenn wir uns auf den uns zwar leidlich wohlvertrauten, aber jedem Einzelnen unüberschaubaren Boden einer *gemeinsamen* Sprache begeben, können wir hoffen, aus sprachlichen Anhaltspunkten Aufschluß über begriffliche Zusammenhänge und Verschiedenheiten zu gewinnen.

*

GEDANKENEXPERIMENTE, 'INTUITIONEN', INTERSUBJEKTIVITÄT Der lebhafte Eindruck, etwas müsse sich doch so-&-so verhalten, obwohl man keine greifbaren Gründe dafür anzugeben vermag, wird manchmal eine Intuition genannt. Auf ihre Intuitionen berufen sich (manche) Philosophen gerne dann, wenn sie begriffliche Thesen mit Hinweis darauf untermauern möchten, was in skizzenhaft ausgemalten, oft aberwitzigen Szenarien angemessenerweise zu sagen wäre. Begriffsgeschichtlich gesehen ist dies ein grober Mißbrauch des Worts *Intuition*. Zur traditionellen Intuition gehört es, etwas bis ins Einzelne ganz klar und deutlich zu erfassen – so klar und deutlich, daß es klarer und deutlicher gar nicht sein könnte. Einige der vieldiskutierten Gedankenexperimente der jüngeren Philosophie bieten aber genau das Gegenteil: andeutungshafte Beschreibungen angeblich denkbarer Möglichkeiten (Rawls' Schleier, Searles Chinesisch-Zimmer, Putnams Hirn im Topf, Davidsons Sumpf-Mensch oder sein allwissender Übersetzer, Parfits personbewahrender Teletransporter, Jacksons bedauernswerte Mary, Boghossians schnelle Weltenwechsel, Chalmers' molekülidentische Zombies, und anderes mehr). Solche Szenarien können ohne Frage intellektuell stimulierend sein. Die vorzügliche Eigenschaft solcher "Stell-dir-einmal-vor"-Geschichten ist es, eine geistige Irritation zu erzeugen und die Vorstellung anzufeuern, woraus viel philosophisch Gutes entstehen mag. Aber sie sind häufig nicht dazu angetan, einen wohlumrissenen Sachverhalt in kühlen und scharfen Blick zu nehmen. In ihnen werden allzu oft undeutliche Voraussetzungen gemacht und relevante Details ausgespart. 'Intuitionen', die wir angesichts solcher Darstellungen entwickeln mögen, sind nichts weiter als Anwandlungen des Intellekts. (Wer diesen 'Bauchgefühlen', auch seinen eigenen, begegnet, sollte mißtrauisch bleiben. Zumal der möglichst 'reine' Intellekt, den Philosophen ja so gerne reklamieren, wenn wir besonders abgefahrene Gedanken weiterspinnen.)

Das ist, wohlgemerkt, kein grundsätzlicher Vorbehalt gegen Gedankenexperimente in begrifflichen Untersuchungen. Oft könnte es ohne sie gar nicht gehen. Zwei kurze Betrachtungen mögen dies erklärlich machen. Erstens, begriffliche Wahrheiten sind nicht nur wahr, sondern mit

Notwendigkeit wahr – mit sogenannter begrifflicher Notwendigkeit. Sie sollen nicht nur die tatsächlichen Gegebenheiten betreffen, sondern alle denkbaren Möglichkeiten, darunter auch solche, die nach dem, was wir wissen, gar nicht realisiert sein können (z. B. naturgesetzlich ausgeschlossen sind). Durch Erfahrungswissen können wir mithin nicht zu einem Urteil darüber gelangen, ob eine gegebene Aussage – deren Wahrheit nicht in Frage steht – begrifflich wahr ist.† Die Frage ist, ob sie sich auf den gesamten Bereich des überhaupt Denkbaren erstreckt – einen Bereich, in dem das Wirkliche keine Sonderstellung hat, sondern nur eine unter zahllosen andern Möglichkeiten ist. Das Wirkliche wiegt dann nicht schwerer als das bloß Mögliche (Musil). Ob eine Aussage auch unter unrealisierten oder gar unrealisierbaren Bedingungen wahr ist, läßt sich nicht empirisch erkunden, weder durch Beobachtung der tatsächlichen Gegebenheiten, noch durch vertretbare induktive Verallgemeinerungen und auch nicht durch abduktive Schlüsse. Die Erkundungen des Denkmöglichen müssen von anderer Art sein. Nur wenn sich a priori einsehen läßt, daß es gar nicht anders denkbar ist als so, wie eine Aussage es besagt, ist sie eine begriffliche Wahrheit.

Experimente sind Tests zur Einschätzung der Haltbarkeit von Hypothesen. Und so wie Real-Experimente für oder gegen die Wahrheit einer Hypothese über das wirklich Gegebene sprechen können, können Gedankenexperimente für oder gegen die Wahrheit einer Aussage über das Denkmögliche sprechen. Wir charakterisieren eine mögliche Situation, fragen uns, ob es sich in ihr so verhält, wie die begriffliche Hypothese es besagt, und benutzen uns selbst als Meßgerät. Schlägt unser Zähler, um in diesem Bild zu bleiben, in den Ja-Bereich aus, spricht das für die Wahrheit der Hypothese; schlägt er in den Nein-Bereich aus, spricht das gegen sie; zeigt er keinen Ausschlag oder springt er bei mehreren Durchführungen des Experiments mal hierhin, mal dahin, dann ist das Gedankenexperiment nicht aussagekräftig. Kalibriert wurden wir im Zuge des Prozesses, in dem wir gelernt haben, die betreffenden Begriffswörter kompetent zu verwenden. – Häufig haben wir keine andern oder gar besseren Verfahren zur Verfügung, um Thesen über das Denkmögliche zu untermauern oder zu entkräften. Kurz, philosophische Gedankenexperimente sind Versuche, zu apriorischer Einsicht zu gelangen. Wenn sol-

† Mit "Aussage" werden hier und im Folgenden sowohl Aussagesätze bezeichnet als auch das, was mit ihnen gesagt wird. Zwischen der *Aussage "Es regnet"* und der *Aussage, daß es regnet* wird mithin oft kein Unterschied gemacht. Eine 'Aussage' ist sozusagen das Paket aus Satz und dem mit ihm (in einer Standardverwendung wörtlich) Gesagten. Das ist eine ungenaue, aber bequeme Redeweise, deren Mehrdeutigkeit ich vermeiden werde, wenn Mißverständnisse drohen.

che Experimente gut sind, weisen fast alle Meßgeräte einen hinreichend ähnlichen Ausschlag auf.

Eine zweite Betrachtung läuft auf dasselbe hinaus, setzt aber an einem andern Punkt an. Ein Begriff ist ganz wesentlich auch zum Klassifizieren da. Mit ihm sollen Dinge – Dinge im weitesten Sinn – zusammengenommen werden, und zwar nicht willkürlich, sondern 'nach einer Regel der Einheit'. Klassifikation geht Hand in Hand mit Diskrimination, d. h. mit der Aussonderung gewisser Dinge aus allen andern. Nicht jedes Zusammenfassen und Trennen von Dingen geschieht nach einer Regel. (Ich schaffe Platz auf meinem Schreibtisch und staple vier Bücher links aufeinander und vier Bücher rechts; ich mag das 'einfach so' tun: Für kein weiteres Buch auf dem Schreibtisch ist kraft dieser Verteilung festgelegt, auf welchen der beiden Stapel es gehört und ob überhaupt auf einen von ihnen.) Bei der Art von Klassifikation hingegen, wie sie für einen Begriff charakteristisch ist, soll gerade auch für möglichst jedes 'neue', bisher noch nicht klassifizierte Ding feststehen, wo es hingehört: zu denen, die wir bereits als unter ihn fallend erachten, oder zu den übrigen. Begriffsmeisterung besteht nicht zuletzt darin, neue Fälle 'angemessen' beurteilen zu können: Fallen sie unter den Begriff oder nicht? Wer diese Fähigkeit besitzt, beherrscht Regeln, nach denen mit dem Begriff klassifiziert wird. Er weiß, auf welche Dinge der Begriff anzuwenden ist. Und wenn *wissen* hier zu hoch greift, so hat er doch zumindest Gründe dafür, den Begriff auf dieses neue Ding anzuwenden, auf jenes andere aber nicht.[14] Zu begrifflichen Untersuchungen gehört der Versuch, solche Regeln anzugeben. Nennen wir einen Satz, der zur Formulierung solch einer Regel vorgeschlagen wird, eine *analytische Hypothese*. Gedankenexperimente sind oft das einzige, das uns zur Verfügung steht, wenn es darum geht, analytische Hypothesen auf die Probe zu stellen.

Betrachten wir das an einem schematisch gehaltenen Beispiel. Alle Dinge, die bisher unter den zu untersuchenden Begriff (nennen wir ihn *B*) subsumiert wurden, haben die Eigenschaften *A*, *C* und *D* aufgewiesen; allerdings ist nicht jedes *A*, *C* oder *D* auch ein *B*.[†] Verschiedene analytische Hypothesen über *B* werden diskutiert, so zum Beispiel:

B ist der Begriff eines beliebigen Dings, das *A*, *C* und *D* hat.
B ist der Begriff eines beliebigen Dings, das *A* und *D* hat.
B ist der Begriff eines beliebigen Dings, das *A* und *C*-oder-*D* hat.

† Eine Wendung wie "jedes *A*" ist ein Kürzel für: jedes Ding, das die Eigenschaft *A* hat. Analog werde ich auch von 'einem *A*' oder '(den) *A*s' sprechen.

Kann es *B*s geben, die nicht *C* sind? Wenn ja, ist die erste Hypothese falsch. Kann es *B*s geben, die nicht *A* sind? Dann sind alle drei Hypothesen falsch. Und so weiter. Da uns bislang keine derartigen *B*s begegnet sind, kann jemand, der diese Hypothesen widerlegen möchte, auf kein bereits bekanntes Ding verweisen, das ein Gegenbeispiel liefert. Jedoch kann er versuchen, Umstände auszumalen, in denen ein Ding klarerweise als ein *B* zu klassifizieren wäre, obwohl es ebenso offenkundig nicht die Eigenschaft *A* hätte. Und er könnte Erfolg haben: wenn sein Gedankenexperiment es plausibel erscheinen läßt, wie es *B*s geben kann, die keine *A*s sind. Mehr als das, er könnte recht haben: wenn sein Gedankenexperiment *zeigt*, wie das möglich ist. Gettier hat mit seinen erfundenen, aber real möglichen Szenarien die traditionelle analytische Hypothese zum Wissensbegriff widerlegt, nicht nur unplausibel gemacht;[15] Putnam hat mit Hilfe seiner Zwillingserden-Fiktion – für viele, aber nicht alle – einleuchtend gemacht, daß die Intension eines Worts für eine sog. natürliche Art auch durch die kontingente physische Beschaffenheit der Umgebung der Sprachbenutzer mitbestimmt ist; Burge hat mit seinem "Arthritis"-Gedankenexperiment gezeigt, daß auch subjekt-externe Faktoren Einfluß auf die Beurteilung des Wahrheitswerts gewöhnlicher Glaubenszuschreibungen haben. Kurz, mit Gedankenexperimenten wird versucht, etwas bloß Denkbares '*in concreto* anzunehmen'. Sie führen gelegentlich zu neuen begrifflichen Einsichten, wenn es solche denn gibt, und sind oft unverzichtbar bei dem Versuch, analytische Hypothesen zu beurteilen.

Dies gehört ebenso zur philosophischen Arbeitsweise,[16] wie das Skizzenmachen zu den Arbeitsweisen vielerlei anderer menschlicher Erkenntnisbemühungen. Dennoch, gerade hierbei gilt es den Unterschied zu beachten zwischen der wohlkonturierten Zeichnung einer en detail nachvollziehbaren Möglichkeit und einer bloßen Möglichkeitskleckserei. Gute Gedankenexperimente überzeugen, weil sie bislang unbedachte Möglichkeiten so klar und deutlich beschreiben, daß sie den Weg zu neuen Intuitionen (im klassischen Sinn des Worts) eröffnen. Weniger gute mögen vornehmlich die Vorstellung anregen, aber nur allerlei undeutliche, wiewohl heftige, begriffliche Gefühlsregungen hervorbringen – beim einen diese, beim Andern jene. Solche Gedankenexperimente können so suggestiv sein, daß man sich gar nicht erst fragt: Was genau soll der erdachte Sachverhalt sein? Könnte es ihn überhaupt geben? Welche Einzelheiten, die im Szenario unerwähnt bleiben, müßte ich kennen, bevor ich ein Urteil dazu wagen möchte? Das fragt man dann erst gar nicht. Man fühlt sich instinktiv genötigt, eine entschiedene Ansicht dazu zu haben.[17] Daraus entstehen dann gerne spontane Verdikte. Auch solche 'Intuitionen' werden in philosophischen Fachdiskussionen ernstgenommen – je bedeutender der Denker, desto mehr. Manchem dieser Art werden wir später begegnen.

Gedankenexperimentelle Verfahren zur Überprüfung analytischer Hypothesen setzen eine gemeinsame Sprache voraus. Das erdachte Szenario bedarf einer Beschreibung, die sich richtig – das heißt zumindest: auf eine intersubjektiv verbindliche Weise – verstehen läßt. Eine solche Beschreibung ist nur möglich, wenn die in ihr verwendeten Begriffe gemeinsame Begriffe derer sind, die das Gedankenexperiment durchführen. (Sonst entstünde bloßer Streit um Worte.) – Doch nicht nur muß der Versuchsaufbau für alle derselbe sein. Intersubjektivität ist auch in einer weiteren Hinsicht entscheidend. Denn die individuellen Testergebnisse bieten nur in dem Maße Aufschluß über die begrifflichen Zusammenhänge, die erkundet werden sollen, in dem sie übereinstimmen oder wenigstens konvergieren. Im gerade benutzten Bild gesprochen: Viele gemeinsprachlich kalibrierte Meßgeräte müssen auch bei wiederholter Messung übereinstimmen (auf die Dauer einen klaren Ausschlag in denselben Bereich zeigen), damit der Befund als gedankenexperimentell gestützt gelten kann. Stünde mein abweichendes Urteil über begriffliche Gegebenheiten ("Farben kann man nicht sehen, sondern nur Gegenstände, die sie haben") gegen das aller Andern, dann wäre es widerlegt. Ich hätte dann keine vielleicht doch zutreffende Mindermeinung. Ich mag überzeugt sein, daß '*mein* Begriff' von der Sache besser ist als der der Andern. Aber selbst ich muß anerkennen: De facto ist es nicht *unser* Begriff: nicht der Begriff, über den wir streiten. – Man könnte vielleicht sagen, daß ein Gedankenexperiment nur dann als Leiter zu begrifflicher Einsicht taugt, wenn viele, die sie hinaufsteigen, zum selben Punkt gelangen.

*

Wird das Intersubjektive mit alldem nicht überbetont? Gibt es nicht auch subjektive oder private Begriffe, auch im 'logischen' Sinn dieses Worts, die etwas durch und durch Individuelles sind? – Natürlich gibt es sie, jedenfalls in einem gewissen Sinne. Zumindest verfügt wohl jeder, der überhaupt über Begriffe verfügt, auch über ganz eigene, höchstpersönliche – über Begriffe, die kein anderer hat und die auch nur zur privaten Verwendung gedacht sind. In Abwandlung des früheren Beispiels: Die Regeln nach denen einer sein Ablagesystem gestaltet und benutzt, mögen nur ihm durchschaubar sein. Daß er überhaupt klassifiziert, zeigt sich daran, daß jedenfalls er selbst mit seinen Einteilungen gut zurechtkommt – daß er den einen Brief selbstverständlich in den blauen Ordner ablegt und den andern in den schwarzen; den einen Zeitungsausschnitt hierhin, den andern dorthin; daß er einmal Abgelegtes auch Wochen später noch findet, ohne lange suchen zu müssen; und so weiter. Er verfügt also über Begriffe (was in welchen Ordner gehört), auch wenn er nicht in Worten, nicht einmal in Worten seines persönlichsten Idiolekts, beschreiben könnte, weshalb für ihn dies hierhin und jenes dorthin gehört. Privat, oder subjektiv, sind diese Begriffe in dem Maße, in dem es völlig unangemessen wäre – nicht nur übergriffig, sondern geradezu ein Mißverständnis –, wenn wir ihm in seine erfolgreiche Klassifikationspraxis hineinreden oder ihn gar korrigieren wollten ("Aber so ein Schriftstück kann man doch nicht zu diesen legen, das gehört doch zu jenen"). Eine ganz andere Lage entsteht, sobald wir die Ordner mit ihm gemeinsam verwenden und die von ihm abgelegten Schriftstücke zum Beispiel auch dann finden möchten, wenn er nicht dabei ist.

Selbst Begriffe, die de facto nur einer allein verwendet, sind intersubjektiv in dem oben erwähnten Sinn: Andere *könnten* sie erwerben und dann ebenfalls verwenden. Dazu mag es manchmal nötig sein, daß der, der bisher allein über solch einen Begriff verfügt, andere anleitet – sie lehrt, worin dessen korrekte Anwendung besteht. Was Wittgenstein in seinem berühmten Anti-Privatsprachenargument attackiert, ist die Auffassung, es gebe *prinzipiell* private Begriffe, und manche Wörter unserer gemeinsamen Sprache, z.B. solche für Empfindungen, drückten im Munde jedes einzelnen Sprechers einen andern Begriff aus als in dem jedes andern. Ein Begriff dieser Art wäre 'privat': wesentlich subjektiv. In seinem Wesen läge es, daß nur einer allein ihn verwenden und ihn uns beim besten Willen nicht begreiflich machen könnte.[18] – Hierin ist Wittgenstein recht zu geben. Soweit ein Begriffswort zur gemeinsamen Sprache einer Gruppe gehört, ist der von ihm ausgedrückte Begriff intersubjektiv. (Die weitergehende Frage, ob die Idee einer prinzipiell privaten Ein-Mann-Sprache inkohärent ist, ist hier nicht von Interesse. Uns wird es nur um Begriffe gehen, die von Wörtern unserer gemeinsamen Sprache ausgedrückt werden.)

*

Begriffswort und Begriff In dem Maße, in dem es zulässig ist zu unterstellen, daß 'wir' (kompetente Sprecher des Deutschen und unseresgleichen) eine gemeinsame Sprache sprechen, ist es möglich, viele Unterschiede zwischen dem Begriffswort "*B*" und dem durch es ausgedrückten Begriff *B* außer Acht zu lassen. Es spielt im Hinblick auf 'einen von uns' zumeist keine Rolle, ob wir sagen "Er beherrscht das Wort" oder ob wir sagen "Er verfügt über den Begriff". In vielerlei Hinsicht und bis in feine Nuancen hinein sind – unter Voraussetzung einer gemeinsamen Sprache –

begriffsbezogene und sprachbezogene Ausdrucksweisen gleichermaßen passend.

Dies hat manche zu dem Vorschlag veranlaßt, über Begriffe möglichst gar nicht mehr zu sprechen, sondern nur noch über Wörter. Auch diese sind genau genommen Abstrakta, doch finden wir sie irgendwie 'greifbarer' als Begriffe. Es ist uns natürlich, so zu sprechen, als seien Wörter unmittelbar sinnlich wahrnehmbare Dinge, die man hören und sehen kann. Was sie aber nicht sind. Sinnlich wahrnehmen läßt sich Schall und Schwarz-auf-Weiß. Dennoch befällt uns gegenüber 'Wörtern' – gleich, was sie überhaupt und wodurch sie individuiert sind – weniger Argwohn als gegenüber 'Begriffen'. Wir stellen selten in Frage, ob wir dieselben Wörter verwenden, sind aber gelegentlich unsicher, ob wir dieselben Begriffe verwenden. (Zu sagen "Dein Wort *Freiheit* ist nicht mein Wort *Freiheit*", klänge viel merkwürdiger als: "Dein Begriff von Freiheit ist nicht meiner".) Beim Reden über Wörter haben wir, so scheint es, festeren "Boden unter den Füßen".[19]

Richtig daran ist zumindest dies: Thesen über den Begriff *B* müssen sich daran messen lassen, welche nicht-metaphorischen Verwendungsweisen des Worts "*B*" akzeptabel sind. Oft läßt sich darüber, was sprachlich korrekt oder zulässig ist, leichter Einvernehmen erreichen als darüber, was in einem Begriff 'enthalten' oder mit ihm vereinbar ist. Mancher abgehobenen These über den Begriff des Selbst-Bewußtseins kann dadurch eine deutlichere Kontur gegeben werden, daß man sich fragt, was sich aus ihr in Hinblick auf die Verwendung des Wortes "ich" ergibt. – Quines sog. paraphrastisches Programm (Reden über Begriffliches durch solches über Sprachliches zu ersetzen) ist eine Empfehlung, der zu folgen aus derlei pragmatischen Gründen oft nützlich ist. Anders steht es um das rigoristische Verdikt, *alles* Reden über Begriffliches *müsse* stets durch Reden über Sprachliches ersetzt werden, andernfalls sei es ohne klaren Inhalt. Solcherlei Eiferertum speist sich aus einem Begriffsnihilimus, den ich nicht teile. – Die Daumenregel *Rede nicht über Begriffe, falls das, was du zu sagen hast, deutlicher wird, wenn du stattdessen über die entsprechenden Wörter und ihre Verwendung redest* ist guter Rat. Ebensogut ist allerdings auch folgender: *Vermeide nicht das Wort "Begriff", wenn es das passende ist, und wenn deine Umschreibungen irreführend, undeutlich oder auch nur verzichtbar umständlich wären.* – Ich werde versuchen, beide Ratschläge zu beherzigen.

*

Wenn wir (nun ganz konkret: der Leser und ich) bis ins letzte hinein genau dieselbe Sprache sprächen, gäbe es unter uns keine sprachlichen Mißverständnisse und auch keinen andern Anlaß zum Streit um Worte. Ich werde so tun, als sei das der Fall, und nenne unsere gemeinsame Sprache das Deutsche. Diese Fiktion ist nicht nur bequem, sondern methodisch nützlich: Nur wo sprachlicher Konsens vorausgesetzt werden darf, kann der inhaltliche und auch der genuin begriffliche Dissens als das hervortreten, was er ist. – Dann läßt sich ohne weitere Umstände und Einschränkungen angeben, was der Begriff des Glaubens ist: derjenige Begriff, der durch den Ausdruck "glauben" ausgedrückt wird.

Damit wird ein Begriff weder mit einem sprachlichen Ausdruck noch mit dessen Sinn, seiner lexikalischen Bedeutung, identifiziert. Viele Wörter haben einen sprachlichen Sinn, der über ihren 'kognitiven Inhalt' hinausgeht. (Ein Beispiel: Der sprachliche Sinn des Wortes "Weib" hat sich in den vergangenen Jahrhunderten mehrfach verändert. Heute gehört zu ihm eine Wertung, zumeist eine abfällige. Aber seit eh und je drückt dieses Wort den Begriff Frau aus. Dies ist der kognitive Inhalt des Worts; die wertende Sinnkomponente gehört nicht dazu.) Auch scheint es oft passend, im Hinblick auf den kognitiven Inhalt eines Worts eine Unterscheidung zu machen zwischen dem begrifflichen Kern und einem bloß lexikalischen Additivum. Ein Beispiel möge veranschaulichen, was ich damit meine. Unterstellen wir einmal, daß der kognitive Inhalt unseres Worts "Junggeselle" sich folgendermaßen vollständig charakterisieren läßt: Eine Person ist ein Junggeselle, wenn sie männlichen Geschlechts, unverheiratet und heiratsfähig ist. Es lassen sich Sprachen denken, die ein Wort haben, dessen lexikalische Bedeutung in diesen Hinsichten fast völlig gleich ist. Allerdings kommt in ihnen jeweils noch etwas hinzu, entweder eine kleine Einschränkung (in der einen Sprache ist das entsprechende Wort nicht anwendbar auf Könige, in einer andern nicht auf Piraten, usw.) oder eine kleine Lockerung: hie auch anwendbar auf noch verheiratete Männer, die ihre Frauen verlassen haben, dort auch auf solche, die von ihnen verlassen wurden, und so weiter. Man möchte in solchen Fällen wohl sagen wollen: Auch wenn ihre lexikalische Bedeutung nicht exakt dieselbe ist, so drücken diese Wörter der verschiedenen Sprachen doch denselben Begriff aus. Im Sinn des einen Worts der einen Sprache zeigt sich der Begriff mit einer kleinen Delle nach innen; in dem der andern Sprache mit einer kleinen Delle nach außen. Um von solchen Begriffsdellen sprechen zu können, müßte man selbst im kognitiven Inhalt eines Worts noch einmal eine Trennung machen: zwischen dem eigentlichen begrifflichen Kern und einem bloßen semantischen Additivum, das zu der lexikalischen Bedeutung mancher Wörter mit diesem Kern hinzutritt und das selbst nicht wertend ist. – Kurz, vieles steht dem entgegen, den sprachlichen Sinn eines Begriffsworts, in seiner ganzen Fülle, schlichtweg mit dem Begriff gleichzusetzen, den es 'eigentlich' ausdrückt.

*

Die zuvor gegebene Erläuterung zum Begriff des Glaubens ist vom Schema:

Der Begriff *B* = der Begriff, den unser Wort "*B*" ausdrückt.

Das mag, trotz der gerade gemachten Beobachtungen, griffig genug klingen, um kaum einen Widerspruch zu erregen. Aber diese Gleichsetzung birgt, neben den gerade betrachteten, weitere Schwierigkeiten in sich. Eine von ihnen ist: Mit ihr werden nur Begriffe erfaßt, für die wir Wörter haben. Und selbst dann paßt diese Gleichsetzung nur, wenn gewisse zusätzliche Voraussetzungen erfüllt sind. Zum einen die, daß "*B*" genau einen Begriff ausdrückt, und das heißt zumindest: daß dieses Wort nicht mehrdeutig ist. (Darauf komme ich gleich zurück.) Zum zweiten die, daß das betreffende Wort überhaupt einen Begriff ausdrückt. Doch das ist nicht immer so. Manche Wörter, die sich syntaktisch wie Begriffswörter ausnehmen und eine lexikalische Bedeutung haben, drücken dennoch keinen Begriff aus. Einen Begriff drückt ein Wort nur aus, wenn seine sprachliche Bedeutung eine 'Regel der Einheit' bereitstellt: wenn die, die das Wort beherrschen, es zumindest einverständlich auf gewöhnliche Fälle anwenden können, die einschlägig sind. Nicht allzu viele grundsätzliche Fragen sollten offen bleiben, die seine Anwendbarkeit betreffen. – Einige Begriffswörter erfüllen diese Bedingung nicht.

Ein philosophisch unbelastetes Beispiel ist das Begriffswort "Vorentscheidung", in Anwendung auf Wettkämpfe. Ein sinnvolles Wort unserer Sprache, ohne Frage: Es wird häufig im Ernst behauptend und fragend verwendet; es steht im Duden. Eines ist klar, es hat etwas mit der Relevanz eines Ereignisses für den Spielausgang zu tun. Ich beherrsche es nicht weniger gut als jeder andere, aber gerade deshalb weiß ich auch, daß seine Bedeutung allzu vieles offenläßt, um einen Begriff auszudrücken. War der nichtgegebene Elfmeter in der ersten Halbzeit eine Vorentscheidung? Kann das 1:0 in einem Spiel, das 14:0 endet, eine Vorentscheidung gewesen sein? Wieviele Vorentscheidungen kann ein Fußballspiel maximal haben? ("Beliebig, also potentiell unendlich, viele" klingt gescheit, paßt aber nicht zur tatsächlichen Verwendung.) Gibt es in jedem Spiel wenigstens eine Vorentscheidung? Können Vorentscheidung und Entscheidung identisch sein? Kann es in einem Spiel, das am Ende unentschieden ausgeht, überhaupt eine Vorentscheidung gegeben haben? Kann eine Vorentscheidung vor dem Spiel stattfinden und wenn ja, wodurch wäre das Zeitmaß bestimmt? Wann kann in einem Spiel, das ohne eine Vorentscheidung begann, die erste eintreten? (Wohl nicht in der ersten Sekunde, es sei denn ...) Wird jede Vorentscheidung durch einen andern Spielausgang widerlegt, oder war sie dennoch eine Vorentscheidung? Wann kann die letzte Vorentscheidung vor dem Abpfiff stattfinden? – Kurz, hier ist ein gebräuchliches Begriffswort, dessen Verwendung zu schwach geregelt ist, um einen Begriff auszudrücken. Ein anderes Wort dieser Art ist, vielleicht, "normal"; das wird uns später ausführlicher beschäftigen.

Daß das Wort "glauben" einen sprachlichen Sinn hat, liegt auf der Hand. Daß es überhaupt einen Begriff ausdrückt, könnte – wie wir gerade gesehen haben – dennoch bestritten werden. De facto wird dies von niemandem bestritten. Selbst die entschiedensten Leugner der Realität des Glaubens (wir werden ihre Argumente im sechsten Kapitel betrachten) stellen nicht in Frage, daß dieses Wort einen Begriff ausdrückt; vielmehr behaupten sie, daß es nichts gibt, was unter ihn fällt. Es ist also nicht nötig, unsere Voraussetzung zu verteidigen, daß es einen Begriff des Glaubens gibt.

Die andere Voraussetzung, die mit unserer erläuternden Gleichsetzung gemacht wird, ist, daß das Wort "glauben" nicht mehrere Begriffe ausdrückt. Diese Voraussetzung ist falsch. Es gibt nicht 'den' Begriff des Glaubens. Das Wort "glauben" drückt verschiedene Begriffe aus. Im dritten Kapitel werde ich herausarbeiten, um welchen dieser Begriffe es in unseren Untersuchungen geht. Und zwar um den des propositionalen Glaubens, den wir mit Hilfe der Wendung "glauben, daß" zum Ausdruck bringen. Vorweggreifend ließe sich folgende Erläuterung geben:

> Der Begriff des (propositionalen) Glaubens ist derjenige Begriff, der im Deutschen durch den Ausdruck "glauben, daß" ausgedrückt wird.

Solch eine Auskunft ist fast nichtssagend; sie erhellt den Begriff des Glaubens nicht. Sie weist auf eine seiner bloß zufälligen Eigenschaften hin. Eine gehaltvolle Erläuterung bietet sie nicht. Wer wissen möchte, was die Zahl 5 eigentlich ist, dem hilft es wenig, wenn ihm beschieden wird, sie sei diejenige Zahl, die von dem Zahlzeichen "5" bezeichnet wird. – Das ist richtig. Dennoch, unsere triviale Feststellung ist in einer Hinsicht nützlich. Sie gibt einen Hinweis darauf, woran sich eine begriffliche Untersuchung orientieren kann und bewähren muß. Die Binsenwahrheit, daß die Untersuchung eines *Begriffs* zugleich die Untersuchung dessen ist, was das betreffende Begriffs*wort* ausdrückt, ist methodologisch fruchtbar. Sie verweist auf heuristische Möglichkeiten und auf intersubjektiv verwendbare Überprüfungskriterien, ohne die – wie wir gesehen haben – differenzierte begriffliche Untersuchungen manchmal kaum vorstellbar sind.

2. BEGRIFFLICHE WAHRHEITEN

Unsere Frage war, wie Begriffe zu untersuchen sind, die keine relevante innere Struktur haben. In den gerade angestellten Vorüberlegungen ging es zunächst einmal nur darum, auf einige Merkmale von Begriffen (speziell: Diskriminationspotential, Intersubjektivität, Nicht-Sprachlichkeit) hinzuweisen und insbesondere auch darauf, daß, weshalb und unter welchen Voraussetzungen die Berücksichtigung sprachlicher Gegebenheiten und kontrafaktischer Möglichkeiten in begrifflichen Untersuchungen aufschlußreich und unter Umständen sogar unverzichtbar ist.

Wie also läßt sich ein Begriff erhellen, der nicht in Unterbegriffe zerlegbar ist? Ein erster Hinweis war: durch seine Beziehungen zu andern Begriffen, und zwar durch seine wesentlichen Beziehungen zu ihnen. Eine Beziehung ist einer Sache wesentlich, wenn sie nicht diese Sache wäre, falls sie nicht in dieser Beziehung stünde. Der Begriff Fohlen steht in einer wesentlichen Beziehung zu Pferd; was nicht in dieser Beziehung zu Pferd steht, kann nicht der Begriff Fohlen sein. Hingegen ist die oben erwähnte Beziehung zwischen Hund und Insekt keinem dieser Begriffe wesentlich. Denn selbst wenn sie nicht bestünde (wenn Kinder z. B. den zweiten Begriff gewöhnlich früher als den ersten erwürben), blieben die beiden Begriffe davon unberührt. Es sind also diejenigen Beziehungen, die wir als begriffliche bezeichnet haben, die das Wesen eines Begriffs ausmachen. Durch sie ist er der Begriff, der er ist. (Das begriffliche Wesen eines Phänomens, *P*, bilden diejenigen seiner Eigenschaften, die es haben muß, um unter den Begriff *P* zu fallen. Das Wesen dieses Begriffs bilden seine begrifflichen Beziehungen.)

Solche Beziehungen werden, so haben wir gesagt, von begrifflichen Wahrheiten wiedergegeben. Es ist ein Kennzeichen dieser Aussagen, daß sie zu bestreiten darauf hinausliefe, etwas zu bestreiten, das sich auf apriorischem Weg als unbestreitbar einsehen läßt. Wer die in einer begrifflichen Wahrheit involvierten Begriffe beherrscht, sieht ein – oder könnte zu der Einsicht gelangen –, daß sie sich nicht bezweifeln läßt, ohne etwas zu bezweifeln, das unbestreitbar ist.[20] Diese Erläuterung bedürfte offenkundig selbst der Erläuterung; sie soll uns hier nur als Wink dienen. Daß es auch nur eine einzige Wahrheit dieser Art gibt, wird von manchen geleugnet.[21] Über solche Skepsis setze ich mich ohne Argument hinweg. Allerdings sei auf einen Aspekt der gerade gegebenen Erläuterung hingewiesen. Sie besagt *nicht*: Wer die Wahrheit einer begrifflichen Wahrheit nicht einsieht, beherrscht die relevanten Begriffe nicht. Sie besagt: Jemand, der sie beherrscht, ist ipso facto in der Lage, ihre Unbestreitbarkeit einzusehen. – Zunächst einige besonders simple Beispiele:

> Junggesellen sind männlichen Geschlechts.†
> Fohlen sind Pferde.
> Rot ist eine Farbe.
> Dinge haben Eigenschaften.
> Gewußtes ist wahr.
> Ein Mensch ohne Haare auf dem Kopf ist glatzköpfig.
> Wirkungen haben Ursachen.

Wer das nicht anerkennt, hat nicht einfach eine extravagante Meinung oder eine verblüffend andere Sichtweise. Er hat nicht eine andere Auffassung, über die sich streiten ließe. Über beliebige Themen, die einen der oben genannten Begriffe involvieren, läßt sich erst kontrovers diskutieren, wenn solche simplen Wahrheiten von allen Seiten akzeptiert sind. (Wie ließe sich mit jemandem darüber streiten, ob dieses Blatt dort rot ist, oder nicht eher braun, der nicht einmal akzeptierte, daß Rot eine Farbe ist?)

Wer einen Satz dieses Schlags für falsch hielte, unterläge einem 'begrifflichen' Mißverständnis. Aber was genau würde er mißverstehen? Nicht die Begriffe, die im Spiel sind. Begriffe lassen sich (im Gegensatz zu Begriffswörtern) nicht verstehen oder mißverstehen; sie sind nichts, das selbst noch einmal einen Inhalt hat. Auch die Sachen, um die es in diesen Aussagen, sei's auch ohne die Voraussetzung ihrer Existenz, geht – Junggesellen, Fohlen, usw. – wären nicht das, was er mißversteht (selbst wenn es irgendeinen Sinn gibt, in dem diese Sachen überhaupt mißverstanden – oder verstanden – werden können). Sein Mißverständnis beträfe den Zusammenhang, der zwischen dem Sprachlichen und dem Begrifflichen besteht. Er würde mißverstehen, welche Aussagen mit diesen Sätzen gemacht werden, welche Begriffe von diesen Wörtern ausgedrückt werden.

Hier zeigt sich wiederum, wie Intersubjektivität (der Begriffe) und Gemeinsamkeit (der Sprache) ineinander greifen. Außer in Hinblick auf eine gemeinsame Sprache wäre ein begriffliches Mißverständnis gar nicht möglich. Denn solcherlei Mißverständnis setzt – nicht weniger als Verständnis – einen vorgegebenen, 'richtigen', Zusammenhang von Wör-

† Zu lesen als: Wenn es Junggesellen gibt, dann sind sie männlichen Geschlechts. – Entsprechend mögen alle Sätze solcher Art ohne Existenzvoraussetzung verstanden werden.

tern und Begriffen voraus. Angenommen, einer wollte die Aussage, daß Rot eine Farbe ist, bestreiten oder in Zweifel ziehen. Er sagt, offenbar im Ernst: "Rot ist keine Farbe" oder "Wer weiß, vielleicht ist Rot keine Farbe". Die Laute, die er äußert – z. B. "Rot" und "Farbe" – sollten auch in seinem Munde die Wörter unserer Sprache sein, denn es geht ihm ja nach Voraussetzung darum, ob Rot eine Farbe ist. Andernfalls, wenn seine Wörter nicht unsere wären (die von seinen Wörtern ausgedrückten Begriffe nicht die von den Wörtern unserer gemeinsamen Sprache ausgedrückten wären), dann wäre ihm nicht einmal zu konzedieren, daß er *diese* Aussage: daß Rot eine Farbe ist, bestreitet oder in Zweifel zieht. Doch wer diese Wörter versteht, kann die mit "Rot ist eine Farbe" gemachte Aussage nicht in Zweifel ziehen.

Denn dazu, daß wir eine gemeinsame Sprache sprechen, gehört unter anderm auch: daß uns gewisse Aussagen von vornherein nicht zur Diskussion stehen. Sie sind mehr als einfach nur unkontrovers. Wer sie als Gegenstand sinnvollen Streits erachtete, würde schon damit allein Anlaß zu der Vermutung geben, daß er wenigstens eines der involvierten Wörter nicht versteht.[22] Solche Aussagen bilden eine Sonderklasse im Bereich all dessen, was zu unserer '*gemeinsamen Grundlage*' gehört – zu den Aussagen gehört, für die gilt: Wer mit ihnen konfrontiert würde, würde ihre Wahrheit anerkennen und zudem erwarten, daß jeder andere das tut; er hätte keinen Zweifel daran, daß auch jeder von ihm erwartet, daß er ihre Wahrheit anerkennen würde; und gleichgültig, wie weit solche Verschachtelungen getrieben werden mögen: keiner erwartet, daß ein anderer irgendetwas von alledem bezweifelt.[23] Alles, was der gemeinsamen Grundlage angehört, tendiert dazu, in der betreffenden Gruppe für eine Trivialität gehalten zu werden. Es ist der Rede nicht wert. Denn jedermann würde es nicht nur als wahr anerkennen, sondern hätte auch keinen Zweifel daran, daß alle andern es ebenfalls tun; und so weiter.

Doch manche Aussagen sind eben nicht nur in dieser Weise allgemein unumstritten, sondern darüber hinaus grundsätzlich unbestreitbar. – Hier ist es hilfreich, einige Termini technici zu haben: Eine Aussage ist (in einer Gruppe) *unkontrovers*, wenn jeder sie akzeptieren würde, sobald er mit ihr konfrontiert würde. Sie ist *völlig unkontrovers*, wenn sie zur gemeinsamen Grundlage gehört. Sie ist (*de facto*) *unantastbar* (oder auch: *prinzipiell unkontrovers*), wenn sie völlig unkontrovers ist und es zur gemeinsamen Grundlage gehört, daß inhaltlicher Streit über sie nicht möglich ist. Und schließlich heiße eine (de iure) unantastbare Aussage solange *potentiell unantastbar*, wie sie nicht de facto unantastbar ist.[24] Wahrheiten der letzten Art wären so unangreifbar wie "Rot ist eine Farbe", wenn wir nur lange genug nachdächten, um darauf zu kommen, wie sich ihre Unantastbarkeit für jeden einsehen läßt, der die entsprechenden Begriffe beherrscht. (Philosophische Systeme enthalten typischerweise Wetten darauf, daß gewisse de facto kontroverse Aussagen sich als unantastbar erweisen lassen; und sie sind reizvoll in dem Maße, in dem sie gedankliche Pfade skizzieren, auf denen sich der Nachweis dafür gewinnen lassen könnte.)

Was eine begriffliche Wahrheit ist, läßt sich nun kurz so erläutern: Es ist eine wahre nicht-kontingente Aussage, die unantastbar oder potentiell unantastbar ist.[25] Man beachte dabei, daß es gemäß dieser Festsetzung keine Rolle spielt, ob die betreffende Aussage jemals formuliert oder gedanklich thematisiert wird. Das meiste, das unter uns unkontrovers ist, versteht sich von selbst, verdient der Erwähnung nicht; niemand verschwendet einen Gedanken daran. (In dem technischen Sinn, in dem ich diesen Terminus verwende, ist eine Aussage, über die de facto kein Streit besteht, deshalb allein noch nicht unkontrovers; auch die weitere Bedingung muß erfüllt sein: daß kein Dissens über sie entstünde, wenn sie ausgesprochen und die Frage nach ihrer Wahrheit gestellt würde.)

Zunächst verdient zweierlei unsere Aufmerksamkeit: Nicht alle begrifflichen Wahrheiten gehören zu unserer gemeinsamen Grundlage. Und umgekehrt ist nicht alles, was zu unserer gemeinsamen Grundlage gehört, eine begriffliche Wahrheit. Der erste Punkt ergibt sich daraus, daß nur ganz besonders simple begriffliche Wahrheiten unantastbar sind. Begriffliche Wahrheiten können kontrovers sein. Ja, es liegt keine Ungereimtheit in der Vermutung, daß viele unter ihnen auf immer kontrovers bleiben werden. Ihre Wahrheit geht uns nie auf; sie ginge uns erst auf, wenn wir länger, sorgfältiger und am Ende 'erfolgreicher' darüber nachdächten, als wir es je tun werden. Ebenso gibt es manche, die nur einigen unter uns geläufig sind, von andern aber schlichtwegs bestritten würden. (Daß Liebe kein Gefühl ist, zum Beispiel, gehört nicht zu unserer gemeinsamen Grundlage.) – Der zweite Punkt ergibt sich daraus, daß nicht jede völlig unkontroverse Wahrheit eine begriffliche ist. Es dürfte zu unserer gemeinsamen Grundlage gehören, daß reife spanische Tomaten gewöhnlich rot sind, oder daß nichts sich schneller bewegt als das Licht. Aber eine begriffliche Wahrheit ist so etwas nicht, obwohl es unter uns völlig unkontrovers ist. – Kurz, der schöne Fall, in dem das begrifflich Wahre auch de facto unantastbar, ja überhaupt nur unkontrovers ist, darf nicht für typisch gehalten werden. Die faktische Unantastbarkeit gewisser Aussagen ist grundlegend für sprachliche Verständigung und ohne sie wäre inhaltlicher Streit – ja, auch bloßer 'Streit um Worte' – nicht einmal möglich. Aber sie ist gerade nicht das Kennzeichen derjenigen begrifflichen Beziehungen, die genuin philosophisches Erkenntnisinteresse auf sich ziehen: solche, von denen potentiell unantastbare Wahrheiten handeln. Auch sie lassen tiefgreifenden Dissens zu. Nicht nur darüber, ob sie überhaupt begriffliche Wahrheiten sind, sondern auch darüber, ob sie überhaupt wahr sind. (Die philosophischen Fachzeitschriften sind voll davon.)

*

Wenn wir den Begriff der begrifflichen Wahrheit auf diese Weise erläutern, so hat das eine gewisse Ähnlichkeit mit dem Explikationsvorschlag, den Quine einmal für den Begriff der Analytizität unterbreitet: "Ein Satz ist analytisch, wenn *jedermann*, der die in diesem Satz vorkommenden Wörter lernt, dadurch auch lernt, daß er wahr ist. Analytizität [...] beruht auf sozialer Konformität."[26] Die Ähnlichkeit hat allerdings ihre Grenzen. Mit seiner Erläuterung macht Quine eine lernpsychologische Voraussetzung, derzufolge es nur recht wenige solcher Wahrheiten geben dürfte und wir wohl bereits in unsern Kindertagen fast alle von ihnen gelernt hätten. Denn wenn ein Satz des Typs "*A*s sind *B*s" eine analytische Wahrheit à la Quine ausdrückt, dann müssen wir schon beim Erlernen der beiden Wörter, "*A*" und "*B*", gelernt haben, daß dieser Satz wahr ist. Philosophisch betrüblich ist die Konsequenz, daß solche Wahrheiten dann samt und sonders lexikalische Trivialitäten wären – wie die über Fohlen und Pferde, oder die über Junggesellen und Unverheiratete. Begrifflich Aufschlußreiches oder gar Überraschendes könnte es nicht geben. Begriffliche Wahrheiten, die erst nach langem Nachdenken zum Vorschein kommen – wenn man die Wörter schon lange beherrscht und darüber reflektiert, in welchen Zusammenhängen die von ihnen ausgedrückten Begriffe stehen –, sind gemäß Quines Kriterium für Analytizität von vornherein ausgeschlossen.

So ist es nur folgerichtig, wenn er später in Hinblick auf sein – wie er es zurecht nennt – "krudes Kriterium, das auf das Lernen von Wörtern zurückgreift" bemerkt: "Im allgemeinen wissen wir nicht, wie wir ein Wort gelernt haben, und auch nicht, welche Wahrheiten wir in diesem Prozeß gelernt haben. Auch haben wir keinen Grund, eine diesbezügliche Uniformität von Sprecher zu Sprecher zu erwarten; zudem kann es uns egal sein. Elementare Logik und das Beispiel mit dem Junggesellen sind hinreichend klare Fälle; aber von dort aus führt kein Weg weiter."[27] – Quine, könnte man sagen, infantilisiert den Begriff der begrifflichen Wahrheit. Und er stellt in der ihm eigenen Konsequenz darüber hinaus in Frage, daß es überhaupt Aussagen gibt, die wenigstens seinem kruden Kriterium für Analytizität genügen. Wir werden ihm darin nicht folgen.

Es gilt also, im Hinblick auf die begrifflichen Wahrheiten zwei Grenzen im Blick zu behalten. Die eine verläuft im Bereich der begrifflichen Wahrheiten selbst und trennt die faktisch unantastbaren von denen, die es nur potentiell sind – speziell auch von denen, die de facto kontrovers sind. Erstere verdienen es, *grundlegende* (ja, wenn wir uns diesen Superlativ dieses eine Mal gestatten dürften: 'grundlegendste') begriffliche Wahrheiten genannt zu werden. Denn sie legen für uns, mehr als alle andern, den Grund von Verständnis und Einverständnis: die Basis unseres Verständnisses davon, welches die Begriffe sind, die wir mit den betreffenden sprachlichen Mitteln ausdrücken, und unseres Einverständnisses darüber, daß diese Begriffe unter anderm auch diese Wahrheiten mit sich bringen. Die gerade aufgeführten Beispiele sollen solche für grundlegende begriffliche Wahrheiten sein. (Quines lernpsychologische Hypothese mag in Bezug auf diese lexikalischen Trivialitäten durchaus zutreffen.) Hieraus ergibt sich eine plausible Minimalbedingung für Begriffsbesitz: Anerkennung der grundlegenden begrifflichen Wahrheiten, die diesen Begriff involvieren. – Die andere Grenze verläuft im Bereich der gemeinsamen Grundlage und trennt folglich Unkontroverses, das in unterschiedlicher Weise unkontrovers ist. Sie scheidet solches, über das sich trotz des allgemeinen (wenn auch nicht vollständigen) Konsenses, der unter uns besteht, 'im Prinzip' in einer Weise streiten lassen könnte, die wir als sinnvoll erachten, von solchem Unkontroversen, das de facto oder potentiell unantastbar ist.

Hinsichtlich der zweiten Grenzziehung stellen sich zwei Fragen, die wiederum Quine sehr wirkungsvoll vorgebracht hat.[28] Wie sollten sich – unter den Aussagen, die zu unserer gemeinsamen Grundlage gehören – die begrifflichen Wahrheiten von den andern unkontroversen Aussagen trennen lassen? Und außerdem, wozu wäre diese Unterscheidung überhaupt gut? Welchen Erkenntnisvorteil brächte es, sie zu beachten? Ist es nicht vielmehr irrational, oder widerspricht es nicht wenigstens dem Geist unbefangener Offenheit für bessere Einsicht, überhaupt irgendetwas prinzipiell der Diskussion um wahr oder falsch zu entziehen? Quine weist darauf hin, daß die strengeren empirischen Wissenschaften nicht so verfahren; in ihnen sei kein Platz für prinzipiell diskussionsenthobene Aussagen. Doch bieten uns nicht gerade, wie Quine außerdem nahelegt, die Verfahrensweisen strenger Wissenschaften den besten Leitfaden dafür, wie mit Aussagen umzugehen ist: sofern es ausschließlich um deren Wahrheitswert geht?

Der Hinweis auf die gute wissenschaftliche Praxis geht an der Sache vorbei. Natürliche Sprachen wie das Deutsche sind keine Theorien, und es sind auch keine in ihnen eingewoben.[29] Aus der gemeinsamen Grundlage unter den Deutschsprechenden insgesamt mag sich zwar eine rudimentäre Theorie, oder wenigstens eine deutschtümliche 'Weltsicht', herausschälen lassen. Aber die begrifflichen Wahrheiten gehören gerade nicht zu einer Weltsicht. Vielmehr bilden sie denjenigen Anteil unserer gemeinsamen Grundlage, dessen es bedarf, um irgendeine 'Weltsicht' überhaupt zu haben. Rot muß eine Farbe sein, damit die Aussage (das, was wir damit sagen), daß reife spanische Tomaten gewöhnlich rot sind, überhaupt nur Teil – bei aller Akzeptanz dennoch prinzipiell bestreitbarer Teil – unserer gemeinsamen Grundlage sein kann. Zwar ist es aufschlußreich, über welche Begriffe eine menschliche Gemeinschaft verfügt und über welche nicht, für welche Begriffe sie kurze sprachliche Ausdrücke hat und für welche nicht. Doch eine spezifische 'Weltsicht' erschließt sich nicht aus begrifflichen Wahrheiten, die in einer Gruppe akzeptiert sind, sondern höchstens aus gewissen nicht-begrifflichen Aussagen, die zu ihrer gemeinsamen Grundlage gehören. (Daß in einer Gruppe allgemein bekannt ist, daß Hexen, wenn es sie gibt, weiblich sind, ist eines. Das ist eine begriffliche Wahrheit, kein Aberglaube. Wenn unter den Mitgliedern der Gruppe unkontrovers ist, daß es Hexen gibt, dann ist dies ein andres – etwas, das in der Tat aufschlußreich ist im Hinblick auf ihre 'Weltsicht'.)

Daß Rot eine Farbe ist (falls es Rot gibt und Farben gibt), ist nicht nur keine wissenschaftliche Aussage; sie ist wissenschaftlichen Umwälzungen gegenüber gleichgültig. Man bedenke: Was könnte Forschung zu diesem Thema ergeben? Sie hat zum Beispiel ergeben, daß unser Begriff Rot eine wissenschaftlich gesehen dramatisch inhomogene Extension hat, d.h. Phänomene physikalisch völlig unterschiedlicher Art umfaßt. Die Menge der roten Dinge bildet keine 'natürliche Art'. Dies ist eine interessante Erkenntnis, auch über die Farbe Rot. Aber was heißt das für den Begriff Rot selbst? Niemand möchte daraus schließen, daß er nicht der Begriff einer Farbe ist. – Malen wir uns Erschütternderes aus. Nehmen wir einmal an, künftige Forschung könnte ergeben, daß es gar keine Farben gibt: daß bei genauerem Lichte besehen kein Phänomen der natürlichen Welt in die Extension unseres Begriffs Farbe fällt. Pardauz, das hätten wir nun wirklich nicht erwartet. So ein schöner, altgedienter, uns ans Herz gewachsener Begriff sollte leer sein? Aber wenn es wirklich und wahrhaftig wissenschaftlich erwiesen wäre, daß Farbe so leer ist wie Äther oder Perpetuum mobile, was würde das zeigen? Nicht, daß wir gar keinen Begriff hatten, sondern nur, daß er manche unserer selbstverständlichsten Erwartungen nicht erfüllt hat – insbesondere die, daß es etwas gibt, das unter ihn fällt.

Hierbei ist wiederum das gerade Erwähnte zu beachten: daß die grundlegenden begrifflichen Wahrheiten eine sehr spezielle Teilklasse derjenigen Aussagen bilden, die zu unserer gemeinsamen Grundlage gehören. Vieles von dem, was uns allen heute völlig unkontrovers ist, kann sich morgen als falsch herausstellen. "Manche Dinge, mit denen wir es zu tun haben, haben eine Farbe", das gehört heute, vermute ich, zur gemeinsamen Grundlage der Menschen, die Deutsch sprechen. Aber, so versuchten wir uns jedenfalls vorzustellen, es könnte (wissenschaftlich erweisbarermaßen) falsch sein. Nun ist jedoch allein schon der schiere Umstand, daß wir es überhaupt für versuchbar halten können, uns so etwas auszumalen, ein Hinweis darauf, daß die betreffende Aussage eben nicht unantastbar ist. Wenn wir es überhaupt nur für möglich halten, es könne jemals Gründe geben, eine Aussage daraufhin zu überdenken, ob sie wirklich wahr ist, dann ist sie allein schon deshalb kein Kandidat für den Sonderstatus *de facto unantastbare Wahrheit.* Doch könnte es uns beim Nachdenken über bestimmte phantastische Möglichkeiten als fraglich erscheinen, ob Rot (in diesem Szenario) eine Farbe ist? Schon der Versuch, ein entsprechendes Gedankenexperiment zu fabrizieren, käme uns irrwitzig vor. Ja, es wäre nicht einmal klar, wie sich auch nur davon träumen ließe, daß Rot keine Farbe ist. Würde uns jemand von solch einem Traum berichten, möchten wir ihn wohl fragen: Wie erschien dir das im Traum? War dir Rot ein Geruch? Eine Zahl? Ein Eichhörnchen? – Gewiß, in einem Traum mag auf der ersten Seite von *Nature* groß zu lesen sein: "Stanford scientists proved: Red is no colour". Doch wer das träumt, würde nicht träumen, daß Rot keine Farbe ist.

Wissenschaft kann uns darüber belehren, daß manche unserer Begriffe leer sind, darüber, daß manche von ihnen wissenschaftlich unbrauchbar sind oder gar inakzeptabel. Sie kann auch Aussagen als falsch erweisen, die zu unserer gemeinsamen Grundlage gehören. Ebenso trägt sie zur Erweiterung unserer gemeinsamen Grundlage bei ("Die Erde bewegt sich um die Sonne", "Wale sind keine Fische", und so weiter). Wissenschaft könnte uns jedoch nicht darüber belehren, daß grundlegende begriffliche Wahrheiten in Wirklichkeit falsch sind. Das Desaster, das selbst Quine offenbar für unmöglich hält (und das den Glauben jedes wissenschaftsaufgeschlossenen Menschen an die Tragfähigkeit des Begriffs begriffliche Wahrheit in der Tat pulverisieren müßte), wäre erst dann erreicht, wenn gute Wissenschaft auch ergeben könnte: Es gibt zwar Farben und auch Dinge, die rot sind, aber Rot ist keine Farbe. (Und entsprechend: Es gibt zwar Junggesellen und ein männliches Geschlecht, aber nicht alle Junggesellen sind männlichen Geschlechts. Es gibt zwar Fohlen und Pferde, aber nicht alle Fohlen sind Pferde; ...) Nichts weniger als das wäre nötig, um solche begrifflichen Aussagen als Irrtümer zu entlarven.

Das gilt nicht nur für die grundlegenden, sondern auch für diejenigen begrifflichen Wahrheiten, deren Unantastbarkeit – ja, deren bloße Wahrheit – kontrovers sein mag. Ein Beispiel: Wittgenstein bemerkt in seinen Notizen einmal beiläufig, Liebe sei kein Gefühl.[30] Unterstellen wir einmal, er habe recht: Bei Lichte besehen ist der Begriff Liebe nicht der eines Gefühls. Könnte Wissenschaft uns eines besseren belehren? ("Liebe ist ein objektfokussierter Hormonzustand, und wissenschaftlich gesehen sind alle im Volksmund als Gefühl bezeichneten Befindlichkeiten des Menschen solche Zustände. Also ist Liebe ein Gefühl.") Wir würden vielleicht sogar uns selbst, aber jedenfalls die begriffliche Aufschlußkraft wissenschaftlicher Ergebnisse mißverstehen, wenn wir dies für möglich hielten.

"Wissenschaft kann nicht dies und auch nicht das" – das mag so klingen, als gehe es darum, der Wissenschaft etwas zu bestreiten. Nein, es geht darum, einem empiristisch inspirierten, exaltierten Szientismus innerhalb der Philosophie entgegenzuhalten, daß er die Erkenntnisambitionen echter und strenger Wissenschaften (oder seriöser Wissenschaftler) gehörig mißversteht. Selbst – oder: wohl gerade – ein vehement empiristisch-szientistisch gesinnter Philosoph sollte immerhin dieses empirische Faktum zur Kenntnis nehmen: Wissenschaftler – außer vielleicht, wenn sie 'ins Philosophieren geraten' –, teilen seine Auffassung nicht. Die oben imaginierte Möglichkeit, der Begriff Farbe könne sich, im Lichte wissenschaftlicher Entdeckungen, als leer entpuppen, war reichlich abwegig – sie einzuräumen ein Entgegenkommen um der Argumentation willen.

Wir müssen, nebenbei gesagt, Begriffe gar nicht als leer einsehen, um sie aufzugeben. Wir mögen den Begriff Obst eines Tages aufgeben, weil wir dann finden, daß er sich von Gemüse nicht sauber genug trennen läßt, um die beiden damit einhergehenden, einander überlappenden Klassifikationen beizubehalten. Wir hätten dann vielleicht nur noch ein Wort, vielleicht "Gemobst", für eßbare Pflanze. Wie auch immer, Obst bliebe der Begriff, der er ist. Daß wir ihn vielleicht einmal nicht mehr gebrauchen werden, spricht nicht dagegen. Mit ihm läßt sich leidlich gut klassifizieren, auch wenn wir eines Tages vielleicht finden werden, daß er uns nicht mehr trennscharf genug oder aus andern Gründen nicht mehr dienlich ist.

Begriffe kommen und gehen? Nein, was kommt und geht, ist: ob wir sie in unserm Denken und Reden einspannen oder nicht. Und das zeigt sich auch daran, ob wir einfache Wörter für sie im lebendigen Gebrauch unserer Sprache haben. Für manche Begriffe haben wir kein Wort, und auch ausführliche Umschreibungen allein können kein Verständnis ergeben ("Kalokagathia"). Man müßte vieles verstehen, was uns fremd ist – vielleicht eine andere Lebensform oder eine verlorene Kultur, in die dieser Begriff 'paßt'. Wollte ein einfühlsamer klassischer Philologe versuchen, uns diesen Begriff begreiflich zu machen – nicht einfach eine deutsche Notbehelfsvokabel für ein Wörterbuch zu finden –, so müßte er sich an etwas anderm als einer Begriffsanalyse versuchen. Vielleicht können wir aufgrund dessen, was er uns erklärt, am Ende nachvollziehen, wie diese Menschen damals mit jenem inzwischen verlorenen Begriff gedacht (klassifiziert, diskriminiert und 'gewertet') haben. – Uns geht es hier um einen Begriff, den wir jetzt haben, den manche aber schon verloren geben und nur als leeres Wort noch dulden: den des Glaubens.[31] Soweit mein Vorgehen sich an dem orientiert, wie das Wort "glauben" de facto verwendet wird, ließe sich einiges von dem, was ich tun möchte, Echtzeitphilologie nennen. Es ist jedenfalls getragen von einem Vertrauen darauf, daß dieses Wort seinen guten Sinn hat und einen bewahrenswerten Begriff ausdrückt – einen, der es verdient, gegen Anfeindungen und feindliche Übernahmeversuche verteidigt zu werden.

*

Für das Abgrenzungsproblem ("Worin unterscheiden sich begriffliche Wahrheiten von andern unkontroversen Wahrheiten?") hatten wir eine partielle Lösung angegeben. Sie erstreckt sich allerdings nur auf die besonders trivialen Fälle: Begriffliche Wahrheiten sind zumindest einmal die de facto unantastbaren, prinzipiell unkontroversen. – Diese Auskunft versagt, wenn es um solche Aussagen geht, bei denen es umstritten ist, ob sie begrifflich wahr oder nur besonders tief in unserm Denken verwurzelt sind – oder bei genauerer Betrachtung nicht einmal uneingeschränkt wahr sind. ("Alles Veränderliche hat eine Ursache", "Verschiedene Dinge haben nicht genau dieselben Eigenschaften", "Kein Widerspruch ist wahr".) – Sie versagt erst recht im Hinblick auf all die Aussagen, an die noch nie ein Mensch gedacht hat und denen wir, trotz ihrer potentiellen Unantastbarkeit, nicht auf Anhieb zustimmen würden, wenn wir mit ihnen konfrontiert würden. Es fällt naturgemäß schwer, dafür Beispiele zu geben; aber wir haben keinen Grund, ihre Existenz in Zweifel zu ziehen.

*

NEUE EINSICHTEN ÜBER ALTE BEGRIFFE? Hier stellt sich die Frage: Hat es überhaupt einen leidlich klaren Sinn anzunehmen, daß es begriffliche Wahrheiten gibt, die wir nicht kennen und deren wir uns womöglich nie bewußt werden? Und auch solche, die wir zwar schon formuliert haben, hinsichtlich deren aber Dissens darüber besteht, ob sie tatsächlich wahr sind? Und zwar solche Wahrheiten, in denen keine andern Begriffe involviert sind als solche, über die wir jetzt verfügen?

Seien "*A*", "*B*" und "*C*" gewöhnliche, semantisch strukturlose, nicht-ambige Begriffswörter der Sprache einer Gruppe, die ich der Einfachheit halber als *Wir* bezeichne. Für jeden der drei Begriffe *A*, *B* und *C* seien uns jeweils einige triviale begriffliche Wahrheiten bekannt. Nennen wir diese zu einem bestimmten Zeitpunkt faktisch unantastbaren Aussagen der Kürze halber die bereits bekannten *A*-Wahrheiten (bzw. *B*- oder *C*-Wahrheiten). Nehmen wir an, es sei zum Zeitpunkt *t* umstritten, ob die Aussage

[*U*] Jedes *A*, das ein *B* ist, ist ein *C*.

eine begriffliche Wahrheit ist; manche glauben das, andere bestreiten es – ja, es gibt sogar welche, die der Auffassung sind, [*U*] sei falsch. Eine Weile später, zu t^+, habe sich ein fast ausnahmsloser Konsens herausgebildet; [*U*] ist nun unantastbar: eine allgemein anerkannte begriffliche Wahrheit, die wir nun zu den bisherigen *A*-, *B*- und *C*-Wahrheiten hinzugenommen haben.

Eine Betrachtungsweise dieser Sache ist nun folgende:[32] Durch nichts anderes als die Gesamtheit der anerkannten *A*-Wahrheiten ist festgelegt, welcher Begriff *A* ist. (Entsprechendes gilt für *B* und *C*.) Diese Gesamtheit ist jedoch zu *t* eine andere als zu t^+. Folglich ist der Begriff, den "*A*" zu *t* ausdrückt, ein anderer als der, den dieses Wort zu t^+ ausdrückt, wenn [*U*] zu den bisherigen *A*-Aussagen hinzugekommen ist. Es hat mithin ein Begriffswandel stattgefunden; durch die Hinzunahme von [*U*] zu den begrifflichen Wahrheiten drücken "*A*", "*B*" und "*C*" zu t^+ nicht mehr diejenigen Begriffe aus, die sie zuvor ausgedrückt hatten: nicht mehr *A*, *B* und *C*, sondern A^+, B^+ und C^+.

Gegen diese Betrachtungsweise spricht, daß sie dazu nötigt, allzu rasch und allzu oft begriffliche Veränderungen zu konstatieren. In ihr ist die Unterscheidung zwischen einem besseren Verständnis alter Begriffe und der Übernahme neuer Begriffe unter Beibehaltung der alten Wörter nivelliert. Auch in puncto Begriffswechsel sollte Ockhams Devise beachtet werden: Jede Vermehrung über das Notwendige hinaus ist zu vermeiden. – Eine radikal dezisionistische Variante dieser Betrachtungsweise läßt deren Unnatürlichkeit klarer zu Tage treten. Sie besagt, daß jede Hinzunahme einer Aussage zu den bisher akzeptierten begrifflichen Wahrheiten in Wirklichkeit eine Entscheidung zu neuen Begriffen ist; solch eine Entscheidung ist niemals durch die Tatsachen erzwungen und mithin willkürlich; sie hätte auch unterbleiben oder anders ausfallen können. Auf unser schematisches Beispiel bezogen heißt das: Die Hinzunahme von [*U*] zu den bisher bekannten begrifflichen Wahrheiten ist das Ergebnis einer arbiträren Entscheidung, gleichgültig wie selbstverständlich oder sogar unausweichlich sie denen erscheinen mag, die sie treffen: Es wurde entschieden, *A*, *B* und *C* preiszugeben und die alten Wörter von nun an die neuen Begriffe A^+, B^+ und C^+ ausdrücken zu lassen.

Eine andere Betrachtungsweise ist diese: Es wurden nicht bisherige Begriffe zugunsten anderer aufgegeben, sondern unser Verständnis der alten Begriffe wurde durch die Einsicht, daß [*U*] begrifflich wahr ist, vertieft. Wir wissen zu t^+ mehr über *A*, *B* und *C*. Welche Begriffe das sind, ist nämlich nicht durch die Gesamtheit der zu einem bestimmten Zeitpunkt bekannten *A*-, *B*- und *C*-Wahrheiten bestimmt, sondern durch die Gesamtheit all dieser Wahrheiten, seien sie bereits bekannt oder nicht, seien sie umstritten oder ihr Wahrheitswert uns gleichgültig. – Gemäß dieser Auffassung, man mag sie eine begriffsrealistische nennen, haben wir von vielen unserer Begriffe jederzeit nur unvollständige Kenntnis. Begriffe sind sozusagen ganz sie selbst, und es steht nicht in unserer Macht – nicht nur nicht in der Macht des Einzelnen, sondern auch nicht in der Macht der Sprachgemeinschaft als ganzer –, sie einfach das sein zu lassen, was unsern Bedürfnissen, Vorlieben, Launen und Grillen entspricht. Manche Begriffe mögen dem Menschen wohl konstitutionell vorgegeben sein. Jedenfalls dürfte es eine Reihe von Begriffen geben, ohne deren Besitz wir keine denkenden Menschen wären. Ansonsten können wir die Begriffe haben, die uns zusagen. Aber wenn wir sie denn haben, können wir mit ihnen nicht verfahren, wie es uns gefällt. Anders steht es mit den Wörtern; hier steht es in unserm gemeinsamen Belieben, sie ausdrücken zu lassen, was auch immer wir möchten. Die Beziehung, die zwischen einem Wort und dem, was es ausdrückt, besteht, ist konventional. Eine historisch zufällige Entwicklung – oder gar eine arbiträre Entscheidung – der Gemeinschaft könnte jederzeit bewirken, daß dieses Wort "*B*" nicht mehr jenen Begriff *B* ausdrückt. Diejenigen Beziehungen hingegen, die zwischen Begriffen selbst bestehen (und von begrifflichen Wahrheiten erfaßt werden), sind nicht konventional, nicht unserer Willkür unterworfen. Wir verfügen über Begriffe – aber nicht wie Herren über ihre Sklaven. Eher wie Menschen über Sehkraft. Über den Sinn ihrer Wörter verfügt die Sprachgemeinschaft herrschaftlich, nicht aber über die Begriffe, die Wörter mit diesem Sinn ausdrücken.

*

Leibniz hat ein schönes Bild angeboten, das sich – in sanfter Abwandlung – auf unsern Zusammenhang übertragen läßt. Wir besitzen ein Stück Marmor, in dem sich die Umrisse einer Figur abzeichnen. Welcher Figur genau? Wir folgen zunächst den breitesten Adern; und es ist für alle deutlich zu sehen, wie sie verlaufen. Schon mit dem groben Fäustel haben wir, ihnen folgend, einen Herkules herausgeschält. Aber ist das wirklich eine Keule, worauf er sich stützt? Trägt er einen Bart? Wir müßten nun schmaleren Adern nachgehen, und es wäre "Arbeit nötig, um sie freizulegen und mit Politur zu säubern, indem man alles beseitigt, was verhindert, daß sie zum Vorschein kommen".[33] Mit dem Hammer läßt sich nicht mehr philosophieren, wenn es darum geht, gar noch subtilere Details herauszuschälen: Hat er eine Warze auf der Nase? Ist die Unregelmäßigkeit an der Wade eine Wundnarbe? Um dies herauszufinden, bedarf es feinerer Instrumente und des nötigen Fingerspitzengefühls, sie kunstgerecht zum Einsatz zu bringen. Auch kann – je schmaler die Adern, denen wir nachgehen, desto leichter – Dissens darüber entstehen, wie ihnen an dieser oder jener Stelle zu folgen ist. – In Leibnizens Gleichnis geht es um einen Einzelnen und einen Marmorblock, der sein Privatbesitz ist. Wir haben es so abgewandelt, daß der Stein gemeinsames Eigentum von uns allen ist. Manche unter uns mögen damit zufrieden sein, daß hier ein Herkules klar genug zu sehen ist. Anderen ist das vielleicht nicht genug; sie wollen ihn bis in kleinste Details freilegen. Und es dürfte auch solche geben, die sagen: "Das ist doch nur ein Stück Stein. Die darin einbeschriebene Figur weiter freizulegen, wäre mühsam, und es ist nicht zu erwarten, daß wir überhaupt zu einem eindeutigen Ergebnis gelangen. Wir sollten uns eine neue Statue schaffen, ganz nach unsern Bedürfnissen und Vorlieben: den Herkules, den wir wollen. Wenn wir ihn mit Narben und Warzen haben wollen, dann geben wir sie ihm; wenn lieber ohne, dann geben wir ihm keine".

*

Diese Andeutungen mögen einen Eindruck geben von dem Begriffsrealismus, der meine Untersuchungen mit beeinflußt. Gemäß dieser Auffassung gibt es wenigstens drei Arten begrifflichen Fortschritts: Wir trennen uns von alten Begriffen, die uns nicht mehr zusagen (nicht mehr taugen oder nicht mehr gefallen); wir eignen uns neue an; und wir erwerben neue Erkenntnisse über alte Begriffe. – Es stellen sich dazu mannigfache Fragen, die nur im Rahmen einer elaborierten Begriffslehre zu beantworten wären. Um zwei davon möchte ich mich, auch ohne solch eine Lehre, nicht drücken. Erstens, was könnte das sein, die sog. 'Gesamtheit aller begrifflichen Wahrheiten, die *B* involvieren, seien sie uns bekannt oder nicht'? Zweitens, wie könnte eine uns jetzt (und wohl auf immerdar) unüberschaubare Gesamtheit von Aussagen den Begriff festlegen, den wir jetzt haben?

*

'Alle begrifflichen Wahrheiten'? Zur ersten Frage. Von der Gesamtheit schlechthin aller *B*-Wahrheiten (d.h. aller begrifflich wahren Aussagen, die *B* involvieren) zu reden, ist voraussetzungsreich: zum Beispiel in puncto Einzigkeit ("*die* Gesamtheit") und in puncto Vollständigkeit ("schlechthin *aller* *B*-Wahrheiten"). Zudem wäre diese Gesamtheit ein reichlich gemischtes Konglomerat von Aussagen, jedenfalls erkenntnistheoretisch gesehen. Denn zu ihr sollen zum einen die uns bisher bekannten *B*-Wahrheiten gehören, zum andern auch alle die, die uns zu einem Konsens über ihre Unantastbarkeit führten, wenn wir lange genug (bis zum 'Ende aller Reflexion') über ihre apriorische Einsichtigkeit nachdächten. Doch ist es deshalb begrifflich inkohärent, eine solche Gesamtheit anzunehmen? Jedenfalls liegt, auf den ersten Blick, kein Widerspruch in der Annahme, daß es sie gibt und daß sie eindeutig bestimmt ist. Daß wir sie als ganze nicht erfassen können, spricht nicht dagegen. Es ist auch kein Hinweis auf eine Inkohärenz, daß wir – an deren tatsächlichem und bloß potentiellem Konsens es doch einzig und allein liegt – de facto gar nicht in der Lage sind, in der uns kreatürlich zubemessenen Lebensdauer zu einem gemeinsamen Urteil darüber zu gelangen, ob ein uns vorgelegter Kandidat eine begriffliche Wahrheit ist oder nicht. Das ist irrelevant. Relevant ist: ob wir bei hinreichend langem Abwägen dazu gelangen würden.

Von *dem* Begriff zu sprechen, der durch unser Wort "*B*" ausgedrückt wird, heißt zu unterstellen, daß durch unsern Gebrauch von "*B*" nicht offenbleibt, welche *B*-Aussagen begriffliche Wahrheiten sind; und das heißt (im Hinblick auf die meisten philosophisch interessanten Begriffe) zu unterstellen, daß manche Aussagen, die uns bisher gar nicht in den Sinn gekommen oder unter uns umstritten sind, prinzipiell unkontrovers wären, wenn wir mehr darüber wüßten, wie das Wort konsequent sprachrichtig zu verwenden ist. Solche Vermutungen über das Kontrafaktische sind unmöglich zu beweisen – aber eben auch schwer zu widerlegen. Auch ist zu bedenken: Die Gesamtheit der basalen (d.h. nicht-ableitbaren) *B*-Wahrheiten ist stets endlich und gelegentlich sehr überschaubar. Ein apriorischer Pessimismus oder gar Defätismus in diesen Dingen mag dem Zeitgeist entsprechen und für philosophischen Realitätssinn gehalten werden. Aber er steht im Widerspruch zu der ebenfalls verbreiteten und vernünftigen Auffassung, daß wir über das rein (oder 'bloß') Begriffliche mit gutem Willen Konsens finden können – und das auch sollten, um auf dieser Grundlage inhaltlichen Streit über substantiellere Dinge überhaupt erst zu ermöglichen.

Diese Idee, begriffliche Wahrheiten partiell kontrafaktisch zu charakterisieren – als solche, die uns als unantastbar einleuchten oder einleuchten würden, wenn wir eine Herleitung für sie gefunden hätten – mag von manchen als anrüchig empfunden werden. Pikanterweise kann ich mich in dieser Sache auf Quine berufen. In einem strukturell analogen Zusammenhang, bei der Charakterisierung eines andern Typs grundlegender Wahrheiten (nämlich solchen der Logik), weist er auf folgendes Spezifikum hin: Jede von ihnen ist offenkundig, sei's de facto sei's potentiell.[34]

*

WAHRHEIT DURCH KONSENS? Wenn wir die grundlegenden begrifflichen Wahrheiten mit den unantastbaren identifizieren, worin könnte dann noch ein 'Realismus' in puncto Begriffe bestehen? Sind wir dann nicht gehalten anzuerkennen: Sie sind wahr allein durch sozialen Konsens? Und hieße das nicht, daß sie in einem andern, schwächlicheren, Sinn *wahr* wären als solche Wahrheiten, bei denen man wohl kaum bereit wäre, von Wahrheit durch Konsens zu sprechen? Und wäre eine Wahrheit, die sich nichts weiter als unserm Konsens (sie sei wahr) verdankt, wirklich eine Wahrheit? Gibt es überhaupt mehrerlei Sinn, in dem Aussagen wahr sein können? Und so weiter. – Nein, alle Wahrheiten sind wahr im selben Sinne dieses Wortes. Die begrifflichen unter ihnen tanzen nicht aus der Reihe. Ein ins Einzelne ausgeführter Begriffsrealismus, der diesen Namen verdient, sollte jedenfalls ergeben: Daß Rot eine Farbe ist, ist in genau demselben Sinn wahr, in dem es wahr ist, daß reife Tomaten rot sind. Beide Aussagen sind wahr, gleichgültig, ob es einen Wahrheitskonsens über sie gibt oder nicht. Jedoch bedarf es eines solchen Konsenses, damit die Sätze ("Rot ist eine Farbe", "Reife Tomaten sind rot") diese Aussagen ausdrücken.

Dies sei kurz erläutert. Der Ausgangspunkt ist, daß über manche Aussagen Konsens herrschen muß, damit gewisse andere Sätze überhaupt die Aussagen ausdrücken, die sie ausdrücken. Zum Beispiel drückt der Satz (1) "Alle Tomaten sind rot" in unserer Sprache nur dann das aus, was er ausdrückt, wenn unter uns prinzipiell unkontrovers ist, daß (2) "Tomaten sind Früchte" und (3) "Rot ist eine Farbe" Wahrheiten ausdrücken. Sonst wäre zum Beispiel nichts daran auszusetzen, daß jemand auf eine grüne Plastikattrappe verweist, um (1) zu widerlegen. Oder jemand könnte kohärenterweise einräumen, daß alle Tomaten dieselbe Farbe haben wie Blut und daß Blut rot ist, aber dennoch (1) ablehnen.

Über die Wahrheit eines Satzes wie (3) muß also Konsens herrschen, sonst hätten andere Sätze, wie z. B. (1), eine andere Bedeutung als die, die sie haben. In diesem Sinne muß (3) unkontrovers sein. Die Frage ist nun, ob die *Wahrheit* von (3) sich unserm Konsens über die vorbehaltlose Zustimmungswürdigkeit von (3) verdankt. Lax formuliert: Ist Rot deshalb eine Farbe, weil es prinzipiell unkontrovers ist, daß Rot eine Farbe ist? Und die Antwort ist: Nein, auch grundlegende begriffliche Wahrheiten wie (3) sind nicht wahr-durch-Konsens; sie sind im selben Sinne schlicht wahr, in dem auch alle anderen Sätze wahr sind. Wie alle anderen Sätze können jedoch auch solche, die grundlegende begriffliche Wahrheiten ausdrücken, nur dann ausdrücken, was sie ausdrücken, wenn die Wahrheit gewisser Sätze prinzipiell unkontrovers ist. Und die Besonderheit von Sätzen, die grundlegende begriffliche Wahrheiten ausdrücken, liegt nun darin, daß solche Sätze selbst zu denjenigen gehören, über die Wahrheitskonsens bestehen muß, damit sie – eben diese Sätze selbst – das ausdrücken, was sie ausdrücken. Also: Die Wahrheit des Satzes "Rot ist eine Farbe" muß unkontrovers sein, damit dieser Satz überhaupt die Aussage ausdrückt, daß Rot eine Farbe ist. Hingegen verdankt sich die Wahrheit der *Aussage* (des Ausgesagten, des Aussage-Inhalts), daß Rot eine Farbe ist, keinem Konsens. Was sich unserm Konsens über die Wahrheit von (3) – und unserm Konsens über die Wahrheit anderer Sätze – verdankt, ist ausschließlich der Umstand, daß mit diesem Satz jene Aussage ausgedrückt wird.

Nicht Wahrheit ist es also, was durch solchen Wahrheitskonsens geschaffen wird; es sind *Beziehungen* zwischen Sätzen und Aussagen. Die für unseren Zusammenhang bemerkenswerte Besonderheit grundlegender begrifflicher Wahrheiten ist mithin: Sie werden von Sätzen ausgedrückt, deren Wahrheit unkontrovers sein muß, damit sie überhaupt die Aussagen ausdrücken, die sie ausdrücken.

*

Bestimmt durch Unbekanntes? Zur zweiten Frage: Die Kohärenz der Annahme, daß es zu dem Begriff, den wir mit "*B*" ausdrücken, die Gesamtheit aller in unserer Sprache ausdrückbaren *B*-Wahrheiten (nennen wir sie *β*) gibt, einmal vorausgesetzt, wie soll sie unsern 'jetzigen' Begriff *B* festlegen? Wie könnte etwas, über das wir nicht verfügen und vielleicht nie verfügen werden, unsern Begriff bestimmen? Wie könnte es uns im Umgang mit dem Begriffswort anleiten? Wie könnte es die Richtschnur dafür sein, wann wir etwas Wahres mit ihm sagen und wann etwas Falsches? – Man darf sich hier zunächst einmal nicht durch das Wort "festlegen" irreführen lassen. *β* ist keine Festlegung im Sinne einer Anleitung zum richtigen Gebrauch des Wortes "*B*" – nichts, was uns insgeheim (und auf geheimnisvolle Weise) lenkt, wenn wir "*B*" verwenden. Daß *B* durch *β* festgelegt ist, soll nichts anderes heißen als, grob gesagt, dies:

> *B* ist derjenige Begriff, über den vollständige theoretische Begriffskompetenz durch die Einsicht erlangt wäre, daß alle *β*-Aussagen und keine anderen Aussagen, in denen *B* involviert ist,[35] unantastbar sind.

Als erstes Beispiel mag wiederum der unvermeidliche Junggeselle dienen. Vielleicht kommt folgendes der Wahrheit nahe:

> Junggeselle ist der Begriff, der festgelegt ist durch: (1) Junggesellen sind männlichen Geschlechts. (2) Junggesellen sind heiratsfähig. (3) Junggesellen sind unverheiratet.

Hier ein paar weitere Beispiele zur Illustration dessen, worauf es hier ankommt, nicht um mit ihnen Behauptungen über die jeweiligen Begriffe selbst zu verfechten:

> Logische Konjunktion ist der Begriff, der festgelegt ist durch: (1) Logische Konjunktion ist eine Verknüpfung von Aussagen. (2) Wenn mehrere Aussagen wahr sind, dann ist auch ihre logische Konjunktion wahr. (3) Wenn eine logische Konjunktion wahr ist, dann ist auch jedes ihrer Glieder wahr.
>
> Wahrheit ist der Begriff, der festgelegt ist durch: Jede Ausfüllung des Schemas "Daß *p*, ist wahr genau dann, wenn *p*" ist wahr.
>
> Identität ist der Begriff, der festgelegt ist durch: Jede Ausfüllung der folgenden Schemata ist wahr: (1) "Wenn *x* jede Eigenschaft hat, die *y* hat, und *y* jede, die *x* hat, dann sind *x* und *y* identisch"; (2) "*x* ist identisch mit *x*".

Soweit diese Beispiele gut gewählt sind, zeigt sich an ihnen, daß dieses Format der Begriffserläuterung (Festlegung durch begriffliche Wahrheiten) ohne weiteres auf Begriffe anwendbar ist, die eine klassische reduktive Analyse zulassen (Junggeselle), dann aber eben auch auf Begriffe, die nicht im klassischen Sinn definierbar sind. Dies wird unter anderm dadurch ermöglicht, daß der festzulegende Begriff selbst in den ihn festlegenden Aussagen involviert sein kann (logische Konjunktion). Entsprechend ist es unerheblich, ob ein Begriff *X*, der in den einen andern Begriff, *Y*, festlegenden Aussagen involviert ist (wie Proposition in der Festlegung von Wahrheit), selbst wiederum durch Aussagen festgelegt ist, in denen *Y* involviert ist (so mag es wohl sein, daß Wahrheit, direkt oder indirekt, in der Festlegung von Proposition involviert ist; immerhin sollten Propositionen ja in einer Dimension angesiedelt sein, in der die Frage nach Wahrheit zulässig ist). Solch eine Beziehung zwischen *X* und *Y* wäre kein Hinweis auf eine schädliche Zirkularität, sondern darauf, daß die vollständige theoretische Kompetenz in Bezug auf einen der beiden Begriffe mit einer in Bezug auf den andern Hand in Hand gehen muß. – Wenn ein Begriff in diesem Sinne durch Wahrheiten festgelegt ist, spricht man üblicherweise von einer impliziten Definition; entsprechend werde ich die Redeweisen "*B* ist durch die β-Aussagen festgelegt" und "*B* ist durch die β-Aussagen implizit definiert" austauschbar verwenden.

Das Format der Erläuterung eines Begriffs mit Rückgriff auf die ihn festlegenden Wahrheiten hat, wie wir gerade gesehen haben, eine größere Anwendungsbreite als das der klassischen, reduktiven Begriffsdefinition: Jeder Begriff, der sich per definitionem classicam fassen läßt, läßt sich auch per definitionem implicitam fassen; aber nicht umgekehrt. Dieses Format ist insbesondere dazu geeignet, auch Grundbegriffe – d. h. solche, die keine relevante 'innere' Struktur haben – zu erfassen: ihr Zusammenspiel mit andern Begriffen aufzuweisen, ihre Position und Rolle in einem größeren Begriffsgefüge zu bestimmen. Sehr deutlich wird dies, wenn wir bedenken, daß das Erläuterungsschema

X ist derjenige Begriff, der durch die Aussagen $\xi_1,\ldots,\xi_n$ festgelegt ist

sich ausführlicher so wiedergeben läßt (wobei für $Y_1,\ldots,Y_m$ diejenigen Begriffe einzusetzen sind, die außer *X* in $\xi_1,\ldots,\xi_n$ involviert sind):

> *X* ist derjenige Begriff, der mit den Begriffen $Y_1,\ldots,Y_m$ so zusammenhängt, daß er durch die Aussagen $\xi_1,\ldots,\xi_n$ festgelegt ist.

Die letzten drei der gerade gegebenen Beispiele waren insofern schlecht gewählt, als sie leicht in die Irre führen könnten. Denn in ihnen geht es um Begriffe, die in einem weiteren Sinne logische sind und die darüber hinaus inzwischen so gut durchdacht sind, daß wir eine Idee davon haben, worin ihr *vollständiges* Verstehen bestehen könnte. Jedoch sind uns bis dato nicht viele solcher Begriffe bekannt; und der, um den es hier gehen soll, der des Glaubens, ist gewiß keiner von ihnen. Solche Ausnahmebegriffe treffen wir bislang wohl nur in der Logik, der Mathematik und in durchkomponierten naturwissenschaftlichen Theorien an.[36]

Vollständige theoretische Kompetenz in Hinblick auf einen Grundbegriff, *G*, ist ein Ideal, das (von solchen Ausnahmen abgesehen) selbst für einen, der ihn beherrscht, realiter unerreichbar ist. Wer sie besäße, müßte zunächst einmal die Gesamtheit all jener Begriffe überblicken, durch die *G* implizit definiert ist. Auch müßte er in der Lage sein, hinsichtlich jeder Aussage, die *G* und andere dieser Begriffe involviert, zu entscheiden, ob sie eine begriffliche Wahrheit ist oder nicht. Schon ersteres scheint menschenunmöglich. – Allerdings gibt es ein noch höhergestecktes Ziel grundbegrifflicher Untersuchungen: nämlich diejenigen Aussagen (in denen *G* involviert ist) zum Vorschein zu bringen, die zusammengenommen die kleinste Menge bilden, aus der sich jede weitere Wahrheit über *G* ergibt. Die Transitivität der Identität zum Beispiel ist ebenfalls eine begriffliche Wahrheit; sie muß allerdings zu den Identität-festlegenden Wahrheiten nicht eigens hinzugenommen werden, da sie aus ihnen gefolgert werden kann. Eine Menge von *G*-festlegenden Aussagen, durch die *G* mit der kleinstmöglichen Anzahl anderer Begriffe in Zusammenhang gebracht wird (und die keine Aussagen enthält, die aus den übrigen folgerbar ist), könnte man ein *Kondensat* von *G* nennen.

In Hinblick auf die Untersuchung eines Grundbegriffs gibt es mithin wenigstens drei Analyse-Stadien zu unterscheiden: erstens, die Sichtung solcher Aussagen mit ihm, die derzeit als Kandidaten für den Status einer begrifflichen Wahrheit in der Diskussion sind, mit dem Ziel, aus ihnen aktual und potentiell unantastbare herauszuerkennen. In diesem Stadium mag man zu einer Menge von Aussagen $\{\beta_1,\ldots,\beta_m\}$ gelangen, die ich als β^t bezeichne (das Superskript soll daran erinnern, daß ein bestimmter Zeitpunkt relevant ist). Gewöhnlich wird es keinen Grund geben anzunehmen, daß β^t schon alle begrifflichen Wahrheiten zu *G* explizit umfaßt oder zu erschließen gestattet. – Im zweiten Stadium geht es darum, β^t zu einer möglichst vollständigen Sammlung der begrifflichen Wahrheiten mit *G* zu erweitern, nennen wir sie β^+. Daß solch eine Sammlung vollständig ist, soll heißen: Wer alle β^+-Wahrheiten kennte, hätte vollständige theoretische Kompetenz in Hinblick auf *G*. Und dies wiederum soll besagen: Er wäre in der Lage, im Hinblick auf jede beliebige Aussage β zu entscheiden, ob sie begrifflich wahr ist oder nicht. (Dazu würde es auch nötig sein, daß er über andere Begriffe als *B* Kenntnis besitzt, die in den β^+-Aussagen involviert sind; ja, zur vollständigen Kenntnis eines Begriffs müßte die vollständige Kenntnis aller andern Begriffe gehören, die in der betreffenden Sprache ausdrückbar sind.) – Erst in einem dritten Stadium könnte es darum gehen, ein begriffliches Kondensat zu *G* zu finden: eine Menge von Aussagen, in denen ein Minimum anderer Begriffe involviert ist, aus der sich jede β^{+}-Aussage gewinnen läßt, ohne daß dabei auf etwas anderes als die Kondensate anderer Begriffe zurückgegriffen werden müßte. Solche kondensierenden Aussagen hätten ein gewisses Anrecht auf einen Superlativ (die *tiefsten* begrifflichen Wahrheiten über *G*).

Diese Einteilung in drei Analyse-Stadien ist über die Maßen schematisch. Sie soll nur daran erinnern, daß bei der philosophischen Untersuchung eines Grundbegriffs gewisse Teilziele zu unterscheiden sind und daß für sie eine sozusagen contra-deduktive Vorgehensweise charakteristisch ist: zunächst die Auffindung der Theoreme, dann die Suche nach einfachsten Axiomen. Ersteres verlangt auch philosophische Philologie und vielleicht sogar ein gewisses Maß an 'sprachlichem Botanisieren'.[37] Denn wir haben, wie bereits bemerkt, oft keine bessere, manchmal gar keine andere, Quelle für das detailliertere Verständnis eines Begriffs als die faktische Verwendung der Wörter und Wendungen unserer gemeinsamen Sprache, mit denen er zum Ausdruck gebracht wird, und unsere Intuitionen darüber, wie sie sprachrichtig zu verwenden wären, wenn Situationen einträten, die in Gedankenexperimenten ausgemalt werden.

Eingangs hatte ich gesagt, die vorbehaltlose Anerkennung der grundlegenden begrifflichen Wahrheiten, in die ein Begriff involviert ist, sei ein Minimum der Meisterung dieses Begriffs. Vollständige theoretische Kompetenz in Hinblick auf einen Begriff ginge in einem ungeheuren Maße darüber hinaus. Wer sie besäße, dem wäre ja *jeder* begriffliche Zusammenhang transparent, nicht nur die Handvoll Trivialitäten, die absolut grundlegend sind. (Er beherrschte nicht nur das kleine Einmaleins der Begriffe; er besäße die Fähigkeit, jede beliebige Multiplikation auszuführen.) Wäre dies dann vollständige Begriffskompetenz?

Keineswegs. Es wäre eben nur vollständige *theoretische* Begriffskompetenz. Zur Beherrschung solcher Grundbegriffe jedenfalls, die von Phänomenen in der Welt handeln, gehören vielerlei eingangs erwähnte zusätzliche Fähigkeiten. Man muß mit dem Begriff 'etwas anfangen' können, konkrete Anwendungen von ihm machen können, in denen er sozusagen mit der Welt in Berührung gebracht wird. Man sollte zum Beispiel, zumindest in gewöhnlichen Situationen, etwas, das klarerweise unter den Begriff fällt, von Dingen unterscheiden können, die klarerweise nicht unter ihn fallen. (Jacksons bedauernswerte Mary mag eine hochentwickelte theoretische Kompetenz in Hinblick auf Rot besitzen, aber sie beherrscht diesen Begriff nicht.) Zur Anwendungskompetenz gehört oft auch praktisches Wissen: wie mit einem *G* in einschlägigen normalen Situationen umzugehen ist, oder auch die Kenntnis grundlegender Qualitätsstandards: wonach sich bemißt, ob dieses hier ein 'besseres' *G*-Exemplar ist als jenes dort. Manchmal gehört dazu auch ein Sinn dafür, was man mit einem *G* machen darf (oder gerade nicht machen darf), eben weil es ein *G* ist. Bloß theoretisches Wissen darüber, was eine Sache ihrem Begriffe nach ist, ist oftmals kein Wissen, was ein *G* ist; und zur gewöhnlichen Meisterung vieler Begriffe gehört eben auch einiges Wissen der zweiten Art. – Kurz, eine sei's auch noch so hochentwickelte theoretische Begriffskompetenz, für sich allein genommen, ist nicht alles, dessen es bedarf, um über den betreffenden Begriff zu verfügen.[38]

*

Die nachfolgenden Untersuchungen zum Begriff des Glaubens sind ausschließlich Beiträge zum ersten Analyse-Stadium. Eine leitende Frage wird sein, ob gewisse weitreichende Aussagen über das Glauben, die in der derzeitigen Diskussion anzutreffen sind, begriffliche Wahrheiten sind oder nicht, ob sie vielleicht sogar falsch sind, oder ob sie wenigstens einen Ansatzpunkt bieten, um zu begrifflicher Orientierung über das Glauben zu gelangen.

3. WELCHER BEGRIFF DES GLAUBENS?

Manche Begriffe sind dem des Glaubens so ähnlich, daß ich für die hier verfolgten Zwecke keinen Unterschied zwischen ihnen und dem des Glaubens machen möchte. Wer annimmt, sich darauf verläßt, der Ansicht oder Meinung ist, erwartet, voraussetzt, vermutet, davon überzeugt ist, mutmaßt, denkt, meint, 'findet', das Gefühl hat oder der Hypothese anhängt, daß so-&-so der Fall ist (war oder sein wird), der glaubt es auch. All dies möchte ich miterfassen, wenn ich von "glauben" spreche, ohne auf die jeweiligen Besonderheiten einzugehen. Es geht mir um einen höchst allgemein konzipierten Begriff des Glaubens, in dem vielerlei Nuancierungen unerfaßt bleiben, für die wir, mit gutem Grund, eigene Wörter haben: Wörter, mit denen wir nicht nur sagen, daß etwas geglaubt wird, sondern auch, daß es in einer bestimmten Weise (z. B. fest, oder nur schwach) geglaubt wird, mit einer bestimmten Art von Gründen, und so weiter. – Gerade in ihrer Verwendung in der ersten Person Singular Präsens wird mit verschiedenen dieser Ausdrücke oft ganz Verschiedenes zum Ausdruck gebracht. Mit "Ich bin davon überzeugt, daß ..." spricht der Sprecher gewöhnlich über sich selbst und sein Glauben (etwa: mein Glaube ist fest, ich weiß aber keine Gründe zu nennen, die euch überzeugen könnten). – Mit dem schlichteren "Ich glaube, daß ..." hingegen spricht er gewöhnlich gar nicht über sich selbst; vielmehr stellt er das Geglaubte in einer abgeschwächten Manier als wahr hin, nämlich ohne sich auf dessen Wahrheit festzulegen. Wer sagt, er glaube, daß es regnet, spricht gewöhnlich über das Wetter; zugleich gibt er zu verstehen, daß man ihn darauf nicht festnageln möge.

*

In dem generischen Sinn, in dem ich "glauben, daß" verwende, soll damit derselbe Begriff ausgedrückt sein wie mit "für wahr halten, daß". Ich werde zwischen diesen beiden Termini keinen inhaltlichen Unterschied machen.[39] Eine sorgfältigere Betrachtung müßte ergeben, daß sie nicht exakt denselben sprachlichen Sinn haben. Erstens lassen sie sich nicht immer austauschen, ohne daß ein merkwürdiger Klang entsteht ("Er glaubte, es sei besser, jetzt zu gehen"/"Er hielt es für wahr, daß es besser sei, jetzt zu gehen"). Zweitens klingt in der Verwendung von "für *wahr* halten", nicht aber in der von "glauben", an, daß das betreffende Subjekt über den Begriff des Wahrseins verfügt. Deshalb würde der Tierfreund zum Beispiel, der ohne weiteres bereit ist, von seinem Hund zu sagen "Er glaubt, daß die Katze auf dem Baum sitzt", vielleicht doch davor zurückschrecken zu sagen, daß der Hund dies für wahr hält.[40] Drittens läßt sich natürlicher davon sprechen, daß jemand einen Satz für wahr hält, als davon, daß er ihn glaubt.[41] Diese gewissermaßen metasprachliche Art des Fürwahrhaltens wird im Folgenden gelegentlich wichtig. Einen Satz für wahr halten heißt: glauben, daß *der Satz* wahr ist. Und dies ist auch dann möglich, wenn der Glaubende gar nicht recht versteht, was der Satz besagt. Jemand mag in einem Standardlehrbuch gelesen haben: "Das Hämoglobin unterliegt Konformationsveränderungen" und nun mit gutem Grund glauben, daß dieser Satz wahr ist. *Das* kann er glauben, auch wenn er nicht die geringste Ahnung hat, wovon eigentlich die Rede ist. Aber glauben, daß Hämoglobin Konformationsveränderungen unterliegt, *das* kann er nur, wenn er diese Begriffe hinreichend gut beherrscht.

Auch wenn "fürwahrhalten" kein Synonym von "glauben" ist, sollen diese Wörter als denselben Begriff ausdrückend verstanden werden. Nebenbei bemerkt, auch das Fürfalschhalten ist ein Glauben: Glauben-daß-nicht.

*

Glaubensähnliches Es dürfte Phänomene geben, bei denen undeutlich ist, ob sie ein sei's auch schwaches Glauben sind oder eben doch gar kein Glauben. Einige der oben aufgereihten Verben können solche Zweifelsfälle bezeichnen: Es gibt z. B. Arten des Mutmaßens, die nicht mehr sind als ein bloßes Raten oder 'Auf-etwas-Tippen', und auch mannigfache Formen des 'Halb-und-halb'-Glaubens, in denen jemand sich befinden mag und dann nicht einmal selbst darüber im Klaren ist, ob er die betreffende Sache für wahr hält (also sei's auch nur sehr 'schwach' glaubt) oder sich zu einem Fürwahrhalten nur hingezogen fühlt, es aber letztlich doch nicht glaubt. Er müßte sich mit der Frage konfrontieren "Glaube ich es nun, oder glaube ich es nicht?", um seiner eigenen Antwort zu entnehmen, wie es um ihn bestellt ist. Durch weniger als ein vorbehaltloses "Ja, letztlich glaube ich es, trotz all meiner Zweifel" oder "Nein, ich bin am Ende doch einfach unentschieden in dieser Sache" könnte auch er sich selbst keine Eindeutigkeit schaffen. Aber häufig gehört es ja zu solchen unklaren Einstellungen gegenüber manchen Dingen, daß wir uns um die 'scharfe' Frage an uns selbst drücken. Manche Formen des selbstbelustigten Aberglaubens gehören wohl in diesen verschwommenen Bereich.[42] – Ein trennscharfes Kriterium dafür, ob ein in dieser Hinsicht zweifelhaftes Phänomen, *X*, noch als eine Form des Glaubens zu betrachten ist, kenne ich nicht. Eine Daumenregel sei genannt: Ein *X*en ist kein Glauben, wenn sich Sätze des Schlags “Ich *x*e, daß es sich so verhält, aber es verhält sich nicht so” verwenden lassen, ohne daß mit ihnen unweigerlich etwas offenkundig Widersinniges gesagt würde.[43]

*

Nicht weniger wichtig, als nebensächliche und gelegentlich nur scheinbare Unterschiede zu ignorieren, ist es bei begrifflichen Untersuchungen, unscheinbare Unterschiede zu beachten. Phänomene, die dem Glauben ähneln, aber keines sind, gibt es in Hülle und Fülle, auch wenn wir keine kurzen Bezeichnungen für sie haben.[44] – Betrachten wir kurz folgenden Unterschied: Glauben ist etwas anderes als bloßes Akzeptieren.

Etwas bloss akzeptieren Man kann akzeptieren (vorläufig gelten lassen, anerkennen), daß es sich so-&-so verhält, ohne es zu glauben: Man glaubt nicht, daß es falsch ist, und nimmt es wie (aber nicht *als*) eine Wahrheit. Gewöhnlich akzeptiert ein Wissenschaftler konkurrenzlos gut bestätigte Hypothesen, die bislang unerschüttert sind und mit andern Hypothesen dieser Art nicht in Konflikt stehen; er arbeitet mit ihnen, wenn er Phänomene vorherzusagen oder zu erklären versucht. Ob er sie auch für wahr hält, steht auf einem andern Blatt. Wenn er es tut, dann sozusagen als Privatmann. In einem einflußreichen Bild vom guten Wissenschaftler ist er so dargestellt: Er glaubt (in dieser Eigenschaft) gar nichts, sondern akzeptiert nur gewisse Aussagen; und selbst wenn er sie ‘vorbehaltlos’ akzeptiert, heißt das nur: ihm ist nichts bekannt, wodurch sie erschüttert oder auch nur geschwächt werden. – Gemäß diesem Bild ist die gemeinsame Grundlage unter Wissenschaftlern nicht eine des Glaubens, sondern des bloßen Akzeptierens.

Zwei weitere Beispiele für den Unterschied. Aus Pascals Wette geht hervor, wie es sein kann, daß Gründe, die ein Akzeptieren unausweichlich machen, allein noch kein Glauben schaffen. Sobald der ‘Ungläubige’, an den Pascal sich richtet, dessen Überlegungen als triftig eingesehen hat, ist er rational genötigt zu akzeptieren, daß Gott existiert. Pascals Gott verlangt allerdings mehr von ihm als Akzeptanz; er verlangt Glauben. Die tiefergehende Schwierigkeit, vor die sich Pascals Dialogpartner gestellt sieht, entsteht ihm erst dann, wenn er die Existenz Gottes schon akzeptiert hat. Er bleibt ein Ungläubiger – auch wenn er nun akzeptiert, was er immer noch nicht zu glauben vermag. Jetzt muß er allerdings noch einen Weg finden, seine weiterhin bestehende “Unfähigkeit zu glauben” zu überwinden.[45] Pascals diesbezügliche Empfehlungen klingen hilflos sarkastisch.

In seinem *Discours* berichtet Descartes, es sei ihm im Alter von 23 Jahren klar geworden, daß er auch in Fragen der Lebensführung über kein prinzipienfundiertes Urteil verfügt.[46] Er habe damals für sich selbst einige Maximen aufgestellt und den Entschluß gefaßt, sich von ihnen leiten zu lassen, bis er in einem reiferen Alter hoffentlich zu echter Einsicht gelangen würde. Was er da beschreibt, ist der Entschluß, diese Maximen seiner provisorischen Moral zu *akzeptieren*: sein Leben so zu führen, wie er es auch täte, wenn er sie wirklich für wahr hielte. Mit bloßem Akzeptieren kann etwas von der Art einer 'Mentalreservation' einhergehen. Zwar ist man bereit, etwas zu behaupten und in gewissem Sinn für dessen Wahrheit einzustehen; aber man könnte nicht in aller Aufrichtigkeit sagen, daß man es wirklich glaubt.

Diese Beispiele wären schlecht gewählt, wenn sie den Eindruck erweckten, Glauben und Akzeptieren fielen nur in mit besonders feiner Hand verlesenen Gefilden menschlicher Erkenntnisbemühung auseinander – wenn es um reine Wissenschaft geht, um Gott oder die Leitlinien des eigenen Handelns. Nein, diesen Unterschied machen wir beständig, in den vertrautesten Bereichen unseres Lebens. Nur erleben wir ihn zumeist nicht als existentiell einschneidend. Wer sagt "Ich gehe davon aus, daß so-&-so", signalisiert damit zumeist, daß er offenlassen möchte, was er zu diesem Thema glaubt; er legt sich nur darauf fest, daß er nicht das Gegenteil für wahr hält und, bis auf weiteres, so agieren wird, wie er agieren würde, wenn er es glaubte. Andere Redeweisen, mit denen angedeutet wird, daß es nur ums Akzeptieren und nicht ums Glauben geht, sind: "Vorausgesetzt, daß ..." und "Nehmen wir einmal an, daß ...". Einige der oben aufgezählten Verben mit einem glaubensaffinen Sinn drücken also nicht immer eine spezifische Form des Glaubens aus, sondern machen in gewissen ihrer Verwendungen deutlich, daß es um bloßes Akzeptieren geht. Nicht selten scheint der Unterschied zu verschwimmen. Ja, es mag uns, selbst bei ernsthafter Selbsterforschung, nicht immer unmittelbar eindeutig werden, ob wir etwas glauben oder es nur akzeptieren. Sobald wir etwas akzeptieren, 'gilt' es uns als wahr. Klar ist so viel: Um etwas als wahr gelten zu lassen, muß man es nicht unbedingt für wahr halten. Undeutlich bleibt jedoch auch in dieser Beschreibung des Unterschieds, worin er besteht. Die Frage bleibt, was das heißt: etwas zwar als wahr gelten zu lassen, ohne es zu glauben.

Wie auch immer, Akzeptieren geht ohne Glauben. Vielleicht gilt auch das Umgekehrte.[47] Wer glaubt, daß das Benzin noch reicht, um bis nach Hause zu gelangen, mag dennoch nicht akzeptieren, daß es reicht; jedenfalls will er unbedingt unterwegs auftanken, obwohl das Benzin sehr viel teurer ist. Ein Beispiel wie dieses ist allerdings nicht schlagkräftig, solange auch folgende Beschreibung passend ist: Er glaubt zwar, daß das Benzin noch reicht, aber er glaubt es nicht fest genug, um nicht vorsichtshalber doch zu tanken.

Die Unterschiede, die zwischen Glauben und den mannigfachen Formen bloßen Akzeptierens bestehen, sind nicht leicht greifbar. Etwas von der Art eines trennscharfen Kriteriums wird sich nicht angeben lassen. Wichtig für das Verständnis dessen, was bloßes Akzeptieren ist, scheint mir insbesondere auch dies: Es ist *kein* Etwas-Vorgeben, keine Verstellung vor andern oder vor sich selbst. Man tut, wenn man etwas bloß akzeptiert, nicht einfach so, als ob man es glaubte, während man in Wirklichkeit das Gegenteil glaubt. Eher so: Man ist entschieden, mit einer Sache möglichst genau so umzugehen, wie wenn man es täte, wenn man das glaubte, was man bloß akzeptiert. Wer im Zweifel darüber ist, ob er eine bestimmte Annahme akzeptieren sollte, zieht andere Gesichtspunkte in Betracht als einer, der sich fragt, ob er sie für wahr halten sollte. Es kann klug sein, etwas zu akzeptieren, auch wenn die Gründe (nach subjektivem Ermessen) nicht ausreichen, das Akzeptierte für wahr zu halten. Hingegen ist nicht einmal klar, was es heißen möchte, daß es klug sei, etwas zu glauben. Zudem läge unweigerlich eine gewisse Unvernünftigkeit darin, etwas zu glauben, wenn die Gründe nicht ausreichen, es für wahr zu halten.

Etwas akzeptieren kann das Ergebnis eines sukzessiven Abwägens von zweierlei Arten von Gründen sein: zunächst von Wahrheitsgründen (knallhart gegen mich selbst: "Ist es so oder ist es nicht so?"), die aber weder deutlich für das eine noch für das andere sprechen; und dann von pragmatischen Gründen ("Wohin wird es mich führen, wenn ich mich so verhalte, als sei es so; wohin, wenn ich mich so verhalte, als sei es nicht so?"). Wenn bloße Unentschiedenheit sich verbietet, können nur Gründe der letzteren Art den Ausschlag geben. Wären auch sie im Gleichgewicht, entstünde ein Dilemma, das sich auf rationalem Weg nicht überwinden läßt. Andernfalls kann am Ende dieses Prozesses der vernünftige Entschluß stehen, das eine zu akzeptieren, obwohl die Wahrheitsgründe für das andere nicht schlechter sind. – Bloßes Akzeptieren kann auch gerade dann ein kognitiver Notbehelf sein, wenn Glauben fehlt, beispielsweise in Gegebenheiten, in denen doxastische Indifferenz zwar unüberwindlich bleibt, aber im Denken oder Handeln eine Ja/Nein-Entscheidung unabweisbar ist.

Dem bloßen Akzeptieren ist etwas Provisorisches und Selbstgesteuertes eingewoben. Es ist eine Einstellung, die man sich zulegen kann.

Man akzeptiert etwas immer nur im Hinblick auf ein unbekanntes Verfallsdatum, an dem entweder Glauben, Glauben-daß-nicht oder Glaubensenthaltsamkeit an seine Stelle tritt. Man kann etwas 'einfach einmal' akzeptieren, solange man nicht das Gegenteil glaubt. Auch gibt es so etwas wie zähneknirschendes Akzeptieren: zum Beispiel dann, wenn man lieber das Gegenteil glauben möchte. – Mit dem Glauben verhält es sich anders. Es ist keine Einstellung; es durchdringt und prägt unsere Einstellungen. Wollte man es partout eine Einstellung nennen, so ist es dennoch gewiß keine, die man sich zulegen kann. Wenn wir dies glauben und jenes nicht, dann ist das zumeist etwas, das uns in einem gewissen Sinn 'widerfährt'.[48] (Auch dann, wenn wir durch zielstrebiges Nachdenken – "Ja oder nein?" – dazu gelangt sind, es zu glauben.) Von zähneknirschendem Glauben mag man vielleicht sprechen wollen, wenn einer wünscht, es wäre nicht so: daß er gar nicht anders kann als es zu glauben.

Mit der Forderung, die sog. Unschuldsvermutung zu hegen, wird kein Glauben, sondern Glaubensenthaltsamkeit und stattdessen ein Akzeptieren verlangt: möglichst nicht zu glauben, daß der Angeklagte schuldig ist, und jedenfalls bis zum Urteil so zu räsonnieren und agieren, wie man es täte, wenn man es nicht glaubt. Was man bloß akzeptiert, bleibt deshalb stets unter einem Argwohn: "Sollte – ja: darf – ich immer noch?". Glauben muß das nicht haben. Es kann selig in sich selbst ruhen. Der Rationalist und auch der Empirist mögen protestieren: "Sollte aber nie! Alles, was wir glauben, gehört auf den Prüfstand der Vernunft oder zumindest der Erfahrung." – Das Akzeptieren muß diesen Appellen jederzeit zugänglich sein. Das Glauben ist es oft nicht. Es kann unbemerkt einsickern und dann rational träge sein: sich ohne Gründe, die für es sprechen, einschleichen und einnisten. Manches Glauben, in vielen kleinen und wohl auch manchen größeren Dingen, kommt und geht, ohne daß wir dessen je gewahr werden.

Bloße Akzeptanz ist ein 'inneres', jedenfalls nicht unbedingt nach außen bezogenes, So-tun-als-ob. Allerdings, wie gerade bemerkt, ein 'ehrliches', ohne Selbstbetrug. – Die eben erwähnte schillernde Wendung "gelten als" ist hier aufschlußreich. In ihr verschwimmen Unterschiede, die auch den zwischen Glauben und Akzeptanz betreffen. Manche Nuancen und Undeutlichkeiten des Geltens-als treten stärker hervor, wenn diese Redeweise auf Gemeinschaften und nicht auf ein Individuum angewendet wird. Was genau heißt es, daß *X* in einer Gruppe als *Y* gilt? Daß fast alle wirklich *glauben*, ein *X* sei ein *Y*? (Manchmal mag das wohl passen: "Bei den Spartanern galt Tapferkeit im Kampf als die höchste Mannestugend.") Oder heißt es, daß in der Gruppe ein *X* als ein *Y* akzeptiert wird? Daß es in ihr vielleicht nur eine Konvention – im gemeinsamen Wissen um all ihre Arbitrarität – gibt, *X* als *Y* zu akzeptieren? ("Bei den Spartanern galt der Spruch des Delphischen Orakels als göttliche Weissagung." – In diesem zweiten Sinn kann das auch für die Zeiten noch zutreffen, in denen kaum ein Spartaner mehr daran *glaubte*, daß der Orakelspruch mehr ist als das Werk bestechlicher Menschen.)

Die Unterscheidung zwischen Glauben und Akzeptieren ist eine begriffliche. Sie betrifft nicht bloß psychisch verschiedene, aber ineinander verschwimmende Formen oder unterschiedlich erlebte Ausprägungen eines und desselben 'grundlegenderen' geistigen Phänomens. Allein schon die potentielle Willentlichkeit und wesentlich mitschwingende Vorläufigkeit des Akzeptierens unterscheiden es vom Glauben. Es ist fraglich, ob man sich – auch vorausgesetzt, man glaubt nicht das Gegenteil – überhaupt dazu entschließen kann, etwas zu glauben. Und es ist jedenfalls unmöglich, sich durch nichts weiter als durch solch einen Entschluß allein zum Glauben zu bringen. (Wer das könnte, wäre geistig krank oder besäße eine übermenschliche Fähigkeit.) Glauben kann schwach und unsicher sein, Akzeptieren ist eher von der Art: entweder man tut's oder man läßt's. Glauben kann nicht von einer Mentalreservation begleitet werden, wohl aber das Akzeptieren. Zudem gehört es nicht begrifflich zum Glauben, etwas nur Vorläufiges zu sein.

Glauben ist Fürwahrhalten; Akzeptieren hingegen ist eine Form des potentiell willentlichen Als-ob-wahr-Erachtens, im Verbund mit der Bereitschaft, sich in den passenden Bereichen dementsprechend zu verhalten. Damit, daß das Subjekt etwas akzeptiert, auch ohne es zu glauben, legt es sich in Hinblick auf mancherlei konkretes Tun und Lassen fest. Dem Akzeptieren wohnt, so könnte man sagen, ein 'Selbstverpflichtungsaspekt' inne, der dem Glauben (zumal dem schwachen) fehlen kann. Und nicht zuletzt: Gründe dafür, etwas zumindest zu akzeptieren, können von durch und durch anderer Art sein als solche, es zu glauben. – Aufs Ganze gesehen ist die 'Logik' des Akzeptierens eine andere als die des Glaubens.

*

Bei dem Versuch, diese beiden Begriffe miteinander zu vergleichen und gegeneinander abzugrenzen, ist auch ein methodologischer Unterschied zu beachten. Für das Phänomen (oder besser: für die weitverzweigte Phänomenfamilie) des Akzeptierens haben wir kein einzelnes umgangssprachliches Wort, an dessen geregelten Gebrauch wir uns in einer begrifflichen Untersuchung in der Weise orientieren könnten, in der wir uns bei der Untersuchung des Glaubensbegriffs vom Gebrauch des

Wortes "glauben" anleiten lassen dürfen. 'Der' Begriff des Akzeptierens läßt erheblichen Spielraum für divergierende Konzeptionen. Eine Explikation könnte hier keine rekonstruktive Analyse sein. Sie wäre unweigerlich die Ausgestaltung eines zumindest semi-theoretischen Begriffs.[49] Deren Qualität könnte sich also nicht danach bemessen, ob sie korrekt oder zumindest deskriptiv adäquat ist: einem bereits im Sprachgebrauch vorgegebenen und durch ihn bereits leidlich wohlartikulierten Begriff entspricht. Das einzige Qualitätskriterium ist, ob der jeweils 'kreativ explizierte' Begriff des Akzeptierens fruchtbar ist – ob er, insbesondere, zu einer aufschlußreichen Systematisierung der mannigfachen Facetten glaubensähnlicher Geisteszustände beiträgt. Der Versuch einer Explikation wäre in diesem Fall die Suche nach einem geeigneten Begriff für eine Familie von Phänomenen, deren Verwandschaft wir sehen, für die wir aber noch keinen angemessenen Begriff haben.

Unser Vorgehen hingegen ist von dem Versuch geleitet, gleichsam das Umgekehrte zu tun: einem Begriff, der uns (bzw. soweit er uns) vorgegeben ist, nachzugehen – mehr als das: ihm zunächst einmal *folgsamst* nachzugehen. Wir werden, heißt das, darauf bedacht sein, möglichst jeder Verlockung zu widerstehen, ihn anzureichern, zurechtzustutzen oder so hinzubiegen, wie dies im Hinblick auf theoretisch aufschlußreiche Systematisierung vielleicht ratsam wäre. Uns interessiert, so könnte man sagen, nicht vornehmlich das Phänomen des Glaubens, sondern der Begriff des Glaubens selbst als Phänomen.

*

"GLAUBEN, DASS" Über das Glauben läßt sich nicht nur mit einer Vielzahl von verschiedenen Wörtern und Wendungen sprechen, sondern auch, selbst wenn speziell das Wort "glauben" verwendet wird, in unterschiedlichen sprachlichen Formaten. Sie bringen ihre Eigenheiten mit sich. Das Format, das ich als grundlegend erachte, ist:

S glaubt (zu *t*), daß *p*.[†]

Dies wird uns als Urschablone unseres Redens über das Glauben dienen. Mit ihr lassen sich die grundlegenden Sachverhalte, um die es uns gehen muß, zu einem sprachlich vollständigen Ausdruck bringen. Um

† *S* sei ein beliebiges Subjekt, *t* ein beliebiger Zeitpunkt, "*p*" diene als Kürzel für einen beliebigen Aussagesatz, "nicht-*p*" und "~*p*" als Kürzel für dessen Negation. (Den Zeitparameter lasse ich im Folgenden zumeist beiseite.)

dies zu begründen, ist es nötig, einige andere sprachliche Wendungen zu betrachten, mit denen vom Glauben gesprochen wird. – Das Format

S glaubt *P*,

wobei "*P*" eine Person bezeichne, bleibt beiseite, weil das Geglaubte darin völlig unerwähnt bleibt. Wird uns bloß gesagt, daß jemand einer andern Person glaubt, wird uns nicht gesagt, was er ihr glaubt. (Vielleicht alles? Mag sein. Aber was das im einzelnen ist, bleibt offen.) Mit Sätzen dieses Formats wird oft auch gar nicht von einem spezifischen Glauben gesprochen, sondern nur von einer grundsätzlich vertrauensvollen oder bloß leichtgläubigen Einstellung, die Menschen einander gegenüber hegen. – Auch das Format

S glaubt an ...

wird nicht eigens berücksichtigt. Zum einen kann durch Sätze, die nach diesem Schema gebildet sind, durchaus unbestimmt bleiben, was genau das Geglaubte ist. ("Ich glaube an die Liebe." – Schön im Lied. Aber *was* glaubt er da?) Zudem handeln solche Sätze nicht immer von einem bloßen Fürwahrhalten. Vielmehr kann in ihnen anklingen, daß es um irgendeine Form des gefühlsdurchtränkten Vertrauens geht – also um ein nicht rein-intentionales Phänomen ("Er glaubt an seinen Freund"). Ist hingegen deutlich, was das spezifisch Geglaubte ist ("Er glaubt an die Zuverlässigkeit des Freundes"), läßt sich der Anteil des Gesagten, der ausschließlich das Glauben betrifft, auch im Format der Urschablone wiedergeben ("Er glaubt, daß der Freund zuverlässig ist"). – Das Format

S glaubt zu ...

bleibt ebenfalls außer Betracht. Gemeint ist mit Sätzen dieses Typs zumeist, daß der Glaubende nicht nur glaubt, sondern wähnt: etwas Falsches glaubt. (Wird gesagt "Otto glaubt zu schweben", so ist gewöhnlich gemeint: Otto glaubt, daß er schwebt, aber er schwebt nicht.) Das Wähnen ist jedoch kein rein geistiger Zustand; es geht in einer gewissen Hinsicht so über bloßes Glauben hinaus, wie dies auch beim Wissen der Fall ist. Nur daß die subjekt-externe Bedingung hier eine negative ist: Man kann nur wähnen, wenn es sich nicht so verhält, wie man glaubt.

Auch das unter Philosophen als quasi-technisches Sonderformat benutzte sog. *De-re*-Schema:

S glaubt von (dem Objekt) *o*, es habe die Eigenschaft *E*

werde ich nicht eigens berücksichtigen. Umgangssprachlich würde man das Gemeinte wohl eher anders ausdrücken. Es klingt ein wenig sonderlich zu sagen: "*S* glaubt von Ottos Schwester, sie sei Schauspielerin"; eine natürlichere Ausdrucksweise ist: "*S* hält Ottos Schwester für eine Schauspielerin".

Doch die sprachliche Verschrobenheit dieses Schemas hat ihren guten Sinn. Mit der syntaktisch hervorgehobenen Fokussierung auf das Objekt – in unserm Beispiel: Ottos Schwester – sollen, jedenfalls für die Eingeweihten, drei logische Besonderheiten signalisiert werden: Erstens soll ein solcher Satz, gemäß fachphilosophischer Übereinkunft, nur dann wahr sein können, wenn es das betreffende Objekt wirklich gibt. Man darf solche Sätze also auch so lesen: "Es gibt etwas, von dem *S* glaubt, es habe die Eigenschaft *E*, und *o* ist ein solches Etwas". Mit der Verwendung solcher Sätze geht deshalb eine besonderere Selbstfestlegung für den einher, der sie verwendet: daß das Geglaubte von etwas tatsächlich Existierendem handelt. (Demnach könnte der um philosophische Akkuratesse des Ausdrucks bemühte Atheist zwar ohne jederlei Selbstkompromittierung sagen "Meine Mutter glaubt, daß Gott alles verzeihen wird", aber nicht "Meine Mutter glaubt von Gott, er werde alles verzeihen".) – Zweitens kann eine in diesem Format abgefaßte Aussage über das Glauben auch dann wahr sein, wenn *S* gar nicht glaubt, daß *o* so-&-so ist. Wie kann das sein? Nun, man stelle sich etwa vor, daß *S* eine bestimmte Frau, der er hier und da begegnet ist, für eine Schauspielerin hält. De facto ist diese Frau, was *S* jedoch nicht weiß, Ottos Schwester. Nehmen wir nun einmal an, *S* sei der irrigen Meinung, Otto habe keine Geschwister. Dann glaubt er nicht, daß Ottos Schwester Schauspielerin ist. (Der Aussage "Otto Schwester ist Schauspielerin" würde er jedenfalls nicht zustimmen.) Dennoch, er hält Ottos Schwester für eine Schauspielerin. Er glaubt – wie es im Fachjargon heißt – *von* ihr 'de re' (d. h. er glaubt in Bezug auf die als Ottos Schwester charakterisierte Sache), sie sei Schauspielerin; aber er glaubt nicht (im Fachjargon: er glaubt nicht 'de dicto'), *daß* Ottos Schwester Schauspielerin ist.[50] – Eine dritte Besonderheit, die mit der zweiten zusammenhängt: Durch die besondere "glauben-von"-Syntax solcher Aussagen soll signalisiert sein, daß es zulässig ist, dasjenige Objekt, von dem *S* glaubt, es habe die-&-die Eigenschaft, auf jede beliebige zutreffende Weise zu charakterisieren. Anders gesagt: Es hat keinen Einfluß auf den Wahrheitswert einer solchen Aussage, wie das fragliche Objekt (also z. B. Ottos Schwester) bezeichnet wird. Wenn Ottos Schwester, was niemand weiß, zufällig auch die einzige Münchnerin ist, die je in einem violetten Mantel ein Krankenhaus in Wales betreten hat, dann gilt auch: *S* glaubt von der einzigen Münchnerin, die je in einem violetten Mantel ein Waliser Krankenhaus betreten hat, sie sei Schauspielerin. (Technisch gesprochen, in einem Satz der Form "*S* glaubt von *o*, es habe die Eigenschaft *E*" kann der Ausdruck "*o*" durch jeden beliebigen Ausdruck "*a*" salva veritate ersetzt werden, falls "*a*" und "*o*" dasselbe bezeichnen.)

Der besondere Sinn, den Sätze, die im De-re-Format abgefaßt sind, zumindest im philosophischen Fachjargon haben, ist also durch gewisse Sonderkonventionen klar reglementiert. Offenkundig wird mit De-re-Sätzen, wenn sie so verstanden werden, nur unvollständig spezifiziert, was das Subjekt eigentlich glaubt. Es bleibt ja, um noch einmal dieses Beispiel zu bemühen, offen, was genau jemand glaubt, der Ottos Schwester für eine Schauspielerin hält, aber nicht glaubt, daß Ottos Schwester Schauspielerin ist. Dies könnte ganz Verschiedenes sein: "Die Frau, die gestern in der U-Bahn so ostentativ grell gelacht hat, ist Schauspielerin", oder "Die stets überschminkte ältere Dame, der ich immer mal wieder auf einer Vernissage begegne, ist Schauspielerin", und so weiter. – Gewiß, manchmal können wir nicht mit vollständiger inhaltlicher Bestimmtheit angeben, was jemand glaubt. Denn oft wissen wir zwar, in einem gewissen Sinn dieser Wendung, *was* jemand glaubt, aber nicht, 'wie' er es glaubt: welches genau die Begriffe sind, mit denen er das von ihm Geglaubte erfaßt. Und solange wir dies nicht wissen, ist es uns nicht möglich, im Format der Urschablone anzugeben, was der Andere glaubt. Wir sind dann aus einem sehr einfachen Grund auf das De-re-Format angewiesen: Wir wissen zu wenig.

Dieser gar nicht so besondere Fall, in dem wir auf das De-re-Format angewiesen sind, um anzugeben, was jemand glaubt, ist in vielerlei Hinsicht interessant. Was berechtigt uns dann, trotz unserer Wissenslücke, dazu, zu sagen, daß er *von* einer bestimmten Sache glaubt, sie habe die-&-die Eigenschaft? Muß der Glaubende die betreffende Sache kennen oder wenigstens in 'direktem' Kontakt mit ihr gestanden haben? Muß er sie als eine eigene Sache wahrgenommen haben und wiedererkennen können? Oder reicht es, daß es sie gibt und er nur von ihr gehört hat? Kann es sogar sein, daß er *von* dieser Sache glaubt, sie sei ein Hirngespinst, obwohl sie doch, nach Voraussetzung, existieren muß, damit er irgendetwas *von* ihr glaubt? – Solche und andere Fragen in diesem Zusammenhang sind erkenntnistheoretisch interessant. Die Fachjournale sind voll davon. Aber sie betreffen unser Thema nicht: In welchem Satz-Format läßt sich sprachlich eindeutig und vollständig der Sachverhalt wiedergeben, daß jemand etwas Bestimmtes glaubt?

Auch dann, wenn jemand (im gerade erläuterten Sinn:) 'von' etwas glaubt, es habe die-&-die Eigenschaft, glaubt er irgendetwas begrifflich Vollständiges – gleichgültig, ob wir angeben können, was genau es ist. Anders gesagt: Zu jedem wahren Satz, der im De-re-Schema abgefaßt ist ("*x* glaubt von *y*, es sei --- "), gibt es wenigstens einen *y*-losen Urschablonen-Satz ("*x* glaubt, daß ---"), durch den das Geglaubte vollständig wiedergegeben würde. Der Umstand, daß wir gelegentlich nicht genug wissen, um einen Satz der zweiten Art formulieren zu können, ändert daran nichts. Hingegen gibt es nicht zu jedem wahren Satz der zweiten Art einen der ersten ("*S* glaubt, daß der Osterhase Eier legt"). – Kurz, das De-re-Schema, in seinem unter Philosophen üblichen logico-semantischen Sondergebrauch, ist ein insbesondere erkenntnistheoretisch interessantes Sonderformat des Redens über das Glauben. Aber es ist, als eine Mitteilung über das Glauben, eine Art Notbehelf, mit dem das Geglaubte nur unvollständig spezifiziert wird. Insbesondere ist dieses Schema nicht grundlegend, und das, was sich mit ihm zum Ausdruck bringen läßt, steht nicht in begrifflicher Konkurrenz zu dem, was mit Sätzen des Typs "*S* glaubt, daß ..." gesagt wird.

Eine wahrlich besondere Art des Glaubens ist hingegen solches, das nicht anders als im Format

S glaubt, daß er selbst ...

sprachlich erfaßbar ist. Solches Glauben kann das Subjekt nur mit einem Ich-Satz bekunden.[51] Das sog. *De-se-Glauben*, das in diesem Format thematisch wird, bringt Fragen mit sich, die so tief reichen wie alle Probleme, die das Sich-selbst-Erfassen eines Subjekts-als-es-selbst betreffen. – Doch offenkundig ist diese Ausdrucksform, rein formal besehen, ein Spezialfall unseres Schemas "*S* glaubt, daß ...". Sie sprengt trotz ihrer Besonderheiten nicht von vornherein den Rahmen, der durch die Urschablone für das Glauben aufgespannt werden soll. Später, ab dem 13. Kapitel, wird dieser Sonderfall eine Rolle spielen.

*

GLAUBENSGRADE UND FÜR-WAHRSCHEINLICH-HALTEN Es liegt nahe, gegen unser überaus simples Schema

S glaubt, daß ...

geltend zu machen, daß es in gewisser Hinsicht allzu unspezifisch ist. Mit ihm läßt sich – so das Bedenken – nicht alles erfassen, dessen es zur Charakterisierung des Glaubens bedarf. Denn es gehöre wesentlich zu ihm, daß es stark sein kann oder schwach; ja, alles, was geglaubt wird, werde doch mit einem gewissen Grad an Festigkeit geglaubt, und dieser gehöre so wesentlich zum Glauben wie der Glaubende und das Geglaubte. Kurz, und zu einem griffigen Einwand zugespitzt: Der Begriff des Glaubens ist der eines Glaubens-mit-einem-Festigkeitsgrad; die Urschablone müsse zumindest in folgender Weise angereichert werden:

S glaubt im Grade *g*, daß ...

So der Einwand.[52] – Nun, es ist völlig unbestreitbar, daß manche Dinge stärker (fester, zuversichtlicher, usw.) geglaubt werden als andere. Zu akzeptieren ist auch, daß sich manche Theorien – z. B. solche über die Dynamik rationalen Glaubens – überhaupt nicht konzipieren ließen, wenn Abstufungen der Stärke des Glaubens völlig ausgeblendet bleiben. (Ohne Frage: Unter dem Druck neuer, unabweisbarer Information, die nicht zu dem paßt, was es für wahr hält, gibt ein leidlich vernünftiges Subjekt, das vor dieser Wahl steht, gewöhnlich erst einmal schwächer Geglaubtes auf.) Allerdings scheint es mehr als einen Sinn zu geben, in dem Glauben unterschiedlich fest oder stark ist. Zum einen kann eine Überzeugung in dem Sinne fest, oder stark, sein, in dem sie einen hohen Grad an subjektiver Plausibilität hat; zum andern in dem Sinne, daß sie dem Subjekt – in seinem Denken, Fühlen und Handeln – in einem hohen Grad wichtig ist (man kann an einer Überzeugung 'hängen'). Diese beiden Aspekte müssen nicht kovariieren und lassen sich vermutlich nicht zu *einem* Stärkegrad zusammenrechnen. Ich werde dies außer Betracht lassen.

Angesichts dieses Einwands stellen sich mehrere Fragen. Die erste von ihnen betrifft Objektivität (oder genauer: Wahrheitswertfähigkeit). Wird erst dann etwas Wahrheitswertfähiges gesagt, wenn nicht nur gesagt wird, wer was wann glaubt, sondern auch, wie fest er es glaubt? – Dahinter steckt folgendes Problem: Manche Sätze, die sprachlich in Ordnung sind und sich auf den ersten Blick wie Tatsachenbehauptungen ausnehmen, sind für sich genommen weder als wahr noch als falsch zu beurteilen. ("Naxos ist eine kleine Insel": in Vergleich zu welchen andern Inseln?). Gilt das auch für einen Satz wie "Fritz glaubt, daß es regnet"? Läßt sich mit ihm allein schon deshalb nichts Wahrheitswertfähiges sagen, weil ein relevanter Faktor unerwähnt bleibt: der Grad der Festigkeit, in dem er glaubt, daß es regnet?

Die Antwort auf diese erste Frage ist: Nein. Denn "glauben" hieße, wenn wir Festigkeitsgrade hinzunähmen, schlicht: in irgendeinem beliebigen solcher Grade glauben. Wie fest geglaubt wird, ist irrelevant, solange nur geglaubt wird. Jeder Grad an Festigkeit ist ausreichend; deshalb bedarf er keiner eigenen Erwähnung.

Eine zweite Frage betrifft die begriffliche Abhängigkeit: Ist der qualitative (keinerlei Abstufungen zwischen größerer oder kleinerer Festigkeit enthaltende) Begriff des Glaubens, den die Urschablone erfassen soll, eine Ausdünnung anderer Begriffe des Glaubens, die komparativ sind oder Gradspezifizierungen umfassen? Oder verhält es sich umgekehrt: Sind komparative und metrische Begriffe des Glaubens bloße Anreicherungen und Verfeinerungen, die nur mit Rückgriff auf den qualitativen Ursprungsbegriff eines sozusagen nackten Glaubens gewonnen werden können? – Ich neige der Auffassung zu, daß der 'nackte' Begriff des Glauben grundlegend ist. Ich weiß aber nicht, wie sich das zeigen ließe.

Eines sollte uns allerdings zu denken geben: die übermäßige Feinheit der Stärkegrade des Glaubens, die in den einschlägigen Theorien vorgesehen ist. In ihnen werden Graden der Stärke des Glaubens gewöhnlich reelle Zahlen zugeordnet, um eine möglichst glatte Verbindung zu bestimmten wahrscheinlichkeitstheoretischen Konzeptionen herzustellen. Dennoch, die Postulierung solch überfeiner Glaubensgrade ist eine harsche Idealisierung. Denn jedem Fürwahrhalten müßte sich nun eine reelle Zahl zwischen etwas größer als 0.5 (völlige Unentschiedenheit) und 1 (unüberbietbare Stärke) zuordnen lassen. Der Glaubende selbst wüßte es so genau – bis auf eine beliebige Stelle hinter dem Komma genau – nicht zu sagen, wenn man ihn fragte. Die übliche hilfskonstruktive Idee, nun einen Wettquotienten ins Spiel zu bringen, ist auch nur eine theoretische Beschwichtigung. ("Wie fest er glaubt, ist durch den Wettquotienten bestimmt, den er als fair akzeptieren würde.") Auch hier käme selbst bei sehr ausgefuchsten Wettern selten eine Bestimmung heraus, die über die Angabe einer rationalen Zahl mit kleinem Nenner hinausginge. Die Nennung einer nicht-rationalen reellen Zahl, die über die 19. Stelle nach dem Komma hinaus vom Glaubenden spezifiziert würde, ist jedenfalls nicht zu erwarten; die einer solchen Zahl, die bis zur zehn-hoch-millionsten Stelle genau bestimmt wäre, ist biologisch auszuschließen. Nun gut, so genau darf man es wohl nicht nehmen. "Das sind natürlich Idealisierungen" – aber wovon eigentlich?

Zudem hat die ganze Idee, hier auf das Wetten zurückzugreifen, einen ganz schlichten Haken: Eine Wette geht nur ein, wer sie für entscheidbar hält. Doch vieles von dem, was wir glauben, halten wir nicht für entscheidbar. Ich glaube, daß es übermorgen regnet, und würde eine Wette von 6 zu 1 darauf eingehen. Ich glaube auch, daß es heute in 2000 Jahren regnet. (Es wird wieder Spätherbst sein, und ich bin ziemlich fest davon überzeugt, daß die generelle Regenwahrscheinlichkeit mit der Zeit immer weiter zunehmen wird.) Wie hoch sollte ich darauf vernünftigerweise wetten? Oder darauf, daß es in 10^{200} Jahren keine Eisenatome mehr gibt? Oder darauf, daß Sokrates rhesus-positiv war? Oder darauf, daß Tapferkeit eine größere Tugend ist als die Mäßigung?[53]

Es steht zu vermuten, daß das, was mit der Rede von Glaubensgraden idealisiert wird, gewisse Aspekte eines eigenständigen Glaubens-daß betrifft, dessen Thematisierung keiner komparativen oder quantitativen Spezifizierung bedarf. Gewiß, "er glaubt, daß so-&-so" läßt immer die Nachfrage zu, wie fest er es glaubt. Aber die Angemessenheit der Nachfrage zeigt nicht, daß die Mitteilung begrifflich unvollständig war. ("Es regnet": Stärker als gestern? So stark, daß ein Spaziergang jetzt kein Vergnügen wäre? Wieviel Milliliter pro Quadratmeter und Stunde?) – Die Stärke eines einzelnen Glaubens ist in vielerlei Hinsicht philosophisch interessant, und jede tiefergehende Theorie menschlicher Rationalität muß versuchen, diesem Phänomen Rechnung zu tragen – und das geht wohl nicht ohne mathematische Idealisierungen. Aber all das zeigt nicht, daß mit einer Ausfüllung des Schemas "*x* glaubt, daß ..." noch kein Begriff ausgedrückt wird, solange kein Grad der Festigkeit des Glaubens spezifiziert wird.

Eine andere Frage in diesem Zusammenhang betrifft die Beziehungen zwischen dem Glauben, d. h. Für-wahr-Halten, und dem Für-so-&-so-wahrscheinlich-Halten. Jeder Begriff des letzteren Typs (Glauben, daß es so-&-so wahrscheinlich ist, daß) ist ein Spezialfall des Begriffs Glauben-daß. Zwischen ihnen muß es enge Beziehungen geben, das liegt auf der Hand. Zwei Beispiele: Je rationaler ein Mensch, der über den Begriff der Wahrscheinlichkeit verfügt, desto mehr wird er dazu tendieren, nur etwas zu glauben, dem er eine Wahrscheinlichkeit >0,5 beimessen mag. Er wäre unbegreiflich irrational (vielleicht wäre wenigstens einer dieser beiden Begriffe auf ihn nicht einmal mehr anwendbar), sobald er etwas glaubte, dessen Wahrscheinlichkeit er für annähernd 0 hält, oder etwas nicht glaubte, dem er eine Wahrscheinlichkeit in der Nähe von 1 zubilligt. Schön und gut. Aber wer hat sich nie dabei ertappt, etwas zu glauben, obwohl er es für ein bißchen unwahrscheinlicher hält als 'das Gegenteil'? (Man denke etwa an hoffnungsgetragenes Glauben von vielerlei Art, das auf seine Art auch ein 'festes' Glauben sein kann.) Oder sich dabei ertappt, etwas zu glauben, zu dem er keinerlei leidlich spezifische Wahrscheinlichkeitseinschätzung hat? So geht es mir persönlich zum Beispiel mit manchem, was ich über den Charakter – gewisse menschliche Eigenarten – von historischen Figuren glaube. Ich glaube, daß Hitler nicht eitel, aber in seinen politischen Bestrebungen mit sich selbst einverstanden war, Alkibiades hingegen eitel, aber politisch selbstzerrissen. Ich wüßte nicht einmal, wie ich solchen Dingen eine bestimmte Wahrscheinlichkeit zuordnen sollte. (Etwas Spezifischeres als "Deutlich über 0 und deutlich unter 1" wüßte ich nicht zu sagen.) Liegt darin Irrationalität? Gut möglich. Es geht um Dinge, die ich bloß glaube, aber nicht als eine Tatsache betrachte; ich würde dem zustimmen, wenn man mich fragte, aber ich würde es nicht behaupten. Mein Glauben gleicht in solchen Fällen einem bloßen 'die Dinge so Sehen' – wobei mir klar ist, daß andere Sichtweisen vertretbar sind. So weit, bis zum Behauptenwollen, reicht mein Glauben in solchen Dingen nicht. Aber *so* weit reicht es doch: Wenn ich Drehbücher für Filme über Hitler oder Alkibiades (lieber über ihn) schriebe, käme dieser darin als eitel heraus und jener nicht.

Andererseits, auch wenn ich unfähig bin, solchen Dingen eine leidlich spezifische Wahrscheinlichkeit zuzuordnen, so glaube ich sie doch mit irgendeinem bestimmten, sei's auch mit einem ziemlich geringen, mir aber jedenfalls nicht bewußten Grad an Festigkeit. Das finde ich a priori einsichtig. Allerdings wüßte ich nicht, wie ich ihn ermitteln könnte. (Welche Wetten würde ich darauf eingehen? Gar keine. Die schiere Idee einer Wette zu diesem Thema hielte ich für grotesk.) Dreierlei scheint mir mithin klar: Erstens, ich glaube das. Und daß ich es glaube, scheint mir nicht nur klar. Vielmehr bin ich mir dessen völlig sicher und könnte mich dessen jederzeit auf die einfachste Weise vergewissern: Ich frage mich, ob ich es glaube, und antworte mit einem vorbehaltlosen Ja. – Zweitens, Wahrscheinlichkeit gibt es in solchen Dingen für mich nicht. – Drittens, irgendeinen Grad an Festigkeit muß es auch bei solchem Glauben geben; ich wüßte aber nicht, wie ich ihn herausbekommen kann.

Die Idee, zwischen bloßem Glauben, einem Für-so-&-so-wahrscheinlich-Halten und dem So-&-so-fest-Glauben bestünden einfache begriffliche Beziehungen, hielte ich für rationalistisches Wunschdenken. Suchte man nach einfachen Beziehungen, müßten diese wohl eher konstruiert als rekonstruiert werden. Dazu bedürfte es einer normativen Theorie vernünftigen Räsonnierens und Entscheidens, in der vermutlich für den Begriff des bloßen Glaubens selbst gar kein Platz wäre, in der sich aber vielleicht ein rational idealisiertes Pendant definieren ließe.

*

PROPOSITIONALES GLAUBEN Glauben, das durch Ausfüllung der Urschablone sprachlich erfaßbar ist, nenne ich *propositionales* Glauben. Im gewöhnlichen Fall ist unter dieser Bezeichnung ein Fürwahrhalten zu verstehen, das sich mit Rückgriff auf diese sprachliche Form erfassen läßt. Allgemeiner gesagt: Propositionales Glauben hat die Art von Inhalt, den auch wahrheitswertfähige Sätze (auch Daß-Nebensätze) haben. Mit dieser Erläuterung ist keine spezielle, philosophisch eigenständige Theorie darüber verknüpft, was Propositionen sind. Im Gegenteil, unter einer Proposition möge hier zunächst einmal das verstanden werden, dessen sprachlicher Ausdruck sich an die Leerstelle unseres Schemas

S glaubt (zu *t*), daß ...

so einsetzen läßt, daß sich daraus eine Aussage ergibt: etwas mit diesem Satz Sagbares, über das sich sinnvoll fragen läßt, ob es wahr ist oder nicht.[54] – Gibt es Glaubensinhalte, die sich nicht mit Hilfe eines Satzes ausdrücken lassen? Diese Möglichkeit soll durch die hier gegebene Erläuterung jedenfalls nicht ausgeschlossen sein. (Sie zuzulassen ist der Sinn der Bestimmung "*die Art von* Inhalt, den auch wahrheitswertfähige Sätze haben".) Die Erläuterung besagt mithin nicht, daß jedes propositionale Fürwahrhalten sich mit den uns verfügbaren sprachlichen Mitteln erfassen läßt. Vielmehr läßt sie Spielraum für Geglaubtes, in das Begriffe involviert sind, für die wir keine Worte haben. – Das Geglaubte ist nicht mehrdeutig. Daß-Sätze hingegen, mit denen wir es angeben, können es natürlich sein ("Harvey glaubt, daß Frau Picasso Herrn Newton im Liegen photographiert hat").[55]

*

Ist alles 'echte' Glauben propositional? Diese Vermutung liegt nahe, wenn wir das bisher Betrachtete durchmustern. Jemandem glauben heißt u. a., einiges von dem glauben, was er sagt; dazu gehört also propositionales Fürwahrhalten. An etwas glauben kann Verschiedenes heißen; aber in jedem Sinn dieser Wendung involviert Glauben-an propositionales Glauben. (Wer an das jüngste Gericht glaubt, glaubt zumindest, *daß* es kommt. Wer an seinen Freund glaubt, muß etwas glauben wie z. B., *daß* ihm dies oder jenes gelingen wird, oder *daß* auf ihn Verlaß ist. Und so weiter.) Offenkundig ist jedes Glauben-zu propositional. Ebenso involviert auch De-re-Glauben unweigerlich propositionales Glauben, selbst wenn das Geglaubte nicht vollständig oder eindeutig spezifizierbar ist. – Liegt es also im Begriff des Glaubens, daß es propositional ist, oder propositionales Glauben involviert? Nach allem, was wir betrachtet haben, scheint es so.

Setzt demnach alles propositionale Glauben die Beherrschung derjenigen Begriffe voraus, die in der jeweiligen Proposition involviert sind? Dies ist plausibel, solange wir ausschließlich an die uns vertrautesten

Glaubenssubjekte denken: an uns selbst und an andere normale, erwachsene Menschen, die eine uns verständliche Sprache sprechen. Doch auch von einem Hund sagen wir, unter geeigneten Umständen, so etwas wie: er glaube, daß die Katze auf dem Baum ist. Und wir sagen das selbst dann, wenn wir ihm nicht zutrauen, daß er über die Begriffe Katze und Baum verfügt, ja nicht einmal über irgendwelche hundgemäßen Begriffe, die mit diesen beiden mehr als nur sporadische Extensionsüberlappungen haben. Gebrauchen wir das Wort "glauben" bei solchen Gelegenheiten also nur metaphorisch? Oder in einem andern wörtlichen Sinn, in dem es nicht denjenigen Begriff Glauben ausdrückt, der auf Menschen anzuwenden ist? (Dann wäre "glauben, daß" lexikalisch mehrdeutig.) Diese Konsequenz ist durchaus nicht zwingend. Sie wäre es nur, wenn *alles* propositionale Glauben, nicht nur das uns geläufigste Glauben dieser Art, den Besitz der entsprechenden Begriffe erfordert. Daß dies so sei, ist jedoch eine zusätzliche Annahme, auf die wir uns mit unserer Rede vom propositionalen Glauben nicht festlegen. Wir werden darauf im siebten Kapitel zurückkommen. Zunächst sei dies vermerkt: Falls der Hund – von dem wir unterstellen, daß er nicht über genau diese Begriffe verfügt – dennoch glaubt, daß die Katze auf dem Baum ist, dann handelt es sich auch bei ihm um propositionales Glauben. Es wird ja durch Ausfüllung der Urschablone beschrieben.

*

Eine letzte Erläuterung. – Ich glaube, daß es schändlich ist, einen Freund im Stich zu lassen. Ich glaube, daß es das Beste wäre, die Wahl zu wiederholen. Wenn ich das glaube, dann finde ich, man *sollte* einen Freund nicht im Stich lassen; ich finde, die Wahl *sollte* wiederholt werden. So etwas zu glauben (oder zu 'finden'), hieße: zu werten. Und das wiederum ist nahe daran, etwas zu wünschen oder vorzuziehen: daß Freunde nicht im Stich gelassen werden, bzw. daß die Wahl wiederholt wird. – Doch ist Glauben und Wünschen nicht grundsätzlich zweierlei? Sind sie nicht begrifflich voneinander unabhängig? Wird hier wirklich etwas *geglaubt*? Ist 'Geglaubtes' dieser Art wahrheitswertfähig? Heißt "glauben" hier überhaupt Für-*wahr*-halten? Haben Aussagen, die eine Wertung enthalten, 'die Art von Inhalt, den auch wahrheitswertfähige Sätze haben'? Wird mit Sätzen des Schlags "Das ist schändlich", "Dies wäre das beste" oder "Man sollte jenes" überhaupt nur versucht, das Bestehen eines Sachverhalts in der Welt zu konstatieren? Dienen sie nicht vielmehr dazu, eigene Wertungen oder Präferenzen zum Ausdruck zu bringen – dazu, gewisse Dinge zu loben, billigen, empfehlen bzw. zu tadeln, mißbilligen oder vor ihnen zu warnen? Sind es nicht eher Appelle als Feststellungen, die wir mit ihrer Äußerung vollziehen?

Diese Bedenken können zu der These verschärft werden, daß es wertungsinvolvierendes Glauben nicht gibt. In Sätzen des Typs

S glaubt, daß ...['reine' Wertung]...

hätte das Wort "glauben" demnach einen andern Sinn als in solchen des Typs

S glaubt, daß ...['reine' Deskription]...

Dieser These zufolge ist das Wort "glauben" mehrdeutig. Unsere Urschablone würde mithin nicht nur genuin propositionales Glauben erfassen, sondern auch nicht 'rein-kognitive' Einstellungen wie die des Billigens, Mißbilligens und andere, die zwar mit dem Glauben psychologisch verknüpft sein mögen, aber selbst kein Fürwahrhalten sind. – Es ist nicht nötig, diesen Streitpunkt zu entscheiden. Im Rahmen einer begrifflichen Untersuchung zum Glauben kann, und sollte, Neutralität in dieser Sache gewahrt bleiben. (Aus Beobachtungen zu diesem Begriff allein ergibt sich keine Antwort.) – Wir werden also nicht voraussetzen, daß jede sprachlich tadellose Ausfüllung der Urschablone einen wahrheitswertfähigen Inhalt hat, sondern ausdrücklich fordern, daß sie einen hat. Unsere Vorüberlegungen in diesem Kapitel lassen sich dann zu folgender Erläuterung zusammenfassen: Propositionales Glauben ist solches Glauben, das durch die Ausfüllung der Urschablone mit einem wahrheitswertfähigen Daß-Satz sprachlich erfaßbar ist.

In den Augen des Wert-Kognitivisten, der – wie ich selbst – keine Ambiguität in "glauben, daß" annimmt, ist der Umfang des Glaubensbegriffs, um den es im Folgenden gehen wird, also größer als in den Augen des Nonkognitivisten. Doch dieser Dissens spielt in unseren weiteren Untersuchungen keine Rolle. Wichtig ist Einigkeit und Klarheit darüber, um welchen Begriff es geht. Ob dessen Extension auch so etwas wie 'wertendes Glauben' umfaßt, ist eine Frage, auf die ohne Einbeziehung z.B. moralphilosophischer und meta-ethischer Argumente keine überzeugende Antwort zu finden sein wird.

*

Der hier thematisierte Begriff des ('propositionalen') Glaubens greift weiter aus als jeder andere Begriff, der von dem Wort "glauben" auch sonst noch ausgedrückt werden mag. Mit meinen Erläuterungen habe ich ihn theoretisch so unbelastet zu belassen versucht, wie ich es vermag. Er läßt schlechthin alles zu, was sich 'propositional' glauben läßt. Einen grundlegenderen Begriff des Glaubens kenne ich nicht.

4. TERMINOLOGISCHES

Wer erwartet, daß es am Nachmittag schneien wird, und auch erwartet, daß die Inflationsrate im nächsten Jahr steigen wird, hat mehrere Erwartungen. Wer etwas erwartet, hat eine Erwartung. Entsprechendes gilt für "meinen/Meinung", "hoffen/Hoffnung", und so weiter. Hingegen, wenn einer sowohl glaubt, daß es regnet, als auch, daß 3 eine Primzahl ist, dann hat er mehrere --- ? Es gibt keine 'Glaubungen'. Im Deutschen findet sich kein entsprechendes pluralfähiges Nomen Appellativum mit dem Wortstamm "glaub-". Dies betrachte ich als eine sprachliche Zufälligkeit, der in begrifflichen Untersuchungen keine Bedeutung beigemessen werden sollte.[56] Ich werde das Wort *Überzeugung* verwenden, um dieser Mißlichkeit zu begegnen. Das heißt, ich werde mich dieses Wortes in einem künstlich erweiterten Sinn bedienen, den es im Deutschen eigentlich nicht hat. Der Überzeugung sein, daß so-&-so, heißt ja im gewöhnlichen Sinn dieser Wendung: davon überzeugt sein; und damit ist mehr gemeint als einfach nur: glauben, daß so-&-so. (*Meinung* wäre ebenfalls passend, aber auch nicht ganz ohne irreführenden Beiklang.) Alle über das bloße Glauben hinausgehenden Konnotationen sollen fürs folgende als außer Kraft gesetzt gelten. Um den Leser daran zu erinnern, daß das Wort hier in einem weiten Sinn verwendet wird, werde ich die übliche Wendung "*der* Überzeugung *sein*" vermeiden und stattdessen die ein wenig künstliche Redeweise "*die* Überzeugung *haben*" verwenden. Es gelte also die terminologische Festlegung:

> "*S* hat die Überzeugung, daß *p*" soll genau dasselbe heißen wie: *S* glaubt, daß *p*.[57]

Sie sei mit einer Warnung versehen: Man nehme ganz ernst, daß beide Ausdrucksweisen *genau dasselbe besagen* sollen; insbesondere verstehe man diese rein terminologische Gleichsetzung nicht als einen Hinweis darauf, daß das Glauben etwas Relationales sei. Daß *S* die Überzeugung hat, daß *p*, darf mithin nicht verstanden werden, als besage es so etwas wie: *S* steht in einer Beziehung des Habens zu der Überzeugung, daß *p*. Es darf aus dieser terminologischen Gleichsetzung folglich auch nicht der weitere Schluß gezogen werden, Glauben sei folglich ein In-einer-Beziehung-zu-etwas-Stehen; dieses Etwas sei eine Überzeugung; und es gelte nun zweierlei zu klären: erstens, was eine Überzeugung ist, und zweitens, worin jene Habensbeziehung besteht. Dies wäre ein Mißverständnis der gerade gemachten Festlegung.

Das Urschema "*S* glaubt, daß *p*" bleibt das grundlegende. Die derivative Redeweise von 'der Überzeugung, daß *p*', hat (so wie ich sie verwende) kein semantisches Eigenleben; sie ist – kraft obiger Festsetzung – nichts weiter als eine strikt synonyme Ausdrucksvariante, d. h. eine Redeweise, deren Bedeutung in unserm Zusammenhang vollständig durch die obige Stipulation charakterisiert ist. – Alles, was sich an begrifflich Aufschlußreichem über das Glauben sagen läßt, muß sich am Urschema bewähren. Der gerade angeklungenen Frage, ob Glauben etwas in sich Relationales ist, werden wir im neunten Kapitel nachgehen.

Durch die Verfügbarkeit der grammatischen Pluralform bieten sich neue Ausdrucksmöglichkeiten an. Es läßt sich nun, ohne sprachliche Gewaltsamkeit, zum Beispiel über 'die *beiden* Überzeugungen (die, daß *p*, und die, daß *q*)' sprechen. Viele solcher Redeweisen, die ganz natürlich erscheinen, setzen voraus, daß leidlich klar ist, ob es in verschiedenen Glaubenssätzen um verschiedene Überzeugungen geht. Doch wonach bemißt sich, ob es in den Sätzen "*S* glaubt, daß *p*" und "*S* glaubt, daß *q*" um verschiedene Überzeugungen geht – und nicht um ein und dieselbe Überzeugung, die auf zweierlei Weise sprachlich charakterisiert wird? Gerade weil Glauben nichts Sprachliches oder Sprachabhängiges ist, dürfen sprachliche Unterschiede nicht einfach als ausschlaggebend betrachtet werden. Was ist das Kriterium für Überzeugungsverschiedenheit, ohne das sich nicht sinnvoll von Überzeugungen sprechen läßt? Genauer gesagt geht es um die Frage, was hier *unser* Kriterium ist – das Kriterium, das wir in der von uns gemeinsam gesprochenen Sprache zugrundelegen, wenn wir von der Verschiedenheit von Überzeugungen sprechen? – Zumindest sprechen wir dann von verschiedenen Überzeugungen, wenn man eine von ihnen ohne die andere haben kann. Hier ein Vorschlag dazu, wie sich dies ein wenig genauer fassen läßt.

> "Die Überzeugung, daß *p*, und die, daß *q*, sind verschiedene Überzeugungen"
> ist wahr, wenn gilt:
> Von den beiden Begriffen, Glauben, daß *p* und Glauben, daß *q*, involviert höchstens einer den andern.

Dies sei kurz erläutert. Überzeugungen sind auf jeden Fall dann verschieden, wenn man jede von ihnen ohne die andere haben kann. Sie können auch dann verschieden sein, wenn man die eine zwar nicht ohne die andere haben kann, wohl aber die andere ohne die eine (die, daß ein Fohlen im Stall steht/die, daß ein Pferd im Stall steht). Das vorgeschlagene Kriterium läßt sich auch so fassen:

> Wenn es begrifflich möglich ist zu glauben, daß *p*, ohne zu glauben, daß *q*, oder zu glauben, daß *q*, ohne zu glauben, daß *p*, dann sind die Überzeugung, daß *p*, und die, daß *q*, verschieden.[58]

Im Lichte dieses Vorschlags ist der entscheidende Gesichtspunkt in dieser Sache nicht, ob die propositionalen Inhalte des jeweiligen Glaubens identisch sind, sondern ob der jeweilige Glaubensbegriff derselbe ist. Warum? Nun, zunächst einmal sind Propositionen und Überzeugungen kategorial verschieden. (Menschen haben Überzeugungen, aber keine Propositionen; und vieles andere mehr dergleichen.) Es gibt keinen apriorischen Grund für die Annahme, daß sie gleiche Individuationsbedingungen haben. – Zum zweiten ist keineswegs klar (im Gegenteil, es ist höchst umstritten), was als das Kriterium der Identität bzw. Verschiedenheit von Propositionen zu betrachten ist. Es sollte aus diesem Grund möglichst vermieden werden, auf den Begriff der Proposition zurückzugreifen, wenn es darum geht, Individuationskriterien für Überzeugungen zu formulieren. – Drittens ist der Begriff der Proposition ein philosophischer Fachbegriff, dessen theoretische Fruchtbarkeit unter anderm auch daran gemessen werden muß, ob er eine angemessene Individuation von Überzeugungen ermöglicht. Ohne ein vorgängiges Verständnis davon, wie Überzeugungen individuiert sind, ließe sich gar nicht beurteilen, ob eine gegebene Explikation des Begriffs der Proposition adäquat ist oder nicht. Aber das Umgekehrte ist nicht der Fall: Ob ein Kriterium der Verschiedenheit von Überzeugungen adäquat ist, läßt sich ohne ein vorgängiges Verständnis dessen beurteilen, was Propositionen (und wie sie individuiert) sind. Denn es gibt eine vortheoretische Praxis der Individuation von Überzeugungen, die als Adäquatheitsstandard dienen kann, obwohl in ihr keine 'scharfen' Kriterien anzutreffen sind. Auch dieser Asymmetrie wegen ist es wünschenswert, unser Kriterium der Verschiedenheit von Überzeugungen ohne Rückgriff auf den Begriff der Proposition zu formulieren.

Betrachten wir noch einmal den ersten dieser drei Punkte. Überzeugungen und Propositionen sind unterschiedliche Arten von Entitäten, und es ist keineswegs von vornherein ausgemacht, daß für beide dieselben Individuationskriterien gelten. Zwar wird allgemein unterstellt: Genau dann, wenn die Proposition, daß *p*, mit der, daß *q*, identisch (bzw. nicht identisch) ist, ist auch die Überzeugung, daß *p*, mit der, daß *q*, identisch (bzw. nicht identisch). Aber das ist eher eine philosophische Übereinkunft als das Ergebnis einer zwingenden Überlegung. Gewiß, sie ist von einnehmender Einfachheit und schafft übersichtliche Verhältnisse. Aber sie engt den begrifflichen Spielraum unnötig ein. Es mag gute Gründe geben, die *Proposition*, daß *p*, und die, daß *p* oder *p*-und-nicht-*p*, als dieselbe Proposition zu betrachten; es mag ebenfalls gute Gründe geben, die *Überzeugung*, daß *p*, von der zu unterscheiden, daß *p* oder *p*-und-nicht-*p*.

Daß in dem gerade vorgeschlagenen Kriterium für Überzeugungsverschiedenheit von Propositionen nicht die Rede ist, betrachte ich aus den genannten Gründen als einen Vorzug. Dieses Kriterium bleibt im begrifflichen Milieu des Glaubens; es geht darin ausschließlich um die Beziehungen zwischen Glaubensbegriffen. Und es läßt Spielraum für eine beliebig feinkörnige Individuation von Überzeugungen – auch dem, der eine gröbere Individuation von Propositionen bevorzugt.

Es ist wichtig zu beachten, daß dies ein stipulativer Vorschlag – keine These über allgemein akzeptierte begriffliche Beziehungen ist und mit ihm nichts weiter als eine hinreichende Bedingung für Überzeugungsverschiedenheit angegeben wird. Ist diese Bedingung nicht erfüllt, so heißt das nicht, daß die Überzeugung, daß *p*, und die, daß *q*, dieselbe Überzeugung sind. Selbst dann, wenn sie mit begrifflicher Notwendigkeit nur gemeinsam auftreten, besagt dies allein noch nichts zu der Frage, ob sie ein und dieselbe Überzeugung sind. – Kurz, dieses Kriterium gibt keinen Aufschluß darüber, worin Überzeugungsidentität besteht.

*

Ausfüllungen unserer Urschablone "*S* glaubt (zu *t*), daß *p*" nenne ich (affirmative) *Glaubenssätze* bzw. *Glaubensaussagen*; ist eine solche Aussage wahr, drückt sie eine (positive) *Glaubenstatsache* aus.[59] Jede Entität, über die sich wahre Glaubensaussagen machen lassen, heiße ein *Glaubenssubjekt*;[60] entsprechend werde ich alles, was geglaubt werden kann (also jeden Inhalt eines Daß-Satzes, der in einer wahren Glaubensaussage vorkommen kann), gelegentlich auch als *Glaubensobjekt* bezeichnen. Dieser Terminus bietet Anlaß zu allerlei falschen Assoziationen; ich werde mich darum bemühen, sie nicht aufkommen zu lassen. Jedem Glaubensobjekt – allem, was geglaubt werden kann – entspricht eine *Proposition*; diese ist der *Glaubensinhalt* oder auch der *Inhalt der Überzeugung*, die dem Subjekt mit der Glaubensaussage zugeschrieben wird. Mit dem Terminus "Proposition" verbinde ich, wie gesagt, keine Theorie; ich werde beispielsweise nicht unterstellen, daß Propositionen Mengen möglicher Welten, strukturierte Intensionen oder Folgen von Objekten und Eigenschaften sind. Unter einer Proposition verstehe ich etwas – was auch immer sein ontologischer Status sein mag –, das von jedem wahrheitswertfähigen Satz ausgedrückt wird und durch das dessen Wahrheitsbedingung bestimmt ist. (Ich würde gerne auf diesen Terminus verzichten, wenn sich nur zu "Inhalt eines wahrheitswertfähigen Satzes" ein genießbares Adjektiv bilden ließe.) Mit dieser Erläuterung soll die Möglichkeit nicht ausgeschlossen werden, daß es Propositionen gibt, die sich mit Sätzen unserer Sprache nicht ausdrücken lassen. Somit bleibt begrifflicher Spielraum für die Möglichkeit von Glaubensinhalten, die sich mit den Mitteln unserer Sprache nicht ausdrücken lassen.

In Glaubenssätzen vorkommende Ausdrücke wie "--- glaubt, daß es nicht regnet", "--- glaubt, daß 3 eine Primzahl ist", usw. nenne ich *Glaubensprädikate.* Sie drücken spezifische *Glaubensbegriffe* aus: den Begriff des Glaubens-daß-es-nicht-regnet, den des Glaubens-daß-3-eine-Primzahl-ist, und so weiter. Wenn ich unspezifisch von *dem Begriff des Glaubens* spreche, meine ich damit den abstrakten Begriff vom Glauben-daß im Allgemeinen; er läßt sich aus jedem beliebigen Glaubensbegriff dadurch gewinnen, daß von dessen propositionalem Specificum abgesehen wird. (Diesem abstrakten Begriff entsprechen Prädikat-Schablonen wie "--- glaubt, daß dies-&-das" und "--- glaubt, daß so-&-so".) Daß ein spezifischer Glaubensbegriff *exemplifiziert* ist (d.h. daß etwas unter ihn fällt), heißt, daß von wenigstens einem Subjekt geglaubt wird, was der betreffende Daß-Satz aussagt. Wenn jemand glaubt, daß es regnet, dann hat er die Eigenschaft, zu glauben, daß es regnet. Jede solche Eigenschaft bezeichne ich als eine *Glaubenseigenschaft* (oder auch als einen *Glaubenszustand*). Damit ist stets ein spezifisches Glauben-daß-*p* gemeint; dem abstrakten Glaubensbegriff entspricht keine Glaubenseigenschaft.

*

Das Nomen "Überzeugung" hat das Erfreuliche, den Plural zuzulassen; deshalb haben wir es ins Spiel genommen. Es hat das Unerfreuliche, mehrdeutig zu sein. Der Ausdruck "die Überzeugung, daß *p*" kann umgangssprachlich sowohl dazu verwendet werden, über (a) die *Eigenschaft* des Glaubens-daß-*p* zu sprechen, als auch dazu, auf (b) den für sie charakteristischen *Inhalt* Bezug zu nehmen, der durch "daß *p*" spezifiziert wird. Meist geht aus dem Satzzusammenhang hervor, um welchen Sinn es geht. Beispiele für Lesart (a) sind: In "Die Überzeugung, alles sei gut, haben höchstens unverbesserliche Optimisten" oder "Harvey und Dr. Pangloss sind der Überzeugung, daß alles gut ist" geht es um Glaubenseigenschaften. Lesart (b) liegt vor, wenn der Logikschüler zutreffendermaßen sagt "Die Überzeugung, alles sei gut, enthält zumeist eine kontextuell eingeschränkte Allquantifikation" oder "Die Überzeugung, alles sei gut, impliziert nicht, daß es etwas Gutes gibt". Hier geht es überhaupt nicht um eine Glaubenseigenschaft, gleichgültig ob diese als universale oder als partikularisierte konzipiert wird. Es gilt also, zweierlei Sinn zu unterscheiden, in dem von einer *Überzeugung, daß p* gesprochen werden kann. Es kann damit die Rede sein von

(a) der Überzeugung, daß *p*, in dem Sinne, in dem sie das Von-*p*-Überzeugtsein, also eine Eigenschaft von Glaubenssubjekten, ist; und von

(b) der Überzeugung, daß *p*, in dem Sinne, in dem es nur um das geht, wovon einer überzeugt ist, der sie hat (d. h. um das von "daß *p*" Ausgedrückte).

Nennen wir das in (a) Genannte den Eigenschaftssinn und das in (b) Genannte den Inhaltssinn von "Überzeugung". Zu beachten ist dabei, daß nur in letzterem von der Wahrheit bzw. Falschheit einer Überzeugung gesprochen werden kann. Es ist ja nicht das Glauben-daß-*p* (die Überzeugung im Eigenschaftssinn) wahr, wenn es wahr ist, daß *p*, sondern das in diesem Glauben Geglaubte (die Überzeugung im Inhaltssinn), also: daß *p*.

Die (a)-Lesart bedarf einer weiteren Klärung. Eigenschaften lassen sich in unterschiedlicher Weise thematisieren, in 'universalisierender' und auch in 'partikularisierender' Redeweise. Entsprechend kann auch mit "die Überzeugung, daß *p*" über diese Eigenschaft gesprochen werden, insofern sie das 'gemeinsame Eigentum' aller Glaubenssubjekte ist, die sie haben ("Harvey, aber nicht nur er, hat die Überzeugung, daß alles gut ist"). Dies ist die *universalisierende* Redeweise. Über die Eigenschaft, zu glauben, daß *p*, kann aber auch als eine gesprochen werden, die eine bestimmte Person hat ("Harveys Überzeugung, alles sei gut, beschwingt ihn"). Mit dieser zweiten Redeweise sprechen wir über eine Glaubenseigenschaft als eine, die zweifach bestimmt ist: zum einen durch ihren Inhalt, zum andern auch dadurch, daß ein bestimmtes Glaubenssubjekt diese Eigenschaft exemplifiziert. Wir setzen – wenn wir so reden – voraus, daß dieses bestimmte Subjekt die betreffende Eigenschaft hat, und sprechen über sie als eine, die diesem Subjekt zukommt. Dies ist die *subjekt-partikularisierende* Redeweise von Überzeugungen. Worüber wird dann gesprochen? Manchen Auffassungen zufolge ist diejenige Glaubenseigenschaft, von der in einem Satz wie "Harveys Überzeugung, alles sei gut, beschwingt ihn" die Rede ist, kein Glaubensattribut, sondern eine Eigenschaft grundlegend anderer Art: eine, die kein anderes Subjekt als Harvey haben *kann*. Solch eine gewissermaßen logisch private Glaubenseigenschaft (zu deren Wesen es gehört, daß nur ein einziges Subjekt sie haben kann), nenne ich eine Glaubens*adhärenz* des betreffenden Subjekts. – Glaubenseigenschaften, die mehrere Subjekte haben können, nenne ich Glaubens*attribute*.[61]

Eine Überzeugung im Sinne (a) kann also zum einen als Attribut, als universale Eigenschaft, thematisiert werden, zum andern aber auch als eine Adhärenz, d.h. als eine partikularisierte Glaubenseigenschaft, die nicht nur durch ihren Inhalt individuiert ist, sondern auch dadurch, daß ein bestimmtes Subjekt sie hat.

Weder die Eigenschaft/Inhalt-Ambiguität noch die Unterschiede zwischen der universalisierenden und der subjekt-partikularisierenden Redeweise übertragen sich auf Sätze des Typs "*S* hat die Überzeugung, daß *p*". Solche Sätze dienen dazu, Glaubensattribute zuzuschreiben. – Betrachten wir dies kurz. Die (b)-Lesart kommt aus kategorialen Gründen nicht in Frage: Man kann den propositionalen Inhalt einer Überzeugung nicht haben. ("*S* hat den Inhalt, daß *p*" – das ist glatter Unsinn.) Daß *S* mit einer Aussage des Typs "*S* hat die Überzeugung, daß *p*" auch keine seiner Glaubensadhärenzen zugeschrieben wird, läßt sich zum Beispiel durch folgende Überlegung einsehen. Aus

> *S* hat die Überzeugung, daß *p*, und *S** hat die Überzeugung, daß *p*

folgt (die Nicht-Mehrdeutigkeit der Einsetzung für "*p*" vorausgesetzt):

> Es gibt eine Überzeugung, die beide haben.

Eine Eigenschaft, die verschiedene Subjekte haben können, ist ein Attribut. Wollten wir die beiden Sätze so verstehen, als ginge es in ihnen um Adhärenzen der beiden Subjekte, dann ergäbe sich folgender Schluß:

> *S* hat die Glaubensadhärenz, daß *p*, und *S** hat die Glaubensadhärenz, daß *p*. Also: Es gibt eine Glaubensadhärenz, die beide haben.

Doch dies wäre ein Fehlschluß, zudem ein katastrophaler. Denn die Konklusion ist ein Widerspruch. Zwei Personen können nicht dieselbe Glaubensadhärenz haben. – Weder die Eigenschaft/Inhalt-Mehrdeutigkeit noch die unterschiedlichen Arten des Redens über Glaubenseigenschaften wirken sich auf Sätze des Typs "*S* hat die Überzeugung, daß *p*" aus. Im Lichte der gerade angestellten Klärungen können wir folgende Erläuterung hinzunehmen:

> "*S* hat die Überzeugung, daß *p*" besagt: Das Attribut, zu glauben, daß *p*, ist eine Eigenschaft von *S*.

Oben hatten wir die Festsetzung getroffen, daß "glauben" und "die Überzeugung haben" strikt synonym sind. Folglich ist die Glaubenseigenschaft, die einem Subjekt mit einem Prädikat des Typs "... glaubt, daß *p*" zugeschrieben wird, stets ein Glaubensattribut. Dies weist darauf hin, daß Glaubenssätze nicht inhärent mehrdeutig sind. Das heißt: Unter der Voraussetzung, daß die Einsetzungen für "*S*" und "*p*" nicht mehrdeutig sind, ist auch in Sätzen des Typs "*S* glaubt, daß *p*" (bzw. "*S* hat die Überzeugung, daß *p*") keine Mehrdeutigkeit in puncto Attribut/Adhärenz enthalten. – Übrigens kann das Wort "Überzeugung", in ein und demselben Vorkommnis, zugleich seinen Eigenschafts- und seinen Inhaltssinn haben:

> "*S* hat die wahre Überzeugung, daß *p*" besagt: (1) Das Attribut, zu glauben, daß *p*, ist eine Eigenschaft von *S*; und (2) es ist wahr, daß *p*.

Derartige Sätze sind nicht mehrdeutig; vielmehr trägt ein äquivok verwendetes Wort in zweierlei Art zu ihrem einzigen, eindeutigen Sinn bei.

Die hier betrachteten Unterschiede mögen wie allzu subtile Feinheiten wirken und die gerade getroffenen terminologischen Vorklärungen wie bloße Pedantereien. Doch dem ist nicht so. Im Folgenden werden diese Unterschiede gelegentlich eine sachliche Rolle spielen und die terminologischen Differenzierungen sich als hilfreich erweisen.

*

Es ist wichtig, die bisher getroffenen Unterscheidungen nicht mit anderen (und insbesondere auch nicht mit Pseudo-Unterscheidungen) zu verwechseln. Häufig sprechen Philosophen von '*okkurrentem*' (oder *aktiviertem*), im Gegensatz zu bloß *dispositionalem*, Glauben. Eine allgemein akzeptierte Erläuterung dieser Unterscheidung ist mir nicht bekannt, aber dem Zusammenhang ihrer Verwendung ist stets zu entnehmen, daß folgender Unterschied gemeint ist: Viele Überzeugungen, die wir haben, haben wir auch dann, wenn sie in unserm Denken (selbst in unserm unbewußten Denken, wenn es das gibt) keine Rolle spielen. Auch jemand, der gerade völlig davon absorbiert ist herauszufinden, wo er seine Geldbörse verloren haben könnte, glaubt währenddessen, daß Entebbe am Äquator liegt; er hat diese Überzeugung als Kind erworben und hat sie immer noch. Während er nach seiner Geldbörse sucht, so würden manche sagen, hat er diese Überzeugung bloß dispositional; würde er während eines Quiz gefragt, welche der vier Städte (New York, Melbourne, Entebbe, Kuala Lumpur) dem Äquator am nächsten liegt, und es würde ihm einfallen, daß Entebbe am Äquator liegt, dann hätte er diese Überzeugung in einer kategorial andern Seinsweise des Glaubens: nun als eine Okkurrenz. Die Überzeugung wäre dann eine "Episode in den geistigen Vorgängen"[62], die bei seinem Versuch, die richtige Antwort zu finden, eine Rolle spielt. Timothy Williamson meint, es sei "plausibel, daß okkurrentes Glauben, daß *p*, sich zum Behaupten, daß *p*, so verhält wie das Innere zum Äußeren".[63] Doch das Glauben selbst ist niemals eine Episode 'des inneren Behauptens'. Auch wenn es in das Denken und Handeln einfließt, bleibt es das, was es immer ist. Wohl aber kann es dann geschehen, daß in dem Subjekt, das die Überzeugung hat, ein Gedanke auftritt, der denselben Inhalt hat wie diese Überzeugung und den es mithin für wahr hält. Kurz, die Unterscheidung betrifft nicht zwei verschiedene Sorten oder Weisen des Glaubens. Vielleicht ist mit 'okkurrentem Glauben' nichts anderes gemeint als Urteilen und mit 'dispositionalem Glauben' nichts anderes als Glauben. Aber Urteilen und Glauben sind Verschiedenes (Akt/Zustand). Diese Terminologie ist mithin dazu angetan, mehrere grundlegende Irrtümer zugleich zu nähren.

Entsprechendes gilt für die Rede von '*bewußtem*' Glauben. Diese nähere Bestimmung weist nicht auf eine glaubensdistinktive Eigenschaft hin. Gewiß, ob einer, der eine bestimmte Überzeugung hat, sich dessen bewußt ist oder vielmehr nicht, mag in vielerlei Hinsicht einen Unterschied machen. Aber 'bewußtes' Glauben, wenn man denn so reden mag, ist kein spezieller Typus oder eine besondere Weise des Glaubens. Es ist Glauben derselben Art und Weise wie nicht-bewußtes Glauben: ein Glauben-*plus*-Glaubensbewußtsein. Was eine 'bewußte' Überzeugung von einer nicht-bewußten unterscheidet, ist nicht, daß erstere eine 'Episode im Bewußtsein' wäre, sondern daß zu ihr etwas hinzutritt: ein Gedanke oder ein sonstiger geistiger Akt oder Vorgang, durch den das Subjekt sich dessen bewußt ist, daß es diese Überzeugung hat. Solch ein bewußtseinsstiftender Akt oder Vorgang verwandelt das Glauben nicht in ein Bewußtseinsphänomen. Das Glauben selbst bleibt das, was es ist: ein Zustand, dem es äußerlich ist, ob das Subjekt sich seiner bewußt ist oder nicht. – Kurz, das Glauben selbst ist auch dann kein Bewußtseinsphänomen, wenn das Subjekt sich dessen bewußt ist, daß es eine bestimmte Überzeugung hat.

Gelegentlich wird von sog. *expliziten* Überzeugungen gesprochen. Diese Ausdrucksweise wird zumeist unerläutert – und von verschiedenen Autoren in erkennbar sehr unterschiedlicher Weise – verwendet. In einer, vielleicht seiner häufigsten, Verwendungsweise hat dieser Terminus einen klaren Sinn. Daß eine Überzeugung explizit ist, soll besagen: daß sie im Gehirn des Glaubenden durch eine separate mentale Repräsentation 'realisiert' und 'abgespeichert' ist.[64] Daß *S* explizit glaubt, daß *p*, ist dann folgendermaßen zu verstehen: In *S* gibt es eine neuronale Konfiguration *μ*, die eine mentale Repräsentation mit dem Inhalt, daß *p*, ist; und *μ* spielt, bei Bedarf, in den kognitiven Prozessen, die in *S* stattfinden, eine bestimmte kausale Rolle, die für Überzeugungen charakteristisch ist. (Oft wird auch gesagt, *μ* selbst sei *S*'s Überzeugung, daß *p* – womit offenbar gemeint ist, daß *μ* eine Glaubensadhärenz ist.) Daß *S* 'implizit' glaubt, daß *p*, besagt dann entsprechend, daß *S* glaubt, daß *p*, in ihm aber keine neuronale Konfiguration vorhanden ist, die seine Überzeugung, daß *p*, ist oder realisiert. – Diese Explizit/implizit-Unterscheidung kann sich nicht auf den Begriff des Glaubens oder empirische Erkenntnisse über glaubende Menschen und ihre Gehirne berufen, sondern gehört zu gewissen spekulativen Theorien darüber, wie Überzeugungen in Menschen physisch realisiert sind: manche als separate Neurostrukturen, manche auf andere Weise. Nur wer einen bestimmten materialistisch-funktionalistischen Repräsentationalismus voraussetzt, kann mutmaßen, daß dieser Unterscheidung auch wirklich ein Unterschied entspricht. Kurz, die Rede von expliziten im Gegensatz zu impliziten Überzeugungen ist zwar nicht unklar oder irreführend, sie bringt aber ungedeckte Voraussetzungen mit sich, die nicht in Untersuchungen über den Begriff des Glaubens einfließen sollten.

Ganz und gar irreführend ist wiederum die Rede von 'stillschweigendem Glauben' [*tacit belief*]. Damit wird ein Phänomen bezeichnet, das überhaupt kein Glauben ist. Manche sprechen so: Jemand 'glaube stillschweigend', daß *p*, wenn er alles zu seiner geistigen Verfügung hat, um ohne hinzukommende Information zu der Überzeugung zu gelangen, daß *p*. Beispiel: Einer wird gefragt, ob er glaubt, daß 1679463 eine Primzahl ist. Er errechnet mühelos die Quersumme, sieht sofort, daß sie durch 3 teilbar ist, und gelangt so durch eine einfache und rasche Überlegung zu der Überzeugung, daß 1679463 keine Primzahl ist. Als ihm die Frage gestellt wurde, hatte er diese Überzeugung noch nicht, wohl aber andere Überzeugungen, aus denen er sie mit Leichtigkeit gewinnen konnte: dank eigener Überlegung, ohne Rückgriff auf neue Information. – War diese Überzeugung aber nicht doch schon da (sozusagen schlummernd), bevor er gefragt wurde? Dieses Bild wäre passend, wenn Überzeugungen Fähigkeiten wären. Aber das sind sie nicht. Auch hierin unterscheidet sich das Glauben vom Wissen. (Wissen ist sehr wohl, in mancherlei Sinn dieses Worts, eine Fähigkeit.) Die Rede von stillschweigendem Glauben oder schlummernden Überzeugungen ist eine bloße fachterminologische Metapher. Und sie ist dazu angetan, begrifflich in die Irre zu führen. Denn 'bloß schlummernde Überzeugungen' sind keine Überzeugungen, die man hat. Man *könnte* sie mit Leichtigkeit haben, und zwar allein dank der Überzeugungen, die man tatsächlich hat. Doch ein bloß potentielles Glauben, gleichgültig wie leicht seiner Aktualisierung zugänglich, ist kein Glauben.

*

Ich habe drei Lesarten des Worts "Überzeugung" (*Inhalt*, *Attribut*, *Adhärenz*) genannt, deren Verschiedenheit in einer begrifflichen Untersuchung zum Glauben nicht aus dem Blick verloren werden sollten. Und ich habe beispielhaft einige Unterscheidungen angeführt, die unterschiedliche Formen des Glaubens zu bezeichnen scheinen, denen aber keine Unterschiede im Glauben selbst entsprechen. Wird nur stillschweigend 'geglaubt', wird nicht einmal geglaubt. Wird 'okkurrent' geglaubt, wird nicht nur geglaubt – etwas anderes muß zum Glauben hinzukommen (ein kognitiver Prozeß, in dem das Geglaubte eine Rolle spielt). Wird etwas 'bewußt' geglaubt, gilt wiederum: Es wird geglaubt – und etwas anderes tritt hinzu (etwa ein Gedanke oder ein Urteil, dank dem der Glaubende sich dessen bewußt ist, daß er es glaubt). Der Rede von 'expliziten Überzeugungen' liegt eine empirisch unfundierte kognitionspsychologische Hypothese über die Hirnzustände glaubender Menschen zugrunde.

In jeder Untersuchung eines Phänomens – sei sie begrifflicher, empirisch-spekulativer oder empirisch-experimenteller Art – ist darauf zu achten, es selbst und seine unterschiedlichen Ausprägungen nicht zu verwechseln mit Komplexen, in denen es vorkommt. Das Phänomen-plus-*X* mag selbst ein wiederum bemerkenswertes Phänomen sein – und eigener Betrachung wert. (Was für Sorten von Brötchen gibt es? Zum Beispiel: Weizen-, Roggen-, Milch-, Rosinen- und Vollkorn-Brötchen. Aber es gibt auch Käse-Brötchen, Marmelade-Brötchen, Schinken-Brötchen; sie sind Brötchen-plus-*X*; sie bilden keine Brötchen-*Sorten* – zumindest nicht im selben Sinn von "Sorte".) Glauben-daß-*p* in Begleitung des Denkens-an-*p* (bzw. des Urteilens-daß-*p*) mag ein für sich interessantes Phänomen sein; ebenso Glauben-daß-*p* in Begleitung des Bewußtseins davon, daß man glaubt, daß *p*. Wenn es aber darum geht, das Phänomen Glauben selbst in den Blick zu nehmen, sollte man derartige externe Anreicherungen als solche bemerken und die komplexeren Phänomene nicht als Sui-generis-Ausprägungen des Glaubens betrachten. Wie philosophisch verwirrend die Rede von 'okkurrenten' Überzeugungen ist, zeigt sich beispielhaft daran, wie ein Philosoph sich von ihr hat in die Irre führen lassen: bis hin zu einer inkohärenten Konzeption des sogenannten Intentionalitätsrealismus. Dieser Realismus, den ich teile, besagt unter anderm: Es gibt Überzeugungen wirklich – was ja nichts anderes heißt als: Es gibt Wesen, die dies-&-das glauben. (Wer in puncto Intentionalität hingegen einem Eliminativismus oder Instrumentalismus anhängt, bestreitet die Wirklichkeit des Glaubens.) Jerry Fodor vertritt nun die Auffassung, ein Intentionalitätsrealist sei nur gehalten, 'okkurrente' Überzeugungen als real zu akzeptieren, nicht aber sog. dispositionale.[65] Um zu sehen, daß diese Auffassung inkohärent ist, betrachten wir noch einmal das obige Beispiel. Einem solchen 'Okkurrenz'-Realismus zufolge läge nur in der Quiz-Situation wirkliches Glauben vor – nur dann, wenn die betreffende Person bewußt oder unbewußt den Gedanken hat, daß Entebbe am Äquator liegt. Einen Gedanken haben allein heißt aber nicht, ihn für wahr zu halten. Der auftretende Gedanke selbst ist keine Überzeugung. Damit es sich um einen Fall einer 'okkurrenten' Überzeugung handeln könnte, müßte der Quizkandidat eben auch *glauben*, daß Entebbe am Äquator liegt. Und dieses Glauben kann nicht darin bestehen, einen Gedanken zu haben – aus dem gerade genannten Grund. Fodors Idee, nur 'okkurrenten' Überzeugungen Realität zuzubilligen, läuft darauf hinaus, das Glauben selbst nicht als real anzuerkennen.

Man könnte Beispiele wie die gerade erwähnten einfach übergehen, wenn sich in ihnen nichts weiter manifestierte als ungeschickte oder schludrige Terminologie. In späteren Kapiteln werden wir jedoch sehen, daß diesen Redeweisen oftmals kategorial falsche Konzeptionen der Natur des Glaubens zugrundeliegen.

*

Im Folgenden werden gelegentlich verschiedene Formen des Nicht-Glaubens, der Abwesenheit einer bestimmten Überzeugung, eine Rolle spielen. Auch dazu einige kurze inhaltliche und terminologische Erläuterungen. – Wenn es nicht der Fall ist, daß *S* glaubt, daß *p*, heißt das nicht, daß er glaubt, daß nicht-*p*. Hingegen besteht der umgekehrte Zusammenhang, falls *S* keine widersprüchlichen Überzeugungen zu diesem Thema (d. h. dazu, ob *p* oder ob *~p*) hat. Unter dieser Voraussetzung gilt: Wenn *S* glaubt, daß *~p*, dann ist es nicht der Fall, daß er glaubt, daß *p*. In diesem Falle handelt es sich um *begründetes Nicht-Glauben*; denn die Gründe, die *S* für seine Überzeugung, daß *~p*, hat, sind für ihn zugleich Gründe, nicht zu glauben, daß *p*. Und selbst, wenn er keine Gründe dafür hätte zu glauben, daß *~p*, so gibt ihm doch der bloße Umstand, daß er dies glaubt, einen Grund, nicht zu glauben, daß *p*. (Entsprechend handelt es sich auch dann um begründetes Nicht-Glauben, wenn nur bezweifelt wird, daß *p*, aber nicht geglaubt wird, daß *~p*. Die Gründe, die jemanden daran zweifeln lassen, daß *p*, sind zugleich Gründe für ihn, nicht zu glauben, daß *p*.) – Im Gegensatz dazu handelt es sich um blanke *Überzeugungslosigkeit*, wenn die Abwesenheit einer bestimmten Überzeugung weder die rationale Konsequenz eines bloßen Zweifels noch die einer gegenteiligen Überzeugung ist. Überzeugungslosigkeit ist insbesondere auch dann gegeben, wenn die betreffende Proposition außerhalb des kognitiven Horizonts des Subjekts liegt. (Daß Alkibiades nicht glaubte, daß Neutrinos eine größere Ruhemasse haben als Photonen, lag nicht daran, daß er diesbezüglich im Zweifel war oder annahm, es verhalte sich nicht so.)[66]

Darüber hinaus gibt es Formen des Nicht-Glaubens, die ein *potentielles Glauben* sind. Damit sind Fälle gemeint, in denen eine Überzeugung dem Subjekt aus eigenen geistigen Kräften 'zum Greifen nah' ist. Eine Variante solchen Nicht-Glaubens haben wir gerade betrachtet: das irreführenderweise sog. stillschweigende oder implizite 'Glauben'. Es liegt vor, wenn das Subjekt Überzeugungen hat, aus denen es die betreffende Proposition durch irgendein ihm vertrautes Schlußfolgerungsverfahren (deduktiv, induktiv oder abduktiv – ob bewußt oder unbewußt zur Anwendung gebracht) ohne neue Information jederzeit mühelos herleiten und so tatsächlich zu der betreffenden Überzeugung gelangen könnte. Eine andere Variante bloß potentiellen Glaubens ist das *virtuelle Glauben*. Wenn *S* die virtuelle 'Überzeugung' hat, daß *p*, dann glaubt er zwar nicht, daß *p*, aber er würde es unmittelbar – auch ohne bewußt oder unbewußt zu schlußfolgern – glauben, sobald sich ihm die Frage stellte. Er hat dieser Proposition gegenüber vorbehaltlose Glaubensempfänglichkeit. Dazu muß sie ihm nicht unbedingt als selbstevident erscheinen; es reicht, daß er auf irgendeine Weise kognitiv dazu disponiert ist, sie für wahr zu halten, sobald er sie erfaßt. – Seines potentiellen Glaubens ist sich das Subjekt gewöhnlich nicht bewußt. (Eines virtuellen Glaubens *kann* es sich nicht bewußt sein.) Dennoch, 'Überzeugungen', die ein Subjekt bloß potentiell – z.B. implizit oder virtuell – hat, sind keine Überzeugungen, die es unbewußt bereits hat. Es sind Dispositionen zu glauben, nicht selbst schon Überzeugungen.

Allgemeiner gesprochen: Wenn *S* nicht glaubt, daß *p*, mag es dennoch so sein, daß er dies glauben würde, sobald bestimmte Umstände gegeben wären (z.B. wenn er jetzt bestimmte Dinge sähe, oder etwas Diesbezügliches in einer seines Erachtens vertrauenswürdigen Nachrichtensendung hörte, vielleicht auch dann, wenn es ihm seine Wahrsagerin aus der Hand läse – oder wenn er sich jetzt nur überlegte, ob *p*). Er glaubt in diesem Moment nicht, daß *p*, hat aber eine Vielzahl von Dispositionen, es unter diesen oder jenen Bedingungen zu glauben. Entsprechend besitzt er natürlich hinsichtlich vieler Überzeugungen, die er jetzt hat, auch Dispositionen, sie unter bestimmten Bedingungen zu verlieren. Solche *doxastischen Dispositionen*, oder Tendenzen, sind zwar Eigenschaften, aber keine Glaubenseigenschaften in dem gerade erläuterten Sinn. Menschen, deren Überzeugungen zu gewissen Themen zu einem bestimmten Zeitpunkt völlig übereinstimmten, könnten dennoch zugleich sehr unterschiedliche Dispositionen dieser Art haben. – Die Gesamtheit der Glaubenseigenschaften und doxastischen Dispositionen, die ein Subjekt zu einem bestimmten Zeitpunkt hat, bildet sein *doxastisches Profil* (zu dem betreffenden Zeitpunkt); die Gesamtheit der intentionalen Eigenschaften und Dispositionen des Subjekts (Überzeugungen, Wünsche, Absichten usw. und der entsprechenden Dispositionen, sie zu gewinnen bzw. zu verlieren) heiße sein *intentionales Profil*. Entsprechend werde ich gelegentlich auch vom *geistigen Gesamtprofil* sprechen, um alle geistigen Eigenschaften und Dispositionen mit einzubeziehen, seien sie intentional, qualiativ oder noch anderer Art.

5. WAS DAS GLAUBEN IST – ÄLTERE PHILOSOPHISCHE AUSKÜNFTE

Uns geht es um den Begriff des Glaubens, nicht um seine Geschichte. In dem 'logischen' Sinn, in dem wir hier von Begriffen sprechen, haben sie ja keine. Auch geht es uns nicht um Wörter, mit denen dieser Begriff ausgedrückt wird oder um deren Geschichte. Unser Interesse gilt dem heutigen begrifflichen Verständnis und den gegenwärtig einflußreichen Konzeptionen der Natur des Phänomens Glauben. Dennoch, in diesem Kapitel werden wir vom Kurs einer systematischen Erörterung abweichen und einen kurzen Blick darauf werfen, was einige unserer philosophischen Ahnen meinten, wenn sie Wörter benutzten, die wir bona fide als "glauben" oder "fürwahrhalten" übersetzen, und was ihre diesbezüglichen Lehren besagen – soweit sie das Glauben überhaupt zum Thema gemacht haben. Zumal in der Philosophie hat das zeitgenössische Verständnis – und haben insbesondere auch manche unserer heutigen Mißverständnisse – eine Vorgeschichte, die durch das Denken und die Ausdrucksweisen der Großen Alten bestimmt ist.

Ich halte es, obgleich systematisch verzichtbar, dennoch für instruktiv, zumindest einen kurzen Blick auf einige Facetten dieser Vorgeschichte zu werfen. Dieses Kapitel bietet eine Handvoll philosophiehistorischer Stichproben, von Platon bis zum frühen 20. Jahrhundert. Manches davon muß uns nicht nur als falsch, sondern geradezu wie eine Begriffsverwirrung erscheinen: das Glauben sei ein Akt, den wir mit Verstand und willentlich vollziehen; oder: es sei ein Gefühl, das manche unserer Ideen in uns hervorbringen, ob wir das wollen oder nicht; oder: es sei eine Gewohnheit, die wir uns zulegen, um den lästigen Irritationen zu entkommen, die das Zweifeln mit sich bringt.

Dieses Kapitel ist mithin ein Exkurs, den der Leser guten Muts überblättern mag, zumal meine Auswahl zwangsläufig zufällig und die Untersuchung oberflächlich ist. Als 'systematischer Ertrag' wird sich kaum mehr ergeben als ein Beleg für zweierlei, das wenig überrascht: dafür, daß manche unserer thematisch relevanten Blindheiten für begriffliche Unterschiede eine ehrwürdige Tradition haben, und dafür, daß manche unserer heutigen Selbstverständlichkeiten in puncto Glauben vergleichsweise neu sind. Letztere werden wir später, speziell im neunten Kapitel, ein wenig genauer betrachten.

*

Platon macht das Glauben nicht zum eigenen Thema. Auch dann nicht, wenn er untersucht, ob sich Wissen mit Rückgriff auf Glauben definieren läßt, und dabei auch der Frage nachgeht, wie es überhaupt zu verstehen ist, daß wir etwas Falsches glauben. Er theoretisiert nicht über das Glauben und verwendet die Wörter *δόξα* und *δοξάζειν* untechnisch, ohne besondere Erläuterung und übrigens auch ohne abfälligen Beiton. Ein anderer Eindruck mag am Ende des fünften Buchs der *Politeia* (474–480) entstehen, wenn der Philosoph, "der Freund der Weisheit und des Wissens" (480), dem Philodoxen entgegengestellt wird, d.h. einem, der "zu allem eine Überzeugung hat, aber kein Wissen von irgendetwas, das er glaubt" (479e). Doch dieser Eindruck trügt: Platons Abneigung und Argumente sind nicht gegen die Doxa gerichtet, sondern gegen die Philodoxie.[67]

Wo er vom Glauben spricht, hat Ficinos Übersetzung getreulich stets *opinio* und *opinari*. Im Lichte mancher heute benutzten Übersetzung mag sich Platon hingegen wie ein Anhänger der Akt-Konzeption ausnehmen. Schleiermacher schreibt nicht "glauben", "fürwahrhalten" oder "meinen", sondern durchwegs: *vorstellen*. Da mag der Leser wohl leicht an eine Bewußtseinsaktivität denken. Das mag noch hingehen, so kurz nach Kant, als noch jedes Verstandesphänomen eine Vorstellung genannt wurde. – Doch selbst in der jüngsten Gesamtausgabe der platonischen Schriften in englischer Sprache finden sich, auch an wichtigsten Stellen, übersetzerische Verzerrungen. Ich denke hier an den *Theätet*. Der von Sokrates wohlwollend aufgegriffene Vorschlag, Wissen als ein Glauben zu definieren, das wahr und vernünftig ist, erscheint in der neuen Standard-Übersetzung als die Idee, Wissen sei ein Urteilen [*judging*], also ein aktives Tun, das diese beiden Vorzüglichkeiten hat.[68] Hier ist die kategoriale Entgleisung, "urteilen" anstelle von "glauben", allerdings nicht dem Philosophen anzulasten, sondern dem Übersetzer. (Dessen gutgemeinter Wunsch, ein treffenderes Wort zu finden als der Autor selbst, führt ja nur selten zu einem Erkenntnisgewinn für den Leser.)

Nichts spricht dagegen, in hermeneutischer Naivität zu unterstellen, daß Platon *Glauben* meinte, wenn er *δόξα* schrieb. Er hat uns in seinen Schriften nichts hinterlassen, was dagegen spricht, schon gar nichts von der Art einer 'Theorie des Glaubens'. Erst später treten Autoren mit vergleichbarer Wirkungsmacht auf, die das Glauben zu einem theoriewürdigen Thema machen. Manche von ihnen haben – so muß es scheinen – es tatsächlich mit einem Akt des Denkens gleichgesetzt. Später dann sogar mit einer Gefühlsregung, von der das Denken dann und wann begleitet wird.

*

"DAS GLAUBEN IST EIN AKT" Ich setze bei Thomas von Aquin ein. In seinem Kommentar zu den *Zweiten Analytiken* des Aristoteles geht es, im 44. Abschnitt des ersten Buchs, um die Unterschiede zwischen Glauben und Wissen. Im Hinblick auf das, was uns beschäftigt, ergibt sich dort nicht mehr als dies: Glauben ist ein Akzeptieren [*acceptio, idest existimatio*] einer Proposition, von der das Subjekt unterstellt, sie könne auch falsch sein. Glauben ist daher schwach und unsicher [*debile et incertum*].[69]

Viel ergiebiger ist das, was Thomas in einiger Ausführlichkeit im zweiten Band der *Summa theologiae* über das Glauben sagt. Hier geht es ihm allerdings um jenes besondere 'gläubige' Glauben, das nur einen einzigen Gegenstand hat: die sog. Erste Wahrheit, d.h. Gott, wie er sich in den biblischen Texten und den Glaubensartikeln der katholischen Kirche offenbart. Ob solches gläubiges Glauben – *fides*, hier unterschieden von *opinio* – überhaupt ein Glauben-daß ist, mag fraglich erscheinen. Ist es nicht vielmehr ein bloßes Glauben-an? Oder ein Jemandem-Glauben, unter anderm auch denen, die die Schriften verfaßt, überliefert und ausgedeutet haben? Oder Glauben vielleicht nur im Sinne eines Gefühls oder Gestimmtseins, wie Vertrauen und Zuversicht? Dann hätte es nichts mit unserm Thema zu tun. Aber dem ist nicht so.

Auch das gläubige Glauben, von dem Thomas spricht, ist propositionales Glauben. Dies ist ihm so wichtig, daß er es in einem eigenen Artikel begründet. Zwar ist der Gegenstand dieses Glaubens, Gott, in sich etwas, das keine Teile hat. Nun ist es aber eine Eigenheit des menschlichen Verstandes, daß er Wahrheit nur propositional erfassen kann. Dem Menschen ist selbst die Erste Wahrheit (der in sich einfache 'formale' Gegenstand des Glaubens) als etwas Komplexes nach Art einer Aussage gegeben [*aliquid complexum per modum enuntiabilis*, *ST* II-II, q1, a2r].

Weiterhin ist gläubiges Glauben etwas, das der Intellekt tut. Im Gegensatz zum gewöhnlichen Glauben handelt es allerdings von etwas, das die natürliche Vernunft des Menschen übersteigt. Nach Thomas kann der Intellekt sich gegen alles sperren – außer es ist selbstevident [*per se notum*]. Wenn er über einen Beweis verfügt, in dem die betreffende Proposition auf unmittelbar Evidentes zurückgeführt wird, besitzt er genuines Wissen [*scientia*]. Auch in diesem Fall bedarf er keiner abwägenden Überlegung, um ihr zuzustimmen. Wenn beides fehlt, Einsicht und Wissen, steht für das Subjekt nicht fest, daß die Proposition wahr ist; es muß beide epistemischen Möglichkeiten (die, daß p, und die, daß $\sim p$) erwägen und wird versuchen, sich für eine der beiden zu entscheiden. Wenn ihm das nicht gelingt, ist Zweifel das Ergebnis. Wenn es ihm hingegen gelingt, einer der beiden Propositionen zuzustimmen, dann macht er bei dieser Entscheidung von seinem freien Willen Gebrauch. Im Gegensatz zum Einsehen, Wissen und Zweifeln involviert das Glauben also stets einen Willensakt.

Glauben und Wissen sind für Thomas artverschieden. Es ist unmöglich, daß man ein und dasselbe zugleich weiß und glaubt (*ST* II-II, q1, a5r).[70] Über das Wissen spricht Thomas als ein Sehen, wenn das Gesehene offen zu Tage liegt [*manifesta visio*]. Für das Glauben gibt er, soweit ich sehe, keinen suggestiven Vergleich.

Was ist es also? Von Augustinus übernimmt Thomas die bis heute einflußreiche Formel, Glauben sei ein Denken mit Zustimmung [*cogitare cum assensione*]. Das Denken, von dem er an dieser Stelle spricht, ist nicht das bloße Haben, das passive Perzipieren, eines Gedankens. Gemeint ist hier ein Nachdenken oder Durchdenken: "ein erforschendes Erwägen des Intellekts" (*ST* II-II, q2, a1r). Glauben resultiert stets aus einem Nachdenken über die Frage "*p* oder ~*p*?".

Wer etwas glaubt, gibt der betreffenden Proposition seine Zustimmung. Da er sie weder als selbstevident einsieht noch durch sein Nachdenken auf Selbstevidentes zurückführen kann, müßte seine Zustimmung doch eigentlich stets schwächer, unsicherer, sein als solche, die aus Einsicht oder Wissen kommt. Doch im Falle des gläubigen Glaubens ist dies nach Thomas nicht so. Der Gläubige stimmt mit derselben Entschiedenheit zu wie einer, der Einsicht oder Wissen besitzt: "und dadurch unterscheidet sich jener Akt, der das Glauben ist, von allen andern Akten des Intellekts, in denen es um wahr oder falsch geht" (a.a.O.).

Wie kann der Wille den Intellekt trotz der Abwesenheit von Einsicht und Wissen dazu bewegen, gerade der einen und nicht der andern Proposition zuzustimmen, und zwar mit aller Entschiedenheit, obwohl die Gründe klarerweise nicht beweiskräftig sind? Und wie kann dies vernünftig sein? In dieser Hinsicht unterscheiden sich gewöhnliches und 'gläubiges' Glauben voneinander. Im Falle des gewöhnlichen Glaubens ist die Zustimmung nicht fest und kann aus einem gewöhnlichen Akt des freien Willens hervorgehen. (Das Glauben kann dann so etwas sein wie ein provisorisches Akzeptieren, zu dem sich das Subjekt trotz schwacher Gründe entschließt.) Eine Besonderheit des gläubigen Glaubens ist es, daß die Zustimmung fest und entschieden ist, obwohl die Gründe – die biblischen Schriften, die Autorität der Päpste, die Wunder usw. – für feste Zustimmung unzureichend sind. Die Vorstellung, dies verdanke sich einer Entscheidung, die der Mensch ganz aus eigener Kraft trifft, dank der gottgegebenen Freiheit seines Willens, lehnt Thomas als Irrlehre ab. Wo der Wille den Intellekt, in puncto Gott und Sancta Doctrina, trotz unzureichender Gründe zu fester Zustimmung bewegt, verdankt sich dies einer *besonderen* Gnade Gottes. Es ist ein Geschenk, das über das der allgemeinen Willensfreiheit hinausgeht und vom Heiligen Geist eigens übermittelt wird (insb. *ST* II-II, q6, a1r).

Eine Unterstützung von höherer Stelle ist beim gläubigen Glauben gerade deshalb vonnöten, weil es eben ein Akt des Intellekts ist. Hätte der Willensakt, aus dem die Zustimmung hervorgeht, ausschließlich natürliche Gründe (etwa nichts weiter als den Wunsch, es möge wahr sein), dann wäre sie und erst recht ihre Festigkeit irrational. Vielleicht kann man Thomas hier so verstehen: Der besondere Akt des gläubigen Glaubens ist nicht irrational, aber auch nicht in der gewöhnlichen Weise rational, sondern eher supra-rational; in ihm "wird der Mensch über seine Natur hinauserhoben" (a.a.O.), und insbesondere auch über seine natürlichen Verstandesmöglichkeiten.

Thomas ist es an diesen Stellen in der *Summa theologiae* vornehmlich darum zu tun, die Besonderheiten herauszuarbeiten, durch die sich das gläubige Glauben von allen andern Akten des Intellekts unterscheidet, in denen es um wahr und falsch geht: das Einsehen [*intellegere*], Wissen [*scire*], Meinen [*opinari*], Vermuten [*suspicari*] und Zweifeln [*dubitare*]. Beim Einsehen und Wissen bedarf es keiner auf Überlegung gegründeten Willensentscheidung, und die Zustimmung zu der betreffenden Proposition ist fest: Der Intellekt 'sieht' ja, daß es gar nicht anders sein kann. Im Falle des Zweifelns kommt keine Zustimmung zustande; der Wille versagt sozusagen. Um Meinen handelt es sich, wenn angesichts der Frage, ob *p* oder ob ~*p*, Unsicherheit besteht und die Zustimmung zu dem einen auf unzureichenden Gründen beruht und von der Befürchtung begleitet ist, es könne doch das andere wahr sein. Die Zustimmung ist nicht fest. Es ist das Charakteristikum des Vermutens, daß es sehr nahe beim Zweifel liegt, der weder Zustimmung zum einen noch zum andern zuläßt, und daß die Erwägung der Frage dann trotzdem, auf Grund eines 'unbedeutenden Anhaltspunkts', zur Zustimmung führt. Die Zustimmung ist schwach.

In diesen beiden letztgenannten Fällen fehlt Gewißheit, daß es gar nicht anders sein kann, und der Wille muß den Intellekt zu einer Zustimmung geneigt machen, der dann allerdings Festigkeit fehlt. Das gläubige Glauben nimmt eine merkwürdige Sonderstellung ein: Wie die Einsicht und das Wissen geht es mit fester Zustimmung einher; anders als die beiden verlangt es einen Willensakt. Dieses Angewiesensein auf einen 'Willensbeistand' hat es mit dem Meinen und Vermuten gemeinsam, ebenso natürlich das Fehlen zwingender Gründe, durch den dieser Beistand nötig wird. – Das Charakteristikum des gläubigen Glaubens ist also, abgesehen von seinem besonderen Thema, die Festigkeit der Zustimmung trotz Abwesenheit unmittelbarer Einsicht und beweiskräftiger Gründe.

Für Thomas ist dieses besondere Glauben, das er zum Gegenstand ausführlicher Untersuchungen macht, nicht das Glauben insgesamt.[71] Letzteres macht er allerdings, soweit ich sehe, niemals zu einem eigenständigen Thema. Er scheint kein eigenes Wort dafür zu haben.[72] Wenn wir dennoch versuchen, bei ihm so etwas wie eine generelle Konzeption des Glaubens zu rekonstruieren, ergibt sich aus dem gerade Betrachteten: Glauben ist der Akt des Akzeptierens einer Proposition (also kein Zweifeln). Das Geglaubte stellt sich dem Subjekt nicht als etwas dar, zu dem es keine epistemische Alternative gäbe; also kann das Glauben kein Einsehen oder Wissen sein. Daß das Meinen für Thomas ein Glauben ist, geht daraus hervor, daß er *opinio* und *fides* gelegentlich wie Synonyme verwendet.[73] Wenn wir das Vermuten, das ja so nahe am Zweifel ist, dennoch nicht aus dem Bereich des Glaubens ausschließen, ist vielleicht diese Erläuterung passend:

> *S* glaubt (zu *t*), daß *p*, heißt: *S* akzeptiert (zu *t*) 'aktiv' – auf Grund einer Überlegung und dank einem Akt des Willens – die Proposition, daß *p*, wobei es ihm sowohl möglich erscheint, daß *p*, als auch, daß ~*p*.

Im Hinblick auf das Weitere sind für uns dabei insbesondere folgende Punkte der Beachtung wert. Glauben ist kein Gefühl, sondern ein Akt des Intellekts.[74] Einen solchen Glaubensakt bezeichnet Thomas auch als *Urteil*.[75] Dieser wird willentlich vollzogen und bildet den Schlußpunkt eines gedanklichen Prozesses, der sich als ein Dreischritt auffassen läßt: Frage – Überlegung – Zustimmung.

*

Auch Descartes – der Thomas 400 Jahre später in seiner Metaphysik des menschlichen Geistes in vielem folgte, wenn auch nicht in der Kernfrage nach der Untrennbarkeit von Körper und Geist – gilt als ein Vertreter der Akt-Konzeption des Glaubens. Bei genauerem Besehen spricht er zu unserm Thema zwar von Akten und Tätigkeiten, dies aber im Hinblick auf das Urteilen, Zustimmen, Als-wahr-Zulassen und Als-wahr-Unterstellen [*iudicare*, *assentire*, *ut verum admittere*, *supponere*]. Dies sind für ihn mit Bewußtsein vollzogene Akte, in denen der Wille tätig ist. Zu solchen Akten gehört zweierlei. Zum einen wird ein Gedanke 'perzipiert'. Das ist ein 'passiver' Vorgang im Verstand (passiv insofern, als der Wille – die aktive Seite menschlicher Geistigkeit – ins bloße Gedanken-Haben nicht hineinspielt). Zum andern entscheidet der Wille, ob dieser Gedanke als wahr akzeptiert wird oder nicht. Der Wille ist, so Descartes, grenzenlos frei – genau darin sei der Mensch ein Ebenbild Gottes. Er kann sich, im Prinzip, über alles hinwegsetzen, was der Verstand ihm bietet. Er kann sich, dank seiner gottähnlichen Willensfreiheit, dazu entscheiden, auch etwas zuzustimmen, für das nichts und gegen das alles spricht. (Das ermöglicht es dem Denker der *Meditationen*, den Versuch zu unternehmen, bis auf weiteres schlechthin alles als falsch zu erachten, was er bisher geglaubt hat – wohlgemerkt: nicht nur in Zweifel zu ziehen, sondern so zu behandeln, als sei es falsch.[76]) – Descartes' prima facie erstaunliche Auffassung, das Urteilen sei stets eine Willensaktivität, wird oft so verstanden, als besage sie, man könne glauben, was man will, und schlimmer noch: bloßes Glaubenwollen könne durch willkürlichen Entschluß zu Glauben führen. Entgegenkommender ist die Interpretation, daß es ihm ums Akzeptieren geht. Sie fügt sich, so weit ich sehe, auch recht gut in seine Philosophie insgesamt.

Zweierlei ist mithin zu beachten: Erstens geht es ihm, wie auch Thomas, wenn er in diesem Zusammenhang von *actus* oder *operatio* spricht, der Sache nach um das Urteilen, nicht um das Glauben. Zweitens ist das, was sich aus einem solchen Urteilsakt ergibt, nicht ein Fürwahrhalten, sondern ein provisorisches Als-wahr-Akzeptieren. Das Glauben selbst thematisiert Descartes überhaupt nicht. Vielleicht gibt es für ihn – abgesehen von religiösen Überzeugungen – gar nichts anderes als die Kategorien *bloßes Akzeptieren* und *Wissen*. Für einen genuinen 'Akt des *Glaubens*', der diesen Namen verdient, wäre demnach von vornherein kein Platz in seiner Philosophie. Es trifft sich, daß Descartes selbst – so weit ich sehe – nie davon spricht. Wenn der Denker dem Gedanken, daß so-&-so, zustimmt (und ipso facto urteilt, daß so-&-so), dann akzeptiert er von nun an diesen Gedanken. Daß Descartes gelegentlich auch von Glauben [*credere*, *putare*] spricht, ist meines Erachtens als Hinweis darauf zu verstehen, daß er zwischen Glauben und Akzeptieren nicht unterscheidet. Kurz, er hat eine interessante Theorie des Urteilens und Akzeptierens, aber eine eigene Theorie des Glaubens ist bei ihm nicht zu finden – erst recht keine Akt-Theorie. Man könnte spekulieren, daß Glauben im Lichte dieser Konzeption etwas von dieser Art sein müßte: sich in einem Zustand befinden, in dem man etwas, das man nicht weiß, als wahr akzeptiert, es aber so unkritisch ('zuversichtlich') als wahr akzeptiert, daß man dessen nicht eingedenk ist, daß man es bloß akzeptiert.

Ähnlich verhält es sich bei Locke. Er verwendet "Glauben" [*belief*] austauschbar mit "Zustimmung" [*assent*] und "Meinung" [*opinion*], und er betrachtet das Glauben – übrigens auch im Sinne von *faith* – als das Als-wahr-Zulassen oder Als-wahr-Akzeptieren [*receiving for true*] einer beliebigen Proposition auf Grund von Argumenten oder Beweisen, die uns davon überzeugen (bzw. dazu überreden [*persuade*]), sie als wahr zu akzeptieren, ohne sicheres Wissen davon zu haben, daß sie wahr ist.[77] Er führt das Glauben als eines der Beispiele für Geistestätigkeiten auf [*operations/actings of our own minds*], deren wir uns bewußt sind (II.1.4). Als einen Modus des Denkens stellt er es in eine Reihe mit dem Zweifeln, Beabsichtigen, Fürchten und Hoffen (II.32.30).

Auch Spinoza könnte man für einen Akt-Theoretiker halten. Er wendet sich mit Entschiedenheit gegen Descartes' Zwei-Stufen-Bild des Urteilens, und es mag so scheinen, als setze er das bloße Perzipieren eines Gedankens mit dessen Fürwahrhalten gleich. Denn laut Spinoza involviert jedes Fassen eines Gedankens – und sei's auch nur in der Phantasie oder im Traum – bereits eine Bejahung [*affirmatio*].[78] Zudem sei diese Bejahung unwillkürlich: eine Instinktreaktion des Verstandes sozusagen, die nur ausbleibt, wenn sie durch besondere Umstände verhindert wird, welchselbe aber ebenfalls nicht unserm Willen unterstehen – etwa dann, wenn der Verstand gleichzeitig über andere Gedanken verfügt, die eine Bejahung des gerade perzipierten Gedankens unmöglich machen.[79] Ist Spinoza also der Meinung, der Mensch *glaube* unwillkürlich alles, was ihm in den Sinn kommt, solange es nicht in Widerspruch zu seinen bisherigen Überzeugungen steht? Weniger abwegig wäre vielleicht folgende Auffassung: Der Mensch begegnet seinen eigenen Gedanken stets mit einer doxastisch positiven Grundeinstellung, solange er keinen Anlaß hat, sie zu verwerfen; er ist nicht leichtgläubig, aber stets bereit zu glauben. Ob dies exegetisch plausibel ist, vermag ich nicht einzuschätzen. Aber wäre dies, oder etwas dieser Art, Spinozas Auffassung, dann ginge es auch ihm nicht um das Glauben, sondern um ein provisorisches Geltenlassen, das er allerdings, im Gegensatz zu Descartes, als unwillkürlich konzipiert.

Es sei zwischendurch bemerkt, daß es uns bei der Betrachtung von Beispielen aus der Geschichte nicht darum zu tun ist, angebliche Akt-Theorien des Glaubens im Lichte des jeweiligen philosophischen Rahmens en detail zu rekonstruieren, sondern darum, zu verstehen, was sie eigentlich besagen. Eines scheint offenkundig: Es geht Thomas, Descartes, Locke und Spinoza in diesem Zusammenhang um Akte, und zwar um solche des Urteilens und Akzeptierens. Diese mögen im Prozeß der rationalen Entstehung eines Glaubens eine entscheidende Rolle spielen. Aber diese Akte selbst *sind* nicht das Glauben. Solange der Unterschied zwischen einem Akt des Urteilens und dem daraus resultierenden Zustand des

Glaubens respektiert wird, sollte man die Lehren dieser Philosophen nicht – oder nur dem Namen nach – als Akt-Theorien des *Glaubens* rubrifizieren. Zudem spielt, außer bei Thomas, der Begriff des Glaubens in ihren Lehren keine große Rolle.[80]

Wohl aber bei Hume.† Auch er spricht explizit vom Glauben als einem Akt des Geistes. Dieser sei allerdings eher ein Akt des Sinnesempfindens als des Denkens [*more properly an act of the sensitive, than of the cogitative part of our natures*].[81] Begegnen wir hier, endlich, einer Akt-Theorie des Glaubens, die diese Bezeichnung verdient? Nun, er schreibt auch:

> Glauben sei eine bestimmte Art, einen Gedanken zu bilden [*a particular manner of forming an idea*, *T* 97];
> es sei ein lebhafter Gedanke [*a lively idea*, *T* 97];
> es bestehe nur in der Art, in der Gedanken perzipiert werden, und in dem Gefühl, das der Geist dabei hat, wenn er sie perzipiert [*ideas … in the manner of their conception, and in their feeling to the mind*, *T* 629].[82]

Vier Bestimmungen des Glaubens also: als ein Akt des Perzipierens, als ein Gedanke, als eine bestimmte Art des Perzipierens und als ein Gefühl. Sie lassen sich auf zwei reduzieren. Denn Gedanken sind für Hume Akte des Perzipierens (Gedankenhabens); und das besondere Gefühl, das für Glauben charakteristisch sei, macht seines Erachtens eben jene spezielle Art und Weise aus, in der Gedanken beim Glauben gehabt werden.

*

An dieser Stelle eine überfällige Zwischenbemerkung zum Gebrauch des Wortes "Akt" in Wendungen wie *geistiger Akt*, *Akt des Intellekts*, *Akt des Perzipierens* und so weiter. Spätestens bei Hume wird sehr deutlich, daß dieses Wort in einem weiten Sinn verstanden werden muß. Es ist ein philosophischer Terminus technicus, mit dem jederlei geistiges Geschehnis bezeichnet sein soll. Ein geistiger Akt findet zwar *im* Subjekt statt, aber er muß kein 'Aktivsein' *des* Subjekts involvieren – auch dann nicht, wenn sich das Subjekt dessen bewußt ist, daß ein solcher Akt in ihm stattfindet. Kurz gesagt, Akt heißt nicht Aktion. Manche geistigen Widerfahrnisse, wie z. B. beim Perzipieren, sind ebenfalls zu den Akten zu rechnen. Gerade auch in Hinblick auf die sog. *Akte des Urteilens* ist dies im Blick zu

† Im folgenden werde ich auf Humes *Treatise* und seinen *Essay* mit den Kürzeln *T* und *E* verweisen.

behalten. (Zwar ist, wie wir gesehen haben, zum Beispiel für Thomas und Descartes jedes Urteilen nicht nur ein *actus*, sondern auch eine willentliche *actio*. Aber das ist ihre eigene bestreitbare Lehrmeinung, keine terminologische Trivialität ihrer Zeit.)

*

Hinter der terminologischen Vielfalt der gerade aufgeführten Bestimmungen steht bei Hume folgende Konzeption des Glaubens: Es ist ein zugleich gedanklicher und affektiver Akt. Zu jeder Überzeugung gehören Ideen, dank denen sie etwas repräsentiert und wahr oder falsch sein kann. Zu ihr gehört außerdem ein Gefühl. Gefühle sind Affekte [*passions*] und daher 'Eindrücke' [*impressions*]. Als solche sind sie 'ursprüngliche Realitäten', die selbst nichts repräsentieren und mithin "des Wahr- oder Falschseins unfähig" sind.[83]

Diese affektiv besetzte gedankliche Tätigkeit bezeichnet Hume nicht nur als Glauben. Er gibt ihr auch viele andere Namen, die er austauschbar verwendet: zustimmen, urteilen, einen Gedanken in Begleitung des Überzeugtseins haben [*attended with belief*, *T* 106]. Kurz, auch er macht keinen Unterschied zwischen Glauben und Urteilen. Soweit er zu unserm Thema eine Akt-Theorie vertritt, ist es wiederum keine des Glaubens, sondern eine des Urteilens. Solche Akte sind für ihn, wie für Spinoza, unwillkürlich. Denn das sie konstituierende charakteristische Gefühl "hängt nicht vom Willen ab, und man kann nicht nach Belieben darüber verfügen" (*E* 48). – In einer Hinsicht ist Humes Konzeption allerdings wahrlich originell und weit mehr als die übliche Vernachlässigung des Unterschieds zwischen Glauben und Urteilen. In ihr tritt eine neue Idee hinzu, die sich als überaus einflußreich erwiesen hat und unsere besondere Beachtung verdient:

*

"Das Glauben ist ein Gefühl" Hume schreibt: "Wir können daher den Schluß ziehen, daß Glauben bloß in einem gewissen Gefühl oder einer gewissen Gestimmtheit [*feeling or sentiment*] besteht", und kurz darauf spricht er von der "unbezweifelten Wahrheit, daß Glauben nichts anderes ist als ein eigentümliches Gefühl" (*T* 624). Zuvor hatte er sich so ausgedrückt: daß die Gefühlsqualitäten der Stärke und Lebhaftigkeit das Glauben "konstituieren" (*T* 106); Glauben sei "*nichts anderes* als die Lebhaftigkeit" von Perzeptionen (*T* 86, meine Hervorhebung).

Eines ist nun in Hinblick auf das Folgende zu beachten: wie Hume das Verhältnis von Glauben und Wissen begreift. Für ihn sind das voneinander getrennte Dinge. In diesem Punkt ist auch er noch, sozusagen, Thomist: Glauben ist niemals Wissen, und Wissen niemals Glauben. Die beiden betreffen ganz Unterschiedliches: Aposteriorisches bzw. Apriorisches. Der Gegenstand des Glaubens ist ausschließlich das Bestehen oder Nicht-Bestehen empirischer Sachverhalte [*matters of fact*]; den des Wissens bilden ausschließlich begriffliche Zusammenhänge [*relations of ideas*], speziell auch solche, wie sie in der Mathematik zum Vorschein gebracht ('demonstriert') werden. Beim Glauben geht es um den Bereich des Wahrscheinlichen. Auch wenn es wahr und Moore unwiderstehlich evident ist, daß er eine Hand vor sich sieht, sobald er sie sich vor Augen hält: *Natürlich* weiß Moore es nicht![84] Er möchte in solchen Momenten wohl von einem unüberbietbar tiefen Gefühl der Gewißheit ergriffen sein, und daran hätte Hume nichts auszusetzen. Aber für ihn, anders als für Moore und uns heute, wäre der Begriff Wissen hier kategorial deplaziert. Man kann nicht wissen, daß man Hände hat; man kann nicht glauben, daß 1 + 2 = 3. Für Hume wären das nichts als ungereimte Redeweisen. Ihm ist das Für-*wahr*-Halten nichts anderes als eine Form des Für-*wahrscheinlich*-Haltens, welch letzteres beliebig hohe Grade annehmen kann. – Die Erinnerung daran ist nötig, um seine Ideen zum Wesen des Glaubens als einem Gefühl nicht aus einem historischen Mißverständnis als von vornherein lächerlich zu verwerfen.

Daß die Ineinssetzung des Glaubens (selbst wo es, wie für Hume, nicht mehr ist als ein Für-bis-zur-Gewißheit-wahrscheinlich-Halten) mit einem Gefühl kategorial verfehlt ist, liegt auf der Hand. Gefühle sind Bewußtseinsphänomene, Glauben ist keines. Es bedarf keiner weiteren Argumente, um die Falschheit dieser Gleichsetzung einzusehen.[85] Wohl aber ist es von Interesse, ein Verständnis davon zu gewinnen, was diese These ursprünglich motiviert hat und ob mit ihr eigentlich das gemeint ist, was sie zu besagen scheint.

Für das, wodurch sich das besondere Gefühl des Glaubens auszeichnet, hat Hume viele Wörter: Festigkeit, Solidität, Stärke, Lebhaftigkeit, Nachdruck und Beständigkeit [*firmness*, *solidity*, *force*, *vivacity*, *vigour*, *steadiness*]. Die Vielfalt dieser Ausdrücke müsse sehr unphilosophisch wirken, schreibt er und setzt hinzu: "Ich gestehe, es ist unmöglich, dieses Gefühl bzw. diese Art der Perzeption vollkommen zu erklären. Wir mögen auf Wörter zurückgreifen, die etwas ausdrücken, das ihm nahekommt. Aber sein wahrer und eigentlicher Name ist *Glauben*, und das ist ein Ausdruck, den jedermann im gewöhnlichen Leben hinlänglich versteht" (*T* 629, *E* 48 f.).

Was ist gemeint? Humes Ausgangspunkt ist folgender: Wer einen Gedanken hat (etwa den, daß Sokrates in der Schlacht bei Potidaia dem Alkibiades das Leben gerettet hat), kann das, was er da denkt, glauben oder auch nicht. Wenn er es in einer historischen Darstellung liest, mag er es glauben; wenn er es in einer Schmonzette über das Liebesleben der Aspasia liest, wird er es vielleicht nicht glauben. Der Gedanke [*idea*], den er hat, ist in beiden Fällen genau derselbe. Die geistigen Ereignisse, die sich in uns in beiden Fällen abspielen (beim Denken-mit-Glauben und beim Denken-ohne-Glauben), unterscheiden sich nicht hinsichtlich des gedachten Gedankens. Humes Frage ist nun: Worin unterscheiden sie sich? Und er stellt sich die Frage so: Was hat der Gedanke, wenn er glaubend perzipiert wird, das derselbe Gedanke, wenn er ohne Glauben perzipiert wird, nicht hat? Seine Antwort ist: Da der gedachte Gedanke selbst in beiden Fällen keinerlei Unterschied aufweist, muß der Unterschied darin liegen, wie er jeweils gedacht wird – von welchem Gefühl das Perzipieren des Gedankens jeweils durchtränkt ist.

Humes Idee ist nun offenbar: Der 'in Begleitung des Glaubens' perzipierte Gedanke ist in mannigfachen Weisen handlungswirksam, in besonders hohem Maße dann, wenn der Gedanke frisch durch einen Sinneseindruck entsteht. Die charakteristische Qualität jener Gedanken, die die Sinneswahrnehmung in uns hervorruft, ist nach Hume deren höhere Stärke bzw. Lebhaftigkeit [*superior force, or vivacity*, *T* 629]. Wer einen zähnefletschenden Hund auf sich zurasen sieht, hat durch seinen Sinneseindruck denselben Gedanken sehr lebhaft, den er schwächer auch dann hat, wenn er sich daran erinnert, wie ein Hund zähnefletschend auf ihn zurannte; und er hat denselben Gedanken, aber nur sehr blaß, wenn er sich bloß ausmalt, daß ihm solches widerführe.[86] Tritt der Gedanke in mir sehr stark und lebhaft auf (im Zuge einer Sinneswahrnehmung), werde ich wegrennen; tritt er schwächer auf (als Erinnerung), wird in mir vielleicht ein Gefühl der Freude entstehen, damals nicht gebissen worden zu sein; tritt er nur als Ausmalung meiner Phantasie auf, wird er mein Handeln und Fühlen wohl nur schwach beeinflussen.

In Humes Modell menschlicher Kognition sind überhaupt nur zwei Faktoren vorgesehen, durch die sich Gedanken (die aus der Sinneswahrnehmung, der Erinnerung oder der Einbildungskraft hervorgehen) voneinander unterscheiden können: zum einen durch das, was in ihnen repräsentiert ist, zum andern durch ihren qualiativen Charakter, insbesondere ihren Grad an Stärke oder Lebhaftigkeit. Entscheidend für Humes Lehre vom Glauben als Gefühl ist es, daß er ausschließlich diese beiden Faktoren – Inhalt und Art bzw. Stärke – in Betracht ziehen möchte. Da nun ein und derselbe Gedanken-Inhalt sowohl für wahr gehalten werden mag, als auch als eine bloße Phantasievorstellung auftreten kann, sieht Hume keine andere Möglichkeit, als den Unterschied zwischen Glauben und bloßem Vorstellen so zu diagnostizieren: Er besteht in der Art und Intensität der jeweiligen Perzeption. Glauben ist ein lebhaftes Perzipieren, bloßes Imaginieren ein schwaches, und der Stärkegrad beim Sich-Erinnern liegt dazwischen. Nach Hume können besonders intensiv perzipierte Gedanken den (stets starken und lebhaften) Sinneseindrücken in puncto Stärke nahekommen (*T* 97, Fn.). Deshalb können sie, was den Einfluß auf die Emotionen [*passions*], den Willen und damit auch auf das Handeln betrifft, den Sinneseindrücken Paroli bieten. In heutiger Terminologie gesprochen: Laut Hume kann ein hinreichend lebhaft empfundener Gedanke, dank seiner Gefühlsintensität, eine ganz ähnliche funktionale Rolle im Subjekt spielen wie die, die für Sinneseindrücke charakteristisch ist. Das mit einer Perzeption einhergehende Gefühl und der Grad seiner Lebhaftigkeit ist das, was sie – gemäß der Humeschen Definition – zu einer Überzeugung macht. Eine Konsequenz daraus: Wenn eine bloße Einbildung [*fiction*] sehr lebhaft wird, dann handelt es sich um Glauben (*T* 123).[87] – Es ist, nebenbei bemerkt, durchaus unklar, welchen Status Hume seiner Doktrin vom Glauben als einem Gefühl beimißt. Betrachtet er sie als eine begriffliche Wahrheit oder vielmehr als eine empirische Hypothese? Für beides gibt es Anhaltspunkte. In einem Abschnitt über die Natur des Glaubens zieht er sie zu seiner "höchst akkuraten Definition" des Glaubens heran und versichert trocken, nichts sei evidenter (*T* 96 f.). Einige Seiten später führt er sie hingegen als eine seiner "Hypothesen" an (*T* 107).

All dem liegt ein sehr krudes Bild von den kognitiven Machtverhältnissen zugrunde.[88] Es gibt ein Kontinuum von *ganz stark* bis *sehr schwach*, in dem die relevanten Phänomene angesiedelt sind. Die von frischen Sinneseindrücken hervorgebrachten Ideen sind in ihrer Stärke unüberbietbar, die der Erinnerung entnommenen Ideen nicht ganz so stark, und die Produkte der Einbildungskraft (im engeren Sinn dieses Worts) sind im gesunden Menschen sehr schwach. Wenn Hume dieses Bild von einem Kontinuum der Gefühlsintensität entwickelt, wohnt seinem Reden von Stärke, Lebhaftigkeit usw. allerdings eine profunde Äquivokation inne. Einerseits soll damit nämlich eine Intensität jenes "unerklärlichen" Gefühls des Glaubens bezeichnet werden, dessen sich "jeder Mensch in jedem Moment bewußt" sei (*E* 49). Andererseits soll mit dem Terminus "Stärke" auch etwas ganz anderes als die Gefühlsintensität eines Geistesphänomens erfaßt werden – nämlich seine 'Wirkungsmächtigkeit' im geistigen Geschehen. Von Stärke in diesem zweiten Sinn spricht Hume, wenn er sagt, sie gebe den Gedanken "mehr

Gewicht und Einfluß; sie läßt sie bedeutender erscheinen; verschafft ihnen Geltung im Geist; und macht sie zu dem Steuerungsprinzip unserer Handlungen" (*T* 119, *E* 49/50). In diesem zweiten Sinn sind Überzeugungen für Hume 'stärker' als bloße Einbildungen, denen wir keinerlei Glaubwürdigkeit beimessen; sie haben einen wichtigeren Einfluß insbesondere auch auf unser Handeln. Auf Grund dieser Äquivokation liegt es, so darf man vermuten, für Hume nahe, einem grundlegenden Unterschied nicht die gebührende Beachtung zu schenken: Da ist einerseits die Stärke eines Gefühls, das für das Glauben (angeblich) charakteristisch ist; andererseits ist da die Stärke des kognitiven Einflusses jeder Idee, die mit diesem Gefühl perzipiert wird. Die mehrdeutige Verwendung insbesondere des Terminus "Stärke" ebnet ihm die Bahn für die Auffassung, Glauben, Sinneswahrnehmung, Erinnerung und Phantasie seien allesamt Formen des Perzipierens von Ideen (Gedanken), die sich nur hinsichtlich des für sie jeweils charakteristischen Gefühls unterscheiden. Auch wenn Hume dies nicht ausdrücklich sagt, so legt er doch mit vielen seiner Formulierungen die Auffassung nahe, zwischen diesen vier Arten von Perzeptionsakten bestehe nur ein gradueller Unterschied in puncto Gefühlsintensität.

Nun ist es eines zu behaupten, zum Glauben gehöre ein Gefühl und dieses sei intensiver als jedes Phantasie-Gefühl. Es ist ein anderes zu behaupten, Glauben und Phantasieren unterschieden sich ausschließlich durch die jeweils charakteristischen Gefühle, zwischen denen nur graduelle Unterschiede bestehen. Die erste dieser beiden Thesen ist psychologisch unplausibel. Wieso sollten langweilige Gedanken, die wir für wahr halten ("Ich kann nicht fliegen"), mit intensiveren Gefühlen einhergehen als faszinierende Vorstellungen, um deren Falschheit wir wissen ("Ich kann fliegen")? – Die zweite These hingegen ist nicht einfach unplausibel, sie ist kategorial falsch. Abneigung und Haß mag man vielleicht für Gefühle halten, von denen das eine nur die Intensivform des anderen ist. Und in der größeren Gefühlsintensität des Hasses mag man das sehen, was ihn zu dem wirkungsmächtigeren Gefühl macht. Aber Glauben und Sich-nur-Vorstellen sind nicht graduell, sondern kategorial voneinander unterschieden. (Hume, der alle Ideen – also auch Gedanken – für Bilder [*images*] hielt, hätte bedenken können, daß das, was den Unterschied zwischen einem Porträt nach der Natur und einem Phantasieporträt ausmacht, nicht im Intensitätsgrad der Gefühle liegt, die durch ihre Betrachtung hervorgerufen werden.) – Schon Thomas Reid hat sich, noch zu Humes Lebzeiten, kurz mit dessen These von der bloß graduellen Verschiedenheit von Sinneswahrnehmung, Überzeugung, Erinnerung und Vorstellung auseinandergesetzt und dazu bemerkt, "gegen diese seltsame

Auffassung zu argumentieren [sei] nicht weniger lächerlich als sie zu vertreten".[89]

*

Dennoch, der Einfluß der Lehre vom Glauben als einem Gefühl war außerordentlich. Er reicht bis zu Charles S. Peirce, William James und Bertrand Russell. Peirce schreibt 1868, es stehe außer Frage, daß wir eine Überzeugung meistens an einem ihr "eigentümlichen Gefühl" erkennen können.[90] Und man könnte fast glauben, es handele sich um ein Zitat von Hume, wenn James schreibt: "Jeder kennt den Unterschied zwischen: sich ein Ding vorstellen und dem Glauben an seine Existenz, zwischen: eine Aussage erwägen und ihrer Wahrheit zustimmen. ... *In seiner inneren Natur ist das Glauben, oder der Realitätssinn, ein Gefühl, das seiner Art nach den Emotionen verwandter ist als irgendetwas anderm*".[91] Bei Russell lesen wir, es müsse Glaubensgefühle [*belief-feelings*] geben, die vom selben Rang seien wie die Gefühle des Zweifels.[92] – Die durch Hume nahegelegte Idee einer bloß graduellen Verschiedenheit von Glauben und bloßem Sich-Vorstellen ist in den neueren Theorien allerdings verschwunden.

Geblieben ist allerdings der Usus, das Wort "glauben" so zu verwenden, als sei es austauschbar mit "urteilen". Peirce zum Beispiel bietet Definitionen für den Begriff des Glaubens an, in denen dieser unmittelbar auf den Begriff des Urteilens zurückgeführt wird. Es sei nur eine Frage der bevorzugten Wortwahl, sagt er, welche der beiden folgenden Definitionen wir wählen: (a) Glauben ist dasjenige *Urteil*, das von jenem besonderen Gefühl begleitet wird; oder (b) Glauben ist dasjenige *Urteil*, aus dem künftiges Handeln hervorgeht.[93] – Peirce hat sehr deutlich gesehen, daß das auch von ihm angenommene Glaubensgefühl jedenfalls nicht das Glauben ist oder konstituiert. In einer späteren Arbeit sagt er, das Gefühl des Glaubens sei "ein mehr oder weniger sicherer Hinweis [*indication*]" darauf, daß sich in uns eine handlungsorientierende Gewohnheit festgesetzt hat.[94] Er spricht zwar gelegentlich über das Glauben wie über ein Urteilen, aber es gibt andere Stellen, an denen ganz deutlich wird, daß er beides der Sache nach auseinander hält: Glauben ist ein Zustand, Urteilen ein Akt.[95]

Nach Russell gibt es nicht nur ein Glaubensgefühl, sondern drei. Sein Grund dafür ist die Auffassung, es müßten drei Arten des Glaubens unterschieden werden: Erinnerung, Erwartung und nackte Zustimmung, womit er offenbar Überzeugungen über die Vergangenheit und Zukunft von solchen unterscheiden möchte, deren Inhalt präsentisch oder unzeitlich ist.[96] Diese Gefühle, oder 'Empfindungskomplexe', seien mit einem Glaubensinhalt verbunden und konstituierten die Überzeugung des jeweiligen Typs. Diese Verbindung könne nicht einfach ein zeitgleiches Auftreten von Gefühl und Inhalt sein. Denn man kann sich, meint Russell, an einen Sachverhalt erinnern und gleichzeitig einen andern erwägen; durch bloße Gleichzeitigkeit allein bliebe unbestimmt, was womit verbunden ist: woran man sich in diesem Moment erinnert und was man erwägt. – Allerdings könne, so Russell, ein Glaubensgefühl auch abgetrennt von jedem Inhalt auftreten und dann, zum Beispiel unter dem Einfluß von Lachgas, noch gesteigert werden: "Das Glaubensgefühl, wenn es in dieser abgetrennten gesteigerten Form auftritt, führt uns im allgemeinen dazu, nach einem Inhalt Ausschau zu halten, um es mit ihm zu verbinden."[97] (Vielleicht hilft eine Dosis Lachgas, das zu glauben.)

Für Russell ist jedes Glauben ein Ereignis: und zwar ein Urteilen. Er gibt einmal folgende Begründung dafür: Er verstehe unter beidem dasselbe, aber das Wort "glauben" weise deutlicher auf ein bestimmtes datierbares Ereignis [*a particular dated event*] hin als das Wort "urteilen"; zudem sei der Terminus *Urteilen* von 'Idealisten' psychologistisch überfrachtet.[98] Das sachliche Motiv für diese Gleichsetzung kommt zum Vorschein, wenn er erläutert, um welches Phänomen es ihm in seiner Theorie des Glaubens geht: nämlich um – wie er das nennt: – tatsächliches, aktives Glauben [*actual active belief*]. Dieses setzt er ab gegen eine Disposition, die wir über einige Zeit hinweg haben mögen [*permanent disposition*]: die bloße Bereitschaft, bei passender Gelegenheit tatsächlich zu glauben. "Wir reden so, als glaubten wir die ganze Zeit, daß Charles I. hingerichtet wurde; aber das besagt nicht mehr als: daß wir die ganze Zeit über bereit sind, das zu glauben, wenn das Thema aufkommt."[99] – Dies ist eine bemerkenswerte Feststellung. Sie besagt, man glaube etwas nur dann wirklich, wenn man es auch 'aktiv' glaubt. Russell gibt Beispiele dafür, wann man tatsächlich glaubt, Charles I. sei hingerichtet worden: in einer Prüfung, in der man danach gefragt wird, oder in einer Unterhaltung, in der man sich als historisch beschlagen zeigen möchte. Außer bei solchen Gelegenheiten glaube man es nicht. Wir reden nur so, als werde es auch zwischendurch geglaubt. Doch dieser übliche Sprachgebrauch sei falsch. (Vielleicht meint Russell, es verhalte sich hier ähnlich wie mit der Redeweise vom 'Aufgehen' der Sonne: streng genommen falsch und wissenschaftlich widerlegbar.)

Es handelt sich hier also nicht um eine terminologische Schrulle, die schlicht zur Kenntnis zu nehmen ist. Vielmehr ist in Russells Gleichsetzung von *Glauben* und *Urteilen* die erstaunliche These enthalten, wir glaubten etwas nur in den Momenten, in denen wir das betreffende

Urteil fällen. Wie begründet er das? Gar nicht. Ist diese These a priori einsichtig? Im Gegenteil, der Begriff des Glaubens erstreckt sich offenkundig auch auf 'nicht-aktives' Glauben; durch ihn ist eben gerade nicht ausgeschlossen, daß wir etwas über längere Zeit hinweg für wahr halten, obwohl zwischendurch nur selten einmal, oder vielleicht kein einziges Mal, 'das Thema aufkommt'. Gibt es vielleicht empirische Indizien, womöglich sogar wissenschaftliche Erkenntnisse, die für Russells These sprechen? Nein. Es fällt schwer, sich auszumalen, von welcher Art empirische Befunde überhaupt sein könnten, die darauf hindeuten, daß Glauben nur dann 'tatsächlich' [*actual*] ist, wenn es sich in konkreten Akten manifestiert. Kurz, Russells Dichotomie – hie: tatsächliches Glauben, das 'aktiv' (ein Akt des Urteilens) sein muß, da: eine bloß dispositionale Glaubensbereitschaft, die kein Glauben ist – ist haltlos. Der Begriff des Glaubens läßt Fürwahrhalten ohne gleichzeitiges Urteilen zu, und nichts – weder philosophische Einsicht noch unser Erfahrungswissen – spricht dagegen, daß die Tatsächlichkeit des Glaubens *nicht* an die Momente des Urteilens gebunden ist.

Wiederum ergibt sich also: Was dem Namen nach als eine Theorie über das Wesen des Glaubens vorgetragen wird, ist in Wirklichkeit eine über das Urteilen. Bei Russell ist es ganz ausdrücklich eine 'Gefühlstheorie'. Sie besagt: das Urteilen sei ein Ereignis, das aus einem Inhalt, der wahr oder falsch sein kann, und einem Gefühl der Zustimmung [*feeling of assent*] besteht.[100] Im Urteilen seien die beiden auf eine besondere Weise miteinander verbunden. Dieses Gefühl, das auch separat auftreten könne, konstituiere in Verbindung mit einem Inhalt das Urteilen.

*

Es ergibt sich aus den gerade angestellten Betrachtungen, daß viele Formulierungen, die wir bei Peirce, James und Russell finden, den falschen Eindruck erwecken, sie verträten eine 'Gefühlstheorie' des Glaubens. Doch bei Lichte besehen konzipieren sie nicht das Glauben als ein Gefühl, sondern das Urteilen als wesentlich gefühlsinvolvierend. Allein Hume sagt gelegentlich, das Glauben sei "nichts anderes" als ein Gefühl. Aber auch dies ist nicht für bare Münze zu nehmen. Denn an andern Stellen sagt er, das Glauben sei "nichts anderes" als eine Idee (*T* 628). Mit beidem verzerrt er seine eigentliche Lehre: daß der Gedanke [*idea*] zwar ein "wesentlicher Teil des Glaubens" sei, aber eben noch nicht das ganze Glauben (*T* 94); erst wenn dieser in einer bestimmten, intensiven Weise gefaßt [*manner of conception*] wird, entstehe dieses spezielle "geistige Gefühl" [*feeling to the mind*], durch das Urteile – Urteile! – sich von bloßen Phantasievorstellungen unterscheiden (*T* 628 f.). In solchen Formulierungen blitzt auf, daß auch Humes 'Theorie des Glaubens' in Wirklichkeit eine über das Urteilen ist.

*

"Das Glauben ist eine Gewohnheit" Diese These wird, zumindest dem Wortlaut nach, von Peirce vertreten. Bei ihm finden sich Formulierungen wie: Glauben sei "in einem allgemeinen Sinn eine Gewohnheit"; eine Überzeugung sei nichts anderes als eine "vorbedachte, oder selbst-gesteuerte, Gewohnheit".[101]

Nun ist eine Gewohnheit, im gewöhnlichen Sinn, eine Verhaltenstendenz mit einer Vorgeschichte. Wer die Gewohnheit hat, sonntags einen Spaziergang zu machen, muß schon viele Sonntagsspaziergänge gemacht haben. Auf eine Überzeugung paßt das offenkundig nicht. – Peirce meint etwas anderes. Er verwendet das Wort "Gewohnheit" [*habit*] in einem besonderen Sinn und macht das oft deutlich, meist nur durch den Zusammenhang, gelegentlich aber auch ausdrücklich. Eine Gewohnheit in seinem Sinne ist ein "Bereitsein, unter gegebenen Umständen und von einem gegebenen Motiv angetrieben in einer bestimmten Weise zu agieren".[102] Eine Gewohnheit in dem von ihm gemeinten Sinn ist also eine differenzierte Handlungsdisposition: die Tendenz des Subjekts, sich in bestimmter Weise zu verhalten, wenn bestimmte Umstände und entsprechende Wünsche gegeben sind. – Noch etwas anderes ist im Spiel, wenn er das Glauben eine 'Gewohnheit' nennt. Er möchte damit hervorheben, daß es nichts von der Art eines punktuellen Ereignisses oder momentanen Akts ist:

> Glauben ist keine momentane Bewußtseinsbefindlichkeit; es ist eine Gewohnheit des Geistes, der es wesentlich ist, für eine gewisse Zeit anzudauern, und die gewöhnlich … unbewußt ist; und wie andere Gewohnheiten ist das Glauben vollkommen mit sich selbst zufrieden (bis es auf eine Überraschung trifft, mit der sein Verfall beginnt).[103]

Mit dieser Charakterisierung vermeidet Peirce alle Fehlkategorisierungen des Glaubens, die wir zuvor betrachtet haben: Akt, Tätigkeit, Gefühl und auch Urteil. Ob seine positive Bestimmung – das Glauben sei ein Zustand, eine dauerhafte Handlungsdisposition – letztlich haltbar ist, werden wir erst im neunten Kapitel näher betrachten.

*

Von dieser letzten Auskunft abgesehen, haben alle in diesem Kapitel kursorisch betrachteten Antworten auf die Frage, was das Glauben ist, eine markante Gemeinsamkeit. Diese Frage verschwindet hinter der andern Frage: Was ist Urteilen? – Das Glauben gerät, auf die eine oder andere Weise, wie selbstverständlich in den Schatten des Urteilens: Entweder ist vom Glauben, obwohl das Wort verwendet wird, überhaupt nicht die Rede, sondern nur von Akten des Urteilens, Zustimmens und Als-wahr-Zulassens; oder Glauben und Urteilen werden beiläufig, aber ausdrücklich ineins gesetzt; oder das Glauben (als ein geistiger Zustand) wird sogar geleugnet und nur dem Urteilen Tatsächlichkeit zugebilligt, z. B. unter dem irreführenden Etikett 'aktives Glauben'. – Wie ist das zu erklären? Gibt es Gründe für die prima facie erstaunliche Tradition, so umstandslos das Wort "glauben" zu verwenden, wenn es der Sache nach um das Urteilen geht?[104]

Zunächst einmal ist das schlicht als eine begriffshistorische Tatsache zu konstatieren. Aber ist diese Fehlbenennung denn gravierend? Ohne Zweifel stehen Glauben und Urteilen doch in einem denkbar engen begrifflichen Zusammenhang. Ein Beispiel: Manche Überzeugungen erwerben wir durch einen Akt des Urteilens. Wer nach langem Hin- und Herüberlegen zu einem bestimmten Urteil gelangt, gelangt damit auch zu der entsprechenden Überzeugung. Ein zweites: Wer etwas glaubt, wird (wie Russell bemerkt hat) bei passenden Gelegenheiten, 'wenn das Thema aufkommt', entsprechend urteilen. Noch deutlicher tritt dieser Aspekt vielleicht hervor, wenn wir ihn in Kontraposition formulieren: Wer bei solchen Gelegenheiten nicht entsprechend urteilt, der hat auch nicht die Überzeugung. Lax gesagt: Wer zustimmt, der glaubt; und wer glaubt, stimmt zu.

Dennoch, trotz solcher Zusammenhänge zwischen Glauben und Urteilen wäre ihre Gleichsetzung offenkundig eine metaphysische Fehlkategorisierung. Denn das Glauben ist kein Zustimmen oder Urteilen; es ist überhaupt kein Akt. Ein Akt ist entweder ein leidlich zeitlich punktuelles Ereignis oder eine Tätigkeit, mit der man über eine gewisse Zeit beschäftigt ist. Glauben hingegen ist kein Ereignis; es ist typischerweise nicht punktuell. Es ist sozusagen darauf angelegt zu dauern (auch wenn es gelegentlich nur kurz Bestand hat: "Für eine Sekunde glaubte ich, daß das Fahrrad gestohlen sei; dann fiel mir ein, daß ich es hinter dem Haus abgestellt hatte").

Ebensowenig ist das Glauben eine Tätigkeit. Auf die Frage, womit einer beschäftigt ist, wäre die Antwort: "Er glaubt gerade, daß so-&-so" bestenfalls ein müder Scherz. Tätigkeiten kann man unterbrechen und dann zuende führen. Man kann sie auf verschiedene Weisen ausüben (nachlässig oder sorgfältig, gutgelaunt oder mißmutig, und so weiter). – Nichts davon paßt auf das Glauben.

Nun könnte ein Philosoph natürlich finden, diese beiden Phänomene seien einander so überaus ähnlich, daß es im Rahmen einer Untersuchung der Grundstrukturen des menschlichen Verstands verzichtbar ist, sie gesondert zu behandeln. Er mag sogar finden, die Unterschiede zwischen ihnen seien so verschwindend gering, daß sie von höherer Warte gesehen dasselbe Geistesphänomen sind; traditionell gesprochen: daß zwischen ihnen kein realer, sondern nur ein Vernunft-Unterschied besteht. Der Sache nach komme es nicht darauf an, welches Wort man nun benutzt. – Diesen Reim könnte man sich auf die früher gepflegte Nonchalance im Umgang mit dem Wort "glauben" machen.

Plausibler scheint mir folgende Erklärung. Glauben ist kein Bewußtseinsphänomen. Deshalb kann es leicht geschehen, daß es gar nicht in den Blick dessen gerät, der im Bewußtsein das alleinige Wesensmerkmal des Geistigen sieht. Oder, soweit es doch in seinen Blick gerät, betrachtet er es wie ein Bewußtseinsphänomen: als einen "Akt" mit jener "eigentümlichen Weise des Bewußtseins, die wir Glauben nennen".[105] Oder er betrachtet es als etwas, dem keine 'aktuale Realität', sondern nur die Seinsweise einer Potentialität zukommt; so betrachtet wäre Glauben dann z. B. ein bloßes Disponiertsein zu geistigen Akten oder Empfindungen.

Auf beide Weisen könnte man versuchen zu verstehen, warum das Glauben in vielen älteren Untersuchungen zur Psychologie des Menschen, oder zur Natur des menschlichen Geistes, unbeachtet blieb, mit dem Urteilen verwechselt oder ausdrücklich als reales Geistesphänomen geleugnet wurde. Ob derartige Erklärungen im Hinblick auf die in diesem Kapitel betrachteten Autoren, oder wenigstens auf einige von ihnen, exegetisch haltbar sind, sei dahingestellt. Von Interesse für uns ist, daß es eine philosophische Tradition gibt, das Glauben hinter dem Urteilen verschwinden zu lassen, beides einander anzugleichen oder gar ineins zu setzen. Diese Irrtümer werden begünstigt von engen begrifflichen Zusammenhängen, die wir im 12. Kapitel noch näher betrachten werden.

In den zeitgenössischen Debatten, die uns beschäftigen werden, herrscht hingegen fast vollständige Übereinstimmung darüber, daß das Glauben kein Akt, keine Tätigkeit und kein Gefühl ist, sondern ein geistiger Zustand – zudem einer, der dem Subjekt nicht merklich sein muß. Erstaunlicherweise werden dem Glauben, wie wir sehen werden, dennoch auch in der heutigen Diskussion vielerlei Merkmale zugesprochen, die nur ein Ereignis, eine Tätigkeit oder ein Bewußtseinsprozeß besitzen könnte. Das Glauben beim Theoretisieren wie ein Urteilen zu behandeln, ist, wie es scheint, eine Denk-Tendenz, die so tief reicht, daß wir unversehens immer wieder in sie zurückverfallen. Mag also sein, daß die heutigen Philosophen, was diesen Punkt angeht, es eigentlich 'besser wissen' als die Alten. Aber es gibt wenig Anlaß, diesen eine Fehlkategorisierung vorzuhalten, die uns selbst immer wieder unterläuft.

Wie gesagt, Einmütigkeit besteht heute darüber, daß das Glauben ein Zustand ist. Wie dieser näher zu bestimmen sei, ist allerdings umstritten. Verbreitete Charakterisierungen sind zum Beispiel: *dispositional*, *funktional*, *intentional*, *repräsentational* und *relational*. Einer weiteren branchenüblichen Redeweise zufolge ist das Glauben eine geistige *Einstellung*. Was diese Bestimmungen besagen und welchen Aufschluß sie über das Glauben geben können, werden wir im neunten Kapitel untersuchen.

6. DIE WIRKLICHKEIT DES GLAUBENS

Die Auffassung, daß es das Phänomen Glauben wirklich gibt, bezeichne ich als *doxastischen Realismus*. Das ist erkennbar eine 'empirische' Behauptung. Sie bedarf keiner Begründung, aber verdient eine Verteidigung. Denn manche Philosophen bestreiten ganz unverblümt, daß es Glauben überhaupt gibt. Andere leugnen es zwar nicht in Bausch und Bogen, machen aber Einschränkungen im Hinblick auf seine 'volle' Realität.

Da ist zum Beispiel der doxastische Nihilismus: Bei Lichte besehen gebe es kein propositionales Glauben; das Wort "glauben" drücke einen leeren Begriff aus. Oft wird daraus eine eliminativistische Konsequenz gezogen: Hinweg mit diesem Begriff und allem, was an ihm hängt. – Verbreiteter sind zartere Leugnungen der Realität des Glaubens. Das reicht von Spielarten des Ascriptionismus ("Ob jemand eine Überzeugung hat, hängt wesentlich davon ab, ob sie ihm zugeschrieben wird"), über Varianten des Instrumentalismus ("Daß wir von Glauben reden, ist gut und schön; jedenfalls ist es nützlich, so zu reden, um eine gewisse Struktur in das zu bringen, was es wirklich gibt"), bis schließlich hin zu unterschiedlichen Versionen des Fiktionalismus, der ein doxastischer Nihilismus, aber kein Eliminativismus ist ("Wenn wir davon reden, daß Menschen etwas glauben, tun wir nur so, als ob es Glauben wirklich gäbe; aber so zu reden ist in Ordnung"). Alle diese Auffassungen laufen entweder darauf hinaus, daß es Glauben gar nicht gibt, oder darauf, daß seine Realität eine minderer Güteklasse ist. Der gemeinsame Tenor aller Versionen des Anti-Realismus ist: Falls man überhaupt im Ernst davon sprechen mag, daß ein Mensch dies-und-das glaube, so werde damit jedoch keine Tatsachenfeststellung gemacht. Bestenfalls sei eine Glaubensaussage eine Deutung – aber stets eine unter zahllosen gleichwertigen Deutungen – der eigentlichen Tatsachen; und diese betreffen das beobachtbare Verhalten des Subjekts und die Beschaffenheit der äußeren Gegebenheiten, in denen sich seine Verhaltensweisen herausgebildet haben. Diese Auffassungen werden uns im Folgenden mehrfach beschäftigen. In diesem Kapitel möchte ich zunächst einmal herausarbeiten, was die These von der Wirklichkeit des Glaubens besagt und warum sie durch gewisse szientistische Standardeinwände nicht widerlegt wird.

Einen 'Beweis' der realen Existenz des Glaubens möchte ich nicht versuchen; ich wüßte auch nicht, wie das geht. Ebenso wenig möchte ich versuchen, den doxastischen Nihilismus zu 'widerlegen'; das schiene mir vergebene Liebesmüh. Zwar mag es so aussehen, als müsse sich ein Glaubensleugner sehr rasch in grelle Selbstwidersprüche oder wenigstens in abgründige Paradoxien verwickeln lassen. Bei Herbert Spencer z. B. finden wir schon – im 19. Jahrhundert noch ohne Nennung eines konkreten Opponenten, gegen den er sie richtet – Sätze wie diese: "Zu sagen, es gebe kein Glauben, heißt eine Überzeugung zu äußern, die sich selbst verneint"; oder "wird das Glauben bestritten, so verschwinden nicht nur die Dinge, über die wir streiten, die argumentative Auseinandersetzung selbst verschwindet"; und schließlich auch: "die Existenz des Glaubens ist die fundamentale Tatsache".[106] All dem ist vorbehaltlos zuzustimmen. Aber die Erfahrung hat gezeigt, daß solche Hinweise offenbar immer nur den überzeugen, dem die reale Existenz des Phänomens Glauben ohnehin schon unbestreitbar ist.[107] – Ich werde also nicht den fruchtlosen Versuch unternehmen, den doxastischen Nihilisten zu widerlegen, aber ich möchte zumindest die Gründe entkräften, die er gegen die Wirklichkeit des Glaubens ins Feld führt.

Hier nun die These eines doxastischen Realismus, der meines Erachtens eines Beweises nicht bedürftig und vielleicht auch nicht fähig ist:

Manche affirmativen Glaubensaussagen sind wahr.

Da wahre Aussagen Tatsachen ausdrücken, läßt sich dasselbe auch so sagen: "Es gibt Glaubenstatsachen". Da in Glaubensaussagen einem Subjekt eine Eigenschaft zugeschrieben wird, heißt dies auch: "Manche Glaubenseigenschaften werden exemplifiziert", "Es gibt Glaubenssubjekte" oder: "Manche Überzeugungen werden gehabt". – Mehrere Formulierungen ein und derselben These sind immer ein wenig merkwürdig und philosophisch verfänglich. Die Frage mag sich regen, was denn nun die eigentliche These dieses Realismus ist: eine über die Wahrheit von *Sätzen* oder *Aussagen*? Eine über das Bestehen von *Tatsachen*, die Existenz von *geistbegabten Wesen*, oder das Exemplifiziertsein von *Eigenschaften*? Oder eine über die Existenz von *abstrakten Entitäten* namens Überzeugungen? – Diese Frage ist berechtigt. Denn meine Gleichsetzung von

S glaubt, daß *p*

mit den Aussagen

Der Satz "*S* glaubt, daß *p*" ist wahr
Die Aussage, daß *S* glaubt, daß *p*, ist wahr

Es ist eine Tatsache, daß *S* glaubt, daß *p*
S ist ein Subjekt, das glaubt, daß *p*
S hat die Eigenschaft, zu glauben, daß *p*
S hat die Überzeugung, daß *p*

ist keineswegs über jedes Bedenken erhaben. Es gibt viel gelehrten Streit darüber, welche besonderen metaphysischen Kompromittierungen Begriffe wie Tatsache, Subjekt oder Eigenschaft mit sich bringen, oder auch das Reden von Abstrakta namens Überzeugungen. Daß ich den doxastischen Realismus als eine These über die Wahrheit gewisser Aussagen formuliere, hat folgenden Grund: Sie scheint mir am ehesten dazu geeignet, den begrifflichen Aspekt im Vordergrund zu halten. Sie ist meines Erachtens ontologisch weniger befrachtet als die übrigen Formulierungen. Nun also die Frage: Sind manche affirmativen Glaubensaussagen wahr?

*

WAHRHEITSWERTFÄHIGES UND UNBESTIMMTES Um wahr zu sein, muß eine Aussage wahrheitswertfähig sein. Sie muß sich dazu eignen, in der Dimension *Wahr/nicht-wahr* überhaupt bewertbar zu sein. Nicht alle Glaubenssätze eignen sich dazu. Mit einem Satz wie "Harvey glaubt, daß bald jemand an der Bank da drüben vorbeikommen wird" wird bei verschiedenen Gelegenheiten Unterschiedliches gesagt – und das eine Gesagte mag wahr sein und das andere nicht. Das liegt zum einen an der Mehrdeutigkeit von "Bank", zum andern an der Indexikalität, die Ausdrücken wie "bald" und "da drüben" (aber auch dem Tempus Präsens und gelegentlich dem bestimmten Artikel) zueigen ist. Die Glaubenssätze, um die es von nun an gehen wird, seien ausschließlich solche, in denen keine mehrdeutigen und keine indexikalischen sprachlichen Mittel vorkommen. "Harvey glaubte am 21. Juni 2000 um Punkt 12 Uhr MESZ, daß einige Zahlen Primzahlen sind" ist ein Beispiel. (Der Einfachheit halber werde ich weiterhin auf die ausdrückliche Nennung des Zeitpunkts verzichten und es mit der Nicht-Indexikalität und der semantischen Eindeutigkeit in den Beispielen oft nicht genau nehmen – bei einem Satz wie "Harvey glaubt, daß es regnet" möge der Leser mir entgegenkommen und sich geeignete Zusatzangaben, die eigentlich nötig wären, hinzudenken.) – Kurz, die Begriffe des *Glaubenssatzes* und entsprechend des *Glaubensprädikats* müßten eigentlich strenger gefaßt werden; eine Einsetzung für "daß *p*" ist nur zulässig, wenn das in ihr benutzte sprachliche Material weder mehrdeutig noch indexikalisch ist.[108]

Jeder Glaubenssatz (in diesem strengeren Sinn) ist semantisch eindeutig, d.h.: er hat nur eine Lesart.[109] Doch ist damit keineswegs sichergestellt, daß jeder solche Satz wahrheitswertfähig ist. Denn manche Sätze sind zwar grammatisch vollständig, aber in einer für unsere Zwecke wesentlichen Hinsicht dennoch unvollständig: das mit ihnen Gesagte mag immer noch (trotz Abwesenheit von Ambiguität und Indexikalität) nicht wahrheitswertfähig sein. Ein einfaches Beispiel: "Peter ist groß". Ob das mit diesem Satz Gesagte wahr ist, hängt davon ab, welche Bezugsklasse gewählt wird: seine Geschwister, seine Klassenkameraden, die andern Spieler seiner Basketballmannschaft, und so weiter. Nur relativ zu einer Bezugsklasse ist die Aussage, daß Peter groß ist, in der Dimension *Wahr/nicht-wahr* bewertbar. Der Satz selbst stellt noch keine wahrheitswertfähige Aussage dar, solange die Größenvergleichshinsicht offen bleibt. Worum geht es: daß Peter groß ist im Vergleich zu seinen Geschwistern, oder im Vergleich zu seinen Klassenkameraden, oder ...? Ohne eine Antwort auf diese Frage taugt der Satz nicht zu einer wahrheitswertfähigen Aussage. Er ist zwar grammatisch vollständig, aber parametrisch unvollständig.

Zur Erläuterung: Ein Satz heiße *parametrisch vollständig*, wenn in ihm alle Merkmale explizit erwähnt sind, von denen sein Wahrheitswert abhängt. Ein *Parameter* ist ein bestimmbares Merkmal, in Hinblick auf welches der Wahrheitswert einer gegebenen Aussage bei gegebenen Bestimmungen dieses Merkmals variieren kann. In unserm Beispiel ist die Größenvergleichshinsicht ein Parameter, denn der Wahrheitswert dessen, daß Peter groß ist, mag unterschiedlich ausfallen, je nachdem, um welche Vergleichshinsicht es geht. Ist ein Satz parametrisch unvollständig, dann sollen die zur Vervollständigung nötigen Parameter *versteckte Parameter* heißen. Wenn Π ein versteckter Parameter des Satzes "p" ist, dann gibt es spezifische Werte (π_1, π_2) von Π derart, daß ein Satz des folgenden Typs wahr ist:

Relativ zu π_1, p, relativ zu π_2 hingegen ist es nicht der Fall, daß p.

Wäre parametrische Unvollständigkeit immer so leicht zu bemerken wie im Falle unseres Beispielssatzes, dann wäre sie nicht der Erwähnung wert. Doch nicht immer ist sie offenkundig. Im Gegenteil, es gibt tief versteckte Parameter. Ein berühmtes Beispiel ist die physikalische Einsicht, daß ein Satz wie "Ereignis *e* und Ereignis *e** traten gleichzeitig auf" parametrisch unvollständig ist, solange kein Inertialsystem angegeben wird.[110]

Wie steht es mit den Glaubenssätzen? Könnte auch hier tiefere philosophische Einsicht dazu führen, in ihnen versteckte Parameter zu enthüllen?[111] Ich denke, dem ist nicht so. Betrachten wir unser Beispiel. Um wahr – ja um überhaupt nur wahrheitswertfähig – zu sein, muß ein Satz wie

Harvey glaubt, daß einige Zahlen Primzahlen sind.

parametrisch vollständig sein. Unterstellen wir naheliegenderweise, daß der eingebettete Satz "Einige Zahlen sind Primzahlen" parametrisch vollständig ist. Die Frage ist nun, ob dies dann auch für den ganzen Glaubenssatz selbst gilt.

Gemäß dem von mir vertretenen Realismus ist diese Frage mit einem uneingeschränkten Ja zu beantworten. Verkürzt gesprochen: Glaubenssätze haben keine versteckten Parameter. Deutlicher gesagt: Vorausgesetzt, der Komplementsatz ("daß einige Zahlen Primzahlen sind") ist parametrisch vollständig; dann gibt es kein bestimmbares Merkmal der Art, daß der Wahrheitswert des ganzen Satzes ("Harvey glaubt, daß einige Zahlen Primzahlen sind") mit unterschiedlichen Bestimmungen dieses Merkmals variiert. Allgemein gefaßt, läßt sich die für den doxastischen Realismus charakteristische These der parametrischen Vollständigkeit von Glaubenssätzen so formulieren:

Jeder Glaubenssatz, dessen Komplementsatz parametrisch vollständig ist, ist selbst parametrisch vollständig und mithin wahrheitswertfähig.†

In relativistischen Konzeptionen des Glaubens wird diese These bestritten. Interpretationisten zum Beispiel behaupten, der Wahrheitswert einer Glaubensaussage hänge auch von der Theorie ab, mit der das Verhalten – insbesondere das Sprachverhalten – des Glaubenssubjekts gedeutet wird; zwei Interpretationstheorien, die allen an solche Theorien zu stellenden Ansprüchen genügen, könnten dennoch zu einander widersprechenden Ergebnissen gelangen. Ich setze an dieser Stelle zunächst einmal voraus, daß das Glauben nicht relativ zu einem weiteren Aspekt ist, für den in der Urschablone kein Platz vorgesehen ist. Diese Grundannahme des von mir vertretenen doxastischen Realismus habe ich an anderer Stelle gegen alle mir bekannten, das propositionale Glauben relativisierenden, Auf-

† Ausführlicher formuliert: Wenn "*p*" parametrisch vollständig ist, dann bedarf eine Aussage der Form "*S* glaubt (zu *t*), daß *p*" keiner weiteren Angabe, um wahrheitswertfähig zu sein. Es gibt dann, heißt das, kein Merkmalspaar (π_1, π_2) derart, daß eine Konjunktionsaussage des folgenden Typs wahr wäre: "Relativ zu π_1 glaubt *S*, daß *p*; relativ zu π_2 hingegen ist es nicht der Fall, daß *S* glaubt, daß *p*."

fassungen verteidigt.[112] Im achten Kapitel werden wir uns ausführlicher mit dem Interpretationismus auseinandersetzen.

*

Daß in einem Glaubenssatz kein Parameter versteckt ist, heißt, daß er – so, wie er formuliert ist – wahrheitswertfähig ist, und ist mithin eine Voraussetzung dafür, daß Sätze dieser Art wahr sein können. Aber vielleicht ist keiner von ihnen wahr. Nun, wie könnte das zugehen? Erstens so, daß jeder Glaubenssatz weder wahr noch falsch ist. Zweitens so, daß manche, aber nicht alle, Glaubenssätze weder-wahr-noch-falsch und alle andern falsch sind. Drittens so, daß alle Glaubenssätze falsch sind. In Hinblick auf die ersten beiden dieser 'Möglichkeiten' bedarf es zunächst einer Erklärung: Was soll es überhaupt heißen, daß ein wahrheitswertfähiger Satz, mit dem eine Eigenschaft von einem Subjekt ausgesagt wird, weder wahr noch falsch ist?

Zunächst einmal, ich setze voraus, daß es solche Sätze gibt und daß sie alle von derselben Art sind.[113] Das altbekannte Beispiel mag zur Erläuterung dienen. Man denke sich eine beliebig lange Reihe von Körneranhäufungen, deren erstes Glied aus einem einzigen Korn besteht, das zweite aus zwei Körnern, und immer so weiter. In dieser Reihe wird also ein Gebilde sein, das aus 20 Milliarden Körnern besteht und ohne Zweifel ein Haufen ist, und beliebig viele werden nach dem Vorgänger+1-Schema folgen, die erst recht Haufen sind. Beim Entlanggehen an dieser Reihe, vom ersten alleinliegenden Korn aus 'aufwärts', würden wir also irgendwann in einen Bereich gelangen, in dem nur noch Haufen kommen (d.h. Ansammlungen, die zur Extension dieses Begriffs gehören). Ganz zu Beginn der Reihe gibt es einen Bereich, in dem für jede Ansammlung gilt: sie ist kein Haufen (d.h. sie gehört zur Anti-Extension des Begriffs). Irgendwo dazwischen wird es einen Bereich geben, in dem sich solche Ansammlungen finden, die weder zur Extension noch zur Anti-Extension gehören. Dies ist der Bereich der Grenzfälle; die Ansammlungen darin gehören zum *Unbestimmtheitsbereich* des Begriffs Körnerhaufen. Es gibt keine Stelle in der Reihe, von der sich mit gutem Grund sagen ließe: Dies ist der erste (bzw. letzte) Grenzfall. Extension und Anti-Extension 'verschwimmen', jede von ihrer Seite, in den Unbestimmtheitsbereich.

Es gehört zur Natur dieser Art von Unbestimmtheit, daß sie auf den üblichen Wegen nicht beseitigbar ist. Die Unbestimmtheit, mit der wir durch einen Grenzfall konfrontiert sind, ist nicht von der Art, daß wir sie durch Erforschung (in einem noch so weiten Sinn dieses Worts) beseitigen könnten. Es ist nicht so, wie wenn wir einen Turm aus der Ferne sehen und im Zweifel sind, ob er rund ist oder eckig. Auch nicht so, wie wenn wir unsicher sind, ob es sich bei einem Gemälde um das Original aus dem 14. Jahrhundert oder um eine Fälschung handelt. Angesichts eines Grenzfalls nutzt es rein gar nichts, näher an ihn heranzugehen und ihn genauer in den Blick zu nehmen. Es gibt keine Fachleute, die dank ihrer größeren Kompetenz ein eindeutiges Urteil fällen könnten. Es gibt keine genaueren Messungen, Wägungen und auch keine ausgeklügelteren Verfahren, die uns weiterhelfen könnten – es wird nie welche geben. Es *kann* sie nicht geben. Denn zusätzliche Information ist irrelevant. Malen wir uns einmal aus, wir befänden uns in einer 'epistemisch optimalen Situation', in der wir jede Information über den Grenzfall erhalten, die wir haben möchten: wieviele Körner genau die Ansammlung enthält, welches ihre Lage und Gewicht ist, und so weiter. Selbst das würde uns nicht helfen. Nichts könnte eine Unbestimmtheit dieser besonderen Art beseitigen – jedenfalls nichts, was mit der tatsächlichen Beschaffenheit des Grenzfalls und der Welt insgesamt zu tun hat. Sie ist, in diesem Sinne, informationsimmun. Die Mißlichkeit ist keine, deren Grund in der Beschränktheit der menschlichen Wahrnehmungsfähigkeiten liegt oder in andern unserer epistemischen Unzulänglichkeiten, die uns dabei behindern zu erkennen, wie es sich verhält. Es ist sehr gut zu erkennen, wie es sich verhält. Nämlich so: Keine Tatsache – nichts Tatsächliches am Zweifelsfall selbst – könnte die Sache entscheiden. Anders gesagt: Es ist ein objektives Faktum, daß es in dieser Sache kein Wahr und kein Falsch gibt. – Nennen wir diese Art von Unbestimmtheit echte *Grenzfall-Unbestimmtheit*.

Mit Hilfe dieser alten Geschichte läßt sich nun deutlicher angeben, worin die Möglichkeit des Weder-wahr-noch-falsch-Seins besteht, um die es hier geht. Wenn *g* eine Körneransammlung aus dem Unbestimmtheitsbereich von Körnerhaufen ist, dann liefert uns "*g* ist ein Körnerhaufen" ein Beispiel für eine Aussage, die weder wahr noch falsch ist. Der springende Punkt dabei: Der Satz ist parametrisch vollständig; mithin ist die mit ihm gemachte Aussage wahrheitswertfähig, aber weder wahr noch falsch. Es ist demnach zwischen zwei Arten des Nicht-Wahrseins einer wahrheitswertfähigen Aussage zu unterscheiden: entweder sie hat den klassischen Wert *falsch*, oder sie ist grenzfall-unbestimmt (d. h. weder wahr noch falsch).[114]

Zum Wesen derjenigen Begriffe, die für Grenzfall-Unbestimmtheit anfällig sind, gehört es, daß jeder, der einen solchen Begriff gemeistert hat, angesichts gewisser denkbarer Fälle so zu urteilen bereit ist: "Es ist weder richtig zu sagen, dies sei ein Positiv-Fall, noch ist es richtig zu sagen, es sei ein Negativ-Fall, und es ist prinzipiell unkontrovers, daß es keine zusätzliche Information geben kann, aus der hervorgeht, daß es sich doch um einen dieser beiden Fälle handelt." Anders gesagt, angesichts eines Grenzfalls versagen sowohl die Zuschreibungs- als auch die Absprechungskriterien des betreffenden Begriffs, und daran könnte sich auch durch beliebige hinzukommende Information über diesen Fall nichts ändern. Dementsprechend wollen wir einen Begriff als *anfällig für Grenzfall-Unbestimmtheit* (oder kürzer: als *grenzfall-unbestimmt*) bezeichen, wenn es zur gemeinsamen Grundlage derer, die ihn beherrschen, gehört, daß er Grenzfälle zuläßt.[115]

*

Unsere Frage ist, ob die erste Möglichkeit, die wir ins Auge zu fassen haben, wirklich eine Möglichkeit ist: Alle Glaubensaussagen sind weder-wahr-noch-falsch. Könnte es sein, daß jedes Glaubenssubjekt zu jedem Zeitpunkt ein Grenzfall in Bezug auf jeden (spezifischen) Glaubensbegriff ist? Anzunehmen, daß es so sei, ist nicht nur abwegig, sondern auch inkohärent. Die Abwegigkeit ist offenkundig. (Man denke nur daran, daß Menschen viele Überzeugungen allein schon deshalb *nicht* haben, weil ihnen die begrifflichen Voraussetzungen dazu fehlen. Kein solcher Fall ist ein Grenzfall zwischen Glauben und Nichtglauben.) Die Idee einer allumfassenden Grenzfälligkeit des Glaubens ist darüber hinaus inkohärent. Denn der Begriff des Glaubens läßt überhaupt keine Grenzfälle zu. Warum?

Angenommen, wir wären mit einem Fall konfrontiert, angesichts dessen wir uns allesamt in höchstem Maße unsicher wären, ob eine bestimmte Person eine bestimmte Überzeugung hat oder nicht. In solch einem Fall wäre es uns *nicht* offenkundig, daß es weitere relevante Information prinzipiell nicht geben kann. Warum ist uns das nicht offenkundig? Weil die Kriterien für die Zuschreibung bzw. Absprechung spezifischer Glaubensprädikate sehr viel komplexer und unübersichtlicher sind als die von "Haufen", "rot", "Glatze", "hoher Berg" und all den andern grenzfall-unbestimmten Begriffswörtern.[116] Wer den Begriff des Glaubens beherrscht, dem ist klar: Es ist niemals auszuschließen, daß neu hinzukommende Information seine bisherige Beurteilung eines bisher zweifelhaften Falls (Glaubt er das-&-das?) mit beeinflussen und ihm einen guten Grund geben könnte, am Ende doch zu einem Ja oder zu einem Nein zu gelangen.

Wichtig ist es hier, wenigstens zwei Arten von Unsicherheit voneinander zu unterscheiden, die bei der Anwendung eines Begriffs auf einen konkreten Fall entstehen können. Bloße Zweifelsfälle sind Fälle mangelnden Wissens (selbst wenn unklar ist, von welcher Art Information wäre, die ein vertretbares Urteil ermöglichen könnte). Echte Grenzfälle hingegen sind keine bloßen Zweifelsfälle; sie liegen nur dann vor, wenn sie mit dem Wissen um eine prinzipiell unbeseitigbare Unbestimmtheit einhergehen. In einem bloßen Zweifelsfall mögen wir von einer 'epistemisch optimalen Situation' träumen, in der uns irgendwelche neuen Beurteilungsgründe zugänglich wären. Angesichts eines echten Grenzfalls läge bereits ein begriffliches Mißverständnis darin, von so etwas auch nur träumen zu wollen.

Demnach ist der Glaubensbegriff (oder besser: ist die Familie der Begriffe spezifischen Glaubens-daß) nicht anfällig für Grenzfall-Unbestimmtheit. Ich unterstelle, daß alle wahrheitswertfähigen Aussagen, die nicht in dieser Weise unbestimmt sind, entweder wahr oder falsch sind. Dies gilt auch – entgegen vielerlei verifikationistischen Auffassungen – für solche Aussagen, deren Wahrheit bzw. Falschheit sich de facto nicht feststellen läßt. Just so verhält es sich, wie wir später sehen werden, mit vielen Glaubensaussagen: Sie sind zwar entweder wahr oder falsch, aber es läßt sich nicht feststellen, welches von beidem der Fall ist.

*

Mithin sind die erste und die zweite der 'Möglichkeiten' ausgeschlossen, die wir in Betracht gezogen hatten, um Klarheit darüber zu gewinnen, wie es im einzelnen sein könnte, daß Glaubensaussagen zwar wahrheitswertfähig sind, aber keine von ihnen wahr ist. Es bleibt also nur die dritte. Wer die Wirklichkeit des Glaubens leugnet, kommt – so muß es nun scheinen – nicht darum herum zu behaupten, daß alle affirmativen Glaubensaussagen *falsch* sind. Doch das möchte letztlich niemand sagen, auch kaum einer der doxastischen Anti-Realisten. Zumeist wird versucht, das Glauben auf eine weniger anstößig klingende Weise zu leugnen. Man vermeidet das Wort "falsch" und sagt stattdessen zum Beispiel, Glaubensaussagen seien jedenfalls 'streng genommen' *nicht wahr* oder 'letztlich' eben doch auf eine kaum merkliche Art *nicht wahrheitswertfähig*. Verschiedene Formen der gewundenen Leugnung der Wirklichkeit des Glaubens werden uns bis zum Ende des übernächsten Kapitels beschäftigen. Hier wollen wir zunächst eine recht unverblümte Variante in den Blick nehmen. Ihren Ausgang nimmt sie von der Unterstellung, für kontingente Wahrheit (wenn man es ernst mit ihr meint) gebe es nur ein einziges Kriterium: ob sie sich streng wissenschaftlich erweisen läßt.

*

Realismus ohne harte Fakten Der doxastische Anti-Realist szientistischer Couleur bestreitet Glaubensaussagen (natur-)wissenschaftliche Wahrheit, und meint ihnen damit auch ihre Wahrheit zu bestreiten. Er verlangt nicht Tatsachen, sondern 'harte Fakten': solche, die im Lichte einer streng physikalistisch formulierten Theorie erweisbar sind. (Die sog. physikalistische Terminologie umfaßt ausschließlich Ausdrücke der Physik und der Mathematik.) Nennen wir wahre Aussagen, die diesen erhöhten Standards für Wahrheit genügen, *wahr*⁺ – d.h. wahr in dem gehobenen Sinn, in dem wissenschaftliche Erweisbarkeit das einzige maßgebliche Kriterium für Wahrheit ist.† Werden die Ansprüche an Wahrheit in dieser Weise szientistisch gesteigert, ist der Übergang von parametrischer Vollständigkeit zu Wahrheitswertfähigkeit nicht mehr selbstverständlich. Unsere im vorigen Abschnitt entwickelte Überlegung wird damit schon im ersten Schritt unterlaufen. Für einen gewöhnlichen Satz, dessen parametrische Vollständigkeit außer Frage steht, kann dennoch gelten: Er ist nicht wahrheitswertfähig⁺; d.h. es mag sein, daß er nicht wahr⁺ ist, nicht falsch⁺ und auch nicht grenzfall-unbestimmt⁺.

Ein doxastischer Anti-Realist kann also die bisher angestellten Überlegungen, die dafür sprechen, daß manche Glaubenssätze wahr sind und es mithin Glaubenstatsachen gibt, ohne weiteres akzeptieren, um dann darauf hinzuweisen, daß sie das Thema verfehlen, sobald es um die Realität des Glaubens geht. Denn ein philosophisch gehaltvoller doxastischer Realismus könne sich nicht damit bescheiden anzuerkennen, daß manche Glaubensaussagen wahr sind. Der eigentliche Streit um die reale Existenz des Glaubens müsse eine stärkere These betreffen; ich nenne sie die These des doxastischen Physico-Realismus:

> Manche affirmativen Glaubenssausagen sind wahr⁺.

Und diese These sei falsch. Ein sehr fundamentaler Grund wird von Quine genannt: Für Glaubensprädikate (und auch für alle andern sprachlichen Ausdrücke für beliebige intentionale Phänomene) gebe es keinen Platz in einer kanonisch reglementierten physikalistischen Sprache, in der die Sätze strenger empirischer Wissenschaft angemessen zu formulieren seien. Denn intentionales Vokabular (wie "*x* glaubt, daß *p*") lasse sich nicht – auch nicht mit Hilfe von approximativen Paraphrasen – extensio-

† Das Superskript soll daran erinnern, daß der gewöhnliche Sinn des Wortes um ein semantisches Additivum angereichert ist. Entsprechend: *falsch*⁺ und *grenzfall-unbestimmt*⁺. Man beachte, daß auch hier die Standards gesteigert sind: es geht mit diesen Begriffen um 'wissenschaftliche' Falschheit und Grenzfall-Unbestimmtheit.

nal fügsam machen; aber gerade Extensionalität sei ein Charakteristikum einer Sprache, die zu benutzen ist, wenn wir vom "strengsten wissenschaftlichen Geist" beseelt sind, um "die wahre und letztgültige Struktur der Realität zur Darstellung zu bringen".[117]

Andere Argumente, die gegen die (verstärkte) realistische These geltend gemacht wurden, setzen an einem andern Punkt an: der Glaubensbegriff sei ein theoretischer Begriff einer wissenschaftlich unhaltbaren Theorie (der sog. *folk psychology* ["Volkspsychologie"]).† Paul Churchland hat den doxastischen Realismus an diesem Punkt zu packen versucht. Er findet sehr deutliche Worte. Diese Theorie sei "eine empirische Theorie", aber "von so fundamentalen Mängeln behaftet, daß sowohl die Prinzipien als auch die Ontologie dieser Theorie irgendwann einmal das Feld räumen werden". "Bestenfalls" handele es sich bei ihr um eine "höchst oberflächliche Theorie, ... eine Randbemerkung zu einer tieferen und komplexeren Realität". Sie liefere "eine regelrecht irreführende Skizze unserer inneren Kinematik und Dynamik". Die Volkspsychologie der alten Griechen sei im wesentlichen auch die, die wir heute noch benutzen; sie sei "ein stagnierendes oder degenerierendes Forschungsprogramm und war das schon seit Jahrtausenden". Zudem lasse sie sich nicht einfügen in die stetig wachsende Synthese wissenschaftlicher Erkenntnisse über den homo sapiens, zu der "Teilchenphysik, Atom- und Molekültheorie, organische Chemie, Evolutionstheorie, Biologie, Physiologie und materialistische Neuro-Wissenschaft" beitragen. Churchlands Bilanz: Die Volkspsychologie ist im Hinblick auf Erklärungskraft ein einziger Fehlschlag und "ihre Kategorien sind inkommensurabel bzw. unvereinbar mit den Kategorien der physikalischen Hintergrundwissenschaft, deren langfristiger Anspruch auf die Erklärung menschlichen Verhaltens unbestreitbar scheint".[118] – Kurz, der Begriff des Glaubens, als einer ihrer theoretischen Terme, steht und fällt mit der Volkspsychologie. Da sie von Grund auf verfehlt ist, ist sie als ganze zu verwerfen. Keine einzige Aussage mit einem theoretischen Term der Volkspsychologie ist wahr⁺, mithin auch keine einzige affirmative Glaubensaussage.

Die Ergebnisse, zu denen Quine und Churchland gelangen, lassen sich stärker formulieren. Nach Quine ist ja alles, was im 'intentionalen Idiom' gesagt wird, im Rahmen einer streng physikalistisch durchkomponierten Theorie gar nicht reformulierbar. Glaubensaussagen, heißt das, haben keine Wahrheits⁺bedingungen, können mithin auch nicht falsch⁺

† Treffender wäre vielleicht: *psychologische Folklore*. Denn in "folk" soll anklingen, daß es um so etwas wie althergebrachtes Brauchtum in ländlichen oder primitiven Gemeinschaften geht.

oder weder-wahr⁺-noch-falsch⁺ sein. Laut Churchland ist die Volkspsychologie so durch und durch verkorkst, daß sie sich nicht durch Modifikationen korrigieren läßt, sondern durch eine völlig neue, physikalistisch formulierte Theorie zu ersetzen ist. Die theoretischen Terme dieser neuen Theorie werden so andersartig sein, daß sich in ihr kein Begriff mehr finden wird, der dem des Glaubens auch nur annähernd entspricht. Im Lichte dieser neuen ('inkommensurablen') Theorie wird sich nicht erweisen, daß Glaubenssätze falsch⁺ sind; es wird sich vielmehr zeigen, daß sie nicht einmal wahrheitswertfähig⁺ waren. Der Begriff des Glaubens ginge so weit an der Realität (oder besser: Realität⁺) vorbei, wenn Churchland recht hätte, daß Aussagen mit ihm sich mit Rückgriff auf die neue Theorie gar nicht mehr formulieren oder annähernd paraphrasieren ließen, d. h. sie wären nicht einmal falsch⁺ oder grenzfall-unbestimmt⁺.

Es ist eine Frage, wie gut diese Argumente sind, eine andere, ob ihr Ergebnis richtig ist. Zur ersten Frage. Quines erste Prämisse, die zwingendermaßen reine Extensionalität der Sprache einer physikalisch basierten naturwissenschaftlichen Gesamttheorie betreffend, mag akzeptabel sein oder nicht; seine zweite Prämisse ist unbestreitbar: Glaubensprädikate sind nicht extensional. – Hingegen ist Churchlands erste Prämisse, das Glaubensprädikat sei ein theoretischer Term der Volkspsychologie, abzulehnen; es gibt überhaupt keine empirische Theorie des Geistes, die alle teilen oder gar teilen müßten, die über den Glaubensbegriff verfügen.[119] Auch die übrigen Annahmen, die in Churchlands Argumentation einfließen, sind durchaus bestreitbar.

Zur zweiten Frage. Das Ergebnis dieser beiden angreifbaren Überlegungen ist dennoch richtig. Es läßt sich so formulieren: Es gibt keine Physik des Glaubens. Weniger schlagworthaft gesprochen: Es gibt keinen Grund anzunehmen – aber viele Gründe, nicht anzunehmen –, daß die These des doxastischen Physico-Realismus zutrifft. Sie besagt, daß sich die Wahrheitsbedingung eines Glaubenssatzes in der Sprache der Physik angeben läßt.[120] Diese These ist höchst unplausibel, in diesem Punkt ist Quine und Churchland zuzustimmen. Im Hinblick auf das Thema Glauben sollte man sich auch als Realist keinen szientistischen Wunschträumen hingeben. Der bescheidenere Realismus, von dem ich hier ausgehe, bleibt davon unberührt.

*

Glaubenstatsachen sind mithin keine harten Fakten – wenn man darunter solche Tatsachen versteht, die sich in rein physikalistischer Terminologie zum Ausdruck bringen lassen. Dennoch, sie sind objektive Tatsachen – nicht abhängig von irgendwelchen subjektiven Faktoren oder andern versteckten Parametern. Harte Fakten werden von Aussagen strenger Wissenschaften ausgedrückt; jedoch: nur ihre besondere Härte zeichnet solche Tatsachen vor andern aus.[121] Ihnen stehen zartere Fakten und die Aussagen, von denen diese ausgedrückt werden, in puncto Tatsächlichkeit, Objektivität und Wahrheit nicht nach. Wissenschaftliche Wahrheit ist die Wahrheit einer speziellen Sorte von Aussagen, keine besondere Form des Wahrseins. Wissenschaftliche Tatsachen sind solche, die von besonderen Sätzen – solchen einer Wissenschaft – ausgedrückt werden, keine Tatsachen mit einer besonderen Art von Tatsächlichkeit. Glaubenssätze sind wahr, aber nicht wahr$^+$, sie drücken Tatsachen aus, aber keine harten Fakten. Entsprechend sind auch Glaubenseigenschaften keine, die in einer streng physikalistisch konzipierten Naturwissenschaft thematisiert werden können.

Weshalb haben Glaubenstatsachen nicht das Zeug dazu, irgendwann einmal zu harten Fakten zu werden? Warum gibt es keine Aussicht auf eine Physik des Glaubens? Warum sind Glaubenssätze nicht so in semantische Komponenten zu zerlegen, daß sich aus den Analyseprodukten dann eine Reformulierung oder wenigstens eine approximative Paraphrase in physikalistischer Terminologie gewinnen läßt? – Was ist der tiefere Grund für die Widerständigkeit des Glaubens gegen den Zugriff strenger Wissenschaft? Oder gibt es keinen solchen Grund – ist die Unmöglichkeit einer wissenschaftlichen Naturalisierung des Glaubens schlicht als factum brutum hinzunehmen?

Der tiefere Grund dafür, oder ein Teil des tieferen Grunds, liegt in einer Eigenschaft des Glaubensbegriffs, die später deutlicher zum Vorschein kommen wird: Den nicht-trivialen begrifflichen Zusammenhängen, in denen Glauben zu andern Begriffen (Wahrnehmen, Handeln, Wünschen, usw.) steht, entsprechen keine strengen empirisch-gesetzmäßigen Zusammenhänge, in denen das Glauben zu andern Phänomenen steht. Den 'Gesetzen' des Glaubens ist es wesentlich, nicht strikt zu sein – für Ausnahmen offen zu sein. Daß ihnen diese Offenheit wesentlich ist, besagt: Sie sind prinzipiell unbeseitigbar; es besteht aus a priori einsichtigen Gründen keine Aussicht darauf, allgemeine Sätze über das Glauben durch sei's auch noch so subtil differenzierte Verfeinerungen und Präzisierungen jemals als strikte Gesetze zu formulieren. Und dies wiederum ist einem Wesensmerkmal des *Begriffs* des Glaubens (und anderer Begriffe intentionaler Phänomene) geschuldet: Den begrifflichen

Zusammenhängen selbst, durch die er festgelegt ist, wohnt eine Offenheit für unvorhersehbare Ausnahmen inne. Dies wird das Thema des zehnten Kapitels sein. – Hier ist zunächst einmal festzuhalten: Manche Glaubenssätze sind wahr, aber sie sind nicht wahr⁺; sie drücken Tatsachen aus, aber keine harten Fakten.

*

Wer ein Phänomen als real existierend anerkennt, ist gehalten, einen Unterschied anzuerkennen zwischen einerseits dem, was und wie es ist, und andererseits dem, was wir über das Phänomen wissen, zu wissen glauben oder jedenfalls für wahr halten. Wer Realist in Bezug auf *X* ist, räumt typischerweise ein, daß es uns völlig verständliche Aussagen über *X* geben kann, die zwar wahr sind, die wir aber nicht verifizieren – deren Wahrheit wir uns nicht vergewissern – können. Und er schließt typischerweise aus, daß für die Wahrheit von kontingenten Aussagen über *X* allein schon hinreichend ist, daß sie für wahr gehalten werden – gleichgültig, wie fest, weitverbreitet und fundiert das Fürwahrhalten ist. Wenn *X* real ist, gilt es stets die Unterscheidung zwischen Gelten-als und Sein anzuerkennen; selbst wenn etwas allgemein als ein *X* gilt, bleibt die Frage, ob es wirklich ein *X* ist. (Zwischen etwas, das als modisch gilt, und etwas, das modisch ist, besteht für mich kein Unterschied – in Hinblick auf das Modische bin ich mithin kein Realist.)

Es gibt viel gelehrten Streit darum, was eigentlich dazu gehört, hinsichtlich einer bestimmten Gattung von Phänomenen ein Realist zu sein. Darauf werden wir später noch eingehen. Mein Realismus in Hinblick auf Glaubenseigenschaften ist moderat. Er umfaßt die parametrische Vollständigkeit und mithin Wahrheitswertfähigkeit von Sätzen, mit denen solche Eigenschaften von einem Subjekt ausgesagt werden; und er umfaßt die objektive Wahrheit mancher solcher Aussagen. Das reicht aus, um die Existenz von Glaubenseigenschaften unabweisbar zu machen. Denn aus einer wahren Aussage des Typs "*S* glaubt, daß *p*" folgt "*S* hat die Eigenschaft, zu glauben, daß *p*"; und daraus wiederum folgt "Es gibt die Eigenschaft zu glauben, daß *p*".

In wenigstens zweierlei Hinsicht ist dieser Realismus so bescheiden, daß dies der Hervorhebung wert ist. Erstens, es bleibt offen, wie Glaubenseigenschaften individuiert sind und in gewisser Weise, ob es für sie überhaupt klare Identitätsbedingungen gibt. Ein besonders banales Beispiel. Drückt "--- glaubt, daß Harvey den Knopf versteckt hat" dieselbe Eigenschaft aus wie "--- glaubt, daß der Knopf von Harvey versteckt wurde"? Hat jemand, auf den beide Prädikate zutreffen, ipso facto zwei

Überzeugungen? Der uns vertraute Begriff des Glaubens – in dem Maße, in dem er uns vertraut ist – läßt diese Frage offen. Deshalb sollten wir es, in einer Untersuchung dieses Begriffs, auch tun.

Oben hatte ich ein Kriterium vorgeschlagen, das der Rede von der *Verschiedenheit* von Überzeugungen einen leidlich klaren Sinn gibt. Aus ihm ergibt sich nur eine notwendige Bedingung für Überzeugungsidentität:

> Die Überzeugung, daß *p*, und die, daß *q*, sind höchstens dann dieselbe Überzeugung, wenn gilt:
> Es läge eine offenkundige begriffliche Inkohärenz in der Annahme, jemand glaube, daß *p*, ohne zu glauben, daß *q*, und auch in der Annahme, jemand glaube, daß *q*, ohne zu glauben, daß *p*.

Daß wir über kein Kriterium (d. h. über keine nicht-triviale hinreichende Bedingung) für Überzeugungsidentität verfügen, ist kein Hinweis darauf, daß Glaubenseigenschaften 'letztlich' doch nicht real sind. So verhält es sich bei den meisten Eigenschaften, für die wir Begriffe haben. Denken wir zum Beispiel an die Farbprädikate. Sie drücken Eigenschaften aus; das ist unumstritten. Und wir haben leidlich gute Kriterien dafür, wann wir es mit verschiedenen Farben zu tun haben. Aber ein zusätzliches Kriterium für Identität haben wir nicht. Oft scheint es uns damit genug zu sein, daß wir die Unterschiede machen können, die wir machen möchten; ob all das, zwischen dem wir keinen Unterschied machen, 'wirklich und letztlich' dasselbe ist, kümmert uns nicht. (Ja, es ist – außer vielleicht im Rahmen einer bestimmten Eigenschaftsmetaphysik – letztlich nicht einmal klar, was jemand eigentlich genau wissen wollte, der folgende Frage stellte: "Gut, unsere Kriterien für Farbverschiedenheit ergeben keinen Unterschied zwischen Aschgrau und Hellschiefergrau; aber sind sie nun dieselbe Farbe oder nicht?") – Kurz, der Umstand, daß eine Eigenschaft durch die Regeln zur Verwendung der sie ausdrückenden Prädikate nur schwach individuiert ist, ist allein kein Hinweis darauf, daß es sie streng genommen nicht gibt.

Zweitens, es bleibt offen, ob Glaubenseigenschaften Kausalfaktoren sind. Dies sollte auch offen bleiben. Denn wiederum gilt: Der uns vertraute Begriff des Glaubens – in dem Maße, in dem er uns vertraut ist – läßt dies offen. Außer Frage steht, daß sich menschliches Handeln und gewisse geistige Vorgänge dadurch erklären lassen, daß die betreffende Person gewisse Überzeugungen (und andere intentionale Einstellungen) hatte. Ob solche Erklärungen jedoch als Kausalerklärungen zu verstehen sind, ist eine offene Frage. – Einigen naturalistischen Konzeptionen des

Eigenschaftsrealismus zufolge haben nur kausal wirksame Eigenschaften, sog. Kausalkräfte, 'reale' Existenz.[122] In dieser übrigens durchaus unklaren These spiegelt sich wiederum das szientistisch-naturalistische Vorurteil, dem wir schon mehrfach begegnet sind. Es bedarf hier keiner erneuten Entgegnung.

*

ZWISCHENDURCH: EIN GLAUBENSBEKENNTNIS Was ich bisher zum Thema *Realität des Glaubens* gesagt habe, muß defensiv oder ausweichend klingen: Wahrheit ja, aber keine naturwissenschaftlich einlösbare (keine Wahrheit$^+$); Tatsachen ja, aber keine harten; wirkliche Eigenschaften ja, aber damit offen lassend, ob sie für Kausalbeziehungen relevant sind. – Was ist das anderes als eine verdruckste Art, irgendeinen Leib/Seele-Dualismus zu verhehlen?

Dieser Eindruck wäre falsch. Deshalb hier zwischendurch ein persönliches Bekenntnis in puncto Metaphysik: Ich bin, wiewohl jederlei reduktivem Naturalismus von Herzen abgeneigt, ein braver Materialist. Ich glaube: Durch die materielle Beschaffenheit der Welt, in der wir leben, ist ihre Beschaffenheit insgesamt bestimmt. Oder so: Durch die materiellen Gegebenheiten der Welt ist die Wahrheit, Falschheit oder Grenzfall-Unbestimmtheit jeder wahrheitswertfähigen Aussage über Kontingentes festgelegt. Mithin glaube ich auch, daß alles, was sich an Wahrheitswertfähigem über die geistigen Eigenschaften eines Menschen sagen läßt, letztlich durch den Zustand seines Zentralnervensystems und der materiellen Beschaffenheit der Umstände, in denen er sich befindet und befand, wahr, falsch oder unbestimmt ist. Mein metaphysisches Bild vom Leib/Seele-Verhältnis ist allerdings keines von Stück-zu-Stück-Beziehungen ("Hie das einzelne Geistesphänomen, da das separierbare Hirnphänomen, und sie sind dasselbe"). Mir sagt ein anderes Bild besser zu: Die geistige Gesamtbefindlichkeit eines Menschen hat kein Eigenleben, das unabhängig wäre vom Zustand seines Zentralnervenssystems – den Rest der materiellen Welt und ihrer Vergangenheit als gegeben angenommen. Hätte jemand eine bestimmte geistige Eigenschaft nicht, die er de facto hat, wäre auch die physikalisch erfaßbare Welt anders als sie tatsächlich ist. Aber in welcher Weise genau sie anders wäre, läßt sich nicht sagen – und ließe sich vielleicht auch dann nicht sagen, wenn unsere physikalische Kenntnis beliebig detailliert wäre. Wir haben keinen Grund anzunehmen, daß jedem einzelnen geistigen Unterschied ein physikalisch bestimmbarer Unterschied entspricht, und erst recht nicht, daß sich geistige und psychophysische Bedingungszusammenhänge als physikalische Gesetzesaussagen formulieren lassen. Dies sind superszientistische Träumereien, deren es nicht bedarf, um Geisteszustände als reale Phänomene in einer durch und durch physischen Welt zu erachten.

Ich bin daher geneigt zu glauben – um dieses metaphysische Geständnis an den Punkt zurückzuführen, an dem es begann –, daß eine Glaubenseigenschaft, für sich genommen, kein separierbares 'neuronales Korrelat' hat, aus dessen jeweils einzelnem Beitrag zum Kausalgeschehen im Gehirn sich ergibt, ob ein Subjekt diese Eigenschaft besitzt oder nicht. Jede Glaubenseigenschaft gehört zur Gesamtheit dessen, was einen Menschen geistig ausmacht; und dieses Gesamt (aus Stimmungen, Gefühlen, Gedanken und intentionalen Zuständen – seien sie dem Subjekt bewußt oder nicht) ist etwas 'Materielles', im Zentralnervensystem und der physischen Welt als ganzer Verankertes. Meine Vermutung ist also: Es wird sich nichts im Gehirn einer Person finden lassen, das eine bestimmte Überzeugung oder auch nur deren exaktes 'neuronales Korrelat' ist. Aber warum auch? Vom Gehirn ist ja gar nicht die Rede, wenn gesagt wird, daß jemand das-&-das glaubt.

Ich bekenne auch dies: einem doxastischen Kausal-Realismus zuzuneigen. Im Rahmen des mir sympathischen metaphysischen Bildes ist es konsistent anzunehmen, daß zwar keine einzelne Glaubenseigenschaft (sie selbst, für sich allein genommen) kausale Kraft hat, wohl aber das psychophysische Gesamt einer Person, die die betreffende Eigenschaft hat. Zunächst einmal, es handelt sich hier um eine wesentlich personale Eigenschaft. Sie ist der Person als ganzer zuzuschreiben, nicht einem ihrer Teile, auch nicht dem Organismus oder einem seiner Teile. Sie muß keine *separate* Realisierung in der Person haben, um von ihr exemplifiziert zu werden. Es reicht aus, daß sie zu einer Eigenschaftskonstellation gehört, die als ganze physisch real ist. Auch wenn eine solche Eigenschaft, für sich genommen, kein 'physikalisch' separabler Wirkfaktor ist, kann sie kausal relevant werden. Um das Glauben als kausal relevant anzuerkennen, bedarf es keiner Sympathie für die gespenstische Idee, etwas Unphysisches könne physisch wirksam sein. Wohl aber bedarf es der Bereitschaft, einer Gesamtsystem-Eigenschaft erklärende Kraft beizumessen. Dies fällt besonders leicht, wenn wir einen ohnehin unabweisbaren und zweckdienlichen Begriff von ihr haben. – Ein Satz wie "*S* öffnete die Tür, weil er glaubte, es habe geklingelt" ist keine Aussage, in der die Ursache eines Ereignisses genannt wird. Aber diese Aussage hat einen kausalen Aspekt, der in folgender Paraphrase hervortritt: "*S* hat die Tür geöffnet. Hätte die Überzeugung, es habe geklingelt, nicht zum – ansonsten möglichst gleichartigen – geistigen Gesamtprofil von *S* gehört, dann hätte er es nicht getan." Wir müssen keine Nadel namens

Überzeugung-daß-es-geklingelt-hat im neuronalen Heuhaufen annehmen, um diese Kausalerklärung für wahr zu halten. (Entsprechendes gilt auch für innergeistige Zusammenhänge: wenn jemand etwas glaubt, wünscht oder empfindet, weil er etwas anderes glaubt, wünscht, oder empfindet.)

Gewiß, es ist nicht prinzipiell ausgeschlossen, daß sich irgendwann doch Korrelationszusammenhänge zwischen einzelnen physischen und psychischen Phänomenen finden werden, die eng genug wären, um theoretische Gleichsetzungen plausibel zu machen. "Glauben = Neurozustand vom Typ *N*" wäre dann so gut begründet wie "Wasser = H_2O". Offenkundig sind meine metaphysischen Ansichten zum Leib/Seele-Verhältnis nicht von der Erwartung auf derartige wissenschaftliche Durchbrüche begleitet – aber auch nicht von einem Defätismus gegenüber deren prinzipieller Möglichkeit. Allerdings haben wir angesichts dessen, was wir derzeit wissen, wenig Grund zu erwarten, daß es gesetzmäßige Zusammenhänge gibt, die solche Gleichsetzungen ermöglichen würden. Wir haben jedoch keinen Grund, in Frage zu stellen, daß zwischen dem Geistigen in der Welt und ihrer materiellen Beschaffenheit zumindest ein einseitiges holistisches Abhängigkeitsverhältnis besteht: daß die gesamte Geistigkeit von den physischen Gegebenheiten insgesamt abhängt.

Ich breche dieses Glaubensbekenntnis ab. Es sollte eine knappe Verbeugung zwischendurch gewesen sein vor dem Leser, der mir bis hierher gefolgt ist, und ihm überflüssige Mutmaßungen über etwaige metaphysische Hinterabsichten ersparen, die meine Auseinandersetzung mit dem szientistischen Naturalismus beeinflussen. Für die Untersuchungen selbst, um die es mir in dieser Arbeit geht, sind empirische Vermutungen und metaphysische Vorlieben zum sog. Leib/Seele-Problem ohne Belang – auch meine eigenen. Im Gegenteil, ich bin darum bemüht, von ihnen abzusehen, so gut ich das vermag. Denn die hier angestellten Untersuchungen zielen zunächst einmal darauf ab, das Phänomen Glauben so zu erfassen, wie es sich begrifflich darbietet. Das Schielen auf vorfabrizierte Schubfächer einer sei's auch noch so schönen Metaphysik schärft nicht unbedingt den Blick auf das zu erkundende Phänomen. Denn es ist ja so: Eine Metaphysik, auch die des Szientisten, muß sich an den Eigentümlichkeiten der Realität bewähren, nicht umgekehrt. Kann sie die Phänomene retten, deren Realität unbestreitbar ist? Wenn sie es nicht kann, dann sind nicht die Phänomene zu 'eliminieren' oder zu 'relativieren'.

Metaphysiken kommen und gehen, reale Phänomene bleiben. Zumal ein grundlegendes, wie das Glauben, muß sich nicht vor einer Instanz (welcher auch?) als echter Bestandteil der Wirklichkeit ausweisen. – Gewiß, es dürfte sich herausstellen, daß allerlei von dem, was wir über das

Glauben vermuten, nicht der Realität entspricht. Bessere Einsicht ist jedoch nur in dem Maße möglich, in dem Klarheit darüber besteht, was das Glauben ist. Und diese wiederum setzt Klarheit darüber voraus, was Glauben seinem Begriffe nach ist – d. h. was es im Lichte der uns geläufigen begrifflichen Wahrheiten über das Glauben ist.

7. SUBJEKTE UND OBJEKTE DES GLAUBENS

Betrachten wir zunächst zwei Fragen, die schlichter nicht sein könnten: Wer oder was kann überhaupt glauben? Was kann überhaupt geglaubt werden? Sie betreffen unser Thema unmittelbar im Kern. Denn zu den grundlegenden begrifflichen Charakteristika eines Eigenschafts- oder Zustandstyps gehört es, was für Entitäten sich in ihnen befinden können und in welchen spezifischen Ausprägungen er gegeben sein kann und in welchen nicht.[123] Welche diesbezüglichen Beschränkungen bringt der Begriff des Glaubens mit sich? Welche Arten von Entitäten kommen überhaupt als Glaubenssubjekte in Frage, welche Propositionen als Glaubensobjekte? Anders gefaßt: Welche Einsetzungen für "*S*" und für "*p*" könnten einen möglicherweise wahren Satz des Typs "*S* glaubt, daß *p*" ergeben? Bislang haben wir uns, sei's auch unausgesprochen, ausschließlich auf menschliches Glauben konzentriert. Die Frage ist nun, welchen begrifflichen Spielraum es dafür gibt, daß propositionales Glauben auch bei anderen Wesen anzutreffen ist. Es ist uns beispielsweise natürlich, davon zu sprechen, daß ein Hund (der wedelt, während sein Herr sich den Mantel anzieht) glaubt, er werde ihn jetzt ausführen. Aber ist dies vielleicht nur eine anthropomorphisierende Ausdrucksweise, die wörtlich genommen gar nicht wahr sein kann, weil Hunde gewisse begriffliche Minimalbedingungen für propositionales Glauben nicht erfüllen? Ebenso haben wir in Hinblick auf Einsetzungen für "*p*" bislang, sei's auch unausgesprochen, vorausgesetzt, daß sie die Minimalbedingungen für Glaubbarkeit erfüllen, aber nicht gefragt, worin diese bestehen. – Darum geht es nun.

Es geht jedoch, wohlgemerkt, nicht darum, welche andern Wesen als der Mensch tatsächlich Überzeugungen haben, sondern darum, welche Voraussetzungen ein Wesen erfüllen müßte, damit das überhaupt denkbar – begrifflich möglich – ist. Entsprechend geht es bei der Frage nach den Glaubensobjekten nicht darum, was de facto geglaubt wird oder leidlich glaubhaft wäre, sondern darum, was überhaupt, prinzipiell, geglaubt werden könnte: welche (falls überhaupt eine) Eingrenzung der Begriff des Glaubens von sich aus innerhalb des Bereichs der Propositionen mit sich bringt. Gibt es etwas, das wahrheitswertfähig ist, aber begrifflich davon ausgeschlossen ist, für wahr gehalten zu werden? – Diese Fragen zielen auf eine kategoriale Grundorientierung darüber, was das Glauben begrifflich gesehen ist. Wenn wir wüßten, was Entitäten auszeichnet, die überhaupt glaubensfähig sind, und wüßten, welche Bedingungen eine Proposition erfüllen muß, um jedenfalls 'im Prinzip' glaubbar zu sein, dann wäre das Glauben in zwei wesentlichen Hinsichten begrifflich ein wenig näher bestimmt. Unsere übergreifende Frage, was für eine Art von Zustand das Glauben seinem Begriffe nach ist, hätte eine deutlichere Kontur. Erst im zweiten Teil dieses Kapitels werden wir uns auch mit der Frage beschäftigen, welche Merkmale eines Wesens es plausibel machen oder vielleicht sogar 'beweisen' würden, daß es Überzeugungen hat.

Wer oder was ist des Glaubens fähig? Nennen wir eine Eigenschaft eine *Glaubensvoraussetzung*, wenn es begrifflich inkohärent ist, daß etwas, das diese Eigenschaft nicht hat, dennoch Überzeugungen hat. Entitäten, denen Glaubensvoraussetzungen abgehen, wollen wir, um ein Wort dafür zu haben, *doxastische Unsubjekte* nennen. Jedes andere Ding heiße ein *doxastisches Subjekt.* Nota bene, solch ein Subjekt sein, heißt hier also nicht: tatsächlich Überzeugungen haben; es heißt: keine Eigenschaft zu haben, die den Besitz von Überzeugungen begrifflich ausschließt.[†]

Eine Glaubensvoraussetzung ist beispielsweise, sich in der Zeit zu befinden. Glauben ist ein Zustand, der einen Anfang und ein Ende haben können muß. Abstrakta haben solche Eigenschaften nicht. (Zahlen, Eigenschaften, Mengen, Wahrheitswerte, Begriffe usw. sind doxastische Unsubjekte.) Muß sich ein doxastisches Subjekt im Raum befinden? Dem Dualismus und erst recht dem Immaterialismus zufolge gibt es immaterielle Geister; oft geht damit die Auffassung einher, nur sie seien es, die eigentlich geistige Eigenschaften haben. Daß diese Lehren zumindest begrifflich kohärent sind, erkennen selbst Materialisten an.[124] Das Immaterielle ist nicht lebendig, zumindest nicht im gewöhnlichen, biologischen Sinn; also ist Leben keine Glaubensvoraussetzung. Daß Bewußtsein eine solche sei, wird manchmal behauptet.[125] Ebenso, daß ein doxastisches Subjekt 'hinreichend' rational sein und jedenfalls über Begriffe verfügen müsse – vielleicht sogar über ganz spezielle Begriffe, wie z.B. den der Wahrheit. Doch Bewußtsein, Rationalität, Begriffsbeherrschung – das sind Großbegriffe, die, gelinde gesagt, nicht sehr viel deutlicher umrissen sind als der des Glaubens selbst. Und sie sind mit unüberschaubar viel philosophischer Last befrachtet. Im Umgang mit ihnen ist also Behut-

† Diejenigen doxastischen Subjekte, die tatsächlich Überzeugungen haben (oder zumindest einer Art angehören, die Überzeugungen hat), bezeichne ich als *Glaubenssubjekte.* Siehe Anmerkung 60.

samkeit angeraten, wenn wir, möglichst unbefangen, nach einer erhellenden Antwort auf unsere Frage Ausschau halten.

Eine andere Frage, um die es uns auch gehen wird, ist die nach begrifflich hinreichenden Eigenschaften für Glaubensbesitz. Nennen wir eine Eigenschaft einen *Glaubensbeweis*, wenn es begrifflich inkohärent ist, daß etwas, das diese Eigenschaft hat, keine Überzeugungen hat. Von einer Eigenschaft zu sagen, ihr Besitz sei ein 'Beweis' dafür, daß die betreffende Entität ein Glaubenssubjekt ist, mag zumindest in einer Hinsicht irreführend sein. Es könnte die Idee nahelegen, eine 'glaubensbeweisende' Eigenschaft sei selbst wiederum keines Beweises bedürftig. Zumindest unter geeigneten Bedingungen müßte an einem Gegenstand, der sie hat, unmittelbar wahrnehmbar werden, daß er sie hat – und an einem, der sie nicht hat, daß er sie nicht hat. Nennen wir eine Eigenschaft *manifestational*, wenn es zu ihrem Begriff gehört, daß sie in bestimmten kriteriellen Umständen ('Manifestationsbedingungen') offen zutage tritt oder treten würde: Alles, was unter diesen Umständen ein bestimmtes Merkmal aufweist oder aufweisen würde, besitzt ipso facto diese Eigenschaft; und es ist durch Beobachtung feststellbar, ob diese Manifestationsbedingungen und dieses Merkmal vorliegen oder nicht. (Entsprechend heiße der Begriff, aus dem sich das ergibt, manifestational.[126]) – Eine Nebenfrage in diesem Kapitel wird auch sein, ob es manifestationale Glaubensvoraussetzungen oder -beweise gibt.

*

Was macht eine Entität zu einem möglichen Subjekt des Glaubens? Jede Beschäftigung mit dieser Frage muß beim Menschen ansetzen. Welches auch immer die gesuchten Glaubensvoraussetzungen und -beweise sein mögen, Menschen haben solche Eigenschaften.[127] Nichts anderes kann hier als völlig unkontrovers vorausgesetzt werden. Außer Frage steht: Der Mensch glaubt. Vielleicht nicht jeder Mensch, nicht jedes einzelne Exemplar der biologischen Spezies. Aber all diejenigen Menschen jedenfalls sind Glaubenssubjekte, die nicht aus dem Rahmen der unausgesprochenen und undeutlichen Voraussetzungen fallen, die – zumal in der Philosophie – der Rede von *dem* Menschen zugrundeliegen: 'normale' Menschen, in einem 'guten Reifezustand', im Besitz der für solche Menschen typischen Eigenschaften. – Formulieren wir es so: Es ist a priori einsichtig, daß normale, erwachsene Menschen Überzeugungen haben und mithin doxastische Subjekte sind. Die Eigenschaft, ein solcher Mensch zu sein, ist ein Glaubensbeweis in unserm terminologischen

Sinn, und damit a fortiori auch eine begrifflich hinreichende Bedingung dafür, ein doxastisches Subjekt zu sein.

Was diese Platitüde erwähnenswert macht, ist der Umstand, daß für unsere Untersuchung kein Ausgangspunkt zur Verfügung steht, der ebenso unstrittig wäre. Der Mensch ist das einzige uns bekannte Wesen, dessen Glaubenssubjektschaft *prinzipiell* unkontrovers ist. Wir kennen Glauben nicht besser, und vielleicht gar nicht anders, als dadurch, wie es bei uns selbst und unseresgleichen anzutreffen ist. Wenn darüber gestritten wird, ob Tiere, Roboter, Gehirne usw. doxastische Subjekte sind, dann ist menschliches Glauben der einzige begrifflich gesicherte 'Standard', der als Orientierung dienen kann. – Es scheint daher nicht unpassend, von folgendem Leitsatz auszugehen:

> *x* ist ein doxastisches Subjekt genau dann, wenn *x* diejenigen Eigenschaften (oder hinreichend viele derjenigen Eigenschaften) hat, dank denen ein normaler, erwachsener Mensch ein Glaubenssubjekt ist.

Damit ist kein begriffliches Kriterium formuliert. Man könnte den Leitsatz so auffassen, wenn der Begriff eines Etwas, dem Überzeugungen zuzubilligen nicht begrifflich inkohärent ist, ein fixierter Prototypen-Begriff wäre, der durch den normalen Menschen als doxastisches Ur-Subjekt ausdrücklich festgelegt ist, so wie jedes Kilogramm (ob Butter, Gold oder was auch immer) letztlich durch das Urkilogramm in Sèvres. Oder wenn doxastisches Subjekt ein offener Prototypen-Begriff wäre und der normale Mensch sein bisher einziges 'zentrales' Exemplar – etwa so, wie Kuhmilchbutter heute prototypisch zentral sein dürfte für Butter. Doch ersteres ist offenkundig falsch und zweiteres durchaus bestreitbar. Denn aus der kontingenten Tatsache allein, daß der Mensch das bisher einzige unkontroverse Glaubenssubjekt ist, folgt nicht, daß er der begriffliche Bezugspunkt ist, dem jedes doxastische Subjekt sich annähern müßte. Nicht jede andere Exemplifizierung des Glaubens – falls es sie gibt – muß mit einer menschenähnlichen Geistigkeit verbunden sein. – Dennoch werden wir uns, in Ermangelung eines echten Kriteriums, an diesem Leitsatz orientieren. In seiner unverhohlenen Anthropozentrizität liegt keine sachliche Vorentscheidung: weder zugunsten des Menschen, noch gegen andere Entitäten. Denn daß der normale Mensch ein doxastisches Subjekt ist, ist begrifflich wahr und allein deshalb keine *sachliche* Vorentscheidung. Unser Leitsatz ist kein Kriterium, er soll uns nur als Surrogat dienen. Was er besagt, ist anthropozentrisch, aber nicht 'spezietistisch'. Er läßt zu, daß es glaubensfähige Wesen gibt, die keine Menschen sind.

Wir sind auf solche Eigenschaften des Menschen verwiesen, dank denen er des Glaubens fähig ist. Welche sind das? Ich werde nun einige Kandidaten in Betracht nehmen, mit Blick auf die Frage, ob jedes doxastische Subjekt sie haben muß. Meine knappen Kommentare zu ihnen sollen nichts 'beweisen', sondern auf einige Schwierigkeiten hindeuten, die in dem Versuch liegen, genauer zu bestimmen, was es heißen möchte: überhaupt des Glaubens fähig zu sein. – Zuvor noch zwei terminologische Erläuterungen. Statt "der Besitz der Eigenschaft *E* ist aus begrifflichen Gründen hinreichend für den Besitz der Eigenschaft *E**" werde ich oft einfach sagen: "*E* bringt *E** mit sich". Den Ausdruck "glauben können" verwende ich austauschbar mit "ein doxastisches Subjekt sein". – Gehen wir also einige Kandidaten durch: Eigenschaften, die jeder normale, erwachsene Mensch hat, und die für seinen Status als doxastisches Subjekt relevant sein könnten. Welche unter ihnen müßte jedes Wesen haben, das glauben kann? Welche unter ihnen könnten als Glaubensbeweise gelten?

Personalität. – Ein normaler, erwachsener Mensch ist eine Person; mehr als das, er ist der Inbegriff einer Person. Es liegt nahe, Personalität zu den Glaubensbeweisen zu rechnen. Klar scheint, daß im Falle des Menschen das primäre Subjekt jeder Glaubenseigenschaft die ganze Person ist (nicht z. B. ihr Leib, Intellekt, Gehirn und dergleichen). Menschliches Glauben ist, so könnte man sagen, personales Glauben. Unklar hingegen ist, ob sich dies verallgemeinern läßt: ob Personalität eine Glaubensvoraussetzung ist. Denn es ist notorisch schwer zu bestimmen, worin Personsein bestünde, das nicht zugleich Menschsein ist. Doch nur wenn das leidlich deutlich wäre, ließe sich gehaltvoll fragen, ob jedes doxastische Subjekt eine Person sein muß. Übliche Bestimmungen sind seit Jahrhunderten philosophisch, theologisch und juristisch aufgeladen. Sie involvieren Begriffe wie Freiheit, Selbstverantwortung, Vernunft und Würde. Der mit kontroversen Theorien überfrachtete Begriff der Person ist zu undeutlich, um ihn für unsere Frage fruchtbar zu machen.

Begriffsbesitz. – Wer etwas glaubt, sollte über Begriffe verfügen, insbesondere über die, die in einer zutreffenden Spezifizierung dessen, was er glaubt, involviert sind. (Wer glaubt, daß Hasen Nasen haben, sollte tunlichst über die Begriffe Hase und Nase verfügen, oder zumindest über sehr 'ähnliche' Begriffe.) Er sollte; aber muß er? Würde die Frage inquisitorisch scharf gestellt – "Ist Begriffsbesitz, in Hinblick auf alle denkmöglichen Entitäten, eine uneingeschränkt allgemeine Glaubensvoraussetzung, ja oder nein?" –, dann wäre sie wohl eher mit Nein zu beantworten. Denn daß Glauben schlechthin, in welcher Ausprägung auch immer, Begriffsbesitz zwingend voraussetzt, ist bestreitbar.[128] (Das liegt natürlich auch daran, daß unser Begriff des Begriffsbesitzes nicht wohlumrissen ist.) Allerdings ist Begriffsbesitz immerhin eine notwendige Bedingung dafür, daß etwas *klarerweise* ein doxastisches Subjekt ist. Richtig scheint jedenfalls dies: Je weicher das Kriterium für Begriffsbesitz gefaßt wird, desto unproblematischer ist es, ihn als eine Glaubensvoraussetzung zu erachten. Unterstellen wir für das Folgende einmal, daß es ein geeignet schwaches Kriterium gibt, in dessen Licht Begriffsbesitz plausiblerweise als eine notwendige Bedingung für das Glauben-Können zu akzeptieren ist. – Ist Begriffsbesitz auch ein Glaubensbeweis? Hier scheinen einer bejahenden Antwort keine Bedenken entgegenzustehen. Die Idee, ein Wesen verfüge zwar über Begriffe, habe aber keine Überzeugung, ist nicht extravagant, sondern erscheint schlicht inkohärent. Jeder Grund, einem Wesen keine einzige Überzeugung zuzubilligen, wäre zugleich ein nicht minder starker Grund, ihm Begriffsbesitz abzusprechen.

Rationalität. – Rational ist ein Wesen, dessen Denken, Entscheiden und Handeln im Einklang mit seinen Überzeugungen und Wünschen ist, und dessen Überzeugungen und Wünsche selbst gewissen Ansprüchen an Vernünftigkeit genügen. Jedes rationale Wesen ist mithin per definitionem ein Glaubenssubjekt. – Ist Rationalität, zumindest eine Prise davon, auch eine Glaubensvoraussetzung? Jedenfalls dann, wenn Begriffsbesitz eine ist. Begriffe stehen in logischen Beziehungen zueinander, und sie werden nur beherrscht, wo diese Beziehungen im Denken weitgehend respektiert werden. Selbst wenn dies als ein zu hoch gegriffener Standard für Begriffsbesitz bestritten würde, so ist der Begriff des Glaubens jedoch kategorial unanwendbar auf Wesen oder die Dinge, die ganz und gar vernunftlos sind – nicht prärational sind (wie ein kleines Kind), nicht zutiefst irrational (wie ein Mensch mit gravierenden Wahnstörungen), sondern konstitutionell arational (wie ein Löffel in der Schublade). Wer einem Löffel Überzeugungen andichten wollte, müßte ihm auch irgendeine Art der Denkfähigkeit unterstellen: jedenfalls die Fähigkeit, dem Geglaubten auf irgendeine Weise 'geistig zu entsprechen', es in irgendeinem Sinn 'einzuordnen'. Diese Fähigkeit wiederum setzt einen geistigen Zusammenhang voraus, d.h. eine sei's auch noch so bescheidene psychische Komplexität. Ein gewisses Maß an Rationalität, und mithin auch an geistigem Reichtum, ist also nötig, auch wenn kaum zu bestimmen sein dürfte, wie gering es sein darf. – Rationalität ist per definitionem ein Glaubensbeweis, und werden die begrifflichen Ansprüche an ihren Besitz nicht allzu hoch geschraubt, dann ist sie auch eine Glaubensvoraussetzung.

Bewußtsein. – Von Bewußtsein sprechen wir in mehrerlei Sinn. Propositionales Bewußtsein ("sich dessen bewußt sein, *daß*") erfordert Begriffsbesitz, findet sich also nur bei Wesen, die glauben können. Hingegen ist durchaus bestreitbar, daß jedes doxastische Subjekt über propositionales Bewußtsein verfügen muß. – Auch bloße Empfindungsfähigkeit, ohne Begriffsbesitz, wird Bewußtsein genannt. Bewußtsein in diesem sinnlich-kreatürlichen Sinn ist prima facie keine Glaubensvoraussetzung. Wesen, die nicht empfindungsfähig sind, aber Wünsche und Überzeugungen haben, werden in Romanen, Filmen und philosophischen Gedankenexperimenten dargestellt – unser Sinn für das begrifflich Mögliche wird damit offenbar nicht verletzt. Klarerweise ist die Fähigkeit zu einem bloß sinnlichen Empfinden auch keine hinreichende Bedingung für das Glauben-Können. Wir halten es für möglich, daß auch solche Kreaturen leiden, die über keine Begriffe verfügen. – Kurz, kreatürliches Bewußtsein ist nicht einmal eine Glaubensvoraussetzung. Propositionales Bewußtsein ist ein Glaubensbeweis, aber keine Glaubensvoraussetzung.

Sprachbeherrschung. – Wer eine Sprache spricht, verfügt über Begriffe, ist mithin ein Glaubenssubjekt. Offenkundig ist Sprachvermögen jedenfalls dann ein Glaubensbeweis, wenn es sich um eine gewöhnliche Verständigungssprache wie das Deutsche oder das Englische handelt. Ist aber etwas, das keine Sprache spricht, allein deshalb schon ein doxastisches Unsubjekt – etwas, das als Glaubenssubjekt gar nicht in Frage kommt? Es ist jedenfalls nicht offensichtlich, daß eine Aussage wie "Was nicht sprechen kann, kann nicht glauben" eine begriffliche Wahrheit ist. Sprachbeherrschung ist ein Glaubensbeweis, aber keine Glaubensvoraussetzung. (Letzteres ist allerdings nicht unumstritten; das werden wir später noch ein wenig ausführlicher betrachten.)

Das Vermögen der sinnlichen Wahrnehmung. – Auch Sinneswahrnehmung kann in unterschiedlicher Weise begrifflich thematisiert werden: zunächst einmal als 'primitive' Wahrnehmung, d.h. bloße Empfänglichkeit für (und situativ differenzierte Beeinflußbarkeit durch) Sinnesreize. Dieses Vermögen setzt keinen Begriffsbesitz voraus und bringt kein Glauben-Können mit sich. Ist primitive Wahrnehmung aber eine Glaubensvoraussetzung? Nein. Zwar gibt es in der Welt, soweit sie uns bekannt ist, keine Glaubenssubjekte ohne Wahrnehmungsfähigkeit. Die Frage ist aber, ob die Existenz eines solchen Wesens (z.B. in einer Welt mit körperlosen Geistern) begrifflich ausgeschlossen ist. In der Existenz solcher Wesen liegt kein manifester begrifflicher Widerspruch. Mithin ist primitive Wahrnehmungsfähigkeit keine Glaubensvoraussetzung. – Hingegen setzt das Vermögen der propositionalen und quasi-propositionalen Wahrnehmung ("wahrnehmen, daß" bzw. "wahrnehmen als") Begriffsbesitz voraus und bringt folglich Glauben-Können mit sich. Propositionale Wahrnehmung setzt jedoch primitive voraus und ist mithin aus dem gerade erwähnten Grund keine Glaubensvoraussetzung. – Kurz, sinnliches Wahrnehmen ist nicht notwendig und propositionales, oder quasi-propositionales, Wahrnehmen nur hinreichend für Glauben-Können.

Die Fähigkeit zu handeln. – Es ist üblich, Handeln von bloßem Verhalten unter anderm dadurch zu unterscheiden, daß es mit Absicht geschieht. Absichten involvieren Überzeugungen. Wer fähig ist zu handeln, hat demnach Überzeugungen. Ist hingegen ein Wesen möglich, das glauben kann, dem es aber nicht gegeben ist, Handlungen zu vollziehen? Auch hier ist wiederum zu konstatieren: Es ist nicht ersichtlich, worin ein begrifflicher Widerspruch liegen mag. Die Fähigkeit zu handeln ist ein Glaubensbeweis, aber keine Glaubensvoraussetzung.

Wünsche haben. – Auch ein Glaubender kann wunschlos glücklich sein. Dagegen steht die erstaunliche und erstaunlich weitverbreitete Idee, Wünschen und Glauben hingen so innig miteinander zusammen, daß das eine gar nicht ohne das andere sein könne. Wir dürfen sie mit der Gegenfrage beiseitelassen: Warum denn nicht? (Muß aber nicht jedes doxastische Subjekt, als rationales Wesen, zumindest den Wunsch nach Selbsterhaltung haben? Gewiß nicht.) Wohl gilt das Umgekehrte: Glauben ist eine begriffliche Voraussetzung für das Wünschen. Um zu wünschen, daß es so-&-so sei, bedarf es der Begriffe für so-&-so; und wer Begriffe hat, muß glauben können. – Wiederum: Wünschen ist ein Glaubensbeweis, aber keine Glaubensvoraussetzung. (Im neunten Kapitel werden wir eine Quelle dieser sonderbaren Idee betrachten, Glauben und Wünschen seien ein begriffliches Tandem.[129])

*

Unsere Frage ist: Welche Eigenschaften muß etwas besitzen, um ein doxastisches Subjekt zu sein? Wir haben bisher nur zwei gefunden: minimale Rationalität und (wenn nicht allzu eng gefaßt:) Begriffsbesitz. Beide sind nicht manifestational; es gibt keine kriteriellen Bedingungen, in denen sie sich manifestieren müßten. Zugleich sind beide auch Glaubensbeweise und sowohl notwendig als auch hinreichend füreinander. Diese drei Begriffe – der des Glaubens, des Begriffsbesitzes und der einer minimalen Rationalität – bilden, so scheint es, eine Triade: jeder involviert die beiden andern und wird von ihnen involviert. – Was sich in diesen kursorischen Überlegungen ergeben hat, läßt sich in wenigen Punkten zusammenfassen: Erstens, abstrakte Entitäten sind doxastische Unsubjekte. Zweitens, normale Menschen sind paradigmatische Glaubens- und mithin doxastische Subjekte. Drittens, was glauben kann, muß über Begriffe und ein gewisses Maß an Rationalität verfügen. – Besitz dieser beiden Eigenschaften ist eine begrifflich notwendige und hinreichende Bedingung dafür, daß ein nicht-menschliches Wesen ein doxastisches Subjekt ist. Beide sind nicht manifestational.

*

Gibt es begrifflich gesicherte Manifestationskriterien dafür, daß ein Wesen des Glaubens *nicht* fähig ist? Läßt sich zumindest dies unter speziellen Bedingungen durch Beobachtung definitiv feststellen? Nein, denn auch die Komplementbegriffe (Arationalität, Begriffslosigkeit und Nicht-Glauben-Können) sind ebenfalls nicht manifestational. Betrachten wir ein schrilles Beispiel: Ist durch den Begriff des Glaubens ausgeschlossen, daß Löffel – richtige Löffel aus Metall – Überzeugungen haben können? Wäre es begrifflich ausgeschlossen, dann könnte niemand, der diese Begriffe beherrscht, so etwas glauben. Nehmen wir nun an, da sind Menschen, die behaupten, es doch zu glauben. (Sie könnten ihre Gründe haben, z. B. gesehen haben, wie ein Zauberkünstler verblüffende Veränderungen in Löffeln hervorgerufen hat, ohne sie zu berühren, offenbar durch nichts weiter, als daß er zu ihnen gesprochen hat. Sie könnten vielerlei andere schlechte Gründe haben, oder auch gar keine: "Ich glaube das einfach; basta".) Was wäre mit solchen Menschen? Wessen können wir sie zeihen? Gewiß, das zu glauben wäre idiotisch. Aber begingen sie einen begrifflichen Fehler? Nehmen wir an, daß ihre Begriffsbeherrschung ansonsten tadellos ist. Wir könnten sie nichts über Löffel (oder das Glauben) lehren, was im Hinblick auf den Streitpunkt eine Entscheidung bringt. Sie können Löffel so gut wie wir von Nicht-Löffeln unterscheiden; sie akzeptieren jede grundlegende begriffliche Wahrheit über Löffel, die wir ihnen offerieren können: von Menschen gemachte Artefakte, die vornehmlich den-&-den Zwecken dienen sollen; und so weiter. Auch das Wort "glauben" verwenden sie, ansonsten, so wie wir.

Dieser Fall ist ähnlich verrückt wie der, in dem jemand bestritte, daß Rot eine Farbe ist. Aber er liegt doch anders. Diese Leute würden nicht die Wörter mißverstehen, sondern hätten erbärmlich dumme Ansichten über die Phänomene, die von ihnen bezeichnet werden. (Erneute Sprachschulung zum Thema *Besteck* oder *Fürwahrhalten* allein würde nicht helfen.) Sie beherrschen, wie unvollkommen auch immer, den Begriff des Glaubens und den des Löffels. – Wir müssen solche Mitmenschen im Blick behalten (bzw. erfinden), um nicht aus den Augen zu verlieren, welche märchenhaften Absonderlichkeiten begrifflich möglich sind. Fast alles, was begriffskompetente Menschen sich zu irgendeinem Thema einreden und wir ihnen mit den unseres Erachtens überzeugendsten Gründen nicht ausreden können, ist jedenfalls begrifflich möglich. Dies wirft übrigens auch ein Licht darauf, wie gering die Rationalität ist, deren es bedarf, ein (menschliches) Glaubenssubjekt zu sein. – Mithin ist es begrifflich möglich, daß Löffel Überzeugungen haben. Daß sie keine haben, ist eine völlig unkontroverse, aber keine begriffliche Wahrheit.

Daß Tiere, Gehirne, Schachcomputer, Blumen, Thermometer – man nehme, was man wolle, warum nicht auch Löffel – Überzeugungen haben, ist durch den Begriff des Glaubens selbst nicht ausgeschlossen. Gibt es überhaupt etwas, das kein doxastisches Subjekt ist, außer den abstrakten Gegenständen? Aber sie haben keine manifestationalen Eigenschaften, an denen wir uns vielleicht orientieren könnten. Welche manifestationalen Eigenschaften einer beliebigen Entität uns guten Grund geben könnten, sie für ein Glaubenssubjekt oder zumindest für ein doxastisches Subjekt zu halten, oder ob manche solcher Eigenschaften (anorganische Beschaffenheit, Armut des Verhaltensrepertoires) das gegenteilige Urteil rechtfertigen, läßt sich – so scheint es – aus dem bloßen Begriff des Glaubens nicht deduzieren.

In der Diskussion um die Frage, wem oder was in der Welt, außer dem Menschen, Überzeugungen zugebilligt werden sollten oder zumindest könnten, haben sich extreme Positionen herausgeschält: zum einen bis ins Frivole liberale, denen zufolge jederlei in seinem Verhalten leidlich komplexe System (ob Tier, Pflanze, Neurostruktur, Artefakt) ein doxastisches Subjekt ist, andererseits aber auch gnadenlos restriktive, wonach alles, was nicht spricht, ein doxastisches Unsubjekt ist. Dies wird uns später in diesem Kapitel noch ausführlich beschäftigen. Doch zuvor wenden wir uns der andern unserer beiden leitenden Fragen in diesem Kapitel zu:

*

Was kann geglaubt werden? Welche Bedingungen muß etwas erfüllen, um ein Glaubensobjekt zu sein? Eine Antwort haben wir bereits eingangs gegeben: Die Objekte propositionalen Glaubens sind wahrheitswertfähig. Doch hält dies genauerer Überlegung stand? Kann nicht doch auch etwas geglaubt werden, das nicht wahrheitswertfähig ist? Eine andere Frage geht in die entgegengesetzte Richtung: Kann alles geglaubt werden, das wahrheitswertfähig ist? Und eine dritte Frage stellt sich: Gibt es fremdartige Glaubensobjekte? Deutlicher: Kann etwas geglaubt werden, das Begriffe involviert, über die wir nicht verfügen – etwas, das sich gar nicht mit einem (uns verständlichen) Satz ausdrücken läßt? Wiederum ist im Auge zu behalten, daß es uns bei diesen Fragen nicht um Logik oder Semantik, Psychologie oder Erkenntnistheorie geht, sondern zunächst einmal nur um das, was sich aus dem Begriff des Glaubens selbst ergibt.

Zur ersten Frage: ob das Geglaubte ("daß *p*") wahrheitswertfähig sein muß. Sätze, denen die Wahrheitswertfähigkeit fehlt oder zu fehlen scheint, sind nicht alle von der gleichen Art. Betrachten wir ein paar verschiedene Fälle, die hier in Frage kommen. Ich klappere ein paar philosophische Standards durch; Vollständigkeit scheint mir hier nicht möglich. Betrachten wir also wenigstens diese Fälle, bei denen fragwürdig ist, ob ein Satz dazu geeignet ist, etwas Glaubbares zu spezifizieren. Was für Sätze sind das? Nun, zum Beispiel

(a) solche mit unerfüllten Existenz- oder Eindeutigkeitsvoraussetzungen,
(b) antinomische,
(c) propositional unvollständige, die aber sprachlich vollständig zu sein scheinen,
(d) solche, die reiner Unsinn sind.[130]

Zu (a). – Einer mag glauben, daß Ottos einziger Bruder Rechtsanwalt ist, auch wenn Otto keinen oder mehr als einen Bruder hat. Seine Überzeugung geht sozusagen ins Leere. Glaubt er dann etwas, das nicht wahrheitswertfähig ist? Nein, denn indem er das glaubt, glaubt er auch, daß Otto genau einen Bruder hat. Und das ist falsch. Also glaubt er dann, indem er glaubt, daß Ottos Bruder Rechtsanwalt ist, etwas Falsches. Mithin glaubt er etwas Wahrheitswertfähiges.[131] Das Entsprechende gilt für Überzeugungen, die von Fiktivem, etwa von Romanfiguren, handeln. Sie sind jedenfalls wahrheitswertfähig, auch wenn die Semantik unseres fiktionalen Redens und der ontologische Status fiktiver 'Entitäten' überaus intransparent sind.

Zu (b). – Antinomisch ist ein Satz, für den gilt: aus der Annahme, er sei wahr, läßt sich folgern, daß er nicht wahr ist, und umgekehrt. Man könnte also der Auffassung sein, daß solche Sätze nicht wahrheitswertfähig sind, denn sie sind weder wahr noch falsch und auch nicht grenzfall-unbestimmt. Ließe sich etwas Antinomisches glauben? Könnte einer zum Beispiel glauben, was der Satz "Dieser Satz hier ist nicht wahr" beinhaltet? Vermutlich nicht, wenn er darüber ein wenig nachgedacht hat. Aber vorher? Es geschieht ja hin und wieder, daß wir etwas leichtfertig glauben, ohne darüber nachgedacht zu haben. Warum sollte diese Möglichkeit nicht auch in Bezug auf Antinomisches bestehen? Zudem ist nicht jede Antinomie so offenkundig wie dieses Beispiel. Können nicht wenigstens subtile Antinomien geglaubt werden, deren Antinomität dem

Subjekt entgeht, obwohl es nicht intellektuell leichtfertig ist? All das scheint möglich. – Natürlich können wir immer sagen: Der Anschein, jemand glaube etwas Antinomisches, kann nur dadurch aufkommen, daß er einen antinomischen Satz für wahr hält. Aber allein der Umstand, daß er ihn für wahr hält, zeigt, daß er ihn nicht gut genug versteht, um seinen Inhalt wirklich zu glauben. Diese beschwichtigende Umdeutung mag uns gefallen und ist schwer zu widerlegen. Aber bekundet sich in ihr mehr als unsere Unwilligkeit, dem Andern eine Überzeugung zuzubilligen, von der wir wünschten, er hätte sie nicht, weil er uns dadurch abgrundtief fremd würde? Antinomien faszinieren uns, aber sie sind uns intellektuell zuwider. Wir möchten sie auflösen. Verabscheuen wir die Idee, jemand könne so etwas glauben, vielleicht so sehr, daß wir den härtesten Riegel davorsetzen und es aus dem Bereich des Glaubbaren grundsätzlich ausschließen? Aber wären dennoch vielleicht Wesen mit einer andern als unserer Rationalität dazu in der Lage, antinomische Überzeugungen geradheraus zu haben? – All solche Fragen führen zurück auf die Frage nach Art und Umfang der Rationalität doxastischer Subjekte. Sie wird sich wohl kaum aus dem Glaubensbegriff allein beantworten lassen.

Wie auch immer. Antinomische Sätze sind falsch; äußerstenfalls wären sie (wie die Dialetheisten sagen:) zugleich wahr und falsch. Ob ihr Inhalt geglaubt werden kann, ist fraglich. Wenn einer es könnte, müßte er wohl über eine ganz unerhörte Kraft, oder Schwäche, des Intellekts verfügen. Doch wem das gelänge oder widerführe, der würde etwas glauben, das wenigstens *einen* Wahrheitswert hat.

Zu (c). – Propositional unvollständig nenne ich einen Satz, der syntaktisch vollständig ist, der aber nichts Wahrheitswertfähiges ausdrückt; ergänzte man ihn um einen passenden Bestandteil, würde er etwas Wahrheitswertsfähiges ausdrücken. Ein Beispiel: “Die Malstifte liegen auf dem Tisch rechts von der Vase”. Das damit Gesagte ist wahrheitswertfähig nur relativ zu einem Blickpunkt. Kann jemand ‘einfach nur’ glauben, daß die Stifte rechts von der Vase liegen – kann er dies glauben, heißt das, ohne etwas von der Art zu glauben wie: daß sie von da-und-da aus gesehen rechts von ihr liegen? Man könnte geneigt sein, so zu räsonnieren: “Entweder glaubt er dann wirklich etwas. Dann ist das, was er *eigentlich* glaubt, so etwas wie: daß die Stifte von ihm aus gesehen rechts von der Vase liegen. Oder er hat den Begriff rechts von in einer so grundlegenden Hinsicht noch nicht gemeistert, daß er gar keine Überzeugungen haben kann, die diesen Begriff involvieren.” – Die Frage, die sich hier stellt, ist: Wie gut muß ein Subjekt einen Begriff gemeistert haben, um überhaupt eine Überzeugung zu haben, in die er involviert ist? Wie unvollkommen darf die Begriffsmeisterung sein? Zu diesem Thema ist breiter Dissens möglich.[132] Eine Antwort ist mithin nicht allein durch grundlegende begriffliche Wahrheiten vorgegeben – folglich auch nicht durch solche über das Glauben.

Wie ist es nun aber: Könnte ein Kind glauben, daß die Stifte rechts vom Buch liegen, wenn es die Relativität zu einem Blickpunkt noch nicht begriffen hat? Hier ein Szenario: Der Tisch steht im Wohnzimmer, das sich zwischen Kinderzimmer und Küche befindet. Das Kind (im Kinderzimmer) fragt die Mutter (in der Küche), wo seine Malstifte sind; sie antwortet "Auf dem Tisch im Wohnzimmer, unter den Malheften rechts neben der Vase"; es geht zum Tisch, sucht auf der von ihm aus gesehen rechten Seite, findet die Stifte dort nicht, sucht nun auf der andern Seite und mault: "Sie lagen links von der Vase". Auch wenn das Kind noch nicht versteht, daß die Stifte von der Küche aus gesehen rechts von der Vase lagen, hat es doch anscheinend etwas von dem verstanden, was ihm gesagt wurde. Es muß doch irgendeine Überzeugung über den Ort gebildet haben, an dem die Stifte sind! Sonst hätte es sich nicht so verhalten. Ich denke, es ist natürlich, das so zu sehen. – Naheliegend ist es vielleicht zu vermuten, daß das Kind "rechts" stets im Sinne von "rechts von meinem momentanen Blickpunkt gesehen" versteht. (Aber das hat seine eigenen Tücken. Was, wenn das Kind auch noch nicht über den Begriff des Blickpunkts verfügt?) Wie auch immer, Beispiele wie diese weisen nicht darauf hin, daß etwas geglaubt werden kann, das nicht wahrheitswertfähig ist, sondern darauf, daß es oft nicht möglich – oder jedenfalls nicht leicht – ist, das Geglaubte vollständig und mit Bestimmtheit zu spezifizieren, wenn der Glaubende diejenigen Begriffe nicht beherrscht, die er mit Wörtern ausdrückt, die er nur unvollständig versteht.

Zu (d). – Reiner Unsinn ist nicht zu glauben, selbst wenn er sich in Sätzen ausdrücken läßt. Ob das überhaupt gelingen kann, ist nicht ausgemacht. Die schönsten Beispiele für in Sprache gegossenen Unsinn, der es verdient, rein genannt zu werden, lassen dies offen. Daß es gar daustig war und glasse Wieben gorkicht im Gemank rotterten, ist vielleicht nicht einmal ein Daß-Satz des Deutschen.[133] Aber stellen wir uns vor, wir hätten ihn in allgemeinen Gebrauch genommen – zu keinem besonderen Zweck, schon gar nicht, um damit eine Behauptung oder Mitteilung zu machen. (Wir würden das so sagen, wie wir "Jodelohü" sagen.) In einem gewissen Sinn wäre es dann ein Satz unserer Sprache. Wer ihn 'versteht', weiß, daß es hier nichts zu glauben gibt. Auch nichts, das man für falsch halten könnte oder dem gegenüber man sich vorsichtshalber einer Meinung enthalten sollte. Reiner Unsinn, auch wenn er sich in eine syntaktisch tadellose Erscheinungsform bringen läßt, ist kein Gegenstand des Glaubens und Nicht-Glaubens. Auch das arglose Kind würde nicht glauben, daß Wieben rottern, selbst wenn es lebhafte Vorstellungen mit diesen Wörtern verbindet. Erst wenn es diesen einen Sinn verleiht – sie Begriffe ausdrücken läßt –, kann es etwas glauben. Aber dann eben etwas, das kein reiner Unsinn ist.

Die Grenzen zwischen 'reinem' Unsinn ("Glasse Wieben rottern gorkicht") und einem, der zwar nur aus dem vorhandenen Vokabularium schöpft, sich aber schon syntaktisch kaum noch reimt ("Entwurzelter Hunger harrt"), sind fließend. Hinzu kommen zahllose andere Formen der Sinnferne: schierer Blödsinn, der sich immerhin syntaktisch zusammenfügt (daß eineiige Primzahlzwillinge koscher atmen), vollkommener Unfug (daß Wasser ein Halluzinogen ist) und eklatante Idiotien (daß Löffel Empfindungen haben). – Was davon könnte 'im Prinzip' geglaubt werden, was nicht? Das Sortiment von Phänomenen, die zwischen glaubbarem Unfug und reinem Unsinn angesiedelt sind, ist unüberschaubar vielfältig. Es dürfte schwer sein, die nötigen Abstufungen zu machen, um schließlich zu einer profunden Abgrenzung zu gelangen: zwischen solchen Sinnlosigkeiten, die nicht, und solchen, die vielleicht doch für wahr gehalten werden können. Vielleicht kann es solch eine Grenzziehung nicht geben. Mithin ist hier nichts zu richten und zu rechten. Klar ist nur, daß reiner Unsinn so wenig geglaubt werden kann wie das begrifflich grundlegend Falsche. Bei ersterem fehlen die Begriffe, bei letzterem muß deren Unverträglichkeit jedem bekannt sein, der sie hat. Bei allen übrigen Erscheinungsformen des prima facie Absurden könnten wir, um den Anschein des Glaubens an Unsinniges zu zerstreuen, immerhin Zuflucht nehmen zu der Unterscheidung zwischen einem bloßem *Satz-für-wahr-Halten* und echtem *Glauben-daß*. Das ist ein wirklicher und wichtiger Unterschied. Doch auch er hilft nicht, diese Sache zu entscheiden. In manchem konkreten Fall dürfte durchaus unklar sein, ob die Diagnose "Er glaubt es nicht, er hält nur den Satz für wahr" richtig gestellt, oder nur eine hilflose Selbstbeschwichtigung ist, in die wir uns nur zu retten versuchen, weil *wir* nicht wahrhaben möchten, daß er etwas glaubt, das uns 'prinzipiell' unglaubbar scheint. Aus dem bloßen Begriff des Glaubens selbst läßt sich kein trennscharfes Kriterium gewinnen.

Dennoch, keiner der hier erwogenen Kandidaten für glaubbaren Unsinn liefert einen überzeugenden Hinweis darauf, daß etwas geglaubt werden kann, das keines Wahrheitswerts fähig ist. Allerdings ist all dies kein Beweis dafür, daß das Geglaubte seinem Begriffe nach stets wahrheitswertfähig sein muß. Es ist auch nicht zu sehen, wie ein solcher Beweis aussehen könnte, und erst recht nicht, wie er sich aus dem Begriff des Glaubens allein führen ließe. – Als ein Ergebnis dieser Überlegungen ist festzuhalten: Unsere Bestimmung des Objekts propositionalen Glaubens als dem Inhalt eines *wahrheitswertfähigen* Satzes hat sich als haltbar, wenn auch nicht als beweisbar erwiesen. Sie ist jedenfalls keine bloße terminologische Stipulation, mit der unliebsame Fälle einfach durch ein Verdikt beiseite geschoben würden. Wir werden, in gutem Glauben, weiter an ihr festhalten.

*

Zur zweiten Frage: ob alles Wahrheitswertfähige geglaubt werden kann. – Grundlegende begriffliche Falschheiten jedenfalls können aus dem gerade genannten Grund nicht geglaubt werden. Wer eine grundlegende begriffliche Falschheit ("Rot ist keine Farbe") anerkennte, würde über wenigstens einen der Begriffe nicht verfügen, die in ihr involviert sind. Er könnte bestenfalls den Satz für wahr halten, aber nur, weil er ihn nicht versteht oder mißversteht. Wie gerade betrachtet, ist nicht immer eine klare Unterscheidung zu machen zwischen grundlegenden begrifflichen Falschheiten und allerlei Abstrusitäten, denen wir am liebsten nicht einmal die Ehre erweisen mögen, sie als falsch zu bezeichnen.

Läßt sich das ohne weiteres auch auf Propositionen übertragen, die in der offenkundigsten Weise *logisch* widersprüchlich sind, also etwa solche des Typs "p & ~p"? Können auch sie nicht geglaubt werden? (Wohlgemerkt, es geht jetzt nicht um zwei Überzeugungen, die einander widersprechen, sondern um eine, die sich selbst widerspricht.) Man könnte versucht sein, so zu argumentieren: Wer solch einen krachenden Widerspruch für wahr zu halten sich anschicken wollte, versteht doch zumindest entweder den Begriff der Konjunktion nicht oder den der Negation! Verstünde er sie und versuchte dennoch, eine solche Proposition für wahr zu halten, dann besäße er doch schon allein dadurch nicht jenes Minimum an Rationalität, dessen es bedarf, überhaupt ein Glaubenssubjekt zu sein! Also liegt auch hierin eine grundlegende begriffliche Falschheit! – Die Debatte um die Glaubbarkeit von Widersprüchen wird jedoch sehr kontrovers geführt, und die interessantesten Argumente beruhen auf Überlegungen, die sich nicht auf begriffliche Einsichten über das Glauben berufen, sondern z. B. auf solche über die Bedeutung der Wörter "und" und "nicht", über die Brauchbarkeit parakonsistenter Logiken und über die Haltbarkeit einer dialetheistischen Wahrheitskonzeption. – Eine fundierte Antwort ist nur von einer umfassenderen Rationalitätstheorie, nicht von einer isolierten Betrachtung des Glaubensbegriffs, zu erwarten.[134]

Unsere dritte Frage betraf die Möglichkeit fremdartiger Glaubensobjekte: Kann etwas geglaubt werden, das Begriffe involviert, über die wir nicht verfügen – etwas, das sich gar nicht mit einem (uns verständlichen) Satz ausdrücken läßt? Nun, wenn es Glaubenssubjekte gibt oder jedenfalls geben könnte, die über Begriffe verfügen, die wir nicht erwerben können, dann sind eben auch fremdartige Glaubensobjekte möglich. Daß es sie geben kann, ist jedenfalls nicht durch den Begriff des Glaubens ausgeschlossen; ob es sie de facto gibt, ist keine begriffliche Frage. Daß der Mensch das einzige Glaubenssubjekt ist, ist jedenfalls keine apriorische Wahrheit; und daß alles, was überhaupt geglaubt werden kann, vom Menschen geglaubt werden kann, genausowenig.

*

Aus diesen kursorischen begrifflichen Betrachtungen hat sich kaum etwas Definitives ergeben: Menschen sind Glaubenssubjekte, Abstrakta sind doxastische Unsubjekte; jedes doxastische Subjekt besitzt Rationalität und verfügt über Begriffe (beides in einem geeignet anspruchslosen Sinn); alles Glaubbare ist wahrheitswertfähig; grundlegende begriffliche Falschheiten und reiner Unsinn sind keine Glaubensobjekte. Wäre jede darüber hinausgehende, spezifischere Auskunft eine letztlich willkürliche Setzung? Läßt sich sonst nichts begrifflich Fundiertes zu unsern Fragen sagen? Es ist nicht zu sehen, wie. Um die Frage nach unserm Begriff vom *Glauben schlechthin* anzugehen, haben wir nichts Besseres als die in dem 'Leitsatz' eingangs aufgestellte Ähnlichkeitsbedingung. Sie hat sich als nutzlos erwiesen. Wir haben keinen Weg gefunden, vom spezifisch menschlichen Glauben ausgehend eine brauchbare Eingrenzung im Hinblick auf das Glauben schlechthin zu finden. Worin würde sich manifestieren, daß dieses oder jenes nicht-menschliche Wesen oder Ding ein doxastisches Subjekt ist, oder auch, daß es keines ist? Wir wissen es nicht. Letztlich scheint fast alles begrifflich möglich: von den glaubenden Engeln und Extraterrestrischen bis hin zu den glaubenden Viren, Thermostaten oder gar Löffeln; von vernunftbegabten Wesen, die keine Wünsche oder Ziele haben, bis hin zu solchen, denen es gelingt, auch manifeste Antinomien für wahr zu halten; und so weiter. Aber natürlich auch das sozusagen Umgekehrte: Wesen, die glauben, deren Glaubenssubjektschaft zu bemerken uns aber verschlossen ist.

Unüberschaubar vieles ist beim Thema *Glauben* begrifflich möglich, sobald wir den Bereich des normalen menschlichen Glaubens verlassen. Wir müßten, sobald wir dies tun, offen sein für fremdartige Formen des Umgangs mit der Wirklichkeit, die jenseits unseres Begreifens liegen: für andere Rationalitäten und Begriffe, die dem menschlichen Begreifen unzugänglich sind. Wir müßten, heißt das, versuchen, das einzubeziehen, was wir selbst nicht verstehen. Das mag nach einer intellektuellen Herausforderung klingen, der sich mit couragierter Aufgeschlossenheit für das Ganz-Andere begegnen läßt. Aber am Ende führte hier wohl auch das forscheste Spekulieren zu nichts Greifbarem, und in dieser elementaren Sache bleibt uns nichts als Ratlosigkeit oder ein dogmatischer Anthropozentrismus in puncto Rationalität.

Läßt sich aber nicht doch etwas Bestimmteres sagen und begründen? Gelegentlich wird das versucht. Die beiden Auffassungen, die wir nun betrachten werden, sind deshalb von besonderem Interesse, weil sie sich den beiden Extremen annähern, die mit den bisher angestellten Überlegungen verträglich sind. Gemäß der ersten, restriktiven, bringt der Begriff des Glaubens überaus strenge Anforderungen mit sich, denen nur Wesen genügen können, die über eine reiche Sprache verfügen. Nach allem, was wir wissen, wäre der Mensch dann das einzige Glaubenssubjekt. – Die andere Auffassung enthält eine begrifflich überaus entspannte Konzeption des Glaubens. Ihr zufolge haben nicht nur sprachlose Lebewesen Überzeugungen, sondern auch vieles andere in der Welt, bis hinab zu Artefakten der schlichteren Art.

*

"Nur der Mensch glaubt" Daß de facto nur der Mensch glaubt, mag wahr sein, ist aber schwer zu beweisen oder zu widerlegen. Und wie sollte so etwas gelingen? Donald Davidson hat vielbeachtete Argumente für diese These vorgelegt, die auch deshalb unsere Aufmerksamkeit verdienen, weil sie in Zusammenhang stehen mit der Annahme, es gebe eine ganze Reihe von Glaubensvoraussetzungen, die erheblich spezifischer und anspruchsvoller sind als diejenigen, die wir bisher ins Auge gefaßt hatten. Ich nenne ein Dutzend von ihnen: Wenn *x* auch nur eine einzige Überzeugung hat, dann

weist *x* komplexe Verhaltensmuster auf;
hat *x* sehr viele miteinander zusammenhängende Überzeugungen;
hat *x* auch generalisierende Überzeugungen;
hat *x* überwiegend wahre Überzeugungen;
besitzt *x* die Fähigkeit, viele Überzeugungen auszudrücken;
hat *x* auch Absichten und Wünsche;
besitzt *x* die Fähigkeit, das Reden anderer Wesen zu interpretieren;
besitzt *x* die Fähigkeit, sich zu wundern;
verfügt *x* über den Begriff des Glaubens;

verfügt *x* über den Begriff des Irrtums;
verfügt *x* über den Begriff der ('objektiven') Wahrheit;
spricht *x* eine Sprache.[135]

Zumal dann, wenn diese Thesen als begriffliche Aussagen über das Glauben (und in Hinblick auf beliebige Entitäten *x*) aufgefaßt werden, leuchten sie nicht unmittelbar ein. Worin sollte, zum Beispiel, die Inkohärenz der Annahme liegen, daß manche Lebewesen zwar Überzeugungen über Einzelnes haben, aber keine über allgemeine Zusammenhänge? – Davidson behauptet all dies, und klingt dabei manchmal so, als ergebe es sich aus dem Begriff des Glaubens. Oft genug spricht er jedenfalls davon, das Glauben habe diese Merkmale *seiner Natur nach*. Der *Begriff* der wahren Überzeugung sei abhängig vom Vorhandensein einer gemeinsamen Sprache; wir hätten die *Idee* des Glaubens nur, weil wir Sprache interpretieren; ein Wesen, das nicht Interpret der Sprache eines andern sei, *könne* keine Überzeugungen haben. Sprache sei eine *notwendige Bedingung* des Glaubens; eine sprachlose Kreatur *könne* keine Überzeugung haben, und sie *müsse* in der Lage sein, Überzeugungen auszudrücken.[136] Wir werden bald sehen, daß diese Behauptungen auch von ihm letztlich wohl nicht als begriffliche Thesen über das Glauben gemeint sind. Dennoch ist es für die Fortspinnung unserer Überlegungen in diesem Kapitel instruktiv, diese Fehldeutung zunächst einmal beizubehalten. – Davidsons argumentatives Netz ist in den Einzelheiten fein gesponnen und hat als ganzes einige Suggestivität, wenn man eine oder beide seiner Grundthesen akzeptiert: erstens, daß zwischen Sprache und Denken eine ihren Begriffen geschuldete wechselseitige Abhängigkeit bestehe; und zweitens, daß jede empirisch gehaltvolle Aussage darüber, was eine Kreatur glaubt, eine umfassende Theorie der Sprache und des Denkens dieser Kreatur voraussetze.

Zunächst noch zwei terminologische Hinweise. Von Denken spricht Davidson in einem sehr weiten Sinn, von Sprache in einem sehr engen. Zum *Denken* rechnet er alle intentionalen Geistesphänomene mit einem propositionalen Inhalt, insbesondere auch das Glauben, das "für alle Formen des Denkens zentral" sei.[137] Unter *Sprache* versteht er eine ausgewachsene Sprache (von der Art einer Gemeinsprache wie Englisch, Italienisch oder auch der deutschen Gebärdensprache), nicht eine in einem ermäßigten Sinn dieses Worts, in dem man auch Bienen, Walen und Affen eine Sprache zubilligt oder vielleicht sogar Hunden eine Wuff-&-Wedel-Sprache. Die uns bekannten Tier-'Sprachen' sind, nach allem, was wir wissen, bestenfalls leidlich reiche Signalsysteme. Ihnen fehlen gewisse Merkmale, die für Davidson entscheidend sind. *Genuine Spra-*

chen – natürliche Sprachen wie die gerade genannten – weisen eine quantorenlogische Struktur auf, enthalten also singuläre Terme, Prädikate, Quantoren und Konnektoren. Dieses Merkmal sei entscheidend. Nur dank dessen "bringen sie eine Ontologie mit sich". Nur dank dessen lasse sich in ihnen überhaupt *über etwas reden* – nämlich über die Dinge, auf die sich ihre Quantoren erstrecken. Angesichts einer 'Sprache', die dieses Merkmal nicht aufweist, sondern nur ein bloßes Signalsystem ohne quantifikationale Struktur ist, wüßten wir nicht, "und das ist ganz wörtlich zu verstehen, wovon [ihre Benutzer] sprechen und ob sie überhaupt über irgendetwas sprechen. Und wenn wir das nicht wissen, was könnte dann als Grund für die Annahme gelten, daß überhaupt Verständigung stattfindet?"[138] Erst unter der Voraussetzung, daß eine genuine Sprache gesprochen wird, lasse sich die Frage stellen: Worum geht es, wovon wird eigentlich gesprochen? Ist diese Voraussetzung nicht erfüllt, dann gehe die Frage ins Leere, welchen wahrheitswertfähigen Inhalt die geäußerten Laute haben, welche Überzeugungen mit ihnen bekundet werden. – Die These, daß nur Wesen, die eine genuine Sprache beherrschen, Überzeugungen haben, bezeichne ich im Folgenden gelegentlich als *Lingualismus* (in puncto Glauben).

*

Die letzte der zwölf aufgereihten Thesen ist für unsere Überlegungen die interessanteste. Es liegt auf der Hand, daß sich aus ihr Argumente für einige der andern der aufgelisteten Behauptungen gewinnen lassen; weniger offensichtlich ist, wie man sie aus einer der andern – oder auch aus ihnen zusammengenommen – begründen könnte. Verschärfen wir den Lingualismus, den Davidson vertritt, probeweise zu folgender *begrifflichen* Behauptung:

> [B] Aus begrifflichen Gründen gilt: Wenn x auch nur eine einzige Überzeugung hat, spricht x eine genuine Sprache.

Kurz, kein doxastisches Subjekt ist sprachlos. Wir hatten gerade bemerkt, daß dies zumindest nicht unmittelbar einsichtig ist. Welche Argumente finden sich bei Davidson? Man kann sie in zwei Gruppen unterteilen. Einige von ihnen zielen nicht darauf ab, [B] als wahr zu erweisen. Ihre Stoßrichtung ist vielmehr: Es gibt keine hinreichend starken Gründe, einem Wesen Überzeugungen zuzuschreiben, das keine genuine Sprache spricht. Argumente dieser Art finden sich in seinen Arbeiten. – Zum zweiten läßt sich aus seinen Lehren zum sog. radikalen Interpretieren ein direktes Argument für [B] konstruieren, das er selbst allerdings nur nahelegt und nicht ausführt.

Wenn wir nun zunächst einige Argumente der ersten Art betrachten, halten wir uns dabei an das Beispiel, das Davidson mit Vorliebe verwendet. Da ist ein Hund, der eine Katze jagt und sieht, wie sie auf einen Baum zusaust; im entscheidenden Moment verliert er sie aus den Augen: Die Katze schlägt einen Haken, springt auf die kleine Mauer daneben und verschwindet. Der Hund steht nun unter dem Baum, richtet sich immer wieder auf, verkrallt sich mit den Pfoten im Stamm und kläfft aufgeregt. Er glaubt, daß die Katze auf dem Baum ist. Jedenfalls finden wir es völlig natürlich, das zu sagen, obwohl wir wissen, daß der Hund keine Sprache spricht. Was ist daran falsch? Im Lichte von [B] ist das nicht nur falsch. Es wäre begrifflich inkohärent, einem Wesen, dem wir die Sprachfähigkeit absprechen, dennoch Überzeugungen zuzubilligen. – Hier zunächst vier von Davidsons Argumenten. In spitzen Klammern füge ich naheliegende Repliken an. Deren schnippische Unbedarftheit ist beabsichtigt. Sie sollen nur darauf aufmerksam machen, wie einfach es ist, gegen solche Argumente störrisch zu bleiben.

Die Spezifität des Geglaubten. – Der Baum, unter dem der Hund kläfft, ist der älteste Baum im Garten. Es ist auch der Baum, auf den sich die Katze gestern gerettet hatte, als er sie jagte. Glaubt er, daß die Katze im ältesten Baum im Garten ist? Oder daß sie in dem Baum ist, auf den sie sich auch gestern gerettet hat? Glaubt er das eine, oder das andre, oder beides? – Solche Fragen wirken nicht sonderlich sinnvoll. Dennoch kann man sie nicht einfach wegwischen. Die Frage danach, was genau geglaubt wird, muß eine eindeutige Antwort haben. Wenn der Hund wirklich eine Überzeugung hat, dann muß sie einen spezifischen Inhalt haben. <Aber: Gut, die Frage nach dem spezifisch Geglaubten sollte eine eindeutige Antwort haben. Doch wo steht geschrieben, daß wir diese Antwort angeben können müssen? Warum sollen wir in Zweifel ziehen, daß der Hund irgendwelche inhaltlich ganz bestimmten Überzeugungen hat, nur weil wir nicht genau sagen können, welche es sind? Irgendeine Überzeugung hat er doch offenbar, die von der Katze und dem Baum handelt – auch wenn wir keine Ahnung haben, wie er die beiden begrifflich 'thematisiert'. Indem wir sagen, er glaube, daß *die Katze* auf *dem Baum* ist, geben wir nur das Thema seiner Überzeugung an: worum es in ihr geht. Wir sagen, wie die Welt aussehen müßte, wenn er recht hätte – nicht, wie er den betreffenden Sachverhalt konzipiert. Auch wenn wir davon keine Ahnung haben, warum sollten wir nicht trotzdem annehmen, daß er etwas glaubt, das genau dann wahr ist, wenn die Katze auf dem Baum ist?>

Das Thema des Geglaubten. – Wenn etwas zum 'Thema' einer Überzeugung gehört, so muß das glaubende Subjekt viele Überzeugungen über die betreffende Sache haben. Sollte eine Überzeugung des Hundes wirklich von diesem Baum handeln, dann müßte sie immerhin von diesem *Baum* handeln. Der Hund müßte zumindest irgendeinen Begriff von einem Baum haben. Das ist aber nur möglich, wenn er viele Überzeugungen über Bäume hat (etwa: daß sie wachsen, daß sie Blätter oder Nadeln haben, und dergleichen.) Zwar gibt es keine eindeutig bestimmte Liste solcher Überzeugungen, die den kognitiven Hintergrund für den Besitz eines Begriffs bilden; dennoch, wer gar keine Ahnung davon hat, was dazugehört und nicht dazugehört, ein Baum zu sein, verfügt nicht über den Begriff (dieser) Baum und hat folglich keine Überzeugung, in die er involviert ist. <Aber: Warum sollte der Hund keinen Begriff von diesem Baum haben, nur weil er den Begriff Baum nicht hat? Vielleicht hat er einen ganz andern Begriff, mit dem er diesen Baum, unter dem er steht, zum Gegenstand seines Glaubens macht – einen Begriff, der seinen andersgearteten geistigen Möglichkeiten entspricht? Es mag wohl sein, daß uns seine Begriffe ebenso verschlossen sind wie ihm unsere. Doch muß darin keine kognitive Schwäche seinerseits liegen. Schon gar nicht eine, durch die es ihm verwehrt ist, Überzeugungen von vertrauten Dingen zu haben, zumal wenn er mit ihnen sinnlich konfrontiert ist oder sie vielleicht täglich sieht, riecht und gelegentlich jagt. Wo steht geschrieben, daß er keinen seiner Art gemäßen Begriff (und keine passenden 'Hintergrundüberzeugungen') von der entwischten Katze hat, deren Geruch ihm noch in der Nase ist, und von dem Baum, in den er schaut?>

Die Allgemeinheit der Hintergrundüberzeugungen. – Der Inhalt vieler Hintergrundüberzeugungen, deren es bedarf, um über irgendeinen wie auch immer gearteten Begriff von einem bestimmten Ding zu verfügen, ist logisch allgemein. Wer sie hat, muß auch über einen Begriff von Allgemeinheit verfügen. Dies gilt auch für den Hund und jeden wie auch immer gearteten Begriff, den er von Dingen in der Welt haben mag. <Aber: Dies ist eine unplausibel starke Anforderung an Begriffsbesitz. Gewöhnliche Begriffe sind zwar in einem gewissen Sinn wesentlich allgemein: nämlich dazu geeignet, von mehr als einem Ding aussagbar zu sein. Aber es ist nicht einsichtig, daß Begriffsmeisterung die Kenntnis allgemeiner Aussagen ("Alles, was ein *F* ist, ist auch ein *G*" und dergleichen) mit sich bringt. Das ist natürlich so, wenn es sich um Sprecher einer genuinen Sprache handelt, zu deren Meisterung es nach Voraussetzung gehört, auch Wörter zu beherrschen, die Allgemeinheit ausdrücken. Doch was nötigt uns, dasselbe auch vom Hund zu verlangen? Vielleicht kommt er – solange er nur so schlichte Überzeugungen hat wie die, daß die Katze auf dem Baum ist – ohne logisch allgemeine Hintergrundüberzeugungen

aus. – Und nebenbei: Warum sollten Hunde nicht irgendeinen Begriff von Allgemeinheit haben?>

Erstauntseinkönnen. – Die Fähigkeit, überrascht oder erstaunt zu sein, ist eine Glaubensvoraussetzung. Würde der Hund wirklich glauben, daß die Katze auf dem Baum ist, und vergeblich nach ihr suchen, müßte er überrascht sein können – nicht einfach nur frustriert oder irritiert. Zum Überrascht- oder Erstauntsein gehört es, einer bestimmten Diskrepanz gewahr zu sein: zwischen dem, was man vorher geglaubt hat, und der Überzeugung, zu der man nun gelangt. "Solcherlei Gewahrsein ist jedoch eine Überzeugung über eine Überzeugung: [...] Ich gelange zu der Überzeugung, daß meine ursprüngliche Überzeugung falsch war."[139] Daraus folgt: Wer überhaupt Überzeugungen hat, muß den Begriff einer Überzeugung und des Irrtums haben, und diese kann er nicht haben, ohne auch den der objektiven Wahrheit zu haben. Er muß den Unterschied zwischen *Ist-der-Fall* und *Wird-geglaubt* machen können. Nun ist es eines, ob eine Kreatur über ein reichhaltiges Verhaltensrepertoire, ein ausgeprägtes Diskriminationsvermögen und die Fähigkeit verfügt, ihr Verhalten neuen Situationen in überlebensdienlicher Weise anzupassen. Ein anderes ist es, ob sie gelernt hat, den Unterschied zwischen (subjektivem) Glauben und (objektiver) Wahrheit zu machen. <Aber: Schon der Ausgangspunkt ist fragwürdig: Warum soll es nicht Wesen geben können, die das Fehlgehen ihrer Erwartungen ohne Erstaunen hinnehmen? Noch weniger einsichtig ist die Idee, jedes Erstaunen involviere einen Gedanken wie "Meine frühere, gegenteilige Überzeugung war falsch". Schon als empirische Hypothese über den Menschen leuchtet das nicht ein. Daß es sich gar allein schon aus dem Begriff des Erstaunens ergebe, ist dann vollends eine haltlose Intellektualisierung. Und außerdem: Ist es mehr als ein Vorurteil, dem Hund die Fähigkeit abzusprechen, überrascht zu sein?>

Diese 'Argumente' sind nichts weiter als persuasive Manöver. Sie sollen dem Opponenten eine Beweislast zuschanzen, vor der er zurückschreckt. Das ist ihre dialektische Pointe. Die nötige Durchschlagskraft geht ihnen allerdings ab. Die Beweislast, auf die sie hinweisen sollen, läßt sich, wie ich in spitzen Klammern anzudeuten versucht habe, unbeeindruckt zurückschieben. Wie naiv diese Erwiderungen auch sein mögen, diesen Zweck erfüllen sie. Und das wiederum spricht nicht für die Überzeugungskraft der zurückgewiesenen Argumente. – Davidson ist sich dessen wohl bewußt. Seine Konklusion formuliert er gelegentlich sehr milde, zum Beispiel so: "Mir scheint [aus den gerade betrachteten Gründen], daß Hunde keine Überzeugungen haben".[140] Wer so spricht, läßt durchblicken, daß er die Existenz sprachloser Glaubenssubjekte jedenfalls nicht für denkunmöglich, nicht für begrifflich inkohärent, hält; wenn doch, so würde er sich irreführend schwach ausdrücken. ("Mir scheint, daß Junggesellen keine Ehefrauen haben.") – Lassen wir diesen philosophisch unergiebigen Streit also beiseite, dessen 'Argumente' nicht dazu geeignet und wohl auch gar nicht dazu gedacht sind, die *begriffliche* Frage zu entscheiden, um die es uns hier geht.

*

Nun vertritt Davidson, bei genauerem Hinsehen, wohl gar keine unplausible Begriffsthese wie [B]. Er formuliert gerne stark; "die Natur des Glaubens" fließt ihm leicht aus der Feder. Doch auch wenn er einmal ausdrücklich sagt, sein lingualistisch basierter doxastischer Anthropozentrismus (nur Menschen glauben, weil nur sie genuine Sprachen sprechen) ergebe sich aus Merkmalen unserer *Begriffe*, dann findet sich auf derselben Seite eine Fußnote, aus der hervorgeht, daß seine These offenbar eine andere ist:[141]

> [D] Es ist auf apriorischem Weg einsichtig: Mit der Zuschreibung von Überzeugungen läßt sich höchstens dann ein Sinn verbinden, wenn das betreffende Wesen eine Sprache spricht.

Damit wird nicht bestritten, daß Hunde und andere sprachlose Lebewesen doxastische Subjekte sind. Wir dürfen mithin unterstellen, daß Davidson in diesem Punkt mit dem Tierfreund übereinstimmt: Es ist nicht *begrifflich inkohärent*, daß sprachlose Wesen Überzeugungen haben. In [D] geht es um ein ganz anderes Thema. Diese These besagt: es sei aus prinzipiellen Gründen *unmöglich zu behaupten*, daß sprachlose Wesen Überzeugungen haben. Und dies scheint mir völlig richtig; auch jeder andere Tierfreund sollte dies anerkennen. Betrachten wir dies kurz.

Überzeugungszuschreibungen sind Behauptungen über das Bestehen eines kontingenten Sachverhalts; mit ihnen wird ein Wahrheitsanspruch erhoben. Wahrheitsansprüche sind nur dann sinnvoll, wenn zumindest angebbar ist, wie sich verbindlich entscheiden lassen könnte, ob der betreffende Sachverhalt besteht oder nicht. (Der Vergleich einer Behauptung mit einem Wettangebot ist in dieser Hinsicht passend.) Die Möglichkeit einer verbindlichen Entscheidung ist jedoch nur dann gegeben, wenn zwei Bedingungen erfüllt sind: erstens, daß es ein unabweisbares Kriterium gibt, d. h. eine hinreichende Bedingung für die Wahrheit oder die Falschheit des Behaupteten; und zweitens, daß es ein akzeptiertes Verfahren gibt (oder zumindest geben könnte), dieses Entscheidungskriterium auf konkrete Einzelfälle anzuwenden. Kurz, wer behauptet, daß *p*, kann nicht zugleich anerkennen, daß sich kein Kriterium spezifizieren läßt, das diesen Bedingungen genügt.

Warum gibt es in puncto sprachloses Glauben kein solches Kriterium? Weil mit der sprachlichen Bekundung einer Überzeugung der einzige beweiskräftige Grund für ihre Zuschreibung gegeben ist. Dies muß hier unverhofft apodiktisch klingen; wir werden es im 10. Kapitel genauer erörtern und begründen. An dieser Stelle, vorweggreifend, nur dies: Es gibt kein unabweisbares – d.h. begrifflich gesichertes und mithin prinzipiell unkontroverses – Kriterium für die Wahrheit der Zuschreibung einer Überzeugung außer deren sprachlicher Bekundung. Ein anderes Kriterium kennen wir nicht, und selbst dieses läßt, wie wir sehen werden, nicht in jedem konkreten Fall eine verbindliche Entscheidung zu. Deshalb läßt sich in Hinblick auf sprachlose Wesen mit Überzeugungszuschreibungen kein ernsthafter Wahrheitsanspruch verbinden. Deshalb ist [D] richtig. Die vermeintliche 'These', der Hund glaube, daß die Katze auf dem Baum ist, läßt sich gar nicht behaupten. – All dies sollte auch der Tierfreund akzeptieren.

Wie steht es nun um entgegengesetzte 'Thesen'? Etwa die, der Hund glaube nicht, daß die Katze auf dem Baum ist, oder deren Verallgemeinerung auf alle doxastischen Subjekte, die keine Sprache haben: de facto sei es ihnen nicht gegeben, irgendetwas zu glauben? Um sie steht es nicht anders. Sie lassen sich ebensowenig behaupten; auch für sie läßt sich kein ernstzunehmender Wahrheitsanspruch erheben. Und zwar aus genau demselben Grund: Von doxastischen Unsubjekten abgesehen, verfügen wir über keine prinzipiell unkontroversen, kriterial sicherbaren Kriterien, einem Wesen Überzeugungen abzusprechen. Unsere einschlägigen Absprechungskriterien sind ebenso sprachbezogen wie die der Zuschreibung. *Alle* unsere begrifflich gesicherten Kriterien zu diesem Thema blenden sprachlose Wesen aus. Sie schließen sie nicht aus.

Wer sich dennoch dazu hinreißen läßt zu behaupten (oder zu bestreiten), daß es Glauben ohne Sprache gibt, müßte also zugleich ein neuartiges Entscheidungskriterium anbieten – möglichst eines, das prinzipiell unkontrovers wäre, sich mithin auf einsichtige Weise aus den relevanten Begriffen gewinnen läßt. Damit wäre etwas erreicht, was wir im ersten Kapitel kurz betrachtet hatten: eine neue Einsicht über alte Begriffe. Vielleicht sind die oben erwähnten Thesen und persuasiven Argumente von Davidson am Ende doch so gedacht: als der Versuch, durch eine Schar aufeinander abgestimmter Thesen und Argumente – die einzeln genommen nicht überzeugen, aber zusammengenommen attraktiv erscheinen mögen – eine enge Beziehung zwischen dem Begriff einer genuinen

Sprache und dem des Glaubens zum Vorschein zu bringen und damit Sprachbesitz als eine Glaubensvoraussetzung plausibel zu machen. – Wir haben gesehen, weshalb aus These [D] besser eine andere Lehre zu ziehen ist: Die begriffliche Möglichkeit sprachloser Glaubenssubjekte ist unbestreitbar; uns fehlen jedoch geeignete Kriterien der Zuschreibung oder Absprechung von Überzeugungen; deshalb ist kein sinnvoller Streit darüber möglich, ob es de facto sprachlose Wesen gibt, die Überzeugungen haben.

*

Aber läßt sich nicht doch sogar die kompromißlose These herleiten, die am Anfang dieses Überlegungsgangs stand: daß sprachlose Wesen, in einem denkbar strengen Sinn, keine Überzeugungen haben *können*, eben doch doxastische Unsubjekte sind? Betrachten wir nun eine Überlegung, die vom Geist der Auffassungen Davidsons beseelt ist, von ihm selbst – so weit ich sehe – allerdings nie in dieser Weise vertreten wurde.

Das Argument mit der Theoretizität des Glaubensbegriffs Die These, von der das nun zu erwägende Argument seinen Ausgang nimmt, besagt: Der Begriff des Glaubens ist ein theoretischer Begriff einer Interpretationstheorie. Zunächst soll diese These selbst erläutert werden, anschließend der Gedankengang, der den Davidsonianer zu dem Ergebnis führt, Sprachbesitz sei eine Glaubensvoraussetzung. Unter einer Interpretationstheorie ist hier eine empirische Theorie zu verstehen, die dazu geeignet ist, das an einem Menschen beobachtbare Verhalten, insbesondere auch Sprachverhalten, auf eine besondere Weise vorherzusagen und zu erklären: und zwar unter Rekurs auf die Bedeutung der sprachlichen Zeichen, die er verwendet, und mit Rekurs auf seine intentionalen Geisteszustände – darunter insbesondere auch seine Überzeugungen. Wann immer wir einem Menschen eine Überzeugung zuschreiben, wenden wir – auch wenn wir uns dessen nicht bewußt sind – eine 'totale' Interpretationstheorie an, die alle verhaltensrelevanten Aspekte des geistigen Profils des betreffenden Subjekts einbezieht.[142] Diese zugleich semantische und psychologische Theorie ist zwar in vielerlei Sinn 'intuitiv' (jedenfalls nicht ausgearbeitet oder formuliert), aber nichtsdestotrotz eine *Theorie*: nicht weniger theoretisch als eine wissenschaftlich elaborierte Theorie zur Erklärung und Prognose des Verhaltens komplexer Systeme. Und es ist *eine* Theorie: Sie ist aus einem Guß, nicht separierbar in zwei voneinander unabhängige Theorien (hie die semantische Komponente, da die psychologische). Dies zeigt sich auch daran, daß wir ihre semantischen Implikationen nicht testen können, ohne dabei Psychologisches zu berücksichtigen, und umgekehrt. Das gilt jedoch nicht nur für die Überprüfung, sondern auch für die Konstruktion einer Interpretationstheorie. Es wäre nicht möglich, in Bezug auf das Verhalten eines vorgegebenen Systems, *Σ*, zunächst einmal eine rein psychologische Theorie zu entwickeln und diese dann durch eine semantische zu ergänzen (oder umgekehrt). Ob ein bestimmter Satz in *Σ*s Sprache bedeutet, daß es regnet (Semantik), läßt sich nicht in vollständiger Unabhängigkeit davon in Erfahrung bringen, was *Σ* damit meint oder welche Überzeugung er damit bekundet (Psychologie), daß er diesen Satz äußert. Und umgekehrt: die Hypothese, daß *Σ* glaubt, daß es regnet, muß sich auch daran bewähren, ob und unter welchen Umständen *Σ* bereit ist, dem entsprechenden Satz zuzustimmen.

Der Ausgangsthese zufolge ist der Begriff der Überzeugung ein theoretischer Begriff, Überzeugungen sind theoretische Konstrukte. Dasselbe gilt für den Begriff der Bedeutung und für die Bedeutungen einzelner sprachlicher Zeichen. Diese Begriffe und das, wovon sie handeln, "haben kein Eigenleben". Sie sind das, was sie sind, nur in ihrem Zusammenspiel – in ihrem wechselseitigen Aufeinanderbezogensein, das von der Interpretationstheorie als ganzer beschrieben wird.[143] Daraus ergibt sich, daß diese Theorie – und folglich auch der Begriff des Glaubens – von vornherein nur anwendbar ist auf Systeme, deren Verhaltensweisen von der Art sind, daß sie überhaupt die für diese Theorie maßgeblichen Daten abgeben können. Zu solchen (laut Davidson "primitiveren") Daten gehört insbesondere auch Sprachverhalten: Um überhaupt Gegenstand einer Interpretationstheorie sein zu können, muß *Σ* ein Verhalten gegenüber Sätzen aufweisen, auf Grund dessen es gerechtfertigt ist zu sagen: Er hält diesen Satz für wahr und jenen für falsch. Gibt es keine solchen Daten, kann es auch keine Interpretationstheorie in Bezug auf *Σ* geben; es fehlte ein entscheidender Punkt, an dem sie überhaupt ansetzen könnte. – Der Grundgedanke läßt sich auch so fassen: Der Begriff des Glaubens ist der Begriff eines theoretischen Konstrukts, das wesentlich durch seine Beziehungen zu andern Konstrukten derselben Theorie bestimmt ist. Von Glauben zu sprechen, *heißt*, von etwas zu sprechen, das überhaupt nur das ist, was es ist, weil es mit semantischen und andern auf das Sprachverhalten bezogenen Konstrukten zusammenhängt – und zwar so zusammenhängt, wie dies in der Interpretationstheorie niedergelegt ist. Von jedem spezifischen propositionalen Glauben kann nur dann die Rede sein, wenn es in einem durch die Interpretationstheorie beschriebenen Zusammenhang mit andern Geistesphänomenen, äußeren Gegebenheiten und Verhaltensweisen steht, die es rechtfertigen, auch davon zu sprechen, daß das betreffende Subjekt eine genuine Sprache spricht.

Was nun sprachlose Kreaturen angeht, so ist der Glaubensbegriff auf sie überhaupt nicht anwendbar. Denn er ist in einer Theorie verankert, die Aussagen über propositionales Glauben nur in Hinblick auf solche Wesen gestattet, deren Verhalten Sprachverhalten umfaßt. Auch vom Tierfreund wird nicht bestritten, daß sich nur aus dem beobachtbaren Verhalten eines Systems etwas darüber ergeben kann, ob es die-&-die Überzeugung hat. Aber nun ist zu sehen, warum sich aus der Beobachtung des Verhaltens sprachloser Wesen – sei dieses Verhalten in vielerlei Hinsicht noch so flexibel, komplex und 'menschenähnlich' – grundsätzlich nichts von dieser Art ergeben könnte. Der Grund dafür tritt allerdings nicht in einer traditionell verfahrenden Begriffsuntersuchung zum Vorschein, die durch nichts weiter als lexikalische Trivialitäten und riskante 'Intuitionen' zu isolierten Begriffen angeleitet ist. Der ausschlaggebende Grund erschließt sich nicht im Zuge der Untersuchung eines Begriffs (Glauben) oder zweier Begriffe (Glauben und eine Sprache besitzen), und er wird auch nicht ersichtlich, wenn wir Schritt für Schritt noch ein paar weitere in unsere begrifflichen Reflexionen einbeziehen (z. B. den der Überraschbarkeit, der propositionalen Spezifität, der Allgemeinheit, und des Irrtums). Vielmehr tritt er erst dann zutage, wenn wir den gesamten Begriffsrahmen in den Blick nehmen, zu dem sie gehören, und uns darauf besinnen, von welcher Art dieses Gesamtgefüge ist und wie wir es als ganzes auf die Welt beziehen, also insbesondere auch Aussagen überprüfen, die mit solchen Begriffen formuliert sind. Erst dann wird deutlich, warum Glaubensaussagen über sprachlose Wesen ins Leere gehen müssen. Der Grund dafür ist analog dem, warum in Bezug auf 'widerspenstige' Objekte (die sich nicht mit andern zusammenbringen lassen) keine Meter-Längenangaben möglich sind, wenn das einzige Kriterium, das in unserm Begriffsrahmen für die Korrektkeit solcher Angaben vorhanden ist, die Möglichkeit eines Längenvergleichs mit dem Urmeter voraussetzt. In den Bereich solcher Objekte können wir keine Länge-in-Meter-Ordnung bringen. Genausowenig können wir eine intentional-propositionale Ordnung in den Bereich der sprachlosen Wesen bringen. Kurz, "*x* hat keine Sprache und glaubt, daß *p*" geht auf die gleiche Weise ins Leere wie "*x* ist ein widerspenstiger Körper und ist *n* Meter lang".

Zusammenfassend: Sprachlose Wesen sind von vornherein nicht im Anwendungsbereich einer Interpretationstheorie angesiedelt und deshalb ist der Glaubensbegriff nicht auf sie anwendbar. Denn er und alle anderen Begriffe für intentionale Geistesphänomene mit propositionalem Inhalt gehören einer Theorie an, in deren Gegenstandsbereich nur solche Systeme fallen, die auch Sprachverhalten aufweisen. Ein doxastisches Subjekt sein, *heißt*, ein solches System sein. Deshalb und in diesem Sinne *kann* ein Wesen, das keine Sprache hat, auch keine Überzeugungen haben. Es läge ein Mißverständnis über den Begriff des Glaubens darin, ihn auf solch ein Wesen anzuwenden, weil dieser ja einer psychosemantischen Theorie zugehört, die sich nicht in zwei Komponenten aufsplittern läßt: in eine, die nur das Geistige, und eine andere, die nur das Sprachliche betrifft. – Dadurch wird klar, daß und warum sprachlose Wesen keine Überzeugungen haben *können*. Mithin ist die oben formulierte Begriffsthese [B] eben doch richtig: Sprachbesitz ist eine Glaubensvoraussetzung. Die Gründe sind im Glaubensbegriff selbst angelegt: in seiner Theoretizität. Sie ergeben sich nicht direkt aus etwaigen Wahrheiten *mit* dem Begriff des Glaubens ("Wer nicht spricht, der glaubt nicht"), die jemandem allein schon dank dessen zugänglich sind, daß er diesen Begriff gemeistert hat. Vielmehr ergeben sie sich aus einer Einsicht *über* diesen Begriff ("Glauben ist ein theoretischer Begriff einer einheitlich psychosemantischen Theorie"). – Dies als Skizze einer 'davidsonianischen' Argumentation.

*

Ihr Reiz für uns liegt darin, daß sie den bisherigen Überlegungen, die in eine Sackgasse geführt haben, eine neue Richtung zu weisen scheint. Der Streitpunkt, ob Sprachbesitz eine Glaubensvoraussetzung ist, scheint nun an der Frage zu hängen, ob Prädikate vom Typ "glauben, daß..." tatsächlich theoretische Terme sind, und der weiteren, ob jedes Zuschreiben einer Überzeugung tatsächlich der Akt eines Interpretierens ist. Diese Fragen werde ich erst später, negativ, beantworten. – Jetzt hingegen einmal angenommen, es wäre so, wie der Davidsonianer sagt. Könnten unsere Überlegungen dann wirklich in eine ganz neue Richtung gehen? Was, wenn der Tierfreund folgendes erwiderte? "Unsere Interpretationstheorien könnten sich, wie andere Theorien auch, in ihrer Anwendung erweitern lassen. Nichts schließt aus, daß wir im Rahmen einer noch zu entwickelnden Theorie auch sprachlosen Wesen Überzeugungen zusprechen könnten." – Darauf könnte der Davidsonianer wohl vielerlei entgegnen. Betrachten wir eine Standardreplik: Die künftige Theorie wäre eben eine andere Theorie; ihre theoretischen Terme hätten eine andere Bedeutung; selbst wenn in ihr das Wort "glauben" vorkäme, so hätte es dann einen andern Sinn, würde mithin einen andern Begriff ausdrücken. Aber der Streitpunkt ist, ob *unser* Begriff des Glaubens (der Begriff, den wir jetzt wirklich und wahrhaftig haben) auf den Hund zutrifft. Was auch immer es mit andern Begriffen (zum Beispiel denen einer 'erweiterten' Theorie) auf sich hätte, ist völlig irrelevant! – Darauf der Tierfreund: "Ich denke natürlich an konservative Erweiterungen unserer jetzigen Interpretationstheorie. In ihnen wäre alles wahr, was wir derzeit an Wahrem über das Glauben sprachbegabter Menschen sagen können, aber es wäre Platz geschaffen für hinzukommende Wahrheiten: eben über das Glauben sprachloser Wesen!"

Den Streit, der hier in Gang kommt, wollen wir nicht weiterverfolgen. Er ginge eben doch nicht in eine neue Richtung. Er würde, nur auf einer andern Ebene, vorhersehbar in dieselbe Sackgasse führen. Denn der philosophisch voraussetzungsreiche Schlenker, der die Theoretizitätsannahme miteinbezieht, führt ja auf die Frage, ob eine konservativ erweiternde Nachfolger-Interpretationstheorie denkbar ist, in der das bisher nur auf sprachbegabte Systeme anwendbare 'Konstrukt' namens *Glauben* so 're-konstruiert' ist, daß es auch auf andere Wesen anwendbar ist. Diese Frage ist jedoch nichts als eine andere Formulierung des Problems, das sich bereits herausgeschält hatte. Jedenfalls ist sie nicht leichter und auch nicht besser zu entscheiden als die Frage: Sind begrifflich gesicherte Kriterien denkbar, die es uns gestatten würden, mit gleicher Bestimmtheit von einem Hund zu sagen, er glaube dies-&-das, wie wir dasselbe von einem Menschen sagen können? Könnte ein um solche Kriterien angereicherter Begriff des Glaubens immer noch der Begriff sein, den wir jetzt haben?

Ja, wenn wir nur genau wüßten, was Begriffsidentität ist. Und speziell auch sagen könnten, worin der Unterschied besteht zwischen Begriffswechsel und tieferem Begriffsverständnis. Sei da ein Begriff, den wir schon lange verwenden, und nun gelangen wir zu neuartigen Einsichten über die Sphäre der Phänomene, von denen dieser Begriff handelt. Wir fühlen uns gedrängt, neuartige Wahrheiten anzuerkennen, und haben den Eindruck, bei dem Versuch, sie angemessen zu formulieren, gebe es nur zwei Möglichkeiten. Zum einen: Dank der neuen Erkenntnisse geben wir den alten Begriff nun zugunsten eines neuen preis. Zum andern: Dank dieser neuen Erkenntnisse sehen wir, daß unser bisheriger Begriff eine breitere Anwendung hat als uns bislang klar war. Die neuen Erkenntnisse bereichern auch unser Begriffsverständnis, und zwar das Verständnis eben dieses Begriffs, den wir schon hatten.

Wie schwer zu fassen dieser Unterschied ist, zeigt sich daran, daß er auch bei andern Grundbegriffen schwer zu machen ist, die nicht das Mentale mit all seinen eigentümlichen Ungreifbarkeiten betreffen. Nehmen wir den Begriff der Zahl als Beispiel. Hier eine Spekulation, es kommt nicht darauf an, ob sie historisch akkurat oder auch nur plausibel ist; sie soll nur einen Wink in Richtung des Gemeinten geben: Am Anfang waren die positiven ganzen Zahlen; die Beherrschung des Begriffs der Zahl reichte zunächst nicht über sie hinaus. Man stieß auf die Null und auf die negativen ganzen Zahlen. Was geschah da? Eine Betrachtungsweise ist: Man lernte den Begriff der Zahl besser kennen, indem man lernte, auch mit ihnen zu rechnen. Man hatte nun neue Kriterien dafür, was eine Zahl ist. Später kam man darauf, daß auch echte Brüche Zahlen sind; weiters rationale Zahlen insgesamt. – Nennen wir den, der diesen fingierten Entwicklungsprozeß so betrachtet, einen Realisten in puncto Zahlbegriff. Eine andere Betrachtungsweise ist diese: Unser Begriff der Zahl hat sich im Laufe der Zeit allmählich verändert. Schon diejenigen unserer Vorfahren, die zur Null vorstießen, hatten einen andern Begriff der Zahl als ihre Vorfahren. In aller Unschuld (oder Leichtfertigkeit) wurde dieser neue, weiter gefaßte Begriff ebenfalls mit dem Wort "Zahl" bezeichnet. – Dagegen wiederum der Begriffsrealist: Warum nicht sagen, daß der Zahlbegriff im Laufe der Zeit besser verstanden wurde, durch die Einsicht, daß auch die Null, die negativen ganzen Zahlen, die echten Brüche und die rationalen Zahlen insgesamt Zahlen sind und nicht ein Nichts, ein Schuldenstand oder ein bloßes Proportionsverhältnis? War nicht das, was erweitert wurde, das Verständnis des immer selben Begriffs der Zahl?

Auch unser Begriffsrealist wird einräumen, daß in der historischen Entwicklung, die zu unserm heutigen Begriff der Zahl geführt hat, Begriffsveränderungen stattgefunden haben. Mag sein, daß der 'ursprüngliche' Begriff der Zahl im späteren Gang der Entwicklung tatsächlich durch einen andern Begriff gleichen Namens ersetzt wurde: etwa dann, als π als Zahl anerkannt wurde, oder erst sehr viel später, seitdem auch Quadratwurzeln aus negativen Zahlen als Zahlen gelten. (Es mag wohl seinen Grund haben, daß man sie auch heute noch 'imaginär' nennt. Als 'echte' Zahlen sind sie manchen unter uns immer noch unheimlich.) Andererseits, vielleicht fallen auch die reellen und die imaginären Zahlen unter just den Begriff der Zahl, den schon die Alten gemeistert hatten, denen nur positive ganze Zahlen als Zahlen bekannt waren. – Der Begriffsrealist beharrt darauf, daß die Begriffe einer neuen Theorie mit einem erweiterten Gegenstandsbereich nicht unweigerlich neue Begriffe sind. Und das, so mag der Tierfreund hinzusetzen, gilt auch für Interpretationstheorien. Einen Begriffsrealisten kann das davidsonianische Argument mit der angeblichen Theoretizität des Glaubensbegriffs nicht beeindrucken, selbst wenn er, als dialektisches Entgegenkommen, dessen höchst unplausible Ausgangsthese nicht bestreitet.

*

Man frage sich einmal: Wie stünde es eigentlich um einen *Menschen*, der nicht spricht – ja, konstitutionell unfähig wäre, eine genuine Sprache zu erlernen? Wäre Sprachbesitz eine unverhandelbare Glaubensvoraussetzung, könnte er keine Überzeugungen haben. Gleichgültig, wie sehr er uns ansonsten gleichen mag, in dieser angeblich entscheidenden Hinsicht unterschiede er sich nicht von einem Hund. Ein unbarmherziger Davidsonianer sähe sich durch seine Theorie vielleicht gedrängt, solch einen Menschen zu einem doxastischen Unsubjekt zu erklären. Falls jedoch der Gesichtspunkt der Mitmenschlichkeit – der Ähnlichkeit mit 'uns', 'normalen Menschen' – eigenes Gewicht hat, wollte man wohl auch ihm Überzeugungen zuschreiben. Stünde er unter besagtem Baum, blickte angestrengt und aufgeregt hinauf, und jemand fragte, warum er das tut, hätte es dann nicht einen tadellosen Sinn zu sagen: "Weil er glaubt, daß die Katze auf dem Baum ist; *wenn er nur sprechen könnte, würde er das selber sagen*"? Daß dies einen Sinn hat, ergibt sich doch schon daraus, daß man sinnvoll widersprechen kann ("Nein, er hat das Eichhörnchen bemerkt, das da oben sitzt; das fasziniert ihn viel mehr als die Katze"). Wäre all dergleichen ein bloßer Euphemismus: eine zwar humane, aber sachlich definitiv falsche Art zu reden, die tadellos nur insofern ist, als sich in ihr Nächstenliebe bekundet? – Aber gerade die predigt der Davidsonianer doch mit einigem Aplomb und erhebt sie zu einem Prinzip (das sog. *principle of charity*), das die Interpretation des Verhaltens von Menschen leiten müsse! Wäre es in solch einem Fall wahrlich 'radikalen Interpretierens' – des Verhaltens eines *sprachlosen* Menschen – nicht erst recht passend, Prinzipien des hermeneutischen Entgegenkommens zur Anwendung zu bringen?[144] – Der doxastische Lingualismus läuft spätestens dann unserer Intuition zuwider, wenn wir an sprachlose Menschen denken. Könnte in puncto sinnvoller Anwendbarkeit des Glaubensbegriffs wirklich alles an der Sprachfähigkeit hängen?

*

Wie man es dreht und wendet, am Ende stellt sich die Kernfrage: Ist der Umstand, daß wir de facto keine Kriterien für sprachloses Glauben haben und auch keine Ahnung davon, wie sie beschaffen sein könnten, ein Hinweis darauf, daß solch ein Glauben begrifflich ausgeschlossen ist? Keines der Argumente, die wir betrachtet haben, nötigt uns zu einer bejahenden Antwort. Davidson, so hat sich ergeben, versucht gar nicht, so ein Argument zu geben, und der Davidsonianer, der es versucht, scheitert selbst dann, wenn man ihm weitreichende Voraussetzungen (speziell die unplausible Theoretizitätsthese) probeweise zubilligt. – Wer die Kernfrage verneint, könnte diese Dinge so betrachten: Der unbestimmt weit ausgreifende Begriff des Glaubens 'schlechthin' geht über das hinaus, was wir bisher gemeistert haben. Soweit wir ihn leidlich gut verstehen und durch Kriterien geleitet anwenden können, erstreckt er sich nur auf den Menschen. Daß dies nur ein Ausschnitt seiner Reichweite ist, daß im Begriff selbst kein Nur-der-Mensch angelegt ist, zeigt sich schon daran, daß wir bereit sind, ihn auch auf andere sprachfähige Wesen anzuwenden, sobald wir ihnen begegneten. Daß in ihm darüber hinaus auch kein Lingualismus angelegt ist, hat sich in den gerade angestellten Überlegungen erwiesen. Gewiß, uns beschleicht ein Gefühl der begrifflichen Beklommenheit gegenüber positiven Aussagen über das Glauben sprachloser Wesen. Aber das rührt nicht daher, daß uns insgeheim klar wäre: Hier wird in einem Bild gesprochen; wir tun nur so, als sei es wörtliche Rede. Im Gegenteil, wenn wir so etwas sagen, dann meinen wir, was wir sagen. Allerdings, und hieraus entsteht das Unbehagen, ist uns bewußt, daß wir das, was wir sagen, nicht im Ernst kategorisch behaupten können. Wir können das nicht, weil wir – wie uns ebenfalls klar ist – nicht die geringste Idee davon haben, wie potentiell beweiskräftige Gründe beschaffen sein könnten. Wir haben, heißt das, kein vollständiges Verständnis unseres Begriffs vom Glauben schlechthin. Aber unsere begrifflichen Instinkte deuten darauf hin, daß er dennoch Spielraum läßt für sprachloses Glauben. Die lingualistischen Argumente jedenfalls geben uns keinen vernünftigen Grund für die gegenteilige Auffassung.

*

Nun ist zu erwägen, ob nicht all diese begrifflichen Skrupel, denen wir nachgegangen sind, sich ganz einfach wegwischen lassen. Dies ist die Verheißung einer Konzeption, die als die Lehre vom sog. *intentionalen Standpunkt* bekannt ist. Sie stammt von Daniel Dennett und wird von ihm seit langem mit Eloquenz, Scharfsinn, Witz und erkennbarem Vergnügen an der Provokation engstirniger Begriffspedanten vertreten. In manchen, auch tiefreichenden Hinsichten (z.B. Theoretizität des Glaubensbegriffs) ist diese Lehre den Auffassungen geistesverwandt, die Davidson zu der Annahme führen, daß nur sprechende Wesen glauben, und den Davidsonianer zu der These verführen, dies lasse sich auf apriorischem Weg einsehen. Just in diesem Punkt jedoch – wer oder was kann glauben? – divergieren diese Konzeptionen aufs Entschiedenste. Gehen wir dem ein wenig nach.

"ALLES GLAUBT, WENN WIR ES NUR LASSEN" Nach Dennett ist jedes System (sei's Mensch, Tier, Pflanze oder Artefakt) ein Glaubenssubjekt, sobald wir ihm gegenüber, mit Erfolg, eine bestimmte Strategie verfolgen können, um gewisse seiner Verhaltensweisen vorherzusagen. Das Kennzeichen dieser sog. *intentionalen* Strategie, Perspektive bzw. Haltung gegenüber einem System ist es, ihm Überzeugungen und andere intentionale Einstellungen zuzuschreiben, in deren Licht ein beträchtlicher Teil seines Verhaltens zuverlässig vorhersagbar ist.[145]

Die intentionale kontrastiert Dennett mit zwei andersartigen Prognose-Strategien, die entweder bei der rein physischen Beschaffenheit oder bei der funktionalen Machart eines Systems ansetzen.[146] Erstere wird nicht nur von Physikern oder Chemikern professionell angewendet, sondern auch von der Hausfrau, die ohne theoriegestützten Kenntnishintergrund vorherzusehen versucht, was geschehen wird, wenn sie den glühend heißen Topf auf die Plastikunterlage stellt. Diese Strategie ist unanwendbar, solange wir zu wenig über die Einzelheiten der physischen Beschaffenheit des Systems wissen, oder auch dann, wenn unser physikalisches Wissen zwar im Prinzip ausreichte, die rein physikalische Herleitung der gewünschten Prognose in konkreten Einzelfällen jedoch praktisch unmöglich ist. – Die andere dieser beiden Strategien bietet sich insbesondere dann an, wenn angenommen werden darf, daß das System zur Ausübung gewisser Funktionen gemacht ist (z. B. Radio oder Schachcomputer) und daß die Komponenten seiner funktionalen Architektur intakt sind. Dann lassen sich gewisse Verhaltensweisen des betreffenden Systems mit Hilfe von Annahmen darüber vorhersagen, wozu es gemacht ist und wie es 'im Groben' funktioniert. Daß die Musik, die aus dem Radio kommt, leiser sein wird, wenn der Lautstärkeregler heruntergedreht wird, kann auch der vorhersehen, der fast gar nichts über die physikalischen Einzelheiten des Geräts weiß und nur wenig über seine funktionale Struktur. (Dennett weist darauf hin, daß diese Strategie nicht nur auf Artefakte im engeren Sinn anwendbar ist, sondern auch auf biologische Systeme mit 'Funktionen', die sich in ihnen evolutionär herausgebildet haben, wie dies z. B. bei Pflanzen, Organen oder Killerzellen der Fall ist.[147]) Natürlich hat auch die auf solche Annahmen gestützte Prognose ihre Grenzen, z. B. dort, wo überhaupt keine Hypothesen über die funktionale Architektur verfügbar sind. Dann kann aber immer noch eine ganz andere Herangehensweise weiterhelfen: Wir betrachten das System als eines, das Wünsche und Überzeugungen hat, und versuchen, sein Verhalten mit Rückgriff auf Hypothesen darüber vorherzusagen, welche spezifischen Wünsche und Überzeugungen das sind. Wir betrachten, heißt das, das System aus der 'intentionalen Perspektive'.

Was spricht für diese Strategie? Dennett nennt zweierlei: erstens den Erfolg von Prognosen, die auf diesem Weg erstellt werden, und zweitens den Umstand, daß sie – im Lichte dessen, was wir über viele solcher Systeme derzeit wissen – hinsichtlich Reichweite und Einfachheit der Anwendung konkurrenzlos ist. Die funktionsorientierte und erst recht die physikalische Strategie sind oft nur 'im Prinzip' auf intentionale Systeme anwendbar, in Wirklichkeit versagen sie außer in den trivialsten Angelegenheiten. Denken wir an den Menschen als ein intentionales System. Ein Beispiel: Die physikalische Strategie mag treffliche Prognosen über einige Veränderungen ermöglichen, die sich im Gehörgang eines Menschen ergeben, wenn er einem so-und-so gearteten Schall ausgesetzt wird. Die funktionsorientierte Strategie mag gute Vorhersagen z.B. darüber ermöglichen, welche Beeinträchtigungen des Hörvermögens sich ergeben, falls bestimmte Module der Hörverarbeitung ausfallen. Mit beiden Strategien ist jedoch keine Prognose des folgenden Kalibers möglich: daß dieser Mensch, der an Bahnsteig 7 steht, sich eilig in Richtung Gleis 2 in Bewegung setzen wird, wenn er eine bestimmte Lautsprecheransage hört ("Achtung, Reisende nach München. Außerfahrplanmäßig fährt der ICE, Abfahrt 14 Uhr 17, heute nicht auf Gleis 7, sondern auf Gleis 2 ab."). Für die intentionale Strategie hingegen sind solche Prognosen ein Klacks.

Menschen und andere 'höhere' Tiere sind natürlich Paradefälle intentionaler Systeme. Anwendbar ist diese Strategie aber im Prinzip auf jederlei Art von Entitäten, deren Verhalten wir mit keiner der beiden andern Strategien vorherzusagen in der Lage sind. Der Ausgangspunkt der intentionalen Strategie ist es, dem betreffenden System Rationalität zu unterstellen, und das heißt zumindest: Wünsche, die seinen Bedürfnissen entsprechen, und Überzeugungen, die sich nach den Gegebenheiten richten, in denen es sich befindet – soweit es diese wahrzunehmen vermag. Der erste Schritt bei der Verfolgung dieser Strategie ist es, Hypothesen darüber zu entwickeln, welche Wünsche und Überzeugungen das sind. Um zu prognostisch brauchbaren Annahmen dieser Art zu gelangen, ist (so Dennett) zunächst einmal die Frage zu beantworten: Welche Wünsche und Überzeugungen *sollte* das System angesichts seiner Umwelt und der ihm zugänglichen Information tunlichst haben, einmal angenommen, daß es 'ordentlich gebaut' ist? Ausgehend von solchen Grundannahmen, die also auf einem quasi-apriorischen Weg gewonnen werden, lassen sich konkretere Hypothesen darüber entwickeln, was das System unter den-&-den oder jenen-&-jenen Gegebenheiten *rationalerweise zu tun hätte*. In einem zweiten Schritt werden solche Prognosen getestet, verworfen, neue entwickelt, getestet, und so weiter. Bewähren sie sich schließlich hinreichend gut, *ist* das System, dessen komplexes Verhalten mit dieser

Strategie leidlich erfolgreich vorhersagbar ist, ipso facto ein intentionales System: Es *hat* Überzeugungen und Wünsche. Ein doxastisches Subjekt ist nach Dennett schlicht und ergreifend ein intentionales System. – Der Einwand liegt nahe, daß diese Konzeption der Willkür freien Lauf läßt. ("Entschließt man sich nur dazu, diese Sache als intentionales System zu betrachten, hat sie Überzeugungen"). Dennett weist ihn mit folgendem Hinweis zurück: Zwar ist es unserm Belieben anheimgestellt, ob und worauf wir diese Strategie anwenden, aber der Erfolg bzw. Mißerfolg ihrer Anwendung sei eine Sache vollkommen objektiver Tatsachen.[148]

Es ist nicht von der Hand zu weisen, daß wir eine intentionale Haltung de facto nicht nur gegenüber dem Menschen einnehmen, sondern die dazugehörige Strategie auch bei der Prognose des Verhaltens anderer Säugetiere, Vögel, Fische und auch mancher Artefakte zum Einsatz bringen – oft mit Erfolg. Aber ist es nicht offenkundig, daß wir in vielen dieser Fälle dennoch bestenfalls metaphorisch sprechen? Eine scharfe Grenze zwischen metaphorischem, mißbräuchlichem und passendem Einsatz der intentionalen Strategie läßt sich nicht ziehen, meint Dennett. Entscheidend sei, in welchem Maße ihre Anwendung auf ein gegebenes System den Bereich brauchbarer Vorhersagen über sein Verhalten erweitert. Die deutlich höhere prognostische Leistungskraft im Vergleich zu der aller andern verfügbaren Strategien (von astrologischen bis hin zu physikalischen) sei das kennzeichnende Merkmal des sachlich angemessenen Einsatzes der intentionalen Strategie und des nicht-metaphorischen Charakters von Überzeugungszuschreibungen.

*

Mit seiner Lehre von den intentionalen Systemen zielt Dennett nicht auf eine philosophische Analyse des Begriffs des Glaubens. Vielmehr geht es ihm darum, die Umrisse einer Kognitionswissenschaft zu skizzieren, die eine Art Zwischen-Theorie zwischen der Alltagspsychologie und den Naturwissenschaften ist. Seines Erachtens sind Formen, oder Vorformen, von Glauben und Wollen bereits in früheren evolutionären Stadien erkennbar, und er hält es für plausibel, daß unsere Intentionalität sich in von uns geschaffene Artefakte fortpflanzen kann.[149] Seine Leitfrage ist: Wie könnte sich eine intentionalistische Glaubens/Wollens-Psychologie, Schritt für Schritt, schließlich mit einer physikalistisch verfaßten Theorie neuronaler Prozesse und Mechanismen in einen aufschlußreichen Zusammenhang bringen lassen – wobei keiner dieser Schritte eine Reduktion im engeren Sinn ist (d.h. weder eine begriffliche noch eine theoretische Zurückführung)? Ihn beschäftigt das *Phänomen* des Glaubens in einer Betrachtungsweise, die sowohl in der Rückschau auf evolutionäre Entwicklungen als auch im Hinblick auf künftige Errungenschaften der Robotik möglichst weit ausgreift. Die auf nichts als den 'bloßen' und 'reinen' *Begriff* gerichtete Frage, die uns in diesem Kapitel beschäftigt, interessiert ihn bestenfalls am Rande. Dennoch, oder vielleicht gerade deshalb, ist bei ihm viel Hilfreiches zu finden, wenn wir versuchen, eine unvoreingenommene Vorstellung davon zu gewinnen, ob der Begriff des Glaubens Voraussetzungen in sich birgt, denen nur der Mensch genügen kann. In seinen Überlegungen setzt Dennett mit erfrischender Selbstverständlichkeit voraus, daß der Begriff, den wir vom spezifisch menschlichen Glauben haben, nicht der ganze Begriff ist, den wir vom Glauben haben. – Er hat Vergnügen an provokativen Thesen (Thermostate und einzelne Neuronen hätten Überzeugungen).[150] Solange wir die abstrakte Frage nach Glaubensvoraussetzungen betrachten, kann uns das nur recht sein.

Die zuvor betrachtete Auffassung, Sprachbesitz sei ein wesentliches Charakteristikum wirklicher Glaubenssubjekte, steht in eklatantem Widerspruch zur Lehre von den intentionalen Systemen. Der prognostische Erfolg der intentionalen Strategie setzt ganz dezidiert nicht voraus, daß das betreffende System über eine Sprache verfügt. Damit stellt sich, wie wir in der Auseinandersetzung mit dem Lingualismus gesehen haben, insbesondere auch das Problem der Spezifität des Geglaubten: Wie ist der spezifische Inhalt irgendeiner Überzeugung exakt zu bestimmen, die einem intentionalen System zuschreibbar wäre, das über keine Sprache verfügt? – Doch fragen wir uns zunächst ganz allgemein: Welchem Standard der Exaktheit muß die Bestimmung des Inhalts einer Überzeugung genügen? Und: Wodurch ist dieser Standard festgelegt? Davidsons oben erwähnter Einwand (mit der Spezifität des Geglaubten) und auch das Kriterium für Überzeugungsverschiedenheit, das im dritten Kapitel eingeführt wurde, weisen auf einen anspruchsvollen Standard hin, der eine sehr feinkörnige Individuation von Überzeugungen verlangt. Der Grund dafür wurde bisher allerdings nur angedeutet. Es ist für die weitere Untersuchung zweckdienlich, kurz ein wenig genauer darauf einzugehen.

*

NACHGEREICHT: DIE INTENSIONALITÄT VON "GLAUBEN" Der Ausgangspunkt ist eine logico-semantische Beobachtung, die auf Frege zurückgeht: In Glaubenssätzen kommen die im Daß-Satz enthaltenen Ausdrücke nicht extensional vor.[151] Betrachten wir als Beispiel den Satz

(a) Otto glaubt, daß der Lehrer Platons gerecht ist.

Die Kennzeichnung "der Lehrer Platons" hat dieselbe Extension wie "der berühmteste Verehrer des Alkibiades", d. h.

(b) der Lehrer Platons = der berühmteste Verehrer des Alkibiades.

Der springende Punkt ist nun, daß aus (a) und (b) *nicht* folgt:

(c) Otto glaubt, daß der berühmteste Verehrer des Alkibiades gerecht ist.

Anders gesagt, der Ausdruck "der Lehrer Platons" ist in (a) nicht salva veritate durch einen beliebigen extensionsgleichen Ausdruck zu ersetzen; kurz: Dieser Ausdruck kommt in (a) nicht extensional vor. Das Entsprechende gilt für das Vorkommnis von "gerecht" in (a). Angenommen, die Ausdrücke "gerecht sein" und "die höchste Tugend besitzen" sind extensionsgleich, mit andern Worten:

(d) gerecht sein = die höchste Tugend besitzen.

Dann folgt dennoch aus (a) und (d) *nicht* die Aussage:

(e) Otto glaubt, daß der Lehrer Platons die höchste Tugend besitzt.[152]

Nennen wir dieses Phänomen (des nicht-extensionalen Vorkommens der Ausdrücke in dem Daß-Satz von Glaubensaussagen) der Kürze halber (*doxastische*) *Intensionalität*.[153] Sie ist zunächst einmal nichts weiter als ein sprachliches Phänomen – eine Eigenart von Glaubenssätzen, die es mit den logischen Beziehungen zu tun hat, in denen sie zueinander stehen. Wie läßt sich aus dieser sprachlichen Beobachtung eine Einsicht über das Glauben oder über den Begriff Glauben gewinnen?

Zum Beispiel mit Hilfe einer Überlegung wie der folgenden: Die Aussagen (a), (c) und (e) sind logisch unabhängig voneinander; jede kann wahr sein, unabhängig davon, ob eine der andern wahr ist oder nicht. Die Sätze haben mithin verschiedene Wahrheitsbedingungen, handeln – wenn sie wahr sind – von verschiedenen Tatsachen. Das einzige, worin sich diese Sätze voneinander unterscheiden, betrifft das in ihnen, wodurch angegeben ist, was Otto glaubt. Mithin ist das, was er jeweils glaubt, wenn er glaubt, ad (a), daß der Lehrer Platons gerecht ist, ad (c), daß der berühmteste Verehrer des Alkibiades gerecht ist, und ad (e), daß der Lehrer Platons die höchste Tugend besitzt, Verschiedenes. Folglich sind die Glaubenseigenschaften, die Otto mit (a), (c) und (e) zugeschrieben werden, verschiedene Eigenschaften.[154] Wenn also die in einer konkreten Situation verfügbaren Gründe gleichermaßen, aber nicht schlagend, für die drei verschiedenen Zuschreibungen sprechen, dann gibt es keine Rechtfertigung für die Behauptung, daß eine von ihnen das Geglaubte exakt angibt. (Auch keine Rechtfertigung dafür, daß jede dieser Zuschreibungen wahr ist, was natürlich der Fall sein kann. Aber diese noch stärkere Behauptung bedürfte noch besserer Gründe.) So bringt die Intensionalität von "glauben" also eine anspruchsvolle Bedingung für die Rechtfertigung von Glaubensaussagen mit sich. Nennen wir sie die *Exaktheitsbedingung*. Sie liegt Davidsons Argument mit der Spezifität des Geglaubten zugrunde, das wir oben betrachtet hatten.

*

Eine weitere Restriktion ergibt sich daraus, daß der Glaubende eine sei's auch nur minimale Kompetenz hinsichtlich der Begriffe besitzen muß, die im Geglaubten involviert sind. Im Lichte des früher Gesagten (oben, S. 21) muß er zumindest die für diese Begriffe grundlegenden begrifflichen Wahrheiten anerkennen, d.h. zumindest auch die für Minimalkompetenz erforderlichen Konsequenzen seiner Überzeugungen für wahr halten. Allgemein gefaßt: Wenn es eine grundlegende begriffliche Wahrheit ist, daß jedes *B* ein *C* ist, und wenn *S* glaubt, daß *a* ein *B* ist, dann muß *S* auch glauben, daß *a* ein *C* ist. Folglich ist die Behauptung, *S* glaube, daß *a* ein *B* ist, nur vertretbar, wenn nichts dagegen spricht, daß *S* glaubt, daß *a* ein *C* ist. (Zu sagen, *S* glaube, daß Blut rot ist, ist nur dann gerechtfertigt, wenn nichts dagegen spricht, daß *S* ebenfalls glaubt, daß Blut eine Farbe hat.) Nennen wir dies die *Kompetenzbedingung* für Überzeugungszuschreibungen.

Intensionalität ist, so scheint es, ein Merkmal aller Glaubensaussagen, gleichgültig wem oder was mit ihnen eine Überzeugung zugeschrieben wird. Denn wenn das Wort "glauben" nicht mehrdeutig ist, hat es in jedem Glaubenssatz dieselben semantischen Eigenschaften. Auch wenn es um das Glauben eines sprachlosen Wesens geht, müssen die im Daß-Satz der Glaubensaussage verwendeten Wörter genau passen. Jedes einzelne von ihnen muß einen Begriff ausdrücken, über den das betreffende Wesen verfügt, und zusammengenommen muß sich mit ihnen exakt das Geglaubte angeben lassen. Andernfalls ist die Zuschreibung nicht wahr.

*

Zwei Arten des propositionalen Glaubens? Kann die Lehre von den intentionalen Systemen den beiden gerade genannten Bedingungen Rechnung tragen? Und wäre der Versuch, sie zu leugnen oder abzuschwächen, nicht das Eingeständnis, daß es bei der intentionalen Strategie auf die *Wahrheit* der prognostisch nützlichen Glaubenshypothesen gar nicht ankommt? Daß in ihnen von Glauben also in Wirklichkeit gar nicht die Rede ist? Eine Überzeugung ohne just den ihr eigenen Inhalt gibt es nicht. Nonchalance gegenüber der Frage nach dem exakten Inhalt einer Überzeugung, die der Hund unter dem Baum angeblich hat, ist unvereinbar mit der ernstzunehmenden Behauptung, er glaube, daß die Katze dort ist.

Dennett begegnet solchen Bedenken mit einer Unterscheidung, die (wenn ich ihn richtig verstehe)[155] den Blick dafür öffnen soll, daß die entscheidende Voraussetzung nichts als ein Vorurteil ist: die Annahme, alles Glauben müsse der Exaktheits- und der Kompetenzbedingung genügen. Es sei, so sagt er, zwischen zwei Formen des Glaubens zu unterscheiden. Die eine treffen wir nur bei Systemen an, die über eine lexikalisch hochdifferenzierte genuine Sprache verfügen. Überzeugungen dieses ersten Typs nennt Dennett *Meinungen* [*opinions*]. Sie sind sozusagen sprachgetränkt; eine von ihnen zu haben, verlangt insbesondere auch die Bereitschaft, einen bestimmten Satz (oder eine Familie von Sätzen) zu akzeptieren. Meinungen sind also so etwas wie Überzeugungen de luxe; über sie verfügen vielleicht nur Menschen. Zum andern gebe es Formen des Glaubens, die nicht sprachgetränkt sind; sie treffen wir bei vielen andern intentionalen Systemen an, bei Lebewesen ohnehin. Nennen wir Überzeugungen dieser Art der Kürze halber *unsprachliche Überzeugungen*.[156] Ein Attribut des Typs Glauben-daß-*p* ist in sich weder eine Meinung noch eine unsprachliche Überzeugung. Ob eine seiner Exemplifikationen das eine oder das andere ist, hängt vom jeweiligen Fall ab. Falls der Hund tatsächlich glaubte, daß die Katze auf dem Baum ist, hätte er eine unsprachliche Überzeugung; falls sein Herr dasselbe glaubte, hätte er dieselbe Überzeugung, die in seinem Fall vermutlich eine 'Meinung' ist. In der Art, wie sie gehabt werden, sind Meinungen und unsprachliche Überzeugungen verschiedene Phänomene, aber es sind Exemplifizierungen ein und desselben Begriffs des Glaubens-daß-*p*.

Ich vermute, daß Folgendes Dennetts Sichtweise entspricht: Aus einer apriorischen und normativen Rationalitätstheorie geht hervor, wie ein ideales intentionales System zu agieren hätte, das bestimmte Wünsche und Überzeugungen hat, zu denen auch die Überzeugung, daß *p*, gehört. Kein reales System genügt diesen Ansprüchen; aber manche nähern sich diesem Ideal so weit an, daß ihr Verhalten unter der Annahme erfolgreich vorhersagbar ist, daß sie (unter anderm auch) die Überzeugung haben, daß *p*. "Σ glaubt, daß *p*" besagt nicht mehr als: Σ ist ein solches System, dessen Gesamtverhalten besser prognostizierbar ist mit der Annahme, daß es glaubt, daß *p*, als ohne diese Annahme. – Nun kann Glauben zugleich ein Meinung-Haben sein. "Σ hat die Meinung, daß *p*" heißt: Σ glaubt, daß *p*, und beherrscht eine Sprache, in der sich exakt dies sagen läßt: daß *p*. Erst in diesem besonderen Fall, in dem Σ nicht nur glaubt, sondern auch die Meinung hat, daß *p*, kommen zusätzliche Restriktionen zum Tragen, die daher rühren, daß Σ eine Meinung nur dann zuschreibbar ist, wenn auch sein Sprachverhalten das rechtfertigt. Es wäre ein Mißverständnis, an schlechthin alles Glauben Forderungen zu richten, die nur für das Meinung-Haben Gültigkeit besitzen. Unsprachliche Überzeugungen müssen nicht durch ihren Inhalt exakt individuiert sein; sprachlose Subjekte müssen keine Begriffskompetenz besitzen.

*

Diese Sichtweise verlöre ihre Attraktivität, wenn sie zur Konsequenz hätte, daß das Prädikat "*x* glaubt, daß *p*" mehrdeutig ist, d. h. unterschiedlichen Sinn hat, je nachdem, ob man für "*x*" die Bezeichnung eines sprachfähigen oder die eines sprachlosen Wesens einsetzt. Denn dies wäre ja ein Hinweis darauf, daß es doch um verschiedene Begriffe des Glaubens geht. Und die Frage wäre dann, ob auch die sog. unsprachlichen Überzeugungen tatsächlich *Überzeugungen* sind – Überzeugungen im selben Sinn, in dem auch die sog. Meinungen unbestrittenermaßen Überzeugungen sind. Und damit stünden wir wieder vor der Ausgangsfrage: ob just derjenige Begriff des propositionalen Glaubens, der auf Menschen zutrifft, auch auf sprachlose Wesen zutrifft. Kurz, die gerade skizzierte Idee dazu, wie man versuchen könnte, Glaubensaussagen über Tiere und andere nicht-menschliche intentionale Systeme vor den Forderungen in puncto Exaktheit und Kompetenz zu retten, wäre höchstens dann überzeugend, wenn sich plausibel machen ließe, daß sprachgetränkte Meinungen einerseits und unsprachliche Überzeugungen andererseits zwei verschiedene Formen der Exemplifizierung ein und desselben Begriffs Glauben sind. Es ist nicht zu sehen, wie sich dies beweisen – und ebensowenig, wie es sich widerlegen – ließe. Das dialektische Patt bleibt bestehen.

*

Es ist eine auch vom Lingualisten unbestrittene Tatsache, daß wir 'in der Praxis' oft Überzeugungen zuschreiben, obwohl uns klar ist, daß das betreffende Wesen nicht über die differenzierten Ausdrucksmöglichkeiten verfügt, die nur eine genuine Sprache bereitstellt. Und auch, daß wir das nicht bloß metaphorisch meinen. Solche Glaubensaussagen haben für uns einen guten Sinn, einen kognitiven Wert, der offenkundig ganz in der Nähe ihrer wörtlichen Bedeutung liegt. Die Frage bleibt: Wie verstehen wir sie? An der Oberfläche sind die Antworten unserer beiden Protagonisten denkbar gegensätzlich. Doch Dennetts Laissez-faire in puncto Anwendbarkeit des Glaubensbegriffs und der lingualistische Rigorismus Davidsons stimmen in einem überein, das für einen doxastischen Realisten unerträglich ist. Betrachten wir dies kurz.

Wenn wir von einem Hund sagen, er glaube, daß die Katze auf dem Baum ist, dann ist das nach Dennett *genau* so zu verstehen, wie wenn wir das von einem Menschen sagen. (Auch wenn der Mensch die entsprechende 'Meinung' hat und der Hund nicht.) In beiden Fällen unterstellen wir, daß es sich um ein System handelt, das dem Ideal perfekter Rationalität nahe genug kommt, um sein Verhalten mit Rückgriff auf die Theorie intentionaler Systeme vorherzusagen – durch die Zuschreibung passender Wünsche und Überzeugungen. Doch selbst der nicht nur glaubens-, sondern meinungsfähige Mensch genügt dem Ideal nicht, das durch diese Theorie markiert ist. Glauben ist ein theoretischer Begriff, und die Theorie, in der er implizit definiert ist, ist keine empirische, mit der Gesetzmäßigkeiten rationalen Denkens und Handelns erfaßt würden, die in der Wirklichkeit anzutreffen sind. Vielmehr wird durch diese Theorie ein idealer Standard der Rationalität expliziert, dem rein gar nichts in der sublunaren Welt genügen kann. Wohl aber nähern sich verschiedene Kreaturen (und andere Systeme) diesem Standard immerhin so weit an, daß ihr Verhalten mit Rückgriff auf diese Theorie erfolgreich prognostiziert werden kann. Doch unter dem Strich bleibt die Tatsache: Jede Überzeugungszuschreibung ist wörtlich genommen eine Idealisierung; keine einzige Glaubensaussage – ob über Mensch, Tier, Pflanze oder was auch immer – ist jemals wahr. Das Passendste, was sich über solche Aussagen sagen läßt, ist nach Dennett: Sie sind wahr-cum-grano-salis.[157] Eine Grenze anzunehmen zwischen 'echtem' Glauben, das beim Menschen anzutreffen sei, und bloßen Vorstufen des Glaubens – die nur als Glauben bezeichnet werden, aber in Wahrheit keines sind –, das sei schlicht Naivität. Nichts anderes sei es, wenn unterstellt wird, es gebe eine einzig richtige Antwort auf die Frage, welche Überzeugungen genau ein Mensch 'wirklich' habe.[158]

Davidsons Antwort geht so: Wenn wir einem sprachlosen Wesen, wie dem Hund unter dem Baum, auf die uns natürlichste Weise eine Überzeugung zuschreiben, dann greifen wir auf ein Behelfsmittel zurück, um etwas zu beschreiben, wofür uns bessere Worte fehlen: "Wir haben viele Vokabularien zur Beschreibung der Natur, solange wir diese als etwas ohne Geist betrachten, und wir haben ein mentalistisches Vokabular zur Beschreibung von Denken und absichtlichem Handeln; was uns fehlt, ist eine Möglichkeit zur Beschreibung dessen, was dazwischen liegt."[159] Wir haben, so fährt er fort, keine sprachlichen Mittel, mit denen sich Erscheinungsformen 'halb-entwickelter' Geistigkeit [*half-formed minds*] beschreiben lassen. Bei manchen Tieren – und übrigens auch bei kleinen Kindern – sind wir mit einer ganz eigentümlichen und eigenständigen präkognitiven Situation konfrontiert: Was dort geschieht, ist – eine Sprache fehlt ja – kein Denken, ist aber (insbesondere bei Kindern) als eine Vorstufe auf dem Weg dorthin anzuerkennen.

Ich verstehe dies so: Sprachlosen Wesen Überzeugungen zuzuschreiben, ist, laut Davidson, eine Art letztlich uneigentlichen Redens über Gegebenheiten zwischen dem Geistigen und dem andern Bereich des Materiellen, in dem überhaupt nichts von der Art geistiger Phänomene anzutreffen ist. Wir sprechen über diesen verhangenen Bereich des Wirklichen nicht wörtlich, aber auch nicht metaphorisch. Dennoch, es bleibt dabei: Was wir sagen, wenn wir diesen Wesen Überzeugungen zuschreiben, ist nicht wahr. Andererseits ist daran, daß wir so reden, nichts auszusetzen. Denn wir haben und finden keine Worte, die besser geeignet wären, um über diesen Zwischenbereich zu sprechen.

Mit beiden Antworten werden Glaubensaussagen über sprachlose Wesen zwar als nützlich und geradezu unvermeidlich anerkannt. Beide haben aber zugleich das Mißliche an sich, derartigen Aussagen letztlich die Wahrheitsfähigkeit abzusprechen. Was eine Aussage wie "Der Hund glaubt, daß die Katze auf dem Baum ist" angeht, so besagt die Antwort des Lingualisten geradheraus: Diese Aussage ist falsch. (Soweit wir dennoch etwas Hilfreiches damit zum Ausdruck bringen, verwenden wir unsere Worte in einer uneigentlichen Form des Redens). Dennetts dem Anschein nach gegensätzliche Antwort billigt dieser Aussage allerdings ebenfalls keine Wahrheit zu, sondern nur Wahrheit-cum-grano-salis. Wenn wir über den Menschen sprechen, verhalte es sich allerdings auch nicht anders. Bei Lichte besehen sei keine einzige Glaubensaussage, ob über sprachlose oder sprachbegabte intentionale Systeme, je wahr. In puncto Glauben könne es Wahrheit prinzipiell nicht geben, zumindest nicht ohne ein Körnchen Salz. – Auch hier erschaudert der doxastische Realist.

*

Nebenbei bemerkt, es bietet sich eine dritte, sehr schlichte, Antwort an. Wer sagt, der Hund glaube, daß die Katze auf dem Baum ist, spricht nicht uneigentlich, sondern elliptisch. Er meint, und wir verstehen ihn auch so:

> Der Hund glaubt *irgendetwas von der Art wie dies*: daß die Katze auf dem Baum ist.

Gewiß, damit ist nichts Präzises gesagt. Präzision ist hier eben nicht möglich. Jeder weiß das; ein expliziter Hinweis erübrigt sich. Doch auch unpräzise Aussagen können wahr sein ("Peter wiegt ungefähr 80 kg"). Was *genau* der Hund glaubt, bleibt, sinnvollerweise, unbestimmt. Daß er etwas *glaubt*, wird ausdrücklich behauptet, es ist (contra Davidson) kein 'uneigentliches' Reden. Was mit solchen elliptischen Glaubensaussagen behauptet wird, kann (contra Dennett) auch ohne beigegebenes Salz wahr, falsch oder grenzfall-unbestimmt sein.

*

Versuchen wir ein Fazit. Unsere Frage am Ende dieses Kapitels war, ob auch sprachlose Wesen doxastische Subjekte sind. Und die Antwort ist ein uneingeschränktes Ja. Durch den Begriff des Glaubens selbst jedenfalls ist die Möglichkeit von Glaubenssubjekten nicht ausgeschlossen, die keiner Sprache mächtig sind. Mit Hilfe apriorischen Räsonnierens läßt sich das Gegenteil nicht erweisen. Allerdings, ein Nachweis dafür, daß irgendein sprachloses Subjekt tatsächlich Überzeugungen hat, wird sich nicht führen lassen. – Die Überlegungen in diesem Kapitel weisen darauf hin, daß das Thema der Wirklichkeit des Glaubens noch einmal aufzugreifen ist. Es hat sich nun gezeigt, wie wenig damit erreicht ist, den doxastischen Eliminativismus ad acta zu legen, und wie nichtssagend ein doxastischer Realismus ist, der in nichts weiter besteht als einem Anti-Eliminativismus – ein 'Realismus', dessen bedeutendster Lehrsatz lautet: Nicht alle Glaubensaussagen sind falsch oder grenzfall-unbestimmt. Sich zu dieser blutleeren Einsicht zu bekennen, fällt niemandem schwer – Eliminativisten einmal ausgenommen. Wenn das allein schon die ganze Wirklichkeit des Glaubens wäre, dann wäre sie allzu billig zu haben. Dann ließe sie sich ohne weiteres auch von dem anerkennen, der im Glauben nichts weiter sieht als ein 'theoretisches Konstrukt' einer Interpretationstheorie, und von einem, der Glaubenstatsachen nur als Tatsachen-cum-grano-salis gelten lassen möchte. – Es ist nun zu untersuchen, ob sich ein weniger schwächlicher doxastischer Realismus begründen läßt.

8. WIE WIRKLICH IST DAS GLAUBEN?

Die Frage klingt merkwürdig. Sie soll keineswegs nahelegen, Wirkliches könne in unterschiedlichem Maße wirklich sein. Worum es nun gehen wird, ist eine Betrachtung unterschiedlicher Auffassungen, die in dem weiten Rahmen eines doxastischen Realismus vertreten werden können, wie er im vierten Kapitel begründet wurde. Mit welchen Zusätzen (verstärkend oder einschränkend) ist die Wirklichkeit des Glaubens näher zu bestimmen, wenn dieses Minimum anerkannt wird: daß manche affirmativen Glaubensaussagen wahr sind? Es wäre schwierig, in den nachfolgenden Erörterungen die Termini *Realismus* und *Anti-Realismus* partout zu vermeiden; andererseits bringt ihre Verwendung auch Mißlichkeiten mit sich. Denn die Frage, wonach am besten zu bemessen sei, ob eine Position noch als ein sei's auch schwacher Realismus (im Hinblick auf eine bestimmte Art von Phänomenen) zu betrachten ist oder doch schon als ein verkappter Anti-Realismus, ist selbst Gegenstand einer überaus kontrovers geführten Debatte, die an Subtilität kaum zu überbieten ist.[160] In der zeitgenössischen Diskussion haben sich drei Aspekte herausgeschält, die für eine realistische Position charakteristisch sind: ein semantischer, der den Wahrheitsbegriff angeht; ein ontologischer, in dem es um die Geistunabhängigkeit der Existenz der betreffenden Phänomene geht; und ein erkenntnistheoretischer, der die Möglichkeit der Unerkennbarkeit von relevanten Tatsachen betrifft.

In den nun anstehenden Überlegungen geht es nicht um Fragen des Realismus schlechthin, sondern ausschließlich um einen Realismus in Hinblick auf das Glauben. Ontologische Fragen nach der geistunabhängigen Existenz *dieses* Phänomens drängen sich nicht auf. Die erkenntnistheoretische Frage, ob es unerkennbare Glaubenstatsachen geben kann, ist der semantischen Frage nachgeordnet. Denn solche Tatsachen sind nichts anderes als das, was von *wahren* Glaubensaussagen ausgedrückt wird. Zu klären ist also zunächst, welcher Sinn mit dem Wort "wahr" zu verbinden ist, wenn es auf Glaubensaussagen angewandt wird. Als erstes wird mithin der semantische Aspekt im Vordergrund stehen. Dies liegt auch deshalb nahe, weil der Ausgangspunkt unserer Überlegungen – der doxastische Realismus – ja selbst eine semantische These ist.

In der Argumentation für die nun näher zu betrachtende These, daß manche Aussagen des Typs

S glaubt (zu *t*), daß *p*

wahr sind, wurde mit dem Wort "wahr" kein anderer als sein gewöhnlicher Sinn verbunden.[161] Doch was ist dieser gewöhnliche Sinn? Nun, es ist eben der, in dem das Wort unsern Begriff des Wahrseins ausdrückt. Nach den im ersten Kapitel gegebenen Erläuterungen ist dieser Begriff bestimmt durch die grundlegenden begrifflichen Wahrheiten über *Wahrheit*, also durch prinzipiell unkontroverse Trivialitäten, die jedermann akzeptiert, der das Wort beherrscht. Dazu gehören insbesondere das sog. Tarski-Schema und zwei seiner engsten Verwandten:

Der Satz "*p*" ist wahr genau dann, wenn *p*.
Die Aussage, daß *p*, ist wahr genau dann, wenn *p*.
Es ist wahr, daß *p*, genau dann, wenn *p*.

In der ersten Aussage wird "wahr" als metasprachliches Prädikat verwendet, in der zweiten als objektsprachliches und in der dritten als Aussage-Funktor. Ihre Trivialität und Unbestreitbarkeit rührt daher, daß sie allesamt wortlaut-identische Spezifizierungen der Wahrheitsbedingungen sind (einem "*p*", oder einem *p*, auf der linken Seite des Bikonditionals entspricht auf der rechten stets wieder nur ein *p*). Die Unterschiede zwischen diesen drei Trivialitäten bemerkt vermutlich ohnehin nur einer, der ein entsprechendes Training absolviert hat. Relevant ist hier auch nur, daß alle drei gleichermaßen unkontrovers sind. Crispin Wright hat eine Reihe weiterer Aussagen zusammengestellt, die ebenfalls Anspruch darauf haben, in diese Liste aufgenommen zu werden; ich nenne einige seiner Beispiele:[162]

Zu behaupten, daß *p*, heißt: es als wahr hinstellen, daß *p*.
Wenn eine Aussage wahr ist, entspricht sie den Tatsachen, dann 'ist es so, wie sie sagt'.
Wenn es wahr ist, daß *p*, kann der Aussage, daß *p*, die Rechtfertigung fehlen (und umgekehrt: für die Aussage kann es eine Rechtfertigung geben, auch wenn sie nicht wahr ist).

Solche prinzipiell unkontroversen Wahrheiten sind es, die unsern Begriff Wahrheit bestimmen und dem Wort "wahr" seinen gewöhnlichen Sinn geben. Dieser Begriff ist, im Lichte der sechs bisher genannten Aussagen, weder 'realistisch' noch 'anti-realistisch'. Der Vertreter einer realistischen Konzeption von Wahrheit geht darüber hinaus, indem er eine weitere Aussage wie die folgende zu einer begrifflichen Wahrheit erklärt:

(R) Es kann Wahrheiten geben, die für Menschen prinzipiell nicht verifizierbar sind.

Auch ein Anti-Realist, der dies bestreitet, geht über das Unkontroverse hinaus. Er verficht, daß statt (R) so etwas wie

(AR) Jede Wahrheit ist im Prinzip durch Menschen verifizierbar

den begrifflichen Wahrheiten zum Thema *Wahrheit* zuzuordnen sei. – Dazu zwei Anmerkungen. Erstens sind (R) und (AR) höchst plakative Formulierungen, die nur den 'Geist' jedwedes Realismus bzw. Anti-Realismus wiedergeben sollen. Offenkundig bedürfte zum Beispiel die Rede von prinzipiell menschenmöglicher Verifikation in beiden Thesen näherer Bestimmung. Zweitens werden solche Thesen gewöhnlich nicht in völliger Allgemeinheit, sondern im Hinblick auf spezifische Themen vertreten: Ein Realismus (bzw. Anti-Realismus) in Hinblick auf gewisse Phänomene, z. B. materielle Gegenstände, ist vereinbar mit einem Anti-Realismus (bzw. Realismus) in Hinblick auf andere Arten von Phänomenen, z. B. moralische Werte.

Bedeutsam ist in dem hier gegebenen Zusammenhang zunächst einmal dies: Daß es überhaupt einen Streit darum gibt, ob (R) bzw. (AR) begriffliche Wahrheiten zum Thema *Wahrheit* sind. Beide Thesen sind mithin nicht unkontrovers und a fortiori keine *grundlegenden* begrifflichen Wahrheiten. Nun sind es aber ausschließlich diese Wahrheiten, die unter den kompetenten Sprechern prinzipiell unkontrovers sind, die zur Bestimmung des begrifflichen Kerns eines Worts beitragen. Der kognitive Inhalt, den das Wort "wahr" in seiner gewöhnlichen Verwendung hat, ist mithin neutral gegenüber dem Streitpunkt, ob (R) oder (AR) begriffliche Wahrheiten sind.

Die These des doxastischen Realismus besagt, daß manche Glaubensaussagen wahr sind. Nach dem gerade Gesagten heißt dies also weder, daß solche Aussagen verifizierbar sein müssen, noch, daß sie unverifizierbar sein können. Auch darf der eben erwähnte begriffliche Zusammenhang von Wahrheit und Tatsachenentsprechung nicht im Sinne einer substantiellen Korrespondenztheorie verstanden werden, der zufolge Tatsachen eigenständige Bestandteile oder Ausschnitte der Wirklichkeit sind, die Sätze wahr bzw. falsch machen. Der Feststellung "Wenn eine Aussage wahr ist, entspricht sie den Tatsachen" stimmt eben jeder zu – auch der, der eine Tatsachenontologie ablehnt. Auch er akzeptiert, daß mit "Die Aussage, daß *p*, ist wahr" und "Es entspricht den Tatsachen, daß *p*" dasselbe gesagt wird. Was er ablehnt, sind gewisse Deutungen des zweiten Satzes (so z.B. die, daß es einerseits Aussagen gibt, andererseits bestimmte Wirklichkeitsbestandteile namens *Tatsachen* und schließlich noch eine Korrespondenzbeziehung, dank der bestimmte dieser Bestandteile gewisse Aussagen 'wahr machen'.) Auch er akzeptiert ohne weiteres, daß es Tatsachen gibt; aber nicht, daß dies mehr heißt als: manche Aussagen sind wahr.

Solange nichts weiter als der gewöhnliche Sinn des Wortes "wahr" angenommen wird, ist die These des doxastischen Realismus also ausnehmend schwach. Darin liegt ihre Stärke: Dadurch ist sie philosophisch neutral, dadurch ist sie unangreifbar. Der eliminativistische Angriff richtet sich, wie wir gesehen haben, nicht gegen diese These; ihm liegt ein anderer als der gewöhnliche Sinn von "wahr" zugrunde. Auch ein Skeptizist müßte *diese* These akzeptieren; bestreiten mag er, daß wir jemals um die Wahrheit von Glaubensaussagen wissen, oder auch nur wissen könnten.

*

Dennoch, es gibt eine Reihe von philosophischen Anstrengungen, selbst diese fast nichtssagende These noch weiter abzuschwächen. Der Tenor ist stets: Nun gut, man mag sagen, daß manche Glaubensaussagen wahr 'im gewöhnlichen Sinn' sind, aber dieses Wahrsein verdankt sich letztlich nur dem Umstand, daß wir den betreffenden Entitäten Überzeugungen *zuschreiben*. Solche Auffassungen können in verschiedenen Varianten und mit verschiedenen Argumenten vertreten werden; ich fasse sie unter dem Etikett (doxastischer) *Ascriptionismus* zusammen.[163] Diese Lehre – oder besser: Familie von Lehren – wird selten in einer ausgearbeiteten Form vertreten. Dennetts Theorie der intentionalen Systeme, die wir bereits betrachtet haben, ist, so weit ich sehe, die elaborierteste Fassung.

GLAUBEN NUR IM AUGE DES BETRACHTERS? Es kennzeichnet einen typischen Ascriptionisten, daß er Thesen wie die folgenden, wenn auch nicht unbedingt alle von ihnen, vertritt:

> "Zu den Tatsachen, durch die Glaubensaussagen wahr gemacht werden, gehört es, daß den betreffenden Entitäten überhaupt Glaubenseigenschaften zugeschrieben werden. Würde eine Entität nicht als Glaubenssubjekt betrachtet, wäre sie ipso facto keines. Ob sie so betrachtet wird, hängt allerdings auch von theoretischen Entscheidungen, praktischen Interessen, sprachlichen Gewohnheiten oder letztlich sogar von subjektiven Vorlieben und Geneigtheiten ab. Die Wahrheit von

> Glaubensaussagen ist relativ zu solchen externen, von außen herangetragenen, Faktoren. Ob eine solche Aussage wahr ist, hängt wesentlich davon ab, ob ihre Zuschreibung (im Lichte derartiger Entscheidungen, Interessen, usw.) angemessen ist. Zu glauben, daß *p*, ist keine intrinsische Eigenschaft, sondern eine, die einem Subjekt nur in Abhängigkeit davon zukommt, ob ihre Zuschreibung den theoretischen oder praktischen Zwecken zuträglich ist, die mit solchen Zuschreibungen verfolgt werden."

Es ist offenkundig, daß der doxastische Ascriptionismus im Lichte dieser allgemein gehaltenen Erläuterungen Spielraum für verschiedene Varianten bietet, die bis hin zu einem subjektivistischen Dezisionismus reichen können ("Ob *S* glaubt, daß *p*, hängt davon ab, ob ich willens bin, ihm diese Überzeugungen zuzuschreiben"). Solche radikal subjektivistischen Varianten werden meines Wissens nicht vertreten und wären auch keiner eigenen Betrachtung wert; ich lasse sie beiseite.

Wäre diese Auffassung richtig, dann hätte der Begriff Glauben tiefgreifende Gemeinsamkeiten mit Begriffen einer besonderen Art – nämlich solchen, unter die Phänomene fallen, die weder so recht in die Rubrik *Subjektiv* passen (wie zum Beispiel Empfindungen) noch in die Rubrik *Objektiv* (wie die Masse eines Neutrinos). Subjektive Phänomene sind eo ipso so, wie sie dem betreffenden Subjekt zu sein scheinen; deshalb kann kein anderer 'besser wissen' als ich, ob mein Schmerz heftig ist. Objektive Phänomene können anders sein als von allen angenommen. (Selbst wenn Neutrinos allgemein als masselos gälten, wären sie nicht ipso facto masselos.)

Die besonderen Begriffe, die ich meine, werden in Aussagen verwendet, mit denen zwar auch Wertungen oder Vorlieben zum Ausdruck gebracht werden können, die aber dennoch keine Mitteilungen über persönliche Einstellungen und Geschmackspräferenzen sind. Aussagen mit ihnen sind, auf den ersten Blick, echte Urteile, über die sich mit Andern diskutieren läßt. Selbst dann, wenn sie zugleich die Bekundung einer eigenen Wertung sind, sind sie nicht *nur* eine solche Bekundung. "Geistlos" und "modisch" sind Wörter, die solche Begriffe ausdrücken, ebenso "störender fauliger Beigeschmack" oder "einander beißende Farben". Menschen, die es 'besser wissen', könnten uns – wenn wir dafür offen sind – zum Beispiel darüber belehren, daß eine Bemerkung, die wir für geistlos hielten, eine zierliche Anspielung auf etwas war, das wir nicht kannten, oder daß jener von uns als störend empfundene 'Beigeschmack' eine von Kennern gesuchte, charakteristische Geschmacksqualität der Rebsorte ist, aus der der Wein in unserm Glas gemacht ist. Es läßt sich mit Argumenten darüber streiten, ob etwas 'wirklich' geistlos ist oder 'wirklich' einen störenden Beigeschmack hat. In solchen Dingen kann und sollte das Urteil der andern unser eigenes beeinflussen. Insofern sind solche Begriffe also nicht subjektiv, auch wenn viele von ihnen Spielraum für ein Ausweichen ins bloß Subjektive lassen ("Was auch immer die Kenner sagen, ich bleibe dabei: Der Beigeschmack ist störend, mich jedenfalls stört er" oder "Gleichgültig, ob mit dieser Bemerkung jene Anspielung gemacht wurde: für mich bleibt sie geistlos").

Aber nicht alle Begriffe dieser Art lassen diesen Rückzug zu. Es gibt unter ihnen solche, bei denen jeder derartige Ausweichversuch unweigerlich ein Themenwechsel von Tatsachenfragen zu den eigenen Ansichten wäre. Es sind dies Begriffe, die zwar nicht 'objektiv', zugleich aber auch wesentlich nicht-subjektiv sind – und zwar in folgendem Sinn: Ob sie in einem einzelnen Fall zutreffen oder nicht, ist zwar abhängig davon, wie Menschen urteilen, es kann aber nicht vom Urteil einer *einzelnen* Person abhängen. Ob solch ein Begriff auf eine Sache zutrifft oder nicht, bemißt sich nach dem Urteil einer hinreichend großen Mehrheit. – Modisch ist ein Beispiel. Es gibt nichts Modisches ohne Menschen, die es modisch finden. Aber nichts ist allein schon deshalb modisch, weil *ein* Mensch es modisch findet. Es handelt sich zwar in gewissem Sinn um eine 'Einstellungssache', ob der Begriff zutrifft oder nicht, aber dabei – und darauf kommt es hier an – nicht um die Einstellung eines einzelnen, sondern um die in der betreffenden Gruppe vorherrschende. Sollte in ihr große Einmütigkeit herrschen, wäre die Sache entschieden.

Begriffe dieser speziellen Art weisen ein bemerkenswertes Muster auf: Wenn etwas *als* ein So-&-so *gilt*, dann *ist* es ipso facto ein So-&-so. Betrachten wir unser gerade gewähltes Beispiel für einen Begriff, der dieses Gelten-als-Muster aufweist (wobei "$\stackrel{\approx}{\Leftrightarrow}$" als symbolisches Kürzel diene für "ist begrifflich zumindest annähernd äquivalent mit"):

> x ist modisch $\stackrel{\approx}{\Leftrightarrow}$ x gilt als modisch
> x gilt als modisch $\stackrel{\approx}{\Leftrightarrow}$ Die Leute (insbesondere auch die Experten) würden von x sagen, daß es modisch ist.

Daß etwas modisch ist, heißt demnach etwa dasselbe wie: daß ihm die Eigenschaft, modisch zu sein, von hinreichend vielen zugebilligt wird oder würde. Es gibt keine Tatsachen, die außerdem noch eine Rolle spielen. Insbesondere kann es nicht sein, daß etwas modisch ist, obwohl niemand es für modisch hält, oder daß etwas nicht modisch ist, obwohl jedermann es für modisch hält. – Im Hinblick auf das Phänomen Mode und unsern Begriff von ihm scheint diese Auffassung plausibel. Nennen wir Begriffe, die dieses Muster aufweisen, *konsentiell.* Wenn *B* ein konsentieller Begriff ist, dann ist folgendes eine begriffliche Wahrheit: Etwas ist ein *B* genau dann, wenn es unter uns als ein *B* gilt.

Der doxastische Ascriptionismus tendiert dazu, Glauben wie einen konsentiellen Begriff zu behandeln. Eine Konsequenz wäre: Wer in Erfahrung bringen möchte, ob *S* glaubt, daß *p*, sollte vornehmlich darauf achten, was die Leute über *S* sagen würden. Doch wenn das übliche Reden über eine Sache das maßgebliche Kriterium für deren Existenz und Beschaffenheit ist, ist es mit ihrer Realität nicht weit her. Jedenfalls nicht so weit wie mit der solcher ontologisch robusteren Sachen, denen wir zubilligen, daß sie dessen nicht bedürfen. Die Realität von Phänomenen, deren angemessene Beschreibung konsentielle Begriffe verlangt, wäre, so man ihnen überhaupt eine zubilligen mag, von sekundärer Qualität.

*

Nun ist allerdings zu beachten, daß im Hinblick auf ein und dasselbe Thema ein Ascriptionismus und ein Realismus ohne weiteres miteinander vereinbar sind. Betrachten wir noch einmal unser Beispiel: Ein Ascriptionist in puncto Mode mag gut und gerne zugestehen, daß Aussagen über das Modische wahr sind, und zwar im gewöhnlichen Sinn dieses Worts. Das heißt, er mag alle eingangs dieses Kapitels erwähnten Trivialitäten über Wahrheit ohne Einschränkung hinsichtlich des Modischen akzeptieren, also auch: Daß dieses Sofa modisch ist, ist wahr genau dann, wenn dieses Sofa modisch ist. Zugleich wird er aber darauf hinweisen, daß sich über diese begrifflich vorgegebene Selbstverständlichkeit hinaus aufschlußreichere Wahrheitsbedingungen angeben lassen, wie zum Beispiel:

> Daß dieses Sofa modisch ist, ist wahr genau dann, wenn eine relevante Mehrheit von Menschen es als modisch einstufen würde.

Aufschlußreicher ist diese Spezifizierung der Wahrheitsbedingung insofern, als mit ihr das eingangs vermerkte Schema der Wortlaut-Identität verlassen wird.

An diesem Beispiel wird deutlich, daß das Gelten-als-Muster konsentieller Begriffe sich auf Aussagen überträgt, in die sie involviert sind – genauer gesagt: darauf, was das Wahrsein solcher Aussagen ist. Denn wenn *B* ein konsentieller Begriff ist, dann gibt es in Hinblick auf Aussagen des Typs "*a* ist ein *B*" keinen Unterschied zwischen Wahr-Sein und Als-wahr-Gelten. Das wiederum heißt natürlich nicht, daß die beiden

Begriffe (Wahr-Sein und Als-wahr-Gelten) in solchen Fällen irgendwie zu *einem* Begriff würden. Es heißt vielmehr, daß Wahr-Sein und Als-wahr-Gelten bei solchen Aussagen aus begrifflichen Gründen koinzidieren – daß jede solche Aussage unter *beide* Begriffe fällt, wenn sie unter einen von ihnen fällt.

Aus dieser Zwischenbetrachtung ergibt sich ein Gesichtspunkt, unter dem sich verschiedene Arten des Realismus voneinander unterscheiden lassen. Zwar wird mit jederlei Realismus anerkannt, daß Aussagen des in Frage stehenden Bereichs wahrheitswertfähig sind – daß sich überhaupt Bedingungen angeben lassen, unter denen sie (im gewöhnlichen Sinn dieses Worts:) wahr sind oder wären. Aber in diesem Rahmen sind unterschiedliche Auffassungen darüber möglich, was das Wahrsein solcher Aussagen ist – ob es z. B. bloßes Als-wahr-Gelten ist oder nicht –, und entsprechend auch darüber, welche aufschlußreicheren Wahrheitsbedingungen sich für solche Aussagen angeben lassen. ("Sag mir, welche Wahrheitsbedingungen über die trivialen hinaus du den in Frage stehenden Aussagen zuordnest – Wahrheitsbedingungen, die nicht aus Wortlaut-Identität allein zu gewinnen sind! Dann sage ich Dir, von welcher Couleur dein Realismus ist.")

*

VERWISCHUNGEN In Anwendung auf den doxastischen Realismus ergibt sich daraus, daß zwar mit jedweder seiner Varianten anerkannt wird, daß manche Glaubensaussagen (im gewöhnlichen Sinn:) wahr sind, daß sich diese Anerkenntnis aber sowohl abschwächen als auch verstärken läßt. Wie wir gerade gesehen haben, ist der Ascriptionismus eine Abschwächung: "*Wahr* ist hier dasselbe wie *gilt als wahr.* Daß *S* glaubt, daß *p*, besagt nichts anderes als: *S* wird die Überzeugung, daß *p*, zugeschrieben". Ein sich realistisch gebender Interpretationismus à la Davidson bringt eine andere Art der Abschwächung mit sich: "*Wahr* ist in diesem Zusammenhang dasselbe wie *wahr relativ zu einer Interpretation.* Daß *S* glaubt, daß *p*, besagt nichts anderes als: Aus wenigstens einer empirisch adäquaten radikalen Interpretation des Verhaltens von *S* ergibt sich, daß er glaubt, daß *p.*" Im Kontrast dazu stellt z. B. der doxastische Neuro-Realismus eine Verstärkung dar: "*Wahr* ist hier etwa dasselbe wie *wahr und naturwissenschaftlich nachweisbar.* Daß *S* glaubt, daß *p*, besagt: in *S* sind neuronale Repräsentationen mit dem Inhalt, daß *p*, vorhanden, und diese Repräsentationen spielen in *S* eine so-&-so geartete kausale Rolle."[164] – Es gibt hier also unüberschaubar viele Möglichkeiten: einerseits der Verdünnung (bis hin zu solchen, die auf ein bloßes Lippenbekenntnis zum Realismus hinauslaufen) und andererseits der Anreicherung (bis hin zu solchen, denen zufolge Glaubenstatsachen wissenschaftliche Fakten sind).

Jede exakt gezogene Grenze zwischen einem Gerade-noch-Realismus und einem Doch-schon-Anti-Realismus zum Thema *Glauben* ist jedoch sachlich wenig bedeutsam, sondern eher ein klassifikatorisches Artefakt. Das zeigt sich sehr deutlich an Dennetts leicht variierenden Erläuterungen seiner Lehre von den intentionalen Systemen, in denen er zwischen einem abgeschwächten Realismus und einem Anti-Realismus schillert. In der realistischen Version besagt diese Lehre etwa folgendes: "Glaubensaussagen sind wahr; und *wahr* koninzidiert hier mit *gilt unter denen als wahr, die die intentionale Strategie zur Anwendung bringen*. Daß *S* glaubt, daß *p*, besagt nichts anderes als: *S* ist ein intentionales System, dessen Verhalten durch die Zuschreibung der Überzeugung, daß *p*, besser vorhersagbar ist als ohne diese Zuschreibung."[165] – Hingegen deutet Dennett seine Lehre als eine sei's auch konziliant formulierte Version des Anti-Realismus, wenn er ausführt, keine Glaubensaussage sei wahr, bestenfalls handele es sich um "*veritas cum grano salis*, to put it technically".[166]

Wie auch immer der Ascriptionismus formuliert wird, er ist unweigerlich eine Abschwächung des doxastischen Realismus. Denn auch dann, wenn mit ihm Glaubensaussagen als wahr anerkannt werden, wird Glauben wie ein konsentieller Begriff konzipiert. Die Wahrheit von Glaubensaussagen wird somit gleichgesetzt mit ihrem Als-wahr-Gelten; und dies heißt: dem Phänomen *Glauben* wird eine Realität von sekundärer Qualität zugebilligt. – Auf unsere Frage "Wie wirklich ist das Glauben?" könnte der Ascriptionist passenderweise antworten: Es ist so – in der Art – wirklich wie zum Beispiel das Phänomen des Modischen. Ein Konsentialist mag mit einem gewissen Recht darauf pochen, daß auch er die Realität des Glaubens anerkennt; schließlich gestehe er ja zu, daß manche Überzeugungszuschreibungen wirklich *wahr* sind und nicht nur wahr-cum-grano-salis. Doch sein 'Realismus' ist ein bloßes Lippenbekenntnis, das nur durch einen begriffsklassifikatorischen Trick ermöglicht wird: Bereits dadurch, daß er den *Begriff* des Glaubens zu einem konsentiellen Begriff deklariert (bei dessen Anwendung Wahrsein und Als-wahr-Gelten koinzidieren müssen), wird das Glauben selbst 'entwirklicht'.

Im Lichte dieser Überlegungen bietet sich folgende grobe Schablone einer Taxonomie von Positionen bezüglich der Frage nach der Wirklichkeit des Glaubens an. (Dabei soll jede Auffassung als Realismus gelten, mit der anerkannt wird, daß manche Glaubensaussagen wahr sind, und jede als Anti-Realismus, mit der dies geleugnet wird.)

Solche Schemata zur Klassifikation von Ismen haben unweigerlich etwas Lächerliches an sich, zumal in der Philosophie ("Ist Berkeleys Immaterialismus wirklich ein Idealismus?"). Sie mögen zur Lösung von Standort-Problemen jener Art taugen, mit denen Bibliothekare und Archivare konfrontiert sind. Auch hier darf die Schablonisierung, wie gesagt, nicht allzu ernst genommen werden. – Unverhüllt nihilistisch sind die brutalen und strengen Versionen des Anti-Realismus; ihn mild vorzutragen, heißt, die Leugnung der Realität des Glaubens mit konzilianten Formulierungen zu verbrämen. Quine formuliert seinen doxastischen Nihilismus hie stärker und da weniger stark; Dennett erläutert seine Auffassungen immer schwach: mal als verdünnten Realismus, mal als milden Anti-Realismus; Davidson charakterisiert seine Lehre vorzugsweise wie einen puren Realismus (wir werden jedoch sehen, daß sie unerträglich abschwächende Relativierungen in sich birgt); und ob eine Konzeption wie die in Wittgensteins Spätwerk angedeutete sich überhaupt in eine krude Taxonomie wie diese einordnen läßt, mag füglich bezweifelt werden.

Positionen wie der doxastische Fiktionalismus und Instrumentalismus sind Formen einer anti-realistischen Beschwichtigung. Ersterer besagt, daß Glaubensaussagen zwar niemals wahr sind, daß wir aber so tun (und insbesondere reden), als ob manche von ihnen wahr wären, und daß dieses So-Tun-als-ob Teil einer durchaus sinnvollen sozialen Praxis ist. Dem Instrumentalismus zufolge dient das Wort "glauben" nicht dazu, um über irgendwelche, auch nicht über nur herbeifingierte, Phänomene zu reden; vielmehr bezeichne es einen theoretischen Begriff, dessen wir uns zu gewissen Zwecken bedienen, z.B. um zu Prognosen über das Verhalten von Menschen zu gelangen. Wahr oder falsch sind jedoch, so der Instrumentalist, ausschließlich die resultierenden Aussagen über das Verhalten, nicht die Überzeugungszuschreibungen, die wir nur als Hilfsmittel benutzen, um zu solchen Prognosen zu gelangen. – Im vierten Kapitel wurde dargelegt, daß die Leugnung der Wahrheit schlechthin aller Glaubensaussagen sich aus apriorischen Gründen verbietet, solange die Existenz normaler Menschen nicht bestritten wird. Der doxastische Anti-Realismus, wie dieses klassifikatorische Etikett hier verwendet wird, ist mithin unhaltbar – in jeder seiner Formen. Es ist nicht nötig, die feinen Abschattierungen im einzelnen genauer zu betrachten, in denen er sich vortragen läßt. Genauer zu betrachten sind hingegen die Verdünnungen und Anreicherungen eines puren Realismus – also der Anerkenntnis dessen, daß es wahre Glaubenssausagen gibt.

*

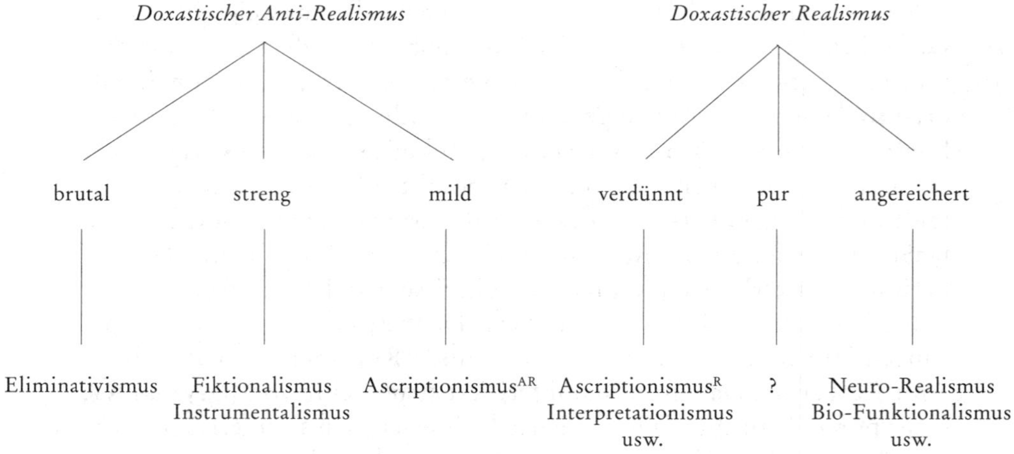

Beginnen wir mit den Abschwächungen. – Der Ascriptionismus, auch wenn er als eine Variante des doxastischen Realismus präsentiert wird, läuft unsern Intuitionen kaum weniger zuwider als ein moderat formulierter Anti-Realismus. Zwei Punkte seien genannt. Erstens ist die Angleichung von Glauben an konsentielle Begriffe unplausibel. Glaubensaussagen des Typs "*S* glaubt, daß *p*" besagen offenkundig nicht dasselbe wie "*S* gilt als einer, der glaubt, daß *p*"; aus keiner der beiden folgt die jeweils andere. – Zweitens scheinen sich logische Verfänglichkeiten unmittelbar daraus zu ergeben, daß die Zuschreibenden selbst Überzeugungen haben müssen. Also müssen die, unter denen *S* als ein Glaubenssubjekt gilt, dem Ascriptionismus zufolge, selbst als Glaubenssubjekte gelten. Ihnen müssen mithin von andern Subjekten Überzeugungen zugeschrieben werden, damit sie selbst andern welche zuschreiben können. Es mag verlockend sein zu versuchen, aus diesem zweiten Punkt niederschmetternde Einwände herzuleiten: daß der Ascriptionismus sich in Zirkel, infinite Regresse oder reflexive Paradoxe verstricke, denen er nur entgehen könne, wenn anerkannt wird, daß zumindest manche Subjekte eben doch *intrinsische* Glaubenssubjekte sind, deren Überzeugungen nicht von einer Zuschreibung abhängig sind. Doch würde dies zugestanden, müßten zumindest zwei Arten des Glaubens anerkannt werden: eine zuschreibungsabhängige (oder derivative) und eine intrinsische (oder originäre). Damit wäre der Ascriptionismus nicht nur ausgehöhlt, sondern ad absurdum geführt. Denn es gäbe dann keinen Grund mehr, das zuschreibungsabhängige 'Glauben' als etwas anderes denn eine Metapher oder nützliche Fiktion zu betrachten. Nur das intrinsische Glauben wäre echtes.[167]

Auf diese und ähnliche Weise könnte man zu argumentieren versuchen. Das wäre aber nur sinnvoll, wenn der realistische Ascriptionismus überhaupt präzis genug formuliert wäre, um einer stringenten Widerlegung fähig zu sein. Dies ist aber nicht der Fall. Deshalb reicht es aus zu konstatieren, daß er auf eine semantisch abwegige These festgelegt und auch anderweitig prima facie unplausibel ist. Durch seine Anerkenntnis, Glaubensaussagen seien wahr (und zwar im gewöhnlichen Sinn dieses Worts), ist er zwar nominell eine Form des doxastischen Realismus, aber diese Anerkenntnis ist (wegen des Postulats der Konsentialität von Glauben) ein bloßes Lippenbekenntnis.

Eine letzte Bemerkung dazu. Es könnte gegen diese Behandlung des Ascriptionismus eingewandt werden, mit ihr mache man es sich zu leicht. Es sei doch anzunehmen, daß eine sorgfältigere Ausarbeitung dieser Position zumindest eine modal abgetönte Fassung der charakteristischen Wahrheitsbedingung anbieten würde. Ein nicht ganz so leicht beiseite zu schiebender Ascriptionismus könnte darauf verzichten, "*S* glaubt, daß *p*" gleichzusetzen mit "*S* wird die Überzeugung, daß *p*, zugeschrieben" und den Inhalt von Glaubenssätzen stattdessen so charakterisieren: dem Subjekt *wäre* (im Lichte aller relevanten Tatsachen) die Überzeugung, daß *p*, zuzuschreiben; vielleicht sogar besser: ihm *müßte* die Überzeugung, daß *p*, zugeschrieben werden. – Was sich aus solch einem Wechsel ins Kontrafaktische bzw. Normative ergibt, hängt davon ab, wie die 'relevanten' Bedingungen genauer spezifiziert werden, unter denen *S* die Überzeugung zugeschrieben würde bzw. werden müßte. Werden solche Bedingungen schwach formuliert, wie Dennett es nahelegt (etwa "*S* würde die Überzeugung von denen zugeschrieben, die auf *S* die intentionale Strategie anwenden"), so wäre das Ergebnis immer noch kontra-intuitiv. Auch diese Paraphrase wäre nicht äquivalent mit der entsprechenden Glaubensaussage. Würden die gesuchten Bedingungen hingegen stark formuliert (etwa: "*S* müßte die Überzeugung von jedem zugeschrieben werden, der alle relevante Information hätte und keinen Fehler in ihrer Anwendung beginge"), dann ginge das spezifisch Ascriptionistische verloren. Denn aus solch einer Formulierung folgt nicht, daß Glauben ein konsentieller Begriff ist. – Kurz, es ist keineswegs klar, wie eine modale Modifikation aussehen könnte, die zugleich die Unplausibilität des Ascriptionismus abmildert und dessen konsentialistischen Grundgedanken bewahrt. Da es uns nicht darum geht, diese Position definitiv zu widerlegen, muß auch nicht der Nachweis geführt werden, daß es prinzipiell unmöglich ist, sie in einer Weise zu formulieren, die unsern Intuitionen weniger kraß zuwiderläuft. Eine derartige Reformulierung zu finden ist eine würdige Aufgabe für den, der sich von dem wenig einleuchtenden Grundgedanken angezogen fühlt – nicht für mich.[168]

*

Den Auffassungen zufolge, die ich mit dem Etikett *Interpretationismus* versehe,[169] besagt "*S* glaubt, daß *p*" etwa dasselbe wie: eine (radikale) Interpretation des Verhaltens von *S* würde ergeben, daß er glaubt, daß *p*. – Es ist zunächst einmal wichtig zu beachten, daß und warum es sich hierbei nicht um eine Spielart des Ascriptionismus handelt. Denn worin, so mag man sich fragen, könnte ein sachlich bedeutsamer Unterschied liegen zwischen *S gilt (oder sollte gelten) als einer, der glaubt, daß p* und *S ist als einer zu interpretieren, der glaubt, daß p*?

Ein entscheidender Unterschied liegt darin: Glauben ist im interpretationistischen Rahmen nichts von der Art eines konsentiellen Begriffs. Ob ein Subjekt Überzeugungen hat und welche das sind, hängt nicht begrifflich davon ab, wie *wir*, oder andere, über es denken und reden, oder denken und reden würden, oder denken und reden sollten; es hängt ausschließlich davon ab, wie es selbst ist.[170] Glaubensaussagen betreffen das in ihnen genannte Subjekt; ihre Wahrheitsbedingungen involvieren keine hinzukommenden Subjekte, die solche Aussagen machen oder machen würden. Es gibt keine im oben erläuterten Sinn 'aufschlußreicheren' Wahrheitsbedingungen dessen, daß *S* glaubt, daß *p*, die etwas ins Spiel brächten, das damit zu tun hat, wie und was andere über *S* denken. Der Interpretationist ist darum bemüht, all dies anzuerkennen.

*

Glauben relativiert Die mit dieser Auffassung einhergehende Verwässerung des Realismus liegt also nicht darin, daß der Unterschied zwischen Glauben und Gilt-als-Glauben nivelliert wird. Sie rührt aus der These, daß Überzeugungszuschreibungen in sich selbst eine Relativierung bergen. Genau genommen seien Aussagen der Art "*S* glaubt, daß *p*" begrifflich unvollständig; erst mit etwas wie "*Relativ zu der-&-der Interpretation gilt*: *S* glaubt, daß *p*" handele es sich um eine vollständige, wahrheitswertfähige Aussage. Kurz, Interpretationen seien versteckte Parameter von Glaubensaussagen. In der Relativierung auf eine bestimmte Interpretation des Glaubenssubjekts liegt, so Davidson, allerdings keine Beeinträchtigung der Objektivität von Glaubensaussagen. Solche Interpretationen sind keine Sache des Beliebens; sie sind entweder korrekt (empirisch adäquat) oder sie sind es nicht – und zwar je nachdem, ob sie im Einklang mit den Daten stehen, die sich aus der Beobachtung des Gesamtverhaltens des Glaubenssubjekts gewinnen lassen, oder nicht. Die These ist: Durch die Relativierung auf eine bestimmte Interpretation wird die Objektivität von Glaubensaussagen nicht gemindert, sondern überhaupt erst geschaffen.

Eine von Davidson gerne verwendete Analogie ist die mit Temperatur-Aussagen. Ein Satz wie "Der Wein hat 18 Grad" ist unvollständig; der versteckte Parameter ist eine Skala. Zwei numerisch unterschiedliche Temperatur-Angaben (eine von 18 Grad, die andere von 64 Grad), in denen es um ein und dasselbe Objekt geht, können ohne weiteres beide wahr sein, wenn sie auf entsprechende Skalen relativiert werden. In analoger Weise können, so Davidson, auch zwei propositional unterschiedliche Überzeugungszuschreibungen in Bezug auf ein und dasselbe Subjekt und Thema[171] wahr sein, wenn sie auf entsprechende Interpretationen des Subjekts relativiert sind. Und das heißt eben: ohne die Relativierung auf eine Interpretation sind Glaubensaussagen so wenig wahrheitswertfähig wie Temperaturangaben ohne Relativierung auf eine Skala.

Zunächst wird es mir nun um vier Punkte gehen: erstens, welche Gründe Davidson für die These von der Notwendigkeit einer Relativierung auf Interpretationen gibt; zweitens um die Quellen, aus der diese Gründe hervorgehen; drittens, weshalb die These grundsätzlich unplausibel ist, und viertens, inwiefern sie eine Verdünnung des Realismus im Hinblick auf das Glauben ist.

Eine radikale Interpretation im Sinne Davidsons ist, wie im vorigen Kapitel ausgeführt, eine empirische Theorie über eine Person, durch die jedem Satz ihrer Sprache geeignete Wahrheitsbedingungen zugeordnet werden – d. h. solche, die dazu geeignet sind, die Bedeutung des jeweiligen Satzes anzugeben. Hand in Hand mit solch einer semantischen Interpretation geht die Entwicklung dessen, was der Einfachheit halber eine *intentionale* Interpretation genannt werden kann: eine Theorie darüber, welche Überzeugungen, Wünsche, Absichten usw. die betreffende Person hat. Semantische und intentionale Interpretation müssen aufeinander abgestimmt sein. Annahmen darüber, was *S* glaubt, beeinflussen – stützen oder schwächen – Annahmen darüber, was die Sätze bedeuten, denen er zustimmt, und umgekehrt. (Zum Beispiel in folgender Weise: Wenn die semantische Interpretation einem Satz, σ, der fremden Sprache die Proposition, daß es regnet, als Wahrheitsbedingung zuordnet, dann wird *S*, falls er σ zustimmt, durch die intentionale Interpretation die Überzeugung zugeordnet, daß es regnet. Sollte *S* diesem Satz jedoch auch dann zustimmen, wenn für ihn unübersehbar strahlender Sonnenschein herrscht, dann wäre das ein Hinweis darauf, daß σ eine andere Wahrheitsbedingung zuzuordnen ist; denn es ist nicht anzunehmen, daß

S glaubt, daß es regnet, wenn ihm offenkundig sein muß, daß es nicht regnet.)

Sich Quines These von der sog. Unerforschlichkeit des Bezugs anschließend, vertritt Davidson die Auffassung, es seien kraß divergierende Interpretationen ein und derselben Person im Lichte ein und derselben Daten über ihr Verhalten, ihre Vergangenheit und ihre Umgebung möglich – und zwar Interpretationen, die der Gesamtheit dieser Daten nicht nur gleichermaßen gut entsprechen, sondern optimal entsprechen. Es gibt, heißt das, keine besseren Interpretationen als diese; alle unter ihnen sind gleich gut, aber sie besagen Verschiedenes darüber, was *S* glaubt. – Ein typisches Beispiel: Seien *IT* und *IT** zwei in puncto empirische Adäquatheit optimale Interpretationstheorien über *S*. Gemäß *IT* hat er die Überzeugung, daß Hasen Nasen haben, aber nicht die Überzeugung, daß die Massenschwerpunkte von Hasen Massenschwerpunkte von Entitäten mit Nasen sind. Im Lichte von *IT** gilt das Umgekehrte: *S* glaubt jenes nicht, wohl aber dieses.[172] – Das heißt, wenn die genannten Voraussetzungen akzeptiert werden: Es ist empirisch unbestimmbar, ob *S* glaubt, daß Hasen Nasen haben. Relativ zu *IT* glaubt er das, relativ zu *IT** glaubt er es nicht.[173] Hingegen ist bestimmt, ob *relativ zu einer Interpretation* im Lichte von *IT* (bzw. zu *IT**) gilt: *S* glaubt, daß Hasen Nasen haben. – Deshalb ist, so Davidson, die Relativierung von Glaubensaussagen auf Interpretationen unausweichlich, damit diese überhaupt wahrheitswertfähig sind. Zwar kommen diese Relativierungen in der Praxis zumeist nicht zum Vorschein; da tun wir so, als sei ein und dieselbe Interpretation auf jedermann anwendbar. (In der Analogie: Wir tun so, als spräche jedermann von Celsiusgraden.) In Wahrheit müsse in jede Überzeugungszuschreibung aber die jeweils verwendete Interpretation einbezogen werden (*IT* oder *IT** zum Beispiel) – genau so, wie in Gradangaben einbezogen sein muß, ob sie auf die Celsius- oder auf die Fahrenheitskala zu beziehen sind.[174]

Zur zweiten Frage: nach den Quellen, aus denen sich solche Begründungen speisen. Eine von ihnen wurde bereits im vorigen Kapitel erwähnt; es ist die Idee, <u>Glauben</u>, unser ganz gewöhnlicher, nicht-wissenschaftlicher Begriff des Glaubens, sei ein *theoretischer* Begriff; er sei durch nichts bestimmt als durch seine Rolle in derjenigen empirisch überprüfbaren Theorie, in der er implizit definiert ist. Diese Theorie diene uns dazu, Daten (über beobachtbares Verhalten) explanatorisch nützlich zu klassifizieren. Diese Idee liegt, wie wir gesehen hatten, auch dem doxastischen Eliminativismus zugrunde, in dem der Glaubensbegriff mit dem Argument als leer verworfen wird, er sei als theoretischer Begriff einer physikalistischen *Wissenschaft* inakzeptabel.[175] Den Szientismus der

Eliminativisten teilt Davidson nicht. Ganz im Gegenteil, sein Interpretationismus zielt darauf ab, das Glauben als ein Phänomen anzuerkennen, das sich zwar dem wissenschaftlichen Zugriff entzieht, aber dennoch unbestreitbar real ist. Wohl aber geht auch das gerade betrachtete Argument für die Interpretationsrelativitität von der Annahme aus, Glauben sei ein theoretischer Begriff eines empirischen Hypothesensystems. Allerdings handele es sich in diesem Fall um eine nicht-wissenschaftliche (und darüber hinaus unverwissenschaftlichbare) Theorie.

Welche Brisanz in der Annahme liegt, das Wort "glauben" sei ein theoretischer Term einer Interpretationstheorie, schimmerte bereits im vorigen Kapitel durch.[176] Doch was ist damit eigentlich gesagt? Zunächst einmal, theoretische Terme – gleichgültig, um was für eine Art von Theorie es geht – sind Ausdrücke, die in einen bereits vorhandenen Begriffsrahmen eingefügt werden. Sie sind semantisch unbelastet; d.h. sie haben vor ihrer Einführung in die Theorie, die daraus durch sie entsteht, keinerlei eigenständige Bedeutung (wenn doch, dann ist diese inhaltlich irrelevant). Und sie sind begrifflich innovativ: In der Theorie sind sie 'neue' Ausdrücke für etwas, für das es zuvor keinen Begriff gab. Der Standard-Konzeption theoretischer Terme zufolge hängt deren Bedeutung ausschließlich davon ab, welche Rolle sie in der jeweiligen Gesamt-Theorie spielen.[177] Diese Rolle, die ihre Bedeutung konstituiert, besteht in ihrem Zusammenspiel mit den 'alten' Ausdrücken und mit den andern theoretischen Termen dieser Theorie. – Im idealtypischen Fall ist ein theoretischer Term also ein Wort, das vor seiner Einführung in die entsprechende Theorie keinerlei Bedeutung hatte und nun die hat, die ihm einzig und allein aus der Rolle zuwächst, die es in dieser Theorie spielt. Das unterscheidet theoretische von andern Termen der Theorie, deren Bedeutung unabhängig von ihrer Rolle in dieser Theorie ist. Der Unterschied zeigt sich deutlich, wenn die Theorie falsch ist. In diesem Fall bezeichnen ihre theoretischen Terme gar nichts ("Astralstein"), für den Bezug der andern Terme hingegen ist es gleichgültig, ob die Theorie wahr ist oder nicht.

Betrachten wir an einem schematischen Beispiel, was sich ergibt, wenn "glauben" (und ebenso "bedeuten") als theoretischer Term in Interpretationstheorien aufgefaßt wird. Dabei seien *IT* und *IT** zwei Theorien über das Gesamtverhalten einer Person *S*. Sei σ ein Satz, dem *S* zustimmt, und die durch "*p*" und "*q*" ausgedrückten Propositionen seien verschieden. Aus *IT* ist herleitbar:

σ bedeutet, daß *p*;
S glaubt, daß *p*.

Aus *IT** sind formulierungsgleiche Hypothesen nicht herleitbar, wohl aber

σ bedeutet, daß *q*;
S glaubt, daß *q*.

Aus *IT* wiederum lassen sich keine Hypothesen herleiten, die mit den beiden letztgenannten formulierungsgleich sind. – Lax gesagt, aus *IT* ergibt sich, daß *S* glaubt, daß *p*, aber nicht, daß er glaubt, daß *q*; und mit *IT** verhält es sich umgekehrt.

Da die Ausdrücke "bedeuten" und "glauben" in diesen beiden Satzpaaren theoretische Terme *verschiedener* Theorien sind, muß dies kenntlich gemacht werden, wenn solche Hypothesen nicht innerhalb der jeweiligen Theorie, sondern von einem externen Standpunkt formuliert werden:

σ bedeutet^{IT}, daß *p*, und σ bedeutet$^{\mathrm{IT}*}$, daß *q*;
S glaubt^{IT}, daß *p*, und er glaubt$^{\mathrm{IT}*}$, daß *q*.

Weshalb ist es angemessen, beide Begriffe, Glauben^{IT} und Glauben$^{\mathrm{IT}*}$, als Begriffe des Glaubens zu bezeichnen? Schließlich gehört das gleichlautende Wort "glauben" in diesen beiden Verwendungen verschiedenen Theorien an, aus denen allein es jeweils seine Bedeutung erhält. (So wie das gleichlautende Wort "Transposition" in der Musikwissenschaft eine andere Bedeutung hat als in der Genetik.) Nun, es ist deshalb angemessen, weil beide Interpretationstheorien, *IT* so gut wie *IT**, in bestimmter Weise auf eine allgemeine, apriorische und normative Hintergrundtheorie über menschliche Rationalität bezogen sind. Die Aussagen dieser Theorie sind Idealisierungen, mit denen grundlegende Strukturzusammenhänge zentraler Begriffe (wie Glauben, Wollen, Bevorzugen und Entscheiden) charakterisiert werden; als ganze fixiert solch eine generische Hintergrundtheorie einen normativen Standard für alle menschliche Rationalität. In den beiden empirischen Theorien *IT* und *IT**, in denen es um die spezifische Interpretation der Person *S* geht, wird die apriorische Hintergrundtheorie über ideal-rationale Subjekte als gemeinsamer Standard respektiert. Und aus diesem Grund ist es, auch von einem gegenüber *IT* und *IT** externen Standpunkt aus, angemessen, dasselbe Wort "glauben" (allerdings mit unterschiedlichem Index) zu verwenden, um Hypothesen dieser spezifischen Theorien in neutraler Terminologie wiederzugeben. Dennoch, obwohl mit der Verwendung des Terms "glauben" in beiden Interpretationstheorien dieselbe Hintergrundtheorie respektiert wird, ist er, wenn er in *IT* bzw. *IT** auftritt, jeweils ein anderer theoretischer Term. Deshalb stehen Glaubensaussagen der einen Theorie nicht in Konkurrenz zu solchen der andern Theorie; einmal handelt es sich um Hypothesen darüber, was *S* glaubt^{IT}, im andern Fall um Hypothesen darüber, was er glaubt^{IT*}. Darüber hinaus, wenn die betreffende Theorie falsch ist, bezeichnet der zu ihr gehörige Term "glauben" nichts und Aussagen mit ihm haben keinen Wahrheitswert. – In dieser Weise steht die Idee, Glaubensaussagen müßten auf Interpretationstheorien relativiert werden, um wahrheitswertfähig zu sein, in engem Zusammenhang mit der Unterstellung, Glauben sei ein theoretischer Begriff.

Zum dritten Punkt: weshalb die These, Glaubensaussagen müßten auf Interpretationen relativiert werden, um überhaupt wahrheitswertfähig zu sein, durchaus unplausibel ist. Zunächst einmal paßt sie nicht zu unserer tatsächlichen Praxis der Überzeugungszuschreibung. Nicht nur relativieren wir nicht und haben auch nicht das Gefühl, wir sollten das streng genommen tun (wie bei Gradangaben der Temperatur), vielmehr wüßten wir gar nichts damit anzufangen, wenn wir aufgefordert würden, die Theorie zu benennen oder gar darzulegen, auf die wir, angeblich, zurückgreifen, wenn wir jemandem eine Überzeugung zuschreiben. Nach allem, was wir wissen, haben wir keine solche Theorie, könnten die angeblich erforderliche Relativierung also gar nicht machen und würden folglich mit Glaubenssätzen nichts Wahrheitswertfähiges sagen. – Doch selbst wenn wir solche Theorien hätten, unbewußt oder 'implizit' vielleicht, wäre vieles ungereimt. Ein Beispiel. *A* sagt zu *B*: "Harvey glaubt, daß der Film um 8 beginnt." *B* erwidert: "Nein, das glaubt er nicht." Dem Interpretationismus zufolge muß sich hierin kein sachlicher Gegensatz widerspiegeln; denn *A*s Aussage mag sich aus seiner Interpretationstheorie ergeben und *B*s Aussage aus ihrer – und beide mögen empirisch gleichermaßen adäquate Theorien über Harvey sein. Aber das ist unplausibel; zwischen *A* und *B* besteht ein Dissens darüber was Harvey glaubt. (Man bedenke, wie verschieden dieser Fall von folgendem, laut Interpretationismus analogem, Fall ist. *A*: "Der Wein hat eine Temperatur von 18 Grad"; *B*: "Nein, das hat er nicht"; *A* meint Celsiusgrade, *B* hingegen Fahrenheitsgrade. Hier bestünde in der Tat kein sachlicher Dissens über die Weintemperatur.) – Es ließen sich wohl viele weitere Einwände dieser Art entwickeln, die zeigen, wie schlecht sich die Relativierungsthese mit unserer gewöhnlichen Praxis des Zuschreibens und Absprechens von Überzeugungen verträgt.

Ein noch grundsätzlicheres Problem liegt in der Relativierung selbst. Durch sie wird der Sinn von Glaubensaussagen nicht deutlicher expliziert, sondern einschneidend verändert. Ein Satz des Typs

(RIT) Relativ zur Interpretationstheorie *IT* gilt: *S* glaubt, daß *p*

hat einen ganz anderen Sinn als der einfache Satz

(G) *S* glaubt, daß *p*.

Ohnehin ist klar, daß die beiden nicht einmal begrifflich äquivalent sind; aus dem ersten folgt, daß es eine Interpretationstheorie über *S* gibt, aus dem zweiten nicht. Man beachte nun, daß der inhaltliche Unterschied alles andere als nur eine subtile Nuance ist. Vielmehr sind die Wahrheitsbedingungen der beiden Aussagen so verschieden, daß in ihnen von ganz Unterschiedlichem die Rede ist. (RIT) ist wahr oder falsch, je nachdem, wie es sich mit *IT* verhält – nicht, wie es sich mit *S* verhält. Es ist in erster Instanz ein Satz über eine Theorie: darüber, was sich aus ihr ergibt. Mit (RIT) wird gar nichts darüber ausgesagt, was *S* glaubt, sondern nur darüber, was sich aus *IT* zu diesem Thema ergibt. – Die inhaltliche Diskrepanz läßt sich auch daran ersehen: Es ergibt sich kein Widerspruch, nicht einmal eine Ungereimtheit à la Moores Paradox, wenn die Negation von (G) mit (RIT) verknüpft wird:

S glaubt nicht, daß *p*, aber relativ zu *IT* gilt: *S* glaubt, daß *p*.

An der Verträglichkeit von (RIT) mit der Negation von (G) zeigt sich, daß ersteres keine semantisch explizitere Paraphrase des letzteren ist; es ist gar keine Paraphrase. In Glaubensaussagen ist kein Theorie-Parameter versteckt. Mithin ist die These von der Notwendigkeit einer Relativierung von Glaubensaussagen auf Interpretationen falsch. (Man beachte, daß dieser Einwand nichts damit zu tun hat, ob wir nicht doch – vielleicht ohne uns dessen bewußt zu sein – immer eine Interpretationstheorie anwenden, wenn wir eine Glaubensaussage machen.)

Betrachten wir eine andersartige 'Paraphrase' von (G), die der Interpretationist anbieten könnte:

(Ü) Als Anhänger von *IT* behaupte ich: *S* glaubt, daß *p*.

Allerdings: damit würde die Behauptung darüber, was *S* glaubt, gar nicht relativiert. Wer (Ü) verwendet, würde zusätzlich zu seiner Überzeugungszuschreibung im selben Atemzug und überflüssigerweise darauf hinweisen, von welcher Art der theoretische Hintergrund ist, vor dem er sie macht. Er spricht mit (Ü) über *S* und sagt, was der glaubt; und er weist darauf hin, weshalb er das für wahr hält, was er über *S* sagt. Und gerade aus diesem Grund – weil die schlichte Aussage, *S* glaube, daß *p*, mit (Ü) *nicht* relativiert wird – ist die Verknüpfung der Paraphrase mit der Negation von (G)

> *S* glaubt nicht, daß *p*; aber als Anhänger von *IT* behaupte ich: *S* glaubt, daß *p*

diesmal 'paradox à la Moore', hart am Rande des Widerspruchs. – Man könnte daher sagen, daß (Ü) den Wahrheitsbedingungen von (G) näher steht als (RIT). Der semantische Einwand jedenfalls, den wir gegen (RIT) betrachtet haben, ist gegenüber diesem Vorschlag für eine Paraphrase von (G) nicht anwendbar.

Aber auch eine Paraphrase des Typs (Ü) liefert nicht das, was der Interpretationist anstrebt. Denn gerade weil mit (Ü) nicht relativiert wird, wird damit auch kein wahrheitswertrelevanter Zusammenhang zwischen der Glaubensaussage (G) und der Theorie hergestellt, aus der sie sich ergibt. – Ein Beispiel mag ausreichen, um dies einzusehen. Wenn einer sagt:

> Als Anhänger des Kreationismus behaupte ich: Die Welt ist nur wenige 1000 Jahre alt,

dann ist der Wahrheitswert seiner Aussage über das Alter der Welt unabhängig davon, auf welche Theorie er sich mit ihr beruft. – Übertragen auf den Vorschlag, (Ü) als Paraphrase für (G) zu betrachten, zeigt dies: Die Anreicherung von (G) durch den Zusatzkommentar ("das behaupte ich als Anhänger von *IT*") ist überflüssig. Sie macht keinen versteckten semantischen Bestandteil von (G) explizit, denn die Wahrheitsbedingung von (G), wenn (G) in (Ü) vorkommt, ist in keinerlei Weise abhängig von der überflüssigerweise erwähnten Interpretationstheorie. Anders gesagt: Selbst wenn so etwas wie (Ü) eine pragmatisch akzeptable Paraphrase für (G) wäre, würde dies nicht im geringsten für den Interpretationismus sprechen. – Kurz, der Ausweg ins semantisch Überflüssige brächte keine Lösung. Folglich ist der Interpretationismus auf die These festgelegt, Glaubensaussagen seien auf Interpretationstheorien zu relativieren, und diese These ist aus den oben genannten Gründen unhaltbar.

*

Schließlich zur vierten Frage: inwiefern der Interpretationismus eine Verdünnung des doxastischen Realismus ist. Sie stellt sich unter anderm auch deshalb, weil manche offiziellen Auskünfte durch und durch darauf abgestimmt sind, das Objektive (von subjektiven oder intersubjektiven Vorlieben Unabhängige) und Reale (im Gegensatz zum bloß Für-real-Gehaltenen) am Glauben hervorzuheben. Überzeugungen seien, so heißt es, "ohne jeden Abstrich genauso real wie Atome oder Baseball-Schläger".[178]

Eine Abschwächung liegt zum Beispiel in dem projektiven Aspekt semantischer und intentionaler Interpretation. Nach Davidson ist es ein integraler Bestandteil der Methodologie des Interpretierens, in das zu interpretierende Subjekt ein hinreichend hohes Maß an Rationalität zu projizieren und darüber hinaus eine ausreichende Vielzahl von Überzeugungen, die es mit uns teilt. Wer einem andern Menschen Überzeugungen zuschreibt, müsse unausweichlich die eigenen Rationalitätsmaßstäbe zur Anwendung bringen und unterstellen, daß der Andere diese weitgehend beachtet. In dem Maße, in dem Interpretation erfolgreich ist, entdecke der Interpret seine eigenen Normen im andern Menschen wieder; aber diese 'Entdeckung' sei "ein *Artefakt* der Interpretation".[179] Mit der besten Interpretation, die ein Interpret entwerfen kann, *lese er* seine Überzeugungen und Standards *in den Geist des Andern hinein*, den er interpretiert; er habe keine Wahl, er müsse seine eigene Logik in die Überzeugungen des andern *projizieren*.[180]

Man könnte versucht sein, in diesem projektiven Aspekt etwas zu sehen, das allein den heuristischen Prozeß der Entwicklung einer Interpretation betrifft, nur ein provisorisches Hilfsmittel der Theoriefindung ist – etwas, das in den aus der Interpretation resultierenden Glaubenszuschreibungen selbst keine Spur hinterläßt. Doch dem Interpretationismus zufolge birgt jede Glaubensaussage selbst eine Relativierung auf eine Interpretation in sich, und das heißt: mit ihr wird unweigerlich auf etwas relativiert, das ohne Projektion nicht erreicht werden kann. – Solcherlei Relativierung ist nun aber eine Eigentümlichkeit speziell der Zuschreibung von Überzeugungen und andern intentionalen Zuständen. In andern Aussagen, nicht nur über Baseballschläger oder Atome, sondern auch über Menschen und Zustände, in denen sie sich befinden ("Harvey ist erkältet; er liegt mit Fieber im Bett und schläft"), ist solch ein projektiver Aspekt nicht verborgen. Und insofern sind dieser Auffassung zufolge Glaubensaussagen weniger objektiv als andere Aussagen. ("Weniger objektiv" darf hier nicht verstanden werden als *subjektiv* oder *willkürlich*; es heißt: angewiesen auf interpretationsermöglichende Projektionen, die keine empirische Überprüfung zulassen.)

Daß es sich beim Interpretationismus um eine Abschwächung des doxastischen Realismus handelt, zeigt sich auch an der bereits betrachteten Unbestimmtheit. Wenn *S* dem univoken Satz σ zustimmt und wir uns fragen, welche Überzeugung es ist, die er damit bekundet, dann sind, dem

Interpretationismus zufolge, verschiedene korrekte Antworten möglich: *S* glaubt, daß *p*; und: *S* glaubt, daß *q*. Mehr als das, der Unterschied kann denkbar einschneidend sein. Laut Davidson können die beiden Zuschreibungen miteinander unverträglich sein![181] Dies sei möglich, weil sie nicht in empirischer Konkurrenz zueinander stehen. Denn sie seien relativ zu unterschiedlichen Interpretationen, und wenn diese die Gesamtheit der Daten gleichermaßen gut abdecken, gibt es zwischen ihnen auf's Ganze gesehen keinen empirischen Unterschied. Nun bricht aber Davidsons beschwichtigende Celsius/Fahrenheit-Analogie just an diesem entscheidenden Punkt zusammen. – Betrachten wir, wie und warum.

Die Objektivität von Aussagen über die Temperatur eines Gegenstands zeigt sich gerade auch daran, daß sie einander widersprechen können, obwohl ihre jeweiligen Zahlenangaben relativ zu verschiedenen Skalen sind. Daß der Wein 18 Grad Celsius hat, ist unverträglich damit, daß er 40 Grad Fahrenheit hat. Es gibt objektiv bestimmte Zuordnungen von Grad-Angaben, die mit Rückgriff auf die beiden Skalen gemacht werden. Aber es gibt keine solchen Zuordnungen zwischen einzelnen Überzeugungszuschreibungen (wie "*S* glaubt, daß *p*" und "*S* glaubt, daß *q*"), wenn die eine mit Rückgriff auf die eine Interpretationstheorie gemacht wird und die andere mit Rückgriff auf eine andere. Eine Identitätsaussage wie

die Celsius-Temperatur von 18° = die Fahrenheit-Temperatur von 64°

ist wahr. Wenn wir jedoch die entsprechende Aussage formulieren:

die *IT*-Überzeugung, daß *p* = die IT^*-Überzeugung, daß *q*,

dann stellt sich die Frage: Was könnte das überhaupt heißen? *Was* würde mit solch einer Identitätsaussage als dasselbe behauptet? Am klarsten lägen die Dinge wohl, wenn das hieße, daß es sich um dieselbe Überzeugung handelt. Aber das kann es nicht heißen.

Unsere Frage an diesem Punkt ist: Was genau ist jeweils das real existierende Phänomen, von dem mit diesen Gleichungen jeweils ausgesagt wird, es sei ein und dasselbe? Hinsichtlich der ersten Gleichung liegt die Antwort auf der Hand: Es ist die Temperatur (z.B. des Weins im Glas). Aber was könnte es im zweiten Fall sein? Jedenfalls nicht die *Überzeugung*, die *S* mit seiner Zustimmung bekundet. Besagte Überzeugung von *S* kann nicht sowohl die sein, daß *p*, als auch die, daß *q*. Daß diese Überzeugungen verschieden sind, wird ja auch vom Interpretationisten in keiner Weise in Frage gestellt. Auch er erkennt an, daß für jede beliebige Interpretationstheorie IT^x gilt:

die IT^x-Überzeugung, daß $p \neq$ die IT^x-Überzeugung, daß q.

(Um das oben gegebene Beispiel noch einmal aufzugreifen: In die Überzeugung, daß die Massenschwerpunkte von Hasen Massenschwerpunkte von Entitäten mit Nasen sind, ist der Begriff Massenschwerpunkt involviert; in die, daß Hasen Nasen haben, nicht. Wer über den Begriff des Massenschwerpunkts nicht verfügt, kann die erste Überzeugung nicht haben, wohl aber die zweite. Mithin sind sie verschiedene Überzeugungen.) – Daran zeigt sich, daß allein durch den Versuch, Überzeugungen als etwas zu konzipieren, dessen Inhalt sich auf unterschiedliche Arten korrekt bestimmen läßt, undeutlich wird, wovon eigentlich – von welchem realen Phänomen – inhaltliche Unbestimmtheit ausgesagt wird. Propositionales Glauben jedenfalls ist nicht mehr das Thema. Solchem Glauben ist sein propositionaler Gehalt wesentlich.

Anders als der Ascriptionismus ist der Interpretationismus also nicht einfach eine Verdünnung des doxastischen Realismus. Durch die mit ihm einhergehende These der inhaltlichen Unbestimmtheit (oder besser: Mehrfach-Bestimmbarkeit) jeder Überzeugung und die korrelative These der Interpretationsrelativität verschwimmt der Begriff des Glaubens ins Unbestimmte. Es mag reale Phänomene geben, die sich gleichermaßen gut als die Bekundung der Überzeugung, daß *p*, und als Bekundung der Überzeugung, daß *q*, interpretieren lassen. Aber es gibt kein reales Phänomen, das zugleich die Überzeugung ist, daß *p*, und die Überzeugung, daß *q*. – Die Phänomene zu retten ist eine der vornehmsten Aufgaben eines Realismus, der diesen Namen verdient. Der Interpretationismus ist, so scheint es, eher eine unklare Umdeutung des Glaubens als dessen Rettung vor einem szientistischen Naturalismus, der ihm geradheraus die Realität abspricht.

Wir hatten betrachtet, wie der Konsentialist sich einen 'Realismus' in puncto Glauben dadurch zu erschleichen versuchen könnte, daß er bereits den *Begriff* des Glaubens umdeutet. Der Interpretationist tut etwas Analoges. Auch er deutet den Begriff des Glaubens um, und zwar zu einem *interpretationalen* Begriff: zu einem theoretischen Begriff einer umfassenden empirischen Interpretationstheorie. Deren Sinn und Zweck sei es, mit Rekurs auf 'theoretische Konstrukte' (wie *Glauben*, *Wünschen* und so weiter) Hypothesen über einzelne Menschen zu formulieren, die es gestatten, deren Verhalten – insbesondere auch ihr Sprachverhalten – vorherzusagen und als subjektiv sinnvolles Tun zu erklären. Es liegt in der Natur einer solchen Theorie, daß jedem Ergebnis, zu dem sie den Interpreten in einem konkreten Fall führt ("*S* glaubt, daß *p*, und er wünscht, daß *q*"), ein anderes Ergebnis entgegensteht, das sich aus einer rivalisierenden, empirisch gleichermaßen gut bestätigten Theorie ergäbe. Weil Glauben ein interpretationaler Begriff ist, ist jedes spezifische Glauben-daß ein theorie-relatives Phänomen. So sagt der Interpretationist.

Es scheint müßig, darüber zu streiten, ob Glauben, in dieser Weise relativiert, noch als ein 'wirkliches' Phänomen konzipiert wird. Wichtiger ist uns: Glauben wird falsch konzipiert, wenn sein Begriff zu einem interpretationalen umgedeutet wird. Denn diese begriffliche Einordnung, die im Interpretationismus vorausgesetzt wird, ist *empirisch* falsch. Sie soll ja jenen Begriff betreffen, den wir de facto verwenden, wenn wir von einem Menschen sagen, er glaube dies und jenes glaube er nicht. Und es ist ein empirisches Faktum, daß die Anwendung *dieses* Begriffs auch durch solche Kriterien geregelt ist, denen gemäß, unter gewissen Bedingungen, ganz bestimmte Überzeugungszuschreibungen unabweisbar korrekt sind. Keine ansonsten noch so gute 'alternative Interpretationstheorie' könnte dann ergeben, daß *S* dies nicht glaubt. – Wir werden dies im 11. Kapitel genauer untersuchen.

*

PRIMAT DER ERKENNTNISTHEORIE? Anders als der Ascriptionismus ist der Interpretationismus, wie Davidson ihn ausführt, ein bis ins Einzelne hinein durchdachtes Gefüge aufeinander abgestimmter Annahmen. Sie bilden den Zusammenhang, in den diese relativistische Konzeption des Glaubens eingebettet ist. Wir haben gesehen, daß im Lichte dieser Konzeption gar nicht mehr von propositionalem Glauben die Rede sein kann und daß jenes theoretische Konstrukt, das an die Stelle des Glaubens tritt, laut Davidson auch ein Artefakt interpretatorischer Projektionen ist. Für einen doxastischen Realisten sind diese Konsequenzen schwer erträglich. Die Frage, der wir nun kurz nachgehen, ist: Verleiht vielleicht der größere philosophische Rahmen, in dem der Interpretationismus steht, diesen Konsequenzen eine Plausibilität, die sie für sich selbst genommen nicht haben? – Allerdings fällt es schwer, diese umfassendere Theorie systematisch (wie ein Axiomensystem) darzustellen. Aus Davidsons Arbeiten geht nicht hervor, welche Annahmen als die grundlegenden und welche als abgeleitet zu betrachten sind. Ich beschränke mich darauf, sieben markante Thesen zu nennen und auf einige Zusammenhänge hinzuweisen.

Theoretizität: Glauben ist ein theoretischer Begriff. Jede Überzeugungszuschreibung ist eine Hypothese einer bestimmten 'totalen' Theorie zur Interpretation des Verhaltens des betreffenden Individuums. Sinn und Zweck solch einer empirischen Theorie ist es, gewisse seiner Verhaltensweisen so beschreiben zu können, daß sie sich als subjektiv rationale Handlungen verstehen lassen und zuverlässige Prognosen über sein künftiges Handeln ermöglichen.

Systemcharakter des Glaubens: Die Überzeugungen eines Menschen bilden ein System, das als ganzes (und in seinem Zusammenspiel mit den sonstigen intentionalen Zuständen und Handlungen dieses Menschen) gewissen Minimal-Ansprüchen an Rationalität genügt.

Individuationsholismus: Das Individuationsprinzip jeder einzelnen Überzeugung eines Menschen ist ihre Rolle in dessen intentionalem Gesamtprofil.

Inhaltsholismus: Der Inhalt jeder einzelnen Überzeugung eines Menschen hängt vom Inhalt all seiner intentionalen Zustände ab.

Zuschreibungsholismus: Eine Überzeugungszuschreibung, für sich allein genommen, ist nicht wahrheitswertfähig. Nur relativ zu der dazugehörigen Interpretationstheorie über das betreffende Subjekt, in ihrer Anwendung auf den Zeitpunkt der Zuschreibung, ist diese wahr oder falsch.

Holismus der Hypothesenüberprüfung: Keine Hypothese einer Theorie läßt sich isoliert überprüfen; Beobachtungen bestätigen und entkräften immer nur Theorien als ganze.

Pluralismus empirisch gleichwertiger Interpretationstheorien: Gleichgültig, wie gut eine Interpretationstheorie über eine Person durch die Daten gestützt ist, es gibt potentiell unendlich viele verschiedene Interpretationstheorien, die im Hinblick auf dieselben Daten gleichermaßen gut gestützt sind. (Vulgo: Selbst eine empirisch optimale Interpretationstheorie hätte gleichgute Rivalinnen.)

Zwei dieser sieben Thesen sind unkontrovers: Der Systemcharakter des Glaubens ergibt sich aus der begrifflichen Wahrheit, daß Glaubenssubjekte ein Minimum an Rationalität besitzen, und dem empirischen Faktum, daß Menschen eine Vielzahl von miteinander zusammenhängenden Überzeugungen haben. Die These vom Holismus der Hypothesenüberprüfung ist eine weithin akzeptierte wissenschaftstheoretische Annahme.

Über zwei weitere dieser Thesen ist schwer zu streiten. Die dritte kann als quasi-definitorischer Vorschlag eines Kriteriums für Überzeugungsidentität verstanden werden und wäre als solcher vor inhaltlichen Einwänden geschützt.[182] Daß dieser Vorschlag dennoch unattraktiv ist, zeigt sich unter anderm an der kontra-intuitiven Konsequenz, daß es in verschiedenen intentionalen Gesamtprofilen keine identischen Überzeugungen geben kann. Und das hieße unter anderm: Wenn zwei Menschen eine Überzeugung teilen, teilen sie alle Überzeugungen. Der Inhaltsholismus läßt sich als Folgerung aus diesem Individuationskriterium verstehen; jedenfalls ergibt sich auch aus ihm wiederum eine intuitiv wenig einnehmende Konsequenz: daß bei jedem Hinzukommen oder Wegfallen einer Überzeugung keine andere Überzeugung, die das Subjekt hat, erhalten bliebe. Kriterien können nicht falsch sein, wohl aber kann sich an ihren Konsequenzen erweisen, daß sie inadäquat sind. Dies scheint hier der Fall zu sein.

Wie steht es um die drei verbleibenden Thesen? Daß die Theoretizitätsthese Anlaß zu Zweifeln gibt, hatten wir gerade betrachtet. Der Zuschreibungsholismus entspricht in keiner Weise der realen Praxis von Überzeugungszuschreibungen. Die letzte These schließlich betrifft ein Charakteristikum des radikalen Interpretierens à la Davidson. Sie legt den Grund für die Auffassung, es sei unbestimmt, ob eine nicht-relativierte Überzeugungzuschreibung wahr ist oder nicht; und im Lichte der gerade angestellten Überlegungen ist es diese Auffassung, die nicht einmal mit einem moderaten doxastischen Realismus vereinbar ist. Alles scheint letztlich daran zu hängen, ob im rechten Verständnis davon, wie radikales Interpretieren vor sich gehen müßte, wenn es methodologisch sauber durchgeführt würde, der Schlüssel zum rechten Verständnis davon liegt, was Glauben ist: was wir 'letztlich' meinen, wenn wir von Glauben sprechen, welchen Begriff wir 'eigentlich' davon haben.

Angesichts dieser flüchtigen Durchsicht erscheint das in sich stimmige Gesamtgefüge, das den theoretischen Hintergrund des Interpretationsrelativismus bildet, in vielen seiner Einzelheiten – gelinde gesagt – problematisch. Seine Grundannahmen sind zweifelhaft, und einige seiner Konsequenzen sind, zumindest für einen doxastischen Realisten, kontra-intuitiv. Woran liegt es, daß diese Konzeption, gerade auch unter Philosophen, dennoch als eine attraktive theoretische Option gilt? Eine Erklärung dafür könnte darin liegen, daß am Anfang jedes Versuchs der Ergründung eines realen Phänomens auch die Frage steht: Woran kann, oder könnte, man es eigentlich erkennen, so gut es sich eben erkennen läßt? Welches sind die empirischen Anhaltspunkte, angesichts deren es gerechtfertigt ist, sein Vorliegen zu konstatieren? Unbestreitbar ist, daß dies eine für jede Wesenserkundung grundlegende Frage ist. Vielen erscheint darüber hinaus folgendes plausibel: Nur in dem Maße, in dem darüber Klarheit bereits besteht, lasse sich überhaupt sinnvoll nach dem Wesen des betreffenden Phänomens fragen. Ohne eine Antwort auf die erste, erkenntnistheoretische, Frage verpuffe die zweite, auf das Wesen der Sache gerichtete, ins Leere. – Wer diese Vorstellung von der Ordnung des sinnvollen Fragens teilt, dem wird die Methodologie des radikalen

Interpretierens zumindest als eine verheißungsvolle Herangehensweise erscheinen, wenn danach gefragt wird, was das Glauben eigentlich ist. Den Ausgangspunkt des radikalen Interpretierens bildet die erkenntnistheoretische Frage: Durch welche Beobachtungen könnte man, auf einem methodisch disziplinierten Weg, zu spezifischen Hypothesen über die Überzeugungen eines Menschen gelangen und wie lassen sie sich überprüfen? Diese Frage beträfe in der Tat den Kern der Frage nach dem Wesen des Glaubens, falls außerdem folgende These akzeptiert würde:

> *Primat der Erkenntnistheorie*: Was das Glauben ist, erweist sich an nichts besser als daran, von welcher Art die Gründe sind, mit denen sich Überzeugungszuschreibungen rechtfertigen bzw. bestreiten (oder gar empirisch verifizieren bzw. falsifizieren) lassen.

Die Denkungsart dahinter ist grundsätzlicher, sie betrifft das Geistige insgesamt. Wir können lesen: "Die Erkenntnistheorie des Geistes konstituiert dessen Natur."[183] – Die engere, das Glauben betreffende Primat-These, die wir nun betrachten, ist also exemplarisch für eine maßgebende Annahme zur Methodologie einer philosophischen Erkundung der Natur des Geistigen. Diese sollte demnach insbesondere darauf abzielen, zum Vorschein zu bringen, welche Gründe es sind, mit denen Überzeugungszuschreibungen zu rechtfertigen oder zu bestreiten sind. Dazu wollen wir zwei Fragen stellen: Ist die generelle These vom Primat der Erkenntnistheorie richtig? Und zweitens: Gibt ganz speziell das Verfahren des sog. radikalen Interpretierens einen aufschlußreichen Hinweis darauf, von welcher Art die gesuchten Rechtfertigungsgründe sind?

Zur ersten Frage. – Gewiß richtig ist, daß in einer jeden Untersuchung darüber, was das Phänomen *X* eigentlich ist, auch die Frage zu stellen ist, woran sich erkennen läßt oder ließe, daß *X* vorliegt. Wer wissen will, woran *X* zu erkennen ist, sollte allerdings bereits eine sei's auch noch so bescheidene begriffliche Orientierung über dieses Phänomen besitzen. Ohne sie gingen spezifischere Fragen der Woran-Erkennbarkeit ins Leere. Deshalb wäre die These vom Primat der Erkenntnistheorie offenkundig falsch, wenn sie darauf hinausliefe, daß die Suche nach den Rechtfertigungsgründen (oder gar Verifikationsverfahren) ohne begriffliches Wissen über das betreffende Phänomen in Angriff genommen werden könnte.

Zu beachten ist in diesem Zusammenhang eine Unterscheidung zwischen verschiedenen Arten solcher Gründe. Viele Phänomene haben es an sich, daß es für ihr Vorliegen gute Anhaltspunkte gibt, die als Gründe für Zuschreibungen ("*a* ist ein *X*") dienen können, wobei das prima facie

Rechtfertigende solcher Gründe allerdings durch hinzukommende Information geschwächt werden kann. Dies unterscheidet solche entkräftbaren Gründe von andern, die aus begrifflichen Gründen ausreichen, um eine Zuschreibung unantastbar zu machen.[184] Ein Beispiel: Daß ein Objekt eine reife Tomate ist oder daß seine Oberfläche die-&-die durch Messung feststellbaren Reflektanzeigenschaften hat, mag ein guter Grund sein, ihm die Eigenschaft des Rotseins zuzuschreiben. Beides wären Gründe der ersten Art. Daß das Objekt von normalsichtigen Menschen, die es aus geeigneter Entfernung, bei gutem Tageslicht usw. betrachten, übereinstimmend für rot gehalten würde, wäre hingegen ein begrifflich hinreichender Grund, ihm die Eigenschaft, rot zu sein, zuzuschreiben. – Es sind insbesondere Rechtfertigungsgründe der zweiten, begrifflich fundierten, Art, die in einer philosophischen Untersuchung von Interesse sind. Denn sie können uns darüber Aufschluß geben, was zum begrifflichen Wesen des betreffenden Phänomens gehört: zum Beispiel darüber, daß Rotsein eine wesentlich beobachtbare, aber nicht wesentlich eine durch Messung feststellbare Eigenschaft von Dingen ist. – Eine Einschränkung ist allerdings nötig. Begrifflich hinreichende Gründe können ohne Erhellungswert sein. Auch dafür ein Beispiel: Wenn *S* weiß, daß manches *Y* ein *X* ist, ist das ein begrifflich hinreichender Grund für die Feststellung, daß es *X*e gibt. Dieser Zusammenhang hat aber weder mit dem natürlichen noch mit dem begrifflichen Wesen von *X* etwas zu tun. Er ergibt sich hier schon aus dem faktiven Charakter des Begriffs Wissen allein. – Wie andere begriffliche Wahrheiten können auch solche über Rechtfertigungszusammenhänge philosophisch wertlos sein; und es wird sich erweisen müssen, ob sich zum Glauben etwas Aufschlußreiches findet.

Die Primat-These kann so verstanden werden, daß mit ihr der explikative Wert einer ganz besonderen Sorte *begrifflicher* Wahrheiten über das Glauben akzentuiert wird – nämlich solcher, in denen nicht-triviale hinreichende Bedingungen für Überzeugungszuschreibungen und mithin Rechtfertigungsgründe genannt sind. Wird sie in diesem Sinn aufgefaßt, dann würde mit der Primat-These der Rahmen nicht verlassen, in dem wir uns in unserer dezidiert begriffsorientierten Vorgehensweise bewegen. (Allerdings stünde eine Begründung des Vorrangs dieser speziellen begrifflichen Wahrheiten vor allen andern noch aus.) Ginge es in dieser These hingegen um *jede* Art von vertretbarem Rechtfertigungsgrund – ob begrifflich gesichert oder nicht –, so wäre sie abzulehnen. (Wenn *A* dem *B* mitteilt: "*S* glaubt, daß *p*", dann mag *B* dadurch einen sehr guten Grund haben, *S* diese Überzeugung zuzuschreiben.) Was das Glauben ist, erweist sich nicht an jederlei Art von guten empirischen Gründen für Überzeugungszuschreibungen, sondern nur an den besten, die wir haben könnten: eben solchen, die begrifflich fundiert sind. Mehr als das: Die Einschätzung, ob etwas überhaupt ein guter Grund ist, muß sich daran ausrichten, was die besten Gründe wären. Und es gibt, jedenfalls in philosophischen Überlegungen, keine besseren Gründe als solche, die begrifflich fundiert sind.

Nun zur zweiten Frage: Geht aus der für das sog. radikale Interpretieren vorgesehenen Methode hervor – oder gar besonders deutlich hervor –, welches unsere besten Gründe für Überzeugungszuschreibungen sind? Nein. Im Gegenteil, die Idee des radikalen Interpretierens führt weit ab davon. Sie ist darauf angelegt, vieles auszublenden, zu nivellieren oder zu unterlaufen, auf das wir de facto ganz selbstverständlich zurückgreifen, wenn wir Urteile darüber treffen, was jemand glaubt – und zwar Urteile, die im Lichte unserer eigenen Kriterien denkbar gut gerechtfertigt sind. Die Theorie des radikalen Interpretierens ist eben auch eine Theorie über den *Begriff* des Glaubens, nicht nur eine über das Phänomen Glauben; das macht sie philosophisch interessant. Sie besagt ja zum Beispiel, er sei ein *theoretischer* Begriff einer *rein empirischen* Theorie über solches Verhalten von *sprachfähigen* Wesen, das ohne jede Vorannahme über den spezifischen Sinn dieses Verhaltens durch Beobachtung registrierbar ist.

Zu fragen ist hier ja auch: Woran muß sich eine Theorie über einen Begriff bewähren – über einen in allgemeinem Gebrauch vorfindlichen Begriff, keinen von Philosophen selbstgemachten? Welches wären die 'Daten' einer derartigen Theorie? Ein gewichtiges sollte doch sein, wie wir – möglichst alle, die den Begriff leidlich gut beherrschen – ihn in der Praxis, in konkreten, uns alltäglich vertrauten Fällen einvernehmlich anwenden. Zu diesen Daten gehört dann auch, ob wir, in manchen solchen Fällen, angesichts all dessen, was sich in ihnen geltend machen läßt, zu dem verbindlichen Ergebnis kommen, daß der Begriff in diesem Fall zutrifft – ein Ergebnis, das trotz seiner derzeitigen Verbindlichkeit natürlich durch später hinzukommende, bislang nicht verfügbare Information erschüttert werden könnte. Anders steht es um all die Begriffe, die nicht einmal einen vorläufig definitiven und allgemein verbindlichen Erweis ihres Zutreffens zulassen ('letztlich Geschmackssache', 'reine Spekulation').

Was nun unsern Begriff des Glaubens angeht, so gehört er zu denen, deren Zutreffen gelegentlich erweislich, über jeden vernünftigen Zweifel erhaben ist. De facto – im wirklichen Leben – ist uns das vorläufig unter keinen Verdacht setzbare Wort des Mitmenschen oft genug: Er glaubt das. Daß er es 'letztlich' vielleicht doch nicht glaubt, wäre uns bloßer Skeptizismus, der mit kompetenter Begriffsverwendung unter gewöhnlichen Gegebenheiten wenig zu tun hat; es wäre Zweifel ohne greifbaren Anlaß.

Dies ist ein 'Datum', das eine 'Theorie' über den Begriff des Glaubens nicht vernachlässigen sollte, es sei denn, in ihr geht es darum, einen neuen Begriff gleichen Namens vorzuschlagen. In den mir bekannten Verlautbarungen einer radikal-interpretationistischen Konzeption wird diesem bemerkenswerten Umstand keine besondere Beachtung geschenkt. Doch an ihm zeigt sich etwas, das ein Licht auf unsern *Begriff* des Glaubens wirft – auf den Begriff, den wir wirklich haben und im Leben, Zusammenleben, zur Anwendung bringen.

Radikales Interpretieren ist ein uns fremdes Metier. Wir sind darin unkundig, nicht durch erlernte und von andern korrigierte Praxis damit vertraut. Wir könnten nicht einmal beurteilen, ob jemand dieses Metier wirklich beherrscht. (Sind diese Fremden wirklich so oder reimt er sich das nur zusammen?) Gewiß, feldforschende Anthropologen fahren los in ferne Lande und begegnen völlig fremden Menschen. Die zuhause Gebliebenen lesen deren Reiseberichte. Zudem haben sie manchen Phantasieroman à la *Robinson Crusoe* oder *Tarzan of the Apes* verschlungen, manchen Alien-Film gesehen. Wir können uns allerlei vorstellen. Stets regt die Idee, wie es wohl wäre, wenn wir wirklich einmal ganz 'radikal' interpretieren müßten, unsere Phantasie an: Da wäre eine Kreatur, an der uns schlechthin alles fremd ist, was uns an Menschen oder auch nur menschenähnlichen Wesen fremd sein kann: was sie tut, jedes bedeutungsverheißende Geräusch, das sie von sich gibt, und so weiter. Viele der dann entstehenden Fragen sind von einigem Reiz. Übrigens auch diese: Wie kann und wird diese andere Kreatur unser Verhalten deuten? (Wir kämen als radikale Interpreten ja nur schwer voran und kaum sehr weit, wenn wir nur das Verhalten des Fremden registrierten. Vernünftigerweise sollten wir darauf bedacht sein, eine Art 'hermeneutisch symmetrische' Situation herzustellen. Zumal dem, der einen Andern 'von Grund auf' interpretieren müßte, um überhaupt hoffen zu können, sich einen Reim auf dessen Verhalten zu machen, sollte daran gelegen sein, auch sich selbst ihm gegenüber möglichst 'interpretierbar' zu machen. Die von Davidson suggerierte Strategie des Schemas *Beobachter registriert nur und bastelt sich eine immer datenadäquatere Glauben/Wollen-Theorie des fremden Verhaltens* wäre wenig aussichtsreich.)

Doch nun ein wenig schärfer gefragt: Wie könnten gerade solche Situationen, die kaum einer von uns wirklich kennt, den entscheidenden Aufschluß darüber verheißen, was wir 'eigentlich meinen', wenn wir von Glauben sprechen? Die Lage, in der wir uns beim wirklich radikalen Interpretieren befänden, hätte wenig gemein mit den realen, vertrauten

Gegebenheiten, auf die sich unsere Kompetenz bei der Zuschreibung von Überzeugungen erstreckt. Die Frage: "Wie würden wir vorgehen, wenn wir uns überhaupt nicht auskennen?" verheißt keine aufschlußreiche Antwort auf die Frage nach den Prinzipien und Kriterien, die unserer kompetenten Praxis zugrundeliegen.

Von einigem Interesse müßte für jede 'Theorie' über den Begriff des Glaubens wohl auch sein, wie wir ihn realiter verwenden. Und wir verwenden ihn nun einmal so, daß seine Zuschreibung unter manchen gewöhnlichen Gegebenheiten unkontrovers ist – bis zu dem Punkt, ab dem die Absprechung haltlos wäre. In der tatsächlichen Anwendung eines Grundbegriffs – zumal, wenn sie einhellig ist und keinen Einspruch mehr zuläßt – manifestiert sich Begriffsverständnis.

Die Anwendung des Glaubensbegriffs in den Bereichen, in denen wir ihn kompetent zu verwenden gelernt haben, unser Zuschreiben und Absprechen spezifischer Überzeugungen, beruht wohl nie auf voraussetzungslosen 'Verhaltensbeobachtungen' und bedarf nur selten interpretatorischer 'Projektionen'. Wohl aber ist sie getragen von Präsumptionen, die die gemeinsame Akzeptanz sozialer (auch sprachlicher) Normen betreffen und zumeist so reibungslos funktionieren, daß wir uns ihrer nur selten bewußt werden. Wir setzen voraus, daß wir vom Andern vieles erwarten dürfen – zu erwarten berechtigt sind. Und daß er von uns erwarten darf, daß wir ihn so verstehen, wie es im Licht dieser Standards korrekt ist. (Man könnte vielleicht sagen, daß die hermeneutische Symmetrie mit einer normativen Symmetrie Hand in Hand geht.)

Ein Beispiel: Wenn einer uns sagt "Der Film beginnt um 8", dann müssen wir nichts in ihn hineinlesen, um guten Grund zu der Annahme zu finden, daß er glaubt, daß der Film um 8 beginnt. Wenn wir präsumieren (vulgo: davon ausgehen müssen, weil nichts dagegen spricht), daß er aufrichtig meint, was er sagt, dann könnten wir keine Gründe haben, die noch besser wären.[185] Nebenbei: Auch die besten Gründe sind ohne Wahrheitsgarantie – es sind eben nur solche, zu denen es keine besseren gibt. *Ob* wir zu solchen Annahmen ("Er glaubt, daß der Film um 8 beginnt") berechtigt sind, hängt von der normativen Verfaßtheit der Gegebenheiten ab, in denen wir ihm begegnen. Angenommen, die konkrete Situation, in der er das sagt, weist keine Besonderheiten auf, durch die unsere Standard-Präsumptionen (gemeinsame Sprache, Aufrichtigkeit, Einstehen für das, was man sagt, usw.) zweifelhaft oder gar hinfällig würden. Dann ist es nicht nur *gerechtfertigt* anzunehmen, er glaube, daß der Film um 8 beginnt. Wir sind *berechtigt*, ihm diese Überzeugung zuzuschreiben. Ebenso darf er gerechtfertigterweise annehmen – und ist berechtigt, von uns zu erwarten –, daß wir es tun: ihm genau diese Überzeugung zuschreiben.

Die besten Gründe, die wir für spezifische Überzeugungszuschreibungen haben können, werden nur in diesem Bereich verfügbar. Es ist ein Milieu, in dem Verstehen kein Interpretieren ist. Wir begegnen Mitmenschen in Gegebenheiten, in denen sie uns gegenüber Anspruch darauf geltend machen können, *genau so-&-so* verstanden und nicht anders interpretiert zu werden. Im Rahmen der von uns gemeinsam akzeptierten Normen bleibt deshalb oft nicht einmal Spielraum für Interpretation – erst recht nicht jener unendliche Spielraum, der bei radikalem Interpretieren angeblich besteht und auf empirischem Weg nicht zu beseitigen ist.

Seine erstaunliche Gegenthese, alles Verstehen der Rede eines Andern involviere radikales Interpretieren,[186] hat Davidson nie mit einem Argument versehen. Wie auch immer, sie ist flagrant falsch. Die uns vertrautesten Formen des Verstehens der Rede (und auch des meisten nicht-sprachlichen Handelns) unserer Mitmenschen setzen nicht an einem fiktiven hermeneutischen Nullpunkt an. Kurz, welchen erkenntnistheoretischen Nutzen die Phantasie radikalen Interpretierens auch immer haben mag, sie verweist uns nicht auf die Bereiche, in denen die für eine begriffliche Untersuchung instruktivsten Gründe zu finden sind, auf denen unsere Überzeugungszuschreibungen beruhen. (Dieses Thema wird uns im Folgenden immer einmal wieder beschäftigen.)

*

Ein plakatives Fazit der bisherigen Betrachtungen: Sowohl der Ascriptionismus als auch der Interpretationismus deuten das Glauben als ein Konstrukt, das wir uns gemacht haben, um uns so zu sehen und so über uns zu reden, wie wir uns sehen und über uns reden. Angesichts der Frage nach dem Realitätsgehalt dieses Konstrukts dominieren in beiden Konzeptionen erkenntnistheoretische Erwägungen die Begründung. Der Ascriptionismus ist ein kaum verhüllter Anti-Realismus; er verwässert Glauben zu einem konsentiellen Begriff und billigt Glaubensaussagen konsequenterweise keine Wahrheit zu, sondern nur 'Wahrheit cum grano salis'. Im Interpretationismus wird ihnen Wahrheit zugestanden, allerdings erst nachdem sie einer Relativierung unterzogen wurden, durch die in ihnen vom Glauben nur noch dem Anschein nach die Rede ist. Denn was auch immer jenes wesentlich interpretationsrelative Konstrukt sein mag, dessen Wirklichkeit Davidson gegen jederlei Anti-Realismus verteidigt, es kann, wie wir gerade gesehen haben, nicht das Glauben sein. – Beide Varianten eines vorgeblichen Realismus zum Thema Glauben ergeben nicht das, was mit ihnen verheißen wird. Im Lichte des Ascriptionismus ist das Glauben nicht wirklich, sondern nur wirklich-cum-grano-salis. Im Interpretationismus geht es gar nicht wirklich um das Glauben.

Nicht wirklich genug? Führen wir uns noch einmal vor Augen, was der ('reine') doxastische Realismus besagt. Es sind zwei Thesen, eine empirische und eine semantische. Dem ersten Anschein nach ist jede von ihnen völlig trivial und unabweisbar:

> Manche Aussagen des Typs "*S* glaubt, daß *p*" sind wahr.
> "*S* glaubt, daß *p*" ist wahr genau dann, wenn *S* glaubt, daß *p*.

Der Eliminativist bestreitet die erste; er sagt glatt heraus: Keine Glaubensaussage ist wahr (aber mit "wahr" meint er *wahr*$^{+}$). Viele andere Positionen sind schillernd. Es bleibt in ihnen undeutlich, ob bereits die erste bestritten, wiewohl mit einem tröstlichen Zusatz versehen werden soll ("Glaubensaussagen sind zwar nicht wahr, aber immerhin brauchbar für die-und-die Zwecke"), oder ob sie auf eine bestimmte Lesart der zweiten Trivialität, die Wahrheitsbedingung von Glaubenssätzen betreffend, abzielen (z.B. "Daß *S* glaubt, daß *p*, ist wahr genau dann, wenn er als einer gilt, der glaubt, daß *p*"). Solche Auffassungen hatten wir oben mit den Etiketten Fiktionalismus, Instrumentalismus und Ascriptionismus bedacht. Der Interpretationist deutet Glaubensprädikate als wesentlich theorie-relative Terme; deshalb könne eine Aussage des Typs "*S* glaubt, daß *p*" je nach der Theorie, in der sie formuliert ist, unterschiedlichen Wahrheitswert haben. – Dem 'reinen' doxastischen Realismus zufolge sind beide Thesen, sowohl die empirische als auch die semantische, schlichtweg wahr, ohne jede Einschränkung, Umdeutung oder Relativierung.

Vielen Realisten ist dieses Bekenntnis zur Wirklichkeit des Glaubens viel zu blaß. Für sie muß ein doxastischer Realismus, der diesen Namen verdient, etwas Gehaltvolles darüber besagen, welches real greifbare Phänomen das ist, dem sich die Wahrheit einer Glaubensaussage verdankt. Es reiche nicht aus, den Anti-Realismus zurückzuweisen und die Schwächen abgeschwächter Realismen aufzuzeigen (wie das bisher in diesem Kapitel betrieben wurde); dies sei zu defensiv. Eine kraftvollere Antwort auf den Anti-Realismus und jederlei Schwundform des Realismus sollte solche Eigenschaften des Glaubens herausarbeiten, an denen klar ersichtlich wird, wo es in Raum und Zeit zu lokalisieren ist, welches seine Ursachen und Wirkungen sind, welche evolutionären Vorteile sein Auftreten einsichtig machen, und dergleichen mehr. Kurz, den anti-realistischen Provokationen und pseudo-realistischen Verwässerungen und

Relativierungen sollte ein robuster Realismus offensiv begegnen, indem er aufweist, *was* das Glauben *in der Wirklichkeit* ist – und nicht bloß darauf herumreitet, *daß* es *wirklich* ist. Jede Überzeugung, so der Vertreter eines 'angereicherten' Realismus, müsse doch ein Zustand im Leib des glaubenden Subjekts sein, der Information trägt oder zumindest einen Sachverhalt repräsentiert. Und jeder solche Zustand müsse dort so konkret vorhanden sein wie z. B. die Entzündung eines Organs oder das Aktionspotential eines Neurons.

Solch ein Plädoyer dürfte jedermann einleuchten oder zumindest sympathisch sein, der (wie ich) Überzeugungen eine kausale Rolle in der Entstehung von Verhalten zubilligt. Hierbei ist jedoch zweierlei voneinander getrennt zu halten: gewisse begriffliche Annahmen über das Glauben einerseits, andererseits empirische Mutmaßungen darüber, welche konkreten physischen Zustände es sein könnten, die in der wirklichen Welt die Rolle spielen, die sich aus solchen (angenommenen) begrifflichen Charakteristika ergibt. Mithin sind angereicherte – zumal naturalistisch aufgespritete – doxastische Realismen typischerweise ein mixtum compositum, das sich aus begrifflichen Annahmen und empirischen Thesen zusammensetzt, wobei letztere das Ergebnis eines Schlusses auf die beste Erklärung dafür sind, wie ein reales, natürliches Phänomen die Eigenschaften haben kann, die es haben muß, um unter solch einen Begriff zu fallen. – Ein Beispiel. Angenommen, folgende Begriffshypothesen treffen zu:

> Wenn *S* glaubt, daß *p*, dann kann dies Einfluß auf das Verhalten von *S* haben.
> Unter dem Einfluß von Sinnesreizen kann *S* neue Überzeugungen erwerben und alte modifizieren.

In dem Bemühen, diesen begrifflichen Hypothesen gerecht zu werden, könnte ein naturalistischer Realist in puncto Glauben zum Beispiel folgende empirische Hypothese wagen:

> Jede Überzeugung, die ein Wesen hat, ist in ihm physisch realisiert (z. B. in seinem Gehirn durch eine neuronale Struktur). Solche physischen Zustände können durch Sinnesreizungen hervorgerufen und verändert werden, und sie können Verhalten mitbewirken.

Bei der Einschätzung dieser empirischen Mutmaßung sind wenigstens zwei Fragen von philosophischem Interesse: Erstens, sind die beiden zuvor genannten begrifflichen Hypothesen tatsächlich *a priori* einsichtig?

(Doch selbst wenn dies zu verneinen wäre, wäre die theoretische Gleichsetzung von Überzeugungen mit Hirnzuständen dadurch natürlich nicht erschüttert.) Als zweites ist zu fragen, ob diese Gleichsetzung im Widerspruch zu anderen begrifflichen Wahrheiten über das Glauben steht. Diese zweite Frage betrifft die schiere Möglichkeit der Ineinssetzung von Überzeugungen und Hirnzuständen. Wenn die einen gewisse Eigenschaften nicht haben könnten, die die andern aus begrifflichen Gründen haben müssen, wäre diese empirische These nicht nur falsch, sondern auf apriorischem Weg als falsch erweisbar.

Kurz, solche Varianten gehen über den reinen Realismus insofern hinaus, als sie ihn um empirische Mutmaßungen über das natürliche Wesen des Glaubens anreichern – um Spekulationen, die nicht weniger szientistisch motiviert sind als die der Eliminativisten. Der angereicherte Realismus ist keine Anreicherung des Realistischen am doxastischen Realismus. Hinter ihm steht die Hoffnung, der doxastische Anti-Realismus werde sich eines Tages 'streng naturwissenschaftlich' widerlegen oder zumindest entkräften lassen. Würde sie sich erfüllen, wäre das Glauben nicht wirklicher als wenn sie sich nicht erfüllt. Natürlich, es ist ein braver Wunsch, daß auch der zur Einsicht in die Realität des Glaubens gelangen möge, der wähnt, einen wissenschaftlichen Nachweis für sie zu benötigen. Doch ob es das Phänomen Glauben gibt, ist keine Frage, deren Antwort erst noch gefunden werden müßte, und auch keine, deren Antwort von der Tragfähigkeit wissenschaftlicher Hypothesen abhängt.

*

Angereicherte Formen des Realismus divergieren hinsichtlich ihrer jeweiligen empirischen Vermutungen darüber, wie das Glauben konkret in die natürliche Welt eingreift. Gewöhnlich soll mit diesen Hypothesen Auskunft darüber gegeben werden, wie das Glauben in einer naturwissenschaftlichen, idealiter einer letztlich rein physikalischen, Beschreibung der Welt zu erfassen wäre – auf welchen materiellen Phänomenen es superveniert. (Allerdings wären, nebenbei bemerkt, auch solche Varianten denkbar, die Glaubenseigenschaften zum Beispiel als Zustände einer immateriellen Substanz konzipieren, die mit dem Glaubenssubjekt eine Leib/Seele-Einheit bildet. Empirische Hypothesen über die Natur des Glaubens könnten im Prinzip auch im Rahmen eines robusten, dualistisch angereicherten Realismus formuliert werden – nur eben keine, die sich in das heutige naturwissenschaftliche Weltbild einfügen lassen.[187])

Die derzeit de facto vertretenen Varianten eines angereicherten doxastischen Realismus gehören allesamt einem philosophischen und kognitionswissenschaftlichen Groß-Projekt an, das als die *Naturalisierung des Geistigen* bezeichnet wird. Sie unterscheiden sich voneinander in unüberschaubar vielen Einzelheiten. Diese betreffen z.B. Fragen nach der Funktionsweise des menschlichen Gehirns (Neurobiologie und Kognitionswissenschaft), nach dem frühkindlichen Erwerb von Begriffen für geistige Phänomene (Entwicklungspsychologie und Linguistik), nach dem Erkenntniswert von verschiedenartigen computationalen Modellierungen für geistige Prozesse (Informatik und Kognitionspsychologie), nach der Relativität von begrifflichen Intuitionen (Ethnologie, Soziologie) und nach einem angemessenen Verständnis von Kausalität (Physik und Philosophie) und von Evolution (Biologie und Philosophie).

Einige der Kernfragen des Naturalisierungsprojekts betreffen die im weiteren Sinne semantischen Eigenschaften intentionaler Zustände und Vorgänge: Wie ließe sich in einer rein naturwissenschaftlich gehaltenen Manier überhaupt dem Umstand Rechung tragen, daß manche Zustände, in denen Kreaturen sich befinden, einen wahrheitswertfähigen Inhalt haben?[188] Für den intentionalen Inhalt geistiger Phänomene ist es zudem charakteristisch, daß er nicht auf konkrete Gegebenheiten der Welt beschränkt ist. Solcher Inhalt kann zum Beispiel auch Möglichkeiten als bloße Möglichkeiten, komplexe Bedingungsverhältnisse und abstrakte Entitäten betreffen. Darin unterscheidet sich das Glauben einschneidend von Phänomenen, die eine 'natürliche' Bedeutung haben – eine Art von Bedeutung, die einer naturwissenschaftlichen Erklärung leichter zugänglich ist: Ringe in Baumstämmen, die Information über das Alter der Bäume enthalten; Verfärbungen von Lackmuspapier, die Säure in wäßrigen Lösungen anzeigen; und dergleichen mehr. – Selbst wenn manches Glauben 'konkret im Gehirn' realisiert wäre, könnte es nicht für alles, was geglaubt werden kann, ein natürliches Zeichen im Gehirn geben. Manche Wahrheiten, erst recht Falschheiten, sind dem Bereich der natürlichen Bedeutung schlichtweg entzogen.

*

Uns ist es hier nicht darum zu tun, *ob* überhaupt und *wie* dann im einzelnen das Glauben zu naturalisieren wäre, sondern vielmehr darum, *was* da eigentlich naturalisiert werden soll. Unsere Frage bleibt: Durch welche Merkmale wäre das Glauben näher bestimmbar? Zu den Merkmalen, die im Rahmen unterschiedlicher Naturalisierungskonzeptionen als grundlegende Bestimmungen angenommen (und oft schlicht vorausgesetzt) werden, gehören zum Beispiel: es sei ein innerer, repräsentationaler, dispositionaler, funktionaler und neuronaler Zustand. – Wir werden nun genauer betrachten, ob sich solche Charakteristika aus dem Begriff des Glaubens gewinnen lassen.

9. WAS DAS GLAUBEN IST: NEUERE PHILOSPHISCHE AUSKÜNFTE

Unbestreitbar ist das Glauben ein Zustand. Es hat das typische Merkmal: Dauer ohne Dynamik. Zwar gibt es den Fall, in dem etwas 'nur für einen Augenblick' geglaubt wird. Aber auch dann ist das Glauben kein Ereignis; der Augenblick, in dem etwas geglaubt wird, ist als ein sei's auch noch so kurzes Zeitintervall zu konzipieren, nicht als ein Zeitpunkt. Ein geistiges Ereignis hingegen ist idealiter ein punktuelles Geschehen ohne zeitliche Erstreckung (ein plötzlicher Einfall oder Entschluß); die Frage "Wie lange dauerte es an?" ist fehl am Platz, selbst wenn es sich um ein prozeßhaftes Ereignis handelt (das Bilden einer Absicht). Im Hinblick auf einen Zustand hingegen ist die Frage nach Länge seines Andauerns immer angemessen, gleichgültig wie ephemer er sein mag. Wer glaubt, daß *p*, tut das über eine gewisse Zeit hinweg: vom Erwerb der Überzeugung bis zu ihrem Verlust, und sei der Abstand dazwischen noch so klein. Was er da 'tut', ist – wie im fünften Kapitel ausgeführt – kein Akt und keine Aktivität. Und es ist auch kein Prozeß. Zu einem Prozeß gehört eine innere Dynamik, eine Abfolge verschiedener Stadien. Hier ist die Frage angemessen: "Wie lief das im einzelnen ab?". Diese Frage mag im Hinblick auf den Erwerb und den Verlust einer Überzeugung passen – aber nicht in Hinblick auf das dazwischen vorhandende Glauben selbst. Die Mitteilung, daß *S* von *t* bis *t'* glaubte, daß *p*, handelt nicht von einem Prozeß, der sich in dieser Zeit in *S* abspielte.

Was für eine Art von Zustand ist das Glauben? Im Folgenden werden wir einige zeitgenössische Standardantworten auf diese Frage untersuchen. In unsern Überlegungen wird es nicht – oder nur am Rande – darum gehen, die Vorzüge und Schwächen von Auffassungen einzuschätzen, in denen solche Antworten typischerweise gegeben werden. Denn mit solchen Theorien (wie z. B. dem Behaviourismus, dem Funktionalismus, dem Repräsentationalismus oder dem Internalismus) wird gewöhnlich nicht der Anspruch erhoben, die für sie jeweils charakteristische Antwort (also z. B. Glauben sei ein dispositionaler, funktionaler, repräsentationaler bzw. innerer Zustand) sei aus begrifflichen Gründen wahr.[189] Vielmehr wird die jeweilige Antwort im Rahmen solcher Theorien üblicherweise als eine *empirische* Hypothese vertreten, die den Ausgangspunkt für fruchtbare kognitionswissenschaftliche Forschung bilde. Unsere Überlegungen hingegen betreffen vornehmlich die Frage, ob es begriffliche Gründe gibt, die für (oder gegen) die jeweilige Antwort sprechen. Diese Frage ist unter anderm auch deshalb von Interesse, weil es zumindest für die Beurteilung philosophischer Konzeptionen des Geistigen entscheidend ist, ob ihre Aussagen durch apriorische Argumente zu stützen (bzw. zu widerlegen) sind oder ob es sich um weitreichende empirische Vermutungen handelt, über deren Haltbarkeit einzig und allein die Ergebnisse künftiger empirischer Forschung entscheiden können. – Betrachten wir eine erste Standardantwort:

"Das Glauben ist ein dispositionaler Zustand" Anders gesagt: Zu glauben, daß so-&-so, heißt eine Disposition zu haben; oder, deutlicher: alle spezifischen Glaubensprädikate ("*x* glaubt, daß *p*") drücken Dispositionsbegriffe aus. Mit solchen Begriffen wird von Dingen ausgesagt, wie sie unter bestimmten charakteristischen Umständen reagieren würden. Das klassische Beispiel ist Wasserlöslichkeit. Etwas ist wasserlöslich, wenn es sich auflöste, falls es in Wasser gelegt würde. Diese Charakterisierung ist grob und wäre als Definition inakzeptabel.[190] Aber sie reicht aus, um auf einige wesentliche Punkte aufmerksam zu machen. Erstens, jede Disposition ist eine Disposition-*zu*-Reaktionen-*unter*-Bedingungen. Die Erläuterung eines Dispositionsbegriffs muß eine Spezifizierung der charakteristischen Reaktionen und Bedingungen umfassen. Zweitens, eine Disposition kann auch dann vorliegen, wenn der Gegenstand, der sie hat, sie de facto niemals manifestiert. (Ein Zuckerwürfel ist auch dann wasserlöslich, wenn er nie in Wasser aufgelöst wird.) Drittens, eine Disposition muß sich nicht immer in derselben Weise manifestieren, wie das bei der Wasserlöslichkeit der Fall ist; sogenannte Mehrspur-Dispositionen können sich auf allerlei verschiedene Weisen manifestieren, und diese Manifestationen können mit unterschiedlichen Bedingungen verknüpft sein. (Ein magnetisierter Stab stößt einen andern ab, wenn die beiden in einer bestimmten Weise zueinander gelegt werden; er zieht ihn an, wenn sie in einer bestimmten anderen Weise zueinander gelegt werden; er richtet sich in einer bestimmten Richtung aus, wenn er aufgehängt wird; und anderes mehr.) Viertens, die charakteristische Reaktion kann auch bei gegebener Manifestationsbedingung ausbleiben. Etwas Wasserlösliches, das in Wasser gelegt wird, mag sich dennoch nicht auflösen (z.B. wenn das Wasser bereits mit einem entsprechenden Stoff gesättigt ist). Solche Ausnahmsumstände zeigen aber nicht unbedingt, daß die Disposition gar nicht vorhanden war, sondern manchmal nur, daß Störfaktoren im Spiel waren, durch die das Auftreten der charakteristischen Reaktion verhindert wurde. Da es unüberschaubar viele und bisher noch unbekannte Faktoren geben kann, die in einzelnen Fällen den ansonsten regelmäßigen Zusammenhang zwischen Manifestationsbedingung und Reaktion zerreißen könnten, lassen sie sich nicht vollständig angeben, sondern können nur durch eine allgemeine Normalitätsrestriktion ausgeschlossen werden. Eine genauere Erläuterung müßte also z.B. so formuliert werden: Etwas ist wasserlöslich, wenn *unter normalen Bedingungen* gilt: es würde sich auflösen, wenn es in Wasser gelegt würde. – Eine Disposition ist, wie gerade erwähnt, eine Disposition *zu* etwas. Wozu disponiert das Glauben? Eine übliche Auskunft lautet: zu Verhalten. Betrachten wir also die spezifischere These:

"Das Glauben ist eine Verhaltensdisposition" Wenn Glauben eine solche Disposition wäre, dann gewiß keine einspurige. Daß jemand eine bestimmte Überzeugung hat, kann sich auf mehr als eine Weise und in verschiedenartigen Situationen manifestieren. Mehr als das, soweit Glauben-daß-*p* als eine Disposition zu charakteristischem *äußerem* Verhalten unter charakteristischen *äußeren* Bedingungen aufgefaßt werden soll, hätte es ein gewisses Anrecht darauf, eine Allspur-Disposition genannt zu werden. Denn jede Überzeugung kann in beliebigen äußeren Gegebenheiten aktiviert werden, in denen ein Glaubenssubjekt sich befindet. Entscheidend ist einzig, ob für *S* (unter welchen äußeren Bedingungen auch immer) das Thema *p*/~*p* relevant wird. – Ein Beispiel: *S* sitzt im Zug und liest die Zeitung; plötzlich fällt ihm ein, daß seine Frau nicht weiß, wo der Regenschirm ist, und ihn vermutlich sucht. Er glaubt, daß der Schirm im Auto liegt. Reaktion: Er sucht nun nach seinem Mobiltelephon, um sie informieren. Die äußeren Bedingungen, unter denen *S* sich befindet, sind völlig zufällig dafür, daß seine Überzeugung über den Regenschirm verhaltenswirksam wird. Nicht anders verhält es sich bei den Reaktionen, die in äußerem Verhalten bestehen. Wiederum gilt: Die Überzeugung, daß *p*, kann sich in beliebigen Verhaltensweisen manifestieren, kann zu fast jeder Art äußeren Verhaltens beitragen. Entscheidend ist einzig, ob das Thema *p*/~*p* eine Rolle dabei spielte, wie *S* dazu gelangte, sich so zu verhalten. (Diesen Punkt werden wir noch genauer betrachten.) – Kurz, jede Überzeugung kann unter beliebigen äußeren Umständen aktiviert werden, solange nur passende subjekt-interne Umstände vorliegen; und sie kann sich (wiederum entsprechende innere Gegebenheiten vorausgesetzt) in beliebigen Arten äußeren Verhaltens manifestieren.

Die hier zu untersuchende These, der Begriff des Glaubens sei der Begriff einer Verhaltensdisposition, läßt sich ein wenig genauer so formulieren:

[*D*] x glaubt zu t, daß p
⟺ Wenn x sich zu t in einer Manifestationssituation des Typs s_1,..., oder s_n befände, dann würde er, normale Bedingungen vorausgesetzt, binnen eines bestimmten Zeitraums z die jeweils entsprechende charakteristische Verhaltensreaktion r_1, oder r_2, ... oder r_n aufweisen.[191]

Die Idee, geistige Phänomene als Verhaltensdispositionen zu konzipieren, ist ein Erbe des physikalistischen Behaviourismus. In diesem Theorie-Rahmen ist klar festgelegt, was unter einer Manifestationssituation und was unter einer Reaktion zu verstehen ist. Erstere wird mit einem *Stimulus* gleichgesetzt (d.h. mit einer physikalistisch beschriebenen und intersubjektiv beobachtbaren Situation, in der sich das Subjekt zu t befindet), letztere mit einer physikalistisch beschriebenen *körperlichen Veränderung*, die zu einem geeignet gewählten, späteren Zeitpunkt am Subjekt zu beobachten ist. (Solche Veränderungen müssen keine Körperbewegungen im gewöhnlichen Sinne sein; auch Pupillenvergrößerungen oder Speichelsekretionen sind dazu zu rechnen.) Nichts weiter gehört zu einer Disposition; sog. intervenierende Variablen – d.h. der Außenbeobachtung unzugängliche innere Mechanismen oder gar Geisteszustände – dürfen weder in der Beschreibung der Disposition noch in einer Erklärung des Zusammenhangs von Stimulus und Reaktion eine Rolle spielen.[192]

Es ist offenkundig, daß ein derartiger Dispositionalismus in Bezug auf das Glauben verfehlt ist. Selbst wenn es glaubensspezifische Zusammenhänge zwischen physischen Stimuli und körperlichen Veränderungen eines Subjekts überhaupt geben sollte, der Begriff des Glaubens-daß-p ließe sich durch sie nicht erhellen. Denn wir kennen sie jedenfalls nicht, mithin können sie trivialerweise nicht allgemein akzeptiert sein und unsere Begriffsverwendung nicht leiten. – Kurz, Schema [*D*] läßt sich nicht zu einer begrifflichen Wahrheit ausfüllen, wenn die Manifestationsbedingungen in physikalistischer Begrifflichkeit als externe Stimuli und die Reaktionen als bloße Körperbewegungen charakterisiert werden. Ein Dispositionalismus, der nicht von vornherein aussichtslos ist, müßte zumindest Spielraum für liberalere Charakterisierungen der Manifestationssituationen und des Verhaltens eröffnen, die jedem verständlich sind, der das Wort "glauben" beherrscht.

Ein behaviouristischer Common-sense-Dispositionalismus, als dessen prominentester Vertreter Ryle gilt, verzichtet auf physikalistische Restriktionen und gestattet die Verwendung gewöhnlichen Vokabulars zur Beschreibung der Manifestationssituationen und Reaktionen. Er besagt, daß es dispositionale Regularitäten gibt, die sich umgangssprachlich so formulieren lassen, daß folgende Bedingungen erfüllt sind: (a) in der Beschreibung wird nicht auf wesentlich innergeistige Befindlichkeiten des Subjekts Bezug genommen; (b) die Manifestationsbedingungen sind externe Situationsgegebenheiten; (c) die Reaktionen sind äußeres Verhalten; und (d) wenn ein Subjekt so disponiert ist, dann ist dies begrifflich notwendig und hinreichend dafür, daß es glaubt, daß *p*.[193]

Auch diese Auffassung ist ersichtlich falsch. Denn es ist klar, daß (a) fallengelassen werden muß, wenn (d) erfüllt sein soll. Faktoren der inneren Befindlichkeit des Glaubenssubjekts sind immer, unausweichlich, relevant dafür, ob es dazu disponiert ist, die entsprechende Verhaltensreaktion aufzuweisen. (*S* könnte z. B. eine unüberwindliche Aversion dagegen haben, *r* zu tun.) Man tut nichts allein deshalb, weil man glaubt, daß *p* – gleichgültig, unter welchen äußeren Bedingungen man sich befindet. Es soll jedoch gerade die Pointe jedes Behaviourismus sein, daß sich dispositionale Regularitäten ohne Rekurs auf Geisteszustände beschreiben lassen. An der Unhaltbarkeit von (a) erweist sich also, daß der Behaviourismus, gleich welchen Zuschnitts, in puncto Glauben zum Scheitern verurteilt ist.

Wäre Glauben-daß-*p* eine Verhaltensdisposition, ließe sich diese folglich nur mit Rückgriff auf andere Geisteszustände des Subjekts charakterisieren. Sei "g" eine Bezeichnung für eine beliebige Konstellation geistiger Phänomene, die bei einer Person zu einem bestimmten Zeitpunkt vorhanden sind, ein Komplex aus Überzeugungen, Wünschen, Stimmungen und so weiter. Dann wäre das Schema [*D*] durch folgendes zu ersetzen:

[*D*+] *x* glaubt zu *t*, daß *p*
$\Longleftrightarrow$ Wenn *x* sich zu *t* in einer Manifestationssituation des Typs $s_1, \ldots$, oder s_n befände, und wenn in *x* zu *t* eine geistige Konstellation des Typs g_1, oder g_2, … oder g_n gegeben wäre, dann würde *x*, normale Bedingungen vorausgesetzt, binnen eines bestimmten Zeitraums *z* die jeweils entsprechende charakteristische Verhaltensreaktion r_1, oder r_2, … oder r_n aufweisen.

Nun ist jedoch in [D+] die Erwähnung von externen Manifestationsbedingungen überflüssig. Um dies einzusehen, nehmen wir einmal an, folgende Aussage sei wahr:

(1) Wann immer *x* glaubt, daß *p*, und in *x* Konstellation *g* vorliegt, weist *x* die Verhaltensreaktion *r* auf.

Darin ist von Manifestationssituationen des Glaubens nicht die Rede. Betrachten wir nun zwei Möglichkeiten. Zum einen die, daß (1) begrifflich wahr ist. Dann wäre die zusätzliche Nennung externer Gegebenheiten, unter denen *r* auftritt, redundant. Zum andern die, daß (1) eine kontingente Wahrheit bzw. Falschheit ist. Könnte die Hinzunahme einer bestimmten externen Manifestationsbedingung, *s*, aus (1) eine begriffliche Wahrheit machen, so daß sich dann

(2) Wann immer *x* glaubt, daß *p*, in ihm die Konstellation *g* vorliegt und er sich in äußeren Gegebenheiten des Typs *s* befindet, weist *x* die Verhaltensreaktion *r* auf

auf apriorischem Weg einsehen läßt? Zunächst einmal, 'rein logisch gesehen' ist so etwas nicht von vornherein ausgeschlossen. Natürlich kann aus der Anreicherung einer kontingenten Generalisierung – sei diese wahr, sei sie falsch – um ein weiteres kontingentes Merkmal eine begriffliche Wahrheit hervorgehen ("Alle erwachsenen Männer sind Junggesellen"/"Alle erwachsenen und unverheirateten Männer sind Junggesellen"). Aber verhält es sich so, wenn der Zusatz "und *x* befindet sich in äußeren Gegebenheiten des Typs *s*" zu (1) hinzugenommen wird? Ist der begriffliche Zusammenhang zwischen einem spezifischen Glauben-daß-*p* und speziellen äußeren Gegegebenheiten, in denen sich das Glaubenssubjekt befindet, von einer Art wie der zwischen einem Junggesellen und seinem Unverheiratetsein? Offenkundig nicht. Die Idee, daß (2) begrifflich notwendig wäre, obwohl (1) kontingent ist, ist so abwegig, daß – soweit ich weiß – niemand das je vertreten, ja auch nur erwogen hat. Mehr als das, diese Idee müßte nicht nur wahr sein, sondern *a priori* wahr. Daß sie das nicht ist, liegt auf der Hand; allerdings läßt sich ihre Falschheit – soweit ich sehe – leider nicht beweisen. Ich lasse sie beiseite, als keiner Widerlegung fähig und auch nicht bedürftig, und ziehe folgendes Zwischen-Résumé: Kein spezifisches propositionales Glauben, kein Glauben-daß-so-&-so, hat irgendwelche externen Manifestationsbedingungen, die zu seinem Begriff gehören.

Aus all dem ergibt sich, daß Glauben jedenfalls keine Verhaltensdisposition im üblichen Sinn ist. Für echte Verhaltensdispositionen, die wir dem Bereich des Psychischen zurechnen, wie z.B. Agoraphobie, Hilfsbereitschaft oder Schüchternheit, gibt es charakteristische externe Manifestationssituationen, die sich leidlich genau beschreiben lassen. Das Glauben hat keine.

*

Aber gibt es nicht ein simples und durchschlagendes Gegenbeispiel gegen diese weitreichende Behauptung? Ist nicht die Disposition, dem Satz "*p*" zuzustimmen (oder die Frage, ob man glaubt, daß *p*, zustimmend zu beantworten), eine echte Verhaltensdisposition? Sie hat, so scheint es, doch alles, dessen es bedarf: eine charakteristische externe Manifestationssituation (Frage) und ein charakteristisches Reaktionsverhalten (Akt des Zustimmens); zudem besteht doch ein begrifflicher Zusammenhang zwischen Glauben-daß-*p* und dieser Disposition. – Nein. Erstens ist diese Disposition nur bei Subjekten anzutreffen, die eine Sprache beherrschen; und es ist keine begriffliche Wahrheit, daß nur sprachfähige Wesen Überzeugungen haben. Zweitens gehört zu dieser Disposition natürlich auch eine entsprechende geistige Konstellation des Subjekts (Auskunftsbereitschaft, der Wille, ernsthaft und ehrlich zu antworten, und so weiter). Drittens ist auch hier jede Bezugnahme auf externe Situationsgegebenheiten überflüssig, soweit es um einen begrifflichen Zusammenhang geht. *S* würde auch dann das Zustimmungsverhalten an den Tag legen, wenn er (z. B. auf Grund einer Halluzination oder eines Mißverständnisses) bloß wähnte, er sei gefragt worden; und er würde es nicht an den Tag legen, wenn er das nicht glaubte, obwohl er gefragt wurde. Der begriffliche Zusammenhang ist keiner der triadischen Art: Frage/Glauben-daß-*p*/Antwort, sondern bestenfalls ein dyadischer: Konstellation-(mit Glauben-daß-*p*)/Antwort. Die angebliche externe Manifestationssituation (Frage an das Subjekt, ob es glaubt, daß *p*) ist begrifflich überflüssig für das Auftreten der Reaktion. Relevant dafür ist nur die Überzeugung des Subjekts, es sei gefragt worden, und nicht, ob es tatsächlich gefragt wurde.

Ist es aber nicht trotzdem überzogen, aus alldem den Schluß zu ziehen, das Glauben sei keine Verhaltensdisposition? Wäre es nicht angemessener, stattdessen zu sagen, es sei eine überaus komplexe Verhaltensdisposition – eben keine von so simpler Art wie die Dispositionen, die einen Kettenraucher kennzeichnen? – Nein. Eine unlösbare Schwierigkeit für jeden doxastischen Verhaltensdispositionalismus liegt in dem bereits erwähnten Umstand, daß jedes spezifische Glauben, wenn es eine Disposition wäre, nicht nur komplex, sondern eine Allspur-Disposition sein müßte. Die Überzeugung, daß *p*, ist (auf Grund der unendlichen Mannigfaltigkeit möglicher geistiger Konstellationen, in die sie eingebettet sein kann) mit einer unendlichen Vielfalt von Verhaltensweisen korreliert. Diese Vielfalt wirkt völlig disparat; sie läßt sich, so scheint es, nicht mit einer einheitlichen Beschreibung erfassen ("die so-&-so gearteten Verhaltensweisen"). Mehr als das, sie umfaßt auch Verhaltensweisen, die miteinander unverträglich sind. (Ein Beispiel: *S* glaubt, daß seine Aktien heute den Wert *w* haben. Betrachten wir zwei Konstellationen: In der einen hat er den Wunsch, die Aktien zu verkaufen, wenn sie auf *w* stehen; in der andern möchte er sie bei *w* halten und neue hinzukaufen. In jeder der beiden gegensätzlichen Reaktionen würde sich – je nach Konstellation – seine Überzeugung 'manifestieren'.) Aber für keine Disposition – zumal keine, die rationalen Ansprüchen unterliegt – sollte es begrifflich charakteristisch sein, daß sie sowohl eine zur Reaktion *r* als auch eine zum Unterlassen von *r* ist.

Aus diesem Grund bezeichnet Robert Stalnaker jedes spezifische Glauben als eine 'bedingte' Verhaltensdisposition.[194] Was damit gesagt sein soll, läuft auf folgenden Explikationsvorschlag hinaus. Daß *S* glaubt, daß *p*, heißt: Er hat die Disposition, solche Handlungen zu vollziehen, die zu vollziehen relativ zu seiner jeweiligen geistigen Gesamtkonstellation (zu der die Überzeugung, daß *p*, gehört) subjektiv rational ist. Demnach gäbe es doch eine einheitliche Beschreibung aller für eine bestimmte Überzeugung charakteristischen Verhaltensweisen (nämlich: "diejenigen, die für ein Subjekt, das diese Überzeugung hat, relativ zu seiner jeweiligen geistigen Gesamtkonstellation subjektiv rational sind"). – Wohl wahr. Aber es besagt nicht mehr als, (a) daß geistige Konstellationen, in die die Überzeugung, daß *p*, eingebettet ist, den Glaubenden zu bestimmbaren Verhaltensreaktionen disponieren, und (b) daß diese Reaktionen im Lichte der jeweiligen Konstellation rational sind. These (a) ist unproblematisch, wenn wir einmal unterstellen, es sei bestimmbar, welche Verhaltensweisen relativ zu einer gegebenen geistigen Konstellation subjektiv rational sind. Auch These (b) mag man im Lichte dessen, was im siebten Kapitel erörtert wurde, als a priori einleuchtend betrachten. Denn wenn der Begriff des Glaubens es mit sich bringt, daß der Glaubende ein gewisses Maß an Rationalität besitzt, dann ist es naheliegend zu unterstellen, das Verhalten glaubender Wesen müsse im Großen und Ganzen – und sei's auch nur in einem sehr anspruchslosen Sinn – subjektiv rational sein. Kurz, dieser Vorschlag ist als Explikation für Glauben-daß-*p* durchaus erwägenswert. Aber aus ihr ergibt sich nicht das, worauf es uns an dieser Stelle ankommt. Denn sie weist nicht darauf hin, daß eine einzelne Überzeugung selbst eine Verhaltensdisposition ist. Vielmehr besagt die Feststellung, eine Überzeugung sei eine 'bedingte' Verhaltensdisposition, nichts anderes als dies: daß geistige Konstellationen, zu denen sie gehört, mit solchen Dispositionen einhergehen.

Einer verwandten Idee zufolge heißt "*S* glaubt, daß *p*" in etwa dasselbe wie: *S* ist disponiert, sich so zu verhalten, als ob es der Fall sei, daß *p*. Versuche, sie genauer zu entwickeln, bringen – plausiblerweise – wiederum die Relativität zu andern subjekt-internen Gegebenheiten ins Spiel. Von

Richard Braithwaite und Ruth Marcus stammt folgender Vorschlag: *S* ist *unter relevanten äußeren und inneren Umständen* (zu denen seine Wünsche und Bedürfnisse gehören) dazu disponiert, sich so zu verhalten, als ob *p*.[195] Was ist damit über die Verhaltensweisen gesagt, zu denen *S* disponiert ist? Nicht mehr als dies: daß er sich so verhalten würde, wie jemand sich verhält, der glaubt, daß *p*, und dessen äußere und innere Situation in ihrer 'relevanten' Gesamtheit auch im übrigen mit der von *S* identisch ist. Gewiß. Aber wiederum: nicht die Überzeugung, daß *p*, disponiert zu dem jeweiligen Verhalten, sondern die Gesamtkonstellation, in der sich das Subjekt jeweils befindet.

Die These, Glauben sei eine Verhaltensdisposition – oder genauer: zu glauben, daß *p*, heiße, zu bestimmbarem Verhalten disponiert zu sein – ist nicht nur keine begriffliche Wahrheit. Sie ist falsch, oder die irreführende Formulierung der ganz andern These, daß das Glauben einen Beitrag zu Verhaltensdispositionen macht.

*

"Das Glauben ist eine innergeistige Disposition" Läßt sich das Glauben aber nicht doch als eine Disposition auffassen, wenn auch nicht als eine zu 'äußerem' Verhalten, sondern zu 'inneren' Reaktionen? Einiges könnte für diese Auffassung ins Feld geführt werden. Wer glaubt, daß *p*, ist nicht selten dazu disponiert, überrascht zu sein, wenn er bemerkt, daß nicht-*p*. Er ist auch dazu disponiert, die Überzeugung zu gewinnen, daß *q*, sobald er zu der Ansicht gelangt, daß *q*, falls *p*. Allgemeiner gesagt: Er ist dazu disponiert, "*p*" ohne weiteres als eine Prämisse in seine Überlegungen einzubeziehen und mithin dazu, andere Schlußfolgerungen zu ziehen als die, die er zöge, wenn er es nicht glaubte. Manche Überzeugungen können uns zu Wünschen disponieren: Wer glaubt, daß dies-&-das über die Maßen erfreulich für ihn wäre, wird dann oftmals auch den Wunsch haben, daß dies-&-das der Fall sein möge. Überzeugungen können Einfluß auf unsere Gefühle haben: Für wen eine bestimmte mögliche Entwicklung der Dinge entsetzlich wäre, der neigt – sobald er glaubt, daß die Dinge sich so entwickeln werden – zu bestimmten emotionalen Reaktionen. Kurz, durch seine Überzeugungen ist ein Subjekt zu vielerlei geistigen Reaktionen disponiert, die (und deren Manifestationsbedingungen) sich leidlich genau spezifizieren lassen. Angesichts dessen mag die These erwägenswert erscheinen, das Glauben sei eine Disposition zu rein innergeistigen Reaktionen.[196]

Unterstellen wir einmal, einige solcher dispositionalen Regularitäten ließen sich als begrifflich wahre Generalisierungen formulieren. Folgt daraus, daß das Glauben eine innergeistige Disposition ist? Nun, zunächst einmal ergibt sich daraus nur, daß einer, der glaubt, daß *p*, auch zu bestimmten geistigen Reaktionen disponiert ist. Und hier ist nun ein grundsätzliches Non-sequitur zu beachten: Eine Eigenschaft, deren Besitz begrifflich mit dem Besitz gewisser Dispositionen verknüpft ist, muß selbst keine Disposition sein. Selbst wenn es also wesentlich zum Glauben gehörte, daß einer, der glaubt, daß *p*, gewisse charakteristische Dispositionen *hat*, so folgte daraus doch nicht, daß die Eigenschaft Glauben-daß-*p* eine Disposition *ist*. (Billardkugeln haben die Disposition, auf gewissen Unterlagen zu rollen; dennoch, die Eigenschaft, eine solche Kugel zu sein, ist nicht diese – und auch keine andere – Disposition.) Dies gilt ganz generell und steht jedwedem Versuch entgegen, Glauben mit einer Disposition gleichzusetzen, sei's eine zu 'äußeren', sei's eine zu 'inneren', sei's eine zu beiden Arten von Reaktionen. A fortiori ist Glauben kein Dispositionsbegriff

Zudem hätte die spezielle Idee etwas Irritierendes an sich, Glauben sei seinem Begriffe nach nichts anderes als eine ausschließlich innergeistige Disposition. Denn im Fürwahrhalten ist das Subjekt auf Sachverhalte bezogen; in den gewöhnlichsten Fällen sind dies kontingente außergeistige Sachverhalte. (Andere lasse ich nun für einen Moment außer Betracht.) Dieses inhaltliche Bezogensein auf die kontingente Beschaffenheit der außergeistigen Welt ist ein wesentliches Merkmal gewöhnlichen Glaubens. Das Rätselhafte an der hier betrachteten Idee ist: Wie könnte dies einer rein innergeistigen Disposition wesentlich sein? – Diese Frage weist auf eine grundsätzliche, 'intuitive', Schwierigkeit hin, mit der jede Variante eines doxastischen Dispositionalismus konfrontiert ist und die ich abschließend wenigstens kurz erwähnen möchte.

Wie sollte Glauben überhaupt eine Disposition sein können? Das Problem ist: Propositionalem Glauben ist es wesentlich, einen Inhalt zu haben, der wahr ist, oder falsch, oder grenzfallunbestimmt. Wie könnte es sein – ja, was sollte es eigentlich heißen –, daß eine *Disposition* einen solchen Inhalt hat? Wie sollten bloße Reaktionstendenzen, also 'Konditionalitäten', zu den Arten von Entitäten gehören, die einen wahrheitswertfähigen Inhalt haben können? Es mag als intuitiv einleuchtend erscheinen, daß dies kategorial unmöglich ist.[197] Aber es ist unklar, wie sich das zeigen läßt, solange wir nicht besser verstehen, was eine Disposition ihrem Wesen nach ist.[198] – Wie auch immer, es bedarf dieser Intuition nicht. Wir haben unabhängige Gründe betrachtet, aus denen sich die Unhaltbarkeit der These ergibt, das Glauben sei eine Disposition.

*

Eine zweite Standardantwort auf die Frage danach, was für eine Art von Zustand das Glauben ist, besagt:

"Das Glauben ist ein funktionaler Zustand" Als erstes eine terminologische Warnung. "Funktional" ist hier in einem sehr blassen, nicht-teleologischen Sinn zu verstehen; es soll so etwas heißen wie: innerhalb eines bestimmten Zusammenhangs von Zuständen *eine bestimmte Rolle spielen*, ganz unabhängig davon, ob dadurch ein Zweck erfüllt wird. So allgemein charakterisiert dürfte es einem Zustand allerdings schwerfallen, kein 'funktionaler' zu sein. Darauf komme ich gleich zurück. – Zuvor jedoch, als zweites, der Versuch, rasch und mit breitem Pinsel einen Unterschied zum Vorschein kommen zu lassen, der angesichts der zuvor angestellten Überlegungen von besonderem Interesse ist. Einen Zustand als eine bloße Disposition konzipieren, heißt: ihn als nichts weiter als eine Potentialität konzipieren, die sich *an* einem Gegenstand allein schon dadurch manifestiert oder manifestieren würde, daß er mit einiger Regelmäßigkeit unter gewissen Reizgegebenheiten gewisse Reaktionen aufweist oder aufweisen würde. Ein funktionaler Zustand hingegen soll eine Realität sein: etwas, das *in* dem Gegenstand vorhanden ist und dort eine charakteristische Rolle spielt. Eine *bloße* Disposition ist ein 'Zustand', oder allgemeiner: eine 'Eigenschaft', aber nur in einem blassen Sinn dieser Wörter. Sie ist nichts weiter als ein in der Kategorie *Zustand* bzw. *Eigenschaft* angesiedeltes ontologisches Gegenstück zur Wahrheit eines kontrafaktischen Konditionals: "Wenn das System dem-&-dem Reiz ausgesetzt würde, würde es (mit der-&-der Wahrscheinlichkeit) die-und-die Reaktion aufweisen". Eine *bloße* Disposition ist, so könnte man sagen, der 'verzuständlichte' oder 'vereigenschaftlichte' Widerschein einer statistisch signifikanten Korrelation von Reizen und Reaktionen. – Mit der Bezeichnung *funktionaler Zustand/Eigenschaft* ist mithin mehr gemeint: nämlich eine innere Realität des Gegenstands, die wir allerdings nicht als das konzipieren, was sie für sich genommen ist, sondern 'systemisch': als das (was auch immer es sei), das in einem bestimmten Gefüge von Zuständen eine charakteristische Rolle spielt.

Ich hatte gerade erwähnt, daß wohl jede gewöhnliche Eigenschaft sich in dem bisher sehr weitgefaßten Sinn dieses Worts als eine 'funktionale' konzipieren läßt. Irgendein System (und sei's letztlich das Weltganze) wird sich immer finden lassen, in dem sie 'eine charakteristische Rolle' spielt. Es ist daher sinnvoll, diesen Terminus mit einer bestimmteren Bedeutung zu versehen, die für die nun anstehenden Überlegungen passend ist. Uns geht es ja um die Frage, ob sich aus dem Begriff des Glaubens ergibt, daß dieses ein funktionaler Zustand, d.h. eine funktionale

Eigenschaft, ist. Sprechen wir deshalb nur dann von einer funktionalen Eigenschaft, wenn sich das aus ‘ihrem’ Begriff ergibt. Wir werden also nur dann sagen, *E* sei eine *funktionale Eigenschaft* (bzw. ein *funktionaler Zustand*), wenn es zu dem Begriff *E* gehört, daß *E* in einem bestimmten System von Eigenschaften eine charakteristische Rolle spielt; diese nennen wir die *E*-Rolle (in diesem System). Jede funktionale Eigenschaft ist also ihrem Begriffe nach systemisch; sie kann nur als Mitspieler in einem bestimmten System von Eigenschaften gegeben sein. – Noch eine weitere terminologische Klärung vorab: Ein Begriff *E* heiße ein *funktionaler Begriff* genau dann, wenn gilt: *E* = Träger der *E*-Rolle. (Man beachte: daraus, daß *E* ein funktionaler Begriff ist, folgt, daß *E* eine funktionale Eigenschaft ist; aber nicht umgekehrt.)

Ob Glauben ein funktionaler Zustand ist oder nicht, erfordert eine sorgfältige Betrachtung. Denn es ist nicht immer auf den ersten Blick ersichtlich – ja, manchmal auch auf den zweiten nicht eindeutig –, ob eine geistige Eigenschaft eine funktionale ist. Ob sie es ist oder nicht, hängt gemäß der gerade gegebenen Erläuterung von dem Begriff ab, den wir von ihr haben. Und es kann kontrovers sein, ob sie im Lichte dieses Begriffs eine funktionale Eigenschaft ist oder nicht. – Ein für unser Thema unbelastetes Beispiel mag an dieser Stelle dienlich sein. Jemand könnte Tapferkeit als eine bloße Disposition erachten: Sie sei nichts weiter als eine Tendenz, angesichts von Gefahren leidlich gut charakterisierbare Verhaltensweisen an den Tag zu legen. Eine andere Betrachtungsweise ist diese: Wer bloß zu tapferkeitstypischem Verhalten tendiert, ist allein deshalb noch nicht tapfer; er könnte auch schlicht gefahrenblind sein, oder einer, der erst noch ausziehen müßte, um das Fürchten zu lernen. Tapferkeit, so das andere Bild von ihr, ist keine bloße Verhaltensdisposition, sondern eine Charaktereigenschaft, zu der ein bestimmtes Muster geistiger Zustände gehört (unter anderm die Fähigkeit, etwas als Gefahr zu erkennen; die Fähigkeit, Angst zu haben und sie zu überwinden; und anderes mehr). Der Tapfere muß eine bestimmte Art von innerer Komplexität besitzen. – Wer das unter Tapferkeit versteht, konzipiert sie als eine funktionale Eigenschaft.

Ob Tapferkeit eine funktionale oder eine bloß dispositionale Eigenschaft ist, darüber können selbst die uneins sein, die das Wort beherrschen. Daß wir darüber uneins sind, mag uns entgehen, solange wir nicht ‘ins Philosophieren geraten’ und versuchen zu ergründen, was das Wesen der Tapferkeit ist. In jedem ihrer Einzelfall-Urteile über die realen Gegebenheiten mögen die Dispositionalisten und die Funktionalisten unter uns übereinstimmen: “Dieser Mensch ist tapfer”, “Jenes zu tun war tapfer”, und so weiter. Denn es mag sich so fügen, daß tapferkeitstypisches

Verhalten nur von Menschen und durch Taten an den Tag gelegt wird, die auch gemäß dem funktionalistischen Verständnis tapfer sind. Dennoch bestünde hier ein Dissens, selbst wenn er unmerklich bliebe. Auch wenn der Dispositionalist und der Funktionalist über jeden konkreten Fall wie mit einer Zunge reden, haben sie trotzdem verschiedene Begriffe davon und Kriterien dafür, was Tapferkeit ist.

Unsere Frage ist nun also: Geht aus unserm Begriff des Glaubens hervor, daß Glauben eine funktionale Eigenschaft ist? Oder ist er sogar selbst schon ein funktionaler Begriff? Heißt "glauben" gar nichts anderes als: eine Eigenschaft besitzen, die die Glaubensrolle spielt? – So oder so, einer funktionalistischen Konzeption des Glaubens möchte der doxastische Realist wohl mit einer gewissen Sympathie begegnen. Denn aus ihr ergibt sich ja, daß Glauben ein im Glaubenden real vorhandener Zustand ist, der im Gesamtsystem seiner geistigen Zustände eine bestimmte Rolle spielt.

*

Was ist nun die funktionale Rolle eines geistigen Zustands? Darunter sind die Muster seines 'Funktionierens' zu verstehen: woraus er hervorgeht, was ihn beseitigt (sein positives und negatives Input-Muster) und was er nach sich zieht (sein Output-Muster).† Zwei Erläuterungen dazu. Mit dem Begriff der funktionalen Rolle, wie ich ihn hier verwende, geht keine Festlegung im Hinblick darauf einher, ob solche Muster Kausalzusammenhänge erfassen oder nicht. In einer identitätstheoretischen Konzeption à la David Lewis zum Beispiel werden funktionale Rollen geistiger Zustände von vornherein als Kausal-Rollen konzipiert (Konstellationen aus gewissen Überzeugungen und Wünschen *bewirken* Handlungen); in einem Maschinentafel-Funktionalismus, wie ihn etwa Hilary Putnam eine Zeit lang vertreten hat, werden sie als Zusammenhänge zwischen abstrakten, 'logischen' Zuständen konzipiert, und es ist geradezu die Pointe dieser Auffassung, Kausalverhältnisse zwischen ihnen begrifflich auszuschließen.[199] Um Neutralität in dieser Sache kenntlich zu machen, werde ich möglichst verschwommene Ausdrucksweisen verwenden: ein Zustand *zieht einen andern nach sich* oder *stellt sich dank einem andern*

† Ein wenig penibler formuliert: Die *funktionale Rolle* eines Geisteszustandstyps *X* (die *X*-Rolle, als Kürzel: Φ^X), ist die durch den Begriff *X* vorgegebene Eigenschaft jedes solchen Zustands, ein bestimmtes Input/Output-Muster aufzuweisen, in das andere geistige Zustände involviert sind. – Funktionale Rollen sind also Eigenschaften zweiter Stufe: Eigenschaften von Zuständen.

ein; ich rede von *Folge*, *Ergebnis* und dergleichen, nicht von Wirkung und Effekt.

Eine zweite Vorbemerkung zu meiner Verwendung der Termini "Input" und "Output". Funktionalistische Theorien des Geistigen werden von ihren Vertretern gewöhnlich als Versuche gesehen, das zurechtzurücken, was am Behaviourismus grundsätzlich schief war. Der Funktionalist verfolgt aber dasselbe naturalistische Ziel: erklärlich zu machen, was es überhaupt heißen und wie es zugehen könnte, daß ein materielles System intentionale und andere geistige Eigenschaften hat. Wenn Funktionalisten und Behaviouristen sich das Problem der Realität des Geistigen in einer durch und durch materiellen Welt stellen, haben sie zunächst einmal dasselbe Bild vor Augen: Da ist ein materielles System, das physische Inputs empfängt und in flexibler Abhängigkeit von deren Einzelheiten hochgradig differenzierte physische Outputs (insbesondere Körperbewegungen) produziert. Und das zu lösende Problem ist dann: Wie läßt sich dieser Input/Output-Zusammenhang naturalistisch erklären? Der grundsätzliche Fehler des Behaviourismus war es in den Augen des Funktionalisten, das Innere des Systems zu einer Black Box zu erklären, über deren Funktionsweisen keine Annahmen einfließen dürften. Jede Lösung dieses Problems, die uns Aufschluß über die Stellung des Geistigen in einer rein physischen Welt gibt, dürfe – so der Funktionalist – das Innere des Systems eben gerade nicht übergehen, sondern müsse dort Zustände, Ereignisse und Prozesse postulieren, die sich als geistige Phänomene (Überzeugungen, Entscheidungen, Schlußfolgerungen, usw.) betrachten lassen. Bei der Lösung dieses Problems sei nun allerdings der Unterschied zwischen Hypothesen grundsätzlich verschiedener Art zu beachten: einerseits solche über die funktionalen Charakteristika der in der Black Box vermuteten Phänomene, andererseits Hypothesen über deren konkrete intrinsische Beschaffenheit, dank der sie ihre jeweiligen Rollen spielen. Der Funktionalist betrachtet es (z. B. gegenüber materialistischen Identitätstheorien) als einen entschiedenen Vorzug seiner Konzeption, daß mit ihr über die metaphysische Natur der hypothetisch postulierten geistigen Phänomene nichts ausgesagt oder vorausgesetzt wird. In völliger Neutralität gegenüber diesem metaphysischen Thema bestimmt er diese zunächst einmal ausschließlich durch ihre funktionale Rolle in der Black Box. Was dann im einzelnen Fall (im jeweiligen Input/Output-System) als die intrinsische Beschaffenheit der Träger dieser Rolle zu betrachten ist – ob z. B. ein Zellverband, eine elektronische Apparatur, oder eine immaterielle Substanz –, dies sei eine separate empirische Frage.

Nun muß aber auch eine in diesem Punkt metaphysisch neutrale Theorie des Geistigen, mit der naturalistische Ambitionen verknüpft sind, zumindest die Inputs und Outputs von geistbegabten physischen Systemen als etwas rein Physisches konzipieren; andernfalls könnte sie nichts zur Lösung des Black-Box-Problems beitragen. Es hat sich im Laufe der seit vielen Jahrzehnten andauernden Debatte herausgestellt, daß eine durch und durch physikalistische Beschreibung der Inputs und Outputs einige grundsätzliche Fragen mit sich bringt – beispielsweise die, ob die Inputs als proximale oder als distale zu charakterisieren sind (ob etwa als der Aufprall von Teilchen auf die Netzhaut des Wahrnehmenden, oder vielmehr als relevante Kausalfaktoren seiner Umgebung, die die äußere Ursache des Geschehens auf der Netzhaut sind – wie z. B. physische Objekte mit bestimmten Reflektanzeigenschaften). All dies soll hier ausgeblendet sein, wenn ich von Inputs und Outputs spreche. Mein Gebrauch dieser Termini ist ohne jeden physikalistischen Beiklang; und so werde ich auch von *internen* Inputs und Outputs sprechen, also davon, daß geistige Phänomene selbst Inputs und Outputs anderer geistiger Phänomene sind. Diese Redeweise ist metaphysisch harmlos; hinsichtlich der Natur interner Inputs wird wiederum Neutralität gewahrt. Es geht um eine rein terminologische Lockerung, deren sachlichen Grund ich gleich erläutern werde. Zudem ist sie im Hinblick auf unser Thema angebracht. Denn es geht hier nicht um die Frage, ob dieser oder jener Entwurf einer von vornherein physikalistisch konzipierten funktionalistischen Theorie des Geistigen erfolgversprechend ist oder nicht. (Eine Antwort auf sie müßte sich in Spekulationen über das Leistungsvermögen von Theorien ergehen, die uns nur in programmatischen Skizzen vorliegen.) Unsere Frage in diesem Abschnitt ist eine andere: ob sich schon aus dem *Begriff* des Glaubens ergibt, daß es ein funktionaler Zustand ist – unabhängig davon, ob dieser Zustand zugleich ein materieller ist.

*

Diese Frage ist mehrdeutig. Sie läßt sich als eine über spezifische Überzeugungen verstehen und als eine über generisches Glauben.[200] Es ist also zwischen zwei Thesen zu unterscheiden. Die eine besagt, daß jeder einzelne Glaubenszustand (etwa: Glauben, daß es regnet, im Unterschied zum Glauben, daß der Film um 8 beginnt) eine spezifische funktionale Eigenschaft hat, kraft deren er gerade diese spezifische Überzeugung ist. Die andere betrifft das Glauben 'in genere sumptum' – das, worin es sich von andern Arten geistiger Phänomene unterscheidet. Es geht in ihr um das Glauben schlechthin, in dem jedes propositionale Specificum außer Betracht bleibt, und um dessen Kontrast zum Wünschen, Befürchten,

Erwägen oder zum bloßen Akzeptieren. Zunächst einmal werden wir diese zweite These betrachten: 'Das' Glauben, als Genus (oder, wie ich auch sagen werde: generisches Glauben), sei ein funktionaler Zustand.

Dazu eine kurze Erläuterung. In der Sprechakttheorie ist es üblich, zwischen dem illokutionären *Genus* sprachlicher Äußerungen und ihrem *Inhalt* (der Proposition, um die es in ihnen geht) zu unterscheiden. Die Behauptung, daß es regnet, gehört zum Genus der Assertive; die Frage, ob es regnet, zum Genus der Interrogative; verschiedene Genera, aber gleicher propositionaler Inhalt. Verschiedenen Inhalt, aber dasselbe Genus haben die Frage, ob es regnet, und die, ob der Film um 8 beginnt. – In Analogie dazu läßt sich beim Glauben, daß so-&-so, unterscheiden zwischen dem Genus Glauben und dem, was geglaubt wird. Diese Unterscheidung machen heißt nicht, spezifisches Glauben-daß-*p* als aus zwei Komponenten zusammengesetzt zu betrachten: dem Genus Glauben und dem Inhalt, daß *p*.[201] Vielmehr weist sie auf zwei unterschiedliche Fragen hin, die sich im Hinblick auf Aussagen über spezifisches Glauben stellen lassen: *Glaubt* er das wirklich – oder wünscht er es sich eigentlich nur? Ist es wirklich *das*, was er glaubt – oder nicht vielmehr jenes?

Der nun als erstes zu betrachtenden These zufolge ist es ein gemeinsames begriffliches Kennzeichen aller Glaubenszustände, daß sie eine charakteristische funktionale Rolle haben, durch die sie sich von andern intentionalen und sonstigen Geisteszuständen unterscheiden. (In metaphysischer Redeweise: Es gehört zum Wesen eines Glaubenszustands, eine bestimmte funktionale Rolle zu spielen; sie macht es aus, daß er ein *Glaubens*zustand ist.) Zunächst einmal ist nun zu fragen: Welches soll denn die für das Glauben charakteristische funktionale Rolle sein? Einiges scheint klar. Typische Inputs (im Hinblick auf normale Menschen) wären zum Beispiel andere Überzeugungen, Sinneswahrnehmungen, Folgerungsprozesse, Abwägungen von Gründen und Gegengründen, Evidenzerlebnisse und dergleichen. Zum (für normale Menschen) typischen Output des Glaubens gehören jedenfalls andere Überzeugungen, und auch das Verschwinden anderer Überzeugungen. Dazu gehören auch Hoffnungen: Aus einem Wunsch und der Überzeugung, er könne in Erfüllung gehen, entsteht leicht eine Hoffnung. Ebenfalls Absichten: Aus dem Wunsch, etwas zu erreichen, und der Überzeugung, es lasse sich leicht erreichen, geht natürlicherweise die Absicht hervor, es zu erreichen. Und Gefühle: Trifft eine Abneigung gegen etwas mit der Überzeugung zusammen, dieses werde wohl bald eintreten, stellen sich gewöhnlich Gefühle der Unbehaglichkeit ein. Dies ließe sich wohl sehr lange fortführen. – Zudem können Überzeugungen, unter sehr besonderen Umständen, auf zahllose andere Weisen entstehen: durch Wunschdenken, Hypnose, Halluzination, bloße Fehlschaltungen des Gehirns und eines Tages vielleicht sogar durch gezielte neurochirurgische Eingriffe. Ebenso können sie (wiederum: unter sehr besonderen Umständen) zahllose andere Geistesphänomene nach sich ziehen: völlige Verwirrung, Selbstüberschätzung, Derealisation, Desorientierung, Euphorie, allerlei Phobien und neurotische Störungen. – Es sind jedoch ausschließlich *typische* Inputs und Outputs, die als *begriffliche* Charakteristika des Glaubens in Frage kommen. Jeder, der den Begriff beherrscht, sollte auf apriorischem Weg einsehen können, daß sie wesentliche Merkmale sind.

Es verdient unsere Beachtung, daß die begrifflich charakteristischen internen Input-Konstellationen, aus denen unmittelbar Glauben hervorgeht, selbst schon geistig und komplex sind. Physische Einwirkungen auf das Subjekt bringen nicht selbst schon Überzeugungen hervor; sie tun das nur dank der Vermittlung anderer Geistesphänomene, die dann der 'interne' Input eines entsprechenden Glaubenszustands sind. Die Vermittlung wiederum findet nur im Rahmen einer geeigneten geistigen Konstellation statt. Eine Sinnesempfindung zum Beispiel zieht nur dann eine Überzeugung nach sich, wenn für sie, lax gesagt, der geistige Boden bereitet ist. Dies gilt selbst dann, wenn wir 'mit eigenen Augen' sehen können, daß dies-&-das der Fall ist. Wann immer wir etwas schon besser zu wissen glauben oder partout nicht wahrhaben wollen, ist kein einzelner visueller Eindruck ausreichend. Auch ein für das Glauben so besonders typischer innergeistiger Input wie ein visuelles Erlebnis verlangt also eine geeignete geistige Umgebung (als Minimum eine spezifische doxastische Empfänglichkeit), um eine Überzeugung nach sich zu ziehen. Anders gesagt, jeder interne Input des Glaubens ist, allgemein gesagt, stets ein komplexes geistiges Phänomen. – Dasselbe gilt für die unmittelbaren Outputs des Glaubens. Auch sie reichen aus dem Geistigen nicht heraus. Was das Glauben unmittelbar nach sich zieht, ist nichts von der Art einer physikalistisch beschreibbaren Körperbewegung. Zudem zöge eine einzelne Überzeugung auch im Bereich des Innergeistigen 'ganz aus eigener Kraft' gar nichts nach sich: keine Absicht, keinen Entschluß – ja, nicht einmal eine andere Überzeugung.[202] Kurz, jedes Muster, durch das die funktionale Rolle generischen Glaubens begrifflich bestimmt sein könnte, ist ein innergeistiges Muster, dessen Inputs und Outputs geistig komplex sind.

Nehmen wir also an, daß das Glauben, als Genus, eine funktionale Rolle hat, durch das es sich vom Empfinden, Wollen, Beabsichtigen, usw. begrifflich unterscheiden läßt. Dies scheint einleuchtend – jedenfalls hinsichtlich gewöhnlichen menschlichen Glaubens. Das Kriterium dafür, daß ein bestimmter Input- oder Output-Zusammenhang zur Glaubensrolle gehört, wäre nach dem bisher Gesagten also, daß er sich als eine begriffliche Wahrheit über das Zusammenspiel des Glaubens mit andern geistigen Phänomenen formulieren läßt. Diese funktionale Rolle ließe sich demnach durch eine Liste von begrifflich wahren Generalisierungen angeben, die hinreicht, um das für Glauben (gleich welchen Inhalts) typische Input-/Output-Muster zu erfassen. Kandidaten für solch eine Liste wären zum Beispiel:

> Wenn es *S* so scheint, als ob *p*, und er für die Überzeugung, daß *p*, aufgeschlossen ist, dann wird er glauben, daß *p*.

> Wenn *S* glaubt, daß *p*, und sich fragt, ob *p*, dann wird er urteilen, daß *p*.

Hier ein etwas ziselierteres Beispiel, um daran zu erinnern, daß die gesuchten begrifflichen Wahrheiten dieses Schlags recht komplex sein können ("*h*" und "*v*" sind hier Variablen für Handlungen bzw. Verhaltensweisen):[203]

> Wenn *S* wünscht, daß *q*, und glaubt, daß *q* höchstens dann, wenn *p*, und glaubt, daß nicht-*p*, und glaubt, daß wenn er *h* vollzieht, dann *p*, und nicht glaubt, daß sein *h*-Vollziehen Folgen nach sich zieht, die er nicht wünscht, und keine Aversion dagegen hat, *h* zu vollziehen, und glaubt, in der Lage zu sein, *h* zu vollziehen, dann wird er die Absicht haben, *h* zu vollziehen, und er wird dann versuchen, *v* zu tun, sobald er glaubt, sich in einer Situation zu befinden, in der er durch sein *v*-Tun *h* vollziehen kann, und ihm kein Grund bewußt ist, der dagegen spricht, *h* dadurch zu vollziehen, daß er in dieser Situation *v* tut.

Wenn wir die Glaubensrolle spezifizieren möchten, suchen wir also nach einer bestimmten Art von begrifflichen Wahrheiten über das Glauben: nach solchen, die sein innergeistiges funktionales Muster betreffen. Dies ist ganz im Einklang mit dem, was im zweiten Kapitel aus der Grundbegrifflichkeit von Glauben begründet wurde.[204] Unser Begriff des Glaubens ist durch solche begrifflichen Wahrheiten implizit definiert, in denen seine Beziehungen zu andern Begriffen erfaßt werden – unter anderm auch zu den Begriffen des Wünschens, Beabsichtigens, Wahrnehmens, Handelns, und so weiter.

Es ist eine wichtige Einsicht funktionalistischer Konzeptionen des Geistigen, daß mit unseren gewöhnlichen Begriffen von geistigen Phänomenen ein netzartiger Verbund zwischen ihnen konzipiert wird, und zwar in folgendem Sinn: Jedes dieser Phänomene ist gewissermaßen durch seinen Ort in diesem Beziehungsgeflecht begrifflich bestimmt. Anders gesagt, eine hinreichend umfangreiche Liste solcher Generalisierungen böte auf einen Schlag eine begriffliche Bestimmung all dieser geistigen Phänomene mit Rückgriff auf ihre jeweiligen funktionalen Rollen. Durch sie wäre nicht nur das Glauben, unter anderm durch seine Verbindungen mit dem Wünschen, implizit definiert, sondern zugleich auch das Wünschen, unter anderm eben auch durch seine Verbindungen mit dem Glauben. Dies riecht nach zirkulärer Definition, und sie implizit zu nennen mag wie ein Euphemismus klingen. David Lewis hat jedoch dargelegt, daß darin keine Zirkularität liegt, und darüber hinaus gezeigt, wie sich solche impliziten Definitionen in explizite überführen lassen.[205] – Aus solch einer Auffassung, die gelegentlich als analytischer Common-sense-Funktionalismus bezeichnet wird, läßt sich für unsern Zusammenhang dies gewinnen: Glauben heißt: sich in einem Geisteszustand mit der Glaubensrolle befinden. Diese These besagt, daß folgendes eine begriffliche Wahrheit ist:

> Es gibt eine funktionale Rolle, so daß gilt: Jeder Glaubenszustand hat sie, und nur Glaubenszustände haben sie.

Man könnte verlockt sein, dies zu verschärfen ("Es gibt *genau eine* funktionale Rolle ..."). Aber dies wäre vielleicht falsch, und jedenfalls brächte es einige Schwierigkeiten mit sich, es zu begründen. – Nehmen wir "Φ^G" als Kürzel für eine bestimmte funktionale Rolle dieser Art. Dann gilt aus begrifflichen Gründen: Das Genus des Glaubens umfaßt die Gesamtheit der Geisteszustände mit Φ^G, und es umfaßt sonst nichts.

*

Daß generisches Glauben durch eine gewisse funktionale Rolle begrifflich bestimmbar ist, heißt jedoch nicht, daß der Begriff des generischen Glaubens identisch ist mit dem eines Zustands, der diese Rolle spielt. Ganz allgemein folgt daraus, daß "*X*" und "Zustand mit Φ^X" notwendig koextensional sind, nicht: Der Begriff *X* = der Begriff <u>Zustand mit Φ^X</u>.[206] Ein Beispiel: Was es heißt, Papst zu sein, läßt sich durch eine gewisse institutionelle Rolle begrifflich charakterisieren: Wahl durch das Konklave, Recht zur Einberufung ökumenischer Konzilien, Recht zur Ernennung von Kardinälen, und so weiter. Ebenso lassen sich einige der Komponenten, die in die Spezifizierung der Papst-Rolle involviert sind (Kurie, Bischofsweihe, usw.), ebenfalls mit Rückgriff auf ihre Position im institutionellen Geflecht und damit auch in ihrer Beziehung zum Träger der Papst-Rolle bestimmen. Daß Papst ist, wer diese Rolle innehat, ist eine begriffliche Wahrheit. (Sie läßt sich auf apriorischem Weg einsehen, wenn alle darin involvierten Begriffe verstanden werden.) Dennoch ist der gewöhnliche Begriff Papst nicht identisch mit dem Begriff Träger der institutionellen Papst-Rolle.[207]

Aus der begrifflichen Wahrheit unserer Koextensionalitätsaussage läßt sich mithin nicht die Identität der entsprechenden Begriffe folgern. Mehr als das, die These

Glauben (als Genusbegriff) = Geisteszustand mit Φ^G

ist falsch. Der Begriff des Glaubens enthält mehr als das, was durch seine funktionale Rolle erfaßt werden kann. Zu ihm gehört unter anderm, daß jeder Glaubenszustand einen wahrheitswertfähigen Inhalt hat, und auch, daß Glaubensadhärenzen in der Dimension *Rational/nicht-rational* bewertbar sind. Kurz zum ersten Punkt. Zum Glauben gehört ein Geglaubtes, das wahr, falsch oder grenzfallunbestimmt ist. Da dies für jedes Glauben – welchen Inhalts auch immer – gilt und eine offenkundige begriffliche Wahrheit ist, gehört es zum Begriff des generischen Glaubens. Es kann jedoch durch die generische funktionale Rolle nicht erfaßt werden. Denn diese berücksichtigt nur das charakteristische innergeistige Input/Output-Muster von Glaubenszuständen. Der Begriff Zustand mit Φ^G involviert nicht den Begriff Zustand mit einem wahrheitswertfähigen Inhalt. Das Entsprechende gilt für die Eigenschaft, in der Dimension *Rational/nicht-rational* bewertbar zu sein.

Das Ergebnis dieser Überlegungen ist: Wodurch sich das Glauben von andern Geisteszuständen unterscheidet, läßt sich durch seine generische funktionale Rolle eindeutig charakterisieren; und es ist eine begriffliche Wahrheit, daß generisches Glauben durch diese Rolle bestimmbar ist. Aber der Begriff des generischen Glaubens ist kein funktionaler Begriff. Aus ihm ergeben sich Wahrheiten, die aus dem entsprechenden funktionalen Begriff nicht zu gewinnen sind.

*

Soweit gut und schön, mag der Funktionalist sagen. Die generische funktionale Rolle kennzeichnet eben nur das Glauben insgesamt: eine bestimmte Gattung psychischer Phänomene. Das, was ein einzelnes Glauben zu jenem spezifischen Glauben macht, das es ist, bleibt dabei natürlich ausgeblendet. Angesichts dessen ist es kein Wunder, daß mit dieser generischen Rolle allein keine Merkmale des Glaubens erfaßbar sind, die wesentlich davon abhängen, daß es einen Inhalt hat. Aber was ergibt sich, wenn der Inhalt des Glaubens mit einbezogen wird? Trifft die These, der Begriff des Glaubens sei ein funktionaler Begriff, vielleicht dann zu, wenn sie als eine über spezifische Überzeugungen (und nicht über generisches Glauben) formuliert wird?

Hier liegen die Dinge einfach. Denn schon die entsprechende empirische Hypothese hat wenig Plausibilität. Formulieren wir sie so: Jede spezifische Glaubenseigenschaft (z.B. Glauben, daß Tapferkeit eine Tugend ist, oder Glauben, daß Rom nördlicher liegt als New York) ist ein Zustandstyp, der eine funktionale Rolle hat, durch die er vollständig und eindeutig bestimmt ist. Allgemeiner:

> Es gibt eine funktionale Rolle Φ^{Gp}, so daß gilt: Jemand glaubt, daß *p*, dann und nur dann, wenn er sich in einem Geisteszustand befindet, der Φ^{Gp} hat.

Versionen dieser empirischen These werden tatsächlich vertreten, und zwar im Rahmen des sog. Psychofunktionalismus.[208] Mit diesem Etikett werden 'meta-psychologische' Positionen bezeichnet, die gewöhnlich einem naturalistischen Anti-Reduktionismus zuzurechnen sind und für die Kognitionspsychologie eine gewisse theoretische und insbesondere methodologische Autonomie gegenüber der Neurobiologie und erst recht gegenüber der Physik reklamieren. Die wissenschaftliche Psychologie wird aufgefaßt als eine Zwischenstufe auf dem Weg von vortheoretischen Erklärungen intelligenten menschlichen Verhaltens (in denen Begriffe wie Glauben und Wollen eine Rolle spielen) hin zu einer genuin naturwissenschaftlichen Theorie der zugrundeliegenden neuronalen Strukturen und Prozesse. Um diese Brückenrolle spielen zu können, seien – das ist die Grundidee des Psychofunktionalismus – geistige Zustände in autonomen psychologischen Theorien als funktionale zu konzipieren.

In den meisten seiner Ausprägungen ist der Psychofunktionalismus von dem Optimismus getragen, eine künftige wissenschaftliche Theorie menschlicher Kognition werde ergeben, daß die gerade formulierte These (wenn auch nur annäherungsweise) zutrifft.[209] Zwar sei anzustreben, einen theoretischen Begriff zu entwickeln, der unserm Begriff des Glaubens möglichst ähnlich ist, es sei aber ebenfalls von vornherein klar, daß diese Ähnlichkeit keine bis zum Verwechseln sein kann. Die Ambition des Psychofunktionalisten ist es also, einen neuen, wissenschaftlich fruchtbaren, rein funktional charakterisierten 'Nachfolger'-Begriff zu dem des propositionalen Glaubens zu entwickeln: einen Begriff, nennen wir ihn Glauben[P], der es gestatten würde, jede spezifische Glaubens[P]eigenschaft allein mit Rückgriff auf die funktionale Rolle eines Geistes[P]zustands zu erfassen, in dem jeder sich befindet, der die betreffende Überzeugung[P] hat. – Es muß uns nicht interessieren, als wie groß, oder gering, die Aussicht darauf einzuschätzen ist, solch ein Begriff werde sich finden lassen. Es ginge dabei nur um eine Halb-und-halb-Wette (halb apriorisch, halb aposteriorisch): Wird es gelingen, einen funktionalen Begriff zu bilden, der sich als streng naturwissenschaftliches Pendant zu dem des Glaubens betrachten läßt? Aber das ist Begriffsfuturologie. Gewiß, über so etwas läßt sich kundig und intelligent spekulieren. Mit dem, worum es uns hier zu tun ist, hat es aber wenig zu tun.

Halten wir fest, daß dieses ganze Programm schon in seiner Anlage nicht begriffsdeskriptiv ist. Kaum einer, der es je verfolgte, verband damit den Anspruch, zu erweisen, daß spezifische Glaubenseigenschaften (wie Glauben, daß der Film um 8 beginnt) mit Rekurs auf funktionale Rollen begrifflich bestimmbar seien. Und erst recht vertrat niemand die These, um die es uns hier geht: unsere tatsächlichen Begriffe solcher Eigenschaften seien funktionale Begriffe. Deshalb werde ich sie nicht erörtern. Gegen Windmühlen anzukämpfen ist besonders mühselig, wenn man sie sich erst bauen muß.

Ein sehr grundsätzliches Argument gegen die schiere Idee der Gleichsetzung von Begriffen des Typs Glauben, daß *p* und Zustand mit Φ^{Gp} sei abschließend skizziert. Es ergibt sich, wenn wir vorwegnehmend ein Ergebnis einbeziehen, zu dem wir erst im nächsten Kapitel gelangen werden: daß nämlich bereits eine entsprechende begriffliche Äquivalenz

$$x \text{ glaubt, daß } p \Leftrightarrow x \text{ befindet sich in einem Geisteszustand mit } \Phi^{Gp}$$

nicht besteht. Der Begriff des Glaubens läßt seiner Natur nach Spielraum für Ausnahmen. Er läßt ‚anormale Fälle' als zumindest denkmöglich zu, auch Fälle, in denen jemand zwar eine bestimmte Überzeugung hat, sich aber nicht in dem betreffenden Φ^{Gp}-Zustand befindet (und umgekehrt).

*

"Glauben ist ein funktionaler Zustand." Mit dieser These kann, wie wir gesehen haben, unterschiedlicher Sinn verbunden sein. Und in einem bestimmten, technischen und sehr dünnen, Sinn von '*funktional*' hat sie sich als wahr erwiesen: Es ist eine begriffliche Wahrheit, daß ein Geisteszustand genau dann dem Genus Glauben angehört, wenn er zu anderen Geistesphänomenen in bestimmten typischen Beziehungen steht. Wie wir gesehen haben, ist dieses Ergebnis keine für uns neue Einsicht, sondern eine Reformulierung dessen, was uns von Anfang an als eine Leitlinie unserer Überlegungen gedient hat: Glauben ist durch seinen Begriff als ein Zustand bestimmt, der mit andern Geistesphänomenen in bestimmten Weisen zusammenspielt. – In der Sache folgt daraus nichts, das sei's auch nur undeutlich in eine methodologische oder metaphysische Richtung weist, die dem sog. Funktionalismus in der Philosophie des Geistes zuzurechnen ist: etwa hindeutet auf eine Spielart des Psychofunktionalismus, auf eine funktionalistisch basierte physikalistische Identitätstheorie à la David Lewis, auf einen abstraktionistischen Maschinentafel-Funktionalismus à la Hilary Putnam oder auf einen teleologischen Bio-Funktionalismus, z.B. informationstheoretisch à la Fred Dretske oder 'biosemantisch' à la Ruth Millikan. – Um keine Assoziationen mit irgendeiner substantiell funktionalistischen Theorie des Geistes zu suggerieren, ist es daher passender, unser Ergebnis so zu fassen: Das Glauben ist seinem Begriffe nach ein innersystemischer Zustand. Selbst diese Formulierung ist noch dazu angetan, etwas Gehaltvolleres zu suggerieren als das, was sich tatsächlich ergeben hat. Denn stillschweigend, und wie selbstverständlich, haben wir ausschließlich menschliches Glauben in den Blick genommen. Nur aus diesem engeren Begriff ist unser Ergebnis gewonnen. Angemessen ist also folgende Formulierung: Das menschliche Glauben ist seinem Begriffe nach ein innersystemischer Zustand.

Aber welcher eigentlich? Eine Idee ist natürlich, seine innersystemische Rolle durch *alle* begrifflichen Wahrheiten der beiden relevanten Typen zu erfassen (Input-Wahrheiten des Schemas: "Wann immer die-&-die geistigen Phänomene in Kombination auftreten, entsteht eine Überzeugung der-&-der Art", und Output-Wahrheiten des Schemas: "Wann immer eine Überzeugung der-&-der Art in Kombination mit den-&-den geistigen Phänomenen gegeben ist, zieht das diese-&-jene geistigen Veränderungen nach sich").[210] Doch sobald wir uns vor Augen zu führen versuchen, wie reich und differenziert das Gefüge menschlicher Geistigkeit ist, muß uns diese Idee als abwegig erscheinen. Es bestehen eben zahllos viele begriffliche Beziehungen zwischen den unüberschaubar vielen geistigen Phänomenen, die am normalen Menschen anzutreffen sind. Er kann hassen, vertrauen, einen Irrtum einsehen, zuversichtlich sein, verzweifeln, sich verstellen, neuen Mut schöpfen. Er kann etwas erwägen, wollen, verachten, beabsichtigen, ausprobieren, verehren, rechtfertigen, erstrebenswert finden, erwarten, verbergen, beabsichtigen, bevorzugen, hoffen, fürchten, zumindest als Möglichkeit in Betracht ziehen, von vornherein ablehnen, provisorisch akzeptieren. Er kann planen, Abneigungen kultivieren, tagträumen, spekulieren, sich selbst etwas vormachen, sich über sich selbst amüsieren. Er kann Ungezähltes mehr, in das Glauben hineinspielt. Die *gesamte* innersystemische Rolle des menschlichen Glaubens zu beschreiben, die sich aus dessen Begriff ergibt, ginge wohl leicht über die menschlichen Möglichkeiten hinaus. – Dann also statt der Gesamtheit besser das Minimum der relevanten begrifflichen Wahrheiten? Ebenfalls eine schöne und naheliegende Idee. Aber wie geistig arm dürfte ein Mensch sein, um wenigstens noch, oder schon, glauben zu können? Auch das läßt sich beim besten Willen nicht sagen. Das Schlagwort *Glauben-Wollen-Psychologie* sollte man nicht als Hinweis nehmen. Diejenigen apriorischen Input/Output-Wahrheiten, die ausschließlich die generischen Begriffe des menschlichen Glaubens und Wollens involvieren, lassen sich vermutlich an einer Hand abzählen. Aber sie allein reichen gewiß nicht aus, um die innersystemische Rolle des menschlichen Glaubens zu erfassen. Es scheint hoffnungslos, bestimmen zu wollen, welche Beziehungen zwischen welchen Geistesphänomenen das gesuchte Minimum der rollenkonstitutiven Wahrheiten menschlichen Glaubens ausmachen.

Was nun jedoch das Glauben schlechthin – nicht das menschliche Glauben im besonderen – betrifft, so ist nicht einmal klar, daß es seinem Begriffe nach ein innersystemischer Zustand ist. Könnte es nicht andere – und insbesondere sehr viel ärmere – Formen der Geistigkeit geben, in denen Glauben nicht durch seine innergeistige Rolle definiert ist? Man denke etwa an die Möglichkeit eines Input/Output-Systems, in dem das Glauben der einzige innergeistige Zustand ist (es hat keine Wünsche, sondern nur Triebe; keine Absichten, sondern nur Verhaltensimpulse; und so weiter); dann gäbe es keine innergeistige Komplexität. Man denke auch an die Möglichkeit eines Systems, in dem das Glauben zwar ein geistiger, aber kein *inner*geistiger Zustand ist; er wird unmittelbar durch entsprechende Sinnesreizungen hervorgebracht und zieht keine geistigen Zustände nach sich, sondern hat, im Verbund mit andern derartigen Geisteszuständen, direkten Einfluß nur darauf, welche Körperbewegungen ausgeführt werden. Ja, nach dem, was wir im sechsten Kapitel betrachtet haben, geht aus dem ganz und gar nackten Begriff des Glaubens nicht einmal hervor, daß Glauben nur in geistig komplexen Systemen auftritt.

Dem steht, zum Beispiel, die weitverbreitete Auffassung entgegen, der Begriff des Glaubens könne nur auf Wesen zutreffen, die auch Wünsche haben. Ganz explizit wird sie z. B. von Neil Tennant formuliert und begründet. Er spricht davon, daß "Glaubenszustände und Wunschzustände einander wechselseitig zwingend notwendig machen", und setzt fort:

> Glauben und Wünschen sind Begriffe, die unauflösbar miteinander verbunden sind; jeder bedarf des andern, um Sinn zu ergeben [*in order to make sense*]. Es könnte keinen Akteur geben, der ein 'rein Glaubender' [*a 'pure believer'*] wäre, nur zum Glauben im Stande, aber nicht dazu, andere propositionale Einstellungen zu haben. Denn auf welcher Grundlage wäre es möglich, ihm eine Überzeugung zuzuschreiben? ... Jede der beiden Einstellungen beschwört die andere herbei, in einem notwendigen Begriffstandem.[211]

In dieser Erläuterung der These, die Begriffe des Glaubens und des Wünschens bildeten ein unauflösbares Tandem, klingt folgendes Argument an: Es ist nur dann sinnvoll, einem Wesen *x* eine Überzeugung zuzuschreiben, wenn diese Zuschreibung eine Grundlage hat: wenn es Kriterien der Überzeugungszuschreibung gibt, die sich auf *x* anwenden lassen. All unsere einschlägigen Kriterien lassen sich jedoch nur dann anwenden, falls *x* ein 'Akteur' ist – also in der Lage ist, Handlungen zu vollziehen. Wenn wir uns außerdem die übliche Auffassung zueigen machen, daß Handeln – im Gegensatz zu bloßen Körperbewegungen – ein zielgerichtetes Tun ist, dann ist die 'Grundlage' dafür, *x* Überzeugungen zuzuschreiben, nur dann gegeben, wenn ihm auch Wünsche zuschreibbar sind. Ohne Grundlage für eine Zuschreibung 'ergibt diese keinen Sinn': Sie ist nicht empirisch entscheidbar.

All dies mag man akzeptieren. Doch die intendierte Konklusion folgt daraus nicht. Daß die Anwendbarkeit unserer Zuschreibungskriterien für Glaubenseigenschaften das Vorhandensein einer andern, die Zuschreibung erst ermöglichenden, Eigenschaft verlangt, ist eines. Ein anderes ist, ob die zuschreibungsermöglichende Eigenschaft eine begrifflich notwendige Bedingung für das Vorhandensein von Glaubenseigenschaften ist. Warum der Schluß von ersterem auf das letztere ungültig ist, hatten wir im 7. Kapitel an einem andern Beispiel ausführlicher betrachtet.[212] Die dort entwickelten Argumente (gegen die These von einem begrifflichen Zusammenhang zwischen Glauben und Sprachfähigkeit) lassen sich Punkt für Punkt auf Tennants Tandem-These übertragen. Die Auffassung, die Begriffe des Glaubens und des Wollens seien unauflöslich miteinander verknüpft – ein Wesen mit Überzeugungen, aber ohne Wünsche sei eine begriffliche Unmöglichkeit –, auch sie ist nichts weiter als ein begrifflich ungedecktes Vorurteil, das von der Idee zehrt, erkenntnistheoretischen Gesichtspunkten komme in begrifflichen Fragen der Primat zu.

*

Menschliches Glauben ist also, in einem gewissen Sinn, ein 'funktionaler' Zustand. Der Begriff des Glaubens hingegen, so hat sich gezeigt, ist nicht einmal im ausgedünntesten Sinn dieses Worts ein funktionaler Begriff: weder der generische Begriff, noch die spezifischen Begriffe von einzelnen Glaubenseigenschaften als geistigen Zuständen mit einem ihnen jeweils eigenen propositionalen Inhalt. Und es ist deutlich geworden, woran das liegt. Der Idee, der Begriff des Glaubens sei ein funktionaler Begriff, steht die Trivialität entgegen, daß es Glauben ohne Geglaubtes nicht geben kann. Durch die innersystemische Rolle, die ein Zustand spielt, läßt sich dieser Aspekt nicht einfangen. Ja, aus ihr geht nicht einmal hervor, daß er überhaupt einen Inhalt hat. – Die folgende These zielt darauf ab, dem Rechnung zu tragen.

*

"Das Glauben ist ein repräsentationaler Zustand" Das mag vieles heißen, und einiges davon werden wir betrachten. Eine erste Orientierung vorab: Was auch immer ein repräsentationaler Zustand sei, wir wollen darunter einen Zustand verstehen, der seinem Begriffe nach etwas repräsentiert (ein Repraesentatum hat) oder zumindest die Funktion hat, etwas zu repräsentieren (ein Repraesentandum hat). Die These, jedes Glauben müsse, aus a priori einsichtigen Gründen, ein solcher Zustand sein, bezeichne ich als *doxastischen Repräsentationalismus.* Sie ist, so scheint es, eine passende Ergänzung der gerade betrachteten These, daß Glauben ein funktionaler Zustand ist. Werden die beiden zusammengenommen, ergibt sich daraus eine aufschlußreiche Antwort auf die metaphysische Frage, was für eine Art von Zustand das Glauben ist: eben ein repräsentationaler, für den eine gewisse funktionale Rolle charakteristisch ist. Und nun fügt sich alles schön zusammen: Durch die Repräsentationalität eines Zustands wäre bestimmt, wovon er handelt; durch seine funktionale Rolle wäre bestimmt, daß er ein Fürwahrhalten ist. So möchte sich doch wohl – sei's auch nur sehr grundsätzlich – erhellen lassen, was einen bestimmten Zustand, in dem ein Subjekt sich befindet, zu einem Glauben-daß-so-&-so macht. Etwa so: Ein beliebiger Zustand *z*, der in dem Subjekt *S* zum Zeitpunkt *t* vorliegt, ist ein Glauben-daß-*p* genau dann, wenn zwei Bedingungen erfüllt sind: *z* (oder etwas, das in diesen Zustand wesentlich involviert ist) repräsentiert den Sachverhalt, daß *p*, und *z* spielt in *S* die innersystemische Rolle, die für Glauben charakteristisch ist.[213]

*

Die Idee von der Repräsentationalität des Glaubens prägt heute wie selbstverständlich die vermeintlichen Kernfragen über dessen Natur – genauso aber auch die über die Natur anderer sog. intentionaler Zustände mit einem propositionalen Inhalt (Wünschen, In-Erwägung-Ziehen, Bezweifeln und so weiter).[214] Kernfragen sind dann zum Beispiel diese: Wie kommt es, daß ein Zustand, in dem ein biologisches oder ein anderes komplexes System sich befindet, überhaupt etwas repräsentiert? Und wie kommt es, daß er in ihm gerade denjenigen Sachverhalt repräsentiert, den er repräsentiert? Könnte er nicht ebensogut etwas anderes repräsentieren oder gar nichts? Was an einem solchen Zustand ist es, dank dem er den betreffenden Sachverhalt im Modus des Glaubens repräsentiert und nicht in dem des Wünschens oder Bezweifelns?

Dem Begriff des Glaubens werden wir nun den der Repräsentation gegenüberstellen. Dabei geht es um folgende Frage: Wird allein schon durch die Begriffe, die wir von beidem haben, die Auffassung nahegelegt, daß zum *Glauben* der Besitz einer mentalen *Repräsentation* gehört? Das Ergebnis wird sein: Keineswegs. Eher im Gegenteil; diese beiden Begriffe sind so verschiedenartig, daß sie – sozusagen 'vor aller Erfahrung' – nicht leicht aufeinander zu beziehen sind.

*

Um keine Mißverständnisse aufkommen zu lassen, eines kurz vorab. Ich habe nichts gegen mentale Repräsentationen. Ich hege nicht den geringsten Zweifel daran, daß in vielen geistigen Prozessen 'informationstragende' neuronale Gegebenheiten eine Rolle spielen, die von Dingen und Sachverhalten handeln – und zwar in dem Sinne von ihnen handeln, in dem z. B. auch graphische und sprachliche Zeichen das tun. Daß manches von dem, was sich in mir abspielt, von Dingen und Sachverhalten handelt, das glaube ich manchmal nachgerade zu erleben: in allergewöhnlichsten Bewußtseinsprozessen (sehen, planen, etwas durchdenken, sich den Grundriß einer früheren Wohnung bildlich vorstellen, eine Entscheidung treffen, und so weiter). Daß sie in einem Menschen aus Fleisch und Blut ohne biochemische 'Träger' ablaufen könnten, käme mir völlig abwegig vor. Unter den mentalen Repräsentationen, die ich in mir beim Denken zu erleben glaube, sind offenkundig auch solche, die im engeren Sinne 'gedanklich' sind: einen propositionalen Inhalt haben. (Wie könnte ich plötzlich den Einfall haben, daß der Gärtner der Mörder ist, ohne daß etwas, das in diesem Moment in mir geschieht, diesen Gedanken 'trägt'?) – Kurz, hinter meiner Frage, ob jedes Glauben eine mentale Repräsentation des Geglaubten involviert, steckt keinerlei unterschwelliger Skeptizismus hinsichtlich der schieren Existenz von mentalen Repräsentationen insgesamt und auch keiner hinsichtlich solcher, die einen propositionalen Inhalt haben.

*

Die Idee, daß in vielen Akten und Prozessen des Denkens und Vorstellens geistige Repräsentationen von Dingen und Sachverhalten (möglichen, wirklichen und womöglich auch unmöglichen) im Spiel sind, ist nicht neu. Der Repräsentationalismus in puncto geistiger Phänomene hat eine ehrwürdige Tradition, die zurückreicht bis in die Zeiten, in denen viele das rein Geistige für immateriell hielten, als man noch nicht von 'neuronalen Repräsentationen' sprach, sondern von *φαντασίαι*, *φαντάσματα*, *εἴδωλα*, *similitudines*, *imagines*, *visiones*, *species*, *ideae*, *notiones*, *conceptiones*, *mental propositions*, *Vorstellungen* und natürlich auch von *repraesentationes mentis*, seien diese materiell oder immateriell. Der Repräsentationalismus bezüglich des menschlichen Denkens mag wohl etwa so alt sein wie das Bemühen darum, sich vom menschlichen Geist ein Bild zu machen.

Doch bis vor kurzem erstreckte sich diese Idee, wie im 5. Kapitel betrachtet, ausschließlich auf das Denken: auf geistige *Ereignisse* und *Prozesse*, zudem auf solche, die dem Subjekt *bewußt* sind – sei's, weil es sie als 'Denk-Akte' vollzieht (wie beim Deliberieren, Reflektieren, Folgern und Entscheiden), sei's, weil es sie als Widerfahrnisse erlebt (wie beim Wahrnehmen aller Art und auch in andersartigen Bewußtseinsprozessen, wie z. B. beim Träumen). Bedenken wir auch an dieser Stelle wieder: Glauben ist nichts von alledem. Es ist kein Ereignis, kein Prozeß und kein Bewußtseinsphänomen. Wir glauben vieles, ohne uns dessen je bewußt zu werden. Und wenn wir uns einmal dessen bewußt sind, daß wir das-&-das glauben, dann ist nicht dieses Glauben selbst plötzlich ein Bewußtseinszustand. Es ist ein Zustand, *dessen* wir uns bewußt sind – ein Zustand, von dem uns bewußt ist, daß wir uns in ihm befinden. Mein Glauben, daß es morgen schneien wird, kann 'Gegenstand meines Bewußtseins' sein. Aber selbst dann ist es kein Bewußtseinszustand.

Die Auffassung, daß nicht nur das Urteilen – der Akt oder das Widerfahrnis des Als-wahr-Anerkennens einer Proposition –, sondern auch das Glauben den Besitz einer mentalen Repräsentation des Geglaubten involviere, ist noch nicht lange verbreitet. Wo es bei den Älteren auch hinsichtlich des Glaubens repräsentationalistisch klingt, rührt das (wie im 5. Kapitel betrachtet) vermutlich daher, daß sie, wenn sie "glauben" schrieben, das Urteilen meinten – einen mit Bewußtsein vollzogenen Akt oder das unwillkürliche Widerfahrnis des Anerkennens der Wahrheit eines Gedankens.

Darüber, daß Glauben ein Zustand ist – kein Ereignis, kein Prozeß –, besteht heute Einmütigkeit. Ein paar Mißverständnisse, oder terminologische Mißgriffe, gibt es immer noch. So wird zum Beispiel über das Bewußtsein, das man gelegentlich davon hat, daß man das-&-das glaubt, wie über eine bestimmte Sonderform des Glaubens gesprochen (*conscious belief/dispositional belief*). Aber abgesehen von Redeweisen, die speziell 'den' Glauben betreffen (*πίστις*, *fides* und *faith* im Gegensatz zu *δόξα*, *opinio* und *belief*), wird das Glauben heutzutage von allen in die ontologische Schublade gelegt, in die es gehört: die der geistigen Zustände. Ein Ereignis – zumal eines in dem strengen Sinn, in dem es 'datierbar' ist – mögen der *Erwerb* und der *Verlust* einer Überzeugung sein. Das *Beibehalten* einer Überzeugung mag insbesondere dann ein Prozeß genannt werden, wenn dieser ein Aufrechterhalten ist: wenn zum Beispiel eine liebgewonnene Überzeugung in besonderer Gefahr steht, verloren zu werden. Aber auch diese Ereignisse und Vorgänge – der Erwerb, das Aufrechterhalten und der Verlust eines bestimmten Glaubens – können unbewußt stattfinden und tun das zumeist auch. Jedes einzelne Fürwahrhalten selbst könnte, sozusagen von der Wiege bis zur Bahre, unbewußt bleiben. Das Glauben ist seinem Begriffe nach kein Bewußtseinsphänomen. Auch die These, es sei zumindest insofern eng mit dem Bewußtsein verbunden, als es nur an bewußtseinsfähigen Wesen anzutreffen sei, ist – wie wir im 7. Kapitel gesehen haben – nicht a priori einsichtig.

Den Repräsentationalismus von Denkereignissen und Denkprozessen auf das Glauben auszudehnen ist also eine eher neue Idee in der Philosophie. Sie hat, so scheint es, rasch Anklang gefunden in kognitionswissenschaftlichen und neurobiologischen Konzeptionen. Das Jahrzehnt des Gehirns ist zwar verstrichen, ohne daß der sog. neuronale Code des Geistigen geknackt wurde. Aber ein Repräsentationalist in puncto Glauben, der diese Verheißung für erfüllbar hält, müßte wohl auch ein 'Doxoskop' für denkbar halten: einen Gehirnscanner, dessen Ablese-Ergebnisse zuverlässig zeigen, was wir tatsächlich glauben. Die Idee, es könne solch ein Gerät überhaupt geben, ist von philosophischem Interesse. Raymond Smullyan hat einmal in launiger Weise darauf aufmerksam gemacht, daß sich aus ihr delikate erkenntnistheoretische Kniffligkeiten ergeben.[215] Auch dies ist ein Hinweis darauf, daß der doxastische Repräsentationalismus nicht einfach eine x-beliebige These über die Natur des Glaubens ist, sondern erhebliche philosophische Brisanz hat.

*

Der doxastische Repräsentationalist unserer Tage macht sich – so scheint mir – etwa folgendes Bild von der Problemlage, vor die man als braver Naturalist bei dem Versuch gestellt ist, die Natur des Glaubens zu ergründen.[216] Zunächst einmal sei ja dies klar: Jedes einzelne propositionale Glauben ist ein physischer Zustand, x, eines physischen Systems Σ. Beim Menschen stehe anzunehmen, daß es sich bei x um einen zentralnervösen Zustand handelt. Falls Σ ein Computer ist, der eine bestimmte Überzeugung hat, wäre x ein Zustand anderer Art, vielleicht ein Ladungszustand gewisser seiner Metallteile. Die Frage sei nun: Was macht, ganz allgemein, solch einen Zustand in Σ zu einem spezifischen propositionalen Glauben – etwa zu der Überzeugung, daß es regnet, oder der, daß das Absolute nicht mit sich selbst identisch ist? Darauf gibt es heute gewöhnlich die Auskunft: Was ihn dazu macht, das sei im wesentlichen zweierlei. Erstens interagiere er, d.h. unser x, in einer charakteristischen kausal-funktionalen Weise, Φ^G, mit andern physischen Zuständen, in denen sich Σ befindet; zweitens repräsentiere er – oder etwas, das in ihn involviert ist – ein Repraesentandum (und zwar in einer für die Bewertbarkeit in der Dimension *wahr/falsch* geeigneten Weise).[217]

Den ersten Punkt hatten wir gerade erörtert. In ihm sieht der doxastische Repräsentationalist gewöhnlich kein tiefreichendes Problem. Üblicherweise ist er Funktionalist in Bezug auf die Frage, was einen Zustand x zu einem Glauben (in Kontrast zu einem Wünschen oder Erwägen) von Σ macht, und er ist zuversichtlich, daß sich die für propositionales Glauben charakteristische kausal-funktionale Rolle in einer naturalistisch sauberen Manier spezifizieren läßt. – Im zweiten Punkt hingegen erblickt er ein profundes philosophisches Problem. Es stellt sich ihm so dar. Da x, wie jedes Glauben, ein spezifisches Glauben-*daß-so-&-so* ist, muß x (oder etwas, das in ihm als ‘Inhaltsträger’ involviert ist) den betreffenden Sachverhalt repräsentieren: zum Beispiel den Sachverhalt, daß es regnet (gemeint ist: diesen *möglichen* Sachverhalt, denn jenes x soll ja auch dann ‘repräsentieren’ können, daß es regnet, wenn es nicht regnet). Wie sich diese besondere Repräsentationsbeziehung zwischen x und dem betreffenden Sachverhalt in einer naturalistisch sauberen Weise spezifizieren läßt, ist ihm trotz der geballten Forschungsbemühungen in den vergangenen Jahrzehnten noch nicht ganz klar. Zwar gebe es verheißungsvolle Ansätze, aber bis heute sei es eine der größeren Herausforderungen im Bereich der Philosophie des Geistes, eine Konzeption des mentalen Repräsentierens zu entwickeln, die sich auch auf das Glauben erstreckt.

So kommt man denn zu der heute weitverbreiteten Einschätzung: ein – vielleicht: *das* – metaphysische Grundproblem des Glaubens (und anderer intentionaler Geistesphänomene) bestehe darin, die Natur jener besonderen Repräsentationsbeziehung zu klären.

*

Auch ein Autor, dem ich, ansonsten, geneigt bin alles zu glauben, was er sagt und das ich verstehen kann, teilt uns mit: Eine Überzeugung haben, das sei "irgendwie eine mentale Repräsentation im Modus des Glaubens haben" (und nicht, zum Beispiel, im Modus des Wünschens oder des Als-ob-wahr-Unterstellens), und diese werde gewöhnlich eine begriffliche Repräsentation sein.[218] Fast möchte ich sagen: Wenn auch er das schreibt, dann wird es wohl so sein. In diesem besonderen Fall jedoch bleiben mir einige Zweifel, denen ich nun nachgehen werde.

Wie steht es um den Zusammenhang zwischen dem Besitz einer bestimmten Überzeugung und dem einer mentalen Repräsentation mit dem entsprechenden Inhalt? Fragen wir uns zunächst einmal ganz platt: Was *wissen* wir über solch einen Zusammenhang? Und falls wir etwas darüber wissen: Woher wissen wir es? Aus den empirischen Wissenschaften? Gibt es experimentell gesicherte Ergebnisse, die darauf hindeuten, daß Glauben der 'Besitz einer mentalen Repräsentation im Modus des Glaubens' ist? Ich kenne keine.

Wissen wir es aus eigenem Erleben? Nein. Wir erleben das Glauben nicht. Dies sei noch einmal hervorgehoben und kurz erläutert. Auch in den Momenten, in denen wir uns dessen bewußt sind, daß wir eine bestimmte Überzeugung haben, ist das, was wir erleben, nicht das Glauben-daß-so-&-so, sondern ein Ereignis oder Akt – und zwar ein Urteilsakt ("Das-&-das ist der Fall" oder "Ich glaube, daß das-&-das der Fall ist"). Gewiß, mein *Urteilen, daß so-&-so* und mein *Urteilen, daß ich glaube, daß so-&-so* stehen in denkbar inniger Beziehung zu meinem *Glauben, daß so-&-so.* Es ist a priori einsichtig, daß zumindest unter insgesamt normalen Gegebenheiten gilt: Wann immer ich solche Urteile treffe, habe ich auch die Überzeugung, daß so-&-so. Aber diese Überzeugung und jene Urteile, in denen ich mir ihrer bewußt bin, sind nicht dasselbe. Das Urteilen mag eine Phänomenologie haben. Vielleicht geht es mit einem besonderen, unbeschreibbaren Gefühl einher, wie z. B. Hume meint. Das Glauben hingegen hat keine ihm eigene Phänomenologie. Es kann keine haben. Es ist kein Bewußtseinsphänomen: nichts, das wir durch seine schiere Präsenz erleben. Was wir erleben, wenn wir uns einer unserer Überzeugungen bewußt werden, ist nicht die Überzeugung, sondern das, durch das wir uns ihrer bewußt werden. Daher können wir aus dem eigenen Erleben nicht wissen, daß jedes Glauben eine mentale Repräsentation involviert.

Sagt uns das vielleicht der gesunde Menschenverstand? Wohl eher nicht. Und wenn doch – er ist ja bei verschiedenen Menschen verschieden ausgeprägt und bei mir womöglich nicht stark genug –, dann sollte der Philosoph das trotzdem nicht unbesehen für bare Münze nehmen, sondern ihm mit der branchenüblichen Vorsicht gegenüber den Erzeugnissen dieser Erkenntnisquelle begegnen.

Ist es vielleicht einfach 'intuitiv' einsichtig? (Schließlich wird diese Auffassung oft so vorgetragen, als sei sie zumindest keiner Begründung bedürftig.) Doch woher könnte solch eine Intuition stammen? Darüber werde ich hier keine Spekulationen anstellen. Stattdessen wird uns nun beschäftigen, woher sie jedenfalls *nicht* stammen kann: aus unserm begrifflichen Verständnis davon, was Glauben und was Repräsentation ist.

*

Jedes propositionale Glauben ist ein Zustand, der einen Inhalt hat, durch den er auf einen Sachverhalt 'bezogen' ist, der bestehen mag oder auch nicht. Doch ist es deshalb ein '*repräsentationaler* Zustand'? Was heißt das eigentlich? Diese Redeweise ist uns außerhalb akademischer Jargons durchaus unvertraut. Was in der Fachsprache der Philosophen als ein dispositionaler oder als ein funktionaler Zustand bezeichnet wird, davon haben wir eine leidlich konkrete Idee. Solche Zustände sagen dem Naturalisten auch deshalb zu, weil sie sich plausiblerweise 'mechanistisch' konzipieren lassen, als Zustände von Systemen, in denen physikalisch beschreibare Einwirkungen zu physikalisch beschreibbaren Veränderungen führen. Für dergleichen gibt es simple und unkontroverse Lehrbuchbeispiele, die uns als Orientierungspunkte dienen können, wenn wir die entsprechenden Begriffe auch auf geistige Phänomene übertragen möchten. Ein Stoff, der wasserlöslich ist, hat eine andere Disposition als einer, der es nicht ist. Wenn der Rückwärtsgang eingelegt ist, befindet sich das Auto in einem andern funktionalen Zustand als wenn ein Vorwärtsgang oder gar kein Gang eingelegt ist. Was wären ähnlich klare, paradigmatische Beispiele für einen *repräsentationalen* Zustand im Bereich des Nicht-Geistigen?

Befindet sich eine Ampel, die auf Rot geschaltet ist, in einem andern repräsentationalen Zustand als eine, die auf Grün geschaltet ist – und in keinem, wenn sie ausgeschaltet ist? Befindet sich der Außenminister, wenn er an einem Staatsbegräbnis teilnimmt, in einem andern repräsentationalen Zustand als wenn er in einer Kabinettssitzung den Kanzler vertritt – und in keinem, wenn er eine Dusche nimmt? Befindet sich ein Baum jeweils in einem neuen repräsentationalen Zustand, wenn er einen weiteren Jahresring ausgebildet hat? Befindet sich der Laut *'hændı*, wenn er im Mund eines Deutschen zur Bezeichnung von Mobiltelephonen dient, in einem andern repräsentationalen Zustand als dann, wenn er im Mund eines Angelsachsen ganz anders verwendet wird? – Natürlich, so könnte man reden. Doch zweierlei fällt auf: Erstens, dergleichen klänge affektiert; so reden wir nicht. Anders gesagt, es gibt keinen etablierten Gebrauch des Ausdrucks "repräsentationaler Zustand" in Anwendung auf nicht-geistige Gegebenheiten, an dem wir uns bei der Untersuchung der hier zu betrachtenden These orientieren könnten.[219] Zweitens ist diese Wendung aber auch kein Terminus technicus der philosophischen Fachsprache (wie etwa "metaphysische Notwendigkeit", "Supervenienz", "Quale", "enger Inhalt" oder "analytische Wahrheit"), dessen Sinn zwar nicht präzis und dessen Extension vielleicht umstritten ist, der aber doch 'von Freund und Feind' einigermaßen einheitlich verwendet wird. Vielmehr ist die fachphilosophische Rede von repräsentationalen Zuständen – und erst recht deren Übertragung auf das Glauben – bis heute nichts weiter als eine branchenübliche Floskel, an der niemand Anstoß nimmt und die somit auch keiner Erläuterung bedarf.[220] Ein Grund dafür dürfte sein, daß mit ihr gelegentlich nichts weiter als dies gesagt zu sein scheint:

Glauben ist ein Zustand, zu dem ein Inhalt gehört.

Wer würde das bestreiten?

Ebenso unergiebig für unser Thema wäre es, schlicht darauf hinzuweisen, daß Glauben ein intentionaler Zustand ist, und hinzuzusetzen, damit sei es ipso facto ein repräsentationaler Zustand. Gewiß, oft werden die beiden Termini als austauschbar verwendet, oder jedenfalls so, als sei der Begriff der Repräsentationalität in dem der Intentionalität enthalten.[221] Dann folgte die Repräsentationalität des Glaubens allein schon aus seiner Intentionalität, welch letztere ja niemand in Zweifel zieht. Nun ist aber zu beachten, daß bereits die Feststellung,

Glauben ist ein intentionaler Zustand,

keine substantielle Behauptung ist, sondern nichts weiter als eine allgemein akzeptierte taxonomische Wahrheit – und zwar in folgendem Sinn: Der Terminus technicus "intentionaler Zustand" ist ein gebräuchliches Etikett für eine Sorte von Phänomenen, die in einem noch zu präzisierenden Sinn 'auf etwas gerichtet sind, gleichgültig, ob dieses Etwas existiert oder nicht'. (Dazu später ein wenig mehr.) Wie auch immer sich diese wünschenswerte genauere Bestimmung vielleicht einmal angeben lassen wird, eines steht jetzt schon fest: Diese Klasse von Phänomenen ist unter anderm gerade auch dadurch ausgezeichnet, daß das Glauben als ein paradigmatisches Beispiel zu ihr gehört. Anders gesagt, es ist eine 'unverhandelbare' Adäquatheitsbedingung für jede Erläuterung des undeutlichen Begriffs der Intentionalität, daß Glauben ein intentionaler Zustand ist.

Wird nun, wie das oft genug geschieht, unter *Repräsentationalität* etwas verstanden, das – was es auch immer sonst sein mag – jedenfalls ein Merkmal des Begriffs Intentionalität ist, dann ist die Feststellung, das Glauben sei ein repräsentationaler Zustand, in der Tat eine unbestreitbare Wahrheit. Aber deren Unbestreitbarkeit beruht dann auf nichts weiter als einer taxonomischen Etikettierung und einem terminologischen Usus. An beidem ist nichts auszusetzen. Unsere inhaltliche Frage, ob Glaubenszustände mentale Repräsentationen involvieren, wird davon allerdings nicht berührt.

*

Wenden wir uns nun einer Version dieser These zu, in der sie nicht einfach terminologisch erschlichen, aber immer noch sehr unspezifisch ist:

Jedes Glauben ist ein Zustand, der eine Repräsentation involviert.

Gibt es einen Sinn, in dem diese allgemeinere These einleuchtend ist, und somit der spezifischeren Konzeption des heutigen doxastischen Repräsentationalismus eine gewisse Apriori-Plausibilität verleihen kann? Etwa so: Angesichts dessen, daß jedes Glauben offenbar eine Repräsentation involviert, und angesichts dessen, was wir über die Biologie des Menschen wissen, ist es höchst plausibel anzunehmen, daß jedes Glauben den Besitz einer neuronalen Repräsentation des Geglaubten involviert.

Halten wir an diesem Punkt kurz inne, um diese These, um die es von nun an geht, richtig zu verstehen. Stellen wir eine weitere schlichte Frage: Was ist eigentlich damit gesagt, daß Glauben ein Zustand ist, 'der eine Repräsentation involviert'? Diese Redeweise ist zumindest in dem Maße undeutlich, in dem der Sinn des Wortes "Repräsentation" selbst undeutlich ist. Wäre die allgemeinere These von der Repräsentationalität des Glaubens ohne weiteres einleuchtend, dann müßte es in ihr wohl um einen sehr basalen Sinn von *Repräsentation* gehen oder wenigstens um einen, der deutlich genug ist, um ihn mit dem Begriff des Glaubens in einen unmittelbar einsichtigen Zusammenhang zu bringen. Nun ist das Wort "repräsentieren" – und darin unterscheidet es sich einschneidend von "glauben" – kein umgangssprachliches Wort, das uns so durch und durch vertraut ist, daß wir unsern durch einschlägige Sprachkompetenz induzierten begrifflichen Intuitionen unbesehen trauen dürften.

Daß wir in der gewöhnlichen Sprache kaum von Repräsentation reden, hat seinen guten Grund. Wir haben Wörter und Wendungen, mit denen sich deutlicher ausdrücken läßt, was wir jeweils meinen: *bedeuten*, *stehen für*, *bezeichnen*, *darstellen*, *gelten als*, *verkörpern*, *auf etwas verweisen*, *stellvertreten*, *abbilden*, *wiedergeben*, *zeigen* und viele andere. Und diese sind ja keineswegs Synonyme voneinander. "Repräsentation" ist heute, wie "Struktur" oder "System", eine lexikalische Dampfwalze: ein Groß-Wort, das geradezu darauf angelegt ist, begriffliche Unterschiede zu nivellieren. Außerhalb eines konkreten Rahmens, in dem es als Terminus technicus eingesetzt wird, hat dieses Wort keine geregelte Verwendung. Aber auch innerhalb vieler Theorien, in denen es so eingesetzt wird, bleibt sein Sinn oft ungeklärt. Das wiederum hat Tradition.

Der diffuse Sinn, in dem gerade auch wir Philosophen von Repräsentation zu sprechen gewohnt sind, hat eine passende Vorgeschichte. *Repraesentatio* war im klassischen Latein kein gebräuchliches Wort, und es sind nicht allzu viele Belegstellen bekannt. (In der Amtssprache war es ein Terminus technicus für sofortige Leistung, speziell Barzahlung.) In seinen für uns relevanten Bedeutungsschattierungen kam das Wort, so scheint es, erst seit dem 12. Jahrhundert in allgemeinen Gebrauch und zwar als ein philosophischer Fachterminus, der als Übersetzung für "*φαντασία*" bei Aristoteles diente: ein Wort, zu dem noch Augustinus ausdrücklich bemerkt hatte, er kenne dafür kein lateinisches Äquivalent.[222] Kein Wunder also, wenn wir heute lesen, daß Aristoteles damit eine innere Repräsentation meinte. Das trifft zu. Es ist eine sozusagen sprachgeschichtliche Tatsache.[223]

*

Mir scheint daher aus verschiedenerlei Gründen eine gewisse Wachsamkeit angeraten, wenn in der Philosophie, auch der alleraktuellsten, in schöner Unbefangenheit von *Repräsentation* und *Repräsentationen* die Rede ist. Nicht immer, oft auch nicht einmal in einem konkreten thematischen Zusammenhang, ist klar, was es überhaupt leidlich genau heißen soll, daß etwas – irgendwie – etwas anderes, oder gar sich selbst, repräsentiert.

Nun ist "Repräsentation", wie das Wort heute verwendet wird, nicht nur ein höchst unspezifischer, sondern auch ein in sich schillernder Terminus. Mit ihm kann das *Repraesentans*, ein konkretes Repräsentationsvehikel, bezeichnet werden: etwas, das repräsentiert ("Diese Repräsentation, *g8923fs*, enthält nur Ziffern und Buchstaben"). Ein Repraesentans, ein einzelnes repräsentierendes Etwas, muß sich als das, was es ist, charakterisieren lassen, ohne daß dabei auf das, was es repräsentiert (oder repräsentieren soll), Bezug genommen wird. Jedes konkrete Repraesentans (wie z.B. eine Inskription der Ziffer *5* oder der Ziffer *V*) hat ein außerrepräsentationales Eigenleben. Es wäre das, was es ist, ein Gebilde dieser Form, auch wenn es etwas anderes oder gar nichts repräsentierte. Darauf werden wir bald noch einmal zurückkommen.

Mit "Repräsentation" kann auch *das Repräsentieren*, ein Tun, gemeint sein ("Die Repräsentation des Nichts ist immer eine heikle Sache; man sollte das gar nicht versuchen"). Ebenso kann die *Repräsentationsrelation* bezeichnet sein: eine Beziehung, die zwischen allen und nur den Dingen besteht, von denen eines das andere repräsentiert ("Repräsentation ist ihrer Natur nach weder symmetrisch noch anti-symmetrisch"). Und schließlich kann damit auf einen *Repräsentationsmodus* verwiesen werden: darauf, wie einzelne Repraesentantia ihre Repraesentanda repräsentieren ("Keine Repräsentation ist eingängiger als die bildliche, keine intellektuell anregender als die symbolische").

Entsprechend vieldeutig ist das Verb "repräsentieren"; es kann zum Beispiel dazu verwandt werden, auf eine Repräsentationsbeziehung zu verweisen ("Ziffern repräsentieren Zahlen"), aber z.B. auch auf Akte, Prozesse und Gewohnheiten des Repräsentierens ("Der Römer repräsentierte die Zahl Vier manchmal mit dem Zeichen *IV*, manchmal als *IIII*").

Angesichts einer Aussage des Basis-Typs "*x* repräsentiert *y*" lassen sich wenigstens die folgenden Fragen stellen. Erstens: Welches ist der *Modus*, in dem *x* sein Repraesentandum repräsentiert (sprachlich, symbolisch, durch Bildähnlichkeit, in einem Flußdiagramm, usw.)? – Zweitens: Welches sind die *Aspekte* und *thematischen Dimensionen*, unter bzw. in denen *y* durch *x* repräsentiert wird? Damit ist Folgendes gemeint: Das Repraesentandum wird in einer Repräsentation als etwas so-&-so Geartetes dargestellt; aber nur eine Repräsentation mit einer passenden thematischen Dimension kann das. Ein Farbporträt kann den Mantel der Kaiserin als purpurrot darstellen, ein Grisaille-Porträt könnte das nicht (es sei denn unter Zuhilfenahme geeigneter Darstellungskonventionen).[224] Offenkundig kann ein Repraesentans ein und dieselbe Sache zugleich in mehreren Dimensionen und unter zahllosen Aspekten darstellen. Andererseits gibt es nicht immer eine (gute) Antwort auf die Frage nach Dimension und Aspekt. Falls es passend ist zu sagen, das Zahlzeichen *5* repräsentiere die Zahl Fünf, so ist dennoch unklar, ob es sinnvoll ist, davon zu sprechen, jenes Zeichen repräsentiere diese Zahl in einer bestimmten Dimension oder unter irgendeinem Aspekt.

Drittens läßt sich nach dem *Rezipienten* fragen: Wem repräsentiert *x* das, was es repräsentiert? Aber wiederum ist nicht klar, daß es in jedem Fall eine (gute) Antwort auf diese Frage gibt. Das Häkchen, das jemand hinter einen Eintrag auf einer Liste gesetzt hat, mag ihm selbst oder einem andern repräsentieren, daß die betreffende Angelegenheit erledigt wurde; nur dadurch, daß es dies jemandem repräsentiert, repräsentiert es, was es repräsentiert. Allerdings ist nicht jede (Art von) Repräsentation auf einen Rezipienten angewiesen. Wer Repräsentation für ein reales und objektives Phänomen in der natürlichen Welt hält, wird annehmen, daß es zahllose Repräsentationszusammenhänge gibt, die niemals bemerkt werden und nicht einmal dazu vorgesehen sind, je bemerkt zu werden. Zahllose sog. natürliche Zeichen sind wohl von dieser Art: Sie repräsentieren einfach, was sie repräsentieren; und es wäre nichts als teleologisierende Phantasterei anzunehmen, sie müßten es *für* jemanden oder für etwas repräsentieren. – Viertens kann, wenn *x* ein Repraesentans von *y* ist, natürlich auch ein *Repraesentator* eine Rolle spielen – ein Akteur, der macht, daß *y* von *x* repräsentiert wird. Oft wird dann eine entsprechende *Repräsentationskonvention* im Spiel sein, ohne die es dem Repraesentator schwerlich gelingen könnte, *x* für den intendierten Rezipienten zu einem Repraesentans für *y* zu machen. Das letzte Beispiel wies schon darauf hin.[225] Wiederum gilt, daß nicht jede Art von Repräsentation auf einen Repraesentator oder auf eine Konvention angewiesen ist.

Repraesentator und Rezipient können ohne weiteres identisch sein (Knoten im Taschentuch), ebenso Repraesentator und Repraesentandum (Verwendung des Wortes "ich"), unter besonderen Umständen auch Repraesentans und Repraesentandum ("dieser selbstbezügliche Ausdruck"), vielleicht auch Repraesentator oder Repraesentans (der Außenminister, der durch seine Anwesenheit bei einem Begräbnis sein Land repräsentiert) und unter ganz besonderen Umständen vielleicht sogar Repraesentator, Repraesentans, Repraesentandum und Rezipient (Minetti spielt, für sich allein, den Minetti des gleichnamigen Stücks). – In manchem Fall, auf den es anwendbar ist, wäre das Minimal-Schema, "*x* repräsentiert *y*", um eine Reihe zusätzlicher Parameter anzureichern, so zum Beispiel zu einem Prädikat wie:

> Auf Grund des Tuns *t* des Repraesentators *a* im Konventionsrahmen *k* repräsentiert das Repraesentans *x* zum Zeitpunkt z im Modus *m* und in der Dimension *d* dem Rezipienten *r* das Repraesentandum *y* als etwas, das die Eigenschaft *e* hat.

Was also das Reden von Repräsentation schon in sich schwierig macht, ist unter anderm dies: Es handelt sich dabei nicht um *einen* Begriff, sondern um eine Familie bereits parametrisch unterschiedlicher Begriffe, deren Verwandtschaftsbeziehungen durchaus unübersichtlich sind. Zu fragen ist in jedem einzelnen Fall: Welche Parameter kommen hier ins Spiel? Welche begrifflichen Beziehungen bestehen zum Beispiel zwischen konventionsabhängigem Repräsentieren und solchem, das es nicht ist? Zwischen Repräsentieren, das an einen Repraesentator gebunden ist, und einem, das keine solche Bindung verlangt? Zwischen Repräsentieren, das zielgerichtet oder zweckhaft ist (mithin auch 'mißlingen' kann), und anderm Repräsentieren? Kann eine Repräsentation letzterer Art überhaupt wahr oder falsch sein? Und so weiter.

Ein Punkt sei in Hinblick auf das Folgende eigens hervorgehoben. Das, was ich gerade als Minimal-Schema bezeichnet habe, das zweistellige Prädikat "*x* repräsentiert *y*", ist von begrifflich ganz unterschiedlicher Art, je nachdem, ob das erste Relatum ein Repraesentans ist oder ein Repraesentator. Ein Beispiel für ersteres: In einem Satz wie "Die arabische Ziffer, die so ähnlich ausschaut wie der Großbuchstabe *O*, repräsentiert die Null" wird von einem Repraesentans gesagt, was es repräsentiert. Es ist nicht manifest inkohärent anzunehmen, daß solch eine Aussage parametrisch vollständig ist. Anders steht es um einen Satz wie "Vielleicht war Fibonacci der erste Mitteleuropäer, der die Null repräsentierte" – sehen wir einmal darüber hinweg, wie gequält das klingt. In diesem Satz ist nicht von einem Repraesentans die Rede, sondern nur von einem Repraesentator und einem Repraesentandum.

Nun impliziert allerdings jede Aussage dieses Typs, *Repraesentator repräsentiert Repraesentandum*, die Existenz eines Repraesentans, auch wenn von ihm in ihr nicht ausdrücklich die Rede ist. Es gibt repraesentatorlose und rezipientenlose, und vielleicht auch aspektlose Repräsentation. Aber Repräsentation ohne ein Repraesentans kann es nicht geben, genauso wenig wie Repräsentation ohne Repraesentandum – wiewohl mancherlei Art von Repräsentation ohne ein Repraesentatum. Das ist sozusagen eine Urwahrheit über die Familie der Repräsentationsbegriffe. Jedwede Aussage über ein komplexeres Repräsentationsverhältnis impliziert begrifflich auch das Vorhandensein dieser minimalen Repräsentationsbeziehung zwischen einem Repraesentans und einem Repraesentandum. Folglich ist jede These über das Bestehen einer bestimmten Repräsentationsbeziehung der Frage nach dem dabei involvierten Repraesentans ausgesetzt. Ohne eine Antwort auf diese Frage hinge die These in der Luft.

*

Wie paßt das alles zum Glauben und unserm Begriff von ihm? Wie läßt sich das Schema "*S* glaubt, daß *p*" so begreifen, daß es in ihm um eine Repräsentationsbeziehung geht? Welche der genannten Parameter möchten wohl beim Glauben als einem 'repräsentationalen' Zustand im Spiel sein? Nun, gewiß gibt es mancherlei Sinn, in dem – wann immer einer glaubt, daß *p* – der Sachverhalt, daß *p*, 'repräsentiert' wird. Ohne weiteres lassen sich Glaubensaussagen in das repräsentationale Idiom übersetzen. Das Glaubenssubjekt könnte z.B. in der Doppelrolle des Repraesentators und des Rezipienten auftreten, die Welt als Repraesentandum und das Geglaubte als etwas zum Aspekt Gehöriges ("*S* repräsentiert sich die Welt als so beschaffen, daß es in ihr der Fall ist, daß *p*").[226] Auch ließe sich stattdessen das Geglaubte zum Repraesentandum machen ("*S* repräsentiert sich den Sachverhalt, daß *p*, als einen, der besteht"). Oder man könnte das Glauben als Repräsentationsmodus auffassen und das Geglaubte weiterhin als Repraesentandum ("*S* repräsentiert sich den Sachverhalt, daß *p*, im Modus des Glaubens").

Hier ist vieles denkbar, und nichts erhellend. Solange mit der neuen Formulierung dasselbe – nicht mehr und nicht weniger – gesagt sein soll, nämlich: daß *S* glaubt, daß *p*, wäre nichts daran auszusetzen und nichts damit gewonnen. Jede solche begriffliche Äquivalenz läßt sich auf die einfachste und wirkungsvollste Weise sicherstellen: durch ein semantisches Dekret. Wir 'übersetzen' dann von der gewöhnlichen Sprache ins Repräsentationesische – eine umständlichere Sprache, die wir uns schaffen, indem wir die neuen Ausdrucksformen als gleichbedeutend mit unsern bisherigen postulieren.

Die gerade in den Blick genommenen Paraphrasen machen aus dem Glaubenden einen Repraesentator; ein Repraesentans kommt in ihnen nicht zum Vorschein. Doch zu echtem Repräsentieren gehört – wie gerade hervorgehoben – ein Repraesentans; ein Repraesentator und ein Repraesentandum reichen nicht. Wenn der Portraitmaler den König als furchtlosen Heerführer darstellt, dann fertigt er ein Gemälde an, auf dem der König so dargestellt ist. Wenn der Hofnarr in seiner Pantomime den König als Angsthasen darstellt, dann macht er das mit seiner Gestik und Mimik. Die gerade genannten Paraphrasen von Glaubensaussagen sind demnach inhaltlich unvollständig – und zwar insofern, als sie nicht auf ein Repraesentans verweisen.

*

Aber vielleicht lassen sich ja Analysen von Glaubensaussagen ersinnen, die ein in ihnen verborgenes Repraesentans zum Vorschein bringen? Ich wüßte nicht, wie das gelingen könnte. Die Frage ist ja am Ende schlicht diese: Ist der Übergang von einer basalen Glaubensaussage des Schemas

(1) *S* glaubt, daß *p*

zu

(2) Es gibt ein *x*, für das gilt: (a) *S* hat *x*, und (b) *x* repräsentiert [den Sachverhalt], daß *p*

ein ohne weiteres einsichtiger Schluß – einer, der etwa so unabweisbar ist wie zum Beispiel der von (1) darauf, daß es einen Zustand *z* gibt, für den gilt: *S* befindet sich in *z*, und *z* ist ein Glauben, daß *p*?

Nun, der Übergang von (1) zu (2a) bereitet keinerlei Schwierigkeiten. Wenn jemand glaubt, daß es regnet, dann 'hat' er so allerlei: zum Beispiel die Eigenschaft, zu glauben, daß es regnet; und er hat – was dasselbe ist – den Glauben (die Überzeugung), daß es regnet; und er hat – was dasselbe ist – die Eigenschaft, etwas Wahres zu glauben (eine wahre Überzeugung zu haben), falls es tatsächlich regnet; und so weiter. Aber solcherlei 'Dinge', die er beim Glauben 'hat', genügen der Bedingung (b) nicht: Sie repräsentieren nicht den Sachverhalt, daß es regnet. – In einem Wort: Es ist, zumindest auf den ersten Blick, nicht zu sehen, wie sich allein daraus, daß *S* eine bestimmte Überzeugung hat, das Vorhandensein eines Repraesentans extrahieren läßt – etwas, das die *x*-Stelle in (2b) ausfüllen könnte.

*

Aber ist das nicht allzu hastig? Wieso sollte nicht einfach der betreffende Zustand des Glaubens selbst das gesuchte Repraesentans sein können? Weshalb sollte jener bestimmte Zustand, in dem *S* sich mit seinem Glauben-daß-*p* befindet, nicht den Sachverhalt, daß *p*, repräsentieren können? Warum also nicht einfach so: *S*'s Überzeugung selbst repräsentiert ihm die Welt so, daß es in ihr der Fall ist, daß *p*? Dann könnte man doch sagen:

> Ein bestimmter Zustand von *S* (und zwar der, in dem *S* sich immer dann und nur dann befindet, wenn er glaubt, daß *p*) repräsentiert, daß *p*.

Dafür könnte folgendes Argument gegeben werden: Entsprechende repräsentationale Zustände gibt es ja. Denken wir nur an einen simplen analogen Fall außerhalb des Bereichs des Geistigen: an den Fall, in dem eine Tachonadel im Auto anzeigt, daß die Fahrtgeschwindigkeit 80 km/h beträgt. Strenggenommen ist ja nicht die Nadel selbst das Repraesentans, sondern der Umstand, daß sie auf 80 steht. Man könnte diese Sachlage demnach so beschreiben: Der *Zustand* der Tachonadel (in dem sie sich genau dann befindet, wenn sie auf 80 zeigt) repräsentiert den Sachverhalt, daß die Geschwindigkeit 80 km/h beträgt. Und das ist im wesentlichen der gleiche Sinn von "repräsentieren" wie der, um den es beim Glauben geht. Zumindest in einer ganz entscheidenden Hinsicht besteht hier enge Sinnverwandtschaft: Ebenso, wie eine Überzeugung falsch sein kann, kann auch dieser Zustand einen Sachverhalt repräsentieren, der nicht besteht. – Hier haben wir doch, so könnte der Repräsentationalist sagen, einen Fall, in dem der repräsentationale Zustand selbst das Repraesentans ist.

Mag sein. Wir dürfen die Frage beiseite lassen, ob das nicht allzu herbeigeklügelt und gequält ist, um ihm argumentative Kraft beizumessen. Denn die Analogie zum Glauben wäre ohnehin nur scheinbar. Der Zustand, in dem sich die Tachonadel im System Σ (mein Auto) befindet, wenn sie auf die Ziffer 80 zeigt (kurz: der Zeigerstand-80) unterscheidet sich nämlich in einer Reihe von wesentlichen Hinsichten von dem Glaubenszustand, in dem jemand sich befindet, wenn er glaubt, daß die Fahrtgeschwindigkeit 80 km/h beträgt. Und aus diesen Unterschieden ergibt sich, daß zwar ein Zeigerstand, aber kein Glaubenszustand, einen Sachverhalt repräsentieren kann. Einige solcher Unterschiede seien genannt. Erstens, der Zeigerstand-80 könnte etwas anderes repräsentieren als das, was er repräsentiert (z. B. eine höhere Geschwindigkeit, wenn mein Auto kleinere Reifen hätte). Zweitens, es ist dem Zeigerstand nicht wesentlich, überhaupt eine Geschwindigkeit zu repräsentieren (z. B. wenn die Nadel stets auf die Ziffer 80 zeigt, gleichgültig bei welcher Geschwindigkeit). Drittens, der Zeigerstand läßt sich vollständig und eindeutig als das charakterisieren, was er ist, ohne daß in der Beschreibung von dem durch ihn repräsentierten Sachverhalt die Rede ist. Viertens, die Frage ist sinnvoll, was diesen speziellen Zeigerstand zu einem Repraesentans gerade desjenigen Sachverhalts macht, den er repräsentiert. – Nichts Entsprechendes gilt für den Zusammenhang, in dem jemandes Glaubenszustand zu dessen Inhalt steht.

All dergleichen weist darauf hin, weshalb Glaubenszustände prinzipiell ungeeignet sind, als Repraesentantia des jeweils Geglaubten zu fungieren: Jedem propositionalen Glauben ist sein Inhalt wesentlich. Kein Zustand wäre einer vom Typ des Glaubens-daß-*p*, wenn er nicht den Inhalt hätte, daß *p*. Hingegen ist es eine akzidentelle Eigenschaft eines jeden Repraesentans, das zu repräsentieren, was es repräsentiert. Um jemandes konkreten Glaubenszustand (sei's das Attribut, sei's eine Adhärenz des Glaubens-daß-*p*) sozusagen an sich, ganz für sich selbst, in den Blick zu nehmen, kann man nicht von seinem Inhalt absehen. Wollte man eine Überzeugung unabhängig von ihrem Inhalt betrachten, bliebe nichts, was sich betrachten ließe. Würde der Inhalt ausgeblendet, dann eo ipso auch der Glaubenszustand, dessen Inhalt er ist. ("Die Überzeugung, daß *p*, nur ohne ihren Inhalt" bezeichnet nichts – jedenfalls nicht den Zustand des Glaubens, daß *p*.) Hingegen muß sich jedes Repraesentans für sich betrachten lassen können, unter Ausblendung dessen, was es repräsentiert – ja, selbst unter Ausblendung dessen, daß es überhaupt etwas repräsentiert.

Der springende Punkt läßt sich auch folgendermaßen fassen: Jedes Repraesentans ist wesentlich ein Interpretabile; kein Glaubenszustand ist eines. Interpretierbar ist etwas nur dann, wenn die Frage nach seinem Inhalt sich stellen läßt, ohne daß die Antwort auf sie schon aus ihr selbst hervorgeht. (Die Frage "Welchen Inhalt hat die Überzeugung, daß *p*?" beantwortet sich selbst; die Frage "Was repräsentiert der Zeigerstand-80?" tut das nicht.) Folglich kommt der Zustand des Glaubens-daß-*p* nicht in Frage, um die *x*-Stelle des repräsentationalistischen Minimalschemas, "Repraesentans *x* repräsentiert Repraesentandum *y*", auszufüllen.

*

Gewiß, all dergleichen Bedenken sind kein Beleg dafür, daß die repräsentationalistische Konzeption des Glaubens inhaltlich problematisch ist. Aber etwas knirscht, sobald vom Glauben als einem Repräsentieren gesprochen wird, gleichgültig wie der doxastische Repräsentationalismus im einzelnen ausbuchstabiert wird. Es wohnt ihm die Tendenz inne, das Glauben – den Besitz einer Überzeugung – als etwas gleichsam Zerlegbares zu betrachten: zerlegbar in einen Inhalt, der eines Trägers bedarf, einerseits und das Fürwahrhalten, das eines Inhalts bedarf, andererseits. Aus dieser Aufspaltung ergibt sich – zusätzlich zu dem glaubenden Subjekt und seiner Überzeugung – ein tertium quid, nämlich der angeblich dazugehörige Inhaltsträger, sozusagen als Spaltprodukt. Dieser Träger trägt seinen Inhalt nur kontingentermaßen; die Überzeugung hingegen hat ihren Inhalt wesentlich. Allein schon darin liegt, so scheint mir, eine gewisse Schwierigkeit für jeden Versuch, das Glauben als einen repräsentationalen Zustand zu konzipieren: den Besitz einer Überzeugung als den Besitz einer mentalen Repräsentation.

In Glaubensaussagen, die mit Sätzen des Typs "*S* glaubt, daß *p*" gemacht werden, ist von nichts die Rede außer von einem Subjekt. Von ihm wird in solchen Aussagen prädiziert, daß es eine bestimmte Eigenschaft hat, die sich in schulgerechter Umständlichkeit so charakterisieren läßt: die Eigenschaft, sich im Zustand des Glaubens-daß-*p* zu befinden. In solchen Aussagen ist nichts zu finden, das sich als ein Repraesentans des Geglaubten auffassen ließe. Zugleich sind sie parametrisch vollständig, d.h. in ihnen ist nichts thematisch Relevantes versteckt.[227] Auch keine mentale Repräsentation. Vielleicht hat Davidson recht, wenn er schreibt: Überzeugungen sind wahr oder falsch, aber sie repräsentieren nichts.[228]

*

Wie auch immer. Aus den gerade angestellten Überlegungen ergibt sich jedenfalls, daß die Auffassung, die wir als doxastischen Repräsentationalismus etikettiert haben, falsch ist: die These, es sei aus begrifflichen Gründen einsichtig, daß jedes Glauben eine Repräsentation des Geglaubten involviert. Mit Begriffen des Typs Glauben-daß-*p*, so haben wir gefunden, wird kein Zustand in der Weise konzipiert, daß ein Repraesentans zu ihm gehört. Zweierlei sei dazu noch einmal hervorgehoben. Erstens, herausragende Vertreter der Auffassung, Glauben involviere mentale Repräsentation (so etwa Jerry Fodor, Fred Dretske und Wolfgang Spohn), sind sich im Klaren darüber, daß dies eine empirische Vermutung ist. Sie sind Repräsentationalisten in puncto Glauben, doch es läge ihnen fern, sich zur Begründung dieser Auffassung ins Begriffliche zu flüchten. Der doxastische Repräsentationalismus, mit seinem Anspruch auf apriorische Einsichtigkeit, müßte ihnen als grotesk erscheinen. Fodor zum Beispiel begründet seinen Repräsentationalismus in Hinblick auf gewisse Bereiche des menschlichen Denkens seit Jahrzehnten unermüdlich als das, was er ist: eine empirische Hypothese. Zu ihrer Plausibilisierung stützt er sich auf ungemein starke Annahmen, so z.B. die, im menschlichen Gehirn werde sich eine angeborene 'Sprache des Geistes' finden lassen und viele Formen des menschlichen Denkens seien gar nicht anders begreifbar denn als Symbolverarbeitungsprozesse, wie sie auch in einem Computer ablaufen.[229] Bei diesen Argumenten für die These, de facto (*de facto*!) involviere jedes Glauben-daß-*p* eine mentale *p*-Repräsentation, handelt es sich um weitreichende kognitionswissenschaftliche Spekulationen, und diese sind höchst umstritten. Dennoch, und dies ist der zweite Punkt, auf den noch einmal hingewiesen sei, wird die Idee, Glauben sei ein repräsentationsinvolvierender Zustand, geradezu wie eine apriorische Wahrheit behandelt. In den dominanten Strömungen der zeitgenössischen Philosophie und Kognitionswissenschaften ist es inzwischen üblich, die angebliche Repräsentationalität intentionaler Zustände – und speziell auch des Glaubens – wie selbstverständlich zum Ausgangspunkt des Theoretisierens zu machen.

Dies ist verwunderlich. Wie kommt es, daß die repräsentationalistische Konzeption des Glaubens unter doxastischen Realisten heutzutage einen quasi-apriorischen Status genießt, obwohl sie weder a priori einleuchtet noch durch empirische Daten gestützt ist? Nun, ihr größter Vorzug ist es wohl, daß sie, wie eingangs erwähnt, sehr gut damit zusammenpaßt, daß das Genus *Glauben* sich durch eine funktionale Rolle charakterisieren läßt. Aus dieser Kombination von Funktionalismus und Repräsentationalismus resultiert eine überaus einfache naturalistische Konzeption von der konkreten psychischen Realität jeder Überzeugung:

> S glaubt, daß p
> $\leftrightarrow$ Es gibt in S einen Hirnzustand z, so daß gilt: (a) z ist ein Träger der Φ^{G}-Rolle, (b) z involviert das Vorkommnis einer neuronalen Konstellation ρ, und (c) ρ repräsentiert den Sachverhalt, daß p.

Was dieses Bikonditional für einen naturalistischen Realisten so besonders einnehmend macht, ist der Umstand, daß sich aus ihm ergibt: Glaubenstatsachen sind eben doch 'harte Fakten': ganz konkrete neuronale Gegebenheiten, die (zumindest 'im Prinzip') einer durch und durch naturwissenschaftlichen Herangehensweise zugänglich sind. Er denkt: Nur so hat das Glauben prallvolle Realität! – Der Doppelpfeil hat allerdings das Fatale an sich: eben auch nach rechts zu weisen. Damit ist dem doxastischen Skeptizismus und Anti-Realismus jedweder Couleur ein durchaus plausibler Angriffspunkt gegeben. In dem Maße, in dem es zweifelhaft ist, daß im menschlichen Gehirn derartige Gegebenheiten vorliegen, müßte demnach auch zweifelhaft sein, daß Menschen tatsächlich Überzeugungen haben.

*

Dieses funktionalistisch-repräsentationalistische Bild läßt das Glauben als einen in mehr als einer Hinsicht relationalen Zustand erscheinen. So verweist zum Beispiel die für das Genus *Glauben* charakteristische Rolle, unser Φ^{G}, auf vielerlei 'interne' Beziehungen, in denen ein Gehirn-Phänomen, unser z, zu andern Gehirn-Phänomenen stehen muß, um überhaupt eine Überzeugung zu sein. Ebenso muß das in z involvierte Repraesentans, unser ρ, in einer besonderen (gewöhnlich in einer nach 'außen' gehenden) Beziehung zu dem stehen, was es repräsentiert: zu dem Sachverhalt, daß *p*. Folglich muß auch das Glaubenssubjekt selbst in einer speziellen, durch z vermittelten, Beziehung zu diesem Sachverhalt stehen. Diese letztgenannte Voraussetzung ist kein Spezifikum des Repräsentationalismus. Daß zwischen dem glaubenden Subjekt und dem Inhalt seines jeweiligen Glaubens *irgendeine* ganz besondere, dem Glauben eigentümliche Beziehung besteht, ist eine Voraussetzung, die von fast jedem Philosophen vorbehaltlos akzeptiert wird, unabhängig davon, wie er zum Repräsentationalismus in puncto Glauben steht. – Dies gibt uns Anlaß, eine weitere Auskunft über die Natur des Glaubens zu betrachten:

*

"DAS GLAUBEN IST EIN RELATIONALER ZUSTAND" In einem gewissen Verständnis scheint das offenkundig wahr zu sein. Wir hatten ja gesehen, daß das generische Glauben durch eine funktionale Rolle und somit durch seine Beziehungen zu andern intentionalen Genera (Wahrnehmen, Wünschen, Beabsichtigen, usw.) charakterisierbar ist. Darüber hinaus ist dies, wie wir gesehen haben, eine begriffliche Tatsache. Darum geht es nun aber nicht. Vielmehr darum, ob jeder einzelne spezifische Glaubenszustand in sich relational ist, genauer gesagt: ob jede Eigenschaft des Typs Glauben-daß-*p* ihrem Begriffe nach eine Relation ist, die zwischen dem Glaubenden und dem Geglaubten besteht. Sie als die heute herrschende Lehre zu bezeichnen, ist keine Übertreibung. Schiffer sagt so: "Die Eigenschaft des Glaubens, daß es keine Einhörner gibt, ist eine *zusammengesetzte* Eigenschaft, die sich aus der *Glaubensrelation* [*belief relation*] und der *Proposition, daß es keine Einhörner gibt*, zusammensetzt".[230] Lehrbuchmäßig formuliert er damit die These des *doxastischen Relationismus*.

Diese betrifft nicht das Sprachliche, etwa das Wort "glauben" (ob es ein Relationswort ist). Sie betrifft das Glauben selbst: ob ihm seinem Begriffe nach eine innere Relationalität zueigen ist, d. h. ob diese Eigenschaft eines Subjekts (zu glauben, daß so-&-so) in Wirklichkeit eine Relation ist, in der es zu einem Etwas steht. Nennen wir sie naheliegenderweise *die Glaubensbeziehung*. Der doxastische Relationismus soll eine metaphysische Auskunft über das Wesen des Glaubens sein. Sie ist keineswegs trivial; aus ihr ergeben sich ontologische Folgelasten. Denn dieser Auffassung zufolge wird mit Glaubenssätzen eine Aussage über zwei Dinge metaphysisch eigenen Rechts gemacht. Nicht nur wird von dem Subjekt gesagt, daß es eine bestimmte Glaubenseigenschaft hat, sondern auch von einer andern Entität etwas ausgesagt. Ihr wird die 'Geglaubtseinseigenschaft' zugeschrieben: ein Etwas zu sein, das von dem Subjekt geglaubt wird, das die betreffende Glaubenseigenschaft hat. Nota bene: dem Relationismus zufolge wird nicht einfach etwas geglaubt, sondern da ist auch eine eigenständige Entität: *ein Etwas*, das geglaubt wird, das aber auch da wäre, wenn es nicht geglaubt würde. (Letztlich nicht anders als wenn jemand etwas ißt, es auch irgendein Etwas gibt, das von ihm gegessen wird, aber nicht gegessen werden muß – etwa diese Erdnuß, die vor ihm liegt.) In dem Maße, in dem nicht klar ist, von welcher Art genau diese Zweites-Relatum-Etwasse sind, wäre letztlich auch nicht klar, wovon wir mit Glaubensaussagen eigentlich sprechen. Kurz, der doxastische Relationismus ist eine substantielle metaphysische These.

Doch ist sie wirklich 'substantiell'? Beziehungen sind doch billig zu haben: Daraus, daß jemand einmeterachtzig groß ist, läßt sich konstruieren, daß er nicht nur die Eigenschaft hat, einmeterachtzig groß zu sein, sondern auch in einer persönlichen Beziehung zur Zahl 1,8 steht: in der Beziehung, die durch das Prädikat "*x* ist *y* Meter groß" ausgedrückt wird. Wer diese logische Konstruktion jedoch metaphysisch bierernst nimmt, braucht Antworten auf weitere Fragen: Was ist eigentlich die Zahl 1,8? Was sind Zahlen überhaupt? Wie können Menschen, z.B. allein schon dank des Abstands zwischen Scheitel und Sohle in Beziehungen zu ihnen gelangen? – Entsprechend ergeben sich aus dem Postulat einer metaphysisch ernstzunehmenden Glaubensbeziehung unmittelbar weitere metaphysische Fragen, als erstes natürlich die nach der Natur ihres zweiten Relatums. Ohne ein solches Relatum gäbe es die Beziehung nicht. Aber auch vielerlei weitere Fragen tauchen auf, etwa nach der Natur dieser Beziehung selbst, so zum Beispiel: Involviert sie ein weiteres Relatum, etwa ein Repraesentans, ohne welches ein Subjekt nicht in dieser speziellen Beziehung zu einer Proposition stehen kann? Ist es eine Beziehung, zu der der Mensch introspektiven Zugang hat?[231]

Es könnte nun aber so scheinen, als wäre der Relationismus allein schon angesichts schlichtester sprachlicher Beobachtungen unabweisbar. Ist nicht bereits aus der logischen Form von Glaubenssätzen ersichtlich, daß jedes spezifische Glauben relational ist? In einem Satz des Typs "*S* glaubt, daß *p*" steckt doch, wie es scheint, offenkundig ein zweistelliges Prädikat ("... glaubt ---"), das eine Relation ausdrückt, die zwischen dem Glaubenssubjekt und dem Geglaubten besteht![232] Dieser Überlegung liegt die *relationale Standardanalyse von Glaubensaussagen* zugrunde.[233] Zu ihr gehören die folgenden Behauptungen über Sätze des Typs "*S* glaubt, daß *p*": (a) Deren logische Form sei die einer Relationsaussage: $R^2(x,y)$; (b) das erste grammatische Relatum bezeichne ein Glaubenssubjekt; (c) das zweite Relatum, "daß *p*", gebe das Geglaubte wieder; (d) dieses sei eine Proposition; (e) der Daß-Satz in solchen Sätzen sei ein singulärer Term; (f) er bezeichne die geglaubte Proposition. – Die beiden Aussagen (b) und (c) sind – abgesehen davon, daß in ihnen von einem 'Relatum' die Rede ist – unproblematisch; ich werde sie als quasi-definitorische Erläuterungen hinnehmen.

Diese Analyse wurde bereits von Frege vertreten und gilt vielen als konkurrenzlos.[234] Man liest, die relationale Struktur sei ein so "elementares Merkmal"[235] von Glaubenssätzen, daß sie keiner Begründung bedarf; es gebe keine "plausible Alternative dazu, Glaubenssätze relational aufzufassen" und den jeweiligen Daß-Satz in ihnen als "einen singulären Term, der eine passende Entität bezeichnet".[236] – Dennoch, die Standardanalyse ist einigen Bedenken ausgesetzt, die wir nun betrachten werden.

*

Es liegt in der Tat nahe, Glaubenssätzen eine relationale logische Form zuzuordnen, wenn man versucht, sie in der speziellen Sprache der Prädikatenlogik erster Stufe zu formalisieren. Hinsichtlich der apodiktischen These (a), Glaubenssätze hätten die logische Form einer Relationsaussage, ist nun aber zunächst einmal zu konstatieren, daß es so etwas wie 'die' logische Form eines umgangssprachlichen Satzes ohnehin nicht gibt. Welche logische Form einem Satz zuzuordnen ist, hängt von mehreren Faktoren ab, insbesondere natürlich zunächst einmal von der zugrundegelegten logischen Sprache. Es hängt darüber hinaus auch davon ab, welches der verschiedenen möglichen Formalisierungsverfahren gewählt wird, und dies wiederum davon, wie die unterschiedlichen Kriterien für adäquates Formalisieren gewichtet werden.[237] Mithin ist schon die erste These der Standard-Analyse mit erheblichen Einschränkungen zu versehen. Selbst wenn es so wäre, daß eine relationale Analyse das Beste ist, was im Rahmen einer *prädikaten*logischen Formalisierung zu erreichen ist, würde dies nicht zeigen, daß 'die' logische Form von Glaubenssätzen eine relationale ist. Zwar ist uns diese spezielle Logik, mit ihrer wohlbedachten Armut an syntaktischen Kategorien, ans Herz gewachsen. Sie nimmt im zeitgenössischen Philosophieren einen besonderen Rang ein; sie wird in Grundkursen gelehrt und ist eine lingua franca der heutigen Philosophie, ein vorzügliches Mittel zur Verständigung, soweit es um Logisches geht. Aber sie ist nicht 'die' Logik, zu der es keine Alternative gäbe. Selbst wenn sie in dieser Sache kaum eine sinnvolle Formalisierungsalternative zuließe, könnte ein Anti-Relationist verlockt sein, den

Spieß umzudrehen: Dies zeige eben, daß die Prädikatenlogik erster Stufe nicht dazu geeignet ist, Glaubenssaussagen zu analysieren.

Die immanente Fragwürdigkeit der relationalen Standard-Analyse wird deutlich, wenn wir These (e) betrachten. Es ist, zumindest auf den ersten Blick, überaus unnatürlich, Daß-Sätze zu den singulären Termen zu rechnen. Zumindest ist es nicht offensichtlich, daß ein Ausdruck wie "daß es regnet" in eine Reihe zu stellen ist mit andern Individuenbezeichnungen wie "Otto", "Rom", "5", "der Nordpol", "die Farbe Rot", "dieser Mann dort" und so weiter. Der Relationalist mag dies einräumen. Gegen dieses Bedenken wird er jedoch anführen, daß seine prima facie künstliche Kategorisierung von Daß-Sätzen als singuläre Terme durch gewisse sprachliche Tatsachen nahegelegt wird. Über Geglaubtes läßt sich nämlich quantifizieren ("Manches von dem, was *S* glaubt, ist falsch"), und gewisse umgangssprachliche Schlüsse können mittels dieser Deutung in einer unkomplizierten Manier als prädikatenlogisch gültig erwiesen werden.[238] Dafür zwei Beispiele:

> *S* glaubt, daß *p*, und *S** glaubt, daß *p*; folglich gibt es etwas, das von ihnen beiden geglaubt wird. [*Ra,b & Rc,b ⇒ Vx (Ra,x & Rc,x)*]

> *S* glaubt, daß *p*, und es ist unfaßbar, daß *p*; folglich glaubt *S* etwas Unfaßbares. [*Ra,b & Ub ⇒ Vx (Ra,x & Ux)*].

Dies ist allerdings beim besten Willen kein Beweis für These (e), sondern ein Hinweis darauf, daß jede (mit der in Klammern angedeuteten Standard- Formalisierung) konkurrierende Analyse ebenfalls die Mittel bereitstellen sollte, die Gültigkeit dieser Schlüsse zu erweisen.

Wie auch immer es um die Argumente für und wider These (e) bestellt sein mag, ihre Verbindung mit (f) ist prima facie unhaltbar. Aus beiden zusammengenommen ergibt sich, daß ein sprachliches Gebilde wie "Peter glaubt *die Proposition*, daß es regnet" eine explizitere Paraphrase des Satzes "Peter glaubt, daß es regnet" wäre. (So, wie der redundant formulierte Satz "*Die Zahl* 5 zu *der Zahl* 3 addiert ergibt *die Zahl* 8" eine inhaltlich tadellose Paraphrase von "5 zu 3 addiert ergibt 8" ist.) Doch diese Konsequenz scheint inakzeptabel. Wird in einem Glaubenssatz "die Proposition" vor "daß *p*" eingefügt, so ist das Ergebnis nicht etwa eine besonders explizite Paraphrase, sondern bestenfalls eine Verzerrung des Sinns eines solchen Satzes. Ja, es ist nicht einmal klar, daß so etwas wie "Peter glaubt die Proposition, daß es regnet" überhaupt einen Sinn hat.[239] Und selbst wenn dies ein sinnvoller Satz wäre, warum sollte sein Sinn genau derselbe sein wie der von "Peter glaubt, daß es regnet"? Immerhin enthalten diese beiden Sätze unterschiedliches lexikalisches Material. – Die geringe Überzeugungskraft der gerade betrachteten Argumente für (e) tritt noch deutlicher hervor, wenn wir andere Verben für sog. propositionale Einstellungen heranziehen. Betrachten wir, als ein Beispiel für zahllose andere, folgendes Paar:[240]

Harvey bedauert, daß es regnet / Harvey bedauert die Proposition, daß es regnet.

Für eine relationale Analyse des ersten dieser beiden Sätze ließen sich genau dieselben Gründe ins Feld führen, die wir vor kurzem bei den Glaubenssätzen betrachtet haben (dieselben Quantifikationen, dieselben Schlußschemata). Doch hier ist völlig offenkundig, daß der zweite Satz keine Paraphrase des ersten ist.[241] Selbst wenn einer es vermag, Propositionen zu bedauern, und von dieser Fähigkeit Gebrauch macht, täte er etwas anderes als zu bedauern, wie das Wetter ist. Außerdem, wer bedauert, daß *p*, muß auch glauben, daß *p*. Wie könnte es also sein: daß Harvey, wenn er bedauert, daß es regnet, keine Proposition bedauert, und daß er, indem er zugleich glaubt, daß es regnet, eine Proposition glaubt? Was er bedauert und was er glaubt, ist doch anscheinend ein und dasselbe: daß es regnet. Also muß, so scheint es, wenigstens eine der beiden Annahmen, (e) oder (f), aufgegeben werden.

Ließe sich die relationale Analyse mit größerer Plausibilität in einer Nicht-Standard-Variante aufrechterhalten, in der die Grundidee beibehalten wird, daß der Daß-Satz einer Glaubensaussage ein singulärer Term ist, aber – anders als mit These (f) vorgesehen – keine Proposition, sondern etwas anderes bezeichnet? Doch was könnte dieses Andere sein? Es müßte etwas Wahrheitswertfähiges sein. Es ist dem Geglaubten ja wesentlich, wahr, falsch oder grenzfall-unbestimmt zu sein. Könnte es also nicht, naheliegenderweise, ein Satz sein? Immerhin nennen wir ja auch Sätze wahr und falsch. Glaubensaussagen wären dann vielleicht besser anders zu zergliedern, nämlich in "[*S*] glaubt, daß [*p*]", wobei "*p*" nun auf einen Satz verweist und nicht auf eine Proposition. Diese Idee läuft, Feinheiten beiseite gelassen, auf folgendes hinaus:

Eine Aussage des Typs "*S* glaubt, daß *p*" besagt: Es gibt einen Satz σ, der sich als "*p*" wiedergeben läßt, und *S* hält σ für wahr.

Jeder solche Vorschlag brächte eine Reihe von Problemen mit sich. Wenn σ ein Satz einer Gemeinsprache sein soll, dann würde damit vorausgesetzt, daß jedes Glaubenssubjekt über eine solche Sprache verfügen muß. Diese

Voraussetzung ist unhaltbar, wie wir im 7. Kapitel gesehen haben. Wenn σ stattdessen auch ein Satz einer 'Sprache des Geistes' sein dürfte, die das Glaubenssubjekt zwar nicht spricht, die aber in ihm 'neuronal realisiert' wäre, dann beruhte dieser Vorschlag auf einer ungedeckten empirischen Hypothese. Außerdem wäre nicht einmal klar, ob es überhaupt sinnvoll ist zu sagen, ein solcher Satz werde vom Subjekt für wahr gehalten. Und schließlich ist dieser Vorschlag aus einem ganz simplen Grund inakzeptabel: Man kann einen Satz für wahr halten, ohne zu glauben, was er besagt (z. B. dann, wenn man ihn gar nicht versteht, ihn aber von jemandem gehört hat, den man für eine Autorität hält). Entsprechende Implausibilitäten ergeben sich, sobald die noch artifiziellere Annahme gemacht wird, nicht Sätze seien das, was beim Glauben für wahr gehalten wird, sondern Satz-Äußerungen[242] oder 'interpretierte logische Formen'.[243] – Kurz, es ist nicht zu sehen, was anstelle von Propositionen die zweite Relatumsstelle einer 'Beziehung' des Glaubens einnehmen könnte. Denn wer (e) sagt, und die Existenz von Propositionen (sei's auch nur, wie Schiffer, als Entitäten mit einem 'pleonastischen' modus essendi) akzeptiert, sollte angesichts der bislang in Blick genommenen Optionen auch (f) sagen. Unter der Voraussetzung, daß der Daß-Satz einer Glaubensaussage ein singulärer Term ist, ist nichts uns metaphysisch Vertrauteres zu sehen, was er bezeichnen könnte, als eine Proposition. Dies wiederum scheint jedoch angesichts der zuvor betrachteten Gründe schon rein sprachlich inakzeptabel.

Doch vielleicht trügt dieser Anschein. Wolfgang Künne hat bedenkenswerte Argumente vorgetragen, die darauf hindeuten, daß sich die Ungrammatikalität von Sätzen des Typs "*S* glaubt die Proposition, daß *p*" als eine semantisch unbedeutsame Laune der Syntax unserer Umgangssprache betrachten läßt.[244] Diese grammatikalische Eigenheit hat, wie Künne an andern Beispielen vorführt, nichts speziell mit Daß-Sätzen zu tun, sondern tritt auch bei Eigennamen – den singulären Termen schlechthin – zum Vorschein. Sein Befund: Zwar ist "daß *p*" (im Rahmen umgangssprachlicher Glaubenssätze) nicht durch "die Proposition, daß *p*" zu ersetzen, aber das allein ist noch kein Beweis dafür, daß nicht auch der erste Ausdruck ein singulärer Term ist, der genau dasselbe bezeichnet wie der zweite. Wenn Künne recht hat, werden die Thesen (e) und (f) der relationistischen Standardanalyse also durch Substitutionstests der gerade betrachteten Art nicht ernstlich kompromittiert. Solche Tests brächten dann nur zum Vorschein, daß die Oberflächensyntax der Umgangssprache in diesem Punkt gewissermaßen 'unlogisch' ist. – Dies ist die gründlichste Verteidigung der relationalen Standardanalyse von Glaubenssätzen, die ich kenne. Aus ihr zieht Künne folgende Konsequenz, die er nicht nur als Rekonstruktion der Auffassung Freges vorschlägt, sondern auch selbst vertritt (deshalb nenne ich sie die *Frege-Künne-Analyse* von Glaubenssätzen):[245]

(FKA) Sätze des Typs "*S* glaubt, daß *p*" sind (für die Zwecke einer tiefergehenden logischen Analyse) zu paraphrasieren als:

[Par]: Daß *p* ist der Inhalt eines Glaubens von *S*.

Der Witz der Paraphrase ist, daß das grammatische Subjekt, "daß *p*", nun erkennbar ein singulärer Term ist und keine Ungrammatikalität daraus entsteht, wenn er in ihr durch "die Proposition, daß *p*" ersetzt wird. Die Ungrammatikalität von "*S* glaubt die Proposition, daß *p*" ist durch [Par] hinwegparaphrasiert. – Betrachten wir nun die Paraphrase selbst. Sie ist eine Gleichung:

Daß *p* = der Inhalt einer Überzeugung, die *S* hat.

Die Relation, die in [Par] zum Vorschein kommt, ist demnach die der Identität, genauer: der Identität von Inhalten. Gemäß (FKA) wird mit Glaubenssätzen eine Beziehung ausgesagt, wohl wahr, aber es ist nicht die Glaubensbeziehung, von der im doxastischen Relationismus die Rede ist: jene Beziehung, die angeblich zwischen *S* und der Proposition, daß *p*, besteht, wenn *S* glaubt, daß *p*. Deshalb ist die Frege-Künne-Analyse aus eigener Kraft kein Wasser auf die Mühlen der hier erörterten relationistischen Konzeption des Glaubens. Sie läßt sich vorbehaltlos auch von dem akzeptieren, der zugleich die Existenz einer Glaubensbeziehung, ja vielleicht sogar die Existenz von Propositionen in Abrede stellt. Denn in der Paraphrase ist von einer Proposition gar nicht die Rede, sondern von irgendeinem 'Inhalt einer Überzeugung', und es bleibt offen, was für eine Art von Entität solch ein Inhalt ist.

*

Niemand stellt in Frage, daß etwas geglaubt wird, wann immer geglaubt wird. Der Relationist geht darüber hinaus. Er postuliert ein dem Glauben gegenüber eigenständiges Etwas, das geglaubt wird: das zweite Relatum einer besonderen Beziehung, auf die das Wort "glauben" hinweise. Erst daraus entsteht die Frage: Was für ein Etwas ist das? Welches ist die Gattung, zu der geglaubte Etwasse gehören? Die Grundidee des doxastischen Relationismus ist unabhängig davon, ob diese zweiten Relata Propositionen sind; entscheidend ist zunächst einmal, daß gilt: "Wer glaubt, daß es regnet, glaubt ein *X*, und zwar das *X*, daß es regnet". Doch bereits hier beginnt die grundsätzliche Verlegenheit: *Jede* Gattungsbezeichnung wirkt unbeholfen. Vertraute Wörter wie *Gedanke* oder *Sachverhalt* passen genauso wenig wie solche aus dem Fundus der philosophischen Fachtermini (*Proposition* oder *Wahrheitsbedingung*), und auch um einen theoretisch unbelasteten Notbehelf wie *Inhalt* steht es letztlich nicht besser. Manchen dieser Ausdrücke läßt sich nicht einmal ein Daß-Satz anhängen, ohne daß ein merkwürdiger Klang entsteht ("die Wahrheitsbedingung, daß es regnet" oder auch "der Inhalt, daß es regnet").[246] Ich denke, es ist keine bloße Sprachzimperlichkeit, sondern begriffliches Feingefühl, das jenes sanfte Erschaudern auslöst, das uns angesichts solcher Redeweisen befällt.

Die Frage "Was glaubt jemand, der glaubt, daß es regnet?" ist dumm. Jeder weiß, daß sie sich mit ihren letzten drei Wörtern selbst beantwortet. Zudem gibt es darauf keine bessere Antwort als "Daß es regnet"; sie ist unantastbar und hat keinen Rivalen. Die anscheinend gescheite Frage hingegen, "Was ist das für ein Etwas, das jemand glaubt, der glaubt, daß es regnet?", scheint überhaupt keine unanstößige Antwort zuzulassen, die von der Art ist: "Ein (oder: das) *X*, daß es regnet". Aber von dieser Art müßte die Antwort ja wohl sein! – Hieran zeigt sich ein relationistisches Urdilemma: Eine ontologische Gattung muß bestimmt werden, deren Mitglieder das zweite Relatum der angeblichen Glaubensbeziehung sind; aber es ist nicht einmal zu sehen, daß sich eine passende Gattung überhaupt angeben läßt, deren Bestimmung nicht schon kategorial schief wirkt.

*

Werfen wir einen Blick, sozusagen von oben herab, auf die dialektische Gefechtslage. Der doxastische Relationismus ist eine sehr starke These: aus dem Begriff des Glaubens ergebe sich, daß dieses eine Beziehung zwischen einem Subjekt und einer Proposition ist. Entsprechend schwach ist die nackte Gegenthese. Ein *Non*-Relationist ist nicht gehalten zu bestreiten, daß sich das Wort "glauben" relational und das Glauben selbst relationalistisch konzipieren läßt. Er mag sich damit bescheiden, darauf zu beharren, daß sich aus dem Begriff des Glaubens nicht ergibt, daß Glauben so konzipiert werden muß. Seine Gegenthese ist schlicht negativ: Aus dem Begriff des Glaubens selbst geht nicht hervor, daß Glaubenseigenschaften ihrem Wesen nach Relationen sind. Und dies scheint mir unantastbar. Die These des *Anti*-Relationisten ist anspruchsvoller: Es lasse sich mit apriorischen Gründen einsehen, daß Glauben keine Beziehung zwischen Subjekten und Propositionen ist. Angesichts dessen, was wir gerade betrachtet haben, scheint auch diese Auffassung im Lichte der hier erwogenen Gründe nicht annehmbar.

Deshalb scheint mir die Frege-Künne-Analyse von Glaubensaussagen für diesen Streitpunkt sehr erhellend. Sie deutet darauf hin, daß die Antwort auf die Frage nach dem logischen Status des Daß-Satzes solcher Aussagen (singulärer Term oder nicht?) keinen Aufschluß über das Wesen des Glaubens geben kann. Denn (FKA) läßt sowohl relationistische als auch nicht-relationistische Diagnosen zu. Wer akzeptiert, daß

[Par] Daß *p* ist der Inhalt eines Glaubens von *S*

eine angemessene Paraphrase von Glaubenssätzen ist, dem bleibt – trotz der Konstruktion des Daß-Satzes als singulärer Term – einiger metaphysischer Spielraum. Er mag, wie die meisten, annehmen, daß es Propositionen gibt und sie die Inhalte des propositionalen Glaubens sind. Aber er muß es nicht. (Vielleicht sind solche Inhalte ja etwas anderes? Vielleicht sind es wahrheitswertfähige Entitäten eigener Art, für die wir noch keine bessere Bezeichnung haben als: "etwas, das geglaubt werden kann"?) Er mag das in [Par] enthaltene Prädikat so strukturieren:

x ist der Inhalt eines *y* von *z*,

und den an der *y*-Stelle einzusetzenden Ausdruck als Bezeichnung einer Beziehung konstruieren, die zwischen *x* und *z* besteht; im Falle von [Par] sei das die Glaubensbeziehung. Aber er muß es nicht. Er könnte, wie Künne, das in [Par] enthaltene Prädikat so strukturieren:

x ist der Inhalt eines Glaubens von *z*

und darin eine Bezeichnung der Glaubensbeziehung sehen. Aber er muß das nicht. Er könnte, wie Hofweber, zwar zugestehen, daß die Daß-Sätze in Glaubensaussagen wie singuläre Terme fungieren, aber in Abrede stellen, daß sie etwas bezeichnen.[247]

Wer [PAR] akzeptiert, könnte sogar bestreiten, daß die in Glaubenssätzen vorkommenden Daß-Sätze als singuläre Terme auftreten, und sie stattdessen als synkategorematische Ausdrücke besonderer Art auffassen. Allgemeiner gesprochen: Daß-Sätze insgesamt, so die Idee, sind stets komplexe Synkategoremata, mit denen sich – je nachdem, mit welchen andern Ausdrücken sie kombiniert werden – sowohl singuläre als auch generelle Terme bilden lassen. Das Synkategorem "daß es regnet" bildet in Kombination mit Ausdrücken wie "die Sorge", "die These", "der Umstand", "die Proposition" und dergleichen einen singulären Term; erst dieser kann ein Einzelding bezeichnen. Aus der Zusammenstellung dieses Synkategorems mit Verben wie "sagen", "denken", "glauben", usw. ergeben sich Prädikate; erst diese können auf Eigenschaften verweisen. Diese Betrachtungsweise ist zwar in Einklang mit [PAR], aber ihr zufolge wäre schon die relationalistische Proto-Analyse der logischen Form eines Satzes wie "Harvey glaubt, daß es regnet" durch

Glauben(Harvey, daß es regnet)

eine kategoriale Konfusion. Sie wäre etwa so verquer wie

Dösen(Harvey, nur) & ~Schlafen(Harvey)

für "Harvey döst nur, er schläft nicht". – Entsprechend wären Sätze des Schlags "Daß es regnet, ist bedauerlich (oder: zutreffend, bestreitbar, überraschend, wahr, möglich)" dann als Ellipsen zu betrachten, die nicht als Ellipsen empfunden werden, ebenso Sätze des Typs "Es ist bedauerlich (oder: zutreffend, bestreitbar usw.), daß es regnet". Das Etwas, von dem mit solchen Sätzen ausgesagt wird, es sei bedauerlich, zutreffend usw., kann alles sein, an dessen mit dem bestimmten Artikel versehene Bezeichnung sich ein Daß-Satz anfügen läßt: z.B. ein Umstand, eine Tatsache, eine Behauptung, eine Proposition, und so weiter. Um welches solcher Etwasse es sich im einzelnen Fall handelt, ergibt sich aus dem semantischen und pragmatischen Zusammenhang. Wenn 'es' bedauerlich ist, daß es regnet, dann ist z.B. der Umstand, daß es regnet, bedauerlich, aber nicht die Proposition, daß es regnet. Wenn 'es' wahr ist, daß es regnet, dann verhält es sich umgekehrt. – Kurz, es scheint möglich, Daß-Sätze stets als komplexe Synkategoremata zu betrachten, nicht nur dann, wenn sie in Glaubenssätzen auftreten.

Wer [Par] als Paraphrase von Glaubenssätzen akzeptiert, dem steht insbesondere auch folgende Option offen. Er könnte die Paraphrase selbst noch einmal paraphrasieren, und zwar als:

Die Eigenschaft, daß *p* zum Inhalt zu haben, kommt einer Glaubenseigenschaft von *S* zu,[248] und so zu der mir sympathischen metaphysischen Diagnose gelangen, daß mit Glaubenssätzen dies ausgesagt wird: daß das Subjekt eine Glaubenseigenschaft hat, die wiederum eine bestimmte Inhaltseigenschaft hat.

Wagen wir ein Fazit. Der doxastische Relationismus ist eine metaphysische These über das propositionale Glauben, die sich angeblich aus dessen Begriff selbst ergibt. Das stärkste – und vielleicht einzige leidlich starke – Argument für diese These beruht auf einer für sich genommen 'logisch plausiblen' semantischen Analyse von Glaubenssätzen. Doch diese ist in zahlreichen Hinsichten grundsätzlich angreifbar. Zunächst einmal sträubt sich das Sprachgefühl gegen einige Paraphrasen, die aus im Lichte dieser Analyse zulässigen Substitutionen (z.B. "die Proposition, daß es regnet" für "daß es regnet") entstehen. Auf solche Empfindsamkeiten geben Philosophen nun aber nicht viel, und am Ende wohl oft zurecht. Selbst das allerfeinste Ohr für Sprachliches schützt nicht vor semantischen Fehldiagnosen (Karl Kraus). Wo bereits das Sprachgefühl uns schaudern macht, ist Anlaß zu genauerem Nachdenken gegeben. Jenes kann dieses nicht ersetzen; wie fast alle Gefühle hat es sich besserer Einsicht zu beugen. – Doch abgesehen von sprachlichen Intuitionen, die gegen die relationale Standard-Analyse sprechen, bleibt auch jede ihrer nicht-definitorischen Thesen Einwänden ausgesetzt. Erstens, daß es überhaupt einen guten Sinn gibt, in dem sich von 'der' logischen Form eines Glaubenssatzes sprechen läßt. Zweitens, daß der Daß-Satz einer Glaubensaussage ein singulärer Term ist.[249] Drittens, daß er, wenn er ein singulärer Term ist, überhaupt etwas bezeichnet. Und viertens (aber das ist kein Einwand gegen die sprachliche Analyse, sondern gegen den Versuch, sie zugunsten des doxastischen Relationismus auszuschlachten): Selbst wenn akzeptiert wird, daß der Daß-Satz einer Glaubensaussage ein singulärer Term ist und irgendetwas bezeichnet, so wäre höchstens dann unabweisbar, daß er justament eine Proposition bezeichnet, wenn wir uns entschließen, unter einer 'Proposition' etwas zu verstehen, aus dessen Definition sich ergibt, daß jede Glaubenseigenschaft solch ein Etwas zum Inhalt hat.[250]

Der doxastische Relationismus wäre dann allerdings nicht, was er zu sein verheißt: eine begrifflich fundierte, substantielle Einsicht in das Wesen des Glaubens. Er wäre nichts weiter als die Reformulierung der begrifflichen Wahrheit, daß 'propositionales' Glauben einen Inhalt hat. Daß Glauben eine *Beziehung* sei, in der ein Subjekt zu einer *Proposition* steht, wäre dann keine sachlich gehaltvolle und potentiell erhellende These. Vielmehr beruhte sie im wesentlichen auf zwei terminologischen Offerten: Nennen wir Glaubenseigenschaften *Beziehungen* des Glaubenssubjekts zu dem, was es glaubt! Und nennen wir all das eine *Proposition*, zu dem ein Subjekt in dieser Beziehung stehen kann! (Versuche, die erste dieser beiden Empfehlungen sprachanalytisch schmackhaft zu machen, haben wir betrachtet.) Diese terminologischen Angebote und auch die relationale Standard-Analyse werden weithin akzeptiert. An ihnen ist nichts auszusetzen. So mag man guten Gewissens reden. Aber wäre der doxastische Relationismus nicht mehr als das: eine bestreitbare, aber vorderhand brauchbare Sprachanalyse plus zwei Sprachregelungen, dann beruhte auch diese Verheißung einer Einsicht in das Wesen eines interessanten Phänomens auf façons de parler, die sich unter Philosophen eingebürgert haben.

*

Unsere Frage war und ist, ob Glauben seinem Begriffe nach ein relationaler Zustand ist. Die Auffassung, dies ergebe sich bereits aus rein sprachlogischen Erwägungen, hat sich als unhaltbar erwiesen. Aber dennoch, ein Zweifel nagt weiter: Wie könnte Glauben keine Beziehung sein? Glauben heißt doch: *etwas* glauben! Also noch einmal von vorn: Wie könnte Glauben eine 'bloße' Eigenschaft sein, der ein Inhalt wesentlich ist, und nicht zugleich auch eine Beziehung zu diesem Etwas: eben ihrem Inhalt, dem Geglaubten? Wie sollte es diesen Inhalt haben können, ohne daß das glaubende Subjekt in einer Beziehung zu ihm steht? Ist eine metaphysisch so dezidiert enthaltsame Position wie der Non-Relationismus nicht philosophisch unbefriedigend? Ist nicht jede Verweigerung, Propositionen – einmal vorausgesetzt, daß es sie gibt – als Relata einer Beziehung des propositionalen Glaubens anzuerkennen, einfach grotesk? Zumal ohne jeden elaborierten Gegenentwurf?[251]

Lauter berechtigte Fragen. In der Tat, der doxastische Non-Relationismus wäre unbefriedigend, solange sich nicht ein Weg aufweisen ließe, wie sich auch in seinem Rahmen – allerdings ohne die metaphysischen Verfänglichkeiten des Relationismus – davon sprechen läßt, daß (zum Beispiel) Propositionen der Inhalt propositionalen Glaubens sind. Was das bloße Reden über das Glauben angeht, so sollte der Non-Relationist das Kind nicht mit dem Bade ausschütten, sondern sich eine schöne Empfehlung in einer (zugestandenermaßen sinnverkehrenden Reformulierung) zueigen machen: *Talk with the learned, but think with the vulgar.* Erkennen wir zumindest an, daß sich über propositionales Glauben wie über das Glauben einer Proposition sprechen läßt. Das fällt nicht schwer.

Denn die Proposition, daß *p*, (vorausgesetzt, es gibt so etwas und es enthält Begriffe) steht in einem überaus engen und markanten Zusammenhang mit dem, was jemand glaubt, indem er glaubt, daß *p*. So gilt z. B. folgendes mit begrifflicher Notwendigkeit:

> Der Wahrheitswert dessen, was jemand glaubt, indem er glaubt, daß *p* = der Wahrheitswert der Proposition, daß *p*.
> Die in das Glauben, daß *p*, involvierten Begriffe = die in die Proposition, daß *p*, involvierten Begriffe.

Solcher engen begrifflichen Zusammenhänge wegen wollen wir die Proposition, daß *p*, die *charakteristische Proposition* des Glaubens, daß *p*, nennen. Nun ist es allgemein üblicher Sprachgebrauch in der theoretischen Diskussion, die charakteristische Proposition einer Überzeugung auch als die geglaubte Proposition zu bezeichnen. Dieser Redeweise haben wir uns bisher angeschlossen und werden es auch weiterhin tun. Denn sie ist harmlos, solange wir sie nicht, wie der doxastische Relationist, mißdeuten, sie nicht metaphysisch überinterpretieren. Zur Klärung unserer bisherigen und künftigen Rede von 'geglaubten' Propositionen (und entsprechend von einer Proposition als dem 'Inhalt' oder 'Objekt' des Glaubens) können wir folgende terminologische Erläuterung geben:

> die geglaubte Proposition $=_{df}$ die charakteristische Proposition der betreffenden Glaubenseigenschaft $=_{df}$ der Inhalt dieses Glaubens $=_{df}$ das (propositionale) Objekt dieses Glaubens $=_{df}$ das mit diesem Glauben Geglaubte $=_{df}$ das, was genau dann wahr ist, wenn die Überzeugung, daß *p*, wahr ist.

Diese Gleichsetzungen stehen im Einklang damit, wie sich (fast) alle Gelehrten ausdrücken und wie wir uns bisher unbefangen ausgedrückt haben. Wir dürfen dennoch daran festhalten:

> Die geglaubte Proposition ist nichts, zu dem das glaubende Subjekt in einer *Beziehung des Glaubens* steht.

Denn die geglaubte Proposition *charakterisiert* das jeweilige Glauben: als eine Eigenschaft, die es haben muß, um das betreffende Glauben zu sein. Per definitionem, wie gerade gegeben, ist sie also dessen Inhalt. Jedes Glauben ist durch seinen Inhalt eindeutig als das charakterisiert, was es seinem begrifflichen Wesen nach ist. Damit alldem so ist, muß der Glaubende nicht in einer eigenständigen Beziehung namens Glauben zu der betreffenden, sein jeweiliges Glauben charakterisierenden, Proposition stehen.

Ein Aufschrei anti-platonistischer Entrüstung: Auch diese non-relationistische Auffassung ist nicht metaphysisch unschuldig; sie legt uns doch auf die Existenz von Propositionen fest! – Gewiß doch. Aber nicht auf die Existenz einer Glaubensbeziehung zwischen Subjekt und 'Objekt' des Glaubens. Nur darauf kommt es hier an. Und dies zur ontologischen Beschwichtigung: Wenn es mit dem Teufel zugeht und es keine Propositionen gibt, wird sich vielleicht etwas anderes finden, das es gibt und mit dem sich Inhalte des Glaubens charakterisieren oder 'modellieren' lassen: etwa Wahrheitsbedingungen von Sätzen, oder passende Mengen, welcher Art auch immer. – Und wenn sich gar nichts dergleichen fände, und sich gar beweisen ließe, daß partout nichts Passendes zu finden ist, dann wäre dies der endgültige Triumph des Anti-Relationisten. Ich halte das allerdings für unwahrscheinlich und werde der Einfachheit halber – aber auch in gutem Glauben – weiter unterstellen, daß es Propositionen gibt; daß sich auch ohne Rekurs auf den Begriff des Glaubens spezifizieren läßt, was sie sind; und daß sie dazu taugen, jede Eigenschaft des Typs Glauben-daß-*p* zu charakterisieren. Kurz, ich stehe hinter den gerade gegebenen Definitionen, aber hänge nicht an ihnen. Auch darin möge der Leser mir folgen.

Daß die nun gegebenen definitorischen Klärungen so spät kommen, hat seinen Grund. Erst jetzt sind wir an einem Punkt angelangt, an dem ein Mißverständnis zur Sprache kam, das wir vorher gar nicht in Betracht gezogen hatten – daß nämlich die geglaubte Proposition in dem genuin relationalen Sinne geglaubt werde, in dem zum Beispiel eine bezahlte Rechnung bezahlt wurde (hie die Rechnung, da das Geld, und als drittes die Beziehung zwischen beidem, dank der das zweite eine Bezahlung der ersten ist). Über das Geglaubte wie über ein eigenständiges Etwas zu sprechen, ist nun aber nützlich – insbesondere dann, wenn es darum geht, Aspekte des Glaubens zu thematisieren, die vornehmlich oder ausschließlich dessen Inhalt betreffen. Entsprechendes gilt für andere Arten intentionaler Zustände und Ereignisse mit einem propositionalen Inhalt, bei denen die terminologische Gewaltsamkeit dieser Redeweise noch deutlicher zu spüren ist ("die erwartete Proposition" zum Beispiel).[252] Wird die geglaubte Proposition als das 'Objekt' des Glaubens bezeichnet, ist dabei also zu beachten, daß dieses Objekt, für einen Non-Relationisten wie mich, kein Relatum ist, zu dem das glaubende Subjekt in einer 'Glaubensbeziehung' steht.

*

À propos Objekt des Glaubens. Hier gilt es, eine zusätzliche terminologische Konfusion zu vermeiden. Denn von einem solchen 'Objekt' kann in zweierlei Sinn die Rede sein, und es ist wichtig, den Unterschied zu beachten. Das *propositionale* Objekt einer Überzeugung ist ihr Inhalt, d. h. ihre charakteristische Proposition. Diese ist ein Abstraktum, und jede Überzeugung hat genau ein solches Objekt. Hingegen ist das *intentionale* Objekt einer Überzeugung gewöhnlich kein Inhalt, sondern ein leidlich konkreter Gegenstand, und eine einzelne Überzeugung kann mehrere intentionale Objekte zugleich haben. (So hat die Überzeugung, daß Rom nördlicher als New York liegt, zwei intentionale Objekte, und beide sind raumzeitliche Entitäten.) Natürlich können auch Propositionen selbst intentionale Objekte des Glaubens sein. Ein Beispiel: Harveys Überzeugung, daß die erste Proposition der *Ethica* Spinozas unbestreitbar ist, handelt von einer Proposition – und zwar von der, daß die Substanz ihrer Natur nach früher ist als ihre Affektionen. Diese Proposition ist ein intentionales Objekt von Harveys Überzeugung, nicht deren propositionales Objekt. (Von selbstbezüglichen Propositionen einmal abgesehen gilt: Keine Proposition ist zugleich ein intentionales und das propositionale Objekt einer Überzeugung.)

So wird üblicherweise geredet. Aber was ist überhaupt ein intentionales Objekt? Eine Standard-Antwort besagt, es sei ein Objekt, auf das ein Subjekt geistig 'gerichtet' ist.[253] Die Metapher von der "Richtung auf ein Objekt (worunter hier nicht eine Realität zu verstehen ist)",[254] geht auf Brentano zurück, und sie mag in Hinblick auf einige intentionale Bewußtseinsphänomene, wie z. B. An-etwas-Denken oder Über-etwas-Urteilen, passend sein. Aber das Glauben ist kein Bewußtseinsphänomen. Vieles von dem, was man glaubt, glaubt man auch dann, wenn man sich dessen nicht bewußt ist. Jemand mag seit vielen Jahren glauben, daß Rom nördlicher liegt als New York, ohne je daran zu denken. In solch einem Falle möchte man nicht einmal in einem metaphorischen Sinn davon sprechen, er sei die ganze Zeit über geistig auf die beiden Städte 'gerichtet'. Weniger unnatürlich klingt es zu sagen, wie wir das eingangs getan haben, intentionale Objekte einer Überzeugung seien die Dinge (ob sie real existieren oder nicht), 'von denen sie handelt', 'um die es in ihr geht'. Auch dies ist nicht sonderlich klar. Ein wenig hilfreicher ist vielleicht folgende Erläuterung:

> x ist ein intentionales Objekt einer Überzeugung $\Longleftrightarrow_{df}$ der Wahrheitswert der Überzeugung hängt mit davon ab, welche Eigenschaften x hat.

Aber auch diese Erläuterung bringt allerlei Unklarheiten mit sich. Nicht einmal die fundamentale Frage, ob jede Überzeugung ein intentionales Objekt hat, scheint eindeutig beantwortbar. Gewiß, es gibt solch ein Objekt: nennen wir es die Welt. Der Wahrheitswert jeder Überzeugung hängt von der Beschaffenheit der Welt-als-ganzer ab (wenn darunter nicht nur alles verstanden wird, was es gibt, sondern auch alles, was denkmöglich ist). Fragen wir also besser, ob jede Überzeugung ein nicht-triviales intentionales Objekt hat. Das ist durchaus nicht klar. Man denke z.B. an Überzeugungen mit einem uneingeschränkt allgemeinen Inhalt. (Alles fließt; nichts ist von sich selbst verschieden; und so weiter.) Ebenso unklar ist die Frage, wie die intentionalen Objekte einer Überzeugung zu zählen sind. (Wenn Pierre nicht weiß, daß McManus und Costello ein und dieselbe Person sind, hat dann seine Überzeugung, daß McManus Komponist ist und Costello nicht, zwei intentionale Objekte oder nur eines?) Und schließlich natürlich auch die Frage, ob es überhaupt sinnvoll ist, davon zu sprechen, daß es von den Eigenschaften nicht-existierender Dinge abhängen kann, welchen Wahrheitswert eine Überzeugung hat. – Kurz, es ist durchaus unklar, was überhaupt ein intentionales Objekt ist, und entsprechend unklar wäre die Frage, ob das propositionale Glauben nicht stets eine Beziehung zwischen dem Glaubenden und den intentionalen Objekten seines Glaubens ist. Wir werden sie auch deshalb nicht behandeln, weil (so weit ich sehe) heute niemand einen doxastischen Relationismus dieses Schlags vertritt.[255]

Besser paßt die Redeweise von einem intentionalen Objekt zum sog. De-re-Glauben, d.h. zu solchem Glauben, über das wir nicht besser als im De-re-Schema zu berichten wissen.[256] Solches Glauben ist dadurch charakterisiert, daß das Subjekt zwar von einem bestimmten Ding, *d*, glaubt, daß es ein *F* ist, aber nicht die propositionale Überzeugung hat, daß *d* ein *F* ist. (Wir wissen nicht, welches seine diesbezügliche propositionale Überzeugung ist.) Dieses Ding ist dann ein intentionales Objekt seiner Überzeugung, und *S* muß in irgendeiner geeigneten Beziehung zu *d* stehen, damit seine Überzeugung von ihm handelt, obwohl der Begriff *d* nicht in ihr involviert ist. Anders als beim propositionalen Glauben ist in diesem Falle offenkundig eine doxastisch relevante Beziehung im Spiel. Sind wir also immerhin bei Zuschreibungen, die wir notgedrungen im De-re-Schema abfassen, darauf festgelegt, eine 'Glaubensbeziehung' zu unterstellen?

Betrachten wir dazu ein Beispiel. Otto hat noch nie einen Feuerstarter gesehen und auch noch nie von so etwas gehört. Nun sieht er zum ersten Mal einen vor sich liegen und sagt: "Ich weiß zwar nicht, was das ist, aber ich glaube, es gehört Peter." Dann hat Otto zwar nicht die propositionale

Überzeugung, daß Peter dieser Feuerstarter gehört (er verfügt gar nicht über den Begriff), aber der Feuerstarter ist dennoch, gemäß der gerade gegebenen Definition, ein intentionales Objekt seiner Überzeugung. Denn ob diese Überzeugung wahr ist, hängt davon ab, was es mit dem Feuerstarter auf sich hat: Sie ist genau dann wahr, wenn er Peter gehört. Daß der Feuerstarter ein intentionales Objekt dieser Überzeugung ist, verdankt sich dem Umstand, daß Otto in einer bestimmten Beziehung zu diesem Gegenstand steht. (Er sieht ihn, und er bezieht sich auf ihn, wenn er sagt "ich glaube, daß *es* Peter gehört".) – Doch auch diese Beziehung ist keine 'Glaubensbeziehung': keine Beziehung zwischen dem Subjekt und dem Geglaubten. Vielmehr ist es eine Beziehung, *dank der* das Subjekt die betreffende Überzeugung hat. Kurz, Glauben, über das im De-re-Schema berichtet wird, involviert seinem Begriffe nach eine Beziehung. Aber diese (zwischen dem Subjekt und einem intentionalen Objekt) ist keine, in der das Glauben *besteht*, sondern eine, die es dem Subjekt *ermöglicht*, eine Überzeugung zu haben, deren Wahrheitsbedingungen wir charakterisieren können, obwohl wir ihren vollständigen propositionalen Inhalt nicht kennen.

*

Gelegentlich wird gesagt, dem Glauben sei eine 'Geist-auf-Welt-Ausrichtung' [*mind-to-world direction of fit*] wesentlich und darin unterscheide es sich von andern Geisteszuständen, die eine umgekehrte oder gar keine Ausrichtung haben.[257] Mit dieser Redeweise scheint folgendes gemeint zu sein: Wer glaubt, daß *p*, hat eine Überzeugung ('im Geist'), deren Wahrheitswert einzig und allein davon abhängt, ob der Sachverhalt, daß *p*, ('in der Welt') besteht oder nicht. Wenn er nicht besteht, ist die Überzeugung falsch (und das heißt: nicht so, 'wie sie sein soll'). Die Dinge liegen anders, wenn einer wünscht, daß *p*, es aber nicht der Fall ist, daß *p*. Dann kann dieser Wunsch ('im Geist') trotzdem so sein, 'wie er sein soll': nämlich ein Motiv dafür, etwas dafür zu tun, daß der betreffende Sachverhalt ('in der Welt') zustandekommt. In diesem Sinne haben Überzeugungen, im Gegensatz zu vielen andern Geisteszuständen, eine 'Ausrichtung' auf die Welt.

Ist vielleicht dies ein Sinn, in dem das Glauben ein in sich relationaler Zustand ist? Betrachten wir kurz, was hinter dieser Redeweise steckt, solange sie nicht eine bloße Reformulierung der *Aim-of-belief*-Metapher ist, wonach Überzeugungen das Ziel haben, wahr zu sein. Und zwar erstens, daß jede Überzeugung ('im Geist') einen Wahrheitswert hat; zweitens, daß es davon, was ('in der Welt') der Fall ist, abhängt, welcher das ist; und drittens, daß die funktionale Rolle generischen Glaubens unter anderm durch 'Wahrheitspflegsamkeit' charakterisiert ist: Überzeugungen werden gewöhnlich aufgegeben, sobald ihre Unwahrheit dem Subjekt (z.B. durch Nachdenken oder neue Sinneswahrnehmungen) offensichtlich wird, sie werden gewöhnlich gebildet oder stabilisiert, sobald ihre Wahrheit ihm offensichtlich wird, und anderes mehr. Solche Aspekte der funktionalen Rolle von Überzeugungen mag man unter dem Etikett "Geist-auf-Welt-Ausrichtung" zusammenfassen. Dieses wäre dann eine Bezeichnung für einen gewissen Teil der funktionalen Rolle, durch die das Genus Glauben charakterisiert ist und durch die es in wesentlichem Zusammenhang mit andern Genera von Geistesphänomenen steht. Wird die Redeweise von der Geist-auf-Welt-Ausrichtung in diesem Sinne verstanden, dann ist es – wie wir früher gesehen haben – in der Tat ein begriffliches Faktum, daß Überzeugungen diese Ausrichtung haben. Aber all das hat nichts mit der These zu tun, die wir zurückweisen: Glauben sei seinem Begriffe nach eine Beziehung zwischen einem Subjekt und dem, was es glaubt.

*

Unsere Überlegungen zur vermeintlichen Relationalität des Glaubens haben uns wieder einmal in vielerlei mißliche Subtilitäten (darunter wohl auch Pseudo-Subtilitäten) und terminologische Finessen geführt. Das ist immer lästig und hat zudem noch den abstoßenden Beigeschmack langatmiger Pedanterie. Man seufzt als Autor und spürt geradezu die Pein des Lesers. Der Versuch, auch feinere Unterschiede nicht unter dem Teppich verschwinden zu lassen, terminologische Gepflogenheiten als inhaltlich fragwürdig bloßzustellen und ein Minimum terminologischer Klarheit zurückzugewinnen, ist jedoch kein bloßes L'art pour l'art, das von der Sache selbst nur ablenkt. Vielmehr ist das, leider, unumgänglich. Denn manche der technischen und quasi-technischen Termini, die geradezu stereotyp zur näheren Bestimmung des Glaubens herangezogen werden, sind vieldeutig, dunkel oder auch schlankweg irreführend. Einige stammen aus alten Lehren, die inzwischen vergessen, andere aus neueren Theorie-Ansätzen, die noch nicht ausgegoren sind. Werden sie einfach wie feste Topoi verwendet – und das ist die Regel –, dann sind sie dazu angetan, alte Mißverständnisse zu tradieren oder neue zu schaffen. Manches, was sich als eine terminologische Selbstverständlichkeit festgesetzt hat, versteht sich eben nicht von selbst. Anderes, was sich wie eine gehaltvolle nähere Bestimmung des Glaubens ausnimmt, erweist sich bei näherer Betrachtung als ein bloß terminologischer Usus. Wir müssen in unseren Überlegungen deshalb nebenher auch untersuchen, was hinter diesen scheinbaren Gemeinplätzen steckt: welches eigentlich ihr Inhalt ist, wie dieser sich genauer fassen läßt und ob er dazu geeignet ist, den Begriff des Glaubens zu erhellen. – Betrachten wir nun fünf weitere Wesensbestimmungen.

*

"DAS GLAUBEN IST EIN INTENTIONALER ZUSTAND" Das ist, wie bereits anklang, nicht als eine inhaltliche Bestimmung des Glaubens zu verstehen. Vielmehr ist es eine allgemein akzeptierte Sprachregelung, durch die ein philosophischer Terminus technicus mittels eines paradigmatischen Beispiels erläutert wird. Dies sei nun ein wenig genauer ausgeführt. Der Ausdruck "intentionaler Zustand" ist ein gebräuchliches Etikett für eine mehr oder weniger wohlumrissene Klasse von geistigen Phänomenen, und welche das sind, ist unter anderm gerade auch dadurch charakterisiert, daß Glauben zu ihnen gehört. Wie ließe sich dieser Terminus ein wenig genauer erläutern?

Zum einen könnte man versuchen, die Klasse der sog. intentionalen Zustände durch eine bloße Aufzählung paradigmatischer Beispiele zu charakterisieren: Glauben, Wollen, Hoffen, Beabsichtigen und so weiter. Jede solche Aufzählung müßte das Glauben enthalten; es ist unbestrittenermaßen ein intentionaler Zustand par excellence. Eine Erläuterung dieses Schlags wäre jedoch unvermeidlich unvollständig. Auf das *und so weiter* ließe sich nicht verzichten, gleichgültig wie lang die Liste ist. Denn selbst wenn der gesamte Wortbestand des Deutschen berücksichtigt würde, erfaßte die Aufzählung doch nur solche intentionalen Zustände, für die wir (mehr oder weniger zufällig) über sprachliche Bezeichnungen verfügen. Das Mißliche einer bloß aufzählenden Antwort ist offenkundig: Es bliebe unbestimmt, was die relevante Gemeinsamkeit intentionaler Zustände ist, und deshalb auch, nach welchen Gesichtspunkten ein Zweifelsfall zu beurteilen ist. – Zum zweiten könnte die Antwort in der Manier einer explizit definitorischen Begriffsexplikation gegeben werden, d.h. durch Spezifizierung notwendiger und gemeinsam hinreichender Bedingungen. Wie eine solche gehaltvollere Explikation auszusehen hätte, ist durchaus umstritten. Eine traditionelle, an Brentano anschließende Antwort dieser zweiten Art könnte z.B. besagen, daß ein intentionaler Zustand auf ein 'intentionales Objekt' – eine existierende, oder auch nicht-existierende, Sache oder Sachlage – 'gerichtet' ist. Diese Auskunft muß aus den gerade dargelegten Gründen als ungeeignet erscheinen: Sie ist metaphorisch ("geistiges Gerichtetsein"), ontologisch voraussetzungsreich ("nicht-existierende Sache") und paßt vielleicht, wie gerade betrachtet, nicht einmal auf genuin propositionales Glauben, sondern nur auf die sog. De-re-Überzeugungen. Chisholm hat versucht, den Begriff der Intentionalität mit Rückgriff auf das logico-semantische Merkmal der Intensionalität von sprachlichen Ausdrücken für intentionale Phänomene zu präzisieren.[258] Dieser Vorschlag hat sich nicht durchgesetzt. Es scheint intentionale Phänomene zu geben, deren sprachliche Charakterisierung keine Intensionalität aufweist.[259] Zudem dürfte jeder solche Explikationsversuch all denen als grundsätzlich unbefriedigend erscheinen, die in diesem Merkmal, das auch bei sprachlichen Ausdrücken für anerkanntermaßen nicht-intentionale und nicht-geistige Phänomene anzutreffen ist, bestenfalls den sprachlichen Widerschein von Intentionalität sehen (bzw. den Widerschein eines allgemeineren Phänomens, das auch Intentionalität einbegreift). Und müßte am Ende nicht wieder die Frage stehen: Wie ist zu erklären, daß Sätze über Intentionales intensional sind?

Eine explikative Auskunft dieser zweiten Art würde zwar, im Gegensatz zu einer bloßen Auflistung von Beispielen, ein Intentionalitätskriterium bereitstellen, liefe aber Gefahr, gerade dadurch bereits substantielle theoretische Annahmen mit sich zu bringen. Mit einem allseits akzeptablen klassifikatorischen Etikett für eine näher zu bestimmende Klasse von Geistesphänomenen sollten jedoch möglichst keine Festlegungen auf eine bestimmte Theorie einhergehen. – Lassen sich diese Nachteile (fortsetzungsunbestimmte Aufzählung bzw. theoriebelastetes Kriterium) vermeiden? Vermutlich nicht beide zugleich. Doch betrachten wir eine dritte Erläuterung, die eine Mischform aus Beispiel-Liste und kriterialer Bestimmung ist:

> Daß ein Geisteszustand *intentional* ist, soll heißen: es ist ihm wesentlich, in der Weise einen Inhalt zu haben, in der dies beim Denken, Glauben, Wollen, Hoffen, Beabsichtigen usw. der Fall ist.

Das darin enthaltene Kriterium dafür, wie die Reihe *Glauben, Wollen, Hoffen, Beabsichtigen, …* fortzusetzen ist, ist wahrlich nicht präzis, aber auch nicht völlig unbestimmt. Es weist auf die wesentliche Inhaltshaftigkeit intentionaler Geisteszustände hin. Insofern ist diese Antwort besser als die erste. Die Erläuterung weicht nicht ins Sprachliche aus, und sie enthält keine kontroversen theoretischen Voraussetzungen. Insofern ist sie auch besser als eine der zweiten Art. Zudem reicht diese dritte Erläuterung für den gegebenen Zweck aus: einen Terminus so zu klären, daß er sich bei der Klassifizierung von Geisteszuständen verwenden läßt. – Und schließlich: Es gibt, wie mir scheint, derzeit keine bessere und keine weniger kontroverse Erläuterung dessen, was damit gemeint ist, wenn Philosophen von 'intentionalen Zuständen' sprechen.

Aus diesen Gründen ist die zutreffende Feststellung, daß Glauben ein intentionaler Zustand ist, keine inhaltliche These, sondern eine Auskunft, die sich aus jeder angemessenen terminologischen Erläuterung ergeben muß. Als eine klassifikatorische Bestimmung ist sie einfach zur Kenntnis zu nehmen, solange die betreffende Taxonomie nicht zur Diskussion steht.

*

"DAS GLAUBEN IST EINE PROPOSITIONALE EINSTELLUNG" Auch dies ist eine Redeweise, die sich seit langem eingebürgert hat. Der Terminus "propositional attitude" geht vermutlich auf Bertrand Russell zurück und wird heute als taxonomisches Etikett für alle geistigen Phänomene verwendet, die einen propositionalen Inhalt haben. So weit, so gut. Jedoch ist die Charakterisierung des Glaubens als einer propositionalen *Einstellung* dazu angetan, allerlei Mißverständnisse zu tradieren. Zum einen wird dadurch die falsche Auffassung nahegelegt, die geglaubte Proposition sei das intentionale Objekt des Glaubens. (Einstellungen hat man ja *zu* etwas.) Zum andern hat das Wort "Einstellung" Konnotationen, die zwar zu einer Konzeption des Glaubens als einem Gefühl passen mögen, aber gerade deshalb sachlich unhaltbar sind.[260] Kurz, der Ausdruck "propositionale Einstellung" ist potentiell irreführend. Wolfgang Künne empfiehlt, ihn auf den Index Verborum Prohibitorum zu setzen.[261] Jedenfalls sollte man unter diesem Terminus nichts anderes verstehen als eine Sammelbezeichnung für alle beliebigen geistigen Akte, Vorgänge und Zustände, deren Inhalt eine Proposition ist. Und in diesem Sinne ist das Glauben natürlich das Paradebeispiel einer propositionalen Einstellung.

*

"DAS GLAUBEN IST EIN IM GEDÄCHTNIS ABGESPEICHERTER INFORMATIONSZUSTAND" Das ist eine häufig zu lesende Floskel, hinter der nicht einmal das Bemühen zu erkennen ist, wörtlich genommen zu werden. Allein schon der Begriff der Information ist in diesem Zusammenhang fehl am Platz. Auf falsche Überzeugungen paßt er ohnehin nicht. Und selbst in Hinblick auf wahre Überzeugungen folgt aus der bloßen Tatsache, daß jemand das-&-das glaubt, nichts Spezifisches in Bezug auf die Frage, ob er sich an das-&-das erinnert oder je erinnern wird. Gewiß, Erinnerungen sind Überzeugungen; aber etwas glauben heißt nichts von der Art wie: sich daran erinnern.

*

Zum Abschluß dieses Kapitels werden wir nun zwei Charakterisierungen des Glaubens betrachten, deren Wahrheit außer jeder Frage zu stehen scheint. Dennoch, die erste wird – wenn überhaupt – nur noch mit Einschränkungen akzeptiert, und die zweite weist dank der ihr innewohnenden Unklarheiten auf einige Themen hin, die uns im Fortgang unserer Überlegungen noch beschäftigen werden.

"Glauben ist ein innerer Zustand" Sollte man dazu nicht einfach sagen: Ja was denn sonst? Wenn nur so recht klar wäre, was ein innerer Zustand ist. Ist es einer, der buchstäblich im Körperinneren des Subjekts anzutreffen ist – so, wie eine innere Verletzung im Gegensatz zu einer äußeren? Dann müßte das Glauben, zumindest das des Menschen, ein physischer Zustand sein, der in seinem Körper lokalisiert ist. Viele Physikalisten sind in der Tat der Auffassung, daß Überzeugungen buchstäblich im Kopf (neuronale Zustände im Cortex) sind; aber auch sie sind sich darüber im Klaren, daß dies eine empirische Hypothese ist. Uns interessiert jedoch, ob und in welchem Sinne es eine begriffliche Wahrheit ist, daß das Glauben ein innerer Zustand ist.

Ist es nicht einfach so: Das Glauben ist ein geistiger Zustand; geistige Zustände sind innere Zustände; beide Aussagen sind begrifflich wahr, und somit läßt sich unmittelbar einsehen, daß die Innerlichkeit des Glaubens eine begriffliche Tatsache ist? – Ja, es hat eine lange Tradition, über das Geistige als etwas Inneres zu sprechen. Wird, wie bei Augustinus, vom Geist als dem inneren Menschen und von einem inneren Licht des Geistes gesprochen, so entgeht uns das Bildnishafte daran nicht. Viele andere Redeweisen hingegen, mit denen über den Geist oder das Bewußtsein wie über einen inneren Ort oder Raum gesprochen wird, sind tote Metaphern. Es ist uns ganz natürlich, so zu sprechen. Selbst Descartes, der das Geistige ausdrücklich als etwas bestimmt, das keine räumliche Ausdehnung (und mithin keine Lokalisierung) hat, spricht ständig und völlig unbefangen vom Geist als etwas, das im Körper existiert, und von geistigen Phänomenen als etwas, das im Geist ist. Sogar an der markanten Stelle, an der er seinen Beweis für die reale Verschiedenheit von Körper und Geist mit dem nochmaligen Hinweis darauf beschließt, daß sein Körper Ausdehnung hat, er selbst (als denkendes Ding) aber nicht, beginnt der nächste Satz mit den Worten: "Außerdem finde ich *in* mir Fähigkeiten zu speziellen Arten des Denkens ...".[262]

Die Rede von 'inneren' geistigen Phänomenen sollten wir also schlicht als eine unanstößige Sprachgegebenheit hinnehmen. Sie enthält keine

Metapher für ein räumliches Innen-Sein. Werden geistige Phänomene als innere Zustände oder Vorgänge bezeichnet, dann wird damit keine Ortsangabe gemacht, nicht einmal eine figurative. Aber was heißt es eigentlich? Ich denke, in dieser Ausdrucksweise spiegelt sich wider, daß wir die Beziehung zwischen dem Subjekt und seinen geistigen Phänomenen als eine sehr eigentümliche konzipieren – jedenfalls nicht als ein 'äußerliches' Verhältnis, in dem ein Mensch zu allem Nicht-Geistigen steht, das ihm gehört. Die Rede vom geistigen 'Innen' verweist auf eine spezielle Art der Zugehörigkeit, auf eine besonders innige Art des Zueigenseins.[263] – Die Gedanken, Gefühle, Überzeugungen und Wünsche eines Menschen sind in einem andern Sinn *seine eigenen* als alles andere, das ihm oder zu ihm gehört (seine Schuhe, sein Ansehen und Aussehen, ja selbst sein Körperinneres). Dieser nicht auf Räumliches oder Quasi-Räumliches abzielende Sinn, in dem geistige Eigenschaften innere Phänomene sind, hat viele Facetten: Subjektivität, geistige Autonomie, personale Identität, Privatheit des Geistigen und anderes mehr. Eine von ihnen hat damit zu tun, daß der Besitz geistiger Eigenschaften gleichsam logisch abgeschottet ist gegen alles, was außerhalb des Subjekts der Fall sein mag. – Dies sei näher erläutert und in den Zusammenhang mit unserer spezifischen Frage gestellt, ob und inwiefern das Glauben ein innerer Zustand ist.

*

Die Gesamtheit der Eigenschaften, die einem Menschen zukommen, läßt sich unterteilen in solche, die ihm jedenfalls so lange zukommen, wie an ihm selbst keine Veränderung eintritt – unabhängig davon, ob seine äußeren Umstände sich verändern oder nicht –, und solche, die er auch dann verlieren kann, wenn an ihm selbst alles gleich bliebe, aber gewisse Veränderungen in den äußeren Umständen einträten, in denen er sich befindet. Eigenschaften der ersten Art nennen wir *intrinsische* Eigenschaften der betreffenden Person; Beispiele sind: männlichen Geschlechts sein, einen Puls von 60 haben, müde sein, und so weiter. Äußere Gegebenheiten sind in folgendem Sinn irrelevant dafür, ob jemand solch eine Eigenschaft hat oder nicht: Ob er sie zu einem gewissen Zeitpunkt hat oder nicht, hängt nicht davon ab, wie die äußeren Gegebenheiten, in denen er sich befindet, beschaffen sind. *Extrinsische* Eigenschaften hingegen involvieren eine Beziehung zu subjekt-externen Faktoren. Zu den extrinsischen Eigenschaften einer Person gehören: überdurchschnittlich groß sein, verheiratet sein, wissen, daß es regnet, und vieles andere mehr. Solche Eigenschaften kann man durch äußere Veränderungen auch dann verlieren, wenn im Bereich der intrinsischen

Eigenschaften alles gleich bleibt (etwa dadurch, daß hinreichend viele der andern Menschen wachsen, der Ehemann stirbt, oder der Regen aufhört).

Ein bizarres Szenario mag nützlich sein, wenn es darum geht einzuschätzen, ob eine bestimmte Eigenschaft, von der wir unterstellen, daß eine Person sie zu einem bestimmten Zeitpunkt hat, eine ihrer intrinsischen Eigenschaften ist oder nicht: Denken wir uns die ganze Welt um die Person herum weg. Hätte sie diese Eigenschaft auch, wenn zu diesem Zeitpunkt nichts außer ihr vorhanden wäre? Es ist offenkundig, daß diese Überlegung in vielen Fällen zu keinem eindeutigen Ergebnis führen wird; wir wüßten, zum Beispiel, nicht zu sagen, ob der Neurotiker auch dann neurotisch wäre, wenn er in diesem extremen Sinn 'ganz für sich selbst' betrachtet würde. Das Versagen dieser Probe weist darauf hin, daß die Unterscheidung zwischen diesen beiden Arten von Eigenschaften unscharf ist. Doch den Unterschied gibt es. Denn es gibt klare Fälle des einen und des andern: Der Reiche wäre dann nicht reich, aber der Blinde wäre blind (auch wenn es nichts zu sehen gäbe). – Der Begriff der Intrinsität ist durchaus verschwommen, und ebenso folgende terminologische Erläuterung, die uns aber für die Zwecke unserer Überlegungen ausreichen soll.

> Daß *E* eine *intrinsische Eigenschaft* ist, soll besagen: Ob ein beliebiges Ding, *x*, die Eigenschaft *E* hat, hängt in folgendem Sinn ausschließlich davon ab, wie es um *x* für sich genommen bestellt ist: Jedes physische Duplikat von *x* müßte ebenfalls *E* haben – selbst eines, das sich in einer ansonsten völlig leeren Welt befindet.[264]

Niemand, so weit ich sehe, vertritt die Auffassung, daß jede Überzeugung ihrem Begriffe nach eine intrinsische Eigenschaft der Subjekte ist, die sie haben. Gedankenexperimente wie das von Putnam mit dem Hirn im Topf oder auch das von Davidson mit dem Sumpfmenschen mobilisieren die Intuition gegen diese Vorstellung. (Ich glaube, daß Aluminium ein Leichtmetall ist. Aber wie könnte ein Duplikat von mir, das immer in einer leeren Welt war und bleibt, so etwas glauben? Selbst wenn es überhaupt Überzeugungen haben könnte, so wohl nur ganz besonders ausgesuchte.) Wem prima facie einleuchtend erscheint, daß Glaubenseigenschaften ihrer Natur nach innere Zustände sind, dem wird dennoch nicht einleuchten, daß sie intrinsische Zustände sind. In diesem Punkt dürften die Intuitionen der meisten Philosophen, auch der meisten Internalisten, übereinstimmen: Etwas, das sich stets in einer ansonsten leeren Welt befände, wäre ipso facto kein Glaubenssubjekt. – Kurz, die verbreitete Idee von der Innerlichkeit des Glaubens ist offenkundig nicht die von seiner Intrinsität.

Wenn wir dennoch an dem Versuch festhalten, den Kern dieser Idee damit zu fassen, daß Glaubenstatsachen 'nicht von irgendwelchen subjekt-externen Faktoren abhängen' (daß das, was außerhalb des Subjekts der Fall ist, in einem gewissen Sinn 'nicht von Belang' dafür ist, ob es eine bestimmte Überzeugung hat oder nicht), dann sollten wir also zumindest den ohnehin schwerlich vorstellbaren Extremfall einer 'ansonsten völlig leeren Welt' ausblenden. Konzentrieren wir uns auf Fälle, in denen sich die Subjekte in einer 'nicht-leeren' Umgebung befinden, in der es nicht kontra-intuitiv ist, ihnen überhaupt Überzeugungen zuzubilligen. Es ist nützlich, an dieser Stelle den Begriff der geistigen Innerlichkeit, um den es nun gehen soll, ein wenig deutlicher zu fassen. Dazu soll uns folgende terminologische Bestimmung dienen:

> Daß eine spezifische geistige Eigenschaft *E* vom Genus *G* eine (*rein*) *innerliche* Eigenschaft ist, soll besagen: Wenn ein beliebiges *x E* hat, dann hätte jedes Duplikat von *x*, das überhaupt *G*-Eigenschaften hat, ebenfalls *E* – selbst wenn die Umgebung des Duplikats ganz anders beschaffen wäre als die von *x*.

Zur Erläuterung ein Beispiel, direkt auf unser Thema bezogen: Zu glauben, daß Aluminium ein Leichtmetall ist, ist eine spezifische geistige Eigenschaft vom Genus *Glauben*; wäre sie rein innerlich, müßte jedes meiner Duplikate, das überhaupt Überzeugungen hat, ebenfalls diese Überzeugung haben.

Ein in diesem Sinne innerlicher Zustand einer Person ist ihr unabhängig davon zueigen, wie es um die äußeren Gegebenheiten bestellt ist, in denen es sich de facto befindet. Außer vielleicht Wittgenstein in seinem Spätwerk bestreitet wohl niemand, daß manche geistigen Zustände von dieser Art sind. – Nun hatten wir allerdings bereits im ersten Kapitel bemerkt, daß nicht alle Geisteszustände, in denen sich ein Subjekt befinden mag, in diesem Sinne unabhängig von den subjekt-externen Verhältnissen sind. (Wissen, daß es regnet, ist, wie wir gesehen hatten, kein 'rein innerlicher Geisteszustand'; Wissen, daß man wach ist, hingegen schon.) Kurz, nicht jeder geistige Zustand ist seinem Begriffe nach ein innerlicher. Daß Glauben etwas Innerliches ist, ergibt sich also nicht allein schon daraus, daß es ein geistiger Zustand ist.

Nun mag der Gedanke naheliegen, daß nur solche Geisteszustände keine innerlichen sind, deren Begriffe jene logische Besonderheit haben, die wir z. B. bei denen des Wissens oder Wahrnehmens antreffen. Es sind die sog. *faktiven* Begriffe, d.h. solche, die nur dann zutreffen, wenn der zu ihnen gehörige propositionale Inhalt den Fakten entspricht.[265] Dies sei kurz erläutert. Betrachten wir propositionsinvolvierende Prädikate, also solche des Typs "... *F*t, daß *p*". Beispiele sind: "... wünscht, daß *p*", "... vermutet, daß *p*", "... erwartet, daß *p*", "... weiß, daß *p*", "... erinnert sich daran, daß *p*" und "... sieht, daß *p*". Daß ein solches Prädikat faktiv ist, heißt: Jede Zuschreibung dieses Prädikats ist höchstens dann wahr, wenn es auch wahr ist, daß *p*. Deutlicher gesagt: Daraus, daß ein Subjekt *F*t, daß *p*, folgt mit begrifflicher Notwendigkeit, daß *p*. "Wissen" und "sehen" sind demnach faktive Prädikate; man kann nur das sehen oder wissen, was auch der Fall ist. "Wünschen" und "vermuten" sind keine faktiven Prädikate; man kann etwas wünschen oder vermuten, das nicht der Fall ist. (Ein Begriff ist faktiv, wenn ein faktives Prädikat auf ihn verweist; wenn solch ein Begriff einen Geisteszustand bestimmt, nennen wir auch diesen faktiv.)

Der naheliegende Gedanke, den ich gerade erwähnte, läßt sich dann als folgende These formulieren: Alle Geisteszustände – außer solchen, die faktiv sind und deren propositionaler Inhalt von subjekt-externen Gegebenheiten handelt – sind innerliche Zustände. Da Glauben nun aber offenkundig nicht faktiv ist, läßt sich – so mag es scheinen – der Beweis für die Innerlichkeit des Glaubens ganz einfach führen. Erste Prämisse: Glauben ist ein Geisteszustand; zweite: Glauben ist nicht faktiv; dritte: Jeder nicht-faktive Geisteszustand ist ein innerlicher; Konklusion: Glauben ist ein innerlicher Zustand.

Diese Argumentation ist auf den ersten Blick einnehmend, ihre dritte Prämisse wird aber von fast niemandem mehr akzeptiert. Warum? Zunächst eine kurze Vorbetrachtung. Nehmen wir das Hoffen, klarerweise ein nicht-faktiver Zustand. Wittgenstein gibt dazu einmal folgendes zu bedenken:

> Wenn ich nun in meinem Zimmer sitze und hoffe, N.N. werde kommen und mir Geld bringen, und eine Minute dieses Zustands könnte isoliert, aus ihrem Zusammenhang herausgeschnitten werden: wäre, was in ihr geschieht, dann kein Hoffen? – Denke, z.B., an die Worte, die du etwa in dieser Zeit aussprichst. Sie gehören nun nicht mehr dieser Sprache an. Und die Institution des Geldes gibt es in einer andern Umgebung auch nicht.[266]

Die Frage, die Wittgenstein aufwirft, läßt sich in unserer Terminologie so reformulieren: Ist die Eigenschaft, zu hoffen, daß *p*, eine intrinsische oder wenigstens eine innerliche Eigenschaft des Hoffenden? – Führen wir uns vor Augen, daß die Antwort nicht völlig klar ist, und woran dies liegt. Hoffen ist kein Gefühl und keine Stimmung, aber man kann nicht hoffen, ohne daß einem in einer gewissen Weise zumute ist. Es ist einer dieser Zustände, die zugleich intentional und qualiativ sind. Aus just diesem Grund fällt es schwer, eine eindeutige Antwort auf Wittgensteins Frage zu geben. Einerseits scheint plausibel, daß diese spezifische Hoffnung, jemand werde kommen und Geld bringen, nur in einer passenden sozialen Umgebung gehegt werden kann; darauf zielt Wittgensteins Hinweis auf die 'Institution des Geldes' ab. Andererseits scheint doch das für Hoffnung charakteristische Gefühl nicht auf irgendeine Umgebung angewiesen zu sein; es läßt sich vielleicht sogar als eine intrinsische Eigenschaft auffassen. (Wieso sollte dieses *Gefühl* auch im Laufe dieser Minute des Herausgeschnittenseins nicht immer noch die Merkmale haben, die für Hoffnungsgefühle charakteristisch sind?) Zunächst einmal spricht also nichts dagegen, Wittgensteins Frage so zu beantworten: Ja, was in dieser Minute geschieht, wäre ein Hoffen. Allerdings ist schwer zu sagen, was genau der Inhalt dieses Hoffens sein möchte.

Das eigentlich Rätselhafte an dieser Sache liegt also nicht so sehr in der Frage, ob es sich da um ein Hoffen handelt, sondern in einer damit zusammenhängenden Frage, die Wittgenstein nicht stellt: *Was* wird da gehofft? Welches wäre der Inhalt einer Hoffnung, die unter gewöhnlichen Umständen die Hoffnung auf den Erhalt von Geld ist, unter den ausgemalten Umständen jedoch schwerlich *diese* Hoffnung sein könnte? Die spezielle Frage, die Wittgenstein an dieser Stelle formuliert ("Wäre das ein Hoffen oder nicht?"), mag also eine simple Antwort haben. Aber sie verweist auf andere Fragen, die unseren weiteren Überlegungsgang bestimmen werden: Fragen nach dem Inhalt und der Individuation spezifischer intentionaler Zustände – und insbesondere danach, welche Rolle subjekt-externe Faktoren in diesem Zusammenhang spielen.

Die Frage nach der Innerlichkeit des Glaubens hat im Lichte der bis hierhin angestellten Überlegungen eine etwas deutlichere Kontur gewonnen als unsere Ausgangsfrage, ob das Glauben ein 'innerer' Zustand sei. Erstens geht es nicht um ein quasi-räumliches Innen-Sein, zweitens nicht um generisches Glauben und drittens nicht um die Intrinsität des Glaubens. Und schließlich, daran sei erinnert, geht es nicht – zumindest nicht unmittelbar – um die Metaphysik des Glaubens. Unsere Frage ist nicht, ob Glaubenseigenschaften innerlich *sind*. Vielmehr ist es die Frage, ob solche Eigenschaften durch den Begriff des Glaubens als innerliche Zustände konzipiert werden, oder immerhin so konzipiert werden können.

Letzteres bestreitet der *doxastische Externalismus*: die Auffassung, daß viele (und zwar viele ganz gewöhnliche) Überzeugungen schon ihrem Begriffe nach nicht-innerlich sind. Die Debatten um die Innerlichkeit des Glaubens der letzten Jahrzehnte wurden von genau diesem Streitpunkt geprägt: ob sich allein schon durch begriffliche Überlegungen einsehen läßt, daß Überzeugungen *nicht* innerlich sind.

Hierbei ist es wichtig, eines zu beachten. Innerliche – ja, selbst intrinsische – Zustände eines Subjekts lassen sich stets mit Rückgriff auf subjekt-externe Faktoren charakterisieren. (Wenn Peters Infektion die Erkrankung ist, die er sich im Krankenhaus zugezogen hat, so ist sie dennoch eine seiner intrinsischen Eigenschaften.) Für extrinsische und auch für nicht-innerliche Eigenschaften hingegen gibt es keine Charakterisierung, die nicht (zumindest verdeckt) subjekt-externe Faktoren mit einbezieht. Deshalb müssen zwei Fragen auseinandergehalten werden. Einerseits ist da die metaphysische Frage, ob Glaubenszustände innerliche Eigenschaften ihrer Subjekte sind oder nicht. Andererseits ist da die begriffliche Frage, ob Glaubenszustände durch Glaubensbegriffe als nicht-innerliche Eigenschaften konzipiert werden.

Natürlich hängen diese beiden Fragen miteinander zusammen. Wenn sich erweisen ließe, daß Glaubenszustände schon allein durch ihre Begriffe (des Typs Glauben-daß-*p*) als nicht-innerliche Eigenschaften begriffen werden, dann ergäbe sich daraus auch die metaphysische Konsequenz, daß sie keine innerlichen Eigenschaften sind. Die metaphysische These von der Innerlichkeit des Glaubens hingegen ist auf keine positive These über den Begriff des Glaubens festgelegt. Der (*metaphysische*) *Internalismus* in puncto Glauben handelt vom natürlichen – nicht vom begrifflichen – Wesen des Glaubens. Daß sich bereits aus dem Begriff des Glaubens die Innerlichkeit des Glaubens ergebe, ist nichts, was der Internalist behaupten müßte. Im Gegenteil, er kann ohne weiteres zugestehen, daß mit dem Begriff des Glaubens die betreffenden geistigen Zustände nicht als innerliche konzipiert werden. Wohl aber muß er darauf insistieren, daß ebendieselben Zustände sich auch als innerliche konzipieren lassen. Die internalistische Konzeption besagt, daß Glauben seiner Natur nach ein innerlicher Zustand *ist*; sie besagt nicht, daß das bereits dem Begriff des Glaubens zu entnehmen sei.[267] Die Gegenthese des doxastischen Externalismus besagt hingegen, daß gewöhnliche Glaubenseigenschaften bereits ihrem Begriffe nach keine innerlichen Zustände sind. – Deshalb ist es für das nun Folgende wichtig, im Auge zu behalten, daß der durch den Externalismus aufgeworfene Streitpunkt, um den es uns jetzt geht, nicht unmittelbar die Metaphysik des Glaubens betrifft, sondern folgendermaßen lautet:

Werden Glaubenszustände durch Begriffe des Typs Glauben-daß-*p* als nicht-innerliche Eigenschaften konzipiert?

Die Diskussion um diese Frage ist geprägt durch eine Reihe von suggestiven Gedankenexperimenten und daran anknüpfenden Überlegungen, die Tyler Burge entwickelt hat, um zu zeigen, daß die Antwort *Ja* lauten muß.[268] – Anstelle der rein physischen 'Duplikate' greift Burge in seinen Gedankenexperimenten auf Putnams Hilfskonstruktion sog. 'psychophysischer Doppelgänger' zurück.[269] Dies sei kurz erläutert: Zwei Menschen wären (zum Zeitpunkt *t*) *psychophysische Doppelgänger* voneinander, wenn sie bis in die kleinste physikalisch beschreibbare Einzelheit gleichartig wären und sich bis dahin stets in für sie völlig ununterscheidbaren äußeren Bedingungen befunden hätten (der eine auf der Erde, der andere auf einem Zwillingsplaneten) und wenn ihre 'interne Geschichte' (bis zu *t*) dieselbe wäre. Die interne Geschichte eines Menschen umfaßt alles, was sich bisher innerhalb seiner Körpergrenzen abgespielt hat, wozu auch die Phänomenologie seines Denkens und Erlebens zu rechnen ist. Die Autobiographien psychophysischer Doppelgänger wären mithin bis aufs Komma identisch. Ihre Körperbewegungsdispositionen und die funktionalen Zusammenhänge zwischen ihren Geisteszuständen wären völlig gleich. Würden sie in die Situation des jeweils anderen versetzt, könnten sie keinen Unterschied bemerken.

Diese Doppelgänger-Konstruktion hat gegenüber dem gedankenexperimentellen Aufbau, den wir bei Wittgenstein fanden, zumindest einen Vorzug. Wir müssen nun nicht versuchen, uns Wittgenstein vorzustellen (wie er in einem Zimmer ist, aus dem er für eine Minute in ein Nirgendwo gerissen wird), sondern dürfen uns zwei *sehr* ähnliche Personen ausmalen, die sich in *sehr* ähnlichen und gut vorstellbaren äußeren Umgebungen befinden. Das erleichtert zumindest die Anschauung. Und mehr als Anschaulichkeit dürfen wir uns von Gedankenexperimenten zu diesem Thema nicht erwarten. – Der springende Punkt ist natürlich: Jede geistige Eigenschaft, die der eine Doppelgänger hätte, der andere aber nicht, wäre keine innerliche Eigenschaft. Auf unser Thema bezogen ergibt sich demnach:

Wäre die Eigenschaft zu glauben, daß so-&-so, eine innerliche Eigenschaft, dann müßte gelten: Wenn eine Person glaubt, daß so-&-so, so glaubt auch jeder ihrer Doppelgänger, daß so-&-so.

Der Witz des Gedankenexperiments von Burge, dem wir uns nun zuwenden, ist es, ein Beispiel für eine ganz gewöhnliche Glaubenseigenschaft einer Person zu geben, die einer ihrer Doppelgänger nicht hat – und damit ein Beispiel für eine nicht-innerliche Glaubenseigenschaft. Nehmen wir an, daß *S*, ein gewöhnlicher deutscher Mitmensch, auf einem Zwillingsplaneten (der Zwerde) einen Doppelgänger hat, den wir *D* nennen. Nun gibt es einen kleinen Unterschied zwischen den irdischen und den zwirdischen Gegebenheiten: Auf der Zwerde kommt kein Aluminium vor, stattdessen ein anderer Stoff, der sich trotz völliger Ähnlichkeit in Aussehen und Materialeigenschaften von Aluminium in seiner Atomstruktur unterscheidet. Nennen wir diesen Stoff Zwalum; auf der Erde gibt es ihn nicht. Die beiden Stoffe weisen keinen Unterschied auf, den irdische oder zwirdische Wesen (zum Zeitpunkt *t*) bemerken könnten. Die Bewohner der Zwerde bezeichnen Zwalum natürlich mit dem Wort "Aluminium", denn ihre Sprache ist vom Deutschen so ununterscheidbar wie ihr ganzer Planet von der Erde.

Hier nun Burges Überlegung: Unser Erdbewohner *S* stimmt dem Satz "Aluminium ist ein Leichtmetall" zu; damit drückt er die Überzeugung aus, daß Aluminium ein Leichtmetall ist. Ebenso stimmt sein zwirdischer Doppelgänger *D* diesem Satz zu. Aber wenn er dies tut, drückt er damit nicht die Überzeugung aus, daß Aluminium ein Leichtmetall ist, sondern die, daß Zwalum eines ist. Betrachten wir nun folgende Argumentation:

(1) *S* glaubt, daß Aluminium ein Leichtmetall ist.
(2) *D* glaubt, daß Zwalum ein Leichtmetall ist.
(3) Die Überzeugung, daß Aluminium ein Leichtmetall ist, ist nicht dieselbe Überzeugung wie die, daß Zwalum ein Leichtmetall ist.

Also:

(K) *S* hat eine Überzeugung, die *D* nicht hat (und umgekehrt).

Diese Argumentation ist nicht zwingend; die Konklusion folgt nicht aus den Prämissen. Denn es ist mit (1) – (3) verträglich, daß *S* ebenfalls glaubt, daß Zwalum ein Leichtmetall ist, und *D* ebenfalls glaubt, daß Aluminium eines ist. Nehmen wir also die beiden fehlenden Prämissen hinzu:

(4) *S* glaubt nicht, daß Zwalum ein Leichtmetall ist.
(5) *D* glaubt nicht, daß Aluminium ein Leichtmetall ist.

Aus (1) – (5) folgt nun tatsächlich die Konklusion (K), und wenn diese Prämissen in der Tat wahr wären, dann zeigte sich an diesem Gedankenexperiment, daß die Überzeugung, daß Aluminium ein Leichtmetall ist, keine innerliche Eigenschaft ist. Denn alle innerlichen Eigenschaften der Doppelgänger sind nach Voraussetzung dieselben; aber nur *S* hat diese Überzeugung. – Es liegt auf der Hand, daß es auf das konkrete Beispiel nicht ankommt; eine entsprechende Überlegung läßt sich genauso gut im Hinblick auf zahllose andere (wenn auch vielleicht nicht auf alle) Glaubenseigenschaften anstellen. Die Folgerung scheint unabweisbar:

> Durch manche Begriffe des Typs Glauben-daß-*p* werden Glaubenszustände als nicht-intrinsische Eigenschaften konzipiert.

Diese These ist das inhaltliche Minimum jeder Auffassung, die wir als *doxastischen Externalismus* bezeichnet hatten.[270] Nennen wir einen Begriff, durch den ein Geisteszustand als eine nicht-intrinsische Eigenschaft konzipiert wird, des kürzeren Ausdrucks halber *umgebungsgetränkt*. Dann läßt sich die Frage, die nun zu betrachten ist, so formulieren: Zeigen solche Doppelgänger-Überlegungen, daß die jeweiligen Glaubensbegriffe umgebungsgetränkt sind?

Bleiben wir bei dem gerade betrachteten Beispiel. Da der Schluß von (1)-(5) auf (K) gültig ist und sich aus dieser Konklusion ergäbe, daß ein bestimmter Glaubensbegriff (Glauben-daß-Aluminium-ein-Leichtmetall ist) umgebungsgetränkt ist, stellt sich die Frage, ob alle Prämissen dieses Schlusses als wahr anzuerkennen sind, wenn wir uns auf das Gedankenexperiment einlassen. An (1) und (2), so scheint mir, ist dann nicht zu rütteln. Hingegen geben die Annahmen (3)-(5) Anlaß zu Zweifel. – Zunächst einmal: Warum sind die ersten beiden Prämissen unbestreitbar? Weil es ein akzeptiertes Kriterium der Überzeugungszuschreibung gibt, das im geschilderten Fall anwendbar ist und die Wahrheit von (1) und (2) unabweisbar macht. Dadurch, daß *S* und *D* einem Satz ihrer jeweiligen Sprache ("Aluminium ist ein Leichtmetall") als kompetente Sprecher zustimmen, geben sie Grund zu der Annahme, daß sie diejenigen Überzeugungen haben, die sie mit ihrer Zustimmung ausdrücken; wenn wir den beiden Begriffskompetenz, Aufrichtigkeit usw. zubilligen, spricht alles dafür und nichts dagegen, daß sie die jeweilige Überzeugung haben. Das Kriterium der aufrichtigen Zustimmung ist unter den ausgemalten Umständen auf *S* und *D* anwendbar; und aus seiner Anwendung ergeben sich die ersten beiden Prämissen.

Gemäß diesem Kriterium ist *S* die Überzeugung (im Folgenden kurz: die *A*-Überzeugung) zuzuschreiben, daß Aluminium ein Leichtmetall ist. Doch was könnte das entsprechende Kriterium sein, um ihm die *Z*-Überzeugung abzusprechen (also die, daß Zwalum ein Leichtmetall ist), wie dies mit (4) getan wird? Hier gibt es keinen Satz, dem *S* zustimmen, den er verneinen oder dem er mit einem "Dazu habe ich keine Meinung" begegnen könnte. Der Satz "Zwalum ist ein Leichtmetall" ist ja kein Satz seiner Sprache. Denn *S* spricht gewöhnliches Deutsch, und das Wort "Zwalum" gibt es in unserer Sprache nicht. (Daß es dieses Wort im Deutschen *nicht* gibt, ist wesentlich für das Szenario, das im Gedankenexperiment ausgemalt wird.) Daß er die *A*-Überzeugung hat, kann *S* – seine Sprachkompetenz, Aufrichtigkeit usw. vorausgesetzt – deutlich machen. Wenn er es tut – wie im Szenario vorausgesetzt –, ist an (1) nicht zu rütteln. Aber wie könnte er ebenso deutlich machen, daß er die *Z*-Überzeugung *nicht* hat?

Er könnte es nicht. Beispielsweise ist es ihm nach Voraussetzung gar nicht möglich, so etwas zu sagen wie: "Ich glaube, daß Zwalum kein Leichtmetall ist" oder "Ich habe keine Meinung dazu, ob Zwalum ein Leichtmetall ist". – Gründe, ihm diese Überzeugung abzusprechen, müßten von ganz und gar anderer Art sein als die, dank denen ihm die *A*-Überzeugung zuzuschreiben ist.

Welche andersartigen Gründe könnten das sein? Nun, so viel ist zuzugestehen: Es gibt nicht die geringste Veranlassung dazu, einem ganz gewöhnlichen Sprecher des Deutschen, wie *S* nach Voraussetzung einer ist, die Überzeugung zuzuschreiben, daß Zwalum ein Leichtmetall ist. Wer zeigen wollte, daß die vierte Prämisse *falsch* ist (d.h. zeigen wollte, daß *S* glaubt, daß Zwalum ein Leichtmetall ist), täte sich schwer, dies zu begründen. Aber tun wir uns einmal schwer. Malen wir uns dies aus: *S* hat Freude am Phantasieren. Schon als Kind hat er sich eine Welt ausgemalt, die so ist wie die wirkliche, nur daß in ihr überall da, wo bei uns Aluminium ist, ein in seinen Erscheinungsweisen ununterscheidbarer, aber chemisch gesehen anderer Stoff vorkommt; und wie es sich fügt, hat *S* diesem herbeiphantasierten Stoff den Namen *Zwalum* gegeben. (Genau das Entsprechende hat natürlich auch *D* getan, wie es einem Doppelgänger geziemt.) *S* hat bereits einen Science-fiction-Roman begonnen, in dem das Wort "Zwalum" gelegentlich vorkommt. Nun wird er gefragt: Ist dieser Stoff, den du Zwalum nennst, ein Leichtmetall? In aller Aufrichtigkeit bejaht er diese Frage. Glaubt er also, daß Zwalum ein Leichtmetall ist? – Wenn *S* uns mit dem Gedankenexperiment von der Zwerde und dem Zwalum in ihr zuvorgekommen wäre, wäre die vierte Prämisse dann falsch? Ich wüßte nicht, was man dazu mit Bestimmtheit sagen könnte. Hinzu kommt, daß meine Konstruktion solch einer Fiktion in der Fiktion allzu sehr an den Haaren herbeigezogen ist, um Überzeugungskraft zu entfalten. Der Erkenntniswert von ‘Intuitionen’, wenn wir überhaupt dazu welche hätten, wäre höchst fragwürdig. Aber dennoch, in diesem konsistent angereicherten Szenario verliert das ursprüngliche Gedankenexperiment jedenfalls an suggestiver Kraft in Hinblick auf die Wahrheit der vierten Prämisse.

Doch lassen wir solche zusätzlichen Ausmalungen beiseite. Denn wir müssen nicht zeigen, wie Prämisse (4) im ursprünglichen Szenario *falsch* sein könnte. Die Beweislast liegt beim Externalisten. Er muß zeigen, daß diese Prämisse *wahr* ist. Und um dies zu zeigen, bedarf es mehr als des Hinweises darauf, daß es keine Anhaltspunkte dafür gibt, daß *S* die Z-Überzeugung hat. Aus dem bloßen Fehlen von Anhaltspunkten dafür, daß *S* eine Überzeugung hat, folgt nicht, daß er sie nicht hat. Es bedarf eigenständiger *positiver* Gründe für die Wahrheit von (4). Welche könnten das sein? – Der Externalist mag so argumentieren: “Ganz einfach. *S* verfügt nicht über den Begriff <u>Zwalum</u>; darum kann er keine Überzeugung haben, in die dieser Begriff involviert ist. Also kann es gar nicht sein, daß er die Z-Überzeugung hat, und das heißt: (4) ist wahr”. – Aber woher wissen wir, daß *S* über diesen Begriff nicht verfügt? Darauf der Externalist: “Weil er in einer Umgebung ist, in der Zwalum nicht vorkommt; weil er niemals von Zwalum gehört hat; weil zwischen ihm und diesem Stoff auch sonst keinerlei natürliche Beziehung besteht (und sei diese noch so indirekt und vermittelt), deren es bedürfte, um einen Begriff von Zwalum zu haben.” Aber könnte er nicht doch, auch ohne eine derartige Beziehung, über einen Begriff von Zwalum verfügen?

Bedenken wir einmal dies: *S* hat bestimmte Fähigkeiten, die seine Beherrschung des Wortes “Aluminium” ausmachen, und er ist dazu disponiert, einige grundlegende begriffliche Wahrheiten zu akzeptieren, in denen das Wort “Aluminium” vorkommt. Dies ist hinreichend dafür, daß er über den Begriff <u>Aluminium</u> verfügt. Fassen wir diese Fähigkeiten und Dispositionen, die seine Beherrschung des Wortes und mithin seine Meisterung des Begriffs konstituieren, unter dem Etikett *A-Kompetenz* zusammen. Sein Doppelgänger hat nach Voraussetzung dieselben Fähigkeiten und Dispositionen; sie sind hinreichend dafür, daß er über den Begriff <u>Zwalum</u> verfügt. Da es für *A*-Kompetenz und *Z*-Kompetenz hinreichende Bedingungen gibt, die sowohl *S* als auch *D* erfüllen, verfügt auch *S* über den Begriff <u>Zwalum</u>. Wo steht geschrieben, daß das nicht reicht? – In dieselbe Richtung weist auch folgende Überlegung: Wenn *S* auf der Zwerde an *D*s Stelle träte, müßte er nichts Neues hinzulernen, auch nicht über den Stoff Zwalum, um das Wort “Aluminium” unter diesen anderen Gegebenheiten sprachrichtig zu verwenden. Natürlich, solange er hier auf der Erde das Wort “Aluminium” korrekt auf Gegenstände anwendet ("Diese Espresso-Kanne ist aus Aluminium"), spricht er über Gegenstände, die aus Aluminium bestehen; wenn er das Entsprechende auf der Zwerde täte, spräche er über solche, die aus Zwalum bestehen. Aber das heißt nicht, daß dabei unterschiedliche Begriffe im Spiel sein müßten. Denn der eine Begriff, den er hat, mag weit genug sein, beide Stoffe zu erfassen, obwohl diese unterschiedliche Atomstrukturen haben. (Dies ist keine konstruierte Möglichkeit. Man bedenke: Unter unsern gewöhnlichen Begriff Wasser fällt sowohl 'normales' als auch 'halbschweres' Wasser, und das sind Stoffe, die sich in ihrer Atomstruktur voneinander unterscheiden.)

Die ins Auge gefaßte externalistische Verteidigung der vierten – und entsprechend der fünften – Prämisse ist also keineswegs zwingend.[271] Mithin scheitert das externalistische Argument. Es beruht auf Voraussetzungen, die nur durch eine geeignete zusätzliche philosophische Theorie zu rechtfertigen wären, etwa eine externalistische Begriffstheorie, derzufolge ein Begriff wie Aluminium nur kraft bestimmter Beziehungen zu Aluminium erworben werden kann. Andererseits ist aber ebensowenig zu sehen, wie sich (angesichts der Unverfügbarkeit eines Kriteriums für Überzeugungsidentität) ein überzeugendes internalistisches Argument entwickeln lassen könnte – also eines, das zeigen würde, daß kein propositionaler Überzeugungsbegriff wesentlich umgebungsgetränkt ist. In einem Wort, unsere Frage hat keine definitive Antwort. Es ist, so scheint es, unentscheidbar, ob das Glauben seinem Begriffe nach ein innerer Zustand ist oder nicht.

Gäbe es eine Antwort auf diese Frage, hätte sie weitreichende Konsequenzen für Themen der Philosophie des Geistes. Gemäß einer internalistischen Auffassung sind Überzeugungen innerliche Eigenschaften des glaubenden Subjekts. Gemäß einer externalistischen können viele von ihnen das prinzipiell nicht sein, weil bereits ihre Begriffe umgebungsgetränkt sind: Nur ein Subjekt kann sie haben, das sich in einer passenden Umgebung befindet. Die Haltbarkeit des Internalismus ist wiederum eine Voraussetzung dafür, daß sich die geistigen Phänomene eines Subjekts – 'im Prinzip' – unter Ausblendung aller subjekt-externen Faktoren thematisieren lassen und daher, soweit nur dieser Aspekt der Sache in den Blick genommen wird, 'im Prinzip' mit neuronalen Eigenschaften, Ereignissen und Prozessen strikt identisch sein könnten. Dem Externalismus zufolge ist dies hingegen a priori auszuschließen; jede materialistische identitätstheoretische Konzeption intentionaler Geistesphänomene wäre folglich von vornherein verfehlt. Diese Streitpunkte beherrschen seit langem eine Debatte, in der es auch um die begrifflichen und methodologischen Grundlagen einer Kognitionswissenschaft geht, die das Geistige so weit wie irgend möglich nach dem Modell computationaler Datenverarbeitung zu verstehen versucht.

Wie wir nun gesehen haben, läßt sich aus den gerade angestellten Überlegungen dazu offenbar nichts Definitives gewinnen – zugunsten keiner der beiden Seiten. Die Frage, ob propositionales Glauben seinem Begriffe nach ein innerlicher Zustand ist oder ob viele Begriffe des Typs Glauben-daß-*p* umgebungsgetränkt sind, scheint keine eindeutige Antwort zuzulassen. Und es ist deutlich geworden, woran das liegt. Um zu einer fundierten Antwort auf diese Frage zu gelangen, bedürfte es feinerer Kriterien der Individuation und Zuschreibung (bzw. Absprechung) von Überzeugungen als die, über die wir verfügen. Der Begriff des Glaubens allein – das, was wir über das Glauben als prinzipiell unkontrovers betrachten könnten – bringt keine Individuationskriterien mit sich, die fein genug wären. Unsere besten Kriterien der Zuschreibung und Absprechung von Überzeugungen lassen uns ebenfalls im Stich, wenn wir sie weit außerhalb des Rahmens anzuwenden versuchen, in dem wir sie anzuwenden gelernt haben. Burge-Szenarien lassen Spielraum für divergierende 'Intuitionen'. (Andere, noch extremere Gedankenexperimente scheinen hingegen 'intuitiv eindeutig': Nicht einmal der Internalist möchte sagen, daß ein Zwillingshirn von *A*, das sich in einem leeren Universum befände, dieselben Überzeugungen hätte wie *A*.)

Auch diese grundlegende Frage, ob Glauben in irgendeinem aufschlußreichen (also zumindest leidlich deutlichen) Sinn als ein innerer Zustand aufzufassen ist, läßt sich, so muß uns nun scheinen, durch apriorische Erwägungen nicht entscheiden. Durch empirische Befunde ohnehin nicht, das liegt auf der Hand. – Betrachten wir nun als letzte eine Wesensbestimmung, die wir von Anfang an, ohne jedes Bedenken, als offenkundige Wahrheit anerkannt haben. Daß sie wahr ist, versteht sich von selbst. Nicht hingegen, wie sie zu verstehen ist.

*

"Das Glauben ist ein geistiger Zustand" Niemand zieht das in Zweifel. Glauben ist eines der allgemein akzeptierten Paradigmata eines geistigen Zustands. Unsere Frage kann also nicht sein, ob diese Charakterisierung zutrifft, wohl aber, was sie eigentlich besagt. Was also ist ein Geisteszustand?[272] Die Antwort, es sei ein Zustand des Geistes, ist wenig hilfreich. Denn zum einen hat dies einen irreführenden Beiklang: als solle damit gesagt sein, es gebe ein separates oder jedenfalls 'prinzipiell' separierbares geistiges Ding namens *der Geist*. Zum andern müßte, wenn derartige Konnotationen eines eigenständigen Dings vermieden werden sollen, unter 'dem Geist' wohl die Gesamtheit der geistigen Phänomene verstanden werden. Demnach wäre dann ein vorgängiges Verständnis dessen nötig, was geistige Zustände ausmacht (was sie von nicht-geistigen unterscheidet), um 'den Geist' überhaupt charakterisieren zu können. Kurz, eher ließe sich der Begriff des Geistes mit Rekurs auf den des geistigen Zustands erhellen als umgekehrt.[273]

Nun bilden die geistigen Phänomene eine kunterbunte Klasse. Sie umfaßt Bewußtseinszustände (wie Konzentration auf eine bestimmte Sache), Bewußtseinsereignisse (plötzliche Einfälle), Bewußtseinsprozesse (Überlegungen), Persönlichkeitsmerkmale (Widerspruchsgeist), Stimmungen (Niedergeschlagenheit). Sie umfaßt Vorlieben und Abneigungen, intentionale Zustände, Ereignisse und Vorgänge (ob bewußt oder nicht), Temperamentstypen (Phlegma), emotionale Aufwallungen (Zorn), Tendenzen verschiedenster Art und Dauer (Vergeßlichkeit, Aggressivität), Charaktereigenschaften (Offenheit), Begabungen (Musikalität), die gesamte Palette der Empfindungen (von Farb-Eindrücken bis zu Gewissensbissen). Sie umfaßt anderes mehr. Rorty meint, das einzige, was all diesen prima facie durchaus heterogenen Phänomenen gemeinsam ist, sei darin zu finden, daß es uns widerstrebt, sie als *physische* Eigenschaften zu bezeichnen.[274] Aber nicht einmal das würde sie gegen nicht-geistige Phänomene abgrenzen. Zahllose Eigenschaften eines Menschen sind weder geistige noch physikalische, so z.B. viele, die seinen sozialen Status betreffen. Es widerstrebt uns auch, die Eigenschaft, ein deutscher Staatsbürger zu sein, physisch zu nennen. Als geistig möchten wir sie wohl auch nicht bezeichnen. Wie auch immer, es scheint aussichtslos, nach der einen markanten Gemeinsamkeit aller geistigen Phänomene zu suchen, durch die sie sich allesamt und auf die gleiche Weise von den nicht-geistigen unterscheiden lassen könnten. Dies macht erklärlich, warum es kein allgemein akzeptiertes Kriterium für Geistigkeit insgesamt gibt, wohl aber eine ganze Reihe von Vorschlägen, mit denen immerhin eine hervorstechende Gemeinsamkeit verschiedener Teilklassen geistiger Phänomene erfaßt werden kann.

Unsere spezifische Frage ist: In welchem Sinne ist Glauben ein geistiges Phänomen? Wir werden dieser Frage im Lichte zweier Kriterien nachgehen, die unter anderm auch deshalb noch in der Diskussion sind, weil sie zwei Vorzüge haben. Sie sind in einer grundlegenden Hinsicht neutral: Sie favorisieren keine bestimmte Metaphysik des Geistes (Monismus, Dualismus, Materialismus, Immaterialismus oder sonst einen Ismus), und sie enthalten keine philosophisch befrachtete Terminologie.[275] Mit beiden Kriterien, die wir nun heranziehen werden, wird ein Aspekt thematisiert, der es mit der besonderen Art von Beziehung zu tun hat, in der jedes Subjekt zu seiner eigenen Geistigkeit steht. Dem ersten Kriterium zufolge hat alles Geistige die Besonderheit, sozusagen Privatbesitz eines einzigen Subjekts zu sein. Mit dem zweiten Kriterium wird die erkenntnistheoretische Sonderstellung thematisiert, die jedes Subjekt im Hinblick auf seine eigenen geistigen Phänomene hat.[276] – In Anwendung auf unser Thema lautet unsere erste Frage nun:

IST GLAUBEN PRIVAT? Dem sog. Privatheitskriterium zufolge gehört jedes geistige Phänomen dem Subjekt 'wahrhaft selbst an und ist sein Eigenes', und zwar in einem eminenten Sinne: Niemand sonst könnte es haben.[277]

> *Privatheit*: An verschiedenen Subjekten kann nicht exakt dasselbe geistige Phänomen gegeben sein.

Da dies eine begriffliche Wahrheit sein soll, werde ich das Wort "privat" in einem speziellen Sinn verwenden. Wir wollen Phänomene des Typs *X* als *(wesentlich) privat* bezeichnen, wenn es zum Begriff *X* gehört, daß an zwei verschiedenen Subjekten nicht ein und dasselbe Phänomen dieses Typs vorliegen kann.

Die Auffassung, geistige Phänomene seien in diesem Sinne privat, ist ein geradezu selbstverständlicher Bestandteil vieler Lehren, in denen diese Phänomene allesamt als Vorstellungen (Ideen, Eindrücke, Empfindungen usw.) konzipiert werden und diese wiederum als geistige Einzeldinge. Sie hat eine gewisse Prima-facie-Plausibilität, wenn es zum Beispiel um Empfindungen geht. Niemand kann, so möchte man annehmen, genau den Schmerz haben, den ein anderer hat. Und selbst die Annahme, zwei Personen könnten doch immerhin zwei völlig gleichartige Empfindungen haben, mag zumindest dem als fragwürdig erscheinen, der die Sinnhaftigkeit dieser Annahme an die Möglichkeit eines Vergleichs knüpft. Einen solchen Vergleich könnte ja nur einer anstellen, der beide Empfindungen hat; der wiederum könnte bestenfalls die Ähnlichkeit zweier Empfindungen feststellen, die er selbst hat.[278]

Wittgenstein hat berühmtermaßen Bedenken gegen die ganze Idee einer wesentlichen Privatheit des Geistigen vorgebracht. Deren Stoßrichtung ist, daß sinnvolles Reden über Phänomene, die wesentlich privat wären und *deren Begriffe wir nur auf der Basis ihres Vorliegens bei uns selbst bilden könnten*, grundsätzlich unmöglich wäre. Doch die hervorgehobene Bedingung geht über unser Privatheitskriterium hinaus.

Wittgensteins Überlegungen, wenn ich sie richtig verstehe, sind gegen die These gerichtet, jedermanns Begriff von einem geistigen Phänomen sei sein 'Privat-Begriff' – einer, den ein Anderer prinzipiell nicht haben könnte. Diese These mag wohl inkohärent sein. Aber all das betrifft uns nicht. Denn wir haben schlicht vorausgesetzt, was Wittgenstein offenbar beweisen möchte: Begriffe, für die wir gemeinsprachliche Wörter haben (oder haben könnten), sind nicht wesentlich privat.[279]

Wir haben uns zu fragen, ob das Glauben wesentlich privat ist – nicht, ob jedermanns Begriff vom Glauben nur sein ganz privater sein kann. Es geht uns dabei, nota bene, um das propositionale Glauben insgesamt. Es mag sein, daß eine gewisse Teilklasse von Überzeugungen in der Tat ausschließlich von dem Subjekt gehabt werden kann, das sie de facto hat. Ein naheliegendes Beispiel liefern die sog. De-se-Überzeugungen. Niemand kann genau die Überzeugung haben, die ich habe, wenn ich glaube, daß ich Fieber habe. Wenn ein anderer glaubt, daß ich Fieber habe, hat er dennoch eine andere Überzeugung als ich. Zwar ist seine Überzeugung genau dann wahr, falsch oder grenzfallunbestimmt, wenn meine es ist, aber in meine Überzeugung ist ein Begriff – oder etwas von der Art eines Begriffs – involviert, mit dem ich mich im Denken auf mich *als mich selbst* beziehen kann; in seine Überzeugung über mich ist kein solcher Begriff involviert. Lax gesagt: Ich habe eine Ich-Überzeugung, wenn ich glaube, daß ich Fieber habe; er hat keine Ich-Überzeugung, wenn er glaubt, daß ich Fieber habe. Er kann überhaupt keine solche Überzeugung mich betreffend haben.

Es scheint nicht bestreitbar zu sein, daß solche Überzeugungen wesentlich privat sind. Nun ist jedoch der Umstand, daß manche Überzeugungen (auf Grund ihres besonderen Inhalts) wesentlich privat sind, kein Hinweis darauf, daß das Glauben insgesamt ein privates Phänomen ist.[280] – Wir können also fürs Folgende den Sonderfall der De-se-Überzeugungen beiseitelassen. Denn unsere Frage ist nicht, ob es auch Überzeugungen gibt, die wesentlich privat sind, sondern: Ist alles Glauben seinem Begriffe nach privat?

Dagegen spricht, daß es offenkundig einen guten Sinn gibt, in dem zwei Personen dieselbe Überzeugung haben können. Wenn jemand die Überzeugung eines andern teilt, wenn beide dasselbe glauben, dann sind sie in der betreffenden Sache *einer* Meinung, haben dieselbe Überzeugung. In diesem gewöhnlichen Sinn von "Überzeugung" ist eine Überzeugung nichts, das wesentlich privat wäre. – Damit ist, so scheint es, die Sache im wesentlichen klar. Dennoch lohnt es sich, dieses Thema noch ein wenig genauer zu betrachten. Denn es mag eingewandt werden, das gerade Gesagte treffe zwar auf Glaubensattribute zu, aber nicht auf

Glaubensadhärenzen, und diese können ja ihrem Wesen nach nur einem einzigen Subjekt zukommen.[281]

Fragen wir uns also: Gibt es auch einen Sinn, in dem Überzeugungen wesentlich privat sind? Einer, nennen wir ihn den doxastischen Privatisten, könnte so räsonnieren: "Harveys Glauben, daß Zwei eine Primzahl ist, ist ein Zustand, in dem *er* sich befindet; wenn ich glaube, daß Zwei eine Primzahl ist, dann ist das ein anderer Zustand – einer, in dem *ich* mich befinde. Diese beiden Glaubenszustände haben zwar denselben Inhalt, sind aber dennoch verschieden. Seine Überzeugung, insofern sie seine ist, ist nicht meine. Und mehr als das: insofern diese Überzeugung eben seine ist, kann *sie* nicht meine sein; diese Überzeugung *kann* nur er haben." – Der Privatist setzt in dieser Argumentation voraus, daß mit subjekt-partikularisierenden Charakterisierungen einer Überzeugung ("*x*s Überzeugung, daß *p*", im Gegensatz zu "die Überzeugung, daß *p*") nicht ein Glaubensattribut, sondern eine Glaubensadhärenz bezeichnet wird, also etwas, das per definitionem wesentlich privat ist – nennen wir es eine Privat-Überzeugung.[282]

Richtig ist, daß das, worüber mit solchen Charakterisierungen gesprochen wird, durch zweierlei bestimmt ist: erstens dadurch, daß es eine Überzeugung ist, die sich durch ihren Inhalt von jeder andern Überzeugung unterscheidet; zweitens dadurch, daß sie eine Überzeugung ist, die eine ganz bestimmte Person (während einer gewissen Zeit) hat. Wie steht es um die weitere Voraussetzung, die der Privatist macht: daß mit einer derartigen Doppel-Kennzeichnung auf eine Privat-Überzeugung Bezug genommen wird? Sie ist angesichts dessen, wie wir solche Kennzeichnungen de facto verwenden, unhaltbar. Denn wenn wir gewöhnlich über eine Überzeugung als eine sprechen, die ein bestimmter Mensch hat, sprechen wir dennoch über sie als eine, die ein anderer Mensch ebenfalls haben könnte. ("Harveys Überzeugung, alles sei gut, wurde von Herrn Pangloss geteilt.") Mehr als das, der bloße Versuch, über eine Überzeugung einer Person als eine zu sprechen, die andere Menschen gar nicht haben können, wirkt absonderlich. Betrachten wir das kurz.

Noch einmal der Privatist: "Harveys Überzeugung, Zwei sei eine Primzahl, kann niemand anders haben." – Wir fragen ihn: Wieso? Meinst du, nur Harvey könne glauben, daß Zwei eine Primzahl ist? – "Nein, jeder kann das glauben, und viele tun es. Aber jeder, der das glaubt, hat trotzdem eine andere Überzeugung als jeder andere, der das glaubt." – Wieso? Etwa, weil jeder Mensch einen andern Begriff davon hat, was eine Primzahl ist? – "Nein, selbst wenn zwei Personen exakt denselben Begriff von einer Primzahl (und von der Zahl Zwei) hätten, und wenn beide glaubten, Zwei sei eine Primzahl, hätten sie nicht dieselbe Überzeugung." – Warum, um alles in der Welt? – "Ganz einfach deshalb, weil jedermanns Überzeugung eben *seine eigene* Überzeugung ist und nicht die eines andern; verschiedene Menschen können zwar dasselbe glauben, sie können von mir aus 'derselben Überzeugung sein', aber sie können nicht dieselbe Überzeugung haben."

Die privatistische Auffassung könnte in wenigstens dreierlei Weise vertreten werden: (a) als eine These über den einzigen Sinn, der richtigerweise mit unserer gewöhnlichen Rede über die Identität bzw. Verschiedenheit von Überzeugungen verschiedener Subjekte zu verbinden sei; (b) als eine These über zweierlei Sinn, in dem wir im gewöhnlichen Sprachgebrauch von Überzeugungen verschiedener Subjekte sprechen; und (c) als ein Vorschlag, unsern tatsächlichen Sprachgebrauch um einen neuen, aber philosophisch durchdachten Sinn von "dieselbe Überzeugung" zu bereichern. – Betrachten wir dies der Reihe nach.

Ein Privatismus des Typs (a) wäre erkennbar falsch. Schlüsse der Art

[Σ] *S* hat die Überzeugung, daß *p*; *S** hat die Überzeugung, daß *p*; also gibt es eine Überzeugung, die beide haben

stehen im Einklang damit, wie wir gewöhnlich sprechen; sie werden als gültig anerkannt, wenn die Einsetzung für "*p*", wie wir stets voraussetzen, keine Mehrdeutigkeit oder Indexikalität in sich birgt. Auch sind Feststellungen der Art

[=] *S* und *S** haben in Hinblick auf das-&-das Thema genau dieselbe Überzeugung (und zwar die, daß so-&-so)

nicht allein schon aus begrifflichen Gründen falsch. Beides würde mit einer Position vom Typ (a) bestritten.

Mit einem doxastischen Privatismus des Typs (b) wird weder an [Σ] noch an [=] Anstoß genommen. Die Behauptung ist nun vielmehr, der Gebrauch des Worts "Überzeugung" sei in einer bisher nicht beachteten Weise mehrdeutig:[283] es gebe außer dem üblichen Gebrauch (dem u.a. [Σ] und [=] zuzurechnen sind) noch einen andern. Wird dieses Wort auf diese zweite Weise verwendet, dann hat es einen andern Sinn – und zwar einen, in dem es prinzipiell unmöglich ist, daß zwei Subjekte dieselbe Überzeugung haben. Die privatistische Ambiguitätsthese läßt sich folgendermaßen charakterisieren:

Kennzeichnungen des Typs "*S*s Überzeugung, daß *p*" sind mehrdeutig. Wird solch eine Kennzeichnung im gewöhnlichen Sinn verwendet, so wird damit präsupponiert, daß *S* glaubt, daß *p*; ist diese Präsupposition erfüllt, bezeichnet die Kennzeichnung die Überzeugung, daß *p*. Wird sie im zweiten, 'privaten', Sinn verwendet, hat sie dieselbe Präsupposition, bezeichnet aber (falls die Präsupposition erfüllt ist) eine Glaubensadhärenz: die Privat-Überzeugung von *S*, daß *p*.

Welche Anhaltspunkte könnten zugunsten dieser These angeführt werden? Sprechen wir zumindest gelegentlich von einer Überzeugung einer Person in der Weise, daß eine andere Person, die zwar eine Überzeugung desselben Inhalts hat, dennoch nicht dieselbe Überzeugung haben kann? Auf solche Fälle wäre das Schlußschema [Σ] nicht anwendbar, und statt [=] müßte gelten:

[≠] *S* und *S** haben zwar inhaltlich identische Überzeugungen (z. B. glauben beide, daß *p*), aber *S*s Überzeugung, daß *p*, ist notwendigerweise eine andere als *S**s Überzeugung, daß *p*.

Betrachten wir zwei Sätze, in denen subjekt-partikularisierende Kennzeichnungen des Typs "*S*s Überzeugung, daß *p*" vorkommen. Welches wären die beiden Lesarten solcher Sätze, wenn die Ambiguitätsthese zuträfe?

(1) "Harveys Überzeugung, daß alles gut ist, wird von niemandem geteilt."

Lesart 1/1: Harvey glaubt, daß alles gut ist, und niemand außer Harvey glaubt, daß alles gut ist.

Lesart 1/2: Harvey glaubt, daß alles gut ist, und niemand außer Harvey hat Harveys Privat-Überzeugung, daß alles gut ist.

Es ist offenkundig, daß Satz (1) jedenfalls die erste Lesart hat. Im Lichte der zweiten Lesart würde mit (1) einer Privat-Überzeugung von Harvey eine Eigenschaft zugeschrieben, die sie per definitionem hat. Folglich wäre die Konditional-Aussage "Wenn Harvey glaubt, daß alles gut ist, dann wird Harveys Überzeugung, daß alles gut ist, von niemandem geteilt" im Lichte der Lesart (L1/2) eine begriffliche Wahrheit. Eine solche Lesart hat dieser Wenn-dann-Satz jedoch nicht. – Ein zweites Beispiel:

(2) "Harveys Überzeugung, daß alles gut ist, wird von Herrn Pangloss geteilt."

L2/1: Harvey glaubt, daß alles gut ist, und Herr Pangloss glaubt auch, daß alles gut ist.

L2/2: Harvey glaubt, daß alles gut ist, und auch Herr Pangloss hat Harveys Privat-Überzeugung, daß alles gut ist.

Wiederum, die erste Lesart entspricht dem tatsächlichen Sprachgebrauch. Im Lichte der zweiten Lesart wäre Satz (2) aus begrifflichen Gründen falsch. Eine solche Lesart hat der Satz nicht.

Das spricht klar genug gegen die Ambiguitätsthese. Zunächst einmal wirkt keiner der beiden Sätze auch nur im mindesten mehrdeutig. Darüber hinaus lassen beide eine 'private' Lesart nicht zu. (L1/2) und (L2/2) sind keine Lesarten der Sätze; sie müßten es aber sein, wenn die Ambiguitätsthese richtig wäre. – Diese kurze Betrachtung spricht dafür, daß subjekt-partikularisierende Bezeichnungen für Überzeugungen, in ihrer gewöhnlichen Verwendung, nicht mehrdeutig sind und keinen Anlaß zu der Annahme geben, mit ihnen werde auf Privat-Überzeugungen Bezug genommen.

Demnach wird mit den Wörtern "glauben" und "Überzeugung" im gewöhnlichen Sprachgebrauch nichts wesentlich Privates bezeichnet, auch dann nicht, wenn subjekt-partikularisierend über das Glauben gesprochen wird.

Aber was spräche dagegen, diesen Wörtern zusätzlich einen 'privaten' Sinn zu verleihen? Das ist die innovative Idee von (c). Kaum etwas ist leichter, als Wörtern irgendeinen neuen Sinn beizulegen. Gerade deshalb ist kaum ein philosophischer Erkenntniszuwachs davon zu erwarten. Welchen Nutzen auch immer man sich von einer derartigen semantischen Innovation versprechen mag, sie hätte jedenfalls keinerlei Bedeutung für unsere Untersuchung. In ihr geht es just um den Begriff der Überzeugung, den wir tatsächlich haben.

Unter dem Strich ergeben die gerade angestellten Betrachtungen, daß unsere gewöhnlichen Verwendungen des Glaubensbegriffs der Auffassung entgegenstehen, Glauben sei etwas wesentlich Privates. In unserm Reden über das Glauben scheint kein Platz vorgesehen zu sein für Privat-Überzeugungen. Dieses Ergebnis spricht allerdings nicht gegen die Geistigkeit des Glaubens, sondern gegen die Adäquatheit des Privatheitskriteriums.

*

Das andere, erkenntnistheoretisch gehaltene Kriterium für Geistigkeit, das ich angekündigt hatte, läßt sich so fassen:

> *Epistemischer Primat des Subjekts*: Ein Phänomen ist nur dann geistig, wenn niemand besser als das Subjekt selbst beurteilen kann, ob es bei ihm vorliegt.

Dies scheint auf das Glauben zu passen. Wie sollte ein Anderer besser einschätzen können als ich, ob ich das-&-das glaube oder nicht. – Die vieldiskutierte Streitfrage, wie dieses lax formulierte Kriterium am besten genauer zu fassen ist, soll uns an dieser Stelle noch nicht interessieren. Es gibt recht unterschiedliche Auffassungen dazu, wie der Subjekt-Primat in Bezug auf das Geistige näher zu bestimmen ist, ob z.B. als unfehlbares Wissen oder, schwächer, als eine besondere Urteilskompetenz (sog. Erste-Person-Autorität), die aber keine Irrtumsimmunität garantiert. Auch sind sehr verschiedene Diagnosen darüber möglich, worauf dieser Primat beruht (ob z.B. auf unmittelbarem Bewußtsein, das man – angeblich – von seinen eigenen Geisteszuständen hat oder jedenfalls 'im Prinzip' haben kann, oder auf der Fähigkeit, sie mittels sog. Introspektion festzustellen, oder dank eines sonstigen 'privilegierten' Zugangs, den nur das betreffende Subjekt selbst zu ihnen haben kann). An dieser Stelle reicht es jedoch zunächst einmal aus zu konstatieren, daß das Glauben, zumindest unter gewöhnlichen Umständen, diesem vagen Kriterium genügt. Gewöhnlich kann niemand besser beurteilen als das Subjekt selbst, ob es das-&-das glaubt oder nicht. – Wir werden im 20. Kapitel genauer untersuchen, wie der epistemische Primat des Subjekts hinsichtlich seiner eigenen Überzeugungen genauer zu charakterisieren und vielleicht zu erklären ist.

*

Ziehen wir das betrübliche Fazit dieses Kapitels. Was läßt sich aus dem Begriff des propositionalen Glaubens gewinnen? Daß das Glauben eine Disposition ist? Nein. – Daß es ein funktionaler Zustand ist. Nein. – Daß es ein repräsentationaler Zustand ist? Nein. – Daß es ein relationaler Zustand ist? Nein. – Daß es ein intentionaler Zustand ist? Ja, trivialermaßen. – Daß es eine propositionale Einstellung ist? Ja, trivialermaßen (aber so sollte man besser nicht reden). – Daß es ein Informationszustand ist? Quark. – Daß es ein innerer Zustand ist? Das läßt sich weder beweisen noch widerlegen. – Daß es ein geistiger Zustand ist? Gewiß doch. Aber was heißt das eigentlich?

10. DAS MENSCHLICH NORMALE

Eines unserer Ziele ist es, den Begriff des Glaubens durch seine Beziehungen zu andern Begriffen zu erhellen. Es kommt einer Übertreibung nahe, die in diesem Punkt bisher erreichten Ergebnisse als karg zu bezeichnen: Glauben ist ein intentionaler Geistes-, aber nicht Bewußtseinszustand, in dem sich Wesen befinden können, die über Begriffe und ein Mindestmaß an Rationalität verfügen; es hat einen wahrheitswertfähigen Inhalt, der ihm wesentlich ist. Viel mehr als das hat sich bisher nicht ergeben. Begrifflich aufschlußreiche Wahrheiten über das Glauben, die Geltung für alle denkbaren Wesen hätten, sind rar, unter anderm allein schon deshalb, weil schlicht kein Widerspruch darin liegt, daß es unter ihnen auch solche gibt, die zwar Überzeugungen haben, aber keine Wünsche oder sonstigen geistigen Phänomene aufweisen, mit denen das Glauben in charakteristischer Weise zusammenspielt. Die Armseligkeit dieser Funde rührt also daher, daß wir Ergebnisse von uneingeschränkter Allgemeinheit angestrebt haben – solche, die sich aus dem 'reinen' Begriff allein ergeben. Doch der blutleere Begriff des propositionalen Glaubens schlechthin schließt selbst die absurdesten Möglichkeiten nicht aus (glaubende Thermometer und warum dann nicht glaubende Löffel). Es ist von philosophischem Wert, dies zu sehen. Die Suche nach begrifflich fundierten Generalisierungen über das Glauben insgesamt führt zu fast nichts. Entsprechendes gilt für den 'reinen' Begriff einer zudem noch 'minimalen' Rationalität. Es liegt ja, zum Beispiel, kein Widerspruch selbst in der wilden Spekulation, es gebe vernunftbegabte Wesen, die keine Wünsche haben, nicht einmal den der Selbsterhaltung – Wesen, die folglich nicht handeln und deren Begriffe uns unnatürlich oder gar kognitiv unzugänglich wären.

Wann immer wir "glauben" sagen, meinen wir insgeheim menschliches Glauben. Wenn wir von Rationalität sprechen, meinen wir Vernünftigkeit nach Menschen-Maß. Das ist eine schlichte empirische Tatsache, die auch durch die Lektüre abstraktester Theorien über Glauben und Rationalität durchgängig aufs schönste bestätigt wird. – Es ist nun in unsern Überlegungen der Punkt erreicht, ab dem wir uns dem endlich anbequemen werden.

Um zu gehaltvolleren Einsichten zu unserm Thema zu gelangen, wird jetzt, endlich, ein engerer Begriff in genaueren Blick genommen – der, den wir vom menschlichen Glauben haben. Erst durch ihn läßt sich ein

Rahmen umreißen, in dem uns so etwas wie 'begriffliche Orientierung' möglich ist. An mehr als einer Stelle waren wir in unseren bisherigen Überlegungen darauf gestoßen, daß unser eigentliches Verständnis davon, was Glauben seinem Begriffe nach ist, kaum weiter reicht als bis zum 'normalen Mitmenschen', der eine Sprache beherrscht, die wir verstehen – was auch immer solche Menschen und die für sie charakteristischen Merkmale im einzelnen sein mögen. Nur bei ihnen – und Wesen, die ihnen, also auch 'uns', ähnlich genug sind (was auch immer zureichende Ähnlichkeit dabei sein mag) – begegnet uns das Glauben in denjenigen seiner Ausprägungen, in denen wir mit ihm vertraut sind. Erst dies ist der Rahmen, in dem wir uns mit dem Glauben leidlich auskennen. In dem wir die Zuversicht haben dürfen, Glauben gelegentlich einmal wirklich zu 'erkennen'. In dem es uns zumindest möglich ist, mit gerechtfertigter Bestimmtheit Aussagen darüber zu machen, daß jemand eine spezifische Überzeugung hat oder sie nicht hat. In diesem Rahmen ist das Glauben eingebettet in ein vertrautes Muster des Zusammenspiels mit andern Phänomenen, die wir dann als selbstverständlich voraussetzen dürfen (Wahrnehmen, Wünschen, Beabsichtigen, Handeln), und das gilt ebenso für das zu solch einem Zusammenspiel nötige Maß an Begriffsmeisterung, an menschlicher Rationalität, und vielem andern. Dieses Muster ist reich und – trotz mancher Verschwommenheit – artikuliert genug, um zu Generalisierungen zu gelangen, die den Begriff des Glaubens deutlicher hervortreten lassen. Indem wir uns auf 'das menschlich Normale' konzentrieren, können wir eine Unmenge belangloser, gar abwegiger, begrifflicher Möglichkeiten von vornherein beiseite lassen, die außerhalb dieses immer noch unermeßlichen Bereichs liegen. Erst durch diesen Wechsel von der Traufe in den Regen besteht Aussicht auf begriffliche Generalisierungen, die nicht ganz so nichtssagend sind wie, zu denen wir bisher gelangt sind.

*

Nur in Anwendung auf den normalen, sprachfähigen Menschen sind wir begrifflich kompetent in der Zuschreibung und Absprechung von Überzeugungen. Nur in diesem Bereich finden sich Fälle, die als klar und einfach betrachtet werden dürfen: Fälle, in denen zumindest die Voraussetzung zulässig ist, daß das Glaubenssubjekt ein normaler Mensch ist, der eine uns bekannte Sprache spricht. Und nur in diesem kleinen Bezirk finden sich jene ganz besonderen Fälle, in denen alles, was die Anwendung des Glaubensbegriffs angeht, so klar und einfach ist, wie es nur sein kann. Diesen paradigmatischen Fällen werden wir uns nun zuwenden.

Damit verfallen wir von einem Extrem in das andere. Statt des Strebens nach höchster Allgemeinheit und Voraussetzungslosigkeit von nun an: beträchtliche Einengung durch weitreichende Präsumptionen. Was könnte dafür sprechen, daß sich dadurch etwas begrifflich Aufschlußreiches finden läßt – dafür, daß dies nicht, auf eine andere Weise, ebenso unfruchtbar ist wie die Suche nach begrifflichen Zusammenhängen von uneingeschränkter Allgemeinheit? Birgt die Konzentration auf paradigmatische Situationen nicht die entgegengesetzte Gefahr in sich: daß wir es dann eben nur mit ausgesuchten Spezialfällen zu tun haben – Fällen, die vielleicht sogar so speziell sind, daß sie nicht einmal zur Erhellung des Begriffs des *menschlichen* Glaubens beitragen?

Nein, wie wir sehen werden, sind die Fälle, auf die wir uns nun konzentrieren werden, keine Spezialfälle, sondern solche, die in Standardgegebenheiten menschlicher Interaktion anzutreffen sind. Zudem lassen sich in ihnen auch die bestmöglichen Belege für die Wahrheit von Glaubensaussagen finden. Worin solche Belege bestehen, ist zumal dann von begrifflichem Interesse, wenn es sich um einen Grundbegriff handelt. Denn sie weisen auf Umstände hin, unter denen es nicht nur empirisch gerechtfertigt – vielleicht sogar rational geboten – ist, Glaubensaussagen als wahr anzuerkennen, sondern darüber hinaus begrifflich inkohärent wäre, deren Wahrheit zu bestreiten. Sind solche besonderen Umstände in einer nicht-trivialen Weise hinreichend für die Unantastbarkeit einer Überzeugungszuschreibung, dann verweisen sie auf ein Kriterium, das in Bezug auf das Glauben *begrifflich* aufschlußreich ist.

Zur Erläuterung: Die Eigenschaften, unverheiratet, heiratsfähig und ein Mann zu sein, bilden zusammengenommen eine begrifflich gesicherte hinreichende Bedingung für Junggesellentum. Weil dieselbe Bedingung auch notwendig ist, läßt sich der Begriff des Junggesellen durch sie definieren. Eine derartige explizite Definition propositionalen Glaubens ist durch dessen Grundbegrifflichkeit ausgeschlossen; d.h. es gibt keine erhellende Bedingung, die zugleich notwendig und hinreichend dafür wäre, daß *S* glaubt, daß *p*. Dem müssen wir uns anbequemen. Angesichts dessen sind nicht-triviale hinreichende (oder auch notwendige) Bedingungen das Beste, was sich zur Erhellung des Begriffs finden läßt. Sie liefern Merkmale, deren Vorliegen erkennen oder gerechtfertigt annehmen läßt, daß *S* glaubt, daß *p* (bzw.: an deren Nichtvorliegen sich zeigt, daß *S* nicht glaubt, daß *p*). – Deshalb ist es von einigem Interesse für unsere Untersuchung, nach Merkmalen Ausschau zu halten, die folgende Bedingungen erfüllen:

Wenn M_1, ..., M_n bei x vorliegen, dann ist dies ein rechtfertigender Grund für die Annahme, daß x glaubt, daß p.
Daß x eines dieser Merkmale hat, setzt nicht voraus, daß x glaubt, daß p.
Es gibt keine besseren rechtfertigenden Gründe für die Annahme, daß x glaubt, daß p.

Im Idealfall gilt darüber hinaus, daß die gesuchten Merkmale eine begrifflich gesicherte hinreichende Bedingung des Glaubens bilden; das heißt:

Es ist begrifflich wahr, daß wenn bei x diese Merkmale anzutreffen sind, x dann glaubt, daß p.

Die erste dieser Bedingungen soll sicherstellen, daß die Merkmale zusammengenommen mehr sind als nur schwache Indizien. Die zweite soll Trivialität verhindern; sie schließt zum Beispiel Merkmale wie *Wissen-daß-p* aus.[284] Die Erfüllung der dritten Bedingung garantiert, daß Wissen über das Vorliegen dieser Merkmale sicheres Wissen über Glaubenstatsachen konstituiert, im Idealfall (bei Erfüllung der vierten Bedingung) sogar ein Wissen, das durch die Anwendung begrifflich wahrer Kriterien gesichert ist – falls sich überhaupt je *wissen* läßt, daß jemand glaubt, daß p.

Daraus ist ersichtlich, weshalb es verheißungsvoll ist, sich den paradigmatischen Fällen zuzuwenden. Wenn irgendwo, dann sind in ihnen die bestmöglichen Gründe zu finden, die wir dafür haben können, spezifische Überzeugungszuschreibungen für wahr zu halten.

*

Überzeugungszuschreibung: gute Gründe Von welcher Art sind die Gründe, die wir haben, einem Menschen eine bestimmte Überzeugung zuzuschreiben? Nun, S wird glauben, daß p, sobald er guten Grund hat, dies zu glauben: Es war für ihn zu sehen (Wahrnehmbarkeit), es wurde ihm gesagt (Zeugnis anderer), es versteht sich von selbst (Offenkundigkeit), oder es ergibt sich als naheliegende Konsequenz aus etwas, das sich von selbst versteht, ihm gesagt wurde oder für ihn zu sehen war (Folgerung). Solche Sachverhalte sind treffliche Anhaltspunkte dafür, daß er glaubt, daß p. Aber auch nicht mehr als Anhaltspunkte. Ob jemand wirklich glaubt, was für ihn zu sehen ist, hängt davon ab, wie aufmerksam er ist, ob er in der Situation seinen Augen traut, und so weiter. Ob er glaubt, was ihm gesagt wird, hängt davon ab, wie viel Vertrauen er in den hat, der es ihm sagt, ob er es richtig verstanden hat, und so weiter. Das Offenkundige ist nicht jedem offenkundig, und welche Folgerungen jemand aus der Wahrnehmung, dem Zeugnis anderer oder dem Offenkundigen zieht, ist ebenfalls von mannigfachen Faktoren abhängig.

Gründe anderer Art, einem Menschen eine bestimmte Überzeugung zuzuschreiben, kann uns sein Verhalten liefern. Wir sagen: Er würde das nicht tun, wenn er nicht glaubte, daß sich die Dinge so-&-so verhalten. Und oft ist das völlig berechtigt – vorausgesetzt, wir haben plausible Gründe, entsprechend präzise Annahmen darüber zu machen, was er wünscht und mit dem bezweckt, was er tut. Ob solche zusätzlichen Annahmen zutreffen, hängt stets von weiteren Faktoren ab. Zudem ergibt sich bei jedem Rückschluß vom nichtsprachlichen Verhalten einer Person auf ihre Überzeugungen das Problem, den spezifischen Inhalt der Überzeugungen – und Wünsche – anzugeben, die ihm zuzuschreiben sind. (Vielleicht hat er gar nicht die Überzeugung, daß *p*, sondern eine andere, 'ähnliche'; und vielleicht verfolgt er mit seinem Tun gar nicht die-&-die Absicht, sondern eine andere, 'ähnliche'.) Nichtsprachliches Tun hat keine begriffliche Struktur und bietet somit von vornherein keine Aussicht darauf, Aufschluß über das spezifisch Geglaubte zu geben. Selbst noch so differenziertes Tun dieser Art bietet keine Anhaltspunkte, die ausreichten, um der begrifflichen Feinkörnigkeit des Inhalts gerecht zu werden, den jede Überzeugung hat.[285]

Gründe der bisher betrachteten Arten, die für Überzeugungszuschreibungen geltend gemacht werden können, betreffen die Gegebenheiten, in denen sich das Subjekt befindet oder sein nichtsprachliches Verhalten. Sie bringen unübersehbar viele weitere zusätzliche Faktoren ins Spiel, und sie können niemals einsichtig machen, daß es just die Überzeugung, daß *p*, und nicht eine gleichermaßen plausibel anzunehmende andere Überzeugung ist, die dem Subjekt zuzuschreiben ist. Das gravierendste Manko solcher Gründe ist schlicht dies: Ihr Vorliegen ist stets damit verträglich, daß *S* dennoch nicht glaubt, daß *p*. Es gibt keine Möglichkeit, aus ihnen eine begrifflich hinreichende Bedingung zu gewinnen, wie wir sie suchen.

Bei der Suche nach den bestmöglichen Gründen für Überzeugungszuschreibungen mag folgende Gliederung als Leitfaden hilfreich sein. Solche Gründe können sich ergeben aus der bloßen *Situiertheit* des Subjekts oder aus seinem Verhalten. Erstere umfaßt Dinge wie: Wo ihm der Regen auf den Kopf prasselt, wird er wohl glauben, daß es regnet; angesichts dessen, daß er in Berlin wohnt, wird er wohl glauben, daß es dort ein S-Bahn-Netz gibt; da er eine Zulassung als Naturheilpraktiker hat, wird er wohl glauben, daß Homöopathie eine wirksame Therapieform ist. – Das *Verhalten*, das Überzeugungszuschreibungen begründen kann, läßt sich unterteilen in solches, das 'expressiv' ist, und solches, das es nicht ist. Letzteres umfaßt insbesondere Verhaltensweisen, die keine unwillkürlichen oder absichtlichen Hinweise auf die Überzeugungen des Subjekts enthalten, sich aber dann als sinnvolles Tun verstehen lassen, wenn angenommen wird, daß das Subjekt gewisse Überzeugungen hat und mit seinem Tun bestimmte Zwecke verfolgt. (Er wirft einen Brief in den Postkasten; er wird wohl glauben, daß er ausreichend frankiert ist.) Beim Verhalten, das sich als *Ausdruck* einer Überzeugung auffassen läßt, ist unter anderm zwischen 'natürlichem' und 'gesteuertem' Ausdruck zu unterscheiden; bei ersterem drückt sich im Verhalten des Subjekts aus, daß er bestimmte Überzeugungen hat (daß *S* errötet, mag unter gewissen Umständen ein Anhaltspunkt dafür sein, daß er glaubt, einen schlimmen Fauxpas begangen zu haben). Unter gesteuertem Ausdrucksverhalten verstehe ich solches, bei dem es angemessen ist zu sagen, daß *S* selbst es ist, der mit seinem Verhalten Überzeugungen ausdrückt. Eine Unterkategorie ist hier das *adressatenbezogene Verhalten*: Verhalten, mit dem das Subjekt unter anderm auch darauf abzielt, einem Andern gegenüber zum Ausdruck zu bringen, daß er dies-oder-das glaubt. Diese Ausdrucksabsicht kann verborgen sein. (*S* weiß, daß *A* ihn beobachtet und daß *A* glaubt, *S* wisse das nicht; nun tut *S* etwas, das für *A* ein Hinweis darauf sein soll, daß *S* glaubt, er sei unbeobachtet.) *Offen adressatenbezogenes Ausdrucksverhalten* wiederum kann im Hinblick auf den expressiven Gehalt unterschiedlich deutlich sein. *S* mag mit seinem Benehmen zum Beispiel nur vage andeuten, welche Überzeugung es ist, die er zum Ausdruck bringen möchte, oder er mag das sehr deutlich machen.

Das Optimum solcher Deutlichkeit ist nur mit Rückgriff auf Sprache erreichbar. Kein außersprachliches Verhalten gestattet es, den propositionalen Inhalt einer Überzeugung – genau *diesen* Inhalt, der genau *diese* Begriffe involviert – zum Ausdruck zu bringen. Wir verfügen über kein anderes Ausdrucksmittel, oder besser: Jedes Mittel dieser Art ist ipso facto eine Sprache. Die gesuchten besten Gründe, die wir haben können, *S* die Überzeugung, daß *p*, zuzuschreiben, sind mithin nur dann gegeben, wenn *S* sprachlich zum Ausdruck bringt, daß er sie hat. Das Problem, das durch die Spezifität des Geglaubten aufgeworfen wird, kann auf keine andere Weise auch nur annähernd gleichgut gelöst werden. "Woher willst du wissen, daß er glaubt, daß *p*?" – Keine Antwort darauf kann so gut sein wie eine, in der darauf verwiesen wird, daß er selbst das *wortwörtlich* geäußert oder einer solchen Äußerung beigepflichtet hat. Dies mag natürlich auch dadurch geschehen sein, daß er auf die Frage "*p*?" oder "Glaubst du, daß *p*?" mit Zustimmung reagiert hat.

Nicht weniger als ein Wortlaut ist vonnöten, um das Problem mit der Inhaltsspezifität der ausgedrückten Überzeugungen zu beseitigen. Anders ist kein Inhalt *eindeutig* bestimmt. Und auch diese Eindeutigkeit hat eine Äußerung nur, falls mit ihr sprachlich 'alles in Ordnung' ist. Und das ist sie nur, wenn der Sprecher seine eigenen Worte nicht mißversteht und ihm kein unbemerkter Versprecher unterläuft; er darf z. B. auch nicht wähnen, es werde bei dieser Gelegenheit ein spezieller Code gesprochen, und vielerlei anderes mehr. (All dessen bedarf es, damit der Übergang von "Er hat '*p*' gesagt" zu "Er hat gesagt, daß *p*" zulässig ist.) – Aber selbst unter diesen Voraussetzungen ist durch eine sprachliche Äußerung eben ausschließlich ein propositionaler Inhalt bestimmt. Ob sie wirklich ein Beleg für eine *Überzeugung* des Sprechers ist, ist eine andere Frage. Vieles ist möglich: Er könnte mit der Äußerung nur wiedergeben, was ein anderer gesagt hat; er könnte offenkundig unernsthaft sprechen, oder nur 'halb im Ernst' (z. B. in ostentativ ironischer Tonlage); er könnte das, was er sagt, nicht wörtlich, sondern in einem metaphorischen Sinn meinen; seine Äußerung könnte allzu vorschnell und unbedacht sein; und schließlich: Er könnte einfach lügen.

Diese Beobachtungen weisen darauf hin, daß die besten Belege dafür, daß *S* zu *t* glaubte, daß *p*, zumindest zweierlei umfassen. Erstens, er hat zu *t* einem Satz, *σ*, zugestimmt.[286] Zweitens, aufgrund der sprachlichen Bedeutung von *σ* (bzw. des entsprechenden Fragesatzes *σ?*) und der Situationsgegebenheiten bei seiner Zustimmung hat *S* mit ihr wortwörtlich gesagt, daß *p*.[287] Sind diese beiden Bedingungen erfüllt, dann hat *S* die Überzeugung, daß *p*, offen zum Ausdruck gebracht; er hat sie 'bekundet'. (Unter der *Bekundung* der Überzeugung, daß *p*, wollen wir genau dies verstehen: eine Zustimmung, durch die es auf Grund ihrer wörtlichen Bedeutung und des Äußerungszusammenhangs zumindest prima facie gerechtfertigt ist, *S* die Überzeugung, daß *p*, zuzuschreiben.) – Wird eine Überzeugung nicht bekundet, verfügen wir nicht über die bestmöglichen Gründe, sie zuzuschreiben. Aber selbst wenn jemand sie bekundet, ist dies kein Beweis dafür, daß er sie hat. Was fehlt? Offenkundig zumindest, daß die Zustimmung aufrichtig ist. Wäre vielleicht folgende Generalisierung ausreichend, die Saul Kripke einmal formuliert hat? Nennen wir sie *Kripkes Prinzip*:

(KP) Wenn ein normaler Sprecher des Deutschen einem Satz "*p*" ernsthaft, aufrichtig und mit Bedacht zustimmt, dann glaubt er, daß *p*. (Dabei ist für "*p*" innerhalb und außerhalb der Anführungszeichen ein Satz des Deutschen einsetzbar.)

Dies wird in der philosophischen Diskussion weithin als ein Prinzip der Überzeugungszuschreibung akzeptiert.[288] Als Daumenregel ist (KP) gewiß brauchbar. Aber einiges fehlt immer noch. Beispiele hatten wir schon genannt: Es darf kein unbemerkter Versprecher im Spiel sein; der Sprecher darf den Satz nicht auf Grund einer momentanen Verwirrung mißverstehen oder in einem idiosynkratischen Sinn verwenden (was ja auch bei einem normalen Sprecher vorkommen kann). – Zudem darf seine Zustimmung nicht einfach Ausdruck dessen sein, daß er in diesem Moment bloß akzeptiert, daß *p*. Das wäre zu wenig. Man kann, wir hatten dies im dritten Kapitel kurz betrachtet, etwas akzeptieren, ohne es zu glauben. Die Zustimmung muß demnach ohne Vorbehalt, darf von keiner 'Mentalreservation' begleitet sein. Das heißt, der Sprecher müßte, wenn er "*p*" zustimmt, in diesem Moment auch dazu bereit sein, einem Satz des Typs "Ich glaube, daß *p*" aufrichtig, ernsthaft und mit Bedacht zuzustimmen.[289] Und schließlich dürfen, allgemein gesagt, die Ernsthaftigkeit, Aufrichtigkeit, Bedachtsamkeit und Vorbehaltslosigkeit, mit der er dem Satz zustimmt, nicht aus irgendeiner momentanen Anormalität seiner inneren Verfassung rühren: aus irgendeinem kurzfristigen psychischen Zwang oder einer kognitiven Störung. Wir mögen uns, bei Bedarf, beliebig Phantastisches dazu ausmalen, wie es geschehen könnte, daß jemand trotz Erfüllung der bisher genannten Bedingungen nicht glaubt, was er zu glauben bekundet. (Diabolische Neurochirurgie: ihm wurde heimlich ein Mechanismus eingepflanzt, der Überzeugungen in dem Moment auslöscht, in dem er sie bekundet; bislang unbekannte kosmische Strahlung, die denselben Effekt auf ihn hat; Hexerei und anderes dummes Zeug.) All dergleichen darf nicht gegeben sein, damit eine Überzeugungsbekundung die Bekundung einer Überzeugung ist, die das Subjekt tatsächlich hat. – Kurz, in die Formulierung eines unangreifbaren Zuschreibungsprinzips wäre unabsehbar vieles hinzuzunehmen, um jede erdenkliche Möglichkeit dieses Schlags auszuschließen.

Besteht Aussicht darauf, das Prinzip durch eine verbesserte Formulierung zu ersetzen, die keine Ausnahmen mehr zuläßt – eine, in der jede Anormalität, die störend hinzukommen könnte, nun ausdrücklich genannt und durch eine entsprechende Einschränkung ausgeschlossen ist? Läßt sich alles aufzählen – ja, überhaupt nur finden –, das in einer wasserdichten Reformulierung berücksichtigt werden müßte? Wir haben keinen Grund, dies anzunehmen. Man könnte geneigt sein, an den Haaren herbeigezogene 'Möglichkeiten' wie die zuletzt erwähnten schlicht zu ignorieren ("Das ist zu lächerlich, um es ernstzunehmen"). – Doch das wäre nicht genug. Denn es ist keineswegs auszuschließen, daß auch in durch und durch alltäglichen Gegebenheiten 'widrige' Faktoren auftreten, an die bisher keiner gedacht hat: Umstände, unter denen das Subjekt eine aufrichtig bekundete Überzeugung nicht hat. Kripke selbst hat mit seinem berühmten 'Rätsel über das Glauben' dafür ein Beispiel geliefert.[290] Hier die schlichte Geschichte: Pierre, ein normaler Sprecher des Französischen, war in jungen Jahren mit seinen Eltern nach London umgezogen und beherrscht inzwischen auch das Englische wie ein Muttersprachler. Als er noch in Frankreich lebte, hatte er – ausschließlich auf Französisch – einige schwelgerische Berichte über die Schönheit der Stadt London gelesen. Dem Satz "Londres est jolie" stimmt er auch jetzt noch jederzeit zu. Was er inzwischen mit eigenen Augen von London gesehen hat, mißfällt ihm, und so findet der Satz "London is not pretty" ebenfalls seine vorbehaltlose Zustimmung. Ihm ist schlicht entgangen, daß die Stadt, die im Französischen "Londres" genannt wird, im Englischen "London" heißt.

Verallgemeinern wir (KP) so, daß sich dieses Prinzip sinnentsprechend auch auf Sprecher des Englischen und des Französischen anwenden läßt, dann ergibt sich: Da Pierre dem Satz "Londres est jolie" zustimmt, ist ihm die Überzeugung zuzuschreiben, daß London schön ist; aufgrund seiner Zustimmung zu "London is not pretty" die, daß London nicht schön ist. Dies sind zwei denkbar simple Überzeugungen, die einander flagrant widersprechen. Pierre wäre selbst durch logische Allwissenheit nicht dagegen geschützt, beide zu haben, denn ihre Widersprüchlichkeit kann ihm nur durch Kenntnis eines kontingenten Umstands aufgehen (daß "London" und "Londres" Namen derselben Stadt sind). – Wie ist es nun: Hat er wirklich *diese* beiden Überzeugungen? Oder hat er andere, begrifflich differenziertere Überzeugungen ("Die Stadt, die ich meine, wenn ich von *London/Londres* spreche, ist schön", oder ähnliches)?

Ist (KP), von lächerlichen Möglichkeiten abgesehen, dennoch immerhin 'praktisch' unantastbar? Oder zeigt sich an Pierre, daß dieses Prinzip auch dann nicht die ganze Wahrheit ist, selbst wenn wir nur 'realistische' Möglichkeiten in Betracht ziehen? Der von Kripke beschriebene Fall wirft diese Fragen auf. Und er muß ernstgenommen werden. Denn er könnte jederzeit Wirklichkeit sein. Hier geht es nicht um hirngespinstigen Firlefanz mit Sumpfmenschen, Zombies, Teletransportern, eingetopften Hirnen in einem ansonsten leeren Universum oder unbemerkten Reisen zwischen der Erde und einer Zwillingserde. Das Pierre-Szenario ist nicht einfach eine drollige Idee, die unsere Phantasie anregt und sich in zahllosen Weisen ausspinnen läßt. Es hat keine Hollywood-Qualitäten.

Wohl aber hat es einen Vorzug, der von philosophischem Wert ist. Unsere Einschätzungen dazu, was wir zu solch einem Fall richtigerweise sagen sollten und fragen müßten, haben eine Grundlage: Sie basieren in nachvollziehbarer Weise darauf, was wir in gewöhnlichen Fällen zu sagen und zu fragen gehalten sind. Wir können nicht einfach nach Belieben herumspekulieren, und die Ad-hoc-Verdikte, die aus uns heraussprudeln, dadurch adeln, daß wir sie Intuitionen nennen. In dieser wichtigen Hinsicht gleicht Kripkes Rätsel den sogenannten Gettier-Fällen, die uns darauf aufmerksam machen, wie hoffnungslos schwer es ist, eine begrifflich aufschlußreiche hinreichende Bedingung für Wissen zu formulieren. Gettier-Situationen – bestimmte Gegebenheiten, in denen jemand eine wahre und gerechtfertigte Überzeugung, aber kein Wissen hat – können ohne weiteres in der Welt, wie wir sie kennen, auftreten. Sie sind, sozusagen, 'real möglich'. – Eine weitere strukturelle Analogie zwischen Pierres Situation und einem Gettier-Fall liegt in folgendem:[291] Den ins Szenario verwickelten Personen entgeht ein bestimmter, 'irregulärer', Aspekt der relevanten Gesamtgegebenheiten. Weder Pierre noch diejenigen, mit denen er spricht (und die ihm auf Grund einer seiner Satzzustimmungen in aller Unschuld eine der beiden in Frage stehenden Überzeugungen zuschreiben würden), ahnen, daß er im selben Moment auch dazu disponiert ist, das Gegenteil von dem zu sagen, was er sagt. Dieser Umstand befindet sich sozusagen im toten Winkel des Blicks, den die Beteiligten – auch Pierre selbst – auf die Gesamtgegebenheiten richten, unter denen er dem Satz "London is not pretty" (oder "Londres est jolie") zustimmt. Er selbst würde keinem der beiden Sätze ohne weiteres zustimmen, wenn ihm klar wäre, daß er mit dem einen Satz das Gegenteil dessen zum Ausdruck bringt, was er mit dem andern Satz sagt.

Das Rätsel um Pierre wird vornehmlich im Hinblick auf semantische und rationalitätstheoretische Fragestellungen diskutiert. Für unsern Zusammenhang ist diese Geschichte in einer andern Hinsicht aufschlußreich, die zumeist unbeachtet bleibt: Sie liefert ein weiteres, völlig unerwartet simples und glaubhaftes Gegenbeispiel gegen (KP).[292] Daß es ein Gegenbeispiel ist, läßt sich durch folgende Überlegung einsehen. Stellen wir uns vor, daß Pierre sich mit einem englischen und einem französischen Freund darüber austauscht, wie ihnen London gefällt. Dem englischen Freund, der gerade Londons Schönheit (auf Englisch) gerühmt hat, widerspricht er und sagt: "London is not pretty"; dem französischen Freund, der sofort (auf Französisch) entgegenhält, daß London doch sehr schön sei, stimmt er zu: "Londres est jolie". Bei solch einer Gelegenheit wäre manifest, was sonst unbemerkt bleibt: daß Pierre dazu disponiert ist, Gegen-Sätzen zum Thema der Schönheit Londons zuzustimmen, d.h. Sätzen, die einander inhaltlich so unmittelbar widersprechen wie ein Satz und dessen Negation. Die Rechtfertigung, ihm auf Grund seiner ernsthaften Zustimmung zu dem einen Satz die entsprechende Überzeugung zuzuschreiben, wird dadurch hinfällig oder zumindest geschwächt, daß er im selben Moment auch dem andern Satz zustimmen würde. Wem alle relevanten Umstände bekannt sind, der würde Pierre – auf Grund der bloßen Zustimmung zu einem der beiden Sätze – nicht ohne weiteres die entsprechende Überzeugung zuschreiben. Auch wäre es nicht gerechtfertigt, ihm ohne Umschweife widersprüchliche Überzeugungen zuzuschreiben; schließlich ist er ja nicht bereit, *beiden* Sätzen, "London is pretty" und "London is not pretty", zuzustimmen (und auch nicht den beiden entsprechenden Sätzen des Französischen). Man würde in diesem besonderen Fall mehr wissen wollen, um ein Urteil darüber zu treffen, was Pierre glaubt. Angesichts der eigentümlichen Anormalität der Hintergrundgegebenheiten (Pierres gegen-sätzliche Disponiertheit) läßt sich dem, was Pierre in aller Aufrichtigkeit wortwörtlich äußert, beim besten Willen nichts Definitives darüber entnehmen, was er glaubt – jedenfalls nichts, was sich mit schlichten Worten wie "Er glaubt, daß London (nicht) schön ist" wiedergeben läßt. Pierres aufrichtige, ernsthafte, bedachtsame und vorbehaltlose Zustimmung allein reicht nicht aus.

Darum ist dieser Fall ein weiteres Gegenbeispiel, durch das (KP) widerlegt wird. Die einschlägigen Antecedensbedingungen sind zwar erfüllt, aber Pierres gegen-sätzliche Zustimmungsdispositionen stehen der Zuschreibung der entsprechenden Überzeugung entgegen. – Was ist zu tun? Offenkundig muß eine weitere Restriktion in das Antecedens aufgenommen werden: daß der Sprecher in Bezug auf "*p*" nicht ohne sein Wissen gegen-sätzlich disponiert ist. Aber mit dieser Verbesserung sich zu bescheiden, hieße, nicht die ganze Lehre aus dieser Sache zu ziehen. Denn sie weist auf einen allgemeineren Punkt hin: Selbst ein in vielen solcher Einzelheiten verfeinertes Prinzip bliebe stets in Gefahr, durch weitere, bislang unbedachte Ausnahmegegebenheiten falsifiziert zu werden. (KP) stellt, wie gesagt, eine brauchbare Daumenregel bereit. Dieses Prinzip weist auf einen nicht bloß akzidentellen oder statistisch auffälligen Zusammenhang hin, der zwischen Zustimmung zu "*p*" und Glauben, daß *p*, besteht; in ihm sind Bedingungen benannt, unter denen es *zumindest prima facie* völlig gerechtfertigt ist, einem Subjekt genau diese Überzeugung zuzuschreiben. Diese Rechtfertigung kann jedoch geschwächt oder gar hinfällig werden, wenn weitere Umstände ins Spiel kommen. Auf einige an den Haaren herbeigezogene und deshalb belanglose Beispiele für solche Ausnahmegegebenheiten kommt man leicht. Sie lassen sich aus dem Standardfundus erkenntnistheoretischer Diskussionen schöpfen (Zustimmung unter Hypnose; unbemerkte Reisen zwischen Zwillingswelten und all dergleichen). Was Kripkes Allerweltsgeschichte so besonders eindringlich macht, ist gerade, daß sie so undramatisch und zugleich überraschend ist – daran hatte keiner vor ihm gedacht. Wie keiner vor Gettier an Fälle gedacht hat, an denen sich zeigt, daß die klassische Analyse des Wissensbegriffs falsch ist.

Der Störfaktor, auf den Kripke mit seinem Beispiel aufmerksam macht, ist keine umständlich herbeigeklügelte Abwegigkeit, sondern bestürzend simpel und banal. Die vermeintliche 'Selbstevidenz' des Prinzips verschwindet, wenn es *solche* Ausnahmen zuläßt. Und es ist mit Händen zu greifen: Kein noch so verfeinertes Prinzip, mit dem alle bislang bekannten Ausnahmen einzeln aufgeführt und explizit ausgeschlossen werden, könnte die Gewähr bieten, daß damit dann endgültig alle möglichen Ausnahmen ausgeschlossen sind.[293] Um dies zu garantieren, müßte sich zeigen lassen, daß die bisher aufgelisteten Störfaktoren die einzig möglichen sind. Aber es besteht keine Aussicht auf solch einen Nachweis; es läßt sich nicht einmal erahnen, wie er überhaupt aussehen könnte.

*

EINSCHRÄNKUNG AUF DAS NORMALE Kripkes Prinzip der Überzeugungszuschreibung ist unhaltbar, solange es streng genommen wird. Wir haben gesehen, daß es auf vielerlei Weise falsifizierbar ist – auch durch die Realisierung greifbarer Möglichkeiten. Bemerkenswert ist nun aber, daß wir dennoch nicht geneigt sind, es zu verwerfen. Wir sind bereit, es jeder neuen Ausnahme anzupassen, die uns begegnen oder auch nur als denkmöglich erscheinen mag. Mehr als das, wir sind uns sicher, daß kein bislang unbekanntes Gegenbeispiel mehr sein kann als das: eine *Ausnahme*. Wir sind nicht bereit, irgendetwas als *Widerlegung* zu betrachten. Wir werden an 'diesem' Prinzip festhalten – in jeder Modifikation, die sich als unvermeidlich erweisen mag. All dies weist darauf hin, daß wir es nicht als empirische Generalisierung erachten. Es ist uns in gewisser Weise tatsächlich 'selbstevident', auch wenn es so, wie es bisher formuliert ist, nicht stimmt. In irgendeiner Form, das ist uns a priori klar, ist es dennoch wahr. – Wie läßt sich das Prinzip umformulieren, um dem Rechnung zu tragen? Indem wir die Reichweite von (KP) ausdrücklich auf Gegebenheiten einschränken, in denen alles Relevante normal ist. Dann ergibt sich ein Zuschreibungsprinzip, das keine falsifikationsanfällige empirische Generalisierung ist, sondern eine begriffliche Wahrheit:

> (KP*) Unter insgesamt normalen Gegebenheiten gilt: Wann immer ein normaler Sprecher des Deutschen einem Satz "*p*" ernsthaft, aufrichtig und mit Bedacht zustimmt, glaubt er, daß *p*.

Alle bislang betrachteten Quellen für Gegenbeispiele sind ausgeschaltet. Eine trotz Bedacht vorhandene momentane Verwirrtheit, ein unbemerkter Versprecher, ein hypnotischer oder durch neurochirurgischen Eingriff entstandener Zustimmungszwang, Zwillingsweltreisen, ein Mißverständnis über die in der Zustimmungssituation gegebene Bedeutung von "*p*", gegen-sätzliche Disponiertheit und all dergleichen sind, oder wären, Ausnahmegegebenheiten. Wann immer eine von ihnen vorläge, wäre die betreffende Situation ipso facto kein 'ganz normaler Fall', zumindest nicht in der relevanten Hinsicht: ob sich in der "*p*"-Zustimmung ein Glauben-daß-*p* bekundet.

Dies ist uns 'intuitiv' einsichtig: Würde ein normaler Sprecher, in aller Aufrichtigkeit usw., einem Satz seiner eigenen Sprache zustimmen und dennoch nicht glauben, was mit dem Satz gesagt ist, dann *müßte* in solch einer Situation irgendeine Anormalität, ein 'Störfaktor', im Spiel sein. Nichts könnte uns belehren, daß in solch einem Fall dennoch alles 'ganz normal' zuginge. – (KP*) trägt dieser Intuition durch eine Normalitätseinschränkung Rechnung. Es bedarf, so scheint es, nicht mehr als der Hinzunahme einer solchen Klausel, um Kripkes widerlegbares Prinzip zu einer unantastbaren Aussage werden zu lassen. – Aber ist dies nicht allzu einfach? Steht hinter dem an unüberschaubar vielen Stellen brüchigen Zusammenhang zwischen aufrichtiger Zustimmung und Glauben eine simple begriffliche Wahrheit, die zum Vorschein kommt, sobald dieser Zusammenhang, wie in (KP*), ausdrücklich auf 'insgesamt normale Gegebenheiten' eingeschränkt wird? Und was möchte diese Ergänzung eigentlich besagen, wenn man sie ernstnehmen könnte?

Was von derartigen Restriktionen (sog. Ceteris-paribus-Klauseln, abgekürzt: *Cp*-Klausel) zu halten ist, wird seit langem in der Wissenschaftstheorie erörtert. Die Frage ist hier: Welchen Status haben empirische Gesetzesaussagen, wenn sie so formuliert sind, daß mit ihnen nicht ausnahmslose Geltung beansprucht wird, sondern Geltung nur für 'normale' Gegebenheiten? Entsprechende Fragen stellen sich auch in Disziplinen, deren allgemeine Sätze normativ sind, so z. B. in der Moralphilosophie. Eine Frage ist zum Beispiel: Welche konkrete Handlungsorientierung können Normen geben, deren Geltung sich nur auf 'normale' Gegebenheiten erstreckt? – All das ist sehr kontrovers. Ein ganz grundsätzliches Bedenken durchherrscht all diese Debatten: Sind solche Klauseln, wie: "von Ausnahmegegebenheiten abgesehen", nicht bloße Immunisierungsfloskeln? Sind Aussagen, in denen von 'Normalität in allen relevanten Hinsichten' und dergleichen die Rede ist, nicht allzu unbestimmt, um ihnen einen kognitiven Wert zuzubilligen? – Solches Mißtrauen muß sich auch in unserm Zusammenhang regen. Dazu ein Zwar und ein Aber.

Zwar geht es uns nicht um empirische Gesetze, nicht um Wissenschaftlichkeit und auch nicht um Normen, die das Handeln in der Praxis anleiten. Uns geht es vielmehr darum, Zusammenhänge zwischen nicht-wissenschaftlichen Begriffen zu erfassen: Zustimmen, Glauben, und so weiter. Die Frage, die wir uns an diesem Punkt zu stellen haben, ist also nicht, wie es um die Brauchbarkeit von allgemeinen empirischen oder normativen Aussagen bestellt ist, die unter eine Normalitätseinschränkung gestellt sind. Unsere Frage geht in eine andere Richtung: Gibt es wesentlich normalitätsvermittelte *begriffliche* Wahrheiten, für die (KP*) ein erstes Beispiel ist? – Nun zum Aber: Die Idee, zumindest im Bereich des Begrifflichen gebe es solche Wahrheiten, bleibt dem grundsätzlichen Mißtrauen ausgesetzt, daß Klauseln wie "unter (in jeder relevanten Hinsicht) insgesamt normalen Gegebenheiten" kognitiv hohl sind: nicht nur in Hinblick auf das empirisch Regelmäßige und das normativ Anleitende, sondern auch in Hinblick auf begriffliche Zusammenhänge.

Jan Gertken hat dargelegt, warum solche Einschränkungen im Falle normativer Generalisierungen ("Man soll nicht lügen, es sei denn, es liegt eine Ausnahme vor") witzlos sind: Sie können keine Orientierung im konkreten Einzelfall geben. Er nennt solche moralischen Prinzipien *elastisch*; sie "biegen sich im Sturm von Ausnahmen, aber sie brechen nicht".[294] – Gilt Entsprechendes auch in unserm nicht-normativen Kontext? Läuft eine flächendeckende Normalitätseinschränkung wie "unter insgesamt normalen Gegebenheiten" nicht schlicht darauf hinaus, kein Gegenbeispiel als Widerlegung anzuerkennen? Nein. Die Inschutznahme einer Generalisierung durch eine solche Einschränkung ist keine Total-Immunisierung. "Außer in Ausnahmefällen: Wenn *A*, dann *B*" heißt nicht "Wenn *A*, dann *B*; außer wenn doch nicht". Die Normalitätsklausel schützt vor manchem, aber nicht allem, was gegen die Generalisierung geltend gemacht werden kann.

Daß empirische Generalisierungen widerlegbar bleiben, auch wenn sie mit einer Normalitätseinschränkung versehen werden, läßt sich an einem Beispiel einsehen. Nehmen wir die Hypothese, daß reife Zitronen unter insgesamt normalen Gegebenheiten gelb sind. Auch sie ist widerlegt, wenn wir z. B. auf eine neue Sorte Zitronen stoßen, die blau sind. – Anders verhält es sich jedoch, wenn wir mit es mit einer Zitrone zu tun haben, die blau angemalt wurde, oder einer, die jetzt besonderen Strahlungen ausgesetzt ist, durch die sie sich bläulich verfärbt. Sie widerlegen die eingeschränkte Hypothese nicht. Und bereits die uneingeschränkt formulierte Aussage "Reife Zitronen sind gelb" verstehen wir ja so, daß sie durch derartige Gegenbeispiele (manipulierte Exemplare oder normale Exemplare unter Ausnahmebedingungen) nicht widerlegt wird. – Dieses Beispiel weist darauf hin, daß im Bereich der Prima-facie-Falsifikationen kontingenter All-Aussagen eine Unterscheidung zu machen ist zwischen solchen Fällen, die genuine, *widerlegende* Falsifikationen darstellen, und solchen, die nur Pseudo-Falsifikationen sind. Die Pointe jeder Ceteris-paribus-Klausel ist es, Generalisierungen vor Pseudo-Falsifikationen zu schützen. Sie dient nicht zum läppischen Ausschluß von Gegenbeispielen, sondern zum Ausschluß läppischer Gegenbeispiele.

Offenkundig ist die Unterscheidung zwischen Fällen, die eine Ausnahme bilden, und solchen, die eine Widerlegung darstellen, überaus unscharf. Ihre Anwendung verlangt Urteilsvermögen. Unüberschaubar vielfältig sind oftmals die mannigfachen Gesichtspunkte, die ins Spiel kommen können, wenn wir mit einem ganz konkreten, prima facie falsifizierenden Fall konfrontiert sind und zu einem Urteil zu gelangen versuchen: Ausnahme oder Widerlegung? Gewiß, daraus ergibt sich Spielraum für den Mißbrauch von Normalitätseinschränkungen zum Zwecke der Immunisierung. Dennoch ist diese Unterscheidung unabweisbar. Der Unterschied, auf den sie deutet, ist so echt wie zum Beispiel der zwischen blauen Zitronen und andern Zitronen, die nur blau gefärbt wurden. Erstere würden, wenn es sie gäbe, den Satz "Zitronen sind gelb" widerlegen; zweitere weisen uns nur darauf hin, daß wir ihn ohnehin so verstanden haben, daß er durch *solche* Gegenbeispiele nicht widerlegt würde.

Ausnahmen in Hinblick auf eine Generalisierung des Typs "Wann immer *A*, dann *B*" können auf wenigstens zweierlei Weise zustandekommen:[295] Es handelt sich um ein Ausnahme-Exemplar eines *A*s, oder es ist ein Störfaktor im Spiel. Um ein Ausnahme-Exemplar handelt es sich, wenn es auch unter solchen Umständen *B* nicht aufweist, unter denen die normalen *A*s *B* aufweisen. (Die reife, blau angemalte Zitrone ist ein Ausnahme-Exemplar in Hinblick auf "Reife Zitronen sind gelb", weil sie – im Unterschied zu nicht angemalten reifen Zitronen ihrer Art – auch unter solchen Lichtverhältnissen nicht gelb aussieht, unter denen die andern es tun.) Ein Störfaktor ist unter solchen Umständen im Spiel, unter denen normale *A*s nicht *B* aufweisen. Eine spezielle Bestrahlung, wie sie gerade erwähnt wurde, wäre ein Störfaktor. – Auch diese Unterscheidung ist unscharf; es wird sich gelegentlich nicht definitiv entscheiden lassen, ob eine Pseudo-Falsifikation auf ein Ausnahme-Exemplar oder auf einen Störfaktor zurückzuführen ist. Dennoch ist sie nicht nutzlos. Sie weist darauf hin, daß der Begriff der Normalität hier auf zwei Weisen relevant ist. Zum einen dient er dazu, einzelne Merkmale, die in der Generalisierung explizit genannt sind, näher zu bestimmen: er modifiziert den

Begriff *A* zu dem Begriff *normales (Exemplar eines) A*. In seiner zweiten Verwendung dient er dazu, aus der Gesamtheit der Umstände, unter denen sich *A*s befinden können, solche herauszusondern, die für *A*s im Hinblick darauf, daß sie *B* aufweisen, normal sind.

Von Normalität ist in (KP*) in beiderlei Weise die Rede. Erstens durch die Cp-Klausel: "unter insgesamt normalen Gegebenheiten". Mit ihr wird verlangt, daß nur *normale Umstände* zu berücksichtigen sind, wenn es darum geht, ob ein Mensch das glaubt, was mit dem Satz, dem er zustimmt, bei dieser Gelegenheit gesagt wird. Daß solche Umstände vorliegen, heißt: In ihnen sind keine Störfaktoren im Spiel. Was das wiederum heißt, läßt sich nicht durch Aufzählung spezifizieren und durch keinen Begriff fassen, der präziser wäre als der unpräzise, den ich hier mit dem vieldeutigen Terminus *Normalität* bezeichne. Mit ihm möge hier nicht etwas Normatives (also z.B. keine gesetzte oder auch nur implizit geltende Norm oder ein aus Normierung hervorgegangener Standard) assoziiert werden. Das Wort "normal", wie ich es hier verwende, enthält keine unterschwellige Wertung. Den begrifflichen Kontrast bildet nicht das Pathologische, sondern die Ausnahme.[296] Das Anormale ist nichts in sich Krankhaftes. Und übrigens auch umgekehrt. Das Pathologische, in Maßen, modifiziert die menschlichen Gegebenheiten, ohne den Rahmen des Normalen zu sprengen. – Ebensowenig ist Normalität im hier einschlägigen Sinn etwas Statistisches oder Quasi-Statistisches ("das zumeist Gegebene" oder "das Durchschnittliche"). Dafür, daß in unserm Sinn 'normale' Umstände gegeben sind, ist es weder hinreichend noch strikt notwendig, daß sie häufiger auftreten als 'nicht-normale'.[297] Begrifflich notwendig ist allerdings, daß solche Bedingungen immer, ausnahmslos, gegeben sein *könnten*. Es liegt kein Widerspruch darin, daß nie – wohl aber darin, daß immer – eine Ausnahme auftritt. (Fast möchte man den Aperçu riskieren: Unter insgesamt normalen Gegebenheiten sind insgesamt normale Gegebenheiten häufiger als anormale.)

Zweitens soll *S* ein *normaler Sprecher* des Deutschen sein. Zunächst einmal, das heißt nicht, daß er erstens normal und zweitens ein Sprecher des Deutschen ist. Gemeint ist, daß *S* normale Sprachkompetenz besitzt.[298] Auch psychisch abnorme Menschen zum Beispiel sind 'normale Sprecher', solange ihre sprachlichen Äußerungen in dem Sinn zu verstehen sind, den sie im Deutschen haben. – Nun handelt es sich hier allerdings um einen auch quantitativ gefärbten Normalitätsbegriff. Es liegt im Wesen einer Gemeinsprache, daß deren normale Sprecher eine deutliche Mehrheit bilden. Natürlich kann es sein, daß in einer Population, die wie eine Sprachgemeinschaft wirkt, in Wirklichkeit mehrere Sprachen gesprochen werden – nicht 'das' Deutsche, sondern mehrere deutsche Soziolekte, jeder natürlich mit einer Mehrzahl normaler Sprecher. Unterstellen wir jedoch weiterhin, es gebe 'das' Deutsche: *eine* Sprache, die unsere gemeinsame ist. Sie läßt sich, 'im Prinzip', durch ein System von Regeln charakterisieren – Regeln, nach denen sich unter anderm bemißt, ob eine vorgegebene Zeichenfolge ein Satz des Deutschen ist, und was sie – falls sie solch ein Satz ist – wortwörtlich bedeutet. Die Sprache Deutsch ist vielleicht durch ein solches Regelsystem bestimmbar, nicht jedoch, was ein normaler Sprecher des Deutschen ist. Welcher Spielraum für Abweichung steht ihm offen? Normale Sprecher machen – in einem Ausmaß, das nicht über das Normale hinausgeht – normale Fehler. Aus dem Regelsystem geht jedoch nur hervor, was korrekt ist und was nicht. Es gibt keinen Aufschluß darüber, was eine normale Abweichung ist und was nicht. (Einer rechnet: 34 + 87 = 111; ein anderer: 34 + 87 = 119,54. Durch Nachrechnen läßt sich zeigen, daß das zweite Ergebnis dem richtigen näherkommt, aber nicht, daß es verrückt ist.) Jede diesbezügliche Präzisierung wäre eine Normierung. Brauchbar wäre sie höchstens dann, wenn sie dem entspricht, was von der Mehrheit der *normalen* Sprecher als eine noch *normale* Abweichung vom *normalen* Sprachgebrauch empfunden wird. – In einem Wort, was in dem hier gemeinten Sinn 'normal' ist, ließe sich nicht genauer explizieren, ohne im Zuge der Explikation an anderer Stelle doch wieder von Normalität zu reden. – À propos hier gemeinter Sinn:

*

"Normal" kann ach so vieles heißen. Das Wort kann, wie gerade erwähnt, dazu eingespannt werden, das *Typische* zu bezeichnen, oder das deutlich *Häufigere*. Oder das *Gewöhnliche*, *Übliche*, *Gebräuchliche*, das zumindest leidlich *Vertraute*. Es kann das *den gegebenen Rahmen nicht Sprengende* bezeichnen ("So etwas ist gelegentlich schon passiert und ging durch.") – wobei dieser Rahmen natürlich durch das Gewöhnliche, Übliche, Gebräuchliche oder auch nur leidlich Vertraute aufgespannt ist. Das Normale ist, zumindest 'typischerweise', *nichts Überraschendes*; man sollte, *außer in besonderen Gegebenheiten*, auf 'so etwas' gefaßt sein. Der Sinn, in dem ich von einem 'normalen Sprecher' und 'insgesamt normalen Bedingungen' spreche, ist nicht präziser als der jedes dieser schwammigen Ausdrücke, deren Reihe sich wohl noch lange fortsetzen ließe. Dennoch, keiner von ihnen ist ein Synonym eines der andern. Und keiner von ihnen gibt just das wieder, was ich meine: eine Einschränkung, die Generalisierungen elastisch macht, sie aber letztlich doch brüchig bleiben läßt, solange kein ganz besonderer begrifflicher Zusammenhang zwischen *A* und *B* besteht. – Solch eine Einschränkung mit der Wendung *ceteris paribus* wiederzugeben, entspricht nicht deren wörtlicher Bedeutung: Es geht ja nicht darum, daß ungenannte Aspekte gleichbleiben, sondern daß sie nicht ins Spiel kommen. Nun ist es aber seit längerem branchenüblich, mit dieser Phrase vielerlei Arten von Faktoren auszublenden, die in irgendeinem Sinn anormal sind.[299] Was ich mit dem Notbehelfswort *Normalität* signalisieren möchte, fällt also in diese logisch inhomogene Kategorie der sog. Cp-Einschränkungen. Eine brauchbare Theorie, oder gar eine 'Logik', zum Thema Normalität kenne ich nicht.[300] – Was ich dazu zu sagen habe, hängt in der Luft. Womöglich sind die 'für normale Menschen (in Bezug auf das Glauben) insgesamt normalen Gegebenheiten' nicht theoriefähig: keiner leidlich systematischen Behandlung zugänglich.

Angesichts dessen stellt sich die Frage: Drückt "Normalität", so wie ich das Wort hier verwende, überhaupt einen Begriff aus? Dies ist bestreitbar.[301] Dieses Wort verweist nicht – auch nicht undeutlich – auf ein registrierbares Merkmal von Dingen oder von Umständen, in denen sie sich befinden. Auch nicht auf eine 'Familienähnlichkeit', die zwischen allem Normalen bestünde. Zwar hat es in gewissen Hinsichten eine Verwandtschaft mit Wörtern, die Prototypen-Begriffe ausdrücken. Auch diesen ist es wesentlich, einen facettenreichen semantischen Spielraum zu lassen. Sie sind geschmeidig in der Anwendung auf konkrete Einzelfälle; ihre sachlich angemessene Verwendung macht es oftmals unausweichlich, von Kontext zu Kontext variierende Gesichtspunkte ins Spiel zu bringen. (Wer den Begriff Sport beherrscht, hat gelernt, hinsichtlich dessen Anwendung flexibel und tolerant zu sein. Er mag sich darüber mokieren, daß über die laufende Schachweltmeisterschaft im Sportteil seiner Tageszeitung berichtet wird; aber er sollte es bei einem Achselzucken belassen.) Doch Normalität im hier einschlägigen Sinn ist kein Prototypen-Begriff. Eher im Gegenteil: Es gibt keine Paradigmata des Normalen, mit denen wir einen gegebenen Fall vergleichen könnten, um dann zu entscheiden, ob er ihnen ähnlich genug ist, um als normal klassifiziert zu werden. Mehr als das, es kann kein solches Paradigma geben. Etwas Derartiges ließe sich nicht willkürlich festsetzen und auch nicht herbei-idealisieren.

Wenn Normalsein überhaupt eine Eigenschaft von Dingen und Gegebenheiten ist, dann keine positive, sondern eine 'privative': die Abwesenheit von Anormalitäten. Zwar können wir, in Hinblick auf eine konkrete Situation oder Sache, gelegentlich mit kriterial fundierter Bestimmtheit feststellen, daß es sich *nicht* um einen normalen Fall handelt. Aber nichts, das wir über eine konkrete Sache oder Gegebenheit wissen können, würde ausreichen, um jemals zu erweisen, daß sie definitiv normal ist. – Mit gewissem Recht könnte man also sagen: Das Wort "normal", so wie ich es gebrauche, drücke keinen Begriff aus, sondern stelle nur eine Art semantisches Schmiermittel bereit, durch das ein leidlich reibungsarmes Ineinandergreifen und die leidlich disziplinierte Anwendung vieler unserer Begriffe erst ermöglicht wird – gerade auch solcher Begriffe, die speziell auf den Menschen und seine Geistigkeit zugeschnitten zu sein scheinen.

Andererseits ist "normal" ein gewöhnliches Adjektiv, dem ein sprachlicher Sinn nicht zu bestreiten ist. Es steht im Duden, andere Sprachen haben ein kurzes Wort mit derselben Bedeutung. Allein das erlaubt es, von dem 'Begriff der Normalität' (oder mehreren solcher Begriffe) zu sprechen, in einem ermäßigten Sinn dieser Wendung. Das werde ich auch weiterhin tun. Und nebenbei, dieser 'Begriff' wäre letztlich nicht schlechter bestimmt als andere Grundbegriffe: Er wäre implizit durch all diejenigen begrifflichen Wahrheiten definiert, die ohne ihn keine wären.

*

Die Hinzunahme einer Normalitätsklausel in die Formulierung des Zuschreibungsprinzips mag den Argwohn erregen, es handele sich dabei um eine eigens zu diesem besonderen Zweck angefertigte Schutzkonstruktion. Doch mit ihr wird keine Restriktion von außen herangetragen; vielmehr wird sie nur explizit gemacht. Man bedenke, daß in vielen Formen zumindest des alltäglichen Redens – nicht nur im generalisierenden Reden – implizite Normalitätseinschränkungen enthalten sind. Wir sprechen nicht ungenau, indem wir sie nicht ausdrücklich erwähnen; denn sie zu erwähnen ist nur dann passend, wenn es konkreten Anlaß dafür gibt. Daß das Gesagte nur für den 'normalen' Fall gilt, ist eine häufig anzutreffende generalisierte konversationale Implikatur unseres Redens; wer diese Einschränkung ohne besonderen Grund explizit machte, verstieße gegen die Maxime, sich nicht 'informativer' auszudrücken als es für die gegebenen Gesprächszwecke nötig ist.[302] Er spräche nicht genauer, sondern oft sogar irreführend. Nehmen wir eine gewöhnliche Verabredung: "Wir treffen uns am Montagabend um 9 am gewohnten Ort". Der Zusatz "es sei denn, etwas kommt dazwischen" ist überflüssig; er versteht sich zumeist von selbst. Mit dieser unausgesprochenen Normalitätsrestriktion wird ein strukturell analoger Unterschied zu dem zwischen Ausnahme und Widerlegung gemacht. Daß der Sprecher, ohne dies anzukündigen, dann doch nicht zum verabredeten Treffen kommt, mag entweder akzeptable Gründe haben (plötzliche Erkrankung: "Ausnahme") oder andere (plötzliche Lustlosigkeit: "Widerlegung"). Eine scharfe Grenze gibt es natürlich nicht. – Unausgesprochene Normalitätseinschränkungen durchziehen weite Bereiche unserer sprachlichen Ausdrucksformen; werden sie nicht mitverstanden, wird oftmals geradezu mißverstanden, was gesagt wird. Das Entsprechende gilt auch für unser Denken. Denn die Ausblendung des Anormalen ist vielen unserer Gedanken und Denkprozesse geradezu eingewoben: durch in ihnen involvierte Begriffe, deren Zusammenhänge nur unter der Voraussetzung der Abwesenheit störender Ausnahmefaktoren bestehen. Dazu gleich mehr.

Dafür, daß die Normalitätsklausel in (KP*) keine Ad-hoc-Hinzufügung ist, sondern mit ihr etwas Mitzuverstehendes explizit gemacht wird, spricht auch folgendes. Warum ist es so überaus plausibel, daß zwischen aufrichtiger Satzzustimmung und Überzeugung ein allgemeingültiger, wenn auch nicht ausnahmsloser Zusammenhang besteht? Ist dies eine Hypothese, die wir aus der Erfahrung gewonnen haben und die sich bisher gut bewährt hat? Sind wir bei unseren empirischen Studien dann auf Gegenbeispiele gestoßen, durch die wir auf Störfaktoren aufmerksam wurden? Sind wir schließlich zu der weiteren Einsicht gelangt, daß die denkbaren Ausnahmen sich nicht einzeln aufzählen, sondern nur durch eine generelle Normalitätsrestriktion ausschließen lassen? – Nichts dergleichen. Der Zusammenhang ist uns intuitiv klar, vielleicht sogar 'selbstevident'. Wenn wir uns dennoch überlegten, ob er wirklich besteht, würden wir apriorisch räsonnieren. Und dann dürfte es uns nicht schwerfallen einzusehen, daß dieser Zusammenhang wohl nicht ausnahmslos, aber für jeden normalen Fall garantiert ist – weil alles, was ihn zerrisse, ipso facto eine Anormalität in Hinblick auf diesen Zusammenhang wäre. Durch apriorische Reflexion läßt sich also einsehen, daß eine Normalitätseinschränkung eine notwendige Bedingung für die Unwiderlegbarkeit der Annahme dieses Zusammenhangs ist; folglich ist die Normalitätseinschränkung implizit in der Unwiderlegbarkeitsintuition enthalten. Sie ist kein Ad-hoc-Zusatz einer immunisierenden Formulierung, sondern gehört zur Konzeption dieses Zusammenhangs selbst.

*

In Hinblick auf das Verhältnis einer uneingeschränkten Generalisierung der Form "Wann immer *A*, dann *B*" und der ihr entsprechenden Cp-Version ("Unter insgesamt normalen Gegebenheiten: Wann immer *A*, dann *B*") ist also ein Unterschied zu beachten. Die zweite kann eine von außen herangetragene Einschränkung des empirischen Gehalts der ersten sein: Zitronen sind gelb. Sie kann aber auch die ausdrückliche Nennung eines normalitätsvermittelten Zusammenhangs sein, der zwischen Begriffen in der uneingeschränkten Aussage ohnehin schon besteht: Wer aufrichtig zustimmt, glaubt, was er sagt.

*

Das Reden von normalen Bedingungen – genauso natürlich auch das Reden von Ausnahmen, die vernachlässigbar und deshalb keine Widerlegungen sind – ist uns, aus den oben genannten Gründen, in vielerlei Hinsicht suspekt, vielleicht sogar intellektuell widerwärtig. Der kognitive Gehalt solcher Ausdrucksweisen, wenn man überhaupt davon sprechen mag, ist hoffnungslos diffus. Hier eine kleine Sammlung von teils harmlosen, teils entmutigenden Defekten. Normalität ist kontextabhängig: Was hier normale Bedingungen sind, sind dort Ausnahmegegebenheiten. – Normalität ist aspektbezogen: Ein und dieselben Gegebenheiten können normal sein in Hinblick auf dies und anormal in Hinblick auf jenes. – Auch hinsichtlich eines leidlich genau spezifizierten Kontexts und Aspekts ist Normalität nicht feststellbar, selbst unter besten Bedingungen. Nichts könnte uns jemals zeigen, daß wir es in einer konkreten Situation hinsichtlich eines bestimmten Aspekts mit insgesamt normalen Gegebenheiten zu tun haben. – Normalität ist begrifflich unausschöpflich. Jeder Versuch anzugeben, worin sie besteht, wäre aussichtslos. Das gilt nicht nur für *die* Normalität in voller Allgemeinheit, sondern auch für alle Einzel-Normalitäten. Jede noch so gewissenhafte Auflistung von Ausnahmen muß offen bleiben für neuartige, die uns bisher nicht begegnet sind. – Normalität ist verschwommen. Grenzfälle ("Ausnahme oder Widerlegung?") sind hier, so könnte man spötteln, der zu erwartende Normalfall.

All dies ist richtig. Gibt es einen semantischen Makel, den dieses Wort nicht hat, solange wir es weder statistisch noch wertend verstehen? Am Ende ist seine Anwendung so schwach geregelt, daß es schwerfällt, ihm zuzubilligen, daß es überhaupt einen greifbaren Sinn hat. Am liebsten würden wir auf es und seine Verwandten verzichten. Doch was uns hier irritiert oder abstößt, rührt nicht her von der Minderwertigkeit der spezifischen sprachlichen Mittel ("normal", "Ausnahme", usw.), deren wir uns bei diesen Arten des Redens bedienen. Dieselben semantischen Defekte müßte jedes Wort haben – die entsprechenden kognitiven Unzulänglichkeiten müßte jeder Begriff haben –, mit dem wir versuchen wollten, die uns selbst undurchsichtigen Voraussetzungen zu erfassen, die den Hintergrund der leidlich geregelten Verwendung vieler der uns vertrautesten Begriffe für geistige Phänomene bilden – auch dann bilden, wenn wir sie auf etwas uns besonders Vertrautes und am Herzen Liegendes anwenden:

auf uns und unseresgleichen. Und just um einen solchen Begriff geht es in unseren Betrachtungen.

*

Analytizität dank Normalität Die begriffliche Wahrheit des Zuschreibungsprinzips ist von einer bemerkenswerten Art: Sie kommt, so scheint es, allein durch die Einschränkung auf das Normale zustande. Wird diese Einschränkung nicht gemacht, dann ist (KP) eine empirisch falsche Generalisierung; wird diese Einschränkung ausdrücklich hinzugenommen, dann ist das Ergebnis, (KP*), nicht nur wahr, sondern auch begrifflich wahr. Der einzige Unterschied zwischen beiden liegt in der Normalitätsrestriktion; sie allein, so scheint es, verwandelt eine *kontingente Falschheit* in eine *notwendige Wahrheit*. Eine prima facie wundersame begriffliche Leistung, die stutzig macht: Wie sollte das überhaupt möglich sein? Dazu zweierlei.

Erstens mag unsere bisherige Darstellungsweise irreführen. Sie mag die Idee nahelegen, hier handele es sich um eine Verwandlung von beliebigen kontingenten Verallgemeinerungen in notwendige Wahrheiten, und sie werde durch nichts weiter erreicht als die Beigabe eines Normalitätszusatzes, der modale Zauberkraft hat. Doch dem ist nicht so. Die Normalitätsklausel macht nicht aus beliebigen All-Sätzen, die zwar regelmäßig, aber nicht ausnahmslos zutreffen, notwendige Wahrheiten. Sondern nur aus solchen, die in ausgesuchter Weise *begrifflich* dazu angetan sind. Es bedarf einer besonderen begrifflichen Konstellation innerhalb der Generalisierung: *A* und *B* müssen in einer bestimmten Weise aufeinander bezogen, füreinander 'gemacht' sein, damit einem kontingent falschen "Wann immer *A*, dann *B*" ein notwendigerweise wahres "Cp: Wann immer *A*, dann *B*" entspricht.[303] – Zweitens ist dieser wundersame Wechsel vom kontingent Falschen zum notwendig Wahren ein Kennzeichen einer ganzen Klasse von Generalisierungen, die es mit dem Zusammenhang zwischen Geisteszuständen von Menschen, ihrem Verhalten und den äußeren Gegebenheiten, in denen sie sich befinden, zu tun haben.

Noch einmal zum ersten Punkt. Hier bedarf es eigentlich nur der Erinnerung daran, daß Normalitätseinschränkungen in andern Generalisierungen keine derartige Auswirkung haben. Nehmen wir an, eine uneingeschränkte Generalisierung wie "Reife Zitronen sind gelb" sei falsch, hier und da kämen reife Zitronen vor, die blau sind. Nehmen wir weiterhin an, jede blaue Zitrone wäre ein Ausnahme-Exemplar oder ihre Färbung die Auswirkung von Störfaktoren. Dann wäre die eingeschränkte Fassung dieser Generalisierung wahr: "Unter insgesamt normalen Gegebenheiten sind reife Zitronen gelb". Aber ihre Wahrheit wäre kontingent. Die involvierten Begriffe – Zitrone, gelb, reif – lassen die Möglichkeit der Existenz reifer blauer Zitronen zu, die keine Ausnahmen sind. Diese Begriffe stehen in keinem Zusammenhang zueinander, dank dem aus der uneingeschränkten Generalisierung durch Hinzufügung einer Normalitätsrestriktion eine begriffliche Wahrheit hervorgehen könnte. Wo die Cp-Einschränkung eine empirische Falschheit in eine notwendige Wahrheit 'verwandelt', müssen die übrigen Begriffe, die in der Generalisierung enthalten sind, also offenkundig von einer besonderen Art sein. – Was für Begriffe bzw. Generalisierungen sind das? Dies führt zum zweiten Punkt.

*

Es geht nun zunächst darum, innerhalb der gesamten Klasse allgemeiner Aussagen über geistige Phänomene normaler Menschen eine Unterteilung vorzunehmen – und zwar eine, aus der ersichtlich wird, daß die gerade zum Vorschein gebrachten Besonderheiten unseres Zuschreibungsprinzips für eine Vielzahl solcher Generalisierungen charakteristisch sind. Betrachten wir einige Beispiele.

Für normale Menschen *x* gilt:

(a) Wenn *x* etwas verabscheut, denkt er nicht gerne daran.

(b) Wenn in *x*s unmittelbarer Umgebung großer Lärm ist, fällt es ihm schwer, sich zu konzentrieren.

(c) Wenn *x* etwas will, das er für erreichbar hält, ist er bestrebt, es zu erreichen.

(d) Wenn *x* etwas fürchtet, das er für vermeidbar hält, ist er bestrebt, es zu vermeiden.

Alle diese Generalisierungen sind in ihrer unbeschränkten Allgemeinheit falsch. Nehmen wir einmal an, jede von ihnen wäre allerdings wahr, wenn sie mit einer Normalitätseinschränkung versehen wird. Nehmen wir also z. B. auch an, es komme – außer in Ausnahme-Gegebenheiten – de facto niemals vor, daß ein normaler Mensch gerne an etwas denkt, was er verabscheut. Die Wahrheit der eingeschränkten Generalisierung

(a*) Unter insgesamt normalen Gegebenheiten gilt: Wenn *x* etwas verabscheut, denkt er nicht gerne daran.

wäre allerdings ein kontingentes Faktum. Auch normale Menschen könnten, selbst unter normalen Gegebenheiten, gerne an etwas denken, das sie verabscheuen. Es liegt kein Widerspruch darin, dies für möglich zu halten. Ja, nicht einmal in der Annahme, dies könne der Regelfall werden. Menschen, denen es nicht unangenehm ist, an etwas zu denken, das sie verabscheuen, wären anders als normale Menschen de facto sind. Aber der Begriff des normalen Menschen und alle andern in (a) involvierten Begriffe lassen dies zu. Das Entsprechende gilt für (b). – Anders verhält es sich mit (c) und (d). Die Wahrheit von

(c*) Unter insgesamt normalen Gegebenheiten gilt: Wenn *x* etwas will, das er für erreichbar hält, ist er bestrebt, es zu erreichen

zum Beispiel ist eine begriffliche Notwendigkeit. Wäre sie es nicht, dann wäre es möglich, daß normale Menschen unter normalen Gegebenheiten – ja, sogar im Regelfall – nicht bestrebt sind, das zu erreichen, was sie wollen und für erreichbar halten. Doch dies ist keine Möglichkeit. Es liegt in den in (c*) involvierten Begriffen, daß dies nicht möglich ist. Man möchte sagen: Was es *heißt*, etwas zu wollen, für erreichbar zu halten, usw., das wird doch gerade durch einen Satz wie diesen zumindest teilweise erläutert.[304]

Allgemein gesprochen verhält es sich so: Ist eine Generalisierung des Typs "Cp: Wann immer *A*, dann *B*" analytisch, dann sind Fälle der Art *A* & ~*B* zwar begrifflich möglich, aber es ist a priori ausgeschlossen, daß sie unter insgesamt normalen Bedingungen auftreten. Aus dem Begriff der Normalität, um den es uns geht, ergibt sich: Normale Zusammenhänge könnten im Prinzip ausnahmslos sein. Deutlicher gesagt: Wenn ein Sachverhalt *A* unter insgesamt normalen Bedingungen den Sachverhalt *B* mit sich bringt, dann ist es begrifflich möglich, daß er das stets tut. (Und entsprechend: Wenn *A* unter insgesamt normalen Bedingungen ohne *B* auftreten kann, dann ist es begrifflich möglich, daß *A* stets ohne *B* auftritt.) Wer die Wahrheit der Cp-Generalisierung anerkennt, deren Analytizität aber bestreitet, ist also darauf festgelegt, folgendes als zumindest begrifflich möglich anzuerkennen: Wann immer *A*, dann nicht-*B*. – Entsprechend ist einer, der die Analytizität der Cp-Generalisierung anerkennt und einräumt, daß *C* ein gelegentlich auftretender Störfaktor in Bezug auf den *A*/*B*-Zusammenhang ist, darauf festgelegt zu bestreiten, daß folgendes begrifflich kohärent ist: Wann immer *A*, dann *C*. (Denn daß *C* ein solcher Störfaktor ist, impliziert: "Wann immer *A* und *C*, dann nicht-*B*." Würde außerdem auch gelten "Wann immer *A*, dann *C*", dann wäre die Cp-Generalisierung falsch.)

*

An dieser Stelle zunächst einige terminologische Festsetzungen, die eine leidlich knappe und deutliche Ausdrucksweise gestatten sollen. Anschließend werden wir einige 'methodologische' Besonderheiten der dialektischen Situation betrachten, die entsteht, sobald wir (sei's realiter, sei's in einem Gedankenexperiment), mit einem Fall konfrontiert werden, der – zumindest dem ersten Anschein nach – eine Ausnahme von einer begrifflich wahren Cp-Generalisierung ist.

Eine Aussage des Typs "Wann immer *A*, dann *B*" (als Kürzel: $A \rightarrow B$) nenne ich *cp-analytisch*, wenn zweierlei gilt: Sie drückt eine Proposition aus, die in ihrer uneingeschränkten Allgemeinheit falsch sein kann; wird sie um eine entsprechende Normalitätseinschränkung ergänzt, ist das Ergebnis eine begriffliche Wahrheit. Eine Aussage des Typs $A \rightarrow B$ ist also cp-analytisch, wenn die Aussage "Ceteris paribus: Wann immer *A*, dann *B*" (abgekürzt: $A \rightsquigarrow B$) eine begriffliche Wahrheit ist. Als Kürzel diene "$A \approx\!> B$", zu lesen als: Es ist begrifflich wahr, daß unter Gegebenheiten, die (im Hinblick auf die Anwendungsbedingungen von *A* und *B*) normal sind, gilt: Wann immer *A*, dann auch *B*. Der Klammerzusatz soll noch einmal daran erinnern, daß es dabei ausschließlich um die Normalität der für den *A*/*B*-Zusammenhang relevanten Gegebenheiten geht. Andere, irrelevante Anormalitäten in den betreffenden Gegebenheiten sind durch die Cp-Klausel nicht ausgeschlossen.

Entsprechend werde ich gelegentlich auch von *Cp-Inkohärenz*, *Cp-Implikation* und ähnlichem sprechen.[305] Ein *Gegenbeispiel* gegen $A \rightsquigarrow B$ ist eine *Prima-facie-Falsifikation*: ein Fall – sei's auch nur ein erfundener Fall –, aus dem sich zumindest unter einer gewissen Beschreibung der in ihm obwaltenden Gegebenheiten ergibt: $A \;\&\; {\sim}B$. Unter einer *Widerlegung* sei ein Gegenbeispiel verstanden, das nicht nur $A \rightarrow B$, sondern auch $A \rightsquigarrow B$ als falsch erweist; unter einer *Ausnahme* eines, durch das sich $A \rightsquigarrow B$ nicht als falsch erweist. – Der Unterschied zwischen Ausnahme-Exemplar und Störfaktor wird in unseren Überlegungen nur noch gelegentlich eine Rolle spielen. Die Darstellung läßt sich dadurch vereinfachen, daß die Cp-Klausel als eine Normalitätseinschränkung verstanden wird, die beides zugleich ausschließt. Sie wird von nun an so verwendet, daß die Generalisierung durch sie auf solche Fälle eingeschränkt ist, in denen *alle* Faktoren normal sind, die für das *B*-Sein eines *A*s relevant sind. (Wenn also im Antecedens die Bedingungen $A_1 \ldots A_n$ genannt sind, dann erstreckt sich die Cp-Generalisierung nicht auf Ausnahme-Exemplare von A_i.) Kurz,

"Cp: Wann immer *A*, dann *B*" soll dasselbe besagen wie: In Gegebenheiten, in denen alle für die Anwendbarkeit von *A* und *B* relevanten Faktoren normal sind, gilt: Wann immer *A*, dann *B*.

Gemäß dieser Sprachregelung dient die Klausel "unter insgesamt normalen Gegebenheiten" (kurz: "cp") im Folgenden als eine umfassende Restriktion, mit der Ausnahme-Exemplare und Störfaktoren in einem Aufwasch ausgeblendet werden. Dies ist für unsere Zwecke passend, denn es geht uns zunächst einmal nicht darum, bis ins Detail zu verfolgen, welche Anormalitäten es im einzelnen sein mögen, die den *A/B*-Zusammenhang zerreißen könnten. – In dieser umfassenden Normalitätsrestriktion liegt keine Immunisierung. Kontingente Cp-Generalisierungen sind dadurch auch weiterhin nicht gegen Widerlegung gefeit.

*

Nun einige Überlegungen zu den Eigentümlichkeiten der Situation, die durch das Auftreten einer Prima-facie-Falsifikation entsteht. – Nehmen wir zunächst einmal an, irgendeine Generalisierung des Typs "Wann immer *A*, dann *B*", also zum Beispiel

Wann immer *S* etwas will, das er für erreichbar hält, ist er bestrebt, es zu erreichen,

sei anerkanntermaßen cp-analytisch. Nun begegne uns ein Fall, in dem auf den ersten Blick – wohlgemerkt: auf unsern ersten, unbefangenen Blick – *A* vorliegt, *B* aber nicht. Wie können wir uns dazu verhalten?

Natürlich können wir den ersten Eindruck schlicht für bare Münze nehmen. Es sei eben so, wie es scheint: Hier sei irgendeine der möglichen Ausnahmen gegeben, auf die wir stets gefaßt sein sollten. Wir mögen dann, in aller Gemütsruhe, den Schluß ziehen, daß wohl irgendein Störfaktor im Spiel gewesen sein muß – auch wenn wir zumindest auf Anhieb keine Ahnung haben, wie er im einzelnen beschaffen sein mag. So gehen wir, vermute ich, nicht selten mit diesen Dingen um. Auch wenn das Auftreten einer Ausnahme dazu angetan ist, uns zu überraschen, so sind wir doch auf allerlei derartige Überraschungen gefaßt und werden manche von ihnen achselzuckend hinnehmen. – Eine zweite Möglichkeit. Wir mögen unserm ersten Blick mißtrauen und zu der Einschätzung gelangen, daß es sich wohl doch nicht um einen Fall von *A* oder doch um einen Fall von *B* gehandelt hat. Dies wird dadurch erleichtert, daß Glauben, Wollen und Bestrebtsein keine manifestationalen Begriffe sind. (Diagnosen wie "Es sah zwar so aus, als wollte er es und hielte es für erreichbar. Aber dem war wohl doch nicht so", oder: "Es sah zwar nicht so aus, als sei er nicht bestrebt gewesen, es zu erreichen; aber in Wirklichkeit war er es wohl doch" sind oft bequem verfügbar.)

Noch andere Möglichkeiten ergeben sich, wenn uns ein Prima-facie-Gegenbeispiel nicht im Leben begegnet, sondern in einem Gedankenexperiment präsentiert wird: mit Hinweis auf ein sehr extravagantes Szenario, in dem, angeblich, ein neuartiger 'Störfaktor', nennen wir ihn *C*, zu *A* hinzutritt und, angeblich, das Auftreten von *B* verhindert. Aus der Beschreibung soll hervorgehen, daß folgendes möglich ist: *A & C & ~B*. Hier kann allerlei Zweifel daran, daß es sich überhaupt um ein Gegenbeispiel handelt, an der Beschreibung ansetzen. Es könnte Anlaß geben, in Frage zu stellen, daß das beschriebene Szenario überhaupt kohärent ist. Erstens: Ist *C* überhaupt eine Möglichkeit? (Enthält seine genauere Beschreibung vielleicht sogar einen versteckten Widerspruch?) Zweitens: Vorausgesetzt, *C* ist eine echte Möglichkeit, sind *A* und *C* wirklich miteinander verträglich? – Und dies einmal vorausgesetzt, ist immer noch zu fragen, ob das Szenario beweiskräftig ist. Ein diesbezüglicher Zweifel könnte zum Beispiel so vorgetragen werden: Das Vorliegen von *C* spricht zwar in der Tat gegen *B*; aber reicht *C* wirklich aus, *B* auch dann zu verhindern, wenn *A* vorliegt? (Liefert *C* einen so starken Grund gegen *B*, daß der Grund, den wir durch *A* zugunsten von *B* haben, dadurch überwogen wird?) – In eine andere Richtung ginge folgendes Bedenken: Ließe sich angesichts der ausgemalten Umstände überhaupt etwas mit Bestimmtheit darüber sagen, ob *A* und *B* vorliegen bzw. nicht vorliegen? Schließlich haben viele unserer gewöhnlichen Begriffe 'Lücken' ('weiße Flecken'), was den Bereich ihrer kriterial gesicherten Anwendung angeht.[306] Gerade weil wir sie beherrschen, wissen wir, daß ihre Anwendung sich nur dann rechtfertigen läßt, wenn die Situation einen grundsätzlich 'passenden Rahmen' dafür bietet. Solch eine beschreibungsskeptische Reaktion mag in die Gegenthese münden, daß angesichts von *C* die Grundvoraussetzungen für eine kunstgerechte Zuschreibung oder Absprechung eines der relevanten Begriffe nicht erfüllt sind. (Polemisch überspitzt könnte eine solche Erwiderung lauten: "Im Lichte der Beschreibung des angeblichen Gegenbeispiels obwalten in dem ausgemalten Szenario Umstände, angesichts deren die Frage, ob *A* vorliegt oder nicht vorliegt, etwa so sinnvoll ist wie die, ob jetzt auf der Sonne Tag ist oder Nacht.")

*

Betrachten wir die Möglichkeit eines noch tiefergehenden Disputs, der angesichts jeder völlig neuartigen Prima-facie-Falsifikation entstehen kann. Wir hatten in den gerade angestellten Überlegungen vorausgesetzt, daß die begriffliche Wahrheit der betreffenden Generalisierung “Cp: Wann immer *A*, dann *B*” von allen Seiten anerkannt wird. Das ist in philosophischen Debatten jedoch häufig nicht so. Die Frage, ob es sich bei dem konkreten (sei’s auch nur ausgemalten) neuartigen Fall wirklich um eine Ausnahme zu der betreffenden Cp-Generalisierung handelt, kann dann Anlaß zu der grundsätzlicheren Frage geben, ob es sich bei ihr überhaupt um eine begriffliche Wahrheit handelt. Der Streit um den Ausnahme-Charakter eines neuen Prima-facie-Gegenbeispiels kann dann, mehr oder weniger unterschwellig, zugleich ein Streit um den Status der Generalisierung $A \leadsto B$ sein: Ist sie überhaupt begrifflich wahr, oder zeigt sich an dem neuen Gegenbeispiel vielleicht sogar, daß sie sich letztlich nicht einmal als eine empirisch wahre Aussage betrachten läßt? – Solche Fragen sind dazu angetan, divergierende Grundeinstellungen in puncto Cp-Analytizität zutage treten zu lassen. Zwei Streitpunkte sind für das Folgende von besonderer Wichtigkeit: Gibt es überhaupt Generalisierungen, deren begriffliche Wahrheit normalitätsvermittelt ist? Und selbst wenn dies nicht bestritten wird, gibt eine weitere Frage Anlaß zu Kontroversen: Worauf beruht letztlich die begriffliche Wahrheit solcher Aussagen? – Ich skizziere vier mögliche Auffassungen, in denen sich unterschiedliche intellektuelle Temperamente widerspiegeln. Es sind dies:

- eine rigoros empiristische Betrachtungsweise: Die uneingeschränkte Aussage, “Wann immer *A*, dann *B*”,[307] ist eine kontingente Generalisierung; und ihre vorsichtiger formulierte Version (“Cp: Wann immer *A*, dann *B*”) ist ebenfalls kontingent und kann durch neuartige Gegenbeispiele falsifiziert werden. Denn wenn die Cp-Klausel einen kognitiven Gehalt hat, dann ist sie nur eine Abkürzung für eine endliche Liste bereits bekannter Ausnahme-Gegebenheiten C_1, …, C_n. Jeder neuartige Fall, in dem A & $\sim B$, aber keines dieser C_i vorliegt, erweist diese Liste als unvollständig. – Und selbst wenn *de facto* keine neuartigen Gegenbeispiele auftreten sollten, so bleibt die Cp-Generalisierung doch im Prinzip jederzeit empirischer Widerlegung ausgesetzt. Sie wäre dann wahr, aber keine apriorische Wahrheit. [Im Kürzelstenogramm: $A \rightarrow B$ und $A \leadsto B$ sind im Prinzip empirisch falsifizierbar; $A \mathrel{\approx\!>} B$ ist falsch.]
- eine rigoros rationalistische: Bereits die uneingeschränkte Generalisierung “Wann immer *A*, dann *B*” ist eine begriffliche Wahrheit, die keine Ausnahmen zuläßt. Es ist daher a priori einsichtig, daß es auch

unter anormalen Gegebenheiten keine Fälle von A & ~B geben kann. Die Cp-Abschwächung ist etwa so sinnvoll wie "Ceteris paribus gilt: 1 + 1 = 2". Die Normalitätseinschränkung ist überflüssig. Die Idee, sie sei es nicht, ist ein begriffliches Mißverständnis. [$A \rightarrow B$ ist begrifflich wahr. Es gilt nicht $A \not\Rightarrow B$, sondern $A \Rightarrow B$.]

In Abmilderung dieser Sichtweisen sind zumindest auch diese beiden möglich:

- eine moderat empiristische: Die uneingeschränkte Generalisierung, "Wann immer A, dann B", ist eine blankerdings kontingente Aussage, die durch jedes Auftreten eines Gegenbeispiels empirisch widerlegt würde. Ihre auf normale Gegebenheiten eingeschränkte Fassung genießt in der Tat den Status einer begrifflichen Wahrheit. Dies ergibt sich allerdings nicht aus den beiden *Begriffen* selbst, sondern ist ein semantisches Additivum, das wir dem Sinn der *Wörter* "A" und "B" beimischen. Daß wir "Cp: Wann immer A, dann B" als prinzipiell unantastbar behandeln, ist eine sozio-kulturelle Zufälligkeit. Man kann sich andere Sprachen vorstellen, die Wörter für A und B haben, in denen es keine apriorische Wahrheit ist, daß *A*s 'normalerweise' auch *B*s sind. Wir aber reden nun einmal so; allein daher rührt der Sonderstatus bestimmter eingeschränkter Generalisierungen. [$A \rightarrow B$ ist offenkundig empirisch falsifizierbar. $A \Rightarrow B$ ist offenkundig falsch. Es ist anzuerkennen, daß $A \approx\!> B$. Daß dies begrifflich wahr ist, ist jedoch nicht durch das Verständnis der Begriffe A und B einsichtig, sondern beruht auf einer willkürlichen Stipulation, die durch den schillernden Sinn des Wortes "normal" ermöglicht wird.]
- eine moderat rationalistische: Schon die uneingeschränkte Generalisierung, "Wann immer A, dann B", ist keine kontingente, sondern eine, allerdings allzu lax formulierte, begriffliche Wahrheit. Erst wenn sie vorsichtiger – als eine Aussage, die sich nur auf normale Gegebenheiten erstreckt – formuliert wird, ist sie wasserdicht und gibt das wieder, was eigentlich gemeint ist. Die Normalitätsrestriktion in "Cp: Wann immer A, dann B" ist keine Abkürzung für eine Liste bisher bekannter Gegenbeispiele, sondern dient zur ausdrücklichen Erinnerung daran, daß der begriffliche Zusammenhang zwischen A und B in Ausnahmesituationen zerrissen werden kann. [Es ist anzuerkennen, daß $A \rightarrow B$ in Ausnahmefällen empirisch falsifizierbar ist. $A \Rightarrow B$ geht nur haarscharf an der Wahrheit vorbei. Die Wahrheit von $A \approx\!> B$ ist jedem offenkundig, der die Begriffe A und B versteht.]

Es sind noch weitere, subtilere, Temperamentsausprägungen denkbar. Ich beschränke mich auf diese vier.

Rigoristen leugnen, was den Zusammenhang zwischen *A* und *B* angeht, die begriffliche Relevanz der Unterscheidung zwischen Standard- und Ausnahmegegebenheiten. Ihre Gründe, oder Motive, sind allerdings völlig gegensätzlich. Der Empirist betrachtet "Wann immer *A*, dann *B*" als eine ganz gewöhnliche kontingente Aussage, die auch unter Hinzufügung der Normalitätseinschränkung empirisch widerlegbar bleibe. Für den Rationalisten hingegen ist bereits diese Generalisierung selbst eine keiner Einschränkung bedürftige begriffliche Wahrheit. Seines Erachtens geht die Unterscheidung zwischen Ausnahme und Widerlegung hier von vornherein ins Leere: beides könne es nicht geben. – In einer grundsätzlichen Hinsicht mögen beide sich einig sein: in ihrer intellektuellen Abneigung gegen die bloße Idee normalitätsvermittelter begrifflicher Wahrheiten. ("Falls es begriffliche Wahrheiten überhaupt gibt, sind sie scharf; nichts kann in sie einfließen, dem begriffliche Unschärfe wesentlich ist. Nur das begrifflich Deutliche kann a priori wahr und evident sein!")

Die Gemäßigten hingegen erkennen die Cp-Analytizität der Generalisierung an, aber ebenfalls aus unterschiedlichen Gründen. Der moderate Rationalist, weil er den Zusammenhang zwischen *A* und *B* zwar als einen prinzipiell begrifflichen erachtet, der allerdings nicht ausnahmslos, sondern nur in Hinblick auf normale menschliche Gegebenheiten besteht. Der moderate Empirist deshalb, weil er es als ein kontingentes (psychologisches bzw. soziales) Faktum hinnimmt, daß die Cp-Generalisierung de facto – man frage nicht: warum – den Status einer begrifflichen Wahrheit genießt. Er akzeptiert, innerlich vielleicht zähneknirschend, daß es zu unserer einschlägigen Praxis der Begriffsverwendung gehört, keinen Fall von $A \,\&\, {\sim}B$ als genuine Widerlegung zuzulassen, sondern nur als Ausnahme. Trotz ihrer Gegensätzlichkeit werden die beiden moderaten Konzeptionen bei der Einschätzung von Prima-facie-Gegenbeispielen oftmals nicht zu einem Dissens in der Beurteilung der Sache führen.

Allerdings dürfte ein moderater Rationalist in seiner Einschätzung angeblich neuartiger Gegenbeispiele zu größerer Zurückhaltung neigen. Er nimmt hinter der eingeschränkten Generalisierung, $A \rightsquigarrow B$, einen denkbar engen, wenn auch nicht als ausnahmslos zu denkenden, begrifflichen Zusammenhang an. Es fällt ihm daher nicht leicht, ein gedankenexperimentell nur mühsam herbeikonstruiertes neuartiges Gegenbeispiel überhaupt als Ausnahme anzuerkennen. Sein philosophisches Sentiment ist dann: "Dem reinen Begriffe nach dürfte so etwas gar nicht vorkommen. Vielleicht stimmt schon etwas nicht mit dem Gedankenexperiment.

Die Apriori-Wahrscheinlichkeit gegen *A & ~B* ist stets so überwältigend, daß in jedem einzelnen Zweifelsfall aufs sorgfältigste geprüft werden muß, ob *A* wirklich und in normaler Ausprägung vorliegt und, wenn ja, dann auch, ob nicht doch *B* ebenfalls vorliegt. Das Konstatieren einer Ausnahme ist eine ultima ratio." – Der moderate Empirist kennt dieses Sentiment nicht. Er mag angesichts allem, was als Gegenbeispiel offeriert wird, schlicht mit den Achseln zucken; er ist in dieser Sache intellektuell gleichgültig: "Warum darüber streiten, ob dieses an den Haaren herbeigezogene neuartige Gedankenexperiment ein 'echtes' Gegenbeispiel liefert oder nicht? Wir lassen ja, per willkürlichem *Fiat*, ohnehin nichts als Widerlegung gelten. Es gibt hier also nichts, worum zu streiten sich lohnte."

Unser moderater Rationalist neigt also zu begrifflichen Skrupeln, die der Empirist nicht hat. Angesichts jedes konkreten Falls, in dem prima facie eine völlig neuartige Cp-Inkohärenz gegeben ist, hält er grundsätzliche, beschreibungsskeptische Fragen der gerade erwähnten Art für angebracht. Und das erscheint mir richtig. Manche philosophischen Gedankenexperimente beruhen auf Szenarien, in deren Beschreibung oder Diagnose fragwürdige begriffliche Voraussetzungen einfließen. Eine in den Augen des moderaten Rationalisten ungebührlich 'aufgeladene' Beschreibung eines Szenarios kann so extravagant sein, daß ihm die Fragwürdigkeit ihrer begrifflichen Voraussetzungen offenkundiger ist als die Möglichkeit, daß ein *so beschriebener* Fall auftritt. – Zweifel daran, daß die Beschreibung überhaupt gegenbeispielstauglich ist, sind spätestens dann berechtigt, wenn sich aus ihr ergibt, daß sich in ein und derselben Situation die Cp-Inkohärenzen häufen. Ich erfinde ein Beispiel: Uns wird ein Szenario ausgemalt, in dessen Beschreibung entweder explizit stipuliert wird oder unter der Hand suggeriert werden soll, daß jemand dies-und-das glaubt, den-&-den Wunsch hat, zu der-&-der Handlung fest entschlossen ist und hofft, mit ihr das-&-das zu erreichen. Allerdings paßt nichts zusammen: Die 'Überzeugung', die der Hauptfigur zugedacht ist, ist cp-unverträglich mit dem, was sie zugleich 'beabsichtigt'; ihr 'Entschluß' verträgt sich nicht mit ihren 'Präferenzen'; sie ist sich dessen bewußt, daß sie die 'Handlung' gar nicht vollziehen kann; und ihre 'Hoffnung' erstreckt sich auf etwas, von dem sie weiß, daß es ohnehin der Fall ist. Meine Skizze mag sich lächerlich ausnehmen. Derartige Szenarien können jedoch mit einigem Scharfsinn, sehr unterhaltsam und en detail geradezu hollywoodesk entwickelt werden – gelegentlich allerdings mit einem verblüffenden Mangel an begrifflichem Feingefühl. Angesichts mancher gedankenexperimentellen Szenarien und auch Beschreibungen realer Gegebenheiten, die angeblich 'so' stattgefunden haben, scheint mir eine Art rationalistischer Notfall-Skepsis angebracht: "Wodurch ist es denn gerechtfertigt, diesen Fall als einen des Typs *A & ~B* zu beschreiben? Welche Tatsachen liegen hier vor, die diese Beschreibung stützen? Dieses Szenario muß zunächst einmal in allen relevanten Details neutral beschrieben werden. Erst dann wird sich zeigen, ob überhaupt die stillschweigende Voraussetzung erfüllt ist, daß die Begriffe *A* und *B* auf diesen Fall bona fide anwendbar sind."

Daß der tiefreichende Dissens, der in den vier genannten Betrachtungsweisen angelegt ist, jemals durch Argumente aufzulösen wäre, denen sich zu beugen alle Seiten bereit wären, ist nichts als eine schöne Hoffnung. Er kann sich an jeder neuartigen Prima-facie-Falsifikation zu einer cp-analytischen Generalisierung entzünden, und seine besondere Dialektik wird uns noch mehr als einmal beschäftigen. Schon die bloße Idee normalitätsvermittelter Begriffszusammenhänge ist den Rigoristen zuwider. Moderate Empiristen akzeptieren sie nur widerwillig. Ich werde diese Idee im Folgenden guten Glaubens im Geiste eines moderaten Rationalismus verfolgen – ohne die Illusion, andere Sichtweisen 'widerlegen' zu können.

*

Alltagspsychologische Prinzipien Cp-Analytizität ist ein Merkmal vieler Generalisierungen, in denen es um Zusammenhänge zwischen Geisteszuständen von Menschen, ihrem Verhalten und den äußeren Gegebenheiten, in denen sie sich befinden, geht. Nennen wir sie *alltagspsychologische* (abgekürzt: *AP-*) *Generalisierungen.* Sie sind mit unsern alltäglichen – nicht mit wissenschaftlichen, halb- oder pseudo-wissenschaftlichen – Begriffen für geistige Phänomene formuliert und umfassen Aussagen über den Zusammenhang zwischen äußeren Gegebenheiten und Geisteszuständen ("Wann immer ganz in der Nähe von *x* ein Blitz einschlägt, hat er den Gedanken, daß er sterblich ist"), über Binnen-Zusammenhänge zwischen Geisteszuständen ("Wann immer *x* den Gedanken hat, daß er sterblich ist, befällt ihn Schwermut") und über solche zwischen Geisteszuständen und Verhalten ("Wann immer *x* von Schwermut befallen wird, seufzt er"). Die cp-analytischen unter ihnen sind gegen zweierlei andere Arten von *AP*-Generalisierungen abzugrenzen. Zum einen gibt es solche, die zwar – zumindest unter Hinzunahme einer umfassenden Normalitätsrestriktion – wahr sein mögen, die aber auch mit dieser Einschränkung keine begrifflichen Wahrheiten ergeben. Beispiele dafür haben wir mit (a) und (b) bereits kennengelernt. Zum andern gibt es begriffliche Wahrheiten, die ebenfalls *AP*-Zusammenhänge betreffen, aber keiner Cp-Einschränkung bedürfen. Auch dafür hatten wir bereits eine Reihe von Beispielen kennengelernt; ich nenne zwei von ihnen:

(e) Wenn *x* weiß, daß *p*, dann glaubt er, daß *p*.
(f) Wenn *x* sich daran erinnert, daß *p*, dann hat er nicht vergessen, daß *p*.

Es ist klar, daß solche Aussagen nicht cp-analytisch sind. Denn obwohl natürlich auch eine Abschwächung wie

(e*) Ceteris paribus gilt: Wenn *x* weiß, daß *p*, dann glaubt er, daß *p*.

eine begriffliche Wahrheit ist, erfüllt die ursprüngliche Generalisierung, (e), nicht die Bedingung, einen kontingenten Sachverhalt auszudrücken, und ist daher nicht cp-analytisch. – Folgende Einteilung bietet sich an:

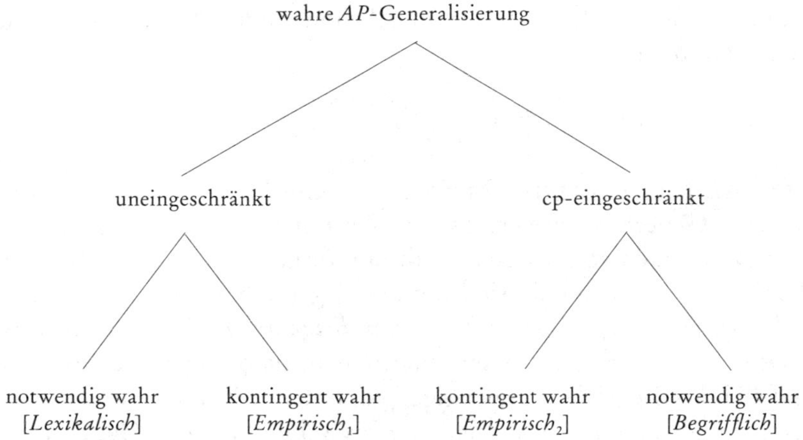

Betrachten wir dies kurz. Der Kategorie *Lexikalisch* gehören Aussagen wie (e) und (f) an. Diese Bezeichnung soll darauf hinweisen, daß die Wahrheit der hier zu subsumierenden Generalisierungen sich gewöhnlich allein schon auf Grund der Kenntnis der Bedeutung der involvierten lexikalischen Bestandteile einsehen läßt. Die notwendige Wahrheit solcher Aussagen ist jedem a priori einsichtig, der die Sprache beherrscht. Viele, vielleicht alle Aussagen dieser Kategorie sind mithin grundlegende, und völlig triviale, begriffliche Wahrheiten im eingangs erläuterten Sinn.[308]

Die Kategorie *Empirisch*$_1$ ist, so vermute ich, leer. In einer Aussage, die hier einzuordnen wäre, müßte ein striktes alltagspsychologisches Gesetz formuliert sein, oder sie müßte eine schiere Koinzidenz ausdrücken, die ausnahmslos besteht. Weder das eine noch das andere haben wir Grund anzunehmen. Ein Grund für die unbeweisbare Vermutung, daß es keine strikten Gesetze der Alltagspsychologie gibt, liegt schlicht darin, daß sie eben auf ausnahmslos *alle* Menschen unter *jedweden* Umständen zutreffen müßten, und seien diese noch so anormal; dennoch dürften sie keine 'lexikalischen' Wahrheiten sein.

Unter *Empirisch*$_2$ fallen Aussagen wie (a*) und (b*), falls es tatsächlich keine Fälle gibt, durch die sie widerlegt werden. Es sind empirisch wahre Cp-Aussagen unserer Alltagspsychologie. Einige von ihnen dürften zu unserer gemeinsamen Grundlage gehören; aber selbst die unkontroversen unter ihnen sind nicht prinzipiell unkontrovers. Wer bestritte, daß Lärm normalerweise konzentrationshinderlich ist, würde unser Erstaunen erregen, aber er setzte sich damit nicht ipso facto dem Verdacht aus, wenigstens eines der involvierten Wörter nicht zu verstehen. (Dies täte er zum Beispiel, wenn er den 'lexikalischen' Zusammenhang zwischen Erinnerung und Nicht-vergessen-Haben zu bestreiten versuchte.)

Es ist, natürlich, die Kategorie *Begrifflich*, die für unsere Untersuchung von besonderem Interesse ist. Denn sie umfaßt die Klasse der analytischen Cp-Generalisierungen.[309] Unser Prinzip für die Zuschreibung von Überzeugungen ist also nur *ein* Beispiel einer derartigen Generalisierung, von denen es potentiell unendliche viele gibt. – Dies ist nun schließlich der zweite Grund, den ich angekündigt hatte als einen, aus dem sich einsehen läßt, daß die Normalitätsrestriktion in (KP*) keine Ad-hoc-Konstruktion ist. Dieses Zuschreibungsprinzip ist keine Sonderanfertigung, die eigens für das Thema *Glauben* zugeschnitten wurde. Es steht in einer Reihe mit zahllosen analytischen Cp-Generalisierungen, die das Glauben nicht (oder nur mittelbar) betreffen.

*

Solche Generalisierungen aus der Kategorie *Begrifflich*, die keine bloßen Cp-Abschwächungen lexikalischer Wahrheiten, sondern nicht-abgeleitete analytische Cp-Generalisierungen sind, nenne ich alltagspsychologische *Prinzipien*.[310] Jedes Prinzip dieser Art enthält also eine umfassende Normalitätsrestriktion. Mehr als das, diese Restriktion ist ihm insofern wesentlich, als es ohne sie keine begriffliche Wahrheit – in vielen Fällen nicht einmal wahr – wäre. Wegen der Unbeseitigbarkeit dieser Einschränkung könnte man sie 'unreine' Prinzipien nennen.

Zu ihnen gehört zum Beispiel auch der Praktische Syllogismus, oder besser: die ganze Familie von Generalisierungen, die von den charakteristischen Zusammenhängen zwischen Wünschen und Überzeugungen einerseits und Entschlüssen, Entscheidungen, Handlungsabsichten, Verhaltenstendenzen und Handlungsvollzügen andererseits handeln. Das alte Problem mit der Willensschwäche betrifft eine der Ausnahmen, die darauf hinweisen, daß der Praktische Syllogismus seine unwiderstehliche Plausibilität nur dann besitzt, wenn er als ein begrifflich wahres *Prinzip* konzipiert wird und nicht als eine uneingeschränkte Generalisierung, die durch solche Ausnahmen widerlegt wird. – Oder man denke an Grices Analyse des Begriffs Etwas-mit-einer-Handlung-Meinen. Es spricht manches dafür, daß sich die Vielzahl unterschiedlicher Gegenbeispiele gegen Grices Definitionsvorschläge ohne eine Normalitätsrestriktion nicht ausschließen läßt.[311] Aber alles spricht dafür, daß folgendes eine cp-analytische Wahrheit ist:

(g) Wenn *x* mit einer Handlung *h* gegenüber einem Adressaten die Absicht verfolgt, diesen dadurch zu der Überzeugung, daß *p*, zu bringen, daß er diese Absicht bemerkt und sie ihm einen Grund dafür gibt, nun zu glauben, daß *p*, dann meint *x* mit *h*, daß *p*.

Wenn jedes Gegenbeispiel gegen (g) eine Anormalität menschlicher Verständigungsinteraktion ist, dann ist dessen Cp-Abschwächung ein weiteres *AP*-Prinzip. Hingegen ist die 'Umkehrung' von (g) – also "Wenn *x* mit *h* meint, daß *p*, dann verfolgt er gegenüber einem Adressaten die Absicht, ..." – offenbar nicht cp-analytisch; denn es ist auch – oder besser: gerade – unter normalen Umständen möglich, mit einer Handlung (z. B. einer sprachlichen Äußerung) etwas zu meinen, ohne eine Absicht à la Grice zu haben. Im Lichte dieser Betrachtungsweise ist der Begriff des Meinens nicht mit Rückgriff auf Begriffe wie den der Handlungsabsicht definierbar. Doch wenn er *so* nicht definierbar ist, gibt es keinen guten Grund, ihn überhaupt für definierbar zu halten. Dann wäre auch er ein Grundbegriff und als solcher nur implizit definiert: und zwar durch *AP*-Prinzipien, in denen der Begriff des Meinens involviert ist. – Dieselbe Lehre ließe sich, mit einer analogen Überlegung, vielleicht auch im Hinblick auf den Wissensbegriff ziehen, der sich jeder überzeugenden expliziten Definition verweigert.[312] Wir haben nach etwa 2500 Jahren vergeblicher Bemühungen um eine explizite Definition guten Grund anzunehmen, daß Wissen ein Grundbegriff ist, der das Fürwahrhalten und die Wahrheit des Gewußten zwar ohne jede Einschränkung begrifflich impliziert, mit Begriffen wie denen der gerechtfertigten Überzeugung, des guten Grundes, der zuverlässigen Information usw. jedoch nur durch unüberschaubar viele cp-analytische Wahrheiten verbunden und nicht durch sie explizit definierbar ist.

Wie auch immer, ein Beispiel wie (g) weist jedenfalls deutlich auf eines hin: daß nicht alle *AP*-Prinzipien zu den trivialen Wahrheiten gehören. Es bedurfte einiger Ingeniosität, den in diesem Prinzip erfaßten Begriffszusammenhang zu entdecken, und es bedarf der Reflexion, ihn einzusehen. Unter diesen nicht-trivialen Prinzipien werden sehr viele sein, deren begriffliche Wahrheit auch unter denen kontrovers ist, die die involvierten Begriffe beherrschen. Darin wiederum spiegelt sich das, was ihren philosophischen Wert ausmacht: Sie können begrifflich aufschlußreich sein. Denn genau sie sind es, durch die unsere Grundbegriffe geistiger Phänomene implizit definiert sind. In den *AP*-Prinzipien, in denen sie involviert sind, erhellen diese Grundbegriffe einander wechselseitig. Aber sie tun dies nur dank einer doppelten Einschränkung: erstens auf menschliche Subjekte und zweitens auf das für diesen Anwendungsbereich Normale. Ohne eine Einschränkung auf das Menschlich-Normale bleiben unsere Grundbegriffe für Geistiges so arm und unartikuliert, wie sich dies am Beispiel des 'reinen' Glaubensbegriffs gezeigt hat.

Betrachten wir nun einiges von dem, was sich aus dieser weitreichenden Vermutung ergibt – zum einen ganz allgemein über die begriffliche Rolle der *AP*-Prinzipien, zum andern speziell in Hinblick auf den Begriff des Glaubens und insbesondere auch auf unsere Frage nach den besten Gründen für spezifische Überzeugungszuschreibungen.

*

Zum Status der sog. Alltagspsychologie Unter der Alltagspsychologie [*folk psychology*, *common sense psychology*] versteht man üblicherweise die Gesamtheit der Generalisierungen über geistige Phänomene des Menschen, die mit unsern gewöhnlichen, nicht-wissenschaftlichen Ausdrücken für Geistiges formulierbar sind und zu unserer gemeinsamen Grundlage gehören; d. h. fast jeder hält sie für wahr, kaum einer stellt in Frage, daß fast alle sie für wahr halten, und so weiter. Es sind allgemeine Sätze, die eine gemeinsame Grundlage unserer Praxis der Zuschreibung von geistigen Eigenschaften und der Erklärung und Prognose vieler Verhaltensweisen unserer Mitmenschen bilden. Gemäß einer häufig vertretenen Auffassung sind diese Generalisierungen zusammengenommen eine *empirische Theorie*, in der die betreffenden Begriffe für Geistesphänomene als *theoretische Begriffe* fungieren, die durch ihre Rolle in dieser Theorie implizit definiert sind.[313] Im Lichte unserer Taxonomie handelt es sich bei der Alltagspsychologie jedoch nicht um eine durchgängig empirische Theorie, sondern um eine Kollektion von teils begrifflichen, teils empirischen Generalisierungen. Zudem sind manche unserer Grundbegriffe geistiger Phänomene ausschließlich durch begriffliche Wahrheiten, insbesondere aber durch diejenigen Generalisierungen definiert, die ich gemäß der gerade gemachten terminologischen Festsetzung als *AP-Prinzipien* bezeichne.

In der Tat gibt es jedoch außerdem alltagspsychologische Termini, deren Sinn nicht durch apriorische *AP*-Prinzipien, sondern durch empirische Gesetzeshypothesen implizit definiert ist. Dazu darf man zum Beispiel all die Wörter rechnen, die aus wissenschaftlichen Theorien in die alltagssprachliche Verwendung abgesackt sind, dort aber ein semantisches Eigenleben führen. Wird im Alltag von dem Unterbewußtsein oder einer Verdrängung gesprochen – oder davon, daß jemand 'Komplexe hat' –, dann haben diese Redeweisen nicht den Sinn, den sie in dieser oder jener der konkurrierenden tiefenpsychologischen Theorien haben. Man legt sich, indem man sie alltagssprachlich verwendet, nicht auf einen Freudianismus oder auf einen Jungianismus fest, sondern appelliert an ein unspezifisches, schwach geregeltes nicht-wissenschaftliches Verständnis, das sich insbesondere auch in der Anerkennung empirischer Hypothesen manifestiert. "Unterbewußtsein" ist in diesem Zusammenhang vielleicht insofern ein besonders aufschlußreiches Beispiel, weil der ursprüngliche, fachwissenschaftliche, Terminus ("das Unbewußte") nicht nur seinen strengen, theorie-spezifischen Sinn verloren hat, sondern auch eine lexikalische Abänderung erfahren hat. – Als weitere Beispiele für genuin theoretische Terme der Alltagspsychologie könnte man manche Ausdrücke erachten, die dazu dienen, Störfaktoren zu benennen, die cp-analytische Zusammenhänge zerreißen. Wer Willensschwäche oder unbewußte Selbsttäuschung als Kausalfaktoren erachtet, durch die erklärlich wird, warum einer nicht tut, wozu er sich entschlossen hat, oder nicht glaubt, was ihm eigentlich offenkundig ist, der akzeptiert empirische Hypothesen wie die, daß Willensschwäche und Selbsttäuschung die Ursache gewisser Irrationalitäten sein können.

Es scheint mir also durchaus vertretbar anzunehmen, daß es alltagspsychologische Termini gibt, deren Sinn in der Tat durch Hypothesen gestiftet wird, die sich durch empirische Erkenntnisse als falsch erweisen können. Demnach wären in den Generalisierungen der Alltagspsychologie zwei relevante Kategorien von Ausdrücken für geistige Phänomene zu unterscheiden: erstens solche genuin theoretischen Terme, deren Bedeutung durch die empirischen Generalisierungen bestimmt wird (Wörter wie "verdrängen" oder "einer Selbsttäuschung erliegen"). Diese bleiben im Folgenden weitgehend außer Betracht. Zum zweiten ist da die

Kategorie solcher Ausdrücke, um die es uns hier geht: Ausdrücke, deren Bedeutung nicht durch die empirischen Hypothesen der Alltagspsychologie bestimmt ist, sondern durch bedeutungskonstitutive apriorische Prinzipien.

Diese *AP*-Prinzipien bilden die analytische Komponente der Alltagspsychologie. Durch sie ist apriorisch festgelegt, welche Begriffe Wörter wie "glauben", "wollen", "denken", "erinnern", "beabsichtigen", "meinen" usw. ausdrücken. – Zur synthetischen Komponente der Alltagspsychologie gehören, neben den oben genannten (a) und (b), beispielsweise auch folgende allgemeine Aussagen über normale Menschen:

(h) Wenn *x* glaubt, daß *y* ihm Schaden zufügen will, wird er vor *y* auf der Hut sein.
(i) Wenn *x* deprimiert ist, wird er in Bezug auf manches eher glauben, daß es ihm mißlingt, als wenn er euphorisch gestimmt ist.
(j) Je eitler *x* ist, desto eher wird er glauben, daß andere eine hohe Meinung von ihm haben.

Solche Generalisierungen sind empirischer Natur. Wie plausibel auch immer sie – zumindest unter Hinzunahme einer Cp-Klausel – sein mögen, sie stiften keinen begrifflichen Zusammenhang zwischen Glauben, Vorsicht, Niedergeschlagenheit, Eitelkeit und dergleichen. Dem Wort "glauben" wächst durch solche Sätze nicht erst seine Bedeutung zu. Eine Generalisierung wie z.B. (j) läßt sich in sinnvollen Zweifel ziehen: "Das ist nicht richtig; es gibt Formen der Eitelkeit, auf die das nicht zutrifft." Solcher Zweifel ist jedoch nur dadurch möglich, daß das Wort "glauben" bereits verstanden wird – und dazu gehört, daß hinreichend viele analytische Aussagen akzeptiert werden, in deren Formulierung es vorkommt.

Was als Alltagspsychologie bezeichnet wird, ist demnach ein in der entscheidenden Hinsicht heterogenes Konglomerat, in dem zwei Komponenten voneinander getrennt zu betrachten sind. Die analytische umfaßt Generalisierungen, durch die unsere Grundbegriffe für geistige Phänomene in der Tat implizit definiert sind; aber die betreffenden Aussagen sind keine empirischen. Wird diese Komponente, aber das ist eher irreführend, als Theorie bezeichnet, dann ist "glauben" tatsächlich ein theoretischer Term – allerdings einer nicht-empirischen 'Theorie'. Die synthetische Komponente umfaßt Generalisierungen, die in der Tat empirische Aussagen sind; aber durch sie werden viele Grundbegriffe für geistige Phänomene nicht definiert. Wird diese Komponente, und auch das ist immer noch irreführend,[314] als eine Theorie bezeichnet, dann ist "glauben" keiner ihrer theoretischen Terme. – Kurz, die Auffassung, unsere Grundbegriffe für geistige Phänomene seien samt und sonders *theoretische* Begriffe einer *empirischen* Theorie, beruht auf mangelnder Diskrimination: zwischen den beiden genannten Komponenten der sog. Alltagspsychologie. (Wenn die Analytisch/synthetisch-Unterscheidung ohnehin abgelehnt wird, ist die Mißachtung dieses Unterschieds nur konsequent; aber kein Unterschied verschwindet dadurch, daß manche ihn nicht sehen können oder wollen.)

Vergleichen wir die hier skizzierte Konzeption der Alltagspsychologie mit der von David Lewis. Der Vergleich ist insbesondere auch deshalb aufschlußreich, weil Lewis – ebenso wie wir – die Analytisch/synthetisch-Unterscheidung anerkennt und – ebenso wie wir – gewissen *AP*-Generalisierungen eine bedeutungskonstitutive Rolle beimißt. Doch trotz solcher Übereinstimmungen handelt es sich um eine in grundlegenden Hinsichten andere Konzeption. Lewis hält folgende erfundene Geschichte für hilfreich:[315] In grauer Vorzeit, lange bevor es Wissenschaft gab, wurde eine sog. "term-einführende Theorie" erfunden. Die Generalisierungen dieser Theorie betrafen Kausalbeziehungen zwischen Geisteszuständen, Sinnesreizen und motorischen Reaktionen. Sie hatten folgende Form: "Wenn sich jemand in der-&-der Kombination von Geisteszuständen befindet und Sinnesreize der-&-der Art empfängt, wird dies mit der-&-der Wahrscheinlichkeit bewirken, daß er in die-&-die Geisteszustände übergeht und die-&-die motorischen Reaktionen zeigt." Außerdem enthielt sie noch 'lexikalische' Aussagen über Inklusionsbeziehungen zwischen Arten von Geisteszuständen (wie z.B. "Zahnweh ist eine gewisse Art von Schmerz"), und vielleicht noch Aussagen von anderer Art. Ausdrücke für Sinnesreize und motorische Reaktionen waren damals bereits vorhanden und fungierten in dieser Theorie als prä-theoretische Terme mit einer unabhängig fixierten Bedeutung; die neu eingeführten Ausdrücke – die theoretischen Terme dieser Theorie – waren Bezeichnungen für Geisteszustände. Als theoretische Terme beziehen sie Bedeutung ausschließlich aus der Rolle, die sie in dieser Theorie spielen. Diese hat im Laufe der Zeit allgemeine Akzeptanz gefunden; ihre Generalisierungen wurden Teil der gemeinsamen Grundlage unserer Vorfahren und als solche bis zum heutigen Tag tradiert.

Diese Geschichte ist ein begriffshistorisches Märchen. Sie sei aber, so meint Lewis, immerhin ein 'gutes' Märchen, und zwar in folgender Hinsicht: Wäre es tatsächlich so gewesen, hätten unsere Ausdrücke für Geistiges genau die Bedeutung, die sie de facto haben.

Die wichtigste Übereinstimmung zwischen Lewis' Konzeption und unserer liegt darin, daß es auch für ihn *AP*-Generalisierungen sind, durch die unsere Begriffe für Geistiges implizit definiert sind. Die Bedeutung unserer Wörter für geistige Phänomene ist durch die Gesamtheit der unkontroversen Aussagen dieser Art bestimmt. (Eine definitive Bestimmung dieser Gesamtheit dürfte unmöglich sein. Ob eine bestimmte Generalisierung dazugehört oder nicht, mag unklar sein. Lewis nennt als Beispiel: "Die Überzeugung, daß man Schmerzen hat, tritt nur auf, wenn man Schmerzen hat.") Eine weitere Ähnlichkeit liegt darin, daß auch Lewis eine Unterscheidung macht, die der zwischen 'lexikalischen' und 'begrifflichen' Aussagen entspricht.

Aber es gibt eine Reihe von tiefreichenden Unterschieden. Erstens konzipiert er viele der bedeutungskonstitutiven Generalisierungen von vornherein als Aussagen über Kausalbeziehungen (Sinnesreize *bewirken* Veränderungen des Gesamtgeisteszustands; geistige Konstellationen *bewirken* motorische Reaktionen). Dies ist unangemessen voraussetzungsreich. Es ist keineswegs offenkundig, daß mit bedeutungskonstitutiven *AP*-Generalisierungen das Bestehen von Ursache/Wirkungs-Verhältnissen ausgesagt wird; wer dies bestreitet oder für eine offene Frage hält, unterliegt nicht ipso facto einem sprachlichen Mißverständnis oder einem begrifflichem Irrtum. – Zweitens spielen Normalitätsrestriktionen für Lewis keine besondere Rolle in den bedeutungskonstitutiven Generalisierungen, die nicht einfach lexikalische Trivialitäten sind. Zwar merkt er an, daß sie Ausnahmen zulassen,[316] und konzipiert sie damit als Cp-Generalisierungen, aber die Beschränkung der Reichweite dieser Aussagen auf das Normale bringt seines Erachtens keine Analytizität mit sich. Das heißt, er macht diesbezüglich keinen Unterschied zwischen einer Aussage wie

(a*) Unter insgesamt normalen Gegebenheiten gilt: Wenn *x* etwas verabscheut, denkt er nicht gerne daran,

von der wir einmal unterstellen wollen, sie sei unter uns unkontrovers, und einer wie

(c*) Unter insgesamt normalen Gegebenheiten gilt: Wenn *x* etwas will, das er für erreichbar hält, ist er bestrebt, es zu erreichen.

Denn Analytizität, und das ist der dritte und einschneidendste Unterschied, ist gemäß Lewis' Konzeption bei überhaupt keiner *AP*-Generalisierung gegeben: Auch diejenigen unter den unkontroversen *AP*-Generalisierungen, die gemäß der hier vertretenen Auffassung als die eigentlich bedeutungskonstitutiven zu erachten sind, könnten sich am Ende als falsch erweisen. Selbst eine Aussage wie (c*) ist laut Lewis mithin keine analytische Wahrheit. Begrifflich wahr sind seines Erachtens nur schwächere disjunktive Aussagen wie diese:

Entweder gibt es gar kein Wollen *oder* (c*) ist wahr.[317]

Beide Glieder dieser Disjunktion sind für Lewis kontingente Aussagen. Schlechthin jede *AP*-Generalisierung könnte sich als falsch erweisen, und daher auch die Alltagspsychologie insgesamt. Der Eliminativismus ist im Lichte dieser Auffassung nicht prinzipiell unhaltbar, sondern nur in unplausibler Weise pessimistisch. Lewis ist zwar zuversichtlich: Im Zuge des naturwissenschaftlichen Erkenntnisfortschritts werde sich eine Theorie des menschlichen Gehirns finden lassen, die zeigt, daß die Alltagspsychologie mit bestensfalls kleinen Abstrichen 'wissenschaftlich' wahr ist und was die einzelnen geistigen Phänomene 'eigentlich' (d.h. physikalistisch gesehen) sind. Aber gemäß seiner Konzeption ergibt sich nicht bereits aus den Begriffen des Wollens, des Glaubens und des Menschen, daß normale Menschen Wünsche, Überzeugungen und überhaupt irgendwelche geistigen Eigenschaften haben. Den 'Beweis' dafür könnte erst eine künftige empirische Wissenschaft erbringen.

Größere Übereinstimmung hat der hier entwickelte Ansatz mit dem, was Paul Grice in seinen knappen Ausführungen zu diesem Thema andeutet.[318] Zwar empfiehlt auch er, psychologische Begriffe als theoretische Begriffe einer Theorie zu betrachten, die dazu da sei, Verhaltenserklärungen zu ermöglichen. Im Gegensatz zu Lewis ist er jedoch "geneigt", den Gesetzen (oder wie er einschränkend hinzusetzt: "bzw. Quasi-Gesetzen") der Alltagspsychologie einen nicht-kontingenten Status beizumessen. Da Grice die begriffskonstitutiven Generalisierungen (oder zumindest einige von ihnen) als Ceteris-paribus-Gesetze konzipiert, findet sich also bei ihm bereits die Idee analytischer *AP*-Prinzipien, wenn auch ohne Beachtung dessen, daß die Normalitätseinschränkung für deren nicht-kontingenten Status wesentlich ist. Auch er trifft keine Unterscheidung zwischen einer begrifflichen und einer empirischen Komponente der Alltagspsychologie. Während Lewis die gesamte 'Theorie' als eine empirische auffaßt, trifft Grice die entgegengesetzte Entscheidung: Er betrachtet ausnahmslos alle in seinem Sinne alltagspsychologischen Generalisierungen als analytisch. Dadurch sieht er sich vor das Problem gestellt, solche 'Gesetze' aus der 'Theorie' herauszuhalten, die zwar nach allem, was wir wissen, wahr sein mögen, aber nicht geeignet scheinen, zur Explikation der in ihnen involvierten Begriffe beizutragen. Als Beispiel nennt er das sog. Optimismus-Gesetz, das in seiner rohen Fassung besagt: Je mehr man wünscht, daß *p*, desto eher wird man glauben, daß *p*. – Um solche zwar möglicherweise wahren, aber offenkundig nicht begriffsexplikativen Generalisierungen auszusondern, bringt Grice die Idee ins Spiel, nur solche 'Gesetze' zur Bestimmung psychologischer Begriffe heranzuziehen, bei denen sich einsichtig machen läßt, daß die in ihnen formulierten Zusammenhänge einen Überlebensnutzen haben. Die Spekulation, Generalisierungen, die das Rein-Geistige [*Pure Psychology*] betreffen, seien mit dem Endzweck [*final cause*] des Überlebens verklammert, ist gewiß faszinierend. Doch sie scheint mir zu hoch gegriffen, wenn es zunächst nur darum geht, ein Kriterium anzugeben, mit dem sich empirisch-psychologische Generalisierungen von solchen trennen lassen, durch die unsere Begriffe geistiger Phänomene implizit definiert sind. (Ließe sich hingegen plausibel machen, daß die – oder viele der – durch ein unabhängiges Kriterium charakterisierten Kern-Generalisierungen auf einen Überlebensnutzen hindeuten, könnte dies der Griceschen Idee mehr Gewicht geben als sie es hat, wenn sie selbst als Kriterium 'reiner' Geistigkeit verwendet wird.)

Durch diese beiden Vergleiche treten einige Aspekte der hier vertretenen Konzeption noch einmal deutlicher hervor. Erstens sind in der sog. Alltagspsychologie zwei Arten von Generalisierungen zu unterscheiden: die unkontroversen empirischen einerseits und die mit begrifflicher Notwendigkeit wahren andererseits. Nur letztere bestimmen die Begriffe, die von unseren Ausdrücken für geistige Phänomene ausgedrückt werden, und konstituieren damit die sprachliche Bedeutung der Wörter, die wir für sie haben. Erstere bilden die empirische Komponente der Alltagspsychologie; in diesen Generalisierungen fungieren Ausdrücke für Geistiges nicht als theoretische Terme, deren Bedeutung erst durch ihre Rolle in den betreffenden Aussagen konstituiert würde. Und das heißt: Der Begriff des Glaubens ist kein theoretischer Begriff (übrigens auch keiner einer 'intuitiven Interpretationstheorie' à la Davidson, die ja selbst nur eine philosophische Fiktion ist).[319] Zweitens ist die Normalitätsrestriktion, die zu den bedeutungskonstitutiven Prinzipien gehört, wesentlich dafür, daß sie begrifflich wahr sind und die sprachliche Bedeutung der involvierten Ausdrücke konstituieren. Drittens sind die *AP*-Prinzipien selbst keine Kausalgesetze. Ein Prinzip wie (c*) besagt nicht:

(c^{*K}) Unter insgesamt normalen Gegebenheiten gilt: Wenn *x* etwas will, das er für erreichbar hält, dann *bewirkt* dies, daß er bestrebt ist, es zu erreichen.

Welchen *AP*-Prinzipien auch psychologische oder psycho-physische Kausalgesetze entsprechen, ist eine empirische Frage. Selbst wenn es so wäre, daß (c^{*K}) unter uns völlig unkontrovers wäre, gehörte es dennoch zur synthetischen Komponente der Alltagspsychologie.

*

Erklärliche Ausnahmen Die ratio essendi der Normalitätseinschränkung ist es, Ausnahmen zuzulassen, ohne den kognitiven Gehalt der Generalisierung völlig zunichte zu machen. Im Falle einer auch unter dieser Einschränkung empirisch widerlegbaren All-Aussage sind Prima-facie-Falsifikationen desto besser als Ausnahmen zu akzeptieren, je sicherer es ist, daß eine Erklärung für sie zu finden ist. Je unerklärlicher ein Gegenbeispiel, desto eher ist es als eine widerlegende Falsifizierung zu betrachten. Eine simple Erklärung, dank der es gerechtfertigt ist, einen konkreten Fall von *A & ~B* als eine Ausnahme und nicht als eine Widerlegung der empirischen Generalisierung "Wann immer *A*, dann *B*" zu betrachten, kann zum Beispiel von folgender Art sein:

> Die *A*s zerfallen in zwei Klassen. *A*s der einen Art, *A1*, weisen stets *B* auf; hingegen weisen solche der Art *A2* – unter sehr speziellen Umständen des Typs *U* – die Eigenschaft *B* nicht auf. Die *A2*er haben (wenigstens) eine gewisse Eigenschaft *E*, die die *A1*er nicht haben, und es gibt Gesetze (vielleicht Gesetze einer grundlegenderen Wissenschaft, in der das Prädikat "*A*" nicht vorkommt),[320] aus denen die Ausnahmen erklärlich werden: warum ein *A*, das *E* hat, unter Umständen der Art *U* nicht *B* aufweist, ein *A* hingegen, das *E* nicht hat, auch unter diesen Umständen *B* aufweist. Nun sind Umstände der Art *U* für alle außertheoretischen Belange irrelevant. Sie treten in den Situationen nicht auf, in denen wir mit der betreffenden *A*/*B*-Generalisierung praktisch arbeiten (zum Beispiel Vorhersagen machen) wollen; sie lassen sich vielleicht überhaupt nur mit großem Aufwand in einem Labor hervorbringen. Die Klassifikation von Dingen einfach als *A*s ist in der Praxis überaus nützlich: Man kann leicht erkennen, ob etwas ein *A* ist, aber es ist umständlich und teuer festzustellen, ob es ein *A1* oder ein *A2* ist; und so weiter.

Verhält es sich so, dann ist es gerechtfertigt, Fälle von *A & ~B* als Ausnahmen und nicht als Widerlegungen von $A \rightarrow B$ zu betrachten. Wir könnten sehr konkret angeben, was durch die Hinzunahme der Cp-Klausel ausgeschlossen wird: jeder Fall von *A & ~B*, in dem ein *A*, das die ausnahme-erklärende Eigenschaft *E* hat, in *U*-Umständen auftritt. – Aber der Einsatz der Cp-Klausel kann auch dann gerechtfertigt sein, wenn uns die erklärende Eigenschaft noch nicht bekannt ist. Wir haben dann zwar keine 'positive' Charakterisierung dessen, was ein *A* zu einem *A2* macht, und wir kennen also die Gesetze noch nicht, die erklären, weshalb manche *A*s in *U* nicht *B* aufweisen. Aber wir könnten auch jetzt schon Grund haben anzunehmen, daß es solch eine Eigenschaft und solche Gesetze gibt. – Auch dies wären epistemische Gegebenheiten, unter denen die eingeschränkte Generalisierung, $A \rightsquigarrow B$, eine pragmatisch sinnvolle Funktion erfüllte, ohne die uneingeschränkte Generalisierung, $A \rightarrow B$, zu immunisieren.

Betrachten wir nun einen dritten, ganz andersartigen Fall: den einer *A/B*-Generalisierung, deren Gegenbeispiele uns völlig unerklärlich sind. Die Umstände, unter denen Fälle von *A & ~B* auftreten, wären nicht einheitlich beschreibbar (etwa als "Umstände vom Typ *U*"), sondern unüberschaubar vielfältig, beträfen auch Kontexte, in denen wir mit der Generalisierung praktisch arbeiten wollen, und wir hätten keinerlei Grund anzunehmen, daß es im Rahmen der uns derzeit verfügbaren Theorien eine 'tiefere' Erklärung für das Auftreten all dieser prima facie heterogenen Gegenbeispiele gibt. Dann wäre die Cp-Generalisierung pragmatisch weniger sinnvoll, und sie hätte insbesondere einen deutlichen Beigeschmack von Immunisierung. (Es stellte sich die Frage: Wenn *solche* Gegenbeispiele keine Widerlegung sind, was könnten denn dann überhaupt noch widerlegende Gegenbeispiele sein?)

Diese drei Beschreibungen der Struktur denkbarer Fälle dienen uns, wie gesagt, nur als Illustration dessen, daß vielerlei Faktoren eine Rolle dabei spielen, wenn es darum geht abzuwägen, ob Gegenbeispiele als Ausnahmen oder als Widerlegungen einer empirischen Generalisierung zu nehmen sind. Wolfgang Spohn hat an Hand vieler konkreter Beispiele eindrücklich darauf hingewiesen, wie allgegenwärtig und facettenreich die Verwendung der Cp-Klausel in den empirischen Wissenschaften ist und daß sie, selbst in diesem Rahmen, zumindest in dreierlei Sinn zu verstehen ist.[321] Der wissenschaftstheoretische Streit geht jedoch um das angemessene Verständnis von Ceteris-paribus-*Gesetzen*, zumal in einem Bereich (vornehmlich in den Naturwissenschaften), in dem leidlich klare Vorstellungen von methodologischer Disziplin vorherrschen. Es mag sein, wie Cartwright behauptet, daß quantitative Ceteris-paribus-Gesetze der Physik zwar einen explanatorischen Wert haben, aber nicht wahr sind; oder daß sie, wie z.B. Earman und Roberts sagen, nur vage, temporäre Thesen im Fortgang der Weiterentwicklung wissenschaftlicher Theorien sind; vielleicht hat sogar Keil recht, wenn er argumentiert, daß es solche Gesetze gar nicht gibt; und es ist durchaus nicht unplausibel, wenn Schiffer bestreitet, daß die Cp-Generalisierungen der Alltagspsychologie Cp-*Gesetze* ausdrücken, obwohl manche von ihnen wahr sein mögen.[322] All dies sei hier beiseitegelasssen, denn die Alltagspsychologie, um die es uns ja geht, ist keine wissenschaftliche Theorie, und der Begriff des Gesetzes bringt seine eigenen Komplikationen mit sich, die sich im Rahmen unserer Erörterungen vermeiden lassen. Zudem hat sich, wie Spohn bemerkt, in der Wissenschaftstheorie, trotz einer seit Jahrzehnten sehr intensiven Debatte zu diesen Themen, nichts von der Art eines anerkannten Stands der Forschung herausgeschält, an den wir profitabel anknüpfen könnten: "Niemand scheint mit irgendjemandem übereinzustimmen".[323]

Unsere simplen Betrachtungen sollten nur auf eines hinweisen: daß, lax gesagt, eine 'nackte Ausnahme', ein Gegenbeispiel ohne Aussicht auf dessen Erklärbarkeit, sich nicht fuglich als Ausnahme betrachten läßt. Wenn eine empirische Generalisierung durch eine Normalitätseinschränkung abgepuffert werden soll, ohne sie und die aus ihr resultierende Cp-Aussage zu immunisieren, dann muß zumindest vorausgesetzt werden, daß es *möglich* ist, in einer gehaltvollen Weise zu erklären, warum *A*s manchmal nicht *B* aufweisen (d.h. erklären, was manche *A*s anormal macht). Und es muß vorausgesetzt werden, daß diese besonderen Fälle nur unter Bedingungen auftreten, die für den intendierten Anwendungsbereich der Generalisierung vernachlässigbar sind; deshalb muß sich einigermaßen deutlich angeben lassen, wie dieser Bereich – die von der Cp-Klausel abgedeckten 'Standard'-Gegebenheiten – gegen anormale Umstände abgegrenzt ist. In dem Maße, in dem es als ein factum brutum hinzunehmen wäre, daß manchmal, unter welchen Umständen auch immer, Fälle von *A & ~B* auftreten, müßten sie als genuine Widerlegungen betrachtet werden. Die Normalitätsrestriktion ginge ins Leere. Auch die durch sie eingeschränkte Generalisierung wäre falsch. Oder schlimmer noch: witzlos.

*

Wie steht es nun in dieser Hinsicht mit cp-analytischen, also nicht-empirischen, Generalisierungen?

Gibt es auch in ihrem Fall Erklärungen dafür, warum eine gewisse Gegebenheit, *C*, die in Ausnahmefällen – aber eben nur in *Ausnahme*-Fällen – auftritt, den Zusammenhang zwischen *A* und *B* zerreißt? Zumindest gelegentlich ist dies der Fall. Betrachten wir ein Beispiel:

(k) Wenn *x* den Entschluß gefaßt hat, unverzüglich *h* zu tun, wird er binnen kurzem versuchen, *h* zu tun.

Habe *S* nun tatsächlich einen solchen Entschluß gefaßt (den Fernseher auszuschalten), setze ihn aber nicht in die Tat um. Die Erklärung: Er ist in dieser Sache sehr willensschwach und erlag bei jener Gelegenheit dieser Schwäche. Von welcher Art ist diese Erklärung? Eine Generalisierung wie zum Beispiel

(l) Wenn *x* den Entschluß gefaßt hat, unverzüglich *h* zu tun, sofort darauf jedoch von seiner Willensschwäche befallen wird, dann ist es nicht so, daß er binnem kurzem versuchen wird, *h* zu tun

ist cp-analytisch.[324] Was es *heißt*, von Willensschwäche befallen zu werden, ist unter anderm auch gerade dadurch bestimmt, daß jemand in dieser Verfassung seine Entschlüsse nicht ausführt. Wichtig ist für uns an diesem Punkt: Solch eine Erklärung, mit Hinweis auf Willensschwäche, einer Ausnahme zu (k) ist eine begriffliche Erklärung. – Dasselbe gilt auch, wenn wir den Umstand, daß *S* den Fernseher trotz seines Entschlusses deshalb nicht auszuschalten versucht, dadurch erklären, daß er plötzlich ohnmächtig wird. Es ist eine *begriffliche* Wahrheit, daß ein Bewußtloser dies (ceteris paribus?) nicht versuchen kann. Daß sich seine Hand, obwohl er ohnmächtig war, auf den Knopf der Fernbedienung bewegte und der Fernseher dadurch ausgeschaltet wurde –, dies ist natürlich möglich. Unmöglich ist nur, daß er es versucht hat.

Was wäre nun aber, wenn *S* unmittelbar nach dem Entschluß, den Fernseher auszuschalten, von einem Krampf in Armen und Beinen befallen wird und deshalb keinen Versuch unternimmt? Krämpfe schließen Handlungsversuche doch gewiß nicht begrifflich aus; sie können bestenfalls empirisch erklärlich machen, daß diese ausbleiben. In solch einem Fall versagt die "Was es heißt"-Floskel. Was es heißt, solch einen Krampf zu haben, steht in keiner *begrifflichen* Beziehung zum Ausbleiben von Handlungsversuchen. – Zeigt dieses Beispiel nicht, was tausend andere seiner Art zeigen würden: daß es eben auch Faktoren gibt, die cp-begriffliche Zusammenhänge zwar stören, dies aber in einer Weise, die nur empirisch erklärlich ist?

Nein, das zeigt es nicht. Es weist darauf hin, daß in dieser prima facie rein empirischen Erklärung das Begriffliche an ihr ausgespart ist. Der Krampf erklärt das Ausbleiben des Versuchs nur dann, wenn *S* den Entschluß nicht trotzdem aufrechterhält. Die Cp-Klausel in

(k*) Ceteris paribus gilt: Wenn *x* den Entschluß gefaßt hat, unverzüglich *h* zu tun, wird er binnen kurzem versuchen, *h* zu tun deckt alle Fälle ab, in denen der gefaßte Entschluß unmittelbar wieder aufgegeben wird. Der Hinweis auf den Krampf erklärt nur, durch welchen empirischen Umstand der Entschluß in diesem besonderen Fall hinfällig wurde. Wird die unausschöpfliche Normalitätseinschränkung in (k*) weiter 'ausbuchstabiert', gelangen wir unter anderm auch zu dieser Formulierung:

(k*⁺) Ceteris paribus gilt: Wenn *x* den Entschluß gefaßt hat, unverzüglich *h* zu tun, *und diesen Entschluß beibehält*, wird er binnen kurzem versuchen, *h* zu tun.

Angesichts ihrer wird deutlich, daß die Erklärung auch in diesem Fall begrifflicher Natur ist. – Es gibt also, zumindest in vielen Fällen, Erklärungen dafür, daß eine begriffliche Ausnahme eben eine Ausnahme ist und keine Widerlegung. Solche Erklärungen müssen, so scheint es, begrifflicher Art sein. Denn begriffliche Tatsachen lassen sich nur begrifflich erklären.[325] (Anders steht es um die empirische Tatsache, daß wir die entsprechenden Begriffe überhaupt haben; sie läßt sich, falls überhaupt, nur empirisch, vielleicht letztlich nur 'evolutionär', erklären.)

*

Aber bedarf es hier überhaupt einer Erklärung? Es läßt sich argumentieren, daß dem nicht so ist. Schließlich ist eine cp-analytische Generalisierung – so sie denn wirklich analytisch ist – von vornherein keiner Widerlegung ausgesetzt, gegen die sie immunisiert werden könnte. Wozu also überhaupt eine Erklärung? Daß ein prima facie falsifizierendes Phänomen keine Widerlegung darstellt, muß nur da gerechtfertigt werden, wo eine Widerlegung überhaupt möglich ist. – Das stimmt. Aber es betrifft nur den Fall, in dem unkontrovers ist, daß die betreffende Generalisierung cp-analytisch ist. Und dieser Fall ist selten. Vermutlich ist jede These (des Typs $A \Rrightarrow B$), derzufolge irgendeine Generalisierung ($A \rightarrow B$) cp-analytisch ist, dazu angetan, auf Widerspruch oder zumindest auf Argwohn zu stoßen. Unverheiratete Junggesellen sind eines. Die angebliche Cp-Analytizität von Handlungsversuchen nach Entschlüssen ist etwas anderes. Wer in der philosophischen Diskussion eine Generalisierung als cp-analytische Wahrheit geltend machen möchte, sollte nicht auf Akzeptanz oder auch nur freundliches Entgegenkommen rechnen. Er wird sofort, und zurecht, mit Gegenbeispielen konfrontiert, gegen die er sie zu verteidigen hat. Und dann sollte er erklären können, warum sie Ausnahmen sind und nicht die Regel sein können. Das Zugeständnis 'nackter', unerklärlicher Ausnahmen wäre seine Niederlage.

Soll eine cp-analytische Wahrheit gegen Einwände verteidigt werden, ist die Erklärbarkeit des Ausnahmsartigen einer Ausnahme mithin zumindest ein dialektisches Desiderat. Aber ist sie von der Sache her geboten? – Denken wir zurück an zwei der beiden Grundhaltungen in Bezug auf das Thema Cp-Analytizität. Zunächst der moderate Empirist. Er mag sich mit der gerade vorgestellten Einstellung des Achselzuckens zufrieden geben. Er mag sagen:

> "Begriffliche Ausnahmen bedürfen keiner Einzelfall-Erklärung. Denn ob 'nackt' oder nicht, für deren Ausnahmecharakter gibt es immer genau dieselbe, völlig allgemeine, Erklärung. Sie ist allerdings empirischer Art und liegt in dem sozio-psychologischen Faktum, daß kompetente Sprecher unserer Sprache in dieser Sache nichts als Widerlegung anerkennen würden. Gewiß, es ist ein weiteres empirisches Faktum, daß wir manchmal, für bestimmte Ausnahmen, eine semi-begriffliche Erklärung haben ("Er hat trotz seines Entschlusses keinen Handlungsversuch unternommen, weil er willensschwach war"). Doch solche Erklärungen (des Typs: Hier kam es zu $A \mathbin{\&} {\sim}B$, weil auch C aufgetreten ist und weil gilt: $A \mathbin{\&} C \Rrightarrow {\sim}B$) gehen nicht tief; sie greifen auf weitere cp-begriffliche Zusammenhänge zurück, die selbst wieder anfällig für Ausnahmen sind. Solche Erklärungen haben irgendwo ein Ende. An irgendeinem Punkt müßten wir uns ohnehin mit nackten Ausnahmen abfinden. Realistischerweise sollten wir darauf gefaßt sein, anormalen Fällen zu begegnen, in deren Unerklärlichkeit wir uns als etwas Hinzunehmendes, Gegebenes schicken müssen."

So der moderate Empirist. In seinen Augen läßt sich die Cp-Analytizität einer Generalisierung ohnehin durch nichts besser gegen Gegenbeispiele verteidigen als durch den Hinweis auf die empirische Tatsache, daß wir nichts als Widerlegung gelten lassen. "So reden und denken wir eben." – Er ist gegenüber der begrifflichen Unerklärbarkeit von Ausnahmen phlegmatisch.

Anders der moderate Rationalist. Ihm ist schon die uneingeschränkte Generalisierung, "Wann immer *A*, dann *B*" – wenn sie nur 'richtig' begriffen wird – 'eigentlich' eine begriffliche Wahrheit. Ihre Unantastbarkeit werde spätestens dann evident, sobald sie ausdrücklich auf normale menschliche Gegebenheiten eingeschränkt wird. Es widerstrebt ihm, etwas als eine nackte Ausnahme zu einem Zusammenhang zu akzeptieren, der eben nicht nur empirisch plausibel, sondern a priori einsichtig ist. Betrachten wir dies ein wenig genauer, in Fortspinnung unseres Beispiels. Unser Rationalist verficht die These, der Zusammenhang zwischen Entschlüssen und Handlungsversuchen lasse sich zum Beispiel in folgender Weise als eine begriffliche Wahrheit beschreiben:

> Ceteris paribus gilt: Wenn *x* den Entschluß gefaßt hat, unverzüglich *h* zu tun, nicht von Willensschwäche überwältigt wird und auch durch nichts anderes davon abgebracht wird, seinen Entschluß beizubehalten, dann wird er bald darauf versuchen, *h* zu tun.

Dem hält sein Opponent nun einen Fall, *f*, entgegen, dessen Beschreibung so endet: "In *f* hat ein normaler Mensch den Entschluß gefaßt, unverzüglich den Fernseher auszuschalten. Er unterliegt keinem Anfall von Willensschwäche; und es geschieht nichts, was dazu führt, daß er seinen Entschluß aufgibt. Aber er versucht nicht, den Fernseher auszuschalten." Dies wäre, wie unser Rationalist einräumt, ein begrifflich unerklärlicher Ausnahmefall.

Er hat verschiedene Möglichkeiten, darauf zu reagieren. Er könnte mit Vehemenz leugnen, daß es sich hier überhaupt um ein Gegenbeispiel handelt: schon die Beschreibung von *f* sei inadäquat. Würde dieser Fall, im Lichte einer neutraleren Beschreibung, genauer betrachtet, dann ergäbe sich, daß entweder die Voraussetzung, es handele sich um einen normalen Menschen, fragwürdig ist, oder daß das Résumé des Opponenten (Entschluß, Beibehaltung, Ausbleiben des Handlungsversuchs) überzogen ist: durch eine neutrale Beschreibung der in *f* obwaltenden Gegebenheiten nicht gedeckt. Dies ist die oben erwähnte Strategie der beschreibungsskeptizistischen Gegenoffensive. – Eine zweite Möglichkeit: Der Rationalist könnte einräumen, daß es sich um ein einwandfreies Gegenbeispiel handelt, und folgende Diagnose geben: "In solch einem Fall, dessen Möglichkeit ich nicht bestreite und dessen Unerklärlichkeit ich einräume, manifestiert sich die Unergründlichkeit der Menschennatur. In ihr selbst, und auch das gehört zu unserm Begriff von ihr, ist die Möglichkeit von Überraschungen angelegt, die sich zumindest dem alltagspsychologischen Verstehen entziehen." – Eine dritte Möglichkeit: Der Rationalist könnte etwa demselben Gedanken eine andere, revisionistische, Wendung geben: "Durch *f* sind wir mit einer bislang unerklärlichen Ausnahme konfrontiert. Dieser Fall liefert eine faszinierende begriffsexplikative Herausforderung. Laßt uns nach neuen Begriffen suchen, die uns – in konservativer Erweiterung der uns bisher verfügbaren Begriffe – eine Erklärung dafür ermöglichen, wie einem normalen Menschen so etwas widerfahren kann! Diese Ausnahme ist bisher unerklärlich; aber wir werden eine begriffliche Erklärung finden." – Das sind drei unterschiedliche Ausprägungen des Temperaments eines moderaten Rationalisten: cholerisch, melancholisch und sanguinisch.

Auch dieser Dissens ist, so scheint mir, durch Argumente nicht auszuräumen. Deshalb ist jeder Streit darüber müßig, ob es für den Ausnahme-Charakter von Gegenbeispielen stets eine Erklärung geben muß. Wittgensteins Empfehlung ist hier passend: Sage, was du willst, solange dich das nicht verhindert, die Dinge zu sehen, wie sie sind.[326]

*

Normalität präsumieren Daß gewisse Anormalitäten in einer konkreten Situation nicht vorliegen, können wir wissen. Daß überhaupt keine vorliegen, können wir nicht wissen. Es läßt sich unterstellen, daß in ihr 'insgesamt normale Gegebenheiten' herrschen, erkennen läßt es sich nicht. Eine Situation, von der man *wissen* könnte, daß in ihr alles normal – störfaktorfrei – ist, wäre allein deshalb schon nicht normal. Für diese Unwißbarkeit gibt es, im Hinblick auf die Anwendung von *AP*-Prinzipien in der Praxis, wenigstens zwei Gründe: Erstens läßt sich hinsichtlich einiger relevanter Faktoren nicht wissen, ob sie gegeben sind oder nicht. (Wurde *S* vielleicht von einem plötzlichen, für ihn und uns unmerklichen Zustimmungszwang überwältigt?) Zweitens sind uns gar nicht alle Faktoren bekannt, deren Vorliegen oder Abwesenheit dafür relevant ist, ob eine Situation hinsichtlich des betreffenden Prinzips normal ist. Wenn wir uns in vertrauten Gegebenheiten auszukennen glauben, beruht das nicht auf unserm Wissen, daß 'alles normal' ist – eher schon darauf, daß uns 'nichts Besonderes' auffällt.

Die Annahme, daß ein normaler Fall vorliegt, bedarf keiner besonderen Gründe, sondern nur der Abwesenheit von Gegengründen. Solch eine Annahme nenne ich eine Präsumption. Dieser Terminus stammt aus einem rhetorischen bzw. argumentationstheoretischen Zusammenhang und hat daher vielleicht Konnotationen, die hier unpassend sind (etwa die, daß es um einen besonderen intersubjektiven Status gewisser Annahmen in bestimmten Kontexten argumentativen Streitens geht – daß nämlich derjenige die Beweislast trägt, der eine von ihnen bestreitet). In der Verwendung, die ich hier von diesem Ausdruck mache, fällt dieser Aspekt intersubjektiver Auseinandersetzung weg. Mit *Präsumption* soll ausschließlich akzentuiert werden, daß es sich um eine Annahme handelt, die dem betreffenden 'Zuschreiber' nicht einfach nur besonders plausibel ist, sondern eine charakteristische Rolle im Gesamtsystem seiner Annahmen spielt. Whately gibt eine Charakterisierung, die auch für uns passend ist: "Gemäß der korrektesten Verwendung dieses Ausdrucks bedeutet eine 'Präsumption' zugunsten einer Annahme nicht (wie man sich manchmal irrtümlich vorstellte) ein Überwiegen der Wahrscheinlichkeit zugunsten dieser Annahme, sondern [...] daß sie festen Bestand hat, bis irgendein hinreichender Grund gegen sie ins Feld geführt wird."[327] Der Autor setzt umsichtigerweise sofort hinzu, daß etwas, in diesem Sinn, zu präsumieren, nicht heißt: es als selbstverständlich nehmen, oder: es für wahrscheinlicher halten als jede andere Möglichkeit. Er spricht an derselben Stelle passend von der *preoccupation of the ground*, die für eine Präsumption kennzeichnend sei. – Der springende Punkt ist: Das Spiel der Gründe und Gegengründe setzt auf einem Boden ein, der (zu Beginn der Betrachtung eines konkreten Falls) gewöhnlich von der zu präsumierenden Annahme bereits besetzt ist.

Ich werde ganz allgemein davon sprechen, daß bezüglich der Frage, ob unter den-&-den Gegebenheiten ein bestimmter Sachverhalt vorliegt, *eine (thematische) Normalitätspräsumption* gemacht wird. Diese betrifft alle Faktoren, die unter diesen Gegebenheiten für die Antwort auf diese Frage relevant sind. – Daß diese Präsumption 'gemacht' wird, heißt nicht, daß dies mit Bewußtsein geschieht; im Gegenteil, außer beim Theoretisieren wird sie gewöhnlich nur als stillschweigende Voraussetzung in die Beurteilung einfließen. Je vertrauter die Gegebenheiten, desto selbstverständlicher wird dies geschehen. (Etwas mit Selbstverständlichkeit annehmen heißt aber nicht: es für etwas Selbstverständliches halten.) Es bedarf dann keines Gedankens daran, geschweige denn einer Erwägung, die in der provisorischen Hypothese mündet, alles thematisch Relevante sei normal. Natürlich ist die Spekulation unwiderlegbar, solche geistigen Aktivitäten der Hypothesenbildung fänden stets unbewußt statt. Aber was die Psychologie des Präsumierens von Normalität im vertrauten Fall angeht, so wirkt alles Reden von kognitiven Prozessen und Akten – sei's bewußten, sei's unbewußten – wie eine rationalisierende Verzerrung. Es ist auch keineswegs so, als 'erwarte' man stets das, was man präsumiert. Arglosigkeit ist etwas anderes als die Erwartung, es werde nichts Schlimmes geschehen. (Wer präsumiert, daß *p*, müßte die Frage, ob es zu erwarten ist, daß *p*, nicht unbedingt mit einem "Selbstverständlich!" beantworten. Seine Antwort auf diese Frage, die er sich nicht stellt, könnte auch sein: "Richtig, daran habe ich noch gar nicht gedacht".) – Normalität zu präsumieren besteht oft in nichts weiter als darin: den Gegebenheiten mit einer bestimmten Haltung, oder Einstellung, begegnen. Man 'macht' nicht bestimmte Voraussetzungen; eher vielleicht: man unterliegt unbestimmten 'Vor-Voraussetzungen'. Gewisse Fragen stellen sich nicht, obwohl sie sachlich relevante Aspekte betreffen, deren Gegebensein durchaus fraglich sein kann. Diese Haltung ist unter anderm auch gerade durch die Abwesenheit einschlägiger gedanklicher Prozesse und Akte charakterisiert. Vielleicht ist es passend, von einer (‘entspannten’) kognitiven Gestimmtheit zu sprechen. – Wie auch immer, dies sind Fragen, die wohl eher von einer empirischen Psychologie zu beantworten wären.

Wichtig für unsere Zwecke ist nicht eine eventuelle psychologische Unvermeidlichkeit, sondern die sachliche Unverzichtbarkeit der Normalitätspräsumption bei der alltagspsychologischen Zuschreibung intentionaler Eigenschaften. Diese Präsumption ist eine Voraussetzung dafür, überhaupt gerechtfertigte nicht-eingeschränkte Urteile dieser Art zu treffen. Denn was als Rechtfertigungsgrund für solche Zuschreibungen anzuerkennen ist, ergibt sich aus geeigneten *AP*-Prinzipien. Diese jedoch sind immer auf den Fall eingeschränkt, daß normale Bedingungen vorliegen. Daß sie vorliegen, kann nicht erwiesen, sondern nur angenommen werden. Und dies muß angenommen werden, wenn es darum geht, eine Zuschreibung mit solchen Gründen zu stützen. Um eine Aussage des Typs “*S* glaubt, daß *p*” mit Hinweis auf gewisse Anhaltspunkte – zum Beispiel darauf, daß *S* dem Satz “*p*” unter allen Anzeichen der Aufrichtigkeit, Ernsthaftigkeit usw. zugestimmt hat – zu rechtfertigen, muß präsumiert werden, daß die Bedingungen normal waren, unter denen *S* dies tat. Diese zwar widerlegliche, aber unerweisliche Annahme zu machen bedarf selbst wiederum keiner Rechtfertigung.

*

Normalität eine Idealisierung? Ist die Beschränkung einer *AP*-Generalisierung auf solche Fälle, in denen normale Bedingungen vorliegen, nicht eine Idealisierung? Cartwright zum Beispiel legt dies nahe, wenn sie sagt, daß Ceteris-paribus-Generalisierungen nur unter speziellen, gewöhnlich nur unter *idealen, Bedingungen* gelten.[328] Ob dies im Hinblick auf physikalische Cp-Gesetze haltbar ist, sei dahingestellt. Auf alltagspsychologische Generalisierungen jedenfalls trifft diese These ganz und gar nicht zu. Im Gegenteil, in dieser Lesart der Cp-Klausel einer *AP*-Generalisierung läge ein gravierendes Mißverständnis. Idealbedingungen sind in der Empirie nicht anzutreffen; sie sind empirisch unrealisierbar. Sie werden in der theoretischen Absicht konzipiert, einfache und einheitliche Verallgemeinerungen zu formulieren, die sich dazu eignen, Phänomene zu erklären, die in Wirklichkeit komplexer sind und von Fall zu Fall ihres Auftretens durch jeweils unterschiedliche Faktoren mitbeeinflußt werden, die in der Verallgemeinerung ungenannt bleiben. Normalbedingungen hingegen, die für eine alltagspsychologische Generalisierung einschlägig sind, sind oftmals empirisch realisiert, auch wenn sich das nie intersubjektiv verifizieren läßt. Jedenfalls haben wir allen Grund, dies anzunehmen. Sie liegen in jedem Fall vor, in dem das Antecedens und das Consequens erfüllt sind (und in dem keine einschlägige Anormalität im Spiel war, die – z.B. durch eine noch hinzukommende – kompensiert wurde). Daß Umstände normal sind, heißt nun aber in unserm Zusammenhang nicht, daß sie häufig sind, nicht einmal, daß sie häufiger sind als nicht-normale. Ja, es gibt nicht einmal ein Argument, auch kein transzendentales, mit dem sich beweisen ließe, daß in wenigstens einem Fall von *A* (oder auch von *A & B*) normale Bedingungen im Hinblick auf den *A/B*-Zusammenhang herrschten. Ein Skeptizist könnte also auf die Möglichkeit hinweisen, daß immer, wenn das Antecedens erfüllt ist, auch eine (von uns zumeist unbemerkte) Anormalität gegeben ist. Wollte er dies jedoch als empirische Hypothese vertreten, dann läge, wie gerade gesehen, die Beweislast bei ihm. – Durch die bloße Kohärenz solch eines Skeptizismus wird die Vernünftigkeit der Normalitätspräsumption nicht beeinträchtigt.

Doch wäre diese Präsumption vernünftig, wenn Normalbedingungen in *AP*-Prinzipien Idealisierungen wären? Dann wäre die Cp-Klausel nichts anderes als die Einschränkung auf Gegebenheiten, die de facto gar nicht vorliegen *können*. Die Normalitätspräsumption wäre die Voraussetzung des empirisch Unmöglichen. Die Prinzipien, die durch ihre Normalitätsrestriktionen auf reale und vertraute Bedingungen gerichtet sein sollten, würden gerade durch diese von vornherein an der Realität vorbeigehen. Wolfgang Spohn hat eine Reihe von Beispielen dafür zusammengestellt, wie es im Zuge neuer Erkenntnisse gelungen ist, von Cp-Gesetzen (mit einer inhaltlich unbestimmten Normalitätsrestriktion) zu strengen Gesetzen (mit einer Einschränkung auf präzis beschreibbare Idealbedingungen) zu gelangen.[329] Dieser Übergang bedeutet oft einen markanten wissenschaftlichen Fortschritt, in dem sich ein tieferes theoretisches Verständnis der betreffenden Phänomene manifestiert. Wie verschieden *AP*-Prinzipien von wissenschaftlichen Gesetzesaussagen sind, zeigt sich auch an diesem Punkt: Zum einen ist ein solcher 'Fortschritt' praktisch ausgeschlossen; es bedürfte unabsehbar vieler Idealisierungen, die ganz Unterschiedliches zu betreffen hätten: nicht nur die Dimension der 'Rationalität' (die in der Tat vielerlei normativ idealisierenden Präzisierungen zugänglich ist), sondern schlechthin alle Facetten menschlicher Geistigkeit, die von *AP*-Prinzipien erfaßt werden und bei denen oftmals nicht einmal klar wäre, in welche Richtung ein Versuch der 'Idealisierung' überhaupt gehen könnte (man denke nur an Stimmungen, Charaktereigenschaften, Vorlieben, Empfindungen und dergleichen). – Zum zweiten geben *AP*-Prinzipien begriffliche Zusammenhänge wieder. Und einer der darin involvierten Begriffe ist eben der der Normalität. Gelänge es, per impossibile, ihn in einer neuen Theorie zugunsten entsprechender Idealisierungen zu eliminieren, wären auch die 'psychologischen' Begriffe dieser neuen Theorie nicht mehr die alten. Die Idealisierung führte nicht zu der Art von Einsicht, die mit einer begrifflichen Untersuchung angestrebt wird. Sie würde deren Gegenstand verändern, nicht erhellen. Am Ende stünden neue, in vielerlei Sinn vielleicht 'bessere', Begriffe, aber nicht ein besseres Verständnis unserer 'alten' Begriffe. (Dies wird uns ganz am Ende dieses Buches noch einmal beschäftigen.)

Es ist daher wichtig, die Normalbedingungen, um die es uns in dieser Untersuchung zu tun ist, nicht mit verkappten Idealisierungen zu verwechseln. Auch die Rede von einem normalen Sprecher und dergleichen involviert keine heimliche Idealisierung. Solch ein Sprecher ist nichts Fingiertes – wie das statistische Konstrukt des Durchschnittssprechers es wäre, der dadurch charakterisiert ist, daß er in seinem Leben exakt 12,34% mehr Konsonanten als Vokale hervorbringt und allerlei mehr dieser Art. Unser normaler Sprecher ist nicht ideal normal, sondern normal normal. Seine Beherrschung der Sprache insgesamt ist gut genug (aber auch nicht zu gut), um ihm zuzubilligen, daß er gemeinhin so zu verstehen ist wie es dem üblichen Sprachgebrauch entspricht. Insbesondere gilt für ihn auch, unter insgesamt normalen Gegebenheiten: Wenn er "*p*" sagt, sagt er, daß *p*. – Natürlich sind all die Cp-Generalisierungen, die den Begriff des normalen Sprechers charakterisieren, in Anwendung auf eine konkrete Person ebenfalls unverifizierbar. Auch hier ist Wissen in einem anspruchsvollen Sinn nicht möglich, die entsprechende Präsumption aber oft psychologisch unvermeidlich, rational gerechtfertigt, sozial geboten und inhaltlich zutreffend.

11. KRITERIEN DES GLAUBENS

Kehren wir zurück zu unserer Frage nach den besten Gründen, die wir für die konkrete Zuschreibung einer spezifischen Überzeugung haben können. Es hat sich ergeben, daß diese Gründe nur gegeben sein können, wenn das Subjekt einem Satz zustimmt; denn nur sprachliches Verhalten besitzt die nötige begriffliche Artikuliertheit, um das Problem mit der Spezifität des propositionalen Inhalts zu lösen. Es hat sich außerdem ergeben, daß die Situation es gestatten muß, nicht nur bestimmte Annahmen über das betreffende Subjekt zu machen (z. B. Sprachkompetenz, Aufrichtigkeit und Ernsthaftigkeit), sondern auch eine allgemeine Präsumption hinsichtlich der Normalität aller zuschreibungsrelevanten Gegebenheiten. Das modifizierte Kripke-Prinzip erfüllt diese Bedingungen; seine begriffliche Wahrheit beruht allerdings nicht zuletzt darauf, daß es so überaus eng ist. Es erstreckt sich nur auf normale Sprecher unserer gemeinsamen Sprache, nur auf sehr spezielle Sätze (die weder mehrdeutig noch indexikalisch sind), nur auf solche Fälle, in denen die Zustimmung aufrichtig, ernsthaft, usw. ist. In diesem schmalen Bereich finden wir jene eingangs des vorigen Kapitels angekündigten 'ganz besonderen Fälle, in denen alles so klar und einfach ist, wie es überhaupt nur sein kann'. In dieser Verengung liegt jedoch keine Idealisierung: Es gibt normale Sprecher des Deutschen, es gibt solche Sätze, es gibt Fälle, in denen erstere letzteren aufrichtig, ernsthaft und mit Bedacht zustimmen, und unter diesen Fällen sind manche, in denen alles diesbezüglich Relevante normal ist. In diesen paradigmatischen Fällen ist nichts durch unrealisierbare Fiktionen theoretisch herbeimodelliert.

*

Ein allgemeines Zuschreibungsprinzip Die Beschränkung speziell auf das Deutsche läßt sich durch eine kleine Modifikation beseitigen. Eine weiter ausgreifende Version von (KP*), die sich auf Glaubenssubjekte anderer Sprachen erstreckt, muß Übersetzung einbeziehen: Diese Sprecher stimmen einem Satz σ ihrer jeweiligen Sprache zu, und der deutsche Satz "p" ist eine richtige Übersetzung von σ. – Aber was ist eine richtige Übersetzung? Seit Quines *Word and Object* werden Philosophen nervös und befangen, wenn davon die Rede ist, eine Übersetzung sei richtig.[330] Der Grund dafür liegt in Quines berühmter These von der Übersetzungsunbestimmtheit, wobei "Übersetzung" hier sehr umfassend zu verstehen ist: als ein systematisches Verfahren zur Übertragung jedes Satzes einer Sprache in einen der andern. (Der Deutlichkeit halber spreche ich von der *Übersetzung* einer Sprache und der *Übertragung* eines Satzes.) Quines Argumente richten sich gegen die Annahme, es gäbe jemals die eine, einzig korrekte, Übersetzung einer Sprache. Niemand wird bestreiten, daß aus Übersetzungen, die den empirischen Tatsachen der Sprachverwendung aufs Ganze gesehen optimal entsprechen, in einzelnen Fällen unterschiedliche Übertragungen resultieren können. (Das eine Wörterbuch gibt für "gaunt" nur *hager*, ein anderes nur *mager*.) Was Quines These aufregend und irritierend macht, ist folgende Verschärfung: Beste Übersetzungen können nicht nur divergieren, vielmehr könnten sie inhaltlich konfligieren – d.h. gewisse ihrer Übertragungen könnten "inkompatibel" sein. Zwei deutsche Sätze, die aus verschiedenen optimalen Übersetzungen einer fremden Sprache als Übertragungen ins Deutsche hervorgehen, könnten, so Quines These, inhaltlich so verschieden sein, daß von gleicher Bedeutung (oder auch nur von ihrer 'Äquivalenz' in einem noch so liberalen Sinn) nicht mehr die Rede sein kann.[331] In der immer noch andauernden Diskussion zu diesem Thema ist bis heute kein Beispiel präsentiert worden, das diese These überzeugend untermauern könnte. Aber selbst wenn sie akzeptiert würde, ließe sich ein allgemeines Zuschreibungsprinzip für Überzeugungen folgendermaßen formulieren:

> **AZP** Ceteris paribus gilt: Wenn ein normaler Sprecher des Deutschen einem Satz "*p*" (oder ein normaler Sprecher einer beliebigen andern Sprache L einem Satz σ, dessen korrekte Übertragung von L ins Deutsche "*p*" ist) zu t ernsthaft, aufrichtig, mit Bedacht und ohne Vorbehalt zustimmt, dann glaubt er zu t, daß p. (Die Übertragung eines Satzes ist *korrekt*, wenn sie mit jeder empirisch optimalen Übersetzung in Einklang ist.)[332]

Dazu einige erläuternde Bemerkungen. Zunächst einmal, weil die korrekte Übertragung eines fremden Satzes mit *jeder* optimalen Übersetzung verträglich ist, muß **AZP**, für den Fall der Anwendung auf Sprecher anderer Sprachen, nicht auf irgendeine bestimmte Übersetzung relativiert werden. Zweitens, angesichts der Unbestimmtheitsthese mag die Forderung nach Korrektheit der jeweiligen Übertragung wie eine unerfüllbare Forderung wirken; aber dieser Anschein trügt. Denn alle empirisch optimalen Übersetzungen müssen, auch im Lichte der Unbestimmtheitsthese, zumindest hinsichtlich gewisser Sätze kompatibel sein, um überhaupt empirisch adäquat sein zu können.[333] Drittens, es ist nicht ausgeschlossen, daß auch empirisch optimale Übersetzungen hinsichtlich einzelner Sätze der fremden Sprache zu Übertragungen führen, die nicht miteinander in Einklang sind. In solch einem Fall wären diese Übertragungen nicht korrekt; der fremde Satz wäre unübersetzbar. Aber es ist, viertens, ein empirisches Faktum, daß es bei wirklichen, lebenden Gemeinsprachen (wie das Deutsche, Italienische, Englische, usw.) eine derartige Unübersetzbarkeit nicht gibt, weil jeder prima facie unübersetzbare Terminus als Fremdwort in die Zielsprache aufgenommen werden kann (z.B. *Ambiente* im Deutschen, *doppelganger* im Englischen). Es scheint, daß solche Sprachen keinen Spielraum für prinzipiell unauflösbaren Übersetzungskonflikt in dem von Quine behaupteten dramatischen Ausmaß lassen. An der realen Übersetzungspraxis jedenfalls geht die These von der Übersetzungsunbestimmtheit vorbei.

Wichtig ist hier, daß sich aus dem dritten Punkt kein Zweifel an der Wahrheit von **AZP** ergibt. Betrachten wir dies kurz. Nehmen wir an, $\ddot{U}_1$ und $\ddot{U}_2$ seien optimale Übersetzungen von L ins Deutsche, sie wären jedoch im Hinblick auf einen nicht-mehrdeutigen Satz σ von L inkompatibel: Gemäß $\ddot{U}_1$ ist dieser Satz als "p" ins Deutsche zu übertragen, gemäß $\ddot{U}_2$ als "q"; diese beiden deutschen Sätze haben deutlich unterschiedlichen Sinn. Wenn S_L, ein normaler Sprecher von L, dem Satz σ zustimmt, welche der beiden Überzeugungen ist ihm dann zuzuschreiben: die, daß p, oder die, daß q? Die Antwort ist, daß sich mit Rückgriff auf **AZP** nichts dazu sagen läßt; dieses Zuschreibungsprinzip ist auf solch einen Fall schlicht nicht anwendbar. Denn nach Voraussetzung wäre keine der beiden Aussagen – "S_L glaubt, daß p" bzw. "S_L glaubt, daß q" – durch eine korrekte Übertragung von σ rechtfertigbar; eine solche gibt es dann nicht. In solch einem Fall, für den noch kein Beispiel gefunden wurde, würde **AZP** kein falsches oder auch nur zweifelhaftes Ergebnis liefern, sondern gar keines. Jede Übersetzungsunbestimmtheit à la Quine wäre Unübersetzbarkeit. Aber diese würde nur die Breite der Anwendbarkeit des Prinzips beschränken, dessen Wahrheit bliebe unangetastet. – Man beachte auch: Das Zuschreibungsprinzip erstreckt sich zwar auf Sprecher anderer Sprachen, ist aber auf unsere Sprache zentriert. Das hat natürlich nichts mit einer besonderen Rolle des Deutschen, außer für uns Deutschsprechende, zu tun; würde **AZP** in einer andern Sprache formuliert, wäre es auf diese Sprache zentriert. Es ist wesentlich auf Sprache bezogen, aber nicht wesentlich auf *eine* Sprache.[334]

*

Vorzüglichkeiten Betrachten wir nun einige Merkmale, die **AZP** zu einem besonderen Zuschreibungsprinzip machen.

1. *Begriffliche Wahrheit.* – Das Prinzip gehört zu den Wahrheiten, durch die der Begriff des menschlichen Glaubens – aber z. B. auch der der Aufrichtigkeit – implizit definiert ist. Seine korrekte Anwendung garantiert unter normalen Gegebenheiten die Wahrheit der Überzeugungszuschreibung.

2. *Eindeutigkeit.* – Es erlaubt die Zuschreibung inhaltlich eindeutig bestimmter Überzeugungen. Durch den Wortlaut des Satzes, "*p*", ist genau eine Überzeugung (eben die, daß *p*) als die zuzuschreibende bestimmt. – Dies ist für unsere Überlegungen von größter Wichtigkeit. Ein Zuschreibungsprinzip ohne Eindeutigkeit gibt keine Antwort auf das Problem mit der Inhaltsspezifität, und dieses Problem läßt sich, zumindest in Hinblick auf menschliches Glauben, nicht beiseitewischen: Wird jemandem eine Überzeugung zugeschrieben, ist jederzeit die Frage angemessen, ob mit dem Wortlaut der Zuschreibung tatsächlich eine Überzeugung eindeutig spezifiziert ist, die er hat.

Eindeutigkeit ist eine Vorzüglichkeit von **AZP**, die viele andere Zuschreibungsprinzipien nicht haben. Es gibt, wie wir eingangs des vorigen Kapitels gesehen haben, zahllose nicht-sprachbezogene Generalisierungen, die sich dazu eignen, Überzeugungszuschreibungen zu rechtfertigen. Jedoch ermöglichen sie keinen Schluß darauf, daß das Subjekt just die-&-die spezielle, inhaltlich eindeutig bestimmte Überzeugung hat. Eine Generalisierung wie zum Beispiel

> Ceteris paribus gilt: Wenn im Zentrum des Wahrnehmungsfelds eines normalen Menschen mit unbeeinträchtigter Wahrnehmungsfähigkeit der visuell auffällige Sachverhalt, daß *p*, besteht, dann glaubt er, daß *p*.

ist eine brauchbare empirische Daumenregel, aber in ihrer Allgemeinheit trotz der Cp-Restriktion falsch. Auch unter normalen Gegebenheiten geschieht es gelegentlich, daß ein normaler, wahrnehmungsfähiger Mensch das Auffällige auch unter insgesamt normalen Gegebenheiten übersieht, oder daß er das, was er sieht, nicht als das Vorliegen des Sachverhalts, daß *p*, registriert, sondern anders konzeptualisiert. Eine modifizierte Generalisierung wie

> Ceteris paribus gilt: Wenn im Zentrum des Wahrnehmungsfelds eines normalen Menschen mit unbeeinträchtigter Wahrnehmungsfähig-

> keit der visuell auffällige Sachverhalt, daß *p*, besteht, dann hat er eine Überzeugung, die der, daß *p*, inhaltlich ähnlich ist.

wäre solchen Widerlegungen nicht ausgesetzt, aber sie wäre eben auch kein Prinzip der Zuschreibung einer *spezifischen* Überzeugung. Diese Generalisierung hat nicht das Merkmal der Eindeutigkeit. – Allgemeiner gesprochen gibt es keinen Grund anzunehmen, daß sich überhaupt eine einzige wahre Generalisierung (die sich auf eine nennenswert große Klasse von Subjekten erstreckt) angeben läßt, in deren Antecedens nur Merkmale der externen Situiertheit spezifiziert sind, die aber dennoch hinreichend dafür wären, daß solche Subjekte die-und-die inhaltlich eindeutig bestimmten Überzeugungen haben. Das ist kein Vorbehalt gegen die Verwendung solcher Generalisierungen in der Praxis. Für die Zwecke der alltäglichen Verrichtungen ist es irrelevant, ob einer just die Überzeugung hat, daß *p*, oder stattdessen Überzeugungen, die in allen praktisch relevanten Hinsichten gleichwertig sind. Solange er 'in allem Wesentlichen' so folgert und handelt, wie er es auch täte, wenn er glaubte, daß *p*, ist es bestenfalls von rein theoretischem Interesse, ob er genau das glaubt oder stattdessen etwas 'inhaltlich Ähnliches', das zu glauben 'praktisch aufs Selbe hinausläuft'.

Justament dieses rein theoretische Interesse besteht jedoch, wenn es um den Begriff des propositionalen Glaubens selbst geht. Glauben, daß *p* ist nun einmal der Begriff einer hinsichtlich ihres Inhalts eindeutig bestimmten Überzeugung. Zudem ist dieser Aspekt eindeutiger Bestimmtheit maßgeblich auch für das Verständnis unbestimmterer Redeweisen. Denn wenn gesagt wird, jemand habe 'irgendeine Überzeugung, die der, daß *p*, ähnlich ist', wird mit dieser unspezifischen Zuschreibung dennoch auf die spezifische Überzeugung, daß *p*, Rekurs genommen: *ihr* soll eine seiner Überzeugungen gleichen. – Mithin ist die Eindeutigkeit von **AZP** zumindest für philosophische Zwecke eine besondere Vorzüglichkeit, die es vor andern Zuschreibungsprinzipien auszeichnet, wie nützlich auch immer diese sein mögen.

3. *Unbeschränktheit*. – Das Prinzip gestattet die Zuschreibung jeder spezifischen Glaubenseigenschaft. Es bringt keine Beschränkung auf Überzeugungen einer bestimmten Art mit sich – etwa auf solche, die eine 'typische Quelle' haben (sinnliche Wahrnehmung, Erinnerung, Lektüre, apriorisches Denken, moralische Intuition und dergleichen). Nicht einmal die Zuschreibung offenkundig widersprüchlicher Überzeugungen ist ausgeschlossen. Im Lichte von **AZP** gilt ja: Wenn es einem normalen Sprecher unter insgesamt normalen Gegebenheiten gelingt, einem Satz

des Typs "*p* und ~*p* " tatsächlich ernsthaft, aufrichtig, mit Bedacht und ohne Vorbehalt zuzustimmen, so glaubt er den Widerspruch, den der Satz ausdrückt.

4. *Eigenständigkeit.* – Dieses Prinzip erlaubt die Zuschreibung einer Überzeugung, ohne daß es der Zuschreibung anderer spezifischer Überzeugungen oder sonstiger intentionaler Zustände bedürfte, die nicht durch die Zustimmung zu "*p*" allein rechtfertigbar ist.[335] Die Anwendung von **AZP** in einem konkreten Fall setzt nicht voraus, daß wir Wissen (oder leidlich gut bestätigte Hypothesen) über andere Bereiche des intentionalen Gesamt-Profils des Subjekts besitzen. Es wird vorausgesetzt, daß es sich bei dem Subjekt um einen normalen Sprecher handelt, und damit auch, daß er irgendein für solche Menschen typisches geistiges Gesamtprofil hat. Nicht vorausgesetzt wird hingegen, daß er die-&-die spezifischen Wünsche, Überzeugungen, Präferenzen, Begriffskompetenzen, Rationalitätstandards usw. hat.[336] Die Normalität jedes einzelnen Subjekts läßt in jeder dieser Hinsichten drastische Abweichungen vom Gewöhnlichen zu, solange es nicht allzu viele auf einmal sind. Deshalb ist die Zuschreibung einer Überzeugung durch Anwendung von **AZP** nicht auf die Zuschreibbarkeit spezifischer anderer intentionaler Geisteszustände angewiesen.

5. *Zirkelfreiheit.* – Keines der im Antecedens des Zuschreibungsprinzips aufgeführten Merkmale allein läßt die Folgerung zu, daß *S* glaubt, daß *p*. Dies gilt auch für die Bedingung, daß die Zustimmung aufrichtig ist. Denn einem Satz "aufrichtig zustimmen" heißt hier nichts von der Art: *etwas sagen und es auch glauben*. Vielmehr ist es hier zu verstehen als *dem Satz zustimmen, ohne damit irgendeine Absicht der Irreführung oder Täuschung zu verfolgen*. Aufrichtigkeit ist hier nichts weiter als die Abwesenheit von bewußter oder unbewußter Unaufrichtigkeit. Entsprechend ist hier auch die Rede von Ernsthaftigkeit, Bedacht und Vorbehaltslosigkeit zu verstehen.[337] Diese näheren Bestimmungen der Zustimmung bezeichnen, in alter Terminologie gesagt, keine realen und positiven Qualitäten, sondern Privationen – das heißt im gegebenen Zusammenhang: das *Nicht*-Vorhandensein von Täuschungsabsichten, reiner Blödelei, Unachtsamkeit, Aufs-Geratewohl-Reden, bloßem 'Bullshitting' im Sinne von Harry Frankfurt, Mentalreservationen oder gar Mißverständnissen darüber, was mit der Zustimmung eigentlich gesagt wird.

6. *Kriterialität.* – **AZP** stellt ein Kriterium für Glauben-daß-*p* bereit.[338] Im Antecedens ist eine hinreichende Bedingung formuliert; diese ist auf

Grund der Zirkelfreiheit nicht-trivial. Als begriffliche Wahrheit ist dieses Kriterium prinzipiell unkontrovers und beweiskräftig: Die Annahme, daß jemandes Zustimmung zu "*p*" die aufgeführten Bedingungen erfüllt, ist (unter normalen Gegebenheiten) ein zwingender Grund, ihm die Überzeugung, daß *p*, zuzuschreiben. Mehr dazu unter 11.

7. *Anwendung.* – Das **AZP**-Kriterium spielt eine zentrale Rolle in unserer tatsächlichen Praxis der Zuschreibung von Überzeugungen. Wissen wir, daß jemand von sich gegeben hat, (er glaube,) daß *p*, macht uns das geneigt, ihm die Überzeugung, daß *p*, zuzuschreiben. Ob wir es tun oder unterlassen, richtet sich nach unserer Einschätzung der in **AZP** aufgeführten Merkmale.

8. *Relevanz.* – Die Anwendung des Zuschreibungsprinzips gehört zu den Grundlagen, auf denen sprachliche Verständigung basiert, jedenfalls soweit wir mit ihr auf Informationsübermittlung abzielen. Alle Formen der assertiven Rede umfassen eine Festlegung des Sprechers darauf, daß er glaubt, was er sagt; viele umfassen die weitere Festlegung darauf, daß er Gründe für die bekundete Überzeugung hat. Grice hat darauf aufmerksam gemacht, daß dies ein wesentliches Charakteristikum vieler Formen menschlicher Verständigung ist, nicht nur sprachlicher Kommunikation im engeren Sinn.[339] Eine Besonderheit dieser Art wechselseitiger doxastischer Beeinflussung liegt in folgendem: Gerade dadurch, daß der Sprecher durch seine Äußerung die Überzeugung, daß *p*, offen bekundet, gibt er dem Adressaten einen Grund, ebenfalls zu glauben, daß *p*. Wenn Grice recht hat, ist dieser Aspekt bedeutungskonstitutiv: Welche Bedeutung ein Satz – und allgemeiner: jedes sprachartige Zeichen – hat, hängt wesentlich davon ab, welche spezifischen Überzeugungen mit seiner Äußerung bekundet werden. Der Satz "It's raining" hätte nicht die Bedeutung, die er hat, wenn nicht die Präsumption bestünde, daß jemand, der ihn ernsthaft äußert, glaubt, daß es regnet. Und umgekehrt: Wenn in einer Gruppe irgendein Zeichen verwendet wird, dessen Äußerung unter insgesamt normalen Gegebenheiten als Bekundung der Überzeugung zu nehmen ist, daß es regnet, dann ist dies ein Hinweis darauf, daß seine Bedeutung sich mit "Es regnet" ("Es dürfte wohl regnen", "Ich glaube, daß es regnet", usw.) angeben läßt. – **AZP** ist mithin ein Prinzip, dessen Anwendung für fundamentale Formen sprachlicher und sprachartiger Verständigung essentiell ist. Es verwundert daher nicht, daß seine Anwendbarkeit durch soziale Normen geschützt und gestützt ist ("Lüge nicht!", "Mißtraue nicht, ohne Gründe dafür zu haben!", usw.) Aus der Geltung dieser Normen erwachsen Präsumptionen, dank denen die An-

wendung des Prinzips auf den einzelnen Fall keiner speziellen Rechtfertigung bedürftig ist – so z.B. die Präsumption, daß Zustimmung, wenn sie mit den äußeren Anzeichen der Ernsthaftigkeit statthat, aufrichtig ist. Ebenfalls gibt es soziale Normen, die es gebieten, solche Präsumptionen zu machen, solange keine besonderen Gründe dagegen sprechen. (Wer einem Satz zustimmt, hat Anspruch darauf, daß ihm normale Sprachbeherrschung, Ernsthaftigkeit, Aufrichtigkeit, usw. unterstellt wird, solange keine speziellen Hinweise auf das Gegenteil vorliegen.)

9. *Schlichtheit.* – In den meisten Fällen ist die Anwendung des Prinzips, gelinde gesagt, unkompliziert. Schematisch läßt sie sich in zwei Schritte untergliedern: erstens die Übertragung der direkten in die indirekte Rede ("Er hat '*p*' gesagt"/"Er hat gesagt, daß *p*"), und zweitens der Übergang von Sagen-daß-*p* zu Glauben-daß-*p*.[340] Beide Schritte sind formal simpel und durch die Geltung entsprechender Präsumptionen inhaltlich gerechtfertigt.

10. *Gute Verwandtschaft.* – In enger Entsprechung zu **AZP** gibt es Prinzipien der *Absprechung* beliebiger spezifischer Überzeugungen, d.h. begrifflich hinreichende Bedingungen dafür, daß *S* nicht glaubt, daß *p*. Wenn im Antecedens von **AZP** "zustimmt" durch "ablehnt" ersetzt wird – oder "*p*" durch "Ich glaube nicht, daß *p*" –, ergibt sich ein Absprechungsprinzip.[341] Solche Prinzipien sind ebenfalls eindeutig, eigenständig, unbeschränkt und zirkelfrei; sie stellen begrifflich gesicherte Kriterien für Nicht-Glauben bereit. Auch sie werden in der gewöhnlichen Praxis angewendet, und ihre Anwendung ist von sozialen Normen flankiert, die entsprechende Präsumptionen stützen.

11. *Testkriterium.* – **AZP** wird nicht nur in der Praxis angewendet, sondern dient auch als Test. Um in Erfahrung zu bringen, ob *S* glaubt, daß *p*, können wir ihn dies fragen. Seine Antwort ist ausschlaggebend. Um die Frage, ob jemand die-&-die Überzeugung hat, gleichermaßen definitiv zu beantworten, ist uns kein anderer Test verfügbar. Zudem wird er durch implizit geltende soziale Normen unterstützt. Aus einer positiven Antwort ergibt sich die Prima-facie-Verpflichtung, dem betreffenden Subjekt die Überzeugung, daß *p*, zuzuschreiben. Sind keine Gründe gegeben, seine Aufrichtigkeit, Ernsthaftigkeit, usw. in Frage zu ziehen, hat der Test ein definitives Ergebnis. Wir sind dann gehalten, dem Subjekt diese Überzeugung zuzuschreiben; es hat einen Anspruch darauf.

Die ausdrücklich auf sein Glauben abzielende Frage "Glaubst du, daß *p*?" (im Folgenden gelegentlich kurz: "*Gp?*", oder: die G-Frage) ist für den Test aus zwei Gründen besser geeignet als die Frage "Ist es der Fall, daß *p*?" (kurz: "*p*?", oder: die *p*-Frage). Zum einen ist eine bejahende Antwort auf "*p*?" nicht nur die Bekundung der Überzeugung, daß *p*, sondern darüber hinaus ein assertiver Sprechakt mit dem Inhalt, daß *p*. Mit dem Vollzug solch eines Sprechakts steht man – in einem gewissen Maße – für die Wahrheit von "*p*" ein und gibt Anlaß zu der Unterstellung, man besitze intersubjektiv vertretbare Gründe für die Wahrheit der bekundeten Überzeugung. (Manche Menschen bejahen "*p*?" nur, wenn sie glauben, sicher zu wissen, daß *p*.[342]) So kann es leicht geschehen, daß einer glaubt, daß *p*, und dennoch "*p*?" nicht bejahen möchte, obwohl er die G-Frage vorbehaltlos bejahen würde. Zum zweiten kann die redliche Bejahung der *p*-Frage auch aus bloßer Akzeptanz, die kein Glauben ist, hervorgehen – nicht hingegen die aufrichtige und vorbehaltlose Bejahung der G-Frage. Letztere ist also die bessere Frage an *S*, um in Erfahrung zu bringen, ob er glaubt, daß *p*.

Ist seine Antwort ein Achselzucken ("Zur Frage, ob *p*, habe ich keine Meinung"), ergibt sich daraus, daß er weder glaubt, daß *p*, noch glaubt, daß *~p*. Auch die extravagante Möglichkeit, daß er eine dezidiert widersprüchliche Überzeugung zum Thema hat, läßt sich auf diesem Weg überprüfen ("Glaubst du, daß sowohl *p* als auch *~p*?"). – Kurz, der auf **AZP** basierende Test ist geeignet, jede der drei doxastischen Grundhaltungen zu erfassen, die gegenüber einem Sachverhalt möglich sind: Glauben-daß, Glauben-daß-nicht und keine Überzeugung dazu haben. Die einzige relevante Bedingung, die erfüllt sein muß, um ihn durchzuführen, ist die Bereitschaft des Subjekts, die Frage zu beantworten. Viele reale Praktiken involvieren Tests dieser Art (Demoskopie).

*

Für die Zwecke unserer Untersuchung sind die ersten vier der aufgereihten Vorzüglichkeiten besonders bedeutsam. Gibt es andere Zuschreibungskriterien, die sie ebenfalls haben? 'Rein situative' Kriterien sind eigenständig. Aber nicht eindeutig; ein Beispiel dafür haben wir eben betrachtet. Solche Kriterien sind beschränkt. (Wie könnte solch ein Kriterium die Zuschreibung von Überzeugungen ermöglichen, in denen es um Allgemeines, Abstraktes oder um Bedingungsverhältnisse geht?) Und es ist nicht klar, ob sie nicht allesamt Daumenregeln sind, die trotz Normalitätsrestriktion nicht vor empirischer Widerlegung gefeit sind; mithin wären sie ohnehin nicht von der Art, um die es uns geht: begriffserläuternde Prinzipien. – Ein solches Prinzip ist zum Beispiel:

> Ceteris paribus gilt: Wenn *x* glaubt, daß *p*-genau-dann-wenn-*q*, und glaubt, daß *q*, dann glaubt *x*, daß *p*.

Solch ein 'logisches' Prinzip ist nicht nur unbeschränkt; da es nicht nur für den Menschen, sondern für jedes beliebige Glaubenssubjekt gilt, greift es weiter aus als **AZP**. Außerdem ist es eindeutig. Wie jedes andere Prinzip dieser Art ist es allerdings nicht eigenständig. Seine Anwendung in einem konkreten Fall setzt die Zuschreibbarkeit anderer, nämlich der im Antecedens genannten, Überzeugungen voraus und damit andere Glaubenskriterien, am Ende eben auch wenigstens ein eigenständiges. – Auch jedes Kriterium, das beim zielgerichteten Handeln ansetzt, wie zum Beispiel

> Ceteris paribus gilt: Wenn *x h* tut, um ein Ziel *z* zu erreichen, und glaubt, daß sich *z* durch sein *h*-Tun höchstens dann erreichen läßt, wenn *p*, dann glaubt *x*, daß *p*.

ist nicht eigenständig. Das Antecedens enthält die Bedingung, daß das betreffende Subjekt spezifische Wünsche und Zweck-Mittel-Überzeugungen hat. Die Anwendung solcher Kriterien setzt andere Zuschreibungskriterien voraus.

Gibt es, außer **AZP**, überhaupt ein begrifflich wahres Glaubenskriterium, das zugleich eindeutig und eigenständig ist? Hier ein Versuch:

> Ceteris paribus gilt: Wenn *x* über Information verfügt, angesichts welcher die Annahme, daß *p*, für *x* unabweisbar ist, dann glaubt *x*, daß *p*.

Im Antecedens sind diesmal keine spezifischen intentionalen Zustände erwähnt, in denen sich das betreffende Subjekt befindet, und auch keine spezifischen Situationsgegebenheiten. Es muß nur über *irgendwelche* geeigneten rationalen Standards oder Mechanismen verfügen und über *irgendwelche* (nennen wir sie: *p*-trächtige) Information.[343] Dennoch, auch dieses Prinzip ist nicht eigenständig. Zunächst einmal, das Reden vom Besitz derartiger Information gehört zwar nicht der Alltagspsychologie an, aber es verweist offensichtlich auf irgendwelche intentionalen Zustände. Solcher Information ist ein propositionaler Inhalt wesentlich; es ist Information, daß es sich so-&-so verhält. Natürlich darf Besitz *p*-trächtiger Information kein Glauben-daß-*p* und kein Wissen-daß-*p* sein; sonst wäre dieses Prinzip zirkelhaft. Nehmen wir einmal an, es handele sich um einen intentionalen Zustand sui generis, für den es keinen alltagspsychologischen Grundbegriff gibt. Die konkrete Anwendung dieses Prinzips setzt die Zuschreibbarkeit des Besitzes geeigneter Information voraus und mithin ein zusätzliches Kriterium für das Vorhandensein eines intentionalen Zustands. Der Umstand, daß dessen propositionaler Inhalt nur existenzquantifizierend umrissen, aber nicht eindeutig spezifiziert wird, verleiht diesem Prinzip keine Eigenständigkeit. Denn der Besitz *p*-trächtiger Information ist ein spezifischer intentionaler Zustand, auch wenn sein Inhalt nur umschrieben und nicht genannt wird.

Solche Einzelbetrachtungen ließen sich natürlich zu zahllosen andern Generalisierungen anstellen, in denen begrifflich hinreichende Bedingungen für spezifisches Glauben-daß-*p* angegeben werden. Die wenigen Stichproben, die wir gemacht haben, legen eine Schlußfolgerung nahe: Es gibt kein anderes Zuschreibungsprinzip als **AZP**, das die oben erwähnten Merkmale 1 – 4 aufweist. Ja, es steht zu vermuten, daß kein anderes Zuschreibungsprinzip überhaupt zugleich eindeutig und eigenständig ist: d. h. der inhaltlichen Spezifität jeder Überzeugung Rechnung trägt, ohne daß bei seiner Anwendung das Gegebensein anderer spezifischer intentionaler Eigenschaften des betreffenden Subjekts vorausgesetzt werden müßte. In dieser Hinsicht scheint **AZP** einzigartig zu sein. Dies läßt sich nicht beweisen, nicht durch weitere Stichproben und wohl auch nicht durch eine apriorische Argumentation. Dennoch ist diese These im Lichte unserer bisherigen Überlegungen plausibel genug, um sie als Arbeitshypothese zu akzeptieren.

*

Diskordanz Als eine der Vorzüglichkeiten von **AZP** hatte ich genannt, daß es ein Testkriterium für Glauben und Nicht-Glauben ist. Auch dies scheint eine seiner Besonderheiten zu sein. Alle andern Zuschreibungsprinzipien, die wir bisher betrachtet haben, sind nicht testgeeignet. Die in ihren Antecedentia aufgeführten Bedingungen lassen sich nicht ad hoc herbeiführen. Der **AZP**-Test verlangt nicht mehr, als daß das betreffende Subjekt willens ist, Auskunft darüber zu geben, ob es glaubt, daß *p*. Daß es das ist, ist keineswegs selbstverständlich. Aber wenn diese Bedingung erfüllt ist, läßt der Test sich anwenden, ohne daß sehr spezielle Gegebenheiten vorliegen; er ist simpel in der Durchführung; und sein Ergebnis ist definitiv, falls die Antwort, die *S* gibt, als ernsthaft, aufrichtig, usw. zu erachten ist und schließlich auch die Normalität der Situation, in der diese Bekundung stattfindet, nicht in Frage steht. Da für Ernsthaftigkeit und die andern Zuschreibungsvoraussetzungen kein empirischer 'Beweis' möglich ist, ist das Ergebnis allerdings nicht jedem Zweifel enthoben. Es ist definitiv nur für den, der diese Voraussetzungen für erfüllt hält.

Wenn in einer Zustimmungssituation kein Grund gegeben ist, das Erfülltsein einer dieser Voraussetzungen in Frage zu ziehen, wollen wir sagen, daß (im Hinblick auf die Anwendung von **AZP**) *günstigste* Bedingungen vorliegen. Unter solchen Bedingungen bietet Zustimmung keinen Anhaltspunkt für Unaufrichtigkeit, mangelnde Ernsthaftigkeit, Unbedachtheit oder stillschweigende Vorbehalte, und die Situationsgegebenheiten, unter denen das Subjekt zustimmt, geben keinerlei Anlaß, Störfaktoren zu vermuten. Zustimmung unter günstigsten Bedingungen ist ein *(situativ) zwingender Grund*, dem betreffenden Subjekt die bekundete Überzeugung zuzuschreiben – und zwar in folgendem Sinn: Angesichts einer Zustimmung unter günstigsten Bedingungen gibt es kriterial gesicherten Grund, dem Subjekt die Überzeugung zuzuschreiben, und nichts könnte als Gegen-Grund geltend gemacht werden. Dennoch, auch ein unter günstigsten Bedingungen erreichtes Testergebnis mag falsch sein; entgegen dem unter diesen Bedingungen bestehenden Anschein mag eine der Anwendungsvoraussetzungen nicht gegeben sein.

Nun kann aber auch eine unter günstigsten Bedingungen erfolgte Überzeugungsbekundung in Konflikt damit stehen, wie *S* sich bisher verhalten hat und später verhält. Er bejaht die G-Frage, benimmt sich aber, lax gesagt, nicht wie jemand, der glaubt, daß *p*. Was er sonst so tut, läßt und auch sagt, spricht – im Lichte anderer Zuschreibungskriterien – stark dafür, daß er nicht glaubt, daß *p*, oder sogar glaubt, daß *~p*. Im Falle eines solchen Kriterien-Konflikts scheinen selbst die situativ zwingenden Gründe entkräftbar. Ist das mit Rückgriff auf den **AZP**-basierten Test erreichte Ergebnis also doch nicht immer 'definitiv', nicht einmal unter günstigsten Bedingungen, also solchen, unter denen kein Grund besteht, daran zu zweifeln, daß die Zustimmung aufrichtig, ernsthaft usw. ist? Nennen wir dies das *Diskordanz-Problem.*

Unbestreitbar wäre es ein immunisierender Mißbrauch der Normalitätsrestriktion, den Umstand, daß jemand 'anders handelt als er spricht', zu einem situativen Störfaktor zu erklären oder ihm deshalb den Status eines normalen Sprechers nicht zuzubilligen. Die Cp-Klausel greift hier nicht. Muß also das Antecedens von **AZP** um eine weitere Bedingung ergänzt werden – um eine, mit der verlangt wird, daß solch ein Auseinanderklaffen von Bekundung und Handeln nicht vorliegt? Diese Lösung des Diskordanz-Problems hätte die Konsequenz, daß die um eine entsprechende Zusatzbedingung angereicherte Modifikation von **AZP** nicht mehr eigenständig wäre. Wenn unsere gerade formulierte Arbeitshypothese richtig ist, dann wäre dies ein für unsere Untersuchungen ungemein bedeutsames Ergebnis: Für den Begriff des Glaubens gäbe es kein Kriterium, das sowohl eindeutig als auch eigenständig ist. – Ich denke, eine andere Lösung dieses Problems bietet sich an. Sie verweist uns auf eine weitere Hinsicht, in der das allgemeine Zuschreibungsprinzip überaus schmal ist: nicht nur insofern, als es sich ausschließlich auf normale Sprecher erstreckt, die unter insgesamt normalen Gegebenheiten einem Satz aufrichtig, ernsthaft usw. zustimmen, sondern auch insofern, als es kriterial gesicherte Aussagen nur über das Glauben in just diesem Moment der Zustimmung gestattet.

Wenn die Anwendung von **AZP** ergibt, daß *S* zu *t* glaubt, daß *p*, so besagt dieses Ergebnis nichts darüber, ob *S* diese Überzeugung zuvor hatte oder im nächsten Moment noch haben wird. Das Prinzip selbst schließt auch die Möglichkeit nicht aus, daß *S* stets glaubt, daß *p*, wenn er gefragt wird, diese Überzeugung aber nicht hat, wenn er nicht gefragt wird. Gewiß, es ist schwer vorstellbar, daß wir in einem konkreten Fall jemals gute Gründe für die Annahme haben könnten, es verhalte sich so. Dennoch, auch ein solches, zutiefst irritierendes Muster der Überzeugungsschwankungen ist prinzipiell denkbar. Solange *S* – sozusagen aufs Ganze gesehen – ein normaler Sprecher seiner Sprache ist, wäre solch ein Hin-und-her nichts weiter als eine der zahllosen Wunderlichkeiten, für die auch normale Sprecher gut sein dürfen. Zwar müssen Glaubenssubjekte, wie wir gesehen haben, aus begrifflichen Gründen ein gewisses Maß an Rationalität besitzen. Aber es gibt begrifflichen Spielraum für Irrationalität, und solcherlei doxastisches Oszillieren würde den Rahmen zulässiger Irrationalität nicht sprengen, solange wir es uns bei dem betreffenden Subjekt als nur selten auftretend ausmalen. (Man bedenke auch, daß an dem Phänomen des doxastischen Oszillierens selbst nichts Irrationales ist; es kann uns in ganz alltäglichen Umständen widerfahren, in denen wir noch nicht zu einer gefestigten Überzeugung gelangt sind, sich aber mal die eine, mal die entgegengesetzte ungefestigte Überzeugung einstellt.)

Zurück zum Diskordanz-Problem. Was also, wenn *S* die G-Frage bejaht, sich aber ansonsten nicht so verhält, wie es von ihm zu erwarten wäre, wenn er glaubte, daß *p*? Seine Bekundung ist dennoch ein zwingender Grund anzuerkennen, daß er diese Überzeugung zumindest in dem Moment hat, in dem er aufrichtig, ernsthaft und mit Bedacht zustimmt. Sie ist nicht irgendein Grund, sondern einer, der nicht überwogen werden kann. Das Gesamtmuster seines Verhaltens mag uns – unter der Annahme, daß er glaubt, daß *p* – noch so ungereimt erscheinen; dennoch, die ausdrückliche Überzeugungsbekundung überwiegt, zumindest für den Moment, in dem sie geschieht, jeden andern Gesichtspunkt, der gegen die Zuschreibung der Überzeugung ins Feld geführt werden mag. (Wiederum bedenke man, daß auch Diskordanz ein alltäglich vertrautes Phänomen ist: Wenn man mich fragt, in welcher Schublade mein Zigarettenvorrat gehortet ist, werde ich sagen: “In der oberen”; oft genug, wenn ich an den Schrank gehe, um mir ein neues Päckchen zu holen, werde ich aber nicht diese Schublade aufziehen, sondern ‘gedankenlos’ – aus älterer Gewohnheit – die untere.)

Wird die Erfüllung der Antecedensbedingungen von **AZP**, nach Voraussetzung, nicht in Frage gestellt, gäbe es nur eine Art, auf die es geschehen könnte, daß *S* jetzt gar nicht glaubt, was er zu glauben bekundet: Er irrt sich; es scheint ihm zwar, als glaube er in diesem Augenblick, daß *p*; aber in Wirklichkeit glaubt er es nicht – in jener ‘logischen Sekunde’ seiner aufrichtigen und bedachten Zustimmung. Warum *derartiger* Irrtum – wiewohl prima facie denkbar – unter den normalen Bedingungen, die vorausgesetzt sind, auszuschließen ist, wird im übernächsten Kapitel betrachtet werden. Im Vorgriff sei hier ein weiteres markantes Merkmal unseres allgemeinen Zuschreibungsprinzips formuliert:

12. *Dominanz.* – **AZP** überwiegt jedes andere Zuschreibungsprinzip, das sich auf menschliche Glaubenssubjekte erstreckt. Es überwiegt auch alle andern Zuschreibungsprinzipien zusammengenommen. Ergibt sich aus der Anwendung von **AZP** unter günstigsten Bedingungen, daß *S* zu *t* glaubt, daß *p*, ist dies auch im Falle des Konflikts mit dem Ergebnis der Anwendung beliebig vieler anderer Zuschreibungsprinzipien nicht widerlegbar oder auch nur entkräftbar.[344]

Wer dies anerkennt, wird im allgemeinen Zuschreibungsprinzip, trotz all seiner Makel, eine der besonders aufschlußverheißenden begrifflichen Wahrheiten über das Glauben sehen.

*

Vorhanden oder spontan gebildet? Die skizzierte Lösung des Diskordanz-Problems beruht darauf, daß die aus der Anwendung von **AZP** gewinnbare Überzeugungszuschreibung stets zeitlich punktuell ist. Das Prinzip selbst rechtfertigt keine Aussagen über die zeitliche Erstreckung des zugeschriebenen Glaubens. Aus ihm ergibt sich nur dies: Zumindest in just dem Moment seiner Zustimmung glaubt *S*, daß *p*. Die Dominanz des Kriteriums beruht nicht nur, aber eben auch, auf dieser Punktualität. Nur wenn dieser Aspekt im Blick behalten wird, läßt sich – wie wir nun betrachten werden – richtig verstehen, was genau der Test ‘definitiv’ zeigen kann und was nicht. Aus unseren Überlegungen wird sich dann ein Einwand gegen die weitverbreitete Auffassung entwickeln lassen, Glauben und die Disposition zu aufrichtiger Bekundung seien (zumindest im Falle eines zu aufrichtiger Bekundung seines Glaubens bereiten Sprechers) begrifflich äquivalent.

Wie wir gerade gesehen hatten, besteht die Möglichkeit, daß die betreffende Überzeugung erst nach – oder gar: auf Grund – der Frage zustandekam. Nun ist es ja – zumindest für einen doxastischen Realisten – ein markanter Unterschied, ob jemand die Überzeugung bereits hatte, bevor er gefragt wird, oder ob die Frage selbst, auf die eine oder andere Weise, erst dazu führte, daß er sie gewinnt. Ein Beispiel: Mein Freund liest die Zeitung und fragt mich: "Glaubst du, daß jährlich mehr als 1000 Vögel dadurch zu Tode kommen, daß sie gegen den Sears Tower fliegen?". Ich hatte an so etwas nie einen Gedanken verschwendet, überlege kurz dies-&-das und sage: "Ja". Mit meiner Antwort bekunde ich eine Überzeugung, die ich vorher nicht hatte.[345] Mein Freund sagt mir, das sei richtig; es seien noch viel mehr Vögel. Zehn Minuten später stellt mir jemand, der dieselbe Meldung gelesen hat, dieselbe Frage. Meine Antwort ist dieselbe. Ich bekunde mit ihr dieselbe Überzeugung – aber diesmal ist es offenkundig eine, die ich hatte, bevor ich gefragt wurde. Zweimal der gleiche Test, beide Male dasselbe Ergebnis. Doch einmal ist das Ergebnis eine Art Ausgeburt des Tests selbst, beim andern Mal nicht. Im Test verschwindet, so scheint es, ein wichtiger Unterschied: der zwischen bereits vorhandenen und durch die Frage selbst frisch hervorgebrachten Überzeugungen. – Die Schwierigkeit liegt, allgemein und schematisch gesagt, in folgendem: *S* wird zu *'t* gefragt, ob er glaube, daß *p*; kurz danach, zu *t*, bejaht er dies. Aber selbst unter günstigsten Bedingungen ist seine Zustimmung nicht immer ein Hinweis (und niemals ist sie ein durch ein begrifflich gesichertes Kriterium legitimierter Hinweis) darauf, daß er bereits zu *'t* glaubte, daß *p*. Fragen wir uns: Was ist zusätzlich noch erforderlich, damit die zustimmende Antwort als die Bekundung einer bereits zu *'t* vorhandenen Überzeugung gelten kann?

Oft wird, allerdings stets ohne Begründung, die Auffassung vertreten, zumindest müsse *S*, bevor er gefragt wird, schon irgendwann einmal einen Gedanken gehabt haben, in den die geglaubte Proposition involviert war. Michael Dummett zufolge kann man nicht sagen, jemand glaube eine Proposition, die ihm niemals in den Sinn gekommen ist.[346] Wayne Davis räumt ein, daß Jetzt-glauben-daß-*p* kein Jetzt-daran-denken-daß-*p* impliziert; wohl aber erfordere es ein Daran-gedacht-Haben. Er schreibt: "Man kann nicht sagen, *S* glaube, daß Timbuktu in Afrika liegt, falls dieser Gedanke ihm nicht ein einziges Mal in den Sinn gekommen ist".[347] – Eine notwendige Bedingung dieser Art läßt sich unserer gewöhnlichen Verwendung von Glaubensprädikaten jedoch nicht entnehmen. Im Gegenteil, es ist nicht nur begrifflich möglich, sondern wohl auch häufig der

Fall, daß wir mancherlei glauben, an das wir noch nie gedacht haben. (Ich wußte – und hatte es a fortiori für wahr gehalten –, daß Sokrates niemals auf dem Mond war, bevor mir dieses Beispiel einfiel.) Es steht zu vermuten, daß dieses Vorurteil mit der fragwürdigen Idee zusammenhängt, Glauben sei stets das Ergebnis eines Akts des Urteilens. – Mehr dazu am Ende dieses Kapitels.

Auch wäre die Hinzunahme einer Bedingung, wie Dummett und Davis sie nahelegen, nicht ausreichend, um alle Fälle auszuschließen, die hier relevant sind. Die Frage ("Glaubst du, daß *p*?") kann nämlich nicht nur dazu führen, daß eine 'ganz neue' Überzeugung (zu einem bisher nie bedachten Thema) entsteht, sondern auch dazu, daß eine andersartige Veränderung stattfindet: eine 'alte' Überzeugung verschwindet und vielleicht tritt sogar die gegenteilige an ihre Stelle. Denn auch so etwas ist ohne weiteres möglich: Bevor er gefragt wurde, glaubte *S*, daß *p*; nun mit der G-Frage konfrontiert, erscheint es ihm plötzlich zweifelhaft oder sogar falsch, daß *p*; seine aufrichtige Antwort ist dann "Nein". Solch eine Veränderung kann vom Subjekt unbemerkt geschehen. Folglich verhält es sich offenbar so: Als er gefragt wurde, glaubte *S*, daß *p*; als er antwortete, glaubte er es nicht. (Manche der sich hieraus ergebenden Fragen werden uns später wieder begegnen.) – Führt der Frage-Test in solchen Fällen also zum falschen Ergebnis? Nein. Denn das Ergebnis ist: Zu *t* (genau dann!) glaubt *S* nicht, daß *p*; und dies trifft zu. Aber der Test hat sein Ergebnis beeinflußt: Wäre *S* nicht kurz zuvor gefragt worden, hätte er zu *t* immer noch geglaubt, daß *p*.

Läßt sich die Test-Frage so verfeinern, daß sie keinen derartigen Einfluß haben kann? Es ist nicht zu sehen, wie das gelingen könnte. Keine noch so subtil formulierte Frage kann, so scheint es, die Möglichkeit ausschließen, daß durch sie selbst eine doxastische Veränderung induziert wird. – Läßt sich durch zusätzliche Fragen dann doch wenigstens erkunden, ob solch ein Umschwung stattgefunden hat? Versuchen wir es.

Nehmen wir Folgendes als Schema eines erweiterten Tests. Frage an *S*: "Glaubst du, daß *p*?". Erste Antwort: "Ja". Nachfrage: "Hast du das schon geglaubt, bevor du gefragt wurdest?". (Oder, falls die erste Antwort "Nein" war, dann die andere Nachfrage: "Hast du das aber noch geglaubt, als du gefragt wurdest?".) Angenommen, *S* beantwortet auch diese Nachfrage mit einem glatten "Ja". Damit mögen wir uns zufriedengeben. Aber nur, wenn wir unterstellen, daß es ihm nicht entgangen wäre, wenn in ihm eine doxastische Veränderung stattgefunden hätte. Doch mit welchem guten Grund könnten wir dies annehmen? Wir wissen: Nicht immer ist einem überhaupt bewußt, daß er bisher *keine* Überzeugung zu einem bestimmten Thema hatte. Auch die Frage, ob ich glaube, daß *p*, macht mir nicht unweigerlich bewußt, daß ich keine Meinung dazu habe. Vielleicht brauchte ich nicht mehr als solch eine Frage, um nun eine zu haben. Und wenn mir die, in solch einem Fall, 'spontan' gebildete Überzeugung ganz und gar natürlich ist (sich ganz selbstverständlich in das einfügt, was ich bereits glaube), dann könnte es mir leicht so scheinen, als hätte ich sie schon gehabt. Viele, vielleicht die meisten unserer Überzeugungen wachsen uns unbemerkt zu; und manche darunter eben auch allein dadurch, daß eine dazu geeignete Frage auftaucht. Und entsprechend gilt auch: Nicht immer ist uns bewußt, daß wir zu einem bestimmten Thema überhaupt eine Überzeugung haben, die wir nun unbemerkt verlieren, wo wir mit der G-Frage konfrontiert werden.

Ein Beispiel mag das gerade Gesagte illustrieren: Jemand fragt mich, ob ich glaube, daß *X* (die ich erst als reife Frau kennengelernt habe) auch schon in jungen Jahren eine Schönheit war. Ich überlege kurz und sage "Ja". Hatte ich diese Überzeugung – oder überhaupt eine Überzeugung zu dieser Frage – auch schon, bevor ich überlegte? Ich bin mir dessen nicht sicher. Wer weiß, vielleicht war mir früher schon einmal der Gedanke gekommen, daß *X* wohl schon als junge Frau schön war. Ja, jetzt kommt es mir so vor, als sei das so gewesen. Aber sicher bin ich mir nicht. Meine Antwort wäre dann eine autobiographische Mutmaßung. – Und selbst, wenn ich (in einer Abwandlung dieses Beispiels) mir sicher wäre, daß ich diese Überzeugung schon seit langem habe, und nicht nur die G-Frage, sondern auch die Nachfrage mit aller Bestimmtheit bejahte, so bliebe ein markanter Unterschied zwischen meinen beiden Antworten. Die erste ist, Aufrichtigkeit angenommen, kraft eines begrifflich gesicherten Kriteriums unantastbar; die zweite nicht.

Diese Überlegungen zeigen, daß auch der erweiterte Frage-Test keinen definitiven Aufschluß darüber geben kann, welcher der beiden möglichen Fälle vorliegt, wenn *S* die Frage bejaht: erstens, daß er die bekundete Überzeugung bereits hatte, oder zweitens, daß er sie erst anläßlich der Frage gewinnt.

Man könnte auf die Idee kommen, schon der einfache Test würde jedenfalls dann Aufschluß in dieser Sache geben, wenn auf irgendeine Weise sichergestellt wäre, daß *S* vor seiner Antwort keine Schlußfolgerungen zieht und auch keine andern Überlegungen anstellt. Wenn keinerlei Überlegung – auch keine 'unbewußte' – zwischen die G-Frage (zu *'t*) und die Antwort (zu *t*) träte, könnte es ja wohl nicht geschehen, daß zwischen *'t* und *t* eine Veränderung des doxastischen Zustands stattfindet, in dem sich *S* im Hinblick auf die Proposition, daß *p*, befindet.[348] Je unverzüglicher er antwortet, so mag es scheinen, desto sicherer dürfen wir uns sein, daß seine Antwort uns darüber Aufschluß gibt, wie es unmittelbar vor der Frage um sein Glauben/Nicht-Glauben stand.

Zunächst einmal: Wenn *S* wie aus der Pistole geschossen antwortet, spricht dies nicht unbedingt dafür, daß er mit Bedacht antwortet. Die beiden Desiderate für die Reaktion auf die Testfrage – Bedachtsamkeit und Promptheit – gehen in verschiedene Richtungen. Deutliche Hinweise auf das Vorliegen des einen schwächen die Deutlichkeit der Hinweise auf das andere. Es ist schwer zu sehen, wie sich ein optimales Aequilibrium ausnehmen könnte. ("So prompt wie möglich und so bedacht wie nötig" ist billiger Rat.) Zweitens: Es darf ohnehin nicht ausgeschlossen werden, daß *S* überhaupt überlegt. Je schwerer er sich damit tut, den ganzen Inhalt der Frage zu erfassen, desto unvermeidlicher muß er überlegen. Mithin müßte ihm wenigstens jede Überlegung gestattet sein, deren er bedarf, um die Frage richtig zu verstehen. Solche Überlegungen können rein Sprachliches betreffen. (Wir fragen ihn: "Glaubst du, daß erudierte Ophthalmologen besonders hoch liquidieren?". Er kennt die Ausdrücke, aber er muß doch erst überlegen: Geht es um Vogelkundler oder Augenärzte, um Gelehrsamkeit oder Massenabtragung, um das Töten oder das Ausstellen von Rechnungen?) Vielleicht möchte man sagen: *Solche* Überlegungen (aber auch nur solche), die das rein sprachliche Verständnis der Frage erst ermöglichen, sind harmlos und zulässig. Wie steht es dann aber mit andersartigen 'vorklärenden' Überlegungen, die nicht das sprachliche Material der Frage betreffen, sondern, sozusagen, auf eine passende Einordnung des Inhalts der Frage abzielen, ohne die *S* eine Antwort nicht möglich ist? – Man denke z.B. an einen Fall wie diesen: "Glaubst du, daß der Papst, der auf Julius II. folgte, erst nach seiner Papstwahl zum Priester geweiht wurde?". *S* muß erst überlegen, wer denn der Nachfolger Julius II. war, bevor er dann mit einem "Ja" antwortet. Daß Leo X. erst nach seiner Wahl ordiniert wurde, war ihm, so wollen wir annehmen, zu '*t* 'unmittelbar präsent', aber seine ebenfalls bereits zu '*t* vorhandene Überzeugung, daß dieser auf jenen folgte, mußte er erst durch eine Überlegung 'aktivieren', um die Frage zu beantworten. Hat er die Überzeugung, nach der wir ihn fragten, also erst, wenn er antwortet? Und hängt dies davon ab, wie lange er braucht – und welche, womöglich komplizierten, Überlegungen er anstellen muß –, bis er darauf kommt, daß er Leo für den unmittelbaren Nachfolger von Julius hält? Seine Überlegungen mögen auch Schlüsse involvieren; ja, letztlich muß er wohl irgendeinen Schluß ziehen, ob bewußt oder nicht (ein Kandidat wäre: Leo = Julius' Nachfolger; Leo wurde erst nach der Wahl geweiht; also: Julius' Nachfolger wurde erst nach der Wahl geweiht; also: Antwort "Ja").

Solcherlei Kasuistik ließe sich beliebig weiter treiben. Doch klar ist, erstens, daß zumindest gewisse Arten von Überlegungen des Subjekts zugelassen werden müssen. Sonst könnten wir mit dem Frage-Test oft gar nicht das in Erfahrung bringen, wonach wir fragen. Zweitens, selbst der Umstand, daß die Überlegung, die er vor seiner Antwort anstellt, auch Schlußfolgerungen enthält, ist nicht eo ipso ein Beweis dafür, daß die mit der Antwort bekundete Überzeugung eine 'neue' ist. Drittens, der Versuch wäre aussichtslos, eine leidlich saubere Grenze zu ziehen zwischen diesbezüglich 'harmlosen' und 'potentiell ergebnisverfälschenden' Überlegungen: solchen, dank denen in der Antwort des Befragten eine bereits vorhandene Überzeugung zum Vorschein kommt, im Gegensatz zu solchen, durch die er diese Überzeugung erst frisch gebildet hat. Es macht, nebenbei gesagt, in dem Punkt, auf den es hier ankommt, keinen Unterschied, ob die G-Frage dem Subjekt gestellt wird oder ob es selbst sie sich stellt. Wer gefragt wird, ob er das-&-das glaubt, und willens ist, diese Frage aufrichtig zu beantworten, fragt sich selbst, ob er es glaubt; die Bereitschaft, die G-Frage zu beantworten, umfaßt die Bereitschaft, die "Glaube *ich* das?"-Frage zu beantworten.[349] – Der tiefere Grund für die Schwierigkeit, eine solche Grenze zu ziehen, liegt in folgendem. Alles, was mir jetzt zeigen würde, daß *p*, würde mir ipso facto auch zeigen, daß ich jetzt glaube, daß *p*. Und aus diesem Grund verfüge nicht einmal ich selbst über ein unfehlbares Verfahren, um diese Sache (ist meine Überzeugung 'alt' oder 'neu'?) stets zu entscheiden. – Ja, sogar dann, wenn es so etwas gäbe wie ein unfehlbares Introspizieren der gegenwärtigen Überzeugungen, könnte der Blick nach innen in manchen Fällen nicht zu einem definitiven Ergebnis führen.

Mit der amüsanten Metapher vom doxastischen Speicher (*belief box*) läßt sich das anschaulich machen. In diesem Speicher, so das Bild, sind alle meine gegenwärtigen Überzeugungen als mentale Repräsentationen enthalten, d.h. als neuronale Inskriptionen von Sätzen meiner lingua mentis. Die Sätze dieser Sprache haben einige Besonderheiten, unter anderm diese: Sie lesen heißt – für mich zumindest – sie verstehen. Jeder andere müßte erst meinen 'mentalen Code' knacken. Für mich hingegen ist hier nichts verschlüsselt; im Gegenteil, die Zeichen und ihre Bedeutung sind mir ein und dasselbe. Für mich versteht sich diese Sprache von selbst; sie ist das Medium, in dem ich überhaupt irgendetwas verstehe. – Nun wird mir also eine G-Frage gestellt. Ich verstehe sie, das heißt: Ich bilde den entsprechenden Satz meiner lingua mentis. Sei $\mu?$ mein innerer Satz für "Glaube ich, daß *p*?", sei μ der für "*p*", und $\mu*$ der für "Ich glaube, daß *p*". Nun beginne ich mit der Durchmusterung der Sätze im Speicher. Diese Suche kann auf vielerlei Weise günstig verlaufen. Zum Beispiel so:

Ich treffe prompt auf μ oder auf μ^*, und werde die G-Frage ohne Verzug mit "Ja" beantworten. (Es wäre dann klar: Ich hatte bereits die Überzeugung, daß *p*. Die Alt/neu-Frage wäre eindeutig beantwortet.) Oder auch so: Ich treffe prompt auf die Negation von μ oder auf die von μ^*, und werde die G-Frage ohne Verzug mit "Nein" beantworten. (Wiederum wäre die Alt/neu-Frage eindeutig beantwortet.) – Nun kann die Suche aber auch folgenden Verlauf nehmen: Ich entdecke auf den ersten Blick weder μ noch μ^*, sondern zunächst einmal andere Sätze. Insbesondere stoße ich auch auf solche Sätze ($\mu_{1,\ldots,}\mu_n$), aus denen sich für mich die Wahrheit von μ (bzw. von μ^*) unmittelbar ergibt. Dann wäre meine Suche ebenfalls beendet. Spätestens durch mein bloßes Erblicken solcher Sätze im Speicher würden auch μ und μ^* in ihn gelangen. Denn das gehört dazu, in der für Menschen typischen Art rational zu sein: Wer sich dessen bewußt wird, daß er subjektiv zwingende Gründe für die Annahme, daß *p*, für wahr hält, hat unmittelbar auch die Überzeugung, daß *p*. Mein Speicher funktioniert mithin so: Spätestens dann, wenn Sätze wie $\mu_{1,\ldots,}\mu_n$ in ihm gelesen werden, sind auch μ und μ^* in ihm enthalten. Hätte er diesen Mechanismus nicht, handelte es sich bei ihm nicht um einen *doxastischen* Speicher: um keinen, in dem alle meine gegenwärtigen Überzeugungen liegen. (Dann hätte ich am falschen Ort gesucht.) – Die G-Frage könnte ich dann also in aller Aufrichtigkeit mit "Ja" beantworten, ohne μ oder μ^* selbst erblickt zu haben. Falls ich nun, überflüssigerweise, dennoch so lange weitersuchte, bis ich schließlich einen dieser beiden ursprünglich gesuchten Sätze entdecke, gäbe es keinen für mich feststellbaren Unterschied zwischen dem einen möglichen Fall, daß dieser gesuchte Satz schon abgespeichert war, bevor ich ihn schließlich gefunden habe, und dem andern, daß er erst im Zuge meiner Suche in den Speicher gelangte. Ich könnte, bei solch einem 'ungünstigen' Verlauf der introspektiven Suche, beim besten Willen auf keine Weise in Erfahrung bringen, ob die Überzeugung, die ich schließlich in mir vorfinde und nun mit meiner Antwort auf die G-Frage bekunde, 'alt' ist oder 'neu'.

Was ergibt sich aus alledem? Halten wir zunächst dies fest: Überzeugungen können kommen und gehen, ohne daß wir dessen (oder ihrer) gewahr werden – auch zwischen jeder Frage und deren Beantwortung. Wenn wir erst überlegen müssen, ob wir dies-&-das glauben, und zu dem Ergebnis gelangen, daß wir es glauben, wüßten wir oft selbst nicht zu sagen, ob diese Überzeugung 'neu' ist oder nicht. Zwar gibt es eindeutige Fälle: Die Überzeugung, daß mehr als 1000 Vögel pro Jahr am Sears-Tower zu Tode kommen, habe ich erst anläßlich der ersten Frage gebildet; und das war mir damals bewußt. Aber ebenso gibt es unklare Fälle. Ob die Überzeugung, daß Julius' Nachfolger ein Spätgeweihter war, im geschilderten Szenario erst entstanden ist oder nur 'hervorgeholt' werden mußte, ist schwer zu sagen. – Wenn wir gar nicht erst überlegen müssen, verhält es sich nicht anders. Gelegentlich ist die Sache so klar, wie sie sein kann. Diese spezifische Überzeugung, nach der wir nun gefragt werden, hatten wir schon, bevor wir jemals einen Gedanken an genau das hatten, wovon sie handelt (Sokrates auf dem Mond). – Manchmal hingegen leuchtet uns etwas auf Anhieb ein, zu dem wir vorher keine Meinung hatten. Es ist uns neu, aber unmittelbar evident. Natürlich ist auch unmittelbare Evidenz nicht ex nihilo. Damit uns etwas unmittelbar einleuchtet, müssen wir anderes bereits glauben.[350] Mehr als das, es bedarf eines *geeigneten* doxastischen Hintergrunds, damit etwas unmittelbar einleuchten kann. Der Boden für jede 'neue' Überzeugung muß durch bereits vorhandene bereitet sein. Aber das heißt nicht, daß sie auf irgendeine Weise doch schon da war, also in Wirklichkeit nicht 'neu' ist. Und es heißt auch nicht, daß sie erst durch Aktivierung der bereits vorhandenen Überzeugungen gebildet werden konnte (z.B. dank einem sei's auch unbewußten Folgerungsprozeß), daß in Wirklichkeit also doch eine Überlegung, oder etwas von der Art einer Überlegung, stattgefunden hat. – Beide Vorbehalte gegen die Möglichkeit, neue Überzeugungen ohne weiteres zu gewinnen, können sich weder auf begriffliche noch auf empirische Tatsachen berufen.

Die gelegentlich auftretende Unentscheidbarkeit dessen, ob es sich um eine bereits vorhandene oder frisch gebildete Überzeugung handelt, ist kein Artefakt des Frage-Tests. Sie kann auch in dem Fall gegeben sein, in dem die Bekundung nicht durch eine Frage entlockt wurde, sondern sua sponte geschieht. Auch dafür ein Beispiel: Jemand schwärmt uns in einiger Ausführlichkeit von einem Film vor und kommt dann auf andere Gangsterfilme desselben Regisseurs zu sprechen; einmal in Schwung gekommen, erklärt er uns, weshalb jeder von ihnen noch besser sei als die-&-die großartigen Filme anderer Regisseure desselben Genres; schließlich sagt er: "Ich finde: Melville hat die besten Gangsterfilme gemacht, die es gibt". (Ja, es mag sein, daß ihm noch gar nicht klar war, wie der Bekundungssatz enden würde, als er ihn schon begonnen hatte. Es gibt auch so etwas wie die allmähliche Verfertigung der Überzeugungen beim Reden.) – Auch hier ist beides denkbar: daß er schon seit längerem dieser Überzeugung war, und auch, daß er sich erst im Zuge seines Monologs in sie hineingeredet hat.

*

Glauben und Zustimmungsdisposition Worauf es bei alledem ankommt, das sind nicht die empirisch-psychologischen Aspekte des unbewußten Erwerbs, Verlusts und Wandels von Überzeugungen. Wichtig für unsere Untersuchung ist vielmehr eine begriffliche Konsequenz, die sich aus den gerade angestellten Überlegungen ergibt. Wir hatten bereits gesehen, daß der Begriff des propositionalen Glaubens nicht der Begriff einer Disposition ist.[351] Nun zeigt sich, daß auch die Abschwächung der These von der Identität dieser beiden Begriffe zu einer These der notwendigen Koexemplifizierung der durch sie bestimmten Eigenschaften nicht haltbar ist. Denn der Besitz einer Glaubenseigenschaft ist weder notwendig noch hinreichend für den Besitz einer dispositionalen Eigenschaft. Das gilt sogar in den 'ganz besonderen Fällen, in denen alles so klar und einfach ist, wie es überhaupt nur sein kann': in jenen ausgesuchten Fällen, in denen die Zuschreibung einer Überzeugung optimal gerechtfertigt wäre – in denen ein paradigmatisches Glaubenssubjekt unter günstigsten Bedingungen eine ganz bestimmte Überzeugung inhaltlich eindeutig und aufrichtig bekundet hat. Wir haben nun gesehen, wie es selbst dann sein kann, daß zwar gilt:

> *S* hat die Disposition, dem Satz "*p*" zuzustimmen (oder: er hat die Disposition, die G-Frage zu bejahen),

aber nicht, daß *S* glaubt, daß *p*. Die Zustimmungsdisposition bedarf des Glaubens nicht; sie ist schon dann vorhanden, wenn zum Glauben nichts weiter fehlt als dies: den *p*-Gedanken zu denken – ihn unter dem Gesichtspunkt seiner Wahrheit bzw. Falschheit zu fassen. Mit dieser künstlichen Ausdrucksweise, *den p-Gedanken haben (oder denken)*, bezeichne ich ausschließlich geistige Ereignisse, die dem Subjekt bewußt sind, keine Zustände oder unbewußten geistigen Ereignisse oder Vorgänge.[352]

Zum Denken des *p*-Gedankens gehört es, die entsprechende Frage ernsthaft und mit Bedacht zu beantworten – gleichgültig, ob das Subjekt sie sich selbst stellt oder wir sie ihm stellen. Ebenso gilt das Umgekehrte. Es kann vorkommen, daß *S* zwar die Überzeugung hat, aber nicht die entsprechende Disposition. Denn auch zum Verlust einer Überzeugung mag nichts weiter nötig sein als der *p*-Gedanke, mit dessen Auftreten dem Subjekt ein *aufrichtiges* "Ja" schlagartig unmöglich würde, und ohne dessen Auftreten keine ernsthafte und bedachte Antwort möglich ist. Anders gesagt: In gewissen Fällen, in denen *S* glaubt, daß *p*, und sich dieser Überzeugung nicht bewußt ist, mag sein bloßes *p*-Denken ausreichen, sie hinfällig zu machen. (Auch dies kann geschehen, ohne daß er dessen gewahr wird.) Könnte man in solch einem Fall vielleicht sagen:

Solange er glaubt, daß *p*, hat er doch immerhin die Disposition, "*p*" in Abwesenheit des *p*-Gedankens zuzustimmen? Zum einen klänge dies so merkwürdig wie: Solange er nicht mit der Frage konfrontiert wird, würde er sie bejahen. Zum andern, und das ist entscheidend, könnte sich in der Manifestation *solch* einer Disposition (zur gedankenlosen Zustimmung) kein Glauben bekunden. – Und das heißt: Auch die dispositional abgeschwächte Fassung der von Kripke ursprünglich vorgeschlagenen Generalisierung (KP), also:

> Wenn ein normaler Sprecher des Deutschen zu *t* dazu disponiert ist, einem Satz "*p*" ernsthaft, aufrichtig und mit Bedacht zuzustimmen, dann glaubt er zu *t*, daß *p*

ist keine begriffliche Wahrheit. Mehr als das, sie ist auch schon als empirische Generalisierung falsch. Erst recht gilt dies für das Bikonditional, das Kripke formuliert:[353]

> Ein normaler Sprecher des Deutschen, der zu diesbezüglicher Auskunft bereit ist, glaubt zu *t*, daß *p*, genau dann, wenn er zu *t* dazu disponiert ist, dem Satz "*p*" aufrichtig, ernsthaft und mit Bedacht zuzustimmen.

Aufrichtige Zustimmung zu "*p*" ist ein begrifflich gesichertes Kriterium für Glauben-daß-*p*, und sie ist ebenfalls begrifflich hinreichend für die entsprechende Zustimmungsdisposition. (Daraus, daß *S* aufrichtig zugestimmt hat, folgt ja trivialerweise, daß er dazu disponiert war.) Dennoch, diese Disposition und jene Überzeugung sind begrifflich unabhängig voneinander. Zwar müssen sie unter insgesamt normalen Bedingungen im Moment der aufrichtigen Bekundung Hand in Hand gehen; das liegt – wie durch die Analytizität von **AZP** bezeugt – im begrifflichen Wesen dieses besonderen Akts. Aber es liegt nicht im Wesen des Glaubens-daß-*p* und der Disposition zur "*p*"-Zustimmung, daß die beiden stets nur gemeinsam gegeben sind.

*

Betrachten wir dies ein wenig genauer. Vorher einige Festlegungen zur Vereinfachung der Ausdrucksweise. Der Terminus *"p"-Zustimmung* soll als Sammelbezeichnung für alle drei Bekundungsformen dienen; daß "*p*"-Zustimmung aufrichtig, ernsthaft und bedacht ist, soll zur Bedeutung dieses Terminus gehören; und der Ausdruck *"p"-Disposition* sei ein kürzeres Wort für "Disposition zur '*p*'-Zustimmung". Zweitens sei unterstellt und nicht mehr eigens erwähnt, daß *S* zu aufrichtiger Auskunft über seine Überzeugungen bereit ist.

Führen wir uns nun noch einmal vor Augen, worauf unsere Zurückweisung einer begrifflichen Äquivalenz von Glauben und Zustimmungsdisposition beruht. Nämlich darauf, daß folgendes möglich ist:

(a) superfragiles Glauben: *S* glaubt, daß *p*; aber er würde "*p*" trotz Aufrichtigkeit nicht zustimmen;
(b) bloß virtuelles Glauben: Es ist nicht der Fall, daß *S* glaubt, daß *p*; aber er würde "*p*" aufrichtig zustimmen.

Ein Fall des Typs (a) wäre, wie gerade beschrieben, zum Beispiel dann gegeben, wenn *S*'s Überzeugung keinerlei 'Bewußtseinsresistenz' hat: *S* würde nicht länger glauben, daß *p*, sobald er den *p*-Gedanken hätte. Denn jede "*p*"-Zustimmung muß diesen Gedanken involvieren; und er käme nicht umhin, diesen Gedanken zu haben, wenn es darum ginge, "*p*" zuzustimmen oder abzulehnen. Mit dem Frage-Test läßt sich solches Glauben also nicht nachweisen. Man könnte superfragiles Glauben deshalb, wenn wir uns Sprachmischmasch gestatten, auch als quaestiolytisch bezeichnen: es löst sich auf, wenn es mit der entscheidenden Frage in Berührung kommt. Im Extremfall superfragilen Glaubens fungiert das bloße Denken des *p*-Gedankens wie ein doxastisches Damaskuserlebnis: An die Stelle der festen Überzeugung, daß *p*, tritt die Überzeugung, daß ~*p*. Es liegt in der Natur dieser Sache, daß das Subjekt sich dessen nicht bewußt sein kann, daß eine bestimmte seiner Überzeugungen superfragil ist – ja nicht einmal dessen bewußt sein kann, daß es sie hat. Um sich dessen bewußt zu sein, daß er glaubt, daß *p*, muß *S* auch den *p*-Gedanken haben; falls diese Überzeugung superfragil ist, hätte er sie nicht mehr, sobald er diesen Gedanken hat. Solcherlei Bewußtseinsunzugänglichkeit sollte uns nicht davon abhalten, die Möglichkeit superfragilen Glaubens anzuerkennen. Die Dynamik unserer Glaubenszustände ist nur sporadisch von Bewußtseinsprozessen geprägt oder begleitet. Viele – man darf vielleicht spekulieren: eine gewaltige Mehrzahl unserer – Überzeugungen kommen und gehen, ohne daß wir uns je dessen bewußt werden, daß wir sie haben oder hatten. Gewiß, superfragile Überzeugungen können nur die Ausnahme sein, nicht der Standardfall menschlichen Glaubens. (Wir werden im 14. Kapitel ein wenig genauer betrachten, daß dies für alle Formen prinzipiell bewußtseinsunzugänglichen Glaubens gilt.) Aber es gibt keinen Grund, deshalb ihre Möglichkeit – und auch keinen, ihre Wirklichkeit – zu leugnen.

Beispiele für (b) wären spezielle Fälle bloß potentiellen Glaubens, in denen *S* etwas 'so gut wie glaubt'. Sobald er den *p*-Gedanken hätte, würde er unmittelbar glauben, daß *p* (d. h. auch ohne jede Schlußfolgerung, sei er sich ihrer bewußt oder nicht). – In der Literatur wird potentielles Glauben gerne als eine Form unbewußten Glaubens behandelt; aber das ist eine Fehletikettierung, schlimmerenfalls ein Mißverständnis darüber, was Glauben seinem Begriffe nach ist. (Der *künftige* Präsident ist, solange er das ist, *kein* Präsident.) Auch bloß virtuelles Glauben – jener besonders markante Fall des Nicht-Glaubens, in dem das Glauben sozusagen sprungbereit liegt – kann auf immer bloß virtuell bleiben; und es kann auch verschwinden, ohne daß je ein Glauben aus ihm wird. Im 19. Kapitel wird uns ein Beispiel dafür begegnen.

Welchen praktisch relevanten Unterschied könnte es – gerade auch für den Glaubenden selbst – machen, ob er glaubt, daß *p*, oder es nur 'so gut wie glaubt'? Worin sollte er bestehen, zumal dann, wenn er sich nicht einmal dem Subjekt selbst zeigt? Nicht nur einem Pragmatisten dürfte solch ein Unterschied suspekt sein. "Gott sieht es – aber wir wissen es nicht", möchte ein Wittgensteinaner wohl milde spotten. (Ein doxastischer Realist möchte sich an dieser Stelle vielleicht zu der psychologischen Spekulation hinreißen lassen, daß eine bestimmte bloß virtuelle Überzeugung – die in Wahrheit ja keine Überzeugung ist, sondern eine sehr spezielle geistige Gesamtkonstellation *ohne* diese Überzeugung – bei gewissen Gelegenheiten anderes unreflektiertes Handeln mit sich bringt als diejenige ansonsten möglichst gleiche Konstellation, in der dann wirklich die zuvor bloß virtuelle Überzeugung enthalten ist. Ich kenne kein gutes Beispiel für so etwas und lasse es deshalb beiseite.) Für wie praktisch witzlos auch immer man die Unterscheidung zwischen Glauben und bloß virtuellem Glauben halten mag, es läßt sich nicht bestreiten, daß sie in den betreffenden Begriffen selbst angelegt ist. Das separate Gegebensein von Glauben und Zustimmungsdisposition ist unbestreitbar zumindest eine *begriffliche* Möglichkeit.

Gibt es aber vielleicht einen Grund anzunehmen, diese Möglichkeit des Auseinandertretens von Überzeugung und Disposition sei – obgleich prinzipiell denkbar – bei einem normalen Sprecher *de facto* nie gegeben? Die These wäre dann: Das Auftreten von Fällen des Typs (a) oder (b) ist empirisch auszuschließen. Aber wie ließe sich das begründen? Nur zwei Möglichkeiten scheinen in Frage zu kommen: erstens, durch Hinweis auf irgendein 'psychologisches Naturgesetz', aus dem sich ergibt, daß bei einem sprachkompetenten Menschen Überzeugung und Zustimmungsdisposition stets nur im Tandem auftreten. Zweitens durch Hinweis auf die bisher verfügbaren Daten: In jedem bisher 'überprüften' Fall, in dem 'nachweislich' Glauben vorlag, habe sich auch die entsprechende Zustimmungsdisposition manifestiert (und umgekehrt).[354]

Die erste Begründung ist ausgeschlossen. Kein solches Gesetz ist bekannt, und es ist nicht zu sehen, mit welchen Mitteln es je entdeckt werden könnte. Die zweite der beiden in den Blick genommenen Begründungen wäre seltsam genug, aber jedenfalls keine *empirische* Begründung. Folgendes ist ja eine apriorische Wahrheit: Wann immer der *Nachweis* dafür vorläge, daß *S* glaubt, daß *p*, wäre auch nachgewiesen, daß *S* die "*p*"-Disposition hat. Denn für beides gibt nur ein einziges, ihnen gemeinsames, Kriterium, das begrifflich gesichert ist und mit dem sich ein Nachweis erbringen ließe: nämlich die faktische Zustimmung unter günstigsten Bedingungen. Daß *S* dem Satz "*p*" zustimmt, ist das dominante Kriterium sowohl für: *S* glaubt, daß *p*, als auch für: *S* hat die "*p*"-Disposition. Daß ausnahmslos jedes bisher nachgewiesene Glauben-daß-*p* von der "*p*"-Disposition begleitet wurde (und umgekehrt), wäre also kein empirischer Befund, der uns guten Grund gäbe, nun induktiv zu verallgemeinern. Vielmehr ist es eine Konsequenz aus der a priori einsichtigen Wahrheit, daß der Nachweis des einen unweigerlich auch der Nachweis des andern ist. Kurz, diese Tandem-These ist als Aussage über begriffliche Verhältnisse falsch. Würde sie hingegen als ein Erfahrungssatz aufgefaßt, dann fehlte jeder empirische Beleg für sie.

Auch eine weitere Idee ginge fehl: die Idee, es lasse sich doch einwenden, daß ein getrenntes Vorliegen von Überzeugung und Disposition grundsätzlich unverifizierbar sei und deshalb zumindest *wissenschaftlich inakzeptabel*. Denn erstens ist, wie wir früher gesehen haben, jeder Szientismus gegenüber dem Phänomen Glauben ohnehin fragwürdig; Glaubenstatsachen sind keine 'harten' Fakten. Aber zweitens, und vielleicht dialektisch schlagkräftiger, ist dies. Die These von der *grundsätzlichen* empirischen Unüberprüfbarkeit von superfragilem oder bloß virtuellem Glauben wäre selbst nichts weiter als eine ungedeckte empirische Hypothese. (Aus den Begriffen des Glaubens-daß-*p* und der Zustimmungsdisposition ist sie nicht zu gewinnen.) Zumindest der doxastische Neuro-Realist – der sich in puncto Wissenschaftlichkeit von niemandem überbieten lassen möchte – sollte diese pessimistische Auffassung nicht teilen. Er müßte es für möglich halten, daß im Zuge künftiger Forschung Verfahren entwickelt werden, mit denen sich Fälle von superfragilem und bloß virtuellem Glauben empirisch nachweisen oder wenigstens plausibel machen ließen. Denn angenommen, sein Traum ginge in Erfüllung. Der neuronale Code wäre entschlüsselt und es gäbe valide Verfahren, den doxastischen Speicher bis in die letzte Ecke zu durchforschen. Dann könnte das Ergebnis einer derartigen Untersuchung sein: *S* glaubte zu *t* nicht, daß *p*. Weiterhin angenommen, mit Hilfe eines unabhängigen Verfahrens ließe sich überprüfen, welche Dispositionen zu aufrichtiger Zustimmung bei *S* zur selben Zeit gegeben waren. Dann könnte das Ergebnis sein: *S* hatte zu *t* die Disposition, "*p*" zuzustimmen. Beide Ergebnisse zusammengenommen: *S* hatte zu *t* die bloß virtuelle Überzeugung, daß *p*. (Wie sich, in diesem Traum, ein entsprechender empirischer Nachweis superfragiler Überzeugungen ausnehmen könnte, liegt auf der Hand.) – Ebenso läßt sich natürlich ausmalen, daß 'im Zuge künftiger Forschungsergebnisse' die empirische Unmöglichkeit solcher Fälle erwiesen würde. Es könnte zum Beispiel, so muß zumindest der doxastische Neuro-Realist unterstellen, entdeckt werden, daß sich im Zuge des Spracherwerbs neuronale Mechanismen herausbilden, durch die jedes Glauben eines normalen Sprechers aufs Engste mit einer entsprechenden Zustimmungsdisposition verbunden ist.

*

Die schiere Zustimmungsdisposition ist also weder eine notwendige noch eine hinreichende Bedingung für Glauben. Das heißt natürlich nicht, daß hier überhaupt kein begrifflicher Zusammenhang besteht. Doch dieser läßt sich nur mit Hilfe von cp-analytischen Generalisierungen erfassen, d.h. nur im Hinblick auf 'normale' Menschen, die sich in 'insgesamt normalen Gegebenheiten' befinden. Daß zwischen Glauben und Zustimmungsdisposition, relativ zu solchen Normalitätsrestriktionen, ein begrifflicher Zusammenhang besteht, läßt sich einsehen, wenn folgendes bedacht wird: Die beiden Falsifikationen, die wir betrachtet haben (Superfragilität und bloß virtuelles Glauben), sind Ausnahmen, die aus apriorischen Gründen nicht die Regel sein könnten. Daß manche Überzeugungen normaler Sprecher keine Bewußtseinsresistenz haben, ist eine plausible empirische Vermutung. Daß dies der Standardfall sein könnte, ist jedoch unmöglich: Menschen, deren Überzeugungen stets superfragil wären, fehlte die Minimalrationalität normaler Sprecher. (Wir werden dies im nächsten Kapitel näher betrachten.) – Die folgende Generalisierung, das *Prinzip der Zustimmungsdisposition*,

ZD Ceteris paribus gilt: Wann immer *S* glaubt, daß *p*, und zu aufrichtiger Stellungnahme zum Thema *p*/~*p* bereit ist, ist er dazu disponiert, "*p*" ohne weiteres zuzustimmen ist demnach eine begriffliche Wahrheit. Superfragiles Glauben und andere Störfaktoren sind Ausnahmen, die durch die Normalitätseinschränkung abgedeckt werden.

*

Verstehen auch ohne Interpretieren Wo wir jemandem eine Überzeugung mit Rückgriff auf das allgemeine Zuschreibungsprinzip zuschreiben, interpretieren wir nicht. Ersteres, Zuschreiben mit Rekurs auf **AZP**, tun wir, wenn günstigste Zuschreibungsbedingungen obwalten: *S* stimmt "*p*" zu; es gibt keine Anhaltspunkte dafür, daß er den Satz nicht so versteht wie wir; wir sind gehalten, seine Zustimmung so zu verstehen, daß er damit sagt und auch sagen will, daß *p*; es gibt keine Anhaltspunkte dafür, daß er nicht aufrichtig, ernsthaft und bedacht ist, wenn er "*p*" zustimmt; und es gibt keinen Anhaltspunkt dafür, daß sonst irgendetwas nicht stimmt mit den Umständen, unter denen er "*p*" jetzt zustimmt – d.h. keinen Anhaltspunkt dafür, daß irgendwelche andern Dinge in die Situation hineinspielen, die uns, wenn wir sie kennten, davon abhalten würden, ihm die Überzeugung, daß *p*, zuzuschreiben. Solche besonders günstigen Zuschreibungsbedingungen sind keine idealisierende Fiktion, sie sind uns vertraut. Sie liegen z.B. dann vor, wenn Sprecher derselben Muttersprache unbefangen miteinander sprechen. Und wenn sie das tun, ist es der Standardfall, nicht die Ausnahme, daß günstigste Bedingungen vorliegen. Eine Überzeugungszuschreibung involviert dann keine Interpretation.

Einer Interpretation bedarf es nur dann (und dies ist natürlich oft der Fall), wenn **AZP** nicht anwendbar ist, wenn uns etwas an der Äußerung nicht ganz koscher ist: Sagt er das nur, um zu provozieren? Ist er betrunken? Und so weiter. – Aber in den Fällen, in denen dieses Prinzip bona fide anwendbar ist, gibt es nichts zu interpretieren: die Worte des Sprechers bedürfen hier keiner Auslegung (keiner Erwägung darüber, welche von verschiedenen in Frage kommenden Deutungshypothesen die beste ist), und Annahmen über andere Aspekte seines intentionalen Profils (was er über die bekundete Überzeugung hinaus glaubt, wünscht, hofft, usw.) sind überflüssig. Sie sind gerade deshalb überflüssig, weil wir in solchen Fällen – dank seiner Zustimmung zu einem Satz unserer gemeinsamen Sprache – bereits über die besten Gründe verfügen, die wir überhaupt dafür haben können, ihm die bekundete Überzeugung zuzuschreiben. Wird dem Sprecher auf Grund seiner Zustimmung zu "*p*" die Überzeugung, daß *p*, zugeschrieben, ist das folglich keine Interpretation. Würde ihm diese Überzeugung nicht zugeschrieben, sondern eine andere, dann wäre dies – unter *solchen* Bedingungen – die Mißachtung eines begrifflich verbindlichen Kriteriums. Wo jemand beim Wort zu nehmen ist, gilt sein Wort: mit dem er zum Ausdruck bringt, was er glaubt. **AZP** läßt in diesen besonderen Fällen keinen Spielraum für alternative Zuschreibungen. Zugespitzt: Jede Interpretation wäre eine Fehl-Interpretation.

Betrachten wir kurz eine berühmte Gegen-Auffassung, derzufolge das Zuschreiben einer Überzeugung seinem Wesen nach ein Akt des Interpretierens ist. Quine beschreibt die Sache so. Wenn wir jemandem Überzeugungen auf Grund seiner sprachlichen Äußerungen (und anderer Anhaltspunkte) zuschreiben wollen, dann malen wir uns aus, in welchem Geisteszustand er sich befindet. Wir versetzen uns in seine Lage – wie ein Schauspieler, der eine Person darstellen möchte – und sagen dann in unsern eigenen Worten, "was *uns* in diesem simulierten Zustand natürlich und relevant vorkommt".[355] Nach Quine "übernimmt dann unser wirkliches Selbst eine unwirkliche Rolle", und mit dem Daß-Satz der Überzeugungszuschreibung geben wir wieder, wie "wir uns *unsere eigene* sprachliche Reaktion auf eine ausgemalte Situation vorstellen". Unsere "schauspielerische Virtuosität" gehe so weit, daß wir dieses Verfahren gelegentlich auch anwenden, um Kreaturen, die keine Sprache beherrschen, Überzeugungen und andere intentionale Zustände zuzuschreiben.[356] – Wohlgemerkt, gemäß dem Bild, das Quine von Überzeugungszuschreibungen malt, *interpretieren* wir das Glaubenssubjekt nicht im Sinne Davidsons (siehe oben, S. 153f.), sondern eher in dem Sinn, in dem Daniel Day-Lewis mit seiner Mimik und Gestik im Film Präsident Lincoln interpretiert.

Stephen Stich vertritt die Auffassung, solcherlei Interpretieren sei in unserer alltagpsychologischen Theorie und Praxis verankert. Wäre, wie er trocken behauptet, diese einfühlende schauspielerische Leistung ein integraler Bestandteil *jedes* Zuschreibens einer Überzeugung, bedürfte es auch dann eines Einsatzes unserer Phantasie, wenn wir jemandem eine Überzeugung zuschreiben, die er unter günstigsten Bedingungen durch aufrichtige Satz-Zustimmung bekundet. Wann immer wir sagen, daß *S* glaubt, daß *p*, tun wir, so Stich, "zwei sehr verschiedene Dinge".[357] Zum einen behaupten wir, daß *S* eine Überzeugung hat. Zum zweiten "führen wir einen Sketch auf, schauspielern ein bißchen": wir tun so, als behaupteten *wir*, daß *p*. Das, was wir mit der Äußerung eines Satzes vom Typ "*S* glaubt, daß *p*" sagen, lasse sich dann so paraphrasieren:[358]

1. *S* ist in einem Glaubenszustand, dessen Inhalt demjenigen gleicht, in dem *ich* mich befände, wenn meine nachfolgende Äußerung

der Ausdruck meiner Überzeugung wäre. [Das ist der Behauptungsanteil der Äußerung.]

2. *p*. [Das behauptet der Sprecher nicht; indem er "*p*" äußert, imitiert er nur den Akt des Behauptens, daß *p*.]

Was Stichs Darstellung so besonders aufschlußreich macht, ist, daß in ihr ein Aspekt ganz deutlich in den Vordergrund tritt, der auch in Quines Bild implizit enthalten ist: Die Überzeugungszuschreibung handelt von zwei Personen: nicht nur von *S*, sondern (wegen 1.) auch vom Zuschreibenden. Allein das schon sollte uns skeptisch machen. Selbst dann, wenn unsere Zuschreibung tatsächlich auf einer Interpretation beruht (eine einschlägige Überzeugungsbekundung von *S* ist uns nicht bekannt), nehmen wir mit "*S* glaubt, daß *p*" dennoch nicht auf uns selbst Bezug: Der Wahrheitswert dessen, was wir mit solchen Sätzen sagen, ist ganz und gar unabhängig davon, wie es um uns selbst bestellt ist. Solche interpretatorischen Konzeptionen des Überzeugungszuschreibens sind nun aber nicht nur von vornherein relativistisch (der Zuschreibende wäre ja ein versteckter Parameter jeder Glaubenssaussage). Vielmehr ist ihnen zugleich ein dezidiert egozentrischer Aspekt zueigen: Wenn ich sage "*S* glaubt, daß *p*", dann würde ich auch unvermeidlich über mich selbst und meine Äußerung sprechen. Jede Konzeption dieser Art ist abwegig. Sie steht nicht nur mit unserer Intuition in Konflikt, daß wir mit Fremdzuschreibungen gar nicht über uns selbst reden. Vielmehr steht sie auch in Widerspruch zu folgender simplen Tatsache: Wenn das wahr ist, was ich über *S* sage (indem ich ihm die Überzeugung, daß *p*, zuschreibe), dann ist es auch wahr, wenn es mich nicht gäbe. – Ich halte solche 'interpretatorischen' Konzeptionen aus den angedeuteten Gründen (Relativismus, Egozentrizität, der Sprechakt des Zuschreibens als Rollenspiel) für so offensichtlich falsch, daß sie keiner weiteren Betrachtung lohnen. Und schließlich bleibt die weitere simple Tatsache: Einfühlung liefert uns bestenfalls zweitrangige Gründe für die Annahme, daß ein normaler Mensch das-&-das glaubt – oder besser: einen Ersatz für stärkere Gründe, wenn diese nicht verfügbar sind. Was er selbst sagt, gibt mir die besten – die einzig zwingenden – Gründe; nicht das, was ich sagen würde, wenn ich mir ausmale, 'an seiner Stelle' zu sein.

*

Natürlich, oftmals verfügen wir nicht über die bestmöglichen Gründe. Um dann trotzdem zu einem Urteil darüber zu gelangen, was einer glaubt, müssen wir – in einem gewissen Sinn dieses Worts: – interpretieren. Dabei sind wir, wie im vorigen Kapitel ausgeführt, auf Prinzipien angewiesen, mit denen sich die Zuschreibung genau der-&-der inhaltlich eindeutig bestimmten Überzeugung nicht besser rechtfertigen läßt als die Zuschreibung anderer, 'ähnlicher', Überzeugungen. Versuchten wir in solchen Fällen dennoch zu einer eindeutigen Aussage über das Geglaubte zu gelangen, kämen wir nicht umhin, spezielle Vermutungen über das Subjekt und seine Motive anzustellen. Doch zu welchem schönen Ergebnis auch immer wir schließlich gelangen mögen: Die Möglichkeit eines in jeder relevanten Hinsicht gleichguten, aber inhaltlich andern Ergebnisses läßt sich nicht ausschließen. Wo tatsächlich interpretiert werden muß, entsteht das Problem mit der Spezifität des Geglaubten. Und dieses ist mit den Mitteln des Interpretierens nicht lösbar. Wenn die in diesem Kapitel angestellten Überlegungen richtig sind, dann bietet nur die Anwendung des **AZP**-Kriteriums Aussicht auf Eindeutigkeit. Wo nur interpretiert werden kann, ist tatsächlich die Art von Unbestimmtheit unausweichlich, von der Quine, Davidson und viele andere sagen, sie gehe unvermeidlich mit *jederlei* Überzeugungszuschreibung einher.

Woher kommt diese Idee, jede Überzeugungszuschreibung sei eine Interpretationshypothese? Eine Quelle ist das 'explanationistische' Vorurteil, jede Überzeugungszuschreibung geschehe im Rahmen eines holistischen Erklärungsunternehmens. Sie diene ihrem Wesen nach dem Zweck, im Verbund mit andern Hypothesen über die intentionalen Zustände einer Person deren Tun und Lassen als möglichst rational zu erklären. Hinzu kommt oft, bei Davidson ganz ausdrücklich, noch ein dezidierter Individualismus: Beim Interpretieren stehe genau gesehen Mann gegen Mann, hie der Interpret, da der zu Interpretierende; alles andere sei Beiwerk. Die Theorie, aus der eine konkrete Überzeugungszuschreibung gewonnen wird, sei grundsätzlich eine Ein-Person-Theorie, ihr Gegenstand ist ausschließlich ein einziges Individuum. Die Daten, an denen sie sich zu bewähren habe, betreffen allein dessen Verhalten, speziell natürlich sein Sprachverhalten. Entsprechend sei die Sprache, auf die es hier ankomme, die ganz individuelle Sprache dieses einen Individuums. Die Annahme, es spreche 'dieselbe' Sprache wie andere Mitglieder einer Sprach-'Gemeinschaft', sei nicht nur überflüssig, sondern auch unklar.

Gemäß dieser Auffassung ist eine Überzeugungszuschreibung also immer das Produkt einer durch ihre Daten unterbestimmten, auf ein einziges Individuum zugeschnittenen Theorie, deren Qualität sich ausschließlich danach bemißt, in welchem Maße sie es gestattet, sich angesichts dessen, was wir bisher an diesem Individuum beobachten konnten, einen vernünftigen Reim auf dessen bisheriges Gesamtverhalten zu machen und sein künftiges Verhalten vorherzusagen. Jede solche Theorie ist, laut Davidson, nie fertig, sondern beständig im Fluß. Es sei stets auch eine In-diesem-Moment-Theorie. Der Interpret müsse jederzeit darauf eingestellt sein, sie im nächsten Augenblick zu revidieren, wenn ein neues Verhalten des betreffenden Individuums dies nötig macht. Von so etwas wie einem 'normalen Sprecher seiner Sprache' könne hier von vornherein nicht die Rede sein. Hinsichtlich der Art von Sprache, um die es beim radikalen Interpretieren geht, liege schon in der Unterscheidung zwischen einem normalen, bzw. richtigen, und einem abweichenden, bzw. falschen, Gebrauch ein Mißverständnis. Bei Lichte betrachtet sei es eben einfach diejenige individuelle (vielleicht singuläre) Sprache, die dieser einzelne Mensch spricht und womöglich nur in diesem einen Moment spricht, in dem er jetzt jene Worte äußert, die es zu verstehen gilt.

Streng genommen wären wir demnach angesichts jeder Äußerung – auch der eines normalen Sprechers unserer gemeinsamen Sprache in einer alltäglichen Situation – mit genau dem Problem konfrontiert, vor dem wir stünden, wenn wir versuchten, die Sprachschallemissionen eines vereinzelten, durch und durch Fremden zu verstehen.[359] In der Tat, für dessen Äußerungen müßte eine 'radikale' Interpretation gefunden werden – eine, die von einem hermeneutischen Nullpunkt ausgeht. In solchen Fällen *müßten* wir 'radikal' interpretieren, um seine Worte zu verstehen und ihnen zu entnehmen, was er glaubt. In andern Fällen hingegen, zumal wenn die Voraussetzungen für die Anwendbarkeit des allgemeinen Zuschreibungsprinzips erfüllt sind, können wir verstehen, ohne zu interpretieren: jedenfalls dann, wenn die Präsumption zulässig und vernünftig ist, daß wir beide dieselbe Gemeinsprache sprechen.

Doch diese Präsumption wäre, wenn Davidson recht hätte, letztlich immer ein Selbstbetrug. Daß zwei Menschen eine 'gemeinsame Sprache' sprechen, kann seines Erachtens nicht mehr heißen, als daß ihr Sprachverhalten vielerlei Ähnlichkeiten aufweist. Wir mögen dann sagen, es handele sich um zwei 'Idiolekte *derselben* Sprache'. Doch in dem hier entscheidenden Punkt ändere das nichts, was von Belang ist. Tatsache ist zunächst einmal nur, daß der Andere dem Satz "*p*", als einem Satz seiner eigenen Sprache (welche auch immer das sei), zustimmt. Ob mein Idiolekt, zumindest im Hinblick auf diesen Satz, mit seinem konvergiert, sei immer eine offene Frage, die sich am Ende dann doch eben nur mit der an den eigentlichen Fakten des individuellen Sprachverhaltens orientierten Methode des radikalen Interpretierens entscheiden ließe. Die noch viel weiterreichende Annahme, wir beide konvergierten nicht nur in Hinblick auf diesen Satz, sondern sprächen insgesamt dieselbe Sprache, sei aber nicht nur überflüssig, sondern auch unklar. Daß es so etwas wie eine gemeinsame Sprache überhaupt gibt, sei bei Lichte besehen nichts weiter als ein verbreiteter Aberglaube, der auf philosophischen Mißverständnissen über die Natur sprachlicher Verständigung beruht.[360]

Wäre dies richtig, ginge ein Prinzip wie **AZP** von vornherein ins Leere. Meine Argumente gegen Davidsons These, es gebe gemeinsame Sprachen nicht, habe ich an anderer Stelle dargelegt.[361] Es ist nicht nötig, sie zu wiederholen. Denn für die hier gegebenen Zwecke reicht es aus zu konstatieren, daß diese These mit unserer tatsächlichen Praxis der Überzeugungszuschreibung nicht in Einklang steht. Die Voraussetzung, daß es gemeinsame Sprachen gibt, und daß Deutsch eine von ihnen ist, mag – wie alles – philosophischen Zweifeln ausgesetzt werden. De facto machen wir sie. Und sie gehört zu denjenigen Voraussetzungen, auf die wir zurückgreifen, um Überzeugungszuschreibungen zu untermauern. "Er hat genau das selbst gesagt, mit genau diesen Worten und in allem Ernst": Auf keine Weise ließe sich eine Aussage darüber, was er glaubt, besser rechtfertigen. Daß diese Voraussetzungen fehlgehen und die Zuschreibung also trotzdem falsch sein kann, ist banal, und belanglos für die Frage, ob es gemeinsame Sprachen gibt. Worauf es ankommt, ist: Die Unterstellung, daß der Andere und ich dieselbe Gemeinsprache sprechen, wird in der Praxis tatsächlich gemacht und bewährt sich in ihr oft genug. Was es hingegen nicht gibt, das sind Interpretationstheorien à la Davidson. Sie sind in der Tat nichts weiter als philosophische Fiktionen. Wir kennen Beschreibungen dessen, wie sie sein sollten; aber niemand hat bisher eine gesehen, geschweige denn Versuche ihrer konkreten Anwendung. (Und das Entscheidende für unsere Überlegungen ist nicht: ob es Interpretationstheorien gibt, sondern: daß selbst wenn es sie gäbe, der Glaubensbegriff kein *theoretischer* Begriff in ihnen wäre.[362])

Wie auch immer. Wer eine solche Theorie in Angriff nehmen wollte, brauchte, schon um sie hinschreiben zu können, jedenfalls eine Sprache, die er uninterpretiert versteht. Sonst gelangt er nicht zu einem Interpretans, sondern stets nur von einem Interpretandum zum nächsten. Im gewöhnlichen Fall ist diese ihm uninterpretiert verständliche Sprache eine wie das Deutsche, die er von seinen Sprachgenossen gelernt hat und mit ihnen teilt. Zum Verstehen innerhalb dieses Rahmens gehört kein Interpretieren. Dieses setzt erst ein, wo jenes mißlingt. Das ist es ja geradezu, was eine Sprache wie das Deutsche zu unserer gemeinsamen Sprache macht. Die Worte dessen, der allem Anschein nach auf Deutsch zu mir spricht, interpretiere ich so wenig wie meine eigenen, solange dieser Anschein bestehen bleibt.

Und meine eigenen Worte muß ich nicht nur nicht interpretieren, um zu verstehen, was ich mit ihnen meine. Ich kann das nicht einmal – außer in dem ganz lächerlichen Sinn einer 'homophonen Interpretation', in der

der Wortlaut des Interpretandums stets identisch ist mit dem des Interpretans. Nietzsches Wort paßt hier: "Ich kann nicht selbst mein Interpret sein".[363] Interpretieren verlangt einen epistemischen Spielraum für verschiedene mögliche Ergebnisse, und den hat das Subjekt gegenüber den eigenen Worten nicht: nicht unter 'insgesamt normalen Gegebenheiten'. Solchen Spielraum habe ich sehr wohl beim *Paraphrasieren* meiner eigenen Worte, wenn der Andere sie nicht versteht und ich neue wähle, um mich ihm verständlich zu machen. (Man könnte das Diktum ergänzen: "Aber ich kann selbst mein Paraphrast sein", wenn das Deutsch wäre.) Doch beim Selbst-Paraphrasieren deute ich die zuvor gebrauchten Worte nicht, um sie dadurch erst, oder besser, zu verstehen. Ich suche nach andern, die auch der Andere versteht. Mein epistemischer Spielraum erstreckt sich nicht auf den Sinn, den meine Worte in meinem Mund haben, sondern auf die Wahl solcher Worte, die auch er in dem Sinn versteht, den sie in meinem Mund haben. – Nicht anders verhält es sich mit den Worten des normalen Sprachgenossen unter normalen Gegebenheiten. Ihren Sinn verstehen heißt nicht: sie interpretieren. Nicht nur müssen wir sie nicht interpretieren, um sie zu verstehen. Vielmehr können wir sie nicht interpretieren, ohne Gefahr zu laufen, den Sinn zu verfälschen, den sie haben.

Die Präsumption, daß ich und dieser Andere, der jetzt mit mir spricht, dieselbe Sprache sprechen – daß ich seine Worte so zu verstehen habe wie meine –, stellt sich im Alltag zumeist von selbst ein, ist meist vernünftig, oft durch soziale Normen geboten und stets fehlbar. Sie hat eine anti-interpretationistische Pointe: daß seine Worte so – und ebenso uninterpretiert – zu verstehen sind wie meine eigenen. Unter dieser Präsumption muß die Überzeugung, die er mit "Es regnet" bekundet, just die sein, die ich ihm zuschreibe, wenn ich sage "Er glaubt, daß es regnet".

Wer Deutsch spricht, hat ein Anrecht darauf, daß wir ihm in dieser Weise begegnen. Es bedarf keiner speziellen Gründe dafür, seine Worte so zu nehmen wie unsere eigenen. Wohl aber bedürfte es besonderer Gründe, um diese Präsumption außer Kraft zu setzen. (Wir sind irritiert: Hat er sich versprochen? Spricht er im Ernst? Weiß er eigentlich, was dieses Wort bedeutet, das er da benutzt? Meint er das metaphorisch? Und so weiter.) Nur wenn solche Gründe gegeben sind, tut sich die Sphäre auf, in der so etwas wie radikales Interpretieren auch in der gemeinsamen Sprache seinen Platz hat: nämlich dann, wenn nicht-interpretierendes Verstehen mißlingt und für die Worte des Andern überhaupt ein passender Sinn erst gesucht werden muß.[364] (*Interpretieren* ist ein Sinn-*Suchen.* Es ist erfolgreich, sobald ein uns befriedigender Sinn gefunden ist; ob es der richtige Sinn ist, wird sich nur selten festellen lassen. *Verstehen* hingegen kann auch ein blankes Sinn-*Erkennen* sein: das 'Finden' des richtigen Sinns, ohne überhaupt erst suchen zu müssen. Die Anstrengungen, deren es bedurfte, um eine gemeinsame Sprache zu erwerben, und deren es gelegentlich bedarf, um mit ihren Veränderungen Schritt zu halten, zielen ja insbesondere auch darauf ab, uns untereinander, zumindest gelegentlich, solcherlei 'anstrengungsloses' Verstehen zu ermöglichen.)

Die stets widerlegliche Präsumption, daß der Andere eine Sprache spricht, die auch meine ist, hat noch ein anderes Gutes. Wenn wir alle sie machen, können auch unsere Schwächen als das zum Vorschein kommen, was sie sind: manchmal eben schwerste Irrtümer, grundlegendste Mißverständnisse, komplette Dummheiten und auch groteske Irrationalitäten. Gerade weil wir jemandes Worte verstehen (und nicht versuchen, seine Rede besser zu verstehen als er selbst), können wir gelegentlich auch sehen, daß es sich um leeres Gefasel handelt. Zum Interpretieren hingegen – und speziell zum 'radikalen' – gehört die Devise, beim Andern keine elementaren kognitiven Aussetzer, sprachlichen Irrtümer oder gar mentalen Deformationen zu finden. Der Interpret ist methodisch genötigt, stattdessen bei sich selbst nach Unzulänglichkeiten zu suchen, genauer gesagt: in seinen eigenen Interpretationshypothesen. Und das ist, so denke ich, richtig. Es zeigt etwas Wichtiges – aber nicht darüber, wie Menschen sind, sondern über das Metier des Interpretierens. Eine Interpretation, und Davidson hat recht, dies unermüdlich zu betonen, ist eine Hypothese, in deren Licht der zu Interpretierende als einer zu erscheinen hat, der "konsistent ist, das Wahre glaubt und das Gute liebt"; nötigenfalls muß der Interpret sich seine Daten "so hinbiegen, daß sie in dieses Bild passen" [*we must warp the evidence to fit this frame*].[365] Der Interpret muß aus dem zu Interpretierenden – sei's ein Text, sei's eine Person – das Bestmögliche, zumindest einen brauchbaren Sinn, herausholen. Ist das, was seine Interpretation ergibt, nicht gut genug, dann ist sie gescheitert.

Anders liegen die Dinge, sobald die Präsumption einer gemeinsamen Sprache ins Spiel kommt und Verstehen nicht von sich aus ein Interpretieren ist. Sie liegen insbesondere dann anders, wenn der Andere einen Anspruch darauf hat, bei dem Wort genommen zu werden, das er allem Anschein nach aufrichtig, ernsthaft und mit Bedacht ausspricht. Noch einmal: Nicht zu interpretieren ist dann keine hermeneutische Leichtfertigkeit, sondern ein Gebot des rechten Verstehens. In einer gemeinsamen Sprache (und vielleicht nur in ihr) kann sich jeder, wenn er denn mag, unverhüllt auch als einer präsentieren, der das Falsche glaubt oder das Böse liebt oder inkonsistent ist oder alles zusammen – aber nur bis zu dem Punkt, an dem ihm nicht mehr zuzubilligen wäre, daß er unsere Sprache spricht.[366]

*

Aus den Überlegungen in diesem Kapitel hat sich ein allgemeines Zuschreibungsprinzip als ein in relevanten Hinsichten hervorstechendes und vielleicht auch als das für menschliche Gegebenheiten dominante Kriterium propositionalen Glaubens herausgeschält. Sein Anwendungsbereich ist schmal (Sprecher einer uns verständlichen Sprache), und seine Anwendungsbedingungen sind verschwommen (allerlei Einschränkungen auf 'das Normale'). Besseres haben wir aber nicht. Das Kriterium gibt uns Hinweise darauf, welches die bestmöglichen Gründe sind, die wir dafür haben können, von einem Menschen zu sagen, er habe die-&-die Überzeugung.

Es weist, wie wir nun am Ende betrachtet haben, auch darauf hin, daß einige dieser Merkmale einen gemeinschaftlichen Aspekt haben (gemeinsame Sprache). Zeigt dies, daß unser Begriff des Glaubens insgeheim doch der eines wesentlich 'sozialen' Phänomens ist? Daß Glaubenseigenschaften folglich keine intrinsischen sein können? – Nein, es zeigt etwas anderes: daß wir zu diesen Dingen ('Glaubt *S*, daß *p*?') moralische Gewißheit nur da erwarten dürfen, wo wir den Glaubenden einer Gemeinschaft von glaubenden Wesen zurechnen, die einer uns verständlichen Bekundung ihres Glaubens fähig sind.

*

Am Ende des fünften Kapitels blieb eine Frage ungestellt, der wir uns nun zuwenden: Auf welche Weise genau sind Glauben, ein Zustand, und Urteilen, ein Akt, miteinander verbunden? Offenbar so eng – das wurde durch einige Beispiele belegt –, daß es eine lange Tradition gab, zwischen beiden keinen Unterschied zu machen. Wenn es einen Begriff gibt, der mit dem des Glaubens noch inniger verbunden ist als die in **AZP** enthaltenen, könnte es dann nicht sein, daß es ein noch grundlegenderes Glaubenskriterium gibt? Eines, das profunderen begrifflichen Aufschluß über das Glauben geben kann als alles, was wir bisher betrachtet haben? Diesen Fragen werden wir uns nun zuwenden.

12. URTEILEN UND GLAUBEN

Unter *Urteilen* wird in der Philosophie traditionell ein geistiger Akt verstanden, in dem das Subjekt die Wahrheit einer Proposition anerkennt.[367] Ich werde den Terminus "urteilen" ausschließlich in diesem auf geistige Ereignisse bezogenen Sinne verwenden. Sprachliche Akte, die auch 'äußere' Aktivität involvieren und typischerweise an einen Adressaten gerichtet sind – also z. B. das Mitteilen, Feststellen und Behaupten –, werde ich der terminologischen Eindeutigkeit halber nicht als Urteile bezeichnen. Man könnte das Urteilen die innere Entsprechung zur lautsprachlichen Zustimmung nennen, wenn das Denken ein Operieren mit Sätzen einer inneren Sprache wäre. Was läßt sich über die Beziehung zwischen äußerer Zustimmung und Urteilen sagen, wenn wir die fragwürdige Hypothese, aber stets anschauliche Metapher, einer Sprache des Geistes beiseitelassen? Nun: Zustimmung zu "*p*" ist *Ausdruck* eines zugleich stattfindenden Urteilens, daß *p*. Sie ist es jedenfalls dann, wenn sie unter den äußeren Anzeichen der Aufrichtigkeit, Ernsthaftigkeit, Bedachtsamkeit und Vorbehaltlosigkeit geschieht. (Auch wer "*p*" zustimmt, ohne damit zu urteilen, daß *p*, bringt – in Abwesenheit von Hinweisen, die dagegen sprechen – dieses Urteil zum Ausdruck. Unaufrichtige Zustimmung ist ebenso ein Ausdruck des entsprechenden Urteils wie aufrichtige; darauf beruht zum Beispiel das Lügen.) Äußere Zustimmung ist eine cp-begrifflich hinreichende Bedingung für den Vollzug des entsprechenden Urteils. Hierin liegt eine markante Verwandtschaft: Trotz ihrer Artverschiedenheit (Akt/Zustand) haben Urteilen und Glauben ein gemeinsames Kriterium.

Auch darüber hinaus stehen Urteilen und Glauben offenkundig in überaus engem Zusammenhang. Zum Beispiel kann aus dem Urteilen Glauben hervorgehen und umgekehrt. Grundlegend ist dabei zweierlei: Urteilen ist keine notwendige Bedingung für Glauben, wohl aber eine hinreichende. Betrachten wir zunächst das Letztere. Es ist unmöglich zu urteilen, daß *p*, ohne zugleich – zumindest für diesen Moment – zu glauben, daß *p*. Dies ist kein empirisches Faktum, sondern ein begriffliches. Wir sind nicht kontingentermaßen unfähig zu urteilen, ohne zu glauben. Der geistige Akt, in dem die Wahrheit einer Proposition anerkannt wird, involviert seinem Begriffe nach das gleichzeitige Fürwahrhalten dieser Proposition. Halten wir diesen grundlegenden Zusammenhang zwischen Urteilen und Glauben fest:

UG Wer zu *t* urteilt, daß *p*, glaubt zu *t*, daß *p*. [$Up \Rightarrow Gp$]†

Es ist für das Folgende wichtig, den Status dieses Prinzips nicht zu mißdeuten. Der gerade erläuterte Sinn, in dem "urteilen" hier verwendet wird, beruht auf semi-technischen Gebrauchsweisen dieses Worts, die in der Philosophie üblich sind.[368] Dieses Prinzip ist mithin keines der Alltagspsychologie, seine begriffliche Wahrheit also kein Bestandteil der impliziten Definition unseres vortheoretischen Begriffs Glauben. Dieser ist nicht durch seine Beziehungen zu Fachbegriffen der Philosophie oder einer Wissenschaft bestimmt. Natürlich, auch eine Theorie des Urteilens (etwa eine philosophische oder kognitionspsychologische) mag sehr wohl etwas dazu beitragen, das *Phänomen* Glauben zu erhellen – jedoch nicht den Begriff, den wir unabhängig von einer Theorie über dieses Phänomen haben. Nun ist aber jeder spezifische Sinn, den das Wort "urteilen" als Terminus einer philosophischen oder sonstigen Theorie annehmen kann, durch die jeweilige Theorie mitkonstituiert. Wie kraß philosophische Lehren sich in diesem Punkt voneinander unterscheiden, hatten wir im vierten Kapitel bereits an einigen Beispielen gesehen: Descartes zufolge ist das Urteilen ein bewußt vollzogener Akt des Intellekts, der eine freie Entscheidung involviert; nach Spinoza ist es eine unwillkürliche Verstandesreaktion; gemäß Hume ein Akt, der eher dem Sinnesempfinden als dem Verstand zuzurechnen sei. In diesen Konzeptionen ist Urteilen zwar ein 'Anerkennen der Wahrheit'; aber was diese Formel besagt, ist jeweils völlig Verschiedenes.

Deshalb wäre es geradezu ein Mißverständnis, **UG** als eine Aussage zu betrachten, die für den Begriff des Glaubens in derselben Weise unmittelbar aufschlußreich ist, in der das alltagspsychologische Prinzipien sind, die vom Glauben handeln. Vielmehr verhält es sich umgekehrt: Mit diesem Prinzip wird zunächst einmal vornehmlich der semi-technische Grundbegriff des Urteilens erhellt – ein Begriff, der sich seit langem in der philosophischen und psychologischen Umgangssprache eingebürgert hat, aber bis heute nur schwach geregelt ist.[369] Man könnte vielleicht sagen: Glauben ist ein 'vorgegebener' Begriff, auf den wir in der Praxis nicht verzichten können; Urteilen ist ein 'gemachter' Begriff, auf den wir beim Theoretisieren nicht verzichten mögen. – Weil **UG** weder ein *AP*-Prinzip noch eine empirische Generalisierung ist, sondern von der Art eines weithin akzeptierten Bedeutungspostulats, bedarf es keiner Normalitätseinschränkung. Es ist grundlegend für den Begriff des Urteilens, den

† "*Up*" diene als Kürzel für: *S* urteilt, daß *p*; "*Gp*" für: *S* glaubt, daß *p*.

wir hier als ein Instrument beim Theoretisieren über das Phänomen und den Begriff des Glaubens verwenden.

Andererseits ist dies zu bedenken. Jener zugestandenermaßen semitechnische Begriff, den wir hier explizit einführen, ist kein bloßes Konstrukt willkürlicher Definitionen. Er wird sich später, im 16. Kapitel, unter anderm dadurch als nützlich erweisen, daß sich mit seiner Hilfe erläutern läßt, was es heißt, daß ein Subjekt sich in einem bestimmten Moment dessen bewußt ist, daß es die-&-die Überzeugung hat bzw. nicht hat. In dem Maße, in dem er begriffliches Verbindungspotential hat (Zusammenhänge zwischen prima facie zusammenhanglosen alltagspsychologischen Prinzipien herstellt), ist es vertretbar, ihn als in der Alltagspsychologie immerhin 'versteckt vorhanden' zu erachten. Dafür, daß dies durchaus vertretbar ist, spricht auch dies: Seit langem (man möchte fast sagen: seit jeher) war es vielen, die über das Wesen des menschlichen Geists nachgedacht haben, völlig natürlich – ja, es erschien ihnen offenbar als selbstverständlich und keiner besonderen Erläuterung bedürftig –, ein richterliches Verkündigungswort wie "urteilen" in einem Sinn zu verwenden, in dem es sich auf einen geistigen Akt bezieht, der auch still, in foro interno, vollzogen werden kann. – Kurz, auch wenn der Begriff des Urteilens, um den es jetzt geht, unserer Alltagspsychologie nicht mit jener erfreulichen lexikalisch manifesten Offenkundigkeit angehört, in der dies bei Begriffen wie denen des Glaubens, Hoffens, Liebens, Zweifelns oder Bereuens gilt, so kann er ihr vielleicht dennoch zugerechnet werden: als sozusagen mitverstanden von jedem, der diese andern Begriffe beherrscht, für die seine Umgangssprache Wörter mit einem kriterial gesicherten Sinn bereithält.

Dies als Vorbemerkung zum Status dieses Prinzips. Betrachten wir nun ein wenig genauer, was es besagt und was nicht, und anschließend dann insbesondere auch, in welcher Beziehung es zu unserm allgemeinen Zuschreibungsprinzip für Überzeugungen steht.

*

Ein grundlegender Zusammenhang, aber kein kausaler UG ist kein Kausalprinzip. Es besagt nicht: "Wenn *S* urteilt, daß *p*, dann *bewirkt* dies sein Glauben, daß *p*". Allerdings finden sich in der Literatur gelegentlich Ausdrucksweisen, die eine Konzeption nahelegen, gemäß der das Urteilen ein geistiger Akt ist, der typischerweise durch einen Wahrnehmungs- oder Denkvorgang (speziell durch einen Folgerungsprozeß) hervorgebracht wird und einen Glaubenszustand bewirkt. Demnach ginge in gewissen Formen des Überzeugungserwerbs ein Akt des Urteilens dem Glauben als dessen Ursache voraus. – Betrachten wir dies kurz. Es müßte, wenn diese Konzeption richtig wäre, zwischen Urteilen und Glauben irgendein Kausalzusammenhang wie der folgende angenommen werden:

> Wenn jemand bis zu t (noch) nicht glaubt, daß p, und zu t urteilt, daß p, dann bewirkt dies, daß er unmittelbar darauf, zu t‘, glaubt, daß p. (Der zeitliche Abstand zwischen t und t‘ mag denkbar klein sein, aber es gibt ihn.)

Mit Rückgriff auf die bereits früher erwähnte Metapher ließe sich diese Idee so charakterisieren: Das Urteilen wäre in solch einem Fall (in dem S noch nicht glaubt, daß p) ein Akt, der bewirkt, daß eine mentale Repräsentation mit dem Inhalt, daß p, in den doxastischen Speicher gelangt. Wie sollte man sich diesen Kausalprozeß dann vorstellen? Vielleicht so, daß ein Denkvorgang stattfindet, dessen Konklusion eine mentale Repräsentation μ (mit dem Inhalt, daß p) ist. Daraufhin erfolgt das Urteil, das bewirkt, daß μ in den Speicher gelangt, und das heißt: das Subjekt glaubt nun, daß p. – Malt man den Überzeugungserwerb durch einen Folgerungsprozeß in dieser Weise aus, dann gibt es (wie in der Gesetzesformulierung vorgesehen) einen sei's auch noch so kleinen Zeitraum, zu dem das Subjekt zwar schon geurteilt hat, aber noch nicht glaubt. Wenn Sterben sehr schnell geht, könnte der Tod also zwischen Urteilen und Glauben eintreten. (Aus dem Nachruf: “Er gelangte noch dazu, p als wahr anzuerkennen, aber nicht mehr dazu, es für wahr zu halten.”) Diese Konsequenz ist unattraktiv. Es hilft nicht, darauf zu erwidern, daß der Akt der Transferierung der Repräsentation ja erst dann *abgeschlossen* sei, wenn diese auch wirklich in den Speicher gelangt und damit eine Überzeugung zustandegekommen ist. Denn solange anerkannt wird, daß Ursache und Wirkung nicht zeitgleich sind, gäbe es dann die zeitliche Verschiedenheit nicht, die für den von dem empirischen Gesetz beschriebenen Zusammenhang wesentlich ist.

Es bereitet hingegen keine Schwierigkeit, sich Überzeugungserwerb, in dem Urteilen involviert ist, im Lichte dieser Metapher so auszumalen, daß zwischen Urteilen und Glauben kein Kausalzusammenhang besteht. Betrachten wir die beiden klassischen Fälle: den, in dem eine neue Überzeugung durch bloße Überlegung gewonnen wird, und den, in dem sie aus einer Sinneswahrnehmung hervorgeht. In ersterem geht dem Urteilen ein Denkvorgang voraus: eine Abfolge von Operationen mit mentalen Repräsentationen, die bereits im doxastischen Speicher sind. Er wird dadurch abgeschlossen, daß ein Satz μ, der bis zu t noch nicht im Speicher war, nun dort inskribiert wird. – Im zweiten Fall wird eine Überzeugung direkt, ohne Denkvorgang, aus der Wahrnehmung gewonnen. Gemäß dem computationalistischen Bild wird dann zunächst einmal Sinnesinformation außerhalb des Speichers verarbeitet. Der letzte Schritt dieses Prozesses, die endgültige Konzeptualisierung dieser Information, ist die Inskription einer neuen mentalen Repräsentation im Speicher. In beiden Fällen ist dieser Akt des Inskribierens selbst das Urteilen; es gibt keine noch so kleine zeitliche Lücke: Der Urteilsakt *ist* der Abschluß des Erwerbs der Überzeugung.[370] Gemäß solch einer Konzeption gibt es keinen begrifflichen Spielraum für einen Zeitpunkt, der zwischen Urteil und Überzeugung liegt. Letztere ist, so könnte man sagen, das *logische Resultat* des Urteilens, nicht dessen kausale Folge. – Daß Überzeugungen durch Urteile erworben werden, spricht also keineswegs gegen die begriffliche Wahrheit von **UG**. Überzeugungserwerb ist ein Kausalprozeß. Aber auch dann, wenn in solch einem Prozeß der Akt des Urteilens, daß *p*, vorkommt, bewirkt dieser nicht die Überzeugung, daß *p*. – Entsprechend ist auch eine Erklärung des Typs

> *S* glaubt zu *t*, daß *p*, weil er früher einmal (zu '*t*) zu dem Urteil gelangt war, daß *p*;

keine Kausalerklärung. Im Explanans wird das frühere Urteil nicht als Ursache des Glaubens benannt. Um dies zu sehen, reicht es aus, die Erklärung vollständiger zu formulieren:

> *S* glaubt zu *t*, daß *p*, weil er zu '*t* (als er dies noch nicht glaubte) geurteilt hat, daß *p*, und die mit dem Urteil erworbene Überzeugung bis zu *t* nicht verloren hat.

Aus dieser ausführlicheren Formulierung geht hervor, daß Erklärungen dieser Art auf nichts weiter als zwei begrifflichen Wahrheiten beruhen. Die eine ergibt sich aus **UG**, die andere ist eine lexikalische Trivialität:

> Wenn jemand bis zu '*t* nicht glaubt, daß *p*, und zu '*t* urteilt, daß *p*, dann glaubt er zu '*t*, daß *p*.
>
> Wenn jemand zu '*t* glaubt, daß *p*, und diese Überzeugung bis *t* nicht verloren hat, dann glaubt er zu *t*, daß *p*.

Die gerade ins Auge gefaßte Erklärung ist mithin tadellos. Aber es sind keine kausalen, sondern begriffliche Zusammenhänge zwischen früherem Urteil und jetzigem Glauben, die hier die 'Erklärungsarbeit' leisten. Es mögen eines Tages Kausalerklärungen dafür gefunden werden, wie Menschen zu Urteilen und damit zu Überzeugungen gelangen. Aber der hier betrachtete Erklärungszusammenhang verweist auf keine Ursache/Wirkungs-Beziehung zwischen Urteilen und Glauben.[371]

*

Urteilsloses Glauben Ist Glauben *stets* das Resultat eines Urteilens? Glaubt man nur das, dessen Wahrheit man jetzt in einem geistigen Akt anerkennt oder zumindest in der Vergangenheit in einem solchen Akt anerkannt hat? Die entsprechende These wäre dann:

> Wenn jemand zu *t* glaubt, daß *p*, dann gilt: Er urteilt zu *t*, daß *p*, oder er hat früher schon einmal geurteilt, daß *p*, und dieses Urteil bis zu *t* nicht revidiert.

Dies ist allem Anschein nach eine empirische Vermutung. Jeder 'Intuition', die man in Bezug auf ihre Wahrheit oder Falschheit haben mag, wäre zu mißtrauen. – Natürlich, man könnte (dank der Ungeregeltheit des Gebrauchs von "urteilen") auch diese Generalisierung zu einem Bestandteil der impliziten Definition des Urteilens deklarieren und damit ihre begriffliche Wahrheit ganz trocken herbeistipulieren.

Doch welchen guten Grund könnte es dafür geben? Ich kenne keinen, wohl aber ein Motiv, das ich allerdings für völlig verfehlt halte. Hinter der Idee, zum Glauben gehöre ein Urteilen oder Geurteilt-Haben, vermute ich ein rationalistisches Vorurteil über das Glauben und eine darauf abgestimmte 'richterliche' Vorstellung vom Urteilen. Angenommen wird, Glauben sei stets ein Glauben mit Gründen (zumindest subjektiven Gründen, die objektiv schlecht sein mögen), und unter Urteilen wird ein Akt verstanden, mit dem ein Prozeß des Erwägens von Gründen in Hinblick auf die Beantwortung einer offenen Frage abgeschlossen wird. Aus der Annahme, jedes Glauben involviere ein Urteilen, entsteht dann ein schönes Bild, das uns das Glauben als etwas zeigt, das stets von Gründen getragen ist. Hier eine Skizze: Sei da ein Subjekt, das mit einer Frage des Typs "*p* oder nicht-*p*?" konfrontiert ist und noch keine Meinung dazu hat; es erwägt nun Gründe, die für die Antwort von Belang sind, und gelangt zu dem Urteil, daß *p*, und damit zu der Überzeugung, daß *p*; und zwar gelangt es nicht nur zu dieser Überzeugung, sondern diese ist dann auch, zumindest subjektiv, begründet. – Daß Überzeugungserwerb gelegentlich so vor sich geht, ist klar. Aber daß dieses Bild uns zeigt, wie wir generell (oder zumeist) zu unseren Überzeugungen gelangen, halte ich für abgrundtief falsch, und zwar schon, was die erste Annahme betrifft: Alles Glauben enthalte so etwas wie eine Antwort auf eine Frage, die sich uns einmal gestellt hat.

Deshalb verwende ich den Begriff des Urteilens im Folgenden nicht zur Bezeichnung eines Akts, der so etwas sein muß wie das Produkt, oder der Schlußpunkt, eines Überlegungsprozesses. Gewiß, der umgangssprachliche Begriff des Urteilens läßt an so etwas denken. Deshalb ist es nötig, sehr deutlich zu machen, daß der semi-technische Sinn, in dem ich das Wort "urteilen" verwenden werde, vielen Konnotationen nicht entspricht, die wir gewöhnlich mit ihm verbinden. Ein Punkt sei schon an dieser Stelle genannt.

Das gewöhnliche Reden von einem Urteil legt nahe, daß diesem ein Minimum von kritischer Bemühung um die Trennung zwischen Schein und Sein vorausgeht. Das idealtypische Paradigma des Urteilenden ist der Richter. Er kommt am Ende des Verfahrens zu einem Schluß: eben seinem Urteil. Dieses kann angezweifelt und aufgehoben werden. Der Richter mag relevante Aspekte außer Acht gelassen oder nicht angemessen gewürdigt haben; er mag Prinzipien und Regeln der Urteilsfindung falsch angewandt haben, und anderes mehr. Es mag sich als nötig erweisen, ein neues Urteil zu fällen – mit gesteigerter Achtsamkeit bei der Anwendung der Regeln und vielleicht auch unter Würdigung bisher unberücksichtigter Aspekte. Das Richter-Cliché bringt eine weitere für unsern Zusammenhang wichtige Konnotation mit sich: Zum Urteil gehört eine Begründung. Diese ist keine Beschreibung des Ablaufs der Urteilsfindung, die ja oft ein unübersichtlich komplexes, ja chaotisches Hin und Her ist. Vielmehr ist die gute Urteilsbegründung eine aufgeräumte Darstellung eines Gefüges von rechtfertigenden Gründen. Kurz, gemäß diesem Cliché schließt das Urteilen typischerweise einen Vorgang ab, in dem Gründe erwogen und im Lichte akzeptierter Prinzipien hinsichtlich ihrer Qualität eingeschätzt wurden – ein Vorgang, dessen ihm innewohnende Rationalität sich zumindest im Nachhinein geordnet zum Vorschein bringen lassen muß: in einer Begründung, in deren Licht das Urteil sich als eine zulässige Schlußfolgerung aus dem verfügbaren Material erweist. – Übertragen wir dies auf das Urteilen beim Überzeugungserwerb, so ergibt sich: Gleichgültig wie irrational sich die psychische Genese eines Urteils ausnehmen mag, es gehen subjektive Gründe in sie ein; und ihr Endprodukt (die aus dem Urteil erwachsende Überzeugung) ist etwas, zu dem der Glaubende zumindest subjektiv rational gelangt ist und das er (zumindest im Lichte seiner eigenen Rationalitätsstandards) rechtfertigen könnte.

Ein solches Bild vom Urteilen kommt wie selbstverständlich auch in der empirischen Psychologie zur Anwendung – und zwar, so weit ich sehe, auch in methodologisch reflektierten Arbeiten. In der Auswertung von Experimenten, in denen den Probanden in aufschlußreicher Weise irrige Urteile (z.B. über die Wahrscheinlichkeit des Eintritts gewisser Ereignisse) entlockt werden, wird stets unterstellt, daß diese das Ergebnis von sei's auch unbewußten Überlegungen [*considerations*] und Einschätzungen [*assessments*] sind. Das gilt uneingeschränkt selbst in den Fällen, in denen die Urteile der Probanden sich aus der Anwendung fehlschlüssiger 'Heuristiken' ergeben. Gemäß der kognitionswissenschaftlichen Verwendung von "urteilen" ist selbst das noch so 'intuitive' Urteil stets das Resultat eines Schlußfolgerns nach gewissen Regeln [*rules*] oder Prinzipien [*principles*], bei deren Anwendung (vermeintliche) subjektive Gründe verwertet [*utilize*] werden.[372] Kurz, nicht nur im philosophischen, sondern auch im kognitionspsychologischen Gebrauch dieses Wortes wird das *Urteil* zumeist wie selbstverständlich als das Ergebnis eines (zumindest subjektiv) rationalen, oftmals unbewußt ablaufenden Prozesses aufgefaßt – natürlich können die darin involvierten Gründe und Folgerungsregeln verblüffend schlecht sein.

Wie gesagt, ohne Zweifel paßt das Richter-Cliché zu manchen Arten des Überzeugungserwerbs. Zum Begriff des Glaubens hingegen gehört es nicht, daß Überzeugungen *ausschließlich* in der Folge eines Prozesses zustandekommen, der Rationalität involviert. Gewiß, für das, was der Mensch glaubt, sollte er Gründe haben (Geltung). Aber es ist eine empirische Tatsache, daß auch normale Menschen Überzeugungen arational erwerben können – z.B. durch intensive Träume, Drogenkonsum, eine Gehirnerschütterung, und dergleichen mehr.[373] In solchen Fällen ist nichts im Spiel, was sich (auch vom Subjekt selbst nicht) als Grund anerkennen ließe, der für die Wahrheit des für wahr Gehaltenen spricht. – Geltung und Genese des Glaubens fallen hinsichtlich dessen, wie sie auf Rationalität bezogen sind, auseinander. Nur seiner Geltung nach gehört das Glauben wesentlich dem Bereich des Rationalen an; entstehen kann eine Überzeugung auch in Prozessen, in denen rein gar nichts wirksam ist, das sich als ein sei's auch noch so schwacher *Grund* betrachten ließe.

Natürlich läßt sich zu diesen Dingen skeptizistisch klügeln ("Aber woher wissen wir denn, daß einer Überzeugung nicht immer zumindest *unbewußte* Urteile vorausgehen?") und rechthaberisch herumpostulieren ("Nichts darf *dem strengen Wortsinn nach* als Glauben gelten, wenn es ohne jedweden, zumindest subjektiv rechtfertigenden, Grund entstanden ist!"). Darüber ist schwer streiten. Das Unbewußte ist theoretisch fügsam; es tendiert dazu, genau so zu sein, wie es den Vorlieben und Bedürfnissen dessen entspricht, der es in seiner Theorie einsetzt. Stipulative

Definitionen sind gratis; jeder darf verkünden, daß er selbst ein Wort in einem sehr besonderen Sinn verwendet, und den Appell damit verbinden, die andern mögen das auch tun. Doch noch ein zweiter Grund spricht dagegen, die empirische Hypothese vorauszusetzen oder die definitorische Festsetzung zu machen, alles Glauben involviere ein Urteilen oder Geurteilt-Haben: Ein Urteil ist überhaupt nur gefragt, wenn ein 'Fall' auftritt. (Man denke wiederum an das Richter-Cliché.) Es liegt ja eine gewisse Vernunft darin, nur zu urteilen, wenn es eines Urteils bedarf. Nun paßt sich unser doxastisches Gesamtprofil, so scheint es zumindest, oft ganz von selbst vielen kleinen, undramatischen Veränderungen der Gegebenheiten an, in denen wir uns befinden. Ein Beispiel ist die Raumorientierung in gewohnter Umgebung, wenn sie ganz routinemäßig und reibungslos vonstatten geht. Bei meinem Gang vom Arbeitszimmer durch den Flur in die Küche kommen meine Überzeugungen darüber, was sich vor und hinter mir befindet, was rechts und was links, mit jedem Schritt auf jeweils neuesten Stand. Als ich noch am Schreibtisch saß, glaubte ich (auch wenn ich keinen Gedanken daran verschwendet hatte), daß ich im Arbeitszimmer bin. Beim Gang in die Küche verliere ich diese Überzeugung. Wenn ich nun den Kühlschrank öffne, glaube ich (wiederum: ohne jeden Gedanken daran), daß ich in der Küche bin. Anzunehmen, daß diese Überzeugung ohne Urteil zustandekam, heißt nicht anzunehmen, daß sie arational oder auch nur irrational zustandegekommen wäre. Wenn ich nun glaube, daß ich in der Küche bin, glaube ich das nicht ohne Grund. Aber: Mußte ich urteilen, zumindest unbewußt? Warum sollten uns solche Überzeugungen der schlichteren Art nicht einfach 'kreatürlich' zuwachsen?

Allein der Umstand, daß solche Fragen sinnvoll sind, zeigt, daß die These von der Unverzichtbarkeit des Urteilens für das Glauben jedenfalls nicht a priori einsichtig und mithin als *begriffliche* These nicht akzeptabel ist. Und darum geht es hier. – Aber mehr als das, bereits die bloß empirische These, de facto gebe es kein Glauben ohne Urteilen oder Geurteilt-Haben, hätte den Beigeschmack eines übermäßig rationalisierenden und intellektualisierenden Vorurteils. Diese empirisch ungedeckte Hypothese bestreiten heißt nicht die Rationalitätsbezogenheit menschlichen Glaubens in Frage stellen. Jede unserer Überzeugungen *sollte* der Erwägung von Gründen für und wider standhalten; sie *sollte* so sein, wie sie auch wäre, wenn das Subjekt geurteilt hätte (das ist ein normatives Prinzip zum Thema Glauben). Aber nach allem, was wir wissen, können Überzeugungen auch zustandekommen, ohne daß dabei etwas im Spiel ist, das es verdiente, ein Urteil genannt zu werden. – Aus diesen Betrachtungen ergibt sich: **UG** ist als eine begriffliche Wahrheit hinzunehmen, durch die der semi-technische Grundbegriff des Urteilens partiell definiert ist. Die ins Auge gefaßte Idee, Urteilen (bzw. Geurteilt-Haben) sei auch eine notwendige Bedingung des Glaubens, ist allein schon als empirische Generalisierung fragwürdig, auch wenn sie manchen wissenschaftlichen 'Modellierungen' des menschlichen Überzeugungserwerbs zugrundeliegen sollte.

*

URTEILEN EIN BEWUSSTSEINSPHÄNOMEN An dieser Stelle einige Bedeutungspostulate für den Terminus "urteilen", wie ich ihn im Folgenden verwende. Zunächst einmal sollen mit ihm ausschließlich geistige Akte bezeichnet sein, deren sich das Subjekt bewußt ist.[374] Es gelte also:

[U1] Wann immer jemand urteilt, daß *p*, ist er sich dessen bewußt, daß er urteilt, daß *p*. [$Up \Rightarrow BUp$]†

Wiederum ist dies eine *festsetzende* Erläuterung, die deswegen uneingeschränkt ("⇒") sein darf. Sie dient dazu, einen semi-technischen Terminus in unsere Überlegungen einzuführen. Es handelt sich hier nicht um die nachvollziehende Explikation eines umgangssprachlich vorgegebenen Begriffs. *Urteilen* ist im Folgenden, wenn man so will, allein schon deshalb ein Bewußtseinsphänomen, weil ich dies hiermit so festlege.[375] – Die mit **[U1]** getroffene begriffliche Festsetzung besagt jedoch nicht, daß jedes Urteil von einem zusätzlichen Gedanken oder gar weiteren Urteil (etwa der Art "Ich urteile jetzt, daß *p*") begleitet sein muß. Vielmehr soll sie nur besagen: Während das Subjekt urteilt, daß *p*, entgeht ihm nicht, daß es urteilt, daß *p*. Nicht-reflexives, d. h. keines 'bewußtseinstiftenden' Gedankens bedürftiges, Bewußtsein ist ein Charakteristikum vieler geistiger Phänomene; es findet sich auch bei solchen, die keine Tätigkeiten des Subjekts sind. (Schmerz ist seinem Wesen nach ein Bewußtseinsphänomen. Wer Schmerzen hat, muß aber nicht einen Gedanken haben, in dem er seine Schmerzen thematisiert. Auch ohne jeden solchen Gedanken entgeht ihm nicht, daß er sie hat.) Es ist in diesem Zusammenhang wichtig, mit in den Blick zu nehmen, welche Beziehungen zwischen Urteilen und *Denken* bestehen und welche nicht. Zum Begriff des Urteilens gehört es selbstverständlich, daß ein Subjekt zugleich den Gedanken hat, dessen Wahrheit es mit diesem geistigen Akt anerkennt:

† "*Bp*" diene als Kürzel für: *S* ist sich dessen bewußt, daß *p*.

Wann immer jemand urteilt, daß *p*, hat er den *p*-Gedanken.

Auch dieses Gedanken-Haben – d.h. einen Gedanken unter dem Gesichtspunkt seiner Wahrheit bzw. Falschheit denken – ist dem Subjekt intrinsisch bewußt. Das heißt: Es bedarf keines hinzukommenden Gedankens, um sich dessen bewußt zu sein, daß es den *p*-Gedanken hat. – Ebenso involviert das gegenteilige Urteil (*U~p*) diesen Gedanken. Allem Urteilen, ob affirmativ oder negativ, ist es wesentlich, daß der Sachverhalt, von dessen Bestehen bzw. Nicht-Bestehen das Urteil handelt, gedanklich thematisiert wird. Auch wer urteilt, daß *~p*, hat den *p*-Gedanken:

Wann immer jemand urteilt, daß *~p*, hat er den *p*-Gedanken.

Diese begrifflichen Zusammenhänge zwischen Urteilen und Denken sind evident. Darüber hinausgehende Postulate, wie

Wann immer jemand urteilt, daß *p*, hat er den *Up*-Gedanken.
Wann immer jemand urteilt, daß *p*, urteilt er, daß er urteilt, daß *p*.
Wann immer jemand sich dessen bewußt ist, daß er urteilt, daß *p*, hat er den Gedanken "Ich urteile, daß *p*".
Wann immer jemand sich dessen bewußt ist, daß er glaubt, daß *p*, hat er den Gedanken "Ich glaube, daß *p*".

wären hingegen nichts weiter als begriffliche Vorurteile, die aus intellektualistischen Konzeptionen des Urteilens bzw. aus der Gleichsetzung von Bewußtsein mit reflexivem Bewußtsein herrühren. (Dazu mehr im 16. Kapitel.)

Angesichts dieser 'Gedankenunbedürftigkeit' des Urteilsbewußtseins ist, in Symmetrie zu **UG**, ein weiteres Postulat anzuerkennen:

[U2] Wann immer S sich dessen bewußt ist, daß er urteilt, daß *p*, ist er sich dessen bewußt, daß er glaubt, daß *p*. [$BUp \Rightarrow BGp$].

Dieses Postulat ist uneingeschränkt, und zwar in zweierlei Sinn. Erstens steht der begriffliche Zusammenhang nicht unter einer Normalitätsrestriktion. Zweitens gilt es nicht nur für den Fall, in dem das Subjekt die Überzeugung bereits hat und sich seines Glaubens im Urteil bewußt wird, sondern auch für den, in dem es durch sein Urteil eine neue Überzeugung erwirbt. **[U2]** wäre fragwürdig, wenn Bewußtsein von eigenen Geistesphänomenen intellektualistisch konzipiert würde: als etwas, das seiner Natur nach einen gedanklichen Akt der Reflexion involviert, in dem das Geistesphänomen thematisiert wird. Deshalb ist es wichtig, hierbei stets zu beachten, daß das Bewußtsein, das ein Subjekt in seinem Urteil vom eigenen momentanen Glauben hat, intrinsisch ist, d. h. keines hinzukommenden Gedankens bedarf, in dem das eigene Glauben thematisiert wird. Um sich in seinem Urteil, daß *p*, seines Fürwahrhaltens bewußt zu sein, muß das Subjekt insbesondere keinen Gedanken wie "Ich glaube, daß *p*" haben. Wohl aber gehört zu solchem Bewußtsein die Disposition, diesen Gedanken ohne weiteres als wahr anzuerkennen. (Dies wird uns im 16. Kapitel noch einmal beschäftigen.)

Zum Begriff des propositionalen Bewußtseins – das ist wohl seine tiefste Gemeinsamkeit mit dem des Wissens – gehört die Wahrheit dessen, wovon es Bewußtsein ist. Das heißt, es gilt das Prinzip der *Faktivität des Bewußtseins*:

FB Wann immer jemand sich dessen bewußt ist, daß *p*, ist es der Fall, daß *p*. [$Bp \Rightarrow p$].

Folglich läßt sich **UG** (d. h. $Up \Rightarrow Gp$) aus **[U1]** und **[U2]** herleiten.[376] Aber darin liegt keine begriffliche Fundierung, denn auch diese beiden Prinzipien sind, ebenso wie **UG**, keine alltagspsychologischen Wahrheiten. Vielmehr sind sie zusätzliche Festsetzungen, durch die näher bestimmt wird, wie das Wort "urteilen" in unserer Untersuchung zu verstehen ist.

*

Einige abschließende Erläuterungen zu meiner Verwendung des Urteilsbegriffs. Erstens, so etwas wie 'unaufrichtiges' oder von stillschweigenden Mentalreservationen begleitetes Urteilen ist kategorial ausgeschlossen. Urteilen ist ein geistiger Akt; er wird 'in foro interno' vollzogen, involviert keine äußere Bekundung. Wer – sozusagen vor und für sich selbst – die Wahrheit der Proposition, daß *p*, anerkennt, kann dabei nicht so agieren wie einer, der unaufrichtig oder nur mit inneren Vorbehalten seine Überzeugung sprachlich bekundet. Der normale Mensch ist für Lügen gut und auch für mannigfache andere Formen der Unaufrichtigkeit. Er mag sich zum Beispiel in jener eigentümlichen Gemütsverfassung 'unauthentischen Glaubens' befinden – das ja kein Glauben ist, sondern nur der Ausfluß des erfolgreichen Versuchs, sogar vor sich selbst so zu erscheinen, wie einer, der glaubt. Dieser Versuch kann ihm nur gelingen, solange es ihm gelingt, sich einem Urteil über die betreffende Sache zu entziehen, das ihm unweigerlich Klarheit verschafft ("Ja, ich glaube es tatsächlich, wenn auch nur schwach und zögernd" oder "Nein, letztlich glaube ich es nicht"). Es mag mancherlei Sinn geben, in dem mein Jetzt-so-Urteilen das Ergebnis (oder ein Zwischenschritt innerhalb) eines Selbstbetrugs sein kann, aber es gibt keinen Sinn, in dem das Urteilen selbst unaufrichtig – und übrigens auch keinen, in dem es aufrichtig – sein könnte.

Zweitens, es kann zwar kein unaufrichtiges Urteilen geben, wohl aber Formen des *Schein-Urteilens*: Fälle, in denen das Subjekt sich so vorkommt, als urteile es, in Wirklichkeit aber nicht urteilt. Auch beim Urteilen besteht der Unterschied zwischen Schein und Sein. Ein Extrembeispiel dafür ist Harry Frankfurts Bullshitter.[377] Er dürfte zu Formen des 'inneren' Sich-selbst-Beschwatzens neigen, die denen gleichen, mit denen man andere manchmal zu beschwatzen versucht: ohne Rücksicht auf deren oder auch den eigenen Sinn und Verstand. Im Gegensatz zu bloß unbedachtem, übereiltem Urteilen, das uns jederzeit unterlaufen kann und oft genug unterläuft, wäre solch unauthentisches 'Urteilen', per definitionem, kein Urteilen: kein mit Bewußtsein vollzogener Akt des (zumindest vor sich selbst) Etwas-als-wahr-Anerkennens. Solange einer auch 'innerlich' – sich selbst gegenüber – Bullshit betreibt, urteilt er nicht. Der Unterschied muß ihm entgehen, solange er das tut; aber er besteht.

Drittens, Urteilen ist nicht ein bloßes Akzeptieren. Diese beiden Akte sind voneinander so verschieden wie der Zustand des Glaubens von dem bloßer Akzeptanz. Ich vollziehe den Akt des Akzeptierens, daß *p*, indem ich mich dazu entschließe, in meinem Denken und Tun bis auf weiteres in einer bestimmten Weise zu agieren, soweit es unter meiner Kontrolle steht: und zwar so, wie ich es auch täte, wenn ich es für wahr hielte, daß *p*. Wenn ich mich dazu entschließe, etwas zu akzeptieren, urteile ich nicht. Dieser Entschluß enthebt mich eines Urteils über die betreffende Sache. Würde ich urteilen, müßte ich solch einen Entschluß nicht fassen.

Viertens, Urteilen ist ein Akt des *Subjekts*. Es ist das Subjekt, das urteilt, nicht sein Intellekt, nicht sein Wille, nicht sein Urteilsvermögen und auch nicht irgendeine Kombination solcher geistigen Vermögen. Also nicht: "*Im* Menschen findet ein Urteilen statt", oder "*In* ihm ist etwas, das urteilt", sondern "Er urteilt".

Fünftens, dieser *Akt* kann in allerlei Hinsicht ein inneres *Widerfahrnis* sein. Urteile können, wie viele andere Akte auch, unbedacht, spontan, unwillkürlich und vorschnell vollzogen werden. In solchen Fällen stellt sich das Urteil wie von selbst ein. Es gleicht dann einem bloßen Widerfahrnis, aber auch dann ist es ein Akt: ein unwillkürlich vollzogener.

Sechstens, weil selbst das unwillkürliche Urteilen ein Bewußtseinsphänomen ist, ist es seiner Natur nach der rationalen Kontrolle des Subjekts ausgesetzt. Wohlgemerkt, es ist solcher Kontrolle nur *ausgesetzt*. Sie kann ausbleiben, sowohl vorher als auch nachher. Und wenn sie ausbleibt, muß darin keine Irrationalität liegen. (Man denke nur an gewöhnliche 'Wahrnehmungsurteile' über einfache Dinge.) Urteile bieten dem Subjekt die Gelegenheit zu vernunftgesteuerter Intervention. Aber nicht mehr als das. Gerade weil es dem Subjekt nicht entgeht, wenn und was es urteilt, kann es davon selbst überrascht sein. Und wenn es einem so ergeht, mag er dies wohl zum Anlaß einer kritischen Bewertung nehmen – sein Urteil z.B. als unbedacht, vorschnell, ungerechtfertigt oder schlicht inhaltlich falsch einstufen. Aber so wenig, wie jedes Urteil aus einer Überlegung hervorgeht, zieht es auch eine anschließende kritische Bewertung nach sich. (Einer mag aus blinder Gewohnheit in den-&-den Umständen stets so-&-so urteilen. Oder auch: Er mag zu manchem Thema, das ihm völlig unbekannt ist – sozusagen aus dem rationalen Nichts –, urteilen, es verhalte sich so-&-so. Schlimmer noch, gleichgültig wie gering die Qualität eines derartigen Urteils auch im Lichte seiner eigenen epistemischen Standards ist: Er mag es sich jedes Mal unbesehen durchgehen lassen.)

Aus alldem geht hervor, weshalb die zuvor betrachtete Auffassung, alles Glauben setze ein Urteilen oder Geurteilt-Haben voraus, nicht nur empirisch fragwürdig ist, sondern auch als 'Idealisierung' nutzlos wäre. Denn das Urteilen ist nicht, sozusagen seiner Natur nach, ein Akt des vernünftigen Denkens. – So viel zur Erläuterung dessen, wie ich den Terminus *Urteilen* im Weiteren verwenden werde.

*

Ein grundlegenderes Zuschreibungsprinzip? Zurück zu **UG**. Dieses Prinzip stellt, wie **AZP**, ein begrifflich gesichertes Kriterium für Glauben-daß-*p* bereit, das einige der oben genannten Vorzüglichkeiten aufweist (so z.B. Eindeutigkeit und Unbeschränktheit). Aber es ist, so scheint es, gegenüber **AZP** in gewisser Hinsicht grundlegend. Denn Zustimmung ist ja nur dann begrifflich hinreichend für Glauben, wenn sie Urteilen involviert. Und ist es nicht die eigentliche Pointe des Antecedens von **AZP**, zu gewährleisten, daß der Sprecher *urteilt*, daß *p*? Durch die Ernsthaftigkeit seiner Zustimmung ist sichergestellt, daß er überhaupt urteilt; durch seine Sprachbeherrschung, daß der Inhalt seiner Äußerung (im normalen Fall) der seines Urteils ist; durch beide zusammen, daß seine Äußerung, ceteris paribus, Ausdruck dieses Urteils ist. Die Aufrichtigkeit seiner Zustimmung garantiert, daß er das Urteil nicht nur ausdrückt, sondern in diesem Moment tatsächlich urteilt. Folglich verhält es sich so: Kraft der Erfüllung der im Antecedens von **AZP** genannten Merkmale ist Zustimmung zu "*p*" begrifflich hinreichend dafür, daß *S* zum Zeitpunkt seiner Äußerung urteilt, daß *p*, und dies wiederum dafür, daß er in diesem Moment glaubt, daß *p*. Der durch **AZP** beschriebene begriffliche Zusammenhang besteht, wie es scheint, nur dank des in **UG** erfaßten. – Zudem ist **UG** *völlig* allgemein. Dieses Prinzip erstreckt sich auf alle Entitäten schlechthin, nicht (wie **AZP**) nur auf solche, die eine Sprache beherrschen oder ihren Überzeugungen überhaupt auf irgendeine Weise Ausdruck geben können.

Ist **UG** also so etwas wie ein universales Fundamentalprinzip der Überzeugungszuschreibung, während **AZP**, mit stillschweigendem Rekurs auf **UG**, Zuschreibungen nur in einem kleinen Bereich und mit einer zusätzlichen Normalitätsunterstellung ermöglicht? Gibt nicht **UG** den eigentlichen – zumindest einen tieferen, allgemeineren und in **AZP** ungenannten – Grund an, den wir dafür haben, jemandem auf Grund seiner sprachlichen Bekundung eine Überzeugung zuzuschreiben? Dies mag man so sehen. Jedenfalls ist dies richtig: Haben wir gute Gründe anzunehmen, daß *x* (ein beliebiges Glaubenssubjekt, ob Mensch oder nicht) urteilt, daß *p*, haben wir ipso facto ebenso gute Gründe anzunehmen, daß *x* glaubt, daß *p*. Jede weitere Frage danach, wie es um *x* bestellt ist, wäre müßig: ob es sich um einen normalen Sprecher handelt, und so weiter. Daraus, daß *x* urteilt, und ohne jede Zusatzbedingung folgt mit uneingeschränkter begrifflicher Notwendigkeit, daß *x* die betreffende Überzeugung hat (genau das ist es ja, was **UG** besagt). Zugespitzt: Der durch dieses Prinzip erfaßte Zusammenhang von Urteilen und Glauben ist direkt und gilt ohne jede einschränkende Auflage; er besteht ohne das ganze Drumherum von zusätzlichen Bedingungen, deren Erfülltsein sich nie erweisen, sondern nur mit Hilfe von Präsumptionen unterstellen läßt.

Schön und gut. Aber **UG** ist nicht eigenständig. Um dieses Prinzip zum Zwecke der Überzeugungszuschreibung auf einen konkreten Fall anzuwenden, müssen wir Gründe für die Annahme haben, daß das betreffende Subjekt urteilt, daß *p*. Doch welche Gründe könnten das sein? Gründe, aus denen sich ergibt, daß es erstens überhaupt *urteilt*, und damit, zweitens, die Wahrheit just der Proposition, daß *p*, anerkennt? Und welches wären die bestmöglichen Gründe für eine derartige Urteilszuschreibung (in dem Sinne von "bestmöglicher Grund", der eingangs dieses Kapitels erläutert wurde)? Aus Überlegungen, die vollkommen strukturanalog zu denen sind, die zu **AZP** führten, ergibt sich, daß auch Urteilszuschreibungen nicht besser zu rechtfertigen sind als dadurch, daß das betreffende Subjekt sein Urteil durch Satz-Zustimmung bekundet. Deutlicher gesagt, "glauben" läßt sich in **AZP** durch "urteilen" ersetzen, und das Ergebnis dieser Substitution, nämlich

> Ceteris paribus gilt: Wenn ein normaler Sprecher des Deutschen einem Satz "*p*" (oder ein normaler Sprecher einer beliebigen andern Sprache *L* einem Satz *σ*, dessen korrekte Übertragung von *L* ins Deutsche "*p*" ist) zu *t* ernsthaft, aufrichtig und mit Bedacht zustimmt, dann urteilt er zu *t*, daß *p*,

spezifiziert das dominante Kriterium für Urteilen-daß-*p*. Die in **AZP** formulierte hinreichende Bedingung ist also zugleich das dominante Kriterium dafür, daß jemand urteilt, daß *p*. Und dies zeigt, daß sich eine Glaubenszuschreibung mit Rückgriff auf **UG** nicht eigenständig rechtfertigen läßt, sondern nur unter Zuhilfenahme eines Urteilskriteriums. Nun ist das dominante Urteilskriterium jedoch nichts anderes als das Antecedens von **AZP**. Deshalb ist **UG**, als Prinzip der Überzeugungszuschreibung, nicht grundlegender als **AZP**.

Fassen wir diese Überlegungen in zwei Beobachtungen zusammen. Erstens, der Weg über das Urteilen führt nicht geradliniger zu den Glaubenstatsachen als der, den **AZP** beschreibt; es ist derselbe Weg. Zweitens, **UG** kann uns ohnehin keine zusätzliche Einsicht in das Glauben und unsern Begriff davon geben. Denn dieses 'Prinzip' ist eine Wahrheit kraft Stipulation; es dient uns zur Einführung eines philosophisch nützlichen Begriffs, den wir durch seinen Zusammenhang mit dem des Glaubens partiell erläutern.

*

Was in diesem und dem vorigen Kapitel entwickelt wurde, legt den Schluß nahe, es könne kein Wissen darüber geben, daß jemand genau das-&-das glaubt. Wenn **AZP** auf die sichersten Gründe verweist, die es dafür geben kann, Glaubensaussagen für wahr zu halten, dann umfassen diese Gründe einiges, was wir einfach nicht wissen, sondern nur 'letztlich ungedeckt' voraussetzen können. Wo eine empirische, aber empirisch unerweisliche Unterstellung unvermeidlich ist, kann es Wissen, das diesen Namen verdient, nicht geben. Das gilt auch dann, wenn mit dem verhexten Wort "wissen" kein allzu hochgegriffener philosophischer Sinn verbunden wird (etwa einer, der skeptizismusimmune Gewißheit umfaßt). Der Wissende muß zwar nicht jeden denkbaren, beliebig weit hergeholten Zweifel ausräumen können. Wohl aber muß er – um wirklich zu *wissen*, daß *p* – jeden vernünftigen Zweifel am Bestehen dieses

Sachverhalts entkräften können. Seine Gründe für die Annahme, daß *p*, müssen nicht nur gut, sondern in folgendem Sinn *konkludent* sein: ausreichend, um jede in seiner Lage vernünftigerweise in Betracht zu ziehende ('reale') Möglichkeit auszuschließen, es sei dennoch der Fall, daß *~p*. Solche Möglichkeiten werden üblicherweise als *kontextuell relevante Alternativen* (dazu, daß *p* der Fall ist) bezeichnet.[378]

Ich unterstelle hier, daß es in der Tat zum Begriff des Wissens gehört, daß der Wissende in der Lage sein muß, zumindest die kontextuell relevanten Alternativen auszuschließen. (Das heißt: Er verfügt – ob er sich darüber im Klaren ist oder nicht – über Gründe, angesichts deren seine wahre Überzeugung zumindest subjektiv vernünftiger ist als die Annahme, irgendeine dieser Alternativen liege vor.) Nun ist jedoch in jedem Zuschreibungskontext, auch unter günstigsten Bedingungen, zum Beispiel die Möglichkeit relevant, daß *S* – entgegen dem Anschein – nicht aufrichtig ist, trotz allen äußeren Anzeichen der Bedachtsamkeit unbedacht zustimmt, und so weiter. Und es liegt in der Natur so gearteter relevanter Alternativen, daß wir über keine Gründe verfügen, die stark genug wären, um sie auszuschließen. Kurz, im Lichte dessen, was wir in diesem Kapitel betrachtet haben, sind selbst die bestmöglichen, 'cp-zwingenden', Gründe für die Annahme, daß *S* glaubt, daß *p*, nicht konkludent. Und das heißt: Selbst wenn alles dafür spricht, daß *S* diese Überzeugung hat, können wir nicht wissen, daß er sie hat. Glaubenstatsachen sind mithin nicht wißbar. Dies ist nun aber keine an den Haaren herbei gezogene skeptizistische These, sondern ergibt sich, erstens, aus begrifflichen Wahrheiten über das Glauben (nämlich **AZP**) und das Wissen (und zwar: zu Wissen gehört auch, alle kontextuell relevanten Alternativen ausschließen zu können) und zweitens daraus, daß folgendes niemals auszuschließen ist: Jemand stimmt "*p*" zu, und alles spricht dafür und nichts dagegen, daß er ein normaler Sprecher ist, der das aufrichtig, ernsthaft, mit Bedacht usw. tut; aber dennoch, er glaubt nicht, daß *p*.

Doch läßt sich das wirklich niemals wissen? Kann nicht wenigstens das Glaubenssubjekt selbst – zumindest unter gewissen Bedingungen und wenigstens im Hinblick auf manche seiner Überzeugungen – wissen, daß es das-&-das glaubt? Und geht dies nicht sogar aus dem gerade Betrachteten hervor? Denn folgende Überlegung erscheint doch plausibel: Wenn das Subjekt urteilt, daß *p* (oder urteilt, daß es glaubt, daß *p*), dann ist es sich dessen bewußt und *weiß* folglich, daß es so urteilt. Mit **UG** läßt sich daraus folgern, daß ein normaler Sprecher, dem die Wahrheit dieses Prinzips offenkundig ist, wenigstens im Moment seiner Zustimmung auch weiß, daß er glaubt, daß *p*. Q.E.D.

Wie auch immer man die Qualität des skizzierten Beweises einschätzt, unbestreitbar scheint jedenfalls, daß dem Subjekt eine ganz besondere Rolle zukommt, wenn es um die Frage geht, ob es die-&-die Überzeugungen hat. Immerhin ergibt sich ja aus der Dominanz des allgemeinen Zuschreibungsprinzips, daß das bekundende Wort des Subjekts (zumindest unter günstigsten Bedingungen) durch nichts überwogen werden kann. Ob diese besondere Rolle dem Umstand geschuldet ist, daß jeder in einer speziellen *epistemischen* Beziehung zu seinen eigenen Überzeugungen steht, ist das leitende Thema der nächsten Kapitel.

13. GLAUBEN ÜBER DAS EIGENE GLAUBEN

Unsere Überlegungen haben uns auf die Frage geführt, ob es Wissen zumindest über das eigene Glauben gibt. Wenn es das gibt, dann involviert es – Wissen impliziert Glauben – auch Glauben über das eigene Glauben. Auch dies scheint klar: Wenn es überhaupt Wissen über das eigene Glauben gibt, dann jedenfalls auch über eigenes *gegenwärtiges* Glauben, d.h. Wissen darüber, daß und was man in diesem Moment glaubt.[379] Nehmen wir beides zusammen, dann führt uns die Frage nach dem Wissen über das eigene Glauben auf die Frage, die uns nun beschäftigen wird: die nach der Natur von Überzeugungen, die ein Subjekt hat, wenn es glaubt, daß *es selbst jetzt* das-&-das glaubt. Solche speziellen Überzeugungen wollen wir *Selbst-Überzeugungen* nennen. Sie fallen nicht grundsätzlich aus dem Rahmen unserer bisherigen Überlegungen. Auch "*S* glaubt, daß er selbst glaubt, daß es regnet" fügt sich in die Ur-Schablone des propositionalen Glauben ein: "*S* glaubt, daß *p*". (Die Einsetzung für "daß *p*" ist hier: daß er selbst – d.h. *S* – glaubt, daß es regnet".) Und sie fallen auch nicht aus dem Rahmen des allgemeinen Zuschreibungsprinzips: Wenn *S* ernsthaft, aufrichtig usw. sagt "Ich glaube, daß *p*", dann glaubt er, daß er (er selbst, jetzt) glaubt, daß *p*.

Dennoch, Selbst-Überzeugungen haben manch Eigentümliches an sich, das gesonderte Aufmerksamkeit verdient. Zunächst einmal: Werden sie bekundet, dann schreibt sich das Subjekt eine Überzeugung zu. Welche Prinzipien regeln solche Zuschreibungen? Welche Kriterien könnte einer anwenden, wenn er sich selbst eine Glaubenseigenschaft zuschreibt? Bislang hatten wir, ohne dem besondere Aufmerksamkeit zu schenken, nur den Fall in den Blick genommen, in dem es darum geht, einem andern Menschen eine Überzeugung zuzuschreiben. Die Urschablone, "*S* glaubt, daß *p*", haben wir stets so verstanden, als besage sie "Ein *anderer* Mensch, *S*, glaubt, daß *p*". Das heißt, wir haben bisher nur Überzeugungszuschreibungen betrachtet, die vom sog. Dritte-Person-Standpunkt aus gemacht werden. Aber was, wenn es nicht um einen andern Menschen geht? Hier klafft eine Lücke in unseren bisherigen Überlegungen. Denn die Glaubenssubjekte, auf die wir uns inzwischen konzentriert haben, die vielbeschworenen normalen Sprecher unserer gemeinsamen Sprache, wären nicht das, was sie sein sollen, wenn sie nicht auch das Metier der doxastischen Selbstzuschreibung beherrschten: die Verwendung eines schlichten Satzes wie "Ich glaube, daß es regnet" und seinesgleichen. – An diesem Punkt werden unsere Überlegungen beginnen.

*

Vorüberlegungen über Sprachliches Kann man im Hinblick auf doxastische Selbstzuschreibungen überhaupt von 'Kriterien' oder 'Prinzipien' der Zuschreibung reden? Dies scheint aus mehreren Gründen unangebracht. Gewöhnlich beruhen solche Selbstzuschreibungen nicht auf Beobachtungen oder Präsumptionen, die der Glaubende über sich selbst macht und auf die er verweisen könnte, um seine Aussage über das eigene Glauben zu rechtfertigen. Eine solche Rechtfertigung wird von ihm auch nicht erwartet. Ja, niemand käme überhaupt auf die Idee, ihn danach zu fragen, welche Gründe er dafür hat, das, was er sagt ("Ich glaube, daß so-&-so"), für wahr zu halten. Mehr als das, solange kein Zweifel an seiner Aufrichtigkeit besteht, wie ließe sich die Wahrheit seiner Selbstzuschreibung sinnvoll in Frage stellen? Und schließlich scheint es so zu sein, daß er stets in der Lage sein muß, über sein eigenes Glauben Auskunft zu geben, und daß diese Auskunft nicht von Unsicherheit begleitet sein kann. (Jedenfalls klänge es befremdlich, wenn er so etwas sagte wie "Ich weiß nicht, ob ich glaube, daß *p*" oder "Ich glaube, daß *p*; aber ganz sicher bin ich mir nicht, ob ich es wirklich glaube".) – Dies sind markante Unterschiede zu den 'Fremdzuschreibungen', die wir bisher betrachtet haben. Wenn ein Anderer über *S* sagt, dieser glaube, daß *p*, ist nichts merkwürdig daran, ihn zu fragen, woher er das weiß. Seine Aufrichtigkeit, die des Andern, ist uns nicht genug. Die Gründe, nach denen ihn zu fragen wir berechtigt sind, werden in Zuschreibungsprinzipien spezifiziert; es sind Gründe wie: *S* hat gesehen, daß *p*; er benimmt sich wie einer, der glaubt, daß *p*; er hat selbst gesagt, daß *p*; und so weiter. Das sind gewöhnliche Erfahrungsgründe, denen andere entgegenstehen könnten. Und nichts wäre verwunderlich daran, wenn dieser Andere, der *S* eine bestimmte Überzeugung zuschreibt, zugleich deutlich machte, daß er zu diesem Thema nur Vermutungen hat ("*S* glaubt, daß *p*; allerdings weiß ich das nicht, ich habe nur davon gehört").

Es fiele schwer, diese Besonderheiten von Selbstzuschreibungen einfach als soziale Gepflogenheiten zu betrachten ("Es gehört sich nicht, in diesen Dingen nach einer Begründung zu fragen") oder als Zufälligkeiten des Sprachgebrauchs, die sich schlicht daraus ergeben, daß wir gewisse pragmatische Konventionen akzeptieren, an deren Stelle wir ebenso gut andere haben könnten. Wenn diese Besonderheiten ihren Grund hingegen im Wesen des menschlichen Glaubens selbst haben, dann stellen sich die Fragen, um die es in unseren Überlegungen nun über einige Zeit hinweg gehen wird. Nämlich, ob sich die charakteristischen Eigenarten von Selbst-Überzeugungen und Selbstzuschreibungen aus dem Begriff des Glaubens selbst ergeben. Ist es auf apriorischem Weg einsichtig, daß das glaubende Subjekt über seine eigenen momentanen Überzeugungen im Bilde ist? Daß es keiner Gründe bedarf, um sich dessen sicher zu sein, daß es das-&-das glaubt? Daß man gewöhnlich gar nicht daran zweifeln oder sich darüber unsicher sein kann, daß man das-&-das glaubt, wenn man dies glaubt? Ja, daß man sich vielleicht gar nicht darüber irren kann?

*

"Ich glaube": Zwei Gebrauchsweisen Gelegentlich wird die Auffassung vertreten, in Wirklichkeit würden Sätze des Typs "Ich glaube, daß *p*" niemals selbstzuschreibend (als eine Aussage über das eigene momentane Glauben) verwendet, sondern auf eine grundlegend andere Weise.[380] Bei Lichte besehen gebe es gar keine derartigen Selbstzuschreibungen und mithin auch nicht das Problem, ihren angeblichen erkenntnistheoretischen Sonderstatus zu erklären. Hier handele es sich um ein Pseudo-Problem, das nichts weiter sei als die Ausgeburt von Mißverständnissen über den tatsächlichen Gebrauch von "Ich glaube"-Sätzen. Fragen wir uns also zunächst einmal: Was ist der tatsächliche Gebrauch solcher Sätze? Wie ist jemand zu verstehen, der einen Satz des Typs "Ich glaube, daß *p*" auf eine gebräuchliche Weise verwendet?

In der Tat, in ihrer üblichsten Verwendung wird mit solchen Sätzen keine Selbstzuschreibung einer Glaubenseigenschaft gemacht. Der Sprecher zielt dann gar nicht darauf ab, über sich selbst eine Aussage zu machen, sondern vornehmlich darauf, zum Thema *p*/~*p* Stellung zu nehmen. Was er dann mit dem "Ich glaube"-Satz sagt, läßt sich z. B. so paraphrasieren: "*p*. Jedenfalls glaube ich das." In dieser Paraphrase ist die Reihenfolge des Satzes in aufschlußreicher Weise verändert. "*p*", als der inhaltliche Kern der Aussage, ist nun nach vorne gerückt; hier spielt die Musik. "Ich glaube" ist nun nach hinten verschoben; es ist ein bloßes Anhängsel, das nur dazu dient, der Aussage jeden starken Klang zu nehmen. Nennen wir diese Art des Gebrauchs von "Ich glaube"-Sätzen deren *p-lastige Verwendung*. Daß es in ihr nicht wesentlich um den Sprecher geht, daß nicht er das eigentliche Thema seiner Aussage ist, zeigt sich noch deutlicher an andern Paraphrasen, in denen von ihm – zumindest an der lexikalischen Oberfläche – gar nicht mehr die Rede ist. Statt "Ich glaube, daß Harvey erkältet ist" könnte man oft genauso gut sagen "Vermutlich ist er erkältet", "Er dürfte wohl erkältet sein" und anderes mehr.

Wie funktioniert diese Verwendung von "Ich glaube"-Sätzen? Ein Beispiel. In einer Sitzung wird die Frage erörtert, wie in einer bestimmten Angelegenheit verfahren werden sollte. *S* sagt: "Ich glaube, es ist das Beste, die Sache auf sich beruhen zu lassen." Mit dieser Äußerung macht er einen Vorschlag, und zwar denselben, den er auch mit "Es ist das Beste, die Sache auf sich beruhen zu lassen" gemacht hätte – mit einem Unterschied: Mit dem "Ich glaube"-Satz verleiht er seinem Vorschlag weniger Nachdruck. – Ein weiteres Beispiel. Die Frage wird erörtert, welcher deutsche Dialekt herausklingt, wenn Herr Maier Englisch spricht. *S* sagt: "Ich glaube, es ist Schwäbisch." Mit dieser Äußerung vollzieht er einen assertiven Sprechakt. Was er gesagt hat, betrachten wir als wahr, wenn in Maiers Englisch tatsächlich das Schwäbische durchschimmert. (Stellt sich heraus, daß Maier Schwabe ist, lassen wir ihn triumphieren: "Ich hatte recht!") Was er gesagt hat, gilt uns demnach bezeichnenderweise nicht allein dann schon als wahr, wenn er tatsächlich glaubt, daß in Maiers Englisch Schwäbisch herauszuhören ist. – Solche Beispiele legen folgende Diagnose nahe. In der *p*-lastigen Verwendung fungiert "Ich glaube, daß" als ein illokutionärer Dämpfer. Damit meine ich folgendes: Mit "Ich glaube, daß *p*" wird, in dieser Verwendungsweise, ein Sprechakt von der Art vollzogen, wie er bei derselben Gelegenheit auch mit der Äußerung von "*p*" vollzogen würde: Der propositionale Gehalt beider Äußerungstypen ist derselbe, und beide gehören demselben illokutionären Genus (Assertiv, Kommissiv, Direktiv) an. Jedoch unterscheiden sie sich hinsichtlich der Stärke der mit ihnen vollzogenen Illokution: Wenn mit der Äußerung von "*p*" etwas behauptet, empfohlen oder versprochen würde, dann wird mit der von "Ich glaube, daß *p*" dasselbe in Abschwächung behauptet, empfohlen oder versprochen.

Allgemein gesprochen: Mit der *p*-lastigen Verwendung von Sätzen des Typs "Ich glaube, daß *p*" macht der Sprecher keine Behauptung oder Feststellung über sich selbst: daß er eine bestimmte Glaubenseigenschaft habe. Allerdings weist er ausdrücklich auch darauf hin, daß er glaubt, daß *p*; und das heißt, er bekundet diejenige Überzeugung ausdrücklich, die er auch (allerdings nicht sprachlich explizit) zum Ausdruck brächte, wenn er schlicht "*p*" sagte. Aber er *sagt* nicht, daß *p*. Vielmehr erhebt er diesbezüglich einen abgedämpften Wahrheitsanspruch. Diese Abschwächung erreicht er, indem er zugleich deutlich zu verstehen gibt, daß er sich nicht sicher ist, daß *p*. Daß er sich dessen nicht sicher ist, ist deshalb deutlich, weil es eine sog. generalisierte konversationale Implikatur jeder Äußerung von "Ich glaube"-Sätzen ist.[381] – Daraus werden einige der eingangs erwähnten Besonderheiten erklärlich. Es wird einsichtig, daß es für den Gebrauch solcher Sätze keiner 'Kriterien der Selbstzuschreibung' bedarf; eine solche Zuschreibung wird ja mit ihnen gar nicht gemacht. Ebenso wird klar, warum es ein Mißverständnis wäre, den Sprecher auf die Äußerung eines "Ich glaube"-Satzes zu fragen, woher er denn wisse, daß das, was er sagt, wahr ist. Denn indem er sich so ausdrückt, macht er deutlich, daß er keinen Anspruch auf Wissen erhebt. Deshalb ist seine Äußerung in gewissem Sinne unangreifbar und keiner Rechtfertigung bedürftig: Der mit ihr verbundene Wahrheitsanspruch ist gering; und aus ihr selbst geht schon hervor, daß der Sprecher sich nicht dazu in der Lage sieht oder jedenfalls nicht willens ist, überzeugende Wahrheitsgründe zu geben.

Wäre der *p*-lastige Gebrauch von "Ich glaube"-Sätzen der einzige, der sich von ihnen machen läßt, dann ließe sich daraus ein recht simples Prima-facie-Argument gegen die Existenz doxastischen Selbstwissens gewinnen. Etwa so: Zunächst einmal sei es ohnehin nicht sinnvoll zu sagen, jemand *wisse*, daß er dies-&-das glaubt. Nicht einmal von sich selbst könnte man so etwas sagen. Außerdem, von solchem 'Wissen' könnte ja nur die Rede sein, wenn es zumindest Selbst-*Überzeugungen* gäbe. Doch wenn es diese gäbe, dann wäre die ernsthafte Äußerung eines "Ich glaube"-Satz die Selbstzuschreibung einer solchen Überzeugung. Dem ist aber nicht so; die sprachrichtige Verwendung solcher Sätze ist eine ganz andere. Folglich deuten schon simple sprachliche Befunde darauf hin, daß es nicht einmal einen greifbaren Sinn hat, davon zu sprechen, jemand wisse (oder glaube auch nur), daß er dies-&-das glaubt.

In diesem Argument wird unterstellt, die *p*-lastige Verwendung von "Ich glaube"-Sätzen sei die einzige. Nun, sie mag in der Tat die gebräuchlichste sein. Aber sie ist nicht die einzige. Solche Sätze lassen sich auch dazu verwenden, mit ihnen Auskunft über sich selbst zu geben, eine Mitteilung ausschließlich über sich selbst zu machen. Der thematische Kern der Äußerung eines "Ich glaube"-Satzes ist dann, anders als bei der *p*-lastigen Verwendung, nicht die Proposition, daß *p*, sondern die: daß der Sprecher glaubt, daß *p*. (Frage: "Ist jemand hier im Raum, der glaubt, daß Shakespeares Sonette von Bacon verfaßt wurden?" *S*: "Ich glaube das.") – Es klänge merkwürdig, solche Sprechakte als Behauptungen zu bezeichnen. Aber sie sind Assertive. Man kann mit ihnen z.B. auch lügen: etwas Unwahres sagen, um den Adressaten zu einer falschen Überzeugung zu bringen. Was mit solchen Äußerungen gesagt wird, ist wahr oder falsch, je nachdem, ob *S* tatsächlich glaubt, daß *p*, oder nicht. In dieser zweiten Verwendung wird mit einem "Ich glaube"-Satz eine genuine Selbstzuschreibung gemacht. Was auch immer er sonst noch tun mag, jedenfalls schreibt er sich die Eigenschaft Glauben-daß-*p* zu. Und indem er dies tut, erhebt er keinerlei *p*-bezogenen Wahrheitsanspruch.

Er geht gegenüber dem Adressaten seiner Äußerung keine, auch keine noch so abgeschwächte, Verpflichtung ein, dafür einzustehen, daß *p*. – Natürlich gibt es Fälle, in denen unklar bleibt, welche der beiden Verwendungen vorliegt, oder ob vielleicht beide zugleich vorliegen. ("Warum fährst du diesmal nicht nach *A* in Urlaub, sondern nach *B*?" – *S*: "Ich glaube, daß es da am Strand nicht so voll ist.")

*

"Er glaubt, dass er glaubt" Sowohl mit der behauptenden Verwendung von "*p*" als auch mit der *p*-lastigen Verwendung von "Ich glaube, daß *p*" bringt der Sprecher zum Ausdruck, daß er glaubt, daß *p*. Mit der selbstzuschreibenden Verwendung bringt er die Überzeugung, daß *p*, nicht nur zum Ausdruck; er sagt auch, daß er sie hat. Bringt er mit der Selbstzuschreibung darüber hinaus noch eine weitere Überzeugung zum Ausdruck: die Überzeugung, daß er glaubt, daß *p*? Diese Konsequenz ergibt sich, wenn auf selbstzuschreibende Äußerungen das allgemeine Prinzip angewandt wird: Wer etwas im Ernst sagt, bringt damit zum Ausdruck, daß er es glaubt. Es wäre bedauerlich, wenn dieses schlichte und schöne Prinzip nicht allgemeingültig wäre. Dennoch, es gibt Anlaß zu fragen, ob es sich auch auf "Ich glaube"-Sätze anwenden läßt. Denn das Ergebnis der Anwendung auf unsern Fall ist: *S* bringt zum Ausdruck, daß er glaubt, daß er glaubt, daß *p*. Was könnte das heißen? Oder schärfer: Hat solch eine Aussage überhaupt einen Sinn?

Zugestanden, niemand sagt so etwas (außer vielleicht im Scherz, oder beim Philosophieren). Unbestreitbar hätte schon die Aussage – *S glaube*, daß er glaubt, daß *p* – im gewöhnlichen sprachlichen Verkehr einen merkwürdigen Klang: als solle damit gesagt sein, es komme *S* nur so vor, als glaube er es, oder *S* selbst sei sich zumindest nicht sicher: ob er nun wirklich glaubt, daß *p*, oder ob es ihm nur so vorkommt. Dieser merkwürdige Klang ist allerdings leicht zu erklären. Er rührt daher, daß mit der umgangssprachlichen Verwendung des Wortes "glauben" gewöhnlich zu verstehen gegeben wird, daß man von *bloßem* Glauben und nicht von Wissen oder völligem Überzeugtsein spricht. Dies ist ein generelles Merkmal der Verwendung dieses Wortes, das (wie gerade erwähnt) bereits bei einfachen, unverschachtelten Glaubenssätzen anzutreffen ist. Wer sagt, daß *S* glaubt, daß *p*, implikiert damit gewöhnlich, daß *S* nicht weiß, ob *p*. (Unter gewissen Umständen implikiert er sogar, daß *S* irrt: "Gestern habe ich das beste Steak meines Lebens gegessen. Übrigens, *S* glaubt, ich sei immer noch Vegetarier".)

Entsprechend würde einer, der in einem gewöhnlichen Redezusammenhang sagte "*S* glaubt, daß er glaubt, daß *p*", damit also durchklingen lassen, daß *S* sich nicht sicher ist, ob er glaubt, daß *p*; vielleicht sogar, daß *S* sich über sein eigenes Glauben im Irrtum befindet. (Ob solcherlei Irrtum oder zumindest Unsicherheit überhaupt möglich ist, werden wir später genauer untersuchen.) Aber beides wäre unter normalen Gegebenheiten seltsam genug, daß just daraus die Merkwürdigkeit des Klangs solcher Sätze verständlich werden könnte. Die Erklärung wäre, daß mit der umgangssprachlichen Verwendung solcher Sätze ein sehr kurioser Sachverhalt implikiert wird. – Nun ist allerdings eines zu beachten. Eine Implikatur des Nicht-Wissens oder Unsicherseins ergibt sich nicht aus der lexikalischen Bedeutung des Worts "glauben". Vielmehr handelt sich um eine generalisierte konversationale Implikatur, und solche Implikaturen sind 'stornierbar'. Man kann sie außer Kraft setzen: "*S* glaubt, daß *p*; ja, er weiß es sogar". Sie gehören nicht zum eigentlichen sprachlichen Sinn. Man bedenke auch: Glauben ist mit Wissen nicht nur verträglich; vielmehr ist es eine notwendige Bedingung. Eingangs hatte ich darauf hingewiesen, daß das Wort, im Rahmen unserer Überlegungen, fortlaufend 'streng wörtlich' verstanden werden möge, ohne derartige Implikatur. *Glauben, daß p* ist hier stets zu lesen, als habe es den Zusatz bei sich: *gleichgültig, ob der Glaubende auch weiß, daß p, und wie sicher bzw. unsicher er sich der Wahrheit des Geglaubten sein mag.* Wenn wir sie in diesem Sinn verstehen, verlieren Sätze über höherstufige Überzeugungen anderer Menschen zwar nicht ihren merkwürdigen Klang, aber wir erkennen dann, daß es ein bloßer Beiklang ist. Ein Satz der Art "*S* glaubt, daß er glaubt, daß *p*" besagt, wörtlich genommen, genau das, was er zu besagen scheint, und nichts darüber hinaus. Insbesondere besagt er nicht, daß *S* sich unsicher darüber ist, ob er wirklich glaubt, daß *p*.

*

Unsere Frage war, ob mit der selbstzuschreibenden Verwendung von "Ich glaube, daß *p*", nicht nur die Überzeugung, daß *p*, sondern auch die höherstufige Überzeugung des Sprechers zum Ausdruck gebracht wird, daß er glaubt, daß *p*. Angesichts des gerade Betrachteten spricht nichts dagegen. Daher gibt es keinen Grund, solche Sätze als Ausnahmen zu dem erwähnten Prinzip ("Wer etwas sagt, bringt damit zum Ausdruck, daß er es glaubt") zu betrachten. Die Selbstzuschreibung momentaner Überzeugungen tanzt in Hinblick auf dieses Prinzip nicht aus der Reihe. Wer von sich sagt, er glaube, daß *p*, ist folglich unaufrichtig, wenn er nicht glaubt, daß er glaubt, daß *p*. Deshalb gibt es für die so merkwürdig klingenden Sätze des Typs "*S* glaubt, daß er glaubt, daß *p*" zumindest *eine*

Paraphrase, deren Klang weniger anstößig ist: "Wenn *S* sagen würde, daß er glaubt, daß *p*, wäre er aufrichtig".

Es hat sich ergeben, daß Glaubenssätze in der ersten Person Singular Präsens, wenn sie selbstzuschreibend verwendet werden, semantisch offenbar nicht anders funktionieren als andere Sätze mit dem Prädikat "glauben, daß *p*". Und daß ihre Äußerung dann, zumindest in einer Hinsicht, auch pragmatisch nicht anders funktioniert als die Äußerung beliebiger anderer Aussage-Sätze: Der Sprecher sagt etwas, und er bringt damit auch seine Überzeugung zum Ausdruck, daß es so ist, wie er sagt. Wer im Modus der Selbstzuschreibung sagt, daß er glaubt, daß *p*, bringt damit – so scheint es – zum Ausdruck, daß er glaubt, daß er glaubt, daß *p*. Jedenfalls hat sich keines der betrachteten Gegenargumente als triftig erwiesen.

*

"ICH GLAUBE, DASS ICH GLAUBE" Ein neues Bedenken regt sich, sobald wir einen Schritt weitergehen: zu Sätzen, in denen es, dem sprachlichen Anschein nach, um das eigene Glauben-daß-man-glaubt geht, und zwar Sätze des Typs "Ich glaube, daß ich glaube, daß *p*" (im Folgenden oft abgekürzt zu: *G²-Sätze*).[382] Würde der Sprecher damit explizit sagen, was er mit "Ich glaube, daß *p*"-Sätzen nur zum Ausdruck bringt? Alles spricht dagegen. Zunächst einmal, de facto werden solche Sätze nicht verwendet. Wer einen G²-Satz äußerte, fiele aus dem Rahmen konventional geregelter Sprachverwendung, stieße auf Verwunderung oder nacktes Unverständnis und müßte sich fragen lassen, was er eigentlich meint. Nun, vielleicht will er nur dies zum Ausdruck bringen: erstens, daß er sich darüber unsicher ist, ob er das-&-das glaubt; und zweitens, daß er eher dazu tendiert zu glauben, daß er es glaubt, als dazu zu glauben, daß er es nicht glaubt. Man mag sich hier allerlei ausdenken. Wie auch immer, es scheint jedenfalls unmöglich, solch einen Satz in seinem 'streng wörtlichen' Sinn selbstzuschreibend zu verwenden. G²-Sätze haben keine *sinngemäße* Verwendung; de facto werden sie, außer vielleicht im Scherz, gar nicht verwendet. Terminologisch verkürzt gesprochen: Sie sind unverwendbar.[383]

Heißt das nun, daß zumindest solche Sätze in der Tat nicht einmal einen sprachlichen Sinn, eine wahrheitswertfähige wörtliche Bedeutung, haben? Daß es keine Umstände gibt, unter denen sie sensu stricto wahr bzw. falsch wären? Wahr müßten sie doch sein können. Wir haben ja gerade gesehen, daß sie jedenfalls dann wahr sind, wenn *S* in aller Aufrichtigkeit sagt, daß er glaubt, daß *p*.

Kann es sein, daß manche Glaubenstatsachen sich vom Glaubenssubjekt zwar sprachlich ausdrücken, aber von ihm selbst nicht aussprechen und mitteilen lassen? Und falls es diese besondere Unsagbarkeit gibt, was könnte der Grund für sie sein? In der Unverwendbarkeit der G^2-Sätze liegt also ein gewisses Rätsel. Sie scheinen genau das zu besagen, was das Subjekt mit "Ich glaube, daß *p*" zum Ausdruck bringt, aber sie lassen sich nicht sinngemäß verwenden.[384] – Wer annimmt, daß ein Satz nur Sinn hat, wenn es für ihn ein 'Sprachspiel', eine konventional geregelte Verwendung, gibt, könnte mithin versucht sein, die schiere Sinnhaftigkeit von G^2-Sätzen zu bestreiten. Betrachten wir ein Argument, das für diese Auffassung ins Feld geführt werden könnte:

> Daß G^2-Sätze nicht verwendet werden, ist nicht einfach ein kontingentes Faktum. Vielmehr wäre es sprachwidrig, sie zu verwenden. Daß die Unverwendbarkeit keine Zufälligkeit ist, zeigt sich auch daran, daß es keine 'sinnverwandten' Ausdrucksweisen gibt, die einen sinngemäßen Gebrauch haben. Zwar sagen wir so etwas wie "Ich glaube zu wissen, daß *p*", "Ich glaube mich zu erinnern, daß *p*" und dergleichen. Aber was wir mit solchen Sätzen sagen, läßt sich paraphrasieren als: "*p*. Da bin ich mir sehr sicher." Das heißt: Auch in diesen Sätzen ist "Ich glaube" als illokutionärer Dämpfer zu verstehen. Zudem empfinden wir solche Sätze nicht als bedeutungsgleich mit "Ich glaube, *daß* ich weiß/mich erinnere, daß *p*". Ausdrücke wie "glauben zu wissen" funktionieren in der Verständigungspraxis eher wie in sich geschlossene, semantisch primitive Operatoren ("glauben-zu-wissen"), und nicht wie komplexe Operatoren, die das Ergebnis der Anwendung eines eigenständigen Operators ("glauben, daß") auf einen andern ("wissen, daß") sind. Hinzukommt, daß das Wort "glauben" nicht einmal zu dieser Verwendung taugte. Denn auch für einen fiktiven Operator, "glauben-zu-glauben", gäbe es keine Verwendung. (Der Hinweis, aus "Ich glaube zu *wissen*, daß *p*" folge doch wohl "Ich glaube zu *glauben*, daß *p*", wäre aus dem gerade erwähnten Grund ein Mißverständnis.) Wohin man auch schaut, nicht nur für Sätze des Typs "Ich glaube, daß ich glaube, daß *p*", sondern auch für ähnliche Konstruktionen gibt es keine sinngemäße Verwendung. – Mithin sind solche 'Sätze' nur ungereimte Wortzusammenstellungen, die keinen sprachlichen Sinn haben. Q.E.D.

All das mag richtig sein, außer der Konklusion. Fürwahr, die Sinnhaftigkeit der in Frage stehenden Sätze läßt sich nicht mit Hinweis auf ihre sinngemäße Verwendung erweisen. Eine solche haben sie nicht. Und ja, es stimmt, jede assertive Verwendung scheint sich geradezu von selbst zu verbieten. Doch aus alldem folgt nicht, daß ihnen kein sprachlicher Sinn zukommt. Im Gegenteil, nur deshalb, weil wir ihren Sinn verstehen, geht uns auf, daß ihre Verwendung nicht sinngemäß sein könnte. Und welches ihr Sinn ist, liegt auf der Hand: genau der, der sich aus der gewöhnlichen Bedeutung der einzelnen Wörter und ihrer syntaktischen Anordnung ergibt. Wer Sätze des Typs "*S* glaubt, daß *A* glaubt, daß *p*" versteht – und jeder kompetente Sprecher tut das –, versteht auch den sprachlichen Sinn von solchen des Typs "*S* glaubt, daß *S* glaubt, daß *p*"; und er weiß, daß "Ich glaube, daß ich glaube, daß *p*" für *S* die passendste Ausdrucksweise wäre, um das zu sagen, was mit dem zweiten Satz über ihn gesagt wird. All das versteht und weiß er, obwohl ihm klar ist, daß mit der Verwendung der beiden letzten Satztypen, zumindest zu den üblichen Zwecken normaler Verständigung, kein 'Zug in einem Sprachspiel' gemacht würde, das wir mit dem Wort "glauben" spielen. – Kurz, obwohl G^2-Sätze unverwendbar sind, haben sie dennoch einen tadellosen sprachlichen Sinn, und zwar genau den, den sie dem grammatischen Anschein nach zu haben scheinen.

Dennoch, es bleibt rätselhaft, warum sie unverwendbar sind, warum ihr sinngemäßer Gebrauch sich in irgendeiner Weise von selbst zu verbieten scheint. Das kann nicht an ihrer bloßen Höherstufigkeit liegen. Nichts wäre zum Beispiel seltsam daran zu sagen, daß *S* glaubt, daß *A* glaubt, daß *B* glaubt, daß *C* glaubt, daß er, *S*, ein Doppelspion ist. Die Überzeugung, die er dann hätte, ist kompliziert; aber ein gut gemachter Roman könnte uns erklärlich machen, wie *S* dazu kommt, dies zu glauben. Solche 'interpersonalen' Überzeugungen mögen beliebig hohe Stufen der Verschachtelung erreichen. – Auch Aussagen über höherstufige 'intrapersonale' Überzeugungen sind nicht unweigerlich irritierend, d.h. solche, die ausschließlich von Überzeugungen des Subjekts handeln, das sie hat, hatte oder glaubt, sie in Zukunft zu haben. Jemand sagt uns: "Ich glaube, daß ich zu Weihnachten wieder daran denken und auch dann noch glauben werde, daß ich letzte Weihnacht geglaubt habe, ich würde nie mehr eine Gans essen". Ein bißchen ausgefallen klänge das schon, solch eine Selbstzuschreibung einer intrapersonalen Überzeugung dritter Stufe. Aber eben nur ausgefallen. – Hingegen wären wir unweigerlich zutiefst befremdet, wenn er uns mit dem entsprechenden G^3-Satz (auch von den niedrigeren Stufen seines Selbst-Glaubens ausschließlich im Präsens sprechend) sagte: "Ich glaube, daß ich glaube, daß ich glaube, daß ich nie mehr eine Gans essen werde." Dies wäre grotesk, und in gewissem Sinn könnten wir mit dieser 'Mitteilung' gar nichts anfangen.

Die Unverwendbarkeit von G^2-Sätzen kann ihren Grund auch nicht darin haben, daß ihre Äußerung einen Widerspruch oder eine offenkundig falsche Präsupposition enthielte, daß sich aus ihr eine Paradoxie ergäbe (wie "Ich lüge, indem ich diesen Satz ausspreche") oder auch nur eine quasi-paradoxale Ungereimtheit (wie Moores "*p*, aber ich glaube nicht, daß *p*"). Nichts dergleichen trifft auf G^2-Sätze zu. Dennoch, ihre Verwendung, so scheint es, 'verbietet sich von selbst'. Was konkret könnte diese Floskel besagen? Eine gute Antwort wäre, daß jede solche Äußerung gegen Regeln verstieße, die wir beim Reden miteinander beachten – allerdings keine Sprachregeln im engeren Sinn (phonologische, syntaktische, semantische, usw.) und auch keine 'sozialen' Regeln (etwa des guten Benehmens und dergleichen). Sondern Regeln, die den kommunikativ sinnvollen Gebrauch von Sprache bestimmen oder wenigstens eingrenzen. – Grice hat eine Reihe von Maximen für normale, kooperative Verständigung formuliert, an denen wir uns orientieren können.[385] Ein Verstoß gegen solche Maximen bringt es in manchen Fällen mit sich, daß die Äußerung, mit der gegen sie verstoßen wird, passenderweise als 'sprachwidrig' bezeichnet werden könnte. Würde mit der Äußerung von G^2-Sätzen vielleicht unweigerlich gegen eine dieser sog. Konversationsmaximen verstoßen?

Ich gehe kurz die vier Maximen durch, die im Hinblick auf unsere Frage einschlägig sein könnten. Eine Maxime der Quantität besagt: "Mache deinen Beitrag nicht informativer als nötig!". Wären Äußerungen von G^2-Sätzen über-informativ? Dazu müßten sie mehr als eine Information enthalten. Das tun sie nicht; es geht in ihnen um einen einzigen Sachverhalt: daß der Sprecher eine bestimmte Selbst-Überzeugung hat. – Als dritte Maxime der Modalität führt Grice an: "Sei kurz! (Vermeide unnötige Weitschweifigkeit!)". Sie wäre einschlägig, wenn sich das, was mit einem G^2-Satz gesagt würde, auch kürzer fassen ließe (etwa so wie sich das, was mit "Es ist wahr, daß es wahr ist, daß es regnet" gesagt würde, in zwei Worten sagen läßt). Aber der Inhalt eines G^2-Satzes läßt sich nicht kürzer wiedergeben. "Ich glaube, daß ich glaube, daß es regnet" ist keine sprachlich redundante Ausdrucksweise. Wer genau das sagen wollte, könnte nicht einfach "Ich glaube, daß es regnet" sagen. – Die Maxime der Relation lautet: "Sei relevant!" Äußerungen von G^2-Sätzen wären systematisch unangebracht, wenn es kein Thema gibt, zu dem sie etwas Einschlägiges beitragen könnten. Vielleicht ist das ja so; jedenfalls fällt es schwer, sich eine normale Situation auszumalen, in der solche Mitteilungen relevant sein könnten. Doch hieße das mehr als: daß wir eben keine Gespräche führen, zu denen solche Einlassungen etwas sachlich Belangvolles beitragen? Dies ist eine durchaus plausible sozialpsychologische Hypothese. Aber sie trifft nicht den Punkt, der uns so sehr irritieren würde, wenn jemand doch einen solchen Satz äußerte. Wir würden ihm sicher nicht vorwerfen, seine Mitteilung betreffe nicht das Thema des Gesprächs. Uns wäre nicht einfach unklar, welchen Belang seine Mitteilung für unser Gespräch hat. Vielmehr wüßten wir nicht einmal, *was* er damit überhaupt sagen will. Und das besonders Merkwürdige daran ist, daß solch ein Problem eigentlich nicht bestehen dürfte. Denn den sprachlichen Sinn seiner Worte verstehen wir ja ohne weiteres. – Betrachten wir als letztes Grices zweite Maxime der Qualität: "Sage nichts, wofür dir angemessene Gründe fehlen!" Auch sie trifft offenkundig nicht den Punkt, der G^2-Sätze in der ihnen eigentümlichen Weise ungeeignet für eine sinnvolle Verwendung macht. Denn gewiß würden wir auf die Äußerung nicht so reagieren, wie wir es sonst tun, wenn jemand gegen diese Maxime verstößt ("Woher willst du das denn wissen?" und dergleichen). Solche Reaktionen würden wir, wie eingangs bemerkt, gegenüber Selbstzuschreibungen als geradezu abwegig empfinden. Die Unverwendbarkeit solcher Sätze rührt also offenbar nicht daher, daß mit ihrer Äußerung unweigerlich gegen die Maxime der Qualität verstoßen würde.

Keine der pragmatischen Diagnosen, die wir in den Blick genommen haben, taugt etwas. In diesem Rahmen finden wir keine befriedigende Antwort auf die Frage, warum uns allem Anschein nach ernstgemeinte Äußerungen von Sätzen des Typs "Ich glaube, daß ich glaube, daß *p*" ratlos machten, wenn wir ihnen begegneten. Dennoch, der seltsame Klang, den solche Äußerungen unweigerlich hätten, ändert nichts daran, daß diese in praxi unverwendbaren Sätze sinnvoll und wahrheitswertfähig sind. – So viel zu den sprachlichen Besonderheiten, die sich beim Reden über Selbst-Überzeugungen ergeben, seien es eigene oder die anderer Menschen.

*

Selbst-Überzeugungen Abschließend einige Hinweise. Die *p*-lastige Verwendung von Sätzen des Typs "Ich glaube, daß *p*" wird im Folgenden keine Rolle mehr spielen. Von nun an werde ich zumeist auf den ausdrücklichen Hinweis verzichten, daß die selbstzuschreibende Verwendung gemeint ist, wenn ich von "Ich glaube"–Sätzen und ähnlichem spreche. Das erspart vermeidbare Umständlichkeiten. – Zweitens werde ich statt "*S* glaubt, daß er glaubt, daß *p*" gelegentlich das Kürzel *GGp* verwenden (und ganz entsprechend bei noch höherstufigen Überzeugungen). Weitere Kürzel dieser Art werde ich en passant einführen. – Drittens noch einmal die Erinnerung an den sehr speziellen Sinn, in dem hier von Glauben über das eigene Glauben die Rede ist. Es gibt ja sehr viele verschiedene Arten von Überzeugungen über das eigene Glauben. Sie können gegenwärtige, vergangene und auch künftige Überzeugungen betreffen; sie können von einzelnen Überzeugungen handeln, aber auch von mehreren ("Die meisten meiner Überzeugungen zum Thema So-&-so beruhen auf bloßem Hörensagen"). Uns ist es im Folgenden nur um eine ganz spezielle Art von Überzeugungen dieser Art zu tun: um solche, die ausschließlich von einer eigenen momentanen Überzeugung handeln. Nur sie bezeichne ich, wie erwähnt, als *Selbst-Überzeugungen*. Sie lassen sich folgendermaßen charakterisieren: Bezeichne "daß *p*" eine Proposition, die nicht vom eigenen Glauben handelt. Solche Propositionen werde ich gelegentlich als *Basis-Propositionen* bezeichnen, und Überzeugungen, deren vollständiger Inhalt sie sind, entsprechend als *Basis-Überzeugungen*. Jemandes Überzeugung, daß er selbst (jetzt) glaubt, daß *p*, ist eine Selbst-Überzeugung erster Stufe; seine Überzeugung, daß er selbst (jetzt) glaubt, daß er selbst (jetzt) glaubt, daß *p*, wäre eine der zweiten Stufe; und so weiter. Nichts sonst ist eine Selbst-Überzeugung. Selbst-Überzeugungen von der zweiten Stufe an bezeichne ich als *höherstufige* Selbst-Überzeugungen.

Es ist bequem, so zu reden, wie ich es gerade getan habe: als handelten Selbst-Überzeugungen von Überzeugungen, die man selbst hat. Doch darin liegt auch eine Mißverständlichkeit: Denn meine Selbst-Überzeugungen handeln von mir, nicht von einer meiner Überzeugungen; sie handeln davon, daß ich sie habe. Umständlich gesprochen: In ihnen geht es darum, daß *ich* die Eigenschaft habe, dies-&-das zu glauben. (Eine Überzeugung, die sensu stricto von einer meiner eigenen Überzeugungen handelt, ist etwas anderes; sie liegt zum Beispiel dann vor, wenn ich glaube, daß meine Überzeugung, die Welt sei gut, letztlich einer genaueren Betrachtung wohl nicht standhält.) Für den doxastischen Repräsentationalisten etwa, der Überzeugungen für mentale Repräsentationen hält, müßte dies einen markanten Unterschied machen: ob (a) eine mentale Repräsentation, μ, von einer andern mentalen Repräsentation, μ^*, handelt, oder ob (b) μ von etwas ganz Andersartigem handelt: nämlich von dem betreffenden Subjekt selbst. Nur im Falle (a) liegt Metarepräsentationalität vor: Die eine Repräsentation, μ, repräsentiert eine andere, μ^*, und repräsentiert sie als eine Repräsentation. Im Falle (b) liegen die Dinge anders: Hier repräsentiert μ keine Repräsentation; vielmehr repräsentiert sie das Subjekt, und zwar als eines, das ein bestimmtes Glaubensattribut hat.[386] – Da im Folgenden von genuinen Meta-Überzeugungen nicht die Rede sein wird, werde ich der Bequemlichkeit halber weiter so sprechen, als seien Selbst-Überzeugungen Überzeugungen über Überzeugungen. Mißverständnisse sollten sich, nach diesem Hinweis, daraus nicht ergeben.

*

Die Überlegungen in diesem Kapitel nahmen ihren Ausgang bei der Frage, ob nicht zumindest das glaubende Subjekt selbst Wissen von seinem spezifischen Glauben haben kann, und sei's auch nur von solchen Überzeugungen, die es gegenwärtig hat. Voraussetzung für solcherlei doxastisches 'Selbstwissen' ist die Wahrheit – und a fortiori die Existenz – entsprechender 'Selbst-Überzeugungen'. Das sinnvolle Reden über letztere birgt eine Reihe von verwirrenden Besonderheiten in sich, und so ist es vielleicht nicht verwunderlich, daß ihre Existenz nicht unumstritten ist. Bei der Betrachtung einiger der hier einschlägigen Fragen haben wir zumindest eine von ihnen beantwortet, und diese Antwort ist für die Fortführung unseres Gedankengangs von einiger Wichtigkeit: Menschen haben Selbst-Überzeugungen, zumindest solche erster Stufe. Somit liegt im bloßen Begriff der Selbst-Überzeugung kein Hindernis für die Anerkennung der Möglichkeit von Wissen über das eigene Glauben. Solches Wissen bestünde ja – gemäß der Standardkonzeption von Wissen – darin, eine Selbst-Überzeugung zu haben, die in irgendeinem geeigneten Sinn 'gerechtfertigt' oder 'fundiert' ist und darüber hinaus natürlich auch wahr. Dieser letzte Punkt, die Wahrheit von Selbst-Überzeugungen, wird uns nun als nächstes beschäftigen. Offenbar haben sie ja noch diese weitere Besonderheit: Ihre Wahrheit scheint stets garantiert zu sein. Wie sollte es zugehen, daß eine von ihnen jemals falsch ist?

14. UNFEHLBARKEIT

Wie könnte ein Mensch sich darüber irren, daß er dies-&-das glaubt? Wenn es schlicht unmöglich ist, sollte dies eine begriffliche Wahrheit sein. Daß kein Mensch je bloß wähnt, dies und das zu glauben, ist wohl keine empirische Tatsache, die uns die Erfahrung gelehrt hat. ("Jeder bisher bekannt gewordene Fall, in dem ein Mensch glaubte, daß er glaubte, daß *p*, hat sich als einer erwiesen, in dem er tatsächlich auch glaubte, daß *p*.") Wenn derartiger Irrtum hingegen doch vorkommt, sollte es gute Beispiele dafür geben. Wenn es keine gibt, sollte sich doch immerhin durch bloße Überlegung oder überzeugende Gedankenexperimente einsichtig machen lassen, daß er vorkommen könnte.

Gegenbeispiele? Beweiskräftige Beispiele, die wir der Empirie entnehmen könnten, gibt es nicht. Ein Ergebnis unserer bisherigen Überlegungen war: Selbst mit den besten Erfahrungsgründen, die wir dafür haben könnten, ist keine Überzeugung eines Andern jemals definitiv erweislich, folglich auch keine seiner Selbst-Überzeugungen. Nie läßt sich angesichts eines konkreten Falls ganz ausschließen, daß ein unbemerkter Störfaktor im Spiel und unsere sei's auch bestens gerechtigfertigte Zuschreibung falsch ist. Es ließe sich folglich nicht zunächst einmal feststellen, daß der Andere die-&-die Selbst-Überzeugung hat, und dann, in einem zweiten Schritt, daß er die dazugehörige Basis-Überzeugung nicht hat. Schon der erste Schritt kann nicht gelingen. (Auch die umgekehrte Schrittfolge könnte, aus denselben Gründen, nicht zur gesuchten Erkenntnis führen.) – Könnte man aber nicht aus dem eigenen Erleben wissen, daß so etwas vorkommt? Könnte ich vielleicht einmal bemerkt haben, daß ich zwar nicht glaubte, daß so-&-so, aber im selben Moment dennoch glaubte, es zu glauben? Dies möchte nicht einmal ein Dialethist für sich geltend machen, der sich immerhin der Fähigkeit rühmt, offenen Auges Propositionen und ihre Negationen zugleich für wahr zu halten. Betrachten wir kurz, warum. Er mag uns im selben Atemzug mitteilen, daß er etwas sowohl für wahr als auch für falsch hält ($Gp \;\&\; G{\sim}p$). Er ist aufrichtig, glaubt auch, was er sagt (also: $GGp \;\&\; GG{\sim}p$). Aber – und das ist ja geradezu die Pointe seiner Doktrin – er bestreitet, daß ${\sim}Gp$ aus $G{\sim}p$ folgt. Seine einander widersprechenden Überzeugungen mögen es ihm also gestatten, darauf zu insistieren, daß er aus eigenem Erleben mit Fällen von $GGp \;\&\; G{\sim}p$ vertraut ist. Aber das, was wir suchen, könnte selbst er nicht liefern (und wollte das natürlich auch gar nicht): einen Fall von irrigem Selbst-Glauben (*GGp & ~Gp*). Was nicht einmal der Dialethist glauben kann, ist nicht zu glauben.

Aus Erfahrung, auch eigener, können wir also nicht wissen, daß Menschen auch in ihren Selbst-Überzeugungen irren können. Bloße Überlegung ist hier ebenso wenig beweiskräftig. (Ich kenne nichts Besseres als: "Der Sterbliche kann in *allem* fehlgehen, also auch in seinen Selbst-Überzeugungen". Das ist fromm gedacht, aber kein Argument, das dazu angetan ist, den weniger fromm Denkenden zu beeindrucken.) Überzeugungskraft könnte in dieser Sache wohl nur aus guten Gedankenexperimenten kommen. Sie appellieren an 'Intuitionen'. Überzeugend sind sie nur für den, der diese bereits hat oder sie sich angesichts der ausgemalten Geschichte aneignet. – Jedes Gedankenexperiment muß hier versagen. Betrachten wir, warum.

Das Strickmuster eines jeden potentiell geeigneten Szenarios ist klar. In einem ersten Schritt ist der Ausgangspunkt einleuchtend zu machen: daß jemand eine bestimmte Selbst-Überzeugung hat; in einem zweiten Schritt muß eine leidlich plausible Geschichte erzählt werden, aus der hervorgeht, daß er im selben Moment die dazugehörige Basis-Überzeugung nicht hat. Hier ein Beispiel, das in mannigfachen Varianten in der Literatur zu unserm Thema diskutiert wird. Da ist der Vater, der in seinem Sohn unbedingt etwas Großes sehen möchte. Der Sohn klimpert gefällig nach Noten auf dem Klavier. Grundidee: Der Vater redet sich ein, daß sein Sohn eine große pianistische Begabung hat, versteht aber selbst etwas davon und weiß es eigentlich besser. Der Vater glaubt also – so der erste Schritt –, daß er seinen Sohn für besonders begabt hält (*GGp*). Wenn man ihn so etwas fragte wie "Glaubst du, daß der Junge Talent hat?", würde er dies jederzeit aufrichtig bejahen. Aber – zweiter Schritt – in Wirklichkeit glaubt er es nicht; er 'weiß es eigentlich besser' (~*Gp*).

Gehen wir den ersten Schritt einmal mit: Der Vater glaubt durchgehend, er glaube, sein Sohn sei begabt. Dann ist die Überzeugungskraft des zweiten Schritts nicht sonderlich groß. Die Intuition soll mobilisiert werden, daß der Vater ('in Wirklichkeit') gar nicht, zu keinem Moment, an die Begabung des Sohnes glaubt. Dem steht jedoch entgegen, daß er – zumindest dann, wenn er urteilt, daß sein Sohn begabt ist – diese Überzeugung tatsächlich hat. Dies ergibt sich aus **UG**; und wenn der Vater nicht nur urteilt, sondern aufrichtig sagt, sein Sohn sei begabt, ergibt es sich auch aus **AZP**. Das heißt: Wir verfügen über die bestmöglichen Gründe, dem Vater – zumindest in diesen Momenten seines Urteilens und Zustimmens – den Glauben an die Begabung des Sohnes zuzuschreiben. Hingegen kann die entscheidende Annahme, der Vater halte den Sohn für unbegabt, nach Voraussetzung *nicht* durch bestmögliche Gründe (d. h. unter Berufung auf ein kriterial gesichertes Zuschreibungsprinzip) gestützt werden; der Vater würde ja dem Satz "Mein Sohn ist unbegabt" nicht zustimmen. Er würde ihn sogar ablehnen; deshalb ist es auch nicht gerechtfertigt, ihm widersprüchliche Überzeugungen über die Begabung des Sohnes zuzuschreiben. – Der 'Intuition', die erzeugt werden soll: der Vater glaube 'in Wirklichkeit' nicht an die Begabung des Sohnes, kann man sich folglich schon deshalb erwehren, weil die Geschichte allein dies nicht hergibt. Ihr läßt sich zunächst einmal nur entnehmen, daß er sehr starke subjektive Gründe hat, dies nicht zu glauben. Die Folgerung, er habe diese Überzeugung tatsächlich nicht, verlangte ein zusätzliches Prinzip (ein besonders simples wäre z. B. "Wer starke Gründe hat, etwas nicht zu glauben, und keine starken Gründe, es zu glauben, der glaubt es nicht"). Aber ein solches Prinzip wäre mehr als zweifelhaft,[387] und erst recht, daß es ausnahmslos gilt und daher umstandslos auch auf den in unserer Geschichte beschriebenen Vater anzuwenden ist.

Kehren wir nun die Schrittfolge des gedankenexperimentellen Versuchsbeweises um. Gehen wir zunächst den zweiten Schritt mit. Setzen wir als gegeben voraus: Der Vater glaubt zu keiner Zeit, daß sein Sohn begabt ist. Und sehen wir zu, ob sich angesichts des Szenarios dann nicht von der Hand weisen läßt, daß er manchmal zugleich wähnt, seinen Sohn für begabt zu halten. Gestehen wir also probehalber einmal zu, daß dem Vater, solange sich ihm die Frage nicht stellt, der Glaube an die Begabung des Sohnes fehlt. Ja, malen wir uns aus, er habe dann sogar, ohne sich dessen bewußt zu sein, die entgegengesetzte Überzeugung: daß sein Sohn nicht sonderlich begabt ist. Das wäre dann das zu Beweisende: ein Fall von *~Gp & GGp*. Dagegen steht diese Diagnose: Die, wiewohl subjektiv gut begründete, Basis-Überzeugung des Vaters ist superfragil. Wann immer das Thema aufkommt, ob im Gespräch oder in seinem stillen Denken, ist sein Wunsch, einen begabten Sohn zu haben, so übermächtig, daß seine besseren Gründe nicht zum Tragen kommt. Seine Basis-Überzeugung ("Er ist unbegabt") gelangt ihm auch in diesem Moment nicht zu Bewußtsein; sie verschwindet, sobald nach ihr gefragt ist. Die Stärke der guten Gründe, die er für sie hat, reicht zumindest für einen Augenblick nicht aus, um sie zu bewahren. Wenn dem so wäre, dann gäbe es keine überzeugende Rechtfertigung dafür, ihm (während solcher Phasen, in denen er unbewußt glaubt, der Sohn sei unbegabt) die sozusagen gegenteilige Selbst-Überzeugung zuzuschreiben: die Überzeugung, er glaube, der Sohn sei begabt. Er ist währenddessen zwar dazu *disponiert*, die grundlose Überzeugung zu haben, der Sohn sei begabt, und ebenso dazu *disponiert*, dann – wenn diese Disposition aktiviert wird und er also tatsächlich glaubt, der Sohn sei begabt – auch die dazugehörige Selbst-Überzeugung zu haben, er glaube an die Begabung des Sohnes. Doch die bloße Disposition zu besitzen, unter gewissen Umständen eine bestimmte Überzeugung zu haben, heißt nicht: diese Überzeugung zu haben. Erst recht heißt es nicht: diese Überzeugung auch dann zu haben, wenn solche Umstände nicht gegeben sind. Kurz, die doxastische Lage des Vaters entspricht nicht, in keinem einzigen Moment, dem Schema eines Irrtums über das eigene Glauben: *GGp & ~Gp* (oder gar *GGp & G~p*). Besser paßt dieses Schema: *Disponiertsein zu GGp & ~Gp*. – Das Ergebnis dieser Überlegung ist: Selbst wenn probeweise dies zugestanden wird: "Solange sich dem Vater die Frage nicht stellt, glaubt er nicht an die Begabung", kann ohne weiteres an Folgendem festgehalten werden: Erst dann, wenn sich ihm die entsprechende Frage stellt, glaubt er an die Begabung des Sohnes; aber dann – dann! – glaubt er auch, daß er dies glaubt.

Wenn wir uns diesen Reim auf die Geschichte machen, dann tritt der Fall, den das Gedankenexperiment plausibel machen soll, *GGp & ~Gp*, zu keiner Zeit auf. Der Vater, so diese alternative Ausdeutung der Geschichte, oszilliert zwischen Phasen unbewußten Glaubens-daß-nicht und Momenten des Glaubens-daß; und beides geht dann mit der jeweils entsprechenden Selbst-Überzeugung einher. Einerseits sind da also Phasen von *G~p* und mithin *~Gp*; in ihnen hat der Vater überhaupt keine höherstufige Überzeugung zu diesem Thema (insbesondere gilt dann auch nicht: *GGp*). Andererseits sind da Momente von *Gp & GGp*, aber zu keinem Augenblick gilt das, was die Geschichte hätte zeigen sollen: *GGp & ~Gp*.

*

Versuch, es allen recht zu machen: ein Unfehlbarkeitsprinzip Wir sind nun beiden Schritten des einzigen brauchbaren Gedankenexperiments nachgegangen. Wird der erste gemacht, läßt sich dem zweiten widerstehen, und umgekehrt. Es mag bessere Versuche der Konstruktion eines Beispiels für Irrtum über das eigene Glauben geben. Aber es ist zu bezweifeln, daß sich ein beweiskräftiges finden läßt – eines, das keine Gegen-Intuitionen, oder Gegendiagnosen, zuließe. (Dazu gleich mehr.) Andererseits ist es auch nicht abwegig oder gar inkohärent, solche Geschichten als überzeugende Beispiele für derartigen Irrtum zu betrachten. Die Schwierigkeit bei alldem liegt, so scheint es, in folgendem. Einerseits leuchtet es uns, oder: vielen von uns, auf Anhieb ein, daß man sich über das eigene momentane Glauben nicht irren kann. Andererseits lassen sich Szenarien ausmalen, die zumindest bei manchen die Intuition hervorrufen, gelegentlich könne das eben doch passieren. Manche wiederum haben entgegengesetzte Intuitionen, die auch durch solche Szenarien nicht erschüttert werden. – Folgende Lösung dieser mißlichen Patt-Situation bietet sich an. Die begriffliche Wahrheit der Generalisierung (nennen wir sie das *Unfehlbarkeitsprinzip*)

U Ceteris paribus gilt: Wann immer jemand glaubt, daß er glaubt, daß *p*, glaubt er auch, daß *p*. [$GGp \Rrightarrow Gp$]

erklärt sowohl die Prima-facie-Evidenz von "Wann immer *GGp*, auch *Gp*", als auch die Unsicherheit darüber, ob Geschichten der gerade betrachteten Art die uneingeschränkte, cp-lose, Version dieser Generalisierung nicht doch widerlegen. Im Lichte dieses Prinzips ist nur der extravagante Gedanke inkohärent, dem wohl kaum jemand zuneigt: Überzeugungen über das eigene momentane Glauben könnten im normalen Gang der Dinge, 'einfach so', falsch sein.[388]

*

Daß Glauben über das eigene Glauben *rein* kontingentermaßen nicht für Irrtum anfällig ist, mag behaupten wer will. Daß solches Glauben – selbst unter exzeptionellen Einflüssen – *prinzipiell* nicht fehlgehen kann, ist eine Vorstellung, die kaum weniger überzogen wirkt. Aber auch ein rigoroser Rationalist, nach dessen Auffassung schon die uneingeschränkte Unfehlbarkeitsthese eine 'Vernunftwahrheit' ist, könnte dieses Prinzip als begriffliche Wahrheit gelten lassen, eben als eine, die überflüssig schwach formuliert ist. Für den moderaten Rationalisten hingegen ist die Cp-Klausel in **U** wesentlich; seines Erachtens liegt es nicht im Begriff der Selbst-Überzeugung, daß sie prinzipiell nicht falsch sein kann, sondern nur, daß dies unter normalen Umständen nicht vorkommen kann. Auch der moderate Empirist mag seinen Frieden mit diesem Unfehlbarkeitsprinzip machen und ihm begriffliche Wahrheit zubilligen; denn er darf ja weiterhin darauf beharren, daß die uneingeschränkte Version dieser Generalisierung nichts weiter wäre als eine empirische und jederzeit durch entsprechende 'Beobachtungen' falsifizierbare Generalisierung. Trotz der tiefgreifenden Divergenz dieser drei Sichtweisen läßt doch jede von ihnen es zu, das Unfehlbarkeitsprinzip als eine begriffliche Wahrheit anzuerkennen.

*

UNBESTREITBAR? Nun aber der rigorose Empirist; nennen wir ihn den Opponenten. Er wird einwenden, all das sei beschwichtigende Augenwischerei. Keine Maus könne den Faden abbeißen: auch mitsamt seiner Normalitätsrestriktion sei das Unfehlbarkeitsprinzip eine prinzipiell falsifikationsanfällige Generalisierung. Ihr den Status einer begrifflichen Wahrheit beizumessen sei nichts weiter als die Immunisierung einer empirischen Aussage. – Sehen wir zu, was sich ihm entgegenhalten läßt, und verfolgen wir aufs Neue die Dialektik des Streits um die begriffliche Wahrheit einer alltagpsychologischen Generalisierung.

Unser Beispiel mit dem Vater des jungen Klavierspielers betrachtet der Opponent so: Erstens glaube der Vater eben nicht an die Begabung des Sohnes, wohl aber glaube er, dies zu glauben. Und dies sei, zweitens, eine genuine Widerlegung der Unfehlbarkeitsidee, auch wie sie in **U** abgemildert formuliert ist. Denn die doxastische Befindlichkeit des Vaters rechtfertige nicht die Konstatierung einer Anormalität. Zwar dürfte es wohl so sein, daß derartige Fälle de facto nur selten auftreten. Aber im Prinzip könne das immer so sein. Folglich sei damit auch *Ceteris paribus: Wann immer GGp, dann auch Gp* widerlegt. Hier helfe die Zuflucht zur Normalität nichts. Auch unter insgesamt normalen Bedingungen könnten Gegenbeispiele auftreten.

Damit ist die eigentliche Streitfrage formuliert: Könnte es, zumindest 'im Prinzip', stets so sein, daß normale Menschen unter normalen Gegebenheiten nur wähnen, sie glaubten dies-und-das? Nehmen wir an, da ist ein Mensch – nennen wir ihn *S** –, bei dem es sich stets so verhält. An seinem Verhalten ist nichts, was uns Anlaß gibt, in Zweifel zu ziehen, daß er die gewöhnliche Rationalität, Intelligenz, Sprachbeherrschung und Begriffsmeisterung eines normalen Sprechers unserer Sprache besitzt. Allerdings ist er stets im Irrtum über sein eigenes Glauben: Wann immer er glaubt, dies-&-das zu glauben, glaubt er es in Wirklichkeit nicht. Wenn wir ihn fragen, ob er glaubt, daß die Steuerreform kommen wird, antwortet er mit einem aufrichtigen "Ja"; aber er glaubt nicht, daß sie kommen wird. Nota bene: Er belügt uns nicht. Er weiß es nicht besser. Er glaubt, es zu glauben. Hätten wir ihn hingegen schlicht gefragt, ob die Steuerreform kommen wird, hätte er in aller Aufrichtigkeit "Nein" gesagt, oder "Keine Ahnung, dazu habe ich keine Meinung". Uns könnte diese systematische Diskrepanz ganz unbemerkt bleiben.

Aber wie könnte ihm selbst dies entgehen? Vergißt er sofort wieder, was er gesagt hat? Warum fällt ihm nicht auf, daß er in derselben Sache stets unterschiedlich antwortet, je nachdem, wie man ihn fragt ("*p*?" bzw. "Glaubst du, daß *p*?"). Und wenn es ihm auffiele, was würde er tun? Es handelt sich ja nicht um einen 'Denkfehler', den er durch gesteigerte

Achtsamkeit ausräumen könnte. Könnte er seine Störung achselzuckend hinnehmen ("So bin ich eben")? Wohl kaum. Sollte er versuchen, intelligent damit umzugehen, z. B. nur noch über die Dinge selbst reden und nicht mehr darüber, welche Überzeugungen er über sie hat? Könnte er dann noch Wörter wie "vermutlich" und Wendungen wie "es scheint so" oder "es dürfte wohl so sein" verwenden? Sobald er sich fragte: Wie ist es nun wirklich, glaube ich an eine baldige Steuerreform, oder glaube ich es nicht?, müßte er, nach Voraussetzung, stets zu der Antwort gelangen, daß er es glaubt. Müßte er diesem Ergebnis aber nicht mißtrauen, wo er doch nicht glaubt, daß sie kommt? Doch wie könnte er ihm mißtrauen? Müßte er sich dazu nicht die Frage stellen: Glaube ich wirklich, daß ich glaube, daß so-&-so? Aber wie sollte er *diese* Frage beantworten? Zu welcher Antwort könnten wir ihm raten?

Sich den Vater des klavierspielenden Kindes als im Irrtum über sein eigenes Glauben zu denken, bereitete kaum Schwierigkeit. Das hat mehrere Gründe: Erstens ist seine falsche Selbst-Überzeugung eine Ausnahme (der Vater irrt sich nicht ständig über sein eigenes Glauben); zweitens ist uns diese Ausnahme menschlich verständlich (er hat ein Motiv zu glauben, er halte seinen Sohn für begabt); und drittens unterstellen wir, daß diese doxastische Unstimmigkeit durch Einsicht beseitigbar ist: Der Vater würde – sobald ihm aufgeht, daß er diese Überzeugungen hat – zumindest eine von beiden aufgeben. – Hingegen bereitet es große Schwierigkeiten, sich *S** überhaupt nur vorzustellen. In seinem Fall sollen falsche Selbst-Überzeugungen die Regel sein; es ist unvorstellbar, daß er für jede (oder zumindest für viele von ihnen) ein Motiv hat; und nach Voraussetzung wären sie nicht durch Einsicht beseitigbar. Bei seiner durchgängigen doxastischen Störung müßte es sich wohl um eine bisher unbekannte Geisteskrankheit ("systematische Schizodoxie") handeln.

Könnte *S** trotzdem ein 'normaler Sprecher des Deutschen' sein? Nun, sicherlich ist er kein normaler Mensch. Aber man muß kein normaler Mensch sein, um ein normaler Sprecher einer gemeinsamen Sprache zu sein. Wir dürfen annehmen, daß seine Basis-Überzeugungen widerspruchsfrei sind und er im Einklang mit ihnen handelt. Seine Sprachbeherrschung und kommunikative Kompetenz insgesamt müßten, so scheint es, durch seine Störung nicht wesentlich beeinträchtigt sein; er gebraucht und versteht Deutsch so wie wir, und auch das Wort "glauben" hat in seinem Mund keinen andern Sinn als den gewöhnlichen. Er hat vornehmlich ein Problem mit sich selbst, nicht mit uns oder unserer Sprache, die auch seine ist. Solange es beim Reden mit ihm nicht ausdrücklich darum geht, ob er etwas glaubt, sondern nur darum, was er glaubt, ist er nicht anders als wir auch. Sobald er über seine Überzeugungen spricht, gibt er uns nur noch Rätsel auf. Aber das hat nichts mit seiner Sprachkompetenz zu tun. Schließlich gilt ja ganz allgemein: Mit manchen Menschen sollte man über gewisse Themen besser nicht reden.

Etwa auf diese Weise könnte man also versuchen, seinen Fall mit einem pragmatischen Achselzucken hinzunehmen. Andererseits spricht einiges dagegen, daß wir es uns ganz so leicht machen. Schließlich würden unsere Zuschreibungskriterien zu widersprüchlichen Ergebnissen führen, wenn wir sie auf ihn anwenden. Auf Grund seiner Zustimmung zu "Glaubst du, daß *p*?" wären wir gehalten, ihm (als einem normalen Sprecher) genau die Überzeugung zuzuschreiben, die wir ihm auf Grund seiner Ablehnung von "*p*" absprechen müßten. Sollten – ja, müssen – wir demnach sagen: Er glaubt es, und er glaubt es nicht? Ist er der lebende Beweis dafür, daß unsere Kriterien solche echten Widersprüche zulassen, mithin aufzugeben sind? Oder sollten wir daraus den Schluß ziehen, daß er eben doch kein normaler Sprecher unserer Sprache ist?

Es lohnt nicht, darüber zu klügeln und rechten. Selbst wenn wir *S** den Status eines normalen Sprechers zubilligten, wäre seine doxastische Aberration jedenfalls als ein Störfaktor zu betrachten, der von den Normalitätsrestriktionen der Prinzipien erfaßt wird, zu denen sein Fall eine Ausnahme ist. – Genau das bestreitet unser Opponent. Wenn solch ein Fall aufträte, sagt er, wäre das Unfehlbarkeitsprinzip schlicht und ergreifend widerlegt. Er ist damit allerdings auf eine weitreichende Gegenthese festgelegt: Menschen wie *S** könnten der Regelfall sein, und unsere gewöhnlichen Begriffe wären auch dann noch anwendbar. Im Prinzip könnte jeder sich stets über seine momentanen Basis-Überzeugungen irren. Dies sei eine Möglichkeit, die zwar – wie der Opponent jederzeit konzediert, es geht ihm nicht um Skeptizismus – in der wirklichen Welt nicht realisiert ist, aber in ihr hätte bestehen können oder in Zukunft einmal auftreten könnte. Seines Erachtens müßte folgende Generalisierung eine begriffliche Möglichkeit beschreiben:

[Anti-U] Wann immer ein normaler Sprecher des Deutschen glaubt, daß er glaubt, daß *p*, glaubt er nicht, daß *p*.

Doch ist dies nicht einfach verrückt? Wären die 'Überzeugungen', die diese Menschen über ihr eigenes Glauben hätten, überhaupt noch Überzeugungen? Wären ihre 'aufrichtigen' Selbstzuschreibungen überhaupt noch aufrichtig? Es ist, wie wir gesehen haben, nicht einmal klar, ob sich überhaupt denken läßt, wie *ein* normaler Mensch sich beständig über sein eigenes Glauben irren kann. Vollends unmöglich scheint es, sich bis ins Einzelne auszumalen, wie alle Menschen von diesem Leiden befallen sein könnten. – Der Opponent wird zurecht darauf hinweisen, daß dies nichts beweist: *nicht im einzelnen ausmalbar* heißt nicht *begrifflich ausgeschlossen*.

Soll mit einem Argument bestritten werden, daß endemische Schizodoxie begrifflich möglich ist, dann ist es wenig aussichtsreich, am Nächstliegenden anzusetzen: daß in jener besonderen Befindlichkeit sich systematisch über ihr eigenes Glauben irrender Menschen offenkundig eine tiefreichende Irrationalität läge, die nicht der Normalfall sein kann. Darauf könnte der Opponent trocken erwidern, daß in falschen Selbst-Überzeugungen jedenfalls kein logischer Fehler enthalten ist; daß ohnehin nicht klar ist, worin menschliche Minimal-Rationalität besteht; und einiges andere mehr. – Läßt sich zeigen, daß Selbst-Überzeugungen normaler Sprecher eben doch manchmal wahr sein *müssen*? Hier ein Versuch: Wer glaubt, daß er glaubt, daß *p*, würde, seine Aufrichtigkeit unterstellt, die Frage, ob er glaubt, daß *p*, bejahen; indem er dies bejaht, würde er mitteilen und folglich urteilen, daß er glaubt, daß *p*; also wäre er sich in diesem Moment dessen bewußt, daß er glaubt, daß *p*; a fortiori würde er dann zur selben Zeit glauben, daß *p*. Also gilt in jedem solchen Fall *GGp & Gp*. – In dieser Argumentation wird nun aber unter anderm vorausgesetzt, daß das betreffende Subjekt zu aufrichtiger Auskunft über das eigene Glauben bereit ist. Der Opponent könnte daher z.B. entgegnen, es sei durchaus denkbar, daß kein normaler Sprecher je diese Bereitschaft hat. Es scheint nicht klar, daß eine 'direkte' Widerlegung von [Anti-U] gelingen kann.

Ein anderer Versuch. Man könnte auf begriffliche Zusammenhänge verweisen, in denen Überzeugungen und Selbst-Überzeugungen zu andern Phänomenen stehen (Urteilen, Überzeugungsbekundung, Bewußtsein vom eigenen Glauben, Aufrichtigkeit, Sagen-daß, und anderes mehr), und zu zeigen versuchen, daß diese Zusammenhänge zerrissen wären, wenn alle Menschen so wären wie *S**. Es würden ja, in Bezug auf diese andere Menschheit, andere allgemeine Wahrheiten gelten. Sollten manche darunter mit Prinzipien unverträglich sein, die zur impliziten Definition des Glaubensbegriffs gehören, dann wäre dieser Begriff auf sie nicht anwendbar. Diese Argumentationsstrategie zielt also darauf ab zu zeigen, daß [Anti-U] nicht wahr sein kann, weil die Annahme, diese anderen Menschen hätten falsche Selbst-Überzeugungen, die widerlegbare Voraussetzung hat, der Begriff des Glaubens (oder zumindest der des Glaubens über das eigene Glauben) sei überhaupt auf sie anwendbar. – Hier die Skizze solch eines Widerlegungsversuchs. Er setzt beim Zusammenhang von Aufrichtigkeit und Wahrheit an. Jenen Menschen wäre es nicht möglich, über ihre Überzeugungen so Auskunft zu geben, daß sie dabei zugleich aufrichtig sind und die Wahrheit sprechen. Wann immer einer von ihnen sagte "Ich glaube, daß *p*", dann wäre falsch, was er sagt; aber er wäre aufrichtig: Er glaubt ja, was er sagt. Wenn er hingegen sagte "Ich glaube nicht, daß *p*", dann wäre wahr, was er sagt; aber dann wäre er unaufrichtig: Er glaubt dann nicht, was er sagt. Im Hinblick auf diese Gegebenheiten würde also allgemein gelten:

> Wer aufrichtig sagt, daß er glaubt, daß *p*, glaubt nicht, daß *p*.
> Wer aufrichtig sagt, daß er nicht glaubt, daß *p*, glaubt, daß *p*.
> Wer sich eine Überzeugung zuschreibt, die er nicht hat, ist nicht unaufrichtig.
> Wer sich eine Überzeugung abspricht, die er hat, ist nicht unaufrichtig.

Diese Generalisierungen sind allerdings offenkundig unvereinbar mit begrifflichen Prinzipien, die für das Glauben normaler Menschen gelten ("Cp: Wer aufrichtig sagt, daß er glaubt, daß *p*, glaubt, daß *p*", "Cp: Wer sich eine Überzeugung zuschreibt, die er nicht hat, ist unaufrichtig", und so weiter). Also ist der Begriff des Glaubens nicht auf sie anwendbar.

Darauf mag der Opponent vielleicht so reagieren: Gut, dann möge man sich die Gegebenheiten tunlichst so denken, daß diese anderen Menschen "Ich glaube"-Sätze eben einfach nicht selbstzuschreibend verwenden (und ihre Negationen nicht selbstabsprechend). Und darin liege ja kein Problem: schließlich sei diese Verwendung schon in unserm tatsächlichen Sprachgebrauch eher selten; nichts spricht dagegen, daß diese Menschen ihre "Ich glaube"-Sätze in der *p*-lastigen Manier verwenden können. – Wir verfolgen unsern Einwand weiter: Gesetzt den Fall, daß bei diesen Menschen keine genuinen Selbstzuschreibungen und –absprechungen von Überzeugungen vorkommen, so müssen sie doch zumindest dazu befähigt sein. Ein kompetenter Sprecher, der eine bestimmte Überzeugung hat und diesbezüglich nicht konstitutionell unaufrichtig ist, muß doch (unter insgesamt normalen Gegegebenheiten) immerhin *in der Lage sein*, die passende Auskunft zu geben. So viel ist doch wohl a priori einsichtig! Aber nicht einmal das träfe auf diese Menschen zu. – Hier könnte der Punkt erreicht sein, an dem der Opponent zu seinem äußersten Mittel greift: die begriffliche Wahrheit auch all dieser Prinzipien in Abrede zu stellen. Aber das wäre ja nur konsequent. – Ich breche den Versuch einer Verteidigung des Unfehlbarkeitsprinzips an dieser Stelle ab. Es ist nicht zu sehen, wie einem mit Argumenten beizukommen ist, der bereit wäre, solche Konsequenzen zu tragen.

Es läßt sich also, scheint mir, nicht zwingend widerlegen, daß [Anti-U] eine begriffliche Möglichkeit beschreibt, mithin nicht beweisen, daß das Unfehlbarkeitsprinzip eine begriffliche Wahrheit ist. Das liegt nicht daran, daß just dieses spezielle Prinzip besonders heikel wäre. Unser Opponent könnte sich mit gleicher Renitenz und intellektueller Leidensbereitschaft gegen **AZP** wenden. – Es ist nun einmal so: Die begriffliche Wahrheit cp-analytischer Generalisierungen springt nicht unmittelbar ins Auge, wie die der lexikalischen Trivialitäten. Sie sind daher dazu angetan, den Argwohn auf sich zu ziehen, letztlich eben doch von kontingenten, nur aposteriorisch wißbaren Sachverhalten zu handeln, deren Widerlegbarkeit durch eine Cp-Klausel nur vernebelt, aber nicht beseitigtwird. Um diesen speziellen Aussagen ihre begriffliche Wahrheit zu bestreiten, bedarf es keines generellen Analytizitätsskeptizismus à la Quine. Es reicht die empiristische Ur-Intuition, jede 'interessante' Wahrheit, die nicht von abstrakten (z.B. logischen oder mathematischen) Gegenständen oder lexikalischen Kindergartentrivialitäten handelt, müsse eine Erfahrungstatsache und könne folglich kein begriffliches Faktum sein. Wer unter dem Bann dieser Intuition steht, wird sich, wie unser Opponent, auch durch Überlegungen nicht beeindrucken lassen, die zu zeigen scheinen, daß in kontrafaktischen Gegebenheiten, in denen das Anormale die Regel wäre, bestimmte Begriffe des Geistigen unanwendbar werden, weil sie ihre konstitutiven Zusammenhänge mit anderen Begriffen verlieren.

Wer diesem Dogma nicht anhängt, hat formidable Gründe, die begriffliche Wahrheit des Unfehlbarkeitsprinzips anzuerkennen. Erstens erregt die Feststellung, daß wir uns über unsere eigenen Überzeugungen unter insgesamt normalen Umständen nicht irren können, auf den ersten Blick keinen Zweifel. Zweitens räumt sie die Möglichkeit von Irrtümern dieser Art ausdrücklich ein. Drittens ist sie sowohl mit der 'rationalistischen' Ur-Intuition vereinbar, diese Generalisierung sei selbst ohne Cp-Einschränkung begrifflich wahr, als auch mit der 'empiristischen', ohne diese Einschränkung handele es sich um eine falsifikationsanfällige empirische Hypothese. – Wie jede andere begriffliche Wahrheit, die nicht rein formal einsichtig oder lexikalischer Art ist, ist auch dieses Prinzip, wie wir uns gerade ausführlich vor Augen geführt haben, nicht vor jedem denkbaren Zweifel geschützt. Aber eines hat sich in dieser übergeduldigen Auseinandersetzung mit dem unerbittlich rigorosen Empiristen gezeigt: daß die Leugnung der begrifflichen Wahrheit dieses Prinzips unabsehbar viele abwegige – oder zumindest begrifflich dubiose – Konsequenzen hätte.

*

UNWIDERLEGLICH Das Unfehlbarkeitsprinzip mag bestreitbar und unbeweisbar sein. Allerdings ist es auch nicht zu widerlegen. Und zwar aus einem prinzipiellen Grund: Ein beweiskräftiges Gegenbeispiel ist grundsätzlich ausgeschlossen. Denn die bestmöglichen Gründe für die Annahme, daß jemand eine bestimmte Selbst-Überzeugung hat, sind zugleich zwingende Gründe für die Annahme, daß er die entsprechende Basis-Überzeugung ebenfalls hat. Dies läßt sich durch folgende Überlegung einsehen. Erstens: Bestmögliche Gründe für Überzeugungszuschreibungen ergeben sich, wie wir gesehen haben, nur aus sprachlichen Bekundungen, durch deren Wortlaut der Inhalt der Überzeugung eindeutig bestimmt ist. Der einzige in normaler Verständigung verwendbare Satz, mit dessen Äußerung sich eine Selbst-Überzeugung so zum Ausdruck bringen läßt, daß ihre Zuschreibung unangreifbar sein könnte, hat die Form: "Ich glaube, daß *p*".[389] Also ist die Zuschreibung einer Selbst-Überzeugung, *GGp*, höchstens dann unbestreitbar, wenn das Subjekt einem solchen Satz zustimmt. – Zweitens: Indem *S* solch einen Satz äußert, bringt er auch die Basis-Überzeugung, *Gp*, zum Ausdruck. Dies ergibt sich daraus, daß jede Selbstzuschreibung einer rein geistigen Eigenschaft ipso facto Ausdruck des entsprechenden Geisteszustands ist.[390] Da die Äußerung eines "Ich glaube"-Satzes zugleich die Bekundung der Überzeugung, daß *p*, ist, hat *S*, wenn er mit seiner Äußerung aufrichtig ist, beide Überzeugungen: die, daß *p*, und die, daß er glaubt, daß *p*. – Drittens: Ein beweiskräftiges Beispiel gegen das Unfehlbarkeitsprinzip bedürfte eines Szenarios, angesichts dessen unbestreitbar ist, daß *S* die Selbst-Überzeugung hat und zugleich die Basis-Überzeugung nicht hat (*GGp & ~Gp*).

Deshalb läßt sich ein solches Beispiel nicht in der freien Wildbahn finden und auch nicht konstruieren. In einem geeigneten Szenario müßte *S* einem "Ich glaube"-Satz zustimmen, und zwar unter Äußerungsgegebenheiten, in denen seine Aufrichtigkeit, Ernsthaftigkeit, Bedachtheit und die Abwesenheit von Störfaktoren nicht in vernünftigem Zweifel steht. Wenn er das tut, dann sind ihm beide Überzeugungen, *GGp* und *Gp*, nur im Tandem zuschreibbar. Und das heißt: Es kann kein Szenario für Irrtum über das eigene momentane Glauben geben, das uns schlagende Gründe für das bieten könnte, was mit ihm gezeigt werden soll. Jedes sei's auch prima facie noch so suggestive Beispiel für Irrtum über das eigene Glauben ist von vornherein dazu verurteilt, bestreitbar zu sein. Diese Vermutung hatte sich ja bei der Erörterung des Beispiels mit dem Vater des klavierspielenden Sohnes bereits aufgedrängt. Mit dieser Überlegung läßt sich sehen, wodurch sie sachlich fundiert ist.

*

Wir haben hier nur eine Variante angeblich möglichen Irrtums über die eigenen momentanen Überzeugungen betrachtet: *GGp & ~Gp*. Eine zweite haben wir damit abgehandelt, ohne sie eigens zu erwähnen: *GGp & G~p*. Sie wäre nur ein Spezialfall desselben Irrtums. (Glauben-daß-nicht ist eine Form des Nicht-Glaubens-daß.) Eine dritte Variante ist *G~Gp & Gp*. Auch sie bedarf keiner gesonderten Betrachtung. Alles, was wir erörtert haben, läßt sich (durch entsprechende Verschiebungen des Wörtchens "nicht") auf diesen Fall übertragen.[391] Die vierte Variante ist damit ebenfalls abgetan: *GG~p & Gp*; sie ist ein Spezialfall der dritten. Es gilt also auch folgendes Unfehlbarkeitsprinzip:

U* Ceteris paribus gilt: Wann immer jemand glaubt, daß er nicht glaubt, daß *p*, glaubt er auch nicht, daß *p*. [*G~Gp* ⇛ *~Gp*]

Als Antwort auf unsere Frage nach der Möglichkeit eines Irrtums über das eigene Glauben ergibt sich demnach: Daß derartiger Irrtum überhaupt möglich ist, läßt sich bestreiten (der rigorose Rationalist könnte recht haben); sollte ein solcher Fall denn doch vorkommen oder überzeugend ausmalbar sein, wäre er eine Ausnahme, die den cp-analytischen Zusammenhang zwischen *GGp* und *Gp* (und auch den zwischen *G~Gp* und *~Gp*) nicht zerreißt.

*

Es hat sich ergeben, daß die Existenz höherstufigen Glaubens unbestreitbar ist und daß es in seinem Begriff liegt, unter normalen menschlichen Gegebenheiten irrtumsimmun zu sein. Daraus werden zwei Besonderheiten von Selbstzuschreibungen erklärlich, die eingangs des vorigen Kapitels vermerkt wurden. Erstens, ihre Wahrheit läßt sich nicht in Frage stellen – außer wenn die Aufrichtigkeit des Subjekts in Frage stünde. Das Unfehlbarkeitsprinzip läßt (im Verbund mit der Präsumption von Aufrichtigkeit und Normalität) keinen begrifflichen Spielraum für solchen Zweifel. Zweitens, die Frage kann sich nicht stellen, ob und welche Gründe das Subjekt dafür hat, seine Selbstzuschreibung für wahr zu halten. In dieser Frage läge ein begriffliches Mißverständnis. Solcher Gründe bedarf das Subjekt nicht. Seine Aufrichtigkeit vorausgesetzt, ist die Wahrheit dessen, was es sagt, garantiert – durch die Unfehlbarkeit, die ihm in dieser Sache a priori zukommt.

15. DOXASTISCHER AUFSTIEG?

Glauben über das eigene Glauben ist demnach unfehlbar, genauer: cp-unfehlbar. Wer glaubt, er habe die-&-die Überzeugung, hat sie auch. Es stellt sich die Frage, ob auch der umgekehrte Zusammenhang besteht. Geht eine Überzeugung unweigerlich mit der einher, daß man sie hat? Die entsprechende Generalisierung, verbunden mit dem Anspruch auf begriffliche Wahrheit, heiße die uneingeschränkte doxastische *Aufstiegsthese*:[392]

> Wann immer jemand glaubt, daß *p*, glaubt er auch, daß er glaubt, daß *p*. $[Gp \Rightarrow GGp]$

Sie wird oft wie eine Selbstverständlichkeit akzeptiert, so ist sie zum Beispiel in vielen Systemen der sog. doxastischen Logik herleitbar. Begründet wird sie nur selten, und wenn überhaupt, dann nur lapidar und lässig.[393] Wäre sie richtig, dann ergäbe sich **U*** unmittelbar: Wer glaubt, daß *p*, könnte nicht irrtümlich glauben, er glaube nicht, daß *p*. (Es sei denn, er hätte diesbezüglich widersprüchliche Selbst-Überzeugungen: *GGp* und zugleich auch *G~Gp*.)[394] Zudem wäre diese höherstufige Überzeugung – so mag es angesichts ihrer Unfehlbarkeit jedenfalls scheinen – nicht nur ein Glauben, sondern ein Wissen. Im Verbund mit dem Unfehlbarkeitsprinzip scheint die Aufstiegsthese in eine noch stärkere zu münden: daß wir von jeder Überzeugung, die wir haben, auch wissen, daß wir sie haben. Nennen wir dies die uneingeschränkte These vom *doxastischen Selbstwissen*; sie besagt, folgendes sei eine begriffliche Wahrheit:

> Wann immer jemand glaubt, daß *p*, weiß er auch, daß er glaubt, daß *p*. $[Gp \Rightarrow WGp]$†

Offenkundig ist erstere These zumindest eine notwendige Bedingung für die Wahrheit der letzteren. Ja, man könnte geneigt sein, zwischen beiden keinen sachlich erheblichen Unterschied anzuerkennen, etwa mit folgender Begründung:

† "*Wp*" sei das Kürzel für: *S* weiß, daß *p*.

> Der Aufstiegsthese zufolge bringt jedes Glauben die entsprechende Selbst-Überzeugung mit sich; diese kann dann nicht falsch sein. Wo eine Überzeugung über einen kontingenten Sachverhalt nicht irrig sein kann, handelt es sich um Wissen. Es würde also gelten: Wer etwas glaubt, *weiß* ipso facto, daß er es glaubt. Und dann wäre es stark untertrieben und deshalb irreführend, diesen besonderen Zusammenhang als einen zwischen zwei 'Überzeugungen' zu charakterisieren. Zu sagen, die These vom doxastischen Aufstieg sei schwächer als die vom Selbstwissen, ist daher geradezu verzerrend. Erstere läßt sich in Wirklichkeit gar nicht separat erörtern. Eigentlich geht es von vornherein darum, ob wir doxastisches Selbstwissen besitzen.

Solch eine Argumentation ist nicht stichhaltig. In ihr wird vorausgesetzt, jede unfehlbare Überzeugung über einen kontingenten Sachverhalt sei ipso facto Wissen. Meine Vorbehalte gegen diese Annahme werde ich im nächsten Kapitel darlegen. Unbestreitbar ist hingegen, daß die These vom doxastischen Selbstwissen nicht wahr sein kann, wenn es die Aufstiegsthese nicht ist. Es gibt also guten Grund, letztere zunächst einmal separat – als eine der notwendigen Bedingungen für die Wahrheit der Wissensthese – zu untersuchen.

*

In den Überlegungen zur Möglichkeit falscher Überzeugungen über das eigene Glauben ging es um den umgekehrten Zusammenhang: um den begrifflich gesicherten 'Abstieg' von einer Selbst-Überzeugung zu dem entsprechenden Glauben niedrigerer Stufe. Unsere Frage war, ob normale Menschen zumindest gelegentlich *irrige* Überzeugungen über ihre momentanen Überzeugungen haben. – Nun geht es um die Frage: Gegeben, daß jemand irgendeine Überzeugung hat, wie steht es dann um die Möglichkeit, daß er die entsprechende Selbst-Überzeugung nicht hat? Wäre solch ein Fall, *Gp & ~GGp*, gegeben, so läge darin kein Irrtum des Subjekts – vielleicht aber doch ein schwerwiegender Mangel: wichtige kognitive Fähigkeiten könnten nicht zum Einsatz kommen. Wie ließe sich, zum Beispiel, die Qualität einer Überzeugung in Frage ziehen und überprüfen, ohne daß man weiß (und a fortiori glaubt), daß man sie hat? Die Fähigkeit zu selbstkritischer Reflexion dieser Art ist ein Charakteristikum menschlicher Rationalität. Falls solche Reflexion das Vorhandensein von Selbst-Überzeugungen voraussetzt, wäre deren bloße Abwesenheit einschneidend.[395] Ohne sie könnte der Mensch nicht auf der Höhe seiner rationalen Möglichkeiten agieren: seine Überzeugungen nicht mit Bedacht willentlich auf die Probe stellen. (Kein: "Ich glaube das. Aber ist es wirklich so?")

*

Aufstieg ins Unendliche? Die Aufstiegsthese, "Wann immer *Gp*, auch *GGp*", ist uneingeschränkt allgemein formuliert; sie erstreckt sich auf beliebige Überzeugungen, also auch auf höherstufige. Durch wiederholte Anwendung ergibt sich: Wenn *S* glaubt, daß *p*, so gilt auch *GGp*, *GGGp*, und so weiter, ad infinitum. Die Konsequenz: Wer überhaupt etwas glaubt, hätte ipso facto unendlich viele Überzeugungen. Ist dies überhaupt möglich? Ein doxastischer Neuro-Realist zum Beispiel müßte dies wohl verneinen. Seines Erachtens ist jede Überzeugung, die ein Mensch hat, eine einzelne mentale Repräsentation, die als konkrete neuronale Einheit in seinem Gehirn vorhanden ist. Das menschliche Gehirn ist endlich; es mag sehr viele mentale Repräsentationen beherbergen, aber nicht unendlich viele. Vielleicht wird der Neuro-Realist daher eine Unterscheidung zwischen verschiedenen Arten von Überzeugungen postulieren: solchen, die tatsächlich im Gehirn realisiert sind (endlich viele), und solchen, die das Subjekt nur 'implizit' hat (von ihnen darf es beliebig viele geben). Dieser Kunstgriff ist allerdings heikel; es müßte plausibel gemacht werden, daß und warum die 'unrealisierten Überzeugungen' nicht bloß potentielle, also: keine, Überzeugungen sind. – Wer auf keine spekulativen Hypothesen über die Natur der 'neuronalen Realisierung' von Überzeugungen festgelegt ist, könnte hingegen eine entspannte Auffassung wie z.B. diese vertreten: Falls sich aus unserm Begriff des Glaubens tatsächlich ergeben sollte, daß jeder Mensch unendlich viele Überzeugungen hat, sei dies eben als Faktum anzuerkennen.[396] Außerdem: Überzeugungen sind Eigenschaften von Personen. Solange wir nach der Realität des Glaubens nicht in Form von einzelnen Überzeugungen im Gehirn suchen, entsteht kein Platzproblem. Warum sollte eine Person nicht unendlich viele Glaubensattribute haben, auch wenn in ihr Gehirn nur endlich viel hineinpaßt?

Doch selbst wenn ganz nonchalant die Unendlichkeit des doxastischen Gesamtprofils akzeptiert würde, bliebe dennoch die besondere Konsequenz der Aufstiegsthese intuitiv irritierend: daß jede einzelne Basis-Überzeugung von unendlich vielen Selbst-Überzeugungen immer höherer Stufenzahl begleitet werde. Eine Unendlichkeitsexplosion! Aus jeder Überzeugung, für sich genommen, schössen unendlich viele weitere hervor. Wem diese Idee nicht geheuer ist, dem wäre auch nicht damit geholfen, die Aufstiegsthese mit einer Normalitätsrestriktion zu versehen: Statt $Gp \Rightarrow GGp$, nun nur: $Gp \not\Rightarrow GGp$. Daß ein normaler Mensch, der glaubt, daß *p*, zumindest unter insgesamt normalen Bedingungen *ipso facto* außerdem noch unendlich viele ihm nicht bewußte, immer höherstufige Überzeugungen darüber hat, daß er dies glaubt, mag wahr sein (wer weiß das schon?). Aber es ist gewiß kein gemeinsames Wissen. Wir fühlen uns nicht durch a priori einsichtige Gründe genötigt, zu jeder Überzeugung einen solchen progressus ad infinitum anzunehmen. – Kurz, der Aufstiegsthese fehlt bereits der schöne Anschein intuitiver Prima-facie-Evidenz. Wenn es eine begriffliche Wahrheit wäre, dann jedenfalls keine der sog. Alltagspsychologie.

Leuchtet die Aufstiegsthese vielleicht dann a priori ein, wenn sie als ein Postulat über das Glauben ideal-rationaler Subjekte aufgefaßt wird? Dann ist zu fragen, worin denn eigentlich die größere Rationalität dessen läge, der etwas nicht nur glaubt, sondern stets auch glaubt, daß er es glaubt. Gewiß, für ein ideal-rationales Wesen müßte ohne Einschränkung gelten, daß es niemals glaubt, etwas zu glauben, das es nicht glaubt ($Gp \Rightarrow \sim G \sim Gp$). Warum jedoch sollte darüber hinaus auch gelten: $Gp \Rightarrow GGp$? Wäre ein Wesen weniger *vernünftig*, das eine Selbst-Überzeugung zwar nicht in jedem Moment hat, in dem es die entsprechende Basis-Überzeugung hat, das die Selbst-Überzeugung aber jederzeit hätte, sobald ein konkreter Anlaß gegeben wäre, sie zu haben – also z.B. dann, wenn es sich vor die ernsthafte Frage gestellt sähe, ob es sie hat? (Eine Analogie: Wäre jemand, der ein bestimmtes Anti-Virus stets in sich trägt, das ihn gegen gewisse Erkrankungen wappnet, 'gesünder' als einer, der es erst bei Bedarf ausbildet: wenn dessen Einsatz tatsächlich erforderlich wird?) Ist es denn ein Ideal rationalen Glaubens, jederzeit *alles* zu glauben, das man Grund hat zu glauben? Ein anderes, ebenfalls unerreichbares, Ideal vernünftigen Glaubens könnte auf die Vermeidung überflüssigen doxastischen Ballasts abzielen. (Ein 'ideal-rationales' Subjekt hätte, diesem Ideal zufolge, in jeder Lebenslage genau diejenigen gut begründeten Überzeugungen, deren es zu subjektiv optimalem Denken und Handeln in dieser konkreten Lebenslage bedarf.) Und es scheint ja, hinsichtlich unserer spezifischen Frage, auf der Hand zu liegen: Je höher die Stufe einer Selbst-Überzeugung, desto abwegiger die Annahme, sie könnte jemals zum Denken und Handeln des Subjekts einen Beitrag leisten. Kurz, es ist nicht einmal klar, daß in der uneingeschränkten Aufstiegsthese ein konkurrenzloses Ideal menschlicher Rationalität formuliert wird.

Das negative Ergebnis dieser Überlegungen ist, daß die Aufstiegsthese in keiner der beiden Lesarten, die wir betrachtet haben, a priori einleuchtend ist. Als These über den Begriff des Glaubens normaler Menschen ist sie geradezu kontra-intuitiv, und selbst als Idealisierung wäre sie angreifbar. Würde sie, ohne Anspruch auf begriffliche Wahrheit, als psychologische Hypothese formuliert, fehlte ihr jederlei empirische Plausibilität. Hinzukommt, daß ein empirischer Beleg für das Vorhandensein *höherstufiger* Selbst-Überzeugungen nicht mit Rückgriff auf das einzige begrifflich gesicherte Kriterium zu gewinnen ist. Niemand sagt je im Ernst "Ich glaube, daß ich glaube, daß so-&-so", oder gar etwas dieser Art, das noch verschachtelter wäre. Aber erst, wenn einer es doch täte, hätten wir triftigen Grund, ihm eine Selbst-Überzeugung zweiter oder höherer Stufe zuzuschreiben.

*

WENIGSTENS EIN SCHRITT HINAN? Angesichts dessen liegt es nahe, einen etwaigen begrifflich gesicherten doxastischen Aufstieg nur bis zu einer glaubhaften Höhe zu postulieren. Ein in dieser Hinsicht limitiertes Prinzip würde eine obere Grenze angeben. Basis-Glauben, so die Idee, bringt zwar Selbst-Überzeugungen mit sich, aber keine beliebig hochstufigen. Die bescheidenste These dieser Art – nennen wir sie die *Minimal-These* (des doxastischen Aufstiegs) – besagt, daß zumindest folgendes begrifflich wahr sei:

> Wann immer jemand glaubt, daß p^0, dann glaubt er, daß er glaubt, daß p^0. [$Gp^0 \Rightarrow GGp^0$]†

Auch diese These wirkt keineswegs evident. Von ihren zahlreichen Vertretern wird sie fast immer vorausgesetzt: zumeist mit einer Doktrin von einem uneingeschränkten doxastischen Selbstwissen, aus der sie sich trivialerweise ergibt. Der einzige mir bekannte Versuch, die Minimal-These ohne die Voraussetzung eines stärkeren doxastischen Prinzips zu begründen, stammt von Sidney Shoemaker. Hier seine Argumentation.[397]

> Wenn *S* glaubt, daß *p*, ist er dazu disponiert, in seinen Überlegungen die Proposition, daß *p*, als Prämisse zu verwenden. Er könnte sich also folgendes vor Augen führen: "Es ist wahr, daß *p*. Also ist es in meinem Interesse, mich so zu verhalten, als glaubte ich, daß *p*, und mich außerdem unter normalen Umständen so zu verhalten, daß andere zu der Überzeugung gelangen würden, daß ich glaube, daß *p*. Da die Um-

† Dabei bezeichne "p^0" eine beliebige Basis-Proposition, d. h. eine, deren Wahrheitswert nicht davon abhängt, welche Überzeugungen das betreffende Subjekt hat.

stände normal sind, sollte ich mich so verhalten." Angenommen, *S* ist rational genug, sich so zu verhalten, wie es den Konklusionen seines praktischen Schließens entspricht, und auch rational genug zu wissen, was andere dazu bringt zu glauben, daß er etwas Bestimmtes glaubt. Dann sollte ihn die erwähnte Überlegung dazu führen, das charakteristische Verhalten eines Menschen an den Tag zu legen, der versucht, andern gegenüber zu manifestieren, daß er glaubt, daß *p*; und dazu gehört, daß er sagt: "Ich glaube, daß *p*".

Oh là là, das verlangt nähere Betrachtung. Zunächst einmal, diese Argumentation hat ein schwächliches Ergebnis: Wenn *S* glaubt, daß *p*, dann ist es, erstens, für ihn vernünftig, auch den Wunsch zu haben, sich gegenüber andern so zu verhalten, daß ihnen ersichtlich ist, daß er glaubt, daß *p*; zweitens ist er dann auch in der Lage, einzusehen, daß er diesen Wunsch haben sollte; drittens wird er die Disposition haben, sich andern gegenüber entsprechend zu verhalten; dazu gehört auch seine Disposition, Sätze zu äußern, mit denen er die entsprechende Selbst-Überzeugung erster Stufe sprachlich bekunden würde. Kurz, wer glaubt, daß *p*, *sollte* vernünftigerweise die *Disposition* haben zu *sagen*, daß er das glaubt. – Wie sich aus alledem die angestrebte Konklusion ziehen lassen könnte, daß *S* auch tatsächlich glaubt, daß er glaubt, daß *p*, ist keineswegs klar.

Eine genauere Betrachtung dieser Argumentation ist jedoch nicht nötig. Denn am Ende beansprucht Shoemaker auch gar nicht, mit ihr tatsächlich die verheißene Konklusion – Glauben 'konstituiere' höherstufiges Glauben – begründen zu können. Er schwächt ab: "Mit meinem Argument möchte ich mich nur auf die Auffassung festlegen, daß eine rationale Person, die glaubt, daß *p*, zumindest stillschweigend glaubt [*at least tacitly believes*], daß sie glaubt, daß *p*".[398] Was er beansprucht, mit seinem Argument zeigen zu können, ist also nicht, daß Basis-Glauben für Selbst-Glauben begrifflich hinreichend oder 'konstitutiv' ist, sondern etwas ganz anderes: Wenn *S* glaubt, daß *p*, sollte er vernünftigerweise dazu disponiert sein, sich in relevanten Hinsichten so zu verhalten, wie er es täte, wenn er glauben würde, daß er glaubt, daß *p*. – Solch eine Verhaltensdisposition *sollte* der Glaubende haben. Aber auch normale Menschen haben nicht alle Dispositionen, die sie vernünftigerweise haben sollten. Und selbst wenn sie eine Disposition haben, die sie haben sollten, manifestiert sie sich nicht immer, wenn sie das eigentlich sollte. – Kurz, was auch immer dieses Argument zeigen mag, es zeigt nicht, daß Basis-Überzeugungen aus a priori einsichtigen Gründen hinreichend sind für Selbst-Überzeugungen erster Stufe.

*

Ließe sich die Minimal-These durch andere Überlegungen stützen, ohne sie zu verwässern? Versuchen wir es. Hier ein psychologisches Plausibilitätsargument. Der Aufstiegsminimalist: Wenn *S* aufrichtig sagt "Ich glaube, daß *p*", hat er die Selbst-Überzeugung erster Stufe. Es ist abwegig, daß er sie erst gewinnt, wenn er dies sagt. Vielmehr bekundet er eine Überzeugung, die er bereits hatte, bevor er urteilte. – Darauf läßt sich erwidern: Keineswegs ist es abwegig, daß eine Selbst-Überzeugung gelegentlich erst dann entsteht, wenn das Subjekt sich der Basis-Überzeugung bewußt wird. Zum Beispiel könnte man annehmen, daß jede Basis-Überzeugung notwendigerweise mit der sei's auch bloß virtuellen Selbst-Überzeugung einhergeht. Das heißt, *S* müßte (wann immer er glaubt, daß *p*) zwar keine entsprechende Selbst-Überzeugung haben, aber er hätte sie unmittelbar, sobald er den *Gp*-Gedanken ("Ich glaube, daß *p*") denkt. Und das tut er unweigerlich, wann immer er urteilt oder sagt, daß er glaubt, daß *p*. Die Annahme der bloßen Virtualität des Selbst-Glaubens reicht aus, um einzusehen, daß Selbstzuschreibungen zwar Selbst-Glauben involvieren, aber kein vorgängiges Selbst-Glauben voraussetzen.

Ein zweites Argument für die Minimal-Aufstiegsthese könnte wiederum, aber anders als Shoemaker, an der Rationalität des Glaubenssubjekts ansetzen. Der Proponent: Wenn *S* glaubt, daß *p*, hat er ipso facto Grund zu glauben, daß er das glaubt. Und er hat keinen Grund, das Gegenteil zu glauben. Also glaubt er dann, daß er glaubt, daß *p*. – Dagegen steht wiederum: Aus der Verfügbarkeit guter Gründe und der Abwesenheit von Gegengründen folgt bestenfalls, daß man die entsprechende Überzeugung haben *sollte*, *falls* man überhaupt irgendeine Überzeugung in dieser Sache hat. Das ist jedoch eine bedingte normative Maxime über das rationale Glauben, keine Feststellung darüber, was unter welchen Gegebenheiten tatsächlich geglaubt wird. Bestenfalls ergäbe sich aus diesem Argument, daß *S* die höherstufige Überzeugung vernünftigerweise haben sollte; keinesfalls, daß er sie hat. Außerdem ist es ein simples Faktum, daß normale Menschen in vielen Dingen keine Überzeugung bilden, selbst wenn ihnen beste Gründe verfügbar sind – z. B. dann nicht, wenn ihnen diese Gründe niemals bewußt sind.

Hier ein letzter Versuch, für die Minimal-These eine Begründung zu finden: Wer etwas glaubt, kann unmöglich daran zweifeln, daß er es glaubt. Wenn ein Mensch einen kontingenten Sachverhalt grundsätzlich nicht in Frage stellen kann, dann weiß er (oder glaubt zumindest zu wissen), daß dieser Sachverhalt besteht. Also muß er wenigstens glauben, daß er besteht. Aus der Unbezweifelbarkeit des eigenen momentanen Glaubens ergibt sich daher, daß es keine Basis-Überzeugung ohne die entsprechende Selbst-Überzeugung erster Stufe geben kann. – Auch diese Überlegung taugt nichts. Es mag in der Tat so sein (aber auch dies bedürfte eines Arguments), daß Glauben kein *begründetes* Nicht-Glauben höherer Stufe zuläßt. Das heißt, es mag sein, daß bei gegebener Basis-Überzeugung die entsprechende Selbst-Überzeugung nicht deshalb fehlen kann, weil das Subjekt auch etwa gleichstarke Gründe hat, daran zu zweifeln, daß es die Basis-Überzeugung hat. Aber aus der Unmöglichkeit begründeten Nicht-Glaubens höherer Stufe folgt nicht die Unmöglichkeit *blanker* Überzeugungslosigkeit, d.h. der bloßen Abwesenheit einer Überzeugung höherer Stufe. Die Unbezweifelbarkeit des Vorhandenseins einer Überzeugung, die man hat, setzt nicht das Vorhandensein einer zusätzlichen Überzeugung voraus, durch die jeder Zweifel an ersterer blockiert würde. Falls der Zweifel, um den es hier geht, tatsächlich unmöglich ist, dann könnte dies in seiner besonderen Natur liegen. Es mag ein unmöglicher Zweifel sein. Zweifel verlangt Gründe: Überzeugungen, die das Subjekt als in potentiellem Konflikt mit dem Bezweifelten erachten kann. Aber es könnte allein schon deshalb unmöglich sein, die Existenz einer vorhandenen Überzeugung in Zweifel zu ziehen, weil es, zumindest unter insgesamt normalen Gegebenheiten, keinen Grund geben kann, der es dem Subjekt (das eine bestimmte Überzeugung hat) ermöglicht, daran zu zweifeln, daß es sie hat. Daß etwas uns unbezweifelbar ist, heißt nicht, daß wir es für wahr halten. Es reicht, daß wir nichts für wahr halten könnten, das einen Zweifel begründet. Die Unbezweifelbarkeit des eigenen momentanen Glaubens – und höchstens sie ist prima facie evident – bedarf also keiner zusätzlichen Überzeugung höherer Stufe.

*

Es ist, so scheint mir, nicht zu sehen, wie sich irgendeine sei's auch noch so schwache These vom begrifflich gesicherten doxastischen Aufstieg durch überzeugende Argumente stützen läßt. Aber es gibt eine Reihe von Überlegungen, die gegen sie sprechen. Zunächst einmal spiegelt sie sich nicht in der Praxis unserer Überzeugungszuschreibung wider. Würde jede Überzeugung das Vorhandensein der entsprechenden Selbst-Überzeugung begrifflich implizieren, dann sollten die Gründe, die die Zuschreibung einer Basis-Überzeugung rechtfertigen, ipso facto und im selben Maße die der höherstufigen Überzeugung rechtfertigen. Und dies müßte gemeinsames Wissen sein. Aber die bestmöglichen Gründe für die

Annahme, daß *S* glaubt, daß *p*, dienen uns nicht zugleich als Gründe, *S* die Überzeugung zuzuschreiben, daß er glaubt, daß *p*. Jedenfalls ist die folgende 'Steigerungsvariante' von **AZP** kein alltagspsychologisches Prinzip, das in unserer Zuschreibungspraxis zur Anwendung käme:

> Ceteris paribus gilt: Wann immer ein normaler Sprecher des Deutschen einem Satz "p^0" ernsthaft, aufrichtig und mit Bedacht zustimmt, dann glaubt er, daß er glaubt, daß p^0.

Bester Grund, jemandem eine Selbst-Überzeugung zuzuschreiben, ist erst dann gegeben, wenn das Subjekt die Basis-Überzeugung selbst sprachlich bekundet – also wenn die Zuschreibung direkt durch **AZP** (d.h. ohne Voraussetzung eines doxastischen Aufstiegs) kriterial gesichert ist.

Zweitens ist selbst an der Minimal-These etwas in sich Rätselhaftes: Wie könnte es sein, daß ein Begriff einen, aber eben nur *einen*, iterativen Schritt erzwingt? (Wahrsein zum Beispiel impliziert Wahrsein des Wahrseins, aber eben auch das Wahrsein des Wahrseins des Wahrseins, und immer so fort.) Es bedürfte einer Erklärung dafür, wie es sein könnte, daß menschliches Basis-Glauben zwar Glauben des Glaubens impliziert, aber kein höherstufiges Selbst-Glauben mit sich bringt. Und es ist völlig rätselhaft, wie solch eine Erklärung aussehen könnte.

Drittens stehen der Minimal-These, so scheint mir, gewisse Instinkte unseres sog. Gesunden Menschenverstands entgegen. Diese würden, vermute ich, einen etwaigen Anflug von Prima-facie-Evidenz gar nicht zulassen, sobald wir nur eines mitbedenken: daß wir zahllose Überzeugungen haben, deren wir uns nicht bewußt sind und nie bewußt werden.[399] Der Gedanke, auch jede dem Subjekt *nicht bewußte* Überzeugung sei stets von der begleitet, daß es sie hat, wirkt auf Anhieb nachgerade lächerlich. (Jemand glaubt, daß Sizilien südlich des Nordpols liegt. Daß er das glaubt, wird ihm nie bewußt, dazu gibt es im Laufe seines Lebens keinen Anlaß. Wäre er sich dessen je bewußt geworden – hätte er je einmal, vielleicht auch nur zu sich selbst, so etwas gesagt wie: "Sizilien liegt südlich des Nordpols" –, *ja dann* hätte ihm wohl nichts dazu gefehlt, um im selben Moment auch zu glauben, daß er es glaubt. Aber so? Wo er sich dessen niemals bewußt wurde?) Allein schon solche 'intuitiven' Irritationen deuten darauf hin, daß es verfehlt wäre, der These von einem sei's auch nur minimalen doxastischen Aufstieg zuzubilligen, sie sei prima facie einleuchtend.

Eine letzte, indirekte, Überlegung zu diesem Thema – eher ein Nachgedanke: Doch was, wenn all das schon im Ansatz falsch wäre? Wenn doxastischer Aufstieg nun eben doch eine begriffliche Notwendigkeit wäre? Feinheiten beiseite gelassen, ergäbe sich dann die begriffliche Äquivalenz von Glauben und Glauben-daß-man-glaubt. Unfehlbarkeit heißt ja, grob gesagt: Jede Selbst-Überzeugung impliziert ihre Basis-Überzeugung. Wäre Aufstieg unvermeidlich, dann würde außerdem gelten: Jede Basis-Überzeugung impliziert ihre Selbst-Überzeugung. Angesichts wechselseitiger Begriffsinvolvenz drängt sich die Frage auf, ob es sich in Wirklichkeit nicht um ein und denselben Begriff handelt. Selbst wenn sich diese unannehmbare Konsequenz, $Gp = GGp$, umschiffen ließe, so würde doch gelten, daß Überzeugungen nichts anderes sind als Selbst-Überzeugungen.[400] Diesen Besonderheiten zuzubilligen, die jene nicht haben, wäre ein begrifflicher Fehler. (Jemandes Überzeugung, daß es regnet, könnte dann zwar – in Hinblick auf das Wetter, sozusagen – falsch sein, müßte aber – in Hinblick auf ihn selbst, sozusagen – wahr sein; denn sie wäre ja nichts anderes als eine seiner vor jedem Irrtum geschützten Selbst-Überzeugungen: sein Glauben, daß er glaubt, daß es regnet.) Dies weist darauf hin, daß die Unfehlbarkeit des Selbst-Glaubens und die Unvermeidlichkeit des doxastischen Aufstiegs in begrifflicher Spannung zueinander stehen: Höchstens eine der beiden Thesen ist begrifflich wahr. Angesichts dessen, was wir in diesem und dem vorigen Kapitel erwogen haben, spricht alles dafür, daß Unfehlbarkeit (normalitätsrestringierte Unfehlbarkeit zumindest) tatsächlich ein begriffliches Merkmal von Selbst-Überzeugungen ist, unvermeidlicher Aufstieg hingegen keines von Basis-Überzeugungen.

*

Aus bloßem Glauben folgt kein Glauben-daß-man-glaubt, wie eng auch immer das eine mit dem andern zusammenhängen mag. Aufstiegsthesen mögen einfache und systematisierungserleichternde Postulate einer doxastischen Logik sein. Doch keine von ihnen, nicht einmal die bescheidenste, ist aus dem Begriff des Glaubens zu gewinnen.

Auch wenn Glauben allein kein Selbst-Glauben involviert, so scheint es dennoch unabweisbar, daß irgendein enger Zusammenhang zwischen ihnen besteht, wenn auch kein begrifflich unmittelbarer. *Wie* läßt sich denn etwas glauben, ohne zugleich zu glauben, daß man es glaubt? Muß dann nicht etwas im Spiel sein, das diesen 'Schritt nach oben' verhindert? Ja, nicht einmal von einem Schritt – jedenfalls keinem Folgerungsschritt – kann hier die Rede sein; und gewiß bedarf es keiner neuen Information und ihrer Verarbeitung, um vom Glauben zum Selbst-Glauben 'fortzuschreiten'. Wenn denn, um dorthin zu gelangen, etwas zum Glauben hinzukommen muß, das in seinem Begriff selbst nicht enthalten ist, dann muß das, so scheint es, etwas sehr Einfaches sein – vielleicht etwas, das zwar kein Glauben ist, aber doch aufs engste mit ihm verbunden ist. Ich denke, das ist richtig, und werde im Weiteren versuchen, zum Vorschein zu bringen, was solch ein 'Etwas' ist.

16. GLAUBENSBEWUSSTSEIN

Menschen haben Selbst-Überzeugungen, aber diese begleiten ihr Glauben nicht zwangsläufig. Allerdings scheint dem Aufstieg zu ihnen auch nichts im Weg zu stehen, kein verborgenes Hindernis, das erst beseitigt werden müßte. Die Mutmaßung ist zulässig, es gebe hier zwar keine begriffliche Garantie, aber es müsse zum Glauben auch nichts 'hinzutreten'; vielmehr bestehe hier ein regelmäßiger empirischer Zusammenhang: es sei eine kontingente Tatsache (die womöglich als ein factum brutum genommen werden sollte), daß der Mensch zumindest zu jeder seiner Basis-Überzeugungen stets auch die entsprechende Selbst-Überzeugung hat.

Auf diesen Gedanken werden wir im 19. Kapitel zurückkommen. Hier wird uns noch weiter die Frage beschäftigen, ob es nicht doch etwas gibt, was zum Glauben hinzutreten könnte, durch das entsprechendes Selbst-Glauben auch begrifflich garantiert wäre. Eine naheliegende Idee ist, daß Glauben in Begleitung des Bewußtseins von ihm Selbst-Glauben mit sich führt. Nennen wir die Auffassung, dies sei mit begrifflicher Notwendigkeit so, die These vom (doxastischen) *Aufstieg durch Glaubensbewußtsein*:

> Wann immer ein Mensch sich dessen bewußt ist, daß er glaubt, daß *p*, glaubt er auch, daß er glaubt, daß *p*. [$BGp \Rightarrow GGp$]

Diese Idee werde ich im ersten Teil dieses Kapitels untersuchen und letztlich verwerfen. Zunächst einmal, diese These ist uneingeschränkt; sie erstreckt sich auf beliebige Propositionen, und sie steht unter keiner Normalitätseinschränkung. Doch unterscheidet sie sich vorteilhaft von der bereits verworfenen Aufstiegsthese: Sie führt – weil es, contra Sartre, Glauben ohne Glaubensbewußtsein gibt – nicht in den unendlichen Progress, der manchen vor der zuvor verworfenen These eines uneingeschränkten Aufstiegs, $Gp \Rightarrow GGp$, zurückschrecken läßt. Nun mag die Idee eines Aufstiegs durch Bewußtsein einerseits unmittelbar einleuchtend erscheinen. (Zu bedenken ist allerdings wiederum, daß der Begriff des Bewußtseins vom eigenen Glauben keiner unserer Alltagspsychologie ist; keine Intuition, die wir über ihn haben mögen, könnte mit dem trockenen Hinweis auf seine bereits vortheoretisch allgemein akzeptierte Verwendung verteidigt werden.) Andererseits ist auch diese

Aufstiegsthese nicht selbstevident, und wäre es auch nicht, wenn sie mit einer Normalitätsrestriktion versehen würde. Warum sollte es, zum Beispiel, *begrifflich* ausgeschlossen sein, daß ein Mensch urteilt, daß *p*, (sich folglich seines Glaubens, daß *p*, bewußt ist), aber schlicht und ergreifend keine diesbezügliche Selbst-Überzeugung hat? Kurz, auch wenn diese These intuitiv einnehmend wirken mag, es ist zu erwägen, was für und was gegen ihre Wahrheit spricht.

*

Das Wissensargument – Hier ein simples Argument, das für sie ins Feld geführt werden könnte. Es beruht auf dem Gedanken, daß Bewußtsein eine Form des Wissens ist und zum Wissen nun einmal Glauben gehört. Die erste Prämisse besagt dementsprechend, daß Bewußtsein über eigenes Glauben Wissen über dieses mit sich bringt ($BGp \Rightarrow WGp$). Die zweite Prämisse ist, daß Wissen über das eigene Glauben nicht ohne Glauben über das eigene Glauben möglich ist ($WGp \Rightarrow GGp$); sie ergibt sich aus der lexikalischen Trivialität, daß Wissen Glauben impliziert. Aus diesen beiden Prämissen folgt die nun zu untersuchende These ($BGp \Rightarrow GGp$). Nennen wir dies *das Wissensargument* (für die These vom Aufstieg durch Bewußtsein). Da der Schluß offenkundig korrekt und die Wahrheit der zweiten Prämisse unantastbar ist, kann es uns nur um die erste Prämisse gehen. Aus den nachfolgenden Überlegungen über die Natur des Glaubensbewußtseins werden sich in der Tat Gründe ergeben, sie zurückzuweisen.

*

Präsentisches propositionales Selbst-Bewusstsein Doch was heißt es überhaupt, Bewußtsein von einer Überzeugung zu haben? Das Nomen "Bewußtsein" ist, was seine Herkunft angeht, eines wie "Urteil". Es war ursprünglich ein rein philosophischer Fach-Neologismus; Christian Wolff hat ihn anfangs des 18. Jahrhunderts geprägt. Er ist in die Umgangssprache und manche Fach- bzw. Pseudofachterminologie abgesickert. Gerade auch in seinem philosophischen Gebrauch ist "Bewußtsein" bis heute ein schillerndes Wort geblieben. Es schillert heute vielleicht mehr denn je.[401] Deshalb sei kurz erläutert, um was für eine Art von Bewußtsein es mir geht, wenn ich im Folgenden von *Glaubensbewußtsein* spreche – nämlich: *sich dessen bewußt sein, daß man in diesem Moment glaubt, daß so-&-so*. Glaubensbewußtsein gehört zu einem Typus von Bewußtsein, der sich allgemeiner so charakterisieren läßt:

x ist sich dessen bewußt, daß er selbst jetzt ψ-t,

wobei für "ψ" eine Verbalphrase einzusetzen ist, mit der das Vorhandensein eines rein geistigen Phänomens bezeichnet wird (wie z. B. "Schmerzen haben", "sich ein kariertes Huhn vorstellen", "niedergeschlagen sein" und eben auch jede Ausfüllung des Schemas "glauben, daß *p*"). Mit den Unterstreichungen sollen vier Merkmale von Bewußtsein dieser Art hervorgehoben werden. Zunächst einmal ist es propositionales Bewußtsein (wie: sich dessen bewußt sein, *daß* man Schmerzen hat), in Kontrast zu bloß objektualem Bewußtsein (sich des Schmerzes bewußt sein, d. h. ihn einfach spüren, ohne sich zwingendermaßen dessen bewußt zu sein, *daß* man Schmerzen hat). Propositionales Bewußtsein dieser Art ist intellektuell anspruchsvoll: Um es zu haben, bedarf es z. B. eines Ich-Begriffs und eines Begriffs von ψ.[402] Zweitens ist es Selbst-Bewußtsein: Bewußtsein-daß-man-selbst. Drittens ist es präsentisches Bewußtsein: Bewußtsein-daß-jetzt. Und schließlich ist es Bewußtsein von einem geistigen Phänomen. – Kurz, Glaubensbewußtsein gehört zum Typus des propositionalen Selbst-Bewußtseins von einem momentan vorhandenen geistigen Phänomen.

In Hinblick auf den vierten Aspekt ist es wichtig, folgenden Unterschied zu beachten. Zum einen kann das betreffende psychische Phänomen, ψ, selbst schon ein Bewußtseinsphänomen, ψ^β, sein, d. h. eines, zu dessen Begriff es gehört, daß es in einem Subjekt nicht vorkommen kann, ohne daß es Bewußtsein von ihm hat. Viele geistige Ereignisse und Akte sind von dieser Art, speziell auch das Urteilen (sofern es, wie das hier geschieht, ausschließlich als ein bewußt vollzogenes Als-wahr-Anerkennen konzipiert wird). Solche psychischen Phänomene, zu deren Begriff es gehört, daß wir uns ihrer bewußt sind, wann immer sie in uns auftreten, sind Bewußtseinsphänomene im strengen Sinn. Sie sind uns *intrinsisch bewußt*. – Zum andern kann es sich bei dem geistigen Phänomen, dessen sich das Subjekt bewußt ist, um eines handeln, das selbst kein Bewußtseinsphänomen ist. Viele intentionale Geisteszustände sind von dieser Art, speziell auch das Glauben. Es liegt nicht in ihrem Begriff, daß man von ihnen Bewußtsein hat, wann immer man sich in ihnen befindet. Wenn wir uns ihrer bewußt sind, haben wir *extrinsisches Bewußtsein* von ihnen.

Präsentisches Bewußtsein von einem intrinsisch bewußten Geistesphänomen ψ^β muß nicht gedanklich vermittelt sein, d. h. es bedarf nicht des Vorhandenseins eines Gedankens, der von ψ^β handelt. Es ist schon dadurch gegeben, daß dem Subjekt nicht entgeht, daß es ψ^β-t. Dieser Sachverhalt mag ihm zwar darüber hinaus auch 'reflexiv' bewußt sein ("Ich

ψ^{β}-e"), aber ein Gedanke an das eigene ψ^{β}-en ist keine notwendige Bedingung des Bewußtseins von diesem Sachverhalt. – Urteilen ist, gemäß der oben getroffenen Festsetzung, ein intrinsisch bewußter Akt. Dieser involviert zwar einen Gedanken: den, der im Akt des Urteilens als wahr anerkannt wird. Doch um sich dessen bewußt zu sein, daß er urteilt, muß *S* von seinem Urteilen kein reflexives (deutlicher wäre: *reflektierendes*) Bewußtsein haben. Wenn er urteilt, daß *p*, muß er in diesem Moment also z. B. keinen Gedanken der Art "Ich urteile, daß *p*" haben (ob er einen solchen zugleich hat oder nicht, ist irrelevant). Zum Urteilen-daß-*p* gehört zwar, wie in **[U1]** festgesetzt, Urteilsbewußtsein, aber letzteres bedarf keines andern Gedankens als des *p*-Gedankens. Traditionell gesprochen, im bloßen Urteilen-daß-*p* selbst ist sich das Subjekt 'in actu recto' dessen bewußt, daß es urteilt, daß *p*. Würde es hingegen nicht einfach urteilen: "*p*", sondern: "Ich urteile, daß *p*", dann wäre es sich 'in actu reflexo' dessen bewußt, daß es urteilt, daß *p*.[403]

Extrinsisches Bewußtsein hingegen muß durch ein hinzutretendes Geistesphänomen vermittelt sein. Jeder nicht intrinsisch bewußte Geisteszustand ist sozusagen stumm: er teilt sich dem Subjekt nicht von selbst mit. Bewußtsein von ihm muß ein anderes Geistesphänomen involvieren, z. B. einen Gedanken.[404] Um Bewußtsein davon zu haben, daß es sich in diesem Moment in einem solchen Geisteszustand befindet, muß in dem Subjekt eine gedankliche Aktivität hinzukommen, durch die ihm intrinsisch bewußt ist, daß es sich in ihm befindet. Glauben-daß-*p* ist ein solches Phänomen. Es bedarf eines eigenen Gedankens, um einer Überzeugung gewahr zu werden. Bewußtsein vom eigenen momentanen Glauben-daß-*p* verlangt, daß das Subjekt nicht nur die betreffende Überzeugung hat, sondern außerdem etwas 'Passendes' denkt. *S* muß etwas denken, so daß gilt: Solange er *das* denkt (und es zugleich als wahr anerkennt), ist er sich dessen bewußt, daß er glaubt, daß *p*. Dieses gedanklich vermittelte Bewußtsein vom eigenen Glauben kann ebenfalls von beiderlei Art sein: reflexiv (durch den Gedanken "Ich glaube, daß *p*" vermittelt), aber auch nicht-reflexiv (d. h. zwar durch einen Gedanken vermittelt, aber nicht durch einen, in dem das Glauben selbst thematisiert wird). Folglich: $BUp \not\Rightarrow UUp$, und: $BGp \not\Rightarrow UGp$. – Diese zwei Arten extrinsischen Selbst-Bewußtseins und die Beziehungen, in denen sie zueinander stehen, werden wir am Ende dieses Kapitels ein wenig genauer betrachten.

Vorsichtshalber noch ein Wort dazu, worum es hier nicht geht. Erstens nicht um Bewußtsein vom Glauben eines Andern ("*S* ist sich dessen bewußt, daß *A* glaubt, daß *p*"). Zweitens nicht um vergangenheitsbezogenes Bewußtsein vom eigenen Glauben ("*S* ist sich dessen bewußt, daß er noch vor fünf Minuten glaubte, daß *p*; jetzt ist ihm aber klar, daß nicht-*p*"). Beides ist, wie wir sehen werden, von kategorial anderer Art als präsentisches Selbst-Bewußtsein, d.h. Bewußtsein von einer *eigenen* Überzeugung, die man *im selben Moment* hat. Bewußtsein vom Glauben eines Andern und Bewußtsein von Glaubenstatsachen, die in der Vergangenheit liegen, sind Spielarten *wissenden* Bewußtseins. Wer sich dessen bewußt ist, daß sein Freund glaubt (oder glaubte), daß *p*, der *weiß*, daß sein Freund diese Überzeugung hat (bzw. hatte). Wer sich dessen bewußt ist, daß er selbst noch vor kurzem glaubte, daß *p*, der *weiß*, daß er das glaubte. Was dergleichen Bewußtsein zu 'wissendem' Bewußtsein macht, ist dies: Zu ihm gehört wesentlich eine Überzeugung (über den Andern bzw. über die eigene Vergangenheit), die prinzipiell fehlbar, wiewohl de facto zutreffend, ist und auch anderen Bedingungen für Wissen genügt. – Präsentisches Bewußtsein vom eigenen Glauben hingegen ist kein wissendes Bewußtsein: Es muß keine Überzeugung involvieren, die prinzipiell fehlbar, aber de facto Wissen ist. Dazu gleich mehr. – Wenn ich im Folgenden einfach von *Glaubensbewußtsein* spreche, ist stets präsentisches Bewußtsein von einer eigenen Überzeugung gemeint.

*

Hier der Versuch, das gerade Gesagte in ein einigermaßen übersichtliches Schema zu bringen. Der Ausgangspunkt ist die Klasse derjenigen Geistesphänomene, die ein propositionales Bewußtsein von einem eigenen momentanen geistigen Akt, Prozeß oder Zustand sind (kurz: *Bψ*).† Zu diesen Bewußtseinsphänomenen gehören auch solche, die geistige Akte, Prozesse und Zustände betreffen, die selbst einen propositionalen Inhalt haben (kurz: *Bψp*).‡ Beispiele sind das Sich-dessen-bewußt-Sein, daß man jetzt die Sehnsucht danach verspürt, daß *p*, oder erwägt, ob *p*, oder in Zweifel zieht, daß *p*, oder den Gedanken hat, daß *p*, oder nach Gründen sucht, die dafür sprechen, daß *p*. Zu dieser Klasse gehört insbesondere auch das, worum es uns hier im Besonderen geht: das Sich-dessen-bewußt-Sein, daß man glaubt, daß *p*. Es handelt sich dabei also um gewissermaßen propositional verschachteltes Selbst-Bewußtsein: Das Subjekt ist sich dessen bewußt, *daß* es jetzt *ψ*-t, *daß* (oder *ob*) so-&-so. – Es wäre hübsch, für diese besondere Klasse von Bewußtseinsphäno-

† Das Kürzel "*Bψ*" stehe für: *S* ist sich dessen bewußt, daß in diesem Moment das psychische Phänomen *ψ* in ihm statthat.

‡ Das *p* in dem Kürzel "*Bψp*" soll daran erinnern, daß das betreffende psychische Phänomen, dessen sich das Subjekt bewußt ist, einen propositionalen Inhalt hat.

menen eine eigene griffige Bezeichnung zu haben. *3P-Selbst-Bewußtsein* wäre sachlich passend, wobei die drei *P*s stünden für: *propositional*, *psychisch* und *präsentisch*, also: propositionales Bewußtsein von einem psychischen Phänomen, dessen Präsenz dem Subjekt in diesem Moment als sein eigenes bewußt ist. Ich schrecke davor zurück, dem Leser ein derartiges terminologisches Ungetüm zuzumuten, und vertraue darauf, daß er mich auch ohne dergleichen versteht.

Die Klasse dieser Bewußtseinszustände, abgekürzt zu $B\psi p$, unterteile ich in zwei Unterklassen. Die eine, nennen wir sie *K1*, umfaßt solche, in denen der psychische Akt, Prozeß oder Zustand ψp, dessen sich das Subjekt bewußt ist, selbst ein intrinsisch bewußtes Geistesphänomen ist, wie zum Beispiel ein Urteilen, ein Suchen nach Gründen oder ein Sich-die-Frage-Stellen-ob. Die andere Unterklasse, *K2*, umfaßt jederlei propositionales Selbst-Bewußtsein von nicht-intrinsisch bewußten Geistesphänomenen, also zum Beispiel Bewußtsein von einem Wünschen, Glauben oder Bereuen. *K1*-Phänomene sind dem Subjekt durch ihr bloßes Vorliegen selbst bewußt. Wer sich zum Beispiel die Frage stellt, ob *p*, ist sich eo ipso dessen bewußt, daß er sich diese Frage stellt, auch wenn er sich dessen nicht reflexiv bewußt ist. (Er ist sich seines Fragens bewußt, auch wenn er nicht den zusätzlichen Gedanken hat "Ich stelle mir in diesem Moment die Frage, ob *p*"). In Hinblick auf Bewußtseinsphänomene vom Typ *K1* gilt, in Kürzeln gesprochen: $\psi^{K1}p \Rightarrow B\psi^{K1}p$; aber es gilt nicht: $\psi^{K1}p \Rightarrow B^{r}\psi^{K1}p$.†

Anders verhält es sich mit den *K2*-Phänomenen. Wenn jemand wünscht oder glaubt, daß *p*, ist er sich dessen nicht intrinsisch bewußt; also: $\psi^{K2}p \not\Rightarrow B\psi^{K2}p$. Und natürlich gilt auch in Hinblick auf die *K2*-Phänomene nicht, daß man sich ihrer eo ipso reflexiv bewußt ist; also: $\psi^{K2}p \not\Rightarrow B^{r}\psi^{K2}p$. Bewußtsein von einem *K2*-Phänomen muß zusätzlich zu dem Vorliegen dieses Phänomens, $\psi^{K2}p$, noch ein anderes Geistesphänomen, nennen wir es ψ^{+}, involvieren: eines, dank dem sich das Subjekt des Vorliegens von $\psi^{K2}p$ extrinsisch bewußt ist. Jedes Phänomen selbst, das extrinsisches Bewußtsein stiftet, muß dem Subjekt intrinsisch bewußt sein. (Diese Annahme ist umstritten, und ich werde sie alsbald begründen.) Zum einen kann dieses hinzukommende ψ^{+} ein Gedanke sein, in dem $\psi^{K2}p$ thematisiert ist und der reflexives Bewußtsein von $\psi^{K2}p$ schafft: so zum Beispiel ein Gedanke des Typs "Ich wünsche, daß so-&-so" oder "Ich glaube, daß dies-&-das". Zum andern gibt es aber *K2*-Phänomene, deren man sich ohne einen reflexiven Gedanken bewußt sein kann; und das Glauben ist eines von ihnen. Um sich dessen bewußt zu sein, daß es glaubt, daß *p*,

† "$B^{r}p$" sei das Kürzel für: *S* ist sich dessen, daß *p*, reflexiv bewußt.

muß das Subjekt keinen Gedanken an sein eigenes Glauben-daß-*p* haben. Das hinzukommende, glaubensbewußtseinsstiftende Phänomen kann ein Urteilen-daß-*p* sein, also ein Gedanke, in dem das eigene Glauben nicht thematisiert wird. Wenn das Subjekt sich eines *K2*-Geisteszustands extrinsisch bewußt ist und das bewußtseinsstiftende psychische Phänomen ψ^{+} keine gedankliche Thematisierung des betreffenden Zustands, $\psi^{K2}p$, involviert, so nenne ich dies *unthematisches* Bewußtsein.

In Hinblick auf beide Klassen, sowohl *K1* als auch *K2*, sind demnach zwei Formen propositionalen Selbst-Bewußtseins zu unterscheiden. *K1*-Phänomene sind dem Subjekt zum einen intrinsisch bewußt, sobald sie auftreten; zum zweiten kann es sich ihrer auch reflexiv bewußt werden. *K2*-Phänomene können dem Subjekt nur extrinsisch bewußt werden, und dies auf wenigstens zweierlei Art: zum einen reflexiv, zum andern unthematisch. Ob hinsichtlich jedes einzelnen *K2*-Phänomens unthematisches Bewußtsein möglich ist, sei dahingestellt. Beim Wünschen-daß-*p* zum Beispiel scheint dies der Fall zu sein ("Wäre es doch so, daß *p*!" oder Ähnliches, vielleicht begleitet von einem charakteristischen Gefühl). Die weitreichende These, von *jedem* Geisteszustand mit propositionalem Inhalt sei unthematisches Bewußtsein möglich, bedürfte eigener Untersuchung. Für das Folgende werden wir uns darauf beschränken, daß jedenfalls das propositionale Bewußtsein vom eigenen gegenwärtigen Glauben nicht reflexiv sein muß, sondern auch mit Urteilen einhergeht, die nicht vom eigenen Glauben handeln.

*

Eine Zwischenbemerkung. – Ich habe nun versucht, dasjenige Bewußtseinsphänomen herauszuschälen, das ich meine, wenn ich von 'Glaubensbewußtsein' spreche. Es ging darum, einen Terminus zu erläutern, den ich verwenden werde, nicht darum, eine 'Theorie' zu skizzieren.

Daß es Glaubensbewußtsein gibt, setze ich voraus und werde dies nicht eigens begründen. Daß es sich um dabei um ein andersartiges Phänomen als das des Wissens handelt, klang bereits an und wird uns im Folgenden wiederholt beschäftigen. Auf einen Unterschied sei schon hier hingewiesen. Er betrifft folgendes Charakteristikum des Wissens (vom Bestehen eines kontingenten Sachverhalts): Wenn wir etwas wissen, muß uns ein Rest von Zweifel daran bleiben können, ob wir es wirklich wissen oder nur zu wissen glauben. Dies gilt, wohlgemerkt, ganz unabhängig davon, ob unser vermeintliches Wissen tatsächlich Wissen ist oder nicht. Daß wir jetzt das-&-das über die kontingenten Gegebenheiten der Welt *wissen*, bleibt auch dann stets eine letztlich empirische Hypothese, wenn sie de facto zutrifft und wir uns ihrer Wahrheit mit gutem Grund sicher sind. Vor dem fiktiven 'Ende aller Forschung' gibt es über die kontingenten Gegebenheiten der Welt zwar Wissen, aber keines, das der Möglichkeit einer Revision im Lichte neuer Gründe entzogen wäre.

Präsentisches Selbst-Bewußtsein ist keine Spielart (auch keine eigentümliche 'Intensivform') des Wissens. Es ist von ganz anderer Art. Wenn wir uns eines geistigen Phänomens bewußt sind, das in diesem Moment in uns statthat, dann gibt es kein Vertun: Es findet in diesem Moment statt. Gewiß, daß es in uns statthat, ist eine kontingente Gegebenheit der Welt, zum Beispiel: daß wir jetzt das-&-das glauben. Aber unser Bewußtsein davon ist nichts von der Art einer Hypothese – nichts, dem gegenüber wir zugleich kohärentermaßen einräumen könnten: 'letzten Endes vielleicht doch nicht'. Nicht erst das Ende aller Forschung könnte uns des letzten Zweifels entheben. Solange wir uns dessen präsentisch bewußt sind, können wir schon den ersten Zweifel daran nicht haben.

Diese Bemerkungen sind, wie gesagt, keine Beiträge zu einer 'Theorie' des Wissens oder des Selbst-Bewußtseins. Sie sind gemeint als Konstatierung eines Unterschieds, den es (wie ich voraussetze) gibt und der von manchen Begriffen, die wir von diesen Dingen haben, vorgezeichnet ist.

*

Wer etwas weiß, muß bekanntlich wenigstens zwei Bedingungen genügen: daß er etwas glaubt, das wahr ist, und daß er tragfähige ('wissenskonstitutive') Gründe dafür hat, es zu glauben.[405] Wissen ist seinem Begriffe nach in einer Sphäre angesiedelt, in der Gründe erheblich sind. Und zumindest dann, wenn es um Kontingentes geht, ist etwas nur dadurch ein Grund, daß ihm etwas als Gegengrund entgegenstehen *könnte* – gleichgültig, wie schwach dieser wäre und wie stark jener ist. Wissen ganz außerhalb des Milieus von Gründen und möglichen Gegengründen gibt es nicht, auch wenn es Formen des Wissens gibt, in denen der Wissende sozusagen achtlos gegenüber den Gründen ist, die er de facto hat und ohne die sein Glauben kein Wissen wäre.

Wenn Glaubensbewußtsein begrifflich hinreichend für Wissen vom eigenen Glauben wäre, müßte es dem Subjekt tragfähige Gründe – jedenfalls Gründe – für die entsprechende Selbst-Überzeugung geben können, auch wenn er ihnen gegenüber achtlos wäre. In Hinblick auf die erste Prämisse des Wissensarguments, $BGp \Rightarrow WGp$, ist also zu fragen, ob das Bewußtsein vom eigenen Basis-Glauben dem Subjekt die für Wissen vom eigenen momentanen Glauben nötigen Gründe geben kann. Dies ist nicht der Fall. Aber nicht deshalb, weil die Gründe, die sich aus dem Glaubensbewußtsein ergeben könnten, nicht gut genug wären, um Wissen vom eigenen Glauben zu konstituieren. Vielmehr gibt es überhaupt keinen kohärenten Sinn, in dem das präsentische Bewußtsein von seiner Überzeugung, daß *p*, dem Subjekt als Grund dafür dienen könnte, in diesem Moment zu glauben, daß es glaubt, daß *p*. Anders gesagt: Glaubensbewußtsein schließt nicht nur kein Wissen vom eigenen momentanen Glauben ein; es läßt nicht einmal begrifflichen Raum für solches Wissen. Das ist die Gegenthese, mit der ich das Wissensargument nun als ungültig erweisen möchte.

Bedenken wir zunächst, was dazu gehört, daß irgendetwas, *x*, einem Subjekt zum Zeitpunkt *t* ein Grund dafür sein könnte, an das Bestehen eines kontingenten Sachverhalts *s* zu glauben. (Der Kürze halber spreche ich davon, daß *x* ein Grund für *s* ist.) Einen Grund dieser Art kann *S* mit *x* nur haben, wenn er zugleich auch Gegengründe für möglich halten kann. Sein epistemischer Horizont darf nicht so schmal sein, daß ihm dies unmöglich ist. Das heißt: Selbst wenn *x* für ihn ein trefflicher Grund für *s* ist, und es für ihn in diesem Moment *de facto* nicht den geringsten Anlaß gibt, das Bestehen von *s* für zweifelhaft zu halten, so darf die mögliche Existenz von Gegengründen für ihn nicht epistemisch ausgeschlossen sein. Ein Beispiel für das, was ich meine: Geruch und Aussehen eines Objekts, das vor *S* liegt, können ihm als Grund für die Überzeugung dienen, daß es eine Hyazinthe ist. Es sieht für ihn genau aus wie eine Hyazinthe, es riecht auch so, und es gibt für ihn nicht den geringsten Hinweis darauf, daß es keine ist. Er hat dann tragfähige Gründe, es zu glauben. Und *de facto* hat er keine Gegengründe. Aber es ist für ihn selbst dann nicht prinzipiell ausgeschlossen, daß es welche geben *könnte*. (Was, wenn es eine mit Duftstoffen besprühte Plastikattrappe ist? Und so weiter.) Wäre für ihn durch seine Sinnesempfindungen jedoch auf irgendeine Weise das Reich der möglichen Gegengründe verbarrikadiert, dann wären ihm jene nicht einmal mehr Gründe, sondern er erläge einem psychischen Zwang zu glauben. – Man möchte in solch einem Fall vielleicht sagen: Er glaubt in diesem Moment eben gar nicht, daß eine Hyazinthe vor ihm liegt; *das* kann er gar nicht glauben, solange er keinen Unterschied anzuerkennen vermag zwischen einer Hyazinthe und allen andern möglichen Objekten, die so aussehen und riechen. Oder vielleicht: Doch, er hat diese Überzeugung. Nur wird sie jetzt durch das Aussehen und den Geruch der vor ihm liegenden Hyazinthe brutal erzwungen, wie von einer doxastischen Droge. – Aber etwas wie in Trance glauben ist kein Wissen, auch wenn die Überzeugung zutrifft und von etwas ausgelöst wird, dank dem sie wahr ist.

*

Jederlei präsentisches Bewußtsein von einem eigenen Geistesphänomen annihiliert seinem Wesen nach die Fähigkeit des Subjekts, für die Dauer seines Bestehens etwas als Gegengrund zu erachten. Das ist ja eines der faszinierenden Charakteristika dieser Art von Bewußtsein: Es läßt, solange es währt, dem Subjekt nicht einmal Spielraum für irgendetwas von der Art einer relevanten Alternative. Darin unterscheidet es sich kategorial vom Wissen – gleichgültig, für wie sicher oder gar selbstevident dieses vom Subjekt gehalten werden mag.[406] Präsentisches Bewußtsein impliziert Wahrheit und Gewißheit, aber es impliziert nicht Wissen. Bewußtseinsgewißheit ist von kategorial anderer Art als die Gewißheit, die mit Wissen einhergehen kann. Es gehört zum Wesen von Bewußtsein, daß es – solange es währt – die Dialektik von Gründen und Gegengründen gar nicht zuläßt. Momente des Bewußtseins sind Momente eben auch einer markanten epistemischen *Unfähigkeit*: etwas unter dem Gesichtspunkt einer relevanten Alternative überhaupt nur in den Blick zu nehmen. Wissen über kontingente Gegebenheiten hingegen ist in einer Sphäre verwurzelt, in der ein Hin-und-Her von Gründen und Gegengründen möglich bleiben muß. Eines seiner Kennzeichen ist die Fähigkeit des Subjekts, relevante epistemische Alternativen in den Blick zu nehmen und – idealiter alle von ihnen – auszuschließen. Bewußtsein impliziert nicht Wissen, weil das Abgeschottetsein gegen potentielle Zweifelsgründe nicht das Vermögen impliziert, jeden von ihnen mit Gründen zurückzuweisen.

Deshalb ist die erste Prämisse des Wissensarguments, $BGp \Rightarrow WGp$, zu verwerfen. Der Anschein, es gebe diesen begrifflichen Zusammenhang, mag daraus entstehen, daß diese beiden Begriffe – der des Glaubensbewußtseins und der des Wissens, daß man glaubt – die erwähnte hervorstechende Gemeinsamkeit haben: Beide enthalten eine begriffliche Garantie für das Vorhandensein der betreffenden Überzeugung. Diese Garantie ergibt sich aus lexikalischen Trivialitäten (der 'Faktivität' sowohl von Bewußtsein als auch von Wissen). Hierin liegt in der Tat eine tiefreichende Gleichartigkeit dieser beiden Begriffe. Dennoch verweisen sie auf verschiedene Sphären kognitiver Unfehlbarkeit. Keiner von beiden involviert den andern.

Wissen gehört dem Reich des wahrheitsgemäßen und durch Gründe gestützten Glaubens an, Bewußtsein nicht. Präsentisches Bewußtsein mag Wissen *nach* sich ziehen, zumal wenn es reflexives, 'gedanklich-thematisches', Bewußtsein vom eigenen momentanen ψ-en ist und dem Subjekt zumindest für kurze Zeit in Erinnerung bleibt. (Sich-an-etwas-Erinnern ist Wissen.) Aber solches Bewußtsein hat kein Wissen vom eigenen ψ-en *bei* sich. Auch dann, wenn aus präsentischem Selbst-Bewußtsein Wissen hervorgeht, betrifft dieses dann die Vergangenheit. Es erstreckt sich auf den Moment, in dem Bewußtsein vorlag, höchstens als einen in der scheinbaren Gegenwart [*the specious present*]. Selbst-Bewußtsein muß den Platz erst freimachen, damit Wissen an seine Stelle treten kann. – Kurz, falls Glaubensbewußtsein Selbst-Glauben mit sich brächte, dann also nicht deshalb, weil es Wissen um das eigene Glauben begrifflich involvierte. Folglich ist die These vom Aufstieg durch Bewußtsein durch das Wissensargument nicht zu stützen.

*

KEIN DOXASTISCHER AUFSTIEG DURCH GLAUBENSBEWUSSTSEIN Es kann, so scheint mir, für diese These kein stichhaltiges Argument geben. Denn sie selbst birgt eine unhaltbare Konsequenz in sich: daß die Selbstzuschreibung einer Basis-Überzeugung, *UGp*, das Vorhandensein einer Selbst-Überzeugung zweiter Stufe (d. h. einer des Typs *GGGp*) verlangt. Daß dies aus ihr folgt, läßt sich mit folgender Überlegung einsehen: Es gehört zum Begriff des Urteilens, daß dieser Akt dem Subjekt intrinsisch bewußt ist und extrinsisches Bewußtsein vom Glauben – und folglich trivialerweise auch Glauben – mit sich bringt. Gemäß der These vom Aufstieg durch Bewußtsein gälte nun aber darüber hinaus, daß Glaubensbewußtsein außerdem auch die Überzeugung mit sich bringt, daß man glaubt, daß *p*. In Kürzeln, es müßte gelten: $Up \Rightarrow GGp$; dann entsprechend auch: $UGp \Rightarrow GGGp$.[407] Demnach wäre eine Selbst-Überzeugung zweiter Stufe eine notwendige Bedingung jeder wahrheitsgemäßen Selbstzuschreibung einer Überzeugung. In Hinblick auf die sprachliche Bekundung von Selbstzuschreibungen (Äußerungen des Typs "Ich glaube, daß *p*") ergäbe sich demnach, daß folgendes eine cp-begriffliche Wahrheit ist:

> Wann immer ein normaler Sprecher des Deutschen einem Satz des Typs "Ich glaube, daß *p*" ernsthaft, aufrichtig und mit Bedacht zustimmt, gilt: Er glaubt, daß er glaubt, daß er glaubt, daß *p*.

Doch dies ist geradezu das Gegenteil einer begrifflichen Wahrheit: eine wohlgeformte Unverständlichkeit. Das Consequens dieser Generalisierung ist die Dritte-Person-Variante eines G^3-Satzes. Dieser hat keine sinngemäße Verwendung; es handelt sich hier nicht um reinen, eher um feinen Unsinn. Gewiß, er hat eine wörtliche Bedeutung, die wir uns mit dem syntactico-semantischen Rechenschieber leicht erarbeiten können. Aber gerade auch, weil wir seinen lexikalischen Sinn erfassen, können wir sehen, daß sich mit solch einem Satz beim besten Willen nichts Sinnvolles anfangen läßt. Hier hilft keine der Beschwichtigungen mehr, die wir im 13. Kapitel für "Er glaubt, daß er glaubt"-Sätze noch gefunden haben. Denen ließ sich ja immerhin zubilligen, daß sie einen geistigen Sachverhalt bezeichnen, dessen Bestehen vom betreffenden Subjekt zwar nicht (in einem G^2-Satz) mitgeteilt, aber durch eine gewöhnliche Selbstzuschreibung *zum Ausdruck* gebracht werden kann. Mit der Verdreifachung von "er glaubt, daß" wird auch diese Grenze überschritten.[408] Es gibt nichts, was jemand tun oder sagen könnte, um ihm eine Selbst-Überzeugung zweiter Stufe kriterial gesichert zuzuschreiben. Also ist dieses 'Zuschreibungsprinzip' nicht einfach falsch, sondern in eklantanter Weise inakzeptabel. Keine sprachliche Äußerung könnte – zumal unter insgesamt normalen Bedingungen – eine begrifflich hinreichende Bedingung für ein derartiges Consequens sein.

Mithin ist auch diese prima facie attraktive Variante der These vom begrifflich gesicherten doxastischen Aufstieg durch Glaubensbewußtsein unhaltbar. Noch ist allerdings nur unzureichend erläutert, worin Glaubensbewußtsein besteht. Wir haben bisher nur eine hinreichende Bedingung formuliert: Wer urteilt, daß *p*, ist sich im selben Moment dessen bewußt, daß er glaubt, daß *p*. Betrachten wir nun, ob diese Bedingung auch notwendig ist. Die Frage ist also: ob Bewußtsein vom eigenen Glauben-daß-*p* ohne ein Urteilen-daß-*p* begrifflich möglich ist.

*

Urteilsloses Glaubensbewusstsein? Können wir Glaubensbewußtsein haben, ohne entsprechend zu urteilen (*BGp & ~Up*)? Daß dies möglich sei, ergibt sich aus gewissen Konzeptionen des Bewußtseins, denen zufolge ein Subjekt sich eines geistigen Phänomens ψ – also zum Beispiel auch jedes Glaubens – allein dadurch bewußt ist, daß es, während es ψ hat, zugleich einen Gedanken des Typs "Ich habe ψ" (oder etwas von der Art eines solchen Gedankens) hat. Die Einzelheiten solcher Bewußtseinstheorien interessieren hier nicht.[409] Wichtig ist, daß sich aus der ihnen gemeinsamen Grundidee folgendes ergibt: Ein 'höherstufiger' Gedanke, z.B. "Ich glaube, daß *p*", wäre allein schon hinreichend dafür, daß man sich seines Glaubens-daß-*p* bewußt ist; ob mit diesem Gedanken auch ein Urteil-daß-*p* einhergeht, wäre irrelevant.[410]

Die Frage muß jetzt sein: Kann ein Subjekt sich dessen bewußt sein, daß es eine bestimmte Überzeugung hat, ohne zugleich die Wahrheit des Geglaubten anzuerkennen? Nun, man könnte vielleicht 'einfach zur Kenntnis nehmen' oder auch 'spüren', daß man in diesem Moment die-&-die Überzeugung hat. Vielleicht läßt sich das eigene momentane Glauben gedanklich 'registrieren' oder auch 'fühlend erleben', ohne daß der Glaubende zugleich Stellung dazu bezieht, wie es um den Wahrheitswert des Geglaubten bestellt ist. Ich sehe nur diese beiden Möglichkeiten, wie dieses epistemische Kunststück gelingen könnte: Registrieren und Spüren.[411] Beide sind unterschiedliche Ausprägungen der Idee, Glaubensbewußtsein verdanke sich so etwas wie einem 'inneren Sinn', mit dessen Hilfe eigenes Glauben wahrgenommen wird.

*

EIGENES GLAUBEN NUR REGISTRIEREN? Betrachten wir die erste Möglichkeit: Glaubensbewußtsein sei ein bloßes Zur-Kenntnis-Nehmen des eigenen Glaubens, ohne ein Urteil über das Geglaubte. Sie ist uns, zum Zwecke der eher launigen Veranschaulichung, mit der Metapher vom Inspizieren eines doxastischen Speichers, bereits früher begegnet. Diese Konzeption vom Bewußtsein – auch vom Bewußtsein vom eigenen Glauben – als einem inneren Ablesen des sozusagen noch Inneren hat, so weit ich sehe, ihre klarste und kompromißlos unmetaphorisch gemeinte Artikulation bei William Lycan gefunden.[412] 'Bewußtes Gewahrsein' [sic: *conscious awareness*] sei ein inneres Überwachen [*internal monitoring*], das mit Hilfe eines inneren Ablesegeräts [*internal scanner*] durchgeführt wird. Das Subjekt verfüge mit dem Scanner über einen 'Aufmerksamkeitsmechanismus', der zum Zwecke einer introspektiven Sondierung auf 'repräsentationale Subsysteme' (eben auch den doxastischen Speicher) gerichtet werden kann. Die Inputs solch eines Scanners sind geistige Zustände erster Stufe; seine Outputs sind 'zweitstufige Repräsentationen' dieser Zustände. – Was genau hat es mit diesen Repräsentationen auf sich? Sie münden in Urteilen, die das Subjekt trifft.[413] Welches ist deren Inhalt? Lycan sagt es nicht ausdrücklich, aber es liegt nahe zu vermuten, daß der Scanner – wenn Glauben, daß *p*, sein Input ist – bei gutem Funktionieren entweder ein Urteil wie "Ich glaube, daß *p*" hervorbringt, oder eines wie "Im doxastischen Speicher liegt eine mentale Repräsentation mit dem Inhalt, daß *p*, vor" (kürzer: "Im Speicher ist ein μ-*p*"). Diese Idee vom Glaubensbewußtsein als dem Resultat eines Ablese-Prozesses läßt sich so zusammenfassen: Daß *S* sich zu *t* dessen bewußt ist, daß er glaubt, daß *p*, heißt: Der doxastische Scanner ruft in *S* zu *t* das Urteil hervor: "Ich glaube, daß *p*" (bzw. "Im Speicher ist ein μ-*p*"). Glaubensbewußtsein besteht in genau *solchen* Urteilen, nicht in dem Basis-Urteil, daß *p*.

Betrachten wir zunächst das zweite dieser beiden Ablese-Ergebnisse. Es kann allein schon deshalb nicht mit dem Bewußtsein vom eigenen Glauben identisch sein, weil das registrierende Urteil keinen passenden Inhalt hat. Es besagt: daß im Speicher ein μ-*p* ist. Was dem Subjekt bewußt sein soll, ist hingegen dies: daß es glaubt, daß *p*. Diese beiden Propositionen sind verschieden. (Es ist unerheblich, ob die empirische Hypothese zutrifft, daß jemand dann und nur dann glaubt, daß *p*, wenn eine entsprechende Repräsentation in ihm vorhanden ist. Selbst wenn sie zuträfe, und selbst wenn man darüber hinaus Bewußtsein davon haben könnte, welche Repräsentationen sich im doxastischen Speicher befinden, wäre solcherlei Bewußtsein nicht das Bewußtsein, daß man das-&-das glaubt.) Kurz, das Urteil "Im Speicher ist ein μ-*p*" kann auf Grund seines Inhalts von vornherein kein Glaubensbewußtsein sein.

Nun zum ersten der beiden Fälle, in dem die Ablesung "Ich glaube, daß *p*" ergibt. Hier besteht keine Inhaltsdiskrepanz zwischen registrierendem Urteil und Glaubensbewußtsein. Das Subjekt urteilt, daß es glaubt, daß *p*; und dem Scanner-Modell zufolge sind dieser Urteilsakt (zumindest wenn er aus einer Ablesung hervorgeht) und das Bewußtsein vom eigenen momentanen Glauben ein und dasselbe. Nun ergibt sich aber aus der Faktivität des Bewußtseinsbegriffs: Wann immer jemand sich eines Sachverhalts bewußt ist, kann es nicht sein, daß dieser nicht vorliegt. Und das heißt: Worin auch immer Bewußtsein vom eigenen Glauben, daß *p*, besteht, es muß etwas sein, das nur dann gegeben sein kann, wenn das Subjekt auch tatsächlich glaubt, daß *p*. Es ist jedoch, wie wir früher gesehen haben, zumindest eine begriffliche Möglichkeit, daß jemand urteilt, daß er glaubt, daß *p*, auch wenn er nicht glaubt, daß *p*. (Obwohl wir niemals bestmögliche Gründe haben können anzunehmen, daß ein Subjekt sich über das eigene momentane Glauben irrt, ist dennoch die Annahme begrifflich kohärent, daß solch ein Irrtum unter Ausnahmegegebenheiten auftritt. Alles andere wäre dogmatischer Rationalismus.) Folglich können *BGp* und *UGp* nicht ein und dasselbe sein: Letzteres ist damit verträglich, daß ~*Gp*, ersteres ist damit unverträglich.

Daran ist übrigens zu sehen, weshalb eine Scanner-Konzeption schon im Ansatz ungeeignet ist, dem Phänomen des Glaubensbewußtseins gerecht zu werden. Kein Prüfgerät, auch keines im Gehirn eines gesunden Menschen, bietet die Gewähr, daß seine Anzeigen korrekt sind.[414] Wenn es in uns solche doxastischen Scanner wirklich gäbe, wäre das aus einer Introspektion resultierende Urteil "Ich glaube, daß *p*" deshalb stets mit Vorsicht zu genießen. Ein weniger riskantes Urteil wäre: "Es scheint, daß ich glaube, daß *p*", oder: "Falls mein doxastischer Scanner funktioniert, glaube ich, daß *p*". Einmal ganz beiseite gelassen, welch merkwürdiger Geistesverfassung es bedürfte, um zu solchen Urteilen zu gelangen, eines ist klar: Wer so urteilte, wäre sich damit nicht ipso facto dessen bewußt, daß er glaubt, daß *p*. – Dies scheint eine prinzipielle Schwäche jedweder Konzeption zu sein, gemäß welcher das Bewußtsein vom Glauben in einem gedanklichen Akt besteht, der ohne die gleichzeitige Anerkennung der Wahrheit des Geglaubten vollzogen werden kann.

*

Eigenes Glauben nur spüren? Wenden wir uns nun der qualiativen Variante einer Theorie des Bewußtseins als einem inneren Sinn zu. Bislang habe ich stillschweigend vorausgesetzt, präsentisches Bewußtsein vom Glauben bestehe in etwas *Gedanklichem*, das zum Glauben hinzutritt. Die Idee ist nun, daß diese Art von Bewußtsein in etwas Ungedanklichem besteht – daß man sein eigenes Glauben gelegentlich einfach 'spürt', gefühlsmäßig erlebt. Gewiß, Glauben ist kein Gefühl. Aber ist womöglich Glaubensbewußtsein eines? Zu erwägen ist nun also die These, daß es irgendein spezielles Gefühl gibt, kraft dessen *S* sich dessen bewußt ist, daß er glaubt, daß *p*, auch wenn er nicht zugleich urteilt, daß *p* – deutlicher gesprochen: ein spezielles Gefühl, das schon allein Glaubensbewußtsein ist.[415]

Eine Ausarbeitung dieser Idee ist mir nicht bekannt. In einer Arbeit von Stephen Stich finden sich jedoch ein paar kurze Andeutungen, an die sich anknüpfen läßt.[416] Es gebe, so sagt er, ein charakteristisches Erlebnis, das jeder, der glaubt, daß *p*, zumindest dann hat, wenn er gefragt wird, ob *p*. Es stelle sich beim Glaubenden auch dann ein, wenn er die Frage in diesem Moment aus kontingenten äußeren oder inneren Gründen nicht beantworten kann oder mag (vorübergehende Lähmung oder Unwilligkeit zu antworten). Und es sei selbst dann vorhanden, wenn er die Frage anschließend absichtlich falsch beantwortet. Weil er für ein Erlebnis dieser Art keine umgangssprachliche Bezeichnung kennt, etikettiert Stich es als "die okkurrente Überzeugung, daß *p*, haben". Das, worauf es ihm eigentlich ankommt, beschreibt er so: "In typischen Fällen des Glaubens hat ein Subjekt ein charakteristisches bewußtes Erlebnis einer bestimmten Art, sobald seine Aufmerksamkeit in geeigneter Weise auf den Inhalt der Überzeugung gerichtet ist."[417] Dies sei hoffentlich unkontrovers. – Uns reicht, daß jedenfalls nicht kontrovers ist, daß es so sein könnte.

Was Stich beschreibt, ist ein Gefühl, das jemand, der glaubt, daß *p*, typischerweise dann hat, wenn er mit der *p*?-Frage konfrontiert ist. Es könnte etwa eine psychische Begleiterscheinung des Urteilens-daß-*p* sein, wenn dieses Urteil sich in Reaktion auf die Frage, ob *p*, unwillkürlich einstellt. Intentionale Bewußtseinsakte können solche qualiativen Begleitphänomene haben. (Der bloße Gedanke daran, ein Regenwurm-Ragout zu essen, kann typischerweise von Ekel begleitet sein; der Entschluß, zur Sitzung morgen früh nicht zu erscheinen, von Beglückung; und so weiter.) Warum nicht auch das Urteilen. Für unsere Überlegungen ist nicht wichtig, ob es solch ein Gefühl wirklich gibt. Unterstellen wir dies einmal. Unterstellen wir darüber hinaus, es sei ein empirisches Faktum, daß es stets und nur dann auftritt, wenn ein Mensch, der bereits glaubt, daß *p*, mit der *p?*-Frage konfrontiert ist. (Dieses spezielle Gefühl müßte sich also von einem Gefühl bloßen doxastischen Attrahiertseins unterscheiden; man mag sich auch zur Zustimmung hingezogen fühlen, wenn man die entsprechende Überzeugung nicht hat.) Das terminologische Etikett, das Stich diesem Erlebnis gibt ("okkurrente Überzeugung"), ist allerdings unpassend.[418] Nennen wir es lieber ein Gefühl der Zustimmung, oder einfach ein Ja-Gefühl. – Unsere Frage ist: Könnte solch ein Gefühl *allein* schon Glaubensbewußtsein sein, also auch dann, wenn es ohne das Urteil auftritt? Nein.

Denn wiederum: Worin auch immer Glaubensbewußtsein besteht, es ist 'faktiv', muß etwas sein, in dessen Begriff es liegt, daß es ohne die dazugehörige Überzeugung nicht auftritt. Kein Gefühl kann diese Gewähr bieten: die Gewähr dafür, daß es nur dann auftreten *kann*, wenn die betreffende Überzeugung im selben Moment vorhanden ist. Jedes bloß qualiative Phänomen, das ja seinem Begriffe nach keinen propositionalen Gehalt hat, kann sich auch dann einstellen, wenn das Subjekt in diesem Moment nicht die Überzeugung hat, daß *p*. Selbst wenn es, wie wir der Argumentation halber unterstellt haben, de facto ein empirisch zuverlässiges Anzeichen für das Vorliegen der dazugehörigen Überzeugung ist, kann es nicht die begriffliche Garantie bieten, deren es bedürfte, um Glaubens*bewußtsein* zu sein. Es liegt niemals eine begriffliche Inkohärenz darin, daß ein rein qualiatives Phänomen ohne die Überzeugung, daß *p*, auftritt. Hingegen kann, wer urteilt, daß *p*, nicht zugleich nicht glauben, daß *p*.[419]

*

Schließen wir diesen Teil des Überlegungsgangs ab. Aus ihm ergibt sich: Präsentisches Bewußtsein vom eigenen Glauben-daß-*p* ist ohne ein Urteilen-daß-*p* nicht denkbar. Urteilen ist nicht nur für sich genommen begrifflich hinreichend für Glaubensbewußtsein; vielmehr gibt es keine hinreichende Bedingung, die Urteilen nicht umfaßt. Deshalb ist folgendes simple *Prinzip des Glaubensbewußtseins* als begriffliche Wahrheit zu akzeptieren:

BG Wann immer jemand sich dessen bewußt ist, daß er glaubt, daß *p*, urteilt er, daß *p*; und umgekehrt. [$BGp \Leftrightarrow Up$]

Die Wahrheit des Geglaubten anzuerkennen, ob 'nur innerlich' oder in einer aufrichtigen Bekundung, ist demnach die Form, in der wir Bewußtsein von unserm Glauben haben bzw. zum Ausdruck bringen. Weniger wäre nicht genug; etwas Hinzutretendem bedarf es nicht. Glaubensbewußtsein haben ist nicht denken oder urteilen, daß man glaubt. Es ist: so urteilen, wie man in diesem Moment glaubt.

*

Unthematisches Bewusstsein An dieser Stelle sei die Auffassung vom Glaubensbewußtsein, die ich in diesem Kapitel vorgestellt habe, noch einmal kurz zusammengefaßt und gegen einige Einwände verteidigt. Ihr Ausgangspunkt ist in der zeitgenössischen Debatte unkontrovers: Glauben ist kein Bewußtseinsphänomen; es teilt sich dem Subjekt nicht durch sein schieres Vorliegen mit, wie Empfindungen und andere erlebnisartige geistige Vorgänge das zum Beispiel tun. Hier endet der allgemeine Konsens. Die hier vertretene Auffassung besagt: Ohne ein hinzukommendes intrinsisches Bewußtseinsphänomen kann sich das Subjekt nicht dessen bewußt sein, daß es das-&-das glaubt. Wir hatten gerade gesehen, warum das, was Glaubensbewußtsein stiftet, keine bloße Empfindung (etwas rein Qualiatives) sein kann, sondern etwas Gedankliches sein oder einbegreifen muß – etwas, das zumindest einen 'passenden' propositionalen Inhalt hat. Unser gerade formuliertes Prinzip gibt Aufschluß darüber, von welcher Art dieses glaubensbewußtseinsstiftende Phänomen ist (nämlich ein Akt des Als-wahr-Anerkennens einer 'passenden' Proposition), und auch darüber, welches diese Proposition ist. Daß zum Glaubensbewußtsein ein Urteilen gehört, steht außer Frage. Auch alle Theorien des Bewußtseins vom Innergeistigen als einem registrierenden Denken höherer Stufe ergeben nichts anderes. Hingegen ist das, was **BG** hinsichtlich des Inhalts eines solchen Urteils besagt, keineswegs herrschende Meinung. Die Gegen-Auffassung – ich nenne sie der Kürze halber die Standard-Konzeption[420] – besagt: Wann immer *S* sich dessen bewußt ist, daß er ψt, muß er urteilen: "Ich ψe". (Das Urteilen wird dabei gewöhnlich als eine geistige

Aktivität betrachtet, die unbewußt stattfinden kann.) Auf das Glauben übertragen heißt das:

> Um sich dessen bewußt zu sein, daß er glaubt, daß *p*, muß *S* urteilen: "Ich glaube, daß *p*".

Aus **BG** ergibt sich hingegen:

> Um sich dessen bewußt zu sein, daß er glaubt, daß *p*, muß *S* nur urteilen: "*p*".

Diese Abweichung vom Üblichen ("*p*" hinreichend, "Ich glaube, daß *p*" nicht notwendig), die unser Prinzip des Glaubensbewußtseins mit sich bringt, möchte ich kurz erläutern und begründen. Denn auf ihr beruht ja die Zurückweisung *aller* Auffassungen, denen zufolge Glaubensbewußtsein auch ein Denken oder Urteilen höherer Stufe involviert – also auch die Zurückweisung möglicher Misch-Theorien, in denen die Notwendigkeit des Urteilens-daß-*p* zwar anerkannt, zugleich aber bestritten wird, daß solch ein Urteil hinreichend ist für Bewußtsein vom eigenen Glauben.[421]

Der springende Punkt des Dissenses ist natürlich, ob es gedanklich vermitteltes Bewußtsein von einem geistigen Phänomen geben kann, ohne daß es selbst gedanklich thematisiert wird. Wer der Standard-Konzeption anhängt, wird fragen: Ist es nicht schlicht unbegreiflich, daß Bewußtsein von bestimmten Geistesphänomenen zwar in einem Urteilen besteht, daß solche Urteile aber gar nicht von den betreffenden Phänomenen handeln? Und konkret zu unserm Thema: Wie sollte es möglich sein, daß ein Subjekt sich einer eigenen Überzeugung in einem Akt des Denkens bewußt ist, in dessen Inhalt das glaubende Subjekt selbst gar nicht thematisiert ist, und auch keine seiner Überzeugungen?

Dies ist möglich, weil Bewußtsein – gerade auch Bewußtsein von einem eigenen Geisteszustand – keiner 'geistig höheren' Stufe bedarf, auf der es wahrnehmungsartig perzipiert oder gedanklich reflektiert werden muß, um Bewußtsein zu sein.[422] Daß *S* sich dessen bewußt ist, daß er ψt, heißt nicht: daß er einen Gedanken der Art "Ich ψe jetzt" hat, oder irgendeinen andern Gedanken, der von seinem ψen handelt. Es reicht aus, daß ihm nicht entgeht, was er tut und daß er es tut; daß ihm nicht entgeht, was ihm widerfährt und daß es ihm widerfährt. Dazu, daß ihm dies nicht entgeht, gehört allerdings, daß er – sobald seine Aufmerksamkeit entsprechend gerichtet wäre – diesen Ich-Gedanken ohne weiteres als wahr anerkennen würde. (Und dazu wiederum gehört natürlich, daß er über die entsprechenden Begriffe verfügt.) Anders gesagt: Gedankliches Bewußtsein vom eigenen ψen bedarf nichts von der Art eines Urteils, daß man ψt, wohl aber involviert es die Disposition, ohne weiteres so zu urteilen, sobald das eigene ψen Gegenstand des Denkens würde.[423] Der begriffliche Zusammenhang, der in der Tat zwischen propositionalem Bewußtsein von Innergeistigem und dem Urteilen über Innergeistiges besteht, läßt sich also in folgender These (über *Bewußtsein und Urteilsdisposition*) formulieren:

BUD Wann immer jemand sich dessen bewußt ist, daß er ψt, ist er dazu disponiert, ohne weiteres zu urteilen, daß er ψt.
$[B\psi \Rightarrow DU\psi]$†

Daß das Subjekt *ohne weiteres* so urteilen würde, heißt insbesondere, daß es nicht erst eine Überlegung darüber anstellen müßte, ob p, um diese Frage zu beantworten. Häufig werde ich diesen Zusatz, "ohne weiteres", beiseitelassen; d. h. es geltende folgende terminologische Festsetzung:

DU S hat die Disposition zu urteilen, daß $p \Leftrightarrow_{df}$ Ceteris paribus gilt: S würde ohne weiteres urteilen, daß p, wenn er sich die Frage stellte, ob p. [Entsprechend für die Disposition zum gegenteiligen Urteil. Es soll also kraft Definition gelten: $DUp \mathbin{\&} Fp \rightsquigarrow Up$ und $DU{\sim}p \mathbin{\&} Fp \rightsquigarrow U{\sim}p$]‡

Gemäß der Standard-Konzeption des Selbst-Bewußtseins von einer innergeistigen Gegebenheit muß es ein Denken an oder über das involvieren, wovon es Bewußtsein ist. Sie zehrt davon und krankt daran, daß sie unthematisches Bewußtsein nicht beachtet. *Unthematisch* nenne ich propositionales Selbst-Bewußtsein von einem nicht intrinsisch bewußten Geistesphänomen ψ, wenn der bewußtseinsstiftende Gedanke nicht von ψ handelt. Handelt dieser Gedanke hingegen von ψ, dann nenne ich das Bewußtsein von ψ *reflexiv* (oder *thematisch*).[424] Unthematisches Bewußtsein spielt eine zweifache Rolle in dem Bild, das durch unser Prinzip des Glaubensbewußtseins nahegelegt wird. **BG** zufolge muß sich das Sub-

† "*DUp*" sei das Kürzel für: S hat die Disposition, ohne weiteres zu urteilen, daß p, wenn er sich fragte, ob p. S hat diese Disposition, wenn er auf diese Frage unter insgesamt normalen Bedingungen ohne weiteres entsprechend urteilen würde. – Wegen **UG** ($Up \Rightarrow_{df} Gp$) gilt also auch: $DUp \Rightarrow DGp$.

‡ "*Fp*" sei das Kürzel für: S fragt sich, ob p. (Sich-etwas-Fragen ist, allgemeiner gesprochen, eine Art, einen Gedanken unter dem Gesichtspunkt seiner Wahrheit bzw. Falschheit zu fassen, also ein intrinsisch bewußter Akt.)

jekt, um sich einer Überzeugung präsentisch bewußt zu sein, ihrer nur unthematisch bewußt sein, und zwar in einem Akt des Denkens, in dessen Inhalt es ausschließlich um das Geglaubte, aber nicht um es selbst und sein Glauben geht. Dieser Akt – das Als-wahr-Anerkennen des Geglaubten – ist dem Subjekt bewußt, aber auch das Bewußtsein von diesem Akt kann, und wird gewöhnlich, unthematisch sein. Damit dem Subjekt nicht entgeht, daß es urteilt, muß es nicht urteilen (und nicht einmal einen Gedanken daran haben), daß es urteilt. Ein Akt höherstufigen Denkens ("Ich glaube, daß *p*") wäre kein Glaubensbewußtsein, wenn er nicht das Urteil der unteren Stufe (die Anerkennung der Wahrheit von "*p*") involvierte. Der springende Punkt ist: Allein schon dieses Basis-Urteil ist Glaubensbewußtsein.

*

Nun wäre kein Urteil Glaubens*bewußtsein*, wenn es unbewußt aufträte, oder etwas anderes zu ihm hinzukommen müßte, damit sich das Subjekt seines Urteilens bewußt ist. Dieser Voraussetzung, Urteilen sei ein intrinsisches Bewußtseinsphänomen, steht die als Standard-Konzeption etikettierte Auffassung entgegen, menschliches Bewußtsein vom Innergeistigen sei seinem Wesen nach höherstufiges Denken – es könne folglich keine geistigen Akte geben, die dem Subjekt 'aus sich heraus' nicht entgehen. Seinen ganz grundsätzlichen Einwand gegen die hier skizzierte Konzeption eines unthematischen Bewußtseins könnte der Opponent so formulieren: "Man kann zwar, wie das oben gemacht wurde, zum Zwecke der terminologischen Eindeutigkeit festsetzen, daß unter *Urteilen* nur etwas verstanden werden soll, dessen sich das Subjekt bewußt ist. Niemand bestreitet, daß es mit Bewußtsein vollzogenes Urteilen gibt. Aber es läßt sich nicht herbeistipulieren, daß der Akt des Urteilens dem Subjekt *intrinsisch* bewußt ist. Ja, es bedarf einer Begründung für die Grundvoraussetzung, daß es überhaupt so etwas wie unthematisches Bewußtsein gibt."

Hier die Begründung. Die Idee, alles Bewußtsein vom Innergeistigen sei reflexiv, ist bis an den Rand der Widersinnigkeit aberwitzig. Betrachten wir kurz, warum. Die ('reflexionistische') Gegenthese besagt:

> Um sich eines beliebigen seiner geistigen Phänomene, ψ, bewußt zu sein, muß das Subjekt einen Gedanken wie "Ich ψe" (oder einen andern ψ-thematisierenden Gedanken) denken. Nichts außer solch einem Gedanken bedarf das Subjekt, um sich dessen bewußt zu sein, daß es ψt.

Demnach stiftet erst ein Gedanke, in dem ein gegebenes geistiges Phänomen thematisiert wird (nennen wir ihn $\delta\psi$), Bewußtsein von ihm. Wenn ψ ohne einen solchen Gedanken aufträte, wäre es dem Subjekt nicht bewußt; sobald es in seiner Begleitung auftritt, ist es dem Subjekt bewußt. – Diese Idee wirft unmittelbar folgendes Problem auf: Der Gedanke $\delta\psi$ wäre falsch, wenn er in Abwesenheit von ψ aufträte. Wie könnte ein Gedanke, der falsch sein kann, propositionales *Bewußtsein* stiften – etwas, das seinem Begriffe nach die Wahrheit seines Inhalts garantiert? Die reflexionistische Konzeption müßte also um einen Zusatz ergänzt werden, aus dem hervorgeht, daß und wodurch sichergestellt ist, daß das Subjekt diesen Gedanken nur dann haben kann, wenn auch ψ in ihm auftritt. Aber wie könnte das garantiert sein? Wenn es möglich ist, daß ψ ohne $\delta\psi$ auftritt, warum sollte es dann unmöglich sein, daß $\delta\psi$ ohne ψ auftritt?[425] – Daß dies in der Tat möglich sei, ist eine (stets ausdrücklich hervorgehobene) Konsequenz *aller* Theorien des Bewußtseins als einem Geistesphänomen höherer Stufe, nicht nur solcher Varianten, in denen eine mentale 'Ablese'- oder 'Kopier'-Vorrichtung postuliert wird. Das heißt, es ist ganz dezidiert Teil, oder Voraussetzung, der Standard-Theorien, daß der Begriff des Bewußtseins nicht faktiv ist. Höherstufige Gedanken (oder 'Perzeptionen') können eben – wie alle mentalen Repräsentationen auch – falsch sein. Der Fall, daß $\delta\psi$ ohne ψ auftritt, kann also durchaus eintreten. Und wenn er eintritt, dann sei es eben so: Das Subjekt hat Bewußtsein von einem Gedanken, den es gar nicht hat. (Das ist, als wollte man von Wissen reden und zugleich zulassen, daß das Gewußte nicht wahr ist.)

Nicht weniger tiefgehende Rätselhaftigkeiten treten zutage, sobald wir die Frage betrachten, wie es um den bewußtseinsstiftenden Gedanken selbst bestellt ist: ob er dem Subjekt bewußt ist. Angenommen, er ist es nicht. (Nach David Rosenthals Auffassung ist dies der Regelfall.) Dann gäbe es zwei geistige Phänomene (ψ und $\delta\psi$), von denen keines – für sich genommen – ein Bewußtseinsphänomen ist, deren Kopräsenz jedoch Bewußtsein von einem der beiden (ψ) stiftet. Schwer begreiflich daran ist allein schon, wie das Subjekt sich eines Geistesphänomens durch einen Gedanken bewußt sein könnte, der ihm nicht bewußt ist.[426] Mehr als das. Wenn wir den gerade erwähnten Fall der höherstufigen Fehlrepräsentation einbeziehen, in dem $\delta\psi$ ohne ψ auftritt, ergibt sich die bereits erwähnte, vollends unbegreifliche Konsequenz: Der dem Subjekt nicht bewußte Gedanke $\delta\psi$ wäre dann Bewußtsein von einem Gedanken, den das Subjekt nicht hat. – Und schließlich, nebenbei bemerkt, bleibt eine Frage merkwürdigerweise völlig ungeklärt – ja, sie wird, so weit ich sehe, überhaupt nicht gestellt: Wie ist überhaupt die Asymmetrie zu erklären, daß gerade das eine der beiden für sich selbst unbewußten Phänomene Bewußtsein vom andern stiftet – und nicht umgekehrt? Oder warum nicht beide einander wechselseitig dazu verhelfen, dem Subjekt bewußt zu sein?

Nun aber angenommen, der bewußtsseinsstiftende Gedanke ist dem Subjekt bewußt. Dann müßte sich dies, der reflexionistischen These zufolge, einem weiteren Gedanken, $\delta\delta\psi$, verdanken. Es entstünde also das Problem mit dem unmöglich zu durchlaufenden progressus ad infinitum, der sich nur dadurch verhindern läßt, daß auf irgendeiner Stufe schließlich doch ein Gedanke angenommen wird, der entweder Bewußtsein stiftet, ohne dem Subjekt bewußt zu sein, oder der dem Subjekt intrinsisch bewußt ist.

Schon solche Überlegungen zeigen jedenfalls eines: Wäre alles Selbst-Bewußtsein unausweichlich reflexiv, dann wäre Bewußtsein vom Innergeistigen noch rätselhafter, als es ohnehin schon ist – das heißt, als es unter der Annahme ist, daß solches Bewußsein in seiner grundlegenden Form unthematisch ist. Jede Konzeption menschlichen Bewußtseins sollte beide Formen erfassen, in denen es sich manifestiert, und einsichtig machen, wie sie zusammenhängen. Wenn das, was hier entwickelt wurde, zutrifft, dann ist die Fähigkeit, zu reflexivem Bewußtsein zu gelangen, im unthematischen Bewußtsein vom eigenen Glauben bereits als begrifflich notwendige Bedingung angelegt. Genau das ergibt sich ja aus **BUD**: Niemand kann sich dessen bewußt sein, daß er in diesem Moment die-&-die Überzeugung hat, der nicht zugleich dazu disponiert ist, sich ihrer reflexiv bewußt zu sein.

In einer allgemeinen Theorie des propositionalen Selbst-Bewußtseins (vom momentanen Vorliegen eines beliebigen geistigen Phänomens) müßten demnach zwei Begriffe voneinander unterschieden und ihr Verhältnis zueinander beschrieben werden. Zum einen kann das Subjekt sich dessen reflexiv bewußt sein, daß dieses Phänomen in ihm gegeben ist ($B^r\psi$), zum andern kann es sich dessen unthematisch bewußt sein ($B^u\psi$). Wenn wir unterstellen, daß dies die beiden einzigen Formen sind, die der Begriff von solcherlei Selbst-Bewußtsein zuläßt, dann gilt also: $B\psi \Longleftrightarrow B^r\psi$ *oder* $B^u\psi$. Im Lichte des gerade Ausgeführten ließe ihr Verhältnis zueinander sich u. a. durch folgende Feststellungen näher charakterisieren. Für reflexives Bewußtsein dieser Art ist ein entsprechendes Urteil, "Ich ψ-e", notwendig und hinreichend ($B^r\psi \Longleftrightarrow U\psi$). Basales, oder bloß unthematisches, propositionales Selbst-Bewußtsein läßt sich dann als das Komplement bestimmen: Es ist propositionales Selbst-Bewußtsein, aber kein reflexives Bewußtsein, vom Vorliegen dieses Phänomens ($B^u\psi \Longleftrightarrow B\psi \,\&\, \sim B^r\psi$). Ein fundamentaler begrifflicher Zusammenhang liegt darin, daß unthematisches Bewußtsein ein entsprechendes Urteil nicht involviert, wohl aber die Disposition dazu, es ohne weiteres zu treffen ($B^u\psi \Rightarrow DU\psi$). Insofern läßt sich reflexives Bewußtsein als die Manifestation derjenigen Urteilsdisposition verstehen, die – gemäß **BUD** – ein begriffliches Merkmal von jederlei propositionalem Selbst-Bewußtsein ist.

Wenn wir dies auf den hier zu betrachtenden Spezialfall des Glaubens anwenden (in dem "Ich glaube, daß *p*" an die Stelle von "Ich *ψ*e" tritt), ergibt sich unter anderm folgendes. Sich dessen bewußt sein, daß man glaubt, daß *p*, kann auf zwei Weisen gegeben sein: zum einen als bloß unthematisches Bewußtsein, das in dem Akt des Urteilens, daß *p*, vorliegt (Up & $\sim UGp \Rightarrow B^uGp$), zum andern mit dem Akt des Urteilens, daß man glaubt, daß *p*.[427] Dieser ist ein reflexives Sich-dessen-bewußt-Sein, daß man glaubt, daß *p*, und er bringt zugleich ein unthematisches Bewußtsein davon mit sich, daß man glaubt, daß man glaubt, daß *p* (d. h.: $UGp \Rightarrow B^rGp$ & B^uGGp). Unthematisches Bewußtsein vom eigenen Glauben involviert die Disposition, ohne weiteres auch das höherstufige Urteil (d. h. UGp) zu treffen. Wird diese Disposition aktiviert – z. B. durch eine entsprechende Frage (*Gp?*) – und das höherstufige Urteil getroffen, dann geht mit diesem Urteil also die Disposition einher, auch das entsprechende Urteil der nächsthöheren Stufe zu treffen ($UGp \Rightarrow DUGGp$).

Propositionales Bewußtsein vom eigenen *Nicht*-Glauben kann von viererlei Art sein: Es ist reflexiv, wenn das Subjekt urteilt, daß es nicht glaubt, daß *p* ($U{\sim}Gp \Rightarrow B^r{\sim}Gp$); und es ist ebenfalls reflexiv, wenn es in einem Urteil besteht, daß man zu der Frage, ob *p*, keine Überzeugung hat: $U({\sim}Gp$ & ${\sim}G{\sim}p) \Rightarrow B^r{\sim}Gp$. Unthematisches Bewußtsein kann hier auf zwei Weisen gegeben sein: erstens mit jedem Urteil, daß $\sim p$ (d. h.: $U{\sim}p \Rightarrow B^u{\sim}Gp$), und zweitens mit dem Bewußtsein davon, daß man sich in diesem Moment eines Urteils zum Thema $p/{\sim}p$ enthält: $B({\sim}Up$ & ${\sim}U{\sim}p) \Rightarrow B^u{\sim}Gp$.

*

Unsere Frage eingangs des Kapitels war die nach etwas, das Aufstieg zum Selbst-Glauben garantiert, sobald es zum Glauben hinzutritt. Solch ein Etwas hat sich nun angefunden. Es ist das Urteil: *Ich glaube es.* Unser Gefühl, das Gesuchte müsse mit dem Glauben selbst eng zusammenhängen und könne jederzeit zu ihm hinzutreten, war richtig. Solch ein Urteil stellt sich 'unmittelbar' ein, 'wie von selbst', sobald der Glaubende sich fragt: *Glaube ich es?* Der Zusammenhang zwischen dem Glauben und dem entsprechenden Urteil ist denkbar eng: Zum Glauben gehört die Disposition des Glaubenden, so zu urteilen, sobald ihm Anlaß dazu entsteht (also zum Beispiel dann, wenn er sich diese Frage stellt). Aber der Zusammenhang ist nicht direkt: Aus dem Glauben selbst folgt kein Urteilen. Zum Glauben gehört auch nicht, daß jemals ein Anlaß zu solch einem Urteil entsteht. – So weit diese Überlegungen reichen, ist es jederzeit möglich, daß wir etwas glauben, ohne je zu glauben, daß wir es glauben.

*

WIE DOXASTISCHER AUFSTIEG VOR SICH GEHEN KANN Aus der hier skizzierten Konzeption des Glaubensbewußtseins ergibt sich mithin folgendes Schema, nach dem Selbst-Überzeugungen entstehen können. Sei da jemand, der eine bestimmte Basis-Überzeugung hat, sich ihrer aber nicht bewußt ist und auch keine entsprechenden Selbst-Überzeugungen hat. Also: *Gp*, aber nicht *BGp* und nicht *GGp*, *GGGp* und so weiter. Nehmen wir an, er wird mit der Frage konfrontiert, ob *p*. Da er glaubt, daß *p*, ist er dazu disponiert, ohne weiteres zu urteilen, daß *p*.[428] Indem er dieses Urteil trifft, wird er sich dessen unthematisch bewußt, daß er glaubt, daß *p*: $B^{u}Gp$. Er ist nun also auch dazu disponiert, die *Gp?*-Frage ohne weiteres mit einem bejahenden Urteil zu beantworten. Diese Disposition ist keine Selbst-Überzeugung, aber sie ist die Disposition, die entsprechende Selbst-Überzeugung ohne weiteres zu bilden, zum Beispiel auf eine entsprechende Frage hin. Nehmen wir also an, er wird nun mit der *Gp?*-Frage konfrontiert und urteilt entsprechend: *UGp*. Mit diesem Urteil geht dreierlei einher: erstens reflexives Bewußtsein von seiner Basis-Überzeugung: $B^{r}Gp$; zweitens unthematisches Bewußtsein davon, daß er jetzt glaubt, daß er glaubt, daß *p*: $B^{u}GGp$; und damit, drittens, natürlich auch diese Selbst-Überzeugung: *GGp*. In diesem Fall bildet sich eine Selbst-Überzeugung im Zuge eines Urteilsakts, der zugleich unthematisches Bewußtsein von ihr selbst und reflexives Bewußtsein von einer Basis-Überzeugung ist. Der erste Schritt hinan ist getan.

Wie könnte der zweite gelingen? Natürlich nach dem gleichen Schema, so mag es scheinen. Da das Subjekt nun eine Selbst-Überzeugung erster Stufe hat, ist es dazu disponiert, auch die Frage nach ihr (d.h.: *GGp?*) mit einem bejahenden Urteil zu beantworten. Sobald er das täte, würde *S* reflexives Bewußtsein von seiner Selbst-Überzeugung erster Stufe erlangen und unthematisches Bewußtsein von einer Selbst-Überzeugung zweiter Stufe, die sich dann in ihm gebildet hätte: *GGGp*. – Das Schema dieser Art doxastischen Aufstiegs ist: Die Aktivierung einer mit dem Basis-Glauben einhergehenden Urteilsdisposition schafft eine Selbst-Überzeugung (falls diese, wie wir ja vorausgesetzt haben, noch nicht besteht), und sie schafft zugleich eine Urteilsdisposition der nächsthöheren Stufe. Für deren Aktivierung gilt dasselbe. Deshalb könnte es immer so weiter gehen, oder nicht?

In der Tat, es *könnte* so weitergehen, wenn das Subjekt tatsächlich mit der jeweils geeigneten Frage über sein höherstufiges Selbst-Glauben, oder einem andern Urteilsanlaß, konfrontiert würde. Nun scheint es mir ein empirisches Faktum zu sein, daß bereits die mit der Selbst-Überzeugung erster Stufe verbundene Urteilsdisposition de facto nie aktiviert wird. Und das heißt unter anderm auch, daß sich keinem Menschen je die Frage stellt, ob er die-&-die Selbst-Überzeugung erster Stufe hat. Wir haben zwar solche Überzeugungen (d. h. solche des Typs *GGp*), und wir sind uns dessen gelegentlich auch unthematisch bewußt – eben dann, wenn wir uns eine Selbst-Überzeugung zuschreiben (*UGp*) –, aber wir haben kein reflexives Bewußtsein von ihnen: Wir treffen, wenn diese Vermutung richtig ist, keine höherstufigen Urteile über das eigene momentane Glauben (keine des Typs *UGGp*, *UGGGp* usw.), die dann noch höherstufiges Selbst-Glauben und auch die Disposition mit sich brächten, dessen Vorhandensein in einem weiteren Urteilsakt anzuerkennen.

Wenn die ungedeckte, sehr weitreichende empirische Mutmaßung richtig ist, daß Menschen sich de facto niemals mit der *GGp?*-Frage konfrontiert sehen, dann kommen höherstufige Selbst-Überzeugungen jedenfalls nicht nach dem geschilderten Schema zustande. Das wiederum heißt aber nicht, daß diese sich nicht auf irgendeine andere Weise bilden könnten. Neue Urteile und die mit ihnen verbundenen Überzeugungen stellen sich ja nicht nur dann ein, wenn ihnen eine entsprechende Frage vorausging. Sie sind nicht ihrem Wesen nach so etwas wie Antworten auf Fragen, mit denen das Subjekt konfrontiert sein *mußte*, um sie zu bilden. Dies anzunehmen wäre eine grotesk simplifizierende Intellektualisierung der unüberschaubar vielfältigen Prozesse, aus denen Urteile hervorgehen und Überzeugungen sich bilden. Der Verdacht, daß Menschen keine Selbst-Überzeugungen höherer Stufe bilden, läßt sich durch solche Vermutungen und Erwägungen allein nicht erhärten. Könnte es nicht, zum Beispiel, einfach so sein, daß derartige Überzeugungen dem Bewußtsein prinzipiell entzogen sind? – Das ist eine der Fragen, die uns im nächsten Kapitel beschäftigen werden. Und dann natürlich auch die grundlegendere Frage, ob die Annahme überhaupt kohärent ist, daß Menschen Überzeugungen haben, deren sie sich prinzipiell nicht bewußt werden können.

17. BEWUSSTSEINSZUGÄNGLICHKEIT UND EINFLUSSTRÄCHTIGKEIT

Falls unsere Selbst-Überzeugungen über die erste Stufe hinausreichten, und auszuschließen ist das bisher nicht, wäre dies erstaunlich. Rein 'logisch' und 'semantisch' gesehen, haben wir eine leidlich aufgeräumte Vorstellung von höherstufigem Selbst-Glauben. Aber es ist uns unheimlich: umgeben von allerhand Merkwürdigkeiten, insbesondere erkenntnistheoretischer Art. Manche, die wir noch nicht bedacht haben, werden uns in diesem Kapitel begegnen. An diesem Punkt wäre es übertriebene philosophische Kasteiung, einer Frage länger auszuweichen, um die ich mich, in meiner Fixierung auf das Apriorische, bisher gedrückt habe: Wie hoch reicht menschliches Selbst-Glauben tatsächlich? Als eine empirische Frage bezieht sie sich nur auf wirkliche Menschen, nicht auf vollkommenere epistemische Subjekte und andere Konstrukte theoretischer Idealisierung. Ohne Rekurs auf Annahmen über kontingente Gegebenheiten läßt sie sich nicht erörtern. Ich nenne drei, die ich für plausibel halte.

*

Drei empirische Vermutungen:

(a) Wir begegnen, unter insgesamt normalen Bedingungen, keinen sprachlichen Äußerungen, mit denen jemand sich eine höherstufige Selbst-Überzeugung zuschreibt. (Anders gesagt, schon Sätze des Typs "Ich glaube, daß ich glaube, daß *p*" werden de facto nicht als Selbstzuschreibungen einer Überzeugung zweiter Stufe verwendet. Von noch verschachtelteren Sätzen dieses Schlags ganz zu schweigen.)
(b) Es gibt kein charakteristisches außersprachliches Verhalten eines Menschen, das einen Grund liefert, ihm eine höherstufige Selbst-Überzeugung zuzuschreiben. (Ebensowenig gibt es spezielle situative Umstände, für die gilt: Sie haben es an sich, daß ein Mensch, der sich in ihnen befindet, glauben wird, daß er glaubt, daß er glaubt, daß so-&-so.)
(c) Auch 'im Stillen' treffen wir – unter insgesamt normalen Bedingungen – keine Urteile, in denen wir uns höherstufige Selbst-Überzeugungen zuschreiben. (Niemand urteilt je, daß er glaubt, daß er glaubt, daß so-&-so. Was auch daran liegen mag, daß kein Mensch die entsprechende Frage an sich oder einen andern richtet.)

Die erste Vermutung könnte man vielleicht sogar als eine gut bestätigte Tatsachenfeststellung erachten. Bereits für G^2-Sätze gibt es unter gewöhnlichen Umständen keinen Gebrauch als Selbstzuschreibung einer Überzeugung. Wie eingangs des 13. Kapitels bemerkt mögen solche Sätze äußerstenfalls dazu geeignet sein, eine Unsicherheit über das eigene Basis-Glauben zu bekunden und eine diesbezügliche Glaubenstendenz zum Ausdruck zu bringen. (Etwa: "Frag mich nicht, ob ich es glaube oder nicht. Vermutlich glaube ich es; aber letztlich kann ich guten Gewissens nicht einmal das sagen.") Doch so etwas wäre keine Mitteilung über das Vorhandensein eines Selbst-Glaubens erster Stufe; es wäre überhaupt keine Selbstzuschreibung irgendeiner Überzeugung. Was mit solchen Sätzen gesagt würde, wenn sie eine sinngemäße Verwendung hätten, ist hingegen völlig eindeutig. Darüber hinaus ist an dem Sachverhalt selbst, der dann mit ihrer Äußerung mitgeteilt würde (nämlich *GGp*), nichts suspekt. Im Gegenteil, mit jeder einfachen Selbstzuschreibung, "Ich glaube, daß *p*", bringt der Sprecher genau dies zum Ausdruck, und wenn er das tut, haben wir beste Gründe anzunehmen, daß dieser Sachverhalt auch besteht. – Für diese sonderbare Unverwendbarkeit haben wir bisher keine Erklärung. Jeder Versuch einer 'pragmatischen' Diagnose war jedenfalls gescheitert.

Die zweite Annahme ist ebenfalls schwerlich zu bezweifeln. Jemandes außersprachliches Verhalten kann – soweit es als ein zielgerichtetes Tun zu erachten ist, mit dem er die-&-die ganz bestimmten Zwecke verfolgt – ein starkes Indiz dafür sein, daß er diese oder jene Basis-Überzeugungen hat (er wirft einen ihm wichtigen und eiligen Brief in den Postkasten: er glaubt, daß er frankiert ist). Ebenso kann seine bloße Situiertheit ein solches Indiz sein (er steht im prasselnden Regen: er glaubt, daß es regnet). Aber es ist schwer zu sehen, wie außersprachliches Benehmen, oder spezielle Eigenschaften der Umgebung, Indizien für das Vorliegen – oder die Abwesenheit – überhaupt *irgendeiner* spezifischen Selbst-Überzeugung sein könnten. Würde er den Brief anders einwerfen, wenn er nicht nur glaubt, daß er frankiert ist, sondern auch glaubte, daß er es glaubt? Gewiß, es gibt sehr subtile Nuancen des Benehmens. Wenn jemand, der entsprechend begabt ist, Elvis Presley imitiert, verhält er sich ein klein wenig anders, als wenn er Andy Kaufman imitiert, wenn der Elvis imitiert. Aber es ist nicht plausibel, daß es feine Unterschiede der Art gibt, wie sie hier in Frage stehen. Vollends abwegig scheint es, aus solchem Verhalten oder gar der bloßen Situiertheit einen Hinweis darauf gewinnen zu wollen, das Subjekt habe – oder ihm fehle – eine bestimmte höherstufige Selbst-Überzeugung.

Aus diesen beiden Annahmen ergibt sich mithin eine weitere Merkwürdigkeit etwaiger Selbst-Überzeugungen höherer Stufe: Weder für ihr Vorliegen noch für ihr Nicht-Vorliegen sind intersubjektiv zugängliche Anhaltspunkte verfügbar. Wir haben einen guten Test, um festzustellen, ob jemand glaubt, daß *p*, oder ob er es nicht glaubt: Wir fragen ihn, ob *p*. Wir haben den entsprechenden Test dafür, ob er auch glaubt, daß er glaubt, daß *p*: Wir fragen ihn, ob er glaubt, daß *p*. Aber wie ließe sich in Erfahrung bringen, ob er auch glaubt, daß er glaubt, daß er glaubt, daß *p*? Wir können ihn dies, unserer Vermutung (a) zufolge, nicht fragen, denn der G^2?-Fragesatz läßt sich unter insgesamt normalen Umständen ebenso wenig sinnvoll verwenden wie der G^2-Aussagesatz. Mithin ist derjenige Frage-Test, der als einziger definitiven Aufschluß geben könnte, wegen (a) nicht anwendbar. Zudem gibt es, gemäß (b), keine spezifischen außersprachlichen Verhaltensweisen und bloßen Situiertheiten, die es rechtfertigen würden, jemandem eine spezifische Selbst-Überzeugung höherer Stufe zuzuschreiben oder abzusprechen. – Es läßt sich, so scheint es, auf empirischem Wege weder bestätigen noch ausschließen, daß ein Anderer solche Überzeugungen hat.

Könnte man immerhin darauf kommen, daß man selbst eine solche Überzeugung hat? Aber wie? Gemäß der dritten Annahme treffen normale Menschen auch 'in foro interno' keine Urteile, die höherstufige Selbst-Überzeugungen mit sich bringen. Ob das so ist, kann nur jeder für sich selbst sagen, über andere nur vermuten. Wer jedoch eine Selbst-Überzeugung zweiter Stufe hätte, wäre sich demnach ihrer nie bewußt. Außerdem könnte er sie nicht durch ein Urteil gewonnen haben. – Beides ist andererseits nicht in sich problematisch. Der meisten unserer Überzeugungen werden wir uns de facto nie bewußt. Um ihre Arbeit im Denken oder Handeln zu tun (falls je eine für sie anfällt), müssen sie uns nicht bewußt sein. Auch gewinnen wir viele unserer Überzeugungen, ohne zu urteilen. Sie bilden sich unbemerkt in uns. Das muß nicht heißen, daß wir keine Gründe für sie haben; aber selbst das könnte der Fall sein. Wenn wir uns einer unserer Überzeugungen zum ersten Mal bewußt werden, können wir gewöhnlich auf Anhieb Gründe nennen, die unseres Erachtens für das Geglaubte sprechen. Diese Gründe mögen natürlich schlecht oder gar aus dem Moment heraus herbeifabriziert sein. Und es mag bei solchen Gelegenheiten auch geschehen, daß wir keine solchen Gründe finden und auch nicht spontan erfinden – daß wir uns eingestehen müssen, einfach keine Gründe für sie zu haben. (Die begriffliche Möglichkeit 'grundloser' Überzeugungen wird gelegentlich bestritten; allerdings ohne Begründung.[429] Richtig ist, daß solche Überzeugungen fragil sind: Gewöhnlich werden wir sie unverzüglich aufgeben, sobald wir uns ihrer bewußt werden. Täten wir es allzu oft nicht, und dies würde ruchbar, wäre unser Ehrenstatus des normal rationalen Mitmenschen gefährdet. Dann stünden wir in Gefahr, aus dem Rahmen der cp-begrifflichen Wahrheiten über Geistiges zu rutschen.) – Kurz, nichts wäre per se begrifflich problematisch an jemandes einer oder andern Überzeugung, die er ohne zu urteilen gewinnt, deren er sich nie bewußt wird, und für die er vielleicht nicht einmal Gründe hat.

Aber es geht hier nicht um einzelne, versprengte Überzeugungen, sondern um eine ganze wohlcharakterisierte Gattung: die der höherstufigen Selbst-Überzeugungen. Keine einzige von ihnen – gleichgültig, welche Basis-Überzeugung ihr Kern ist – wäre, (c) zufolge, durch einen Akt des Urteilens erworben; keine von ihnen wäre dem, der sie hat, jemals bewußt. Dies wäre noch eine zusätzliche bemerkenswerte Eigenschaft solcher Überzeugungen, wenn es sie gibt. Schließlich scheint ja nichts an ihrem Inhalt zu sein, das sie – jede einzelne der gesamten Gattung – 'verdrängenswert' macht. Könnten sie sich trotzdem dem Bewußtsein systematisch entziehen? Dies führt uns wiederum auf eine begriffliche Frage: Ist es überhaupt kohärent anzunehmen, daß ein normaler Mensch Überzeugungen hat, deren er sich nicht bewußt werden kann?

*

Bewusstseinsunzugängliche Überzeugungen? Sagen wir, daß *S* seine Überzeugung, daß *p*, (zu *t*) *bewußtseinszugänglich* ist, wenn (zu *t*) drei Bedingungen zugleich erfüllt sind: erstens, er glaubt, daß *p*; zweitens, wenn er sich fragte, ob *p*, würde er ohne weiteres urteilen, daß *p*;[430] und, drittens, er ist in der Lage, sich zu fragen, ob *p*.

Die letzte Bedingung mag überflüssig erscheinen, ist aber von Belang, weil es geschehen kann, daß wir Überzeugungen haben, die sich – zumindest zeitweise – dieser Frage entziehen. Dies ist etwa bei (argloser) Selbstverheimlichung der Fall, d. h. in solchen Formen der Selbsttäuschung, in denen das Aufkommen der *p*?-Frage systematisch blockiert ist, ohne daß hinter dieser Blockade eine Absicht des Subjekts steckt. Jemand glaubt, daß *p*, verhält sich aber in aller Aufrichtigkeit gegen sich und andere wie einer, der glaubt, daß *~p*. Den Vater des klavierspielenden Sohnes mögen wir uns, in einer Variation des früher behandelten Beispiels, z. B. so ausmalen: Er glaubt 'tief in seinem Herzen', daß sein Sohn unbegabt ist, aber diese Überzeugung fließt nicht in sein Denken und mit Bewußtsein vollzogenes Handeln ein. Daß sie dort nicht zum Tragen kommt, erklärt sich u. a. daraus, daß etwas in ihm verhindert, daß er sich die Frage, ob sein Sohn unbegabt ist, je stellt. Und was dies verhindert, ist eben nicht einfach sein Wunsch, der Sohn möge begabt sein. (Diesen Wunsch, wie stark auch immer er sei, könnte er auch haben, ohne gegen die Einsicht in die wirklichen Verhältnisse abgeschirmt zu sein.) Vielmehr bedarf es einer reicheren epistemischen und motivationalen Konstellation, eines komplexeren 'Mechanismus', der z.B. auch eine Verdrängung à la Freud sein könnte.[431] Im Falle *perfekter* Selbstverheimlichung wäre ein psychischer Mechanismus am Werke, der mit vollkommener Zuverlässigkeit verhindert, daß sich dem Subjekt die *p*?-Frage stellt. Je mehr einer sich diesem Extrem annähert, desto klarer ist, daß seine Überzeugung die dritte Bedingung für Bewußtseinszugänglichkeit nicht erfüllt. Er wäre, solange der Mechanismus intakt ist, einfach nicht in der Lage, die Frage, ob *p*, an sich herankommen zu lassen.

Ein andersartiger Typus der Bewußtseinsunzugänglichkeit wurde bereits en passant erwähnt: superfragile Überzeugungen. Sie genügen der zweiten Bedingung nicht. Denn das Subjekt glaubt zwar, daß *p*, und ist in der Lage, sich zu fragen, ob *p*; es würde aber, sobald es sich dies fragte, nicht urteilen, daß *p*. Auch so könnte man sich den Vater ausmalen, und ich habe das oben getan: Er hat die Überzeugung, daß sein Sohn unbegabt ist, und er verfügt über keinen Mechanismus, der das Aufkommen der Frage zuverlässig verhindert. Doch wann immer sie sich ihm stellte, würde er ohne weiteres urteilen, daß der Sohn begabt ist, und hätte damit – die Konsistenz seiner Überzeugungen zu diesem Thema vorausgesetzt – zumindest für den Moment seine superfragile Überzeugung, der Sohn sei unbegabt, verloren. (Es wäre der besonders seltsame Fall, in dem eine subjektiv gut gestützte Überzeugung superfragil ist und eine subjektiv schlecht begründete an ihre Stelle tritt.)

Bei Selbstverheimlichung ist offenkundig ein Störfaktor im Spiel: eben der Vermeidungsmechanismus, der verhindert, daß das Subjekt die Frage (ob *p*) überhaupt aufkommen läßt. So etwas mag hie und da vorkommen, muß aber der Ausnahmefall bleiben. Denn wäre das in Hinblick auf alle seine Überzeugungen der Fall, tendierte das Subjekt dazu, jedes Thema zu vermeiden, zu dem es eine Überzeugung hat. Je besser der Mechanismus funktioniert, desto urteilsenthaltsamer (im eigenen Denken) und schweigsamer (nach außen) müßte es sein – im Extremfall so sehr, daß es zu Urteilen und assertiven Äußerungen insgesamt unfähig ist. Ein solcher Mensch ist vermutlich nicht vorstellbar. Es ist nicht einmal klar, ob sich unsere Voraussetzung aufrechterhalten läßt, er sei wirklich ein *Glaubens*subjekt. Ob sich das reduzierte Denken, Sprechen und Handeln eines Menschen vielleicht doch kohärent ausmalen läßt, der von umfassender Selbstverheimlichung befallen wäre, sei dahingestellt. Es reicht der Befund, daß die Möglichkeit einer Sprachgemeinschaft a priori auszuschließen ist, deren normale Sprecher so sind.

Für superfragiles Glauben gilt völlig Entsprechendes. Wiederum ist klar, daß ein normaler Mensch solche Überzeugungen haben kann, zumindest dann und wann, tunlichst zu Themen, die sein Denken, Fühlen und Handeln nicht sonderlich tangieren. Könnte es nun aber auch einen Menschen geben, dessen gesamtes doxastisches Profil superfragil ist? Daß er kein normaler Sprecher einer uns verständlichen Sprache sein kann, liegt auf der Hand. Sprachliche Verständigung – jedenfalls der gewöhnlichen Art – und vielerlei andere Formen sozialer Interaktion mit einem Menschen wären unmöglich, bei dem, lax gesagt, aufrichtige Glaubensbekundung und 'gelebtes Glauben' grundsätzlich nicht übereinstimmten. Seine Aufrichtigkeit wäre wertlos, wenn die Diskordanz zwischen dem, was er sagt, und seinem sonstigen Tun und Lassen der Normalfall wäre. – Ein anderer Aspekt: Jede seiner Überzeugungen würde er verlieren, sobald er sich fragte, ob das Geglaubte wahr ist. Nehmen wir an, er ist subjektiv rational, richtet sich also in seinen Urteilen weitgehend nach den Gründen, die er hat. Er müßte also Gründe dafür haben, nichts von dem, was er glaubt, weiterhin zu glauben, sobald er es zum Gegenstand eines Urteils macht. Mithin müßte er, sobald er sich zu einem Urteil anschickt, stets über Gründe verfügen, die im Lichte seiner eigenen epistemischen Standards gegen alles sprechen, was er zur gleichen Zeit glaubt. Folglich wäre keine seiner Überzeugungen je durch subjektive Gründe gestützt (jedenfalls nicht durch Gründe, die nicht von ihm verfügbaren Gegengründen überwogen werden). Normativ gesprochen, er sollte – wohlgemerkt: bei Anlegung seiner eigenen Maßstäbe – nichts von dem glauben, was er glaubt.[432] Er wäre in puncto Glauben abgrundtief irrational. Dies ergibt sich aus der Annahme, er sei rational. Folglich verfügt er nicht über das Minimum an Rationalität (wie gering auch immer dieses veranschlagt werden mag), das einem normalen Sprecher seinem Begriffe nach zukommt. Wiederum dürfen wir die Frage beiseite lassen, ob nicht bereits die Idee inkohärent ist, es handele sich überhaupt noch um Glauben, wenn jemandes 'Überzeugungen' durchgängig superfragil wären.

*

Kann es also bewußtseinsunzugängliches Glauben überhaupt geben? Beide betrachteten Möglichkeiten (Selbstverheimlichung und superfragiles Glauben) können aus apriorisch einsichtigen Gründen nur in Ausnahmefällen vorkommen. Mithin scheint es verlockend, auch folgendes Prinzip der *Bewußtseinszugänglichkeit des Glaubens* als apriorische Wahrheit zu akzeptieren.

BZG Ceteris paribus gilt: Wann immer jemand glaubt, daß *p*, ist er in der Lage, sich zu fragen, ob *p*, und wenn er sich dies fragte, würde er ohne weiteres urteilen, daß *p*.

Jede superfragile Überzeugung wäre eine Ausnahme, die durch die Cp-Klausel abgedeckt wird. Ebenso jede Überzeugung, die ein Mensch vor sich verheimlicht. – Wäre bei *jederlei* Unfähigkeit eines glaubenden Subjekts, sich die *p?*-Frage zu stellen, eine Anormalität im Spiel, müßte seine Fähigkeit, sie sich zu stellen, nicht eigens erwähnt werden; einschlägige Ausnahmen würden durch die Cp-Klausel erfaßt. Dann dürfte auch folgendes sehr einfache Prinzip über den Zusammenhang von *Glauben und Urteilsdisposition* als begriffliche Wahrheit genommen werden:

GDU Ceteris paribus gilt: Wann immer jemand glaubt, daß *p*, würde er ohne weiteres urteilen, daß *p*, wenn er sich fragte, ob *p*. [$Gp \Rrightarrow DUp$]

*

Nun ist allerdings keineswegs ausgemacht, daß jede Form der Unzugänglichkeit der *p?*-Frage eine Anormalität menschlichen Glaubens ist. Daß an ihr etwas Anormales ist, wird z.B. von all denen bestritten, die gewisse kognitive oder kognitiv durchzogene Fähigkeiten und Leistungen (z.B. die Beherrschung einer natürlichen Sprache, oder auch nur das Balancehalten beim Fahrradfahren im Großstadtverkehr) mit Rückgriff auf unbewußtes propositionales Wissen erklären – wobei der Inhalt des Wissens dem normalen Menschen in einem sehr grundsätzlichen Sinn unverfügbar sein kann: Er vermag vieles von dem, was er unbewußt weiß, nicht einmal zu verbalisieren, und wäre auch nicht in der Lage, eine sprachliche Formulierung dessen, was er weiß, als eine Formulierung von etwas zu verstehen, das er für wahr hält. Zumindest in Hinblick auf Wissen dieser Art gälte also: *S* weiß, und glaubt mithin, daß *p*; er wäre jedoch nicht dazu disponiert, die *p?*-Frage zu bejahen. Ja, man mag sogar annehmen, daß der Inhalt mancher unbewußten Überzeugung dieses Schlags derart fremdartig oder anspruchsvoll ist, daß es nicht nur einer besonderen Ausbildung, sondern auch weit überdurchschnittlicher Intelligenz bedarf, um ihn überhaupt erfassen zu können – d.h. um überhaupt dazu befähigt zu sein, die *p?*-Frage zu verstehen. Mithin könnte, contra **BZG**, auch ein normaler Sprecher konstitutionell unfähig sein, sich diese Frage überhaupt je zu stellen.[433] Solche Fälle wären keine bloßen Ausnahmen zu jeder These von einer generellen Bewußtseinszugänglichkeit des Glaubens. Nichts an ihnen wäre anormal. Sie wären, zumindest auf den ersten Blick, genuine Widerlegungen der beiden Prinzipien **BZG** und **GDU**.

Die These, in menschlicher Kognition sei bewußtseinsunzugängliches Wissen involviert, ist umstritten. Umstritten ist dabei insbesondere, ob es sich um propositionales Wissen handelt – also um Wissen in dem Sinn, in dem es Glauben impliziert. Man mag dieser kognitionspsychologischen Hypothese entgegenhalten, sie sei nichts als empirische Spekulation und außerdem begrifflich fragwürdig. (Geht es hier wirklich um Wissen-daß, oder nur um nicht-propositionales Wissen-wie, oder am Ende gar nur um nacktes Es-einfach-Können?) Ein solcher Angriff wäre jedoch selbst wiederum der Kritik ausgesetzt, mit ihm würden 'wohletablierte' kognitionswissenschaftliche Basis-Annahmen geleugnet – in Prinzipien wie **BZG** und **GDU** spiegele sich nur eine willkürliche und künstliche Verengung des Glaubensbegriffs. Die Erfahrung lehrt, daß Kontroversen dieses Schlags nicht durch sachhaltige Argumente zu entscheiden, sondern bestenfalls durch Kompromisse zu schlichten sind. Doch wie könnte sich in dieser Sache ein 'Kompromiß' erreichen lassen? Wie ließe sich die These von der a priori einsichtigen Bewußtseinszugänglichkeit des Glaubens 'in ihrem Kern' aufrecht erhalten, aber doch so modifizieren, daß die Kohärenz der kognitionspsychologischen These von einem de facto bewußtseinsunzugänglichen Wissen anerkannt wird? Eine entsprechende Neufassung der beiden Prinzipien müßte, so scheint es, irgendeine alberne Ad-hoc-Restriktion enthalten. ("Mit begrifflicher Notwendigkeit ist menschliches Glauben unter insgesamt normalen Bedingungen bewußtseinszugänglich; ausgenommen sind normale Fälle, in denen das Subjekt etwas glaubt, das es nicht versteht.")

Selbst das wäre nicht genug. Denn es ist keineswegs a priori einsichtig, daß dem Bewußtsein entzogenes Wissen der in den Kognitionswissenschaften oft angenommenen Art der einzige Kandidat für 'normales' bewußtseinsunzugängliches Glauben ist. Vielleicht entziehen sich sogar viele unserer allergewöhnlichsten Überzeugungen dem Bewußtsein, und zwar aus einem ganz simplen Grund: Sie kommen unbewußt, etwa durch Sinnesrezeption, zustande und sind 'im nächsten Augenblick' spurlos verschwunden ("Im Hintergrund links bewegt sich etwas"). Wenn das Subjekt sich während dieser kurzen Dauer fragen wollte, ob *p*, würde diese Bewußtseinstätigkeit vielleicht mehr Zeit in Anspruch nehmen, als sein Es-für-wahr-Halten-daß-*p* währt. Bis die Frage schließlich gestellt ist ("Bewegt sich etwas links im Hintergrund?"), könnte der Moment des Glaubens schon vorüber sein und das gerade noch Geglaubte schon nicht mehr geglaubt werden und auch nicht erinnerlich sein.[434] Derlei ephemeres Fürwahrhalten ist begrifflich möglich, und das Wenige, was wir über die Psychologie des menschlichen Glauben wissen, schließt dies als eine 'reale Möglichkeit' nicht aus. – Wie auch immer man es dreht und wendet, es scheint keine Inkohärenz darin zu liegen, **BZG** und **GDU** für empirisch falsifizierbar zu halten. Trotz ihrer Normalitätseinschränkung haben sie keinen Anspruch auf begriffliche Wahrheit.

Dennoch, viele Überzeugungen können doch wohl nicht in den ernsthaften Verdacht geraten, ihrem Bewußtwerden – außer durch Anormalitäten – systematisch entzogen zu sein. Man denke nur an sehr Simples: die Überzeugung, daß der Frühling im März beginnt. Läßt sich vielleicht eine wohlumrissene Klasse, *P*, von Propositionen charakterisieren, für die gilt: Jedenfalls diese *P*-Überzeugungen sind mit cp-analytischer Notwendigkeit bewußtseinszugänglich? – Aber daß sich ein Kriterium für *P*-Zugehörigkeit finden läßt, das wäre nichts als eine philosophische Hoffnung. Und selbst ihre Erfüllung lieferte ja keinen Aufschluß über das begriffliche Wesen des menschlichen Glaubens insgesamt. Es stellte sich dann die Frage, was an jenen Überzeugungen ist, dank dem ihre Bewußtseinszugänglichkeit begrifflich garantiert ist. Unter dem Strich des hier Erwogenen wäre wohl jedes uneingeschränkt allgemein formulierte Prinzip der Bewußtseinszugänglichkeit kohärentem Zweifel ausgesetzt. Unabweisbar ist zwar, daß jeder normale Mensch 'viele' Überzeugungen hat, deren er sich bewußt werden kann. Welche das sind und was sie zugänglich macht, bleibt eine offene Frage. – In den nachfolgenden Betrachtungen zum Glaubensbegriff werde ich prinzipiell bewußtseinsentzogene Überzeugungen außer Betracht lassen, ohne deren Möglichkeit zu bestreiten. Auf den expliziten Hinweis werde ich verzichten. Anders gesagt, der Begriff des 'normalen' menschlichen Glaubens wird nun eingeschränkt: auf den des prinzipiell bewußtseinszugänglichen Glaubens eines normalen Menschen.[435]

*

Daß der Mensch zwar höherstufige Selbst-Überzeugungen hat, jede von ihnen aber seinem Bewußtsein entzogen ist, ist demnach keine begriffliche Unmöglichkeit. Gewiß, das wäre ein bemerkenswerter und erklärungsbedürftiger Sachverhalt, unter anderm auch deshalb, weil sich – weder 'von außen' noch vom Subjekt selbst – feststellen läßt, daß er besteht. Doch andererseits ist zu bedenken, daß Glauben nicht nur kein Bewußtseinszustand ist, sondern daß Glaubensbewußtsein in einer grundsätzlichen Hinsicht akzidentell ist.

Man muß sich einer Überzeugung nicht bewußt sein, um so zu denken und zu handeln, wie es dem Umstand entspricht, daß man sie hat. Essentiell für das Glauben mag sein, *daß* es bei entsprechender Gelegenheit in das Denken und Handeln des Menschen einfließt – aber nicht, *wie* dies geschieht. Unzugängliche Überzeugungen könnten zwar keine von Bewußtsein begleitete oder gesteuerte Rolle im Denken und Handeln des Subjekts spielen. Aber diese Einschränkung betrifft nur die Art, in der eine Überzeugung wirksam sein kann, nicht ihre Wirksamkeit. Die bloße Bewußtseinsunzugänglichkeit einer Überzeugung steht dem nicht im Weg, daß sie den Beitrag zum geistigen Geschehen macht, der für das Glauben charakteristisch ist. Hingegen erscheint der Gedanke inkohärent, manche 'Überzeugungen' könnten prinzipiell davon ausgeschlossen sein, im geistigen Geschehen des Subjekts überhaupt eine Rolle zu spielen – der Gedanke also, ein Subjekt hätte 'Überzeugungen', die selbst dann nicht in sein Denken, Handeln und Empfinden einfließen könnten, wenn es einen Unterschied für sein Denken, Handeln und Empfinden machte, ob 'das Geglaubte' wahr ist oder nicht. Solch zumindest potentieller Einfluß ist offenbar ein profunderes Charakteristikum des Glaubens als dessen Bewußtseinszugänglichkeit. Wenn höherstufigen Selbst-Überzeugungen die Einflußträchtigkeit abginge, wäre dies – so scheint es – ein gewichtigerer Grund gegen die Annahme, daß wir solche Überzeugungen sei's auch unbewußt haben.

*

Einflussträchtigkeit des Glaubens Aufs Ganze unserer Überzeugungen gesehen ist Glaubensbewußtsein de facto selten und in der gerade genannten Hinsicht verzichtbar. Eine Überzeugung muß dem Subjekt nicht bewußt sein, um ihre Arbeit zu tun: ihren Beitrag zu seinem Handeln, Denken und Empfinden zu machen. Dafür einige Beispiele. Zum ersten Punkt, *Handeln*, das alte Beispiel: *S* wirft einen Brief ein. Er glaubt, daß er ausreichend frankiert ist. Wenn er es nicht glaubte, würde er ihn nicht einwerfen. Aber er ist sich in dem Moment, in dem er die Handlung vollzieht, dieser Überzeugung nicht bewußt. – *Handlungsbezogenes Deliberieren*: *S* überlegt, auf welcher Route er am besten nach Südfrankreich fährt: über Mailand und San Remo, oder besser über Mulhouse und Lyon? Er bezieht dabei eine Reihe von Gesichtspunkten ein: die Länge der Strecken, die jeweils zu erwartenden Mautgebühren, wo er eine Mittagsrast machen könnte, und dergleichen mehr. Vieler Überzeugungen, die für seine Überlegungen zu diesem Thema relevant sind, ist er sich dabei nicht bewußt. Er glaubt z. B., daß die Fahrzeit zwischen Mulhouse und Lyon keinesfalls mehr als fünf Stunden betragen wird.

Glaubte er es nicht, würde er die zweite Route gar nicht weiter in Betracht ziehen. Aber er ist sich, während er plant, zu keinem Augenblick dieser Überzeugung bewußt. – *Theoretisches Räsonnieren*: *S* versucht sich darüber klar zu werden, ob *B* aus *A* folgt. Er gelangt schließlich zu dem Ergebnis, daß dem so ist. Er wäre nicht zu diesem Ergebnis gelangt, wenn er nicht unbewußt unterstellt hätte, daß der Modus ponens gültig ist. – *Empfinden*: *S* denkt mit Vergnügen an den nahenden Urlaub. Er empfände keine Vorfreude, wenn er nicht davon überzeugt wäre, daß das Ferienhaus, wie im letzten Jahr, immer noch den großen Garten haben wird. Aber er ist sich dieser Überzeugung nicht bewußt.

Diese Beispiele erinnern an eine veritable Trivialität: Je selbstverständlicher uns etwas ist, desto weniger tendieren wir dazu, uns unserer Überzeugung, daß es so ist, bewußt zu werden – selbst dann nicht, wenn sie zu unserm Handeln, Denken und Fühlen beiträgt. Wichtig ist, daß sie bei Bedarf ihre Arbeit tut, und dazu ist es selten (vielleicht niemals) nötig, sich ihrer bewußt zu sein.

*

Versuchen wir, zu diesem Thema zumindest terminologisch ein wenig deutlicher zu sein. Wenn *S* glaubt, daß *p*, dann heiße seine Überzeugung *einflußträchtig* (zu *t*), falls zweierlei gilt: Erstens, es sind Situationen denkbar, in denen sie thematisch relevant wird, d. h. solche, in denen es für das Denken, Handeln oder Empfinden von *S* einen Unterschied macht, ob er glaubt, daß *p*, oder es nicht glaubt; und zweitens: Würde sich *S* (zu *t*) in einer derartigen Situation befinden, dann würde er so handeln, denken und fühlen, wie er es auch täte, wenn er sich ihrer bewußt wäre.[436] Diese Erläuterung ist inhaltlich schwammig; insbesondere dürfte es kein Leichtes sein, deutlich zu sagen, was es heißt, daß ein Thema für *S* relevant wird. Beispiele sind Fälle wie die gerade genannten: *S* stellt eine theoretische oder praktische Überlegung an, deren Fortgang unterschiedlich wäre, je nachdem, ob in ihr unterstellt oder nicht unterstellt wird, daß *p*. Oder: *S* hätte die-&-die Empfindungen, wenn er eine bestimmte Sache im Lichte der Annahme, daß *p*, betrachtet, und andere Empfindungen, wenn er sie nicht in diesem Lichte betrachtet. Beispiele für 'das Typische' sind immer hübsch, aber lassen vieles offen. Eine präzisere Erläuterung wäre wünschenswert, ist mir aber nicht möglich. Ich vertraue darauf, daß dennoch leidlich verständlich wird, was gemeint ist.

Daß die Tendenz, ins psychische Geschehen des Subjekts einzufließen, ein Wesensmerkmal von Überzeugungen ist, gehört zu den wenigen Dingen, die unumstritten sind – es sei denn, das Phänomen Glauben selbst wird in Abrede gestellt. Es ist ja geradezu der Kern aller rein dispositionalistischen oder auch funktionalistischen Konzeptionen des Glaubens als einem realen Phänomen, daß Glauben in diesem Sinne einflußträchtig ist. Weitgehende Einmütigkeit besteht auch darüber, daß Bewußtsein von einer Überzeugung keine notwendige Bedingung für ihre Einflußträchtigkeit ist. – Ein (wie ich hoffe) für jeden Realisten akzeptables apriorisches *Prinzip der Einflußträchtigkeit* des Glaubens läßt sich demnach so formulieren:

EG Zu jeder Überzeugung, die ein Mensch hat, sind thematisch relevante Situationen denkbar. Und ceteris paribus gilt: Wann immer *S* glaubt, daß *p*, würde er in derartigen Situationen im Wesentlichen so handeln, denken und empfinden, wie er es auch täte, wenn er in ihnen urteilte, daß *p*.

Diese These dürfte – zumindest im Geist, wenn auch nicht im Buchstaben – unkontrovers sein. In dieser Formulierung ist sie zwar keine alltagspsychologische Wahrheit; sie enthält einige 'technische' Begriffe. Doch bei entgegenkommendem Verständnis ist sie wohl eine begriffliche Wahrheit, die es wert wäre, genauer ausbuchstabiert zu werden. Trotz – oder vielleicht sogar: dank – der Unbestimmtheit dessen, was als 'thematisch relevante Situation' und 'im Wesentlichen gleichartiges Handeln, Denken und Empfinden' zu gelten hat, besitzt sie zumindest die für apriorische Wahrheiten charakteristische Prima-facie-Evidenz.

*

Ist nun aber die Normalitätseinschränkung in **EG** nicht überflüssig, zumal bei 'entgegenkommendem Verständnis' dieser Generalisierung? In der Tat, allerlei ist denkbar, das gegen die begriffliche Wahrheit der cp-uneingeschränkten Version dieses Prinzips ins Feld geführt werden könnte. Zum Beispiel ist vorstellbar, daß das Glaubensbewußtsein (es selbst!) das normale, 'glaubenstypische' Einfließen der entsprechenden Überzeugung in das Handeln, Denken und Fühlen des Subjekts stört. Zur Erläuterung: Nehmen wir an, *S* glaubt, daß *p*, und ist sich dessen nicht bewußt. Seitdem er das glaubt, ist er zu (für diese Überzeugung) glaubenstypischem Verhalten disponiert: Zum Beispiel handelt er in relevanten Situationen so, wie es im Lichte dieser Überzeugung jeweils passend, zumindest subjektiv rational, ist. Wenn er sich jedoch dieser Überzeugung bewußt würde, wäre er dadurch so irritiert, daß er dann nicht so handeln, denken und fühlen würde, wie er es täte, wenn er sich dieser

Überzeugung nicht bewußt geworden wäre. Mit dem Urteil, in dem er sich ihrer bewußt wird, geriete sein ansonsten glaubenstypisches Verhalten durcheinander. Man könnte dann sagen, daß seine Überzeugung nur solange in der passenden Weise einflußträchtig wäre, wie sie ihm nicht bewußt ist. Dergleichen kommt gelegentlich vor, so zum Beispiel, wenn wir uns in einer handlungsrelevanten Situation eines unserer peinlicheren Vorurteile bewußt werden. Wir werden dann anders denken, fühlen und handeln als wir es täten, wenn wir uns der entsprechenden Überzeugung nicht gewahr geworden wären. Solche Fälle scheinen darauf hinzuweisen, daß Ausnahmen zugelassen werden müssen.

Natürlich könnte jemand, der die Normalitätsrestriktion in **EG** für fehl am Platz hält, Bedenken gegen solche Beispiele vorbringen. Er mag argumentieren, daß in solchen Fällen Superfragilität im Spiel sei. Seine Gegen-Diagnose könnte sein: Hier *stört* das Urteilen nicht das Glauben bei seiner normalen Arbeit, vielmehr *zerstört* das mit dem Urteilen einhergehende Glaubensbewußtsein, durch nichts weiter als sein bloßes Auftreten, eine todgeweihte Überzeugung. Weil das Subjekt diese Überzeugung mit dem Urteil selbst verliert, *deshalb* denke, fühle und handele es nun anders als ohne das Urteil. – Allerlei Einwände mehr möchten von einem einfallsreichen Rationalisten gegen angebliche Fälle von 'Urteilen als Störfaktor' vorgetragen werden. Ich verfolge das nicht weiter.

Betrachten wir stattdessen ein andersartiges, noch alltäglicheres Beispiel, das für die Unverzichtbarkeit der Normalitätsrestriktion spricht; es stammt von Mark Crimmins.[437] *S* steckt seine Armbanduhr in die Hosentasche; er tut es aus irgendeinem guten Grund, mit Absicht und Bewußtsein. Er hat nun die entsprechende Überzeugung. Nichts geschieht, das ihm Grund geben könnte, sie aufzugeben. Ein paar Minuten später sucht er nach seiner Uhr; er weiß nicht mehr, wo sie ist. Es will ihm einfach nicht einfallen. Er hat schlicht vergessen, wo sie ist. Seine Überzeugung, daß sie sich in der Hosentasche befindet, ist zu diesem Zeitpunkt nicht einflußträchtig. Aber er hat diese Überzeugung doch noch, oder nicht? Crimmins bemerkt zurecht, sein Beispiel lasse "gespaltene vortheoretische Intuitionen" darüber zu, ob *S*, wenn er nach seiner Uhr sucht, immer noch glaubt, daß sie in seiner Tasche ist. Klar ist jedenfalls, daß *S* sich dann gerade nicht so verhält, wie er es täte, wenn er in diesem Moment urteilte, daß die Uhr in seiner Tasche ist. Man mag geneigt sein zu sagen: "Aber *S* hat dann doch trotzdem noch die Überzeugung, daß die Uhr in seiner Tasche ist. Wie sollte er sie denn nicht mehr haben? Schließlich hat er sie gerade erst in vollem Bewußtsein gebildet und inzwischen nicht aufgegeben. Dergleichen kommt alltäglich vor. Mithin wäre die uneingeschränkte Version des Prinzips der Einflußträchtigkeit offenkundig falsch."

Wie immer gibt es auch hier viele Argumente, mit denen der rigorose Rationalist die cp-lose Version eines apriorischen Prinzips gegen prima facie widerlegende Beispiele verteidigen kann. Auf unsern Fall bezogen könnte er dafürhalten, daß *S* auch dann, wenn er nach seiner Uhr sucht, nicht einmal unbewußt glaubt, daß sie in seiner Tasche ist. Er könnte zum Beispiel Argumente wie diese ins Feld führen: Erstens, *S weiß* dann nicht mehr, wo sie ist; dies spricht dafür, daß er in diesem Moment auch nicht glaubt, sie sei in seiner Tasche. Denn wenn er es doch glaubte, dann wäre dies Glauben unausweichlich ein Wissen. Hätte er diese Überzeugung, dann erfüllte sie ja eine wissenskonstitutive Bedingung: Sie wäre nicht nur wahr, sondern stammte aus einer 'zuverlässigen' Quelle, nämlich der Registrierung eigenen Tuns (*S* hat diese Überzeugung ja gebildet, als er die Uhr mit Bedacht in seine Hosentasche steckte). Folglich, wenn *S* in diesem Moment auch nur glaubte, daß die Uhr in seiner Tasche ist, würde er es auch wissen. Nach Voraussetzung weiß er es aber nicht, also glaubt er es nicht. – Dies hängt damit zusammen, daß man, zweitens, Überzeugungen auch verlieren kann, ohne sie aufzugeben. Sie können verschwinden, ohne daß sie bewußt 'verworfen' worden wären oder sich unbewußt andere Überzeugungen zu dem betreffenden Thema eingestellt hätten, ja sogar ohne daß Gegengründe gegen sie aufgetaucht wären. Die Beobachtung, daß *S* die Überzeugung nicht aufgegeben hat, ist richtig; aber er mag sie sang- und klanglos verloren haben. – Drittens gibt es eine simple Gegendiagnose der epistemischen Situation, in der sich *S* befindet: Er glaubt zwar nicht, daß die Uhr in seiner Tasche ist. Aber an die Stelle der Überzeugung ist nicht blankes Nicht-Glauben getreten, sondern jene spezielle, glaubensaffine, Art des Nicht-Glaubens, die wir als bloß virtuelles Glauben bezeichnet haben: Allein schon die Frage, ob die Uhr in der Hosentasche ist, würde ausreichen, um die verlorene Überzeugung, daß sie dort ist, 'wiederzubeleben'. – Damit ist, viertens, auch eine Diagnose dafür möglich, wie es zu der irrigen Gegen-Intuition kommt. Der Eindruck, *S* glaube bei seiner Suche nach der Uhr immer noch, daß sie in seiner Hosentasche ist, beruht auf der gebräuchlichen Mißachtung des Unterschieds zwischen Glauben und bloß virtuellem Glauben.

*

Bei genauerem Nachdenken ließe sich wohl noch anderes geltend machen lassen gegen den Versuch, dieses Beispiel mit der Uhr in der Tasche als eine Falsifizierung eines uneingeschränkten Prinzips der Einflußträchtigkeit des Glaubens ernstzunehmen. Doch am Ende dürfte (wie so oft bei einem Dissens über die Widerlegungskraft eines Prima-facie-Gegenbeispiels) wieder ein Patt der Intuitionen stehen.

Allgemeiner gesprochen ergibt sich wiederum das inzwischen vertraute Bild. Der rigorose Rationalist verfügt über kein aprioristisches 'Meister-Argument', mit dem er ausschließen könnte, daß sich weitere und vielleicht noch schlagendere Einwände gegen die ausnahmslose Einflußträchtigkeit des Glaubens finden lassen. Sein Opponent – jedermann, der derlei Rigorismus in dieser Sache für unangebracht hält – hat nichts vorzuweisen, das als ein 'definitiver empirischer Beweis' dienen könnte, dem auch der rigoristische Rationalist nichts entgegensetzen könnte.

Was ergibt sich also? Für unser Prinzip **EG** läßt sich, das war von vornherein klar, nicht mehr als bestreitbare Prima-facie-Evidenz geltend machen. Zu ihm gibt es nicht leicht von der Hand zu weisende Gegenbeispiele ('Prima-facie-Falsifikationen'). Würde für sie kein Platz gelassen, stellte sich nicht einmal Prima-facie-Evidenz ein. Den nötigen, unabsehbar großen, aber nicht beliebigen Manövrierraum schafft nur eine diesbezügliche Normalitätsrestriktion. Mit ihr allerdings scheint dann die apriorische Einsichtigkeit dieses Prinzips gewährleistet zu sein.[438] Denn es leuchtet ein, daß jedenfalls Gegenbeispiele wie die beiden gerade betrachteten bestenfalls begrifflich zulässige Ausnahmen und keine Widerlegungen sind. Daß Überzeugungen stets 'vergessen' würden oder Glaubensbewußtsein stets ein Störfaktor glaubenstypischen Handelns, Denkens und Empfindens wäre, scheint begrifflich inkohärent. Verallgemeinernd gesprochen, es steht nicht zu befürchten, daß irgendein künftiges Gegenbeispiel uns zeigen könnte, wie es (ohne daß dabei eine Anormalität im Spiel ist) geschehen möchte, daß ein Mensch eine nicht-einflußträchtige Überzeugung hat: eine, der jederlei thematische Relevanz abgeht, oder eine, die in relevanten Situationen ohne Einfluß bliebe.

Demnach könnte ein Zustand, der prinzipiell von jedem glaubenstypischen Beitrag zum geistigen Geschehen abgeschottet ist, kein normaler Fall von Glauben sein. Zudem haben bewußtseinszugängliche Überzeugungen ein gemeinsames *Minimum der Einflußträchtigkeit*. Gemäß **GDU** müssen sie den Glaubenden zumindest dazu in die Lage versetzen, entsprechende Fragen ("*p*?", "Glaubst du, daß *p*?") zu bejahen. Es ist nicht auszuschließen, daß darin der einzige glaubenstypische Beitrag gewisser Überzeugungen liegt, die ein Mensch hat.[439]

*

Noch einmal: Höherstufige Selbst-Überzeugungen? Unsere Frage war, wie hoch menschliches Selbst-Glauben tatsächlich reicht. Jedenfalls bis zur ersten Stufe; das ergibt sich aus unserer Fähigkeit, nicht nur zu sagen, was wir glauben, sondern auch zu sagen, daß wir es glauben. Zweifel daran, daß Selbst-Glauben über diese Stufe hinausreicht, ergeben sich aus der Vielzahl von Merkwürdigkeiten, die sie haben müßten, wenn die drei Vermutungen zutreffen, die eingangs genannt wurden.

Führen wir uns einige von ihnen noch einmal vor Augen: Wie man sie gewinnen würde, ist unklar; jedenfalls ist das betrachtete Aufstiegsschema, nach dem der Mensch zu Selbst-Überzeugungen erster Stufe gelangen kann, nicht geeignet, ihn zu solchen der zweiten Stufe gelangen zu lassen. Kein Mensch hat solch eine Überzeugung je bemerkt, weder an einem Andern noch an sich selbst. Schon das Reden über sie ist, gelinde gesagt, absonderlich. Wenn jemand sie hätte, gäbe es keine deutlichen Anhaltspunkte dafür; unser allgemeines Kriterium und andere Tests für Glauben sind jedenfalls nicht anwendbar. Und da niemand sich je eine Selbst-Überzeugung erster Stufe zuschreibt, hat er, gemäß **BG**, kein Bewußtsein von ihr, auch kein unthematisches. Derartiges Selbst-Glauben wäre also de facto bewußtseinsunzugänglich.

All dies ist dazu angetan, einigen Zweifel zu erregen. Aber auch zusammengenommen spricht das alles nicht schlagend gegen die Existenz von Selbst-Überzeugungen höherer Stufe. (Ein Opponent könnte ad hominem argumentieren: "Gerade der doxastische Realist sollte die Existenz von Überzeugungen, welcher Art auch immer, nicht einfach deshalb leugnen, weil sie stets unbewußt sind und sich durch Standard-Tests nicht nachweisen lassen. Das wäre blanker Verifikationismus!")

Mit dem Prinzip der Einflußträchtigkeit des Glaubens hat sich nun ein weiterer Gesichtspunkt herausgeschält. Die empirisch schwer zu widerlegende Gegenthese, daß es solche Überzeugungen doch gebe – sie seien nun einmal unbewußt und deshalb unnachweisbar – ist, wie wir nun gesehen haben, nur dann kohärent, wenn solche Überzeugungen zumindest einflußträchtig wären: in relevanten Situationen etwas zum Denken, Handeln und Fühlen normaler Menschen beitragen könnten. Doch was wären relevante Situationen, und was ihr spezifischer Beitrag? – Ließe sich nichts Passendes finden oder ersinnen, so wäre dies, endlich, ein achtbares, nicht-verifikationistisches, Argument gegen die Annahme, es gebe Selbst-Glauben höherer Stufe.

Bedenken wir den gravierenden Unterschied. Was Basis-Überzeugungen und Selbst-Überzeugungen erster Stufe angeht, so bereitet es keinerlei Schwierigkeit, die Frage nach relevanten Situationen und spezifischem Beitrag zu beantworten. Erstere fließen, ob von Bewußtsein begleitet oder nicht, zum Beispiel dann typischerweise in das Denken, Handeln und Fühlen ein, wenn das Subjekt sich in Situationen befindet, in denen das Thema *p/~p* relevant ist. Letztere fließen, zum Beispiel, in das Denken des Subjekts ein, wenn es erwägt, welche seiner Überzeugungen es angesichts neuer Information beibehalten bzw. aufgeben sollte – das heißt, in Situationen, in denen das Thema *p/~p* in einer spezifischen Ausprägung relevant wird: "Sollte ich angesichts der gegebenen Umstände an meiner Überzeugung, daß *p*, festhalten oder vielmehr nicht?".[440] Solche 'selbstkritischen' Fragen setzen die entsprechende Selbst-Überzeugung erster Stufe voraus; sie stellen sich nur dem, der glaubt, daß er glaubt, daß *p*, und der sich seines Glaubens-daß-*p* bewußt ist. Diese oft nützliche Frage kann sich ihm so stellen:

> Zwar glaube ich, daß *p*; aber ist es wirklich der Fall, daß *p*?

Wer sich das fragt, ist sich seiner Selbst-Überzeugung (unthematisch) bewußt. Dies gestattet es ihm, die dazugehörige Basis-Überzeugung zumindest für diesen Moment außer Kraft zu setzen, sie in Zweifel zu ziehen. Er wird neu überlegen, vielleicht auch 'neue Wege gehen': Dinge unternehmen, um herauszubekommen, ob seine vorläufig außer Kraft gesetzte Basis-Überzeugung wahr ist oder nicht. – In dieser Weise können Selbst-Überzeugungen erster Stufe ins Denken, mittelbar auch ins Handeln und natürlich auch ins Empfinden einfließen.[441]

Gilt das Entsprechende auch für solche der zweiten Stufe? Die analoge Frage:

> Zwar glaube ich, daß ich glaube, daß *p*; aber glaube ich wirklich, daß *p*?

stellt sich, wie ich vermute, niemandem. In ihrem Auftakt setzt sie ein Urteil voraus, das vermutlich nie getroffen wird. Aber das ist eben nur eine empirische Annahme. Vielleicht ist sie falsch, vielleicht tun manche Menschen es doch (und berichten uns dankenswerterweise nicht davon). Wem sich eine derartige Frage stellte, der müßte allerdings zu Zweifel am eigenen Glauben – nicht einfach am Geglaubten – fähig sein. Doch ist dies überhaupt möglich? Falls nicht, falls derartiger Zweifel a priori ausgeschlossen ist, dann wäre vollends rätselhaft, worin die Einflußträchtigkeit etwaiger Selbst-Überzeugungen zweiter Stufe bestehen könnte.

Nun wirkt solcher Selbst-Zweifel in der Tat abwegig. Ist nicht das eigene Glauben – es selbst, nicht das Geglaubte – durch sein schieres Vorliegen jedem kohärenten Zweifel entzogen? Dies ist nun zu untersuchen.

18. ZWEIFEL AM EIGENEN GLAUBEN?

Seit dem Ausgang des 12. Kapitels leitet auch die Frage nach dem Wissen über das eigene Glauben unsere Überlegungsgänge. Daß über das Glauben eines Andern kein Wissen – in einem strengen, aber nicht überstrengen Sinn dieses Worts – möglich ist, hatte sich zuvor aus einem schlichten Umstand ergeben: Nicht einmal der positive Ausgang des besten 'Tests', auch wenn dieser unter günstigsten Bedingungen gemacht würde, könnte die Möglichkeit ausschließen, daß ein unbemerkter Störfaktor im Spiel war. Daß hingegen jeder zumindest über sein eigenes Glauben jederzeit Wissen besitzt oder zumindest besitzen könnte, scheint nicht nur plausibel, sondern ist herrschende Meinung, gilt weithin geradezu als eine Binsenwahrheit. Daß und warum sich diese nicht allein mit Rekurs auf das Faktum des Glaubensbewußtseins gewinnen läßt, kam im 16. Kapitel zum Vorschein: Zwar sind wir uns (und das ist unbestreitbar) mancher unserer Überzeugungen gelegentlich bewußt, aber daraus läßt sich nicht folgern, daß wir Wissen von ihnen haben. Ein anderer Versuch, die Wahrheit der These vom doxastischen Selbstwissen auf die Schnelle zu erweisen, hatte sich im 14. Kapitel als erfolglos erwiesen: Zwar können wir uns, ceteris paribus, über das eigene Glauben nicht irren, aber *nicht irren können* heißt nicht: *Wissen besitzen*. Inzwischen haben wir auch gesehen, daß es wenigstens eine Kategorie von Überzeugungen gibt (nämlich die der Selbst-Überzeugungen), von denen auch das Subjekt selbst womöglich allein deshalb schon kein Wissen haben kann, weil es nicht einmal über die dazu nötige Überzeugung verfügt. (In Kürzeln: Wissen von einer Selbst-Überzeugung wäre vom Typ *WGGp*; es gilt *WGGp* ⇒ *GGGp*; aber es ist nach dem, was wir im vorigen Kapitel erwogen haben, durchaus zweifelhaft, ob Menschen überhaupt Überzeugungen vom Typ *GGGp* haben.) Außerdem ist auch Folgendes jedenfalls denkbar: daß wir auch von unsern Basis-Überzeugungen nicht unweigerlich Wissen haben. Und zwar aus einem sehr einfachen Grund: Es ist kein entsprechendes 'Aufstiegsprinzip' zu finden. Mithin liegt keine Inkohärenz darin, daß wir ganz gewöhnliche Überzeugungen haben, nicht aber die jeweils dazugehörige Selbst-Überzeugung und a fortiori auch kein Wissen von ersteren. (In Kürzeln: *WGp* ⇒ *GGp*; aber es ist begrifflich möglich: *Gp* & ~*GGp*; also ist auch begrifflich möglich: *Gp* & ~*WGp*.)

Aus alldem ergibt sich, daß eine auf apriorischem Weg einsichtige These von irgendeiner Form doxastischen Selbstwissens nicht einen direkten

Zusammenhang zwischen Glauben und Wissen-vom-Glauben ergeben kann (sie kann nicht die Form haben, die wir ihr probeweise gegeben hatten: $Gp \Rightarrow WGp$, und auch nicht: $Gp \approx> WGp$).[442] Wie könnte eine bessere Fassung dieser These also aussehen? Vielleicht so: "Wer glaubt, daß *p*, und glaubt, daß er es glaubt, der weiß es auch" ($Gp \mathbin{\&} GGp \Rightarrow WGp$). Die bisherigen Erfahrungen im Umgang mit begrifflichen Wahrheiten über das Glauben haben uns gelehrt, daß man ihnen Spielraum für Ausnahmen lassen sollte; versehen wir die These also besser mit einer Normalitätseinschränkung (also: $Gp \mathbin{\&} GGp \approx> WGp$). Wenn wir diese Vorsicht walten lassen, können wir eine Vereinfachung vornehmen. Denn Selbst-Überzeugungen, so hatte sich im 14. Kapitel ergeben, sind cp-wahrheitsgarantierend ($GGp \approx> Gp$). Mithin scheint folgende Generalisierung ein aussichtsreicherer Kandidat zu sein für ein *Prinzip des (doxastischen) Selbstwissens*:

> [*SW*] Ceteris paribus gilt: Wann immer jemand glaubt, daß er glaubt, daß *p*, weiß er, daß er glaubt, daß *p*. [$GGp \approx> WGp$]

Erst im übernächsten Kapitel werden wir dieses Prinzip selbst zum unmittelbaren Gegenstand unserer Untersuchung machen. Hier knüpfen wir an die Frage an, die sich ausgangs des vorigen Kapitels ergeben hat: ob Zweifel am eigenen Glauben überhaupt denkmöglich ist. Wenn er das nicht ist, dann verdient das in zweierlei Hinsicht unsere Aufmerksamkeit. Erstens wäre dies ein gewichtiges Argument gegen die Existenz von höherstufigen Selbst-Überzeugungen (es wäre dann ja nicht einmal zu sehen, wie sie überhaupt einflußträchtig – also wirklich: Überzeugungen – sein könnten). Zweitens wäre dies, zumindest möchte es so scheinen, auch ein gewichtiges Apriori-Indiz für das gerade in verbesserter Version formulierte Prinzip des Selbstwissens. Denn dann wäre nicht nur Irrtum über das eigene Glauben unter normalen Gegebenheiten ausgeschlossen. Vielmehr wäre im Begriff des Glaubens ein weiteres markantes Merkmal angelegt: daß Zweifel am eigenen Glauben unmöglich ist. Wäre dem so, dann wäre Glauben über das eigene Glauben epistemisch hervorstechend: Es gliche dem Wissen insofern, als es Wahrheit (sei's auch nur unter der Voraussetzung normaler Gegebenheiten) garantiert; und es ginge über ganz gewöhnliches Wissen insofern hinaus, als es auch Zweifelsimmunität mit sich brächte – und wäre damit etwas, das apriorisch gesicherter Gewißheit nahekommt. Fragen wir also: Ist Zweifel am eigenen Glauben möglich?

*

Wer eine Überzeugung hat, ist gewöhnlich in der Lage, sich dessen bewußt zu werden, daß er sie hat. Aber solange er sich dessen nicht bewußt ist, kann er dann nicht sogar in Zweifel ziehen, daß er sie hat? Kann er sich nicht zumindest darüber unsicher sein, ob er es glaubt: es 'wirklich' glaubt? Solange er in solcherlei Zweifel oder Unsicherheit befangen wäre, würde er etwas glauben, aber nicht glauben, daß er es glaubt. Zwar würde er nicht glauben, daß er es nicht glaubt. Dies wäre der Irrtum, dessen Möglichkeit, für insgesamt normale Gegebenheiten, bereits ausgeschlossen wurde (*Gp & G~Gp*). Aber er würde, solange sein Zweifel andauert, nicht glauben, daß er es glaubt (*Gp & ~GGp*). Gegen die These vom doxastischen Aufstieg wäre dann nicht nur unser bisheriger Einwand zu erheben, daß sie keine apriorische Plausibilität hat. Vielmehr wäre sie widerlegt, wenn solcher Zweifel kohärent denkbar ist. – Die Frage an diesem Punkt unserer Überlegungen ist also: Ist über das eigene Glauben Zweifel, zumindest Unsicherheit oder Unentschiedenheit, begrifflich möglich? Kann es uns zweifelhaft sein, daß wir das-&-das glauben, auch wenn wir es de facto glauben? Bevor wir uns dieser Frage selbst zuwenden, betrachten wir zunächst kurz zwei Formen doxastischer Unsicherheit, deren begriffliche Möglichkeit unkontrovers ist.

*

Unsicherheiten über das eigene Glauben Man kann sich darüber unsicher sein, *warum* man eine Überzeugung, die man hat, überhaupt hat. Die Frage "Warum glaube ich eigentlich, daß *p*?" läßt sich in einer autobiographischen Manier stellen: Wie kam es eigentlich dazu, daß ich diese Überzeugung gewonnen und nicht verloren habe? Habe ich das irgendwo gelesen? Hat es mir jemand gesagt? Hat sie sich irgendwann einmal in mir gebildet, ohne daß ich dessen gewahr wurde? – Die Antwort bestünde in einer Erinnerung oder einer 'historischen Rekonstruktion'.

Diese Warum-Frage wird sich gewöhnlich zugleich als eine nach den Gründen stellen, die man *jetzt* für diese Überzeugung hat. Sie ist dann von der Art: Ich glaube das zwar, aber welches sind eigentlich meine Gründe, es zu glauben? Dies wiederum kann man sich in wenigstens zweierlei Art fragen. Zum einen in einer gewissermaßen psychologisch-selbsterforschenden Manier: wenn die Frage von dem bloßen Interesse getragen ist, sich über die Gründe klar zu werden, aus denen man die Überzeugung de facto hat. Zum andern in einer rational-kritischen Manier, in der die Frage nicht auf die bloße Konstatierung der Gründe, sondern auch auf die Einschätzung von deren Wahrheitsträchtigkeit abzielt. Wenn wir uns die Frage nach unsern Gründen für eine unserer Überzeugungen stellen, dann geht dies beides natürlicherweise Hand in Hand. Denn die Frage nach den eigenen Gründen stellt sich zumeist nur dann, wenn eine gewisse Unsicherheit über die Wahrheit des Geglaubten besteht, d.h. wenn die Möglichkeit in Betracht gezogen wird, daß die verfügbaren Gründe nicht gut genug sind, um diese Überzeugung beizubehalten. – Würde die Frage lediglich selbsterforschend gestellt, wäre sie mit einer bloßen Auflistung der Gründe beantwortet. Wird sie kritisch gestellt, besteht die Antwort in einem Urteil. Dieses kann normativer Art sein (z.B. "Angesichts all dessen sollte ich nicht länger glauben, daß *p*"). Es kann aber auch unmittelbar ein sachbezogenes Urteil sein (also darüber, ob *p*), in dem das Subjekt sich dann dessen bewußt ist, was es jetzt – als Ergebnis dieser Bestandsaufnahme – glaubt. Außerdem könnte sich natürlich auch Urteilsenthaltung einstellen; in diesem Falle wäre das Subjekt sich bewußt, daß es nun keine Überzeugung mehr dazu hat, ob *p*.

*

ANTIBASIERTER SELBSTZWEIFEL Man kann sich demnach unsicher sein, warum man eine Überzeugung hat und ob man sie haben sollte. Die Frage, um die es nun gehen wird, ist eine andere: Kann man sich auch darüber unsicher sein, ob man eine Überzeugung überhaupt hat? Jeden Zweifel dieser Art nenne ich (*doxastischen*) *Selbstzweifel* (als Kürzel: *ZGp*).† Uns geht es hier zunächst um eine ganz spezielle Variante: um *antibasierten* Selbstzweifel. Er läge vor, wenn jemand, der eine bestimmte Basis-Überzeugung de facto hat, zugleich im Zweifel darüber wäre, ob er sie hat (*Gp & ZGp*). Die Frage ist also, ob Selbstzweifel dieser Art eine begriffliche Möglichkeit ist: ein Zweifel, dem die entsprechende Basis-Überzeugung entgegensteht.

Zunächst einige Erläuterungen dazu, was hier unter *Zweifel* zu verstehen ist. Es handelt sich dabei um 'bewußtes' und 'ernsthaftes' Zweifeln, zu dem gehört, daß das Subjekt sich mit der Frage auseinandersetzen möchte, ob das in Zweifel Gezogene wahr ist. (Das heißt, es gelte per definitionem: $Zp \Rightarrow Fp$.) Natürlich ist nicht jedes Sich-Fragen-ob ein Zweifeln. Letzteres geht aus einer besonderen rationalen Konstellation hervor. Wer zweifelt, fragt nicht aus bloßer Unwissenheit, sondern weil er schon über Gründe für und wider verfügt. Er ist sich eines Widerstreits ihm bereits verfügbarer Gründe und Gegengründe bewußt; ohne weitere Überlegung oder Information scheint ihm keine Antwort mög-

† "*Zp*" sei das Kürzel für: *S* ist im Zweifel darüber, ob *p*.

lich. Zweifel ist, im Gegensatz zum Glauben und auch zu einem bloßen Gefühl epistemischer Unsicherheit oder Irritation, *wesentlich* grundbedürftig. Insofern ist es begrifflich enger mit Rationalität verknüpft. (Man kann etwas für wahr halten, aber nicht an etwas zweifeln, ohne einen subjektiven Grund dafür zu haben.) Zweifel ist auch nicht einfach die Abwesenheit von Gewißheit (ein Glauben, über dessen Schwäche man sich im Klaren ist), sondern involviert eine Urteilsenthaltung. Wenn der Zweifelnde bisher eine Überzeugung in dieser Sache hatte, ist sie nun zumindest vorübergehend suspendiert ($Zp \Rightarrow \sim Gp$ & $\sim G\sim p$).

Solange Zweifel am eigenen Glauben anhält, glaubt das Subjekt also nicht, daß es die fragliche Überzeugung hat, und auch nicht, daß es sie nicht hat. Ebenso ist der Zweifelnde nicht dazu disponiert, die Wahrheit einer der beiden Propositionen (weder der, daß *Gp*, noch der, daß nicht-*Gp*) *ohne weiteres* anzuerkennen. Andernfalls könnte kein Zweifel entstehen: mit der Frage selbst würde sich ihre Antwort einstellen.[443] Mithin ist die Abwesenheit von Selbst-Überzeugungen erster Stufe und der entsprechenden Urteilsdispositionen ein begriffliches Charakteristikum solchen Zweifels. Weiterhin kann dem Subjekt in seinem antibasierten Selbstzweifel nicht bewußt sein, daß es glaubt, daß *p*; wäre es ihm bewußt, könnte es diesen Zweifel nicht haben ($B\psi \Rightarrow \sim Z\psi$). Aber diese Überzeugung ist ihm bewußtseins*zugänglich* (der Glaubende fragt sich ja, ob er sie hat). Wer sich in diesem Selbstzweifel befände, wäre also dennoch dazu disponiert, zumindest die Basis-Frage (ob *p*) ohne weiteres zu bejahen. – Antibasierter doxastischer Selbstzweifel müßte also zumindest die folgenden Strukturelemente aufweisen:

(1) *S* stellt sich die Frage, ob er glaubt, daß *p*; [*FGp*]

(2) er glaubt, daß *p*; [*Gp*]

(3) er ist sich nicht dessen bewußt, daß er das glaubt; [~*BGp*]

(4) er ist dazu disponiert zu urteilen, daß *p*; [*DUp*]

(5) er glaubt nicht, daß er glaubt, daß *p*; [~*GGp*]

(6) er glaubt auch nicht, daß er nicht glaubt, daß *p*; [~*G*~*Gp*]

(7) er ist nicht disponiert zu urteilen, daß er glaubt, daß *p*; [~*DUGp*]

(8) er ist auch nicht disponiert zu urteilen, daß er nicht glaubt, daß *p*. [~*DU*~*Gp*]

Gibt es Beispiele für derartigen Selbstzweifel? Betrachten wir einen alltäglichen Fall: *S* ist im Nachhinein davon überrascht, daß er kürzlich in einem Gespräch mit einiger Emphase gesagt hat: “Es gibt keine schönere

Kuppel als die des Doms in Florenz." In jenem Moment schien ihm das so; und er zweifelt auch jetzt nicht daran, daß er es für wahr hielt, als er es sagte. Es geht ihm nicht darum, sich nun darüber klar zu werden, welche Gründe er damals hatte, dies zu glauben, und wie gut sie waren. Wenn er sich nun fragt, ob er das 'eigentlich' glaubt, ist er sich unsicher, ob er es auch jetzt glaubt bzw. glauben sollte. Er wird aufs Neue überlegen und dabei z. B. versuchen, andere Bauwerke mit einzubeziehen, an die er damals nicht dachte, und ähnliches mehr. Er fragt sich nun: Gibt es eine schönere Kuppel als die des Doms in Florenz? Seine Antwort wird in einem frischen Urteil über diese Frage bestehen. Sie mag ein Ja sein, ein Nein, oder auch ein Es-steht-dahin. Welches Urteil auch immer er trifft, in ihm ist (oder wird) er sich dessen bewußt, ob er eine Überzeugung zu dieser Sache hat und – falls er eine hat – welche es ist. Ihm ergibt sich: "Ich glaube, daß es so ist", oder "Ich glaube, daß es nicht so ist", oder "Ich habe dazu keine Überzeugung". Sein Zweifel über das eigene momentane Glauben ist beseitigt. (Auch wenn er sich dessen gewahr wird, daß er in der Sache unentschieden ist, ist ihm dadurch bewußt, daß er es nicht glaubt.)

Stellt sich die Frage, ob man glaubt, daß *p*, in solch einer Weise, wird sie also durch ein Urteil beantwortet, das nicht von dem in Frage stehenden Glauben handelt, sondern vom Thema dieses Glaubens. – In solch einem Fall ist die vierte (und mithin, unter der Präsumption normaler Gegebenheiten, auch die zweite) Bedingung nicht erfüllt,[444] die ein Szenario für antibasierten Selbstzweifel erfüllen müßte. Sobald *S* sich fragt, ob er eigentlich auch jetzt noch glaubt, daß keine Kuppel schöner sei als die in Florenz, hat er diese Überzeugung nicht. Er erachtet es ja als eine zumindest vorübergehend wieder offene Frage, ob sie die schönste ist. Und er erwägt *diese* Frage. Falls er nun, als eines der möglichen Resultate seiner Überlegungen, zu dem Urteil gelangen sollte, sie sei die schönste, dann urteilt er nicht so, *weil* er es glaubt. Vielmehr gewinnt er eine Basis-Überzeugung zurück, die er in seinem Selbstzweifel beurlaubt hatte. – Dies ist der 'natürliche' Fall doxastischer Unsicherheit: Eigenes Glauben wird dadurch fragwürdig, daß Zweifel an der Wahrheit des Geglaubten aufkommen. Aber dann ist eben auch die Basis-Überzeugung nicht vorhanden, und es handelt sich nicht um die Art von Selbstzweifel, um dessen begriffliche Möglichkeit es hier geht. Man möchte sagen: Wer sich *so* fragt, ob er glaubt, daß *p*, fragt sich eigentlich nur, ob *p*.

Betrachten wir einen etwas seltsameren Fall. Da ist jemand, der glaubt, daß *p*, und eines Tages auf eine Diskordanz zwischen seinem Glauben und Handeln aufmerksam wird: Er verhält sich – gemäß seiner eigenen Einschätzung – in vielen, auch in für ihn wichtigen, Situationen nicht so, wie er es angesichts dessen tun sollte, daß er das glaubt. Dieser Mensch ist unsicher geworden: "Glaube ich eigentlich, daß *p*?". An die Beantwortung dieser Frage geht er allerdings nicht anders heran als im vorigen Fall betrachtet: Sobald sich ihm diese Frage stellt, versucht er, sich vor Augen zu führen, was dafür und was dagegen spricht, daß *p*. Sein Nachdenken endet stets in dem Urteil, daß *p*. Für diesen Moment zumindest besitzt er Glaubensgewißheit; er ist sich dann dessen bewußt, daß er diese Überzeugung hat. Doch sein Zweifel regt sich bald wieder: sobald ihm aufgeht, daß er neuerlich etwas getan hat, das nicht dazu paßt, daß er glaubt, daß *p*. Er hat also, und dessen ist er sich gelegentlich bewußt, eine bestimmte Überzeugung; aber sie fließt, und auch dessen ist er sich gelegentlich bewußt, nicht in sein Handeln ein. Welchen Reim könnte er sich darauf, und das heißt hier: auf sich selbst, machen? Daß er nur dann glaubt, daß *p*, wenn er sich die *p*?-Frage stellt? Daß er vielleicht sogar Gründe hat, die dagegen sprechen, daß *p*, die sich seinem bewußten Nachdenken jedoch entziehen? Daß er (solange er sich nicht fragt, ob *p*) zwar durchgängig glaubt, daß *p*, aber unfähig ist, entsprechend zu handeln? – Eine solche Befindlichkeit ist vielleicht zu ungereimt, um eine simple eindeutige Antwort zuzulassen.

Was diesen Fall von dem zuvor erwähnten unterscheidet und befremdlicher macht, ist dies: Dem Subjekt entsteht seine doxastische Unsicherheit nicht aus einem Zweifel an der Wahrheit des Geglaubten, sondern ausschließlich aus der Diskordanz seines Urteilens und Handelns. Der Anlaß für seinen Zweifel am eigenen Glauben rührt von einem Zweifel daran, ob es überhaupt ein Glauben ist. Seine Frage "Glaube ich eigentlich, daß *p*?" läßt sich (in unserer gespreizten Terminologie) so paraphrasieren: "Glaube ich eigentlich, daß *p*, obwohl ich, falls ich es glaube, offenbar eine Ausnahme zu dem Prinzip der Einflußträchtigkeit des Glaubens bin?". Hier wäre es nicht passend zu sagen, seine Frage sei eigentlich nur, ob *p*. Dennoch, und dies ist wichtig, auch er sieht sich durch seine selbstzweiflerische Frage unmittelbar vor die Basis-Frage gestellt: die Frage, ob *p*. Er weiß nichts Besseres als sich zu fragen, ob *p*, wenn er herausbekommen möchte, ob er glaubt, daß *p*. Angesichts dieser Frage wird er (gemäß der zweiten Bedingung) ohne weiteres urteilen, daß *p*; in diesem Urteil ist er sich dessen bewußt und kann folglich nicht daran zweifeln, daß er glaubt, daß *p*.

Diese Betrachtungen weisen darauf hin, daß jederlei Unsicherheit über das eigene Glauben, die Hand in Hand geht mit einem Zweifel an der Wahrheit des Geglaubten, kein antibasierter doxastischer Selbstzweifel sein kann. In beiden bisher betrachteten Fälle infiziert der Selbstzweifel (*Gp*?) das Basis-Glauben (*p*?). Dies liegt natürlich daran, daß in die

Beschreibung zwei Voraussetzungen eingingen: erstens, daß sich dem Subjekt mit der Frage nach seinem Glauben, daß *p*, zugleich die Frage nach dem Bestehen des Sachverhalts, daß *p*, stellt; und zweitens, daß es angesichts dieser Frage nicht ohne weiteres urteilt, daß *p*, sondern seine Basis-Überzeugung für einen Moment dispensiert und neuerlich erwägt, welche Gründe dafür und dagegen sprechen, daß *p*. Das heißt: Die vierte der gerade genannten Bedingungen ist nicht erfüllt. Unter diesen Voraussetzungen ist antibasierter Selbstzweifel in der Tat begrifflich ausgeschlossen. Er wäre folglich nur möglich, solange eine weitere Bedingung erfüllt ist:

(9) *S* fragt sich nicht, ob *p*. [~*Fp*]

*

Dieses Ergebnis ist für den Fortgang unserer Überlegungen entscheidend. Es läßt sich mit Rückgriff auf bereits verfügbare Prinzipien untermauern. Aus ihnen ergibt sich die begriffliche Wahrheit folgender Generalisierung:[445]

Ceteris paribus gilt: Wer glaubt, daß *p*, würde – sobald er sich fragt, ob *p* und ob er glaubt, daß *p* – auch glauben, daß er glaubt, daß *p*.
[*Gp & Fp & FGp* ⥲ *GGp*]

Sie ermöglicht eine generelle Diagnose. Antibasierter Selbstzweifel, der mit der Frage nach der Wahrheit des Geglaubten einhergeht, ist allein schon deshalb unmöglich, weil bereits das Stellen dieser Frage unverträglich damit ist, daß auch die Bedingungen (1), (2) und (5) erfüllt sind.†

*

Zweifel am eigenen Glauben ohne Frage nach dem Geglaubten? Es hat sich ergeben: Falls antibasierter doxastischer Selbstzweifel überhaupt möglich ist, könnte er höchstens so lange bestehen, wie sich dem Subjekt die Basis-Frage nicht stellt. Doch ist es denkbar, daß ein Mensch sich in seinem Zweifel über das eigene Glauben zum Thema *p*/~*p* nicht zugleich fragt, ob *p*? In seinen Überlegungen, die er anstellt, um

† Eigentlich müßte es heißen "cp-unmöglich", "cp-unverträglich" und so weiter. Ich lasse den expliziten Hinweis auf die Cp-Einschränkung oft weg, solange keine Mißverständnisse drohen.

den Zweifel aufzulösen, würde er dann nichts weiter versuchen, als sich vor Augen zu führen, was dafür und was dagegen spricht, daß er glaubt, daß *p*. Die Frage, ob *p*, ließe er dabei außer Betracht.

Solch ein Fall wäre noch seltsamer als der zuletzt betrachtete. *S* müßte sich die Frage nach dem eigenen Glauben in einer unbeteiligten, unpersönlichen oder 'selbstentfremdeten' Manier stellen – so, als ginge es ihm darum, eine unvoreingenommene Echtzeit-Biographie über sich selbst anzufertigen. ("Ganz objektiv gesehen: glaube ich, daß *p*, oder glaube ich es nicht?") Welche Gründe für und wider könnte er dann zu ihrer Beantwortung heranziehen? Nun, eben solche, die auch andern Menschen verfügbar wären, wenn sie wissen wollen, ob er glaubt, daß *p*. Die besten Gründe, ihm diese Überzeugung zuzuschreiben, ergäben sich für andere Menschen allerdings aus seiner Antwort auf die Frage "*p*?" (oder "Glaubst du, daß *p*?"). Sein Biograph würde ihn das fragen, wenn er könnte. Wie sollte *S* ihm antworten? Einerseits hat er – in dem Fall, den wir uns auszumalen versuchen – in diesem Moment die Überzeugung, daß *p*. Wäre er auskunftbereit, würde er die Frage bejahen und wäre sich damit dessen bewußt, daß er glaubt, daß *p*. Seine Frage wäre damit unmittelbar beantwortet. Als einer unserer 'normalen Sprecher des Deutschen' ist er sich über all das im Klaren: Definitiven Aufschluß darüber, ob er glaubt, daß *p*, erhielte er einzig und allein durch seine Antwort auf die *p*?-Frage. Dies gilt auch für ihn in seinem Selbstzweifel. Der Umstand, daß er selbst es ist, der fragt und antwortet, ändert nichts daran.

Andererseits stellt er sich, nach Voraussetzung, aus irgendeinem Grund die Basis-Frage (ob *p*) nicht, mit deren Beantwortung auch seine gleichsam unpersönlich an sich selbst gerichtete Frage (ob er glaubt, daß *p*) auf die einfachste und naheliegendste Weise konkludent beantwortet wäre. Was verhindert, daß er sich die Basis-Frage stellt, obwohl sie sich aufdrängt? Ist es ein Vermeidungsmechanismus der oben erwähnten Art? Dann liegt ein Störfaktor vor. Oder ist er einfach verwirrt? Dann gilt dasselbe. In beiden Fällen wäre das Szenario nicht beweiskräftig. – Zwar ist die zugrundeliegende Idee, es könne vorkommen, daß ein Mensch einzig und allein daran interessiert ist, ob er selbst glaubt, daß *p*, aber nicht im mindesten daran, ob *p*, auf den ersten Blick nicht inkohärent.[446] Aber womöglich liegt dennoch in dem Versuch der selbstentfremdeten Erkundung des eigenen momentanen Glaubens eine Inkohärenz – wie immer vorausgesetzt, daß das Subjekt über normale menschliche Rationalität und den Begriff des Glaubens verfügt und daß die Gesamtgegebenheiten nicht durch Störfaktoren verzerrt sind. Ist doxastischer Selbstzweifel, in dem die Frage nach der Wahrheit des Geglaubten ungestellt bleibt, dann nicht a priori ausgeschlossen?

Gehen wir diesem Verdacht nach. Die Gründe, die *S* zur Beseitigung seiner Unsicherheit heranziehen könnte, wären zum einen solche 'äußeren' Indizien, die jeder Außenstehende haben könnte, der nicht weiß, wie *S* die *p?*-Frage beantworten würde. Sie betreffen sein sprachliches und außersprachliches Verhalten; seine äußeren Gegebenheiten, und so weiter.[447] Weiterhin könnte er gewisse 'innere' Anhaltspunkte in Betracht ziehen (z. B. seine Gefühle, Wünsche, Absichten, Selbsteinschätzungen oder andere seiner Überzeugungen, die darauf hindeuten oder dagegen sprechen, daß er glaubt, daß *p*). In einem Zweifel, der auf widerstreitenden Glaubensindizien dieser Art beruht und in dem nur solche Anhaltspunkte als Gründe erwogen würden, müßte das Subjekt den inneren Zusammenhang außer Betracht lassen, der zwischen seiner Frage ("Glaube ich, daß *p*?") und der einzigen Basis für deren definitive Beantwortung besteht: seinem Urteil darüber, ob *p* oder nicht. Nennen wir die Frage nach dem eigenen Glauben *fehlsteuernd*, wenn sie den Glaubenden dazu führt, ausschließlich nach Indizien für sein eigenes Glauben zu suchen (und nicht dazu, sich die *p?*-Frage zu stellen). Entsprechend wollen wir doxastischen Selbstzweifel *fehlgesteuert* nennen, wenn die zu ihm gehörige *Gp?*-Frage fehlsteuernd gestellt ist. Wer in solchem Selbstzweifel befangen wäre, würde sich fremder nach dem eigenen Glauben fragen als ein Fremder ihn fragen würde. Der triviale Aufstieg zum Selbst-Glauben durch bloßes Fragen wäre blockiert, weil die nächstliegende Frage ungestellt bleibt.

Antibasierter Selbstzweifel müßte, so haben wir gesehen, unweigerlich von dieser Art sein; er ist ein fehlgesteuerter Selbstzweifel, in dem das Subjekt die Überzeugung hat, nach deren Vorhandensein es sich fragt. Die Gründe, auf denen solcher Zweifel beruhte (wenn er möglich wäre) und auch die, durch die er ausgeräumt werden soll, müßten also äußere oder innere Anhaltspunkte sein, die nach Einschätzung des Zweiflers etwa gleichermaßen gut für jede der beiden Annahmen sprechen: für die, er glaube, daß *p*, und für die, er glaube es nicht.

Wie könnte das sein? Hier ein Szenario, das von einem Beispiel inspiriert ist, das Sidney Shoemaker in anderer Weise verwendet.[448] Setzen wir voraus, daß *S* de facto glaubt, das leibliche Kind der beiden Menschen zu sein, die ihn aufgezogen haben (*Gp*). Aber er ist sich unsicher darüber, ob er das glaubt. Er hat einen Hinweis darauf, daß er es nicht glaubt: Sein neuer Psychiater hat ihm kürzlich eröffnet, seine neurotischen Symptome wiesen eindeutig darauf hin, daß er die Überzeugung hat (und verdrängt), als Säugling adoptiert worden zu sein. *S* nimmt dies sehr ernst, obwohl ihm bekannt ist, daß die Diagnosen dieses Arztes in Fachkreisen umstritten sind. Er sagt sich so etwas wie: "Ich bin nun mal der Typ, der seinen Ärzten vertraut und dazu neigt, ihre Diagnosen auch dann zu übernehmen, wenn sie ihm nicht ganz geheuer sind. Demnach dürfte es wohl so sein, daß ich mich für ein Adoptivkind halte." Andererseits hat er auch Hinweise darauf, daß er weiterhin glaubt, das leibliche Kind seiner 'Eltern' zu sein. Seine Verhaltensweisen und Gefühle ihnen gegenüber sind (seiner eigenen Einschätzung nach) auch jetzt noch wie die eines Menschen, der glaubt, das leibliche Kind der beiden zu sein. Er wendet dies hin und her, und sein Nachdenken ergibt: "Einiges spricht dafür, daß ich glaube, ein Adoptivkind zu sein; anderes spricht etwa genauso stark dagegen, daß ich das glaube. Vielleicht habe ich in dieser Sache nur konfligierende Glaubenstendenzen, aber keine Überzeugung." Er ist sich mithin unsicher, ob er die Überzeugung hat, das leibliche Kind seiner 'Eltern' zu sein, obgleich er diese Überzeugung hat. – Alle neun Bedingungen für antibasierten Selbstzweifel scheinen in diesem Szenario erfüllt zu sein. Ein Fall der gesuchten Art, *Gp & ZGp*, scheint gefunden.

*

Ein durch und durch sonderbarer Fall.[449] Was spricht dagegen, daß er unter normalen Bedingungen auftreten kann? Jedenfalls wäre es gewaltsam, dem Subjekt, das sich vorübergehend in dieser epistemischen Lage befindet, schlankwegs die Minimalrationalität abzusprechen. Was *S* sich überlegt, ist in sich stimmig; im Lichte dieser Überlegungen ist sein Zweifel vernünftig. – Was er *nicht* in sie einbezieht, macht ihn sonderbar.

Könnte er aus seinem Zweifel herausfinden, wie er in ihn hineingeraten ist – das heißt, indem er weiterhin ausschließlich Glaubensindizien erwägt? Gewiß kann er auf diesem Weg zu einem begründeten Urteil gelangen. Er mag neue Indizien heranziehen oder die ihm bisher verfügbaren neu gewichten. Bemerkenswert ist dabei zweierlei. Erstens könnte er auf diesem Wege gut und gerne zu einem falschen Urteil und somit zu einer irrigen Selbst-Überzeugung gelangen. Dem geplagten Patienten, den wir uns auszumalen versucht haben – der zwar glaubt, das leibliche Kind der beiden Menschen zu sein, die er bisher für seine Eltern gehalten hat, nun aber angesichts der Diagnose seines Therapeuten in Zweifel darüber geraten ist, ob er es wirklich glaubt –, ihm mag irgendwann einmal aufgehen, daß er niemals, kein einziges Mal auch nur einer einzigen der zahllosen ärztlichen Diagnosen mißtraut hat, die er sich in der Vergangenheit hat stellen lassen, obwohl nicht wenige darunter sich als falsch herausgestellt haben. Er überlegt dann vielleicht so: "Bei genauerem Bedenken bin ich dem jeweils behandelnden Arzt gegenüber nicht nur ein bißchen vertrauensselig, sondern geradezu der Inbegriff des autoritätsgläubigen Patienten. Vermutlich habe ich mir also auch diese neue Diagnose zueigen gemacht. Letzten Endes ist es wohl einfach so: Ich glaube, ein Adoptivkind zu sein". Sobald er diesen Schluß zöge, würde er über sein eigenes Glauben irren. Was, solange alles normal zuginge, gemäß dem Unfehlbarkeitsprinzip aus begrifflichen Gründen nicht sein kann.

Zweitens, auch in dem andern Fall – in dem er durch seine indizienbezogenen Überlegungen zu einer wahren Selbst-Überzeugung gelangte –, hätte diese für ihn den Status einer ganz gewöhnlichen Hypothese. Ihrer Wahrheit könnte er sich nur in dem Maße sicher sein, das seine Indizien zulassen – also nicht völlig sicher. Wenn er uns sagt, er glaube, das leibliche Kind seiner Eltern zu sein, könnte (ja, sollte) seine Selbstzuschreibung durchaus von Unsicherheit begleitet sein. Ihre Wahrheit wäre, das wüßte auch er, durch seine Aufrichtigkeit nicht verbürgt. Wir dürften ihn sinnvollerweise nach den Gründen fragen, die er für die Wahrheit seiner Selbstzuschreibung hat, und wenn sie unzureichend wären, gäbe uns seine aufrichtige Bekundung keinen zwingenden Grund für die Annahme, daß er die betreffende Überzeugung hat.

All dies ist unvereinbar mit den Charakteristika von Selbstzuschreibungen, die eingangs des 13. Kapitels erwähnt wurden. Mehr als das: Es steht im Widerspruch zu der begrifflichen Wahrheit, daß die aufrichtige Äußerung eines Satzes vom Typ "Ich glaube, daß *p*" eine cp-hinreichende Bedingung dafür ist, daß der Sprecher glaubt, daß *p*. Aus diesem Grunde kann solch ein Fall wie der hier betrachtete unter insgesamt normalen Gegebenheiten nicht auftreten. Wenn das Subjekt seinen Selbstzweifel ausschließlich mit Hilfe von Glaubensindizien auszuräumen versuchte, dann gelangte es bestenfalls zu einer Selbst-Überzeugung, die allein schon durch ihren hypothetischen Charakter eine Anormalität wäre: Die aufrichtige Selbstzuschreibung dieser Überzeugung garantierte nicht deren Wahrheit. Das Unfehlbarkeitsprinzip fände, wenn solch ein Fall aufträte, eine jener Ausnahmen, durch die seine Cp-Analytizität nicht gefährdet ist.

Betrachten wir die zweite Möglichkeit: daß *S* seinen Zweifel auf diesem Weg nicht auszuräumen vermag. Die von ihm erwogenen Indizien sind nicht stark genug, um ihn zu dem einen oder zu dem andern Urteil gelangen zu lassen. Er glaubt etwas; aber er sieht sich nicht in der Lage, die Frage, ob er das glaubt, definitiv zu beantworten. – Dies wäre nicht nur empirisch grotesk. Es wäre inkohärent, denn es steht im Widerspruch zu unserer Hintergrundvoraussetzung allgemeiner Normalität (normale Rationalität, normale Begriffsmeisterung, keine Störfaktoren). *S* wäre in seinem andauernden Zweifel nicht nur blind dafür, daß er diese Überzeugung hat. Vielmehr wäre er – solange er sich 'nicht in der Lage sieht', seine Frage ("Glaube ich, daß *p*?") zu beantworten – auch blind für den inneren Zusammenhang, in dem sie zu der basalen Frage ("*p*?") steht: Nichts außer seinem eigenen Urteil darüber, ob *p*, könnte ihm eine definitive Antwort geben.

Solcherlei Blindheit machte seinen unaufgelösten Zweifel zu einer Anormalität – gleichgültig, worin man deren tieferen Grund sehen mag. Viele Diagnosen sind hier denkbar. Eine sehr brutale könnte sein: Er beherrscht das Wort "glauben" nicht in der 1. Person Singular Präsens. Eine andere: Seine 'Verifikationskompetenz' bei der Anwendung des Glaubensbegriffs ist unzureichend; er kennt nicht einmal das Standard-Verfahren, mit dem man sich einer eigenen Überzeugung vergewissert. Oder: Es liegt ein Störfaktor vor, der die Anwendung des Standard-Verfahrens blockiert. Oder: Er mißversteht die Frage, die er vermeint sich zu stellen; in Wirklichkeit fragt er sich gar nicht, ob er glaubt, daß *p*, sondern irgendetwas anderes (vielleicht: "Bin ich so, wie ich wäre, wenn ich glaubte, daß *p*?"). – Jede dieser Diagnosen wäre fatal für die Annahme, es möchte sich hier überhaupt um einen Fall handeln, in dem jemand sich fragt, ob er eine bestimmte Überzeugung nun eigentlich hat oder nicht.

Wir müssen an dieser Stelle über einen konstruierten 'Fall' wie diesen nicht im einzelnen klügeln: zumindest nicht darüber, ob er, so wie andeutungsweise illustriert, überhaupt 'psychologisch' möglich ist. Man mag ein spontanes, 'intuitives', Urteil dazu haben und vielleicht sogar verlockt sein, darüber zu rechten und richten. Aber auch profundere Einschätzungen zu dieser empirischen Frage, wenn sie sich je stellte, beträfen unser Thema nicht. Unsere Frage muß immer sein, ob solch ein Fall *begrifflich* möglich, seine Beschreibung zumindest cp-kohärent ist. Zweifel daran sind in diesem Fall berechtigt. – Fürs erste beschränken wir uns auf die simple Tatsache: Begriffe wie der des Glaubens und des Sich-nach-dem-eigenen-Glauben-Fragens lassen sehr vieles zu, aber einiges eben nur als Ausnahme. Es sei also dahingestellt, ob sich andauernder fehlgesteuerter Selbstzweifel im einzelnen kohärent ausmalen läßt, ob es sich hier überhaupt noch um eine prinzipiell denkbare Anormalität handelt oder vielmehr nur um das Scheinprodukt einer begrifflich verfehlten Beschreibung.

*

Es scheint mir lohnend, an dieser Stelle ein weiteres Mal kurz zu betrachten, worin der Kontrast besteht zwischen einem 'verrückten' Szenario (wie dem des Adoptivkinds) und einem ganz gewöhnlichen Fall, in dem jemand sich der Frage nach dem eigenen Glauben aussetzt und sie in einer 'normalen' Weise zu beantworten versucht. *S* liest eine Studie zum Phänomen des für viele Menschen kaum überwindlichen Hangs zur Selbstüberschätzung, und er fragt sich, wie es um ihn selbst steht. Um dies zu erkunden, fragt er sich: "Glaube ich zum Beispiel, daß ich ein weit überdurchschnittlich guter Autofahrer bin?" (*Gp*?). Das Erkenntnisinteresse, aus dem seine Frage hervorgeht, ist sozusagen psychologischer Art. Es geht ihm darum, wie es um ihn in puncto Überkonfidenz bestellt ist, nicht in puncto Fahrkunst. Er konfrontiert sich mit der Frage: "Jetzt mal frisch von der Leber weg: Fahre ich weit besser als die meisten andern?" (*p*?). Mit jeder Antwort, die er spontan auf diese zweite Frage (die Basis-Frage) gibt – und übrigens mit dem spontanen Zurückschrecken vor einem spontanen Ja und einem spontanen Nein –, ist auch seine erste Frage beantwortet. Nehmen wir an, er ertappt sich bei einem donnernden Ja. Dann glaubt er – und ist sich dessen bewußt, daß er glaubt –, er sei ein besonders guter Fahrer (*Gp & BGp*). Dies könnte ihm Grund geben zu befürchten, daß auch er zur Selbstüberschätzung neigt. Und dies wiederum könnte ihm erst recht Grund geben, sich die Basis-Frage noch einmal, in einer etwas anderen Tonlage, zu stellen: "Aber fahre ich denn wirklich besser als die allermeisten?" (*p*?). Nun wird er Gründe erwägen, die seines Erachtens tatsächlich für und gegen seine Basis-Überzeugung sprechen.

Was solcherlei auf Selbstdistanz bedachten Umgang mit dem eigenen Glauben 'normal' bleiben läßt und deshalb für uns an dieser Stelle interessant macht, liegt im ersten Schritt: darin, daß der Fragende wie selbstverständlich von *Gp*? zu *p*? übergeht, und dies, obwohl die erste Frage aus einem selbstbezogenen psychologischen Interesse hervorgeht und die zweite Frage überhaupt nicht von etwas Psychologischem handelt. Der zweite Schritt hingegen – der von einer spontanen Reaktion auf die Basis-Frage, hin zur kritischen Betrachtung der Gründe für diese Reaktion – mag zwar rational lobenswert sein. Aber ob er stattfindet oder ausbleibt, muß uns hier nicht kümmern. Es läge keine Anormalität darin, wenn *S* diesen zweiten Schritt unterläßt: wenn er sich nicht fragt, wie gut begründet die Überzeugung ist, die er sich nun zum Vorschein gebracht hat (z. B.: "Ich fahre weit besser als die meisten"). Im Gegenteil, vielleicht ist auch dann das Ausbleiben des zweiten Schritts 'menschlich normal'. Wenn wir, die vielbeschworenen 'normalen Menschen', tatsächlich zu Überkonfidenz neigen, dann wohl gelegentlich auch dazu, unsere eigenen Urteile nicht in Frage zu stellen, selbst wenn wir sie uns in selbstkritischer Absicht entlockt haben. (Der Philosoph denkt gerne: Aber nun muß doch der nächste Schritt kommen! Die Erfahrung lehrt: Pustekuchen.) – Der zweite Schritt *sollte* vernünftigerweise getan werden. Mag sein. Unsere Frage ist jedoch: *Könnte* der erste überhaupt ausbleiben?

*

Transparenz des Fragens nach dem eigenen Glauben Die Idee der Möglichkeit eines fehlgesteuerten Selbstzweifels zehrt von der Voraussetzung, schon der erste Schritt, von *Gp*? zu *p*?, könne unterbleiben. Ob es überhaupt kohärent ist, hier noch von einem Sich-nach-dem-eigenen-Glauben-Fragen zu sprechen, sei dahingestellt. Jedenfalls wäre solch ein Fall nur als Ausnahme zu folgendem Prinzip der *Transparenz* (des Fragens nach dem Vorliegen einer bestimmten eigenen Überzeugung) möglich:

T Ceteris paribus gilt: Wann immer ein normaler Mensch sich fragt, ob er glaubt, daß *p*, fragt er sich auch, ob *p*. [*FGp* ⇛ *Fp*]

Anders gesagt: Indem man sich fragt, ob man glaubt, daß *p*, fragt man sich auch, ob *p*. – Man beachte, daß dieses Prinzip nicht besagt, die zweite dieser beiden Fragen sei in der ersten schon enthalten: als Teil ihres Inhalts. Die beiden sind logisch voneinander unabhängig; ihr innerer Zusammenhang besteht in nichts von der Art einer logico-semantischen Folgerungsbeziehung.[450] Man könnte vielleicht sagen, daß dieses Prinzip auf eine doppelte Merkwürdigkeit der Frage "Glaube ich, daß *p*?" hinweist. Zum einen darauf, daß die simple Frage "*p*?" eine aufschlußreiche (wiewohl logico-semantisch völlig falsche) Paraphrase ist. Zum andern darauf, daß die verklausierte Reformulierung "Bin ich einer, der glaubt, daß *p*?" (wiewohl logico-semantisch vertretbar) eine irreführende Paraphrase wäre.

Das Wort *Transparenz* mag in diesem Zusammenhang seltsam erscheinen. Ich bequeme mich damit, eher nolens als volens, einem terminologischen Usus an, der auf Roy Edgley zurückgeht. Er schreibt:

> Mein eigenes momentanes Denken ist – im Gegensatz zu dem Anderer – in folgendem Sinn transparent: Ich kann die Frage "Glaube ich, daß *p*?" nicht von einer andern Frage unterscheiden, die keinen wesentlichen Bezug auf mich selbst oder meine Überzeugung nimmt, nämlich: "Ist es der Fall, daß *p*?" [...] Zwischen diesen beiden Fragen kann ich nicht unterscheiden, denn indem ich meine Antwort auf "Glaube ich, daß *p*?" gebe, gebe ich auch meine mehr oder weniger vorläufige Antwort auf die Frage "Ist es der Fall, daß *p*?".[451]

In dieser Bemerkung wird der Akzent ein klein wenig anders gesetzt als mit der vorliegenden Formulierung des Transparenzprinzips. Edgley hebt hervor, daß das Subjekt mit der Antwort auf die *Gp?*-Frage zugleich seine Antwort auf die *p?*-Frage gibt. Dies ist, wie wir bereits wissen, richtig.[452] Aber in **T** ist etwas anderes gesagt: daß die zweite Frage mit der ersten einhergeht. – Auf die sog. Transparenz hat in besonders einflußreicher Weise Gareth Evans aufmerksam gemacht. Er selbst verwendet den Terminus zwar nicht, aus seiner Darstellung geht aber hervor, inwiefern es passend erscheinen mag, hier von *Transparenz* zu sprechen: Die Frage nach dem eigenen Glauben ist eine, durch die man gewissermaßen hindurchschaut – hinausschaut in die Bereiche der Welt, in denen zu sehen sein könnte, ob es der Fall ist, daß *p*. Evans schreibt:

> Bei der Selbstzuschreibung einer Überzeugung richtet man seine Augen sozusagen – und gelegentlich tut man das im wörtlichen Sinn – nach außen: auf die Welt. [...] Wir können dieses Verfahren zur Beantwortung von Fragen über das eigene Glauben in folgende simple Regel fassen: Wann immer du in der Lage bist zu behaupten, daß *p*, bist du ipso facto in der Lage zu behaupten "Ich glaube, daß *p*". [...] Dieses Verfahren – ein Urteil darüber zu fällen, ob *p* – [...] liegt der Selbstzuschreibung (des Prädikats "*x* glaubt, daß *p*") zugrunde.[453]

Lassen wir die verifikationistischen Untertöne beiseite ("*Verfahren* zur Beantwortung", "in der Lage sein zu *behaupten*"). Schon die Rede vom Nach-außen-Schauen trifft den springenden Punkt nicht. Evans gibt deutlich genug zu verstehen, daß sie nicht wörtlich zu nehmen ist. Aber selbst im übertragenen Sinn verstanden ist sie dazu angetan, die Idee nahezulegen, es handele sich bloß um eine Gegen-Metapher zu der vom introspektiven Blick nach innen. Doch dies wäre ein Mißverständnis. Auch der 'extraspektive' Blick auf das eigene äußere Verhalten und andere externe Glaubensindizien gingen – dem Transparenzprinzip zufolge – in die falsche Richtung.

*

DIE FRAGE NACH DEM EIGENEN GLAUBEN NORMATIV? Aus den Überlegungen, die Evans in diesem Zusammenhang anstellt, geht nicht hervor, ob er Transparenz für ein kontingentes psychisches Phänomen hält oder eine begriffliche These wie **T** zu akzeptieren bereit ist. Genau diese Frage hat Moran gestellt und bejaht. Die von ihm vertretene Transparenz-These ist übrigens stärker als **T**: " [...] sie besagt, daß ich – aus einer

Erste-Person-Perspektive – die Frage nach meiner Überzeugung über *p* und die Frage nach der Wahrheit von *p* als *äquivalent* behandle."[454] Diese Verstärkung werden wir außer Betracht lassen, denn sie ist offenkundig unhaltbar. Sie läuft der schlichten Erfahrungstatsache zuwider: daß man sich die Frage, ob *p*, gewöhnlich stellt, ohne einen Gedanken daran zu verschwenden, ob man glaubt, daß *p*. – Für die begriffliche Wahrheit der Transparenz-These gibt Moran, wenn ich ihn richtig verstehe, folgendes Argument: Die Frage nach dem Selbst-Glauben kann sich dem Subjekt nicht als eine rein "theoretische" Frage nach seinem doxastischen Zustand stellen. Es *muß* sich diese Frage "in einem deliberativen Geist" stellen, d.h. als die Frage: *Sollte* ich glauben, daß *p*? Und sich diese Frage zu stellen, heiße: sich zu fragen, ob *p*. Die dem Fragen nach dem eigenen Glauben innewohnende Deliberativität sei "die Basis" der Transparenz.

In der Tat, das Transparenzprinzip ist eine cp-begriffliche Wahrheit: Wer sich fragt, ob er glaubt, daß *p*, fragt sich auch, ob *p*. Hingegen leuchtet nicht ein, daß jede Frage nach dem eigenen momentanen Glauben ihrer Natur nach zumindest insgeheim eine normative Frage ist. Wir hatten bemerkt, daß solch eine Frage, wenn sie sich denn einmal stellt, zwar gewöhnlich dazu führt, sich nach den Gründen zu fragen, die man für die betreffende Überzeugung hat, und daß diese Frage nach den Gründen wiederum dazu tendiert, in eine normative überzugehen ("Was sollte ich zum betreffenden Thema eigentlich glauben?"). Dennoch haben wir die Möglichkeit zugelassen, daß ein Subjekt sich die *Gp?*-Frage auch als eine nur 'bestandsaufnehmende' Frage zum doxastischen Status quo stellt und sein Erkenntnisbedürfnis – ob das nun zu bedauern ist oder nicht – schon dadurch befriedigt ist, daß sich ihm ergibt: Ich glaube es, oder: Ich glaube es nicht, oder: Ich habe dazu keine Meinung. Diese Art des Sich-selbst-Fragens ist vielleicht selten; aber es ist nicht zu sehen, daß daran etwas Irrationales oder gar begrifflich Inkohärentes sein müßte. Dies werden wir gleich ein wenig ausführlich erörtern. – Was hingegen mit **T** ausgeschlossen wird, ist dies: daß eine sei's auch in einem rein "theoretischen" Geist gestellte *Gp?*-Frage unter insgesamt normalen Gegebenheiten nicht die *p?*-Frage mit sich bringt.

*

Natürlich gibt es zu **T** normative Entsprechungen. Der hypothetische Imperativ

Wenn du dich fragst, ob du glaubst, daß *p*, frage dich, ob *p*!

ist gewiß vorzüglicher Rat, wenn in dieser Sache einer nötig wäre. Diese Maxime – oder das Faktum, daß derartiges Fragen im Einklang mit ihr statthat – ist allerdings nicht der tiefere Grund für die begriffliche Wahrheit von **T**. Auch in den begrifflichen Dingen der Alltagspsychologie ist der Schluß vom Sollen aufs Sein nicht zwingend. Anders gesagt, diese Maxime leuchtet so unmittelbar ein, weil sie sich erübrigt. Ein Mensch, der sich die *Gp?*-Frage stellt, steht aus begrifflichen Gründen nicht in Gefahr, ihr zuwiderzuhandeln. Würde er sich nicht auch fragen, ob *p*, würde er gar nicht danach fragen, ob er glaubt, daß *p*; es sei denn, wie immer, es ist ein Störfaktor im Spiel.

*

Wie evident das Transparenz-Prinzip auch sein mag, 'rein logisch' gesehen ist es ist nicht selbstverständlich. Schließlich sind die Sachverhalte, um die es in den beiden in diesem Prinzip genannten Fragen geht, vollständig unabhängig voneinander. Daraus, daß *p* der Fall ist (oder daraus, daß es nicht der Fall ist), folgt nichts, was die Frage betrifft, ob *S* glaubt, daß *p*. Und umgekehrt: Daraus, daß *S* glaubt, daß *p* (oder daraus, daß er es nicht glaubt), folgt nichts, was die Frage betrifft, ob *p*. Warum also sollte die Frage nach dem eigenen Glauben unweigerlich die nach der Wahrheit des Geglaubten mit sich bringen? Morans Erklärung beruht auf der fragwürdigen Voraussetzung, nach dem eigenen Glauben lasse sich nicht anders als in einer 'deliberativen', unweigerlich auf ein *Sollte-ich-glauben?* bezogenen, Manier fragen.

Was die Frage nach dem eigenen momentanen Glauben transparent macht, ist nun aber nicht, daß sie sich nur in einer normativen Art stellen läßt – daß die Frage "Glaube ich es?" bei Lichte besehen die Frage wäre: "Sollte ich es glauben?". Vielmehr ist es eine Besonderheit dessen, wonach gefragt wird: eben das Glauben. Wie in **GDU** vermerkt, heißt (genauer: cp-impliziert) Glauben unter anderm auch dies: ein entsprechendes Urteil parat haben, wie gut oder schlecht begründet es auch sein mag. Meine Frage, ob ich glaube, daß *p*, verlangt deshalb auch eine Antwort auf die Frage: "Was ist mein jetziges Urteil zum Thema *p*/~*p*?". Und nichts außer meinem Urteil – oder meiner Enthaltung – zu *diesem* Thema kann mich zu Klarheit und Gewißheit darüber bringen, ob ich glaube, daß *p*, ob ich das Gegenteil glaube oder keine Überzeugung in dieser Sache habe. Wenn ich es glaube, werde ich urteilen, daß *p*. Indem ich das tue, habe ich Glaubensbewußtsein. Mein Urteil vergewissert mich dessen, daß ich in diesem Moment glaube, daß *p*. Mir bleibt kein Spielraum für gleichzeitigen Zweifel daran, daß ich die betreffende Überzeugung habe.

Wohl aber läßt mein Urteil Spielraum für allerlei Zweifel anderer Art: zum Beispiel auch daran, daß es sorgfältigerer Überlegung standhalten würde. Es führt mir nicht vor Augen, was ich eigentlich glauben sollte, sondern nur, was ich in diesem Moment tatsächlich glaube. Diese beiden Typen des Fragens zum eigenen Glauben ("Glaube ich es?"/"Darf, oder sollte, ich es glauben?") sind keineswegs 'äquivalent'. Ob ich etwas, das ich glaube, im Rahmen meiner momentanen epistemischen Gegebenheiten *glauben sollte*, ist auch für mich selbst eine ganz andere Frage – eine, die ich oft nur durch weiteres Nachdenken beantworten könnte. Was ich hingegen *tatsächlich glaube*, wird mir bewußt, indem ich ohne weiteres Überlegen urteile, und zwar darüber, ob *p*. Ohne dieses Urteil hat die Frage nach dem eigenen Glauben keine für mich selbst verbindliche, für den Moment 'unhintergehbare' Antwort. Wenn ich solch eine Antwort suche, muß die 'Glaubensfrage' in die 'Sachfrage' übergehen.

Um den inneren Zusammenhang einzusehen, auf den das Transparenz-Prinzip hinweist, bedarf es mithin keiner psychologischen Hypothesen, wie etwa der über eine stets nur normative Beschäftigung mit dem eigenen Glauben. Vielmehr läßt er sich allein aus dem verständlich machen, was sich bereits früher zum Begriff des Glaubens und dem des Glaubensbewußtseins ergeben hat.

*

Nota bene: Dies gilt in völliger Allgemeinheit, d.h. für das gesamte Grundspektrum der eigenen doxastischen Möglichkeiten: Glauben-daß, Glauben-daß-nicht und keine Überzeugung haben. Einzig das Sachurteil entscheidet – genauer: die Reaktion auf die Sachfrage. Nur das positive oder negative Urteil zur Sache, das aus keinem weiteren Bedenken kommt, oder auch das Zurückschrecken vor solch einem Urteil, kann dem Subjekt für einen Moment die Gewißheit schaffen, die es jederzeit von seinem eigenen Glauben oder auch Nicht-Glauben haben kann. Ich konfrontiere mich mit der Frage "*p?*". Was kann nun geschehen? Ich urteile: "*p*"; ergo: ich glaube, daß *p*. Ich urteile: "*~p*"; ergo: ich glaube, daß *~p*. Ich urteile nicht; ergo: ich habe weder die eine noch die andere Überzeugung.

Dieser letzte Punkt mag zweifelhaft erscheinen: daß sich in jederlei Nicht-Urteilen ein Nicht-Glauben bezeugt. Und es mag insbesondere dann als zweifelhaft erscheinen, wenn der Unterschied zwischen Sich-selbst-Fragen und Gefragtwerden nicht beachtet wird, oder auch der zwischen Urteilen und Behaupten. Für unsern Zusammenhang kann es einen wichtigen Unterschied machen, *wie* man mit der Sachfrage konfrontiert ist: ob man sie sich selbst stellt oder ob ein Anderer das tut; ob es darum geht, sie sich selbst zu beantworten oder einem Andern. Beachten wir zunächst dies: 'Äußere' aufrichtige Zustimmung kann auch dann ausbleiben, wenn das Subjekt glaubt. Das mag an vielem liegen, z. B. daran, daß der Fragende dem Andern seine Überzeugung nicht offenbaren möchte. Aber mehr als das. Die äußere Bejahung (ebenso Verneinung) der Sachfrage hat eine bestimmte kommunikative Funktion: eine assertive illokutionäre Rolle. Wer einem Andern gegenüber etwas bejaht, legt sich ihm gegenüber auf die Wahrheit dessen fest, was er damit sagt. Ist seine Sach-Überzeugung aber nur schwach, dann kann es leicht geschehen, daß er vor der *äußeren* Zustimmung bzw. Verneinung deshalb zurückschreckt, weil diese 'behauptende Kraft' hätte, er sich jedoch nicht (auch nicht im Geringsten) auf die Wahrheit dessen festzulegen bereit ist, was er zwar für wahr hält, aber einem Andern gegenüber nicht vertreten möchte.

Wird die Frage nach dem eigenen Glauben-daß-*p* hingegen 'in foro interno' gestellt, liegen die Dinge anders. Wer *sich* fragt, ob er eine bestimmte Überzeugung hat oder nicht, kann sein Urteil über die Sache nicht scheuen. Was er sich selbst gegenüber nicht zu bejahen bereit ist, glaubt er in diesem Moment nicht. Jederlei Zurückschrecken vor einem sei's auch noch so schwachen Ja oder Nein in Bezug auf "*p*" bezeugt dem Sich-selbst-Fragenden sein Nicht-Glauben-daß-*p*, oder besser: sein Es-in-diesem-Moment-jedenfalls-nicht-Glauben. Ihm kann nicht entgehen, daß er in diesem Moment zu dieser Sache bestenfalls starke Glaubenstendenzen hat, aber weder ein Glauben-daß noch ein Glauben-daß-nicht. (Auch Nicht-Glauben kann schwach, ein Fast-schon-Glauben, sein.) Indifferenz, Zwiespältigkeit, ja selbst die Zurückweisung der Frage, vor die es sich gestellt hat, gestatten dem Subjekt keinen Zweifel daran, daß es die betreffende Überzeugung nicht hat. In *jeder* Reaktion auf eine Sachfrage wird man sich entweder einer Überzeugung bewußt oder dessen, daß man in dieser Sache keine hat. Lax gesagt, selbst keine Antwort auf die an sich selbst gerichtete *p?*-Frage ist eine eindeutige und definitive Antwort auf die *Gp?*-Frage.

*

Uns hat bis zu diesem Punkt zunächst vornehmlich beschäftigt, ob ein sehr spezieller Fall doxastischen Selbstzweifels möglich ist. Unsere Frage war: Kann man daran zweifeln, daß man etwas glaubt, obwohl man es glaubt? Aus dem Transparenzprinzip ergibt sich zunächst einmal, daß solch ein 'antibasierter' Zweifel begrifflich inkohärent ist. Es könnte ihn nur geben, wenn die Frage nach dem Glauben gestellt ist und die nach der Wahrheit des Geglaubten ungestellt bleibt. Aber dies kann, **T** zufolge, unter insgesamt normalen Gegebenheiten nicht sein. Denn die Frage ("Glaube ich, daß *p*?"), in der er sich manifestiert, geht unmittelbar in eine andere über ("*p*?"), die der Fragende, der glaubt, unmittelbar zu bejahen disponiert ist. Nun greifen einfache begriffliche Zusammenhänge ineinander: Indem er diese Frage bejaht, urteilt er, daß *p*; in diesem Urteil ist er sich dessen bewußt, daß er glaubt, daß *p*; dieses Bewußtsein läßt keinen Zweifel zu. – Es mögen sich, ich bezweifle das, Szenarien ausmalen lassen, die darauf hindeuten, daß antibasierter Selbstzweifel 'psychologisch' möglich ist. Aber er ist cp-unmöglich: Aus begrifflich wahren Prinzipien ergibt sich, daß ein normaler Mensch unter normalen Gegebenheiten solchen Zweifel nicht hegt.

Daraus wiederum folgt, daß nicht nur antibasierter Zweifel cp-inkonsistent ist, sondern überhaupt jede Form doxastischen Selbstzweifels – gleichgültig ob antibasiert oder nicht. Denn es kommt nicht darauf an, ob das Subjekt die Überzeugung, nach deren Vorhandensein es sich fragt, hat oder nicht. Auch wenn es sie nicht hat, müßte seine epistemische Verfaßtheit zwei Bedingungen genügen, die (**T** zufolge) einander direkt widersprechen.[455] Ja, jederlei Unsicherheit über das eigene Glauben/Nicht-Glauben muß sich unmittelbar auflösen. Das schiere Fragen nach dem eigenen Glauben führt unmittelbar zu einer eindeutigen Antwort, solange es kein fehlsteuerndes, 'selbstentfremdetes' Fragen ist.

*

UNEIGENTLICHES FRAGEN Mit der 'Sachfrage', ob *p*, kann es demnach eine besondere Bewandtnis haben, wenn sie sich im Zuge des Fragens nach dem eigenen Glauben stellt. Es muß dem Fragenden nicht darauf ankommen, ob das Sachurteil wahr ist, das er mit seiner Antwort gibt. Es könnte ihm genug damit sein, in Erfahrung zu bringen, wie sie lautet. Zwar fragt er sich unweigerlich auch nach der Sache, aber nicht unbedingt der Sache wegen, sondern vielleicht nur seiner Antwort wegen. Ob diese richtig ist oder nicht, könnte ihm letztlich gleichgültig sein, jedenfalls dann, wenn das Erkenntnisinteresse in diesem Moment 'rein' auf das eigene Glauben und nicht auf die Wahrheit des Geglaubten gerichtet ist.

Denken wir zurück an den Autofahrer, der in Erfahrung bringen möchte, ob er zu Selbstüberschätzung neigt. Die Sachfrage (nach seinen Fahrkünsten) stellt sich ihm nicht auf die gewöhnliche Weise, sondern nur als Begleiterin der Glaubensfrage. In gewissem Sinn stellt sie sich ihm nicht ernsthaft: nicht deshalb, weil er in diesem Moment an der Sache selbst interessiert wäre. Das ist er ja nicht. Seine eigentliche Frage ist die nach dem eigenen gegenwärtigen Glauben. In der Tat, je mehr es dem Fragenden darum zu tun wäre, sich ausschließlich *darüber* Klarheit zu verschaffen, desto gleichgültiger könnte ihm die Wahrheit dessen sein, was er für wahr hält. Solch ein 'reines' Fragen nach dem eigenen Glauben ist also von besonderer Art. Aber nichts daran wäre logisch verfänglich oder gar irrational. Dem Fragenden ist zunächst einmal schlichtweg daran gelegen, sich selbst sein spontanes Urteil zum Thema *p/~p* zum Vorschein zu bringen – erst anschließend möchte er, vielleicht, darüber befinden, ob er dessen Wahrheitsgehalt trauen möchte. In solch einem Fall zielt er mit seiner Frage nur darauf ab, sich eine Antwort zu entlocken. Ihn interessiert, wie er antwortet – nicht hingegen, wie es um die Sache steht, nach der er sich fragt. Nach dieser fragt er sich in diesem Moment nur, um seine Antwort zu erfahren.

Es ist an dieser Stelle also folgender Unterschied zu beachten. Eine Satzfrage kann man auf wenigstens zweierlei Art stellen. Man stellt sie auf die gewöhnliche, 'ernsthafte', Weise, falls das Erkenntnisinteresse, aus dem sie hervorgeht, nur dann befriedigt ist, wenn die Antwort eine Bejahung oder eine Verneinung ist. Es sei dahingestellt, wie stark oder schwach diese Antworten ausfallen, solange sie noch Bejahungen ("Gewiß doch", "Ja", "Vermutlich") bzw. Verneinungen sind ("Keinesfalls", "Nein", "Wohl eher nicht"); die Grenzen zwischen einer sehr schwachen Bejahung bzw. Verneinung und einer Enthaltung sind natürlich fließend. – Man stellt eine solche Frage *uneigentlich*, falls das Erkenntnisinteresse durch jede beliebige Antwort gleichermaßen befriedigt wäre – also auch dann, wenn diese weder eine Bejahung noch eine Verneinung ist.[456]

Wichtig ist dabei, daß auch die 'rein' nach dem eigenen Glauben gestellte Frage transparent ist. Wäre dem Subjekt in ihr nicht zugleich die Sache thematisch, würde es sich gar nicht nach dem eigenen Glauben fragen. Unsere Überlegungen haben ergeben, daß sich dem Subjekt – wenn es sich die Glaubensfrage (*Gp?*) 'rein' stellt – die Sachfrage (*p?*) dann nur uneigentlich stellt. Sobald ich also ausschließlich mein Glauben/Nicht-Glauben – sozusagen das eigentliche Thema der Frage nach dem eigenen momentanen Glauben – in den Fokus nehme, wird mein Fragen nach der Sache zu einem uneigentlichen. (Mit einem Anflug von Paradox gesprochen: Ein Fragen, in dem es eigentlich nur um das eigene Glauben gehen soll, kann nicht ganz eigentlich sein.) Auch wenn hierin nüchtern betrachtet nichts Paradoxes liegt, so doch eine besondere Merkwürdigkeit der 'reinen' Frage nach dem eigenen Glauben.

Wird die Frage nach dem eigenen Glauben 'in Reinform' gestellt, bringt sie zwar die Sachfrage mit sich, aber diese wird nur uneigentlich gestellt. Die bloße Idee eines uneigentlichen Sich-selbst-Fragens mag lächerlich erscheinen. ("Glaube ich, daß es regnet? Nun: Regnet es?" Sotto voce: "Wie das Wetter ist, interessiert mich dabei allerdings nicht.") Und ist sie nicht irgendwie intellektuell unappetitlich? Man fragt sich etwas, ohne daß es einem dabei um die Sache geht, nach der man sich fragt! Das hat den Beigeschmack des Versuchs einer Selbstüberlistung. Doch es kann durchaus sinnvoll und auch geradezu lobenswert sein, diesen Versuch zu unternehmen. Beispiele hatten wir schon betrachtet: Wenn uneigentliches Sich-selbst-Fragen durch die 'Hinterabsicht' motiviert ist, in sich selbst gewisse Persönlichkeitszüge (Überkonfidenz), Charaktermerkmale (Eitelkeit) oder Vorurteile zum Vorschein zu bringen.[457] Dennoch, auch in diesen Fällen ist es natürlich, sich in einem zweiten Schritt mit der Sachfrage selbst zu konfrontieren. Auch einem, der sich die Frage nach dem eigenen Glauben 'rein' stellt und die dazugehörige Sachfrage nur uneigentlich, wird es nicht leichtfallen, die Antwort auf letztere einfach als sein wahres Urteil in der Sache gelten zu lassen. Er wird Anlaß haben, das Urteil, das er sich entlockt hat, daraufhin zu überprüfen, wie gut es ist. (Malen wir uns solch einen Fall im einzelnen aus. Jemand hat *S* vorgehalten, er sei ein besonders mißtrauischer Mensch; *S* ist unangenehm überrascht. Er durchläuft nun in lehrbuchhafter Manier folgende Sequenz von Fragen und Antworten. Zunächst stellt er sich die Frage, die das weitere Fragen motiviert: "Bin ich denn wirklich ein besonders mißtrauischer Mensch?". Aus ihr ergibt sich ihm eine Frage nach dem eigenen Glauben: "Nun, glaube ich zum Beispiel, daß ich dauernd belogen werde?"; aus ihr die Sachfrage: "Wie ist es: Werde ich dauernd belogen?". Seine spontane Antwort auf die Sachfrage ist: "Ja, dauernd belügen mich die Leute"; daraus ergibt sich ihm die Antwort auf die Glaubensfrage: "Ja, ich glaube, daß ich dauernd belogen werde", und daraus die Antwort auf die motivierende Frage: "Ja, offenbar bin ich in der Tat ein besonders mißtrauischer Mensch". Es wäre erstaunlich, wenn *S* sich nun nicht noch einmal mit der Sachfrage konfrontierte: "Aber ist es denn wirklich so, daß alle mich ständig belügen? Welche Gründe habe ich eigentlich, das zu glauben? Wie oft habe ich denn im letzten Jahr tatsächlich jemanden dabei ertappt, wie er mich belogen hat?". Und so weiter.)

Kurz, es scheint psychologisch plausibel anzunehmen, daß auch 'reines' Fragen nach dem eigenen Glauben über lang oder kurz in ein eigentliches Fragen nach der Sache mündet. Deshalb ist die These von der impliziten Deliberativität, oder Normativität, des Fragens nach dem eigenen Glauben – wiewohl keine begriffliche Wahrheit – als psychologische Vermutung durchaus einleuchtend: Die Frage nach dem eigenen Glauben stellt sich nur dem, der sich die damit verbundene Sachfrage, zumindest auf

Dauer, nicht nur uneigentlich stellt. Und wer sich 'eigentlich' fragt, ob *p*, dem muß es auch um die Gründe gehen, die dafür und dagegen sprechen, daß *p*. Dann ist es passend zu sagen: Es geht ihm darum, ob er glauben *sollte*, daß *p*. – Das Transparenzprinzip muß demnach so verstanden werden, daß es einen erläuternden Zusatz gestattet:

> Wann immer ein Mensch sich fragt, ob er glaubt, daß *p*, fragt er sich auch, ob *p*. *Dies gilt auch dann, wenn er sich erstere Frage 'rein' und letztere nur 'uneigentlich' stellt.*

Daran wird deutlich, was den extremen Fall, der uns beschäftigt hat, so über die Maßen absonderlich macht. Man könnte versuchen, sich den Patienten, der sich unsicher ist, ob er glaubt, ein Adoptivkind zu sein, so auszumalen: Ihn interessiert, merkwürdig genug, überhaupt nicht, ob er ein Adoptivkind *ist*, und auch nicht, ob er das *glauben sollte*, sondern nur, ob er *glaubt*, eines zu sein – eine kuriose, fast möchte man sagen: kranke, Konstellation von Erkenntnisinteresse und Erkenntnis-Desinteresse. Das mag noch angehen, als eine psychische Extravaganz; jedenfalls wäre daran allein nichts begrifflich Inkohärentes. Was den Patienten jedoch wirklich unvorstellbar und damit begrifflich problematisch macht, ist dies: Sein Fragen nach dem eigenen Glauben ist nicht nur 'rein', sondern auch fehlsteuernd. Er stellt sich die Sachfrage gar nicht, nicht einmal uneigentlich, und sucht stattdessen nach bloßen Glaubensindizien.

Ob dies auch nur begrifflich möglich ist, darf füglich bezweifelt werden. Der rigorose Rationalist in puncto Transparenz wird, vielleicht nicht ohne Zähneknirschen, die Möglichkeit reinen Fragens nach dem eigenen Glauben konzedieren, auch in Kombination mit einem Sich-nach-der-Sache-Fragen, das gar kein eigentliches Fragen ist. Aber er wird steif darauf beharren, daß mit dem Szenario unseres Patienten der begriffliche Bogen endgültig überspannt wird. Das ist, wird er sagen, nicht die Beschreibung einer außergewöhnlichen psychischen Befindlichkeit, sondern eine gedankenexperimentelle Mißgeburt. In die Beschreibung selbst fließe eine falsche Voraussetzung ein: eine, die nicht kohärenter ist als die Annahme, jemand könne sich fragen, ob es wahr ist, daß es regnet, ohne sich zu fragen, ob es regnet. – Wie auch immer. Das Transparenzprinzip selbst bleibt, dank seiner Beschränkung auf 'das menschlich Normale', vom Streit um die Kohärenz dieses Szenarios unberührt. Natürlich nur solange niemand sich dazu versteigt, die These zu wagen: die Situation des Patienten sei ein normaler Fall des Fragens nach dem eigenen Glauben. (In der Zuversicht, daß keiner das tut, lasse ich es beiseite.)

*

Die so besondere Tendenz zum Selbst-Glauben Mit dem Prinzip der Transparenz läßt sich die oben formulierte Generalisierung, *Gp & Fp & FGp* ⇛ *GGp*, zu folgender begrifflichen Wahrheit vereinfachen:

> Ceteris paribus gilt: Wer glaubt, daß *p*, würde – sobald er sich die Frage stellt, ob er glaubt, daß *p* – unmittelbar auch glauben, daß er glaubt, daß *p*. [*Gp & FGp* ⇛ *GGp*]

Daraus wird nun im Nachhinein auf den ersten Blick ersichtlich, warum antibasierter Selbstzweifel cp-unmöglich ist.[458] Dieses Prinzip ist jedoch noch in andern Hinsichten aufschlußreich, so zum Beispiel auch in Hinblick auf unsere noch immer offene Frage nach dem besonderen Zusammenhang, der zwischen Basis-Überzeugungen und Selbst-Überzeugungen erster Stufe besteht. Es besagt ja folgendes: Wer glaubt, daß *p*, hat zumindest virtuell auch die Überzeugung, daß er das glaubt. Selbst wer bis zu dem Zeitpunkt, zu dem er sich nach seinem eigenen Glauben fragt, noch keine Überzeugung über sein eigenes Glauben gehabt hätte, würde durch diese Frage allein unmittelbar – ohne jeden weiteren gedanklichen Zwischenschritt – zu ihr gelangen. Er ist dazu disponiert, unmittelbar zu glauben, daß er glaubt, daß *p*.

Glauben-daß-*p* ist also mit zwei Urteilsdispositionen begrifflich direkt verknüpft: nicht nur mit der, ohne weiteres zu urteilen, daß *p*, sondern auch mit der, ohne weiteres zu urteilen, daß man selbst glaubt, daß *p* (in Kürzeln: *Gp* ⇛ *DUp* und *Gp* ⇛ *DUGp*). Falls ein Mensch etwas glaubt, aber keine diesbezügliche Selbst-Überzeugung hat, ist er also immerhin dazu disponiert, sie spätestens anläßlich der entsprechenden Frage zu gewinnen (*Gp & ~GGp* ⇛ *DUGp*). Die gerade genannte Generalisierung läßt sich mithin auch als folgendes Prinzip des *Disponiertseins zum Selbst-Glauben* formulieren:

> **DSG** Ceteris paribus gilt: Wer glaubt, daß *p*, ist dazu disponiert, ohne weiteres zu urteilen und zu glauben, daß er glaubt, daß *p*.[459] [*Gp* ⇛ *DUGp & DGGp*]

Diese ausnehmend starke Tendenz zum Selbst-Glauben gehört dem Glauben seinem Begriffe nach an. Das Subjekt, das eine bestimmte Überzeugung hat, bedarf folglich keiner zusätzlichen Gründe, um auch zu glauben, daß es diese Überzeugung hat. Es bedarf nur eines Anlasses. Ist er gegeben, dann ist die entsprechende Selbst-Überzeugung unwiderstehlich; sie auszubilden ist keine kognitive Leistung, sondern ein doxastischer Reflex, der zum Wesen des Glaubens gehört. Demnach involviert Glauben, wenn auch kein Selbst-Glauben, so doch eine ganz außerordentliche Empfänglichkeit dafür. Wenigstens dreierlei verdient hierbei unsere Beachtung. Es handelt sich bei ihr, erstens, um eine Tendenz, die betreffende Selbst-Überzeugung jedenfalls dann zu bilden, wenn das Thema *Gp*/~*Gp* aufkommt, und sie dann, zweitens, 'ohne weiteres' zu bilden, d. h. unreflektiert, 'widerstandslos', ohne einen Zwischenschritt des Sich-Bedenkens. Und drittens manifestiert sie sich auf dieselbe Weise (in demselben Urteil), auf die sich auch die betreffende Überzeugung selbst manifestieren würde. In dieser letzten Hinsicht macht es also keinen Unterschied, ob der Glaubende die Selbst-Überzeugung hat oder nur die Disposition zu ihr besitzt. Angesichts dessen stellt sich die Frage, worin sich diese Disposition (jene gleichsam vorbehaltlose Glaubenstendenz) dann noch von genuinem Selbst-Glauben unterscheidet: ob sie nicht bereits eine Form des Selbst-Glaubens ist. Diese Frage wird ein Thema des nächsten Kapitels sein, in dem wir das Verhältnis zwischen genuinem Glauben und verschiedenen Varianten glaubensaffinen Nicht-Glaubens in größerer Allgemeinheit betrachten werden.

*

Zumindest unsere Ausgangsfrage hat eine eindeutige Antwort gefunden: Doxastischer Selbstzweifel (als Zweifel am Vorhandensein einer Überzeugung, die man hat) ist unmöglich. Er müßte sich bereits mit seinem Auftreten auflösen. Zwar ist vielerlei Unsicherheit über Herkunft und Qualität des eigenen Glaubens möglich. Aber, so hat sich auch ergeben, doxastische Selbstunsicherheit (hinsichtlich der Frage, ob man eine Überzeugung hat oder nicht) kann ebenfalls den logischen Moment nicht überleben, in dem sie zum Vorschein kommt. Sie müßte sich in der Frage artikulieren: "Glaube ich es, oder glaube ich es nicht?". Wer sich diese Frage stellt, gelangt unverzüglich zu der Gewißheit, die seine Antwort – oder sein Nicht-Antworten – mit sich bringt. So viel scheint nun klar.

Hinsichtlich des immer noch ungeklärten begrifflichen Zusammenhangs zwischen basalen Überzeugungen und Selbst-Überzeugungen erster Stufe hat sich zweierlei herausgeschält. Erstens ist die Frage nach diesen 'transparent', d. h. ohne die Frage nach jenen nicht möglich. Zweitens müssen letztere die ersteren zumindest virtuell begleiten. Glauben impliziert, oder 'konstituiert', kein Glauben-daß-man-glaubt, aber es impliziert ein sei's auch nur virtuelles Selbst-Glauben. Dieser begriffliche Zusammenhang, der uns noch beschäftigen wird, ist es ja letztlich, durch den die Möglichkeit eines Zweifels am eigenen Glauben a priori ausgeschlossen ist.

Zweifelsimmunität ist mithin eine begriffliche Tatsache (d.h.: $Gp \Rightarrow \sim ZGp$), zu deren Erklärung es nicht mehr bedarf als der Prinzipien, die wir bisher berücksichtigt haben. Daß es etwas anderm als ihrer nicht bedarf, verdient aus folgendem Grund unsere Aufmerksamkeit. Denn in diesen Prinzipien ist der Begriff des Wissens und a fortiori der des Wissens-daß-man-glaubt nicht involviert. Erst recht wurde die These von einem doxastischen Selbstwissen ($Gp \approx\!> WGp$) zur Begründung und Verteidigung dieses Ergebnisses nicht benötigt. Dasselbe gilt in Hinblick auf das begriffliche Faktum der Irrtumsimmunität von Selbst-Überzeugungen, von dem das 14. Kapitel handelte, und es gilt auch in Hinblick auf das empirische Faktum, daß wir uns der Wahrheit unserer Selbstzuschreibungen gewiß sind.

Es scheint also, daß es keines Wissens vom Vorhandensein einer eigenen momentanen Überzeugung bedarf, um jeden diesbezüglichen Selbstzweifel unmittelbar zu ersticken, jedes irrtümliche Glauben an ihr Vorhandensein auszuschließen und die besondere Gewißheit verständlich zu machen, die mit unseren Urteilen über das eigene momentane Glauben einhergeht. All das ist a priori einsichtig. Welche erklärende Kraft hätte also die These vom doxastischen Selbstwissen: wir wüßten, wenn wir etwas glauben, stets auch, daß wir es glauben? Oder ist das gar keine Annahme, sondern eine weitere begriffliche Wahrheit, die aus sich heraus evident oder zumindest aus anderen Prinzipien zu gewinnen ist? – Diesen Fragen werden wir dann im übernächsten Kapitel nachgehen.

19. VARIANTEN DES NICHT-GLAUBENS

Immer noch ungeklärt ist die Frage nach den Selbst-Überzeugungen höherer Stufe. Wir haben keinen Grund gefunden, sie für prinzipiell unmöglich zu halten, aber vielerlei Grund, an ihrem realen Vorkommen zu zweifeln. Im Fortgang dieses Kapitels wird ein weiterer Grund zum Vorschein kommen, der in meinen Augen endgültig dagegen spricht, daß Menschen je eine Überzeugung dieser Art haben. – Ebenfalls noch ungeklärt ist die Natur der Beziehung, die überhaupt zwischen den niedersten Stufen des Glaubens besteht: zwischen Etwas-Glauben und Glauben-daß-man-es-glaubt. Es handelt sich, so viel ist nach dem im 15. Kapitel Erwogenen klar, hier nicht um einen direkten begrifflichen Zusammenhang ($Gp \not\Rightarrow GGp$). Allerdings ist der Zusammenhang, wie wir nun gerade gesehen haben, überaus eng: Auch wenn Glauben kein tatsächliches Glauben-daß-man-glaubt mit sich bringen muß, so doch ein 'tendenzielles'. In jeder Überzeugung ist auch die Disposition enthalten, angesichts der entsprechenden Frage ohne weiteres zu urteilen und damit zu glauben, daß man diese Überzeugung hat. Ist das nicht ein Hinweis darauf, daß diese Selbst-Überzeugung schon vorhanden war, wenn auch nur unbewußt? Und ist es dann nicht plausibel anzunehmen, daß diese beiden Überzeugungen faktisch stets ein Tandem bilden, auch wenn dies aus dem Begriff des Glaubens allein nicht einsichtig ist? (Die Idee könnte dann die eingangs des 16. Kapitels erwähnte Möglichkeit sein, daß hier zwar kein begrifflicher Zusammenhang besteht, aber ein empirischer: daß $Gp \rightarrow GGp$, oder $Gp \rightsquigarrow GGp$, eine zutreffende psychologische Generalisierung ist.)

An dieser Stelle wird ein Punkt wichtig, der nicht erst das Selbst-Glauben betrifft. Denn etwas Entsprechendes gilt bereits für die Sachfrage, die nicht auf das eigene Glauben geht. Wer sich diese Frage ($p?$) stellt und sie ohne weiteres bejaht, der glaubt, daß p, und er ist sich in seinem Urteil auch dessen bewußt. Schon hier, beim einfachen Glauben, taucht dieselbe Problematik auf: Ist sich das Subjekt in diesem Moment einer Überzeugung bewußt, die es unbewußt schon hatte? Oder vielmehr einer Überzeugung, die ihm erst angesichts dieser Frage 'ohne weiteres' zuwächst? – Offenkundig ist beides möglich. Ließe sich der Unterschied feststellen? Nun, nicht einmal das Subjekt selbst könnte das in jedem konkreten Einzelfall. Oft wird ihm das natürlich möglich sein. Wenn ich zum wiederholten Mal mit einer Frage konfrontiert bin, die ich stets bejaht habe, und sie auch jetzt wiederum bejahe, spricht alles dafür, daß ich das bereits geglaubt habe, was ich auch jetzt wieder als wahr anerkenne. Wenn ich hingegen zum ersten Mal einer Frage begegne, die fernab von allem liegt, mit dem ich mich je beschäftigt habe, und nun (vielleicht zu meiner eigenen Überraschung) dennoch ein spontanes, 'intuitives', Urteil abgebe, dann spricht nichts dagegen, daß ich nun (vielleicht ohne jeden guten Grund) erst angesichts der Frage eine Überzeugung gewonnen habe. Wie auch immer, ich war jedenfalls dazu disponiert, ohne weiteres so zu urteilen. Ob ich diese Überzeugung bereits hatte, mir ihrer aber nicht bewußt war, oder ob ich – bevor die Frage auftauchte – noch keine Überzeugung hatte, werde nicht einmal ich selbst immer mit Bestimmtheit sagen können.[460] Kurz, in spontanem Urteilen manifestiert sich, auch für das Subjekt selbst, zunächst einmal nichts weiter als seine Disposition, ohne weiteres so zu urteilen. Solches Urteilen kann glaubenserzeugt sein: wenn es aus einer bereits vorhandenen Überzeugung hervorgeht ('nun so urteilen, weil man es bereits glaubt'). Und es kann glaubenserzeugend sein: wenn mit dem Urteil eine neue Überzeugung einhergeht ('es nun glauben, weil man jetzt so urteilt'). Im ersten Fall ist die Urteilsdisposition die Begleiterin einer vorher tatsächlich vorhandenen Überzeugung; dieser wird sich das Subjekt in seinem Urteil bewußt.

Im zweiten Fall wird sich das Subjekt in seinem Urteil einer Überzeugung bewußt, die es zuvor nicht hatte. Dann hatte es bisher nur die Disposition, das zu glauben, was es nun glaubt. Diese Disposition ist allerdings, wie ausgangs des letzten Kapitels bemerkt, von sehr spezieller Art. Es ist die Tendenz, eine bestimmte Überzeugung 'ohne weiteres' zu bilden, sobald ihr Inhalt thematisch wird. Diese besonderen Urteils- und mithin Glaubensdispositionen bezeichne ich als (*bloß*) *virtuelle* Überzeugungen. Es sind Überzeugungen, die man in diesem Moment zwar nicht hat, aber unmittelbar hätte, wenn das Thema jetzt aufkäme. Ich werde nun so reden: Wer nicht glaubt, daß *p*, aber im selben Moment ohne jede Überlegung urteilen und mithin zumindest für diesen Moment glauben würde, daß *p*, der hat die virtuelle Überzeugung, daß *p*.[461]

Eine andere Art doxastischer Dispositionen bezeichne ich als (*bloß*) *implizite* Überzeugungen. Auch sie sind keine Überzeugungen, die das Subjekt im betreffenden Moment hat, sondern wiederum solche, die es hätte, sobald das betreffende Thema aufkäme. Anders als die virtuellen Überzeugungen sind sie aber nicht das Produkt, das aus dem spontanen, undurchdachten, 'wie aus der Pistole geschossenen' Urteil des Subjekts hervorginge. Vielmehr gingen sie aus dem durchdachten Urteil hervor, zu dem das Subjekt jetzt disponiert ist. Ein wenig deutlicher: Wer nicht glaubt, daß *p*, aber im selben Moment nach seines Erachtens ausreichender

Überlegung urteilen und mithin für diesen Moment glauben würde, daß *p*, der hat die implizite Überzeugung, daß *p*.

Man möchte vielleicht sagen, virtuelles Glauben sei nur eine quasi-kreatürliche *Anfälligkeit* für eine Überzeugung; dieser Glaubensdisposition liege nichts weiter zugrunde als ein präkognitiver Reflex. Und in Kontrast dazu: implizites Glauben sei eine rational-fundierte *Bereitschaft*, sich eine Überzeugung zueigen zu machen; diese Disposition sei ja immerhin die Widerspiegelung der gesamten kognitiven Möglichkeiten, über die das Subjekt verfügt. Daran ist so viel richtig: Virtuelles Glauben ist nichts weiter als eine Tendenz, etwas reflexartig zu glauben, das man (noch) nicht glaubt. Und implizites Glauben ist eine Tendenz dazu, etwas, das man nicht glaubt, als Abschluß einer subjektiv befriedigenden Reflexion zu glauben. Eine Irreführung könnte jedoch aus tendenziösen Vokabeln wie "Anfälligkeit" und "präkognitiver Reflex" oder "Bereitschaft" und "rational fundiert" entstehen. Sie könnten zu dem Gedanken verleiten, zwischen diesen beiden verschiedenartigen Tendenzen verlaufe eine Scheidelinie, die den Begriff des Glaubens selbst betrifft. Solche Vokabeln könnten den Gedanken nahelegen, eine virtuelle Überzeugung sei nur die Disposition zu einer für diesen einen Moment vorgezeichneten doxastisch irrelevanten geistigen Instinktreaktion – sie sei nicht einmal ein sei's auch nur potentielles Glauben, bestenfalls ein unbewußtes 'prädoxastisches' Phänomen. Jede implizite Überzeugung hingegen sei tatsächlich ein potentielles *Glauben*: die Disposition, etwas für wahr zu halten, das vom Subjekt auch dann für wahr gehalten würde, wenn es auf der Höhe seiner momentanen geistigen Möglichkeiten darüber nachdächte. Kurz, man könnte durch solche Vokabeln verlockt sein zu denken, bloß sog. virtuelles Glauben sei nicht einmal eine Tendenz, etwas 'wirklich zu glauben'. Erst implizites Glauben sei eine echte *Glaubens*disposition. Dahinter steckt das rationalistische Vorurteil, nur 'gute' Überzeugungen könnten wirklich Überzeugungen sein: solche, die sich zumindest einmal vor dem Tribunal der eigenen Denkmöglichkeiten bewähren können. Wir werden gleich sehen, daß dies falsch ist.

*

Nun hat der Mensch, das ist wohl ein Merkmal seiner Denkfähigkeit überhaupt, jederzeit und zu jeder Frage, die er versteht, die Disposition sowohl zu einer spontanen als auch zu einer reflektierten wahrheitsbezogenen Reaktion, und sei's, daß diese nur darin besteht, sich eines Urteils zu enthalten. Dieses grundlegende Faktum betrifft einen besonderen Aspekt menschlichen Glaubens: unsere Tendenzen nicht nur zum Glauben, sondern auch zur Glaubensenthaltsamkeit. Aus ihm ergeben sich neue Gesichtspunkte, die gerade auch in Hinblick auf das Verhältnis von Glauben und Selbst-Glauben aufschlußreich sind. – Die doxastische Grundkonstellation, von der unsere Überlegungen nun ihren Ausgang nehmen, hat folgendes Schema: Da ist jemand, der zum Thema *p*/~*p* weder die eine noch die andere Überzeugung hat. Dennoch mag er eine virtuelle Überzeugung dazu haben: Käme das Thema auf, würde er spontan urteilen, daß *p*, oder spontan urteilen, daß ~*p*. Und er mag zu diesem Thema ebenfalls eine implizite Überzeugung haben: Käme es auf, würde er nach seines Erachtens ausreichender Überlegung abschließend urteilen, daß *p*, oder urteilen, daß ~*p*. Aber beides muß nicht sein. Er mag diesbezüglich keine virtuelle Überzeugung haben: Käme das Thema auf, wäre seine spontane Reaktion eine Urteilsenthaltung. Und ebenso mag es sein, daß er zu diesem Thema keine implizite Überzeugung hat: Würde er darüber nachdenken, ob *p* oder ob ~*p*, gelangte er zu keinem Urteil und damit zu dem Ergebnis, daß er keines von beidem für wahr hält.

*

Virtuelles Glauben Bloß virtuelles ‘Glauben’ ist kein Glauben, sondern eine Disposition: die zu einem Ohne-weiteres-Glauben. Wer diese Disposition hat, verfügt in dem Moment, in dem sich ihm die *p*?-Frage stellt, über keinen kognitiven Puffer zwischen Nicht-Glauben und Glauben. Kein erst noch zu durchlaufender Gedankenschritt könnte sein Urteil aufhalten: kein Abwägen von Gründen, keinerlei Schlußfolgern aus dem Bestand des bereits Für-wahr-Gehaltenen, nicht einmal ein ‘blitzschneller’ Abgleich in Hinblick auf Konsistenz. Der Übergang von bloß virtuellem zu echtem Glauben geschieht in einem Ohne-weiteres-Urteil: Das Thema kommt auf, das Urteil stellt sich unmittelbar ein. Es bleibt mir kein Spielraum für den Einsatz meiner rationalen Ressourcen, wenn ich etwas virtuell glaube und mit dem Thema konfrontiert werde. – Dies mag bedrohlich klingen, nach irrationaler Überwältigung durch doxastische Instinkte. Und so kann es natürlich auch geschehen. Doch liegt in der Tendenz zu einem Ohne-weiteres-Urteilen nichts, das per se unvernünftig wäre. Ein Urteil, das bei einer bestimmten Gelegenheit ohne jede Überlegung getroffen wird, mag durch gute Gründe gestützt sein, selbst wenn diese im Prozeß der ‘Urteilsfindung’ nicht beteiligt waren. Man bedenke: *Jedes* intuitive Fürwahrhalten – schlechthin alles, was uns neu ist und unmittelbar einleuchtet – ist von dieser Art.

Ein Beispiel mag dies illustrieren. Stellen wir uns Herrn *A* als einen begnadeten Schachspieler vor, der im Laufe der Jahre die Fähigkeit entwickelt hat, leichtere Endspiel-Konstellationen auf den ersten Blick daraufhin einzuschätzen, ob sie ein Matt in so-&-so viel Zügen sind oder nicht. Wo andere erst überlegen müssen, hat er oft sofort ein spontanes – und zudem noch recht zuverlässiges – Urteil. Er kann (wiewohl nicht sicher vor Fehl-'Wahrnehmungen') vieles unmittelbar 'sehen', das einen gewöhnlichen Sterblichen erst einmal ins Nachdenken zwingen würde. Er sieht ein Matt in wenigen Zügen so, wie unsereiner die Farben der Figuren wahrnimmt. Nehmen wir an, die folgende Stellung ist ihm noch nie begegnet:

Nennen wir diese Stellung Σ; Weiß ist am Zug. Diene uns "*p*" hier als Abkürzung für "In Σ ist für Weiß ein Matt in vier Zügen möglich". – Herr *A* hat keine Überzeugung zu diesem Thema; er wurde mit der *p*?-Frage nie konfrontiert. Aber er ist dazu disponiert, sie ohne weiteres zu bejahen. Ja, sobald sich ihm diese Frage stellte, könnte er gar nicht anders als zunächst einmal 'instinktiv' urteilen, daß *p*. Dazu kommt es allerdings nicht; diese Stellung begegnet ihm nie. – Er *würde* jetzt ohne weiteres urteilen, daß *p*, wenn er mit der Frage konfrontiert würde. Doch er glaubt es nicht; er 'glaubt' es bloß virtuell.

Dieses Beispiel sollte zunächst einmal nur vor Augen führen, daß spontane Urteile – Urteile, die sich ohne Überlegung einstellen – allerhand rationale Vorzüglichkeiten besitzen können. Es illustriert nebenher zugleich auch dies: wie eine Überzeugung virtuell vorhanden sein kann, ohne daß jemals eine Überzeugung aus ihr wird.[462] Natürlich soll damit nicht der Gedanke nahegelegt werden, spontane Urteile hätten es irgendwie an sich, gut zu sein. Solche Urteile sind nicht besser und schlechter als die bereits vorhandenen oder bisher bloß virtuellen Überzeugungen, die das Subjekt hat. Und diese können beliebig schlecht sein. Wir können uns statt Herrn *A* auch einen schwungvollen Anfänger, Herrn *B*, ausmalen, der auf manches Schachproblem ohne Überlegung eine Antwort parat hat, meist allerdings eine falsche. (Manchmal 'sieht' Herr *B* sofort etwas, dann aber oft nicht einmal die Schwierigkeit.) Ein versierter mittelmäßiger Schachspieler wird in Hinblick auf Σ nur zu einer spontanen Urteils*enthaltung* disponiert sein; das unterscheidet ihn von den begnadeten Spielern wie *A* – und auch von solchen problemblinden Anfängern wie Herrn *B* –, die virtuelle Überzeugungen, allerdings sehr unterschiedlicher Qualität, zum Thema *p*/~*p* haben.

*

Haben wir eine virtuelle Überzeugung, dann können wir uns gegen diese Tendenz zu einem Urteilen-ohne-weiteres-Nachdenken nicht schützen, selbst wenn wir es wollten. Aber wir sollten das gar nicht wollen. Virtuelles Glauben, die Tendenz zu 'reflexartigen' Urteilen, ist nicht nur nicht irrational, sondern – hochtrabend gesprochend – ein wesentliches Ingredienz der Ausübung menschlicher Rationalität. Ohne diese Disposition wären wir letztlich nicht fähig, überhaupt zu urteilen. Am Ende ist jedes Urteilen eines ohne *weiteres* Nachdenken. Liegt nicht der ganze Witz des Schlußfolgerns darin, daß das Bewußtsein des Fürwahrhaltens der Prämissen die Disposition hervorbringt, die Konklusion nun *ohne weiteres* als wahr anzuerkennen? Nur *deshalb* scheitert Carrolls Achill an der Schildkröte: weil sie diese Disposition nicht hat. Nicht einmal die Anerkennung logisch zwingender Prämissen würde sie dazu führen, 'jetzt nun aber bitteschön:' *ohne weiteres* die Wahrheit der Konklusion anzuerkennen.[463] Die 'Anfälligkeit' für Urteilen-ohne-weiteres-Nachdenken kann zugleich eine 'rational fundierte Bereitschaft' sein. – Schützen können wir uns jedoch vor der unkritischen Beibehaltung der Überzeugungen, die sich in unsern spontanen Urteilen manifestieren, und gottseidank auch vor der sprachlichen Bekundung solcher Urteile. Wir können, zumindest gelegentlich, unser spontanes Urteil still verklingen lassen. Uns ist die schöne Fähigkeit gegeben, auch über unser eigenes Urteil zu stolpern, an ihm Anstoß zu nehmen, gedanklich innezuhalten, es nicht 'ohne weiteres' einfach hinzunehmen. Und auch die, es nicht gleich nach außen zu tragen. Kurz, virtuelles Glauben wäre nur dann eine rational bedrohliche ('kreatürliche', 'präkognitive') Tendenz, wenn sie nicht von der Fähigkeit begleitet wäre, das spontane Urteil, das aus ihr hervorgeht, zum Gegenstand einer selbstkritischen Reflexion zu machen. – In der Tat, wenn ich instinktiv zu urteilen disponiert bin, obwohl ich keine, oder sogar die entgegengesetzte Überzeugung in der Sache habe, und wenn ich dann angesichts der entsprechenden Frage ohne weiteres so urteile, dann ist das mein doxastisches Schicksal: für diesen Moment. Dies ist das eine. Ein anderes ist: ob ich mich in es füge. Das muß ich nicht. Nicht immer, aber manchmal ist es mir möglich, mein Urteil selbst zum Anlaß zu nehmen, der Überzeugung, deren ich mir in ihm bewußt bin, kritisch zu begegnen. (Selbst *A*, in seiner Schachbegnadung, und *B*, in seiner Ahnungslosigkeit, mögen angesichts ihrer spontanen Urteile, die sie nicht verhindern können, innehalten, bevor sie ziehen.) Mein spontanes Urteil mag mich stutzig machen, mißtrauisch, ja sogar ungläubig gegenüber dem, das in diesem Moment zu glauben ich mir dank seiner bewußt bin.

Es kann sich mir dann insbesondere auch jene janusköpfige Frage stellen, die wir im vorigen Kapitel betrachtet haben: "Glaube ich es wirklich?". Solange das Subjekt mit ihr, sich bloß uneigentlich fragend, nur in Richtung seiner Urteilsreaktion schaut, kann die Antwort darauf, wie wir betrachtet haben, nur diese eine sein: "Ja, ich glaube es wirklich"; und diese wiederum kann, so besagt das Unfehlbarkeitsprinzip, im selben Moment nicht falsch sein. Erst wenn der Mensch sich die Frage nach dem eigenen Glauben nicht 'rein' (nicht selbstpsychologisierend), sondern 'eigentlich' stellt, erst wenn er mit ihr auch in Richtung der Urteilsgründe schaut, nimmt sein Fragen einen Sinn an, der ihm Zuwachs an nicht-trivialer Erkenntnis verheißen kann: "Wie *sollte* ich in diesem Moment nach Maßgabe meiner eigenen momentanen Möglichkeiten urteilen?". Oder: "Wie *würde* ich urteilen, wenn ich mich recht bedächte?". Erst dann, wenn sie sozusagen 'unrein' gestellt wird, bietet die Frage nach dem eigenen Glauben einen Anlaß zur Reflexion. Nur dann hat sie einen 'guten Sinn'. (Dies scheint mir die Einsicht zu sein, die sich hinter der falschen Auffassung verbirgt, alles Fragen nach dem eigenen Glauben sei unweigerlich normativ oder deliberativ.)

*

IMPLIZITES GLAUBEN Denken wir uns einen Menschen in einer bestimmten 'logischen' Sekunde, und konzentrieren wir uns auf sein doxastisches Gesamtprofil. Zu diesem rechnen wir auch seine momentanen Reflexionstendenzen, und zu denen wiederum insbesondere die Folgerungsverfahren, die er zur Anwendung brächte, wenn er jetzt mit einer Frage konfrontiert würde, die ihm Anlaß zum Nachdenken gäbe. Dieser Mensch glaubt gewisse Sachen, andere glaubt er nicht. Unter all dem, was er nicht glaubt, ist manches, dessen 'Gegenteil' er glaubt, und anderes, zu dem er schlicht keine Überzeugungen hat. Dem letzteren Bereich gehören auch seine doxastischen Zwiespältigkeiten an ("Halb glaub ich's, halb glaub ich's nicht"). In jedem Moment, in dem er unentschieden ist, urteilslos bleibt, glaubt er weder das eine noch das andere, hat keine Überzeugung in dieser Sache. – Folgendes scheint in uneingeschränkter Allgemeinheit zu gelten, für jeden Moment und für alles, was prinzipiell für wahr gehalten werden kann: Der Mensch glaubt es, er glaubt 'das Gegenteil', oder er hat keine Überzeugung dazu; ein Viertes gibt es nicht. Man mag das die *Dreifaltigkeit der Glaubensmöglichkeiten* nennen.[464] – Nehmen wir nun das dritte Adjunktionsglied in den Blick: jederlei *überzeugungsloses* Nicht-Glauben, das heißt jedes, das nicht einem Glauben-daß-nicht geschuldet ist. Überzeugungslosigkeit kann, aber muß nicht, die bloße Abwesenheit einer Überzeugung sein, ohne jede Tendenz, die entsprechende Proposition für wahr oder für falsch zu halten. Sie kann jedoch auch von unterschiedlichen Dispositionen zu einem affirmativen oder negierenden Urteil begleitet sein.

Unterscheiden wir zunächst einmal, in völliger Allgemeinheit, zwischen zwei Typen von Urteilsdispositionen in Hinblick auf *p*/~*p*, die *S* auch dann hat, wenn er weder glaubt, daß *p*, noch glaubt, daß ~*p*. Erstens ist da die bereits betrachtete Disposition zu einem Urteil ohne weitere Überlegung. Diese wird in der hier zu betrachtenden doxastischen Lage, ~*Gp* & ~*G*~*p*, naheliegenderweise die Disposition sein, ohne weiteres weder zu urteilen, daß *p*, noch zu urteilen, daß ~*p* (*D*~*Up* & *D*~*U*~*p*). Zu beachten ist nun aber, daß es stattdessen auch die Disposition zu einem bejahenden bzw. zu einem verneinenden Urteil sein kann (*DUp* bzw. *DU*~*p*). In den beiden letzteren Fällen ist das Nicht-Glauben zugleich ein virtuelles Glauben: Mit der *p*?-Frage konfrontiert würde das Subjekt trotz seiner Überzeugungslosigkeit ohne weiteres urteilen, daß *p* (bzw. daß ~*p*).

Zweitens hat der bezüglich *p*/~*p* überzeugungslose Mensch gewöhnlich auch die Disposition zu einem reflektiertem Urteil; auch dieses mag in der Enthaltung von einem Ja oder Nein bestehen. Es ist das Urteil, zu dem er gelangen würde, wenn er jetzt die Frage, ob *p*, so lange erwägen würde, bis er zu einer Antwort gelangt, mit der er sich im Rahmen seiner momentanen geistigen Möglichkeiten zufriedengibt. Die Disposition, die hier gemeint ist, ist kein Idealisierungskonstrukt, sondern eine, die bei ihm zum betreffenden Zeitpunkt de facto vorliegt. Das reflektierte Urteil (oder auch die reflektierte Urteilsenthaltung) muß keineswegs das unter dem Gesichtspunkt sei's auch nur subjektiver Rationalität optimale Ergebnis sein, zu dem der Mensch in diesem Moment befähigt ist. Es ist nicht das Urteil, zu dem er angesichts seiner Überzeugungen im Lichte der ihm zu Gebote stehenden Folgerungsverfahren vernünftigerweise gelangen *sollte*, sondern das, zu dem er – wenn er jetzt nachdächte – gelangen *würde*. Seine Disposition zu einer reflektierten Antwort auf die *p?*-Frage kann bei gleichem doxastischen Gesamtprofil unterschiedlich sein: je nach Stimmung, Konzentrationsfähigkeit und unüberschaubar vielen weiteren Faktoren, die Einfluß darauf haben können, wie er nachdenkt und wann es ihm damit genug ist. Das reflektierte Urteil mag in vielen epistemischen Hinsichten sogar 'schlechter' sein als das spontane: es mag objektiv falsch sein, während das spontane wahr ist; es mag auch den subjektiven Gründen – die der Reflektierende in diesem Moment zwar hat, aber vielleicht seinen eigenen Standards nach nicht angemessen berücksichtigt – weniger entsprechen als das spontane. Die Reflexion, zu der ein Mensch zu einem gegebenen Zeitpunkt disponiert ist, kann ihn zu einem Ergebnis (einem Urteil oder einer Urteilsenthaltung) führen, das er dann zwar erwogen, aber nicht unbedingt *wohl*erwogen hat. – Ein grundsätzlicher Unterschied zwischen virtuellem und implizitem Glauben liegt in folgendem: Während wir jederzeit unvermeidlich dazu disponiert sind, auf eine Frage, die sich uns stellt, spontan zu reagieren – und sei's auch nur mit irgendeiner Art der Urteilsenthaltung –, sind wir nicht immer dazu disponiert, sie zum Anlaß eines reflektierten Urteils zu nehmen. Diese zweite Disposition kann also nicht nur zu verschiedenen Zeitpunkten, unter dem Einfluß kontingenter Umstände, selbst bei Gleichheit des Gesamtkorpus der Überzeugungen, unterschiedlich ausgeprägt sein; sie kann im Hinblick auf viele Themen auch schlicht fehlen.

Als Kürzel für diese Disposition möge uns "*ΔUp*" dienen, zu lesen als: Wenn *S* sich jetzt die Frage stellte, ob *p*, würde er – gleichgültig, welches seine spontane Antwort wäre – nach (ihm bei dieser Gelegenheit ausreichender) Überlegung zu dem Urteil gelangen, daß *p*. Entsprechend seien "*D*-" und "*Δ*-Disposition" Abkürzungen, die ganz allgemein auf die Disposition zu einem spontanen bzw. zu einem reflektierten Urteil, bzw. zu einer Urteilsenthaltung, verweisen. Auf viererlei sei noch einmal ausdrücklich hingewiesen. Erstens, diese *D/Δ*-Unterscheidung selbst ist recht grob und bedürfte genauerer Explikation,[465] aber sie weist auf einen für unser Thema wichtigen Unterschied hin, und sie ist trennscharf genug, um bona fide mit ihr zu arbeiten. – Zweitens, die Rede von einem *spontanen* Urteil soll hier nicht nahelegen, es sei unweigerlich eines, für das der Urteilende keine Gründe hat: in solch einem Urteil komme entweder (wie beim begnadeten Schachspieler) ein 'intuitiver Blick' oder (wie beim Anfänger) ein 'blindes Bauchgefühl' zum Vorschein. Dies sind zwei besonders markante Exempel. Aber es gibt zahllose andere Arten des kognitiven Hintergrunds spontaner Urteile. Wichtig ist hier insbesondere dies: Urteilen, ohne erst zu überlegen, heißt nicht: urteilen, ohne Gründe zu haben. Obwohl jemand keine Überzeugung zu *p*/~*p* hat, kann seine Disposition, spontan zu urteilen, daß *p*, in ein doxastisches Gesamtprofil eingebettet sein, das gute Gründe für sein Urteil enthält: Gründe, deren er sich vielleicht niemals bewußt wird und die er jedenfalls nicht erwägt, wenn er spontan urteilt. – Drittens, zu den Reaktionen, in denen sich diese beiden Dispositionen manifestieren, gehören die Urteilsenthaltungen von jederlei Art. Nicht nur das *D*-Urteil in Reaktion auf die *p*?-Frage, sondern auch das die Reflexion abschließende Urteil kann eine Enthaltung sein ("Ich vermag es zur Zeit beim besten Willen nicht zu sagen"). – Und viertens, Glaubenssubjekte besitzen bezüglich vieler Propositionen beide Dispositionen zugleich. Doch es gilt dabei einen Unterschied zu beachten. Die *D*-Disposition besitzt jedermann *jederzeit*, und zwar in Bezug auf *jede* beliebige Proposition. Das ist kein empirisches Faktum der menschlichen Psychologie, sondern liegt im Begriff dieser Disposition und der Dreifaltigkeit möglicher Urteile. Hingegen mag jederzeit eine *Δ*-Disposition fehlen: Das Subjekt mag gelegentlich schlicht nicht dazu disponiert sein, eine thematisch relevante Reflexion anzustellen, selbst wenn es mit der *p*?-Frage konfrontiert ist. Dies kann an allem Möglichen liegen: *S* mag zu *t* nicht dazu disponiert sein, über diese Frage nachzudenken, weil er gerade erst darüber nachgedacht und zu einem seines Erachtens definitiven Ergebnis gelangt ist; weil ihm die Wahrheit, die Falschheit oder die für ihn durch Reflexion nicht zu beseitigende Unentscheidbarkeit der in Frage stehenden Proposition unabweisbar evident ist; weil ihm in diesem Moment sein spontanes Urteil in dieser Sache genug ist; weil er jetzt einfach nicht dazu aufgelegt ist und sich jetzt 'beim besten Willen' einfach nicht dazu bringen könnte, darüber nachzudenken; und so weiter. Es gibt zahllose Faktoren, die dem entgegenstehen können, daß ein Mensch zu einem gegebenen Zeitpunkt dazu disponiert ist, ein bestimmtes Thema, mit dem er konfrontiert ist, zum Gegenstand seines Nachdenkens zu machen. Er hat dann, zumindest in diesem Moment, keine *Δ*-Disposition in Hinblick auf die betreffende Proposition. Das Nicht-Vorhandensein dieser Disposition allein ist jedoch kein Hinweis auf eine rationale Defizienz. Im Gegenteil, es möchte wohl eine gewisse Geisteschwäche darin liegen, jederzeit dazu disponiert zu sein, über alles und jedes zu reflektieren.

Mehr als das. Das bloße Vorliegen einer *Δ*-Disposition kann, in Bezug auf gewisse Themen, begrifflich unmöglich oder zumindest eine begriffliche Anormalität sein. Ein Beispiel hatten wir gerade betrachtet: die Frage nach dem eigenen momentanen Glauben. Wer diese Frage zum Anlaß reflektierenden Nachdenkens nähme, würde der begrifflichen Tatsache nicht entsprechen, daß hier einzig und allein seine spontane Reaktion die Antwort bereitstellen kann und daß diese keinen Ansatzpunkt für eine weitere Reflexion zu diesem speziellen Thema bietet. Anders gesagt, das mit einer Selbst-Überzeugung Geglaubte ("Ich glaube in diesem Moment, daß *p*") ist einem reflektierten Urteil nicht zugänglich. Dies werden wir gleich noch einmal sorgfältiger betrachten. – Die Merkwürdigkeit des im vorigen Kapitel betrachteten Falls läßt ja auch folgende Diagnose zu: Dieser Mensch ist mit einer Frage (der, ob er de facto glaubt, ein Adoptivkind zu sein) konfrontiert, die nur durch Aktivierung seiner entsprechenden *D*-Disposition definitiv beantwortbar ist; aber er setzt sich mit dieser Frage so auseinander, als hätte er diese Disposition nicht (die er unter normalen Gegebenheiten haben muß) und könnte durch abwägendes Nachdenken zu einem Urteil gelangen (über ein Thema, über das unter normalen Bedingungen solches Nachdenken gar nicht möglich ist). – Es scheint mir eine auch rationalitätstheoretisch faszinierende Frage zu sein, welche Themen, und insbesondere: welche *kontingenten* Propositionen, es sind, zu denen wir, zumindest bei bestimmten Gelegenheiten, eine *Δ*-Disposition gar nicht haben können. In ihrer Natur muß es liegen, daß sie sich dem Nachdenken des Subjekts selbst dann entzögen, wenn es sich die entsprechende Frage stellte. Kafka schreibt einmal: "Es gibt Fragen, über die wir nicht hinwegkommen könnten, wenn wir nicht von Natur aus von ihnen befreit wären."[466] Offenbar gibt es auch Fragen, über die wir gar nicht nachdenken könnten, selbst wenn wir sie an uns heranlassen könnten.

Noch ein Hinweis vorab. Im Folgenden wird sehr oft davon die Rede sein, welche Besonderheiten 'die Frage nach dem eigenen Glauben' mit sich bringt. Damit ist stets jene 'in Reinform' an sich selbst gerichtete Frage gemeint, die uns schon im vorigen Kapitel beschäftigt hat. Es ist die Frage des Typs: "Glaube ich in diesem Moment, daß *p*, oder glaube ich es nicht?" (als Kürzel: *Gp?*), wobei das primäre Erkenntnisinteresse des Fragenden tatsächlich jenes 'reine' ist, das dem Wortlaut dieser Frage entspricht. Die Antwort, die er sucht, ist ein Ja oder Nein. Er stellt sich diese Frage als eine bestandsaufnehmende, 'rein' deskriptive Frage über seinen momentanen doxastischen Zustand. Es geht ihm schlicht darum, ob er glaubt, daß *p*. (Also z.B. nicht darum, was er zum Thema *p*/~*p* glauben sollte, oder ob er überhaupt Gründe dafür hat, zu diesem Thema eine Überzeugung zu haben.)

*

Überzeugungslosigkeit Wenden wir uns nach diesen allgemeineren Vorüberlegungen wieder dem Thema zu: dem engen Zusammenhang zwischen Überzeugungen und Selbst-Überzeugungen einerseits und der Möglichkeit andererseits, daß eine Überzeugung nicht von einer Selbst-Überzeugung begleitet wird. Wir hatten bemerkt, daß die 'fehlende' Selbst-Überzeugung zumindest virtuell vorhanden ist. Außer dem virtuellen Glauben gibt es jedoch eine andere Form der Überzeugungslosigkeit, die ein potentielles Glauben ist; und wir haben nun alles an der Hand, um sie zu charakterisieren.

Wir nehmen nun also wieder den Fall in den Blick, in dem S keine Überzeugung zum Thema $p/{\sim}p$ hat. In diesem Fall sind DUp und ΔUp (genau wie $DU{\sim}p$ und $\Delta U{\sim}p$) unterschiedliche Ausprägungen einer starken Glaubenstendenz. Was die D-Disposition angeht, so reicht die bloße Frage aus, nun etwas bisher nicht Geglaubtes zu glauben. Was die Δ-Disposition angeht, so reicht zwar nicht die Frage allein, wohl aber bloßes Nachdenken aus. Diese beiden Dispositionen sind begrifflich unabhängig voneinander – ja, sie können einander entgegengesetzt sein: Man mag dazu disponiert sein, sich ohne weiteres eines Urteils zu enthalten, und zugleich dazu, durch Überlegung zu einem zu gelangen; man mag dazu disponiert sein, ohne weiteres zu urteilen, daß p, und zugleich dazu, nach Überlegung zu urteilen, daß ${\sim}p$; und so weiter.

Überzeugungslosigkeit kann also zugleich sowohl ein virtuelles als auch ein implizites Glauben sein. Letzteres ist ein Nicht-Glauben, aus dem angesichts der entsprechenden Frage zwar nicht spontan, aber durch bloße Überlegung ein Glauben würde.[467] Diese spezielle doxastische Konstellation läßt sich in Kürzeln so charakterisieren: ${\sim}Gp$ & ${\sim}G{\sim}p$ & $D{\sim}Up$ & $D{\sim}U{\sim}p$, und zugleich entweder ΔUp oder $\Delta U{\sim}p$. Folgendes Schema gibt eine übersichtlichere Darstellung der Zusammenhänge zwischen Überzeugungslosigkeit und den beiden hier betrachteten Glaubenstendenzen:

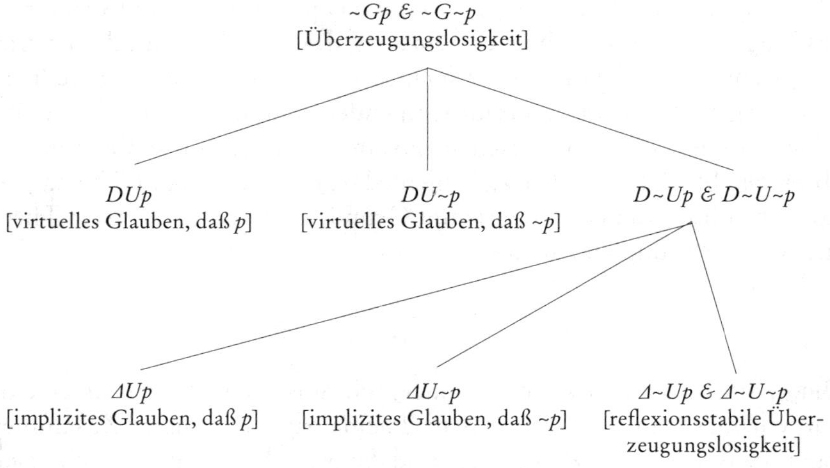

Schema 1

Doxastische Konstellationen, in denen Überzeugungslosigkeit zugleich ein virtuelles oder ein implizites Glauben ist, sind keine Anormalitäten; keine dieser fünf Konstellationen steht in Konflikt mit begrifflichen Prinzipien. Das ist der Beachtung wert. Denn nicht jederlei Nicht-Glauben paßt mit einer gegenläufigen Urteilsdisposition zusammen. Betrachten wir das Zusammenspiel überzeugten Nicht-Glaubens (d. h. eines, das mit einem Glauben-daß-nicht einhergeht) und der Disposition zu einem spontanen Urteilen.[†]

~Gp & G~p
[überzeugtes Nicht-Glauben, daß *p*]

DU~p
[reguläres Glauben, daß *~p*]

DUp
→[superfragiles Glauben, daß *~p*]←

D~Up & D~U~p
→[superfragiles Glauben, daß *~p*]←

Schema 2

Wir hatten oben bemerkt, daß superfragiles Glauben – gleichgültig, wie häufig es de facto gegeben sein mag – eine Anormalität ist, die nur als Ausnahme zu **GDU** (*Gp* ⇛ *DUp*) auftreten kann. Der Grund dafür liegt auf der Hand: solches Glauben ist dadurch charakterisiert, daß eine Überzeugung (im jetzt betrachteten Fall eine 'negative' Überzeugung des Typs *G~p*) von einer gegenteiligen Urteilsdisposition (*DUp*) oder von einer Disposition zur Urteilsenthaltung (*D~Up & D~U~p*) begleitet wird. – Es ergibt sich daraus, daß der Begriff Nicht-Glauben innerlich disparat und am besten als ein disjunktiver Begriff zu konzipieren ist: Er umfaßt zum einen den Begriff der Überzeugungslosigkeit und zum andern den des überzeugten Nicht-Glaubens. Daß es sich bei diesen beiden um unterschiedliche Begriffe handelt, zeigt sich unter anderm an dem, was wir gerade betrachtet haben: Überzeugtes Nicht-Glauben ist begrifflich unverträglich mit gewissen Urteilsdispositionen, mit denen Überzeugungslosigkeit verträglich ist. – Im Falle der Überzeugungslosigkeit ergibt die Kombinatorik des Zusammenspiels von virtuellen und

† Mit den Pfeilen wird darauf hingewiesen, daß die betreffenden Dispositionen mit überzeugtem Nicht-Glauben cp-inkohärent sind.

impliziten Überzeugungen sechs Fälle, die in der untersten Zeile dieses Schema aufgeführt sind:

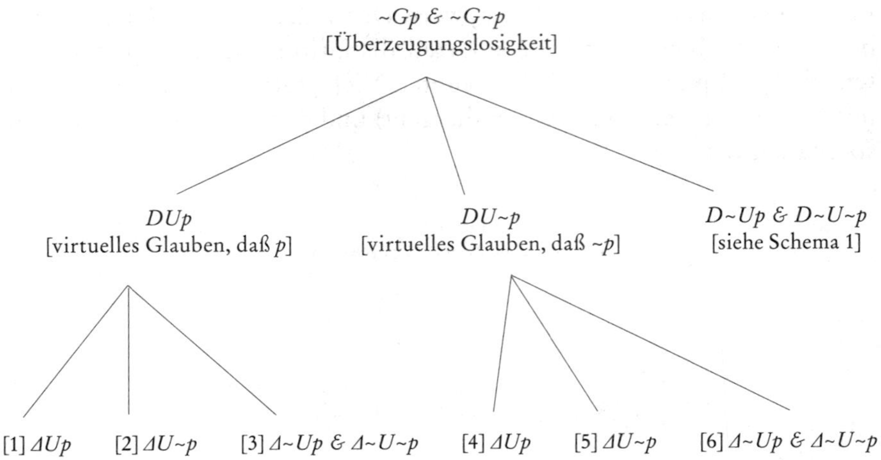

Schema 3

Alle diese Fälle sind begrifflich möglich, und ein denkender Mensch dürfte aus eigener Erfahrung mit jedem von ihnen vertraut sein. Sei das Thema *p/~p* eines, das ihm bisher nicht begegnet ist und zu dem er bisher keine Überzeugung hat. Nun mit der *p*?-Frage konfrontiert, wird seine ihm bis dato nicht bewußte Disposition, spontan zu urteilen, daß *p*, aktiviert. Er hat aus der bisher bloß virtuellen nun, 'ohne weiteres', die Überzeugung, daß *p*, gewonnen. Diese Überzeugung mag reflexionsstabil sein: Fall [1]. Es könnte auch sein, daß er, wenn er jetzt über dieses Thema nachdächte, zu der gegenteiligen Überzeugung gelangte: Fall [2]. Oder auch, daß er dann durch die Überlegungen, zu denen er in diesem Moment disponiert ist, in den Zustand der Überzeugungslosigkeit zurückkehrte, in dem er sich befand, bevor sich ihm die Frage stellte. Aus seiner unreflektierten wäre dann eine reflektierte Überzeugungslosigkeit geworden: Fall [3].[468]

*

Selbst-Glauben reflexionsentzogen Wie steht es nun mit jener speziellen doxastischen Konstellation, die uns in diesem Kapitel beschäftigt: eine, die kein Selbst-Glauben, wohl aber virtuelles Selbst-Glauben involviert? Wie steht es, genauer gesagt, mit dem Fall, in dem *S* zwar die (nicht-superfragile und ihm bisher nicht bewußte) Überzeugung, daß *p*, und folglich auch die Disposition zu der entsprechenden Selbst-Überzeugung hat, er diese Selbst-Überzeugung aber nicht hat? Stellen wir uns vor, er wird nun mit der Frage konfrontiert, ob er glaubt, daß *p*. Seine Disposition, spontan zu urteilen, daß er die Basis-Überzeugung hat (*DUGp*), wird durch die Frage aktiviert: Aus seiner bisher virtuellen Selbst-Überzeugung wird mit diesem Urteil ein tatsächliches Glauben (*GGp*).

So weit, so gut. Doch fragen wir uns nun: Ist die nun frisch erworbene Selbst-Überzeugung im selben Moment reflexionsstabil oder nicht? Könnte es nicht sein, daß sein reflektiertes Urteil in dieser Sache ein anderes wäre? Oder muß, wenn es um ein Urteil über das eigene momentane Glauben geht, die *Δ*-Disposition der *D*-Disposition entsprechen (*DUGp* ⥵ *ΔUGp*)? Müssen die beiden nicht vielleicht sogar übereinstimmen (*DUGp* ⥶⥵ *ΔUGp*)? – Lauter gute Fragen, so scheint es. Aber ihnen liegt eine falsche Voraussetzung zugrunde. Denn *S* kann, wenn er sich fragt, ob (und spontan urteilt, daß) er glaubt, daß *p*, es in diesem Moment nicht zum Gegenstand seines Nachdenkens machen, ob er glaubt, daß *p*. Und das heißt: Er kann zum Thema "Glaube ich jetzt, daß *p*, oder glaube ich es nicht?" nicht reflektiert urteilen. Mithin hat er diesbezüglich keine *Δ*-Disposition. Diesen Punkt hatte ich eben bereits en passant erwähnt: Das mit einer Selbst-Überzeugung Geglaubte ist der Reflexion des Subjekts entzogen, das die Selbst-Überzeugung hat. Dies ist keine psychologische Hypothese über eine kognitive Unfähigkeit. Vielmehr ist es eine begriffliche Wahrheit, aus der eine Besonderheit (vielleicht sogar eine 'Einzigartigkeit') des Selbst-Glaubens ersichtlich wird. Es ist nun an der Zeit, dies kurz genauer zu betrachten.

Bei unseren Überlegungen zu diesem Punkt ist von jedem realen psychischen *Geschehen* abzusehen, das sich ja über eine gewisse Zeit hin erstrecken müßte. Denn die nun anstehende Betrachtung betrifft die Frage, ob gewisse Dispositionen *zu ein und demselben Zeitpunkt* gemeinsam vorhanden sein können, genauer: ob ein Mensch beide zugleich besitzen kann. Sie betrifft nicht die Akte und Prozesse selbst, zu denen er jetzt nur disponiert ist und deren tatsächlicher Vollzug sich in der Zeit abspielen müßte, die über diesen Moment hinausreicht, zu dem wir ihn betrachten. Unsere Frage ist: Kann ein Subjekt, das eine Überzeugung und auch die dazugehörige *D*-Disposition hat, ohne weiteres zu urteilen, daß es diese Überzeugung hat, zugleich dazu disponiert sein, darüber zu reflektieren, ob es diese Überzeugung hat? Der springende Punkt, in unsern Kürzeln gefaßt: Ist *DUGp* mit der Kopräsenz irgendeiner der drei entsprechenden *Δ*-Dispositionen (sei's *ΔUGp*, sei's *ΔU~Gp*, sei's *Δ~UGp* & *Δ~U~Gp*) cp-verträglich? Logisch gesehen besteht hier keine Spannung. Eher im Gegenteil: Warum sollte ein konsequent vernünftiger Mensch sich nicht, zumindest 'im Prinzip', jederzeit alles zum Gegenstand seines Nachdenkens machen *können*, das er sich zu fragen in der Lage ist? Müßte ihm nicht sogar – je mehr er auf Vernunft aus ist, desto mehr – *jede* Frage, sobald er sie sich nun einmal stellt, einen Anlaß zum Nachdenken bieten können?

Um einzusehen, daß hier dennoch eine begriffliche Unvereinbarkeit besteht, ist es deshalb hilfreich, sich das Subjekt als in dem betreffenden Moment 'aus der Zeit genommen' vorzustellen, so gut wir das vermögen. In der Vorstellung, die wir uns nun zu machen versuchen, ist *S* in jener 'logischen' Sekunde, in der er sich fragt, ob er glaubt, daß *p*, dem Vergehen der Zeit entzogen: Er könnte in dieser 'Auszeit' jede Überlegung anstellen und so weit treiben, bis es ihm, so wie er nun realiter disponiert ist, genug damit ist – bis er sich zu seiner eigenen epistemischen Zufriedenheit, oder zur geistigen Ermüdung, gebracht hat. Tun wir also einmal so, als lasse sich das vorstellen: daß der Glaubende instantan jede Erwägung anstellen könnte, die anzustellen er in diesem Moment tatsächlich nur disponiert ist.

Die Dispositionen, um die es hier geht, würden aktiviert, sobald einer, der glaubt, daß *p*, sich die Frage stellt "Glaube ich, daß *p*?". Darüber, ob er glaubt, daß *p*, kann er sich nur hinsichtlich zweier Aspekte unsicher sein. Seine Frage kann sein, ob er genau *das* glaubt: daß *p*. (Der Vater fragt sich: "Glaube ich wirklich, daß mein Sohn außergewöhnlich talentiert ist? Oder finde ich letztlich nur, daß er für sein Alter recht gut spielt?".) Zum andern könnte er sich darüber unsicher sein, ob er es wirklich *glaubt* – oder, zum Beispiel, nicht vielleicht nur inbrünstig hofft. (Der Vater fragt sich: "Glaube ich wirklich, daß er außergewöhnlich talentiert ist? Oder ist das eher mein Wunsch als meine Überzeugung?") Es ist nicht leicht vorstellbar, andererseits aber auch nicht einfach auszuschließen, daß jemand sich zugleich in beiden Hinsichten unsicher ist ("*Glaube* ich es eigentlich; und wenn dem so sein sollte, ist es eigentlich genau *das*, was ich glaube?"). Eine vierte Form des Fragens gibt es hier nicht.[469] – Heben wir diese drei unterschiedlichen Akzentuierungen des Fragens nach dem eigenen Glauben, *FGp*, mit folgenden Kürzeln gegeneinander ab: $FGp^{?}$, $FG^{?}p$ und $FG^{?}p^{?}$.

Wäre das Subjekt dazu disponiert, eine *reflektierte* Antwort auf die *Gp*?-Frage zu geben, müßte jeder dieser Varianten der Frage nach dem eigenen Glauben eine andere Δ-Disposition entsprechen. Wer sich die Frage auf die erste Weise stellt ($FGp^{?}$), müßte in seine Überlegung andere Aspekte einbeziehen als wenn er sie sich auf die zweite Weise stellt;

und wer sich die Frage nach dem eigenen Glauben auf die dritte Weise stellte, müßte anders reflektieren als er es täte, wenn er sie sich nur auf eine der beiden andern Weisen stellte. – Dennoch, wie auch immer sich jemandem die Frage nach dem eigenen Glauben stellen mag, sie bleibt die Frage "Glaube ich es?", und gemäß dem Transparenzprinzip fragt er sich mit ihr auch, ob *p*. Die gerade zum Vorschein gebrachten Unterschiede der Akzentuierung, in denen sich die *Gp*?-Frage stellen mag, verschwinden in der *p*?-Frage. Und jede spontane Reaktion auf diese 'Basis'-Frage – sei's ein Ja, ein Nein oder eine Enthaltung – enthält seine (für den Moment) definitive Antwort auch auf jene. Denn in seinem Urteil, daß *p*, wäre er sich auch dessen bewußt, daß er glaubt, daß *p*. Sobald er urteilt, daß ~*p*, oder kein Urteil treffen mag, wäre er sich dessen bewußt, daß er nicht glaubt, daß *p*.

Deshalb läßt die Frage "Glaube ich, daß *p*?" (im Gegensatz zur Basis-Frage "*p*?") in keiner Akzentuierung, in der sie sich stellen lassen mag, eine Reflexion zu. Jede derartige Reflexion ist durch die (gleichgültig welche) Reaktion auf die Basis-Frage sozusagen 'blockiert'. Gehen wir rasch die drei Arten des Fragens durch, am Beispiel des Falls, in dem die Antwort auf die Basis-Frage bejahend ist.[470] Die Frage "Ist es wirklich daß-*p*, was ich glaube?" (*FGp*$^?$) kann sich ihm dann nicht stellen. Denn er urteilt in diesem Moment genau dies: daß *p*. Dieses Urteilen ist ein intrinsisch bewußter Akt, zu dem es gehört, daß er den *p*-Gedanken hat und ihm dies nicht entgeht. Entsprechendes gilt für "Ist es wirklich ein Glauben, das ich in dieser Sache habe?" (*FG*$^?$*p*). Denn indem er urteilt, daß *p*, ist er sich auch dessen bewußt, daß er glaubt, daß *p*. Er erkennt in diesem Moment etwas als wahr an und ist sich dessen bewußt. Und schließlich kann sich ihm die kombinierte Frage (*FG*$^?$*p*$^?$) nicht stellen, weil sich ihm keine der Fragen stellen kann, aus denen sie sich zusammensetzt. Die verschiedenen Arten des Fragens nach dem eigenen momentanen Glauben sind eben in Wirklichkeit nicht verschiedene Fragen, sondern ein und dieselbe Frage, die aus unterschiedlichen Motiven des Fragens gestellt wird.

*

Der springende Punkt läßt sich, ein wenig lax, so fassen: Bei der Beantwortung der Frage nach dem eigenen momentanen Glauben kommt das spontane Urteil, zu dem das Subjekt disponiert ist, nicht nur jedem reflektierten Urteil zuvor. Vielmehr läßt es, weil es Glaubens*bewußtsein* ist, für diesen Moment keinen Spielraum oder Ansatzpunkt für eine weitere Reflexion über diese Frage zu. – Hieran zeigt sich ein markanter Unterschied zwischen diesen beiden Fragen:

"Ist es der Fall, daß *p*?" einerseits und
"Glaube ich, daß *p*?" andererseits.

Die erste Frage wird die entsprechende *D*-Disposition – und mag auch eine entsprechende *Δ*-Disposition – aktivieren. Die zweite Frage kann keine Disposition zu einem reflektierten Urteil aktivieren; eine solche Disposition gibt es nicht. Denn das unvermeidliche spontane Urteil läßt keinen Platz für Reflexion zum Thema der zweiten Frage. Wohl aber kann diese zweite Frage ein Nachdenken darüber in Gang setzen, wie die erste Frage zu beantworten ist; ja, sie ist sogar dazu angetan, dies zu tun. Denn mit der zweiten Frage ist ja, gemäß dem Transparenzprinzip, auch die erste gestellt, und diese mag mir in der Tat Anlaß zum Nachdenken geben. – Falls also das Subjekt angesichts der Frage nach seinem eigenen momentanen Glauben doch ins Nachdenken gerät, kann dieses nicht sein Glauben/Nicht-Glauben betreffen, sondern nur die Frage, ob es der Fall ist, daß *p*. Man könnte dies auch so charakterisieren: Der Frage "Glaube ich, daß *p*?" entspricht keine eigenständige *Δ*-Disposition; die einzige Reflexionsdisposition, die durch sie aktiviert werden kann, führt zu einem Nachdenken über die andere Frage: "Ist es der Fall, daß *p*?". Soweit ich zur Frage nach dem eigenen momentanen Glauben überhaupt eine Reflexionsdisposition habe, ist es folglich dieselbe wie die, die ich zu der Frage nach der Wahrheit der betreffenden Überzeugung habe. Welcher Zweifel, welche Unsicherheit auch immer der Frage nach dem eigenen momentanen Glauben zugrundeliegen oder sie begleiten mag, Anlaß zum *Nachdenken* kann uns diese Frage nicht geben – es sei denn zum Nachdenken darüber, wie es sich mit der Sache selbst verhält. Dieses Ergebnis läßt sich auf wenigstens zwei Weisen resümieren: erstens,

> Die 'in Reinform gestellte' Frage "Glaube ich, daß *p*?" läßt keine Antwort zu, die durch Reflexion zu finden ist.

oder zweitens:

> Soweit die Frage "Glaube ich, daß *p*?" zum Anlaß eines Nachdenkens genommen werden kann, ist dieses ein Nachdenken über die andere Frage "Ist es der Fall, daß *p*?".

*

Virtuelles Selbst-Glauben unausweichlich Die gerade angestellten Überlegungen machen auf eine gravierende strukturelle Diskrepanz zwischen Basis-Überzeugungen und Selbst-Überzeugungen erster Stufe aufmerksam: Überzeugungslosigkeit auf der Basis-Ebene (d.h.: *~Gp & ~G~p*) läßt, wie sich dem ersten und dritten der gerade vorgestellten Schemata entnehmen läßt, neun Varianten des Zusammenspiels von Dispositionen zu spontanen und reflektierten Urteilen als cp-kohärent zu. Was hingegen Überzeugungslosigkeit auf der ersten Stufe der Selbst-Überzeugungen betrifft, so gibt es nur zwei Fälle, die begrifflich möglich sind. Denn die Disposition zur spontanen Urteilsenthaltung (also: *D~UGp & D~U~Gp*) wäre aus den gerade genannten Gründen eine begriffliche Anormalität; und eine Disposition zu einem reflektierten Urteil im Hinblick auf das eigene momentane Glauben kann es nicht geben. Für die Urteilsdispositionen, die mit dem Nichtvorhandensein einer Selbst-Überzeugung cp-verträglich sind, ergibt sich mithin folgendes schlichte Schema:

~GGp & ~G~Gp
[keine Selbst-Überzeugung]

DUGp
[virtuelle positive Selbst-Überzeugung]

DU~Gp
[virtuelle negative Selbst-Überzeugung]

Überzeugungslosigkeit im Hinblick darauf, ob ich eine bestimmte Überzeugung habe, kann also nur von zwei Formen potentiellen Selbst-Glaubens begleitet werden: von dem virtuellen Glauben, daß ich sie habe, oder dem virtuellen Glauben, daß ich sie nicht habe. (Ersteres ist gewöhnlich der Fall, wenn ich glaube, daß *p*, aber keine diesbezügliche Selbst-Überzeugung habe; letzteres, wenn ich nicht glaube, daß *p*.) Darüber hinaus gilt, wie wir nun gesehen haben: Unter normalen Gegebenheiten *muß* jedes Glaubenssubjekt jederzeit eine dieser beiden Urteilsdispositionen haben – gleichgültig, ob es glaubt, daß *p*, oder nicht glaubt, daß *p*. Auch wer gegenüber der Basis-Frage (*p?*) zu Urteilsenthaltung disponiert ist, ist damit dazu disponiert, die Frage nach dem eigenen Glauben (*Gp?*) zu verneinen. Mithin ist auch folgendes Prinzip eine apriorische Wahrheit:

> Ceteris paribus gilt: Wer nicht glaubt, daß *p*, ist dazu disponiert, ohne weiteres zu urteilen und zu glauben, daß er nicht glaubt, daß *p*.
> [$\sim Gp \leadsto DU\sim Gp$, also: $\sim Gp \leadsto DG\sim Gp$]

Auch wenn wir zu einem Thema keine Überzeugung haben und nicht einmal dazu disponiert sind, eine zu haben, haben wir unweigerlich eine diesbezügliche virtuelle Selbst-Überzeugung. Virtuelle Selbst-Überzeugungen sind, in diesem Sinne, unausweichlich. Dies ist eine begriffliche Besonderheit des Selbst-Glaubens gegenüber dem Basis-Glauben. Wer zu einem Thema keine Basis-Überzeugung hat, muß zu ihm auch keine virtuelle Basis-Überzeugung haben: $\sim Gp \;\&\; \sim G{\sim}p \;\&\; \sim DGp \;\&\; \sim DG{\sim}p$ ist eine begriffliche Möglichkeit. De facto ist sie nicht nur eine Möglichkeit. Diese Konstellation ist eine doxastische Grundbefindlichkeit des Menschen, der zu ungezählten Dingen keine Überzeugungen hat und auch nicht dazu tendiert, spontane Urteile über sie zu treffen. ("Hatte Caesar Blutgruppe 0?") Entsprechende Möglichkeiten bestehen beim Selbst-Glauben nicht. $\sim Gp \;\&\; \sim G{\sim}p \;\&\; \sim DGGp \;\&\; \sim DG{\sim}Gp$ ist inkohärent.

Gleichgültig, ob wir etwas glauben, das Gegenteil glauben oder keine Überzeugung dazu haben, wir sind stets dazu disponiert, unmittelbar eine entsprechende Selbst-Überzeugung zu bilden, sobald wir uns nach ihr fragen. Das im 17. Kapitel gewonnene Prinzip des Disponiertseins zum Selbst-Glauben läßt sich also zu folgender begrifflichen Wahrheit (dem Prinzip der *Virtualität des Selbst-Glaubens*) verallgemeinern:

VSG Ceteris paribus gilt: Hinsichtlich jedes eigenen doxastischen Zustands hat man die zutreffende virtuelle Selbst-Überzeugung. $[Gp \Rightarrow DUGp \;\&\; DGGp$ und $\sim Gp \Rightarrow DU{\sim}Gp \;\&\; DG{\sim}Gp]$[471]

*

Fünf eng miteinander verbundene Aspekte seien noch einmal hervorgehoben, in denen Überzeugungen über das eigene Glauben sich von gewöhnlichen Überzeugungen über kontingente Sachverhalte unterscheiden. Erstens ist Überzeugungslosigkeit in Bezug auf das eigene momentane Glauben unweigerlich ein virtuelles Glauben. Für Basis-Überzeugungen gilt das nicht. – Zweitens, Selbst-Überzeugungen sind nicht durch Reflexion darüber zu gewinnen oder zu korrigieren, ob man die betreffende Basis-Überzeugung hat oder nicht. So etwas wie ein 'implizites Selbst-Glauben' ist unmöglich. Für Basis-Überzeugungen und entsprechende Überzeugungslosigkeit gilt nichts Entsprechendes. – Drittens kann die Frage nach dem eigenen Glauben ihre Antwort nicht offen lassen. Zu diesem Thema ("Glaube ich es?") mit Bewußtsein überzeugungslos zu bleiben, ist dem Menschen verwehrt. In unserer Terminologie ausgedrückt: Überzeugungslosigkeit im Hinblick auf das eigene

Glauben ist ihrer Natur nach superfragil. Die Dreifaltigkeit der Glaubensmöglichkeiten besteht beim Selbst-Glauben nicht. Auch darin unterscheidet es sich von gewöhnlichem Glauben. – Viertens, Selbst-Überzeugungen sind, so könnte man sagen, epistemisch gratis: Man muß nur sich selbst fragen; die richtige Antwort stellt sich ohne weiteres ein. Um eine Selbst-Überzeugung zu erwerben, bedarf es keiner kognitiven Leistung, Bemühung oder Anstrengung. (Jedenfalls keiner, die darüber hinausgeht, sich mit der Frage nach ihr zu konfrontieren.) Für Basis-Überzeugungen gilt das zumeist nicht. – Fünftens, Selbst-Überzeugungen sind ihrer Natur nach, auch als bloß virtuelle, epistemisch makellos. Obwohl sie einen kontingenten Sachverhalt betreffen, ist ihre Wahrheit unantastbar. Sie ist 'objektiv' garantiert und 'subjektiv' gewiß. *Objektiv*: Wann immer man die Überzeugung hat, man glaube, daß *p*, glaubt man tatsächlich, daß *p*; wann immer man die Überzeugung hat, man glaube nicht, daß *p*, glaubt man tatsächlich nicht, daß *p*.[472] *Subjektiv*: Selbst-Überzeugungen sind jedem Zweifel des Menschen entzogen; jedes Urteil über das eigene momentane Glauben geht mit unmittelbarer Gewißheit einher. Es kann uns, indem wir darüber urteilen, nicht entgehen, daß unser Urteil wahr ist: zumindest für diesen Moment. Für Basis-Überzeugungen über kontingente Sachverhalte gilt das zumeist nicht.

*

KEIN SELBST-GLAUBEN HÖHERER STUFE Von Anfang an war uns die Annahme, Menschen besäßen Selbst-Überzeugungen zweiter oder gar noch höherer Stufe (*GGGp* usw.), in mehr als einer Hinsicht fragwürdig geworden. Im 17. Kapitel hatten uns empirisch plausible Annahmen zu der Hypothese geführt, daß solche Überzeugungen, wenn wir sie hätten, uns nicht bewußtseinszugänglich wären. Nicht einmal das Standard-Minimum an Einflußträchtigkeit wäre ihnen zueigen: den Glaubenden zu einem entsprechenden Urteil zu disponieren. Am Ende hatte sich uns die Frage gestellt, ob sie nicht trotzdem etwas, irgendetwas, zum Handeln, Denken oder Fühlen beitragen könnten. – Eine äußerste Möglichkeit, die wir am Ende des 17. Kapitels in Erwägung gezogen hatten, war folgende: In Entsprechung dazu, daß Selbst-Überzeugungen erster Stufe es uns ermöglichen, die entsprechenden Basis-Überzeugungen zum Gegenstand kritischer Reflexion zu machen ("Zwar glaube ich, daß *p*; aber ist es wirklich der Fall, daß *p*?"), könnten Selbst-Überzeugungen zweiter Stufe es uns vielleicht ermöglichen, unsere Selbst-Überzeugungen erster Stufe kritisch zu thematisieren ("Zwar glaube ich, daß ich glaube, daß *p*; aber ist es wirklich der Fall, daß ich glaube, daß *p*?").

Gegen diese Möglichkeit spricht zweierlei, das sich inzwischen herausgeschält hat. Erstens hat sich im vorigen Kapitel ergeben, daß es keinen Anlaß geben kann, die Wahrheit einer Selbst-Überzeugung erster Stufe zum Gegenstand einer kritischen Reflexion zu machen. Denn jeder diesbezügliche Zweifel – ja, jederlei diesbezügliche Unsicherheit – ist ausgeschlossen. Zweitens hat sich nun ergeben, daß Selbst-Überzeugungen zweiter Stufe, selbst wenn es sie gäbe, diese reflexionsermöglichende Funktion nicht haben können, oder besser: daß nichts diese Funktion haben kann. Über die 'in Reinform' gestellte Frage, ob ich glaube, daß *p*, kann ich nicht kritisch reflektieren. Ich kann gar nicht über sie reflektieren. Nichts, auch keine Selbst-Überzeugung, vermag mich in die Lage zu versetzen, es von höherer Warte (oder Stufe) doch zu tun. – Solange also ein Prinzip der Einflußträchtigkeit des Glaubens wie das oben formulierte akzeptiert wird, müßte eine bislang unbedachte Funktion (irgendein 'spezifischer Beitrag zum geistigen Geschehen') aufgewiesen werden, die solche 'Überzeugungen' haben könnten, um es für möglich zu halten, daß Menschen sie haben.

Diese beiden apriorischen Argumente sprechen gegen die reale Existenz von Selbst-Überzeugungen höherer Stufe. Die drei im 17. Kapitel genannten empirischen Vermutungen sprechen gegen die Möglichkeit, es könne jemals beweiskräftige empirische Gründe dafür geben, einem Menschen eine derartige Überzeugung zuzuschreiben. Wer diese Hypothese dennoch vertreten wollte, müßte also zumindest apriorische Argumente ersinnen, die stark genug wären, die beiden gerade erwähnten Gegenargumente zu entkräften. – Es gibt demnach viele, auch schwerwiegende, Gründe für die Annahme, daß menschliches Selbst-Glauben über die erste Stufe nicht hinausreicht. Ich betrachte sie von nun an als wahr. Dies hat zur Konsequenz, daß eine Aussage wie zum Beispiel

> Wenn *S* glaubt, daß er glaubt, daß *p*, dann glaubt er auch, daß er glaubt, daß er glaubt, daß *p* [$GGp \rightarrow GGGp$]

falsch ist und eine wie

> Wenn *S* glaubt, daß er glaubt, daß *p*, dann ist er dazu disponiert zu glauben, daß er glaubt, daß er glaubt, daß *p* [$GGp \rightarrow DGGGp$]

nur für den akzeptabel wäre, der anzunehmen bereit ist, daß Menschen, die Selbst-Überzeugungen haben, zu Überzeugungen tendieren, die sie de facto nicht haben können. – In Hinblick auf die bisher formulierten

Prinzipien ist es deshalb passend, die Ersetzbarkeit von "*p*" durch "*Gp*" zu beschränken. Als zulässig gelte solch eine Ersetzung nur bis zu der Stufe, auf der Selbst-Überzeugungen erster Stufe erreicht werden. Dasselbe gelte für Urteile, Fragen, und alle andern intentionalen Phänomene, die Selbst-Überzeugungen betreffen. Anders gesagt: Es gibt keine cp-analytische Wahrheit, deren Schematisierung Kürzel wie "*GGGp*", "*GGGGp*" usw. (auch eingebettet, wie z. B. in "*BGGGp*") enthielte oder – im Verbund mit andern Prinzipien – eine Aussage dieser Art implizierte.[473] Noch einmal anders gesagt, alle Prinzipien der Alltagspsychologie, die einen doxastischen Aufstieg zu involvieren scheinen, gelten nur für die Fälle, in denen "daß *p*" eine Basis-Proposition bezeichnet.

*

Minimaler Aufstieg: ein Naturgesetz? Glaube ich, wenn ich glaube, daß es regnet, auch, daß ich das glaube? Einerseits: Wie denn nicht? Andererseits: Warum sollte ich?

Es läge kein Widerspruch darin, wenn ich das erste glaubte, das zweite aber nicht: wenn mir eine Überzeugung über mein eigenes Glauben über das Wetter schlicht fehlte. Darin läge nicht einmal eine Irrationalität. In der schieren Abwesenheit einer Überzeugung kann sich zwar erstaunliche Ignoranz manifestieren (ein Abiturient, der keine Überzeugung dazu hat, ob Mozart ein Komponist war), aber sie ist niemals irrational. Man mag, zum Beispiel, sein Leben in allem Anstand menschlicher Vernunft führen, ohne zu glauben, daß etwas existiert. Schwieriger wäre das natürlich, wenn man diesbezüglich unsicher wäre oder gar Zweifel hätte; erst recht, wenn man dem widersprechen wollte. Die Abwesenheit mancher virtuellen Überzeugung hingegen kann Abgründe der Irrationalität in sich bergen. Wer den Gedanken, daß etwas existiert, nicht ohne weiteres als wahr anerkennte, sobald er ihm begegnet, wäre zumindest absonderlich. (Man möchte dann wohl fragen: Hat er *diesen* Gedanken überhaupt erfaßt?) Kurz, um im Nicht-Glauben nicht irrational zu sein, reicht bloß virtuelles Glauben oft, vielleicht immer, aus.

Nun zu unserer eingangs genannten Frage. Könnte es nicht sein, daß die Tandem-These (keine Basis-Überzeugung ohne ihre Selbst-Überzeugung) schlicht und ergreifend eine zutreffende psychologische Generalisierung ist? Daß die begriffliche Wahrheit, $GGp \Rightarrow Gp$, eine spiegelbildliche *kontingente* Entsprechung hätte: daß ein entsprechender 'naturgesetzlich' ausnahmsloser Zusammenhang besteht oder wenigstens einer, der unter normalen Bedingungen besteht (in Kürzeln: $Gp \rightarrow GGp$, oder $Gp \rightsquigarrow GGp$)? Natürlich könnte das sein.

Malen wir uns etwas aus. Jemand oder etwas, eine höhere Instanz wie ein Gott oder Mutter Natur, hätte jeden von uns vor die Wahl gestellt: "Was ist dir lieber? Magst du zu jeder Überzeugung, die du z. B. über das Wetter hast, auch die hinzukommende Überzeugung haben, daß du sie hast? Oder magst du dich damit bescheiden, in deinem Glauben zunächst einmal nur beim Wetter zu bleiben?" – So persönlich angesprochen, wäre ich mir unsicher. Einerseits gefällt es mir (meine epistemische Gier), möglichst viele wahre Überzeugungen zu haben. Andererseits gefällt es mir (mein Sinn für die Vermeidung des mir erkennbar Überflüssigen), nichts zu glauben, das mir im Leben garantiert nie fehlen würde, wenn ich es nicht glaube, solange ich es immerhin virtuell glaube.

Wir wurden nicht gefragt. Und wir wissen nicht, ob und wie eine höhere Instanz (z. B. 'die Evolution') über unsern Kopf hinweg entschieden haben mag. Vielleicht sind Menschen in dieser Hinsicht verschieden: Manche bilden, auch wenn ihnen das nicht bewußt ist, zu jeder Überzeugung die entsprechende Selbst-Überzeugung; andere Menschen tun das nicht. Vielleicht ist es auch so, daß manche Überzeugungen ihre tatsächlichen, nicht bloß virtuellen, Selbst-Überzeugungen mit sich bringen, und daß andere Überzeugungen das nicht tun. Mag sein. Wir wissen es nicht. Aber wir wissen das nicht nur nicht. Es ist uns, im Lichte des bisher Betrachteten, kein Weg gegeben, es herauszufinden. Der 'Virtualist' in puncto Selbst-Überzeugungen hat einen passenden Reim auf alles, was zu diesem Punkt zu erklären ist. Der 'Aktualist' ebenso. Was des Einen These von einem tatsächlichen Tandem ist, ist des Andern These von einem bloß virtuellen. Und des Dritten Achselzucken zu diesem 'Streitpunkt', über den sich nicht streiten läßt.

Die Frage, ob jede Basis-Überzeugung von ihrer Selbst-Überzeugung erster Stufe begleitet wird, scheint am Ende eine von denen zu sein, die man früher, in gewissen Kreisen, als sinnlos bezeichnet hat: weder empirisch noch apriorisch entscheidbar. Es sieht nicht so aus, als könnte eine bislang noch unbedachte Haarspalterei in dieser Sache weiterhelfen. Ich jedenfalls strecke die Waffen und lasse sie offen. Ohne zu bestreiten, daß es eine Tatsachenfrage ist. Denn es gibt, wie oben ausgeführt, einen Unterschied zwischen dem, was man glaubt, und dem, was man nur virtuell glaubt.

Dem, der Trost bedarf, wenn er der Unentscheidbarkeit einer Tatsachenfrage gewärtig wird, mag dies einer sein: Auch in der Logik und Mathematik (und wohl in noch andern Bereichen unserer seriösen Erkenntnisbemühungen, z. B. in der Kosmologie) gibt es Fragen, bei denen einsichtig ist, daß sie sinnvoll sind, und ebenso einsichtig, daß es uns nicht gegeben ist, sie definitiv zu beantworten. Es möchte nach all dem, was wir erwogen haben, scheinen, daß auch die ach so simple Frage nach Natur des Zusammenhangs zwischen Glauben und Selbst-Glauben von dieser Art ist.

20. WISSEN VOM EIGENEN GLAUBEN?

Der Mensch weiß, was er glaubt. Das ist fast unumstritten, so weit ich sehe, auch in der zeitgenössischen Philosophie. Eine Standardauffassung, die in zahllosen Varianten vertreten wird, läßt sich so charakterisieren: Jeder habe jederzeit Wissen von seinem eigenen gegenwärtigen Glauben; dieses Wissen sei artverschieden von solchem Wissen, das er über das Glauben anderer Menschen haben kann und das sie über seines haben können; es sei ein Wissen, mit dem ein epistemischer Vorrang des jeweiligen Subjekts vor allen andern Subjekten einhergehe: Ich weiß nicht nur, was ich glaube, sondern weiß es 'besser' als jeder Andere (selbst wenn auch der weiß, daß ich es glaube). Und was man selbst jetzt glaubt, weiß man auch besser als alles, was man sonst noch über das eigene Glauben weiß, zum Beispiel darüber, was man früher glaubte. Das ist die These, um die es nun gehen wird. Daß an ihr etwas Richtiges ist, gilt zu Recht als unbestreitbar. Zugleich ist allerdings umstritten, wie sie genauer zu fassen ist und worin der epistemische Vorrang des Subjekts hinsichtlich seines gegenwärtigen Glaubens gegründet ist. Vier Fragen werden uns beschäftigen: Erstens, wie manifestiert sich dieses Es-selbst-am-besten-Wissen? Zweitens, besteht es in einem genuinen Wissen-daß, oder beruht es zumindest auf solchem Wissen? Drittens, haben wir überhaupt genuines Wissen vom eigenen momentanen Glauben? Und viertens, ist der für Selbstkenntnis charakteristische epistemische Primat des Subjekts dadurch zu erklären, daß es über solches Wissen verfügt?

Formulieren wir zunächst einmal das Unbestreitbare vorsichtiger, mit der sattsam bekannten Einschränkung: Der normale Mensch weiß (zumindest unter insgesamt normalen Gegebenheiten), was er glaubt. Unser stereotyper Vorbehalt wird in den zeitgenössischen Diskussionen zum Thema Selbstkenntnis nur selten ausdrücklich gemacht, aber stets mitgemeint. Fast jedermann gesteht zu, daß es vorkommt oder jedenfalls vorkommen könnte, daß ein Mensch nicht weiß, was er glaubt, oder besser: von manchem, was er glaubt, nicht weiß, daß er es glaubt. Fälle, die als Beispiele dafür dienen könnten, hatten wir überausführlich betrachtet. Gewiß, hier und da gibt es Äußerungen, die selbst der vorsichtiger formulierten These widersprechen. Bei Spengler findet sich das Aperçu: "Es ist selten, daß ein Mensch weiß, was er eigentlich glaubt".[474] Fast dasselbe finden wir bei Descartes, diesmal mit einem Argument. Er schreibt in seinem *Discours*, viele Menschen seien in Unkenntnis darüber [*ignorent*], was sie glauben, "denn der Akt des Denkens, durch den man etwas glaubt [*l'action de la pensée par laquelle on croit une chose*], ist von dem verschieden, durch den man erkennt, dass man diesen Glauben hat, und oft findet der eine [geistige Akt] ohne den andern statt".[475] Aber schon die erste Prämisse beruht, wie wir gesehen haben, auf einer falschen Voraussetzung: es gebe einen *Akt, durch den* etwas geglaubt wird. – Und schließlich dürfen wir auch ein anderes grundsätzliches Bedenken gegen die Existenz doxastischer Selbstkenntnis ohne weitere Begründung beiseitelassen: es sei bereits sprachlich sinnlos ('ungrammatisch', also begriffswidrig), überhaupt etwas zu sagen, das die Form hat: "*S* weiß, daß er glaubt, daß *p*" oder "Ich weiß, daß ich glaube, daß *p*".[476] Wir hatten einen entsprechenden, gegen das Selbst-Glauben gerichteten, Sinnlosigkeitseinwand im 13. Kapitel betrachtet und verworfen. Die dort angestellten Überlegungen lassen sich übertragen und entkräften auch die Auffassung, es liege bereits ein begriffliches Mißverständnis in der Annahme, der Mensch könne wissen, was er glaubt. Im Gegenteil, es scheint unbestreitbar, daß der Mensch, zumindest in einem gewissen Sinn, stets weiß, was er glaubt. Fragen wir uns nun, was das eigentlich heißt, wenn es unbestreitbar sein soll.

*

Selbstwissen: mehr als bloss Selbstkenntnis Daß man weiß, was man glaubt, läßt sich so verstehen: Man kann völlig zuverlässig sagen, ob man etwas glaubt oder nicht. Das ist in der Tat unbestreitbar. Denn es ergibt sich aus bereits erwähnten apriorischen Prinzipien: Wer mit der Frage konfrontiert wird, ob er das-&-das glaubt, ist dazu in der Lage, ohne weiteres richtig zu urteilen; er kann also zuverlässig sagen, ob er es glaubt. Wissen in diesem Sinn, im Sinn von: *Zuverlässig-darüber-urteilen-können-ob-oder-ob-nicht*, ist eine Fähigkeit. Diese involviert nicht das tatsächliche Vorhandensein einer Überzeugung in der betreffenden Sache. Charakteristisch für sie ist vielmehr eine spezielle Art von potentiellem Glauben: das Dazu-*befähigt*-Sein, ohne die Hinzunahme neuer Information in der betreffenden Sache zutreffende Überzeugungen zu haben. Wissen, *was* man glaubt, in diesem Sinn, heißt: in Hinblick auf eine beliebige Proposition wissen, *ob* man sie für wahr hält. Und das wiederum heißt: in der Lage sein, über das eigene Glauben, oder Nicht-Glauben, stets richtig zu urteilen. Daß der Mensch jederzeit weiß, was er glaubt, besagt also nicht, daß er jederzeit eine wahre Überzeugung über sein momentanes Glauben *hat*; vielmehr reicht es aus, daß er ohne weiteres eine solche Überzeugung bilden *würde*, sobald sich ihm die entsprechende Frage stellt.

Solcherlei Wissen-ob-*p* ist von ganz anderer Art als Wissen-daß-*p*. Drei logische Unterschiede seien genannt. Erstens ist Wissen-ob nicht faktiv. Zweitens ist es bipolar: Es ist Wissen-ob-oder-ob-nicht. Wissen-daß hingegen ist faktiv und nicht bipolar. ("*S* weiß, daß *p* oder daß nicht-*p*" ist keine Paraphrase von "*S* weiß, daß *p*".) Drittens, und dies ist der für das Folgende bedeutsamste Unterschied: Wissen-daß impliziert Glauben, aber Wissen-ob impliziert kein Glauben. Was von Wissen-ob impliziert wird, ist nichts anderes als die Fähigkeit, im Hinblick auf die betreffenden Tatsachen bei gegebenem Anlaß ohne weiteres das zutreffende Urteil zu treffen, dann also auch die richtige Überzeugung zu haben.[477] – Wissen, ob es sich so-&-so verhält, ist also, wie wir sagen wollen, kein *glaubendes* Wissen. Das heißt, es ist kein Wissen, das den Besitz einer Überzeugung impliziert, die zugleich Wissen ist. Nur glaubendes Wissen läßt die 'erkenntniskritische' Frage zu, dank welcher Gründe (und das heißt eben auch: dank welcher zusätzlichen Überzeugungen) das für wahr Gehaltene vom betreffenden Subjekt nicht nur geglaubt, sondern wirklich gewußt wird.

Es gibt demnach einen klaren und einfachen Sinn, in dem die These von der doxastischen Selbstkenntnis unbestreitbar ist: Man weiß stets, ob man eine bestimmte Überzeugung hat oder nicht. Diese These läßt sich (mit stillschweigender Einschränkung auf bewußtseinszugängliche Überzeugungen) als folgendes Prinzip der *doxastischen Selbstkenntnis* formulieren:

DSK Ceteris paribus gilt: Ob man etwas glaubt oder nicht, man weiß immer, ob man es glaubt oder ob man es nicht glaubt.

Wenn wir *Wissen-ob* im gerade erläuterten Sinn verstehen, dann läßt sich **DSK** als eine Konjunktion von zwei vertrauten begrifflichen Wahrheiten fassen; in Kürzelnotation: *Gp* ⇛ *DUGp* und *~Gp* ⇛ *DU~Gp*. Sie folgen aus der Virtualität des Selbst-Glaubens. Daß wir über doxastische Selbstkenntnis verfügen, ist also eine begriffliche Wahrheit, in die der Begriff des glaubenden Wissens gar nicht involviert ist. Jemand kann stets wissen, *was* er glaubt, und stets wissen, *ob* er das-&-das glaubt oder es nicht glaubt, ohne je von irgendeiner seiner Überzeugungen tatsächlich zu wissen (oder auch nur zu glauben), *daß* er sie hat.

Von solcherlei Selbstkenntnis (Wissen-*ob*-ich bzw. Wissen-*was*-ich) muß genuines Wissen (Wissen-*daß*-ich) über das eigene Glauben unterschieden werden. Zu letzterem gehört zuallermindest das Vorhandensein einer wahren Überzeugung. Wenn ein Subjekt tatsächlich weiß, daß es glaubt, daß *p* (und mithin auch die Überzeugung hat, daß es glaubt, daß *p*), dann wollen wir davon sprechen, daß es – in Hinblick auf diese Überzeugung – (*doxastisches*) *Selbstwissen* besitzt. Terminologisch trennen wir von nun an also zwischen doxastischer Selbst*kenntnis* und ('glaubendem') Selbst*wissen*. Dieses impliziert jenes: Wer weiß, daß er glaubt, daß *p*, weiß auch (kann zuverlässig sagen), ob er glaubt, daß *p*. Aber das Umgekehrte gilt, wie wir gerade betrachtet haben, nicht. Deshalb ist die These, daß wir über doxastisches Selbstwissen verfügen, eine stärkere als die unbestreitbare Wahrheit, daß wir über Selbstkenntnis verfügen. Selbstwissen kann es ohne entsprechende Selbst-Überzeugungen nicht geben. Selbstkenntnis bedarf solcher Überzeugungen nicht.

*

Eine erste Frage ist nun, wie eine entsprechende These über doxastisches Selbstwissen zu formulieren ist. Die Auffassung, der Mensch besäße Wissen von *jeder* Überzeugung, die er hat, hatten wir eingangs des 15. Kapitels als die uneingeschränkte These vom doxastischen Selbstwissen bezeichnet und ausführlich erörtert. Sie hat wenig für sich, selbst wenn wir sie, wie z. B. Davidson, so formulieren, daß Ausnahmen vorkommen dürfen (*Gp* ⤳ *WGp*).[478] Sie setzt voraus, daß wir unter Standardgegebenheiten zu jeder Überzeugung, die wir haben, zugleich auch die haben, daß wir sie haben. Schon als psychologische Spekulation heikel, kann diese Auffassung jedenfalls keine apriorische Geltung beanspruchen. Wir hatten ausgangs des 15. Kapitels gesehen, daß nicht einmal die Minimal-These des doxastischen Aufstiegs haltbar ist – die These, zumindest das Basis-Glauben cp-impliziere ein Selbst-Glauben erster Stufe. Als eine aussichtsreichere Formulierung der These vom doxastischen Selbstwissen hatten wir später, eingangs des 18. Kapitels, folgendes in den Blick genommen:

> [*SW*] Ceteris paribus gilt: Wann immer jemand glaubt, daß er glaubt, daß *p*, weiß er, daß er glaubt, daß *p*. [*GGp* ⥤ *WGp*]

Mit dieser These – und insbesondere mit der Frage, was sie motiviert – werden wir uns nun auseinandersetzen. Sie scheint in den zeitgenössischen Debatten unkontrovers zu sein. So weit ich sehe, wird sie als wahr unterstellt, aber wo überhaupt, da nur im Vorbeigehen erwähnt.[479] Ihr zufolge ist es eine begriffliche (oder alternativ: immerhin eine *gesetzesartige* empirische) Wahrheit, daß jede Selbst-Überzeugung, zumindest unter insgesamt normalen Gegebenheiten, stets irgendwelche Bedingungen erfüllt, die dafür hinreichen, daß sie nicht bloßes Glauben, sondern Wissen ist.

Denken wir kurz zurück. Was hat sich dazu aus unseren bisherigen Überlegungen ergeben? Zumindest fünf Punkte sind hier von Interesse. Erstens, daß normale Menschen, die eine gemeinsame Sprache sprechen, in der Tat Selbst-Überzeugungen haben (Überzeugungen des Typs: "Ich glaube, daß so-&-so") und sie auch sprachlich zum Ausdruck bringen. Zweitens, daß solche Überzeugungen nicht identisch sind mit den dazugehörigen Basis-Überzeugungen ("Es ist der Fall, daß so-&-so"). Drittens, daß sie auch kein begriffliches Implikat von Basis-Überzeugungen sind. Viertens, daß ihre Wahrheit – von Ausnahmen abgesehen – dem betreffenden Subjekt unbezweifelbar ist. Und fünftens, daß etwas unbezweifelbar Wahres glauben nicht heißt: es wissen. Angesichts dessen, was wir bisher gefunden haben, ist die Frage offen: Gibt es überhaupt Wissen vom eigenen momentanen Glauben? *Weiß* ein Mensch je, daß er in diesem Moment die-&-die Überzeugung hat? Wir werden sie später untersuchen.

Daß es solches Wissen gibt, wird allgemein vorausgesetzt; ebenso, daß es eine ganz außergewöhnliche Spielart des Wissens sei. Epitheta wie "direkt", "autoritativ", "unkorrigierbar", "unmittelbar", "apriorisch", "nicht-empirisch", "nicht-indiziengestützt" [*non-evidentiary*] und "grundlos" [*groundless*] werden zur Charakterisierung verwendet. Manchmal wird gesagt, solches Wissen beruhe darauf, daß die Überzeugung, von dessen Vorhandensein das Subjekt weiß, sich ihm "selbst-präsentiere" [*self-presenting*] oder "selbst-mitteile" [*self-intimating*]. Es beruhe, so wird gelegentlich gesagt, auf einer besonderen Beziehung, in der jeder zu seinen eigenen Überzeugungen stehe: anders als jeder Andere habe man selbst "privilegierten Zugang" zu ihnen. Oft heißt es, es handele sich dabei um einen "introspektiven" Zugang. Doxastisches Selbstwissen gehe mit einer besonderen Art von – oder einem besonders hohen Grad an – Gewißheit einher, die es von vielerlei anderm Wissen über das Bestehen kontingenter Sachverhalte unterscheide. Es gibt viel gelehrten Streit um die Einzelheiten – speziell auch darüber, welche der gerade genannten Charakterisierungen zutreffend sind. Aber es gilt weithin als ausgemacht, daß wir doxastisches Selbstwissen besitzen und daß [*SW*] eine Wahrheit zu diesem Thema ist.[480]

Warum überhaupt annehmen, daß es ein so ganz besonders geartetes Wissen vom eigenen Glauben gibt? Zweierlei spielt dabei eine Rolle: erstens die Tatsache, daß Selbstzuschreibungen ("Ich glaube, daß *p*") einige frappante Merkmale haben, an denen sich zeigt, daß der Glaubende hinsichtlich seines eigenen momentanen Glaubens eine epistemische Sonderstellung innehat;[481] zweitens der Gedanke, diese Sonderstellung müsse doch auf einem speziellen Wissen beruhen, das der jeweils Glaubende

– und nur er selbst – von seinem eigenen Glauben hat. Dieser Gedanke, so vermute ich, ist es letztlich, der die Existenz dieses besonderen Wissens vielen als unabweisbar erscheinen läßt und ihnen die These, es sei jedem Selbstglauben eingewoben, als unmittelbar einleuchtend erscheinen läßt. Wem dies evident erscheint, dem stellen sich dann nur noch die seit langem heiß diskutierten 'Folgefragen', wie zum Beispiel die: woher wir dieses Wissen haben und wie es sich, trotz all seiner Eigentümlichkeiten, möglichst bruchlos in den Rahmen einer allgemeinen Erkenntnistheorie einfügen läßt. – Wir werden sehen, daß dieser eingängige Gedanke durchaus fragwürdig ist und am Ende wenig für sich hat.

*

ERSTE-PERSON-AUTORITÄT Unsere Urteile über unser eigenes momentanes Glauben haben einen besonderen erkenntnistheoretischen Rang. Eines der markanten Merkmale solcher Urteile ist es, daß sie gewöhnlich keinen Zweifel an ihrer Wahrheit zulassen. Daß das Urteil eines Menschen über sein gegenwärtiges Glauben *für ihn selbst* unbezweifelbar ist, hatten wir im 18. Kapitel betrachtet. Darüber hinaus ist auch die Auskunft, die jemand *einem Andern* über sein eigenes Glauben gibt, nicht dessen vernünftigem Zweifel ausgesetzt – es sei denn, dieser hätte Anlaß, sich zu sorgen, die Auskunft sei unaufrichtig oder bei ihrem Zustandekommen seien Störfaktoren im Spiel gewesen (ein lapsus linguae, ein psychischer Defekt, und so weiter). Diese 'externe' Unbezweifelbarkeit ist ein Aspekt der sog. Erste-Person-Autorität, mit der wir sprechen, wenn wir über unser eigenes Glauben Auskunft geben. Was heißt es, mit dieser Art von Autorität zu sprechen? Folgende allgemeine Erläuterung scheint mir passend:

> *S* sagt mit *Erste-Person-Autorität*, daß *p* $\Leftrightarrow_{df}$ Wird unterstellt, daß bei Gelegenheit einer solchen Äußerung insgesamt normale Gegebenheiten obwalten und daß *S* aufrichtig ist, indem er dies sagt, dann läßt sich nicht kohärentermaßen bezweifeln, daß *p*. Würde jemand anders als *S* aufrichtig sagen, daß *p*, ließe sich kohärentermaßen bezweifeln, daß *p*.

Im Definiens geht es um einen Unterschied, der zwischen dem kognitiven Status der Aussagen verschiedener Personen besteht, obwohl sie dasselbe sagen.[482] Was der Eine sagt, ist unbezweifelbar, wenn er nur aufrichtig spricht; nicht so, wenn ein Anderer, ebenso aufrichtig, dasselbe sagt. Aus dieser Definition geht auch hervor, daß Erste-Person-Autorität *subjektgebunden* (oder: subjekt-singulär) ist. Das heißt, hinsichtlich jedes beliebigen Themas, zu dem es solche Autorität gibt, ist sie exklusiv, auf jeweils eine einzige Person beschränkt: Wenn Einer sie bezüglich einer bestimmten Sache besitzt, kann kein Anderer sie bezüglich derselben Sache besitzen.[483] Mit Erste-Person-Autorität geht also eine tiefreichende epistemische Asymmetrie einher: zwischen dem, der solche Autorität hinsichtlich einer bestimmten Frage hat, und allen andern Subjekten, die sie zu dieser Sache prinzipiell nicht haben *können*. Solche Autorität erstreckt sich nicht auf alle 'rein innergeistigen' Phänomene, gewiß aber auf das momentane Glauben.[484] Aus dem, was wir früher betrachtet haben, ergibt sich: Wer sich selbst, 'öffentlich', eine Überzeugung zuschreibt, spricht mit Erste-Person-Autorität. Denn aus dem im 11. Kapitel erörterten 'allgemeinen Zuschreibungsprinzip' folgt:[485] Wenn *S* über sich selbst sagt, daß er dies-und-das glaubt, ist die erste Bedingung des Definiens erfüllt. Daß die zweite Bedingung erfüllt ist, ergibt sich ebenfalls aus einem apriorisch einsichtigen Faktum: Wenn ein Anderer, *A*, über *S* sagt, er glaube dies-&-das, dann liegt keine Inkohärenz darin, *A* Aufrichtigkeit zuzubilligen und zugleich die Wahrheit dessen, was er über *S* sagt, in Zweifel zu ziehen. Völlig unbestreitbar ist also, daß jemand, der einem Andern etwas vom Typ "Ich glaube, daß *p*" mitteilt, mit Erste-Person-Autorität spricht.

Jedoch ist solcherlei Autorität nichts, das wesentlich mit der Verwendung von Sprache zu tun hat. Worüber man mit Erste-Person-Autorität sprechen kann, darüber kann man auch mit derselben Autorität urteilen, ohne zu sprechen. Die völlig analoge Erläuterung ist:

> *S* urteilt mit *Erste-Person-Autorität*, daß *p* $\Leftrightarrow_{\mathrm{df}}$ Wird unterstellt, daß bei Gelegenheit dieses Urteils insgesamt normale Gegebenheiten obwalten, dann läßt sich nicht kohärentermaßen bezweifeln, daß *p*. Würde jemand anders als *S* urteilen, daß *p*, ließe sich kohärentermaßen bezweifeln, daß *p*.

Daß Urteile über das eigene momentane Glauben, auch wenn wir sie nicht sprachlich bekunden, ebenfalls mit solcher Autorität getroffen werden, ergibt sich wiederum aus apriorischen Prinzipien. Aus dem Prinzip des Glaubensbewußtseins ($Up \Leftrightarrow BGp$) folgt, daß hinsichtlich jedes Urteils der Art "Ich glaube, daß *p*" die erste Bedingung des Definiens erfüllt ist.[486] Daß die zweite erfüllt ist, ist ebenfalls a priori einsichtig – aus Gründen, die völlig analog zu den gerade zuvor genannten sind. Weil Erste-Person-Autorität kein wesentlich sprachbezogenes Phänomen ist, wäre jeder Versuch aussichtslos, sie rein 'pragmatisch' zu erklären, oder hinwegzuerklären: als etwas, das letztlich nur auf allgemein akzeptierten Regeln zum Umgang mit *Sätzen* des Typs "Ich glaube, daß *p*" (bzw. "Er glaubt, daß *p*") beruht. Nach dem Motto: Das ist nichts weiter als ein Sprachspiel, das wir zwar de facto spielen, aber nicht spielen müssen. Solch ein Herunterspielen doxastischer Erste-Person-Autorität auf nichts weiter als tiefverwurzelte sprachliche Gepflogenheiten könnte schon allein deshalb nicht verfangen, weil sie sich nicht nur auf unser Sprechen, sondern auch auf unser Denken erstreckt. Auch wer ein 'stilles' Urteil vom Typ "Ich glaube, daß *p*" trifft, tut dies mit Erste-Person-Autorität.

Offenkundig ist der Begriff der Urteilsautorität der umfassendere: Indem wir aufrichtig sagen, daß *p*, urteilen wir ja auch, daß *p*; und wäre etwas, das wir sagen, nicht die Bekundung eines mit Autorität getroffenen Urteils, dann würden wir das, was wir sagen, nicht mit Autorität sagen. – Das apriorische Prinzip der (doxastischen) *Erste-Person-Autorität* läßt sich nun so formulieren:

EPA Jeder besitzt Erste-Person-Autorität hinsichtlich seines eigenen momentanen Glaubens. (Niemand besitzt solche Autorität hinsichtlich des Glaubens eines Andern.)

Mit andern Worten: (1) Ceteris paribus gilt: Wann immer jemand urteilt, daß er glaubt, daß *p*, glaubt er, daß *p*. (2) Ceteris paribus gilt: Wann immer er urteilt, daß er nicht glaubt, daß *p*, glaubt er nicht, daß *p*. (3) Beides gilt nicht, wenn ein Anderer über ihn urteilt, er glaube, daß *p*. – Die für Erste-Person-Autorität definitorische Unbezweifelbarkeit von Selbstzuschreibungen ergibt sich daraus, daß (1) und (2) begriffliche Wahrheiten und mithin jedem kohärenten Zweifel entzogen sind. Die Bezweifelbarkeit von 'Fremdzuschreibungen' ("Er glaubt, daß *p*") ergibt sich daraus, daß sie (3) zufolge auch unter normalen Gegebenheiten falsch sein können und daß keine Inkohärenz darin liegt, eine Aussage zu bezweifeln, die unter normalen Gegebenheiten falsch sein kann. Offenkundig sind Erste-Person-Autorität und doxastische Selbstkenntnis im Kern dasselbe Phänomen: daß Urteile über das eigene momentane Glauben unter insgesamt normalen Gegebenheiten unbezweifelbar sind.[487] (Ich werde die Termini *Selbstkenntnis* und *Erste-Person-Autorität* so verwenden, als seien sie austauschbar.)

Es tritt nun ein weiterer Aspekt hervor, der gegen jede deflationistische Sprachspiel-Konzeption der Selbstkenntnis spricht. Wenn jemand eine Selbst-Überzeugung sprachlich bekundet, dann ist es ja nicht nur so, daß 'sein Wort gilt', wie das eines Schiedsrichters. (Wäre dies alles, dann könnte man es in der Tat für denkbar halten, diese Autorität verdanke sich einer 'Sprachspiel'-Konvention.) Vielmehr ist die Wahrheit dessen, was er sagt, rational unbezweifelbar – nicht nur sozial unanfechtbar. Dieser Umstand ist bemerkenswert. Denn das Urteil "Ich glaube, daß so-&-so" betrifft einen Sachverhalt, der erstens kontingent ist und zweitens unabhängig davon besteht, ob über ihn geurteilt wird oder nicht. Diese Unabhängigkeit bestünde nicht, wenn das Urteil selbst sein Wahrsein, oder sein 'Gelten', hervorbrächte. Aber die gedankliche oder sprachliche Ausübung doxastischer Erste-Person-Autorität ist kein 'performativer' Akt, mit dem die betreffende Glaubenstatsache 'geschaffen' wird. (Zum Kontrast: Mit "Ich empfehle Dir, keinen Rechtsanwalt einzuschalten" kann ich diejenige Tatsache – meine Empfehlung – schaffen, dank der das, was ich mit dieser Äußerung sage, wahr ist.) Ebensowenig sind Selbstzuschreibungen pragmatische Tautologien ("Ich bin jetzt hier"), und sie sind auch keine Urteile, die sich selbst verifizieren ("Manches bewahrheitet sich selbst").

Die Mitteilung über das eigene Glauben ist also eine gehaltvolle Aussage, durch die ein unabhängig bestehender, kontigenter Sachverhalt schlechthin unbezweifelbar gemacht wird. Daß es überhaupt solche Urteile und Mitteilungen gibt, ist eine erkenntnistheoretisch bemerkenswerte Tatsache. Wann immer sie sich exemplifiziert, wird der Philosoph sich fragen: Wie kommt es, daß gerade *solch* ein Urteil, *solch* eine Mitteilung diese erstaunliche Kombination von Eigenschaften hat? Wenn, wie sich nun ergeben hat, doxastische Erste-Person-Autorität auf der Fähigkeit beruht, solche Urteile über das eigene Glauben zu treffen, dann bedarf dies einer Erklärung.

Das führt uns auf den Gedanken zurück, aus dem die Idee von einem doxastischen Selbstwissen ihren offenbar kaum zu widerstehenden Charme gewinnt. Es mag als evident erscheinen, daß jemand, der die Fähigkeit besitzt, einen kontingenten Sachverhalt schlechthin unbezweifelbar zu machen, zumindest dann, wenn er sie zur Anwendung bringt, *weiß*, daß der betreffende Sachverhalt besteht. Also muß doch Erste-Person-Autorität, bzw. deren Ausübung, Wissen vom eigenen Glauben voraussetzen! Dieser Gedanke drängt sich auch aus einem andern, aber verwandten Grund auf. Unsere Selbst-Überzeugungen sind, wie wir im 14. Kapitel betrachtet hatten, unter normalen Umständen unfehlbar. Wie könnte das sein, wenn sie nicht zugleich *Wissen* wären? Wäre es nicht schlichtweg absurd, davon zu sprechen, jemand habe zu einem bestimmten Thema zwar eine 'unfehlbare Überzeugung', diese sei aber kein Wissen? Was um alles in der Welt sollte denn noch hinzutreten können, um sie zu Wissen zu machen? Etwa, daß der Glaubende um die Unfehlbarkeit der betreffenden Überzeugung weiß? Aber auch das weiß er doch!

Schließlich ist die Unfehlbarkeit von Selbst-Überzeugungen ja eine begriffliche Wahrheit über das Glauben, und nach Voraussetzung geht es hier um 'normale Menschen', die den Begriff des Glaubens beherrschen! – Es scheint demnach klar: In Erste-Person-Autorität und vielleicht allein schon in der Unfehlbarkeit unserer Selbst-Überzeugungen manifestiert sich Selbstwissen. Von dieser Art, so steht zu vermuten, sind die Gründe, die These vom doxastischen Selbstwissen für so unmittelbar einsichtig zu halten wie die von der doxastischen Erste-Person-Autorität. Man ist geneigt, so zu denken:

> Unbestreitbar besitzen wir Erste-Person-Autorität hinsichtlich unseres eigenen momentanen Glaubens. Sie hat einige markante erkenntnistheoretische Besonderheiten und bedarf daher einer substantiellen Erklärung. Die Annahme, daß Menschen Wissen von ihren eigenen momentanen Überzeugungen haben, ist ein unverzichtbarer und völlig trivialer erster Schritt hin zu einer solchen Erklärung. Was nun eigentlich zu erklären ist, das ist die Natur dieses besonderen Wissens. Hier stellen sich dann die eigentlichen Probleme: Wodurch ist doxastisches Selbstwissen 'unfehlbar'? Aus welcher Erkenntnisquelle stammt es? Wie schafft es die Unbezweifelbarkeit der Urteile, in denen es sich manifestiert? Weshalb ist es subjektgebunden? Und vielleicht noch anderes mehr.

Wer so denkt, unterstellt zumindest dreierlei: Erstens, Urteile des Typs "Ich glaube, daß *p*" werden mit Erste-Person-Autorität getroffen; zweitens, wer solch ein Urteil trifft, wisse, daß er glaubt, daß *p*; und drittens, ohne solches Wissen sei jene Autorität nicht zu erklären. Das mag plausibel klingen. Doch die dritte Annahme ist falsch. Wie wir gesehen haben, ist Erste-Person-Autorität aus begrifflichen Wahrheiten herleitbar, in denen von Wissen nicht die Rede ist. Und die zweite Annahme ist nichts weiter als eine ungedeckte Voraussetzung des zu Beweisenden. Unbestreitbar ist nur: Wer mit Erste-Person-Autorität über sein momentanes Glauben urteilt, besitzt Wissen-*ob*-er-glaubt. Bestreitbar ist – und ich werde es anschließend bestreiten –, daß er unweigerlich auch Wissen-*daß*-er-glaubt besitzt.

Wenn das bis hierhin Erwogene richtig ist, dann geht ein prima facie suggestives Argument für die Existenz genuinen Wissens über das eigene Glauben fehl: solches Wissen trete in der Ausübung doxastischer Erste-Person-Autorität zutage. Doch dem ist, wie gerade gesehen, nicht so. Was sich in dieser Autorität manifestiert, ist doxastische Selbst*kenntnis*, kein glaubendes Selbst*wissen*. Diese Selbstkenntnis ergibt sich aus der

Virtualität des Selbst-Glaubens und dessen Unfehlbarkeit. Alles, dessen es zu Selbstkenntnis bedarf, ist aus Prinzipien herleitbar, die den Begriff des Wissens nicht involvieren. Kurzum, Erste-Person-Autorität *können* wir besitzen, ohne Selbstwissen zu haben. Ja, wir können sie besitzen, ohne überhaupt die grundlegende begriffliche Voraussetzung für Selbstwissen zu erfüllen: ohne die entsprechende Selbst-Überzeugung zu haben. – Außer dem unhaltbaren Argument mit der Erste-Person-Autorität kenne ich keines, das die Existenz doxastischen Selbstwissens prima facie plausibel erscheinen läßt. Aber vielleicht gibt es solches Wissen ja, obwohl unser vermeintlich bester Grund, es anzunehmen, nicht stichhaltig ist. Und wenn es Selbstwissen gibt, dann könnte sich damit womöglich manches erklären lassen – vielleicht besser erklären lassen –, das sich zugestandenermaßen auch ohne es – aber vielleicht nur schlechter, weniger tiefgehend – erklären läßt.

Fragen wir also ganz direkt: Gibt es genuines doxastisches Selbstwissen?

*

Selbst-Glauben ein Selbstwissen? Unsere nun anstehende Frage läßt sich so fassen: Was würde eine wahre Selbst-Überzeugung zu genuinem Wissen machen? Auf die grundlegendere Frage, wodurch eine beliebige wahre Überzeugung, also auch eine Basis-Überzeugung, nicht nur ein Glauben, sondern eben Wissen ist, gibt es zwei Standard-Antworten. Die eine besagt: Wer etwas weiß, hat nicht nur die entsprechende wahre Überzeugung; er verfügt darüber hinaus über tragfähige Gründe, dies zu glauben. Das wiederum heißt zumindest, daß er zusätzlich zu der wahren Überzeugung auch noch andere Überzeugungen hat, die für dieses Thema 'positiv relevant' sind, die ebenfalls (zumindest subjektiv) für das Geglaubte sprechen. (Ein Beispiel: Jemand glaubt, daß Dessousgas brennbar ist; damit hat er eine wahre Überzeugung. Nehmen wir an, er glaubt außerdem, daß Dessousgas in Aceton gelöstes Ethin ist; daß Ethin ein ungesättigter Kohlenwasserstoff ist; daß solche Verbindungen brennbar sind; daß Aceton ebenfalls brennbar ist; und so weiter. Weil seine Überzeugung, daß Dessousgas brennbar ist, nicht nur wahr, sondern auch von solchen Gründen mitgetragen wird, handelt es sich um Wissen.) Die andere Standard-Antwort besagt: Eine Überzeugung ist Wissen, wenn sie mittels eines zuverlässigen Verfahrens aus einer gewöhnlich wahrheitsverbürgenden Quelle gewonnen wurde. (Jemand hat die zutreffende Überzeugung, daß die Ampel, an der er gerade vorbeigefahren ist, auf Grün stand; er glaubt es, weil er es gesehen hat und sich daran erinnert;

sein Seh- und Erinnerungsvermögen sind in solchen Dingen zuverlässig; deshalb ist seine wahre Überzeugung zugleich Wissen.)[488] Zu betrachten ist nun, ob Selbst-Überzeugungen wissenskonstitutive Eigenschaften der einen oder der andern Art haben.

*

Selbstwissen mit Gründen. – Betrachten wir die erste Möglichkeit. Die entsprechende Variante der These vom doxastischen Selbstwissen ist dann:

[*SWG*] Ceteris paribus gilt: Wer glaubt, daß er glaubt, daß *p*, hat tragfähige Gründe dafür, zu glauben, er glaubt, daß *p*.

Zu beachten ist zunächst einmal, daß die gesuchten Gründe *eigenständige* Gründe sein müssen, und zwar in folgendem Sinn: Sie können nicht einfach diejenigen Gründe sein, die man für seine jeweilige Basis-Überzeugung hat. Dies ist allein schon deshalb so, weil wir nicht für jede Basis-Überzeugung Gründe haben. Es gilt aber auch dann, wenn wir solche Gründe haben. (*S* glaubt, daß der Film um 8 Uhr beginnt; angenommen, sein einziger Grund dafür ist: Er hat es in einer Zeitung gelesen, an deren Verläßlichkeit er nicht zweifelt. Was in der Zeitung stand, gibt ihm aber keinen Grund, irgendeine Überzeugung über sein eigenes Glauben zu haben. Dort stand nichts von der Art: "Herr *S* glaubt, daß der Film um 8 beginnt".) Sagen wir kurz: Die *p*-Gründe, über die ein Subjekt verfügen mag, das glaubt, daß *p*, sind nicht zugleich seine *Gp*-Gründe.

Von welcher Art könnten eigenständige *Gp*-Gründe sein? Nun, wir haben oftmals gute Gründe, von einem Andern anzunehmen, daß er die-&-die Überzeugung hat. Unsere Gründe dafür könnten z.B. sein: Er hat gerade kürzlich eine Auffassung vertreten, deren Voraussetzung ist, daß *p*; oder er hat gesagt, daß *p*; oder er hat ganz explizit gesagt, daß er glaubt, daß *p*; oder er befindet sich in Gegebenheiten, in denen es ihm schwerlich entgangen sein kann, daß *p*; oder sein nicht-sprachliches Handeln liefert uns Hinweise darauf, daß er diese Überzeugung hat, und anderes mehr. Könnten seine Gründe, von sich selbst zu glauben, daß er diese Überzeugung hat, nicht ebenfalls von solcher Art sein? Gewiß. Solche 'äußeren' Indizien sind auch dem Glaubenden selbst zugänglich, und darüber hinaus mag er noch 'innere' Anhaltspunkte dafür haben, daß er glaubt, daß *p*.[489] Wenn seine eigenständigen *Gp*-Gründe von dieser Art wären, dann könnte er Wissen von seinem eigenen Glauben haben – und zwar genau so, wie wir Wissen von seinem Glauben haben. Aber solcherlei Wissen wäre interpersonal 'gleichwertig'. Das heißt, wer auch immer über Wissen *dieser* Art verfügt, besitzt Wissen von derselben erkenntnistheoretischen Qualität. Das Wissen, daß der Glaubende selbst davon hat, daß er das-&-das glaubt, wäre nicht 'besser' – nicht sicherer, nicht profunder, nicht unanfechtbarer, nicht von größerer Gewißheit begleitet, usw. – als unser Wissen davon, daß er es glaubt. Kurz, der Umstand, daß er solcherlei Selbstwissen besitzt, könnte nicht jene markante Asymmetrie erklären, von der das Prinzip der Erste-Person-Autorität handelt. Aber gerade diese Asymmetrie ist es ja, die durch den Besitz von Selbstwissen erklärt werden soll.

Betrachten wir ein leidlich glaubhaftes Beispiel für durch Gründe gestütztes Wissen vom eigenen momentanen Glauben. Ich weiß, daß ich in diesem Moment alles glaube, was ich gestern in meinem Gutachten geschrieben habe: Ich bin mir sicher, daß ich es nach reiflicher Überlegung und mit völliger Aufrichtigkeit verfaßt und mehrfach gründlich durchgelesen habe; ebenso bin ich mir dessen sicher, daß ich seitdem keine neue einschlägige Information gewonnen habe; folglich habe ich subjektiv guten Grund anzunehmen, daß ich jetzt alles glaube, was ich gestern geschrieben habe. Nehmen wir an, daß all dem auch wirklich so ist. Dann weiß ich etwas über meinen gegenwärtigen Überzeugungsbestand. (Da ich gestern unter anderm geschrieben habe: "Der Zeitplan des Antragstellers ist realistisch", glaube ich auch jetzt, daß der Zeitplan realistisch ist.) Mein Wissen über das gegenwärtige Glauben beruht dann unter anderm auf einer Kontinuitätsannahme. Wenn ich nun, im Besitz solcher guten Gründe, heute aufrichtig sagte: "Ich glaube all das, was ich in meinem Bericht geschrieben habe", dann wäre das, was ich sagte, wahr; ich glaubte es; und ich hätte tragfähige Gründe dafür, meine Selbstzuschreibung für wahr zu halten. Kurz, ich würde über mein momentanes Glauben etwas sagen, das ich weiß. Wohl wahr. Aber ich würde nicht mit Erste-Person-Autorität sprechen. Es gäbe – gerade auch für Andere – vielerlei Ansatzpunkte für kohärenten Zweifel an dem, was ich sage, selbst dann, wenn meine Aufrichtigkeit nicht in Frage gestellt wird. ("Vielleicht weiß er gar nicht mehr, was er da alles geschrieben hat"; oder: "Vielleicht hat sich seine Einschätzung, hinsichtlich des einen oder andern, über Nacht doch geändert; er hat das nur noch nicht bemerkt"; und so weiter.)

Solche Beispiele für doxastisches Selbstwissen mit Gründen versagen am entscheidenden Punkt: Selbstwissen, das durch derartige Gründe gestützt ist, könnte Erste-Person-Autorität nicht erklären. Es könnte jene besondere Unbezweifelbarkeit nicht erklären, die entsteht, sobald ich jetzt zu Protokoll gebe: "Ich glaube, daß der Zeitplan realistisch ist", die aber nicht entstehen kann, wenn ich wahrheitsgemäß, mit tragfähigen

Gründen und nicht in Zweifel gezogener Aufrichtigkeit beteure, daß ich all das glaube, was ich gestern geschrieben habe (die selbst dann nicht entstehen kann, wenn bekannt ist, daß ich unter anderm geschrieben hatte: "Der Zeitplan ist realistisch"). – Das Zwischenfazit zum doxastischen Selbstwissen mit Gründen: Ja, gelegentlich mögen wir solcherlei Wissen haben. Und: Nein, es ist nicht geeignet, Erste-Person-Autorität zu erklären.

*

Selbstwissen ohne Gründe. – Betrachten wir nun die zweite Möglichkeit: daß Selbst-Überzeugungen deshalb Wissen sind, weil sie stets auf eine 'wissenserzeugende' Weise zustandekommen. Die entsprechende Variante der These vom doxastischen Selbstwissen läßt sich dann so formulieren:

[*SWOG*] Ceteris paribus gilt: Wer glaubt, daß er glaubt, daß *p*, hat diese Überzeugung dank einem zuverlässigen Verfahren erworben.

Nennen wir einen Prozeß des Überzeugungserwerbs zuverlässig (in Bezug darauf, ob *p*), wenn ein normaler Mensch, der ihn unter insgesamt normalen Bedingungen durchläuft und zu der Überzeugung, daß *p*, gelangt, dann zu einer wahren Überzeugung gelangt ist. Wäre es nicht der Fall gewesen, daß *p*, dann wäre er nicht (jedenfalls nicht im Zuge eines derartigen Prozesses) zu dieser Überzeugung gelangt. Lax gesagt: Er glaubt, daß *p*, weil es der Fall ist, daß *p*. Ob er außerdem noch Gründe hat, es zu glauben, spielt keine Rolle. Seine Überzeugung geht aus dem hervor, dank dem sie wahr ist: aus dem Umstand, daß *p*. Und solange keine Störfaktoren im Spiel sind, ist ihre Wahrheit dann verbürgt. Viele sagen, in solch einem Fall handele es sich bei der Überzeugung um Wissen. Mehr bedürfe es dazu nicht.

Anhänger der Idee eines Wissens ohne Gründe greifen gerne auf Beispiele aus dem Bereich der sinnlichen Wahrnehmung zurück. Vor *S* liegt ein Billardball, und es herrschen für visuelle Wahrnehmung geeignete Bedingungen. Wenn *S* ihn nun anschaut und die Überzeugung gewinnt, daß er rund ist, dann ist der Umstand, daß er rund, der Quell der entsprechenden Überzeugung. *S* verfügt über einen 'visuellen Apparat', der u.a. auch ein Detektor für die Kugelförmigkeit mittelgroßer Objekte in passender Entfernung ist. Sobald er den Billardball in den Blick nimmt, durchläuft er einen Prozeß, in dem er mit der Tatsache, daß dieser Ball kugelförmig ist, in passendem Kausalkontakt gelangt. Er 'sieht einfach' und weiß dadurch 'direkt' – ohne die Vermittlung gedanklicher Schritte, wenn auch vermittelt durch den gedankenlosen, wiewohl 'informationsverarbeitenden' Prozeß, der in seinem visuellen System abläuft –, daß der Billardball rund ist. Um dies zu wissen, bedarf er keiner Gründe für das, was er glaubt, also auch keiner hinzukommenden Überzeugungen. Es reicht der 'wissensträchtige' Kontakt zum Geglaubten selbst. Allgemein gesprochen, in solch einem Fall entsteht die Überzeugung durch Kausalzusammenhänge, die zwischen ihr und der sie wahrmachenden Tatsache bestehen. Wird der visuelle Apparat (unter geeigneten Gegebenheiten) in Gang gesetzt, so wird er diese Überzeugung nur dann in dem Subjekt hervorbringen, wenn der Ball tatsächlich rund ist.[490] So das Bild. – Ob derartige Beispiele zeigen, daß Menschen Wissen (wirklich *Wissen*) ganz ohne Gründe haben, soll uns hier nicht interessieren. Wir werden uns nicht in die womöglich noch vertracktere Frage verstricken, was Wissen seinem Begriffe nach ist. Unterstellen wir also einmal, genuines Wissen-daß-*p* sei auch in Abwesenheit von zusätzlichen Überzeugungen möglich, die tragfähige Gründe für Glauben-daß-*p* bereitstellen.

*

Könnte mein schieres Glauben-daß-*p* selbst (die bloße Tatsache, daß ich diese Überzeugung habe) die Quelle sein, aus der mein Wissen, daß ich glaube, daß *p*, hervorgeht? Gewiß, so könnte es sein. Dann müßte ich allerdings in einer passenden Kausalverbindung zu meinem Glauben stehen. In einer Verbindung also, die mich mit meinen Überzeugungen in einer Weise zusammenbringt, die dem entspricht, wie mich mein visueller Apparat mit der Kugelförmigkeit des Billardballs zusammenbringt, der jetzt so vor meinen Augen liegt, daß ich durch bloßes Hinschaun zu der Überzeugung gelange, daß er rund ist. – Klar ist allerdings, daß Überzeugungen, auch meine eigenen, sich mir nicht so präsentieren wie Billardbälle, die vor mir liegen. Weder aus der Phänomenologie des geistigen Erlebens noch aus wissenschaftlichen Befunden ergeben sich Anhaltspunkte dafür, daß wir unsere Überzeugungen auf irgendeine Weise perzipieren. Darin unterscheidet sich das Glauben von vielen andern geistigen Phänomenen, zum Beispiel von manchen geistigen Aktivitäten und insbesondere von vielen Bewußtseinsereignissen und -prozessen. Natürlich gibt es Formen der 'inneren Wahrnehmung'. Einige unserer ungedanklichen Empfindungen nehmen wir in der Tat wahr; bei manchen paßt es vielleicht zu sagen: sie haben und sie wahrnehmen sind ein und dasselbe. Aber auch im Bereich des Gedanklichen, im wesentlich begrifflich Verfaßten, kann so etwas wie innere Perzeption im Spiel sein. Kant nennt das Denken ein "Reden mit sich selbst" und "folglich auch innerlich [...] *Hören*".[491] Nichts daran ist ungebührlich metaphorisch. Gelegentlich denken wir sogar laut, und wenn wir das tun, können wir sogar 'äußerlich' hören – *sinnlich* wahrnehmen –, daß wir in diesem Moment dies-und-das denken. Aber wir können nicht laut glauben, und übrigens auch nicht leise. Nichts, was wir wissen, deutet darauf hin, daß Überzeugungen über das eigene momentane Glauben das Produkt eines wahrnehmungsartigen Prozesses sind, in dem eine Kausalkette von einer Basis-Überzeugung ("Es regnet") zu der entsprechenden Selbst-Überzeugung ("Ich glaube, daß es regnet") führt.

Wie gesagt: nach allem, was wir *wissen*. Aber wir wissen eben so gut wie nichts über das Zustandekommen von Selbst-Überzeugungen. Hier springt die Phantasie hilfreich ein. Unter Philosophen wird seit langem die Spekulation – vornehmer gesprochen: die empirische Hypothese – propagiert, solche Selbst-Überzeugungen entstünden aus einem zumindest *quasi*-perzeptiven Prozeß, der sich unbewußt in uns abspielt. Sie wird gerne so vorgetragen: In unserm Gehirn befinde sich ein Detektor, der unser Glauben so zuverlässig abliest, wie ein Fieberthermometer unsere Temperatur. Er arbeite, ohne daß wir uns seiner bewußt sind; er trete, sobald er in Gang gesetzt wird, in Kausalkontakt mit unserm momentanen Glauben und gebe Meldung an eine dafür zuständige Stelle unseres kognitiven Systems. So entstehe dann die Selbst-Überzeugung, die wir mit einer entsprechenden Selbstzuschreibung bekunden; käme sie anders zustande, wäre das eine Anormalität.[492] Letztlich, so die Vermutung, verhalte es sich beim Wissen über das eigene Glauben nicht anders als bei vertrauteren Formen des Wissens ohne Gründe: Der Gegenstand des Wissens selbst (in diesem Fall das eigene Glauben) ist unter Standardgegebenheiten mitursächlich für eine wahre Überzeugung, die dank einem zuverlässigen Verfahren zustandekommt.

Das ist eine empirische Hypothese, wie man sie sich, von der Philosophie jedenfalls, nicht schöner erwarten kann. Sie ist klar, schlicht, weitreichend, eingängig und erklärungsmächtig. Sie kann suggestive Analogien für sich geltend machen (Thermometer/Doxo-Scanner) und denkt der empirischen Forschung würdige Aufgaben zu ("Nun endlich den Doxo-Scanner im menschlichen Gehirn finden!"). Was auch immer man von ihr halten mag, wichtig für uns ist an dieser Stelle unserer Überlegungen vornehmlich dies: Sie ist prima facie kohärent. Genau so könnte es sein. – Wir sind dieser Idee im 16. Kapitel schon einmal begegnet und hatten gefunden, daß sie sich nicht dazu eignet, das Phänomen des Glaubens*bewußtseins* zu erklären.[493] Hier geht es uns jedoch nicht um Bewußtsein, sondern um *Wissen* vom eigenen momentanen Glauben. Zu diesem Thema haben wir nun ein Erklärungsangebot, das sich nicht mit apriorischen Gründen ausschlagen läßt. Falls tatsächlich ein zuverlässiger Doxo-Scanner in uns ist, der jede unserer Überzeugungen über das eigene Glauben hervorbringt, dann würde dies einleuchtend machen, daß unsere doxastischen Selbst-Überzeugungen, ceteris paribus, genuines Wissen sind.

Nehmen wir einmal an, diese Phantasie sei die reine Wahrheit. Was wäre damit für unser Thema erreicht? Nicht weniges. Denn dann wäre erstens verständlich, daß doxastisches Selbstwissen nicht auf Gründe angewiesen ist, die es tragen. (Es wäre dann klar, warum es nicht unschicklich, sondern *sachlich* deplaziert wäre, jemanden nach begründenden Zusatzüberzeugungen für seine Selbst-Überzeugungen zu fragen.) Zweitens wäre einsichtig, daß unsere Urteile über das eigene momentane Glauben sich nur dann in vernünftigen Zweifel ziehen lassen, wenn unterstellt werden darf, daß beim Zustandekommen des Urteils ein Störfaktor im Spiel war. (Es wäre dann also klar, warum solche Urteile nicht cp-kohärent bezweifelbar sind.) Drittens wäre dann gesichert, daß dem begrifflichen Zusammenhang, der begrifflichen These vom doxastischen Selbstwissen, $GGp \Rrightarrow WGp$, immerhin eine gesetzesartige empirische Generalisierung entspricht:

> Ceteris paribus gilt: Wer glaubt, daß er glaubt, daß *p*, weiß, daß er glaubt, daß *p*. [$GGp \leadsto WGp$]

Mithin ergäbe sich aus der Wahrheit der Scanner-Vermutung etwas für unsere Überlegungen höchst Relevantes: daß Selbstkenntnis durch genuines Wissen erklärbar ist. Denn es wäre ja so: Ich weiß, *ob* ich glaube, daß *p*, weil ich dank unbewußtem Doxo-Scanning entweder die ‘wissende’ Überzeugung habe, *daß* ich es glaube, oder die ‘wissende’ Überzeugung, *daß* ich es nicht glaube.[494] Wissen-ob beruhte dann auf einem Wissen-daß. Glauben über das eigene momentane Glauben käme stets auf eine ‘wissenskonstitutive’ Weise zustande. Und auch die für Erste-Person-Autorität charakteristische interpersonale Asymmetrie fände dann eine simple Erklärung: Ich habe einen Scanner in mir, der ausschließlich *mich* über *mein* momentanes Glauben informiert; kein Anderer hat einen ebenso zuverlässigen Scanner, der ihn über *mein* Glauben informiert. Deshalb spreche nur ich mit besonderer Autorität über mein Glauben.

Was tut ein Philosoph, der ein Scanner-Modell vorschlägt, um damit die These von der Existenz genuinen Selbstwissens zu stützen? Er propagiert weitreichende empirische Mutmaßungen über sehr spezielle Funktionsmechanismen menschlicher Kognition: so insbesondere, daß Überzeugungen Gehirnzustände seien, daß sie durch unbewußt ablaufende neuronale Ablese-Prozesse registriert werden, und daß diese Prozesse (von Ausnahmen abgesehen) stets zu wahren Selbst-Überzeugungen führen. Nichts davon ist durch wissenschaftliche Befunde gedeckt. Auch fehlt jeder 'natürliche Anschein', der aus dem subjektiven Erleben kommen könnte; es gibt ja keine Phänomenologie des Selbst-Glaubens. Angesichts dessen überrascht die Selbstverständlichkeit, mit der diese Mutmaßung in der zeitgenössischen philosophischen Debatte vorausgesetzt wird. Was auch immer derartige Spekulationen zum Thema Selbstwissen motivieren mag, es dürfte dabei wohl eine tiefsitzende Vorannahme darüber im Spiel sein, wie es einfach zugehen *muß*. (Die Frage an den Philosophen, der solche Thesen über die Genese von Selbst-Überzeugungen verficht, warum ihm das so einleuchtend ist, mag dessen rhetorische Gegenfrage hervorrufen: "Ja wie denn sonst?". Die Antwort darauf ist: Niemand weiß es, auch kein Philosoph.)

Hier ein Zwischenfazit zum doxastischen Selbstwissen ohne Gründe: Vielleicht gibt es solches Wissen, wer weiß. Und sollte es so etwas geben, wäre es dazu geeignet, Erste-Person-Autorität als ein empirisches Phänomen erklärlich zu machen. – Eines sollte an dieser Stelle nicht aus dem Auge verloren werden. Doxastische Erste-Person-Autorität ist ein Merkmal von *Urteilen* über das eigene momentane Glauben. Sie ist durch die Natur dieser Urteile garantiert, und zwar durch das mit ihnen begrifflich verknüpfte Glaubensbewußtsein. Diese Autorität bedarf keines genuinen Selbstwissens, von welcher Art auch immer. Und selbst wenn zu einem solchen Urteil auch noch derlei Wissen hinzuträte, so wäre es doch stets entbehrlich; es könnte die Autorität nicht steigern, die dem Urteil ohnehin zukommt.

*

Ich versuche ein Résumé. Unser Ausgangspunkt war: Das Faktum der Erste-Person-Autorität ist unbestritten, aber erklärungsbedürftig. Die hier betrachtete These, Selbst-Überzeugungen seien gewöhnlich zugleich genuines Wissen vom eigenen Glauben, hat (zumindest, falls 'Wissen ohne Gründe' als genuines Wissen anerkannt wird) erklärende Kraft; sie ist aber nicht a priori einsichtig. – Angesichts dessen stellen sich zwei Fragen: erstens, ob Erste-Person-Autorität überhaupt durch a priori einsichtige Tatsachen zu erklären ist; zweitens, ob es immerhin empirisch plausibel ist anzunehmen, daß Selbst-Glauben stets, oder zumeist, ein Wissen ist.

Die zweite Frage ist nicht eindeutig zu beantworten. (Was wäre schon 'empirisch plausibel' in einer Sache, in der es kein eigenes Erleben und auch keine wissenschaftlichen Befunde gibt?) Die erste Frage hingegen ist eindeutig zu beantworten. Es läßt sich, wie wir gesehen haben, mit Rekurs allein auf begriffliche Wahrheiten – ohne empirische Mutmaßungen über kognitive Mechanismen, die Selbst*wissen* konstituieren könnten – einsehen, warum jedermann Erste-Person-Autorität hinsichtlich seiner momentanen Überzeugungen hat.

Die Annahme eines speziellen Selbstwissens (welches Maß an 'empirischer Plausibilität' man ihr auch zubilligen mag) ist mithin überflüssig, um zu verstehen, worin Erste-Person-Autorität gründet. Und deshalb ist bereits die Ausgangsfrage nach einer Erklärung für derartige Autorität falsch gestellt, wenn sie so formuliert wird, wie das in der derzeitigen Diskussion üblich ist: Worauf beruht jene besondere Autorität, mit der ein Subjekt sich eine Überzeugung *wissend* selbst-zuschreibt [im Englischen: *to knowledgeably self-ascribe a belief*]?[495] Mit dieser tendenziösen Art, die Frage zu stellen, wird die ungedeckte Voraussetzung suggeriert, derartigen Selbstzuschreibungen liege Wissen zugrunde. Und oft wird darin – in einer 'Wissentlichkeit' – das Schlüsselmerkmal des Unterschieds gesehen, der zwischen einer genuinen Selbstzuschreibung und der bloß expressiven Bekundung einer Überzeugung [*avowal of a belief*] besteht.

Angesichts dessen, was wir erwogen haben, ist es wohl so: Jene Autorität, die unseren Urteilen über das eigene momentane Glauben innewohnt, involviert gewöhnlich nichts von der Art genuinen Wissens. Glaubensbewußtsein hingegen *muß* jedes Urteil in sich tragen: Urteilen *ist* ein Bewußtsein vom eigenen Glauben – von einer Überzeugung, die wir manchmal vielleicht nur für einen kleinen Moment haben, aber jedenfalls in den Momenten haben, in denen wir urteilen.

*

Es ist hier schließlich ein Punkt erreicht, an dem wir versuchen können zusammenzutragen, was sich aus unseren Überlegungen insgesamt zu dem größeren Thema *Wissen über das Glauben* bisher ergibt: sei es Wissen über eigenes Glauben oder das eines Andern, sei es Wissen über vergangenes Glauben oder gegenwärtiges. – Zunächst einmal hatten wir im 11. Kapitel bemerkt, daß über das Glauben eines Andern kein Wissen in einem strengen Sinn möglich ist. Selbst das beste 'Test'-Kriterium, **AZP**, hat Anwendungsvoraussetzungen, deren Erfülltsein stets nur präsumiert, aber nie erwiesen, werden können: so zum Beispiel Aufrichtigkeit, Ernsthaftigkeit, Sprachkompetenz, insbesondere aber auch die verhexte Normalität.

Wie liegen die Dinge, wenn es um das Wissen vom eigenen Glauben geht? Findet sich wenigstens hier Wissen in einem so strengen Sinn, daß es nicht auf unerweisliche Präsumptionen angewiesen ist? Klar ist, daß Wissen über eigenes *früheres* Glauben nicht ohne Präsumptionen zu haben ist, so zum Beispiel die, daß unsere relevanten Überzeugungen ("Damals glaubte ich es") richtig sind, oder die, daß etwaige Daten, die sie zusätzlich stützen mögen (Tagebucheinträge, Tonbandaufnahmen und all dergleichen), wirklich Beweiskraft haben. Angesichts solcher Zeugnisse müßte ich mich ja, zum Beispiel, immer noch fragen: War ich damals wirklich ganz aufrichtig, als ich das schrieb?

Wie es schließlich um jenen ganz besonderen Fall des Wissens vom eigenen *momentanen* Glauben bestellt ist, das haben wir in diesem Kapitel mit einiger Sorgfalt betrachtet. Hier liegen die Dinge jedenfalls dann ganz anders, wenn wir in diesem Moment *urteilen*: und zwar über die Sache selbst urteilen, nicht nur darüber, ob wir sie glauben. Indem wir dies tun, verfügen wir zwar unweigerlich über Bewußtsein vom eigenen Glauben, aber – wie gesehen – nicht über genuines Wissen. Und solcherlei Bewußtsein wäre selbst dann kein doxastisches Selbstwissen, wenn wir den kleinen geistigen Schritt 'hinan' machten, der uns zu reflexivem Glaubensbewußtsein führte.

Nach all dem, was wir betrachtet haben, muß es demnach so scheinen: Keine spezifische Glaubenstatsache läßt *Wissen* in einem 'strengen', gar einem skeptizismus-widerständigen, Sinn zu. Wohl aber ermöglicht jedes bewußtseinszugängliche Glauben-daß-*p* dem Subjekt selbst – und ihm allein – eine unüberbietbare Art der *Gewißheit*. Diese währt allerdings immer nur für den Moment, in dem das Subjekt urteilt, daß *p*. Daraus wird, nebenbei, nun auch besser verständlich, was die Alten – die ich im fünften Kapitel harsch dafür zu tadeln vorgegeben habe – dazu bewogen haben mag, das Glauben als einen '*Akt*' zu nehmen, für den vielleicht sogar ein bestimmtes Gefühl charakteristisch ist. Sie haben damit das Glauben – jedes spezifische Glauben-daß – ineins gesetzt mit dem einzigen Phänomen, durch das es, wenigstens dem Subjekt selbst, unmittelbar greifbar werden kann: mit dem Akt des Urteilens. Darin liegt zwar begrifflich gesehen ein Fehler. Denn propositionales Glauben ist nun einmal kein Bewußtseinsakt, da beißt die Maus keinen Faden ab. Spezifisches Glauben-daß-*p* ist zwar bewußtseinszugänglich (und nicht einmal das läßt sich in uneingeschränkter Allgemeinheit 'apriorisch sichern', wie wir im 17. Kapitel gesehen haben), aber seine Wirklichkeit ist nicht daran gebunden, daß das glaubende Subjekt sich dessen bewußt ist, daß es glaubt, daß *p*. Dennoch, *methodisch* ist die Ineinssetzung von Glauben und Urteilen verzeihlich – ja, im Rahmen einer strikt empirischen

Herangehensweise an das Geistige ist sie geradezu geboten. Denn allein im Urteilen 'zeigt' sich eine spezifische Überzeugung mit der höchsten Gewißheit, die sie über ihr Vorhandensein zuläßt. Nur in diesen Momenten geht Glauben einher mit jenen lebhaften Eindrücken, ohne die der kompromißlose Empirist nichts als wirklich anzuerkennen bereit ist.

*

Präsentisches Selbst-Bewusstsein ohne Wissen? Mit einiger Vehemenz habe ich hier den Unterschied betont, der zwischen 'genuinem doxastischem Selbst*wissen*' und 'Glaubens*bewußtsein*' besteht. Doch ist das nicht alles Haarspalterei? Ist das überhaupt ein Unterschied?[496] Nun, wenn das nur Haarspalterei wäre, dann läge sie schon in diesen Begriffen. Denn präsentisches Selbst-Bewußtsein ist wesentlich auf den Moment bezogen ("ich *jetzt*"), und das mit ihm einhergehende Fürwahrhalten ist, wie im 16. Kapitel ausgeführt, nicht einfach ein besonders intensiv empfundenes fallibles Glauben. Vielmehr ist es eines, das, solange es währt, das Vorhandenensein derjenigen Überzeugung garantiert, von der es Bewußtsein ist, und das – weil es Bewußtsein ist – außerhalb der Sphäre des Begründetsein-Sollens liegt. Wissen hingegen, selbst wenn es vom gegenwärtigen Moment handelt, ist nichts wesentlich Präsentisches. Es ist seinem Begriffe nach tendentiell konservierbar. Es bleibt dasselbe Wissen (kann es jedenfalls bleiben) auch dann, wenn es später einmal nur noch Erinnerung geworden sein wird – und zwar wirkliche Erinnerung, nicht einfach ein 'Ich-glaube-mich-zu-erinnern', das zufällig die Wahrheit trifft. In propositionalem Bewußtsein ist Wissen 'angelegt'. Es ist eine, vielleicht *die*, Quelle einer besonderen Art von Wissen: solchem, das aus der Erinnerung kommt. Aber es selbst ist kein Wissen.

Noch ein anderer Aspekt bezeugt den Unterschied zwischen präsentischem Selbst-Bewußtsein und Wissen-daß-ich-jetzt. Wissen tendiert seinem Begriffe nach dazu, reflexionsstabil zu sein. Unter insgesamt normalen Gegebenheiten erkennt ein Wissender das, was er zutreffenderweise für wahr hält, auch nach seines Erachtens reiflicher Erwägung der ihm derzeit verfügbaren Gründe pro und contra als wahr an. (In Kürzeln: $Wp \Rrightarrow \Delta Up$, also auch: $WGp \Rrightarrow \Delta UGp$).[497] Hingegen stehen präsentisches Selbst-Bewußtsein und so auch das Glaubensbewußtsein ihrem Begriffe nach überhaupt nicht unter einem derartigen Anspruch. Im Glaubensbewußtsein manifestiert sich, trivialerweise, zwar die Disposition, in diesem Moment spontan entsprechend zu urteilen ($BGp \Rightarrow DUGp$); mit ihm ist aber keine Disposition verknüpft, im selben Moment auch reflektiert so zu urteilen ($BGp \not\Rrightarrow \Delta UGp$).

Gewußtes ist seinem Begriffe nach tendenziell reflexionstabil, Bewußtes ist es nicht. Das Fürwahrhalten, dessen sich das Subjekt im Glaubensbewußtsein bewußt ist, ist im selben Moment all den Schwankungen ausgesetzt, die bloßes Nachdenken mit sich bringen kann. Manchmal mag ich etwas, dessen ich mir jetzt bewußt bin, es zu glauben, nach sorgfältigerem Bedenken, das ich idealiter im selben Moment – jedenfalls ohne neu hinzukommende Information – durchführen könnte, im selben Moment nicht mehr glauben. Ein Beispiel dafür hatten wir 14. Kapitel betrachtet: den Vater des jungen Klavierspielers. Anders müßte es um ein Glauben stehen, das zugleich doxastisches Selbstwissen wäre.

Es geht hier also nicht um Haarspaltereien. Bewußtsein vom eigenen Glauben ist eines. Wer dessen Existenz bestreiten wollte, müßte bereit sein zu bestreiten, daß wir je etwas als wahr anerkennen. Denn indem wir dieses tun, ist uns bewußt (wenn auch zumeist nicht reflexiv bewußt), daß wir das, was wir als wahr anerkennen, im selben Moment auch für wahr halten. Wissen vom eigenen momentanen Glauben müßte etwas anderes sein; es läge keinerlei Inkohärenz darin, seine Existenz zu bestreiten. Und wenn es derartiges Wissen-*daß* am Ende gar nicht gäbe, wäre das nicht weiter schlimm. Wir hätten dennoch eine a priori einsichtige Erklärung für das, was erklärt werden soll: die sog. Erste-Person-Autorität, d. h. unser jederzeitiges Wissen darum, *ob* wir etwas glauben oder es nicht glauben.

*

Urteilen und Glaubensbewusstsein: ein Bedenken Jeder Versuch, vom Glauben (sei's des eigenen, sei's eines Andern) möglichst 'strenges' Wissen zu erlangen, wirft uns – wie gerade gesehen – auf das Urteilen zurück. Dies gibt uns Anlaß, ein weiteres Mal zu fragen, was es damit auf sich hat. Zunächst einmal sei daran erinnert, daß dieses Phänomen uns in einer für unsere Untersuchung entscheidenden Hinsicht in einer grundsätzlich anderen Weise gegeben ist als das Glauben. Glauben ist ein Begriff, der uns vor allem Theoretisieren und Philosophieren verfügbar ist; der Gebrauch, den wir von ihm machen, ist verankert in einer gemeinsamen Grundlage als unkontrovers anerkannter Prinzipien. Zudem ist er einer jener Begriffe, die ursprüngliche Explicanda des Philosophierens sind – so wie zum Beispiel die der Wahrheit, des Zwecks, der Zeit, des Sinns, der Gerechtigkeit, der Ursache und ebenso der (letztlich vielleicht explikativ undurchdringliche) kognitive Gehalt des Wortes "ich". Wie eingangs gesagt, der Begriff des Glaubens gehört zu jenen elementarsten Begriffen, von denen man – wie Davidson so treffend schreibt – fast sagen möchte, daß wir ohne sie überhaupt keine Begriffe hätten.[498] Was verdient, menschliches Denken genannt zu werden, kommt um sie nicht herum, und *deshalb* sind sie Gegenstand philosophischer Reflexion.

Für Urteilen gilt all das nicht. Dies ist kein 'primäres Explicandum', sondern eine Art Werkzeugbegriff, der sich daran bewähren muß, ob er dazu beitragen kann, begrifflich Ursprünglicheres besser zu begreifen. Darauf habe ich eingangs des 12. Kapitels hingewiesen: Der Begriff des Urteilens, in seinen philosophischen Gebrauchsweisen, ist ein erst noch näher zu bestimmender technischer, oder semi-technischer, Begriff der Philosophie, etwa so wie die Begriffe der Substanz, der Person, des Wesens, der Kontingenz oder der Bedingung der Möglichkeit. – Ins Sprachliche gewendet: Dem Wort "urteilen" ist erst noch ein brauchbarer Sinn zuzuweisen, um es beim Philosophieren einzusetzen; das Wort "glauben" hat schon einen, der uns vorgegeben (und auch beim Philosophieren zu respektieren) ist.

Bei dem Versuch, einen für theoretische Zwecke geeigneten Begriff des Urteilens näher zu bestimmen, besteht daher 'stipulativer Gestaltungsspielraum'. Durch die Frage, wie dieser am fruchtbarsten zu nutzen sei, wird dann auch das Urteilen selbst zu einem Gegenstand des philosophischen Nachdenkens und damit zu einem 'sekundären Explicandum', das wir uns selbst vorgeben. Ich habe versucht, vom Urteilen möglichst schlicht und unbekümmert zu sprechen: als von einem Als-wahr-Anerkennen, einem Tun (oder Widerfahrnis), das uns nicht entgeht. Und insbesondere hatte ich festgesetzt, daß wir urteilen können, ohne zugleich genau das glauben, was wir im Urteilen als wahr anerkennen.

Dieser Unterschied verdient unsere Beachtung: Glauben ist, was es ist. Was *Urteilen* im Mund des Philosophen heißen soll, bleibt hingegen stets 'verhandelbar'. Zwar gehört dieses Wort zum Grundvokabularium der philosophischen Umgangssprache und ist uns daher vertraut genug, um bona fide mit ihm zu arbeiten. Doch sobald wir uns fragen, welches die klarste Vorstellung ist, die wir uns vom Urteilen machen, gelangen wir wohl nicht zu etwas Gehaltvollerem als dieser Auskunft: Es sei das 'innerliche' Gegenstück zu dem, was wir 'öffentlich' tun, wenn wir einem Satz, den wir verstehen, Andern gegenüber aufrichtig zustimmen. So viel ist unter Philosophen unstrittig; und vielleicht läßt sich nichts Bestimmteres finden, das unter ihnen gleichermaßen unstrittig ist, wenn sie vom Urteilen sprechen. – Meine näheren Bestimmungen gingen über dieses Unkontroverse kaum hinaus, mögen aber im Nachhinein zumindest in einem Punkt problematisch erscheinen. Der sei nun noch einmal betrachtet.

Hier das Bedenken: Ich habe das Urteilen als etwas konzipiert, das nicht nur ein 'innerliches' Pendant zur 'äußerlichen' Zustimmung ist, sondern dem Subjekt Bewußtsein – und damit *unfehlbare* Gewißheit – vom eigenen momentanen Glauben gibt. Was ein Anderer, der nur unsere ausgesprochenen Worte hören, aber nicht 'in unser Herz blicken' kann, stets *präsumieren* muß, um uns (und dann nie ohne entsprechenden Vorbehalt) Glauben zuzubilligen, das müßte – so mag es scheinen – dem Glaubenden selbst im Moment seines Urteilens unweigerlich bewußt sein. Hierin liegt eine profunde Asymmetrie: Der Andere, zu dem ich spreche, mag mir Aufrichtigkeit, Ernsthaftigkeit usw. unterstellen. Aber er kann das eben nur unterstellen; es bleibt, selbst wenn sie vorbehaltlos gemacht wird, eine fehlbare Präsumption. Ich selbst hingegen müßte im eigenen Urteilen nichts dergleichen tun. Im Gegenteil, wenn ich (mir selbst gegenüber) unterstellen müßte, daß mein Urteil meinem gegenwärtigen Glauben entspricht, dann könnte ich mir auch im eigenen Urteil nicht meines Glaubens bewußt sein. Denn die Präsumption, ich sei in diesem Moment ernsthaft und aufrichtig, wäre auch dann fehlbar, wenn ich selbst sie mache. Ja, ich könnte mir nicht einmal dessen gewiß sein, daß ich überhaupt *urteile*; es sei denn, ich könnte mir im selben Moment dessen absolut gewiß sein, daß ich aufrichtig wenigstens zu mir selbst bin.

Im Lichte der begrifflichen Beziehungen, durch die ich das Urteilen näher bestimmt habe, müßte es anscheinend etwas geradezu Magisches an sich haben: etwas, durch das der Urteilende prinzipiell vor jederlei Irrtum über sein eigenes momentanes Urteilen und Glauben geschützt ist. Nicht nur der von mir stipulierte Zusammenhang zwischen Urteilen und Es-auch-Glauben ist ja an keinerlei hinzutretende Bedingungen geknüpft, sondern auch zwei weitere sind es nicht: der zwischen Urteilen und Sich-seines-Urteilens-bewußt-Seins, und ebenso der zwischen Urteilen und Sich-seines-Glaubens-bewußt-Sein. (Es wurde ja festgesetzt: $Up \Rightarrow Gp$, $Up \Rightarrow BUp$ und $Up \Rightarrow BGp$).

Wird dem Begriff des Urteilens damit nicht eine untragbare Last aufgebürdet? Ein Akt soll Träger 'absoluter' Garantien sein, die an nichts geknüpft sind und durch keinerlei Störfaktoren beeinträchtigt werden können. Doch wie sollte so etwas möglich sein? Bedenken wir nur dies: Jedes bloße *Gefühl* der Aufrichtigkeit, das jemandes 'äußerliche' Zustimmung begleitet, kann ihn trügen. Warum sollte ein entsprechendes Gefühl, das er anläßlich einer 'innerlichen' Zustimmung verspüren mag, ihn nicht ebenfalls täuschen können? (Beispielen für unauthentisches Urteilen waren wir im Vorbeigehn begegnet und hatten ihre reale Möglichkeit keineswegs in Abrede zu stellen versucht; es sei noch einmal erinnert an die sozusagen innere Seite des Bullshittens à la Frankfurt.) Mithin ist hier zu fragen: Wenn selbst eine vom Subjekt vermeinte Aufrichtigkeit keine feste Brücke vom Etwas-Sagen zum Es-auch-Glauben ist, woraus möchte dann jene märchenhafte Brücke gemacht sein, die das Urteilen – das Etwas-als-wahr-Anerkennen – absolut zuverlässig mit dem Es-auch-Glauben verbindet? Diese Frage wurde im 12. Kapitel nur weggewischt; der Zweifel, aus dem sie rührt, wurde nicht beseitigt. Da war nichts weiter als die blanke Stipulation: es liege eben im Begriff des Urteilens selbst, daß Kategorien wie Aufrichtigkeit/Unaufrichtigkeit und dergleichen schlichtweg nicht anwendbar sind. Ein typisch philosophischer Bescheid: So sei es eben, und es liege schon im Begriff der Sache.

So das Bedenken. – Was ich ihm entgegenzusetzen habe, habe ich bereits gesagt.[499] Daraus ergibt sich nichts Aufschlußreicheres als dies: *Wenn* wir so-&-so urteilen, dann sind wir uns dessen bewußt, daß wir so-&-so urteilen, dann ist uns im selben Moment kein Zweifel daran möglich. *Daß* wir so urteilen, kann uns nur dann bewußt sein, *wenn* wir so urteilen. Das ist ein enger begrifflicher Zusammenhang, kein erkenntnistheoretischer Zirkel. Eine Konsequenz ist: Das Urteilen ist ein Bewußtseinsakt, der sich nicht in seiner Phänomenologie erschöpfen könnte. (Ob er überhaupt eine hat, sei dahingestellt; die wenigen Bestimmungen, die ich gegeben habe, besagen nichts dazu.) Wenn es so etwas gibt wie ein 'Gefühl des Urteilens' (ein 'Ja-Gefühl'), dann könnte es nicht mehr sein als ein inneres Indiz dafür, daß wir in der Tat urteilen, sobald dieses Gefühl einen unserer Gedanken begleitet. Es müßte stets fehlbar sein, Irrtum zulassen, wie alle bloßen Indizien. Nichts von der Art einer Empfindung könnte untrügliche Gewähr dafür bieten, daß der gedankliche Akt, den es begleitet, ein Urteilen ist. Aber einer solchen bedürfen wir nicht, wenn wir urteilen. Um zu urteilen, müssen wir nicht zugleich *wissen*, daß wir es tun. Wir sind uns dessen bewußt, daß wir es tun; jeder zugleich gehegte Zweifel daran, daß wir es tun, wäre ein Beweis dafür, daß wir nicht urteilen.

Nun ist andererseits die bloße Abwesenheit eines derartigen Zweifels keine Gewähr dafür, daß wir tatsächlich urteilen und nicht, zum Beispiel, nur versuchen, uns etwas einzureden. Vielleicht kann uns nichts eine solche Gewähr geben. Vielleicht müssen wir damit leben: daß wir uns gelegentlich unseres Urteilens und damit auch unseres Glaubens bewußt sind – selbst wenn wir zu keinem einzelnen Zeitpunkt eine 'Gewähr' dafür haben, daß gerade jetzt einer dieser Momente ist. Dies betrifft nicht nur das Glaubensbewußtsein. Auch sonst kann leicht geschehen, daß man nur wähnt, sich etwas bewußt zu sein. Doch dieser Umstand verträgt sich bestens damit, daß man sich derselben Sache, bei anderer

Gelegenheit, tatsächlich bewußt und damit vor jedem Irrtum über ihr Vorhandensein gefeit ist. Und dies beides verträgt sich sehr wohl damit, daß nichts uns jemals die Gewähr dafür liefern kann, daß wir uns einer Sache im selben Moment bewußt sind und es uns nicht nur so scheint, als seien wir es. – Wissen vom eigenen momentanen Urteilen ist etwas, das einer Gewähr bedürfte; Bewußtsein davon bedarf keiner. Vielleicht können wir nie wissen, ob wir urteilen. Aber wir urteilen. Und wenn wir es tun, sind wir uns dessen bewußt.

Wäre das Urteilen ein Gefühl, müßte es sich an diesem unfehlbar erkennen lassen. Doch auch dann, wenn es stets mit einem Gefühl verbunden wäre, wäre das Urteilen selbst kein Gefühl. In *diesem* Punkt liegt Hume schrecklich falsch und alle, die ihm darin gefolgt sind. Gegenüber dem (für manche Philosophen methodisch verlockenden) ontologischen Mißgriff, das Glauben mit dem Urteilen ineinszusetzen, mag man duldsam sein. Der weitere Schritt, die Ineinssetzung des Urteilens mit einem Gefühl, bleibt eine erkenntnistheoretische Katastrophe.

*

Noch einmal: Das Urteilen ist nichts, das uns begrifflich vorgegeben wäre. Wir könnten bequem ohne diesen Begriff auskommen, solange wir nicht ins Theoretisieren über den Geist verfallen. Doch wenn wir ihn in unser Nachdenken über das Glauben einbeziehen, sind wir gehalten, das Urteilen als etwas so Reales anzuerkennen wie das Glauben selbst. Und 'real' heißt ja gewöhnlich auch: 'läßt den Unterschied zwischen Schein und Sein zu'. – Spätestens dann, wenn wir uns auf die eigentümlich delikaten Fragen nach einem 'Wissen' über das Glauben einlassen, kommen wir, so scheint mir, am Begriff des Urteilens und dem des Glaubensbewußtseins nicht vorbei.

Um über sie etwas Aufschlußreicheres als das hier nur trocken Postulierte sagen zu können, bedürfte es andersartiger, viel weiter ausgreifender, Überlegungen als denen, die wie wir hier angestellt haben. Letztlich bedürfte es einer Theorie über den menschlichen Geist *insgesamt* – oder zumindest eines Modells der grundlegenden geistigen Zustände, Vermögen, Mechanismen und Operationen. Wir haben hier nur ad hoc ein paar vereinzelte Postulate in Bezug auf diese semi-technischen 'Werkzeug'-Begriffe gegeben. Diese implizit begriffsdefinitorischen Stipulationen hängen in der Luft, könnten sich in einem größeren theoretischen Rahmen als unbrauchbar erweisen. Erst in ihm würde sich erweisen, welchen Beitrag genau solche Begriffe zu einem profunderen Verständnis der geistigen Phänomene insgesamt zu leisten haben (und deshalb auch, ob ursprüngliche Ad-hoc-Postulate aufrechtzuerhalten sind). – Daraus ergeben sich Fragen, auf die wir am Ende des nächsten Kapitels zurückkommen werden.

21. GUTES GLAUBEN

Kehren wir zurück zu einer Annahme (falls dies das passende Wort ist), die unsere Untersuchungen mitleitete: daß das Glauben 'etwas Wirkliches' ist. Um vermeidbare metaphysische und erkenntnistheoretische Voraussetzungen über dieses Thema zu vermeiden, hatte ich den doxastischen Realismus eingangs möglichst neutral charakterisiert, sinngemäß so: Wird gesagt, jemand glaube das-&-das, dann ist das gelegentlich wahr; und wenn das wahr ist, dann ohne jede Ermäßigung oder Relativierung. Und "wahr" soll hier heißen: einfach wahr, und nicht etwa: wahr-*cum-grano-salis*, und auch nicht: wahr-*relativ-zu-diesem-oder-jenem*. Die Idee, Wahrheit hier unabgeschwächt und unrelativiert zu lassen, verträgt sich sehr wohl damit, daß solche Aussagen immer von einem gewissen Standpunkt aus gemacht werden, daß oft Interpretation in sie einfließt und daß sie gelegentlich eher metaphorisch als wörtlich gemeint sind. Aber das ändert nichts am springenden Punkt: Wann immer eine solche Glaubensaussage wahr ist, ist sie schlichtweg wahr, und kein anderer Standpunkt und keine andere Interpretation änderten daran etwas. – Für den unbefangenen Blick mag diese These überaus schwächlich und blaß wirken; wir haben jedoch gesehen, daß sie in der zeitgenössischen Diskussion oft bestritten wird: von manchen als immer noch zu stark und von andern als glatterdings falsch.

Was Fragen nach der Natur (dem Wesen, der Beschaffenheit, dem 'Seinsmodus') des Glaubens betrifft, so geht aus dieser These selbst dazu nichts hervor. Ebenso stumm ist sie zum erkenntnistheoretischen Status spezifischer Glaubensaussagen, so insbesondere auch: Ist deren Wahrheit jemals definitiv feststellbar, oder bleibt sie stets hypothetisch? Insofern hängt dieser Realismus in der Luft. Nun mag metaphysische und erkenntnistheoretische Zurückhaltung gegenüber dem Gegenstand der Untersuchung zu deren Beginn eine schöne Sache sein. Am Ende sollte sich dann aber vielleicht doch etwas Greifbareres, 'Substantielleres', ergeben – zumal dann, wenn sie lang geraten ist und einige Umstände (um nicht zu sagen: Umständlichkeiten) gemacht wurden. So mag der Leser denken, und ich gebe ihm recht.

*

ZUM ERKENNTNISTHEORETISCHEN Was die Frage nach der Wißbarkeit angeht, so haben wir spätestens am Ende des vorigen Kapitels etwas von der Art eines leidlich klaren Ergebnisses erlangt. Hier sollten daher wenige Worte reichen. Zwei Arten von Fällen sind voneinander getrennt zu betrachten: zum einen der 'interpersonale' Fall, in dem es in Hinblick auf einen Andern darum geht, ob er die-&-die Überzeugung hat; zum andern der Fall, in dem es einem Subjekt darum geht, ob es selbst das-&-das glaubt oder nicht. Hinsichtlich eines Falls der ersten Art sind die stärksten und eindeutigsten Gründe, die es für die Wahrheit einer spezifischen Glaubensaussage ("*S* glaubt zum Zeitpunkt *t*, daß *p*") geben kann, nur dann verfügbar, wenn das Subjekt eine uns verständliche Sprache spricht, in der es sagt, daß *p* (oder sagt, daß es glaubt, daß *p*). In einem Fall der zweiten Art manifestiert sich dem Subjekt das eigene Glauben in einem Urteilsakt, den es auch 'rein innerlich' vollziehen mag.

In beiden Fällen kann von Wissen in einem strengen Sinn ("Jede relevante Alternative dazu, daß *S* glaubt, daß *p*, läßt sich ausschließen") nicht die Rede sein. Der Versuch, solcherlei Wissen über das Glauben eines Andern zu erlangen, bleibt auch unter optimalen epistemischen Gegebenheiten stets auf unverifizierbare Präsumptionen angewiesen. Nicht einmal dem Subjekt selbst ist 'strenges' Wissen von seinem eigenen, gegenwärtigen Glauben möglich. Der Grund ist, daß sich in keinem konkreten Fall alle relevanten Alternativen ausschließen lassen. Selbst die bestmöglichen Hinweise darauf, daß ein anderes Subjekt (oder auch man selbst) zu einem bestimmten Zeitpunkt die-&-die Überzeugung hat, könnten jederzeit durch irgendeine unbemerkte 'Anormalität' entwertet werden – wobei solche 'Störfaktoren' nicht zu einer fixen Gesamtheit abschließbar sind. Sie lassen sich zum Beispiel nicht in einer Liste spezifizieren, die wir mit gutem Grund für vollständig halten könnten.[500] Niemals könnten wir uns sicher sein, *alle* relevanten Alternativen ausgeschlossen zu haben, allein schon deshalb, weil wir sie, in ihrer Gesamtheit, nicht überschauen. Ja, de facto lassen sich nicht einmal die bisher bekannten Gegenmöglichkeiten jemals allesamt ausschließen (man denke etwa an Unaufrichtigkeit dem Andern gegenüber, oder auch gegenüber sich selbst).

Anders liegen diese Dinge, wenn wir von Wissen in einem weniger hochgegriffenen Sinn sprechen, zum Beispiel in dem 'klassischen', wonach es ein gutbegründetes Fürwahrhalten von etwas ist, das de facto wahr ist. Betrachten wir zunächst den interpersonalen Fall. Da ist *A*, ein Außenstehender, der glaubt, daß *S* glaubt, daß *p*. Nun angenommen, erstens: *A* hat für diese Annahme gute (wiewohl auch keine wahrheitsgarantierenden) Gründe; und zweitens: *S* hat tatsächlich die betreffende Überzeugung. Dann weiß *A* – "wissen" jetzt im abgemilderten Sinn –, daß *S* glaubt, daß *p*. Es liegt auf der Hand, daß solcherlei Wissen ohne große Umstände möglich ist; gewöhnlich wird der Wissende aber nicht wissen können, daß er dies weiß.[501]

Entsprechendes gilt auch für den 'intrapersonalen' Fall: für das Wissen vom eigenen Glauben – jedenfalls dann, wenn es um Glauben in der Vergangenheit geht. (Wenn ich jetzt mit guten Gründen annehme, daß ich gestern glaubte, mein Fahrrad sei gestohlen, und wenn ich das gestern tatsächlich geglaubt habe, dann weiß ich jetzt, daß ich es geglaubt habe.) Bestreitbar ist hingegen, daß solcherlei Wissen auch vom eigenen momentanen Glauben möglich ist. Gründe für diesbezüglichen Zweifel wurden eingangs des 16. und ausgangs des vorigen Kapitels erörtert. Auch wenn Wissen hier nicht zu haben ist, steht uns doch ein andersartiger, 'grundloser und grundunbedürftiger', epistemischer Zugang zu den Tatsachen des Selbst-Glaubens offen: In Hinblick auf jede Überzeugung, die wir haben, ist uns jederzeit Bewußtsein von ihr verfügbar. Durch die Unverfügbarkeit klassischen Wissens besteht in diesem speziellen Ich-jetzt-Fall also keine mysteriöse epistemische Lücke, kein blinder Fleck. Zwar ist hier kein genuines Selbstwissen-daß (weder in einem starken noch in einem schwächeren Sinn) möglich; aber das Subjekt ist sich über sein eigenes momentanes Glauben jederzeit 'virtuell' im Klaren: bei Bedarf kann es jederzeit Glaubensbewußtsein haben. (Am Grunde von Moores Paradox liegt das Glaubens*bewußtsein*. Ein Urteil der Art "Ich glaube, daß *p*, aber nicht-*p*" verlangte das offenkundig Unmögliche: ein Subjekt, das sich dessen reflexiv bewußt ist, daß es glaubt, daß *p*, $[UGp \Rightarrow B^{r}Gp]$, und sich zugleich dessen unthematisch bewußt ist, daß es das nicht glaubt $[Up \Rightarrow B^{u}{\sim}Gp]$. Zu entwickeln, daß und warum dies begrifflich unmöglich ist, dazu reicht keine 'Theorie' des Glaubens aus – des Glaubens sozusagen für sich allein genommen. Dazu bedürfte es einer profunden Konzeption des Bewußtseins und insbesondere der Zusammenhänge zwischen reflexivem und nicht-reflexivem Bewußtsein.)

Ein Ergebnis unserer Überlegungen ließe sich summarisch so formulieren: Erstens, Wissen in einem sehr strengen Sinn ist in diesen Dingen ausgeschlossen. Zweitens, das Wissen (in einem weniger anspruchsvollen Sinn), das wir de facto davon haben, daß jemand das-&-das glaubt, ist fehlbar; und wenn wir es haben, können wir nicht wissen, daß wir es haben. (Traditionell gesprochen: In diesen Dingen gibt es nur moralische Sicherheit, keine metaphysische.) Drittens, 'absolute', skeptizismus-immune, Gewißheit vom Glauben eines Menschen ist möglich. Aber die kann nur er selbst haben: in den Momenten, in denen er sich seines Glaubens bewußt ist. Dieser Unterschied, zwischen Selbstwissen und Selbst-Bewußtsein, mag als allzu klein und fein erscheinen, um ihn für belangvoll zu halten. Doch ist er für die Erkenntnistheorie des Glaubens von einigem Interesse. Wird er nicht beachtet, führt das leicht zu der Idee, vom eigenen momentanen Glauben gebe es ein Wissen ganz eigentümlicher Art und es bedürfe großer philosophischer Anstrengungen, um allerlei damit verbundene Rätsel zu lösen. – In einem Wort, nach allem, was wir hier betrachtet haben, ist am Glauben nichts erkenntnistheoretisch Mysteriöses. Glaubenstatsachen sind zwar, aus den im sechsten Kapitel genannten Gründen, keine 'harten Fakten', aber nicht dem epistemischen Zugriff entzogen.

*

Zum Metaphysischen Was metaphysische Fragen nach dem Glauben angeht, so hat sich kaum etwas ergeben, das unserm blassen Realismus ein wenig mehr Farbe und Kontur verleihen könnte. Propositionales Glauben, was auch immer sonst noch zu seiner Natur gehören mag, ist eine Eigenschaft (genauer gesagt: ein Zustand); es ist kein Bewußtseinszustand; sich in ihm zu befinden setzt Begriffsvermögen und damit ein Minimum an Rationalität voraus; jedem Glauben ist ein wahrheitswertfähiger Inhalt wesentlich; menschliches Glauben jedenfalls ist in charakteristischen Weisen verknüpft mit vielen andern geistigen Eigenschaften, die Menschen besitzen, und insbesondere mit vielerlei Dispositionen. Kaum mehr als das hat sich über das Wesen des Glaubens ergeben. Wir haben, insbesondere im neunten Kapitel, einige darüberhinausgehende Thesen betrachtet, so etwa die, propositionales Glauben sei seiner Natur nach eine Disposition, oder die, es sei ein 'repräsentationaler Zustand'. Derartige metaphysischen Diagnosen werden oft so gestellt, als seien sie 'alternativlos', manchmal gar so, als seien sie prinzipiell unkontrovers. Aber sie sind es nicht. Auch sind sie nicht durch empirische Befunde gestützt (sei's aus dem alltäglichen Erleben, sei's aus experimenteller Forschung), und ebensowenig werden sie durch die begrifflichen Gegebenheiten nahegelegt.

"Das Glauben ist eine komplexe Disposition", "Es ist ein Zustand, in dem Information gespeichert ist", "Es ist ein Zustand, in den mentale Repräsentationen involviert sind" – all dies und einiges andere, das wir betrachtet haben, sind weitreichende empirische Hypothesen, Vorschläge zu einer sog. theoretischen Gleichsetzung. Es sind Versuche, eine Gleichung mit einer Unbekannten in einer nicht-trivialen Weise zu lösen: "propositionales Glauben = x". Sie sind zumeist von dem Wunsch getragen, das gesuchte x möge ein 'naturalistisch akzeptables' Phänomen sein – eines, dessen Beschaffenheit und Rolle im Kausalgeschehen auch einer rein naturwissenschaftlichen Untersuchung zugänglich ist. Daß es vornehmlich Philosophen sind, die sich dazu berufen fühlen, handfeste Lösungsvorschläge zu unterbreiten, macht vielleicht erklärlich, warum diese oft im ungnädigen Brustton eines *Ja-was-denn-sonst?* vorgetragen werden. Ja, was denn sonst, außer etwa eine Disposition oder ein Gehirnzustand, sollte das Glauben sein können? Etwa ein Modus einer immateriellen Geist-Substanz?

Nun, fragen wir einmal anders: Was sollte es sein? Oder, ganz offen heraus: Was wäre das natürliche Wesen des Glaubens, wenn es so wäre, daß es uns gefiele? – Ich spreche nun nur für mich selbst und lasse dabei meinem träumerischen Wunsch freien Lauf, es wäre am Ende etwas so 'Greifbares', daß seine Realität über jeden vernünftigen Zweifel erhaben wäre. Am besten würde es mir vielleicht gefallen, wenn jedes Glauben-daß-*p* ein konkretes Etwas wäre, das alle Menschen, die diese Überzeugung haben, an einer bestimmten Stelle in ihrem Kopf haben, und das ein Mensch, der diese Überzeugung nicht hat, nicht in seinem Kopf hat (jedenfalls nicht an der betreffenden Stelle). Jedes spezifische Glauben wäre dann vielleicht eine corticale Funktionseinheit, deren Beschaffenheit sich bis ins Einzelne neurochemisch beschreiben läßt. Einmal in Fahrt gekommen, male ich mir das lebhafter aus: Eine künftige Neuro-Wissenschaft würde solche Konfigurationen im Gehirn entdecken; man würde sie *Opiniuncula* nennen und sich daran machen, deren etwaige biochemische Besonderheiten und ihre Kausalbeziehungen zu andern corticalen Strukturen zu erforschen, schließlich bis hin zu den Afferenzen und Efferenzen. Am Ende hätten wir dann vielleicht echte Naturgesetze des menschlichen Glaubens! – Ja, das könnte mir gefallen: Jedes einzelne menschliche Glauben-daß-*p* ist ein im Prinzip naturwissenschaftlich nachweisbares *p*-Opiniunculum, jedes Glauben-daß-*q* ein *q*-Opiniunculum, und so weiter. Das für mich Schönste daran wäre: Szientistische Leugnungen und interpretationistische Verwässerungen der Realität des Glaubens wären dann als haltlos erwiesen, und zwar auf eine Weise, die allen Ansprüchen an Wissenschaftlichkeit genügt. Der doxastische Realismus wäre keine bloße, blasse These mehr, sondern mit harten Fakten untermauert! "Glauben-daß-*p* = ein *p*-Opiniunculum haben" wäre nicht leichter zu bestreiten als "Wasser = H_2O"!

Nun hege ich de facto nicht die geringste Hoffnung, dergleichen werde sich irgendwann einmal als die reine Wahrheit entpuppen. Manches, was wir betrachtet haben, spricht eher dagegen;[502] und (so weit ich sehe) gibt es keine neurobiologischen Befunde, die solchen Phantasien Nahrung geben. Dennoch, sie könnten die reine Wahrheit sein. Es liegt kein Widerspruch in ihnen. Ein begrifflicher ohnehin nicht, aber mehr als das:

Nichts, das wir bisher wirklich wissen, schließt definitiv aus, daß es so etwas gibt wie neuronale Opiniuncula. Andererseits wiederum: All diese Lösungsvorschläge (für die der mit den Opiniuncula nur ein Beispiel ist) sind derzeit bestenfalls wilde Hypothesen – wild zumindest insofern, als beim heutigen Kenntnisstand nicht einmal zu sehen ist, wie sie sich überhaupt einer empirischen Überprüfung zugänglich machen ließen. Der bloße Versuch, solchen 'Hypothesen' eine leidlich bestimmte Apriori-Wahrscheinlichkeit beizumessen, hinge in der Luft. Angesichts dessen erscheint es, milde gesprochen, nicht sonderlich vernünftig, sie zum Ausgangspunkt philosophischer Reflexion über das Glauben zu machen. Gewiß, auch der doxastische Realist darf träumen. Aber welcher Realismus liegt darin, seine Traumgebilde als 'Theorie'-Skizzen zu formulieren und deren Plausibilität zu behaupten?

Zunächst einmal ließe sich dazu bemerken, daß daran nichts sonderlich Verwunderliches sei. Schließlich sei das doch seit ältester Zeit gute Tradition: Philosophen riskieren wilde Hypothesen und arbeiten sie zu ganzen Systemen aus, wo kein anderer vernünftiger Mensch sich das trauen würde. (Philosophie als die spekulative Speerspitze der empirischen Forschung.)

Auch bietet sich, in puncto 'nichts als wilde Hypothesen', eine wissenschaftssoziologisch fundierte Gegendiagnose an. Es sei doch einfach so: Da ist, spätestens in den 1970er Jahren, eine Debatte in Gang gekommen ("Wie ist ein naturalistischer Realismus in puncto Glauben möglich?"). Viele haben alsbald Ideen dazu; die Journale füllen sich damit. Diese Ideen gehen in sehr unterschiedliche Richtungen; es entstehen Grundsatzkontroversen. Es gibt internationale Konferenzen, Tagungsbände, Monographien und Überblicksanthologien. Das Thema bleibt heiß; die Debatten werden hitziger. Es bilden sich Fraktionen, die sich unter Ismen zusammenscharen und ihre Koalitionsmöglichkeiten explorieren. Es entstehen immer 'technischere' Detail-Fragen ("Ist eine parataktische Analyse von Glaubenssätzen vereinbar mit einer funktionalistisch-repräsentationalistischen Konzeption, in der die Lingua-mentis-Hypothese im Rahmen eines Narrow-content-Ansatzes vertreten wird?"); Dissertationen zu solchen Themen werden verfaßt. Es entstehen vielerlei Formen des Spezialistentums und aus ihnen interdisziplinäre Kooperationen (z.B. mit der Linguistik, Neurowissenschaft, Künstliche-Intelligenz-Forschung, Computerwissenschaft und Kognitionspsychologie). In Handbüchern zur Philosophie des Geistes tauchen Einträge zu neuen Fachtermini auf. Inzwischen sind Anträge auf mehrjährige Forschungsprojekte in diesem Bereich aussichtsreich geworden; dem akademischen Nachwuchs eröffnen sich Chancen auf ein paar Jahre des Auskommens mit sei's auch geringem Einkommen. Der Erfolg und die Weiterförderungswürdigkeit solcher Projekte wird vornehmlich an der Quantität der aus ihnen hervorgehenden Publikationen gemessen; diese nehmen weiter zu. Und so weiter. Kurz, es hat sich so etwas wie ein Forschungszweig mit vielen blühenden Theorie-Ästen herausgebildet.

Und daran, so die Gegendiagnose, zeige sich eben auch eines: Die obige Charakterisierung, es handele sich hier um 'bestenfalls wilde' Hypothesen, ist nicht nur tendenziös, sondern angesichts des tatsächlichen Forschungsgeschehens realitätsblind und reaktionär. Vielmehr seien das seriöse Arbeitshypothesen, die sich ganz natürlich aus einem seit langem etablierten, weit ausgreifenden kognitionswissenschaftlichen Forschungsprogramm ergeben, an dem viele Einzelwissenschaften (und in einigen Grundsatzfragen begleitend eben auch die Philosophie) beteiligt sind. Die systematische, experimentell gestützte Forschung stehe hier natürlich noch am Anfang. Hinsichtlich vieler Probleme befinde sie sich derzeit in einer Phase der kreativen Suche nach erklärungsstarken Grundannahmen und tentativen Modellierungen. All dies sei unumgänglich, um später einmal zur Formulierung von ausgereiftereren Hypothesen zu gelangen, die strenger empirischer Überprüfung ausgesetzt werden können.

Ich sehe nicht, wie ich diese Gegeneinschätzung entkräften könnte. Aber auch nicht, wie durch sie das entkräftet würde, worauf es mir ankommt. Und zwar erstens darauf, daß gegenüber allen Vorschlägen dazu, von welcher natürlichen Beschaffenheit genau das gesuchte *x* ist, derzeit vernünftigerweise nicht mehr möglich ist als Agnostizismus. Jeder leidlich konkrete Vorschlag dieser Art ist ein Schuß ins Blaue; und daran ändert sich nichts, wenn ihm viele Schüsse in dieselbe Richtung nachgeschickt werden. Zweitens ist folgende Möglichkeit keineswegs auszuschließen: daß das Glauben – in Hinblick auf den bisher verfügbaren Vorrat an metaphysischen Genera – ein natürliches Phänomen sui generis ist. Dies für möglich zu halten ist per se kein Obskurantismus und auch kein Defätismus hinsichtlich der 'Naturalisierbarkeit' des Glaubens. Könnte es nicht sein, daß wir (noch) gar nicht über metaphysische Kategorien verfügen, die geeignet sind, die Natur des Glaubens (und anderer intentionaler Phänomene) in aufschlußreicher Weise näher zu bestimmen?

Es mag so scheinen, als gehe es bei diesem Dissens vornehmlich um Fragen des Stils – um die passende Pose bei der Unterbreitung und Diskussion philosophischer Vorschläge zur 'Naturalisierung des Glaubens'. Aber hinter Posen – es sei denn, sie sind nur des rhetorischen Effekts wegen aufgesetzt – stehen Geisteshaltungen. Und manche von diesen, die geradezu blind zuversichtlichen, bergen zumindest ein sozusagen psycho-philosophisches Risiko in sich. Im Besonderen meine ich dieses: Je vorbehaltloser die Fixierung auf eine leidlich genau umrissene Konzeption der Natur des Glaubens, desto größer die Gefahr für den enttäuschten Gläubigen, in den Anti-Realismus abzugleiten, sobald diese Konzeption sich als unhaltbar erweist. (Etwa so zum Beispiel: "Wenn sich erweisen sollte, daß das menschliche Gehirn nicht geeignet ist, etwas von der Art eines Opiniunculums zu beherbergen, dann würde mir zweifelhaft, daß es das Glauben *wirklich* gibt".)[503] Doch damit würde die tatsächliche Hierarchie der Evidenz auf den Kopf gestellt. Die Realität des Glaubens ist evidenter als die Wahrheit eines flächendeckenden Naturalismus. Daß das Glauben real ist, ist eine quasi-apriorische Gewißheit; genauer gesagt: Es ist so unantastbar wie die Tatsache, daß es Menschen gibt.[504]

Ein anderes Risiko liegt darin, daß philosophische Fragen nach der Natur des Glaubens falsch angegangen werden –, oder besser vielleicht: Sie werden in Fragen umgeschrieben, deren Antworten keine philosophischen Ergebnisse, sondern nur weitere Spekulationen über das Gehirn sein können. Jeder realistisch gesinnte Naturalist fragt: Von welcher Beschaffenheit ist eine natürliche Eigenschaft, die einen bestimmten propositionalen Inhalt involviert, also eine Eigenschaft wie z. B. die: zu glauben, daß New York südlicher liegt als Rom? Durch diese Frage fühlt er sich, zu Recht, vor eine ganz außerordentliche Herausforderung gestellt.

Als Philosoph fragt er sich weiter: Was macht diese Frage eigentlich so besonders schwierig, viel schwieriger als die nach der Natur vieler anderer geistiger Eigenschaften, zumal solcher, die an keinen begrifflichen Inhalt gebunden sind? Wenn er diese zweite Frage zu beantworten versucht, stellen sich ihm zahllose weitere Fragen, die philosophische Reflexion stimulieren – so zum Beispiel: In welcher Beziehung muß ein Subjekt, das diese Überzeugung hat, zu jenen beiden Städten stehen? Muß er etwas über sie wissen, wenigstens wissen, daß sie Städte sind? Oder: Sind Überzeugungen eigentlich Kausalfaktoren, Glieder in regulären Kausalketten? Fungieren die uns vertrauten Erklärungen, in deren Explanans Überzeugungen genannt werden, überhaupt als Kausalerklärungen? In welcher naturwissenschaftlichen Einzeldisziplin wären gesetzesartige Generalisierungen der Glaubensdynamik (des Entstehens und Verschwindens, des Stärker- und Schwächerwerdens von Überzeugungen) zu formulieren? Könnte es strenge Naturgesetze dieser Art geben, oder ergibt sich vielmehr allein schon aus der Normalitätsgetränktheit des Glaubensbegriffs, daß die gesuchten naturwissenschaftlichen Generalisierungen nicht streng sein *können*? Oder auch (wozu gleich mehr): Gehört zum Glauben seiner Natur nach ein normatives Moment, und wenn ja, wie könnte der Naturalist dem Rechnung tragen? Und so weiter. – So steht es um den Philosophen, der zugleich Realist und Naturalist in puncto Glauben ist und der angesichts der Frage nach dessen Natur erst einmal zur zweiten Frage übergeht. Und diese ernstnimmt. Dadurch gelangt er zu Fragen, die allerdings nicht dazu angetan sind, ihn schnurstracks zu Spekulationen über das menschliche Gehirn anzuregen. Wohl aber, so hofft er, könnte der Versuch, solche (jeder konkreteren empirischen Vermutung vorgeschalteten) Fragen zu beantworten, dazu beitragen, den Bereich potentiell fruchtbarer Hypothesen über die Natur des Glaubens einzuengen.

Anders der ganz forsche Naturalist. In seiner idealtypischen Ausprägung (bedenkenlos zuversichtlich) überspringt er die zweite Frage und die weiteren, die sich aus ihr ergeben. Dieser Sprung ist kein *jumping to conclusions*, eher ein *jumping to hypotheses*. Ein Philosoph dieses Schlags mag zum Beispiel 'hypothetisch unterstellen', daß die gerade erwähnte Überzeugung nichts anderes ist als die Eigenschaft, ein entsprechendes Opiniunculum (eines mit dem Inhalt: New York liegt südlicher als Rom) im Kopf zu haben. Daraus ergeben sich ihm dann, ohne weiteres Innehalten, seine innovativen Fragen, mit denen er die philosophischen Fragen nach der Natur der Intentionalität einer Antwort näherzubringen denkt. Sie sind z.B. kausalitätstheoretischer, aber nun sehr 'konkreter', Art ("Wie wächst einer konkreten Gehirnstruktur der Inhalt zu, daß New York südlich von Rom liegt? Von welcher Art müssen entsprechende Kausalfaktoren und -prozesse sein?"). Oder sie betreffen die Hermeneutik des Cortex ("Mit welchen Methoden ließe sich der propositionale Inhalt einer konkreten Gehirnstruktur richtig verstehen – was sind die Kriterien für die Richtigkeit dieser Art von Neuro-Interpretation?"). Es fällt auf, daß in derartigen Fragen das glaubende Subjekt – der Mensch, der solche intentionalen Eigenschaften hat – in den Hintergrund tritt. Es verschwindet hinter einer 'hypothetischen' neuronalen Struktur, die nun als der 'direkte', 'primäre', 'konkrete', 'eigentliche' Gegenstand weiteren philosophischen Nachdenkens über das Glauben ausgegeben wird. Aber diese Subjekt-Verdrängung ist aus kategorialen Gründen, gelinde gesagt, dubios, und es mag sehr wohl sein, daß sie fruchtbareres philosophisches Nachdenken über die Intentionalität des Geistigen eher behindert als inspiriert.[505]

Szientistische Wunschträume, wie meiner von den Opiniuncula, mögen, auf ihre Art, gut und schön sein. Aber sie haben keinen Anspruch darauf, wie ernstzunehmende 'Hypothesen' behandelt zu werden, die – wenn auch derzeit noch wissenschaftlich unfundierbar – zumindest dem philosophischen Nachdenken über das Glauben eine verheißungsvolle Richtung weisen könnten. Im Gegenteil, was den Beitrag der Philosophie zu diesen Fragen angeht, so finden wir z. B. bei Putnam und Davidson schlagende Gegengedanken zu derartig simplistischen Hirngespinsten. Auch in der Philosophie gibt es, gelegentlich, Fortschritte, und einer, der in den letzten 50 Jahren erreicht wurde, ist die Einsicht: Nichts, was im Kopf eines Menschen zu finden sein mag, ist seine Überzeugung, daß New York südlicher liegt als Rom.[506] Unter anderm gerade deshalb, weil dieser negative Befund unabweisbar ist (solange keine neuen *Einsichten* erreicht werden), ist das Projekt eines doxastischen Naturalismus so durch und durch reizvoll: eine würdige Herausforderung für Philosophen und alle, die sich zu jener merkwürdigen Art disziplinierten apriorischen Nachdenkens hingezogen fühlen. Die Arbeit, die hier in Angriff zu nehmen ist, wird dem doxastischen Naturalisten nicht dadurch erleichtert, daß er sich das menschliche Gehirn als ein (in einer bisher unbekannten Sprache geschriebenes) Buch vorstellt, das uns die Hirnforschung eines Tages öffnen wird und in dem sich dann auch die passenden neuronalen Inskriptionen anfinden werden.

*

An der Realität des Glaubens ist, wie gesagt, kein ernstzunehmender, vielleicht letztlich nicht einmal ein kohärenter Zweifel möglich. So viel ist sicher. Und weiter: Gehört das menschliche Glauben nicht zum Natürlichsten in der Welt? So sieht es der doxastische Naturalist (wie auch ich), und er ist sich dessen moralisch gewiß, daß es seinen Platz in der natürlichen Welt hat: als etwas Reales, das kommt und geht, das schwächer oder stärker ausgeprägt sein kann, und so weiter. Aber es gibt, wie gesagt, wenig Grund anzunehmen, wir könnten heute schon leidlich deutlich bestimmen – oder auch auch nur intelligent darüber spekulieren –, wie dieses Phänomen so zu 'verorten' ist, daß die gesuchte Gleichung naturalistisch aufgeht. Das Glauben dürfte uns auf einige Zeit hinweg noch das bleiben, was es vielen, die in den letzten 300 Jahren darüber nachgedacht haben, stets gewesen ist: ein natürliches Phänomen, dessen Natur metaphysisch bislang nur sehr vage bestimmbar ist, dessen Realität zu bestreiten allerdings albern wäre. – In einem Wort, es könnte wohl so sein, daß die metaphysische Frage, was das Glauben 'eigentlich' sei, worin seine Wirklichkeit 'ganz spezifisch und konkret' besteht, noch auf einige Zeit keine sehr viel deutlicheren definitiven Antworten zuläßt als die, die sich im Verlaufe unserer Betrachtungen als unabweisbar erwiesen haben.

*

Gegenstand dieses Essays war nicht nur das Glauben (speziell einige Aspekte seiner Erkenntnistheorie und Metaphysik), sondern auch unser Begriff von ihm – besser gesagt: einer unserer Glaubensbegriffe, und zwar der des Fürwahrhaltens, wie auch immer dieses geartet sei. Auch er ist von vielerlei Vagheit umgeben. So ist es allein schon schwierig, ihn gegen eine Familie verwandter Begriffe scharf abzugrenzen, die wir als "bloßes Akzeptieren" etikettiert haben. Das ist auch deshalb so, weil dieser Begriff keine klassische Analyse zuläßt, sondern nur 'implizit definiert' ist – dies aber nicht im Rahmen einer empirischen Theorie, sondern durch seine Verbindungen zu andern, insbesondere auch andern 'alltagspsychologischen', Begriffen, von denen viele ebenfalls keine separate Analyse zulassen. Speziell dann, wenn wir darum bemüht sind, den Glaubensbegriff in völliger Allgemeinheit zu betrachten, fallen nähere, substantiellere, Bestimmungen schwer.

Das ändert sich erheblich, sobald die Einschränkung auf menschliches Glauben gemacht wird. Die aufschlußreichsten begrifflichen Wahrheiten, die in diesem engeren Bereich anzutreffen sind, stehen allerdings selbst wiederum unter einer diffusen Einschränkung: Ihre Geltung erstreckt sich nur auf 'normale' Menschen, solange sie sich unter für sie 'normalen' Gegebenheiten befinden. Der Unbestimmtheit dieser unbeseitigbaren Vorbehalte wegen sind jedoch, wie wir das an einigen Beispielen betrachtet haben, oftmals unterschiedliche Einschätzungen darüber möglich, ob es sich bei einer vorgegebenen Generalisierung, die den Begriff des Glaubens involviert, tatsächlich um eine begriffliche Wahrheit handelt oder nicht vielmehr um eine kontingente psychologische Regularität.

So ist uns also nicht nur die Natur des Glaubens selbst undeutlich, vielmehr birgt bereits unser Begriff von ihm vielerlei Unbestimmtheit in sich. 'Im Prinzip' mag diese beseitigbar sein; die Idee einer 'vollständigen theoretischen Durchdringung' dieses Begriffs ist nicht inkohärent.[507] Und jedenfalls ist es, so denke ich, kein blinder Optimismus zu hoffen, mit Fleiß und Geduld könnten wir immerhin zu einigen neuen Einsichten über diesen Begriff gelangen, vielleicht nur unter Einspannung neuer (oder weiterentwickelter alter) semi-technischer Begriffe, dank denen uns aufschlußreiche Zusammenhänge zwischen bisher Disparatem erkennbar werden. Doch auch hier – beim Bemühen darum, den Bereich unseres begrifflichen Wissens über das Glauben zu erweitern – wäre es unrealistisch, auf schnelle Fortschritte weitreichender Art zu hoffen. Es liegt in der besonderen Art neuer *begrifflicher* Einsichten, daß derartige Fortschritte nur dann erreicht sind, wenn zugleich auch Konsens über ihre Unantastbarkeit erreicht wird. Und die einzigen 'Methoden', die uns dabei zur Verfügung stehen, haben es an sich, daß ihre Anwendung nicht einmal raschen Konsens unter sei's auch noch so 'rechtschaffenen und wohlmeinenden' Denkern verheißt: Reflexion, Intuition, Gedankenexperiment, Sprachanalyse und so weiter. – In zumindest einer Hinsicht hat sich der Begriff des Glaubens hingegen als ein Ausbund an Schärfe herausgestellt: Obgleich die Kriterien ihrer Zuschreibung verschwommen sind, gehören die spezifischen Begriffe propositionalen Glaubens zu den seltenen Begriffen, die keine Grenzfall-Unbestimmtheit zulassen.[508]

*

Ein 'rationaler' Begriff? Wir hatten eingangs gesagt und zwischendurch an einigen Stellen bemerkt, daß der Begriff der Rationalität und der des Glaubens eng aufeinander bezogen sind. So setzt zum Beispiel das Glauben seinem Begriffe nach ein gewisses, aber vermutlich unbestimmbares, Maß an Rationalität auf Seiten des Subjekts voraus, und jede Konzeption von Rationalität (auch der praktischen) hat Glauben als einen ihrer Grundbegriffe. Wohnt nun dem Glauben selbst, seinem Begriffe nach, eine Tendenz dazu inne, rational zu sein – entweder in dem anspruchsvollen Sinn, daß Überzeugungen aus guten Gründen hervorgehen oder durch sie untermauerbar wären, oder zumindest in dem Sinne, daß sie von dem, der sie hat, für subjektiv gut begründet erachtet würden, wenn er sich ihrer bewußt würde?

Ich denke, dem ist nicht so. Der *Begriff* des Glaubens ist mit dem der Rationalität nur in zweierlei Weise verbunden. Erstens durch die gerade genannte Voraussetzung, daß er sich nur auf wenigstens minimal-rationale Wesen erstreckt. (Hierbei ist es für das nun Folgende wichtig zu beachten, daß die erforderliche Rationalität tatsächlich ihre unterste Grenze erreichen und so gering sein darf, wie sich Rationalität noch kohärent denken läßt.[509]) Zweitens lassen sich eine Reihe von für den Glaubensbegriff konstitutiven begrifflichen Verbindungen als rationale Zusammenhänge auffassen. Ein Beispiel dafür sind diejenigen begrifflichen Wahrheiten, die sich dem Praktischen Syllogismus zuordnen lassen; sie beschreiben rationale Zusammenhänge zwischen Überzeugungen, Wünschen, Erwägungen, Entscheidungen, Entschlüssen, Absichten und Handlungsversuchen. Andere Beispiele finden sich im Bereich solcher begrifflicher Wahrheiten, die es mit dem Erwerb oder Verlust von Überzeugungen zu tun haben. (Hier ein Beispiel zur Illustration dessen, was ich meine: "Wer glaubt, daß nicht-*p*, und sich dessen bewußt ist, daß er glaubt, daß wenn *q*, dann *p*, und nun sieht, daß *q*, der wird dann, unter insgesamt normalen Gegebenheiten, glauben, daß *p*, und nicht mehr glauben, daß nicht-*p*". Jede Ausfüllung dieses Schemas ist eine begriffliche Wahrheit, die man als ein Rationalitätsgesetz bezeichnen könnte. Denn es ließe sich sehr einfach zu einem expliziten Gebot der Vernunft umformulieren, indem man den Dann-Satz, ohne Normalitätsrestriktion, so faßt: "der *sollte* dann auch glauben, daß *p*, und nicht mehr glauben, daß nicht-*p*".)

Es gibt demnach begriffliche Wahrheiten über das Glauben, die man zugleich auch zur impliziten Definition des Rationalitätsbegriffs rechnen darf, und zwar deshalb, weil sie sich mit einem Federstrich in Gebote der Vernunft umschreiben lassen. – Nun ist der Begriff des Glaubens nicht derselbe wie der des rationalen Glaubens. Und so gibt es Gebote der Vernunft, die zwar das Glauben angehen, zu denen es aber keine entsprechenden begrifflichen, auch keine cp-begrifflichen, Wahrheiten gibt. ("Du sollst dir eine Überzeugung nur dann zueigen machen, wenn du gute Gründe für ihre Wahrheit hast.") Und ebenso gibt es begriffliche Wahrheiten über das Glauben, die sich nicht in Gebote der Vernunft transformieren lassen. Das gilt vermutlich für alle uneingeschränkten Wahrheiten, wie etwa "Wer etwas weiß, glaubt es auch". Aber es gilt auch für einige cp-analytische Generalisierungen wie zum Beispiel unser 'Unfehlbarkeitsprinzip': "Wann immer jemand glaubt, daß er glaubt, daß *p*, glaubt er auch, daß *p*".[510]

Drücken wir dies so aus: Glauben-daß ist ein rationalitätsvoraussetzender und den Begriff der Rationalität mitkonstituierender Begriff; aber es ist kein *intrinsisch rationaler* Begriff. Damit meine ich einen, der nur auf etwas zutreffen kann, das ein ausreichendes Maß an (für solche Etwasse einschlägigen) rationalen Qualitäten besitzt. Ein Beispiel: Es gibt ausgezeichnete, gute, mittelprächtige, schlechte und miserable Argumentationen. Aber nichts ist überhaupt eine, wenn es nicht gewissen Rationalitätsansprüchen genügt (so z. B., daß es überhaupt in einem inhaltlichen Zusammenhang mit der fraglichen These steht; daß es nicht offenkundig *gegen* die These spricht; daß es kohärent ist; daß es die Aussicht darauf bietet, sich zu einem zwingenden Schluß ausarbeiten zu lassen; und anderes mehr). Es ist auf apriorischen Weg einsichtig, daß die bloße Hervorbringung eines Konglomerats von Gedanken, auch wenn deren letztem ein "also" vorausgeschickt wird, keine Argumentation wäre, nicht einmal eine miserable. Dies meine ich, wenn ich Argumentation einen intrinsisch rationalen Begriff nenne.

Glauben-daß ist nicht von dieser Art. Zwar sollte jede Überzeugung tunlichst gewisse rationale Qualitäten aufweisen, speziell natürlich durch zumindest subjektiv gute Gründe gestützt sein. Aber wenn eine das nicht tut, ist sie immer noch eine Überzeugung. Und sie kann sich hartnäckig halten, zumal dann, wenn der Glaubende ihrer nicht gewahr wird. (Natürlich können auch rational komplett insuffiziente Überzeugungen, sozusagen 'zufällig', wahr sein.) Gewiß, derartige Überzeugungen können nicht beliebig ins Kraut schießen; spätestens die für das Glauben erforderliche 'Minimal-Rationalität' des Subjekts setzt hier eine Grenze (von der wir allerdings nicht angeben können, wo sie verläuft). Aber es liegt nicht im Begriff des Glaubens, daß jede Überzeugung, die ein vernünftiger Mensch hat, den Minimal-Ansprüchen an vernünftiges Glauben genügt, welche auch immer dies sein mögen.[511] – Kurz, Glauben ist kein rationaler Begriff, und das Glauben selbst, wiewohl es Rationalität voraussetzt, ist nicht intrinsisch rational.

*

EIN 'NORMATIVER' BEGRIFF? Daß Glauben dennoch ein 'normativer' Begriff sei, ist seit etwa 40 Jahren zunehmend häufiger zu lesen, insbesondere im Zusammenhang der Debatten um den sog. doxastischen Voluntarismus, demzufolge es möglich ist, sich durch einen bloßen Willensakt, 'einfach so', dazu zu bringen, etwas zu glauben (etwa so, wie man sich dazu bringen kann, den Arm zu heben). Gegen die Kohärenz dieser Auffassung hatte Bernard Williams ein vieldiskutiertes Argument entwickelt, dessen zentrale Prämisse er zu folgender griffigen Formulierung verkürzte: Überzeugungen zielen auf Wahrheit. Wie diese Redeweise zu verstehen sei, sagt Williams sehr deutlich, nämlich als die Konjunktion folgender drei Thesen: (a) Überzeugungen sind, anders als viele andere mentale Zustände, in der Dimension *Wahr/falsch* bewertbar; (b) Glauben, daß so-&-so, ist dasselbe wie Glauben, daß so-&-so wahr ist; und (c) wer sagt "Ich glaube, daß *p*", der behauptet damit – 'im allgemeinen', 'implizit' und 'mit einer gewissen Einschränkung' – auch, daß *p*.[512]

Halten wir kurz inne, um dreierlei festzuhalten. Erstens, wenn Williams Wahrheit als das Ziel des Glaubens bezeichnet, dann hat das also einen klaren wörtlichen Sinn. Es handelt sich hier nicht um eine metaphorische These. Die Formulierung ist metaphorisch, aber sie fungiert als stilistische Komprimierung dreier wörtlich zu nehmender Behauptungen. In ihnen geht es, zweitens, nicht um eine etwaige 'Normativität' des Glaubens oder unseres Glaubensbegriffs. (Von dergleichen ist in Williams' Überlegungen übrigens gar nicht die Rede.) Drittens, im Lichte unserer vorangegangenen Erörterungen ist diese Drei-Thesen-These schlicht wahr. Natürlich, man könnte nach einem Haar in der Suppe suchen und zum Beispiel gegen (b) geltend machen, daß hier die strittige Voraussetzung einfließt, der Besitz von Überzeugungen sei an den des Wahrheitsbegriffs gebunden. Doch klüglerische Bedenken sind nicht unsere Art, und an dieser Stelle würden sie uns zudem vom Kern der Sache ablenken: Williams' These, so wie er sie ausdrücklich verstanden wissen möchte, ist eine zutreffende Beobachtung über einige Merkmale des Glaubens, und sie hat mit dem Thema 'Normativität des Glaubens' nichts zu tun.

Metaphorische Formulierungen haben ihr Eigenleben. In der heutigen Debatte wird mit der Rede von Wahrheit als dem Ziel von Überzeugungen sehr unterschiedlicher Sinn verbunden, nicht immer ein deutlicher, manchmal ein metaphorischer, aber stets einer, der auf eine innere Normativität des Glauben hindeuten soll.[513] Einzelheiten müssen uns nicht weiter interessieren, außer wo sie direkt die Fragen betreffen, um die es hier geht. Zunächst diese: Ist der Begriff des Glaubens normativ? Oder penibler, um hervorzuheben, daß es um ihn sozusagen höchstselbst geht (und nicht um ihn umgebende Begriffe): Ist er 'intrinsisch' normativ?

Manche bejahen dies.[514] Ein oft und in mehreren Varianten vorgetragenes Argument hat folgendes Muster: (1) Glauben-daß – nota bene: jeder einzelne Begriff spezifischen propositionalen Glaubens – ist mit dem der Korrektkeit direkt verbunden, und zwar durch die begriffliche Wahrheit aller Sätze des Schemas:

(K) Die Überzeugung, daß *p*, ist korrekt genau dann, wenn es wahr ist, daß *p*.

Das heißt: Die Wahrheitsbedingung einer Überzeugung ist zugleich ihre 'Korrektheitsbedingung'. (2) Der Begriff der Korrektheit ist intrinsisch normativ; etwas ist nur dann korrekt, wenn es so ist, wie es sein *sollte*. Alles, was korrekt/inkorrekt ist, unterliegt Normen. Also, (3), unterliegt auch das Glauben seinem Begriffe nach Normen, und wegen (1) müssen das Normen sein, die es mit Wahrheit zu tun haben. *Q.E.D.*

Dazu nur zwei simple Fragen. Die erste wird (so weit ich sehe) von den doxastischen Normativisten nicht gestellt: Woher könnte eigentlich die angebliche Apriorizität der Einsicht in die Wahrheit der ersten Prämisse stammen? Gewiß nicht aus unserer vortheoretischen Begriffskompetenz in puncto Glauben. Die Redeweise, eine Überzeugung sei 'korrekt', ist (zumindest in der alltagssprachlichen Rede) ungebräuchlich; und würde jemand eine Überzeugung korrekt nennen, würde er wohl so verstanden, als habe er nichts anderes sagen wollen als: Sie ist wahr. Wenn das richtig ist, wäre (K) kein Hinweis darauf, daß Überzeugungen nicht nur ganz gewöhnliche Wahrheitsbedingungen haben, wie ja andere Arten von Entitäten auch, sondern außerdem noch normative, oder normativ aufgeladene, 'Korrektheitsbedingungen' hätten, welchselbe (was das

Glauben angeht) aber ein und dieselben wären. – Zudem gibt es hier eine weitere Schwierigkeit. Denken wir daran zurück, was wir früher über die Mehrdeutigkeit von "die Überzeugung, daß *p*" bemerkt hatten: Nur in dem sog. Inhaltssinn sind Überzeugungen wahr, d.h. wenn mit "die Überzeugung, daß *p*" nicht über das Glauben des Geglaubten gesprochen wird, sondern über das Geglaubte (also nicht über die Eigenschaft des Glaubens, daß *p*, gesprochen wird, sondern über die Proposition, daß *p*).[515] Demnach wäre Folgendes eine angemessene Paraphrase von (K):

> Die Proposition, daß *p*, ist korrekt genau dann, wenn sie wahr ist.

Eines sticht unmittelbar ins Auge: Vom Glauben ist hier nun gar nicht mehr die Rede. Prämisse (1) kann durch dieses Bikonditional also nicht gestützt werden. – Dagegen ließe sich natürlich mit gewissem Recht einwenden, daß der Ausdruck "die Überzeugung, daß *p*" in keiner seiner Lesarten einfach nur die blanke Proposition, daß *p*, bezeichne. Vielmehr bezeichne er sie als eine, die (oder: insofern sie) geglaubt wird. Gut, paraphrasieren wir (K) dann eben so:

> Insofern die Proposition, daß *p*, geglaubt wird, ist sie genau dann korrekt, wenn sie wahr ist.

Hier wäre nun schließlich doch zu fragen, was das heißen mag: eine Proposition sei korrekt. (Denn auch dann, wenn sie als eine geglaubte thematisiert wird, ist es ja die Proposition, der Korrektheit zugesprochen wird.) Ich kann diese Frage nicht beantworten, weil ich mit dieser Redeweise keinen Sinn verbinde. – Mag sein, daß sich ihr im Rahmen einer philosophischen Propositionstheorie ein passender Sinn beilegen läßt. Halten wir hier nur dies fest: Die skizzierte Argumentation für die These, es gebe einen begrifflichen Zusammenhang zwischen <u>Glauben</u> und sog. Wahrheitsnormen, ist theoretisch voraussetzungsreich und ohne Erläuterung des hier als Terminus technicus verwendeten Worts "korrekt" unverständlich. – Nun mag ja, auch wenn diese spezielle Argumentationsform nicht einleuchtet, die These dennoch zutreffen und sich auf andere Weise einsichtig machen lassen.

Damit stellt sich die zweite simple Frage: Was wären überhaupt Normen, durch die Glauben auf Wahrheit, wie auf ein Ziel, bezogen ist? Normen sind, im üblichen Verständnis, gebietende oder verbietende Anweisungen dazu, was (zumeist nur unter Einschränkung auf bestimmte Gegebenheiten) zu tun (bzw. zu unterlassen) ist. Sie lassen sich unter Zuhilfenahme von Wörtern wie 'korrekt' oder als (hypothetische) Imperative formulieren.[516] Sogenannte 'Erlaubnis-Normen', die sich nicht ohne Verrenkungen in diesen Formaten angeben lassen, dürfen wir für unser Thema jetzt getrost beiseitelassen. (Wie könnte daraus, daß man glauben *darf*, daß *p*, wenn es wahr ist, daß *p*, hervorgehen, daß das Glauben – oder das glaubende Subjekt mit seinem Glauben – auf die Wahrheit des Geglaubten 'zielt'?)

Normen haben gewöhnlich einen Norm-'Geber' und einen 'Adressaten'. Was letzteren angeht, so muß er dasjenige Subjekt sein, das die Norm beachtet oder gegen sie verstößt (sie vielleicht nicht einmal anerkennt). Naheliegenderweise müßten sich Glaubensnormen also an Glaubenssubjekte richten. Wenn es Normen sein sollen, die aus dem bloßen Begriff des Glaubens hervorgehen, erstreckten sie sich folglich auf alle doxastischen Subjekte. – Zwei Grundformen 'positiver' Wahrheitsnormen für das Glauben sind denkbar:

Wann immer es wahr ist, daß *p*, dann glaube, daß *p*!
Glaube nur dann, daß *p*, wenn es wahr ist, daß *p*!

Wie könnten solche Normen aus dem Begriff des Glaubens, aus den ihn konstituierenden Wahrheiten, hervorgehen? Zunächst einmal liegt auf der Hand, daß die Verbindung nicht von der Art einer Folgerungsbeziehung sein kann. Imperative sind nicht wahr oder falsch, sie stehen nicht in *Folgerungs*beziehungen zu Wahrheiten, auch nicht zu begrifflichen. Ein passender Zusammenhang zwischen den begrifflichen Wahrheiten, die Glauben konstituieren, und etwaigen Wahrheitsnormen des Glaubens muß also von anderer Art sein. Wenigstens sollte wohl dies gelten: Wer die Begriffe des Glaubens und der Wahrheit beherrscht, dem sind solche Normen a priori einsichtig (wenn vielleicht auch nur nach einigem Nachdenken). Was dem Glaubenssubjekt am Ende eines entsprechenden apriorischen Räsonnements dann deutlich wäre, kann demnach nicht die Wahrheit der betreffenden Norm sein; wahr kann sie ja nicht sein. Was der Denker dann einsieht, müßte wohl so etwas sein wie die 'Verbindlichkeit' oder 'Gültigkeit' der Norm; wegen der Apriorität dieser Einsicht wäre in ihr auch enthalten, daß die Norm für beliebige doxastische Subjekte gilt – also auch für ihn selbst.

Dann ließe sich die Glauben-zielt-auf-Wahrheit-These des doxastischen Normativisten etwa folgendermaßen fassen: Wer die Begriffe des Glaubens und der Wahrheit beherrscht, der wird, zumindest nach hinlänglicher Reflexion, die Wahrheitsnorm (oder die Wahrheitsnormen) des Glaubens aus ihm a priori einsichtigen Gründen vorbehaltlos anerkennen. – Als Adressaten von Normen des erstgenannten Typs, "Wann immer *p*, glaube, daß *p*!", scheiden normale Menschen dann aus. Es ist eine quasi-apriorische Wahrheit, daß wir nicht alles glauben können, was wahr ist. Normen des zweiten Typs hingegen scheinen guter Rat, so zum Beispiel: Glaube nur dann, daß die Aktien steigen, wenn sie steigen! Glaube nur dann, daß die Aktien fallen, wenn sie fallen! – Ja, dem würde ich mich liebend gerne anbequemen, wenn ich wüßte, wie man das macht. Wenn Akzeptanz einer Norm in nichts besteht als in so einem Wunsch, dann akzeptiere ich diese beiden Normen und muß dazu nicht erst lange grübeln.

Dieser generelle Imperativ klingt gut, mag erst einmal 'grundsätzlich' einleuchten, wie andere fromme Sprüche auch ("Wolle nur das, was aufs Ganze gesehen das Beste für alle ist!"). Aber lehrt uns nicht schon das alltäglichste Leben mit seinen gelegentlichen Verzwickheiten, daß auch hier Vorbehalte zu machen sind? Wäre es nicht klug – vielleicht sogar weise –, sich nicht von vornherein darauf festzulegen, vorbehaltlos jede einzelne Norm dieses Schlags zu akzeptieren? – Ich zum Beispiel möchte mich, nach erstem Bedenken, einem Gebot wie zum Beispiel diesem gar nicht unterwerfen: Glaube nur dann, daß du ein erträglicher Mensch bist, wenn es wahr ist, daß du ein erträglicher Mensch bist! (Schließlich tut es mir einfach gut, das 'so oder so' zu glauben. Und, wer weiß, vielleicht trägt meine Überzeugung – je fester, desto mehr, und ganz unabhängig davon, ob sie wahr ist oder nicht – ja dazu bei, daß ich erträglich *werde*. Und jedenfalls könnte es wohl sein, daß ich noch weniger erträglich wäre, wenn ich sie nicht mehr hätte.) Andererseits scheine ich eine Stimme in mir zu hören, die sagt: "Aber ganz stubenrein ist das nicht. Du kommst nicht darum herum, die generelle Norm

Für alle *p*: Glaube nur dann, daß *p*, wenn es wahr ist, daß *p*!

in ihrer strengen Allgemeinheit anzuerkennen, selbst wenn es dir dann und wann opportun erscheinen mag, eine Ausnahme zu machen." Und sobald ich das bedenke, bin ich nun doch geneigt, dem aus besserer Einsicht zuzustimmen. – Hat hier der Normgeber selbst zu mir gesprochen? War das vielleicht die Stimme der Vernunft? Wir kommen darauf zurück.

So hätten wir damit vielleicht eine erste a priori einsichtige Norm, die das Glauben betrifft. Aus ihr ergäbe sich: Jede unserer Überzeugungen *sollte* wahr sein. Oder, ein wenig anders gefaßt: Wenn eine unserer Überzeugungen so ist, wie sie (ihrem Begriffe nach) sein sollte, dann ist sie wahr. – Ist das Glauben nur dieser einen Norm, der 'Wahrheitsnorm', allein unterworfen, oder gibt es andere a priori einsichtige Gebote dieser Art? Nicht weniger einleuchtend ist vielleicht dies:

> Für alle *p*: Glaube nur dann, daß *p*, wenn du gute Gründe dafür hast, es zu glauben!

Dann 'zielte' Glauben nicht nur auf Wahrheit, sondern auch auf gute Gründe, und beides zusammengenommen somit auch, zumindest in einem nicht allzu hochfahrenden Sinn dieses Worts, auf Wissen. Daraus wiederum ergäbe sich eine deutlichere Auskunft zu Fragen, die wir ganz zu Beginn berührt hatten: zum 'Prioritätsverhältnis' zwischen den Begriffen des Glaubens und des Wissens.[517] Das Ergebnis wäre demnach: Jener ist insofern grundlegend gegenüber diesem, als Glauben im Definiens von Wissen enthalten ist. Und zugleich ist der Begriff des Wissens 'leitend' für den des Glaubens, insofern dieser normativ auf jenen 'zielt'. Jedes Glauben *sollte* Wissen sein; und dies geht aus den Begriffen selbst hervor. (Sehen wir einmal davon ab, daß der aus der Konjunktion der beiden Normen resultierende Imperativ, "Glaube nur dann, daß *p*, wenn du weißt, daß *p*!", auf Anhieb nicht besonders vernünftig klingt.)

*

KEINE GLAUBENSNORMEN Das ergibt ein, wie ich finde, schönes Bild. Und vieles daran scheint mir richtig. Eines aber nicht: daß Glauben ein intrinsisch normativer Begriff ist. Daß es keiner ist, ergibt sich aus einem sehr schlichten Grund: Glaubensnormen gibt es nicht – nicht nur keine Wahrheitsnormen, sondern überhaupt keine Normen des Glaubens. Diejenigen, die wir gerade in Betracht gezogen haben, betreffen in Wirklichkeit gar nicht das Glauben selbst. Jeder Imperativ, der dem sprachlichen Anschein nach vom Glauben handelt ("*Glaube* nur dann, daß *p*, wenn ...!") ist der Sache nach die Aufforderung zu einem Tun oder Lassen. (Vielleicht so: "*Tu* das, was in deiner Kraft steht, um zu erreichen, daß du nur dann glaubst, daß *p*, wenn ...!") Imperative, auch wenn sie nicht so formuliert werden, betreffen stets das *Tun* (oder Lassen) des Adressaten, und auch nur solches, das unter seiner rationalen Kontrolle steht oder sich von ihm unter deren Regiment bringen läßt. Das Glauben selbst jedoch ist kein Tun. Zudem sind viele der Prozesse, in denen ich Überzeugungen gewinne oder verliere, 'kreatürlich', sie entziehen sich meiner Kontrolle. Höchstens da, wo ich mir einer Überzeugung – oder ihres Entstehens, oder meiner Anfälligkeit für sie – *bewußt* bin, besteht für mich überhaupt die Möglichkeit der Überwachung und Intervention. Und nicht einmal dann steht es immer in meiner Macht, rationale Kontrolle auszuüben. – In einem Wort, jede sog. Glaubensnorm betrifft in Wirklichkeit ein Tun, wie z.B. das Urteilen. *Dieses* ist ein Akt; seiner sind wir uns – auch da, wo wir ihn unwillkürlich vollziehen – bewußt; und deshalb steht es, zumindest 'im Prinzip', in unserer Macht, uns in unserm Urteilen nach Geboten der Vernunft zu richten.

Gewiß würde die Vernunft (was außer ihr könnten wir als den 'Geber' a priori einsichtiger Normen akzeptieren?) nicht das Glauben mit dem Urteilen verwechseln. Wohl aber tun es Philosophen, die von Glaubenszielen und -normen sprechen. Sie verfallen damit in die alte Gewohnheit, gelegentlich auch da "glauben" zu sagen, wo "urteilen" gemeint ist. Dies für sich selbst ist zumeist harmlos; in begrifflichen Untersuchungen hingegen kann es fatal sein. Wenn der Normativist die Metapher von Wahrheit als dem Ziel des Glaubens für sich einspannt, dann ist das wirklich Irreführende an ihr also nicht die Rede von einem Ziel, sondern das Reden vom Glauben wie von einem Tun, dazu noch von einem, das jederzeit rational steuerbar ist.[518] Begriffe, die der doxastische Normativist eigentlich im Sinn hat, sollten also solche sein, die derartiges Tun bezeichnen, wie zum Beispiel den Akt des Urteilens. Ist wenigstens dieser durch vernunftgegebene Imperative als intrinsisch normativ erweisbar? Wer weiß. Die Antwort ist jedenfalls nicht aus dem Begriff des Urteilens selbst zu gewinnen oder durch ihn vorgegeben; wir haben ihn ja sozusagen noch gar nicht.[519]

Die spezifischeren Imperative, zu denen eine angemessen reformulierte Wahrheitsnorm (etwa: "Tu das, was in deiner Kraft steht, um zu erreichen, daß du nur Wahres für wahr hältst!") auszubuchstabieren wäre, leiten allerdings nicht nur das Urteilen an, sondern auch vielerlei Tätigkeiten und Prozesse, die zu Urteilen führen oder sich aus ihnen ergeben sollten, so zum Beispiel: dem Wunsch widerstehen, zu einem unbekannten Thema sofort ein eigenes Urteil zu haben; impulsiv generalisierendes Urteilen vermeiden; Zweifel, die sich an der Wahrheit einer eigenen Überzeugung regen, nicht einfach unterdrücken; sich dann die 'richtigen' Fragen stellen; nach Gründen suchen; diese wiederum nicht einfach für bare Münze nehmen; auch nach Gegengründen Ausschau halten; Gründe und Gegengründe gegeneinander abwägen; die Glaubbarkeit einer Proposition auch daran testen, was im Lichte festerer Überzeugungen, die man hat, aus ihnen folgt; sich gegebenenfalls des Urteils enthalten; nicht vergessen, wenn ein Urteil, zu dem man gelangt ist, auf wackligen Füßen stand; die Art der sprachlichen Bekundung einer Überzeugung dem Gewicht der sie stützenden Gründe anpassen, und zahlloses andere mehr.

Kurz, die genannte Norm ist so etwas wie eine Obermaxime mit unüberschaubar vielen Untermaximen, die nicht nur die 'explizite' doxastische Deliberation betreffen, sondern letztlich alle Maßnahmen zur Hege und Pflege des doxastischen Profils. Sie zu beachten – zumindest:

das Bemühen darum, sie zu beachten, zuallermindest: der Wunsch, dies zu tun – ist ein Ingrediens der geistigen Selbstfürsorge. Solche Maximen gehören, so könnte man vielleicht sagen, einer 'Ethik des Urteilens' an. Mehr als das, ihre hinlängliche Beachtung (und die Erwartung, daß die Andern ebenfalls um ihre Beachtung bemüht sind) ist eine der Voraussetzungen verantwortlichen sozialen Handelns. Das gilt natürlich für alle Bereiche sprachlicher Verständigung, die es mit Informationsaustausch zu tun haben, und ebenso für alle andern Formen gezielter doxastischer Einflußnahme auf Andere.

*

Die Natur als Normgeber? Aus den vielfältigen Diskussionen, die unter dem Schlagwort *Wahrheit als Ziel des Glaubens* geführt werden, ergibt sich – so weit ich sehe – nichts, was als Argument für eine intrinsische Normativität des Glaubens*begriffs* ernstgenommen werden kann. Unter derselben Metapher rangiert jedoch auch eine andere – verwandte, wiewohl im entscheidenden Punkt doch andere – These, die unsere Thematik betrifft. Es ist die Idee, zwar stecke eine intrinsische Normativität des Glaubens nicht in dessen Begriff, wohl aber sei es eine metaphysische Wahrheit, daß das Glauben selbst (das geistige *Phänomen* Glauben) in einem näher zu bestimmenden Sinn normativ sei. Im Wesen des *tatsächlichen* Glaubens liege ein normatives Moment, das nicht aus Geboten der Vernunft rührt, sondern vielmehr aus der Entwicklungsgeschichte des Menschen. Normgeber und Normadressat sind (wenn auch nun in einem offenkundig metaphorischen Sinn) dann nicht mehr die Vernunft bzw. das glaubende Subjekt, sondern die Natur bzw. diejenigen biologischen Strukturen genuin wahrnehmungsfähiger Kreaturen, dank denen sie Kognitionsvermögen besitzen.

Der Gedanke dahinter ist folgender. Kognition insgesamt – und mit ihr auch die Befähigung, überhaupt Überzeugungen zu haben – hat sich (in der wirklichen Welt) bei zunächst prä-intentionalen biologischen Systemen im Laufe der Evolution herausgebildet; und diese Entwicklung fand statt, weil der Einsatz eines wohlausgebildeten 'kognitiven Apparats' dazu beitrug, die Chancen auf Überleben bis zur Fortpflanzung zu steigern. Wenn wir dies speziell auf das Glauben beziehen und uns einmal die Redeweise von einem 'doxastischen Apparat' (sozusagen ein Bauteil im kognitiven Gesamtapparat) gestatten, dann ist es plausibel anzunehmen: Unter für Glaubenssubjekte bisher bewältigbaren Umweltgegebenheiten erfüllt ihr doxastischer Apparat seinen Zweck desto besser, je mehr wahre und je weniger falsche Überzeugungen er bildet und bewahrt.

Dies ist eine der Grundideen sog. teleosemantischer Ansätze zu einer naturalistischen Theorie der Intentionalität; und ich halte sie, bis hier hin, für völlig plausibel. Läßt sich daraus entwickeln, daß Überzeugungen (in der wirklichen Welt) sozusagen unter dem historisch-biologischen Auftrag stehen, wahr zu sein, und daher 'objektiv schlecht' sind, wenn sie ihren Auftrag nicht erfüllen? Dann wäre jede falsche Überzeugung nicht nur in einem faktisch-deskriptiven Sinn falsch, sondern auch in einem normativ aufgeladenen Sinn. Das normative Moment des Glaubens beruhte dann allerdings nicht auf Normen und deren Anerkennung aus Einsicht; Mutter Natur befiehlt ja nicht erst, sondern zwingt einfach. Deshalb sind Argumente für diese Variante des doxastischen Normativismus nicht darauf angewiesen, ein philosophisches Artefakt wie das der 'Korrektheitsbedingung einer Überzeugung' ins Spiel zu bringen.

Der springende Punkt läßt sich mit folgender Frage zum Vorschein bringen: Wenn jemand die falsche Überzeugung hat, daß *p*, heißt das nur: Er glaubt, daß *p*, und es ist nicht der Fall, daß *p*? Oder heißt das auch: Er hat ein 'schlechtes', 'mißratenes', ja, ein gleichsam 'widernatürliches', Exemplar des Typs Überzeugung-daß-*p*? – Uns möge hier die Beobachtung genügen, daß selbst die führenden Vertreter des teleosemantischen Ansatzes zu einer Naturalisierung der Intentionalität von einem metaphysischen Normativismus abgekommen sind.[520]

*

QUALITÄTEN Nach allem, was wir nun betrachtet haben, ist <u>Glauben</u> kein normativer Begriff und auch das Glauben selbst ist nicht normativ. Schon die bloße Idee ist ungereimt, Überzeugungen unterstünden dem Gebot, wahr zu sein. Wohl aber gibt es Imperative, die glaubensrelevantes Tun und Lassen betreffen (insbesondere das Urteilen und die Urteilsenthaltung), und manche darunter sind offenkundig mehr als bloß guter Rat, den nur befolgt, wem es behagt. Diese Normen gelten nicht nur, vielmehr scheint ihre Geltung in der Tat auf apriorischem Weg einsichtig ("Erkenne nur das Wahre als wahr an!"). Jedoch betreffen sie kognitive Leistungen, oder besser vielleicht: epistemisch relevantes Tun – und zwar solches, das mit Bewußtsein vollzogen wird und dabei unter der rationalen Kontrolle des Subjekts steht. (Die Vernunft könnte sich damit bescheiden, in diesen Dingen sehr zart zu sprechen, etwa so: Wann immer möglich, achte beim Urteilen darauf, daß du gute Gründe hast, so zu urteilen!)[521]

Daß weder das Glauben noch unser Begriff von ihm normativ sind, ändert natürlich nichts daran, daß es gutes und schlechtes Glauben gibt und dazwischen beliebig viele Abstufungen. Jedenfalls wenden wir auf das Glauben Qualitätsstandards an. Überzeugungen können alles Mögliche sein: von absurd, idiotisch, extravagant, riskant oder naiv bis hin zu vertretbar, plausibel, differenziert, wohlbegründet und jenseits jedes vernünftigen Zweifels. Die gerade genannten Wertungen betreffen einen Bereich, den man als 'rationales' Glauben etikettieren könnte. Die Dimensionen, in denen wir Überzeugungen bewerten, sind jedoch vielfältig. Was wir an Überzeugungen schätzen, muß nicht immer eine rationale Qualität sein; was wir an ihnen mißbilligen, ist nicht unweigerlich ein Mangel an Vernünftigkeit. Je nach ihrer thematischen Sphäre kann eine Überzeugung z.B. auch menschenfreundlich oder zynisch, kultiviert oder vulgär, freisinnig oder engstirnig sein. (Man bedenke, daß sich auch in Geschmacksurteilen, moralischen oder ästhetischen Verdikten, politischen Einschätzungen usw. Überzeugungen manifestieren, die auf ihre Art schlecht sein können, obgleich sie zumindest subjektiv rational sind – ja, selbst dann, wenn sie obendrein 'zufällig' auch noch wahr sind.) Kurz, die Qualitätsstandards, die wir an die Überzeugungen eines Menschen anlegen, sind nicht ausschließlich solche der Rationalität. Diese mögen in allerlei Hinsicht grundlegend sein, zum Beispiel insofern, als noch so schöne andersartige Vorzüge einer Überzeugung ihren eklatanten Mangel an rationalen Qualitäten niemals wettmachen können. Aber sie sind nicht die einzigen.

Es scheint klar, daß derartige Standards nicht in den Glaubensbegriff selbst 'eingebaut' sind. Wohl aber möchte es zur *Meisterung* dieses Begriffs gehören, ein Bewußtsein davon zu haben, daß Überzeugungen (in mancherlei Hinsicht) 'objektiv' besser oder schlechter sein können.[522] Wenn dem so wäre, würde daraus folgen, daß jeder, der über den Begriff des Glaubens verfügt, vernünftigerweise danach trachten muß, daß möglichst viele seiner Überzeugungen möglichst gut sind? Ich denke, dieser Schluß ist nicht zwingend. Denn es mag zwar ein Gebot der Vernunft sein, danach zu streben. Aber denken wir uns einen doxastischen Fatalisten – jemanden, der seinen Überzeugungen in aller Gelassenheit freien Lauf läßt. Stellen wir uns vor, er würde das Gebot, sich um gutes Glauben zu bemühen, nicht nur nicht befolgen, sondern sogar ausdrücklich ablehnen. ("Dieses ganze Suchen nach Gründen, diese Abwägerei und all dergleichen, wie sollte mir das helfen? Am Ende müßte ich mich ja doch wieder irgendwelchen meiner Überzeugungen anvertrauen. Man kann nun mal nicht gescheiter sein als man ist, und wenn man versucht, da einzugreifen, richtet man womöglich mehr Schaden an als Nutzen zu bewirken. Aufs Ganze gesehen bin ich mit meinen Überzeugungen recht zufrieden, so wie sie sind. Ich nehme sie einfach, wie sie kommen und gehen. Damit schlage ich mich ganz gut durchs Leben, und nach Höherem strebe ich nicht.") Sonderlich vernünftig wäre derlei doxastische Wurschtigkeit nicht. Doch wäre sie eo ipso ein Beweis für fehlende Minimalrationalität? Oder ein Beweis dafür, daß der Fatalist den Begriff des Glaubens nicht erfaßt? Ich sehe nicht, warum.

*

PHILOSOPHISCHE WÜNSCHE Das Glauben ist in sich weder rational noch normativ, erst recht nicht seinem Begriffe nach. Dennoch wird es in der Philosophie unserer Tage oft so behandelt. Und darüber hinaus gibt es, wie wir gerade gesehen haben, allerlei Versuche, diese Auffassung durch Argumente zu untermauern. Wie kommt es zu dieser Fehleinschätzung? Meine Vermutung ist: Sie rührt aus einer bestimmten Art des Theoretisierens über das Glauben, oder besser vielleicht: aus dem Wunsch danach. Und zwar gelangen wir bei dem Versuch eines 'systematisch theoretischen' Philosophierens über den menschlichen Geist, und zwar nicht ohne gute immanente Gründe, dazu, das Glauben als ein rationales und normatives Phänomen zu konzipieren. Diese auf eine systematische und explanatorische Theorie abzweckende Herangehensweise birgt in sich eine Tendenz, uns wie von selbst zu einer Konzeption des Glaubens zu führen, die von unsern Vorstellungen darüber geprägt ist, was 'gutes' Glauben ist. Und ein Hauptingrediens unserer Vorstellungen davon, was gutes Glauben ist, ist nun einmal: daß es vernünftig ist. Lax gesagt, der Anschein einer inneren Rationalität und Normativität des Glaubens hat seinen Ursprung in dem Wunsch nach einer systematischen Theorie des Glaubens im Rahmen einer systematischen Theorie des Geistes und in den weiteren Wünschen, die sich daraus ergeben. Dem werde ich nun zum Schluß kurz nachgehen.

Beim Räsonnieren über den Geist stellen Philosophen sich von alters her Fragen wie: Was ist er eigentlich? Wozu ist er da? Wie ist er eingefügt in das Kausalgeschehen der Welt, wie wird er von diesem beeinflußt, wie greift er in es ein? Und wie 'funktioniert' er, sozusagen 'intern'? Was könnte ihm fehlen, ohne daß er aufhörte, Geist zu sein? Welche geistigen Vermögen sind grundlegend, welche herleitbar? Wie ist einem Subjekt sein eigener Geist gegeben, wie der eines andern geistbegabten Wesens? Und so weiter. Wenn wir Antworten auf solche Fragen hätten und es uns gelänge, sie so aufeinander abzustimmen und auszuformulieren, daß sie wie aus einem Guß wären und sich interessante Folgerungen aus ihnen ziehen ließen, dann hätten wir eine *Theorie* des Geistes, die diesen Namen verdient. Jedes ambitionierte philosophische System hat (oder präsentiert sich so, als habe es) eine derartige Theorie.

Fragen der gerade genannten Art – je allgemeiner oder grundsätzlicher sie gemeint sind, desto unvermeidlicher – verlangen eine Art des Nachdenkens, das einen gewissermaßen abstrakt spekulativen, jedenfalls weit über die konkreten Erfahrungsgegebenheiten sich erhebenden, Charakter hat. Wir suchen, könnte man vielleicht sagen, zunächst einmal nach einem Modell, oder nach einer schematischen Skizze, davon, wie sich der menschliche Geist ('als ganzer' und in möglichst großer Allgemeinheit) zumindest in seiner Grundverfaßtheit denken lassen könnte – wenigstens hinsichtlich seiner wichtigsten Merkmale, wie vielleicht zum Beispiel: Wahrnehmen und anderes Empfinden, sich Erinnern, so-&-so Gestimmtsein, Glauben, Wollen, Denken, sich etwas Vorstellen und sich zu etwas Entscheiden. Das Wahrnehmen, Glauben, Gestimmtsein usw. sind dann die Phänomene, von denen (und von deren Ineinandergreifen) die Theorie handelt. Die Begriffe, die wir von ihnen haben, wollen wir *Phänomenbegriffe* nennen. Was wir über die Phänomene so gut zu wissen glauben, daß wir es beim Theoretisieren als gegeben annehmen, nennen wir die *Daten*.

Um solche Modelle zu entwickeln, ziehen wir zusätzlich Begriffe heran, die dazu dienen sollen, die Phänomene und gewisse ihrer Aspekte in theoretisch fruchtbaren Weisen so zu klassifizieren (oder zwischen ihnen Zusammenhänge so zu beschreiben), wie dies mit den Phänomenbegriffen allein nicht möglich wäre. Beispiele sind Begriffe wie der des Intellekts, des Willens, der mentalen Repräsentation, des kognitiven Moduls, des Bewußtseins, des Selbst-Bewußtseins, des Synthetisierens eines Mannigfaltigen, des Urteilens, der Präferenzordnung und so weiter. Manche von ihnen sind uns so vertraut und selbstverständlich, daß wir ihren 'theoretischen' Charakter kaum noch bemerken. Nennen wir sie die *Werkzeugbegriffe* der Theorie.[523]

Wenn wir dieses krude Schema einmal gelten lassen, dann ist es im wesentlichen dreierlei, was der Suche nach passenden Modellen Orientierung gibt: erstens die Phänomene, von denen die Theorie handeln und deren Grundzusammenhänge sie darlegen soll. (Dazu rechnen wir insbesondere das, was der jeweilige Theoretiker als Daten anerkennt). Zweitens sind es die Werkzeugbegriffe, die bei der Erstellung eines Modells herangezogen werden. Und drittens sind es, und das ist vielleicht der philosophischste Aspekt dabei, die apriorischen Annahmen, die der jeweilige Theoretiker seinem Modell zugrundelegt. Letztere umfassen insbesondere zweierlei: nämlich das, was er als begriffliche Wahrheiten über die zu erfassenden Phänomene anerkennt; und diejenigen theoretischen Stipulationen, durch die er seine Werkzeugbegriffe näher bestimmt. – Das ist der Rahmen, in dem sich das Räsonnieren auf dem Wege zu einer 'systematischen Theorie des Geistes' bewegt, und es ist offenkundig, daß er vielerlei Spielraum läßt: bei der Wahl der Daten, der Werkzeugbegriffe und auch bei der Wahl der Aussagen, denen der Status einer apriorischen Wahrheit beigemessen wird.

Wie soll er genutzt werden? Natürlich dazu, daß die Theorie möglichst gut wird, d. h. möglichst viele Vorzüglichkeiten in sich vereint: innere Stimmigkeit, Einklang mit möglichst vielen Daten, Einfachheit, Allgemeinheit, Erklärungsstärke, Klarheit, Präzision, Sparsamkeit in Hinblick auf die Werkzeugbegriffe und einiges andere mehr – bei besonders glücklichem Ausgang vielleicht sogar Eleganz. Auch bei der Gewichtung dieser Tugenden gibt es wiederum beträchtlichen Spielraum. (Inkonsistenz oder andere Defizite, die den Erklärungswert gegen Null treiben, wären fatal; ein Mangel an Präzision hingegen könnte durch entsprechend größere Allgemeinheit oder Erklärungsstärke wettgemacht werden, und so weiter.) – Angesichts dieser Gestaltungsfreiheiten und des zunächst einmal bloß spekulativ-modellierenden Charakters eines solchen Projekts ist es für den Philosophen nicht einfach nur verzeihlich, sondern geradezu vernünftig, sich vieles so zurechtzubiegen, daß es sich zwanglos in das Modell einfügt, das ihm jeweils vorschwebt.

Das betrifft nicht nur die Phänomene (wenn zum Beispiel prima facie widerspenstige Daten vorläufig ausgeblendet werden), sondern auch die Begriffe, die wir von ihnen haben. Bleiben wir beim Glauben. Von gewissen Daten dürften wir uns bei der Suche nach einem theoretischen Modell des menschlichen Glaubens nicht beeindrucken lassen (inkonsistente oder manifest falsche, aber reflexionsstabile und gegen neue Information immune Überzeugungen, oszillierendes Glauben und vieles andere mehr). Doch auch unser Begriff von ihm, das wurde an mehr als einer Stelle deutlich, müßte erst einmal so vereinfacht und idealisierend zurechtgebogen werden, damit die Hoffnung begründet sein könnte, mit ihm überhaupt so etwas wie eine homogene Phänomenfamilie zu erfassen, über die sich in einem 'allgemeinen Strukturmodell des Geistes' erklärungsstarke Aussagen machen lassen. Der Möchtegern-Theoretiker *muß* hier erst einmal hobeln und darf dabei nicht allzu zimperlich sein. Manche Zacke und Macke des Phänomens muß unter den Tisch fallen, und ebenso muß unserm Begriff, der solche Ausreißer zuläßt, einiges von seiner übermäßigen Toleranz genommen werden. Andererseits darf der idealisierende und homogenisierende Zugriff natürlich nicht allzu gewaltsam sein. Was aus ihm resultiert, muß immer noch eine Form des propositionalen Glaubens sein. Andernfalls wäre die angestrebte Theorie von vornherein eine Variante des doxastischen Eliminativismus.

Beim Entwurf solch eines Modells stellt sich also die Frage (ob der

Philosoph sich dessen bewußt ist oder nicht), wie das Glauben so zu konzipieren ist, daß es 'theoriefügsam' wird. Vor die Frage "Wie funktioniert das Glauben?" schiebt sich dann wie von selbst (und vielleicht unbemerkt) die, wie es funktionieren würde, wenn es so funktionierte, wie es sollte.[524] Ja, wie sollte es? Eine philosophische Standardantwort darauf ist: So, wie es bei einem Wesen funktionieren würde, das in seinem Glauben rundum vernünftig wäre. (An ihr ist nichts auszusetzen, aber sie ist nicht die einzig denkbare. Wieso eigentlich nicht: "Glauben sollte so sein, daß es den Glaubenden glücklich macht"?) Daß wir *vernünftig* so selbstverständlich als das nehmen, was Glauben sein *sollte*, ist – so denke ich – nicht der einzige Hinweis darauf, daß uns der Geist insgesamt (der Intellekt ohnehin, aber auch der Wille, soweit er nicht mit bloßem Trieb verwechselt wird), jedenfalls beim philosophischen Theoretisieren, etwas ist, das vernünftig sein sollte. Jede Theorie des Geistes ist, oder umfaßt, zugleich eine eben auch normative Theorie der Vernunft, deren Begriff einer unserer ehrwürdigsten Werkzeugbegriffe ist.[525] Wichtig ist nun für unsere Überlegung insbesondere dies: Hinsichtlich *dieses* Begriffs scheint es evident, daß beim Theoretisieren äußerst weitreichende Idealisierungen in ihn einfließen dürfen. Schließlich ist Vernunft ja ein Ideal, sozusagen ein Traum, den sie von sich selbst hat.

Deshalb sollten wir – wenn wir uns denn anschicken, einen theoriefügsamen Begriff des Glaubens zu konstruieren – uns der erst einmal vielleicht merkwürdig klingenden Frage stellen: Wie wäre das Glauben und wie unser Begriff von ihm, wenn sie so wären, wie wir es uns wünschen dürften? Wenn wir es uns, wohlgemerkt, mit zweierlei Berufung zugleich wünschen dürften: zum einen als leidlich vernünftige Glaubenssubjekte, zum andern als 'Theoretiker', die das Glauben und unsern Begriff von ihm zum Gegenstand ihres Nachdenkens machen?

Den Begriff würden wir uns, in jeder der beiden Rollen, natürlich als 'klar und deutlich' wünschen, was angesichts dessen, daß er ein Grundbegriff ist, den Wunsch nach sich zieht, seine Beziehungen zu andern Begriffen seiner Familie mögen sich auf einige grundlegende Zusammenhänge zurückführen lassen, die einfach und strikt sind. (Davon ist, wie gesehen, der Begriff, den wir tatsächlich haben, weit entfernt.)

Wie würden wir uns das Glauben selbst wünschen, und zwar zunächst einmal: wir als glaubende Wesen, deren Leben es mitprägt? Am allerschönsten wäre es natürlich, wenn unsere Überzeugungen samt und sonders wahr wären und wir uns dessen auch leidlich sicher sein könnten (gelegentliche Stichproben würden selbst bei selbstkritischster Durchführung niemals etwas Gegenteiliges ergeben). – Das würde gewiß vieles erleichtern, geht allerdings so weit an der Realität vorbei, daß wir uns schon beim Wünschen mit Kleinerem bescheiden möchten. Nun denn, sehr schön wäre es, wenn zumindest unsere 'wichtigsten' Überzeugungen wahr wären;[526] oder wenn unsere Überzeugungen, insgesamt genommen, irgendwie zum Wahrsein tendierten: wenn das doxastische Profil, das sie ergeben, dies als mindestes, keine Widersprüche in sich bärge; oder wenn Überzeugungen in uns überhaupt nur in wahrheitsträchtigen Prozessen entstünden, z.B. perzeptuellen oder rational filternden. Oder wenn all unsere Überzeugungen immerhin bewußtseinszugänglich wären und somit Gegenstand kritischer Prüfung werden könnten; oder wenn die, deren wir uns bewußt werden, stets reflexionsstabil wären: einer solchen Prüfung standhalten, z.B. weil jede einzelne von ihnen entweder in sich plausibel oder durch andere gestützt ist. Und so weiter.

Wie würden wir uns das Glauben als Theoretiker wünschen? Angesichts der Personalunion, die er mit einem Glaubenssubjekt bildet, hätte auch er naheliegenderweise die gerade genannten Wünsche. Darüber hinaus wünscht er sich das Glauben natürlich so, daß überhaupt eine schöne Theorie darüber möglich ist – und das heißt zuallermindest: eine, in der es sich als ein homogenes, als ein überhaupt theoretisch faßbares, Phänomen darstellt. Schön an einer Theorie des Glaubens wäre es natürlich, wenn deren metaphysische Komponente es uns als einen Geisteszustand darstellt, der sich glatt in unsere allgemeinere Metaphysik und Epistemologie des Natürlichen einfügt. Ein nächster Wunsch wäre, daß das Glauben, auf dessen Begriff wir in jeder Konzeption der menschlichen Vernunft angewiesen sind, selbst schon, sozusagen 'in sich', rational wäre. Und ganz besonders schön wäre es schließlich, wenn sich in den empirischen Gesetzen des Naturphänomens Glauben die Vernunftgesetze des Glaubens widerspiegeln und daß wenigstens die letzteren sich einfach, klar und deutlich – und am besten zugleich präzis und elegant – formulieren lassen. Apriorischen Normen einer über sich selbst aufgeklärten Vernunft, Generalisierungen einer Psychologie des menschlichen Glaubens und Kausalgesetze einer künftigen Naturwissenschaft der neuronalen Informationsverarbeitung fügten sich wie aus einem Guß zusammen zu der einen Großen Vereinheitlichten Theorie des Glaubens!

Wäre das nicht schön! Vielleicht zu sehr, um wahr zu sein. Aber was ist daran schlimm (sagt der theorie-ambitionierte Philosoph), es geht ja um eine philosophische Theorie, um ein 'Strukturmodell' des Geistigen insgesamt. Es geht um den Versuch, uns einen prima facie hoffnungslos unüberschaubaren Wirrwarr von intrikat miteinander verflochtenen Phänomenen (die zudem noch in einer Sphäre angesiedelt sind, die von vielen, nicht nur von erklärten Skeptikern und Anti-Realisten, für irgendwie mysteriös gehalten wird) begreiflicher werden zu lassen, in ihm eine zugrundeliegende Ordnung zu erkennen. Wenn die geistigen Dinge in der Theorie 'besser' aussehen als sie sich uns in der Wirklichkeit darbieten, dann sei das allerdings keinem willkürlichen Wunschdenken geschuldet. Vielmehr liege es in der besonderen Natur dieser Dinge, daß ein profundes, systematisches, allgemeines – kurz, ein theoriebasiertes – Verständnis nur im Rahmen einer Konzeption möglich ist, in der sie als rationale Phänomene begriffen werden, deren Grundgesetze – jedenfalls einige – auch einen normativen Aspekt haben.

*

Der Begriff des Glaubens ist, wie wir eingangs bemerkt hatten, derart grundlegend für unsere Konzeption des menschlichen Geistes, daß nicht zu sehen ist, wie eine Theorie des Geistes auf ihn als einen ihrer Phänomenbegriffe verzichten könnte. Nun ist dieser Begriff, einerseits, wesentlich normalitätsbezogen: Die ihn konstituierenden Wahrheiten enthalten unbeseitigbare, aber inhaltlich undeutliche Normalitätsrestriktionen. Und deren Witz ist es nachgerade, eine unüberschaubare, unsystematisierbare Vielfalt von 'Irrationalitäten' zuzulassen, solange diese noch in dem unbestimmbaren Rahmen des 'menschlich Normalen' bleiben. Somit gehört, zuspitzend gesagt, ein die Vernunftansprüche absenkendes und geradezu anti-systematisches Moment mit zur ratio essendi unseres Glaubensbegriffs (und auch anderer Grundbegriffe menschlicher Geistigkeit). – Andererseits müßte jeder Ansatz zu einer Theorie des Geistes, die diesen Namen verdient, darauf zielen, möglichst einfache, klare und erklärungsstarke Generalisierungen zu formulieren. Zu diesem Zweck jedoch ist es unumgänglich, das menschliche Glauben (und auch andere geistige Phänomene) zu 'schönen', gerade auch in puncto Vernünftigkeit – aber eben doch nur in einem Maße, in dem die idealisierten rationalen Qualitäten, die dem Glauben (in der Theorie) zueigen sind, in Hinblick auf den normalen Menschen immer noch 'realistisch' wären.

Ein Desiderat jedes ernsthaften Versuchs, ein theoretisches Modell des menschlichen Geistes zu entwerfen, wäre mithin irgendsoetwas wie eine Konzeption 'ideal-normaler' menschlicher Rationalität. (In meinen Ohren klingt das schon in sich ungereimt. Was könnte man sich, zum Beispiel, unter einem partiellen Mangel an Rationalität vorstellen, den ein normaler Mensch unter insgesamt normalen Gegebenheiten idealiter hat?) Aber selbst wenn sich damit – trotz der antagonistischen Spannung zwischen diesen beiden Leitideen (normal und ideal) – ein guter Sinn verbinden und eine derartige Konzeption entwickeln ließe, so wäre doch klar, daß bereits darin eine ganz außerordentlich anspruchsvolle philosophische Aufgabe liegt.

Philosophische Probleme mit einer 'systematischen Theorie des Geistes' betreffen demnach nicht zuvörderst (und jedenfalls nicht als erstes) die sog. Naturalisierung, d.h. die Frage nach der Einbettbarkeit eines derartigen Modells in den Rahmen einer möglichst 'reinen' naturwissenschaftlichen Betrachtung des Menschen. Vielmehr entstehen sie sozusagen schon im Vorfeld: im Umkreis der Frage, wie das Geistige so zu konzipieren ist, daß es sich überhaupt einem systematisch theoretischen Zugriff fügt, ohne zu etwas verbogen zu werden, dem die Wirklichkeit des Geistigen, wie wir sie kennen, nicht entspricht.

Wie auch immer man zu dem Projekt einer systematischen philosophischen Theorie des Geistes – gleichgültig, ob mit ihr von vornherein naturalistische Aspirationen verknüpft werden oder nicht – stehen mag, es scheint angeraten (wenn man es verfolgt), dennoch jenen Unterschied nicht aus dem Blick zu verlieren, der uns in unseren Betrachtungen gelegentlich beschäftigt hat: zwischen dem, wie diese Dinge, und unsere Begriffe von ihnen, sind, und dem, wie wir sie gerne hätten – wie sie vielleicht sogar sein müßten, damit eine systematisch-explanatorische Theorie über sie entwickelt werden könnte. Daß über das Geistige eine derartige Theorie möglich ist, ist jedoch selbst eine philosophische These, die nicht allein dadurch wahr wird, daß ihre Wahrheit uns wünschenswert erscheint und wie eine Selbstverständlichkeit unterstellt wird.

ANMERKUNGEN

Zu Kapitel 1

[1] *Phänomen* ist hier und im Folgenden in einem höchst weitgefaßten Sinn zu verstehen. Mit diesem Ausdruck ist keinerlei spezifische Konnotation (wie *sinnlich wahrnehmbar* und dergleichen) intendiert. Ein *geistiges* Phänomen kann von jederlei Art sein: eine Eigenschaft, ein Vorgang, Ereignis oder Zustand. Es muß dem Subjekt, an dem es auftritt, nicht bewußt sein.

[2] Er setzt fort: "Wie sollten wir dann erwarten können, diese Begriffe durch Definitionen auf andere Begriffe zurückzuführen, die einfacher, klarer und grundlegender sind?" – Vgl. Davidson (2005, S. 20).

[3] Er setzt fort: "Hätte nie ein Philosoph den Versuch unternommen, das Glauben zu definieren und zu erklären, dann wären einige philosophische Paradoxe – Paradoxe, die unglaublicher sind als alle, die jemals aus dem erbärmlichsten Aberglauben oder der wildesten Schwärmerei hervorgegangen sind – niemals entstanden". Vgl. Reid (1764, S. 107).

[4] Sartre (1943, S. 108).

[5] "Believing seems the most 'mental' thing we do" (Russell (1921, S. 281)). – Daß Glauben ein geistiges Phänomen ist, heißt *nicht*, es sei kein physisches Phänomen. Geist und Materie sind keine Gegenbegriffe (wie rund und eckig), durch die ausgeschlossen wäre, daß ein und dasselbe Phänomen unter beide fällt.

[6] Peter Hacker bestreitet dies. Seine Argumente beruhen allerdings auf der Voraussetzung, nur Bewußtseinszustände seien geistige Zustände [*mental states*]. Da diese Voraussetzung offenkundig falsch ist – darauf kommen wir gleich zu sprechen –, ist es nicht nötig, seine Bedenken genauer in den Blick zu nehmen. Vgl. Hacker (2004, S. 194–202).

[7] Ryle (1949, S. 15).

[8] Wittgenstein (1956, VII, § 45).

[9] Allerdings folge ich Frege nicht in seinem technischen Gebrauch des Worts "Begriff". Was von mir als Begriff bezeichnet wird, entspricht bei Frege am ehesten dem, was er als *Sinn eines Begriffsworts* bezeichnet.

[10] Jerry Fodor (1998) ist sehr darum zu tun, begreiflich zu machen, in welchem Sinn auch mentale Repräsentationen von Individuen intersubjektiv sein können. Ebenso Sainsbury/Tye (2012).

[11] Dann kann von 'richtig' nicht mehr geredet werden, wie Wittgenstein trocken bemerkt. Siehe Wittgenstein (1953, § 258).

[12] Es besteht weitgehend Einmütigkeit darüber, daß die bedeutungskonstitutiven Sprach-Konventionen primär solche zur Verwendung vollständiger Sätze sind. Hingegen gibt es sehr unterschiedliche Vorschläge dazu, wie solche Konventionen konkret zu formulieren sind und was es heißt, daß sie in einer Gemeinschaft Geltung besitzen. Siehe dazu z.B. Paul Horwich (1998), David Lewis (1969), Eike von Savigny (1988) oder Stephen Schiffer (1972).

[13] Geleugnet ist damit ebenso wenig, daß wohl jeder auch über Begriffe verfügt, die

niemand sonst beherrscht und für die er vielleicht nicht einmal ein idiolektales Wort hat. Dazu später ein wenig mehr.

[14] Ein Begriff sei ein "Einteilungsgrund", notiert Wittgenstein einmal (1956, II, § 50).

[15] Selbst das ist bestreitbar. Weatherson (2003) argumentiert, die traditionelle Wissenskonzeption sei so plausibel, daß gegenläufige Intuitionen, die sich angesichts sog. Gettier-Beispiele regen, nicht ausreichen, um sie zu widerlegen.

[16] Kant soll in einer Vorlesung im November 1791 gesagt haben, in der Philosophie gehe das concretum vor dem abstracto, in ihr könne "man sich nicht eine Sache in abstracto denken, sondern *muß* immer erst einen Fall in concreto annehmen". Siehe Kant (1924, S. 162, meine Hervorhebung).

[17] Gedankenexperimente der letzteren Art nennt Daniel Dennett treffend *intuition-pumps*.

[18] Wittgenstein (1953, §§ 243 ff.).

[19] Quine (1987, S. 88).

Zu Kapitel 2

[20] "Könnte zu der Einsicht gelangen": zum Beispiel dann, wenn ihm ein Beweis dafür vorläge, daß aus der Negation der betreffenden begrifflichen Wahrheit die Negation von Aussagen folgt, die er selbst als unbestreitbar akzeptiert. (Natürlich: Er müßte dem Beweis folgen können, die Schlußregeln akzeptieren, und unübersehbar viel anderes mehr.)

[21] Übrigens nicht von Quine, wie wir sehen werden, der gewiß am Wortlaut dieser Charakterisierung Anstoß nehmen würde – allein schon wegen des Worts "Begriff".

[22] Dies bestreitet Timothy Williamson (2007, Kap. 4). Er beschreibt einen Sprecher namens Simon (S. 95 f.), der in gewissen Fällen nicht bereit ist, dem Satz "*p*" zuzustimmen, obwohl er "*p* und *q*" zustimmt, dem aber dennoch Beherrschung des Worts "und" zuzubilligen sei. Dürfte das noch als idiolektale Schrulle durchgehen, wie Williamson nahelegt? Vielleicht, solange es im wirklichen Leben nicht zu dramatischen Konsequenzen ('auf Leben und Tod') führt. Eine andere Frage ist, ob Simon mit dem Wort "und" denselben Begriff ausdrückt wie wir, als Sprachgemeinschaft, insgesamt. Sie wäre von einer Theorie zu beantworten, die ich nicht habe: einer Theorie, in der etwas Gehaltvolleres über den Zusammenhang zwischen Sprachverständnis und Begriffsmeisterung gesagt würde, als ich das getan habe. – Klar scheint mir, erstens, daß *semantische Kompetenz* im Hinblick auf ein Wort unserer Sprache mehr Spielraum für Toleranz zuläßt als *Beherrschung des Begriffs*, den es in unserer Sprache ausdrückt. Selbst wenn man bereit ist, Simon – sozusagen als Trittbrettfahrer des allgemein akzeptierten Gebrauchs des Wortes "und" – zuzubilligen, daß er das Wort versteht, sollte man ihm nicht zubilligen, daß er den Begriff mit ihm verbindet, den wir mit ihm verbinden. Zweitens, je mehr Exzentrizitäten dieser Art Simon sich gönnt – nicht nur in puncto "und", sondern auch in puncto "Junggeselle", "Fohlen", usw. –, desto prekärer wird sein Status als einer, der unsere Sprache so spricht wie wir. Gewiß wäre er dann – ab irgendeinem nicht präzis bestimmbaren Punkt – kein 'normaler Sprecher des Deutschen' mehr. Wenn wir alle so wären wie er, wäre das Deutsch, das wir dann sprächen, nicht mehr die Sprache, die wir de facto sprechen.

[23] Wenn die Gruppe hinreichend groß ist, sollten Ausnahmen zugelassen werden ("jeder" sollte durch "fast jeder" ersetzt werden). – David Lewis (1969) und Stephen

Schiffer (1972) haben strukturell ähnliche Analysen vorgelegt für das, was sie als *gemeinsames* bzw. *wechselseitiges Wissen* bezeichnen. Mein Begriff einer gemeinsamen Grundlage ist eine in Kleinigkeiten modifizierte Version ihrer Ideen.

24 Naturgemäß ist es schwierig, Beispiele für Wahrheiten zu geben, die zwar de iure, aber derzeit nur potentiell, unantastbar sind. "Liebe ist kein Gefühl" könnte eines sein – oder, um ein berühmteres anzuführen: "Wissen darum, daß etwas gut ist, tendiert dazu, den Wunsch mit sich zu bringen, es zustandezubringen oder zu erhalten".

25 Den Zusatz "nicht-kontingent" werde ich im folgenden als redundant beiseite lassen; *nicht kontingent* wird auch hier, wie allgemein üblich, als ein Sinnbestandteil von *begrifflich wahr* behandelt. – Ob auch kontingente Aussagen im hier erläuterten Sinn unantastbar sein können, scheint mir eine erwägenswerte Frage zu sein. Nehmen wir zum Beispiel die (im zeitlosen Präsens formulierte) Aussage, daß es Menschen gibt. Vielleicht gehört es zu unserer gemeinsamen Grundlage, daß über ihre Wahrheit inhaltlicher Streit nicht möglich ist. Kontingente Aussagen, die zumindest den Flair der Unantastbarkeit (im technischen Sinn) haben, nenne ich *quasi-apriorisch*.

26 Quine (1974, S. 79, Hervorhebung im Original).

27 Quine (1991, S. 396).

28 Der locus classicus ist Quine (1951).

29 Quine bestreitet das. Darauf werde ich nicht eingehen, weil mir keine Argumente erkennbar sind, mit denen er dies begründet, außer vielleicht solchen, in denen er den Punkt, um den es hier geht, bereits als zu seinen Gunsten entschieden voraussetzt.

30 Er setzt fort: "Liebe wird erprobt, Schmerzen nicht. Man sagt nicht: 'Das war kein wahrer Schmerz, sonst hätte er nicht so schnell nachgelassen'." Siehe Wittgenstein (1967, § 504). – Ich denke, das trifft einen begrifflich grundlegenden Punkt: Liebe geht einher mit Gefühlen, ist aber keines. Natürlich, auch darüber ließe sich streiten. Einer könnte sagen: Liebe ist eben kein gewöhnliches Gefühl; es gehört zum Begriff dieses ganz besonderen Gefühls, daß es nicht schnell nachläßt; nicht alle Gefühle sind so wie Schmerzen; und so weiter. – Daß Liebe kein Gefühl ist, scheint mir ein anschauliches Beispiel für eine kontroverse Begriffshypothese zu sein, die auch unter Nicht-Philosophen kontrovers ist.

31 Quine (1987, S. 18–21), Churchland (1981); Stich (1983), Rorty (1965).

32 Einiges spricht dafür, daß der späte Wittgenstein dieser Auffassung zuneigte. Vgl. dazu Mühlhölzer (2010, S. 57–61).

33 Leibniz (1765, S. 52).

34 "Every logical truth is obvious, actually or potentially". Quine (1986, S. 86).

35 Ausgenommen natürlich solche, die aus den β-Aussagen und andern begrifflichen Wahrheiten folgen. Wie gesagt: "grob gesagt". – Den sperrigen Terminus *vollständige theoretische Begriffskompetenz* werde ich näher erläutern.

36 Deshalb ist es kein Zufall, daß dieses Erläuterungsschema inspiriert ist von philosophischen Arbeiten zu der Frage, wie eine Semantik theoretischer Terme zu konzipieren sei. Siehe dazu Lewis (1970). Lewis greift auf Vorarbeiten von F. P. Ramsey und Rudolf Carnap zurück, wendet diese Konzeption der Begriffserläuterung dann allerdings auch auf Bereiche außerhalb der Wissenschaften an; siehe dazu beispielsweise Lewis (1972).

37 Dieser Ausdruck stammt von Paul Grice (1989, S. 376), der ihn wohl selbstironisch verwendet.

38 Ausnahmen mögen mancherlei hochgradig abstrakt-theoretische Grundbegriffe sein, wie solche der theoretischen Physik oder rein formaler Theorien.

Zu Kapitel 3

[39] Anders als Kant zum Beispiel. In seiner Terminologie ist Glauben eine von mehreren Unterarten des Fürwahrhaltens. Vgl. Kant (1781, A 820–832/B 848–859). In Hinblick auf den umfassenderen Bereich – den wir im Folgenden unterschiedslos als Glauben und Fürwahrhalten bezeichnen – unterscheidet er zwischen Überzeugung, bloßer Überredung, Meinen, Glauben, Gewißheit und Wissen. Die Unterschiede, auf die es ihm dabei ankommt, betreffen insbesondere die subjektiven und objektiven Gründe, die das Subjekt jeweils für sein Fürwahrhalten hat. – Was das Fürwahrhalten ist, und ob er seine Einteilung für erschöpfend hält, erörtert er nicht: "Ich werde mich bei der Erläuterung so faßlicher Dinge nicht aufhalten" (A 822/B 850).

[40] Dies mag auch mit folgendem zusammenhängen: Es liegt nahe zu sagen, eine Kreatur, die etwas für wahr hält, müsse auch etwas für falsch halten können. Aber selbst einer, der ohne weiteres bereit ist, seinem Hund zuzubilligen, er glaube, daß die Katze auf dem Baum ist, könnte wohl Hemmungen haben, dem Hund zuzubilligen, er halte es für falsch, daß sie im Keller ist.

[41] Letztere Redeweise werde ich übrigens nicht verwenden; sie ist mir nicht vertraut. ("Einen *Satz* glauben" könnte vielleicht heißen: *das mit dem Satz Gesagte* glauben.)

[42] Vgl. dazu z. B. Price (1960, Vorlesung II/4) oder auch Schwitzgebel (2001).

[43] Dieser an das sog. Moore-Paradox angelehnte Test hat enge Grenzen. Er setzt voraus, daß wir für das betreffende Phänomen ein umgangssprachliches Wort besitzen. Daß es bisher namenlose psychische Phänomene in Hülle und Fülle gibt, die eine Ähnlichkeit mit dem Glauben besitzen, ohne Glauben zu sein, läßt sich wohl nicht bestreiten. Siehe dazu auch die nächste Anmerkung.

[44] Einige wenige Beispiele mögen dies belegen. Tamar Szabó Gendler (2008) hat auf die Existenz eines affektbesetzten kognitiven Zustands aufmerksam gemacht, den sie als "alieving" bezeichnet und von dem sie vermutet, es handele sich dabei um etwas psychisch Basales, das gegenüber dem Glauben "entwicklungspsychologisch und auch begrifflich vorgängig" ist. Ich nehme an, daß ihre nicht näher erläuterte Vermutung von der 'begrifflichen Vorgängigkeit' als eine Behauptung über Entwicklungsstadien der kindlichen Begriffsmeisterung gemeint ist und nicht als die These, der Begriff des Glaubens lasse sich mit Rückgriff auf den des 'Alieving' definieren.

Ein anderes Beispiel: Psychologen haben in Experimenten mit Kindern im Alter zwischen 3 und 4 Jahren beobachtet, daß es eine Phase in deren Entwicklung gibt, in der sie noch keinen Unterschied machen können zwischen *irrtümlich glauben, daß etwas der Fall ist* – etwa, daß ein Hase in der Kiste sitzt und gefüttert werden muß – und (zum Beispiel im Zusammenhang eines Spiels) *einmal so tun, als ob es der Fall wäre*. Bevor Kinder den Begriff des Glaubens meistern, so die Hypothese einiger Entwicklungspsychologen, verbinden sie für eine Zeit lang mit dem Wort "glauben" einen andern Sinn (in dem man auch dann etwas 'glaubt', wenn man nur einmal so tut, als sei es der Fall). Siehe Perner/Baker/Hutton (1994). – Andy Egan (2008) sieht im Capgras-Syndrom eine eigenständige Mischung aus Etwas-Glauben und Sich-etwas-nur-Vorstellen; er schlägt vor, dieses als krankhaft eingestufte psychische Phänomen als *bimagination* zu bezeichnen. – Kurz, vieles deutet darauf hin, daß es eine ungeheure Vielfalt glaubensähnlicher Zustände gibt, für die wir kein umgangssprachliches Wort haben, die aber kein Glauben sind. Das Daumenregel-Kriterium versagt hier aus dem simplen Grund, daß wir kein gebräuchliches Wort für diese psychischen Realitäten haben.

Harry Frankfurt (2005) hat auf ein Phänomen aufmerksam gemacht, das in diesem

Zusammenhang ebenfalls von Interesse ist. – Den Bullshitter kümmert überhaupt nicht, ob wahr ist, was er – oft sogar im Brustton der Überzeugung – sagt. Er schwadroniert nur daher, hört sich gerne so reden und sagt dabei Dinge, die er nicht 'im Ernst' glaubt, deren Gegenteil er allerdings ebensowenig glaubt. Wahrheit ist ihm nicht wichtig. Er lügt also nicht; er ist, zumindest nicht subjektiv, unaufrichtig. Wenn er sich selbst zuhörte, würde er vielleicht dazu kommen, zumindest für diesen Moment tatsächlich zu glauben, was er sagt. Aber, außer vielleicht in Momenten der Autosuggestion, handelt es sich hierbei nicht um Glauben. Es ist kein Für-*wahr*-Halten. – Für diese besondere mentale Befindlichkeit gibt es, wie mir scheint, kein kurzes Wort im Deutschen. Es ist eine Art Glaubenssurrogat: etwas, das der Bullshitter selbst in diesem Moment von Glauben nur unterscheiden könnte, wenn er aufrichtig, ernsthaft, mit Bedacht und vorbehaltlos spräche. Was er aber nicht tut, vielleicht gar nicht kann. Man könnte diese spezielle Form des Nicht-wirklich-Glaubens, die mit solchem So-Reden-als-glaubte-man einhergeht, als unechtes oder 'unauthentisches' Glauben etikettieren. Wie wir ja auch von unechten und 'unauthentischen' Gefühlen sprechen. – Schon sehr viel früher hatte Morton (1980, Kap. 4) auf die Vielfalt glaubensähnlicher Phänomene hingewiesen und vier Dimensionen bezeichnet, nach denen sich ihre Nähe zum Glauben bemessen läßt.

[45] Pascal (1670, Nr. 233).

[46] Vgl. Descartes (1637, AT VI 22–31).

[47] L. Jonathan Cohen (1992, S. 19 f.) ist dieser Auffassung.

[48] Dies gilt nicht immer. Zum Beispiel nicht für jede Form religiösen Glaubens.

[49] Deshalb ist es nicht überraschend, daß die in der Literatur verfügbaren Explikationsvorschläge erheblich divergieren. Für Keith Lehrer (1979) heißt Akzeptieren einfach: einer Proposition zustimmen (wenn es einem *ausschließlich* darauf ankommt, dem Wahren zuzustimmen und dem Falschen Zustimmung zu verweigern). Robert Stalnaker (1984, S. 79 ff.) verwendet "akzeptieren" ganz ausdrücklich als einen Terminus technicus, mit dem er einen Begriff bezeichnen möchte, der den des Glaubens mit umfaßt; eine Proposition akzeptieren heißt für ihn, sie "in der einen oder andern Weise als wahr zu behandeln – die Möglichkeit, daß sie falsch ist, zumindest für den Moment außer Betracht lassen". In einer späteren Arbeit, Stalnaker (2002), läßt er es ausdrücklich zu, daß man etwas auch dann akzeptieren kann, wenn man weiß, daß es falsch ist. L. J. Cohen (1992, S. 2–20) hingegen setzt das Glauben gegen das Akzeptieren ab und bestimmt dieses als eine 'aktive Verfahrensweise [*policy*] geistigen Handelns'; sie besteht darin, eine Proposition als Prämisse theoretischen und praktischen Deliberierens zu verwenden. David Velleman (2000, S. 200) erläutert seinen "stipulativen und idiosynkratischen Gebrauch" dieses Terminus so, daß man etwas schon dann akzeptiert, wenn man sich auch nur vorstellt, daß es der Fall ist. – In dieser Vielfalt von Bestimmungen spiegelt sich kein begrifflicher Dissens über das Wesen eines bestimmten Phänomens, sondern der enorme semantische Spielraum, den ein umgangssprachlich nur schwach geregeltes Wort läßt, dessen Sinn sich nur stipulativ präzisieren läßt, wenn es als Terminus technicus verwendet werden soll.

[50] Außerhalb fachsprachlicher Reglementierungen läßt sich der syntaktischen Form eines Satzes vom Typ "*S* glaubt, daß ..." allein nicht ansehen, um welchen der beiden Zuschreibungstypen es sich handelt. Wenn es sich um eine sog. De-dicto-Zuschreibung handelt, dann ist sie nur dann wahr, wenn mit dem Daß-Satz etwas formuliert wird, das *S* exakt so glaubt, wie es formuliert ist. Das ist nicht immer der Fall. Hier ein Beispiel, das ich Wolfgang Künne verdanke: "Pater Ambrosio glaubt, daß das kitschige Madonnenbildnis in der Kapelle ein großes Kunstwerk ist". Wer das sagt, wird damit vermutlich nicht sagen wollen, daß der Pater selbst das Bildnis für kitschig hält. Ein pedantischer

Philosoph würde vielleicht so formulieren: "Pater Ambrosio glaubt von dem kitschigen Madonnenbildnis in der Kapelle, daß es ein großes Kunstwerk ist".

Uns geht es hier nur um strikt wörtlich zu nehmende Verwendungen von "*S* glaubt, daß ..."-Sätzen, in denen der Sprecher mit dem Daß-Satz in seinen eigenen Worten eine Proposition zu formulieren versucht, die *S* für wahr hält. Nicht berücksichtigen werden wir also solche Fälle, in denen der Sprecher im Daß-Satz Ausdrücke metaphorisch oder in anderer Weise uneigentlich verwendet. Auch dafür ein Beispiel. *S* erzählt mir: "Letzte Woche war ich bei Harvey eingeladen. Das war regelrecht ein kulinarisches Fest, üppigst bis zum Äußersten: Hummer mit Champagner, Foie gras mit Sauternes, zum Nachtisch eine raffinierte Biskuittorte, dazu alter Eisweinriesling und ganz am Ende des Abends dann noch ein 25jähriger Single-Malt mit einer dicken Havanna. Frugaler als bei Harvey habe ich noch nie gespeist." Mir ist klar: Wenn das stimmt, was er mir über das Essen berichtet hat, dann paßt sein letzter Satz nicht. Falls ich nun vermute, daß er mit "frugal" gar nicht *frugal* gemeint hat, und ich dennoch sagen würde: (a) "*S* glaubt, daß er nie frugaler gespeist hat als bei Harvey", dann würde ich entweder bewußt die Unwahrheit sagen oder das Wort "frugal" uneigentlich verwenden, d.h. nicht in dem Sinne, den ich mit ihm verbinde. Deutlicher könnte ich mich so ausdrücken: (b) "*S* glaubt, daß er nie – wie er sich auszudrücken beliebt: – 'frugaler' gespeist hat als bei Harvey." – Wer (a) im Sinne von (b) verwendet, verwendet dabei das Wort "frugal" – wie Sellars (1954, 119) das nennt – *insgeheim erwähnend*. Solche und allerlei andere Arten der uneigentlichen Verwendung von Sätzen des Typs "*S* glaubt, daß ..." sind allerdings kein Hinweis darauf, daß solche Sätze semantisch mehrdeutig sind. Vielmehr sind solche Verwendungen weitere Beispiele für eine allgemeine Tatsache der Sprachpragmatik: Auch nicht-ambige Sätze können unterschiedlich verwendet werden.

[51] Eine Erläuterung. In einem sog. *Ich-Satz* muß das Pronomen "ich" nicht vorkommen. Entscheidend ist, daß der Satz irgendeinen Ausdruck enthält, mit dem der Sprecher sich in der für das Wort "ich" charakteristischen Weise wesentlich und direkt auf sich selbst bezieht. Wie ich diesen Terminus hier verwende, ist also zum Beispiel auch "Mein Fahrrad steht im Keller" ein Ich-Satz.

[52] Er besagt nicht, daß jedes Glauben ein Für-so-&-so-wahrscheinlich-Halten sei. Das wäre offenkundig falsch. Niemand würde – so weit ich sehe – behaupten, jedes Glauben, daß dies-&-das der Fall ist, sei ein Glauben, daß es so-&-so wahrscheinlich ist, daß dies-&-das der Fall ist.

[53] Den Gedanken daran, daß es Menschen (ja, Kulturen) geben mag, denen das Wetten sozusagen konstitutionell fremd und nicht beizubringen ist, lasse ich beiseite. Dazu nur dies: Wäre ihnen zu bestreiten, daß sie glauben? Oder müßten wir, um ihnen dies zu konzedieren, zu einer Hilfskonstruktion greifen: wie sie wetten würden, wenn sie zum Wetten fähig wären? (Wie scharf genau würde der Maulwurf sehen, wenn er sehen könnte?) – Ein anderer Gesichtspunkt: Jemand, der glaubt, daß Gott existiert, mag die Frage, wie fest er es glaubt, verständnislos abweisen. Wetten kämen hier ohnehin nicht in Frage. Er glaubt es einfach, allerdings ohne völlige Gewißheit; so viel ist klar, auch ihm. Spräche seine kategorische Abweisung dagegen, daß er es glaubt? Liegt es nur daran, daß er sich hier nicht in die Karten schauen lassen mag? Oder sich nicht einmal getraut, die Angelegenheit einmal so nüchtern und gründlich zu durchdenken, bis er schließlich zu einem aussagekräftigen Ergebnis gelangt – etwa dem, daß er an Gottes Existenz genauso fest glaubt wie daran, daß es letztes Jahr in Grönland an wenigstens drei Tagen geschneit hat? – Wäre es nicht grotesk, ihm zu bestreiten, daß er glaubt, daß Gott existiert, auch ohne einen Grad an Festigkeit, den er zu anderm, was er glaubt, in eine Beziehung zu bringen vermag?

[54] Es ergeben sich bekanntermaßen tausenderlei zu berücksichtigende Aspekte daraus, von welcher Art genau das sprachliche Material ist, das in die Leerstelle eingesetzt wird (ob z. B. indexikalische Ausdrücke oder starre Designatoren im Spiel sind). Solche syntactico-semantischen Details werden im Folgenden gelegentlich eine Rolle spielen und dann eigens erwähnt werden.

[55] Hingegen kann das Geglaubte z. B. unbestimmt und vage sein. Harvey mag glauben, daß irgendwann irgendjemand endlich einmal etwas einigermaßen Liebenswürdiges über ihn sagen wird. Er mag glauben, daß Herr Diehl eine Glatze hat (Herr Diehl ist jedoch der Grenzfall eines Glatzköpfigen).

Zu Kapitel 4

[56] Im Englischen z. B. gibt es zu *believe* das pluralfähige Nomen *belief*, im Französischen das pluralfähige *croyance* zu *croire*. Das Griechische hat *δόξαι*, das Lateinische *opiniones*.

[57] Entsprechend werde ich auch Termini wie *Glaubensbegriff* und *Überzeugungsbegriff* und dergleichen austauschbar verwenden.

[58] Ergibt sich aus diesem Kriterium eine allzu feine Individuierung von Überzeugungen? Ein Beispiel: Jemand mag den Satz "Gute Augenheilkundler sind selten" für wahr halten, nicht aber den Satz "Gute Ophtalmologen sind rar". Mancher möchte angesichts dessen wohl sagen: Er hat die Überzeugung, nennen wir sie *A*: daß gute Augenheilkundler selten sind; er hat aber nicht die Überzeugung *O*: die, daß gute Ophtalmologen rar sind. Also wären, gemäß dem Kriterium, *A* und *O* verschiedene Überzeugungen. – Das dürfte nicht jedem einleuchten. Wer das Gefühl hat, es handele sich bei *A* und *O* 'klarerweise' um ein und dieselbe Überzeugung, möchte das Kriterium vielleicht so modifizieren, daß es sich nur auf solche Fälle erstreckt, in denen das Subjekt alle in die Überzeugungen involvierten Begriffe beherrscht. (Dann wären *A* und *O* jedenfalls nicht schon allein deshalb verschiedene Überzeugungen, weil es möglich ist, daß jemand zwar den Begriff des Augenheilkundlers beherrscht, nicht aber den des Ophtalmologen.)

In derlei Erwägungen zur Angemessenheit des vorgeschlagenen Kriteriums spielen unvermeidlich auch 'Intuitionen' (über die Identität/Verschiedenheit von Überzeugungen) eine gewichtige Rolle. Und diese können sehr weit auseinandergehen. Vielleicht leuchtet es jemandem 'intuitiv' ein, daß Überzeugungen sogar dann verschieden sein können, wenn es begrifflich ausgeschlossen ist, daß man eine von ihnen ohne die andere hat. (Etwa die, daß 5 prim ist, in 'Kontrast' zu der, daß die Zahl 5 prim ist). Es bedürfte dann eines andern Kriteriums, um einsichtig zu machen, daß solche Überzeugungen verschieden sind.

All das bleibe dahingestellt. Und zwar aus einem einfachen Grund: Wir haben nichts Verbindliches zur Hand, an dem wir uns beim Widerstreit solcher 'Intuitionen' orientieren könnten. Vornehmer gesprochen, unsere (derzeitige) begriffliche Kompetenz zum Thema Glauben reicht nicht aus, um zu entscheiden, wie fein Überzeugungen zu individuieren sind. – Am Ende ist es eben einfach so: Der Begriff des propositionalen Glaubens ist ein vorgegebener, durch allerlei allgemein akzeptierte Kriterien leidlich geregelter Begriff; den Begriff einer einzelnen Überzeugung jedoch, die gegen alle andern Überzeugungen eindeutig abgegrenzt ist, müssen wir uns erst, mehr oder weniger freihändig, 'schaffen'. – Man verliere also nicht aus den Augen: Dieses Kriterium ist ein stipulativer Vorschlag, an den ich mich im Folgenden halten werde, keine Konstatierung einer vermeintlichen Tatsache.

[59] Die Zusätze "affirmativ" bzw. "positiv" lasse ich unerwähnt, wenn – wie zumeist – aus dem Zusammenhang klar ist, daß es nicht um *negierte* Glaubenssätze und nicht um *negative* Glaubenstatsachen geht. Negierte Glaubenssätze sind solche des Typs "Es ist nicht der Fall, daß *S* glaubt, daß *p*". Die weniger umständliche Formulierung ("*S* glaubt nicht, daß *p*") ist zwar tadellos, aber im Umgang mit ihr ist Vorsicht geboten, weil sie dazu verleiten mag, sich hinzuzudenken, *S* bezweifle, daß *p*, oder glaube sogar, daß ~*p*. Man beachte, daß ein negierter Glaubenssatz auch dann wahr ist, wenn dem Subjekt nicht einmal die Begriffe zur Verfügung stehen, deren Meisterung es bedarf, um überhaupt eine doxastische Einstellung dazu, ob *p*, zu haben. ("Alkibiades glaubte nicht, daß Neutrinos eine Ruhemasse von mehr als 2 eV/c^2 haben" ist – im Rahmen dieser Terminologie – ein wahrer negierter Glaubenssatz.)

[60] Ich werde diesen Terminus auch in einem weiteren Sinn verwenden, wonach jedes Wesen ein Glaubenssubjekt ist, das aufgrund seiner natürlichen Beschaffenheit zu einer Population gehört, deren normale Mitglieder Glaubenssubjekte im engeren Sinn sind. (Ein Beispiel: Jeder Mensch ist, als Mensch, ein Glaubenssubjekt im weiteren Sinn, auch wenn er keines im engeren Sinn sein sollte.)

[61] Mit dieser Terminologie folge ich Schnieder (2004, S. 154 ff. und 7 ff.), der Eigenschaften, wenn als partikularisierte konzipiert, Adhärenzen nennt und von Attributen spricht, wenn Eigenschaften als universale konzipiert werden. – Am Ende des neunten Kapitels werden wir noch einmal auf Glaubensadhärenzen [sog. *belief tokens*] zu sprechen kommen.

[62] Fodor (1987, S. 22). – Fodor vertritt an dieser Stelle die Auffassung, jemand, der Überzeugungen als real existierende Phänomene anerkennt, sei nur gehalten, an 'okkurrente' Überzeugungen zu glauben. Das bedeutete aber, ein doxastischer Realist wäre nur gehalten, an Phänomene zu glauben, die bei Lichte besehen gar keine Überzeugungen sind – sondern Gedanken, zu denen es auch die entsprechenden Überzeugungen gibt. Darauf komme ich gleich noch einmal zurück.

[63] Williamson (2000, S. 255).

[64] Vgl. z.B. Lycan (1986, S. 62 f.), Dennett (1981a, S. 55 f.) und Crimmins (1992, S. 240). – Andere Autoren verbinden mit dem Terminus "explizite Überzeugung" einen andern Sinn; gelegentlich wird er offenbar als Synonym verwendet für "okkurrente Überzeugung", oder auch für "Überzeugung, deren sich das Subjekt reflexiv bewußt ist".

[65] Fodor (1987, S. 19–26). – Diese Redeweise ist nicht einfach eine terminologische Ungeschicktheit, sondern eine inhaltliche Konfusion. Dies wird zum Beispiel deutlich, wenn Dale Jacquette (2013, S. 217) die gemeinte Unterscheidung so erläutert: Eine 'okkurrente Überzeugung' sei "das bewußte Akzeptieren der Wahrheit einer Proposition zu einem bestimmten Zeitpunkt". Im Gegensatz dazu sei eine 'dispositionale Überzeugung' nichts anderes als eine "bloße Disposition, etwas zu glauben" – genauer gesagt sei eine dispositionale Überzeugung "etwas Kontrafaktisches: das Disponiertsein eines Subjekts, die Wahrheit einer Proposition okkurrent zu akzeptieren" und dieses "doxastische Ereignis" würde "kontrafaktisch eintreten, wenn gewisse spezifizierbare kontingente Bedingungen kontrafaktisch erfüllt wären". – Die Häufung des Terminus "kontrafaktisch" läßt vermuten, daß 'dispositionales Glauben' hier als etwas Nicht-Reales konzipiert wird. Glauben wäre demnach nur dann real, wenn es in Wahrheit kein Glauben ist, sondern ein Bewußtseinsereignis.

[66] Daß dem Subjekt die Begriffe fehlen, um die betreffende Proposition gedanklich zu erfassen, ist keine notwendige Bedingung für sein blankes Nicht-Glauben. Er mag zwar in der Lage sein, die Proposition zu verstehen, ihr gegenüber aber einfach doxa-

stisch inert sein – z. B. unwillig, sich über ihren Wahrheitswert eine Meinung zu bilden. Es ist dies ein blankes Nicht-Glauben, dessen sich das Subjekt bewußt sein kann.

Zu Kapitel 5

67 Nicht Sokrates, vielmehr Glaukon (in die Rolle eines Verteidigers der Philodoxie gedrängt) vertritt an dieser Stelle eine merkwürdige, fast schon abstruse Konzeption des Glaubens. Danach wäre schon das bloße Fürwahrhalten eine geistige Leistung sui generis. Zudem wären die Gegenstände des Glaubens von ontologisch einschneidend anderer Art als die des Wissens. Es gäbe dann zwei Welten: eine, von der das Glauben handelt, und eine ganz und gar andere, von der das Wissen handelt. – In seiner vorzüglichen Studie hat Theodor Ebert schlagende Argumente gegen die Auffassung vorgelegt, an dieser Textstelle skizziere Platon einen Aspekt seiner eigenen Lehre. Eberts erheblich plausiblere interpretatorische Gegenvermutung ist, daß Platon hier vorführt, welche Konsequenzen sich aus einer eleatischen Konzeption des Glaubens ergeben, wie sie im zweiten Teil von Parmenides' Lehrgedicht aufscheint. Siehe dazu Ebert (1974, S. 132 f.).

68 An einer Stelle (*Theaitetos*, 187a) wird, durch eine willkürliche Hinzusetzung des Übersetzers, das Glauben ausdrücklich als eine Aktivität der Seele bezeichnet. Vgl. Cooper (1997, S. 207).

69 Thomas (*In libros* I, l44, n4–5).

70 Allerdings besteht zwischen den *Gegenständen* des Glaubens und denen des Wissens kein ontologischer Unterschied. Es ist keineswegs so, daß das, was geglaubt werden kann, dem 'Reich der Erscheinung' angehört, während das, was gewußt werden kann, zum 'Reich der wirklich seienden Dinge' gehört. Nach Thomas kann der eine Mensch etwas wissen, was der andere nur glaubt; und derselbe Mensch kann jetzt etwas glauben, das er später weiß. (Vgl. wiederum *ST* II-II, q1, a5r). – Ein kategorialer Unterschied liegt allerdings darin, daß für Thomas folgendes eine begriffliche Wahrheit ist: Wer etwas weiß, glaubt es nicht; und wer etwas glaubt, weiß es nicht.

71 Auch in der *Summa theologiae* weist Thomas an einigen Stellen darauf hin und unterscheidet zwischen dem, was ich hier als 'gläubiges Glauben' [*fides*] bezeichne und dem 'Glauben insgesamt' [*fides communiter sumpta*]. Vgl. z. B. *ST* II-II, q4, a1r.

72 Sein "*credere*" erstreckt sich nach meinem Eindruck nicht auf solche Formen schwächlichen Glaubens, die er als "*suspicari*" bezeichnet.

73 In dem erwähnten Kommentar zu den *Zweiten Analytiken*: I, l1, n6.

74 Zu dem Akt des Glaubens gibt es auch einen Habitus des Glaubens (*habitus fidei*). Dieser ist nicht einfach das 'reine', ganz abstrakt-prinzipielle, Glauben-Können (*potentia*), sondern eine Eigenschaft, durch die das Subjekt spezifisch auf den Vollzug von Akten des Glauben eingerichtet ist. Jeder Habitus ist ein Mittleres zwischen bloßer Potenz und wirklichen Akten; vielleicht könnte man sagen: Er ist die im Subjekt vorhandene reale Möglichkeit, solche Akte zu vollziehen. Zudem ist es ist eine Eigenschaft, die das Subjekt zwar verlieren kann, aber nicht leicht verlieren kann – allerdings nichts von der Art einer Gewohnheit, die schwer abzulegen ist. Was Thomas meint, scheint so etwas zu sein wie ein auf Dauer angelegtes Geeignetsein, Akte einer bestimmten Art zu vollziehen. Vgl. dazu insb. *ST* II-I, q49 bis q54. – Zu beachten ist im Hinblick auf unsere Untersuchungen, daß es nicht für jedes einzelne Glauben-daß-*p* einen entsprechenden Habitus gibt, sondern nur *den* Habitus des Glaubens (der sich, wie oben bemerkt, im Falle des gläubigen Glaubens einer besonderen Gnade Gottes verdankt). Der Habitus des

Glaubens ist also nicht das, was in der heutigen Diskussion als "dispositionales Glauben" bezeichnet wird. Aber dieser Habitus mag vielerlei Ähnlichkeit mit dem haben, was uns im neunten Kapitel als 'funktionale Rolle' des Glaubens wiederbegegnen wird.

[75] "Das Urteil [*iudicium*] ist gewissermaßen der Abschluß und die Festlegung einer Überlegung" (*ST* I, q83, a3r).

[76] Descartes (1641, AT VII, 22).

[77] Locke (1689, I.1.3 und IV.15.3).

[78] Als Glauben [*opinio*] bezeichnet Spinoza solche Betrachtungsweisen einer Sache, die aus der Sinneserfahrung oder aus dem Hörensagen (und durch Lektüre) zustandekommen. Wenn das solchermaßen Geglaubte wahr ist, handelt es sich um ein Wissen der untersten Ordnung; es ist zu unterscheiden von vernünftigem Wissen (auf Grund eines Beweises) und von intuitivem Wissen, d.h. einer viel deutlicheren Einsicht, die keines Beweises bedarf. Siehe Spinoza (1677, 2p49cs).

[79] Auch in der Urteilsenthaltung sieht er keinen Willensakt, sondern die Einsicht des Subjekts, daß es die betreffende Sache "nicht adäquat perzipiert". Siehe Spinoza (1677, II, P 49, Scholium). – Spinozas Idee hat auch heute ihre Anhänger. Daniel T. Gilbert (1991) greift sie im Rahmen eines kognitionspsychologischen Modells des inhaltlichen Erfassens und Fürwahrhaltens mentaler Repräsentationen auf. Eric Mandelbaum (2014) vertritt eine besonders kompromißlose Auffassung, die er als die 'Spinozische Theorie' bezeichnet: Auf Grund der Architektur des menschlichen Gehirns sei jedes Fassen oder 'Kontemplieren' eines Gedankens unweigerlich erst einmal ein Glauben. Man müsse jeden noch so abstrusen Gedanken, den man scheinbar unmittelbar als falsch einsieht, erst einmal glauben, bevor man ihn in der Folge verwerfen kann. Er nennt als Beispiel: *Hunde bestehen aus Papier.* Werden wir mit diesem Gedanken konfrontiert, könnten wir nichts anders als ihn zunächst für wahr zu halten; es bedürfe dann einer besonderen und computationalen Anstrengung (eines anderen Hirn-Moduls), um zu der Überzeugung zu gelangen, daß Hunde nicht aus Papier bestehen.

[80] Das gilt wohl auch für Kant. Er bezeichnet Glauben (in unserm weiten Sinn) als Fürwahrhalten und nennt dieses "eine Begebenheit in unserem Verstande/Gemüte", also offenbar etwas von der Art eines Ereignisses oder Akts. Vgl. dazu Kant (1781, A 820 f./B 848 f.). Daß es sich bei der 'Begebenheit des Fürwahrhaltens' um ein Urteil handelt, legt der Zusammenhang nahe. Aber Kants Bemerkungen sind sehr knapp und mir zu undeutlich, um in diesem Punkt eine exegetische Einschätzung zu wagen.

[81] *T* 114 und 183. Vgl. auch *E* 47 ff.

[82] Ich gebe "idea" hier (wie auch schon bei der Darstellung von Descartes' und Spinozas Lehren) mit "Gedanke" wieder. In Hinblick auf unsern Zusammenhang scheint mir das vertretbar. Auch da, wo Hume "conceive" verwendet, benutze ich *perzipieren* oder einfach *fassen* und *haben*. – Er sagt übrigens explizit (*T* 456), jederlei Tätigkeit des Geistes, auch die des Urteilens, sei eine Perzeption.

[83] Siehe *T* 415 und 458.

[84] Dieses Beispiel übernehme ich von Ian Hacking (1975, S. 180). Ich finde es unter anderm deshalb instruktiv, weil es uns nebenbei darauf hinweist, daß auch noch Humes Denken in puncto Glauben und Wissen grundsätzlich verschieden von unsern heutigen Konzeptionen ist. Wie auch für Thomas ist ihm Wissen kein Glauben, zu dem Wahrheit+*X* hinzukommt. Vieles, das wir heutzutage gewöhnt sind, als erkenntnistheoretisch drängende Probleme ernstzunehmen (so u.a. auch alle durch Gettier ausgelösten Fragen), wären für Hume nur unbegreifliche Konfusionen.

[85] Peter Hacker hat an einer Reihe von Beispielen vorgeführt, wie ganz und gar

ungleichartig unser Reden über das Glauben und unser Reden über Gefühle sind. Vgl. Hacker (2004, S. 186–194).

[86] Ob ein Gedanke auf die Gegenwart bezogen ist oder auf die Vergangenheit, ist für Hume nichts, was zu dem Gedanken selbst gehört. Für ihn sind Gedanken Bildchen [*images*] und sozusagen ohne Datumsangabe.

[87] Man mag dies für eine schrullige Idee eines Lehnstuhl-Psychologen des 18. Jahrhunderts halten. Aber das gleiche Bild findet sich auch in manchen heutigen Konzeptionen mentaler Dynamik, die sich dem gegenwärtigen Stand der Kognitionswissenschaft verpflichtet fühlen. Hier ein Beispiel, mit dem beschrieben werden soll, wie aus einem Wünschen, vermittels Einbildung, ein Glauben werden kann: "Ein Wunsch, der oft zu Bewußtsein gebracht wird, aus dem oft Phantasien entstehen usw., nimmt schließlich eine glaubensähnliche *Lebhaftigkeit* an, die bewirkt, daß er in manchen Hinsichten wie eine Überzeugung behandelt wird". Vgl. Egan (2008, S. 276, meine Hervorhebung).

[88] Siehe dazu insb. den Abschnitt "Of the influence of belief" (*T* 118–123).

[89] Reid (1764, S. 107).

[90] Peirce (1868, S. 205).

[91] James (1890, Bd. II, Kap. 21, S. 283; Kursiv im Original).

[92] Russell (1921, S. 250).

[93] Peirce (1868, S. 205, meine Kursivhervorhebung).

[94] Peirce (1877, S. 247).

[95] So schreibt er z.B.: "Eine *Überzeugung* ist ein Geisteszustand ... Ein Bewußtseinsakt, in dem eine Person denkt, sie erkenne eine Überzeugung [*thinks he recognizes a belief*], heißt ein *Urteil*.", in: Peirce (1895, S. 12, Kursiv im Original).

[96] Russell (1921, S. 250).

[97] Russell (1921, S. 252).

[98] Siehe Russell (1913, S. 136). Entsprechend bezeichnet er zum Beispiel solche Überzeugungen, die unmittelbar aus der Wahrnehmung hervorgehen, auch als Wahrnehmungsurteile [*judgments of perception*] Siehe Russell (1921, S. 237).

[99] Russell (1921, S. 246).

[100] Russell (1919, S. 311).

[101] Das erste Zitat aus Peirce (1902, CP 2.148), das zweite aus Peirce (1904, S. 312).

[102] Peirce (1907, CP 5.480).

[103] Peirce (1905, CP 5.417).

[104] Das kann bis ins Besserwisserische gehen. James tadelt Brentano dafür, daß dieser nicht von dem "Akt des Glaubens", sondern von einem "Akt des Urteilens" spricht. Vgl. James (1890, S. 266).

[105] Vgl. Moore (1953, 258 f.)

Zu Kapitel 6

[106] Spencer (1855, S. 14–15, Zitate nicht in dieser Reihenfolge).

[107] Vielleicht bleibt nur eine Reaktion wie diese: "Nichts könnte *mich* davon überzeugen, daß ich keine Überzeugungen habe. Würde ich feststellen, daß ich innen hohl bin wie ein Schokoladenosterhase, dann würde mir das nur zeigen, daß man nichts im Kopf zu haben braucht, um Überzeugungen zu haben." Vgl. Schiffer (2003, S. 336).

[108] Meine Beispielsätze werden, wie bereits erwähnt, diesem strengeren Anspruch oft nicht genügen. Auch werde ich so tun, als seien Eigennamen in dieser Hinsicht unpro-

blematisch. Wer an einem Beispielsatz Anstoß nimmt, möge ihn sich so abändern, daß er seinen Ansprüchen genügt.

[109] Vgl. dazu auch oben S. 72 f.

[110] Dies war natürlich keine apriorische Einsicht über unsern Begriff der Gleichzeitigkeit, sondern eine aposteriorische Einsicht über einen Parameter, ohne den Aussagen mit diesem Begriff in der wirklichen Welt nicht wahrheitswertfähig sind.

[111] Im Hinblick auf Sätze, in denen einem Subjekt Überzeugungen im oben erwähnten De-re-Format oder mit Rückgriff auf Indexikalia zugeschrieben werden, ist diese Auffassung von mehreren Autoren mit erwägenswerten Argumenten vertreten worden. Es ist allerdings zu beachten, daß solche Sätze keine *Glaubenssätze* im gerade erläuterten Sinn sind. – Siehe z. B. Schiffer (1995).

[112] Glaubensaussagen sind nicht relativ zu Sprachen, Arten des Gegebenseins, intentionalen oder andern Einstellungen, Interpretationstheorien, Rationalitätsstandards, sozialen Gegebenheiten oder kulturellen Traditionen. – Siehe Kemmerling (2003a, S. 205–212 und 2003b, S. 188–192).

[113] Manche würden vielleicht Sätze wie "Der gegenwärtige König von Frankreich hat eine Glatze", "Harvey schläft wachend", "Das Wetter regnet" oder "Die Zahl 17 ist feige" als weder wahr noch falsch einstufen, etwa mit der Begründung, die Frage nach ihrer Wahrheit bzw. Falschheit lasse sich gar nicht sinnvoll stellen. Ich hingegen finde es passender, auch Aussagen mit unerfüllten Existenzvoraussetzungen (hinsichtlich des Subjekts oder der ihm zugeschriebenen Eigenschaft) zu den Falschheiten zu rechnen, ebenso Aussagen, deren Subjekt kategorial ungeeignet ist, die vom Prädikat bezeichnete Eigenschaft zu erfüllen.

[114] Es ist demnach zwischen zwei Arten des Nicht-Wahrseins einer wahrheitswertfähigen Aussage zu unterscheiden: entweder sie hat den klassischen Wert *falsch*, oder sie ist grenzfall-unbestimmt (d. h. weder wahr noch falsch). Die Frage, ob *grenzfall-unbestimmt* ein dritter Wahrheitswert ist, der in einer wirklichkeitsnäheren als der klassischen Logik zu *wahr* und *falsch* hinzugenommen werden müßte, oder ob solche Aussagen in einer 'Wahrheitswertlücke' liegen, möchte ich offenlassen. Der Grund ist einfach der, daß (mir) keine akzeptable mehrwertige Logik bekannt ist.

[115] Ein wenig genauer gesagt: *B* ist *anfällig für Grenzfall-Unbestimmtheit* (oder kurz: *grenzfall-unbestimmt*), wenn gilt: (1) Es könnte einen Fall, *g*, geben, so daß gilt: (a) auf Grund der für *B* geltenden Kriterien und angesichts der vorhandenen Information über diesen Fall ist *g* weder unter *B* noch unter <u>nicht-*B*</u> zu subsumieren; (b) beliebige hinzukommende Information über *g* würde daran nichts ändern; und (2) es gehört zur Meisterung von *B*, solch einen Fall für möglich zu halten.

[116] Diese begriffliche Unterschiedlichkeit zeigt sich auch an folgendem: Zu grenzfall-unbestimmten Begriffen läßt sich typischerweise eine sog. Sorites-Reihe bilden, wie wir sie für das Beispiel <u>Haufen</u> ausgemalt haben: Jeder echte Grenzfall liegt an einem eindeutig bestimmten Ort in einer gedachten Reihe, die von einem Korn allein ausgehend, Schritt für Schritt (je ein weiteres Korn hinzunehmend) zu Ansammlungen beliebig vieler Körner führt. – Für <u>Glauben-daß-5-eine-Primzahl-ist</u> (und natürlich auch für jeden anderen spezifischen Glaubensbegriff) hingegen läßt sich keine solche Sorites-Reihe bilden: Es gibt kein Prinzip, gemäß dem sich etwaige Zweifelsfälle der Anwendbarkeit solch eines Begriffs in eine eindeutige Ordnung bringen ließen.

[117] Quine (1960, S. 219 und 221). Die Nicht-Extensionalität der Glaubensprädikate werden wir im nächsten Kapitel ein wenig genauer betrachten, unter dem Stichwort: *die Intensionalität von "glauben"*.

118 Alle Zitate aus Churchland (1981).

119 Wer die den Begriff des Glaubens festlegenden *begrifflichen* Wahrheiten respektiert, kann – wie wir gesehen haben – jede beliebige *empirische* Theorie über das Glauben vertreten, und sei sie noch so absonderlich, und natürlich auch die Auffassung, daß dieser Begriff leer ist.

120 Zu einer Verteidigung dieser These siehe z. B. Lewis (1994). – Warum diese These m.E. unhaltbar ist, habe ich ausgeführt in Kemmerling (2003a, S. 203–222).

121 Felix Mühlhölzer (1988) hat mit Hinweis auf Arbeiten von Hermann Weyl darauf aufmerksam gemacht, daß es genau jene hier betrachtete parametrische Vollständigkeit ist, die in der physikalischen Begriffsbildung angestrebt wird, um zu wissenschaftlich 'objektiven' Aussagen zu gelangen.

122 Vgl. z. B. Shoemaker (1980).

Zu Kapitel 7

123 Mit "können" ist hier begriffliche Möglichkeit gemeint. – Zur Erläuterung: Nur Haare können (die Eigenschaft besitzen, sich in dem Zustand zu befinden) blond sein; Ausprägungen sind weißblond, rotblond, dunkelblond, und so weiter; so etwas wie die Eigenschaft Schwarzblond kann es nicht geben. Nur Personen können katholisch sein: römisch-katholisch, altkatholisch, und so weiter; so etwas wie nichtchristlich-katholisch kann es nicht geben. Nur ganze Zahlen können prim sein; Ausprägungen sind: eine gerade Zahl sein, eine Zahl größer als 100 sein, und so weiter; so etwas wie eine prime Primel kann es nicht geben. – In Entsprechung dazu wird unsere Frage nun sein: Welche Arten von Entitäten können die Eigenschaft des Glaubens besitzen? In welchen propositionalen Ausprägungen kann diese Eigenschaft auftreten? In welchen nicht?

124 Vgl. Lewis (1966, S. 106). – Davidson (1999b, S. 481) hingegen vertritt die Auffassung, unser Vokabularium für Geistiges diene ausschließlich der Beschreibung und Erklärung dessen, was *Körper* tun [*what animal bodies do*].

125 Siehe z. B. Searle (1992, Kap. 7).

126 Daß *B* ein manifestationaler Begriff ist, heißt also, daß es durch Beobachtung feststellbare Umstände *U* und Merkmale *M* gibt, so daß gilt: Daraus, daß ein beliebiges Ding *x* in *U* das Merkmal *M* aufweist, folgt, daß *x* die Eigenschaft *B* hat. – Nicht nur die sog. Beobachtungsbegriffe sind manifestional, sondern viele andere ebenso; übrigens auch Begriffe geistiger Phänomene (z. B. ein Gedicht auswendig können).

127 Nicht einmal ein doxastischer Eliminativist bestreitet das. Auch er erkennt die begriffliche Möglichkeit menschlichen Glaubens an; was er bestreitet, ist die faktische Wahrheit jedweder Glaubensaussage.

128 Und es wird bestritten. So zum Beispiel von Daniel D. Hutto (2013). Er weist auf entsprechende Beispiele unserer gewöhnlichen Verwendung des Glaubensbegriffs hin. Nicht allen Tieren, denen wir ohne Bedenken Überzeugungen zuschreiben, billigen wir Begriffsbeherrschung zu. Es gibt, so Hutto, Formen der intentionalen Gerichtetheit auf spezifische Sachverhalte, die keinen Begriffsbesitz involvieren und dennoch im wesentlichen dieselbe kognitive Rolle im Zusammenspiel von Wahrnehmung, Bedürfnis und Verhalten spielen wie Glaubenszustände von Wesen, die über Begriffe verfügen. Unser flexibler und integrativer Glaubensbegriff erstrecke sich auch auf solche Phänomene. – Das wird uns später in diesem Kapitel noch beschäftigen.

129 Siehe unten S. 232 f.

[130] Nicht einbezogen wird hier jener feine Unsinn, der kein ganz reiner ist. Er findet sich zum Beispiel in manchen Sätzen, die zwar einen prima facie regulären wörtlichen Sinn haben, aber keine ihm entsprechende assertive Verwendung. In solchen Sätzen kommt eine ganz eigentümliche Sinnleere zum Vorschein, die auch dem prima facie unbestreitbar Sinnvollen innewohnen kann. Manches dieser Art begegnet uns in jüdischen Witzen, bei Lewis Carroll, Karl Valentin, Captain Beefheart oder Monty Python. – Nicht jeder 'feine' Unsinn ist daran zu erkennen, daß er uns auf Anhieb zum Lachen bringt. Ein Beispiel dafür wird uns ab dem 13. Kapitel ernsthaft beschäftigen.

[131] Anders mag es sich in besonderen Fällen des sog. De-re-Glaubens verhalten, in denen jemand *von* einer bloß vermeintlichen Sache glaubt, sie habe die-&-die Eigenschaft. Ein Beispiel gibt Keith Donnellan (1966, S. 296). Das Problem mit solchen Fällen ist, ob es De-re-Überzeugungen geben kann, die kein intentionales Objekt haben. Sie sind für unsern Zusammenhang unerheblich, weil für sie überhaupt kein propositionaler Inhalt angebbar ist, hinsichtlich dessen sich die Frage stellen ließe, ob er geglaubt werden kann oder nicht.

[132] Ein Beispiel: In der sog. Anti-Individualismus-Debatte wird kontrovers diskutiert, ob einer, der wähnt, daß "Arthritis" eine Muskelentzündung bezeichnet, Überzeugungen haben kann, in die der Begriff Arthritis involviert ist. Vgl. dazu etwa: Burge (1978, S. 79–82) und Bach (1994, S. 264–270).

[133] Ich entnehme dieses Beispiel einem der Alice-Romane von Lewis Carroll, in der schönen Übersetzung von Christian Enzensberger. Siehe Carroll (1871, S. 144 f.).

[134] Gibt es vielleicht sogar *Wahrheiten*, die aus begrifflichen Gründen nicht geglaubt werden können? Moores Paradox liefert einen Kandidaten, der zu erwägen ist. Jemand mag irrigerweise glauben, daß es regnet. Aber kann er dies selbst wiederum für wahr halten, d. h. glauben, daß er (jetzt, in diesem Moment) irrigerweise glaubt, daß es regnet? – Offenkundig ist, ein normaler Mensch kann das nicht, jedenfalls nicht unter insgesamt normalen Gegebenheiten. Nicht mehr ist, so scheint mir, offenkundig.

[135] Diese und weitere Thesen dieser Art finden sich in vielen Arbeiten Davidsons. Vgl. insbesondere Davidson (1984b, Kap. 9–11; 2001a, Kap. 7–9; 2004, Kap. 1 und 5–9).

[136] Vgl. dazu Davidson (1975, S. 156 u. 169; 1982, S. 100 u. 102; 1983, S. 146).

[137] Davidson (1975, S. 156). – *Denken* ist in den unmittelbar anschließenden Überlegungen, wie bei Davidson, in einem sehr weiten Sinn zu verstehen: Alle intentionalen Geistesphänomene, also auch das Glauben, sollen damit erfaßt sein.

[138] Davidson (1999a, S. 81).

[139] Davidson (1982, S. 103 f.).

[140] Davidson (1992, S. 124, Zusatz in Klammern von mir). In Davidson (2001b, S. 140) schreibt er: "Das Reich, in dem Denken auftreten kann [das heißt hier: der gesamte Bereich der Geistesphänomene, die einen propositionalen Inhalt haben], ... ist eines, von dem wir guten Grund haben anzunehmen, daß es von keinem andern irdischen Lebewesen [als dem Menschen] bewohnt wird". Die Zusätze in eckigen Klammern sind von mir.

[141] Vgl. Davidson (1982, S. 96). Seine These charakterisiert er in der Fußnote so: Nur Kreaturen mit einer Sprache können denken. Das heißt für ihn insbesondere auch, daß nur Menschen Überzeugungen haben. Er fügt hinzu: "Ich glaube [...], daß allein Männer und Frauen eine Sprache, bzw. genug Sprache, haben, um ihnen *gerechtfertigt* Gedanken [also auch Überzeugungen] *zuzuschreiben*." (Kursivhervorhebung von mir.) – An zahllosen Stellen in andern der oben erwähnten Arbeiten bevorzugt Davidson die Formel: einem sprachlosen Wesen lasse sich eine Überzeugung nicht *sinnvoll* zuschreiben [*intelligibly ascribe*, *intelligibly attribute*, *intelligibly assign*, *intelligibly ascertain*].

[142] Vgl. z.B. Davidson (1979, S. 241).

[143] Hier zwei einschlägige Zitate aus einer Arbeit von Davidson. "Allgemein gesprochen ist mein Thema dies: Wir sollten Bedeutungen und Überzeugungen als Konstrukte *einer* Theorie [*constructs of a single theory*] auffassen, die zueinander in Wechselbeziehung stehen." Die entsprechenden Begriffe seien "Teil einer intuitiven Theorie, die dazu da ist, Ordnung in primitivere Daten zu bringen; daher kann es nur zu Verwirrung führen, wenn man diese Begriffe und ihre vermuteten Gegenstände [*supposed objects*] so behandelt, als hätten sie ein Eigenleben". Vgl. Davidson (1974a, S. 145 und 142).

[144] Und warum, so mag der Tierfreund dann nachsetzen, sollte das im Falle des Hundes dann noch einmal grundsätzlich anders sein? Weil seine ganze Spezies nicht sprechen kann? Weil es märchenhafter Unsinn ist, sich auszumalen, er könne zumindest für diesen Moment doch sprechen und würde uns auf die Frage, warum er sich so echauffiert, bescheiden: "Weil die Katze da oben sitzt"? Oder weil wir, wie der Wittgensteinianer wohl zu bedenken gäbe, einen Hund, der sprechen könnte, nicht verstehen würden, uns nicht 'in ihn finden könnten'? Hängt es also letztlich daran, daß schon der Versuch lächerlich wäre, sich einen sprechenden Hund konkret vorzustellen, während es ein Leichtes ist, sich vorzustellen, wie ein Mensch spräche, der de facto nicht fähig ist, eine genuine Sprache zu erwerben? – Davidson selbst jedenfalls hat solche Bedenken nicht. Er billigt auch sprachlosen Kreaturen ohne jede Einschränkung zu, daß sie solchen Sätzen aufrichtig zustimmen würden, wenn sie nur Deutsch sprechen könnten. Vgl. Davidson (1975, S. 169.)

[145] Vgl. z.B. Dennett (1978a, Kap. 1 und 12; 1987c, S. 15 ff., Kap. 3 und S. 240–260; 1996, Kap. 2). – Dennett betont stets den großen prognostischen Nutzen dieser Strategie, viel seltener das explanatorische Potential, das sich angeblich aus ihr ergibt. Dies werde ich im Folgenden ebenfalls tun.

[146] Vgl. dazu Dennett (1981b, S. 16 ff. und 1987c, S. 37 ff.).

[147] Siehe z.B. Dennett (1996, S. 29), wo er Lebewesen und ihre Teile als 'Artefakte von Mutter Natur' bezeichnet.

[148] Siehe z.B. Dennett (1981b, S. 24).

[149] Vgl. z.B. Dennett (1981a, S. 44 ff. und 65 ff.; 1994, S. 358 ff.).

[150] Dennett (1994, S. 362).

[151] Siehe Frege (1892, S. 151 ff.).

[152] Um sich vor Augen zu führen, daß in beiden Fällen keine Folgerungsbeziehung besteht, stelle man sich vor, daß Otto (b) und (f) für falsch oder wenigstens nicht für wahr hält.

[153] "(Doxastisch) intensional" ist hier in einem untechnischen Sinn zu verstehen, einfach nur als ein kürzeres Wort für "nicht-extensional in der Art, in der Glaubenssätze nicht extensional sind". In einem streng technischen Sinn sind die Sätze nicht intensional, sondern 'hyper-intensional'.

[154] Mir ist kein Versuch bekannt, den hier skizzierten Gedankengang zu einer lückenlosen Argumentation auszuarbeiten. Dennoch scheint weithin akzeptiert, daß sich aus der Intensionalität von Glaubenssätzen auf die Individuationsbedingungen von Glaubenseigenschaften schließen läßt – also von einer semantischen auf eine metaphysische Tatsache.

[155] Siehe z.B. Dennett (1978b, S. 306 ff. und 1991, S. 89 f.). – In meinen folgenden Überlegungen kann ich mich nicht auf Dennetts Wortlaut stützen.

[156] Diese Bezeichnung ist ein terminologischer Behelf und eher schlecht als recht, denn keine Überzeugung, auch keine 'Meinung', ist ja selbst etwas Sprachliches. Gemeint

sind Überzeugungen, die das Subjekt nicht verbalisieren kann. Auch Menschen können unsprachliche Überzeugungen haben.

157 Dennett (1987b, S. 73).

158 Vgl. Dennett (1987b, S. 73 und 1995, S. 329).

159 Davidson (1997b, S. 128).

Zu Kapitel 8

160 Ihren Ausgang nahm diese Debatte in Arbeiten von Michael Dummett (1959 und 1976). Gegen dessen Konzeption des Realismus/Anti-Realismus-Streitpunkts als einer rein logico-semantischen Frage haben insbesondere Michael Devitt (1991) und Crispin Wright (1992) wirkungsvolle Einwände vorgebracht. Zu einer sehr konzisen Analyse dieser Debatte um den Wahrheitsbegriff siehe Künne (2003, Kap. 7). Einen auch als Einführung geeigneten Gesamtüberblick bietet Marcus Willaschek (2003, Kap. I-III).

161 Daß solche Aussagen auch in einem anspruchsvolleren Sinn dieses Worts wahr seien, war die These des sog. doxastischen Physico-Realismus. Wir hatten dem szientistischen Eliminativisten zugestanden, daß diese stärkere These unhaltbar ist, seine eliminativistische Folgerung jedoch gerade mit Hinweis darauf zurückgewiesen, daß er das Wort "wahr" in einem andern als dem gewöhnlichen Sinn (nämlich im Sinne von *wahr*$^{+}$) verwendet.

162 Wright (1992, Kap 1 und 2) nennt sieben solcher grundlegenden begrifflichen Wahrheiten, durch die seines Erachtens erfaßt wird, was den begrifflichen Kern von Wahrheit ausmacht; in einer späteren Arbeit (1998b, S. 64 ff.) erwägt er einen achten Kandidaten.

163 Die sprachliche Ähnlichkeit mit dem Terminus "Ascriptivismus" könnte zu einer Verwechslung führen. Letzterer wurde von Peter Geach (1972, S. 250 ff.) eingeführt, um eine Auffassung zu bezeichnen, derzufolge mit gewissen Aussagesätzen gar keine konstativen Sprechakte vollzogen werden. – Es ist zu beachten, daß ein (doxastischer) Ascriptionist, um dessen Auffassung es hier geht, kein Ascriptivist im Sinne Geachs ist, sondern anerkennt, daß mit Glaubenssätzen Behauptungen, Feststellungen usw. gemacht werden.

164 Vgl. z.B. Fodor (1987, Kap. 1).

165 Er schreibt an einer Stelle: "Meine These wird sein, daß Glauben ein vollkommen objektives Phänomen ist ...". Vgl. Dennett (1981b, S. 15). Dem steht allein schon der simple Umstand entgegen, daß ein System, für Dennett, nur solange ein Glaubenssubjekt ist, wie *wir* sein Verhalten nicht besser als mit Rückgriff auf die intentionale Strategie vorhersagen können. Zugespitzt gesagt, ab jenem Tag, an dem wir aus dem physischen Zustand eines Menschen zuverlässigere Vorhersagen über sein Benehmen gewönnen, verlöre auch er seinen Status als Glaubenssubjekt

166 Dennett (1987b, S. 73).

167 Siehe dazu Searle (1992, Kap. 3, Abschnitt 5) und Dennett (1987c, Kap. 8).

168 Die meines Wissens elaborierteste Version des Ascriptionismus findet sich bei Bruno Mölder (2010). Sie basiert auf den Ideen von Dennett (und auch von Davidson), ist aber keine bloß exegetische Rekonstruktion, sondern eine eigenständige Weiterentwicklung. In ihr klingt eine modale Modifikation an: Eine Zuschreibung muß nicht in der *wirklichen* Welt stattfinden, aber ein in der wirklichen Welt angesiedeltes Subjekt (ein 'kanonischer Zuschreiber') müßte sie vornehmen *können* (a.a.O., S. 178).

[169] Ich werde mich mit Davidsons Konzeption auseinandersetzen. Sie ist die bei weitem einflußreichste Variante des Interpretationismus – wohl auch deshalb, weil sie auf einer philosophisch tiefgreifenden Theorie des Interpretierens beruht. Deren Grundannahmen werden wir später näher betrachten.

[170] Zu dem, wie das Subjekt selbst ist, darf dabei seine Vergangenheit und Umgebung gerechnet werden. Aber nicht, wie in der Vergangenheit oder Umgebung über es gedacht oder geredet wurde oder wird.

[171] Man denke an den Fall, in dem es um die konkrete Frage geht, welche Überzeugung *S* damit bekundet hat, daß er dem nicht-ambigen Satz σ seiner Sprache zugestimmt hat.

[172] Wie soll man sich so etwas vorstellen? Vielleicht so: *S* hat sich eine ungewöhnliche Ontologie des kontingent Realen zurechtgemacht, in der nur Massenschwerpunkte vorkommen, die er nach verschiedenen Gesichtspunkten klassifiziert. Über einen eigenständigen Begriff wie Hase oder Nase verfügt er nicht. – Das ist an den Haaren herbeigezogen; aber Besseres geben die Beispiele nicht her, die Quine und Davidson zur Illustration der Unerforschlichkeitsthese bieten.

[173] Davidson (1997a, S. 80 f.) nennt eine zweite Quelle der objektiven Unbestimmtheit von Glaubensaussagen, die ich beiseite lasse, weil in ihr eine meines Erachtens falsche Voraussetzung darüber gemacht wird, worin die Unterscheidung zwischen begrifflicher und nicht-begrifflicher Wahrheit besteht.

[174] Davidson (1997a, S. 79 und 1999c, S. 597).

[175] Vgl. oben S. 120 f.

[176] Vgl. oben, S. 153 ff.

[177] Als Standard-Konzeption bezeichne ich die sog. Ramsey-Carnap-Lewis-Konzeption theoretischer Terme. Siehe dazu David Lewis (1970).

[178] Davidson (1998, S. 316; siehe auch 1997a, S. 70).

[179] Davidson (1990a, S. 97 f., meine Hervorhebung). Siehe z.B. auch Davidson (1983, S. 150).

[180] Davidson (1986b, S. 70 und 1980, S. 157, meine Hervorhebungen).

[181] Davidson (1979, S. 240). Er spricht dort von "konfligierenden" Wahrheitsbedingungen, die demselben Satz des Andern zugeordnet werden können.

[182] Da wir über kein allgemein akzeptiertes Identitätskriterium verfügen, ist jeder Vorschlag zulässig, der im Einklang mit unserm Kriterium für Überzeugungsverschiedenheit steht (siehe oben S. 76 f.). Und dies trifft auf den Individuationsholismus zu.

[183] McGinn (1982, S. 7).

[184] Es geht hierbei ausschließlich um den Rechtfertigungszusammenhang zwischen Grund und Begründetem; die weitere Frage, ob das Vorliegen des Grundes selbst anfechtbar ist, spielt dabei keine Rolle. Anders gesagt, es kommt darauf an, ob der gute Grund eine Rechtfertigung für das Begründete wäre, falls er geltend gemacht werden könnte.

[185] Man beachte, daß auch der radikale Interpret auf entsprechende Präsumptionen angewiesen ist. Die Tatsache, daß der Fremde einem Satz seiner Sprache zustimmt, ist nur dann ein Hinweis darauf, was er glaubt, wenn wir ihm Aufrichtigkeit, Ernsthaftigkeit, usw. unterstellen. Davidson läßt dies gelegentlich als eine Selbstverständlichkeit einfließen, die es ihm aber wohl nicht sein dürfte. Vgl. z.B. Davidson (1975, S. 160 oder 1995b, S. 74).

[186] Davidson (1973, S. 125). – Gewiß, *Interpretatio cessat in claris*, *Clara non sunt interpretanda* und andere Sprüche dieser Art haben keine universale Geltung. Es gibt

Textsorten und ganze Genres der Sprachverwendung, denen es wesentlich zueigen ist, daß Interpretation *immer* zulässig ist, auch angesichts des anscheinend völlig Klaren. Man denke zum Beispiel an Worte aus der Dichtkunst, einer 'heiligen Schrift' oder Gesetzestexten. Und das heißt: In gewissen Bereichen des Sprechens mag zwar Klarheit anzutreffen sein, aber es wäre geradezu ein Mißverständnis, diese je als definitiv zu betrachten. – Ebenso gewiß ist jedoch, daß es andere, schlichtere, Bereiche des Sprechens gibt: in denen das Klare so klar sein kann, daß in jedem Versuch eines darüber hinausgehenden Interpretierens ein Mißverständnis läge.

[187] David Lewis (1966, S. 106) hat zurecht hervorgehoben, daß der Dualismus eine empirische Theorie ist: "ein würdiger Gegner, der es wagt, sich empirischer Widerlegung auszusetzen, und der anhaltende Fortschritt physikalistischer Erklärung wird ihn zu gegebener Zeit unglaubhaft werden lassen".

[188] Ein anderes Kernproblem des Naturalisierungsprojekts bringen die wesentlich qualiativen Phänomene (alle Formen rein empfindenden Erlebens) mit sich.

Zu Kapitel 9

[189] Es gibt Ausnahmen. In manchen Versionen solcher Theorien wird begriffliche Wahrheit für die Behauptung beansprucht, Glauben sei, zum Beispiel, ein dispositionaler oder ein funktionaler Zustand. – Allgemein gesprochen geht es jetzt um die Frage, was für eine *Art* von Zustand der Zustand des (spezifischen propositionalen) Glaubens ist. Für das Folgende ist es von Wichtigkeit, die Unterschiedlichkeit dreier Arten von Thesen zu unterscheiden:

(1) Jedes Glauben ist ein Zustand der Art *X* (kurz: ein *X*-Zustand).

(2) Daß jedes Glauben ein *X*-Zustand ist, ist eine begriffliche Wahrheit.

(3) Der Begriff des Glaubens = der Begriff des Sich-in-einem-*X*-Zustand-Befindens.

Thesen vom Typ (1) sind empirische, keine begrifflichen. Für ihre Wahrheit könnten allerdings begriffliche Indizien sprechen. (Beispiel: Die Kriterien, die dafür einschlägig sind, ob jemand eine bestimmte Überzeugung hat, sind von der gleichen Art wie die Kriterien dafür, ob jemand sich in einem *X*-Zustand befindet). Thesen vom Typ (3) sind erheblich stärker als solche vom Typ (2). Aus ersteren folgt z. B., daß jeder, der über den Begriff des Glaubens verfügt, eo ipso über den des *X*-Zustands verfügt. Aus (2) folgt dergleichen nicht, sondern nur: Falls einer über beide Begriffe verfügte, könnte er durch apriorische Reflexion zu der Einsicht gelangen, daß jedes Glauben ein *X*-Zustand ist. – Im Folgenden wird es uns insbesondere um Thesen der zweiten und dritten Art gehen.

[190] Ein weithin akzeptiertes Definitionsschema für Dispositionsbegriffe liegt, trotz erheblicher Bemühungen in den vergangenen 70 Jahren, bisher nicht vor. Einen Überblick bietet W. Malzkorn (2001); zu einem Analysevorschlag, in dem die markante Rolle von Normalitätsbedingungen für Dispositionsaussagen akzentuiert wird, siehe W. Spohn (2012, S. 319–337).

[191] Jede einzelne dieser Verbindungen zwischen einer Situation s_i und der ihr zugeordneten Reaktion r_i heiße eine *(dispositionale) Regularität*. Im Falle von Mehrspur-Dispositionen muß x nicht ausnahmslos jeder, sondern nur hinreichend vielen der aufgeführten Regularitäten entsprechen.

[192] Einer liberaleren behaviouristischen Konzeption zufolge darf in der Beschreibung auf intervenierende Variablen zurückgegriffen werden. Aber das ist dann nichts

weiter als eine Vereinfachung der formalen Darstellung der Daten und nicht das Postulat der realen Existenz eines hypothetischen Konstrukts. Vgl. dazu Skinner (1950).

193 Glauben, daß das Eis gefährlich dünn ist, *heißt* laut Ryle, zu Verhaltensweisen wie den folgenden disponiert sein: sich und andern zu sagen, daß es dünn ist, andern zuzustimmen, wenn sie so etwas sagen, gegenteiligen Behauptungen zu widersprechen, Konsequenzen aus dem Geglaubten zu ziehen, und so weiter. Vgl. Ryle (1949, S. 134 f.). – Der Common-sense-Aspekt seiner Auffassung zeigt sich unter anderm daran, daß er in der Beschreibung von Manifestationen geistiger Dispositionen mit Selbstverständlichkeit alltägliche Ausdrücke (wie "denken") verwendet, mit denen, wie es scheint, innergeistige Phänomene bezeichnet werden. Eine Nähe zum Behaviourismus mag man darin erblicken, daß er Denken nun aber nicht als ein 'eigenständiges Tun' betrachtet, sondern als einen 'adverbialen' Aspekt eines unverborgenen Tuns, das kein Denken ist. Vgl. dazu Ryle (1967, S. 469 ff.) – Ob Ryle tatsächlich, wie allgemein üblich, dem Behaviourismus zuzurechnen ist oder eher als ein Funktionalist avant la lettre zu verstehen ist, sei dahingestellt. Ismen und plakative Thesen waren seine Sache nicht, und man darf vermuten, daß er jedenfalls die vier aufgeführten Bedingungen ohne erhebliche Modifikationen nicht akzeptiert hätte.

194 Glauben, daß *p*, so schreibt er, sei ein Zu-einem-Verhalten-disponiert-Sein, und zwar zu einem Verhalten, "das dazu tendiert, die eigenen Wünsche – welche auch immer – in einer Welt zu befriedigen, in der es wahr ist, daß *p*, und in der die anderen Überzeugungen, die man hat, ebenfalls wahr sind". Siehe Stalnaker (1984, S. 15 ff. und 82).

195 Vgl. Braithwaite (1932) und Marcus (1990, S. 140). – Marcus weicht nur in Details von Braithwaites Explikationsvorschlag ab, die für den hier gegebenen Zusammenhang unerheblich sind.

196 Bilgrami (2006, S. 212 f.) zufolge hat das Wort "glauben" auch eine 'normative' Lesart, in der es die innergeistige Disposition bezeichnet, bestimmte Gedanken zu haben (Gedanken des Typs "Ich *sollte* das-&-das tun und dies-&-jenes denken"). – Auch Schwitzgebel (2002) hebt diesen innergeistigen Aspekt hervor, allerdings ohne das Glauben mit einer rein innergeistigen Disposition gleichzusetzen: Jedes Glauben-daß-*p* sei ein für die betreffende Überzeugung spezifisches Disponiertsein, und zwar nicht nur zu Verhalten, sondern auch zu einem Bündel [*cluster*] innergeistiger Reaktionen wie Empfindungen, Schlußfolgerungen, die Bildung neuer Wünsche und so weiter. Er hebt allerdings hervor, daß diese Konzeption nicht zu "unserm gewöhnlichen Verständnis" paßt (welchselbes "ein wenig wirr" sei); vielmehr ziele sie darauf ab, dem Begriff des propositionalen Glaubens mehr Präzision und Klarheit zu geben und ihn damit für philosophische und wissenschaftliche Zwecke nutzbar zu machen.

197 Dem könnte wiederum entgegengehalten werden, einer Disposition lasse sich zumindest dann ein solcher Inhalt zubilligen, wenn die Reaktion, in der sie sich manifestiert, einen hat. (Dann wäre zum Beispiel die Disposition zu behaupten, daß *p*, genau dann wahr, wenn *p*.) Den Inhalt, den die Reaktionen unmittelbar haben, habe die Disposition selbst mittelbar. – Ich halte das für kategorial verfehlt. Bloße Dispositionen, gleichgültig zu welchen Reaktionen auch immer, sind nicht einmal 'indirekt' wahrheitswertfähig – wie das z. B. bei Sätzen der Fall ist, die wir wahr nennen können, wenn das, was mit ihnen gesagt wird, wahr ist.

198 Die Metaphysik der Dispositionen ist ein überaus intrikates Streitthema. Einen Eindruck davon geben z. B. Stephen Mumford (1998) und Wolfgang Spohn (2012, S. 331 ff.). Es ist vielleicht bezeichnend, daß selbst ein anderweitig unerschrockener Metaphysiker mehrfach darauf hinweist, wie sehr es ihm darum zu tun ist, keine Auffassung zu der

Frage zu vertreten, was Dispositionen sind – was eine Eigenschaft zu einer Disposition macht. Siehe Lewis (1999).

199 Siehe Lewis (1966, S. 102 ff.) und Putnam (1960, S. 370 ff. und 1967, S. 434 ff.). Dem Maschinentafel-Funktionalismus zufolge bestehen kausale Beziehungen nur zwischen den konkreten Zuständen, in denen sich Systeme befinden, die eine entsprechende Maschinentafel realisieren; aber Geisteszustände seien eben abstrakte ('logische') Zustände, nicht deren konkrete Realisierungen. – In den heute dominanten Varianten des Funktionalismus werden funktionale Rollen durchwegs als kausale Rollen konzipiert. Dissens besteht allerdings hinsichtlich der Frage, ob der konkret realisierende Zustand selbst (etwa eine bestimmte neuronale Konstellation) der funktionale Zustand ist, oder ob es vielmehr eine seiner Eigenschaften zweiter Stufe ist: nämlich die, ein Zustand zu sein, der diese Rolle spielt. – Mit der hier gewählten Terminologie wird Neutralität gegenüber diesen Themen gewahrt.

200 Mit 'generischem' Glauben ist keine Sorte propositionalen Glaubens gemeint, sondern jenes abstrakte Glauben-daß, das allem spezifischen Glauben gemeinsam ist, wenn von seinem jeweiligen propositionalen Inhalt abgesehen wird.

201 Die Frage, ob Glauben eine 'zusammengesetzte' Eigenschaft ist, wird uns in diesem Kapitel noch beschäftigen.

202 Es gehört nicht zu unserm Begriff des Glaubens, daß sich auf eine bestimmte Überzeugung (gleichgültig in welchen innergeistigen Zusammenhängen sie steht) auch eine weitere einstellen *muß*, selbst wenn diese eine offenkundige logische Konsequenz ist. Zwar mag es begrifflich wahr sein, daß ein Mensch nichts glauben kann, ohne zumindest einige der offenkundigsten Folgerungen zugleich mit zu glauben. ("Der Film beginnt um 8"/"Es gibt etwas, das um 8 beginnt".) Aber das heißt nicht, daß diesem logischen Zusammenhang eine Input-/Output-Beziehung zwischen der einen und der andern Überzeugung entspricht.

203 Als *Verhaltensweise* bezeichne ich nicht eine bloße (physikalistisch beschreibbare) Körperbewegung, sondern ein normalerweise absichtliches Tun (das eine Körperbewegung involviert). Ein Beispiel: Jemand möchte eine Rechnung bezahlen und unterschreibt zu diesem Zweck einen Scheck. Sein Unterschreiben ist eine Verhaltensweise: ein absichtliches Tun, mit dem er die Handlung des Bezahlens vollziehen möchte – eine Handlung, die sich auch mit andern Verhaltensweisen (z. B. Bargeld hinlegen) vollziehen ließe.

204 Siehe oben S. 34 und 50 f.

205 Vgl. Lewis (1972).

206 Wie ja auch aus der notwendigen Wahrheit von "Die Zahl 29 ist die zehnte Primzahl" nicht folgt, daß die beiden darin bezeichneten Zahlbegriffe identisch sind.

207 Durch neue Kirchengesetze könnte sich die Papst-Rolle ändern, und dann bezeichnete "Träger der Papst-Rolle" einen andern Begriff als bisher. Ein anderer Papst-Begriff hingegen, wie zum Beispiel Oberhaupt der katholischen Kirche, bliebe von einer derartigen Änderung unberührt.

208 Allerdings ist diese These selbst in diesem Rahmen eine Mindermeinung. Im Jargon gesprochen handelt es sich um eine Verbindung von Psychofunktionalismus und der sog. "Funktionale-Rollen-Semantik" in Anwendung auf den Inhalt von Geisteszuständen. Zu einer knappen Überblicksdarstellung vgl. Block (1998).

209 Die detaillierteste und philosophisch tiefschürfendste Ausarbeitung dieser Idee hat Brian Loar vorgelegt (1981, Kap. 1–8). Er ist, so weit ich sehe, der einzige Philosoph, der eine gegenüber der Alltagspsychologie 'konservative' funktionalistische Explikation

des Glaubensbegriffs für möglich hält; aber auch er sieht keine Hoffnung darauf, daß der Inhalt von Glaubenszuständen sich allein aus deren funktionalen Rolle bestimmen lassen könnte. Vgl. dazu Loar (1981, insb. S. 75 ff.). – Zu massiven Einwänden gegen die prinzipielle Möglichkeit einer funktionalistischen Theorie spezifischen Glaubens siehe Schiffer (1987, Kap. 2). Hilary Putnam, einer der geistigen Väter des Psychofunktionalismus, hat ihn später verworfen: es handele sich nicht um empirische Hypothesen, sondern um Spekulationen eines utopistischen Szientismus. Zu einer sehr kondensierten, untechnischen Darlegung seiner (meines Erachtens völlig zutreffenden) Argumente siehe Putnam (1997).

210 So verweist uns zum Beispiel David Lewis (1972, S. 255) auf *alle* allgemein akzeptierten Wahrheiten dieses Schlags, die zusammengenommen die begriffskonstitutive Rolle jedes einzelnen Geistesphänomens, also auch des Glaubens, bestimmen.

211 Tennant (2002, S. 366 f.).

212 Selbst wenn Sprachvermögen eine Voraussetzung jeder kriteriell fundierten Überzeugungszuschreibung wäre, würde daraus nicht folgen, daß nur sprachbegabte Wesen Überzeugungen haben können. Siehe oben, S. 146–160.

213 Zur Erläuterung des Klammerzusatzes in "*z* (oder etwas, das in *z* involviert ist)". Die Idee vom Glauben als einem Repräsentieren kann auf wenigstens zweierlei Weise entwickelt werden. Entweder so, daß jeder Zustand des Glaubens-daß-*p* selbst eine *p*-Repräsentation ist, oder so, daß er den Besitz einer *p*-Repräsentation involviert. Für's erste werde ich über diesen Unterschied hinweggehen; der Leser möge sich den Klammerzusatz auch an den Stellen hinzudenken, wo ich ihn der Kürze halber gelegentlich weglasse.

214 Die Voraussetzung, daß Glauben ein Repräsentieren sei, wird in vielen kognitionswissenschaftlichen Bereichen mit völliger Selbstverständlichkeit gemacht. Perner (1991, S. 186) gibt folgende Erklärung dafür, daß Kinder bis zu einem gewissen Alter nicht verstehen, was Glauben ist: Sie haben ein "metarepräsentationales Defizit"; sie "tun sich schwer damit zu verstehen, daß etwas repräsentiert; das heißt: Sie können nicht *repräsentieren*, daß etwas eine *Repräsentation* ist." – Hier ein Beispiel dafür, wie diese Idee ohne Umschweife auch auf das Verstehen angewandt wird: "Der mentale Zustand des Verstehens ist selbst eine Repräsentation" (Detel (2016, S. 184)). Diese krude Behauptung wird vom Autor ganz trocken vorgetragen, wie die beiläufige Mitteilung von etwas, das keiner Erläuterung oder Begründung bedarf. Doch ist nicht schon allein die Voraussetzung, eine Repräsentation selbst könne ein Zustand sein, eher dubios als selbstverständlich?

215 Siehe Smullyan (1981) und Anmerkung 447 unten.

216 À propos braver Naturalist, ich bin selbst einer. Was die kontingente Beschaffenheit der Welt angeht, würde ich niemals einer Auskunft mehr Glaubensbereitschaft entgegenbringen, als einer, die aus den Naturwissenschaften kommt, mir verständlich und (nach allem, was ich weiß) experimentell gut gesichert ist. Aber ich bin kein gutgläubiger Naturalist. Gegenüber spekulativen Hypothesen gestatte ich mir gelegentlich eine gewisse Skepsis, auch wenn sie zu den Grundannahmen boomender Forschungsprogramme gehören.

217 Der Klammerzusatz soll besagen: Unser *x* repräsentiert das, was es repräsentiert, so, daß *x* selbst, sei's auch nur mittelbar, der Dimension *wahr/falsch* zugerechnet werden kann. (Ein Satz, mit dem gesagt wird, daß es am Eiffelturm regnet, kann dann wahr genannt werden, wenn es am Eiffelturm regnet. Nicht so ein Gemälde, auf dem der Eiffelturm im Regen dargestellt wird.)

218 Wolfgang Spohn (2013, S. 25).

219 Wann gelangt eine Sache in einen repräsentationalen Zustand und wann wieder aus ihm hinaus? Dazu ein weiteres Beispiel: In einer Schachpartie wird ein Weinkorken als weiße Dame eingesetzt, weil die passende Holzfigur fehlt. Nun, so könnte man vielleicht sagen, repräsentiert er die Dame. Wie lange bleibt er in diesem besonderen Zustand? Repräsentiert der Korken die Dame auch dann noch, wenn sie geschlagen wurde und er sich nicht mehr auf dem Brett befindet? Schließlich könnte er ja wieder gebraucht werden, wenn ein Bauer verwandelt wird. Repräsentiert er sie, wenn er nun neben dem Brett liegt, wenigstens bis zum Ende der Partie (allerdings nur im Modus einer gleichsam gesteigerten Potentialität)? Wie stünde es aber, wenn sich die Damen-Holzfigur inzwischen wieder angefunden hat? – Belustigtes Achselzucken scheint auf solche Fragen die passendere Antwort zu sein als grüblerische Scharfsinnelei über den Begriff des repräsentationalen Zustands.

220 Diese harsche Generalisierung ist ohne Einschränkung natürlich falsch. Es gibt Versuche, einen auch auf das Glauben passenden Begriff eines repräsentationalen Zustands mit Umsicht und Sorgfalt zu entwickeln. Ein Beispiel dafür findet sich bei Tyler Burge (2010). – Aber solche Ausnahmen widerlegen nicht das, worauf es mir ankommt. Zumeist, jedenfalls bedauerlich oft, wird diese Vokabel, “repräsentationaler Zustand”, nur als Floskel benutzt – so, als wisse jedermann ja schon, wie sie zu verstehen sei, oder als komme es gar nicht so genau darauf an, wie man sie versteht.

221 Oft werden die beiden Termini als austauschbar verwendet, oder jedenfalls so, als sei der Begriff der Repräsentationalität in dem der Intentionalität enthalten. Dafür ein Beispiel aus einem zurecht wohlangesehenen Nachschlagewerk: “Glauben ist ein *intentionaler* Zustand und zwar in folgendem Sinn: Es *repräsentiert* die Welt als so-&-so seiend, und als wie seiend es die Welt *repräsentiert*, [das] nennt man seinen *intentionalen* Inhalt.” Siehe Crane (2014, S. 31, meine Kursivhervorhebungen).

222 Augustinus schreibt im sechsten Buch von *De musica* (PL 32, 1181): “All das [...] wird auf Griechisch *φαντασίαι* genannt; und ich finde kein Wort, mit dem ich das lieber auf Latein bezeichnen würde.” – Zu “repraesentatio” im klassischen Latein vgl. Georges (1879, Bd. 2, 2082). – Zur Geschichte von “repraesentatio” als philosophischem Fachterminus siehe Eckart Scheerers Eintrag “Repräsentation” im *Historischen Wörterbuch der Philosophie* (1992) und Henrik Lagerlund (2011).

223 Es mag eine gewisse Ironie darin liegen, wenn wir das nun für eine inhaltlich erhellende Auskunft halten. (“Ach, endlich versteh ich’s: Was Aristoteles mit *Phantasia* meinte, das sind mentale Repräsentationen!”) In Wirklichkeit fahren wir nur mit auf einem Karussell ungeklärter Fachterminologie, das sich seit Jahrhunderten dreht. Ein Wort, das als fachterminologischer Neologismus eigens zu nichts weiter als dem Zweck geprägt wurde, als Substitut für einen sinnverhangenen Terminus in alten Schriften zu dienen, hat sich aus dem Lateinischen in unser gebildetes Reden eingeschlichen und kommt uns nun vor wie ein Schlüssel zum Verständnis dieser Schriften.

224 Nach der thematischen Dimension bemißt sich, grob gesagt, welche *Sorten* von Eigenschaften des Repräsentats durch das Repraesentans in dem jeweiligen Modus thematisiert werden. Karten können dieselbe Region im selben Modus (Kartogramm), aber in verschiedenen thematischen Dimensionen (Baumbestand, Bevölkerungsdichte, Dialektverteilung, Geländerelief, und dergleichen mehr) repräsentieren.

225 Der Häkchensetzer macht das Häkchen zu einer Repräsentation des Sachverhalts, daß die Sache erledigt wurde; wäre das Häkchen nichts anderes als eine Farbspur, die eine Mücke auf dem Papier hinterlassen hat, würde es nicht dasselbe repräsentieren – auch wenn es vom arglosen Betrachter leicht so mißdeutet werden mag. Außerhalb eines

Konventionsrahmens, in dem das Häkchensetzen als eine *Ist-erledigt*-Deklaration gilt, dürfte es schwierig sein, das Häkchen für einen Andern zu solch einer Repräsentation zu machen.

226 Vgl. dazu das in Anm. 221 angeführte Zitat.

227 In einiger Ausführlichkeit habe ich das zu begründen versucht in: Kemmerling (2003a, S. 203–212).

228 Davidson (1988, S. 46).

229 Siehe z.B. Fodor (1975, 1987 und 2008).

230 So Schiffer (2003, S. 320, Kursivhervorhebungen im Original).

231 Diese Frage stellt z.B. Eric Mandelbaum (2014, S. 77). Seines Erachtens "gibt es wenig Grund anzunehmen, wir hätten introspektiven Zugang zu dieser Relation". Als überzeugter Relationist zieht er daraus den Schluß, daß es keine introspektive Kenntnis vom eigenen Glauben gibt. Für ihn ist das ein weiterer Hinweis darauf, wie "undurchsichtig uns unser Geist ist". – Dies ist ein schöner Beleg dafür, daß der Relationismus keine sprachlogische Trivialität ist, sondern eine inhaltliche These, die manche dazu führen mag, weitreichende Folgerungen über die Erkenntnisbeschränkungen des Menschen zu ziehen.

232 Es gibt relationale Nicht-Standard-Auffassungen, in deren Licht nicht "... glaubt ---", sondern "... glaubt, daß ---" der Relationsausdruck in Glaubenssätzen ist. Ich werde sie später im Vorbeigehen unvorteilhaft erwähnen.

233 So etwas wie eine nicht-relationale *Standard*-Analyse gibt es nicht. Quine (1960, S. 216, und 1986, S. 32 f.) schlug einmal vor, Glaubensprädikate als einstellige aufzufassen, die aus einem Operator und einem Argument gebildet sind; dadurch sei jedoch die Möglichkeit ausgeschlossen, über das Geglaubte zu quantifizieren. Später hat er diese Idee verworfen. Siehe dazu Quine (1986, S. 355). – Wolfgang Künne hat kürzlich alle bisher namhaften nicht-relationalen Analysen einer Kritik unterzogen, der ich nichts entgegenzusetzen habe als den innigen Wunsch, es möge doch endlich eine brauchbare gefunden werden. Vgl. dazu Künne (2013).

234 Frege (1892, S. 151 ff.). Frege hat die relationale Analyse von Glaubenssätzen ausdrücklich vertreten; ich kenne keinen Textbeleg dafür, daß er sich auch dem doxastischen Relationismus verschrieben hat.

235 Burge (1980, S. 53).

236 So Donald Davidson (1989, S. 57 f.) – Daß *er* dies sagt, verdient unser Interesse. Hier haben wir einen erklärten Relationisten, der zugleich ein dezidierter Anti-Repräsentationalist ist.

237 Das gilt bereits für die Übersetzung in die Prädikatenlogik erster Stufe. Georg Brun (2003) gibt einen Eindruck von der immensen Vielschichtigkeit der Probleme, die sich ergeben, wenn die Frage nach der adäquaten Formalisierung umgangssprachlicher Sätze in diese einfache Sprache ernstgenommen wird.

238 Vgl. dazu Schiffer (2003, S. 12 ff.).

239 Peter Geach (1972, S. 324) bezeichnet solche Sätze als unsinnig. Man könnte sie kategorial mißraten nennen, wie auch das vielleicht noch verquerere "Peter glaubt der Proposition, daß es regnet". Nicht kategorial mißraten, sondern nur philosophisch gespreiztes Deutsch wäre: "Peter glaubt an die Wahrheit der Proposition, daß es regnet"; aber in diesem Satz geht es nicht um Glauben-daß, sondern Glauben-an, und das, woran geglaubt wird, ist nicht die Proposition, sondern ihre Wahrheit. – Mit großer Entschiedenheit vertritt G. E. Moore die entgegengesetzte Auffassung: ganz gewiß seien Sätze

wie "Ich glaube die Proposition, daß die Sonne größer ist als der Mond" völlig korrekte Ausdrucksweisen. Vgl. Moore (1953, xii).

240 Weitere Beispiele geben die folgenden Verben ab (wenn sie durch Daß-Sätze ergänzt werden): "wahrnehmen", "sich daran erinnern", "spüren", "erwarten", "bereuen", "anstreben", "wissen", "den Eindruck haben", und so weiter. – Wer bedauert, daß *p*, und über den Begriff der Proposition verfügt, bedauert gewiß auch, daß die Proposition, daß *p*, wahr ist. Aber das heißt nicht, daß er die Proposition bedauert. Es wäre stilistisch schauderhaft, aber begrifflich unverfänglich, dann zu sagen: Er bedauert das Wahrsein der Proposition. Dennoch, zu beachten ist der schlichte Umstand: Eine Proposition ist nicht ihr Wahrsein.

241 Schiffer (2003, S. 92 ff.) hat versucht, solche Beobachtungen zu entkräften. Mit ihnen lasse sich nicht zeigen, daß "die Proposition, daß *p*" und "daß *p*" keine singulären Terme mit identischem Bezug sind. Diesen Rettungsversuch hat Tobias Rosefeldt (2008) entkräftet und darüber hinaus weitere sprachliche Indizien gegen die These vorgebracht, Daß-Sätze seien singuläre Terme.

242 Im Detail sehr unterschiedliche Analyse-Vorschläge, die in diese Richtung weisen, finden sich bei Israel Scheffler (1954) und Donald Davidson (1968). – Um zu sehen, wie unplausibel die ontologischen Konsequenzen solcher Ideen sind, bedenke man zum Beispiel dies: Es müßte faktisch vollzogene Satzäußerungen irgendeines Zuschreibers geben, damit überhaupt etwas geglaubt werden kann (ein Objekt des Glaubens vorhanden ist). Das heißt: Eine besonders abwegige Version des Ascriptionismus ergäbe sich bereits aus der logischen Analyse von Glaubenssätzen.

243 Siehe dazu Larson/Ludlow (1993).

244 Künne (2013, S. 179–184, und 2015, S. 146–155).

245 Vgl. Künne (2015, S. 153).

246 Übrigens, und das betrifft nicht den doxastischen Relationismus, sondern jedes Reden über das Glauben als etwas, das einen Inhalt hat: Klingt es nicht bereits seltsam, überhaupt von einem *Zustand mit einem Inhalt* zu sprechen, oder von einer (sei's auch geistigen) *Eigenschaft mit einem Inhalt*?

247 Hofweber (2016, Kap. 8). Nach Hofweber gibt es Propositionen nicht, sie seien keine 'Bestandteile eines unabhängigen Gegenstandsbereichs', über den wir quantifizieren, wenn wir von ihnen sprechen. Dennoch sei unser Reden – auch unser quantifizierendes Reden – von ihnen tadellos. Es handele sich dabei allerdings nicht um eine Form der bezugnehmenden Sprachverwendung.

248 Das zugrundeliegende Prädikat ist hier: "Die Eigenschaft, *x* zum Inhalt zu haben, kommt einer Eigenschaft vom Genus *y* zu, die das Subjekt *z* hat".

249 Rosefeldt hat gezeigt, wie es im Rahmen einer syntaktisch reicheren formalen Sprache als der Prädikatenlogik möglich ist, diese Nebensätze nicht als singuläre Terme zu konstruieren und dennoch über 'das Geglaubte' zu quantifizieren. Siehe Rosefeldt (2008).

250 Den Begriff der Proposition so zu bestimmen ist heute allgemein üblich. Der erste Satz des Eintrags *Propositionen* eines kürzlich erschienenen Handbuchs lautet: "Propositionen sind das, was geglaubt oder behauptet werden kann, also die potentiellen Inhalte von Überzeugungen und Behauptungen". Siehe Kölbel (2015).

251 Als Analyse des Glaubens schlägt G. E. Moore (1952, S. 265 f.) eine, wie er sagt, nur negative Theorie vor: "Es gibt einfach keine solchen Dinge wie *Propositionen*. Glauben besteht *nicht* [...] in einer Beziehung zwischen einem Glaubenden einerseits und einem andern Ding, das man als die geglaubte Proposition bezeichnen könnte. [...] Na-

türlich können wir, und müssen wir, weiterhin so reden, *als ob* es solche Dinge wie Propositionen gibt."

[252] Es ist in unterschiedlichem Maße sprachlich brutal, die charakteristische Proposition eines intentionalen Zustands oder Akts, *x*, auch als eine ge*x*te Proposition zu bezeichnen. Wird von gedachten, gewußten, geglaubten oder vorgestellten Propositionen gesprochen, so klingt das weniger anstößig als wenn von erwarteten, gesehenen oder erinnerten Propositionen gesprochen wird. Manches dieser Art klänge nicht nur höchst sonderbar, sondern geht einfach nicht: Vor 'den Eindruck gehabten Propositionen' würde wohl selbst der erbittertste intentionale Relationalist zurückschrecken. Dennoch, die Proposition, daß *p*, ist die charakteristische Proposition des Zustands, in dem sich jemand befindet, wenn er den Eindruck hat, daß *p*: Dieser Eindruck ist genau dann zutreffend, wenn die Proposition wahr ist; man kann diesen Eindruck nicht haben, ohne über die in die Proposition involvierten Begriffe zu verfügen; und so weiter. – Die relevanten Unterschiede zwischen verschiedenen sinnverwandten Verben dieser Familie sind vielfältig und oft fein (man denke z.B. an die Unterschiede zwischen "daran zweifeln, daß", "an etwas oder jemandem zweifeln" und "etwas bezweifeln"), und es wäre voreilig, aus diesen Beobachtungen zu "glauben, daß" verallgemeinernde Schlüsse über die intentionalen Verben insgesamt zu ziehen.

[253] Wohlgemerkt: Das Subjekt ist geistig auf etwas gerichtet, nicht das betreffende geistige Phänomen. Manche reden anders: der Geisteszustand selbst sei auf das intentionale Objekt gerichtet. Spätestens dann wird (mir zumindest) die Metapher mit dem Auf-etwas-Gerichtetsein vollends unverständlich: so als wären geistige Phänomene selbst wie Subjekte, die den Pfeil ihres gespannten Bogens auf etwas richten könnten.

[254] So Franz Brentano (1874/1911, Bd. 1, S. 115). Er spricht auch davon, daß geistige Phänomene eine "Beziehung auf einen Inhalt" und "immanente Gegenständlichkeit" haben, daß sie "intentional einen Gegenstand in sich enthalten" (116) und "ihnen gegenständlich etwas inwohnt" (260). Mit solchen Ausdrucksweisen, die er als "nicht ganz unzweideutig" bezeichnet, knüpft er ausdrücklich an die Terminologie der mittelalterlichen Scholastik an. – Für unseren Zusammenhang ist ein Hinweis von Interesse, den Brentano in der erweiterten Neuauflage aus dem Jahre 1911 hinzufügt: daß nämlich eine solche intentionale "Beziehung zu etwas als Objekt" keine "Relation im eigentlichen Sinne" sei, sondern etwas, das einer Relation nur ähnlich ist und das "man darum als etwas '*Relativliches*' bezeichnen könnte". Siehe Brentano (1874/1911, Bd. 2, S. 134 f.).

[255] Das Wort "heute" habe ich eingefügt, nachdem Wolfgang Künne mich darauf hingewiesen hat, daß Husserl vor etwa hundert Jahren offenbar diese Auffassung vertreten hat. Siehe dazu Künne (2011, S. 97–101).

[256] Siehe dazu oben S. 64 f.

[257] Vgl. zum Beispiel Searle (1983, S. 8 f. und 53; 1998, S. 122 ff.). – Searle und viele andere bedienen sich vorzugsweise einer teleologischen oder normativen Ausdrucksweise, wenn sie erläutern, was es heißen soll, daß Überzeugungen die 'Geist-auf-Welt-Ausrichtung' haben: Es sei das Ziel von Überzeugungen, die Welt so zu repräsentieren, wie sie ist, oder: es sei etwas verkehrt daran, eine Überzeugung zu haben, die falsch ist. Da es uns nicht um die Frage geht, wie Überzeugungen sein *sollten*, sondern ob sie wesentlich relational *sind*, sind derartige Erläuterungen hier nicht von Belang. – Ich halte die Redeweise von 'Ausrichtungen' geistiger Phänomene für undeutlich und überflüssig, deshalb verwende ich sie nicht.

[258] Siehe Chisholm (1957, Kap. 11).

[259] So z. B. 'nicht-epistemisches' Sehen und ganz allgemein Zustände, in denen bloßes 'Objekt-Bewußtsein' vorliegt. Siehe dazu Dretske (1969, Kap. 2–5 und 1993).

[260] Vgl. dazu die Diskussion solcher Auffassungen im fünften Kapitel (S. 102–110; speziell zu Russell: S. 108 f.).

[261] Künne (2015, S. 152).

[262] Descartes (1641, AT VII 78, meine Hervorhebung). – Ein Beispiel dafür, daß Descartes gelegentlich davon spricht, der Geist existiere *im* Körper, findet sich kurz darauf: AT VII 84.

[263] Dieser spezielle Sinn von "in" findet sich bereits bei Platon. Im vierten Buch der *Politeia* (443c) sagt Sokrates, Gerechtigkeit habe es damit zu tun, was *in* einem Menschen ist, und er setzt erläuternd hinzu: "was wahrhaft ihm selbst gehört und sein Eigenes ist". Für Descartes ist es ein Kennzeichen unserer geistigen Eigenschaften, daß sie das einzige seien, das nicht von uns "abgetrennt" werden kann (AT VII 27).

[264] Wie wischiwaschi diese Erläuterung ist, wird besonders deutlich, wenn man sie mit dem vergleicht, was herauskommt, wenn ernsthaft versucht wird, den intuitiven Begriff der intrinsischen Eigenschaft zu explizieren. Siehe dazu etwa Langton/Lewis (1998) und Lewis (2001).

[265] Ich lasse kontrafaktive Begriffe geistiger Zustände beiseite, da für sie dasselbe in Entsprechung gilt. Sie treffen nur dann zu, wenn ihr propositionaler Inhalt *nicht* den Fakten entspricht. (Man *wähnt* nur dann, daß es regnet, wenn es nicht regnet.)

[266] Wittgenstein (1953, Teil 1, Abschnitt 584).

[267] Das ist die Auffassung, die unter anderm von J. Fodor vertreten wird: Zwar würden Überzeugungen durch gewöhnliche Glaubensbegriffe nicht als innere Zustände konzipiert, aber diese Zustände (genau diese!) ließen sich durch Begriffe einer kognitionswissenschaftlichen Psychologie auch als innerliche konzipieren. Vgl. z. B. Fodor (1987, Kap. 2). – Überzeugungen als innerliche Zustände zu konzipieren, heißt übrigens auch für einen Repräsentationalisten nicht, sie mit dem Besitz der ihnen jeweils entsprechenden inneren Repräsentationen zu identifizieren. Wenn die Eigenschaft zu glauben, daß Wasser verdampfen kann, eine innerliche Eigenschaft ist, so folgt daraus nicht, daß ein Subjekt in einem vollständig leeren Universum sie haben könnte. Vielmehr heißt es: Nicht nur ein Subjekt, das sich in einer Welt mit Wasser befindet, könnte diese Überzeugung haben, sondern ebenso jedes seiner Duplikate, auch wenn es in dessen Welt gar kein Wasser gibt. Um Glaubenseigenschaften mit neuronalen ('repräsentationalen') Zuständen zu identifizieren, bedarf es der Voraussetzung, daß auch erstere intrinsisch sind.

[268] Zu zeigen, daß durch ganz gewöhnliche Überzeugungsbegriffe die entsprechenden Glaubenseigenschaften nicht als innerliche konzipiert werden, das ist die Pointe vieler Gedankenexperimente. Das bekannteste findet sich in Burge (1979, S. 77 ff.), der Arbeit, mit er die sog. Anti-Individualismus-Debatte in der Philosophie des Geistes in Gang gesetzt hat. – Im Folgenden werden wir eine strukturell analoge Variante heranziehen, die Burge in vielen späteren Arbeiten verwendet. Dazu siehe Burge (1982b, 1982a, 1986, 1989).

[269] Putnam (1975, S. 223 ff.).

[270] Einige doxastische Externalisten vertreten zugleich stärkere Thesen: etwa die, dies treffe auf alle gewöhnlichen Begriffe von intentionalen Phänomenen zu, oder die noch stärkere, das gelte zusätzlich noch für sämtliche Begriffe von Erlebniseigenschaften. Erstere Auffassung vertritt z. B. Donald Davidson (1987a, S. 18–33); letztere z. B. Fred Dretske (1995, Kap. 5). – Von Davidson (1987a, S. 19) stammt die Fiktion eines Sumpfmenschen: eines Wesens, das zufällig (durch einen Blitz, der in einen Baum einschlägt)

entsteht und das ein exaktes physisches Duplikat eines Menschen ist, der bei derselben Gelegenheit ums Leben kommt. Mit diesem absonderlichen Gedankenexperiment möchte Davidson veranschaulichen, daß intentionale Zustände nur einem Wesen zukommen können, das eine passende Vergangenheit hat. Doppelgänger-Szenarien à la Burge sollen auf Faktoren der physischen und sozialen Umgebung hindeuten, die wesentliche Voraussetzungen für den Besitz von Überzeugungen sind. Am Sumpfmenschen soll sich zeigen, daß der Externalismus sich auch 'historisch' begründen läßt.

[271] Meine Vorbehalte gegen die externalistische Argumentation und speziell auch gegen deren dritte Prämisse habe ich ausführlicher dargelegt in Kemmerling (1990, S. 172–181, 2001a und 2002).

[272] Es dürfte aus dem Bisherigen klar geworden sein, sei aber an dieser Stelle ausdrücklich angemerkt, daß ich "geistiger Zustand" und "Geisteszustand" austauschbar verwende und daß damit nicht der geistige Gesamtzustand eines Subjekts gemeint ist (wie etwa in "Er wurde auf seinen Geisteszustand untersucht").

[273] Übrigens sieht selbst Descartes das so, das Schreckgespenst eines bekennenden *Substanz*-Dualisten. Die 'Substanz' des Geistes ist ihm aber nichts anderes als ein höchst umfassendes Attribut namens Denken, und dieses ist gewissermaßen die Sammeleigenschaft aller geistigen Phänomene. Vgl. Descartes (1644, AT VIII, 28–32).

[274] Vgl. Rorty (1979, S. 22).

[275] Brentanos (1874/1911, Bd. 1, S. 116) berühmten Vorschlag, "die psychischen Phänomene [zu] definieren, indem wir sagen, sie seien solche Phänomene welche intentional einen Gegenstand in sich enthalten", lasse ich beiseite. Zum einen wäre solch ein Kriterium viel zu eng (man denke nur an Stimmungen, Charaktereigenschaften und vielerlei Empfindungen). Zum zweiten versteht Brentano unter einem psychischen Phänomen ausschließlich Bewußtseinstätigkeiten, zielt also mit seinem Definitionsvorschlag gar nicht auf ein allgemeines Kriterium für Geistigkeit ab. Und drittens wäre dieses Kriterium für unsere Zwecke unergiebig; es weist uns auf keine bislang unberücksichtigten Gesichtspunkte hin, nach denen wir nun Ausschau halten könnten.

[276] Wie gut diese beiden 'Kriterien' sind – ob mit ihnen tatsächlich begrifflich hinreichende Bedingungen für Geistigkeit angegeben werden –, soll uns hier nicht interessieren. Denn wir setzen bereits voraus, daß Glauben ein geistiges Phänomen ist. Unser Ziel ist es herauszufinden, welche (angeblich) typischen Merkmale eines Geisteszustands beim Glauben anzutreffen sind.

[277] Dies ist offenkundig nur eine notwendige Bedingung für Geistigkeit. Der Schnupfen, den ich habe, könnte nicht der Schnupfen eines Andern sein.

[278] Siehe dazu Frege (1918, S. 351 f.).

[279] Siehe oben, S. 27 ff.

[280] Lewis (1979, S. 133–159) zeigt, wie sich, mit Rückgriff auf das Instrumentarium einer bestimmten Mögliche-Welten-Metaphysik, schlechthin jede Überzeugung in eine De-se-Überzeugung umdeuten läßt, deren Inhalt keine Proposition, sondern eine Eigenschaft ist. Im Lichte solch einer artifiziellen Homogenisierung gäbe es dann tatsächlich einen Sinn, in dem *alles* Glauben seinem Begriffe nach privat ist. – Dieser Vorschlag ist metaphysisch so voraussetzungsreich, daß wir ihn im Rahmen unserer Überlegungen beiseite lassen dürfen.

[281] Zu dieser Unterscheidung vgl. oben S. 81 f.

[282] Eine Privat-Überzeugung läßt sich als ein geordnetes Paar modellieren, das aus einem Subjekt und einer Glaubenseigenschaft besteht. Dadurch ist sichergestellt, daß Privat-Überzeugungen verschiedener Subjekte auch dann verschieden sind, wenn sie

denselben Inhalt haben; denn <*S*, Glauben-daß-*p*> ≠ <*S**, Glauben-daß-*p*>. Und es soll als begriffliche Wahrheit gelten, daß ein Subjekt eine Privat-Überzeugung nur dann hat, wenn es das erste Element des betreffenden Paars ist. Dann ist jede Aussage begrifflich falsch, in der einem Subjekt eine Privat-Überzeugung eines andern Subjekts zugeschrieben wird.

[283] Wir hatten eingangs (vgl. oben, S. 79 ff.) bemerkt, daß der Ausdruck "die Überzeugung, daß so-&-so" in der Tat mehrdeutig verwendet wird: es kann mit ihm über die Eigenschaft des Glaubens-daß-*p* gesprochen werden, aber auch über den Inhalt solchen Glaubens. Die zweite dieser beiden Lesarten ist für unsere Überlegungen hier irrelevant; ich lasse sie in den anschließenden Überlegungen außer Betracht.

Zu Kapitel 10

[284] Daß dies auch bei begrifflich hinreichenden Bedingungen nötig ist, hatten wir bereits gesehen. Siehe oben, S. 199.

[285] Zu ausführlicheren Betrachtungen unterschiedlicher Facetten dieses Problems mit der Spezifität siehe Kemmerling (1993, S. 104–108, 1997, S. 79 ff. und 2003a, S. 214–220).

[286] *Zustimmung zu σ* verwende ich hier nur zur Bezeichnung 'äußerer' Sprechakte, ohne damit zu bestreiten, daß es auch inneres Zustimmen gibt. (Dazu mehr im 12. Kapitel.) Der Akt der Satz-Zustimmung kann auf verschiedene Weisen vollzogen werden, z. B. indem der Sprecher *σ* behauptend äußert, einer solchen Äußerung beipflichtet oder auch die Frage *σ?* bejahend beantwortet.

[287] Oder er hat sogar ausdrücklich gesagt, daß er glaubt, daß *p*. (*σ* kann natürlich auch ein Satz des Typs "Ich glaube, daß *p*" sein.) Einen Höhepunkt der Ausdrücklichkeit würde der Sprecher dadurch erreichen, daß er den illokutionären Akt der Überzeugungsbekundung mit einer explizit-performativen Äußerung vollzieht: "Hiermit verleihe ich meiner Überzeugung, daß *p*, Ausdruck".

[288] Vgl. Kripke (1979, S. 248). Kripke erscheint (KP) als eine 'selbstevidente Wahrheit' (a.a.O., S. 249 und 263), und Brian Loar (1987, S. 170) rechnet es zu den 'gewöhnlichen Prinzipien', auf die wir zurückgreifen, wenn wir Überzeugungen zuschreiben. – Daß dieses Prinzip allgemein als eine Selbstverständlichkeit akzeptiert ist, zeigt sich auch daran, daß es zumeist sehr lax formuliert wird, so etwa von Davidson: "Wenn jemand, der Deutsch kann, aufrichtig sagt 'Schnee ist weiß', dann glaubt er, daß Schnee weiß ist" (Davidson (1978, S. 86)).

[289] Das ist gemeint, wenn im Folgenden von *Zustimmung ohne Vorbehalt* die Rede ist. Man beachte, daß Vorbehaltlosigkeit, in diesem Sinn, nicht impliziert, daß die zum Ausdruck gebrachte Überzeugung besonders stark ist. Diese kann beliebig schwach sein, nur eben stark genug, daß das Subjekt sie – gegebenenfalls auch mit einem "Ich glaube, daß"-Satz – zu bekunden bereit ist.

[290] Siehe dazu Kripke (1979).

[291] Auf diese strukturelle Übereinstimmung, die in puncto Glauben bzw. Wissen zwischen Kripkes Pierre-Szenario und den sog. Gettier-Fällen bestehen, wurde ich aufmerksam durch eine Arbeit von Geert Keil (2013).

[292] Kripke glaubt offenbar so fest an die Unantastbarkeit seines Prinzips, daß er gar nicht in Betracht zieht, es könne falsch sein. Ausführlicher als im Folgenden habe ich meine gegenteilige Einschätzung begründet in: Kemmerling (2006).

[293] Kripke selbst äußert an einer Stelle die Befürchtung, es könne sich erweisen, daß das Prinzip in der von ihm formulierten Fassung Gegenbeispielen ausgesetzt ist (1979, S. 249). Im Lichte der gerade angestellten Überlegung hat er mit der Geschichte über Pierre selbst ein solches Gegenbeispiel gegeben.

[294] Gertken (2014, Kap. 8; das Zitat findet sich auf S. 265).

[295] "Wann immer *A*, dann *B*" verwende ich als informelle Abkürzung für eine Aussage der folgenden Art: "Für beliebige *x* und *t*: Wenn *x* zu *t* die Bedingungen $A_1 \ldots A_n$ erfüllt, dann erfüllt *x* zu *t* die Bedingung *B*". Solche Aussagen nenne ich *Generalisierungen*. Das Wort "Gesetz" vermeide ich; es könnte an Natur- oder Kausalgesetze denken lassen. Außerdem bringt der Begriff des Gesetzes, allein schon der der Gesetzesartigkeit, seine ganz eigenen und tiefreichenden philosophischen Fragen mit sich, die unser Thema nicht betreffen. – In meiner Verwendung der Kürzel *A* und *B* werde ich sehr lax sein. Manchmal werde ich sie so verwenden, als stünden sie für Aussagen oder Sachverhalte; gelegentlich auch so, als stünden sie für Eigenschaften; entsprechend werde ich mitunter auch von 'dem Begriff *A*' sprechen. Inhaltliche Mißverstände sollten daraus nicht entstehen.

[296] Gelegentlich findet man Wendungen wie "aside from pathological cases", so z. B. bei Davidson (1997a, S. 80). Aber das Anormale, um das es hier geht, ist nicht unweigerlich etwas krankhaft Abnormes. – Einen Eindruck von den besonderen Schwierigkeiten, wertungsinvolvierende Normalitätsbegriffe in den Lebenswissenschaften zu analysieren und gegen statistische Konzeptionen abzugrenzen, gibt die wissenschaftsphilosophische Studie von Georges Canguilhem (1972, insb. Teil 2).

[297] Gerhard Schurz (2001) spricht passenderweise davon, 'statistische Dominanz' sei "eine nicht hinreichende, wohl aber eine 'schwach notwendige' Bedingung" für die Wahrheit sog. normischer Gesetze (S. 478).

[298] Mit *Sprachkompetenz* ist hier eine Fähigkeit (eine Familie von Fähigkeiten) gemeint, nicht der Besitz theoretischen Wissens. Was Menschen zu 'normalen Sprechern' einer Gemeinsprache macht, ist nicht, daß sie über dieselbe Grammatik (Syntax, Semantik und Phonologie) verfügen, deren Regeln sie in ihrem Sprechen und Verstehen, sei's auch nur unbewußt, zur Anwendung bringen. Entscheidend ist, daß sie miteinander in einer Sprache sprechen, hinsichtlich deren sie einander als gleichermaßen kompetent erachten würden – was sich z. B. daran zeigt, daß sie in ihrer Einschätzung, was in puncto Sprechen und Verstehen richtig ist, weitgehend übereinstimmen und gegebenenfalls bereit sind, sprachliche Korrekturen von Seiten der Andern zu akzeptieren. – Zur Sprachkompetenz möchte ich darüber hinaus auch die Disposition zur Beachtung gewisser Maximen rechnen, die nicht nur die jeweilige Sprache im besonderen betreffen, sondern z. B. auch grundlegende kommunikative Rechte und Pflichten von Sprechern (und Hörern) beliebiger Gemeinsprachen. Derartige Maximen sind durchaus heterogen. Manche darunter sind nur 'instrumentell' (zielen auf auf die effiziente Umsetzung kommunikativer Zwecke), andere haben einen gewissermaßen moralischen Charakter (fordern z. B. 'Verantwortungsbewußtsein' beim Gebrauch der eigenen Worte und beim Umgang mit den Worten der Andern).

[299] Einen Eindruck von den Ambiguitäten, die diesem Terminus inzwischen zueigen sind, gibt z. B. Gerhard Schurz (2002). Er versucht, eine Vielzahl unterschiedlicher Lesarten, die in der wissenschaftstheoretischen Diskussion gebräuchlich sind, in zwei Kategorien einzuordnen.

[300] Einen kritischen Überblick über Ansätze zu einer formalen Theorie gibt Corina Strößner (2014). Keiner von ihnen scheint mir geeignet, das zu erfassen, was hier mit Normalität gemeint ist.

[301] Zumal angesichts des früher Gesagten. Wenn schon "Vorentscheidung" (in Anwendung auf Wettkämpfe) keinen Begriff ausdrückt, wie dann "insgesamt normale Gegebenheiten"? Vgl. oben, S. 31 f.

[302] Vgl. dazu Grice (1989, Kap. 2).

[303] Daran ist für sich genommen nichts Wundersames. Man vergleiche: "Wann immer eine Person erwachsen und unverheiratet ist, ist sie ein Junggeselle". Solange es Frauen gibt, ist das eine kontingentermaßen falsche All-Aussage. Die Begriffe Person, erwachsen, unverheiratet und Junggeselle stehen in einem Zusammenhang, dank dem der Zusatz, "(Person) *männlichen Geschlechts*", die ursprüngliche Aussage in eine notwendige Wahrheit 'verwandelt'.

[304] Wer hierüber im Zweifel ist, wird sich vielleicht durch ausgefuchst 'elaboriertere', jedenfalls umständlichere, Fassungen überzeugen lassen, etwa: "Wenn *x* etwas dringend will, das er für sehr leicht erreichbar hält, wird er eine gewisse Neigung haben, den Versuch zu unternehmen, es zu erreichen – falls er keine andern Wünsche hat, die dem entgegenstehen". – Eine in den Einzelheiten noch sorgfältiger formulierte Generalisierung hatte ich im vorigen Kapitel (S. 226) vorgestellt. Deren verquälte Möchtegern-Genauigkeit ist dem Leser wohl nicht entgangen. Solch hilflose Pedantereien sind das unvermeidliche Schicksal jedes Versuchs, einen normalitätsvermittelten Begriffszusammenhang 'auszubuchstabieren': möglichst alle denkbaren Ausnahmen anzugeben. Wo wir doch insgeheim wissen: Zahllose andere, an die wir noch nicht gedacht haben, wären hinzuzunehmen.

[305] Eine Aussage ist *cp-inkohärent*, wenn sie mit wenigstens einer cp-analytischen Generalisierung in Spannung steht, d. h. wenn sie höchstens als eine Ausnahme zu dieser Generalisierung wahr sein kann. (Zum Beispiel ist "*A* und nicht-*B*" cp-inkohärent, wenn gilt: *A* ≈> *B*.) Eine Aussage *cp-impliziert* eine andere, wenn es cp-analytische Wahrheiten gibt, dank denen die zweite aus der ersten folgerbar ist. (Der einfachste Fall: Wenn gilt: *A* ≈> *B*, dann gilt auch: "*A*" cp-impliziert "*B*".)

[306] Ein alltägliches Beispiel ist das Träumen. Glaubt einer, der träumt, er sei auf dem Mond, daß er auf dem Mond ist? Der Fundus philosophischer Gedankenexperimente liefert viele weitere Beispiele: Hätte ein Gehirn im Topf, das nie etwas anderes war und sein wird, Gedanken? Wenn der Zeitpfeil plötzlich seine Richtung umkehrte, könnte es dann noch Rationalität geben; wäre auch sie 'einfach umgekehrt' (erst die Konklusionen, dann die Prämissen)? Und so weiter.

[307] Man denke an ein beliebiges Beispiel vom Schlage (c) oder (d).

[308] Siehe oben, S. 35–41.

[309] Außer diesen umfaßt sie nur Cp-Abschwächungen lexikalischer Wahrheiten. Daß diese philosophisch witzlos sind, läßt sich an dem gerade erwähnten Beispiel (e*) einsehen.

[310] Gemäß dieser Sprachregelung ist (KP) nun nicht mehr als ein *Prinzip* der Zuschreibung von Überzeugungen zu bezeichnen, wohl aber (KP*).

[311] Zu einem Überblick über die Diskussion der vergangenen 50 Jahre siehe Kemmerling (2013).

[312] David Chalmers und Frank Jackson (2001, S. 322) konstatieren trocken, daß die für Wissen hinreichenden Bedingungen sich nicht vollständig auflisten lassen. Denn wäre dies möglich, dann hätten wir wohl eine zufriedenstellende explizite Analyse dieses Begriffs.

[313] Siehe dazu oben S. 125 f., 159 ff. und 194 ff. – Eine andersartige und meines Erachtens weitaus weniger unplausible Konzeption der Alltagspsychologie hat Morton

(1980) entwickelt. Danach handelt es sich bei ihr nicht um eine *Theorie*, also nicht um eine Kollektion spezifischer empirischer Hypothesen (durch die angeblich theoretische Terme wie "glauben" und "wünschen" implizit definiert wären). Vielmehr handele es sich um ein sog. *Schema*, aus dem sich Restriktionen für beliebige solcher Theorien ergeben. In Analogie zu Chomskys Ideen von einer Universalgrammatik legt Morton nahe, unser zugrundeliegendes Schema des menschlichen Geistes könne sehr wohl angeboren sein; von Kultur zu Kultur und von Epoche zu Epoche könne sich dieses Schema in sehr (aber nicht beliebig) unterschiedlichen psychologischen *Theorien* (vielleicht paßt hier der Terminus *Menschenbild*) ausprägen – und jede von ihnen wiederum zu idiosynkratischen Theorien der einzelnen Mitglieder einer jeweiligen Kultur und Epoche.

[314] Es handelt sich ja um nicht mehr als eine unsystematische Ansammlung von vermeintlichen Binsenwahrheiten.

[315] Vgl. dazu Lewis (1972). Dieser Geschichte liegt der groteske 'Jones-Mythos' von Sellars (1956) zugrunde.

[316] Siehe dazu Lewis (1980, S. 47).

[317] Siehe dazu Lewis (1980, S. 35 f.).

[318] Grice (1975, S. 125–132 und 142 f.).

[319] Vgl. dazu oben. S. 159 ff. – Anders als Lewis sieht Davidson in einer 'Interpretationstheorie' nicht einfach eine empirische Theorie. Vielmehr hat sie, so deutet er gelegentlich an, einen quasi-normativen Status: Wir sind gehalten, das Verhalten des Mitmenschen im Lichte einer solchen Theorie zu interpretieren; täten wir das nicht, würden wir ihn nicht als Person, als einen autonom handelnden Akteur, begreifen. Siehe z.B. Davidson (1970, S. 225).

[320] Dazu siehe Fodor (1974 und 1991). In seinen Überlegungen zum Verhältnis von Einzelwissenschaften und Physik erwähnt Fodor das Thema der 'tieferen' Erklärbarkeit von Ausnahmen nur am Rande. Ich bin nicht sicher, ob er diesem Aspekt große Wichtigkeit beimessen würde, wenn es darum geht zu erläutern, was ein Gegenbeispiel zu einer Ausnahme macht.

[321] Spohn (2012, S. 305–319).

[322] Siehe dazu Cartwright (1983, S. 51); Earman/Roberts (1999); Keil (2005); Schiffer (1991).

[323] Spohn (2012, S. 308).

[324] Man könnte verlockt sein, (l) sogar für schlankwegs analytisch zu halten. Aber auch folgender Fall ist denkbar: *S* hat den Entschluß gefaßt, *h* zu tun, und wird nun von diesbezüglicher Willensschwäche befallen. Nun fügt es sich allerdings so, daß unmittelbar anschließend ein weiteres Ausnahme-Ereignis eintritt. Er erleidet einen Anfall noch größerer Willensstärke und unternimmt doch den Versuch, *h* zu tun. – Alles geht letztlich so aus, wie es soll; aber es läuft nicht glatt. In Bezug auf (k) tritt ein Störfaktor auf, der aufgrund eines andern dann doch nicht stört. Solche Fälle mit kompensierten Anormalitäten sind sozusagen Ausnahmen von Ausnahmen; ich werde sie außer Betracht lassen.

[325] Manche bezweifeln vielleicht, daß es überhaupt begriffliche *Erklärungen* gibt, die diesen Namen verdienen. Dieser Zweifel wäre ein Mißverständnis. Alles ist eine Erklärung, wenn es Tatsachen durch Wahrheiten erklärlich macht. – Gerade der Philosoph sollte nicht von der Hand weisen, daß begriffliche Erklärungen oftmals etwas anderes als bloße Worterläuterungen sind. ("Warum können nur Haare blond sein?"/"Warum können nur entscheidungsfähige Wesen frei sein?")

[326] Wittgenstein (1953, § 79).

[327] Whately (1841, S. 120, die Hervorhebungen sind von Whately). Den Hinweis auf Whately verdanke ich Oliver Scholz (1999, S. 153). Der dritte Teil dieser Monographie enthält eine Untersuchung zu hermeneutischen Präsumptionsregeln und ihrer Begründbarkeit, die auch historisch höchst erhellend ist.

[328] Cartwright (1983, S. 45; meine Hervorhebung). Ihr Beispiel ist das Lichtbrechungsgesetz von Snellius, das nur für die Idealbedingung gilt, daß beide optischen Medien vollkommen isotrop sind.

[329] Spohn (2012, S. 305 ff.).

Zu Kapitel 11

[330] Siehe Quine (1960, Kap. 2).

[331] Ebenda, S. 27.

[332] Drei Anmerkungen dazu. Erstens, nicht eigens erwähnt wird in dieser Formulierung die selbstverständliche Voraussetzung, daß "*p*" und *σ* Sätze sind, die in ihrer Sprache eine ihrem wörtlichen Sinn gemäße Verwendung haben. – Zweitens, Sätze nenne ich hier *in Einklang* miteinander, wenn es unter kompetenten Sprechern unkontrovers ist, daß sie (vom Stilistischen abgesehen) austauschbar sind. – Drittens, dieses Prinzip hat ein Korrolar, für das mutatis mutandis dasselbe gilt wie für **AZP**. Es betrifft Sätze, mit denen eine sog. Selbstzuschreibung gemacht wird. Ich werde es nicht separat erörtern. Es besagt:

Ceteris paribus gilt: Wenn ein normaler Sprecher des Deutschen einen Satz "Ich glaube, daß *p*" (oder ein normaler Sprecher einer beliebigen andern Sprache *L* einen Satz *σ*, dessen korrekte Übertragung von *L* ins Deutsche "Ich glaube, daß *p*" ist) zu *t* ernsthaft, aufrichtig, mit Bedacht und ohne Vorbehalt äußert, dann glaubt er zu *t*, daß *p*.

[333] So billigt Quine z. B. den sog. Beobachtungssätzen einer fremden Sprache makellose Übertragbarkeit in unsere Sprache zu. Vgl. Quine (1960, S. 68).

[334] So, wie **AZP** hier formuliert ist, erstreckt es sich nicht auf indexikalische und mehrdeutige Sätze. In einer entsprechenden Erweiterung müßte sichergestellt werden, daß nur die vom Sprecher intendierte Lesart (und die von ihm gemeinten Bezugsobjekte der indexikalischen Ausdrücke) in die Bestimmung der von ihm zum Ausdruck gebrachten Überzeugung einfließen. Ein in diesen Hinsichten verbessertes Prinzip zu formulieren, wäre gewiß nicht trivial, aber ebenso gewiß nicht unmöglich. Für unsere Untersuchung spielt das keine Rolle, denn die bei der Erweiterung des Prinzips zusätzlich zu berücksichtigenden Aspekte betreffen nicht den Begriff des propositionalen Glaubens. – Der Leser, der in diesem Punkt tiefergehende Probleme vermutet, möge die entsprechenden Einschränkungen in Hinblick auf die Einsetzungen für "*p*" stets hinzudenken.

[335] Der Relativsatz ist folgendermaßen zu verstehen: Durch seine Zustimmung zu "*p*" bekundet der Sprecher seine Überzeugung, daß *p*; er bringt damit aber natürlich noch anderes zum Ausdruck – so zum Beispiel, daß er die Absicht hat, "*p*" zuzustimmen; daß er willens ist, zu erkennen zu geben, daß er glaubt, daß *p*; und so weiter. – Solche Geisteszustände gehören mit dazu, daß eine sprachliche Äußerung überhaupt ein Akt des "*p*"-Zustimmens ist. In diesem Sinne sind sie durch die Zustimmung zu "*p*" allein rechtfertigbar.

[336] Um ein normaler Sprecher zu sein, muß er natürlich eine ausreichende Begriffskompetenz besitzen. Aber auch in diesem Punkt gilt: Wie sie bei ihm im einzelnen aus-

geprägt ist, bleibt offen: welche Begriffe es sind, in welchem Maße er sie beherrscht, und so weiter.

337 Insbesondere ist "mit Bedacht" hier nicht zu lesen als "nachdem er sich darüber bedacht hat". Die Zustimmung mag durchaus spontan sein. *S* muß, bevor er zustimmt, nicht erst eine abwägende Überlegung darüber angestellt haben, ob es der Fall ist, daß *p*. Daß er 'mit Bedacht' zustimmt, schließt z.B. aus, daß er in Gedanken woanders ist. Es darf ihm nicht entgehen, daß er genau diesem Satz zustimmt. Entscheidend ist: Er meint, was er in diesem Moment sagt. (Auch wenn er es bei genauerem Besinnen für falsch hält und wünscht, er hätte sich auf die Lippe gebissen.)

338 Unter einem Kriterium dafür, daß ein beliebiger Gegenstand eine bestimmte Eigenschaft *E* hat, sei hier eine nicht-triviale hinreichende Bedingung für den Besitz von *E* verstanden. Ein Kriterium soll eine Antwort auf die Frage geben: "Woran ließe sich erkennen, ob etwas wirklich ein *E* ist?" Ein Kriterium, in diesem Verständnis, muß jedoch nichts darüber aussagen, woran sich erkennen läßt, daß etwas kein *E* ist. Genügt ein Gegenstand dem Kriterium nicht, so zeigt dies nicht, daß es kein *E* ist. (Ein Kriterium soll, lax gesagt, auf ein Nachweisverfahren deuten, nicht unbedingt auf ein Ausschlußverfahren.) Für ein und dieselbe Eigenschaft kann es mehrere Kriterien geben. Ein Ding, das das eine Kriterium für den Besitz dieser Eigenschaft nicht erfüllt, mag ein anderes erfüllen.

339 Siehe dazu Grice (1989, Kap. 6 und 14).

340 Daraus folgt übrigens nicht, daß die Proposition, die der Inhalt des Glaubens ist, identisch ist mit der Proposition, die der Inhalt des Sagens ist. Zwar ist dieser Schluß gültig: (1) Er sagt, daß Platon weise ist. (2) Er ist aufrichtig, ernsthaft und so weiter. Also: (3) Er glaubt, daß Platon weise ist. – Folgendes hingegen ist ein Fehlschluß: (1*) Der Inhalt dessen, was er sagt, ist die Proposition, daß Platon weise ist. (2) Er ist aufrichtig, ernsthaft und so weiter. Also: (3*) Der Inhalt dessen, was er glaubt, ist die Proposition, daß Platon weise ist. – Dieser zweite Schluß enthält eine falsche Einzigkeitsannahme, die mit der Bezeichnung "*die* Proposition, daß Platon weise ist" einhergeht. (1*) zum Beispiel müßte so reformuliert werden:

(1**) Der Inhalt dessen, was er sagt, ist *eine* Proposition, die in einer beliebigen möglichen Welt genau dann wahr ist, wenn Platon weise ist.

Zur Erläuterung: Jeder, der sagt, daß Platon weise sei, sagt dasselbe wie jeder andere, der sagt, daß Platon weise sei. Aber der Inhalt der Überzeugung, die *S* damit bekundet, daß er das sagt, muß nicht dieselbe Proposition sein wie die, die der Inhalt der Überzeugung ist, die ein Anderer damit bekundet, daß er dasselbe sagt. Der Grund ist: *Die* Proposition, die jeder für wahr halten müßte, wenn er wortwörtlich und aufrichtig sagt, daß Platon weise sei, gibt es nicht. Der Eine mag mit dem Wort "Platon" den Sinn verbinden: *der Lehrer des Aristoteles* (und nicht wissen, daß Platon der Schüler des Sokrates war); ein Anderer mag mit "Platon" den Sinn verbinden: *der Schüler des Sokrates* (und nicht wissen, daß Platon der Lehrer des Aristoteles war). Was beide sagen, wenn sie sagen "Platon ist weise", ist dasselbe; die Überzeugung, die sie damit jeweils bekunden, ist in solch einem Fall nicht dieselbe.

341 Allerdings ergibt sich aus der bloßen Ersetzung von "*p*" durch "~*p*" im Antecedens von **AZP** kein Absprechungsprinzip. Aufrichtige Zustimmung zu "~*p*" ist keine begrifflich hinreichende Bedingung für Nicht-Glauben-daß-*p*, sondern ausschließlich für Glauben-daß-nicht-*p*. Und letzteres impliziert ersteres nicht, denn es ist, wie wir gesehen haben, nicht begrifflich ausgeschlossen, daß normale Sprecher widersprüchliche

Überzeugungen haben. – Den Sonderfall widersprüchlicher Überzeugungen werde ich zumeist beiseitelassen und nur dort erwähnen, wo er für die Überlegung relevant wird.

342 Mit dieser Praxis können sie sich auf Timothy Williamson (2000, Kap. 11) berufen. Er verficht die These, es sei eine 'konstitutive' Regel assertiver Sprechakte, etwas höchstens dann zu behaupten, wenn man es *weiß*.

343 "Information" lese man hier als *Information-oder-Fehlinformation*, andernfalls erlaubte das Prinzip nur die Zuschreibung von wahren Überzeugungen.

344 Die weitverbreitete Gegenauffassung wird, auch mit ausdrücklichem Bezug auf sog. Selbstzuschreibungen ("Ich glaube, daß *p*"), sehr deutlich von Crispin Wright formuliert: "*Jede* Selbstzuschreibung kann übergangen werden, wenn sie zu akzeptieren dem im Wege stünde, daß wir uns auf das Verhalten des Subjekts den bestmöglichen Reim machen." Vgl. Wright (1998a, S. 17; meine Hervorhebung).

345 Zur Erinnerung: Auch bloßes Mutmaßen ist Glauben, sobald es immerhin ein sei's auch als morsch empfundenes Fürwahrhalten ist.

346 Dummett (1981, S. 286).

347 Davis (1992, S. 86).

348 Wir wollen voraussetzen, daß *S* zwischen Frage und Antwort keine neue 'externe' Information zugänglich wird, die seine Antwort beeinflussen könnte. Einen Fall wie diesen lassen wir also, als für unsere jetzigen Überlegungen irrelevant, beiseite: Während *S* gefragt wird, ob er glaubt, daß *A* gelegentlich Zigarren raucht, erblickt er *A* mit einer Zigarre im Mund.

349 Gewiß, kommt die Frage von außen, dann können unüberschaubar viele Faktoren des externen Kontexts, in dem sie gestellt wird, Einfluß darauf haben, wie die aufrichtige Antwort ausfällt: ob "Ja", "Nein" oder Achselzucken. Es mag eine Rolle spielen, wer fragt, wer die Antwort hört, was an ihr hängt (welche praktischen Konsequenzen sie in dieser Situation hat und wie wichtig sie sind), welche inhaltlichen und emotionalen Faktoren den Gesprächsrahmen prägen, in dem die Frage gestellt wird, und zahllos anderes mehr. – Ein Beispiel: Wird jemand während eines allgemein gehaltenen, entspannten TV-Kamingesprächs gefragt, ob er der Ansicht ist, jede Art von Folter sei unter allen Umständen zu verurteilen, mag seine aufrichtige Antwort eine andere sein als wenn ihm diese Frage am Stammtisch gestellt wird, wo gerade hitzig über einen konkreten Fall gestritten wird, in dem sparsam dosierte Folter (aber unbestrittenermaßen: Folter) zur Rettung eines entführten Kinds geführt hat. Sein relevanter Gesamtinformationsstand, so nehmen wir an, ist in beiden Fällen derselbe. – Man bedenke aber, daß unterschiedliche Antworten trotz identischen Informationshintergrunds nicht nur dann möglich sind, wenn die Frage von außen kommt und die Antwort nach außen geht. Auch Faktoren des 'inneren Kontexts' können Einfluß dieser Art haben. Wer sich selbst, ganz für sich allein, mit der Frage konfrontiert, ob er glaubt, daß *p*, oder nicht, kann dabei unter 'inneren Einflüssen' stehen, die nichts mit seinem Informationsstand zum Thema dieser Frage zu tun haben. Zum Beispiel könnte sein stilles Ja oder Nein (ganz ohne innere Unaufrichtigkeit) auch davon abhängen, aus welchen Gedanken heraus sich ihm diese Frage gestellt hat, in welcher emotionalen Verfassung er sich befindet, und so weiter.

350 Descartes' Idee war nicht, man könne sich jemals dazu bringen, rein gar nichts zu glauben, und dann – von einem absoluten doxastischen Nullpunkt aus – der unmittelbaren Evidenz der eigenen Existenz gewahr werden. Vielmehr hat der Denker, wie Descartes deutlich macht, auch im Großen Zweifel jederzeit Bewußtsein von seiner eigenen Denktätigkeit. Und das heißt u. a. auch, daß er jederzeit *glaubt*, daß er denkt. Außer in diesem Moment vielleicht, in dem er erwägt, ob sich vielleicht auch das in Zweifel

ziehen läßt. (Descartes selbst hätte das natürlich nicht *Glauben* genannt. Terminologisch steht er in der thomistischen Tradition, in der völlige Gewißheit Glauben ausschließt.) Würde der Denker nicht jederzeit für wahr halten, daß er denkt, könnte er gar nicht – jedenfalls nicht auf dem Weg, den Descartes beschrieben hat – zur unmittelbaren Gewißheit seiner eigenen Existenz gelangen.

351 Siehe oben S. 210–219.

352 Damit sollen insbesondere auch Formen gedankenlosen Gedankenhabens ausgeschlossen werden. So kann uns eine Gedichtzeile für eine Weile nicht mehr aus dem Kopf gehen, auf deren Sinn wir aber gar nicht achten. Mit dem Terminus "den *p*-Gedanken haben" wird das Wörtchen "daß" absichtlich vermieden, um der Konnotation einer doxastischen Neigung im Hinblick darauf, daß *p*, zu entgehen. In Wendungen wie "denken, *daß*" oder "den Gedanken fassen (oder haben), *daß*" klingt ja an, daß der gedankliche Inhalt für wahr oder zumindest für möglicherweise wahr gehalten wird. Die hier bevorzugte "daß"-lose Redeweise ist hingegen so zu verstehen: Wer denkt, *daß* so-&-so, hat ipso facto den So-&-so-Gedanken, aber nicht umgekehrt. Es handelt sich also um einen Aspekt des inhaltlichen Denkens, der sich aus einer Abstraktion von den Modi ergibt, in denen wir im Denken das thematisieren, was wir denken: sich etwas fragen, eine Annahme machen, sich etwas ausmalen, etwas als Möglichkeit erwägen oder seine Wahrheit anerkennen. Es liegt auf der Hand, daß solcherlei *p*-Denken kein Denken *daran, daß* p, oder gar *an* den Gedanken, daß *p*, ist. – Ob es, wie z.B. Price (1960, S. 191 f.) meint, so etwas wie 'bloßes' oder 'reines' Gedanken-Haben gibt, sei dahingestellt.

353 Kripke (1979, S. 249). Er bezeichnet dies als eine 'verstärkte' Version von (KP). Dies ist zumindest insofern nicht glücklich, als in (KP) von Zustimmungsdispositionen nicht die Rede ist.

354 Daß ein Sachverhalt *nachweislich* vorliegt, soll hier besagen: Eines der besten Kriterien für sein Vorliegen ist erfüllt. Ein begrifflich gesichertes Kriterium ist *besser* als jedes, das nur empirisch fundiert ist. (Daß etwas dieselbe Masse hat wie das Urkilogramm in Sèvres ist zur Zeit noch das beste – das einzige begrifflich gesicherte – Kriterium dafür, daß es exakt 1kg wiegt. Daß die Küchenwaage 1 kg anzeigt, ist ein praktikableres Kriterium, aber kein Nachweis in dem hier gemeinten Sinn.)

355 Quine (1960, S. 219). Die folgenden Zitate finden sich an derselben Stelle. (Alle Hervorhebungen von mir.) – Dieses Verfahren nennt Schleiermacher (1819, S. 157) die divinatorische Methode (für das Geschäft der psychologischen, oder 'technischen', Auslegung eines Werkes), in welcher die 'weibliche Stärke der Menschenkenntniß' zum Einsatz komme. Daß damit kein abwertender Beiklang verbunden ist, geht aus der Nachschrift Jonas (a.a.O., S. 310 f.) klar hervor.

356 Wenn jemand von einer Katze sagt, sie glaube, da drüben sei eine Maus, dann (so Quine) schreibt er der Katze, "sich in sie einfühlend" [*empathetically*], eine Überzeugung zu. Was mit solch einer Zuschreibung gesagt wird, sei folgendes: "Die Katze ist [...] in einem Geisteszustand, in dem *der Zuschreibende* sagen würde: Da drüben ist eine Maus." Siehe Quine (1995, S. 355).

357 Stich (1983, S. 84).

358 Ebenda, S. 88. – Ich vereinfache hier die Darstellung, die Stich gibt.

359 Natürlich ist Davidsons These von der Unumgänglichkeit des Interpretierens keine psychologische Spekulation über die kognitiven Prozesse, die sich in einem Zuschreiber abspielen. Es ist eine These über die Gründe, deren er, angeblich, letztlich bedarf, um seine Zuschreibung zu rechtfertigen.

360 Selbst Davidson (siehe 1986a und 1994), ein vehementer Verfechter dieser These,

vertritt sie nie ohne höchst beschwichtigende Zusätze. Er schreibt: "So etwas wie eine gemeinsame Sprache gibt es nicht – *nicht, wenn eine Sprache irgendetwas Ähnliches wie das ist, was Philosophen und Linguisten angenommen haben.*" (Davidson 1986a, S. 107, meine Kursivhervorhebung). Gemeint ist wohl: Gelingende sprachliche Verständigung beruht nicht (wie Philosophen und Linguisten annehmen) auf Sprachregeln, die einen gemeinsamen Soziolekt konstituieren und von den Beteiligten akzeptiert werden, sondern auf einer in jeder konkreten Kommunikationssituation neu zu schaffenden Anpassung ihrer individuellen Interpretationstheorien an die veränderlichen Spezifika des jeweiligen Idiolekts der andern Sprecher.

[361] Kemmerling (1993).

[362] Wir hatten dies in Kapitel 8 gesehen; vgl. oben S. 184–195.

[363] Nietzsche (1882, Vorspiel 23). – Auch Davidson bestreitet das natürlich nicht. Vgl. z. B. Davidson (1984a, S. 12 f.).

[364] Angesichts von Mehrdeutigkeiten, Undeutlichkeiten der Bezugnahme usw. versagt das nicht-interpretierende Verständnis nicht. Vielmehr tut es seine Arbeit und liefert mehrere Lesarten. Es bedarf dann einer zusätzlichen Leistung, unter ihnen die richtige herauszufinden. Der einfachste Weg ist die Rückfrage: "Meinst du dies, oder meinst du das?" Wo das nicht möglich ist, muß man versuchen, aus eigener Kraft eine Antwort zu finden. Was dann zu tun ist, mag man ebenfalls dem Metier des Interpretierens zurechnen. Aber es ist kein radikales Interpretieren. Es ist ein Auswählen unter den Ergebnissen vorgängigen nicht-interpretierenden Verstehens.

[365] Davidson (1970, S. 222 und 1974b, S. 239).

[366] Ein gehöriger Mangel an Wahrheitsliebe, ein unbegreifliches Ausmaß an Schlechtigkeit und eine erstaunliche Gleichgültigkeit gegenüber Widersprüchlichkeit sind eben auch bei Menschen anzutreffen, die ihre Gemeinsprache beherrschen. Auch in vielerlei Hinsicht abnorme Menschen können 'normale Sprecher' ihrer Gemeinssprache sein. Vgl. oben S. 311.

Zu Kapitel 12

[367] Der Terminus *Akt* ist dabei in einem weiten Sinn zu verstehen, der auch nicht-willentliches, 'instinktives' Urteilen zuläßt. Dazu gleich mehr. – "Anerkennung der Wahrheit" ist eine heute gebräuchliche Erläuterungsformel. Sie stammt von Frege (1918, S. 346). Es ist klar, daß "anerkennen der Wahrheit" hier nicht faktiv zu verstehen ist: Die Proposition, deren Wahrheit im Urteil anerkannt wird, muß nicht wahr sein. Gemeint ist also: daß einer Proposition Wahrheit zugebilligt (sie *als* wahr anerkannt) wird. – Diese Erläuterung ist keine Definition. Urteilen wird in der Philosophie üblicherweise als ein nicht explizit definierbarer Grundbegriff verwendet. Natürlich gibt es 'Urteilstheorien' in Hülle und Fülle, in denen sich stipulative Definitionen finden. Aber eine allgemein akzeptierte Definition gibt es nicht. (Wer die Anerkennung der Wahrheit 'negativer' Propositionen – daß es nicht der Fall ist, daß p – für einen eigenständigen Typ des Urteilens hält, empfände es wohl als genauer zu sagen: Das Urteilen ist ein geistiger Akt, in dem das Subjekt die Wahrheit oder die Nicht-Wahrheit einer Proposition anerkennt. Aus meiner Ausdrucksweise sollten sich auch für ihn keine Mißverständnisse ergeben.)

[368] Als philosophischer Terminus wurde das Wort von Christian Wolff zu Beginn des 18. Jahrhunderts ins Deutsche eingeführt. Er übersetzte damit den logisch-erkenntnistheoretischen Fachbegriff *iudicium*, der wohl selbst wiederum auf Aristoteles-Über-

setzungen zurückgeht. Vgl. dazu Gabriel/Zantwijk (2001, S. 436). – So weit ich sehe, steht **UG** im Einklang mit dem in der Philosophie vorherrschenden Gebrauch des Terminus "urteilen". Eine abweichende Auffassung, derzufolge **UG** keine begriffliche Wahrheit ist, werden wir gleich betrachten.

369 In der Tat so schwach geregelt, daß auch dieses Prinzip selbst in Frage gezogen werden kann. Nicholas Silins (2012, S. 308) scheint es zu bestreiten – mit dem Hinweis, zum Glauben gehöre es, daß das Subjekt bestimmte Dispositionen habe; bloßes Urteilen sei aber nicht hinreichend dafür, diese Dispositionen zu haben. Aus dem Zusammenhang wird allerdings deutlich, daß es ihm nicht um Überzeugungen insgesamt geht, sondern nur um solche, die 'dispositional' sind und 'andauern'.

370 Mit diesen Ausmalungen möchte ich keine spekulativen Modelle des Überzeugungserwerbs vorschlagen. Sie sind bloße Hirngespinste, die hier nur dazu dienen, darauf hinzuweisen, daß **UG** ohne weiteres mit der kognitionswissenschaftlichen Hypothese in Einklang zu bringen ist, geistige Akte und Prozesse seien im Hirn ablaufende Operationen mit sprachartigen mentalen Repräsentationen.

371 Entsprechendes gilt auch für Erklärungen der sozusagen umgekehrten Art: "Er urteilte, daß *p*, weil er das glaubte". Daß auch diese keine Kausalerklärungen sind, wird später deutlich werden.

372 Siehe z.B. Tversky/Kahneman (1974 und 1983).

373 Um ein mögliches Mißverständnis zu vermeiden: Es geht nicht darum, daß wir etwas *im* Traum für wahr halten. (Ob das überhaupt möglich ist, sei dahingestellt. Es sei denn, ein 'Glauben *im* Traum' wäre nichts anderes als nur ein Träumen-zu-glauben.) Vielmehr geht es um Fälle, in denen ein Traum tatsächlich eine Überzeugung hervorbringt. (Jemand träumt, daß er einen Geldschein in seine Jackett-Tasche steckt; einige Tage später 'fällt ihm ein', daß er noch Geld in der Jackett-Tasche hat.)

374 Die empirisch unfalsifizierbare Hypothese, es gebe urteilsähnliche Phänomene, die in unbewußter Informationsverarbeitung auftreten, wird damit natürlich nicht bestritten.

375 Man denke, im Kontrast dazu, an ein Bewußtseinsphänomen, dessen Begriff uns vor jedem Theoretisieren über es vorgegeben ist: zum Beispiel an das Schmerzen-Haben. Es läßt sich nicht einfach durch eine Festsetzung verfügen, daß *ausnahmslos* gilt: Wann immer ein normaler Mensch Schmerzen hat, ist ihm das bewußt. Als uneingeschränkte Generalisierung wäre das überzogen; es entspräche nicht dem, was unter kompetenten Begriffsverwendern prinzipiell unkontrovers ist. Manche unter uns lassen Spielraum für Schmerzen, deren wir uns nicht bewußt sind (z.B. dann nicht, wenn wir 'unter Schock stehen'). Dennoch, Schmerz ist seinem Begriffe nach unbestritten ein Bewußtseinsphänomen – aber daß er das ist, beruht auf cp-analytischen Wahrheiten.

376 Aus **FB** folgt ja, daß Glaubensbewußtsein Glauben impliziert ($BGp \Rightarrow Gp$).

377 Siehe oben, Anmerkung 44. – Mit einem, der das Wort anders verwendet und unbewußtes Urteilen, vielleicht sogar im Verbund mit Selbsttäuschungsabsichten, als begrifflich möglich zuläßt, mag ich nicht streiten. Was ich mit "urteilen" meine, würde er vielleicht als "bewußtes und aufrichtiges Urteilen" bezeichnen. Gemäß dem hier erläuterten Gebrauch wäre dies jedenfalls ein irreführender Pleonasmus.

378 Die Grundidee einer Konzeption des Wissens als etwas, zu dem die Fähigkeit gehört, die kontextuell relevanten Alternativen auszuschließen, stammt von Fred Dretske (1981). – Zu einer kritischen Diskussion unterschiedlicher Varianten, in denen diese Konzeption ausgearbeitet wurde, siehe Kompa (2001).

Zu Kapitel 13

379 Überzeugungen über eigenes Glauben in der Vergangenheit sind gewöhnlich zugleich auch ein Glauben-sich-zu-erinnern. Sie stammen aus einer Quelle, die ihre Wahrheit nicht garantieren kann. Zumindest der Skeptizist könnte daher in Frage ziehen, daß wir je echtes Wissen darüber besitzen, daß wir zu einem früheren Zeitpunkt dies-&-das geglaubt haben. Die Fehlbarkeit des (vermeintlichen) Erinnerns reicht jedoch nicht aus, um Wissen über momentan gegenwärtiges Glauben in Frage zu stellen.

380 Vgl. z.B. Collins (1987, S. 31).

381 Zum Begriff der generalisierten konversationalen Implikatur vgl. Grice (1989, S. 37–40). – Die Implikatur solcher Äußerungen gehört nicht zu ihren Aufrichtigkeitsbedingungen; der Sprecher kann sie auch in ernsthafter Rede ausdrücklich außer Kraft setzen. ("Ich glaube, daß *p*; aber ich gehe nicht so weit, es zu behaupten.")

382 Nota bene: G^2-Sätze sind nicht beliebige Sätze der Art "*x* glaubt, daß *y* glaubt, daß ...", sondern ausschließlich "Ich-ich"-Sätze.

383 Der kürzeren Ausdrucksweise halber werde ich im Folgenden zumeist einfach von der *Unverwendbarkeit* (eines Aussagesatzes) sprechen. Gemeint ist, daß der Satz de facto nicht verwendet wird und eine sinngemäße Verwendung nicht zuläßt. – Ein Satz wie "Es ist wahr, daß es wahr ist, daß es wahr ist, daß Schnee weiß ist" ist demnach verwendbar: zwar wird er nicht verwendet, aber würde er es doch, könnte er sinngemäß verstanden werden. – Jede denkbare mitteilende Verwendung eines G^2-Satzes hingegen wäre nicht sinngemäß, sondern sozusagen *Gp*-lastig: nicht die Selbstzuschreibung einer Selbst-Überzeugung zweiter Stufe, sondern die abgeschwächte Selbstzuschreibung einer Selbst-Überzeugung erster Stufe.

384 Ließe sich nicht die gerade ins Auge gefaßte Paraphrase in die Erste Person Singular übertragen, also: "Wenn ich jetzt im Ernst sagen würde, daß *p*, dann wäre ich aufrichtig" (oder "Ich bin jetzt bereit, ernsthaft und aufrichtig zu sagen, daß ich glaube, daß *p*")? Dies wäre nicht das Gewünschte. Der Sprecher würde damit bestenfalls Aufrichtigkeit für eine Aussage beteuern, die er nicht macht. Und wenn er sie machte ("Ich glaube, daß *p*"), würde er sich die Selbst-Überzeugung nicht zuschreiben, sondern sie zum Ausdruck bringen.

385 Siehe Grice (1989, Kap. 2). – Daß es sich um 'normale, kooperative Verständigung' handelt, soll heißen, daß es sich um eine gesprächsartige Interaktion handelt, daß die Beteiligten zumindest hinsichtlich der Verständigung selbst kooperativ sind (d.h. guten Willens sind, so zu reden, wie es dem Gespräch, das sie führen, jeweils angemessen ist) und daß dies alles gemeinsames Wissen unter ihnen ist.

386 Warum auch der doxastische Repräsentationalist Selbst-Überzeugungen nicht als Metarepräsentationen auffassen sollte, habe ich an anderer Stelle ausgeführt. Siehe dazu Kemmerling (1999).

Zu Kapitel 14

387 Natürlich gibt es ein entsprechendes *normatives* Prinzip: "Man *soll* nichts glauben, wenn man starke Gründe hat, es nicht zu glauben (und keine guten Gründe, es zu glauben)." Aber mit Rekurs auf eine normative Aussage läßt sich der gewünschte Schluß nicht ziehen.

388 In der Tat gibt es die Idee, es könne – solange uns dies nicht bewußt ist – 'einfach

so', geschehen, daß wir falsche Selbst-Überzeugungen haben. Michael Clark (1975, S. 106) bezeichnet dies beiläufig als einen Haupt-Typus irrigen Selbst-Glaubens. Daß so etwas vorkomme, ist – so scheint mir – begrifflich möglich, und naturgemäß ist es empirisch unwiderleglich. Doch erst die stärkere These, dies könne auch unter insgesamt normalen Bedingungen der Fall und folglich im Prinzip der Regelfall (unbewußten Glaubens) sein, stünde im Widerspruch zu **U**. – Was ließe sich der extravaganten Mutmaßung entgegensetzen, all unsere Überzeugungen, deren wir uns nicht bewußt sind, könnten von irrigen Selbst-Überzeugungen begleitet sein? Nichts anderes, scheint mir, als nackter Dogmatismus: daß **U** begrifflich wahr ist.

389 Dem grammatischen Anschein nach ebenfalls zur sprachlichen Bekundung solcher Überzeugungen geeignete G^2-Sätze ("Ich glaube, daß ich glaube, daß *p*") sind unverwendbar.

390 Ganz allgemein gilt: Wer sagt "Ich hoffe (befürchte, glaube, bedaure, möchte, usw.), daß *p*" drückt damit seine Hoffnung (Befürchtung, Überzeugung, sein Bedauern, seinen Wunsch, usw.) aus. Natürlich muß er die mit solch einer Äußerung zum Ausdruck gebrachte Hoffnung, Befürchtung, Überzeugung usw. nicht haben. Aber wenn er sie nicht hat, sagt er nicht einfach nur etwas Falsches; er ist unaufrichtig.

391 Es hätte an keiner Stelle unserer Überlegungen einen Unterschied gemacht, wenn wir das Beispiel so formuliert hätten: Der Vater glaubt, er halte seinen Sohn nicht für bloß durchschnittlich begabt, aber in Wirklichkeit glaubt er, daß sein Sohn nur durchschnittlich begabt ist.

Zu Kapitel 15

392 Gemeint ist der 'Aufstieg' von einer Überzeugung zu der ihr entsprechenden Überzeugung der nächsthöheren Stufe. 'Uneingeschränkt' ist diese These in zweierlei Hinsicht: Sie erstreckt sich auf beliebige Überzeugungen, und sie enthält keine Ceteris-paribus-Klausel oder eine andere Restriktion. – Eine dank ihrer Einschränkung prima facie attraktive Aufstiegsthese ist zum Beispiel: "Wer etwas glaubt und sich dessen bewußt ist, daß er es glaubt, glaubt auch, daß er es glaubt". Diese werden wir im nächsten Kapitel gesondert betrachten. Eine andere, verschwommenere, Variante einer restringierten Aufstiegsthese findet sich bei Akeel Bilgrami (1998, S. 222 f.); seines Erachtens gilt: Wer eine bestimmte Überzeugung hat und die für verantwortliches Handeln [*responsible agency*] einschlägigen Bedingungen erfüllt, der glaubt auch, daß er diese Überzeugung hat. Zahllose eingeschränkte Thesen dieser Art sind denkbar und bleiben hier zunächst außer Betracht. – Im Folgenden geht es um die Frage, ob allein schon das bloße Glauben selbst hinreichend für den Besitz der entsprechenden Selbst-Überzeugung ist.

393 Ein Beispiel mag genügen. Lenzen (1980, S. 38) schreibt: "[W]enn jemand glaubt, daß *p*, so kann er dieses nicht sinnvoll bezweifeln. Ob wir etwas glauben oder nicht, dessen sind wir uns stets sicher." Dies ist ihm verblüffenderweise Grund genug, ohne weitere Umschweife folgendes "Iterationsaxiom" anzunehmen: Wann immer *S* glaubt, daß *p*, ist er fest davon überzeugt, daß *p*. – *Feste Überzeugung* ist Lenzens Terminus technicus für "das obere Extrem eines Glaubens" (S. 14): sich dessen sicher sein, daß *p*.

394 Den Fall inkonsistenter Selbst-Überzeugungen lasse ich hier außer Betracht. Dessen Denkbarkeit wird uns erst im 18. Kapitel beschäftigen.

395 Shoemaker (1990, S. 70) macht diese Voraussetzung und bezeichnet Wissen vom eigenen momentanen Glauben als einen *wesentlichen* Bestandteil menschlicher Ratio-

nalität. – Ähnlich auch schon Armstrong (1968, S. 327), der im Wissen von momentanen Geisteszuständen eine Voraussetzung für zielgerichtete mentale Aktivitäten sieht.

396 So bemerkt zum Beispiel Daniel Dennett (1981a, S. 55) beiläufig, es lasse sich wohl nur mit einiger Mühe bestreiten, daß wir unendlich viele Überzeugungen haben.

397 Shoemaker (1995, S. 82) spricht nicht von einem begrifflichen Folgerungszusammenhang, sondern von einer "*konstitutiven* Beziehung zwischen Glauben und Glauben, daß man glaubt" (meine Hervorhebung). Zu der nun zu betrachtenden Argumentation siehe S. 82–93 und 237–242). In einer späteren Arbeit (2009, S. 37 ff.) etikettiert er diese Überlegung als 'die verrückte [*zany*] Argumentation'; allerdings hält er nachdrücklich an ihr fest.

398 Shoemaker (1995, S. 83 und 1996, S. 241). – Den Terminus "zumindest stillschweigend glauben" verwendet er anders, als oben (S. 88 f.) erwähnt. Hier seine Erläuterung: Daß *S* 'zumindest stillschweigend' glaubt, daß *p*, heißt: *S*'s kognitive Dispositionen sind in relevanter Hinsicht so, wie wenn er 'explizit' glauben würde, daß *p*. Er übernimmt diese tentative Explikation von Crimmins. Dieser wiederum hebt hervor, daß wenig Hoffnung besteht, für diesen Begriff eine annähernd präzise Erläuterung zu geben. Siehe dazu Crimmins (1992, S. 251–257). Deutlich ist jedenfalls: Um etwas 'stillschweigend' zu glauben, muß *S* es bloß potentiell glauben – es also de facto gar nicht glauben; er muß z. B. nicht die für Glauben charakteristische Disposition haben, *ohne weiteres* entsprechend zu urteilen.

399 Auch wenn dies gelegentlich in Abrede gestellt wird. Bei Sartre lesen wir: "Glauben ist Glaubensbewußtsein [*conscience (de) croyance*]". Siehe Sartre (1943, S. 117).

400 Selten findet man das, in gedruckter Form, wünschenswert deutlich ausgesprochen. Nicht selten wurde es mir in persönlichen Diskussionen entgegengeschleudert – gerade auch von Freunden, manchmal entnervt über all den 'vermaledeiten Blödsinn mit dem Glauben über das eigene Glauben'. Hier eine ältere Trouvaille, in der zugleich jener Vorbehalt anklingt, der die Ineinssetzung von Glauben und Glauben-daß-man-glaubt wohl am tiefsten motiviert: der Zweifel daran, daß es überhaupt sprachlich sinnvoll ist, von letzterem zu sprechen. "Denken, daß *p*, und denken, daß man denkt, daß *p*, (falls wir von so etwas [überhaupt sinnvoll] sprechen können), sind derselbe Gedanke." Vendler (1972, S. 193/194; der Zusatz in eckigen Klammern stammt von mir).

Zu Kapitel 16

401 Ich müßte wohl ein eigenes Kapitel schreiben, um all das klarzustellen, was ich *nicht* meine, wenn ich im Folgenden von Bewußtsein und Selbst-Bewußtsein spreche. Einiges sei kurz genannt. Erstens rede ich von Bewußtsein nicht wie von einem Subjekt, das sich selbst in intentionalen Zuständen befinden kann. So, wie ich dieses Wort verwende, haben ausschließlich denkende und/oder fühlende Wesen Bewußtsein. Das Grundprädikat meiner Überlegungen ist vom Typ: "*x* ist sich dessen bewußt, daß *p*"; dessen 'objektuale' Variante "*x* ist sich *y*s bewußt" wird im Folgenden keine eigenständige Rolle spielen. Das logische Subjekt, *x*, jeder Aussage, in der solch ein Prädikat enthalten ist, ist ein geistbegabtes Wesen, wie z. B. ein Mensch, eine Person.

Das Bewußtsein, von dem ich rede, ist demnach ein intentionaler Geisteszustand, in dem ein solches Wesen Bewußtsein *von* etwas hat, oder sich dessen bewußt ist, *daß* dies-&-das der Fall ist. Bewußtsein, das ich meine, ist also nichts, das selbst wiederum Wissen oder Bewußtsein haben könnte. Dies ist der Erwähnung wert, weil man gelegentlich auch so etwas liest: Fichte habe klar gezeigt, "daß Bewußtsein unmittelbar [...] seiner selbst bewußt sein muß". So Manfred Frank (2013 S. 2). Ohne ihm, Fichte und andern nahezutreten: Ich habe keine Ahnung, was dergleichen wörtlich genommen heißen möchte. Bewußtsein, wie ich nun davon sprechen werde, ist kein geistiges Subjekt.

Dieses eher wahllos herausgegriffene Zitat gibt mir Anlaß zu einer zweiten Erläuterung meines Redens von Bewußtsein. Ein denkendes und fühlendes Wesen kann sich etwas (sei's eines Objekts, sei's einer Tatsache) bewußt sein. Sonst wäre es kein solches Subjekt. Kann es sich zudem noch, sozusagen von einer höheren Warte, auch dessen bewußt sein, daß es sich der betreffenden Sache bewußt ist? Ist Bewußtsein eine 'iterierbare' Eigenschaft, so wie Denken, Glauben und Wissen? Diese Geistesphänomene sind in der Tat sozusagen in sich selbst verschachtelbar: Man kann den Gedanken haben, daß man den Gedanken hat, daß es regnet; und dies ist ein anderer Gedanke als der, daß es regnet. Das Entsprechende gilt für das Glauben und das Wissen. Doch der 'Aufstieg' vom Glauben zum Glauben-daß-ich-glaube und der vom Wissen zum Wissen-daß-ich-weiß ist, wie wir gesehen haben, keineswegs trivial. Aber immerhin ist derlei Aufstieg prima facie begrifflich unanstößig.

Jedoch sind nicht alle intentionalen Geisteszustände von dieser Art. Man kann sich nicht erinnern, daß man sich (jetzt) erinnert, daß das Fahrrad in der Reparatur ist. Kann man hoffen, daß man hofft, daß morgen gutes Wetter ist? – Auch gerade die begriffliche Möglichkeit eines Bewußtseins höherer Stufe ist mir durchaus zweifelhaft. Wenn ich versuche zu begreifen, was mit 'sich dessen bewußt sein, daß man sich dessen bewußt ist, daß *p*' anderes bezeichnet sein könnte als 'sich dessen bewußt sein, daß *p*', dann fällt mir nichts ein – außer vielleicht: den Gedanken haben, daß man sich dessen bewußt ist. Aber ist das ein propositionales Bewußtsein von einem andern propositionalen Bewußtsein – eines, das etwas anderes, von höherer Stufe und 'mehr' ist als: sich dessen bewußt sein, daß *p*? So zu reden erschiene mir so kraus wie das Reden von einem Wirklichsein des Wirklichen, das zum 'bloß' Wirklichen sozusagen noch 'steigernd' hinzutreten kann.

Ein dritter Punkt. Wie alle Formen genuinen Selbst-Bewußtseins bringt auch das Glaubensbewußtsein, durch seinen sog. *De-se*-Charakter, eine tiefgründige Frage mit sich: Wie, d.h. als was und wodurch, ist sich das Subjekt seiner selbst bewußt, wenn es sich dessen bewußt ist, daß es jetzt das-&-das glaubt? Ich habe darauf keine Antwort und setze hier nicht mehr voraus als dies: Jedenfalls gibt es derartiges Bewußtsein vom eigenen momentanen Glauben. Und ich werde im Folgenden versuchen zu zeigen, daß Glaubensbewußtsein gegeben sein kann, ohne daß das Subjekt sich dabei selbst gedanklich zum Gegenstand dieses Bewußtseins macht.

Und schließlich sei schon im Vorhinein hervorgehoben, daß die Art von Bewußtsein, um die es hier gehen wird, nicht dem 'phänomenalen' Bewußtsein zuzurechnen ist. Dieses ist das Hauptthema der zeitgenössischen Debatten: eine Art von Bewußtsein, das in jeder seiner Ausprägungen nur durch den ihm jeweils zueigenen Erlebnischarakter das ist, was es ist. Als paradigmatische Beispiele gelten Schmerz- und Lustempfindungen, oder auch Erlebnisse des Wahrnehmens oder Imaginierens einer Farbe (dabei aber ausschließlich das 'Wie-es-ist' dieses Erlebens, nicht die Farbe, die erlebt wird). Der 'Inhalt' solcher phänomenalen Bewußtseinszustände ist rein qualiativ, nicht begrifflich. Das phänomenale Bewußtsein, das zu meinem Schmerzerleben gehört oder dieses Erleben sogar ausmacht, ist etwas anderes als das propositionale Bewußtsein, das ich habe, wenn ich mir dessen bewußt bin, *daß* ich Schmerzen habe. Ausschließlich um Bewußtsein der letzteren Art wird es in diesem Kapitel gehen. Die Frage, ob auch propositionales Bewußtsein einen qualiativen Anteil hat, werde ich beiseite lassen; die nachfolgenden Überlegungen werden von dieser Frage nicht betroffen.

Mehrere Leser dieses Kapitels wiesen mich darauf hin, daß einiges, was ich hier schreibe, Themen berührt, die in der gegenwärtigen Diskussion unter dem Stichwort *präreflexives Bewußtsein* erörtert werden. Einer sah in dem, was ich sage, manche Ähnlichkeit zu Gedanken von Husserl, andere fühlten sich an Auffassungen von Sartre erinnert. Als ich einschlägige Textstellen dieser beiden Autoren nachlas, fand ich sie nicht leicht zu verstehen, und mir wurde klar, daß ich nicht auf die Schnelle würde beurteilen können, ob es hier tatsächlich inhaltliche Ähnlichkeiten gibt und (falls dem so wäre) wie weit sie reichen. Auch vorzügliche Arbeiten aus der Sekundärliteratur, wie z.B. Zahavi (2003), haben mich nicht erkennen lassen, ob ich womöglich ein Neohusserlianer oder ein Postsartreaner bin. – Dies gibt mir Anlaß zu einem letzten Hinweis zur Lektüre dieses Kapitels. In ihm entwickle ich keine Theorie des Selbst-Bewußtseins und auch keine Teil-Theorie. Vielmehr versuche ich, in Hinblick auf einen sehr schmalen Bereich von Bewußtseinsphänomenen (die ich als präsentisches propositionales Selbst-Bewußtsein etikettiere) einige begriffliche Wahrheiten zusammenzustellen, die nach meinem Dafürhalten von jeder Theorie zu diesem Thema zu berücksichtigen wären. Dabei werde ich allerdings nebenbei auch einige Bewußtseinstheorien attackieren, in denen diese begrifflichen Zusammenhänge bestritten oder verzerrt werden.

402 Tiere, falls sie keinen Begriff von Schmerz haben, können mithin kein propositionales Schmerzbewußtsein, wohl aber Schmerzen haben. Und es wäre in meinen Augen nicht nur merkwürdig, sondern begrifflich grotesk, ihnen Schmerzen zubilligen zu wollen, deren sie nicht gewahr sind. – Auch wir Menschen haben gelegentlich bloß objektuales Bewußtsein von manchen unserer Geisteszustände. Zum Beispiel dann, wenn uns auf eine ganz eigentümliche Weise zumute ist und wir keinen Begriff – nicht einmal einen noch so komplexen ("eine merkwürdige Mischung aus ...") für diese Gestimmtheit haben. – Wie gesagt, der Unterschied zwischen bloß objektualem und propositionalem Bewußtsein wird in unsern Erörterungen keine Rolle spielen. Denn in Hinblick auf das Glauben besteht er nicht: Wer Bewußtsein *von* einer seiner Überzeugungen hat, ist sich dessen bewußt, *daß* er sie hat, und umgekehrt. Ich jedenfalls werde diese beiden Redeweisen austauschbar verwenden.

403 Man mag bezweifeln, daß reflexives Urteilsbewußtsein je auftritt, außer vielleicht unter eigens herbeigeführten geeigneten Bedingungen – etwa in einem psychologischen Experiment mit einem Philosophen.

404 Vielleicht auch nur ein ungedankliches, rein qualiatives Geistesphänomen. – Ich erwähne diese Möglichkeit im Folgenden nicht eigens, weil sich im zweiten Teil des Kapitels zeigen wird, daß sie im Hinblick auf unser eigentliches Thema (Bewußtsein von einer eigenen Überzeugung) nicht besteht. Eine Empfindung allein kann kein Glaubensbewußtsein sein.

405 Es muß ihm nicht klar sein, daß er solche Gründe hat. – Hinsichtlich der Frage, was (außer der Verfügbarkeit von Gründen) eine Überzeugung zu Wissen machen könnte, gehe ich hier über einiges hinweg, das erst im 20. Kapitel zur Sprache kommen wird.

406 Auf diesem Unterschied beruht eine Pointe des Cartesischen *Existo*-Arguments: daß in ihm kein Wissen vorausgesetzt wird. Das erste Wissen [*scientia*], zu dem Descartes' Denker gelangt, ist nicht aus anderm Wissen gewonnen, sondern aus dem Bewußtsein [*conscientia*]. Indem er sich eines innergeistigen Phänomens intrinsisch bewußt ist – seinem schieren Denken des berühmten Gedankens: *Ego sum, ego existo* –, gelangt er zu

Wissen über etwas, das kein Bewußtseinsphänomen ist: über seine Existenz. Die epistemische Voraussetzungslosigkeit dieses Beweises beruht gerade darauf, daß das Bewußtsein vom eigenen Denken kein Wissen ist, sondern ein kategorial andersartiger Typus der Gewißheit über etwas, das nicht falsch sein kann, solange er es denkt.

[407] Eine Fassung ganz in Kürzeln mag an dieser Stelle hilfreich sein. Aus **[U1]** und **[U2]** folgt: *Up* ⇒ *BGp*; bei Einsetzung von "*Gp*" für "*p*" ergibt sich daraus: *UGp* ⇒ *BGGp*. Aus der Aufstiegsthese folgt, bei entsprechender Einsetzung: *BGGp* ⇒ *GGGp*. Aus den beiden Urteilsprinzipien und der Aufstiegsthese ergibt sich daher: *UGp* ⇒ *GGGp*.

[408] Das oben (S. 426) erwähnte allgemeine Ausdrucksprinzip versagt hier. Der Sprecher müßte selbstzuschreibend etwas von der Form sagen: "Ich glaube, daß ich glaube, daß *p*", um – gemäß diesem Prinzip – eine Selbst-Überzeugung zweiter Stufe auszudrücken. Aber das ist ihm versagt: Sätze dieses Typs sind, auch als Selbstzuschreibungen, unverwendbar.

[409] Solche Auffassungen werden in unterschiedlichen Ausprägungen vertreten. In manchen Konzeptionen (den sog. *Higher-Order-Perception*-Theorien) wird vorausgesetzt, daß der bewußtseinsstiftende Gedanke höherer Stufe aus einer Art 'innerer Wahrnehmung' hervorgeht. In anderen (den sog. *Higher-Order-Thought*-Theorien) wird keine solche Voraussetzung gemacht. – Einen Einblick in die Debatte gibt Gennaro (2004).

[410] Natürlich könnte zu einer Konzeption des Bewußtseins als einem Denkereignis höherer Stufe eine entsprechende These hinzugenommen werden: Daß der 'bewußtseinsstiftende' Gedanke ("Ich glaube, daß *p*") unvermeidlich mit dem Urteil "Es ist der Fall, daß *p*" verknüpft ist. – Es wird sich zeigen, daß eine auf diese Weise angereicherte Konzeption eine begrifflich überflüssige Bedingung für Glaubensbewußtsein postuliert.

[411] Es scheint eine dritte Möglichkeit zu geben, wie das Subjekt zu Glaubensbewußtsein gelangen kann: durch 'Extraspektion' seiner selbst. Könnte es nicht durch Beobachtung und Interpretation seines eigenen Tuns und Lassens einen Schluß auf die beste Erklärung ziehen: "Ich glaube, daß *p*"? Es scheint prinzipiell denkbar, daß dabei kein Urteil in der Sache (ob *p* oder nicht) involviert ist. – Doch in Wirklichkeit ist dies keine Möglichkeit, die hier zu berücksichtigen ist. Das Ergebnis dieser Art doxastischer Selbsterkundung wäre kein Glaubens*bewußtsein*. Es wäre eine Hypothese über das eigene Glauben, kein Bewußtsein von ihm. – Extraspektiver Erwerb von Selbst-Überzeugungen wird uns später noch beschäftigen.

[412] Die Idee, es gebe im menschlichen Gehirn neuronale Operationen, mit denen es sich selbst scannt, und auch solche, mit denen derartige Scanning-Prozesse selbst wieder gescannt werden, hat bereits Armstrong entwickelt. Siehe Armstrong (1968, S. 324 f.). Auch Nichols/Stich (2003, Kap. 4) vertreten eine 'Monitoring Mechanism Theory' des Glaubensbewußtseins. Dieser Mechanismus, sagen sie, "nimmt, sobald er aktiviert wird, die Repräsentation *p*, die sich im doxastischen Speicher [*Belief Box*] befindet, als Input und erzeugt die Repräsentation *Ich glaube, daß p* als Output." Der Mechanismus funktioniere gemäß einem trivialen Cut&Paste-Schema: Eine mentale Repräsentation wird "kopiert und in ein Repräsentationsschema der Form *Ich glaube, daß* --- eingebettet und anschließend in den doxastischen Speicher gelegt" (S. 161). Nun ja, wir sitzen tagtäglich an Geräten mit Textverarbeitungsprogrammen, die so etwas zu tun gestatten. Einem, der meint, die Funktionsweise solcher Geräte sei ein Schlüssel zum Selbstbewußtsein, mag das zusagen. – Lycans (1996, Kap. 2 und 2004) Exposition dieser Idee scheint mir die philosophisch aufschlußreichste, denn er stützt sie mit Argumenten und weist auf eini-

ge Konsequenzen hin, deren Kontra-Intuitivität er nicht bestreitet, die seines Erachtens aber akzeptiert werden müssen.

413 Vgl. Lycan (1996, S. 31–33).

414 Lycan selbst hebt diese "introspektive Irrtumsanfälligkeit" hervor. Er sieht darin allerdings eher einen Vorzug als ein Problem der Auffassung von Bewußtsein als einem 'inneren Sinn'. Siehe Lycan (1996, S. 33 f.); ebenso Armstrong (1968, S. 326). Nichols/Stich (2003, S. 188) vermuten, durch Fehlfunktionen des Scanners ließen sich gewisse Schizophrenie-Symptome erklären.

415 Wir hatten gesehen, daß ältere Autoren von Hume bis Russell zwar die Auffassung vertreten haben, daß Glauben – und dann a fortiori Glaubensbewußtsein – ein Gefühl sei, aber zugleich das Glauben mit einem Zustimmen bzw. Urteilen gleichgesetzt haben. – Alvin Goldman (1993, S. 87 f.) spielt mit dem Gedanken, daß ein Subjekt nicht nur seine Sinnesempfindungen, sondern auch seine 'propositionale Einstellungen' an deren gefühlsartigen Eigenschaften bemerkt [*detect*]. Als Beispiele nennt er allerdings Phänomene, die ihrem Begriffe nach zugleich intentional und qualiativ sind: Überraschung, Enttäuschung und Zweifel. Auch er erwägt also nur die Idee, man könne sein eigenes Glauben vielleicht an einem Gefühl bemerken. Aber das ist etwas anderes als die These, um die es jetzt geht: Glaubensbewußtsein sei nichts anderes als ein bloßes Gefühl.

416 Stich (1978). – Stich selbst vertritt nicht die nun zu erörternde Auffassung, Glaubensbewußtsein bestehe in einem Erlebnis oder Gefühl. Er verweist auf ein Phänomen, das hier als ein Kandidat für qualiatives Glaubensbewußtsein dienen soll.

417 A.a.O., S. 504.

418 Aus den früher genannten Gründen. Siehe oben S. 86 f.

419 Nun mag eingewandt werden, daß Urteilen ein theoretischer Begriff ist. Daß es uns deshalb freisteht, das Vorhandensein eines Ja-Gefühls zu einem weiteren Bestandteil seiner impliziten Definition zu machen. (Wir haben im fünften Kapitel Gründe für die Vermutung gefunden, daß Philosophen wie Hume, James und Russell den Begriff des Urteilens tatsächlich in genau dieser Weise aufgefaßt haben.) Doch selbst wenn Urteilen in dieser Weise konzipiert würde, wäre damit nur ein 'reicherer' Begriff des Urteilens angenommen, der zu keiner Annahme im Widerspruch steht, die hier über ihn gemacht wurde. Auch wer bereit wäre, dieses zusätzliche Bedeutungspostulat zu machen, würde damit nicht das Ergebnis unserer Überlegungen in Frage stellen: daß niemand sich dessen nicht bewußt sein kann, daß er glaubt, daß *p*, ohne zugleich zu urteilen, daß *p*. Ob man das Urteilen als etwas wesentlich Gefühlsgetränktes konzipiert oder nicht, ist dabei irrelevant.

420 Dieser Terminus dient hier nur als Etikett und sollte nicht allzu wörtlich genommen werden. Denn erstens ist 'die' Standard-Konzeption eine ganze Familie von rivalisierenden Theorien. Sie wird zwar meistens im Rahmen einer perzeptionistischen Theorie vertreten, derzufolge eigene Geisteszustände dem Subjekt dadurch bewußt sind, daß sie introspektiv wahrgenommen werden. Aber auch 'reflexionistische' Varianten, in denen kein innerer Sinn angenommen wird, rechne ich zur Standard-Konzeption. – Zweitens ist 'die' Standard-Konzeption zwar erstaunlich weit verbreitet und beherrscht die heutigen Debatten, aber es ist keineswegs klar, daß es nicht eine schweigende Mehrheit gibt, die sie nicht teilt.

421 Eine solche Misch-Theorie könnte z.B. so formuliert werden: Erst ein höherstufiger Gedanke, wie "Ich glaube, daß *p*", schafft Glaubensbewußtsein; aber diesen Gedanken kann das Subjekt nicht haben, ohne zugleich zu urteilen, daß *p*. Mithin würde Glaubensbewußtsein dann beides involvieren: Urteilen niedrigerer und höherer Stufe.

422 Die These, Bewußtsein vom eigenen Geist und seinen Eigenschaften lasse sich im Rahmen eines Modells innerer Wahrnehmung grundsätzlich nicht verständlich machen, hat insbesondere Shoemaker mit einer Vielzahl von detailliert ausgeführten Argumenten eindrucksvoll untermauert. Ich wäre geneigt zu sagen, daß die Perzeptionstheorie des Selbst-Bewußtseins widerlegt ist, wenn ich glauben könnte, daß sich philosophische Theorien überhaupt widerlegen lassen. Allerdings sieht auch er eine Reflexionstheorie des Glaubensbewußtseins offenbar als einzige Alternative zur Perzeptionstheorie an. Vgl. Shoemaker (1996, Kap. 10–12) und, anders, aber geistesverwandt: Wright (1998a, S. 22–33).

423 Zu beachten ist dabei, daß es hier ausschließlich um propositionales Selbst-Bewußtsein geht. Es scheint, auch mit gewichtigen empirisch-experimentellen Gründen, durchaus bestreitbar, daß eine entsprechende These in Hinblick auf objektuales Bewußtsein zuträfe. Siehe dazu z. B. Block (2014, 166 ff.). – Nebenbei bemerkt, nicht einmal die intellektualistische Auffassung vom Bewußtsein – es sei seinem Wesen nach ein Denken – ist darauf festgelegt, das Bewußtsein von Innergeistigem als ein perzeptives oder reflexives zu konzipieren. Jedenfalls enthält zum Beispiel Descartes' Lehre, die für ihren Intellektualismus in puncto Bewußtsein berühmt ist, weder eine Perzeptions- noch ein Reflexionsmodell des Bewußtseins. Für den Intellektualisten Descartes war unthematisches Bewußtsein die grundlegende Art des Sich-etwas-Bewußtseins. Siehe dazu Kemmerling (1996, Kap. 5).

424 Ich vermute, daß jedes nicht intrinsisch bewußte Geistesphänomen, von dem wir Bewußtsein haben können, zumindest seinem Begriffe nach beide Arten von Bewußtsein zuläßt, weiß aber nicht, wie sich das beweisen lassen könnte.

425 Dieses Rätsel wird natürlich nicht durch die Hinzunahme der These gelöst, daß hier ein Kausalzusammenhang besteht: daß ψ das Auftreten von $\delta\psi$ bewirkt. Es bedürfte einer viel stärkeren und nicht weniger abwegigen These: es sei begrifflich ausgeschlossen, daß $\delta\psi$ anders denn als kausale Folge von ψ auftritt.

426 Rosenthal (1997, S. 743) weist diesen Einwand als eine petitio principii zurück; zudem laufe er darauf hinaus, daß eine nicht-zirkuläre Erklärung des Bewußtseins von innergeistigen Zuständen unmöglich sei. – Nun, offenkundig wird mit der skizzierten reductio ad absurdum nichts vorausgesetzt, was erst zu beweisen wäre. Die Einwände enthalten keine theoretischen Annahmen, sondern weisen auf die immanente Inkohärenz der reflexionistischen Konzeption hin. Rosenthals wuchtige These, nur so lasse sich Bewußtsein zirkelfrei erklären, bleibt unbegründet; es ist nicht einmal deutlich, was für eine Art von Erklärung gemeint ist. Keine Wie-denn-sonst?-Rhetorik kann entkräften, daß sich Bewußtsein so jedenfalls nicht 'erklären' läßt.

427 Dieser Akt involviert ein Als-wahr-Anerkennen der Proposition, daß *p*. Daraus ergibt sich zum einen, daß die Faktivitätsbedingung ($Bp \Rightarrow p$) erfüllt ist; denn es gilt $B^rGp \Leftrightarrow UGp$, $UGp \Rightarrow Up$, $Up \Rightarrow Gp$, und folglich $B^rGp \Rightarrow Gp$. – Zum andern wird ersichtlich, daß unser Postulat **BG** ($BGp \Leftrightarrow Up$) für beide Formen des Glaubensbewußtseins gilt.

428 Hier setze ich ein Prinzip voraus, das erst im nächsten Kapitel begründet wird und das nur dann Geltung hat, wenn die betreffende Überzeugung dem Subjekt bewußtseinszugänglich ist: Wer glaubt, daß *p*, ist dazu disponiert, auf die *p?*-Frage hin ohne weiteres zu urteilen, daß *p*.

Zu Kapitel 17

[429] Vgl. z. B. Price (1932, S. 140): "Streng genommen können wir nicht glauben, ohne Gründe zu haben; was als Glauben ohne Gründe bezeichnet wird, ist nicht Glauben, sondern etwas anderes." Darin spiegelt sich ein rigider aprioristischer Rationalismus in puncto Glauben, den ich nicht teile.

[430] Daß er *ohne weiteres* so urteilen würde, ist aus folgendem Grund zu fordern: Angenommen, die Frage, ob *p*, würde *S* dazu führen, nun (wiewohl er glaubt, daß *p*) erst zu überlegen, ob es oder ob es nicht der Fall ist, daß *p*. Wenn er auf Grund solch einer Überlegung zu dem Urteil gelangen würde, daß *p*, dann könnte es sein, daß seine Überzeugung, obwohl er sie hat, in diesem Prozeß keine Rolle spielt. Mithin wäre es nicht ausgemacht, daß sich in seinem Urteil das Bewußtsein der bereits vorhandenen Überzeugung manifestiert.

[431] Darauf hat z. B. Kent Bach (1997, S. 105) aufmerksam gemacht. – Ich beschränke mich auf die Betrachtung 'argloser' Selbstverheimlichung, da mir die Idee dubios ist, es könne (erfolgreiche) absichtliche Selbstverheimlichung des eigenen Glaubens geben. Zu philosophischen und empirischen Einwänden gegen diese Idee siehe z. B. Johnston (1988) und Mele (1997). – Ganz in unserm Sinne schreibt Brian McLaughlin (1988, S. 51 [Großschreibung im Original]): "Man kann die [bewußtseins]unzugängliche Überzeugung, daß nicht-*p*, haben, obwohl man zugleich (mit Bewußtsein) denkt, daß *p*. Eine Situation dieser Art ... ist extrem. Derlei Diskrepanzen MÜSSEN, glaube ich, die Ausnahme sein ..., aber ich kann hier nicht unterbrechen, um dies zu begründen." Daß er "müssen" so ganz groß schreibt, könnte ein Hinweis darauf sein, daß auch er die Notwendigkeit des Ausnahmecharakters solcher Fälle für eine begriffliche hält.

[432] Eine andere Möglichkeit wäre es, daß es sich bei ihm sozusagen spiegelbildlich verhält: Solange er das Geglaubte nicht thematisiert, sind seine Überzeugungen durch Gründe gestützt, aber er urteilt stets anders, als es den Gründen entspricht, über die er verfügt. Dann sollte er nichts von dem glauben, was er als wahr anerkennt. (Auch jede Kombination dieser beiden Sorten superfragilen Glaubens wäre natürlich denkbar, falls eine von beiden es wäre.)

[433] John Searle (1992, S. 152) zum Beispiel hält die Existenz bewußtseinsunzugänglicher Geisteszustände für *begrifflich* ausgeschlossen: "*Der Begriff des unbewußten Geisteszustands impliziert Bewußtseinszugänglichkeit.* Wir haben keinen Begriff vom Unbewußten außer als von etwas potentiell Bewußtem" (Kursivhervorhebung im Original).

[434] Der *logische* Begriff der Frage – und genauso der des Urteils, des Zweifels, der Vorstellung, usw. – zielt auf ein Abstraktum, das außerhalb der Zeit ist. Die Frage nach der Dauer wäre ein Mißverständnis. Reale Bewußtseinsakte hingegen – so auch jedes Sich-Fragen, und Urteilen, das im Menschen statthat – spielen sich in der Zeit ab. Während ihres Vollzugs vergeht Zeit, auch wenn wir sie wie punktuelle Ereignisse erleben. In der Hypothese, es gebe ephemeres Glauben (d. h. unbewußte Zustände des Fürwahrhaltens, die so kurz andauern, daß dem Subjekt eine gleichzeitige Frage nach ihrem Bestehen de facto nicht möglich ist), liegt kein begriffliches Mißverständnis. Zwar ist nicht zu sehen, wie sie sich überprüfen läßt; aber das ist kein Hinweis darauf, daß sie inkohärent ist.

[435] Ich werde **GDU** und alles, was aus ihm folgt, also akzeptieren. (Man lese jetzt also: "*Für prinzipiell bewußtseinszugängliche Überzeugungen* gilt ceteris paribus: Wann immer *S* glaubt, daß *p*, würde er ohne weiteres urteilen, daß *p*, wenn er sich fragte, ob *p*".)

[436] Eine Überzeugung, deren sich das Subjekt bewußt ist, ist demnach ipso facto einflußträchtig.

[437] Vgl. Crimmins (1992); das Beispiel findet sich auf Seite 255.

[438] Ich lasse hier das Gegenvotum des rigorosen Empiristen außer Acht. Es scheint deutlich genug, daß auch die Auseinandersetzung mit ihm in ein Patt der Intuitionen führt.

[439] Man denke an Überzeugungen wie die, daß das absolute, über-seiende Eine sich in die Vielheit entfaltet, indem Grenze und Grenzelosigkeit, Einheit und unbestimmte Zweiheit im seienden Einen resultieren.

[440] Dieser spezielle Beitrag (zur rationalen Steuerung des Bestands an Überzeugungen erster Stufe) ist das Standardbeispiel, auf das Philosophen beharrlich hinweisen. Doch Selbst-Überzeugungen erster Stufe sind auch in allerlei anderer Hinsicht kognitiv dienlich. Möchte man z.B. zu einer Einschätzung gewisser Aspekte seiner eigenen Persönlichkeit gelangen, kommt man nicht umhin, sich zu fragen, ob man gewisse Basis-Überzeugungen hat oder nicht. Wer z.B. in Erfahrung bringen möchte, ob er eitel, oder mißtrauisch, oder misogyn ist, sollte sich unter anderm fragen, welche Überzeugungen er über die eigene Attraktivität, über die Vertrauenswürdigkeit Anderer bzw. über die eigentlich wünschenswerte Rolle von Frauen in der Gesellschaft hat.

[441] Ein Beispiel. Jemand fragt sich, ob er glaubt, daß Rechtsanwälte besonders zynisch und geldgierig sind. Er führt sich vor Augen, daß er es in der Tat glaubt. Dies erfüllt ihn mit Scham; er ist sich im Klaren darüber, daß seine Überzeugung ein nacktes Vorurteil ist.

Zu Kapitel 18

[442] Vgl. oben, S. 431. Daß eine Cp-Abschwächung zur Rettung der These nicht ausreicht, liegt auf der Hand: Nichts ist anormal daran, daß jemand etwas glaubt, ohne die entsprechende Selbst-Überzeugung zu haben. (Oder genauer: Es ist nicht auf apriorischem Weg einsichtig, daß darin eine Anormalität liegt.) Man denke nur an Überzeugungen, deren man sich nicht bewußt ist.

[443] Aus **DU** ergibt sich: *DUGp & FGp* $\Rrightarrow$ *UGp* und *DU~Gp & FGp* $\Rrightarrow$ *U~Gp*.

[444] Die Negation von (2) folgt per Kontraposition von **DU** aus der Negation von (4).

[445] Hier eine schematische Darstellung der Herleitung in Kürzeln: *Gp* $\Rrightarrow$ *DUp* (**GDU**); *DUp & Fp* $\Rightarrow$ *Up* (**DU**); *Up* $\Rightarrow$ *BGp* (aus **BG**); *BGp* $\Rightarrow$ *DUGp* (aus **BUD**); *DUGp & FGp* $\Rightarrow$ *UGp* (aus **DU**); *UGp* $\Rightarrow$ *GGp* (aus **UG**); also *Gp & Fp & FGp* $\Rrightarrow$ *GGp* . – **GDU** darf hier herangezogen werden, da dem Selbstzweifler seine Basis-Überzeugung bewußtseinszugänglich ist.

[446] Wir werden bald sehen, daß diese merkwürdige Konstellation der Erkenntnisinteressen in der Tat begrifflich möglich ist, aber unter insgesamt normalen Bedingungen nicht *stabil* sein kann.

[447] Wer Vergnügen an Science Fiction hat, mag sich vorstellen, der Zweifler könnte seine Gründe auch dadurch gewinnen, daß er ein 'Doxoskop' an sein Gehirn anschließt. – Ein derartiges Szenario hat, wie im 9. Kapitel erwähnt, Smullyan unterhaltsam auf die Spitze getrieben: Ein Wissenschaftler verwendet stets einen Hirn-Scanner, wenn er 'objektiv' wissen will, welche Überzeugungen er hat. Wenn er sich fragt, welche Überzeugung er zum Thema *p/~p* hat, stellt er sich nicht die *p*?-Frage, sondern gibt dem Scanner die *Gp*?-Frage ein und akzeptiert vorbehaltlos, was das Gerät anzeigt. Siehe Smullyan (1981).

[448] Siehe Shoemaker (1995, S. 89 ff.).

[449] Wie sonderbar er ist, zeigt sich auch daran: G^2-Sätze hätten hier eine völlig sinn-

volle Verwendung. Was könnte *S*, wenn er der Diagnose des Therapeuten zuneigt (ohne sie sich ganz zueigen zu machen), Passenderes sagen als: "*Ich* vermute und *glaube* also, *daß ich* in Wirklichkeit *glaube*, ein Adoptivkind zu sein"? – Dennoch gilt auch hier: Wenn er dies sagte, würde er diesen G^2-Satz nicht sinngemäß (als Selbstzuschreibung einer Überzeugung) verwenden, sondern als Ausdruck seiner Unsicherheit über das eigene Glauben.

[450] Das Subjekt könnte sich die beiden Fragen sogar nacheinander stellen. Den zulässigen zeitlichen Abstand anzugeben, ist eine delikate, vielleicht sogar eine unlösbare Aufgabe. Er darf beliebig klein sein, und er darf nicht so groß sein, daß sich in ihm eine sei's auch noch so kurz andauernde Blindheit des Subjekts für den inneren Zusammenhang der beiden Fragen manifestiert. Könnte es dann aber nicht geschehen, daß sich dem Zweifler die beiden Fragen nacheinander stellen, und ihn der tödliche Schlag just in der zulässigen Zeit trifft, in der er von der einen zur andern übergeht? Gewiß. Ich streite nicht darüber, ob dies unter 'insgesamt normalen Gegebenheiten' möglich ist, sondern lasse es als irrelevant beiseite. – Eine legere Paraphrase, die bei der Kontraposition von **T** ansetzt, mag hilfreich sein: Wer sich für eine gewisse Weile nicht gefragt hat, ob *p*, hat währenddessen ipso facto gar nicht versucht, die Frage zu beantworten, ob er glaubt, daß *p*.

[451] Edgley (1969), das Zitat findet sich auf S. 90. Den Hinweis auf die Herkunft dieses Terminus verdanke ich Richard Moran (2001, S. 61).

[452] Mit dem Urteil "Ich glaube, daß *p*" besitzt das Subjekt reflexives Bewußtsein davon, daß es glaubt, daß *p*. Da es in diesem Moment glaubt, daß *p*, ist es auch dazu disponiert zu urteilen, daß *p*. Zu diesem Urteil disponiert sein, heißt, die Frage, ob *p*, bejahen, sobald sie sich stellt. (Entsprechend für das entgegengesetzte Urteil oder Urteilsenthaltung.) Welches die Antwort des Subjekts auf die *p?*-Frage ist, ergibt sich also vermittels bereits vermerkter begrifflicher Wahrheiten aus seiner Antwort auf die *Gp?*-Frage.

[453] Vgl. Evans (1982, S. 225 f.). – Richard Moran (2001, S. 62) spricht, mit Hinweis auf Evans, von der *Transparenz-These*. Ähnlich Dorit Bar-On (2004, S. 109); sie bezeichnet das von Evans skizzierte Verfahren der Selbstzuschreibung von Überzeugungen als das *Transparenz-Verfahren*. Dies ist der terminologische Usus, dem ich mich anschließe. – In einem inhaltlich nicht unverwandten, aber doch deutlich andern, sprachverwendungsbezogenem, Sinn spricht C. Wright von der Transparenz der Selbstzuschreibung von Überzeugungen. Siehe dazu Wright (1998a, S. 15 ff.).

[454] Moran (2001, S. 62 f., meine Hervorhebung). – Zum folgenden vgl. dort S. 63 f.

[455] Gemäß **T** ergibt sich aus (1) die Negation von (9). Also spielt es keine Rolle, ob Bedingung (2) erfüllt ist oder nicht; und das heißt: Es spielt keine Rolle, ob die Frage nach dem eigenen Glauben antibasiert ist oder nicht.

[456] Wenn Edgley bemerkt, das Subjekt könne die Frage "Glaube ich, daß *p*?" nicht von der Frage "Ist es der Fall, daß *p*?" unterscheiden, und Moran sagt, es behandele die beiden als äquivalent, dann erklärt sich dies vermutlich daraus, daß beide die Möglichkeit übersehen, daß das Subjekt sich die zweite Frage nur uneigentlich stellt. – Siehe dazu oben, S. 504 ff.

[457] Vgl. oben S. 497 sowie die Anmerkungen 440 und 441.

[458] **VSG** besagt, daß die eingangs des Kapitels genannten Zweifelsbedingungen (1), (2) und (5) unter normalen Bedingungen nicht gemeinsam erfüllt sein können.

[459] Damit wird natürlich nicht unterstellt, daß *S* zur höherstufigen Überzeugung nur disponiert ist, sie aber nicht hat. Man lese: "Wer glaubt, daß *p*, ist – unabhängig davon, ob er auch glaubt, daß er das glaubt – *jedenfalls* dazu disponiert, zu glauben, daß er glaubt,

daß *p*". – Den Begriff des Disponiertseins verwende ich hier so, daß in ihn auch der Fall einbezogen ist, in dem die Disposition sich manifestiert. (Etwas ist auch dann zum *x*-en disponiert, wenn es *x*-t.)

Zu Kapitel 19

460 Vgl. dazu oben S. 368 ff.

461 Auch in (und vielleicht: gerade in) 'spontanen', 'undurchdachten', 'ohne jede Überlegung getroffenen', 'wie aus der Pistole geschossenen' Urteilen wird man sich seines momentanen Glaubens bewußt. – Mag sein, das Subjekt urteilt, auch nach seinen eigenen Standards, 'vorschnell' und nicht so, wie es findet, daß es 'eigentlich hätte urteilen sollen'. Doch anders als einem, der einem Satz einer gemeinsamen Sprache 'äußerlich' zustimmt, kann es dem 'in foro interno' Urteilenden nicht widerfahren, daß er den propositionalen Inhalt dessen mißversteht, was er als wahr anerkennt.

462 Auch bloß virtuelle Überzeugungen können entstehen und wieder verloren gehen, ohne daß je ein Urteil stattfand. Jetzt, auf dem Höhepunkt seines Könnens, ist Herr *A* dazu disponiert, dies (unmittelbar) zu glauben. Vor zehn Jahren war er es noch nicht; er hätte damals über die *p*?-Frage noch nachdenken müssen. Und in zwanzig Jahren, wenn er das Schach schon lange aufgegeben haben wird, wird es wieder so sein.

463 Siehe Carroll (1895). Jan Claas hat mich darauf aufmerksam gemacht, daß dieselbe Überlegung bereits bei Bolzano zu finden ist. Vgl. Bolzano (1837, S. 127 f.).

464 Entsprechend gibt es nur drei Urteilsmöglichkeiten: Zustimmung, Verneinung und Enthaltung (*Up*, *U~p*, und *~Up & ~U~p*). Man möge nicht Anstoß daran nehmen, daß die Möglichkeit der Urteils*enthaltung* damit den *Urteils*möglichkeiten zugerechnet wird. Zwar entspricht das nicht dem gewöhnlichen Sprachempfinden, aber es gestattet kürzere Ausdrucksweisen und ist in der Sache so einwandfrei, wie wenn wir die 'Ausdehnung' eines Punkts mit der Zahl Null bestimmen oder Hermaphroditismus als ein 'Geschlecht' bezeichnen. Natürlich ist in dieser Terminologie dann auch die Disposition zur Urteilsenthaltung eine Urteilsdisposition. So werde ich gelegentlich einfach von einem Urteil sprechen, wo es eigentlich heißen müßte: "Urteil oder Urteilsenthaltung".

Was ich als *Urteilsenthaltung* bezeichne, kann von reichlich verschiedener Art sein: ein vorläufiges Ausweichen vor dem Urteil ("Frag mich was anderes"), eine dezidierte Urteilsverweigerung ("Dazu habe ich keine Meinung"), eine zwiegespaltene Unentschiedenheit ("Kann man so sehen und auch anders"), ein unbestimmtes Aufschieben ("Da müßte ich erst einmal überlegen"), eine Gleichgültigkeit gegenüber dem Thema ("Ist mir wurscht") und auch eine undeutliche Mischung aus all dergleichen (Achselzucken). Es ist wichtig, hierbei zu beachten, daß es uns im gegebenen Zusammenhang immer nur um willentliche Urteilsenthaltung in foro interno geht, d.h. um einen geistigen Akt, dessen sich das Subjekt bewußt ist. Vgl. dazu oben S. 503 f.

465 Wie 'spontan' muß ein Urteil sein, um noch ein Ohne-weiteres-Urteil zu sein? Wieviel Überlegung muß stattgefunden haben, damit es bereits ein reflektiertes ist? Nicht jeder Denkvorgang ist eine Überlegung. Also ist zu fragen: Von genau welcher Art ist das Denken, das auf dem Weg zur Antwort *nicht* stattfindet, damit sie 'spontan' ist, und das auf dem Weg zur Antwort stattfinden muß, damit sie ein 'reflektiertes' Urteil ist? – Auf strukturell analoge Fragen waren wir bereits im 11. Kapitel gestoßen (s.o., S. 363 ff.). Es wäre vieles zu bedenken, aber es nicht einmal klar, ob der Unterschied, um den es geht, eine präzise Unterscheidung überhaupt zuläßt.

466 Kafka (1917/18, # 56, S. 1349).

467 Eine andere Variante impliziten Glaubens, daß *p*, ist bei 'überzeugtem' Nicht-Glauben anzutreffen, d.h. einem Nicht-Glauben, das einem Glauben-daß-nicht geschuldet ist. *S* glaubt auch dann implizit, daß *p*, wenn er die (nicht superfragile) Überzeugung hat, daß *~p*, und diese Überzeugung von der Disposition zu dem reflektierten Urteil, daß *p*, begleitet wird: *G~p & ΔUp*. Daß die Überzeugung nicht superfragil ist, heißt: *S* ist weder zu einem spontanen gegenteiligen Urteil disponiert noch zu einer spontanen Urteilsenthaltung.

468 Das genau Entsprechende gilt für den andern Fall: in dem er zuvor virtuell glaubte, daß *~p*. Dann ergeben sich die Möglichkeiten [4] – [6].

469 Bekanntermaßen liegt es schon im kognitiven Gehalt des Worts "ich", daß ein Mensch sich nicht darüber unsicher sein kann, ob *er selbst* es ist, um den es geht, wenn er dieses Wort anwendet. Einen entsprechenden zusätzlichen Ansatzpunkt für die Frage nach dem eigenen Glauben kann es also nicht geben. Und auch sonst keinen. Denn der Sachverhalt, um den es in dem Gedanken "Ich glaube, daß so-&-so" geht, enthält eben höchstens dreierlei, das thematisch werden kann: das Subjekt selbst, sein Glauben und das Geglaubte.

470 Mit den beiden andern möglichen Reaktionen auf die *p?*-Frage (Verneinung und Enthaltung) verhält es sich analog.

471 Der Spezialfall der Urteilsenthaltsamkeit und Überzeugungslosigkeit bedarf keiner eigenen Erwähnung. Es folgt ja: *~Gp & ~G~p ⇛ DU~Gp & DG~Gp & DU~G~p & DG~G~p*.

472 Dies folgt aus den beiden im 14. Kapitel formulierten Unfehlbarkeitsprinzipien.

473 Zwei Beispiele. Eine Iteration des Prinzips *Gp & FGp ⇛ GGp* ist unzulässig; denn sie ergäbe: *GGp & FGGp ⇛ GGGp*. – Eine zweifache Iteration von **DU** und **UG** ist unzulässig, denn erstere ergäbe: *DUGGp & FGGp ⇛ UGGp*, und daraus folgte mit letzterer: *DUGGp & FGGp ⇛ GGGp*.

Zu Kapitel 20

474 Spengler (1918/22, Bd. 1, S. 444). Der Zusammenhang, in dem diese Bemerkung steht, betrifft das "sehr schwankende Verhältnis" zwischen "der Moral, die man hat, und derjenigen, die man zu haben glaubt". Gemeint ist offenbar, daß der bloße Wortlaut moralischer oder religiöser Lehren wenig Aufschluß über die Gesinnung derjenigen gibt, die sich in unterschiedlichen Zeiten oder Kulturräumen zu ihnen bekennen oder auf sie berufen.

475 Descartes (1637, AT VI 23). – Folgende Rekonstruktion dieses Arguments liegt nahe: Die Geistestätigkeit, durch die ich etwas (daß *p*) glaube, ist mein Urteil über dieses Etwas: *Up*. Die Geistestätigkeit, durch die ich erkenne, daß ich das glaube, ist ein anderes Urteil: *UGp*. Dieses zweite Urteil wird mit ersterem nicht 'ipso actu' gefällt; es ist also möglich: *Up & ~UGp*. Dann ist auch möglich: *Gp & ~GGp*, also ist erst recht möglich, daß jemand etwas glaubt, ohne zu wissen, daß er es glaubt.

476 Manche mögen verlockt sein, sich auf Wittgensteins (1953, Teil I, § 246) berühmte Bemerkung zu berufen: es lasse sich "außer etwa im Spaß" überhaupt nicht sagen, jemand *wisse*, daß er Schmerzen habe. – Vendler (1972, S. 50) nennt die Frage, woher man wisse, was man glaubt, albern. Daß sie es ist, sei hingegen instruktiv: Es weise darauf hin, daß wir uns unserer Glaubenszustände unmittelbar bewußt sind, nicht weniger als unserer

Sinneseindrücke, Schmerzen oder bildlichen Vorstellungen. (Eines daran wird sich im Folgenden als richtig erweisen: Albern oder nicht, jedenfalls ist es leichter, sich dessen bewußt zu werden, daß man die-&-die Überzeugung hat, als zu Wissen darüber zu gelangen, daß man sie hat.)

477 Nebenbei bemerkt, es gibt zahlreiche andere Formen des Wissens, die kein Wissen-daß sind und auch nicht auf solchem Wissen beruhen. Vielerlei Wissen-wie-man-etwas-macht ist eine Fertigkeit, die man ohne ein entsprechendes Wissen-daß besitzen kann.

478 Davidson (1988, S. 52) schreibt: " ... jemand, der einen Gedanken hat, weiß im allgemeinen, daß er ihn hat ...". Zur Erinnerung: Als Gedanken bezeichnet Davidson alle intentionalen Geistesphänomene mit einem propositionalen Inhalt, insbesondere auch die Überzeugungen.

479 Sehen wir einmal davon ab, daß manche diesen Zusammenhang nicht als begrifflich vorgegeben, sondern als einen quasi-naturgesetzlichen erachten würden, also immerhin die entsprechende empirische Cp-Generalisierung ($GGp \rightsquigarrow WGp$) als wahr unterstellen. – Als ein Beispiel sei wiederum Davidson genannt. Er bemerkt einmal beiläufig, die Überzeugung, daß man einen Gedanken [z.B. eine Überzeugung] hat, reiche gewöhnlich aus, um diese [erstere] Überzeugung zu rechtfertigen [und damit zu Wissen zu machen]. Vgl. Davidson (1987a, S. 15, Klammerzusätze von mir).

480 Die Diskussion zum Thema Selbstwissen und speziell auch zum Unterthema doxastisches Selbstwissen ist schier unüberschaubar. Einen gewissen Überblick über Debatten der vergangenen 25 Jahre bieten: Cassam (1994); Ludlow / Martin (1998); Macdonald / Smith / Wright (1998); Gertler (2003); Bar-On (2004); Hatzimoysis (2011); Smithies/Stoljar (2012).

481 Eingangs des 13. Kapitels hatte ich einige dieser Merkmale erwähnt. Siehe oben, S. 405.

482 Ein Beispiel: Wenn *S* (zu *t*) sagt, daß er glaubt, daß *p*, und jemand anders sagt, daß *S* (zu *t*) glaubt, daß *p*, dann sagen beide dasselbe. – Daß mit zwei Äußerungen 'dasselbe gesagt' wird, heißt hier, daß das mit ihnen Gesagte dieselben Wahrheitsbedingungen hat; genauer gesagt: daß mit den beiden Äußerungen von denselben Entitäten (in diesem Fall: von der Person *S*) dieselben Attribute (in diesem Fall: Glauben-daß-*p*) ausgesagt werden.

483 Deshalb ist solche Autorität prinzipiell nicht 'übertragbar'. Crispin Wright (1998a, S. 24) hat einmal darauf hingewiesen.

484 Zum Begriff des rein innergeistigen Phänomens siehe oben, S. 11 f. Es gibt eine Reihe solcher Geistesphänomene, hinsichtlich deren der aufrichtigen Auskunft des Subjekts zwar besonderes Gewicht zukommt, aber keine volle Erste-Person-Autorität. Entschlossensein, das-&-das zu tun, ist ein Beispiel, vielleicht auch schon das Wollen und das Beabsichtigen.

485 Genauer gesagt, dies ergibt sich aus dem in Anmerkung 332 erwähnten Korrollar zu **AZP** und daraus, daß Zweifel an begrifflichen Wahrheiten 'objektiv' inkohärent ist.

486 Eine andere Herleitung der ersten Bedingung ergibt sich aus **UG** und **U**. Danach gilt: $UGp \Rrightarrow GGp$ und $GGp \Rrightarrow Gp$.

487 **DSK** verweist zugleich noch auf die Virtualität des Selbst-Glaubens, **EPA** darauf, daß die Wahrheit einer Selbstzuschreibung nicht nur mir selbst, sondern schlechthin, d.h. auch jedem Andern, cp-unbezweifelbar ist und daß sie sich in dieser Hinsicht von Fremdzuschreibungen unterscheidet.

488 Entscheidend ist in beiden Fällen nicht, daß das Subjekt sich darüber im Klaren ist, daß die jeweilige wissenskonstitutive Zusatzbedingung erfüllt ist. Es kommt nicht

darauf an, ob ihm klar ist, daß er gute Gründe für die betreffende Überzeugung hat, und erst recht nicht darauf, ob ihm klar ist, was sie zu guten Gründen macht. Es kommt darauf an, daß er sie hat. Ebenfalls ist unerheblich, ob er irgendwelche Annahmen über die Zuverlässigkeit des Verfahrens hat, durch das er diese Überzeugung gewonnen hat; es kommt nur darauf an, daß der betrefffende Prozeß des Zustandekommens seiner Überzeugung es de facto an sich hat, unter Standardgegebenheiten nur zu wahren Überzeugungen zu führen.

489 Vgl. dazu oben S. 493 ff.

490 Die Kausalverbindung zwischen dem wissenden Subjekt und der gewußten Tatsache kann erheblich komplexer sein als im Falle direkter visueller Wahrnehmung. Sie kann z. B. auch intentionale Zustände anderer Subjekte umfassen. (*S* kann wissen, daß gestern eine Kabinettssitzung in Berlin stattfand, wenn er es glaubt, weil er es in seiner Zeitung gelesen hat. Er weiß es, wenn seine Zeitung diesbezüglich zuverlässig ist; und wenn sie es ist, dann u. a. dank der Gewissenhaftigkeit der Berichterstatter, Redakteure, Setzer und so weiter.)

491 Kant (1798, S. 500, Hervorhebung im Text).

492 Der Zusatz ist aus folgendem Grund nötig: Kämen Selbst-Überzeugungen im normalen Gang der Dinge auch anders zustande, dann wäre Zweifel an ihrer Wahrheit selbst unter der Normalitätspräsumption vernünftig.

493 Siehe oben S. 454 ff.

494 Nebenbei bemerkt, wir machen der Doxo-Scanning-Phantasie durchwegs ein erhebliches Zugeständnis: Ein Ablese-Mechanismus könne zuverlässig melden, was wir in diesem Moment glauben, und auch, was wir nicht glauben. (Letzteres hat ohnehin seine altbekannten Schwierigkeiten: "Sehen, daß etwas *nicht* da ist".) Ein Problem liegt jedoch darin: Auch im Gehirn vergeht Zeit. Ein realer Ableseprozeß kann nicht instantan beginnen und enden. Neue Überzeugungen können jedoch augenblicklich in den Speicher gelangen und bisher vorhandene aus ihm heraus. Deshalb darf das, was der Scanner meldet, immer nur verstanden werden: "Die Überzeugung, daß *p*, wurde im Verlauf der Suche im Speicher aufgefunden" bzw. "Die Überzeugung, daß *q*, wurde im Verlauf der Suche nicht im Speicher aufgefunden". – Unsere Überzeugungen, vielleicht die meisten von ihnen, kommen auch unbewußt zustande und gehen unbewußt verloren. Es ist nicht auszuschließen, daß manche so schnell kommen, manche so schnell vergehn und manche vielleicht beides, daß nicht einmal 'der naturgesetzlich schnellste hirnmögliche Scanner' dem gewachsen sein kann.

495 Das Wort "wissenhaft" ist leider nicht mehr in Gebrauch. Es wäre besser als "wissend" dazu geeignet, das Undeutliche des englischen Adverbs "knowledgeably" einzufangen. Siehe dazu Grimm (1854 ff., Bd. 30, S. 775).

496 Ein sehr kluger Freund, Philosoph, der das gelesen hatte, hat mir einmal, wir hatten getrunken und geraucht, entgegengeschleudert: "Ach, immer wieder das blöde Bewußtsein; es ist doch am Ende einfach Wissen".

497 Die stärkere Version, $Wp \Rightarrow \Delta Up$, wäre unhaltbar. Man kann etwas auch dann wissen, wenn das Durchdenken der *p*-Frage einen dazu brächte, sich eines Urteils zu enthalten. So etwas gibt es: Man glaubt etwas, das Geglaubte ist wahr, man verfügt über flankierende, wissenskonstitutive Gründe – aber man würde sie, zum Beispiel, in diesem Moment anders gewichten und vor dem reflektierten Urteil, daß *p*, zurückschrecken.

498 Vgl. wiederum Davidson (2005, S. 20)

499 Vgl. oben S. 395 ff. und 456 ff.

Zu Kapitel 21

500 Vgl. dazu oben S. 303–307 und 316.

501 Dazu müßte *A* ja zusätzlich noch gute Gründe für die Annahme haben, (a) daß er in diesem Moment glaubt, daß *S* glaubt, daß *p*, und (b) daß seine Gründe anzunehmen, daß *S* diese Überzeugung hat, gute Gründe sind. – Nicht (b) ist dabei das Problem. Vielmehr ist nicht zu sehen, wie die erste dieser beiden Bedingungen erfüllt werden könnte. Ja, es scheint durchaus unklar, von welcher Art Gründe überhaupt sein könnten, die eine Selbst-Überzeugung wie (a) zu einer *begründeten* Überzeugung machen würden.

502 Die bloße Idee, Überzeugungen seien "kleine Entitäten im Gehirn", wird von Davidson (1999d, S. 498 f.; 1999e, S. 654 f.) verworfen, allerdings ohne weitere Begründung oder Erläuterung. – Einige Bedenken ergeben sich bereits aus dem, was wir zum Begriff des menschlichen Glaubens betrachtet haben (z. B. aus seiner wesentlichen Normalitätsgetränktheit). Andere Gründe für meine grundsätzliche Skepsis gegenüber dieser Idee rühren daher, daß die 'Hypothese' von der Existenz von Opiniuncula (in der Fachliteratur werden sie als *belief-tokens* bezeichnet) allein schon deshalb dubios ist, weil Überzeugungen Zustände sind und auf diese die Type/Token-Unterscheidung nicht ohne weiteres anwendbar ist. Vgl. dazu z. B. Kemmerling (1997a, 1997b, 2001b). – In ihrer in mancher Hinsicht geistesverwandten, aber viel tieferschürfenden Untersuchung kommt Helen Steward (1997, S. 263) zu einem erheblich schärferen Verdikt: die Anwendung der sog. Token-Identitätstheorie (und damit a fortiori der sog. Typ-Identitätstheorie) auf Überzeugungen sei "nicht bloß falsch, sondern unverständlich".

503 Es läßt sich belegen, daß dieses Risiko tatsächlich besteht. Für Stich (1983) zum Beispiel steht zunächst einmal fest: Wenn es propositionales Glauben wirklich gibt, dann müssen Überzeugungen Opiniuncula sein (bei ihm sind es Vorkommnisse 'rein syntaktischer Sätze' einer Sprache des Geistes); da es ihm aber dann im Zuge seiner Überlegungen höchst zweifelhaft wird, daß es passende 'Sätze' gibt, ist ihm am Ende ebenso zweifelhaft, daß es das Glauben wirklich gibt. – Entsprechendes finden wir bei Quine. Für ihn ist es von Anfang ausgemachte Sache: Wenn es propositionales Glauben wirklich gibt, ist jede Überzeugung ein Bündel von Verhaltensdispositionen. Da der doxastische Dispositionalismus sich auch ihm als ein Holzweg erweist (nicht geeignet ist, vielen tadellosen Glaubenssätzen einen passenden dispositionalen Sinn beizumessen), zieht Quine die Konsequenz, daß "glauben", aufs Ganze gesehen, ein Wort ohne fixierbaren kognitiven Gehalt und der von ihm ausgedrückte Begriff wertlos ist (vgl. Quine [1960, Kap. 6; 1987, S. 18–21]).

504 Daraus, daß es Menschen gibt (im zeitlosen Präsens), folgt, daß es normale Menschen gibt. (Nicht alle bisher oder künftig existierenden Mitglieder einer Spezies können anormale Exemplare dieser Spezies sein.) Und in unserm Begriff eines normalen Menschen liegt es, daß er manches für wahr hält und anderes nicht.

505 Zu meinen Bedenken gegen die Unterstellung, der naturalistisch gesinnte doxastische Realist müsse annehmen, daß es *in* glaubenden Subjekten konkrete Etwasse gibt, die seine Überzeugungen *sind* – siehe die in Anmerkung 502 genannten Arbeiten.

506 Diese Überzeugung müßte ja, um im Gehirn zu sein (um wahrhaft und wirklich *identisch* mit etwas *im* Gehirn zu sein), eine strikt-intrinsische Eigenschaft des betreffenden Gehirns sein. Putnams Hirn im Topf oder Davidsons Sumpfmensch mögen zwar zu ausgefallene Konstrukte gedankenexperimenteller Szenarien sein, um irgendetwas über den Begriff des Glaubens zu beweisen. Aber sie machen uns dessen lebhaft bewußt, daß es uns – die wir diesen Begriff beherrschen – 'intuitiv' zutiefst widerstrebt, solchen

Konstrukten überhaupt eine Überzeugung zuzubilligen oder wenigstens eine wie die, daß New York südlicher liegt als Rom. Gemäß dieser Intuition können Überzeugungen keine strikt-intrinsischen Eigenschaften ihrer Träger sein. Etwas Besseres als 'starke Intuitionen' haben wir zu diesem Thema nicht. Und die durch Putnams und Davidsons Szenarien mobilisierten Intuitionen sind offenbar recht tief in unserm Denken angesiedelt. Niemand hat bisher, so weit ich sehe, nennenswert mehr gegen sie vorgebracht als dies: daß die offenkundige Widerspenstigkeit des Glaubens gegen seine glatte Vernaturwissenschaftlichung die zuversichtliche Hoffnung auf einen flächendeckenden Naturalismus des Geistigen nicht entmutigen sollte.

Gedankenspielereien wie die von Putnam und Davidson beweisen nichts, aber sie machen uns auf etwas philosophisch Wichtiges aufmerksam: Es bedürfte eines wissenschaftlichen Durchbruchs allerersten Rangs, um uns die Idee überhaupt nur begreiflich zu machen, Überzeugungen könnten letzten Endes – ganz 'wissenschaftlich streng' genommen – wirklich im Kopf sein. Ohne umwälzende Durchbrüche künftiger Forschung ist die Idee von einer strikten Intrinsität des Glaubens keine innovative wissenschaftliche Hypothese, sondern so etwas wie der Traum von deren künftigen Sinnhaftigkeit.

[507] Siehe oben S. 51 f.

[508] Siehe oben S. 117 f.

[509] An verschiedenen Stellen ist in unsern Überlegungen zum Vorschein gekommen, daß jede 'philosophische Theorie' des Glaubens auf eine fundierte Konzeption *minimaler* Rationalität angewiesen wäre. Ich kenne nur zwei Arbeiten, die dieses Thema nicht nur beiläufig streifen: Cherniak (1981) und Dretske (2006). Beide enthalten überaus anregende Überlegungen, scheinen mir in einer Hinsicht jedoch grundsätzlich ungeeignet, um das erwähnte Desiderat bereitzustellen. Beide Philosophen setzen schon in ihrer Herangehensweise stillschweigend Annahmen über das Glauben und seinen Begriff voraus, die nicht in eine 'neutrale' Konzeption der für das Glauben erforderlichen Minimalbedingungen einfließen sollten. Cherniaks Herangehensweise ist die eines doxastischen Ascriptionisten; er fragt nach den Minimalbedingungen der Rationalität als Bedingungen, die wir bei einem Wesen als erfüllt unterstellen müssen, damit unsere *Zuschreibungen* von Überzeugungen überhaupt *verhaltensprognostischen Wert* haben. – Dretskes Überlegungen stehen unter der Voraussetzung, daß Überzeugungen und andere intentionale Phänomene neuronale Repräsentationen sind; er schlägt vor, die untere Grenze der Rationalität da zu ziehen, wo Repräsentationen nicht nur Kausalfaktoren sind, sondern dank ihrem Inhalt explanatorische Relevanz gewinnen. Das Kriterium, das Dretske zur Grenzziehung vorschlägt, ginge folglich ins Leere, falls der doxastische Repräsentationalismus sich als unhaltbar erwiese.

[510] *S* ist nicht irrational, verstößt gegen kein Gebot der Vernunft, wenn er irrigerweise glaubt, er glaube, daß *p*. (In dem relevanten anormalen Fall, *GGp* & ~*Gp*, muß es sich nicht um eine Irrationalität handeln, zumal dann nicht, wenn *S* sich weder seiner Selbst-Überzeugung noch des Nichtvorhandenseins der Basis-Überzeugung bewußt ist.)

[511] Quine (1987, S. 21) schreibt einmal recht launig, es widerstrebe ihm zwar, auf den Begriff des Glaubens noch einzutreten, wo der schon am Boden liege, er könne sich aber nicht verkneifen, ein Paradox zu erwähnen, in das dieser Begriff verwickelt sei: Ein vernünftiger Mensch hält jede seiner Überzeugungen für wahr und glaubt zugleich, daß einige darunter falsch sind. – Ob dies wirklich ein Paradox ist, sei dahingestellt. Aber wem das paradox erscheint, der sollte nicht im Begriff des Glaubens den Schuldigen suchen, sondern in seinen Vorstellungen davon, was *vernünftige* Menschen glauben sollten und was nicht. Es gibt vielerlei Grund zu vermuten, daß unser Begriff der Vernunft (und

daher auch der des vernünftigen Glaubens) paradoxträchtiger ist als der des Glaubens. Die mir bekannten angeblichen 'Paradoxa des Glaubens' sind samt und sonders keine. Manche sind nicht paradox, und andere, die zumindest so erscheinen, sind bei genauerem Besehen eher Paradoxa des Urteilens (oder ebenfalls solche des *vernünftigen* Glaubens).

512 Vgl. dazu Williams (1970, 136 f.).

513 Einen Eindruck von den gegenwärtigen Diskussionen vermittelt Chan (2013).

514 Hier eine, wie ich fürchte, sehr zufällige Auswahl aus den Debatten der jüngeren Vergangenheit: Jackson (2000), Velleman (2000), Boghossian (2003) und Shah (2003). Meine anschließenden Überlegungen sind auch deshalb sehr allgemein gehalten, weil die von doxastischen Normativisten vorgetragenen Argumente in ihren Einzelheiten zum Teil recht unterschiedlich sind. Auch hat sich in diesen Debatten noch kein zugleich eindeutiger und allgemein verbindlicher Sinn herausgeschält, in dem das Glauben (oder unsern Begriff von ihm) als normativ bezeichnet wird. Hinzu kommt, daß nicht immer unterschieden wird zwischen der These, der Begriff des Glaubens sei normativ, und der These, das Phänomen Glauben sei normativ. Vorbildlich deutlich in diesem Punkt ist z.B. Wedgwood (2007, S. 159), der die erste These ausdrücklich verwirft und die zweite mit Rekurs auf einen technischen Begriff der Überzeugungskorrektheit verteidigt, den er sorgfältig expliziert. – Ich übergehe jetzt also zahllose Unterschiede und Unterscheidungen, die in den Debatten um die Normativität des Glaubens gemacht werden. Das tue ich allerdings mit leidlich gutem Gewissen, da mein Hauptbedenken am Ende so schlicht und grundsätzlich sein wird, daß es auf die ignorierten Feinheiten nicht ankommt. – Die nach meiner Kenntnis sorgfältigste Bestandsaufnahme gegenwärtig verfochtener normativistischer Thesen über das Glauben, die zugleich eine Batterie wirkungsvoller Gegenargumente enthält, ist die vorzügliche Arbeit von Glüer/Wikforss (2013).

515 Siehe oben S. 80 ff.

516 Sollens-Sätze des Typs "Wenn das-&-das, dann solltest du dies-&-jenes tun/unterlassen" und entsprechende Imperative ("Wenn das-&-das, dann tu/unterlaß dies-und-jenes") werde ich, für den hier gegebenen Zusammenhang, als inhaltlich gleichwertig behandeln. Unsere Überlegungen werden so oberflächlich bleiben, daß es auf etwaige Unterschiede in den semantischen Nuancen nicht ankommt.

517 Siehe oben S. 2 ff.

518 Besonders hübsch finde ich Sosas (2009, S. 7 f.) konsequente Weiterspinnung solcher Redeformen. Er bezeichnet Überzeugungen als Verrichtungen [*performances*]; und zwar seien sie 'unsere intellektuellen Schüsse' [*our intellectual shots*]. Welche Analogie ihm dabei vorschwebt, sagt Sosa sehr deutlich: Gewehrschüsse auf eine Zielscheibe. – Chapeau!

519 Siehe dazu oben S. 387 f. und 558 ff.

520 Damit meine ich Ruth Millikan und Fred Dretske. Millikan, der früher einmal jederlei falsche Überzeugung als 'defekt' [*defective* (Millikan 1993, S. 72)] galt, hat später ihre repräsentationalistische Teleosemantik (sie nennt sie 'Biosemantik') bis zu dem Punkt getrieben, an dem es so etwas wie falsche Überzeugungen letztlich gar nicht geben kann. Denn diese müßten Repräsentationen involvieren, die von etwas Unwirklichem, Nicht-Existierenden, handeln (wie z.B. von dem eben bloß möglichen, aber nicht wirklichen Sachverhalt, daß New York nördlich von Rom liegt); "streng genommen" sei es aber so: "Man kann nichts repräsentieren, das nicht existiert" (Millikan 2005, S. 65). Für eine *Norm*, dank der das Glauben auf Wahrheit bezogen wäre, gibt es in diesem Rahmen keinen Ansatzpunkt mehr. – Dretske (1995, S. 4) neigte ursprünglich der Auffassung zu, zumindest die sog. Wahrnehmungsüberzeugungen seien intrinsisch normativ und

dies ergebe sich aus der skizzierten teleosemantischen Argumentation. Später hingegen (Dretske 2000) hält er diese Argumentation für ungenügend und gibt die These von einer intrinsischen Normativität des Glaubens auf, auch in Hinblick auf den speziellen Fall der Wahrnehmungsüberzeugungen. Zwar – so sagt er – bewerten wir, mit gutem Grund, falsche Überzeugungen negativ. Sie sind in der Tat Irrtümer, Fehl-Überzeugungen und so weiter. In einem Wort, sie sind schlecht. Wir versuchen, sie tunlichst zu meiden, und sollen das auch. Aber – so Dretske – das heißt nicht, daß die Normen, in deren Licht sie schlecht sind, mitkonstitutiv sind dafür, daß Überzeugungen überhaupt Überzeugungen sind. – Ich denke, Dretskes Einschätzung ist genau richtig. Selbst im Rahmen einer dezidiert evolutionsbiologischen Konzeption des Glaubens ist die These von dessen intrinsischer Normativität überzogen.

[521] Lassen sich aus solchen Normen dann nicht doch genuine *Glaubens*normen gewinnen? Ein plausibler Kandidat wäre vielleicht: "Glaube nicht *mit vollem Bewußtsein* etwas Falsches!" – Wie wir gesehen haben, ist jedoch auch dies der Sache nach eine Urteilsnorm ("*Erkenne* nicht etwas Nicht-Wahres als wahr *an*!"). Wollte man sie sorgfältiger ausformulieren, dann wohl als das Gebot, jedenfalls dann nicht zu urteilen, daß *p*, wenn einem zugleich bewußt ist, daß nicht-*p* (oder daß deutlich gewichtigere Gründe dagegen sprechen, daß *p*). – Auch wird dies in vielen pro-normativistischen Beiträgen deutlich: daß es den Autoren in Wirklichkeit nicht um Normen des Glaubens-sensu-stricto geht, sondern um solche, die Prozesse des doxastischen Deliberierens oder Akte des mit Bewußtsein vollzogenen 'Akzeptierens' einer Proposition betreffen. Vgl. z. B. Velleman (2000, Kapitel 11), Shah (2003) und Shah/Velleman (2005). – In diesem Zusammenhang ist vielleicht auch Folgendes von zumindest philosophiehistorischem Interesse. In den fünf Sätzen, mit denen Bernard Williams (1970, S. 148) ursprünglich sein berühmtes Ziel-des-Glaubens-Argument gegen den doxastischen Voluntarismus vorgetragen hatte, kommt dreimal die Wendung "*in full consciousness*" und siebenmal der Ausdruck "*acquire (a belief)*" vor. Er hat also deutlich genug gemacht, worum es *ihm* ging, und zwar ausschließlich um das Urteilen, genauer: um den mit Bewußtsein vollzogenen Akt der Aneignung einer Überzeugung. – Auch in der sog. analytischen Philosophie, die sich so gerne ein besonders hohes Maß an begrifflicher und terminologischer Sorgfalt nachsagen läßt, kann der Wortlaut einer dubiosen Metapher einflußreicher werden als der Gedanke, den ihr Schöpfer ausdrücklich mit ihr verband.

[522] Was eine 'objektive' Qualität, *Q*, von Entitäten der Art *E* ist, könnte man, sehr grob, so zu fassen versuchen: Ein beliebiges *E*, das *Q* hat, ist dank dessen, daß es *Q* hat, ein besseres *E* als jedes ansonsten gleiche *E*, das *Q* nicht hat; und dies gilt ganz allgemein, auch wenn unter gewissen Umständen ein *E* ohne *Q* einem *E* mit *Q* vorzuziehen ist. – So ist Stabilität eine objektive Qualität von Regalen, Reaktionsschnelligkeit eine von Boxern, Verständlichkeit eine von Gebrauchsanweisungen, Wahrheit eine von Überzeugungen, und so weiter. Viele Dinge haben keine objektiven Qualitäten, und bei manchen gehört es zur Meisterung ihres Begriffs, zu wissen, daß sie *keine* haben (z. B. Atome, Primzahlen und Vulkanausbrüche).

[523] Es liegt auf der Hand, daß zwischen Phänomen- und Werkzeugbegriffen keine vorgegebene, geschweige denn scharfe Grenze verläuft. Dies wird z. B. auch daran schon deutlich, daß gewisse frühere Werkzeugbegriffe (z. B. der des Bewußtseins oder auch der des Urteilens) in heutigen Theorien oft wie Phänomenbegriffe behandelt werden. Ebenso werden gewisse Phänomenbegriffe von manchen Theoretikern als Werkzeugbegriffe erachtet. (Man denke etwa daran, daß der Begriff des Glaubens-daß-*p* laut Davidson ein

Werkzeugbegriff ist und nur der Begriff des Den-Satz-"*p*"-für-wahr-Haltens ein Phänomenbegriff.)

Deshalb bleibt es dem Theoretiker in vielen Fällen vorbehalten, eine Entscheidung darüber zu treffen, welcher Seite er einen Begriff zuschlägt, den er verwendet. Zudem wäre es naiv anzunehmen, daß diese zwei Schablonen dazu geeignet sind, das gesamte Kontinuum der Begriffe zu erfassen, die wir auf unterschiedlichen Abstraktionsebenen zum Einsatz bringen, um geistige Eigenschaften zu bezeichnen. Wichtig ist hier nur: Jede Theorie des Geistes zeichnet eine gewisse Klasse von Aussagen als ihre Daten aus, und sie arbeitet mit 'abstrakteren' psychologischen Begriffen, die selbst nicht in solchen Aussagen vorkommen.

[524] Oder: wie es funktionieren würde, wenn wir die funktionalen Grundzusammenhänge des menschlichen Geistes selbst entwerfen dürften, dabei allerdings die biologischen und andern Naturgegebenheiten der conditio humana zu berücksichtigen hätten. Diese Art der Fragestellung – vom Standpunkt eines schöpferischen Designers der Spezies Mensch – empfiehlt Grice (1975, S. 140 ff.) zur methodologischen Orientierung bei dem Versuch, ein Modell der Grundstrukturen des menschlichen Geistes zu entwickeln.

[525] Wie grundlegend er ist, zeigt sich auch daran, daß er in der Theorieformulierung gar nicht eigens erwähnt werden müßte; es versteht sich gleichsam von selbst, daß eine philosophische Theorie des Geistes aufzuweisen hat, wie ein Geist beschaffen ist, der 'vernünftig funktioniert'.

[526] Nach Davidson ist das kein bloßer Wunsch, sondern eine apriorisch einsichtige Tatsache: "Man muß sich nur überlegen, was eine Überzeugung ist, um einzusehen, daß die meisten fundamentalen [*basic*] Überzeugungen, die man hat, wahr sind" (Davidson 1983, S. 153). Die von ihm dafür vorgetragenen Argumente entnimmt er seiner Konzeption des Glaubens als einem theoretischen Konstrukt einer sog. radikalen Interpretation. Wir hatten oben, im siebten und achten Kapitel, bemerkt, daß diese Konzeption auf derart verfehlten Annahmen beruht, daß es nicht von konstruktivem Interesse sein könnte, ihren Folgerungen im einzelnen nachzugehen, auch wenn sie noch so aufregend klingen.

LITERATURVERZEICHNIS

Armstrong, David M. (1968): *A Materialist Theory of the Mind*, London.

Augustinus von Hippo: *De musica*, zitiert nach: *Patrologiae cursus completus: Series latina*, hrsg. v. J. P. Migne, 221 Bd., Paris 1844 ff., Bd. 32, 1845, S. 1081–1194.

Bach, Kent (1994): *Thought and Reference*, zweite revidierte Auflage, Oxford.

Bach, Kent (1997): Thinking and Believing in Self-Deception, *Behavioral and Brain Sciences* 20, S. 105.

Bar-On, Dorit (2004): *Speaking My Mind: Expression and Self-Knowledge*, Oxford.

Bilgrami, Akeel (1998): Self-Knowledge and Resentment, in: MacDonald/Smith/Wright (Hrsg.) (1998), S. 207–233.

Bilgrami, Akeel (2006): *Self-Knowledge and Resentment*, Cambridge/London.

Block, Ned J. (1998): Conceptual Role Semantics, in: *The Routledge Encyclopedia of Philosophy*, hrsg. v. E. Craig, 10 Bd., London 1998, Bd. 8, S. 652–657.

Block, Ned J. (2014): Consciousness, Big Science, and Conceptual Clarity, in: J. Freeman/ G. Marcus (Hrsg.): *The Future of the Brain: Essays by the World's Leading Neuroscientists*, Princeton, S. 161–175.

Boghossian, Paul A. (2003): The Normativity of Content, in: *Philosophical Issues* 13, S. 31–45.

Bolzano, Bernard (1837): *Wissenschaftslehre*, 4 Bd., Sulzbach.

Braithwaite, Richard B. (1932): The Nature of Believing, in: *Proceedings of the Aristotelian Society* 33, S. 129–146.

Brentano, Franz C. (1874/1911): *Psychologie vom empirischen Standpunkte*, zitiert nach: O. Kraus (Hrsg.), 3 Bd., Leipzig 1924 ff.

Brun, Georg (2003): *Die richtige Formel: Philosophische Probleme der logischen Formalisierung*, Frankfurt a. M.

Burge, C. Tyler (1979): Individualism and the Mental, *Midwest Studies in Philosophy* 4, S. 73–122.

Burge, C. Tyler (1980): The Content of Propositional Attitudes, *Noûs* 14, S. 53–58.

Burge, C. Tyler (1982a): Other Bodies, in: A. Woodfield (Hrsg.): *Thought and Object: Essays on Intentionality*, Oxford, S. 97–120.

Burge, C. Tyler (1982b): Two Thought Experiments Reviewed, *Notre Dame Journal of Formal Logic* 23, S. 284–294.
Burge, C. Tyler (1986): Individualism and Psychology, *Philosophical Review* 95, S. 3–45.
Burge, C. Tyler (1989): Individuation and Causation in Psychology, *Pacific Philosophical Quarterly* 70, S. 302–322.
Burge, C. Tyler (2010): *Origins of Objectivity*, Oxford.

Canguilhem, Georges (1972): *Le normal et le pathologique: Augmenté de nouvelles réflexions concernant le normal et le pathologique*, 2. Auflage, Paris.
Carroll, Lewis (1871): *Through the Looking-Glass, and What Alice Found There*, zitiert nach: *Alice hinter den Spiegeln*, übers. v. C. Enzensberger, Frankfurt a. M., 1963.
Carroll, Lewis (1895): What the Tortoise Said to Achilles, *Mind* 4, S. 278–280.
Cartwright, Nancy (1983): *How the Laws of Physics Lie*, Oxford.
Cassam, Quassim (1994) (Hrsg.): *Self-Knowledge*, Oxford.
Chalmers, David J./Jackson, Frank C. (2001): Conceptual Analysis and Reductive Explanation, *Philosophical Review* 110, S. 315–360.
Chan, Timothy (2013) (Hrsg.): *The Aim of Belief*, Oxford.
Cherniak, Christopher (1981): Minimal Rationality, *Mind* 90, S. 161–183.
Chisholm, Roderick M. (1957): *Perceiving: A Philosophical Study*, Ithaca, New York.
Churchland, Paul M. (1981): Eliminative Materialism and the Propositional Attitudes, *Journal of Philosophy* 78, S. 67–90.
Clark, Michael (1975): Utterer's Meaning and Implication about Belief, *Analysis* 35, S. 105–108.
Cohen, L. Jonathan (1992): *An Essay on Belief and Acceptance*, Oxford.
Collins, Arthur W. (1987): *The Nature of Mental Things*, Notre Dame.
Cooper, John M. (1997) (Hrsg.): *Plato: Complete Works*, Indianapolis 1997.
Crane, Tim (2014): The Problem of Perception, in: *The Stanford Encyclopedia of Philosophy*, http://plato.stanford.edu/entries/perception-problem/.
Crimmins, Mark (1992): Tacitness and Virtual Beliefs, *Mind and Language* 7, S. 240–263.

Davidson, Donald (1968): On Saying That, *Synthese* 19, S. 130–146, zitiert nach: Davidson (1984b), S. 93–108.
Davidson, Donald (1970): Mental Events, in: L. Foster/J. W. Swanson

(Hrsg.): *Experience and Theory*, Amherst, Mass., S. 79–101, zitiert nach: Davidson (1980a), S. 207–225.

Davidson, Donald (1973): Radical Interpretation, *Dialectica* 27, S. 313–328, zitiert nach: Davidson (1984b), S. 125–140.

Davidson, Donald (1974a): Belief and the Basis of Meaning, *Synthese* 27, S. 309–23, zitiert nach: Davidson (1984b), S. 141–154.

Davidson, Donald (1974b): Psychology as Philosophy, in: S. Brown (Hrsg.): *Philosophy of Psychology*, New York, S. 41–52, zitiert nach: Davidson (1980a), S. 229–239.

Davidson, Donald (1975): Thought and Talk, in: S. Guttenplan (Hrsg.): *Mind and Language*, Oxford, S. 7–23, zitiert nach: Davidson (1984b), S. 155–170.

Davidson, Donald (1977): Reality without Reference, *Dialectica* 31, S. 247–258, zitiert nach: Davidson (1984b), S. 215–226.

Davidson, Donald (1978): Intending, in: Y. Yovel (Hrsg.): *Philosophy of History and Action: Papers Presented at the First Jerusalem Philosophical Encounter*, Jerusalem, S. 41–60, zitiert nach: Davidson (1980a), S. 83–102.

Davidson, Donald (1979): The Inscrutability of Reference, *The Southwestern Journal of Philosophy* 10, 7–19, zitiert nach: Davidson (1984b), S. 227–241.

Davidson, Donald (1980a): *Essays on Actions and Events*, Oxford.

Davidson, Donald (1980b): Toward a Unified Theory of Meaning and Action, *Grazer Philosophische Studien* 11, S. 1–12, zitiert nach: Davidson (2004), S. 151–166.

Davidson, Donald (1982): Rational Animals, *Dialectica* 36, S. 317–327, zitiert nach: Davidson (2001a), S. 95–106.

Davidson, Donald (1983): A Coherence Theory of Truth and Knowledge, in: D. Henrich (Hrsg.): *Kant oder Hegel? Über Formen der Begründung in der Philosophie*, Stuttgart, S. 423–438, zitiert nach: Davidson (2001a), S. 137–153.

Davidson, Donald (1984a): First Person Authority, *Dialectica* 38, S. 101–111, zitiert nach: Davidson (2001a), S. 3–14.

Davidson, Donald (1984b): *Inquiries into Truth and Interpretation*, Oxford.

Davidson, Donald (1986a): A Nice Derangement of Epitaphs, in: R. Grandy/R. Warner (Hrsg.): *Philosophical Grounds of Rationality: Intentions, Categories, and Ends*, Oxford, S. 156–174, zitiert nach: Davidson (2005), S. 89–107.

Davidson, Donald (1986b): The Interpersonal Comparison of Values, in: J. Elster/A. Hylland (Hrsg.): *Foundations of Social Choice Theory*, Cambridge, S. 195–211, zitiert nach: Davidson (2004), S. 59–74.

Davidson, Donald (1987a): Knowing One's Own Mind, *Proceedings and Addresses of the American Philosophical Association* 60, S. 441–458, zitiert nach: Davidson (2001a), S. 15–38.

Davidson, Donald (1987b): Problems in the Explanation of Action, in: J. Norman/P. Pettit/R. Sylvan (Hrsg.): *Metaphysics and Morality: Essays in Honor of J. J. C. Smart*, Oxford, S. 35–49, zitiert nach: Davidson (2004), S. 101–116.

Davidson, Donald (1988): The Myth of the Subjective, in: M. Benedikt/R. Burger (Hrsg.): *Bewußtsein, Sprache und die Kunst: Metamorphosen der Wahrheit*, Wien, S. 45–54, zitiert nach: Davidson (2001a), S. 39–52.

Davidson, Donald (1989): What is Present to the Mind?, *Grazer Philosophische Studien* 36, S. 3–18, zitiert nach: Davidson (2001a), S. 53–67.

Davidson, Donald (1990a): Representation and Interpretation, in: W. H. Newton-Smith/K. V. Wilkes (Hrsg.): *Modelling the Mind*, Oxford, S. 13–26 zitiert nach: Davidson (2004), S. 87–100.

Davidson, Donald (1990b): Turing's Test, in: W. H. Newton-Smith/K. V. Wilkes (Hrsg.): *Modelling the Mind*, Oxford, S. 1–11, zitiert nach: Davidson (2004), S. 77–86.

Davidson, Donald (1992): The Second Person, *Midwest Studies in Philosophy* 17, S. 255–267, zitiert nach: Davidson (2001a), S. 107–122.

Davidson, Donald (1994): The Social Aspect of Language, in: B. McGuinness/G. Oliveri (Hrsg.): *The Philosophy of Michael Dummett*, Dordrecht, S. 1–16, zitiert nach: Davidson (2005), S. 109–125.

Davidson, Donald (1995a): Could There Be a Science of Rationality?, *International Journal of Philosophical Studies* 3, S. 1–16, zitiert nach: Davidson (2004), S. 117–134.

Davidson, Donald (1995b): Pursuit of the Concept of Truth, in: P. Leonardi/M. Santambrogio (Hrsg.): *On Quine: New Essays*, Cambridge, S. 7–21, zitiert nach: Davidson (2005), S. 63–80.

Davidson, Donald (1995c): The Problem of Objectivity, *Tijdschrift voor Filosofie* 57, S. 203–220, zitiert nach: Davidson (2004), S. 3–18.

Davidson, Donald (1996): The Folly of Trying to Define Truth, *Dialogue and Universalism* 6, 39–53, zitiert nach: Davidson (2005).

Davidson, Donald (1997a): Indeterminism and Antirealism, in: C. B. Kulp (Hrsg.): *Realism/Antirealism and Epistemology*, Lanham, Md., S. 109–122 zitiert nach: Davidson (2001a), S. 69–84.

Davidson, Donald (1997b): The Emergence of Thought, in: P. Eisenhardt (et al.) (Hrsg.): *Die Erfindung des Universums? Neue Überlegungen zur philosophischen Kosmologie*, Frankfurt a. M., S. 152–167, zitiert nach: Davidson (2001a), S. 123–134.

Davidson, Donald (1998): Reply to Rorty, Stroud, McDowell, and Pereda, *Crítica* 30, S. 89–112, zitiert nach:Davidson (2005), S. 315–328.

Davidson, Donald (1999a): Reply to W. V. Quine, in: L. E. Hahn (1999) S. 80–86.

Davidson, Donald (1999b): Reply to Carol Rovane, in: L. E. Hahn (1999) S. 480–481.

Davidson, Donald (1999c): Reply to Richard Rorty, in: L. E. Hahn (1999) S. 595–600.

Davidson, Donald (1999d): Reply to Ullmann-Margalit, in: L. E. Hahn (1999) S. 497–499.

Davidson, Donald (1999e): Reply Bruce Vermazen, in: L. E. Hahn (1999) S. 653–655.

Davidson, Donald (2001a): *Subjective, Intersubjective, Objective*, Oxford.

Davidson, Donald (2001b): What Thought Requires, in: J. Branquinho (Hrsg.): *The Foundations of Cognitive Science*, Oxford, S. 121–132, zitiert nach: Davidson (2004), S. 135–150.

Davidson, Donald (2004): *Problems of Rationality*, Oxford.

Davidson, Donald (2005): *Truth, Language, and History*, Oxford.

Davis, Wayne A. (1992): Cogitative and Cognitive Speaker Meaning, *Philosophical Studies* 67, S. 71–88.

Dennett, Daniel C. (1971): Intentional Systems, *Journal of Philosophy* 68, S. 87–106, zitiert nach: Dennett (1978a), S. 3–22.

Dennett, Daniel C. (1973): Mechanism and Responsibility, in: T. Honderich (Hrsg.): *Essays on Freedom of Action*, London, S. 157–184, zitiert nach: Dennett (1978a), S. 233–255.

Dennett, Daniel C. (1978a): *Brainstorms: Philosophical Essays on Mind and Psychology*, Cambridge, Mass.

Dennett, Daniel C. (1978b): How to Change Your Mind, in: Dennett (1978a), S. 300–309.

Dennett, Daniel C. (1981a): Three Kinds of Intentional Psychology, in: R. Healey (Hrsg.): *Reduction, Time, and Reality: Studies in the Philosophy of the Natural Science*, Cambridge, S. 37–62, zitiert nach: Dennett (1987c), S. 43–68.

Dennett, Daniel C. (1981b): True Believers: The Intentional Strategy and Why It Works, in: A. F. Heath (Hrsg.): *Scientific Explanations: Papers Based on Herbert Spencer Lectures Given in the University of Oxford*, Oxford, S. 150–167, zitiert nach: Dennett (1987c), S. 13–35.

Dennett, Daniel C. (1983): Intentional Systems in Cognitive Ethology: The "Panglossian Paradigm" Defended, *The Behavioral and Brain Sciences* 6, S. 343–390, zitiert nach: Dennett (1987c), S. 237–268.

Dennett, Daniel C. (1987a): Instrumentalism Reconsidered, in: Dennett (1987c), S. 69–81.

Dennett, Daniel C. (1987b): Real Patterns, Deeper Facts, and Empty Questions, in: Dennett (1987c), S. 37–42.

Dennett, Daniel C. (1987c): *The Intentional Stance*, Cambridge, Mass.

Dennett, Daniel C. (1991): Two Contrasts: Folk Craft Versus Folk Science, and Belief Versus Opinion, in: J. Greenwood (Hrsg.): *The Future of Folk Psychology: Intentionality and Cognitive Science*, Cambridge, Mass., S. 135–148, zitiert nach: Dennett (1998), S. 81–94.

Dennett, Daniel C. (1994): Self-Portrait, in: S. Guttenplan: *Companion to the Philosophy of Mind*, Oxford, S. 236–244, zitiert nach: Dennett (1998), S. 355–367.

Dennett, Daniel C. (1995): Do Animals Have Beliefs?, in: H. Roitblat/J. Meyer (Hrsg.): *Comparative Approaches to Cognitive Science*, Cambridge, Mass., S. 111–118, zitiert nach: Dennett (1998), S. 323–332.

Dennett, Daniel C. (1996): *Kinds of Minds: Toward an Understanding of Consciousness*, New York.

Dennett, Daniel C. (1998): *Brainchildren: Essays on Designing Minds*, Cambridge Mass.

Descartes, Renè (1637): *Discours de la méthode*, zitiert nach: *Oeuvres de Descartes*, hrsg. v. C. Adam/P. Tannery, 11 Bd., 3. Auflage, Paris 1996, Bd. 6.

Descartes, Renè (1641): *Meditationes de prima philosophia*, zitiert nach: *Oeuvres de Descartes*, hrsg. v. C. Adam/P. Tannery, 11 Bd., 3. Auflage, Paris 1996, Bd. 7.

Descartes, Renè (1644): *Principia philosophiae*, zitiert nach: *Oeuvres de Descartes*, hrsg. v. C. Adam/P. Tannery, 11 Bd., 3. Auflage, Paris 1996, Bd. 8.

Detel, Wolfgang (2016): *Hermeneutik der Literatur und Theorie des Geistes: Exemplarische Interpretationen poetischer Texte*, Frankfurt a. M.

Devitt, Michael (1991): *Realism and Truth*, 2. Auflage, Oxford.

Donnellan, Keith S. (1966): Reference and Definite Descriptions, *Philosophical Review* 75, S. 281–304.

Dretske, Fred (1969): *Seeing and Knowing*, London.

Dretske, Fred (1981): The Pragmatic Dimension of Knowledge, *Philosophical Studies* 40, S. 363–378.

Dretske, Fred (1993): Conscious Experience, *Mind* 102, S. 263–283.

Dretske, Fred (1995): *Naturalizing the Mind*, Cambridge, Mass.

Dretske, Fred (2000): Norms, History, and the Constitution of the Mental, in: *Perception, Knowledge and Belief. Selected Essays*, Cambridge, S. 240–258.

Dretske, Fred (2006): Minimal Rationality, in: Susan L. Hurley/Matthew Nudds (Hrsg.), *Rational Animals?*, Oxford, 107–115.

Dummett, Michael (1959): Truth, *Proceedings of the Aristotelian Society* 59, S. 141–162.

Dummett, Michael (1976): What is a Theory of Meaning? (II), in: G. Evans/J. McDowell (Hrsg.): *Truth and Meaning: Essays in Semantics*, Oxford, S. 67–137.

Dummett, Michael A. E. (1981): *Frege: Philosophy of Language*, 2. Auflage, London.

Earman, John/Roberts, John (1999): "Ceteris Paribus": There Is No Problem of Provisos, *Synthese* 118, S. 439–478.

Ebert, Theodor (1974): *Meinung und Wissen in der Philosophie Platons: Untersuchungen zum "Charmides", "Menon" und "Staat"*, Berlin.

Edgley, Roy (1969): *Reason in Theory and Practice*, London.

Egan, Andy (2008): Imagination, Delusion, and Self-Deception, in: T. Bayne/J. Fernandez (Hrsg.): *Delusion and Self-Deception: Affective and Motivational Influences on Belief Formation*, New York, S. 263–280.

Eliot, T. S. (1934), *Elizabethan Essays*, London.

Evans, Gareth (1982): *The Varieties of Reference*, Oxford.

Fodor, Jerry A. (1974): Special Sciences, *Synthese* 28, S. 97–115, zitiert nach: *Representations: Philosophical Essays on the Foundations of Cognitive Science*, Cambridge, Mass. 1981, S. 127–145.

Fodor, Jerry A. (1975): *The Language of Thought*, Cambridge, Mass.

Fodor, Jerry A. (1987): *Psychosemantics: The Problem of Meaning in the Philosophy of Mind*, Cambridge, Mass.

Fodor, Jerry A. (1991): You Can Fool Some of the People All of the Time, Everything Else Being Equal: Hedge Laws and Psychological Explanation, *Mind* 100, S. 19–34.

Fodor, Jerry A. (1998): *Concepts: Where Cognitive Science Went Wrong*, Oxford.

Fodor, Jerry A. (2008): *LOT 2: The Language of Thought Revisited*, Oxford.

Frank, Manfred (2013): Welche Gründe gibt es, Selbstbewusstsein für irreflexiv zu halten?, *Protosociology: On Contemporary Philosophy*, URL: http://www.protosociology.de/Download/ Frank-Selbstbewusstsein.pdf

Frankfurt, Harry G. (2005): *On Bullshit*, Princeton.

Frege, Gottlob (1892): Über Sinn und Bedeutung, *Zeitschrift für Philo-*

sophie und philosophische Kritik 100, S. 25–50, zitiert nach: *Kleine Schriften*, hrsg. v. I. Angelelli, Darmstadt 1967, S. 132–162.

Frege, Gottlob (1918): Der Gedanke, *Beiträge zur Philosophie des Deutschen Idealismus* 1, S. 58–77, zitiert nach: *Kleine Schriften*, hrsg. v. I. Angelelli, Darmstadt 1967, S. 342–362.

Gabriel, Gottfried/Zantwijk, Temilo van (2001): Urteil, in: *Historisches Wörterbuch der Philosophie*, hrsg. v. G. Gabriel/K. Gründer, Basel 1971 ff., Bd. 11, 2001, S. 430–458.

Geach, Peter T. (1972): *Logic Matters*, Oxford.

Gendler, Tamar Szabó (2008): Alief and Belief, *Journal of Philosophy* 105, S. 634–663.

Georges, Karl Ernst (1879): *Ausführliches lateinisch-deutsches Handwörterbuch*, 2. Bd., 7. Auflage, Leipzig.

Gertken, Jan (2014): *Prinzipien in der Ethik*, Paderborn.

Gertler, Brie (2003) (Hrsg.): *Privileged Access: Philosophical Accounts of Self-Knowledge*, Farnham.

Gilbert, Daniel T. (1991): How Mental Systems Believe, *American Psychology* 46, S. 107–119.

Glüer, Kathrin/Wikforss, Åsa (2013), Against Belief Normativity, in: Chan (2013), S. 80–99.

Goldman, Alvin I. (1993): *Philosophical Applications of Cognitive Science*, Boulder.

Grice, Paul H. (1975): Method in Philosophical Psychology: From the Banale to the Bizarre, *Proceedings and Addresses of the American Philosophical Association* 48, S. 23–53, zitiert nach: *The Conception of Value*, Oxford 1991, S. 121–161.

Grice, Paul H. (1989): *Studies in the Way of Words*, Cambridge, Mass.

Grimm, Jacob u. Wilhelm (1854 ff.): *Deutsches Wörterbuch*, 33. Bd., München 1984.

Hacker, Peter M. S. (2004): On the Ontology of Belief, in: M. Siebel/M. Textor (Hrsg.): *Semantik und Ontologie*, Frankfurt a. M., S. 185–222.

Hacking, Ian (1975): *The Emergence of Probability: A Philosophical Study of Early Ideas about Probability, Induction and Statistical Inference*, Cambridge.

Hahn, L. E. (1999) (Hrsg.): *The Philosophy of Donald Davidson*, La Salle, Ill.

Hatzimoysis, Anthony E. (2011) (Hrsg.): *Self-Knowledge*, Oxford.

Hofweber, Thomas (2016): *Ontology and the Ambitions of Metaphysics*, Oxford.

Horwich, Paul (1998): *Meaning*, Oxford.

Hume, David (1739): *Treatise of Human Nature*, zitiert nach: P. H. Nidditch/L. A. Selby-Bigge (Hrsg.), 2. Auflage, Oxford 1978.

Hume, David (1748): *An Enquiry Concerning Human Understanding*, zitiert nach: P. H. Nidditch/L. A. Selby-Bigge (Hrsg.), 3. Auflage, Oxford 1975.

Hutto, Daniel D. (2013): Why Believe in Contentless Beliefs?, in: N. Nottelmann (Hrsg.) (2013), S. 55–74.

Jackson, Frank (2000): Non-Cognitivism, Normativism, Belief, in: J. Dancy (Hrsg.), *Normativity*, Oxford, S. 100–115.

Jacquette, Dale (2013): Belief State Intensity, in: Nottelmann (Hrsg.) (2013), S. 209–229.

James, William (1890): *The Principles of Psychology*, zitiert nach: F. Burkhardt (Hrsg.), 2 Bd., Cambridge, Mass. 1981.

Johnston, Mark (1988): Self-Deception and the Nature of Mind, in: B. McLaughlin/A. O. Rorty (Hrsg.): *Perspectives on Self-Deception*, Berkeley, S. 63–91.

Kafka, Franz (1917/18): *Zürauer Zettelkonvolut*, zitiert nach: *Sämtliche Werke*, Frankfurt a. M. 2008.

Kant, Immanuel (1781): *Kritik der reinen Vernunft* (KrV), zitiert nach: *Werkausgabe*, hrsg. v. W. Weischedel, 12 Bd., Frankfurt a. M. 1968, Bd. 3–4.

Kant, Immanuel (1798): *Anthropologie in pragmatischer Hinsicht*, zitiert nach: *Werkausgabe*, hrsg. v. W. Weischedel, 12 Bd., Frankfurt a. M. 1968, Bd. 12.

Kant, Immanuel (1924): Anthropologia, in: A. Kowalewski (Hrsg.): *Die philosophischen Hauptvorlesungen Immanuel Kants: Nach den neu aufgefunden Kollegheften des Grafen Heinrich zu Dohna-Wundlacken*, Leipzig/München.

Keil, Geert (2005): How the Ceteris Paribus Laws of Physics Lie, in: J. Faye/P. Needham/U. Scheffler/M. Urchs (Hrsg.): *Nature's Principles*, Dordrecht, S. 167–200.

Keil, Geert (2013): Was lehrt uns das Gettier-Problem über das Verhältnis zwischen Intuitionen und Begriffsanalysen?, in: G. Ernst/L. Marani (Hrsg.): *Das Gettierproblem: Eine Bilanz nach 50 Jahren*, Paderborn 2013, S. 107–144.

Kemmerling, Andreas (1990): Genau dieselbe Überzeugung, in: *Intentionalität und Verstehen*, hrsg. v. Forum für Philosophie Bad Homburg, Frankfurt a. M., S. 153–195.

Kemmerling, Andreas (1993): The Philosophical Significance of a Shared Language, in: R. Stoecker (Hrsg.): *Reflecting Davidson: Donald Davidson Responding to an International Forum of Philosophers*, Berlin, S. 85–116.

Kemmerling, Andreas (1996): *Ideen des Ichs: Studien zu Descartes' Philosophie*, Frankfurt a. M.; zweite Auflage 2005.

Kemmerling, Andreas (1997a): Überzeugungen für Naturalisten, in: G. Meggle (Hrsg.): *Analyomen 2*, Berlin, Bd. 3, S. 59–83.

Kemmerling, Andreas (1997b): Zur sog. Naturalisierung von Intentionalität, in: A. Burri (Hrsg.): *Sprache und Denken*, Berlin/New York, S. 237–258.

Kemmerling, Andreas (2001a): Burge on the Individuation of Intentional States, *Language and Communication* 21, S. 177–182.

Kemmerling, Andreas (2001b): What beliefs are not – Intentional Realism without meaningful entities in the brain, in: *Esercizi Filosofici* 5, Annuario del Dipartimento di Filosofia della Facoltà di Lettere e Filosofia dell'Università degli Studi di Trieste, Trieste, S. 65–78

Kemmerling, Andreas (2002): Zu einer anti-individualistischen Argumentationsfigur, *Filosofický Casopis 50, S. 401–427.*

Kemmerling, Andreas (2003a): Belief Ascription: Objective Sentences and Soft Facts, *Facta Philosophica* 5, S. 203–222.

Kemmerling, Andreas (2003b): Was mit Glaubenssätzen gesagt wird, in: U. Haas-Spohn (Hrsg.): *Intentionalität zwischen Subjektivität und Weltbezug* Paderborn, S. 145–195.

Kemmerling, Andreas (2006): Kripke's Principle of Disquotation and the Epistemology of Belief Ascriptions, *Facta Philosophica* 8, S. 119–143.

Kemmerling, Andreas (2013): Speaker's Meaning, in: M. Sbisà/K. Turner (Hrsg.): *Pragmatics of Speech Actions*, Berlin, S. 77–106.

Kölbel, Max (2015): Propositionen, in: *Handbuch Sprachphilosophie*, hrsg. v. N Kompa, Stuttgart, S. 99–105.

Kompa, Nikola (2001): *Wissen und Kontext: Eine kontextualistische Wissenstheorie*, Paderborn.

Kripke, Saul A. (1979): A Puzzle about Belief, in: A Margalit (Hrsg.): *Meaning and Use*, Dordrecht, S. 239–283.

Künne, Wolfgang (2003): *Conceptions of Truth*, Oxford.

Künne, Wolfgang (2011): "Denken ist immer Etwas Denken": Bolzano und (der frühe) Husserl über Intentionalität, in: C. Beyer/K. Cramer (Hrsg.): *Edmund Husserl 1859–2009: Beiträge aus Anlaß der 150. Wiederkehr des Geburtstages des Philosophen*, Berlin, S. 77–99.

Künne, Wolfgang (2013): Truth without Truths? "Propositional Attitudes" without Propositions? Meaning without Meanings?, in: K.

Kijania-Placek/T. Placek/K. Mulligan (Hrsg.): *The History and Philosophy of Polish Logic*, Basingstoke, S. 160–204.

Künne, Wolfgang (2015): Frege on That-Clauses, in: B. Weiss (Hrsg.): *Dummett on Analytical Philosophy*, Basingstoke, S. 135–173.

Lagerlund, Henrik (2011): Mental Representation in Medieval Philosophy, in: *Encyclopedia of Medieval Philosophy: Philosophy between 500 and 1500*, hrsg. v. H. Lagerlund, Dordrecht, S. 756–759.

Langton, Rae/Lewis, David (1998), Defining 'Intrinsic', *Philosophy and Phenomenological Research* 58, S. 333–345.

Larson, Richard K./Ludlow, Peter (1993): Interpreted Logical Forms, *Synthese* 95, S. 305–355.

Lehrer, Keith (1979): The Gettier Problem and the Analysis of Knowledge, in: G. Pappas (Hrsg.): *Justification and Knowledge: New Studies in Epistemology*, Boston, S. 65–78.

Leibniz, Gottfried Wilhelm (1765): *Nouveaux essais sur l'entendement humain*, zitiert nach: *Sämtliche Schriften und Briefe*, hrsg. v. der Preußischen Akademie der Wissenschaften zu Berlin, Reihe 6, Bd. 6, Berlin 1962.

Lenzen, Wolfgang (1980): *Glauben, Wissen und Wahrscheinlichkeit: Systeme der epistemischen Logik*, New York/Wien.

Lewis, David K. (1966): An Argument for the Identity Thesis, *Journal of Philosophy* 23, S. 17–25, zitiert nach: Lewis (1983), S. 99–107.

Lewis, David K. (1969): *Convention: A Philosophical Study*, Cambridge, Mass.

Lewis, David K. (1970): How to Define Theoretical Terms, *Journal of Philosophy* 67, S. 427–446, zitiert nach: Lewis (1983), S. 78–95.

Lewis, David K. (1972): Psychophysical and Theoretical Identifications, *Australasian Journal of Philosophy* 50, S. 249–258.

Lewis, David K. (1979): Attitudes De Dicto and De Se, *Philosophical Review* 88, S. 513–543, zitiert nach: Lewis(1983), S. 133–155

Lewis, David K. (1980): Mad Pain and Martian Pain, in: N. Block (Hrsg.): *Readings in the Philosophy of Psychology*,Cambridge, Mass., Bd. 1, S. 216–232.

Lewis, David K. (1983): *Philosophical Papers*, Bd. 1, Oxford.

Lewis, David K. (1994): Reduction of Mind, S. Guttenplan (Hrsg.): *Companion to the Philosophy of Mind*, Oxford, S. 412–431, zitiert nach: Lewis (1999), S. 291–324.

Lewis, David K. (1997): Finkish Dispositions, *Philosophical Quarterly* 47, S. 143–158, zitiert nach: Lewis (1999), S. 133–151.

Lewis, David K. (1999): *Papers in Metaphysics and Epistemology*, Cambridge.

Lewis, David K. (2001): Redefining 'Intrinsic', *Philosophy and Phenomenological Research* 63, S. 381–398.
Loar, Brian (1981): *Mind and Meaning*, Cambridge.
Loar, Brian (1987): Names in Thought, *Philosophical Studies* 51, S. 169–185.
Locke, John (1689): *An Essay Concerning Humane Understanding*, zitiert nach: P. H. Nidditch (Hrsg.): *An Essay Concerning Human Understanding*, Oxford 1975.
Ludlow, Peter/Martin, Norah (1998) (Hrsg.): *Externalism and Self-Knowledge*, Chicago.
Lycan, William G. (1986): Tacit Belief, in: R. Bogdan (Hrsg.): *Belief: Form, Content, and Function*, Oxford, S. 61–82.
Lycan, William G. (1996): *Consciousness and Experience*, Cambridge, Mass.

MacDonald, Cynthia/Smith, Barry C./Wright, Crispin J. G. (1998) (Hrsg.): *Knowing Our Own Minds: Essays in Self-Knowledge*, Oxford.
Malzkorn, Wolfgang (2001): Defining Disposition Concepts: A Brief History of the Problem, *Studies in History and Philosophy of Science* 32, S. 335–353
Mandelbaum, Eric (2014): Thinking is Believing, *Inquiry* 57, S. 55–96.
Marcus, Ruth Barcan (1990): Some Revisionary Proposals about Belief and Believing, *Philosophy and Phenomenological Research* 50, S. 133–153.
Mele, Alfred R. (1997): Real Self–Deception, *Behavioral and Brain Sciences* 20, S. 91–102.
Millikan, Ruth (1993): *White Queen Psychology and Other Essays for Alice*, Cambridge, Mass.
Millikan, Ruth (2004): *Varieties of Meaning*, Cambridge, Mass.
Mölder, Bruno (2010): *Mind Ascribed: An Elaboration and Defence of Interpretivism*, Amsterdam.
Moore, George Edward (1953) *Some Main Problems of Philosophy*, London, zitiert nach der dritten Auflage 1962.
Moran, Richard A. (2001): *Authority and Estrangement: An Essay on Self-Knowledge*, Princeton.
Morton, Adam (1980): *Frames of Mind*, Oxford.
Mühlhölzer, Felix (1988): On Objectivity, *Erkenntnis* 28, S. 185–230.
Mühlhölzer, Felix (2010): *Braucht die Mathematik eine Grundlegung? Ein Kommentar des Teils III von WittgensteinsBemerkungen über die Grundlagen der Mathematik*, Frankfurt a. M.
Mumford, Stephen (1998): *Dispositions*, Oxford.

Nichols, Shaun/Stich, Steven P. (2003): *Mindreading: An Integrated Account of Pretence, Self-Awareness, and Understanding Other Minds*, Oxford.

Nietzsche, Friedrich W. (1882): *Die fröhliche Wissenschaft*, zitiert nach: *Werke: Kritische Gesamtausgabe*, hrsg. v. G. Colli/M. Montinari, Berlin 1967 ff., Abt. 5, Bd. 2, 1973.

Nottelmann, Nikolaj (Hrsg) (2013): *New Essays on Belief: Constitution, Content, and Structure*, Basingstoke.

Pascal, Blaise (1670): *Pensées et opuscules*, zitiert nach: M. L. Brunschvicg (Hrsg.), 20. Auflage, Paris 1933.

Peirce, Charles S. (1868): Questions Concerning Certain Faculties Claimed for Man, *Journal of Speculative Philosophy* 2, S. 103–114, zitiert nach: Peirce (1982), Bd. 2, S. 193–210.

Peirce, Charles S. (1877): The Fixation of Belief, *Popular Science Monthly* 12, S. 1–15, zitiert nach: Peirce (1982), Bd. 3, S. 242–256.

Peirce, Charles S. (1895): Of Reasoning in General, in: Peirce (1992), Bd. 2, S. 11–26.

Peirce, Charles S. (1902): Reasoning and Expectation, zitiert nach: Peirce (1931), Bd. 2, S. 144–150.

Peirce, Charles S. (1904): New Elements, zitiert nach: Peirce (1992), Bd. 2, S. 300–324.

Peirce, Charles S. (1905): What Pragmatism Is, *The Monist* 15, S. 161–182, zitiert nach: Peirce (1931), Bd. 5, S. 411–437.

Peirce, Charles S. (1907): A Survey of Pragmaticism, in: Peirce (1931), Bd. 5, S. 464–496.

Peirce, Charles S. (1931): *Collected Papers of Charles Sanders Peirce*, hrsg. v. A. W. Burks/C. Hartshorne/P. Weiss, 8 Bd., Cambridge, Mass.

Peirce, Charles S. (1982): *Writings of Charles S. Peirce: A Chronological Edition*, hrsg. v. Peirce Edition Project, 8 Bd., Bloomington, Ill.

Peirce, Charles S. (1992): *The Essential Peirce: Selected Philosophical Writings*, hrsg. v. Peirce Edition Project, 2 Bd., Bloomington, Ill.

Perner, Josef (1991): *Understanding the Representational Mind*, Cambridge, Mass.

Perner, Josef/Baker, Sarah/Hutton, Deborah (1994): Prelief: The Conceptual Origins of Belief and Pretence, in: C. Lewis/P. Mitchell (Hrsg.): *Children's Early Understanding of Mind: Origins and Development*, Hove, S. 261–286.

Platon: *Politeia*, zitiert nach: *Platonis Opera*, hrsg. von J. Burnet, 5 Bd., Oxford 1900 ff., Bd. 4, 1902.

Price, H. H. (1932): *Perception*, London.

Price, H. H. (1960): *Belief: The Gifford Lectures Delivered at the University of Aberdeen in 1960*, London 1969.
Putnam, Hilary W. (1960): Minds and Machines, in: S. Hook (Hrsg.): *Dimensions of Mind*, New York, S. 148–180, zitiert nach: Putnam (1979), S. 362–385.
Putnam, Hilary W. (1967): The Nature of Mental States, in: W. H. Captain/D. D. Merrill (Hrsg.): *Art, Mind, and Religion*, Pittsburgh, S. 37–48, zitiert nach: Putnam (1979), S. 429–440.
Putnam, Hilary W. (1975): The Meaning of "Meaning", *Minnesota Studies in the Philosophy of Science* 7, S. 131–193, zitiert nach: Putnam (1979), S. 215–272.
Putnam, Hilary W. (1979): *Philosophical Papers*, Bd. 2, Cambridge.
Putnam, Hilary W. (1997): Functionalism: Cognitive Science or Science Fiction?, in: D. M. Johnson/C. Erneling (Hrsg.): *The Future of the Cognitive Revolution*, Oxford, S. 32–44, zitiert nach: Putnam (2012), S. 608–622.
Putnam, Hilary W. (2012): *Philosophy in an Age of Science: Physics, Mathematics, and Skepticism*, Cambridge, Mass.

Quine, Willard V. O. (1951): Two Dogmas of Empiricism, *Philosophical Review* 60, S. 20–43.
Quine, Willard V. O. (1960): *Word and Object*, Cambridge, Mass.
Quine, Willard V. O. (1974): *The Roots of Reference*, La Salle, Ill.
Quine, Willard V. O. (1986): *Philosophy of Logic*, 2. Auflage, Cambridge, Mass.
Quine, Willard V. O. (1987): *Quiddities: An Intermittently Philosophical Dictionary*, Cambridge, Mass.
Quine, Willard V. O. (1991): Two Dogmas in Retrospect, *Canadian Journal of Philosophy* 21, S. 265–274, zitiert nach: D. Follesdal/D. B. Quine (Hrsg.): *Confessions of a Confirmed Extensionalist and Other Essays*, Cambridge, Mass. 2008, S. 390–400.
Quine, Willard V. O. (1995): Reactions, in: P. Leonardi/M. Santambrogio (Hrsg.): *On Quine: New Essays*, Cambridge, S. 347–363.

Reid, Thomas (1764): *An Inquiry into the Human Mind: On the Principles of Common Sense*, zitiert nach: *The Works of Thomas Reid*, hrsg. v. H. Hamilton/D. Stewart, 2 Bd., 7. Auflage, Edinburgh 1872, Bd. 1, S. 93–214.
Rorty, Richard (1965): Mind-Body Identity, Privacy, and Categories, *Review of Metaphysics* 19, S. 24–54.
Rorty, Richard (1979): *Philosophy and the Mirror of Nature*, Princeton.

Rosefeldt, Tobias (2008): "That"-Clauses and Non-Nominal Quantification, *Philosophical Studies* 137, S. 301–333.
Rosenthal, David M. (1997): A Theory of Consciousness, in: N. Block/ O. Flanagan/G. Güzeldere (Hrsg.): *The Nature of Consciousness: Philosophical Debates*, Cambridge, Mass., S. 729–753.
Russell, Bertrand A. W. (1919): On Propositions: What They Are and How They Mean, *Proceedings of the Aristotelian Society* 2, S. 1–43, zitiert nach: R. C. Marsh (Hrsg.): *Logic and Knowledge: Essays 1901–1950*, London 1956, S. 285–320.
Russell, Bertrand A. W. (1921): *The Analysis of Mind*, London.
Russell, Bertrand A. W. (1984): *Theory of Knowledge: The 1913 Manuscript*, in: *The Collected Papers of Bertrand Russell*, 36 Bd., London 1983 ff., Bd. 7, E. R. Eames (Hrsg.).
Ryle, Gilbert (1949): *The Concept of Mind*, London.
Ryle, Gilbert (1967): Teaching and Training, in R. S. Peters (Hrsg.): *The Concept of Education*, London, S. 73–82, zitiert nach: *Collected Papers*, Bd. 2, London 1971, S. 464–478.

Sainsbury, R. Mark/Tye, Michael (2012): *Seven Puzzles of Thought: And How to Solve Them: An Originalist Theory of Concepts*, Oxford.
Sartre, Jean-Paul C. A. (1943): *L'être et le néant: Essai d'ontologie phénoménologique*, Paris.
Savigny, Eike von (1988): *The Social Foundations of Meaning*. Dordrecht.
Scheerer, Eckart (1992): Repräsentation, in: *Historisches Wörterbuch der Philosophie*, hrsg. v. G. Gabriel/ K. Gründer/J. Ritter, 13 Bd., Basel 1971 ff., Bd. 8, 1992, S. 790–812.
Scheffler, Israel (1954): An Inscriptional Approach to Indirect Quotation, *Analysis* 14, S. 83–90.
Schiffer, Stephen R. (1972): *Meaning*, Oxford.
Schiffer, Stephen R. (1987): *Remnants of Meaning*, Cambridge, Mass.
Schiffer, Stephen R. (1991): Ceteris Paribus Laws, *Mind* 100, S. 1–17.
Schiffer, Stephen R. (1995): Descriptions, Indexicals, and Belief Reports: Some Dilemmas (but Not the Ones You Expect), *Mind* 104, S. 107–131.
Schiffer, Stephen R. (2003): *The Things We Mean*, Oxford.
Schleiermacher, Friedrich (1819): Hermeneutik 1819, in: *Friedrich Daniel Ernst Schleiermacher – Kritische Gesamtausgabe*, Zweite Abteilung, Vorlesungen Band 4 (hg. von Wolfgang Virmond), Berlin/Boston 2012, S. 117–158.
Schnieder, Benjamin (2004): *Substanzen und (ihre) Eigenschaften: Eine Studie zur analytischen Ontologie*, Berlin.

Scholz, Oliver R. (1999): *Verstehen und Rationalität: Untersuchungen zu den Grundlagen von Hermeneutik und Sprachphilosophie*, Frankfurt a. M.

Schurz, Gerhard (2001): What is "Normal"? An Evolution-Theoretic Foundation for Nomic Laws and Their Relation to Statistical Normality, *Philosophy of Science* 28, S. 476–497.

Schurz, Gerhard (2002): Ceteris Paribus Laws: Classification and Deconstruction, *Erkenntnis* 57, S. 351–372.

Schwitzgebel, Eric (2001): In-Between Believing, *Philosophical Quarterly* 51, S. 76–82.

Schwitzgebel, Eric (2002): A Phenomenal, Dispositional Account of Belief, *Nous* 36, S. 249–272.

Searle, John R. (1983): *Intentionality: An Essay in the Philosophy of Mind*, Cambridge.

Searle, John R. (1992): *The Rediscovery of the Mind*, Cambridge, Mass.

Searle, John R. (1998): *Mind, Language and Society: Philosophy in the Real World*, New York.

Sellars, Wilfrid S. (1955): Putnam on Synomity and Belief, *Analysis 15*, S. 117–120.

Sellars, Wilfrid S. (1956): Empiricism and the Philosophy of Mind, *Minnesota Studies in the Philosophy of Science* 1, S. 253–329.

Shah, Nishi (2003): How Truth Governs Belief, *Philosophical Review* 112, 447–482.

Shah, Nishi/Velleman, J. David (2005): Doxastic Deliberation, *Philosophical Review* 114, 497–534.

Shoemaker, Sydney (1980): Causality and Properties, in: P. V. Inwagen (Hrsg.): *Time and Cause: Essays Presented to Richard Taylor*, Dordrecht, S. 109–135, zitiert nach: *Identity, Cause, and Mind: Philosophical Essays*, Cambridge, Mass. 1984, S. 206–233.

Shoemaker, Sydney (1990): First-Person Access, *Philosophical Perspectives* 4, S. 187–214, zitiert nach: Shoemaker (1996d), S. 50–73.

Shoemaker, Sydney (1995): Moore's Paradox and Self-Knowledge, *Philosophical Studies* 77, S. 211–228, zitiert nach: Shoemaker (1996d), S. 74–93.

Shoemaker, Sydney (1996): *The First-Person Perspective and Other Essays*, Cambridge.

Shoemaker, Sydney (2009): Self-Intimation and Second-Order Belief, *Erkenntnis* 71, S. 35–51.

Silins, Nicholas (2012): Judgment as a Guide to Belief, in: D. Smithies/D. Stoljar (Hrsg.): *Introspection and Consciousness*, Oxford, S. 295–327.

Skinner, B. F. (1950): Are Theories of Learning Necessary?, *Psychological Review* 57, S. 193–216.

Smithies, Declan/Stoljar, Daniel (2012) (Hrsg.): *Introspection and Consciousness*, Oxford.

Smullyan, Raymond M. (1981): An Epistemological Nightmare, in: D. Dennett/D. Hofstadter (Hrsg.): *The Mind's I*, New York, S. 415–426.

Sosa, Ernest (2009): Knowing full well: the normativity of beliefs as performances, *Philosophical Studies* 142, S. 5–15.

Spencer, Herbert (1855): *The Principles of Psychology*, London.

Spengler, Oswald A. G. (1918/22): *Der Untergang des Abendlandes: Umrisse einer Morphologie der Weltgeschichte*, 2 Bd., zitiert nach der ungekürzten Sonderausgabe in einem Band: München 1963.

Spinoza, Baruch de (1677): *Ethica*, zitiert nach: *Spinoza Opera*, hrsg. v. C. Gebhardt, 5 Bd., Heidelberg 1925 ff., Bd. 2, 1925.

Spohn, Wolfgang K. (2012): *The Laws of Belief: Ranking Theory and its Philosophical Applications*, Oxford.

Stalnaker, Robert C. (1984): *Inquiry*, Cambridge, Mass.

Stalnaker, Robert C. (2002): Common Ground, *Linguistics and Philosophy* 25, S. 701–721.

Steward, Helen (1997), *The Ontology of Mind – Events, Processes and States*, Oxford.

Stich, Stephen P. (1978): Belief and Subdoxastic States, *Philosophy of Science* 45, S. 499–518.

Stich, Stephen P. (1983): *From Folk Psychology to Cognitive Science: The Case Against Belief*, Cambridge, Mass.

Strößner, Corina (2014): *Die Logik der Normalität: Untersuchungen zur Semantik von Normalitätsurteilen*, Berlin.

Tennant, Neil (2002): The Emperor's New Concepts, *Philosophical Perspectives* 16, S. 345–377.

Thomas von Aquin: *Summa theologiae*, zitiert nach: *Opera omnia*, hrsg. v. Papst Leo XIII., Rom 1882 ff., Bd. 4–12, 1888 ff.

Thomas von Aquin: *In libros posteriorum analyticorum*, zitiert nach: *Opera omnia*, hrsg. v. Papst Leo XIII., Rom 1882 ff., Bd. 1, 1882, S. 131–403.

Tversky, Amos/Kahneman, Daniel (1974): Judgment under Uncertainty: Heuristics and Biases, *Science* 185, S. 1124–1131, zitiert nach: E. Shafir (Hrsg.): *Preference, Belief, and Similarity: Selected Writings by Amos Tversky*, Cambridge, Mass. 2004, S. 203–220.

Tversky, Amos/Kahneman, Daniel (1983): Extensional Versus Intuitive Reasoning: The Conjunction Fallacy in Probability Judgment, *Psychological Review* 90, S. 293–315, zitiert nach: E. Shafir (Hrsg.): *Preference, Belief, and Similarity: Selected Writings by Amos Tversky*, Cambridge, Mass. 2004, S. 221–256.

Velleman, J. David (2000): *The Possibility of Practical Reason*, Oxford.
Vendler, Zeno (1972): *Res cogitans*, Ithaca/London.

Weatherson, Brian (2003): What Good are Counterexamples?, *Philosophical Studies* 115, S. 1–31.
Wedgwood, Ralph (2007): *The Nature of Normativity*, Oxford.
Whately, Richard (1841): *Elements of Rhetoric*, 6. Auflage, London.
Willaschek, Marcus (2003): *Der mentale Zugang zur Welt: Realismus, Skeptizismus und Intentionalität*, Frankfurt a. M.
Williams, Bernard (1970): Deciding to Believe, in: Howard E. Kiefer/Milton K. Munitz (Hrsg.): *Language, Belief, and Metaphysics*, Albany, S. 95–111. Zitiert nach: ders., *Problems of the Self*, Cambridge 1972, S. 136–151.
Williamson, Timothy (2000): *Knowledge and its Limits*, Oxford.
Williamson, Timothy (2007): *The Philosophy of Philosophy*, Oxford.
Wittgenstein, Ludwig (1953): *Philosophische Untersuchungen*, zitiert nach: *Werkausgabe*, 8 Bd., Frankfurt a. M. 1989, Bd. 1.
Wittgenstein, Ludwig (1956): *Bemerkungen über die Grundlagen der Mathematik*, zitiert nach: *Werkausgabe*, 8 Bd., Frankfurt a. M. 1989, Bd. 6.
Wittgenstein, Ludwig (1967): *Zettel*, zitiert nach: *Werkausgabe*, 8 Bd., Frankfurt a. M. 1989, Bd. 8.
Wright, Crispin J. G. (1992): *Truth and Objectivity*, Cambridge, Mass.
Wright, Crispin J. G. (1998a): Self-Knowledge: The Wittgensteinian Legacy, in: MacDonald/Smith/Wright (1998), S. 13–45.
Wright, Crispin J. G. (1998b): Truth: A Traditional Debate Reviewed, *Canadian Journal of Philosophy* 28, S. 31–74.

Zahavi, Dan (2003): Inner Time-Consciousness and Pre-reflective Self-awareness, in: D. Welton (Hrsg.): *The New Husserl: A Critical Reader*, Bloomington, S. 157–180.

PRINZIPIEN

AZP: *allgemeines Zuschreibungsprinzip für Überzeugungen* (siehe S. 351)

Ceteris paribus gilt: Wann immer ein normaler Sprecher des Deutschen einem Satz "*p*" (oder ein normaler Sprecher einer beliebigen andern Sprache *L* einem Satz σ, dessen korrekte Übertragung von *L* ins Deutsche "*p*" ist) zu *t* ernsthaft, aufrichtig, mit Bedacht und ohne Vorbehalt zustimmt, glaubt er zu *t*, daß *p*. (Die Übertragung eines Satzes ist *korrekt*, wenn sie mit jeder empirisch optimalen Übersetzung in Einklang ist.)

BG: *Prinzip des Glaubensbewusstseins* (siehe S. 458)

Wann immer jemand sich dessen bewußt ist, daß er glaubt, daß *p*, urteilt er, daß *p*; und umgekehrt.

BUD: *Prinzip über Bewußtsein und Urteilsdisposition* (siehe S. 460)

Wann immer jemand sich dessen bewußt ist, daß er ψ-t, ist er dazu disponiert, ohne weiteres zu urteilen, daß er ψ-t.

BZG: *Prinzip der Bewußtseinszugänglichkeit des Glaubens* (siehe S. 473)

Ceteris paribus gilt: Wann immer jemand glaubt, daß *p*, ist er in der Lage, sich zu fragen, ob *p*, und wenn er sich dies fragte, würde er ohne weiteres urteilen, daß *p*.

DSG: *Prinzip des Disponiertseins zum Selbst-Glauben* (siehe S. 508)

Ceteris paribus gilt: Wer glaubt, daß *p*, ist dazu disponiert, ohne weiteres zu urteilen und zu glauben, daß er glaubt, daß *p*.

DSK: *Prinzip der doxastischen Selbstkenntnis* (siehe S. 538)

Ceteris paribus gilt: Ob man etwas glaubt oder nicht, man weiß immer, ob man es glaubt oder nicht glaubt.

DU: *Definition der Disposition zum Urteilen* (siehe S. 460)

S hat die Disposition zu urteilen, daß *p* $\Longleftrightarrow_{df}$ Ceteris paribus gilt: *S* würde ohne weiteres urteilen, daß *p*, wenn er sich die Frage stellte, ob *p*. (Entsprechend für die Disposition zum gegenteiligen Urteil.)

EG: *Prinzip der Einflußträchtigkeit des Glaubens* (siehe S. 478)

Zu jeder Überzeugung, die ein Mensch hat, sind thematisch relevante Situationen denkbar. Und ceteris paribus gilt: Wann immer *S* glaubt, daß *p*, würde er in derartigen Situationen im Wesentlichen so handeln, denken und empfinden, wie er es auch täte, wenn er in ihnen urteilte, daß *p*.

EPA: *Prinzip der (doxastischen) Erste-Person-Autorität* (siehe S. 543)

Jeder besitzt Erste-Person-Autorität hinsichtlich seines eigenen momentanen Glaubens. (Niemand besitzt solche Autorität hinsichtlich des Glaubens eines Andern.)

FB: *Prinzip der Faktivität des Bewußtseins* (siehe S. 397)

Wann immer jemand sich dessen bewußt ist, daß *p*, ist es der Fall, daß *p*.

GDU: *Prinzip des Zusammenhanges von Glauben und Urteilsdisposition* (siehe S. 473)

Ceteris paribus gilt: Wann immer jemand glaubt, daß *p*, würde er ohne weiteres urteilen, daß *p*, wenn er sich fragte, ob *p*.

T: *Prinzip der Transparenz* (siehe S. 498)

Ceteris paribus gilt: Wann immer ein normaler Mensch sich fragt, ob er glaubt, daß *p*, fragt er sich auch, ob *p*.

U: *Unfehlbarkeitsprinzip* (siehe S. 422)

Ceteris paribus gilt: Wann immer jemand glaubt, daß er glaubt, daß *p*, glaubt er auch, daß *p*.

U*: *Unfehlbarkeitsprinzip** (siehe S. 430)

Ceteris paribus gilt: Wann immer jemand glaubt, daß er nicht glaubt, daß *p*, glaubt er auch nicht, daß *p*.

U1: *Prinzip des Urteilens 1* (siehe S. 395)

Wann immer jemand urteilt, daß *p*, ist er sich dessen bewußt, daß er urteilt, daß *p*.

U2: *Prinzip des Urteilens 2* (siehe S. 396)

Wann immer S sich dessen bewußt ist, daß er urteilt, daß *p*, ist er sich dessen bewußt, daß er glaubt, daß *p*.

UG: *Prinzip des Zusammenhangs zwischen Glauben und Urteilen* (siehe S. 387)

Wer zu *t* urteilt, daß *p*, glaubt zu *t*, daß *p*.

VSG: *Prinzip der Virtualität des Selbst-Glaubens* (siehe S. 530)

Ceteris paribus gilt: Hinsichtlich jedes eigenen doxastischen Zustands hat man die zutreffende virtuelle Selbst-Überzeugung.

ZD: *Prinzip der Zustimmungsdisposition* (siehe S. 376)

Ceteris paribus gilt: Wann immer *S* glaubt, daß *p*, und zu aufrichtiger Stellungnahme zum Thema *p*/~*p* bereit ist, ist er dazu disponiert, "*p*" ohne weiteres zuzustimmen.

*

SCHEMATISCHE KÜRZEL

$A \rightarrow B$	Wann immer *A*, dann *B*.
$A \rightsquigarrow B$	Unter insgesamt normalen Gegebenheiten gilt: Wann immer *A*, dann *B*.
$A \Rightarrow B$	Es ist begrifflich wahr, daß gilt: Wann immer *A*, dann auch *B*.
$A \approx> B$	Es ist begrifflich wahr, daß unter insgesamt normalen Gegebenheiten gilt: Wann immer *A*, dann auch *B*.
Bp	*S* ist sich dessen bewußt, daß *p*.
$B^r p$	*S* ist sich dessen, daß *p*, reflexiv bewußt.
$B\psi$	*S* ist sich dessen bewußt, daß in diesem Moment ψ in ihm statthat.
$B^r\psi$	*S* ist sich dessen reflexiv bewußt, daß in diesem Moment ψ in ihm statthat.
$B^u\psi$	*S* ist sich dessen unthematisch bewußt, daß in diesem Moment ψ in ihm statthat.
cp(...)	Unter insgesamt normalen Gegebenheiten ("ceteris paribus") gilt: ...
DUp	*S* hat die Disposition, ohne weiteres zu urteilen, daß *p*, wenn er sich fragte, ob *p*.
ΔUp	*S* hat die Disposition, reflektiert zu urteilen, daß *p*, wenn er sich fragte, ob *p*.
$\Delta\psi$	ein beliebiger Gedanke, in dem ψ thematisiert wird
Fp	*S* fragt sich, ob *p*.
Gp	*S* glaubt, daß *p*.
Gp?	*S* fragt sich: "Glaube ich, daß *p*, oder glaube ich es nicht?"
GGp	*S* glaubt, daß er glaubt, daß *p*.
Gp?	Frage des Typs "Glaube ich in diesem Moment, daß *p*, oder glaube ich es nicht?"
G^2-Satz	Satz des Typs: "Ich glaube, daß ich glaube, daß *p*"
p / $\sim p$	eine beliebige Proposition / deren Negation
p^0	eine beliebige Basis-Proposition, d.h. eine, deren Wahrheitswert nicht davon abhängt, welche Überzeugungen das betreffende Subjekt hat.
p?	die sog. *p*-Frage: "Ist es der Fall, daß *p*?"
S	ein beliebiges Subjekt
Up	*S* urteilt, daß *p*.

$U\psi$	S urteilt, daß in diesem Moment ψ in ihm statthat.
Wp	S weiß, daß p.
Φ^X	funktionale Rolle eines Geisteszustands vom Typ X
ψ	ein beliebiges psychisches Phänomen
Zp	S ist im Zweifel darüber, ob p.

PERSONENREGISTER

SACHREGISTER